Helmut Roewer

Skrupellos. *Die Machenschaften der Geheimdienste*
in Russland und Deutschland

Helmut Roewer

Skrupellos

Die Machenschaften der Geheimdienste
in Russland und Deutschland
1914–1941

Verlag Faber & Faber Leipzig

Inhalt

Prolog im Schloss.
Die deutsche Entscheidung zur Auslösung des Ersten Weltkrieges am 1. August 1914

Der General in der preußisch-blauen Uniform saß schluchzend im Vorzimmer. Die Pickelhaube hatte er auf den Boden gestellt. Die massige Gestalt war vornübergebeugt. Der Schleppsäbel hing verkantet zwischen den Stuhlbeinen. Adjutanten eilten beflissen vorüber und sahen den Zusammengebrochenen mit aufgerissenen Augen an. Es war der Abend des 1. August 1914. Der Mann, der da saß, war der Chef des preußisch-deutschen Generalstabs, der Generaloberst Helmuth von Moltke. Er hatte einen schlimmen Tag hinter sich und überhaupt: Er war nicht der Jüngste, und der Gesündeste war er schon lange nicht mehr. Vor Tagen erst hatte er eine Kur wegen der drohenden Kriegsgefahr abbrechen müssen – genauer gesagt: eine Milchkur, die er zusammen mit seiner Frau, der Gräfin Eliza von Moltke, in Karlsbad in diesem Sommer 1914 angetreten hatte. Sodann hatten die Moltkes eine Zusammenkunft mit Rudolf Steiner geplant, einem der damaligen Mode-Gurus; doch dazu kam es infolge des Kriegsausbruchs nicht mehr. Man möchte fragen, ob das der rechte Umgang für einen deutschen Generalstabschef gewesen sein mag; zumal manch einer den österreichischen Mysterienapostel, höflich gesprochen, für nicht ganz zurechnungsfähig ansah. Es nimmt kaum wunder, dass der Umstand der engen persönlichen Bindung der Moltkes an Steiner späteren Verschwörungsspezialisten Anlass war, zum großen Schlag auf Moltke auszuholen: Der verloren gegangene Erste Weltkrieg sei Teil einer weltumspannenden Konspiration gewesen. An der Spitze dieser Auguren stand – nachvollziehbar genug – der militärische Verlierer des Krieges, der General der Infanterie a. D. Erich Ludendorff. Das alles war natürlich dummes Zeug, und wir erwähnen es hier lediglich, weil dergleichen über Jahrzehnte hinweg die Köpfe ungezählter Zeitgenossen benebelt hat, die sich mit dem Verlust von Macht, Stand und Ansehen nicht abfinden mochten.[1]

Moltke hatte an diesem 1. August 1914 in der Tat einen wüsten Tag durchlebt, der auch einem Jüngeren und Stabileren hätte an die Nieren gehen können. Mittags war Lagevortrag beim Kaiser gewesen. Wilhelm II. hatte an diesem Tag ganz gegen seine Gewohnheit Quartier im ungeliebten Berliner Stadtschloss genommen. Vor wenigen Tagen war er überstürzt von der alljährlichen Nordlandtour zurückgekehrt.[2] Der Kaiser war nach der Bismarck'schen Reichsverfassung von 1871[3] oberster Bundesfeldherr oder, wenn man so will, im Deutschen Reich der Herr über Krieg und Frieden. Nun sah alles nach Krieg aus, denn am selben Mittag lief ein Ultimatum ab, das man dem benachbarten Russischen Reich gestellt hatte. Jetzt ließ sich Wilhelm Vortrag halten. Einer der Vortragenden war, seiner Dienststellung gemäß, der deutsche Generalstabschef. Folgt man dessen Aufzeichnungen, so sagte er in etwa Folgendes:

Die österreichisch-serbische Angelegenheit ist eine rein private Auseinandersetzung, für die, wie gesagt, kein Mensch in Europa ein tiefer gehendes Interesse haben würde, das in keiner Weise den europäischen Frieden bedrohen, sondern im Gegenteil ihn festigen würde, wenn nicht Russland sich eingemischt hätte. Das erst hat der Sache den bedrohlichen Charakter gegeben.

Österreich hat nur einen Teil seiner Streitkräfte, 8 Armeekorps, gegen Serbien mobilisiert. Gerade genug, um seine Strafexpedition durchführen zu können. Demgegenüber trifft Russland alle Vorbereitungen, um die Armeekorps der Militärbezirke Kiew, Odessa und Moskau, in Summa 12 Armeekorps, mobilisieren zu können [handschriftlich hinzugesetzt: ist inzwischen geschehen] und verfügt ähnliche vorbereitende Maßnahmen auch im Norden, der deutschen Grenze gegenüber, und an der Ostsee. Es erklärt, mobilisieren zu wollen, wenn Österreich in Serbien einrückt, da es eine Zertrümmerung Serbiens durch Österreich nicht zugeben könne, obgleich Österreich erklärt hat, dass es an eine solche nicht denke ... Nach den vorliegenden Nachrichten scheint auch Frankreich vorbereitende Maßnahmen für eine eventuelle spätere Mobilmachung zu treffen. Es ist augenscheinlich, dass Frankreich und Russland in ihren Maßnahmen Hand in Hand gehen. – Deutschland wird also, wenn der Zusammenstoß zwischen Österreich und Russland unvermeidlich ist, mobilmachen und bereit sein, den Kampf nach zwei Fronten aufzunehmen.[4]

Der deutsche Generalstabschef garnierte seinen Vortrag durch Vorlage eines roten Plakats mit dem russischen Mobilmachungsbefehl, das tags zuvor durch den deutschen Agenten Pinkus Urwicz bei Wilna abgerissen worden war. Die Generalstäbler des in Allenstein in Ostpreußen stationierten XX. Armeekorps fanden diese Beute wichtig genug, um sie ohne Zögern mit dem Kraftfahrzeug nach Berlin schaffen zu lassen. Jetzt machte das russische Mobilmachungsplakat sichtlichen Eindruck; selbst Kaiser Wilhelm II. vergaß nicht, dieses Ereignis in seinen eher spärlichen Memoiren zu würdigen. Um 17 Uhr unterschrieb er die deutsche

Mobilmachungsorder; der 2. August würde der erste Mobilmachungstag sein. So, wie der deutsche Plan aussah, war der Krieg nach mindestens zwei Fronten damit nicht mehr aufzuhalten, denn an diesem ersten Mobilmachungstag würden deutsche Verbände das Großherzogtum Luxemburg besetzen und in den folgenden Tagen in Belgien einfallen.[5]

Doch noch auf dem Weg zurück ins Generalstabsgebäude wurde Moltke durch einen Adjutanten eingeholt und erneut ins Berliner Schloss befohlen. Er hat die Szene später wie folgt geschildert:

Ich drehte sofort um. Im Schloss fand ich außer Sr. Majestät den Reichskanzler, den Kriegsminister und noch einige andere Herren. Der Reichskanzler, der, wie schon angedeutet, das wichtigste Ziel seiner Politik darin sah, ein gutes Verhältnis mit England herzustellen, und der merkwürdigerweise bis zu diesem Tage immer noch geglaubt hat, dass sich der allgemeine Krieg, zum mindesten die Teilnahme Englands an demselben vermeiden lassen würde, war augenscheinlich über den Inhalt einer soeben von dem deutschen Botschafter in London, Fürsten Lichnowsky, eingetroffenen Depesche freudig erregt. Ebenso Se. Majestät der Kaiser ... Es herrschte, wie gesagt, eine freudige Stimmung. Nun brauchen wir nur den Krieg gegen Russland zu führen! Der Kaiser sagte mir: »Also wir marschieren einfach mit der ganzen Armee im Osten auf!« *– Ich erwiderte Sr. Majestät, dass das unmöglich sei. Der Aufmarsch eines Millionenheeres lasse sich nicht improvisieren, es sei das Ergebnis einer vollen, mühsamen Jahresarbeit und könne, einmal festgelegt, nicht geändert werden. Wenn Se. Majestät darauf bestehen, das gesamte Heer nach dem Osten zu führen, so würden dieselben kein schlagkräftiges Heer, sondern einen wüsten Haufen ungeordneter bewaffneter Menschen ohne Verpflegung haben. – Der Kaiser bestand auf seiner Forderung und wurde sehr ungehalten, er sagte mir unter anderem:* »Ihr Onkel würde mir eine andere Antwort gegeben haben!«, *was mir sehr wehetat ... Auch meine Einwendung, dass Frankreich bereits in der Mobilmachung begriffen sei, und dass es unmöglich sei, dass ein mobiles Deutschland und ein mobiles Frankreich sich friedlich darauf einigen würden, sich gegenseitig nichts zu tun, blieb erfolglos. Die Stimmung wurde immer erregter, und ich stand ganz allein da ...*

Ich versuchte vergebens Se. Majestät davon zu überzeugen, dass wir die Luxemburger Bahnen brauchten und sie sichern müssten, ich wurde mit dem Bemerken abgefertigt, ich möchte statt ihrer andere Bahnen benutzen. Es blieb bei dem Befehl.

Damit war ich entlassen. Es ist unmöglich zu schildern, in welcher Stimmung ich zu Hause ankam. Ich war wie gebrochen und vergoss Tränen der Verzweiflung ...[6]

Wir verweilen noch einen Augenblick bei dieser grotesken Szenerie. Noch immer schreiben wir den 1. August 1914. An diesem Tag wurde entschieden, dass Hunderttausende von jungen Männern in den nächsten Wochen in den sicheren Tod marschieren würden. Das ist einen Moment des Innehaltens wert. Wir erleben einen deutschen Spitzensoldaten, der in Tränen aufgelöst ist, und einen Monarchen auf einer Achterbahn der Gefühle. Vor Minuten noch hatte er seinen Generalstabschef angefaucht. Im Lagevortrag, bei dem es um Krieg und Frieden ging, hatte er einen Ausspruch getan, auf den er glaubte stolz sein zu dürfen. Wilhelm II. hatte rundweg verlangt, der deutsche Aufmarsch müsse sofort im Osten stattfinden. Gegen das freche Russland, das den Serben partout Unterstützung gewähren wollte und zu diesem Zweck mobilmachte. Generalstabschef Moltke war entsetzt. Was er genau sagte, ist von den Besprechungsteilnehmern nicht unbedingt deckungsgleich wiedergegeben worden. Doch dass der Monarch den General mit verletzenden Bemerkungen unter Hinweis auf seinen berühmten Onkel, den älteren Moltke, abkanzelte, darüber gibt es keinen Zweifel.[7]

Dabei hatte Wilhelm II. aus seiner Sicht mit der Rüge gar nicht mal so Unrecht. Der Krieg mit Russland stand in jenen heißen Sommertagen des Jahres 1914 unmittelbar vor der Tür. Eine Kette von Ereignissen ließ ihn unausweichlich erscheinen – jedenfalls nach der Ansicht der damaligen deutschen Staatslenker. Heute wissen wir es besser: Es wurde ein Krieg, der ein Weltkrieg werden konnte, bewusst in Kauf genommen. In dieser Situation, als nach dem erfolgreichen serbischen Anschlag auf das österreichisch-ungarische Thronfolgerpaar in Sarajewo die Donaumonarchie den Krieg mit Serbien provozierte, rief sie die serbische Schutzmacht Russland auf den Plan. Österreich scheute keineswegs vor einem Krieg gegen Serbien zurück, sondern baute auf die Zusicherung deutscher Rückendeckung. Nibelungentreue nannte man dergleichen Leichtsinn damals, und so standen die Zeichen im Osten des Reichs auf Sturm. Denn Österreich hatte sich am 23. Juli 1914, also fast einen Monat nach dem Mord an seinem Thronfolger endlich durchgerungen, den Serben, die man zu Recht als Strippenzieher der Mordtat verdächtigte, ein besonders scharfes und eigentlich unannehmbares Ultimatum zu stellen. Doch obschon Serbien es nahezu bedingungslos annahm, war die Kriegspartei am kaiserlichen Hof zu Wien jetzt so weit vorgeprescht, dass man glaubte, gegen Serbien mobilmachen und ihm den Krieg erklären zu dürfen. Da machte auch Russland gegen Österreich mobil.[8]

In dieser Situation kam es zu dem denkwürdigen Lagevortrag, den der Chef des preußisch-deutschen, des Großen Generalstabs, der Generaloberst Helmuth von Moltke, seinem obersten Kriegsherrn hielt. Moltke entwickelte in gewohnt militärisch knappen Worten die Mobilmachungsplanung der deutschen Armee und ihren Hauptaufmarsch an der Westgrenze des Reichs; einen Teil dieses Vortrags haben wir bereits kennen gelernt. Dies ist kein Versprecher oder Verschreiber, denn genau das tat der deutsche oberste Stratege. Aufmarsch im Westen, Flankenschutz im Osten, das ist er, der Kriegsplan seit Moltkes Vorgänger, dem Generalfeldmarschall Alfred von Schlieffen selig; der den Zeitgenossen genial erscheinende Plan eines Zweifrontenkriegs, kurz Schlieffen-Plan genannt.[9] Der Schlieffen-Plan war ein phantastisches Produkt deutscher Generalstabskunst, und er war ein Phantasieprodukt. Er war für den Fall gedacht, dass Deutschland einen Zweifrontenkrieg würde führen müssen, eine Annahme, für die im ersten Jahrzehnt des Jahrhunderts durchaus reale Befürchtungen angezeigt waren. Deshalb sollte das als Erzfeind firmierende Frankreich durch ein gigantisches Umfassungsmanöver sofort und vernichtend geschlagen werden; sodann wollte man sich mit Bedacht dem Kriegsgegner im Osten zuwenden. Dies in die Tat umzusetzen, planten deutsche Generalstabsoffiziere in mühseliger Kleinarbeit Jahr um Jahr immer präziser die reibungslose Mobilmachung und einen rasanten, auf Eisenbahnen gestützten Aufmarsch des deutschen Heeres. Denn eines war den Strategen brennend klar: Es war in doppelter Weise Eile geboten; im Westen musste die Überraschung gelingen, und im Osten mussten nach dem Schlag im Westen die Truppen zur Stelle sein, bevor der russische Nachbar seine riesigen Truppenmassen mobilisiert hatte.

Das war's in Kürze, was Moltke seinem Kaiser repetierte. Wilhelm war irritiert. Jahrzehntelang hatte dieser Mann, der 1888 auf den Thron gelangt war, mit dem Säbel gerasselt und durch seine unverantwortlichen Äußerungen die Welt gegen sich und gegen das Deutsche Reich aufgebracht. Ungezählte Bilder zeigten ihn in Phantasieuniformen. Ungezählte Male hatte er bei aufwändigen Kaisermanövern Krieg gespielt. Nun also war der Augenblick gekommen, wo er in die Fußstapfen des vergötterten Großvaters treten und selbst Kriegsruhm ernten konnte. In diesem Augenblick zeigte er einen Hauch von Größe: Er zögerte. Nach dem Vortrag des Reichskanzlers war ihm klar, dass es hier um eine Sache der Österreicher ging; sie wollten die frechen Serben züchtigen. Das würde der Zar, Wilhelms Vetter Nikolaus, nicht dulden. Nun also war er selbst am Zuge: Der Feind hieß Russland. Dort würde man aufmarschieren; man würde durch gewaltige Truppenpräsenz drohen; ja, es bräuchte nicht ein einziger Schuss zu fallen; auch dieses Mal in diesem heißen Sommer 1914 nicht. Das war natürlich Unsinn, denn am selben Mittag hatte man sich zur Kriegserklärung gegen Russland entschlossen, die um fünf Uhr abends mitteleuropäischer Zeit dem Zaren überbracht werden würde.[10] Nur einer der auch jetzt anwesenden Entscheidungsträger des deutschen Reiches hatte sich am Vormittag scharf gegen diese Kriegserklärung ausgesprochen, der preußische Kriegsminister, Generalleutnant Erich von Falkenhayn. Er notierte unter dem 1. August 1914 in sein Tagebuch:

Bewege Moltke, mit mir zu Jagow zu gehen, um die törichte vorzeitige Kriegs-erklärung an Russland zu verhindern. Antwort ist: zu spät.[11]
Dieses zu-spät bezog sich darauf, dass der Staatssekretär des Auswärtigen, Gott-lieb von Jagow, das entscheidende Telegramm bereits abgesandt hatte – und das nicht, ohne vom Kaiser, vom Reichskanzler und vom Generalstabschef hierzu ge-drängt worden zu sein. Der Zug zum Krieg war also bereits abgefahren. Jetzt allerdings erstarrte der strikte Kriegsbefürworter Moltke, als der Kaiser in einer seiner berüchtigten Sinnesänderungen plötzlich mit aller Kraft nur nach Osten marschieren wollte. Wilhelm war so berauscht von seiner eigenen Eingebung, dass er sogar Sekt kommen ließ. Das alles sei so nicht zu machen, beschied Moltke den Monarchen knapp. Der Aufmarsch sei nach Westen vorgesehen; ein Ost-aufmarsch läge außerhalb der Planungen des Generalstabs. Mag sein, dass Wilhelm in diesem Augenblick seinem Generalstabschef zum ersten Mal in seinem Leben wirklich zuhörte – so zuhörte, dass er begriff, worum es ging. Da muss ihn ein tie-fes Unbehagen beschlichen haben. Auf den Stabschef seines Großvaters anspie-lend, raunzte er Moltke an. Doch Stunden später zerstoben Wilhelms große Pläne ins Nichts. Das Heraushalten der Briten würde zu den deutschen Konditionen nicht funktionieren; das hatte man am Abend schwarz auf weiß. Moltke wurde erneut ins Schloss befohlen, wo ihn der Monarch, bereits zu Bett gegangen, emp-fing. S. M. waren von der Last des Sommertages ermüdet, und Weltgeschichte lies sich auch vom kaiserlichen Schlafzimmer aus organisieren. Wilhelm ordnete an, dass der deutsche Aufmarsch wie ursprünglich geplant stattzufinden habe. Der Krieg, und schlimmer noch, der Zweifrontenkrieg war Realität geworden.[12]
So kam zum politischen Unsinn des Kriegführens der militärische des Schlieffen-Plans hinzu. Denn Moltke und seine Leute hätten es besser wissen müssen. Der Schlieffen-Plan war ein Kartenhaus. Ihn zu verfolgen hieß, die Augen vor der Wirklichkeit zu verschließen. Seine Grundannahmen waren durchweg fehlerhaft; es waren Fehler der Art, welche die deutsche politische und militärische Krieg-führung in ein Desaster stürzen mussten; wir werden diese im Einzelnen noch kennen lernen. Zunächst werden wir der Frage nachgehen: Worauf stützten sich eigentlich die deutschen Strategen bei ihren Planungen, mit denen sie sich an-schickten, militärisch in die Weltpolitik einzugreifen?

| I |

Die gute alte Zeit.
Europa vor dem Ersten Weltkrieg

Nostalgiker des 20. Jahrhunderts haben die Jahre vor Ausbruch des Ersten Weltkrieges als *gute alte Zeit* bezeichnet. Der Begriff verklärt die Wirklichkeit, denn für viele Menschen in Deutschland und Russland war sie keineswegs gut; aber gerade für diese Zeitgenossen sollte es noch viel schlimmer kommen. Was taten die Staatenlenker in Deutschland, Österreich und Russland, dass die gute alte Zeit mit einem Schlag zu Ende ging?

Pardon wird nicht gegeben.
Das Deutsche Reich am Vorabend des Ersten Weltkrieges

Das Deutsche Reich an der Schwelle des 20. Jahrhunderts war der Parvenü unter den Großmächten Europas. Seine Gründung fiel in das Kriegsjahr 1870/71; der militärische Sieg über den Nachbarn Frankreich, dem fünf Jahre zuvor ein militärischer Triumph über den Rivalen Österreich und dessen süddeutschen Verbündeten vorangegangen war, hatte dem selbst ernannten Königreich Preußen die Möglichkeit eröffnet, nun auch formal zur deutschen Oberhoheit zu gelangen. Die deutsche Kaiserkrone, die Wilhelm I. im Januar 1871 im Spiegelsaal von Versailles aufsetzte, war das Ergebnis Bismarck'scher Staatskunst. Sie konnte sich auf einen loyalen Monarchen und einen genialen Feldherrn, den älteren Helmuth Moltke, sicher abstützen.

Die von Moltke siegreich geführten Feldzüge gegen Dänemark (1864), gegen Österreich (1866) und gegen Frankreich (1870/71) bestimmten fortan das preußisch-deutsche Selbstwertgefühl. Dieses Gefühl nährte den Trugschluss von der Unschlagbarkeit der deutschen Waffen.[13] Der Tag des Sieges von Sedan,[14] der das Ende des französischen Kaisertums brachte, hielt sich im Volk als Sedanstag bis in die 50er-Jahre des 20. Jahrhunderts. In Vergessenheit geriet jedoch allmählich, dass es nicht der Krieg war, der die deutsche Einheit bewirkt hatte, sondern eine Politik

Bismarcks, der begrenzte Kriege wohlkalkuliert eingesetzt hatte. Solange Bismarck am Ruder war, und das gelang ihm immerhin bis 1890, blieb sein außenpolitisches Streben von der Idee besessen, nichts zuzulassen, was das Deutsche Reich in die Gefahr einer politischen Einkreisung bringen konnte. Eine solche Einkreisung zu befürchten, bestand für das junge Reich aller Anlass. Zum einen war da der Abschluss des deutsch-französischen Krieges, der mit der Annexion der Grenzländer Elsass und Lothringen den Keim für nachfolgende Auseinandersetzungen gelegt hatte, zum andern war es Deutschlands geostrategische Lage. Sie wurde dadurch bestimmt, dass das Land mit Ausnahme der Küstenstreifen von Nord- und Ostsee über keinerlei natürliche Grenzen verfügte, vielmehr im Gegenteil mit drei der vier anderen europäischen Großmächte lange gemeinsame Landgrenzen besaß. Das war Russland im Osten, Österreich-Ungarn im Südosten und Frankreich im Westen des Reichs. Selbst die Nordwestgrenze der Nordsee war insofern geostrategisch fragwürdig, als sie der fünften Großmacht, der Seemacht Großbritannien, gegenüberlag.

Grundpfeiler der Antieinkreisungspolitik war der konfliktvermeidende Umgang mit Russland. Sorgsam ausbalanciert steuerte Bismarck eine Politik des Interessenausgleichs mit dem riesigen Nachbarn im Osten, wenn auch die 1880er-Jahre keineswegs so konfliktfrei abliefen, wie dies Bismarck im Nachhinein gern zugeschrieben wurde. Allerdings liefen die Beziehungen nicht auf ein kriegerisches Kräftemessen hinaus. Dies fiel umso leichter, als eigentliche Konfliktfelder nicht bestanden: Polen war aufgeteilt, wobei ein eher geringer Teil seit der Dritten polnischen Teilung von 1795 zur preußischen Krone gehörte; die überwiegende Landmasse teilten sich Russland und die Habsburger Monarchie Österreich-Ungarn; zwischen diesen sorgte die Aufteilung für erhebliche Reibereien, die spätestens zur Jahrhundertwende um die Zankäpfel auf dem Balkan bereichert wurden. Auch die übrigen Wetterecken der Weltpolitik, die für das russische Riesenreich von Bedeutung waren, der Osten mit den neu aufkommenden Mächten USA und Japan und die Weiten Zentralasiens, wo vor allem die britischen Kolonialinteressen für Anstoß sorgten, waren für die deutsche Politik bei Lichte betrachtet ohne Belang. Es war also ein Leichtes für Deutschland, sich herauszuhalten, oder, wie in der Balkanfrage, in die Rolle des redlichen Maklers zu schlüpfen.[15]

Bismarcks Nachfolger hielten von alledem nicht viel. Sie waren außenpolitische Laien. Bereits in den Tagen unmittelbar während und nach Bismarcks Entlassung wurde das Grundgerüst des russisch-deutschen Interessenausgleichs, der streng geheim gehaltene Rückversicherungsvertrag mutwillig nicht verlängert. Schon der Rauswurf des zunehmend vergreisenden Reichskanzlers hatte gezeigt, dass der junge Kaiser ein persönliches Regiment zu führen gedachte. Er mischte sich ein, wo er konnte. Das Recht zur Personalpolitik auf der Reichsebene und die

Stellung eines Oberbefehlshabers des deutschen Bundesheeres gaben ihm nach der Reichsverfassung auch de jure die Möglichkeit intensiver Einmischung in die Staatsgeschäfte. Hinzu trat bei ihm eine Geltungs- und Renommiersucht, wie wir sie am Beginn des 21. Jahrhunderts bei führenden Politikern selbstverständlich finden; vor 120 Jahren betrat Wilhelm II. allerdings Neuland mit dem, was man im heutigen Flachdeutsch vermutlich Pressegeilheit nennen würde. Er brachte es fertig, mit seinen unbedachten wie unbedarften Reden jedermann im europäischen Ausland gegen sich und damit gegen das Deutsche Reich aufzubringen, in aller erster Linie die Weltmacht Großbritannien, die zudem durch ein völlig unnützes deutsches Flottenwettrüsten irritiert werden musste.[16]

Ihr sollt Beispiele geben von Manneszucht und Disziplin, aber auch von der Überwindung und Selbstbeherrschung. Ihr sollt fechten gegen eine gut bewaffnete Macht, aber Ihr sollt auch rächen, nicht nur den Tod des Gesandten, sondern auch vieler Deutscher und Europäer. Kommt Ihr vor den Feind, so wird er geschlagen. Pardon wird nicht gegeben, Gefangene nicht gemacht. Wie vor tausend Jahren die Hunnen unter ihrem König Etzel sich einen Namen gemacht, so möge der Name Deutschland in China in einer solchen Weise bekannt werden, dass niemals wieder ein Chinese es wagt, einen Deutschen auch nur scheel anzusehen.[17]

Soweit der deutsche Kaiser bei seiner berühmt-berüchtigten Hunnenrede am 17. Juli 1900 anlässlich der Verabschiedung des deutschen Expeditionskorps nach China. Derartig abwegige Einlassungen waren kein Einzelfall. Aufzeichnungen, wie die seines langjährigen Hofbeamten Robert von Zedlitz-Trützschler, lesen sich wie die Aneinanderreihung von Sentenzen eines Mannes, der den Boden unter den Füßen verloren hatte. Überhaupt unterschätzt man die gefährliche Geschwätzigkeit des deutschen Kaisers gewaltig, wenn man annimmt, es habe sich hierbei um einen zwar ärgerlichen, aber letztlich doch durch geschickte Politik zu überspielenden Spleen gehandelt. Denn man musste damit rechnen, dass das Ausland für bare Münze nahm, was Wilhelm so daherredete, von der deutschen Weltgeltung, vom Platz an der Sonne, den das Reich jetzt für sich beanspruche, und vom deutschen Wesen, an dem die Welt genesen solle. Viel schwerer aber wiegt, dass der Kaiser seinen Größenwahn auf weite Teile des Volkes übertrug. Die Kriegsbegeisterung vom August 1914 wäre sonst so nicht vorstellbar gewesen. Unrichtig ist übrigens die Auffassung, dass die Entgleisungen des Monarchen nach dem Beginn des Ersten Weltkrieges aufgehört hätten. Mag man Wilhelms lautsprecherischen Hinweis *Ich kenne keine Parteien mehr, ich kenne nur noch Deutsche* als eine geschickte und wirkungsvolle Kriegseinstimmung klassifizieren, so kann das für den Aufruf des Kaisers einen Monat später wohl kaum noch gelten: Gleich nach dem Sieg von Tannenberg, von dem noch zu sprechen sein wird, verlangte er, die gefangen genommenen 90 000 Russen ins kurische Haff hinauszutreiben, also zu ertränken. Es gehört zu den Besonderheiten westdeutscher Geschichtsschreibung, dass man derartige Exzesse des Monarchen den nachfolgenden Generationen lieber vorenthielt.[18]

Das persönliche Regiment Wilhelms bewirkte auch, wie überall, wo Macht ausgeübt wird, dass Speichellecker und Liebediener in hellen Scharen angezogen wurden – ein Phänomen, dem potente Machthaber das Korrektiv unabhängiger Köpfe entgegenzusetzen pflegen; doch im Falle des deutschen Kaisers war bis in den Ersten Weltkrieg hinein ein solches Korrektiv nicht vorhanden. Es bedarf keiner tiefsinnigen psychologisierenden Umwege, um darzustellen, dass in einem solchen Umfeld der persönlichen Machtausübung eines zutiefst unfähigen Herrschers Berater das vorzubringen und umzusetzen belieben, was höheren Ortes auf Wohlgefallen stoßen muss. So auch im persönlichen Regiment des Kaisers – ein Begriff übrigens, der seine eigene Erfindung war. Dabei konnte er sich auf eine ungemein starke Verfassungsstellung berufen, wie sie in der Reichsverfassung von 1871 kodifiziert war.[19]

Der Kaiser hat das Reich völkerrechtlich zu vertreten, im Namen des Reichs Krieg zu erklären und Frieden zu schließen, Bündnisse und Verträge mit anderen Staaten einzugehen, Gesandte zu beglaubigen und zu empfangen.

Der Vorsitz im Bundesrate und die Leitung der Geschäfte stehen dem Reichskanzler zu, welcher vom Kaiser zu ernennen ist.

Der Kaiser ernennt die Reichsbeamten, lässt dieselben für das Reich vereidigen und verfügt erforderlichen Falles deren Entlassung.

Die Kriegsmarine des Reichs ist eine einheitliche unter dem Oberbefehl des Kaisers. Die Organisation und Zusammensetzung liegt dem Kaiser ob, welcher die Offiziere und Beamten der Marine ernennt, und für welchen dieselben nebst den Mannschaften eidlich in Pflicht zu nehmen sind.

Die gesamte Landmacht des Reichs wird ein einheitliches Heer bilden, welches in Krieg und Frieden unter dem Befehle des Kaisers steht.

Alle deutschen Truppen sind verpflichtet, den Befehlen des Kaisers unbedingt Folge zu leisten. Diese Verpflichtung ist in den Fahneneid aufzunehmen. Der Höchstkommandierende eines Kontingents sowie alle Offiziere, welche Truppen mehr als eines Kontingents befehlen, und alle Festungskommandanten werden vom Kaiser ernannt. Die von demselben ernannten Offiziere leisten ihm den Fahneneid. Bei den Generalen und den Generalstellungen versehenden Offizieren innerhalb des Kontingents ist die Ernennung von der jedesmaligen Zustimmung des Kaisers abhängig zu machen. [20]

Dies also war der Verfassungsrahmen, der die Rechte des Kaisers absteckte; hinzu traten seine Befugnisse als Kontingents-Herr der preußischen Armee. Angesichts dieser Stellung ist es völlig abwegig, vom Deutschen Kaiser als einem Scheinmonarchen zu sprechen. Schon ein Blick auf die tatsächliche Ausübung dieser Befugnisse belehrt darüber, wie der Kaiser sein Gewicht in die Waagschale zu werfen verstand: Mit der Einrichtung von drei sehr kleinen obersten Reichsbehörden, die ihm persönlich unterstellt waren, regelte er die Personalwirtschaft der höheren Beamten und höheren Offiziere des Reichs. Es waren dies die so genannten Kabinette, nämlich das Militärkabinett, das Marinekabinett und das Zivilkabinett, deren Leiter sich fast durchweg in der Umgebung des Monarchen aufzuhalten hatten. Dies alles war durchaus keine Fiktion. Die Einflussnahme des Chefs des Zivilkabinetts ging beispielsweise so weit, dass er dem Kaiser die Ernennung von Reichskanzlern vorzuschlagen hatte. Daneben steht auf einem ganz anderen Blatt, dass Wilhelm in dem Glauben lebte, die von ihm als Fessel empfundene konstitutionelle Stellung des deutschen Bundesfürsten durch ein Gottesgnadentum abschütteln zu können. Entsprechende Staatsstreichpläne waren mehrfach über ein bloßes Gedankenspiel durchaus hinausgekommen.[21]

Unter diesen Voraussetzungen nimmt es nicht wunder, dass das Kunstwerk Bismarck'scher außenpolitischer Beziehungen Stück für Stück auf Nimmerwiedersehen aufgekündigt wurde.[22] Dessen Kernstück war, wir sagten es bereits, die Vermeidung von ernsthaften Konfliktpunkten mit dem Nachbarn im Osten. Der Verzicht auf den Rückversicherungsvertrag mit Russland war Ausdruck des deutschen Großmachtwahns gegenüber einem nach europäischen Maßstäben rückständigen Nachbarn, den man trotz einer über 1000 km langen, weitgehend ungeschützten Grenze glaubte vernachlässigen zu dürfen. Die deutschen Staatenlenker hätten das besser wissen müssen und können. Denn sie besaßen sowohl die Möglichkeiten als auch die Erkenntnisse, die allen Anlass zum Einlenken hätten geben sollen.

Informationsgrundlage von außenpolitischer Weichenstellung und militärischer Planung ist seit alters die Spionage. So auch im Deutschen Reich. Doch zu den vielen Merkwürdigkeiten, die es festzustellen gilt, gehörte der schier unglaubliche Umstand, dass das Deutsche Reich im ersten Jahrzehnt des 20. Jahrhunderts keine einschlägige Spionageorganisation besaß, die diesen Titel wirklich verdient hätte. Dabei hatte es unter der Herrschaft Bismarcks durchaus eine recht wirkungsvolle Spionagebehörde unter dem Polizeirat Wilhelm Stieber gegeben, die sich der preußische Ministerpräsident und nachmalige Reichskanzler sicherheitshalber selbst unmittelbar unterstellt hatte. Doch seine Nachfolger mochten an dem Bewährten nicht festhalten. Mag sein, dass man froh war, dem wenig moralischen Geschäft und seinem Exekutor entkommen zu sein – ein Befund, der sich auch heute noch in der etablierten Geschichtswissenschaft widerspiegelt, die nicht allzu viel unternommen hat, um diesen Geschäften und ihren Exponenten auf die

Schliche zu kommen. Es mag auch sein, dass man bei dem zum guten Ton avancierenden Großmachtgehabe glaubte, auf eine derartige Nachrichtenbeschaffung nicht mehr angewiesen zu sein. Aus der heutigen Sicht fällt uns die Diskrepanz ins Auge, die eine aggressive, auf Expansion gerichtete Außenpolitik und der Verzicht auf eine hiermit im Gleichschritt voranschreitende Spionagetätigkeit darstellte. Auch dafür gibt es Erklärungen, denen wir im weiteren Verlauf der Ereignisse nachspüren werden.

Die Informationsbasis der deutschen außenpolitischen und militärischen Planungen verteilte sich in Deutschland auf einen zivilen und einen militärischen Zweig. Der zivile war das Berichtswesen der deutschen diplomatischen Vertretungen im Ausland. Der andere, der militärische Zweig ruhte auf vier Säulen: Der Sektion III b des Großen Generalstabs, der 1. Abteilung des Großen Generalstabs (der so genannten russischen Abteilung), dem Militärattachéwesen und dem Marinenachrichtendienst. Der militärische Spionageapparat war Teil des Großen Generalstabs, jener preußischen militärischen Führungsstelle, die nach der preußisch-deutschen Staatskonstruktion davon auszugehen hatte, dass der Monarch der Oberbefehlshaber der Armee war, so dass seinem Stab nur die Rolle eines Führungsgehilfen zukam. Innerhalb dieses militärischen Führungsinstruments, dessen Angehörige sich als Elite nicht nur innerhalb des Offizierskorps, sondern der ganzen wilhelminischen Gesellschaft ansahen, gab es eine formale Hierarchie. Diese gliederte sich unterhalb des als Halbgott angesehenen Generalstabschefs in Quartiermeisterbereiche, Abteilungen und Sektionen; daneben bestand auch eine interne, informelle Wertigkeitsskala, die nach bestimmten Tätigkeiten innerhalb des Generalstabs unterschied. An deren Spitze rangierten die Offiziere der Mobilmachungs- und Aufmarschabteilung, also jenes Gremiums, das in einem Kriege die militärischen Operationen führen würde. Dies zu beachten tut Not, denn in der Skala der Wertigkeiten der Generalstäbler rangierten die Nachrichtenoffiziere weit hinter denen, die für das militärische Operieren ausersehen waren.[23]

Der militärische Spionageapparat war die Sektion III b; ihre Aufgabe war die Beschaffung von Informationen über einen potenziellen Gegner. Zur Jahrhundertwende befand sich die Sektion in einem beklagenswerten Zustand. Bereits äußerlich war erkennbar, welch geringen Stellenwert dem militärischen Spionagedienst zugemessen war. Er firmierte lediglich als eine Sektion, die ursprünglich in der 3. (französischen) Abteilung des Generalstabs zur Nachrichtenbeschaffung gebildet worden war. 1886 wurde sie dort herausgelöst und dem Generalstabschef unmittelbar unterstellt, ohne allerdings den Namen III b abzulegen.[24] Den prestigeträchtigen Status einer selbständigen Abteilung erhielt die III b erst 1915, also mitten im Ersten Weltkrieg, als sie zudem mit anderen, spionagefremden Aufgaben überfrachtet worden war.

Um 1900 konzentrierte sich die III b bevorzugt auf die Spionageabwehr, also auf die Entdeckung feindlicher, gegen die deutsche Armee und gegen die deutsche Rüstung gerichteter Spionageaktivitäten, wie sie vor allem von Russland, Frankreich und zunehmend auch von Großbritannien ausgingen. Vor allem die russischen Spionagefälle, auf die wir noch zurückzukommen allen Anlass haben, hätten die Alarmglocken schrillen lassen müssen. Um den Handelnden Gerechtigkeit widerfahren zu lassen, muss man feststellen, dass sie dies auch taten. Doch wer waren diese Sektionschefs? Es waren Majore, also relativ dienstgrad-niedrige Generalstabsoffiziere, die, wenn sie noch jünger waren, sehr wohl wussten, dass die Tätigkeit bei der Spionageorganisation der deutschen Armee bestenfalls eine kleine Sprosse auf der Karriereleiter sein konnte, die alsbald überstiegen werden musste, denn Spionage galt in der Welt des deutschen Offiziers nicht viel; es war eine Welt, die auf Truppenführung, Manneszucht, Offiziersehre aufbaute. Was sich auch immer hinter diesen Begriffen verbarg – jedenfalls nicht die auf Lug und Trug aufbauende heimliche Beschaffung von Informationen. Mit dergleichen besudelte man sich nicht gerne.[25]

Dementsprechend gestalteten sich die Vorstellungen der deutschen Militärs, die den Krieg für ein ehrenwertes Geschäft ansahen und alles beiseite ließen, was an diesem Lack kratzen musste.[26] Dabei hätten es die deutschen Strategen besser wissen können. Sie mussten wissen, dass den glänzenden militärischen Erfolgen eines Helmuth von Moltke (dem Älteren) intensive Spionage vorausgegangen war. Doch wurde dieser Umstand geflissentlich ignoriert, vermutlich, weil die preußische Spionageorganisation der Herrschaftszeit Bismarcks unmilitärischer und unpreußischer kaum gedacht werden konnte.[27] Sie unterstand Wilhelm Stieber, einem Doktor juris von höchst zweifelhaftem Ruf, der für einige Zeit den Titel eines Direktors der preußischen geheimen Feldpolizei führte. Doch das war nur eine der vielen Bezeichnungen, unter denen dieser Mann firmierte, der durch Falschgeld und aus dem Fundus des preußischen Ministerpräsidenten finanziert wurde. Eine so ernste Sache wie die politische Spionage mochte Bismarck dem Militär nicht überlassen. 1850 hatte Stieber seinen Einstand gegeben, indem er in London einem gewissen Karl Marx durch einen Trick das Mitgliederverzeichnis von dessen Kommunistischer Partei entwendet hatte. Anderes und weit Haarsträubenderes war gefolgt. Der Aufbau einer Spionageorganisation für den russischen Zaren war nur ein Zwischenspiel, an dem sein eigentlicher Auftraggeber Otto von Bismarck wohlwollenden Anteil nahm. Doch diese Zeiten waren dahin, sie waren für die deutschen Militärexperten nicht einmal mehr Legende, an die man sich schmunzelnd erinnern mochte. Für sie blieb Spionage ein schmutziges Geschäft von Verrat und Gegenverrat, was sie in Wirklichkeit ja auch ist.

Die Sektionschefs der III b amtierten stets nur wenige Jahre. Ihre Namen gerieten in Vergessenheit; sie spielten bei späteren Offizierskarrieren keine Rolle. Das gilt für Müller, Dahme und Brose. Für den zuletzt genannten Brose war die Tätigkeit bei III b ein Auslaufposten. Der Oberst a.D. wurde im Ersten Weltkrieg noch einmal aktiviert, wo er an die Spitze der Stellvertretenden Abteilung III b trat, also die Führung der Berliner Dependance des Militärgeheimdienstes übernahm. Einzig Wilhelm Heye, der von 1906 bis Ende 1912 die Sektion III b führte, gelang nach seiner Tätigkeit beim Militärgeheimdienst der Absprung in eine solide Generalstabskarriere, die ihn nach dem Ersten Weltkrieg bis zum Generaloberst und Chef der Heeresleitung, also zum militärischen Chef der Reichswehr, aufsteigen ließ.[28] Heyes Nachfolger ab Jahresbeginn 1913 war der Major Walter Nicolai; er wurde durch seine Tätigkeit im Ersten Weltkrieg bekannt; eine Nachkriegsverwendung blieb ihm hingegen versagt. Brose und Heye dienten jeweils sechs Jahre an der Spitze von III b; Nicolai ist hiermit nicht vergleichbar; er kam Anfang 1913 auf den Stuhl des Geheimdienstchefs, auf dem er auch die Kriegsjahre 1914 bis 1918 zubrachte, das Kriegsende brachte für ihn das abrupte Aus.

Chefs der Abteilung (Sektion) III b	
Major Müller	1892–1895
Major Dahme	1895–1900
Major/Oberstleutnant Brose	1900–1906
Major/Oberstleutnant Wilhelm Heye	1906–1912
Major/Oberstleutnant Walter Nicolai	1913–Ende 1918

Als der 39-jährige Major im Januar 1913 seinen Dienst als Chef der Sektion III b antrat, verfügte er nach seinem eigenen Bekunden noch über Spione, die aus der Zeit der deutschen Einigungskriege stammten.[29] Nur einem von ihnen mochte er das Prädikat *bedeutend* zubilligen. Der Mann hieß August Schluga von Rastenfeld, ein 1866 desertierter ehemaliger ungarischer Leutnant, der zunächst gegen seinen einstigen Dienstherrn, dann vor allem 1870 für den deutschen Generalstab gegen Frankreich spionierte und später vom deutschen Auswärtigen Amt seine Spionage-Tantiemen bezog.[30] Schluga, der 1917 starb, war, als Nicolai ihn übernahm, bereits aus Altersgründen ein auslaufendes Modell; zudem spionierte er bei Erzfeind Frankreich. Für das Feld der Russlandspionage vermeldete der deutsche Geheimdienstchef auf seiner Ebene kurz vor Beginn des Ersten Weltkrieges eher Fehlanzeige. Im seltsamen Kontrast hierzu stehen die nach dem Krieg verbreiteten Hinweise, über russische Generalstabsplanungen habe es kistenweise Material gegeben. Noch weniger glaubwürdig sind die Memoiren angeblicher Spitzenspione, wie die von Walter Herrmann, der Anfang des Jahrhunderts durch Erpressung eines russischen Generals die russischen Mobilmachungspläne beschafft haben will.

Vera G., die ich weiterhin kurzweg Vera nennen werde, musste ich unbedingt für mich gewinnen ... Ein unerhörter Vorfall, bei dem Youpoff sich vollkommen als Asiate zeigte, leistete meinem Plan großen Vorschub. Youpoff hatte Vera bei einer Meinungsverschiedenheit während des Spiels das volle Sektglas ins Gesicht geworfen und sie, noch bevor ihn jemand daran hindern konnte, mit der Faust zu Boden geschlagen. Ich hatte mich ihrer angenommen, und die Folge davon war, dass wir uns häufig heimlich trafen und sehr nahe anfreundeten. Für die schwere Beleidigung in Gegenwart so vieler Offiziere wollte sie sich als wahre Evastochter rächen, und ich bot mich an, ihr dabei behilflich zu sein. Ihre Geldsorgen stillte ich mit meiner Brieftasche. Dabei sagte ich ihr, was ich über die Schulden des Generals wusste, und bat sie, ihn zu veranlassen, bei dem reichen Deutschen ein Darlehen aufzunehmen, der es sich sicherlich zur Ehre anrechnen würde, ihm, dem General und Abteilungschef im Kriegsministerium, aushelfen zu können.[31]

Was sich wie ein leicht verkitschter Krimi in den so genannten besseren Kreisen liest, mit allen Zutaten von Spiel und Leidenschaft und angeblich schönen Frauen, ist schlicht erlogen. Der Autor hatte lediglich die einschlägigen Spionage-Hinweise, wie sie nach dem Ersten Weltkrieg reichlich veröffentlicht wurden,[32] studiert und hieraus seinen Erlebnisbericht komponiert. Die Wirklichkeit sah etwas anders aus: Ein deutscher Agent namens Hellweger beispielsweise, der gegen Ende des 19. Jahrhunderts für die Militärspionage nach Russland entsandt wurde, fiel alsbald auf und wurde zu lebenslanger Verbannung verurteilt. Es gelang ihm, über China zu entfliehen. Schließlich landete er in der Schweiz, von wo aus er seinen früheren Arbeitgeber jährlich, bis in die 1920er-Jahre hinein, um 3000 Reichsmark erleichterte; das war der Preis für sein Schweigen.[33]

Im Jahre 1902 gelang es, von einem russischen Oberst im Generalstab einen Aufmarschplan anzukaufen – so jedenfalls der spätere Generalmajor Max Hoffmann in seinen Memoiren. Doch Hoffmanns Angaben sind ungenau: Die Anwerbung des Offiziers im russischen Hauptstab fand bereits 1889 durch den damaligen deutschen Militärattaché in St. Petersburg, Graf Pfeil, statt. In den Folgejahren lieferte dieser Agent alles, was er an Land ziehen konnte. Und das war nicht gerade wenig: Mobilmachungsanweisungen und Aufmarschpläne und nicht zuletzt die russischen Ein-Werst-Karten, die noch auf Jahre hinaus als Vorlage für das deutsche militärische Kartenwerk über Russland dienten. Anfang 1904 flog der

Russe auf, als er sein Wissen zusätzlich bei den Japanern an den Mann bringen
wollte. Grimmig mussten die Leute der russischen Konter-Raswedka hierbei die
Verbindungen des Verräters nach Deutschland und Österreich zur Kenntnis nehmen. Für den deutschen Militärattaché, Major von Lüttwitz, bedeutete das Platzen
der Agentenverbindung das dienstliche Ende in St. Petersburg. Weiteres Verratsmaterial stammte zur selben Zeit vom russischen Oberstleutnant Grimm, der am
Ende des 19. Jahrhunderts als Stabskapitän im Militärstab des Gouverneurs von
Warschau tätig war. Sein Motiv, sich der deutschen Seite anzudienen, war fanatischer Zarenhass. Nachdem seine Spionagetätigkeit zum Ende des Jahrhunderts
eingeschlafen war, wurde Grimm im Jahre 1901 beim Versuch der Reaktivierung
durch III b-Chef Brose von der Ochrana verhaftet und lebenslänglich nach Sibirien verbannt. Doch alle die so beschafften bedeutenden Unterlagen hatten bei
Ausbruch des Ersten Weltkrieges längst ihren Wert eingebüßt. Nach den immensen Heeresverstärkungen auf beiden Seiten, die seitdem stattgefunden hatten, und
nach den organisatorischen Änderungen in der zaristischen Armee, die auf den
Erfahrungen des russisch-japanischen Krieges beruhten, waren sie spätestens
nach 1906 Makulatur. Europa war in die Phase des wechselseitigen Rüstungs-
wettlaufs eingetreten. Umso mehr hätte eine Wiederholung des Beschaffungs-
coups dieser Größenordnung Not getan; doch diese gelang dem militärischen
Geheimdienst nicht wieder.[34]

Im Jahre 1910 – wenn ich mich nicht irre – gelang es dem Nachrichtenoffizier
vom Generalkommando des I. Armeekorps in Königsberg, dem damaligen
Hauptmann Nicolai, einen Grenzschutzbefehl für ein Detachement der russi-
schen 26. Division in Kowno zu bekommen. Es ging daraus hervor, dass die
Russen aus den in erster Linie zur Verfügung stehenden Truppen zwei Armeen
gegen uns aufstellten: die so genannte Wilnaer Armee und die Warschauer
Armee. Sie sollten beide gegen Ostpreußen, die eine nördlich, die andere süd-
lich der masurischen Seen offensiv werden. Die beiden Armeen sollten mit
ihren inneren Flügeln in Richtung Gerdauen vorstoßen und ihre Vereinigung
hinter der masurischen Seenkette suchen. Über Zusammensetzung der Armeen
gab uns der vorliegende Befehl keine Auskunft.[35]

Das ungefähr war die tatsächliche geheimdienstlich gewonnene Informationsbasis
der deutschen Militärführung für einen Landkrieg gegen Russland. Es hat später
nicht an Erklärungen für diesen offensichtlichen Missstand gefehlt. Zum einen
wurde der unzureichende Mittelansatz, zum andern die dürftige Personalausstat-
tung ins Feld geführt. Doch man lasse sich nicht täuschen: Die Ausstattung der
Militärspionage fiel nicht vom Himmel, sondern sie beruhte auf den Angaben der
Militärplaner selbst. Angesichts der gigantisch zu nennenden preußisch-deutschen Armee im ersten Jahrzehnt des 20. Jahrhunderts hätte es vermutlich nur des

sprichwörtlichen Federstrichs bedurft, um die notwendigen personellen und materiellen Voraussetzungen in der deutschen Militärspionage zu schaffen. Doch das geschah nicht, schon gar nicht unter dem viel gepriesenen langjährigen Generalstabschef Alfred von Schlieffen. Er und seine Untergebenen waren so von ihrer eigenen operativen Genialität verblendet, und sie verbreiteten solch ein Überlegenheitsgefühl, einen Glauben an die Unschlagbarkeit der deutschen Waffen, dass sie meinten, auf eine seriöse Feindaufklärung zu Friedenszeiten verzichten zu können. Der zu Schlieffens Endzeiten amtierende preußische Kriegsminister Karl von Einem setzte noch eins drauf, indem er sich mit Schreiben vom 14. Juni 1906 strikt gegen die Verwendung aktiver Offiziere als Nachrichtenoffiziere verwahrte. Der schier abenteuerliche Grund hierfür: Durch den zu befürchtenden Umgang dieser Offiziere mit minderwertigen Elementen sei ein Verfall der Standesmoral zu befürchten.[36]

Der Jahresetat der Sektion III b betrug 300 000 Reichsmark; im heutigen Sprachgebrauch würde man dies den Operativen Geheimdienst-Titel nennen. Im Jahre 1912 wurde im Zuge der Heeresvermehrung der Titel um 50 Prozent auf 450 000 Reichsmark erhöht. Vom erhöhten Ansatz legte der neue Sektionschef Walter Nicolai im Jahre 1913 50 000 Reichsmark auf die hohe Kante, das heißt, er behielt sie als eine Art Notgroschen ein, ohne sie aus- oder an die Reichskasse zurückzugeben. Ob die Beschaffungskasse sparsam ausgestattet oder wohl gefüllt war, lässt sich heute nur durch Vergleiche ermitteln. Es ist in der zeitgenössischen Literatur darauf hingewiesen worden, dass Russland beispielsweise 1912 13 Millionen Rubel und vor dem Kriegsausbruch 1914 bereits 26 Millionen Rubel an Spionagemitteln ausgegeben gehabt habe; das entsprach umgerechnet 26 bzw. 52 Millionen Mark. Eine andere Vergleichsgröße stellt der jährliche Wehretat insgesamt dar. In ihm wurden beispielsweise für 1907 1056 Millionen Reichsmark veranschlagt; der nachrichtendienstliche Beschaffungstitel an diesem Wehretat betrug nicht einmal 0,3 Promille. Das ist eine bezeichnende Größe dafür, was dem preußischen Kriegsministerium Feindnachrichten wert waren. Es mag ein Zufall sein, aber ausgerechnet der Etat der Preußischen Generalordenkommission betrug jahrelang exakt jene 300 000 Mark, mit denen der preußisch-deutsche militärische Nachrichtenbeschaffungstitel dotiert war; und auch jener Titel, der das Ausstreuen von Roten und Schwarzen Adlerorden und all jener anderen schmucken Dekorationen auf die Untertanen und andere Sterbliche erst möglich machte, reichte nicht mehr aus und sollte daher auf genau dieselben 450 000 Mark erhöht werden. Der Vergleich spricht für sich, was im Staate Preußen wichtig war und was es kosten durfte. Eine weitere Vergleichsgröße mag schließlich aus der im Jahre 1909 neugeregelten Militärbesoldung gezogen werden; hiernach verdiente ein Feldwebel bei freier Kost und Logis monatlich 62,50 Mark. Es waren somit

Gehaltsempfänger dieser Kategorie, die es natürlich auch in Russland gab, mit den finanziellen Möglichkeiten des deutschen Militärgeheimdienstes durchaus zu beeindrucken. Berücksichtigt man indessen, dass im Gegenzug die russische Raswedka im Jahre 1913 für den Ankauf eines Satzes deutscher militärischer Messtischblätter bei einem preußischen kleinen Militärbeamten stolze 50 000 Mark auf den Tisch blätterte, so kommen einem solide Zweifel, ob Preußens Militäraufklärer mithalten konnten. Diese Feststellung gilt erst recht, wenn man an die Korrumpierung russischer Spitzenleute in Staat und Militär dachte, deren geheimdienstliches Einfalltor regelmäßig Spielschulden oder verschwenderisch lebende Ehefrauen oder männliche Gespielen darstellten. Unter denen konnte III b in der Tat keine großen Sprünge machen. Es ist indessen zu bezweifeln, dass es überhaupt versucht worden ist. Der ab 1910 erscheinende *Almanach de St. Petersbourg*, eine Art Handbuch der feinen Kreise, hätte als Grundlagenwerk bestens dienen können, diese spionageträchtige Personengruppe durchzumustern und mit geheimdienstlichen Druckmitteln in sie einzudringen. Das unterblieb, wofür die Nicht-Ausgabe von 50 000 Mark aus dem Jahresbudget für 1913 Bände spricht. Damit nicht genug: Preußens Militäraufklärer unternahmen alles Erdenkliche, um sich selbst im Wege zu stehen. Hierzu gehörte der Versuch, durch Dienstvorschriften im Vornherein festzulegen, welche Information mit wie viel Mark zu honorieren war, ebenso wie die Weisung, jede Ausgabe über 100 Mark vom Chef III b vorab genehmigen zu lassen. Wozu das führte, kann man am Fall Aronsohn illustrieren. Dieser reisende Händler aus Kowno diente zugleich als Agent der Nachrichtenstelle Königsberg. Als er im Frühsommer 1914 die Mobilmachungsaktivitäten der russischen Armee melden sollte, scheiterte er, weil es ihm am einschlägigen Kaufmannspass 1. Klasse mangelte. Der hätte ihn zum unbeschränkten Reisen in Russland berechtigt; doch die 200 Mark, die das wertvolle Papier kostete, hatte der Chef III b mehrmals als unnütze Ausgabe abgelehnt.[37]

Bescheiden war auch der personelle Zuschnitt der Sektion III b, die sich auf wenige etatmäßige Offiziere beschränkte. Noch 1906 beschäftigte sich im Großen Generalstab in Berlin nur ein einziger Generalstabsoffizier mit der Russlandspionage. Zur selben Zeit verfügte die deutsche Armee über eine Friedenspräsenzstärke von 587 858 Mann, darunter ca. 29 000 Offiziere. Allein im Großen Generalstab in Berlin waren vor dem Beginn des Ersten Weltkrieges 122 Generalstabsoffiziere etatmäßig beschäftigt; hinzu kamen über hundert, die zur Dienstleistung kommandiert waren, und etwa 30 weitere, die dem Generalstab zugeteilt waren, sowie ein gutes Dutzend in der Eisenbahnabteilung.[38] Die Offiziere in den Truppengeneralstäben sind in diesem Vergleich nicht einmal enthalten. So wird deutlich, welch geringen Stellenwert die Feindaufklärung in der preußisch-deutschen Armee hatte. Die Missachtung der Feindaufklärung, die in diesem Zahlen-werk zum Ausdruck kommt, hatte nichts Zufälliges oder gar Unabänderliches, wie uns spätere Memoirenschreiber glauben machen wollen. Diese Zahlen spiegeln vielmehr die Planungen und Einschätzungen der Spitze des deutschen Generalstabs selbst wider.

Zwar wurden bereits 1893 zur Russlandaufklärung erstmals Nachrichtenstationen in Grenznähe, und zwar in Gumbinnen, Jarotschin, Kempen, Lublinitz, Lyck, Soldau und Thorn eingerichtet, doch diese Stellen wurden mit altgedienten, d.h. an der Grenze zur Ausmusterung stehenden Bezirksoffizieren besetzt. Erst unter Wilhelm Heyes Amtszeit als Chef von III b (1906–1912) wurden die an der Ostgrenze des Reichs stationierten Armeekorps, das I. in Königsberg und das V. in Posen mit Generalstabsoffizieren ausgestattet, deren Aufgaben die Russland-spionage und die Spionageabwehr waren; bald folgten das VI. und das XVII. Armeekorps in Breslau und in Danzig; für das später, ab Sommer 1912 aufgestellte XX. Armeekorps in Allenstein gilt Ähnliches.[39] Bei den Korpsstäben, die damals Generalkommandos genannt wurden, wurde der Anfang mit einer Einrichtung gemacht, die in der deutschen Armee bis heute Bestand haben sollte: Dem Feindlageoffizier, seinerzeit Nachrichtenoffizier genannt, der später die Bezeichnung I c erhielt und der heute, in Anlehnung an die US-amerikanischen Verhältnisse, S 2 bzw. G 2 heißt. Das Revolutionäre der Neuerung war, dass diese Offiziere nicht nur das Feindlagebild führen sollten, sondern auch die zugehörigen Informationen selbst zu beschaffen, im Zweifel also Spionage zu organisieren hatten. Doch anders als heute hatten diese Nachrichtenoffiziere einen organisatorischen Konstruktionsfehler: Sie unterstanden im Weisungswege der Sektion III b und nicht ihren Kommandierenden Generalen, so dass sie bei den Truppengeneralstäben als Fremdkörper angesehen wurden. Zudem waren die Nachrichtenstellen, denen diese Offiziere in der Papierform vorstanden, in Wirklichkeit Einmannunternehmen, die nur aus ihnen selbst bestanden, so dass bei Abwesenheit des Nachrichtenoffiziers dessen Ehefrau, falls vorhanden, den Post- und Telefondienst versehen musste.[40] Einer der ersten Generalstabsoffiziere, die so vor Ort Dienst taten, war im Vorkriegsdeutschland der Hauptmann Walter Nicolai; er diente als frisch gebackener Nachrichtenoffizier beim Stab des I. Armeekorps in Königsberg.[41] Später wird er uns im Weltkrieg als Chef von III b wieder begegnen. Er schrieb:

Für den Aufbau eines deutschen Nachrichtendienstes in Russland lagen die Verhältnisse auf den ersten Blick an sich günstig. Unter der im russischen Grenzgebiet vorherrschenden jüdischen Bevölkerung fanden sich mühelos zahlreiche Elemente, die bereit waren, Spionageaufträge auszuführen und als Vermittler zu Beamten und Offizieren in hohen Stellungen zu dienen. Der jüdische Handelsmann und Geldverleiher spielte ohnehin in diesen Kreisen eine verhängnisvolle Rolle. Dazu kam, dass sich die Rückwirkung des ausgedehnten russischen Spionagewesens fühlbar machte, in dem sowohl der Grenzbevölkerung wie den Beamten und Offizieren die Spionage ins Blut übergegangen war.[42]

Doch die Spionageerfolge des deutschen Militärgeheimdienstes blieben dürftig. Er stützte sich auf eine Reihe so genannter Reiseagenten, die, bevorzugt im Grenzbereich herumreisend, Informationen über russische Truppenstationierungen, deren taktische Nummern und soweit möglich deren Bewaffnung sammeln sollten. Für einige dieser Agenten war die Möglichkeit ihrer Weiterbeschäftigung im Kriegsfalle eingeplant, was in erster Linie die Lösung einer schwierigen Frage, nämlich die der Nachrichtenübermittlung unter Kriegsbedingungen voraussetzte. Bevorzugtes Personal der Russlandspionage waren, wie wir schon gehört haben, die beiderseits der Grenze ansässigen Juden, weil bevorzugt in deren Händen der grenzüberschreitende Handel und das Fuhrwesen lagen.[43] Manch einer von ihnen mochte sich ein lohnendes Zubrot verdienen. Die Mosaiksteinchen, die so gewonnen wurden, brachten ein überraschend zutreffendes Bild über die Dislozierung der russischen Armee in den Grenzdistrikten zustande. So stellten die Militärbezirke Warschau und Wilna für die deutsche Führung keine echte Überraschung dar; die Hochrechnung dieser Erkenntnisse auf das übrige Russland hätte nahe gelegen. Doch was sich uns heute wie selbstverständlich aufnötigt, blieb den Zeitgenossen versperrt, wie wir sogleich hören werden. Ebenso blieben Kampfmoral und Ausbildungsstand für diese Art der Feindaufklärung naturgemäß blinde Flecken.

Nebenbei mag man sich wundern, dass ein existenzgefährdender Schachzug, wie der Schlieffen-Plan, selbst Jahre nach seinem Entstehen, lediglich auf einer erdachten Annahme beruht haben soll, der Annahme nämlich, dass der russische Koloss Wochen brauchen würde, um seine gigantische Militärmaschinerie in Gang zu setzen. Diese Annahme war, wie wir heute wissen, grundfalsch. Eigentlich wussten es die Deutschen auch besser, aber sie verschlossen ihre Augen vor der unangenehmen Wahrheit. Diese lautete, dass die Niederlage der russischen Armee im russisch-japanischen Konflikt von 1904 und die Ereignisse der russischen Revolution von 1905/06 der Mobilisierungsfähigkeit der russischen europäischen Armee durchaus keinen Schaden zugefügt, sondern deren Offensivfähigkeit in einem für Deutschland besorgniserregenden Maße zugenommen hatte. Wie gesagt, der deutsche Generalstab hätte es besser wissen können. Er verfügte beispielsweise mit seinem Agenten Alexander Bauermeister über eine wertvolle Quelle in der St. Petersburger Gesellschaft, die sich nicht auf Gesellschaftsklatsch beschränkte, sondern Erkenntnisse über die deutschfeindliche Grundstimmung der herrschenden russischen Kreise kolportierte. Danach war es klar, dass die Petersburger Hofgesellschaft es schick fand, im Falle eines nahe liegenden österreichisch-serbischen Konflikts einen Interventionskrieg zugunsten des serbischen Brudervolkes zu unternehmen – und zwar gegen das Deutsche Reich. Bauermeister berichtete durchaus zutreffend; er hatte als junger Mann die damals übliche, für Gebildete mögliche kürzere Wehrdienstzeit bei der preußischen Armee als sog. Einjährig-Freiwilliger abgeleistet und war mit dem Patent eines Reserveleutnants aus seinem Kürassier-Regiment entlassen worden. Fortan betätigte er sich, wie viele andere in jener Zeit, als Kaufmann im Russlandgeschäft, das zu Beginn des Jahrhunderts beträchtliche Gewinne abwerfen konnte. Aber er hatte noch ein zweites Standbein: das des Agenten der Sektion III b. Es steht zu vermuten, dass er vom Nachrichtenoffizier des Königsberger I. Armeekorps, dem damaligen Hauptmann Friedrich Gempp, geführt wurde; ob dieser ihn auch anwarb oder bereits sein Vorgänger Walter Nicolai, ist unbekannt. Beiden, Gempp und Bauermeister, werden wir noch öfter begegnen, denn Bauermeister gelang es, bei Kriegsausbruch aus St. Petersburg zu verschwinden und sich in Ostpreußen zum Reservedienst einzufinden; Gempp brachte es zum obersten Nachrichtenchef an der deutschen Ostfront; nach dem Krieg leitete er jahrelang die an sich verbotene deutsche Militärspionage.[44]

Einer der Gründe, warum die deutsche Staatsleitung falsche Schlüsse für eine kriegerische Auseinandersetzung mit dem Zarenreich zog, hat einen institutionellen Ursprung, und zwar den der deutschen Militärattachés in St. Petersburg. Die Einrichtung von Militärattachés reicht bis ins 18. Jahrhundert zurück.[45] Diese Soldaten bekleiden seit eh und je eine seltsame Zwitterposition: Sie sind eine Art militärischer Botschafter im jeweiligen Gastland, d. h., sie repräsentieren die Militärpolitik ihrer Entsendestaaten, eine Funktion, die vor allem in Zeiten der Geheimdiplomatie kaum zu überschätzen war. Daneben waren und sind sie auch Brückenkopf für die Sammlung von militärischen Informationen über das Gastland. Diese Brückenkopffunktion war nicht unbedingt mit Militärspionage gleichzusetzen. Das deutsch-russische Verhältnis vor dem Ersten Weltkrieg ist geradezu prädestiniert dafür, den Unterschied aufzuzeigen. Die deutschen Militärattachés verstanden sich in erster Linie als die persönlichen Repräsentanten ihres Monarchen am Hofe des russischen Zaren bzw. als diplomatische Vertreter des Deutschen Reiches, wie das durchaus der Weisungslage entsprach:

Die Missionschefs sind berechtigt, den Militär- bzw. Marineattachés aus eigener Initiative Aufträge militärischer Natur zu erteilen. Unter Festhaltung des Gesichtspunktes, dass es bei ihrer Stellung ihrer unwürdig ist, sich auch nur der Vermutung auszusetzen, dass sie Untertanen eines fremden Staates zu irgendwelchem pflichtwidrigen Verhalten verleiten wollen, dürfen sie Nachrichten

*über die fremden Armeen und Flotten, welche einer unlauteren Quelle ent-
stammen, weder selbst suchen, noch, wenn sie ihnen angeboten werden, annehmen. Sie haben in letzterem Falle, sofern das Gebotene hinreichend wertvoll erscheint, der zuständigen heimischen Militär- bzw. Marinebehörde
Anzeige zu machen und dieser das Weitere anheim zu geben. Die Militär-
bzw. Marine-Attachés werden sich auch durch den Eifer für die Erfüllung ihrer
Aufgaben nicht zu Schritten verleiten dürfen, welche, wenn sie bekannt würden, den Ruf des in fremdem Lande kommandierten Offiziers gefährden
könnten.*[46]

Diese Spionageabstinenz ist später in der Memoirenliteratur gern dargestellt worden. Doch die Wirklichkeit sah keineswegs so rosig aus, wie das bereits erwähnte
Beispiel des deutschen Attachés in St. Petersburg, Major Freiherr von Lüttwitz,
zeigt, der 1904 auf berechtigtes russisches Ersuchen hin das Land verlassen
musste. Dann allerdings legte man sich auf deutscher Seite Zurückhaltung auf.
Nicht so die Russen; bei ihren militärdiplomatischen Offizieren war und blieb es
üblich, dass sie in massiver Form Spionage betrieben; preußische Ehrpusseligkeit
bezüglich der Militärspionage war ihnen fremd; sie scheuten keineswegs davor
zurück, Agentennetze höchstpersönlich anzuleiten. Für russisches diplomatisches Zivilpersonal gilt dieselbe Feststellung. Wir werden einige dieser Leute noch
bei der Arbeit betrachten, wenn es gilt, die russische Deutschlandspionage zu beschreiben. Ab 1905 waren die deutschen und russischen Militärattachés wechselseitig in den Rang von Militärbevollmächtigten erhoben worden. Der deutsche
und der russische Monarch wollten hierdurch, wie schon in den 1880er-Jahren,
eine besondere Note in ihren gegenseitigen persönlichen Beziehungen zum Ausdruck bringen. Ab 1906 wurde den Militärbevollmächtigten ein Militärattaché
beigegeben. Der Grund war, dass es diesmal der russische Militärbevollmächtigte
Schebeko in Berlin war, der wegen Militärspionage aufflog und das Land verlassen musste.[47]

In den zehn Jahren vor Beginn des Ersten Weltkrieges waren sechs deutsche
Stabsoffiziere und Generale Militärattachés bzw. Militärbevollmächtigte in St. Petersburg.[48] Ihr schneller Wechsel war nicht immer den deutschen Vorstellungen
geschuldet, sondern die Abberufungen stellten mehrmals die Reaktion auf voran-
gegangene deutsche Wünsche auf Abzug der russischen Pendants in Berlin dar,
die der Militärspionage überführt worden waren. Von Juni 1904 bis Dezember
1905 war der Major Gustav Graf von Lambsdorff in St. Petersburg Militärattaché;
er wurde zudem ab Oktober 1904 dem russischen Zaren zur Dienstleistung persönlich zugeteilt. Ihm folgte der Generalmajor Albano von Jacobi, der den Posten
bis September 1908 innehatte. Sein Nachfolger bis Januar 1911 war der Kapitän
zur See Paul von Hintze. Ihm folgte der Generalmajor von Lauenstein für acht

Monate, um sodann durch den Generalleutnant Alfred Graf zu Dohna-Schlobitten abgelöst zu werden. Ein letzter Wechsel war wegen eines einschlägigen Berliner Spionagefalls im Mai 1914 fällig, so dass der Generalleutnant Oscar von Chelius seinen Dienst für nicht einmal drei Monate bis zum Kriegsausbruch antrat, was bei seiner Meldung in St. Petersburg noch keiner ahnen konnte. Die genannten Offiziere waren bevorzugt so genannte Hofoffiziere, das heißt, sie waren durch Adjutantenstellungen in Zeiten ihrer Dienstlaufbahn ins Berliner Hofleben integriert gewesen. Auch ihre Position in der russischen Hauptstadt hob sie aus der üblichen Militärhierarchie bemerkbar heraus, denn zu den formalen Besonderheiten der Berichterstattung der Militärbevollmächtigten des Deutschen Reiches gehörte es, dass die Berichte persönlich verfasst und ohne Beteiligung des jeweiligen Botschafters an den Kaiser als den Bundesfeldherrn adressiert waren. Dieser las (und kommentierte) die Berichte und verfügte sodann die für die weitere Bearbeitung zuständige Behörde; von dort gingen die Originale zur Geheimen Registratur des Militärkabinetts zurück, wo sie gesammelt abgelegt wurden.[49] Aus diesen Berichten ergibt sich vieles, was für die spätere Entscheidung der deutschen Staatsführung, gegen Russland Krieg zu führen, außerordentlich prägend gewesen sein muss. Hierzu einige Kostproben.

Zunächst aus der Zeit des russisch-japanischen Krieges und kurz danach:

15. Oktober 1904
Der Euer Majestät persönlich bekannte Geschichtsforscher Professor Schiemann ist auf einer Reise durch Russland in Odessa mit dem Oberkommandierenden des dortigen Militärbezirks, General der Kavallerie Baron Kaulbars, zusammengetroffen. In einem längeren, sehr offenherzigen Gespräch behandelte der General das, was er die »Aufgaben« Russlands nannte. Eine solche Aufgabe war nach seiner Ansicht die Gewinnung des Hafens Karachi in Vorderindien. Auch äußerte er unverhohlen seine Unzufriedenheit mit dem deutschen Einfluss auf die anatolische Bahn. Er ermahnte den Professor, nicht zu vergessen, dass Russland noch eine Million Streiter an jeder beliebigen Landesgrenze zur »Durchführung seiner Aufgaben« stellen könne. [Randglosse des Kaisers: Dann soll er doch mit seiner Million nach Karachi gehen].[50]
25. November 1904
... Ich glaube bestimmt nicht, [Randbemerkung des Kaisers: Ich auch nicht.] dass nach einer für Russland günstigen Wendung des Krieges diese Dankbarkeit von großer Tiefe oder langer Dauer sein wird, wenn nicht wichtige russische Interessen sie bedingen.[51]
5. Dezember 1904
... Ich glaube, man wird in einem Zukunftskriege nicht mehr mit derartigen Missständen im Intendanturwesen rechnen dürfen, wie sie in früher von Russ-

land geführten Kriegen zutage traten und die Operationen ungünstig beeinflussten ...[52]

30. Januar 1905

... Man ging dabei so weit, sich recht geringschätzig über die wenig zuverlässige Haltung der Franzosen zu äußern und im Gegensatz hierzu die gleichbleibende Haltung Eurer Majestät rühmend hervorzuheben ... Möchten doch die russischen Militärs einsichtig genug sein, auch in besseren Tagen, wenn sie nicht mehr wie jetzt als die Bittenden vor Eurer Majestät zu erscheinen brauchen, dessen eingedenk zu bleiben ... [Randnotiz des Kaisers: *Sehr richtig, aber höchst unwahrscheinlich und nicht zu erwarten*][53]

7. September 1905

... Meiner Ansicht nach hat seine Majestät sehr weise getan, seine Armee nicht einem neuen Zusammenstoß mit dem Gegner auszusetzen. [Randbemerkung des Kaisers: *Ja!*] *Nach dem übereinstimmenden, bereits öfter gemeldeten Urteil auswärtiger Zuschauer, die ich gesprochen, wäre dieser Zusammenstoß für Russland verhängnisvoll geworden. Trotzdem ist wahrscheinlich, dass die verblendeten und großsprecherischen russischen Offiziere sich die Gelegenheit nicht entgehen lassen werden, laut zu berichten, welche Heldentaten sie binnen kurzem vollführt hätten, wenn nicht die kaiserliche Entscheidung ihnen die Möglichkeit dazu genommen hätte.*[54]

1. Februar 1907

... Der Kriegsminister sprach sich über die Beschaffenheit des russischen Offizierskorps mit einer geradezu verblüffenden Offenheit aus. Sobald der junge Offizier in das Regiment eingetreten sei, höre jedes allgemein wissenschaftliche oder militärwissenschaftliche Streben für ihn auf.[55]

29. Februar 1908

... Dass zur Zeit übrigens Russland noch in seinen Streitkräften so desorganisiert ist, dass es einen großen Krieg kaum führen kann, dürfte daraus hervorgehen, dass der Kriegsminister meiner gelegentlichen Erwähnung der »Unfertigkeit des russischen Heeres« mit keiner Silbe widersprach.[56]

Und einige Jahre später:

14. Juni 1911

... Bei der Besetzung der höheren Führerstellen wird neuerdings mit bemerkenswerter Sorgfalt verfahren. Vor allem in Ostasien hat die Heeresleitung es sich angelegen sein lassen, die rechten Männer an den rechten Platz zu bringen. Schon jetzt aber ist mir in der russischen Armee jene Selbstzufriedenheit entgegengetreten, die den Keim so manchen Misserfolges während des letzten Krieges in sich barg, und die Neigung, jede noch so schwache Leistung der eigenen Truppe kritiklos zu loben, scheint unausrottbar zu sein ...

Die Sympathien für Frankreich gehen einer starken Belastungsprobe entgegen. Und wenn 1913 und 1914 das Andenken an die gemeinsamen Waffentaten russischer und preußischer Truppen wieder lebendig wird, dann wird sich wohl auch zwischen den beiden Armeen von heute das Band wieder fester schlingen, das Eure Majestät allen Anfeindungen zum Trotz durch mehr als zwanzig Jahre gehalten und gestärkt haben. [Schlussglosse des Kaisers: *Vorzüglich*][57]
18. Februar 1913
… Der Kriegsminister Suchomlinow – welcher seit dem Potsdamer Frühstück sehr freundschaftlich und offen mit mir verkehrt – spricht mir gegenüber die Hoffnung aus, dass Österreich finanziell nicht mehr lange die Mobilmachung aufrechterhalten werde, Russland sei noch nie so gut auf einen Krieg vorbereitet gewesen wie jetzt. Trotzdem behauptet er aufrichtig den Frieden zu wünschen. Man erzählt mir in Gesellschaft eine Anekdote, dass Eure Majestät zu einem hochstehenden Österreicher gesagt hätten: »Ich will nicht, dass Ihr mit meinem Säbel rasselt!« *Man setzt hier alle Hoffnungen auf Frieden, welchen man nach meiner Überzeugung hier aufrichtig wünscht, auf Eure Majestät.* [Glosse des Kaisers: *Ich allein kann doch den Frieden nicht aufrechterhalten, wenn die andern nicht wollen*][58]

Das also ist die militärisch bedeutsame Ausbeute aus Hunderten von Berichten der deutschen Militärbevollmächtigten aus den zehn Jahren vor dem Beginn des Ersten Weltkrieges. Es ist eine Zusammenschau von Fehlbeurteilungen, Klatsch und Wunschdenken. Die russische Armee wurde unter dem Eindruck des fehlgeschlagenen Krieges gegen Japan 1904/05 als eine zu vernachlässigende Größe dargestellt. Die Großspurigkeit der russischen Offiziere geißelte man mit Schärfe; doch gerade hierbei drängt sich der Eindruck auf, als blicke man in einen Spiegel. Gescheite Personenbeurteilungen und die Wiedergabe von Fakten fehlten fast vollständig. Die Art und Weise, wie die Bevollmächtigten der Jahre 1911 bis 1914, Generalmajor von Lauenstein und Generalleutnant Graf zu Dohna-Schlobitten, ihrem allerhöchsten Herrn in der Berichterstattung Honig ums Maul schmierten, wirkt abstoßend und grotesk zugleich. Gefährlich indessen war, dass sich die Berichterstattung auf faktenfreies Wunschdenken stützte. Was aus St. Petersburg an den Kaiser abging, war mehr als ernüchternd: Hofklatsch, Empfänge, Visiten. Nur die Berichterstattung eines einzigen der sechs Bevollmächtigten unterscheidet sich von der vorausgegangenen Kritik ganz erheblich. Es war die des Marinemannes Paul von Hintze. Auch hiervon einige Kostproben:

9. Dezember 1908
Wenn trotzdem die Russen mit Abschüttelung der Mongolenherrschaft als Eroberer auftreten, so ist ihnen diese Rolle bei dem allmählichen Zerfall der benachbarten Staaten … zugeschoben worden. Ihre Eroberungen verdanken sie,

mit anderen Worten, nicht der eigenen kriegerischen Tüchtigkeit, sondern der Untüchtigkeit ihrer Gegner und ihrer Nachbarn ... [Heer und Flotte] sind sich bewusst, dass die augenblickliche Lage zum Kriege führen kann. Beide arbeiten daher angestrengt an der Vorbereitung des Krieges ... Jetzt ist ein eifriges, planmäßiges Arbeiten festzustellen, vorerst in den Zentralbehörden. Meine Freunde aus beiden Waffen, Heer und Flotte, sagen mir, dass sie auf Ausbruch des Krieges im Februar 1909 rechnen und sich danach einrichten ...

Die Militärattachés sind sich einig darüber, dass die Armee in dem augenblicklichen Zustande der Neuorganisation, bei der Unvollständigkeit der Ausrüstung, in einen Krieg nur mit starker Benachteiligung, handicapped, eintreten würde. Allgemein erkenntlich ist das Fehlen von Führern. Der jüngste Krieg hat auffälligerweise kein größeres Führertalent offenbart, dagegen den Glauben an manches angebliche Genie vernichtet. Aber ein Vorzug ist der russischen Armee und der russischen Flotte zuzuerkennen: sie haben den Krieg gesehen, besitzen Kriegserfahrung. Darin scheint mir ein großer Vorteil zu liegen, zumal für die Unternehmungen im Anfang des Krieges; später wird sich allmählich dieser Vorteil verflachen und verflüchtigen. Die Armee muss an eine Offensive denken, die Flotte kann sich nur auf die Abwehr beschränken. Charakteristisch für die Art der Letzteren ist, dass auch der Etat für 1909 weder für Sweaborg noch für Libau nennenswerte Summen auswirft; das Gutachten des Generals Palyzin, bisherigen Chefs des Generalstabes, »dass Libau und Sweaborg als Festungen unnütz, sogar schädlich und deswegen aufzugeben seien«, scheint durchgedrungen zu sein.

Was die Verteilung der Seestreitkräfte anbetrifft, so ist Grund anzunehmen, dass die Flotte, den Finnischen und den Bottnischen Meerbusen zu sperren suchen wird, westlich davon aber nichts unternimmt; dass die Garde in St. Petersburg, das Grenadierkorps in Moskau, beide kaukasischen Korps im Kaukasus, sowie die sibirischen Korps in Sibirien, dass endlich starke Truppenmassen in Finnland und in den Ostseeprovinzen bleiben.

Es sei ausdrücklich festgestellt, dass nicht nur mit Österreich-Ungarn als Gegner gerechnet wird, sondern dass als sicher angenommen und in Ansatz gebracht wird: Deutschland als Bundesgenosse Österreich-Ungarns.[59]

6. Februar 1909

... Übrigens stoße ich häufig auf warme Befürworter des Positionskrieges, manchmal auf Offiziere, welche diese Form heute für die einzig mögliche zwischen zwei annähernd gleichen Armeen erklären. Daneben wird, ebenso oft, die Stärkung des offensiven Geistes zum Prinzip erhoben. Mir scheint, man will beides vereinen, den Positionskrieg, aber mit Offensiven, wenn sie aussichtsreich sein können.[60]

29. Mai 1909

... meist wird der Ausländer mit einer Flut von Märchen oder Lügen überschüttet, die ihn von der Leistungsfähigkeit der Armee und der Flotte trotz des Augenscheins überzeugen sollen. Vor allem aber: der Fremdling, der den Finger auf die Wunde legt, ist hier endgültig unmöglich.

Für das Ausland ist es ja durchaus unnötig, den Russen ihre militärischen Fehler vorzuhalten; es meines Erachtens sogar schädlich, da es den Russen tödlich reizt und den Fremden verdächtigt. Das Ausland, das sich mit Russland auf dem Verkehrston halten will, kann von der militärischen Impotenz Russlands mit umso größerer Gelassenheit schweigen, als es sich dieser Tatsache bewusst ist und fühlt, dass auch die Russen sie kennen – und danach handeln.

Die wichtige Frage ist, wie lange wird Russland einem Krieg aus dem Wege gehen müssen? Es ist schwierig, mit Zahlen zu antworten; denn die Fortschritte können schneller als gewöhnlich und hier üblich gemacht werden ... Ich will aber keine eigene Ziffer aufstellen, sondern mich damit begnügen, die Zahl des Generals der Infanterie und bisherigen Kriegsministers Rediger zu wiederholen: 15 Jahre. Das sagte er im Jahre 1908.[61]

19. August 1910

Die mir unter »Geheim« und dem Siegel der Militärkanzlei Seiner Majestät des Kaisers von Russland dienstlich zugegangene Disposition für das Manöver vom 7., 8. und 9. August (Anlagen A) und fernerhin für das Manöver am 10. und 11. August (Anlagen B) statuieren als Kriegslage mit klaren Worten: Deutschland, bzw. Deutschland-Schweden befinden sich im Kriege mit Russland. [Randglosse des Kaisers: Unerhört!] ... In Russland gibt es kaum Leute, denen dieser Satz nicht gewissermaßen körperliche Überzeugung wäre; selbst der grauen Masse der Bauern ist der Gedanke eines Krieges mit Deutschland wohlgefällig, denn der Deutsche bedeutet ihnen »Ausländer« überhaupt und die Juden vor allem mit eingeschlossen.[62]

Bemerkenswert an den Hintze'schen Berichten ist die Kombination von Tatsachensammlung und Analyse. Hintze unterhielt offensichtlich sehr gute Kontakte in höchste Hof- und Militärkreise. Seinen Ausführungen wohnt ein beachtliches Selbstbewusstsein inne, das ihn darauf verzichten ließ, seinem allerhöchsten Kriegsherrn untertänigst oder gar alleruntertänigst etwas zu vermelden. Auch scheute er sich keineswegs, auf die Fortschritte der russischen Kriegsvorbereitungen, die in seine Zeit fielen, und die außerordentliche Deutschfeindlichkeit nachdrücklich hinzuweisen. Ein Meisterstück seiner Berichtskunst ist es, wie er Wilhelm II. unterwuchtete, dass der russische Zar ein Feind lauter und schneller Worte sei – und das in Vorbereitung eines Kaiserbesuchs. Es nimmt kaum wunder, dass Wilhelm Stellen dieser Art von seinen Kommentaren ausnahm. Aber auch für Hintze gilt, dass er noch 1909 eine vieljährige Reorganisationszeit für die russische Armee als zwingend annahm; allerdings war er klug und vorsichtig genug, seine eigene Meinung nicht als zwingend darzustellen. Lässt man die Hintze'sche Berichterstattung Revue passieren, wird klar, dass dieser Marineoffizier ein höchst klares politisches Programm verfolgte, und zwar das einer möglichen Herauslösung Russlands aus der Allianz mit Frankreich und dem sich immer klarer abzeichnenden zusätzlichen Bündnis mit Großbritannien. Die Art und Weise, wie er, wenn auch vergeblich, den deutschen Kaiser zu lenken versuchte, verdient Beachtung. Es konnte bei dem von ihm gewählten Vorgehen nicht ausbleiben, dass sich Hintze erbitterte Feinde machte, die in erster Linie in der Hurra-Umgebung des deutschen Kaisers gesucht werden müssen. Die Anmerkungen des Hintze-Nachfolgers von Lauenstein, russische Hofkreise um den Großfürsten Nikolaj Nikolajewitsch wären für die unzeitige Abberufung Hintzes verantwortlich, klingen nicht sehr plausibel.[63]

Richtigerweise muss man die Ursache der vorzeitigen Hintze'schen Abberufung in einer ganz gewöhnlichen Intrige suchen. Der Marinemann war, als er seinen Posten als Militärbevollmächtigter in St. Petersburg antrat, 44 Jahre alt. Die fünf Jahre davor hatte er am selben Ort als kaiserlicher Marineattaché für die nordischen Reiche, das waren Russland und Schweden, gedient. Zu den Vorzügen des begabten Offiziers gehörte es, dass er perfekt englisch, ausgezeichnet russisch und gut französisch sprach. Französisch galt als die gängige Diplomatensprache der Zeit, russisch in Russland zu sprechen braucht als Vorteil nicht erörtert zu werden, und Englisch hatte einen besonderen Stellenwert, denn in der Familie Nikolaus II. sprach man bevorzugt englisch. Es war die Sprache, die Zar und Zarin gemeinsam am besten beherrschten. In dieser Sprache redete auch Hintze gern. Bereits in seiner Zeit als Marineattaché war ihm das schier Unglaubliche gelungen: Er hatte einen persönlichen Zugang zu Zar Nikolaus II. gefunden, der ihn immer wieder einmal zu einem Vieraugengespräch heranzog. Das war nicht ohne Reiz, denn Hintze war ein Mann von geschliffenen Umgangsformen, aber jeglichem höfischem Getue abhold. Es bedarf keiner tiefsinnigen Ausführungen, wie er in den inneren Kreis dieses menschenscheuen Autokraten vorzudringen verstand; es ist lediglich festzustellen, dass er der einzige Fremde war, der persönlichen Zugang zum Zaren und seiner Frau hatte. Diesen Mann galt es vom russischen Hof zu entfernen. Dafür fand sich, wie in solchen Fällen üblich, alsbald eine Koalition des Mittelmaßes zusammen. Ihr gehörten auf deutscher Seite mit einiger Sicherheit drei Personen an: Der deutsche Botschafter in St. Petersburg, Graf Pourtalès, der Militärattaché, Graf von Posadowsky-Wehner, und der Generaladjutant Wilhelms II., der Generaloberst Hans von Plessen. Pourtalès und Posadowsky wollten den lästigen Konkurrenten in der russischen Hauptstadt loswerden, und bei Plessen lagen die Dinge noch einfacher. Er konnte den gradlinigen, mit Wilhelm II. furchtlos verkehrenden Bürgerlichen, der soeben erst in den Adelsstand erhoben worden war, nicht ausstehen. Und so machten es die Herren: Der deutsche Botschafter wies den mit ihm eng befreundeten[64] Staatssekretär des Auswärtigen von Kiderlen-Wächter darauf hin, dass Hintze am russischen Hof eine unglückliche Figur sei. Dieser sagte es dem Reichskanzler weiter, der den Generaladjutanten informierte. Plessen verschaffte sich vom Kaiser die Genehmigung, die Berichte Hintzes einsehen zu dürfen. Da muss er sich die Hände gerieben haben. Er schrieb an den Reichskanzler am 17. September 1910 handschriftlich einen Brief:

> *In Kenntnis der Berichte des Kapitäns v. Hintze sagte ich ihm [Hintze], er scheine mir die russischen Verhältnisse Deutschland gegenüber zu schwarz zu sehen, seine Berichte bekämen dadurch etwas Alarmierendes. Was er für Rüstungen gegen uns hielte, wären nach meiner Meinung nichts als eine Reorganisation der russischen Landverteidigung überhaupt! ... Ich vermöchte nicht zu begreifen, wie Russland nach dem äußeren und inneren Desaster jetzt schon wieder an das Wagnis eines neuen Krieges, und zwar mit Deutschland, der stärksten Armee Europas, denken sollte! Alle diese Ausführungen vermochten den Kapitän v. Hintze nicht von seiner festen Überzeugung abzubringen, dass Russland gegen uns rüste. Er behauptete, dass das in Petersburg überhaupt ganz offen behandelt würde, dass jedermann dort es als etwas ganz Selbstverständliches ansähe, dass der Botschafter Graf Pourtalès und der Militärattaché Graf Posadowsky genau wie er dächten* [Randglosse des Unterstaatssekretärs Wilhelm von Stumm: *Durchaus nicht!*] ...[65]

Zwar stimmten Hintzes Mitteilungen mit den Wahrnehmungen der Peterburger Diplomaten durchaus überein, doch die Herren nutzten die Gelegenheit, sich heimlich zu distanzieren. Der Rest war ein Kinderspiel. Es genügte, in die Kanäle der russischen Hofintrigen Auszüge aus der Berichterstattung Hintzes an Wilhelm einzuträufeln. Nichts konnte sich hierfür besser eignen, als Hintzes unprätentiöse Darstellung des Zaren selbst und vor allem seiner Frau. Auf nichts reagierte der Zar so allergisch wie auf Kritik dieser Art. Er verbannte Hintze aus seiner Umgebung und ließ Wilhelm II. am Jahresende 1910 mitteilen, dass er die Ablösung des Militärbevollmächtigten dringend wünsche. Das Tor eines deutschrussischen Interessenausgleichs, das sich unter dem Einfluss Hintzes für einen Moment einen Spalt breit geöffnet hatte, war erneut zugeschlagen.

Wie dem auch sei, zusammenfassend muss zur militärischen und militärpolitischen Berichterstattung der Militärbevollmächtigten gesagt werden, dass sie in hohem Maße geeignet war, ein ungenaues Bild der russischen Armee und der Kriegsbereitschaft der russischen Staatsführung zu erzeugen. Die Lust, sich mit der Qualität der russischen Armeeführung zu vergleichen, überwog die Sammlung wertungsfreier Tatsachen bei weitem. Die ständige Wiederholung der Unfertigkeit der russischen Rüstung trug bei der deutschen zivilen und militärischen Staatsleitung entscheidend dazu bei, den Krieg mit Russland, selbst unter den Bedingungen eines Zweifrontenkrieges, für führbar zu halten. Hinzu kam die Beförderung eines Je-eher-desto-besser, weil keiner der Berichterstatter darauf hinzuweisen versäumte, das russische Heer würde irgendwann einmal reorganisiert sein.

Die Berichte der Militärbevollmächtigten am Zarenhofe gingen durchaus nicht nur an den Kaiser, sondern dieser verfügte sie, wenn es ihm notwendig erschien, auch zur Einsichtnahme an den Generalstab. Der preußisch-deutsche Große Generalstab unterhielt zur Fortschreibung und Beurteilung der so genannten Feindlage fünf eigenständige Abteilungen, im Falle Russlands die 1. (russische) Abteilung.[66] In ihr bearbeiteten einige Generalstabsoffiziere die Erkenntnisse über Gliederung, Bewaffnung und Einsatzbereitschaft der russischen Armee. Eine nützliche Tätigkeit, wenn man erwägt, mit einem anderen Staate Krieg zu führen, wie dies im Falle Russlands vom deutschen Generalstab spätestens seit der Jahrhundertwende ernsthaft in Betracht gezogen wurde. Die Beurteilungen der Feindlageabteilung wirkten sich unmittelbar auf die Pläne zur Kriegführung aus; einen dieser Pläne, den Schlieffen-Plan, haben wir bereits kennen gelernt.

Aus welchen Quellen schöpften nun diese Feindlagebeurteiler? Sie stützten sich neben den schon vielfach angesprochenen Berichten der Militärbevollmächtigten und Militärattachés auch auf die Ergebnisse der Militärspionage. Doch diese Berichterstattung war rar und inhaltlich dürftig. Daneben bezogen die Offiziere der Feindlageabteilungen ihr Wissen auch aus Veröffentlichtem und allgemein Zugänglichem. Die Offiziere der 1. Abteilung spionierten also nicht selbst, hatten auch keinen einschlägigen Apparat zur Hand, sondern waren auf das angewiesen, was sie aus dem Militärattachéwesen, aus der Sektion III b und von der Grenzpolizei erhielten. Ein einschlägiger Weisungsstrang bestand nicht, nicht einmal ein gemeinsamer Vorgesetzter, sieht man davon ab, dass die 1. (russische) Abteilung und die (Spionage)-Sektion III b beide letztlich dem Chef des Großen Generalstabs unterstanden, der allerdings nach seinem Selbstverständnis alles andere war als der Chef eines Geheimdienstes.[67]

Die unglückliche organisatorische Zweigleisigkeit bewirkte, dass die Beschaffung der benötigten Informationen nicht von der Bedarfsseite gesteuert wurde und die Bedarfsträger auf einer nicht gerade optimal zu nennenden Datenbasis operierten. Längst nicht überall gab es zum Beispiel wie bei den deutschen Armeekontingenten die veröffentlichten Dienstranglisten; das waren buchdicke Verzeichnisse der Gliederung und des Dienstalters aller aktiven Offiziere bis zum letzten Leutnant hinab, die jährlich oder im Zweijahresabstand erschienen. Heute sind sie begehrte

Sammlerstücke, damals waren sie prestigeträchtige Schmuckstücke, die Namen und Stellung eines jeden Offiziers anzeigten, und sie waren auch Auskunftei für jedermann, der sich von Berufs wegen mit einer fremden Streitmacht zu befassen hatte. In Russland gab es etwas Ähnliches: Die Kleinen und die Großen Quartierlisten. Während man die *Kleinen Rapissanje* im Militariahandel kaufen konnte, waren die Großen Quartierlisten nur für den Dienstgebrauch bestimmt. Jahrelang bemühte sich der deutsche Generalstab vergeblich, die Großen Listen zu erwerben; 1905 bekam der Militärbevollmächtigte Gustav von Lambsdorff ein Exemplar vom russischen Kriegsminister Sacharow geschenkt. Vieles andere stand auch in Zeitungen, im zaristischen Russland war es der halboffizielle *Ruski Invalid*, der die Eitelkeit der Militärs bediente. Weiteres war in Reiseberichten nachzuschlagen, die um die Jahrhundertwende hoch im Kurs standen. Manch einem Reiseschriftsteller wird nachgesagt, dass er nebenbei auch noch einen zweiten, einen wohl besoldeten Bericht dem Generalstab bei seiner Rückkehr ablieferte. Ein Prominenter wie der Brite Baden-Powell, der spätere Begründer der Pfadfinderbewegung, hat dies zugunsten Großbritanniens unverblümt eingeräumt. Für den großen Freund Deutschlands, den bekannten schwedischen Reiseschriftsteller Sven Hedin, darf Ähnliches vermutet werden; klar ist es allerdings, dass er aus freien Stücken und ohne Bezahlung sein Wissen über die asiatischen Expeditionen auch über die veröffentlichten Bücher hinaus mitteilte.[68]

Eine Zwitterstellung nahmen jene Offiziere ein, die sich in dienstlichem Auftrag in Russland aufhielten, etwa zu Besuchen von Truppenteilen eingeladen waren, die irgendwelche traditionellen Verbindungen zwischen Preußen und Russland unterhielten. Auch deren Erlebnisse stellten wichtige Erkenntnisquellen dar; ob sie auch ausgeschöpft wurden, muss bezweifelt werden.

Am folgenden Tag wurde ich bei den Besichtigungen ganz mir selbst überlassen und hatte den Eindruck, dass die Truppen technisch sehr gut waren, dass die Unterführer aber vollkommen versagten, sowie man vom eingelernten Schema abwich … Die Leute waren gut gekleidet, ernährt und bewaffnet … Auch dort wurde ich sehr freundlich aufgenommen, anfangs auch nicht zum Trinken gezwungen. Da ich nach siebenstündigem Ritt in brennender Sonne heftigen Durst hatte, trank ich aber von selbst in einem Zuge zwei Gläser Bier, die mir insofern zum Verhängnis wurden, als ich nun etwas geschwächt in die weitere Sitzung eintrat, die erst nach dem Kaffee losging. Ich habe mich lange gesträubt, wenn man mir zutrank … Später erfuhr ich, dass der Großfürst [dem Regimentskommandeur] befohlen hatte, mich so betrunken zu machen, dass ich von dem am Morgen Gesehenen nichts mehr im Kopfe behalten könne. Mich betrunken zu machen, hat er erreicht, mein Gedächtnis über den nächsten Tag auszuschalten, dagegen nicht.[69]

Dieser Bericht kann als exemplarisch für mehrere Erkenntnisse dienen: Es gab immer wieder deutsche Offiziere, die die Gelegenheit hatten, Verbände der russischen Armee aus der Nähe zu studieren. Ihnen allen schlug erhebliche Spionagefurcht entgegen, über die sie regelmäßig entrüstet waren, insbesondere wenn sie zu Unrecht dem Verdacht ausgesetzt wurden, ihre Russischkenntnisse zu Spionagezwecken wahrheitswidrig zu verbergen. Russlandreisenden dieser Art wurden, wenn sie wieder zu Hause angelangt waren, erstaunlicherweise keine Berichte über ihre Erkenntnisse abgefordert, so dass ihr Wissen eine Art Privatvergnügen darstellte.

Zurück zur 1. (russischen) Abteilung des Großen Generalstabs. Ein Blick auf deren Personal belehrt darüber, dass der deutsche Generalstab durchaus auf Offiziere mit eigenen militärischen und militärpolitischen Erfahrungen zurückgreifen konnte. Die späteren Militärbevollmächtigten Lambsdorff und Lauenstein sowie den späteren Chef der Sektion III b Nicolai haben wir bereits kennen gelernt; sie alle waren einmal Mitarbeiter der russischen Abteilung gewesen. Sie waren des Russischen in Wort und Schrift mächtig – eine wichtige Voraussetzung für das Gewerbe, das sie auszuüben hatten. Nun begegnen wir zum ersten Mal dem damaligen Major i. G. Maximilian Hoffmann, kurz Max genannt. Hoffmann war im Vergleich zur Masse seiner Berufskollegen sicher eine Ausnahmeerscheinung. Das macht ein Wort zum Zustand des damaligen Offizierskorps notwendig. Der Drill der 18-jährigen Fahnenjunker zu Leutnanten war kurz und keinesfalls schmerzlos; er fand zunächst in dem Regiment statt, zu dessen Offizierskorps der angehende Leutnant in der Regel sein späteres Berufsleben lang gehören würde. Die Ausbildung umfasste nicht viel mehr als die Beherrschung des Schieß- und des Exerzier-Reglements, einschließlich eines neunmonatigen Lehrgangs an einer der Kriegsschulen. In Preußen wurde der Anwärter sodann vom gesamten Offizierskorps seines Regiments zum Leutnant gewählt, kaum glaublich in einer Gesellschaft, zu deren obersten Prinzipien Befehl und Gehorsam gehörten. Der junge Leutnant wurde sodann Zugführer, eine Dienststellung, die ihn bei der Infanterie zum Vorgesetzten von knapp 50 Soldaten machte, woran sich bei den meisten über viele Jahre nichts änderte. Erst deutlich nach Überschreiten des 30. Lebensjahres konnte sich der Oberleutnant für den Besuch der Kriegsakademie qualifizieren. Deren erfolgreiches Durchlaufen konnte den Weg in die begehrte Generalstabslaufbahn eröffnen.[70]

Max Hoffmann war so ein begabter, nach heutigen Maßstäben nicht mehr ganz junger Mann. Dass er sich in diesem Umfeld, in dem der alte preußische Militäradel den Ton angab, ohne jegliche Protektion durchzusetzen verstand, lenkt unsern Blick auf eine Ausnahmefigur; heute würde man wahrscheinlich von einem Hochbegabten sprechen. Denn in der Tat, Hoffmann nützte die Zeit an der

Kriegsakademie nicht nur, um sich für die Generalstabslaufbahn zu qualifizieren, er lernte so ganz nebenbei und vermutlich ohne dass ihm das jemand befohlen hätte, russisch, und zwar so gut, dass er seine Bemühungen mit dem Dolmetscherexamen abschließen konnte. Sein Weg in die russische Abteilung war damit vorgezeichnet. Doch damit nicht genug. Als sich 1904 der kriegerische Konflikt zwischen dem Zarenreich und Japan in Ostasien anzubahnen begann, wurde Hoffmann stehenden Fußes nach Japan entsandt, von wo aus er als offiziell akkreditierter Militärbeobachter des Deutschen Reiches am russisch-japanischen Krieg teilnahm. Der russisch-japanische Krieg endete mit einer schlimmen militärischen Niederlage des Zarenreichs. Unter dem Eindruck dieser militärischen Niederlage brach in Russland die Revolution aus. Es liegt auf der Hand, dass diese Erlebnisse für den jungen Generalstäbler prägend waren. Sie bewirkten zweierlei: Eine Fehlvorstellung über die Mobilisierungsfähigkeit der russischen Armeen in Europa, die Hoffmann als nicht besonders hoch einschätzte, und eine ziemlich genaue Vorstellung über die russische taktische Armeeführung, das Operieren mit großen Verbänden, vor allem in der Bewegung.[71]

Von der Vorstellungswelt der deutschen Generalstabsoffiziere über die Mobilisierung der russischen Armeen in Europa wissen wir heute, dass es eine irreale Welt war, die, geblendet von der scheinbaren Genialität des Schlieffen-Plans, auf dem Axiom aufbauen musste, dass Russland Wochen brauchen würde, um operationsfähige Verbände zur deutschen Grenze in Bewegung zu setzen. Diese Grundannahme war falsch. Es war zu Beginn der 1910er-Jahre höchst fahrlässig, daran festzuhalten, denn diese Annahme ignorierte die Friedenspräsenzstärke der russischen Armee; diese betrug 1911 1 225 000 Mann; das waren mehr als doppelt so viele wie auf der deutschen Seite. Und diese Annahme ignorierte vor allem den zunehmenden Ausbaustand des europäischen, auch mit deutschem Kapital geschaffenen Eisenbahnnetzes im westlichen Teil des Zarenreichs – ein Umstand, der jeden mit Aufmarschfragen befassten Offizier hätte hellhörig machen müssen. Die Länge des russischen Eisenbahnnetzes hatte sich bis 1910 innerhalb von 30 Jahren auf 282 000 Streckenkilometer mehr als verdoppelt. Damit erreichte das Zarenreich zwar längst nicht die Streckendichte, die Deutschland mit seinen 63 062 Streckenkilometern im selben Jahr vorzuweisen hatte. Doch hätten diese Zahlen, die verfügbar waren, mehr als nur skeptisch stimmen müssen, denn der Aufmarsch per Eisenbahn war auch das A und O der deutschen Militärdoktrin. Selbstverständlich bekam auch der deutsche Generalstab mit, dass in Russland in den Jahren kurz vor Kriegsbeginn mit riesigen französischen Krediten Eisenbahnen gebaut wurden, die in erster Linie strategischen Zwecken dienten. Auch darf man unterstellen, dass die Offiziere der Eisenbahnabteilung des Generalstabs Fahrpläne zu lesen verstanden, die selbst im etwas eigenwilligen Russland frei verfügbar waren. Und richtig: Der Generalstab erstellte kurz vor dem Krieg ein entsprechendes Eisenbahngutachten mit dem Titel *Die Vollendung des russischen Eisenbahnnetzes*. Doch an die aktuelle Revisionsbedürftigkeit der eigenen strategischen Grundannahmen mochte niemand glauben. Dabei war dies weniger eine Angelegenheit des Glaubens als die Anwendung der Rechenregeln. Trotzdem wähnte man, noch genügend Zeit zu haben.[72]

In dieser Frage lag auch Hoffmann mit allen seinen Militärkollegen auf falschem Kurs, was bei ihm dadurch verstärkt wurde, dass er die schneckenhafte Mobilisierung der Zarenarmee in Ostasien und derer unendlich langsame Entfaltung gesehen hatte. Zudem hatte er etwas anderes aus der Nähe studiert: Das war die russische taktische Armeeführung und vor allem deren Unflexibilität gegenüber einem beweglich operierenden Gegner. Unter diesem Eindruck leisteten die Offiziere der 1. Abteilung ihren alljährlichen Beitrag für die Beurteilung des potenziellen Gegners im Osten. In dem im Jahre 1914, also noch vor Kriegsbeginn, verfassten und herausgegebenen strikt geheim gehaltenen Taschenbuch des Generalstabsoffiziers kann man die einschlägige Passage nachlesen:

Heeresbewegungen vollziehen sich langsam und schwerfällig. Schnelle Ausnutzung einer günstigen operativen Lage ist von den Russen nicht zu erwarten. Dagegen werden deutsche Führer beim Zusammenstoß mit ihnen Bewegungen wagen können, die sie sich einem gleichwertigen Gegner gegenüber nicht erlauben dürften. Bei der Neigung, stehen zu bleiben und abzuwarten, werden Stellungskriege bevorzugt. Die Gewandtheit im Begegnungsgefecht ist gering; energischer überraschender Angriff drängt die Russen leicht in die Verteidigung. Stehen sie aber in vorbereiteter Stellung, so ist Vorsicht geboten.[73]

Diese Darstellung war nicht besonders hilfreich, weil hinter diesen Wertungen kein Faktengerüst stand. Entsprechendes war bereits in den 1890er-Jahren aufgefallen und gerügt worden. Und dennoch sind die Zeilen insofern erhellend, weil sie das Wissen und zugleich die Gemütslage der deutschen Generalstabsoffiziere widerspiegeln. Dieses Wissen nahm Max Hoffmann, der möglicherweise der Inspirator dieser Zeilen über die russische Armee war, mit, als er im August 1914 als 1. Generalstabsoffizier der deutschen 8. Armee die Schlacht von Tannenberg organisierte. Vieles andere, wie die Artillerieausstattung des russischen Heeres und die Güte der Schießausbildung, kannte er hingegen nicht.[74]

Man mag heutzutage rätseln, wie es zu derartigen Fehlleistungen der deutschen Militärführung und ihrer Militäraufklärung kommen konnte. Die Antwort kann immer wieder nur lauten: Man hatte sich in ein Phantasieprodukt der eigenen Überlegenheit eingesponnen, aus dem es offenbar kein Entrinnen gab. An diesen Fehleinschätzungen mag die organisatorische Zweigliederung der Feindaufklärung und -bewertung mitgewirkt haben. An jener Zweigleisigkeit wurde beim deutschen militärischen Nachrichtendienst, mit einer kurzen Unterbrechung, bis 1945, also bis zum Ende des Zweiten Weltkrieges, festgehalten: Auf der Seite der Nachrichtenbeschaffung mauserte sich die Sektion III b zur Abteilung III b, die, obwohl Ende 1918 formell aufgelöst und unter mehreren Tarnbezeichnungen firmierend, in die Gruppe und spätere Abteilung Abwehr im Reichswehrministerium überging. Daraus entstand im Jahre 1938 das Amt Ausland/Abwehr, das im Sommer 1944 zerschlagen und mit Masse dem Reichssicherheitshauptamt unterstellt wurde. Auf der Auswerteseite wurden die Feindlageabteilungen mit Beginn des Ersten Weltkrieges als eine einheitliche Nachrichtenabteilung mobilgemacht; sie wurde am 20. Mai 1917 in Abteilung Fremde Heere umbenannt.[75] Nach Kriegsende schließlich wurde die Abteilung unter der Deckbezeichnung Heeresstatistische Abteilung T 3 in dem als Truppenamt getarnten Generalstab fortgeführt. 1938 erfolgte die Aufspaltung der Abteilung Fremde Heere in die Abteilungen Fremde Heere West (FHW) und Fremde Heere Ost (FHO); damit war der organisatorische Zustand aus der Zeit vor dem Ersten Weltkrieg wiederhergestellt. Die im Mai 1945 aufgelöste Abteilung FHO sollte dennoch das Dritte Reich überdauern, denn ihre Reste bildeten alsbald die Organisation Gehlen, den späteren Bundesnachrichtendienst. Bis dahin ist es noch ein weiter Weg.

Bleibt noch ein Blick auf die Nachrichtenabteilung des Admiralstabs, kurz N genannt. Die Abteilung N war keineswegs so etwas wie ein Gegenstück zur Sektion III b des Generalstabs, also eine reine Spionageorganisation; auch darf sie nicht mit dem gleichbezeichneten Referat im Reichsmarineamt, dem Nachrichtenbüro, verwechselt werden. Letzteres hatte ausschließlich die Aufgabe, die Tirpitz'sche Flottenpolitik der Presse nahe zu bringen und beim Volk populär zu machen. Demgegenüber wurde in der Abteilung N des Admiralstabs in erster Linie alles bearbeitet, was mit Nachrichten und mit Nachrichtenmitteln zu tun hatte, also auch bevorzugt mit dem neuen Nachrichtenmedium des Funks. Vor dem Ersten Weltkrieg wurden hier erste Verschlüsselungsversuche und, damit korrespondierend, Entschlüsselungsversuche unternommen, doch längst nicht mit der Intensität und Professionalität, wie wir sie beim Verbündeten Österreich-Ungarn kennen lernen werden. Die N war aber auch Sammelstelle für die Nachrichten über fremde Flotten, Häfen und Seebefestigungen, und sie beschaffte sich ihre Informationen selbst. Dabei operierte sie im Gegensatz zu dem, was wir bisher gesehen haben, seltsam vorausschauend und professionell. Mag sein, dass die junge kaiserliche Marine weniger von der hemmenden Tradition der preußischen Armee belastet war, mag aber auch sein, dass die Marineoffiziere einfach im Schnitt intelligenter waren, dem Modernen, d. h. der Technik eher zugewandt, während man im Heer noch viel Zeit mit Reiterkunststückchen verplemperte. Wie auch immer, die Abteilung N unterhielt ein eigenes wohl informiertes Infor-

mantennetz in den Ostseeanrainerstaaten. Sie bediente sich bewusst alter hansischer Traditionen, knüpfte Kontakte zur meist deutschsprachigen Kaufmannschaft und wusste an die patriotischen Gefühle einer deutschen, den Ton angebenden Minderheit im Baltikum zu appellieren. Ihr Informantennetz reichte über Riga und Dorpat nach Russland hinein.[76]
Welches Potenzial hier schlummerte, hätte auch dem deutschen Generalstab klar sein müssen. Doch niemand machte sich die Mühe, diese perfekt mehrsprachige Bevölkerungsschicht einzuspannen, was hinsichtlich des deutschen Bevölkerungsanteils kaum der Überredung bedurft hätte, denn die Russifizierungspolitik gegenüber den baltischen Staaten seit Ende des 19. Jahrhunderts führte nicht nur bei der Urbevölkerung der Letten, Esten und Litauer zu erbitterten Reaktionen, sondern auch bei der dort seit langem wohnenden deutschen Oberschicht, die nicht wenige Spitzenbeamte und Spitzenmilitärs im Zarenreich stellte. Es sind Namen wie Kleist, Oldenburg, Altvater, Rennenkampf, Witte, Siebert, Freytag-Loringhoven. Der Hass der Urbewohner und die Verachtung der Baltendeutschen als Reaktion auf die aggressive Russifizierung war unter anderem genährt durch die Vorstellung, in den Russen einen rückständigen Menschenschlag erblicken zu dürfen. Trotzdem war Russland für viele Deutsche ein Land der schier unbegrenzten Möglichkeiten. Der Bau von Eisenbahnen und die beginnende Elektrifizierung, die Ausbeutung von Bodenschätzen und die in den Anfängen steckende Erdölförderung boten nicht nur die Möglichkeit gewinnbringenden Kapitaleinsatzes, sondern Zehntausenden von Habenichtsen die Chance auf einen profitablen Arbeitsplatz, dessen Arbeitgeber deutsche Firmen, wie beispielsweise die Berliner Siemens AG, waren.[77]
Einer dieser Siemens-Arbeiter war der aus Elbing stammende Stephan Roewer. Der ostpreußische Bauernsohn wanderte nicht zum Zeitvertreib nach Kurland aus, sondern ihn trieb die nackte Not eines überzähligen Sohnes, den der bescheidene Hof nicht zu ernähren vermochte; auch Abenteuerlust mag eine Rolle gespielt haben. Er verdiente gut und machte sich selbständig. Längst war er Riga entronnen, und der Weg der Stromtrasse hatte ihn nach St. Petersburg geführt. Dort brannte sein Installations- und Fuhrgeschäft 1912 bei einem Stadtteilbrand ab. Versichert war er nicht; Feuerversicherungen lehnten Verträge für die aus Holzhäusern bestehenden Vorstädte von St. Petersburg ab. Sie wussten warum. Um seine Angelegenheiten zu ordnen, erschien Roewer im Juni 1912 auf der deutschen Botschaft; vielleicht erhoffte er finanzielle Unterstützung. Doch dort zuckte man mit den Schultern: Kein Interesse, außerdem gedachte man in die Sommerferien zu gehen. So wie Roewer erging es vielen. Ein wacher Resident des Militärnachrichtendienstes hätte sich solch eine potenzielle Quelle nicht entgehen lassen, einen Mann, der auf Hunderten von Kilometern gearbeitet hatte, der sich

legal und ohne Aufsehen zu erregen, bewegen konnte, der Zugang in die ersten Familien der Städte und ihrer Garnisonen fand. An ihm war niemand interessiert, denn einen solchen wachen Residenten gab es in der deutschen Botschaft in St. Petersburg nicht.[78]

Einem anderen erging es anders. Dies aber auch erst, nachdem er, erstmals 1909, massiv vorstellig geworden war. Mag sein, dass der Ort der Handlung, die deutsche Botschaft in London, besser geeignet war als das Pendant zu St. Petersburg. Hier erschien zur Unzeit der russische Diplomat Baron Benno von Siebert. Der 1876 geborene Sohn einer deutschbaltischen Familie war frühzeitig in die Dienste des russischen Staates getreten und machte, wie etliche seiner Standesgenossen auch, Karriere als Diplomat. Was er zu berichten wusste, war allerdings so brisant, dass ein eigens aus Berlin angereister Geheimrat sich des Selbstanbieters annahm. Die Londoner Botschaft wurde vom weiteren Kontakt ausgeschlossen; sie hatte lediglich den Kurierdienst für die Schriftstücke des Agenten zu übernehmen. Benno Alexandrowitsch Siebert packte aus, was für deutsche Ohren zwar unschön klang, im Zweifel aber überlebenswichtig werden konnte: Die geheimen Militärabsprachen zwischen Frankreich und Russland und, viel unangenehmer noch, die sich anbahnende Militärallianz zwischen Russland und Großbritannien. Dass es daneben auch eine solche zwischen Frankreich und Großbritannien gab, wusste man aus anderer Quelle bereits ziemlich sicher. Das waren alarmierende Nachrichten. Doch waren sie auch zutreffend, oder saß man einer Fehlinformation, einer Provokation auf? Hier handelte es sich schließlich um einen Selbstanbieter, eine Nachrichtenquelle also, der jeder professionelle Informationssammler mit einer gehörigen Portion Skepsis begegnete. Stimmen das Umfeld und die Motivation des Informanten nicht, so lässt man besser die Hände davon. Doch Sieberts Situation klärte sich rasch: Unzweifelhaft hatte er Zugang zu den behaupteten Informationen; auch sein Motiv für den Verrat war plausibel. Es war der unbändige Hass auf die Russifizierungspolitik seines Dienstherrn im Baltikum. Im Auswärtigen Amt war man sich nur zu bald darüber klar, dass man auf einer Bombe saß. Nur ein ganz kleiner, ausgesuchter Personenkreis wurde in die Causa Siebert eingeweiht: Das waren der Reichskanzler Theobald von Bethmann Hollweg, der Staatssekretär des Auswärtigen Gottlieb von Jagow, dessen Unterstaatssekretär Arthur Zimmermann, der Ministerialdirigent der Politischen Abteilung Wilhelm von Stumm und schließlich, von diesem als Übersetzer und Russland-Fachmann beigezogen, der Professor Theodor Schiemann. Alsbald wurde Siebert gedrängt, alles zu beschaffen, was er erlangen konnte. Und das war unendlich vieles. Um einen vagen Eindruck vom Umfang der Verrattätigkeit zu gewinnen, muss man nur in der von Siebert 1921 im Auftrag des Auswärtigen Amtes herausgegebenen Aktenpublikation mit ihren 827 Druckseiten blättern –

ein fleißiger Mann, denn Siebert hatte in London alles mit der Hand kopieren müssen, bevor er es nach Deutschland weitergeben konnte.[79]

Aus heutiger Sicht mag man sich wundern, eine deutsche diplomatische Vertretung und das ihr vorgesetzte Auswärtige Amt geheimdienstlich agieren zu sehen. Doch darf man die heutige Diplomatie nicht mit der des beginnenden 20. Jahrhunderts verwechseln. Die deutsche Außenpolitik war aggressiv. Expansive Interessenvertretung galt als normal und wurde dementsprechend exekutiert. Die Diplomatie war oft eine vielschichtige Geheimdiplomatie, und sie dachte sich nichts dabei, Informationssammlung und Beeinflussung mit klassischen geheimdienstlichen Methoden zu verfolgen. Die Führung von Informations- und Einflussquellen war üblich; der Geldeinsatz für zweifelhafte Unternehmungen im Staatsinteresse vielfach sanktioniert. Die Auffassung, dass der Schaden des andern zum eigenen Nutzen dienen konnte, war Gemeingut. Dementsprechend verhielten sich auch die Vertreter der deutschen Außenpolitik im In- und Ausland. Ein Beispiel hierfür mag eine Unternehmung bilden, welche der deutsche Botschafter in St. Petersburg, Friedrich Graf Pourtalès, einzufädeln für gut befand. Wir hatten den Mann bereits bei der Arbeit gesehen, als es darum ging, den am Hofe von Nikolaus II. gut angesehenen deutschen Militärbevollmächtigten, Paul von Hintze, mit Hilfe einer Intrige abzuservieren. Da hatte man Hintze-Berichte als Spielmaterial benutzt. Nunmehr kurz vor dem Kriege erhoffte sich der deutsche Diplomat, der mit seiner Hintze-Aktion den vielleicht einzigen ernst zu nehmenden Kommunikator für eine russisch-deutsche Annäherung vom Zarenhofe vertrieben hatte, durch eigenes Eingreifen etwas zur Veränderung der deutschfeindlichen Stimmung in St. Petersburg zu tun. Sein Weg war die Anwerbung eines der bekanntesten russischen Publizisten namens Stolypin; dessen Bruder Peter war der erst vor kurzem bei einem Attentat ums Leben gekommene russische Ministerpräsident. Dieser angesehene und einflussreiche russische Journalist sollte gegen Auslobung einer beträchtlichen Bestechungssumme den deutschen Karren zu ziehen beginnen. Doch Pourtalès, der den Ruf eines besonders tüchtigen Diplomaten besaß, verhielt sich wie ein typischer Beamter. Er vertraute seinen Plan in allen Details dem Depeschendraht an, um seiner vorgesetzten Behörde in Berlin Bericht zu erstatten – sprich, sich nach oben hin abzusichern. Das, was da gedrahtet wurde, wie man damals sagte, lasen auch die Russen mit. Man muss das wörtlich nehmen, denn die Entzifferungsstelle des russischen Außenministeriums, das so genannte Schwarze Kabinett, war wirklich in der Lage dazu, da man den deutschen diplomatischen Code gebrochen hatte. So fiel die Aktion ins Wasser, noch bevor sie das Schwimmen gelernt hatte. Und schlimmer noch: Der deutsche Botschafter in St. Petersburg wurde von Stund an nicht nur scharf überwacht, das wurde er ohnedies, sondern er wurde von allen offiziellen und inoffiziellen Veranstaltungen ferngehalten, es sei denn, seine Teilnahme war aus protokollarischen Gründen unumgänglich. Anscheinend haben weder der Botschafter noch das Auswärtige Amt den Grund der russischen Abkühlung erahnt.[80]

Zurück zum Fall Siebert: Wichtig ist nun, welche Folgerungen man in Berlin aus den laufend anfallenden brisanten Informationen zog. Zunächst war klar, dass Frankreich und Großbritannien wegen der Bedrohung durch das Deutsche Reich bereit waren, militärisch zusammenzuarbeiten. Die noch vor gar nicht zu langer Zeit bestehenden Streitigkeiten in Kolonialfragen stellten sie zurück, so beispielsweise im Sudan, wo die Auseinandersetzungen beinahe in einen Krieg eingemündet waren. Gleiches konnte man für Großbritannien und Russland feststellen. Das war in der Tat sensationell. Denn deren Interessengegensätze in Persien, in Afghanistan und in Tibet galten lange Jahre als unüberbrückbar. Die deutsche Staatsführung musste erkennen, was diese Informationen bedeuteten; sie bedeuteten, dass im Falle eines Krieges mit Russland die potenziellen Kriegsgegner auch Frankreich und Großbritannien sein würden. Die deutsche Führung nahm die Informationen ernst, doch sie zog einen nur schwer zu begreifenden Schluss aus ihnen. Sie hielt eine Kriegführung weiterhin für möglich – auch gegen drei Gegner dieses Kalibers. Das Zauberwort hieß Schlieffen-Plan. Den gedachte man mit Nachdruck zu exekutieren. Das war eine seltsame Abwesenheit von Vernunft, der wir bereits mehrfach begegnet sind. Und es hieße die deutschen Staatslenker und militärischen Planer zu unterschätzen, wenn man ihnen unterstellt, sie hätten die Diskrepanz zwischen Kriegsplanung und Wirklichkeit nicht bemerkt. Sie zogen sehr wohl ihre Schlüsse aus der sich ändernden politischen Weltlage. Ihr wichtigster Schluss war, den Krieg weiterhin möglichst ohne grundlegende Planänderung führen zu können. Hierzu ergriff man ein konkretes und ein planerisches Mittel: Konkret wurde die deutsche Armee mit der Heeresvorlage von 1912 noch einmal beträchtlich vergrößert. Und in der Planung befestigte sich der Gedanke, dass, wenn der Krieg sowieso unausweichlich sei, er dann möglichst rasch nach der Aufstellung der neuen Verbände bei nächster sich bietender Gelegenheit geführt werden müsse.

Die Idee von der Zwangsläufigkeit eines Krieges hatte sich nicht nur in deutschen Hirnen verfestigt, sie war europäisches Gemeingut. In jedem Land Europas gab es eine Kriegspartei, die nicht nur von einer solchen Zwangsläufigkeit ausging, sondern gewillt war, bei nächst passender Gelegenheit den ersten Schlag zu führen.[81] Diese Überzeugung war mit diplomatischen Tricks und Kniffen verbunden, die dazu dienen sollten, die Zahl der Kriegsgegner auszutarieren und zudem die eigene Unschuld an einem Kriegsausbruch scheinbar beweisen zu können. Man gab sich der Illusion hin, durch das öffentliche Spielen von Siebert-

Informationen Großbritannien aus dem Krieg heraushalten zu können. Dieser Wunschtraum zerstob am 4. August 1914, als dem Deutschen Reich die britische Kriegserklärung übermittelt wurde. Doch bevor wir diese letzten Friedenstage des Sommers 1914 und den misslungenen Siebert-Coup betrachten, müssen wir uns den Nachbarn im Südosten und im Osten des Reichs zuwenden.

Nibelungen an der Donau.
Deutschlands k.u.k. Bundesgenosse – die Donaumonarchie

Dem großen Ironiker des 20. Jahrhunderts, Robert Musil, verdanken wir den Hinweis auf Kakanien.[82] Besser und doppeldeutiger wird man die Fragwürdigkeit und Überlebtheit dieses riesigen Staatsgebildes kaum zum Ausdruck bringen können. Das zweifache k, kurz: k.u.k. oder k.k., steht für: kaiserlich und königlich. Mancherorts auch als Donaumonarchie bezeichnet, war dieser Staat alles andere als ein Nationalstaat; er bestand eher aus den Zufällen dynastischer Verbindungen, beherrscht durch das Haus Habsburg.[83] Als die Schwelle zum 20. Jahrhundert überschritten wurde, hatte sich die Donaumonarchie überlebt, nur ihre Staatsführung wusste noch nichts davon. Aber das ist keine Besonderheit; vielen auf ihr Ende zustrebenden Regimen ging es ebenso und wird es in Zukunft ebenso ergehen. Man ist leicht geneigt, in der Rückschau eine Ansicht für selbstverständlich zu halten, für die Zeitgenossen bestenfalls ein Schulterzucken übrig gehabt hätten.

Die Donaumonarchie wurde von der Oberschicht einer deutschen Minderheit beherrscht; die Ungarn hatten seit 1848 eine gewisse Eigenständigkeit ertrotzt, daher das k.u.k. Daneben allerdings gab es die Tschechen, die Slowaken, die Slowenen, einige Italiener, die Bosnier, die Herzegowiner, etliche Rumänen, viele Polen, ungezählte Ukrainer, die als Ruthenen bezeichnet wurden, und überall und zwischendrin, gesondert zählbar und erfasst, die Juden, mancherorts auch die Muslime. Ausgerechnet dieses Völkergemisch war für den deutschen Kaiser Wilhelm II. Gegenstand zur Bekundung seiner Nibelungentreue. Das war eine aufgedrängte Freundschaft, die außer einigen Deutschösterreichern niemand zu schätzen wusste. Die Nibelungentreue war ein Popanz, denn sie baute auf einem Phantom auf, einem in Wirklichkeit nicht vorhandenen Staatsganzen, das seine angebliche Staatsidee aus dem Gottesgnadentum der Habsburger bezog. Wilhelms Vorstellungen mögen sich an deutschen Volksstämmen (wie er sie zu nennen beliebte) orientiert haben; realistisch war dies keineswegs.

In Wirklichkeit war der Habsburger Staat nur mit drakonischen Maßnahmen zusammenzuhalten. Hierfür sorgte die Staatspolizei, die keineswegs wienerisch gemütlich gegen Abspaltungstendenzen zu Felde zog. Rabiat war ihr Vorgehen gegen jegliche Art politischer Agitation vor allem in dem von Tschechen bewohnten Böhmen und Mähren.

Es war zu der Zeit, als Kaiser Franz Joseph I. wieder einmal nach Prag kommen sollte, um mit einem Hämmerchen auf den Grundstein irgendeiner Brücke zu klopfen. Der greise Monarch spezialisierte sich nämlich in der tschechischen Frage ausschließlich auf Brücken. Er kam, klopfte auf einen Stein und bemerkte: »Das ist interessant, dass diese Brücke von der einen Seite auf die andere führt.« … Vor jedem Besuch des Kaisers in Prag waren die Zellen der Polizeidirektion gewöhnlich vollgestopft. Die Staatspolizei war nicht wählerisch. Sie sperrte alle herumziehenden Scheren- und Messerschleifer ein, deren unglückliches Handwerk der Polizei die Vorstellung suggerierte, dass diese Leute die Messer nur zum Erstechen des Kaisers schleifen. Auf den Straßen mussten von den Fenstern alle Blumentöpfe entfernt werden, damit sie nicht eventuell Seiner Majestät auf den Kopfe fallen.[84]

Soweit Jaroslav Hašek in einem 1916 in Russland erschienenen Zeitungsartikel. Was zunächst wie eine Groteske beginnt, endet, wie man sieht, bitterböse. Der Autor, der später als Erfinder des braven Soldaten Schwejk zu Weltruhm gelangen sollte, wusste, wovon er schrieb. Nur zu oft hatte er als Anarchist in Prag mit der Staatspolizei zu tun bekommen. Einen ihrer Agenten, den auf ihn angesetzten Karel Mašek, verfolgte er ohne Nachsicht, ja er sorgte sogar dafür, dass der spätere Mitgefangene, den er in einem russischen Kriegsgefangenenlager wiederentdeckte, im Frühjahr 1918 in der Ukraine umgebracht wurde.[85]

Auf dem Balkan gestaltete sich die innenpolitische Lage der k.u.k. Monarchie nicht minder explosiv. Dort hatte sich Österreich-Ungarn 1908 mit der Annexion von Bosnien und Herzegowina aus der ehemaligen türkischen europäischen Konkursmasse einen Brocken einverleibt, der letztlich zum Ende des Habsburgerreiches den entscheidenden Anstoß gab.[86] Im Juni 1914 erschoss in der bosnischen Hauptstadt Sarajewo der 18-jährige, an Schwindsucht erkrankte Gavrillo Princip das österreichische Thronfolgerpaar. Doch dieser junge Mann handelte keineswegs auf eigene Kappe. Hinter ihm stand eine ebenso gefürchtete wie unberechenbare Geheimorganisation, der die deutschen Verfolger den Namen *Schwarze Hand* gegeben haben.

Die *Schwarze Hand* war eine ultranationalistische serbische Terrororganisation. Sie wurde 1903 gegründet; ihr wirklicher Name lautete *Ujedinjenje ili Smrt* (Freiheit oder Tod). Sie plante zwischen 1911 und 1914 Mordanschläge auf den österreichischen Kaiser Franz Joseph und den k.u.k. Gouverneur von Bosnien, General Oskar Potiorek. Die Morde sollten das Ziel haben, die k.u.k. Monarchie zu destabilisieren, um alle Südslawen in einem serbisch dominierten Staat zusammenzuschließen. Haupträdelsführer der Organisation war der serbische Geheimdienstchef Dragutin Dimitrijević. Der zur Zeit des Anschlags von Sarajewo 37-jährige Oberst war in Serbien kein unbeschriebenes Blatt mehr. Auf sein Konto ging eine ganze Serie von Anschlägen und Morden. Bereits an der Ermordung des serbischen Königs Alexander im Jahre 1903 beteiligte er sich eigenhändig. Sein größter Coup gelang ihm indessen am 26. Juni 1914. Mit der Ermordung des österreichischen Thronfolgers Franz Ferdinand und seiner Frau löste er den Ersten Weltkrieg aus. Für die Auslösung des Ersten Weltkrieges, mit der er in den kühnsten Träumen nicht rechnen konnte, wurde Dimitrijević nie zur Verantwortung gezogen; eine Ironie seines Schicksals will es, dass er fast auf den Tag genau drei Jahre später von der serbischen Exilregierung unter Nikola Pašić im so genannten Salonikiprozess abgeurteilt wurde. Denn auch Dimitrijević hatte sich aus dem im Herbst 1915 nahezu vollständig von deutschen, österreichischen und bulgarischen Truppen besetzten Serbien nach Süden abgesetzt. Dort in Saloniki wurde er nunmehr als der Verschwörer mit dem Decknamen Apis angeblich enttarnt, zum Tode verurteilt und erschossen. Doch auch Dimitrijević, alias Apis, hatte bei seinen Mordzügen keineswegs ausschließlich auf eigene Faust gehandelt. Hinter ihm standen die entscheidenden Männer der serbischen Regierung. Die Jahre später erfolgte Hinrichtung des Obristen diente nicht zuletzt dazu, diesen Umstand zu verschleiern.[87]

Hinter Dimitrijević-Apis und der serbischen Führung stand noch ein anderer Mann, der in Serbien eine Weltmacht repräsentierte, der russische Militärattaché Viktor Artamanow. Der zur Zeit des Attentats 40-jährige Oberst hatte bereits seit 1907 als in Griechenland stationierter Agent erste Erfahrungen auf dem Balkan gesammelt, bevor er 1909 zum Militärattaché in Belgrad bestellt wurde. Alsbald kam er mit dem serbischen Geheimdienstchef Dimitrijević in dienstlichen Kontakt; über dessen Doppelleben als Apis machte er sich keine Illusionen, ja dessen konspirative Aktivitäten waren ihm durchaus recht. So griff er dem serbischen Verschwörer bei dessen Tun handfest unter die Arme; Logistik und Planung des Attentats von Sarajewo lagen in seiner Hand. Er sorgte auch für dessen Auslösung, indem er der serbischen Seite vorspiegelte, er habe sichere Erkenntnisse darüber, dass die in Bosnien stattfindenden Sommermanöver der k.u.k. Armee nur ein Vorwand sein, um Truppen für einen Überfall auf Serbien zusammenziehen zu können. Ob Apis dies geglaubt hat, ist nicht überliefert; jedenfalls gab der das Startsignal zum Handeln.[88]

Die Durchführung des Attentats fiel denkbar dilettantisch aus.[89] Ein ins offene Auto geworfener Sprengsatz konnte von den Insassen wieder herausgeschleudert werden, so dass bei seiner Detonation Passagiere des folgenden Fahrzeugs verletzt wurden. Das Stunden später erfolgte Pistolenattentat konnte nur gelingen, weil die hohen Herrschaften gegen jede Vernunft weiter im offenen Wagen in der Stadt herumfuhren, wobei sie eher zufällig auf den Schützen Gavrillo Princip stießen, der die Tat bereits aufgegeben hatte. Dieser schoss und wurde festgenommen; Meldungen, wonach der Attentäter vor der wütenden Volksmenge geschützt werden musste, klingen rührend, aber wenig wahrscheinlich. Der Tod des Habsburgers war für die Nationalisten aus Serbien und Bosnien ein Freudentag, und es ist kaum zu glauben, dass sie aus Pietät ihre Freude im Zaume hielten. Häme und Triumph über das gelungene Attentat klingen heute noch unverhohlen in den Anfangszeilen von Jaroslav Hašeks *Braven Soldaten Schwejk* nach:

»Also sie ham uns den Ferdinand erschlagen«, sagte die Bedienerin zu Herrn Schwejk, der vor Jahren den Militärdienst quittiert hatte, nachdem er von der militärärztlichen Kommission endgültig für blöd erklärt worden war ... »Was für einen Ferdinand, Frau Müller?«, fragte Schwejk, ohne aufzuhören, sich die Knie zu massieren. »Ich kenn zwei Ferdinande. Einen, der is Diener beim Drogisten Pruscha und hat dort mal aus Versehen eine Flasche mit irgendeiner Haartinktur ausgetrunken, und dann kenn ich noch den Ferdinand Kokoschka, der was den Hundedreck sammelt. Um beide ist kein Schad.« »Aber gnä' Herr, den Herrn Erzherzog Ferdinand, den aus Konopischt, den dicken frommen.« »Jesus Maria«, schrie Schwejk auf. »Das ist aber gelungen. Und wo ist ihm das passiert?« »In Sarajewo ham sie ihn mit einem Revolver niedergeschossen, gnä' Herr. Er ist dort mit seiner Erzherzogin im Automobil gefahren.« »Da schau her, im Automobil, Frau Müller, ja, so ein Herr kann sich das erlauben und denkt gar nicht dran, wie so eine Fahrt im Automobil unglücklich ausgehen kann.« [90]

Die österreichische Seite sah das Geschehen naturgemäß überhaupt nicht komisch an. Für sie war das ein Fürstenmord, den es zu sühnen galt. Dessen Hintermänner wurden in Serbien vermutet. Dass diese Spekulation richtig war, wissen wir seit langem mit Bestimmtheit. [91] Dass der Russe Artamanow letztlich den Startschuss für das Verbrechen gab, blieb wesentlich länger verborgen. Es ist nicht einmal klar, ob die serbische Staatsführung das wusste; geahnt haben muss sie es indessen. Nach dem Ersten Weltkrieg nahm sie den ehemaligen weißrussischen Generalmajor in die Dienste der jugoslawischen Armee. Er starb 1942; da war das Land schon wieder von deutschen Truppen besetzt.

Das Attentat von Sarajewo war der Auslöser des Ersten Weltkrieges, selbst wenn man gesunde Zweifel an dem angeblichen Automatismus für die Kriegserklärung Österreichs an Serbien anmelden darf. Daneben war das Attentat auch Ausgangspunkt opulenter geheimdienstlicher Verschwörungstheorien. Deren wichtigste besagt, dass der Mord auf das Konto österreichischer nationalistischer Kreise ging. Sie hätten mit dem Anschlag einen angeblich liberalen Thronfolger beseitigen und den seit langem für nötig empfundenen Präventivschlag auslösen wollen. Zur Realisierung des Ganzen wurden angeblich die der Staatspolizei obliegenden Schutzmaßnahmen für das Herzogspaar auf null geschraubt und den Tätern die Fahrtroute mitgeteilt. Das ist eine schöne Geschichte, die mit vielen anderen Geheimdienststorys eins gemeinsam hat: Sie entbehrt jeglicher Grundlage.[92] In Wirklichkeit war der Besuch des Thronfolgerpaares eine nackte Provokation; die Fahrten im offenen Auto eine Eselei, die nur dadurch erklärt werden kann, dass die hohen Herrschaften nicht zur Kenntnis nehmen mochten, dass sie im okkupierten Bosnien durchaus nicht das bejubelte Thronfolgerpaar sein würden, sondern oberste Repräsentanten einer feindlichen Staatsgewalt. Franz Ferdinand hatte für derartig praktische Fragen offenbar keinen Sinn. Schwer lastete die Verantwortung auf dem österreichischen Militärkommandanten, dem k.u.k. General der Infanterie Oskar Potiorek, der den Besuch des Herrscherpaares eher als prestigeförderndes Ereignis auffasste denn als ein Sicherheitsrisiko der allerersten Größenordnung. Dies ist umso weniger begreiflich, als Potiorek selbst bereits das Attentatsziel der *Schwarzen Hand* gewesen war. Doch sein gezieltes Eingreifen zugunsten der serbischen Ultras zu unterstellen, ist absurd; den Militärkommandanten regierte bestenfalls Ruhmsucht und Ignoranz.

Auch die Vermutung, dass die österreichische Seite die Attentatsplanungen kannte, aber nichts unternahm, ist eine leichtfertige Behauptung, für die es keine Belege gibt. Dennoch verwundert diese These kaum. Sie gehört zum Repertoire jeglicher Attentatsaufklärung bis in unsere Tage und hat schon so manchen Geheimdienst und viele Polizeibehörden ins Schwitzen gebracht. Hierbei können wir es bewenden lassen. Selbstredend war es der österreichischen Staatspolizei bekannt, dass in den besetzten Balkanländern ständig mit Attentaten zu rechnen war; für andere Ecken des Reichs galt dies übrigens, wenngleich in abgeschwächter Form, auch. Dieses Wissen um die Gefährlichkeit der inneren und äußeren politischen Situation *am Balkan*, wie man in Österreich sagte, hatte auch dessen militärischer Aufklärungsdienst, das Evidenzbüro. Der österreichische Militärgeheimdienst wurde 1850 als Konsequenz aus der Beinaheabspaltung Ungarns vom Habsburger Reich gegründet. Das Evidenzbüro galt unter Militärfachleuten als kompetenter, glänzend ausgestatteter Geheimdienst. Die Habsburger hatten angesichts der Heterogenität der beherrschten Bevölkerung und der Anrainer im Osten und Süden allen Anlass, ein derartiges Instrumentarium zu unterhalten. Das Spitzelwesen erschien dem offiziellen Österreich weniger anstößig als etwa dem preußisch-protestantisch dominierten Deutschland. Bereits die lange Herrschaftszeit eines Metternich während der ersten Hälfte des 18. Jahrhunderts war ohne ein ausgeprägtes Überwachungs- und Denunziantensystem nicht möglich gewesen.[93]

Zur Jahrhundertwende bildete Russland (neben den Balkanländern, dem Osmanischen Reich und Italien) das Schwerpunktland der Spionagebemühungen des Evidenzbüros; die Erkenntnisse über Standorte, Bewaffnung und Zustand der zaristischen Armee galten als solide. Österreich setzte gezielt so genannte Kundschafteroffiziere ein. Das waren meist junge, aktive Offiziere, die aufgrund ihrer Sprachkenntnisse in der Lage waren, legendiert in Russland herumzureisen und zu spionieren. Einer der Offiziere, der dieses Metier nahezu 25 Jahre mit Meisterschaft betrieb, war der k.u.k. Rittmeister Julian Dzikowski. Diese Tätigkeit hinderte ihn nicht, in der Armee noch bis zum Generalmajor zu avancieren – eine Laufbahn übrigens, wie sie für die preußisch-deutsche Armee dieser Zeit undenkbar erscheint. Von ähnlichem Kaliber war der k.u.k. Hauptmann Gustav von Iszkowski, der die Kundschafterstelle in Lemberg führte; später, im Ersten Weltkrieg, vertrat er als Militärattaché Österreich auf der Spionagedrehscheibe der Niederlande.[94]

Evidenzbüro							
				Vorkriegsgliederung 1914			
Russische Gruppe	Balkan-Gruppe	Italienische Gruppe	Deutsche Gruppe	Englische Gruppe	Kundschafter-Gruppe	Manipulations-Gruppe	Artillerie-Gruppe

Der Blick auf das Organigramm des Evidenzbüros der Vorkriegszeit belehrt über eine österreichische Besonderheit, die geradezu bahnbrechend genannt werden kann. Im Gegensatz zu der sonst in Europa üblichen Organisation geheimdienstlicher Tätigkeit waren im Evidenzbüro Feindlagebearbeitung und Kundschafterdienst, also die Auswertung und die Beschaffung, unter einem Dach vereint.[95] Auch dieser Umstand mag für den vorbildlichen Aufbaustand des k.u.k. Militärgeheimdienstes gesorgt haben. Doch die Dinge blieben nicht so. 1906, nachdem Russland den Krieg gegen Japan in Ostasien verloren und sich die Herrschaft des Zaren mit Mühe gegen eine Revolution behauptet hatte, traf die österreichische politische Führung eine fatale, nachgerade modern zu nennende Fehlentscheidung: Sie schränkte aus Gründen der Sparsamkeit die Mittel für die Russlandspionage drastisch ein.

Ganz eigenartig war in Österreich-Ungarn die finanzielle Abhängigkeit der militärischen Zentralstelle vom Ministerium des Äußeren bezüglich der Dotation für den Nachrichtendienst. Der militärische Kundschaftsdienst fiel ins Ressort des Chefs des Generalstabs als Hilfsorgan des Kriegsministeriums. Die Leitung des Kundschaftsdienstes oblag dem Evidenzbüro. Im Budget des Kriegsministeriums gab es jedoch keinen eigenen Titel für den Kundschafts-

dienst. Der ganze für den Aufklärungsdienst von den Delegationen bewilligte Budgettitel wurde dem Ministerium des Äußeren als unverrechenbarer Dispositionsfonds zugewiesen, das nach eigenem Gutdünken einen Teil der Dotation dem Kriegsministerium bzw. Chef des Generalstabs zur Verfügung stellte. Dass dieser Teil nicht übermäßig groß war, lag auf der Hand. Der Minister des Äußeren und seine Organe schätzten den politischen Aufklärungsdienst weit höher ein als den militärischen; Letzter war dem Ministerium des Äußeren meist sogar recht unbequem, in der nie versiegenden Sorge, Entgleisungen auf dem Gebiet der militärischen Spionage könnten die »guten Beziehungen« zu den anderen Staaten stören, die um jeden Preis – auch gegen die unfreundlichsten – aufrechterhalten werden sollten. So kam es, dass in Österreich-Ungarn für den militärischen Aufklärungsdienst der kümmerliche Betrag von 150 000 Kronen zur Verfügung stand, obwohl die Monarchie an vielen Fronten an Staaten grenzte, die sie mit Spionen überschwemmten. [96]

Soweit der letzte Chef des Evidenzbüros vor Ausbruch des Ersten Weltkrieges, August von Urbanski, im Jahre 1931. Doch auch bei der Bewertung dieses Nachkriegstextes gilt es die Fakten von den Legenden zu trennen. Hier berichtet einer der Hauptverantwortlichen für das militärische Desaster des österreichischen Feldzugsauftaktes während des Ersten Weltkrieges. Vor allem gilt es, ehe man die Ausführungen von Urbanski für bare Münze nimmt, zwei Dinge zu trennen: Personalapparat und Sachausstattung des Evidenzbüros fielen durchaus in die alleinige finanzielle Zuständigkeit des Kriegsressorts; bei Kriegsbeginn waren dort 22 Offiziere tätig. Lediglich der nachrichtendienstliche Beschaffungstitel war hiervon ausgenommen. Das war allerdings eine seltsame Konstruktion, die nur so erklärt werden kann, dass die österreichische außenpolitische Führung den finanziellen Daumen auf mögliche militärische Spionageabenteuer halten wollte. Man mag allerdings bezweifeln, ob die somit verordnete Zurückhaltung, die mit einem bewilligten Etat von 150 000 Kronen praktisch einer Abstinenz gleichkam, mit der Politik der Donaumonarchie im Gleichklang stand. So waren es denn auch weniger die sachlichen als vielmehr höchst persönliche Gründe, die zum Missklang der politischen und militärischen Auslandsaufklärung beitrugen. Der wahre Grund hierfür lag in der persönlichen Feindschaft zweier Männer an der Spitze der Donaumonarchie. Ausgerechnet der k.u.k. Außenminister Aloys-Lexa Graf Aehrenthal und der k.u.k. Generalstabschef Franz Freiherr Conrad von Hötzendorf konnten sich gegenseitig nicht ausstehen und bekämpften einander mit Hilfe ihrer Ressorts. Das ging so weit, dass dem Generalstabschef sogar geheim gehaltene Bündnisverträge mit den Nachbarstaaten vorenthalten wurden. Dass diese beiden Männer und ihr jeweiliger Anhang zum Wohle des Habsburger Reichs handelten, darf mit gutem Grund bezweifelt werden. Dies gilt umso schärfer, als sich Österreich im Jahre 1908 mit der scheinbar endgültigen Einverleibung von Bosnien und der Herzegowina an den Rand eines europäischen Krieges brachte, der nur deswegen nicht zustande kam, weil Russland zu diesem Zeitpunkt militärisch nicht in der Lage war, einen Angriffskrieg auf dem Balkan zu führen. Der Gerechtigkeit halber muss gesagt werden, dass das Evidenzbüro in den folgenden Jahren beunruhigt blieb, wie sein Mitarbeiter und späterer Leiter Max Ronge den Zustand zu benennen beliebte. Aus den sich dort 1912 abzeichnenden Kriegsvorbereitungen, die dann zum zweiten Balkankrieg führten, zog man den Schluss, dass ein verschärfter Kundschafterdienst notwendig sei, und ging das Außenministerium um die Erhöhung des Budgets an. Doch am Ballhausplatz hatte man Zeit und verschob die Sache auf eine Besprechung, die nach Monaten für den Oktober 1912 anberaumt wurde; dort kam dann erwartungsgemäß nichts heraus. Das war mehr als leichtfertig, denn dem österreichisch-ungarischen Generalstab war zu dieser Zeit durchaus nicht klar, wer das Gegenüber dieser Kriegsvorbereitungen war. Dass das Ziel die Donaumonarchie sein könnte, lag, mit russischer Anstiftung, durchaus im Bereich des Möglichen. Es war dann allerdings die Türkei, die der Kriegsgegner wurde. Auch in diesem Fall hatten russische Interessen eine nicht zu unterschätzende Rolle gespielt, brachte die Schwächung des Osmanischen Reichs Russland doch einen Schritt näher auf seinem Weg zur Öffnung des Bosporus. Erleichtert oder sogar mit dem Gefühl, es immer schon gewusst zu haben, nahm man in Wien zur Kenntnis, dass die Sache wieder einmal gut gegangen war. Doch hieraus die Folgerung zu ziehen, die Sache mit der russischen Demütigung durch die Annexion von Bosnien und der Herzegowina hätte sich erledigt, war ebenso leichtfertig wie letztlich falsch. Hätte der Oberst Eugen Hordliczka, der von 1903 bis 1909 das Evidenzbüro leitete, geahnt, welche Laus er seit 1903 im Pelz hatte, hätte er die Streichungen in seinem Budget kaum so lässig hingenommen. Denn seit dieser Zeit arbeitete der Hauptmann im Evidenzbüro Alfred Redl auch für das russische Gegenüber. Das konnte, wie gesagt, niemand ahnen, noch weniger, dass dieser Mann unter dem Decknamen Nizetas die ohnehin schon reduzierten Spionagebemühungen seiner Behörde an den Gegner verriet. Redl-Nizetas werden wir im nächsten Kapitel bei der Raswedka, der russischen Militäraufklärung, bei der Arbeit sehen.[97]

Wesentliche Unterstützung erfuhr in Wien die schräge Sicht der Dinge durch den in St. Petersburg akkreditierten k.u.k. Militärattaché. Doch zunächst war das nicht immer und notwendigerweise so, denn zu Beginn des Jahrhunderts war der k.u.k. Major Erwin Müller Inhaber dieser Dienststellung. Müller galt als besonders kompetent bei der Aufklärung der russischen Streitkräfte. Diese Kompetenz war nur möglich, da er sich durchaus nicht an das Gebot seines Kaisers hielt, wonach er sich jeglicher Militärspionage zu enthalten hatte. Im Zuge der russischen

Ermittlungen gegen den deutschen Militärattaché, Freiherrn von Lüttwitz, flog auch die Verstrickung von Müller auf. Er wurde daraufhin zur Persona non grata erklärt und musste St. Petersburg beschleunigt verlassen. Sein Nachfolger wurde Gottfried Prinz zu Hohenlohe-Schillingfürst. Mit ihm änderte sich die militärische und militärpolitische Berichterstattung grundlegend. Der dem k.u.k. Generalstab als Hauptmann zugeteilte Prinz wurde im fernen Petersburg nicht nur von den deutschen Kollegen, sondern, erstaunlich genug, von den sonst eher begrenzt freundlichen russischen Gastgebern geschätzt. Und das hatte einen ziemlich einfachen Grund: Hohenlohe war ein typisch hochadliger, in diesen Jahren noch lediger Bonvivant, der Gesellschaften, Essen und Trinken, Reitersport und das Kartenspiel und nicht zuletzt die russische Damenwelt zum Mittelpunkt seines Lebens gemacht hatte. Seine Offenheit, seine Freundlichkeit und sein Witz waren nicht gestellt. So war er denn ein harmloser, gern gesehener Gast und zugleich ein denkbar schlechter Militärattaché. Denn zu allem Überfluss kannte er sich in militärischen Dingen, wie er wohl selbst eingeräumt hatte, nicht besonders gut aus. So entging ihm sehr wahrscheinlich, welche Veränderungen sich in der russischen Armee abspielten, und, schlimmer noch, auch der Hass der russischen auf die österreichischen Balkanabenteuer entzog sich in der notwendigen Schärfe seiner Wahrnehmung und damit der Berichterstattung.[98]

Auch aus dieser falschen Lagebeurteilung resultierte das finanzielle Aushungern der Russlandspionage. Der Kenntnisstand reduzierte sich dementsprechend; Österreich befand sich wie das Deutsche Reich auf dem Weg, Erkenntnisse durch Spekulationen über Wünschbares zu ersetzen: Russland wurde als militärischer Gegner nicht mehr ernst genommen. Evidenzbüro und Sektion III b, die seit der Jahrhundertwende, vor allem bei der militärischen Spionageabwehr gegen Russland zunehmend erfolgreich zusammenarbeiteten, unterstützten sich auch gegenseitig bei der Verharmlosung der Zarenarmee. Dies war deswegen besonders leichtfertig, weil das Evidenzbüro nach dem russisch-japanischen Krieg von 1904/05 einen Aufmarschplan der russischen Armee erworben haben will. Die Aussagen hierüber sind widersprüchlich. Geheimdienstchef August Urbanski lässt eine Frau in der Rolle der Verführerin als Verantwortliche für den Verrat eines Generalstabsoffiziers auftreten,[99] bei dem auf der Gegenseite agierenden Militärstaatsanwalt Wladimir Orlow waren es der Suff und Unterschleife, die den geheimdienstlichen Hebel boten. Bei Orlow kling das so:

Der Wechsel wird eingelöst, die Gefahr zieht vorüber. Der Druck der letzten Wochen schwindet. Schnaps, Köchin und Karten tauchen wieder auf. Bald ist von dem Geld keine Kopeke mehr vorhanden. Ein neuer Wechsel wird unterschrieben. Und in gleicher kritischer Stunde läutet es abends vor der Tür. Herr Arnold Bart tritt ein … In Wien wiederholt sich alles. Der Begleiter. Das Auto.

Der Oberst hinter dem Pult. Der Fragebogen ... Stein sieht sich in die Enge ge-
trieben, er hat weder Zeit noch Möglichkeit, lange zu überlegen. Also macht er,
was man von ihm verlangt, und reist mit der Summe zum Standort zurück.
Noch mehr als bisher wirft er mit dem Gelde, kleidet die Köchin neu ein, säuft,
säuft und spielt mit den unmöglichsten Gesellen Karten. Es hagelt anonyme
Briefe an seine Vorgesetzten, auch an seine Frau und Tochter in Warschau. Die
beiden Frauen fahren nach Rawa, nehmen ihn sich ins Gebet, stellen fest, dass
er über große Geldsummen verfügt, über deren Herkunft er nichts sagen kann.
Frau und Fräulein Stein fahren nach Warschau zurück. In schwerster Sorge.
Ob er irre geworden ist? Ob ihn böse Menschen ausnutzen. Die beiden Damen
beschließen, den Stab des Militärkreises um Rat zu fragen. Man verspricht
ihnen, auf den Oberst scharf aufzupassen, um hinter das Geheimnis des Reich-
tums zu gelangen. Und tatsächlich: ein Offizier der Spionageabwehr siedelt in
Rawa an und folgt dem Obersten auf Schritt und Tritt.[100]

Soweit der Staatsanwalt. Ob es sich so oder anders abgespielt hat, bleibt pure Spekulation. Wie dem auch sei, die k.u.k. Generalstäbler erahnten aufgrund der Ge-
gebenheiten des Geländes und der Grenzführung sowie der Friedensdislozierung
der russischen Armee, wo Aufmarschschwerpunkte liegen würden.[101] Doch das
war's auch schon, denn der Feldzugsbeginn des August 1914 lässt nicht erkennen,
dass die Mittelmächte im Besitz einschlägiger aktueller Unterlagen waren. Dies
gilt sowohl für die deutsche wie auch für die österreichische Militäraufklärung.
Zwar tauschte man sich intensiv aus, wobei das Evidenzbüro die Kontakte zur
Sektion III b tarnte, indem es dem Partner einen Decknamen verpasste: III b war
für die Österreicher der Konfident Nr. 184.

So sehr es mit der Agentenaufklärung bergab ging, prosperierte eine neue zu-
kunftsträchtige Aufklärungsmethode, in die das Evidenzbüro selbst den deutschen
Verbündeten nicht Einblick nehmen ließ. Die Rede ist von der Funkaufklärung
und der dazugehörigen Dechiffrierung, im Evidenzbüro auf den netten Namen
Radiohorch- und Chiffrierdienst getauft. In der zweiten Hälfte des 19. Jahrhunderts hatte die Entwicklung der so genannten drahtlosen Telegrafie, also des Funkverkehrs, für eine Revolutionierung der militärischen Nachrichtenübertragung
gesorgt. Mit Hilfe des neuen Mediums ließen sich Großverbände auch über weite
Entfernungen hinweg bei sehr schneller Nachrichtenübermittlung führen; Gleiches galt für Schiffe. Signalgasten und Meldereiter waren langsam aber sicher auf
dem Weg ins Militärmuseum. Doch die neue Methode hatte einen entscheidenden
Pferdefuß. Sie war für jedermann mit einschlägiger technischer Ausstattung mit-
lesbar. Dieser Erkenntnis folgte die Einführung von Verschlüsselungsverfahren
auf dem Fuß; diesen wiederum folgten die Entschlüsselungsspezialisten, deren
erste wirklich bedeutsamen im Wiener Evidenzbüro saßen. Sie griffen auf die Vor-

arbeiten zurück, die ihnen Eduard Fleissner von Wostrowitz hinterlassen hatte. Der 1825 geborene k.u.k. Offizier wurde 1871 Kommandant der Brigadeoffiziersschule in Ödenburg, dem heutigen Sopron im nordwestlichen Ungarn. Er war erster Verschlüsselungsspezialist in einer langen Reihe dieser zukunftsträchtigen Kunst. Sein Lehrbuch *Handbuch der Kryptographie* bot die erste seriöse Durchdringung dieses schwierigen Stoffes. Als seine Nachfolger anfingen, in seine Fußstapfen zu treten, und als sie erfolgreich zu arbeiten begannen, war der Erste Weltkrieg ausgebrochen.[102]

Leiter des Evidenzbüros	
Major Anton Ritter von Kalik	1850–1864
Oberst Georg Ritter von Kees	1864–1866
Oberst Josef Ritter Pelikan von Plauenwald	1866–1869
Oberstleutnant Franz Weikard	1869–1870
Oberst Ludwig Edler von Cornaro	1870–1871
Oberst Rudolf Ritter von Hoffingen	1871–1876
Oberst Adolf Ritter von Leddihn	1876–1879
Oberst Karl Freiherr von Ripp	1879–1882
Oberst Ritter Hugo Bilimek von Waissolm	1882–1886
Oberst Edmund Ritter Mayer von Wallstein und Marnegg	1886–1892
Oberstleutnant Emil Freiherr Woinovich von Belobreska	1892–1896
Oberstleutnant Desiderius Kolosvary de Kolosvar	1896–1898
Oberst Artur Freiherr Giesl von Gieslingen	1898–1903
Oberst Eugen Hordliczka	1903–1909
Oberst August Urbanski von Ostrymiec	1909–Mai 1914
Oberst Oskar von Hranilovic-Cvetassin	Mai 1914–1917
Oberst Maximilian Ronge	1917–Ende 1918

Der schwankende Bär.
Russland zu Beginn des Jahrhunderts

Das Russische Reich war zur Wende auf das 20. Jahrhundert ein Staatsgebilde krasser Gegensätze. Mit Nikolaus II. stand ein Zar an seiner Spitze, der den Traum vom persönlichen Regime einer von Gott gewollten Herrschaft wiederzubeleben gedachte. Es steht zu vermuten, dass er selbst an dergleichen glaubte. Sein persönliches Regime war zunächst durch keinerlei störende Staatsverfassung beschränkt, doch ein Herrscher, ein Despot im klassischen Sinne war dieser Mann nicht. Stets höflich und auf gute Form bedacht, die er für englisch hielt, traf er Entscheidungen nie im Angesicht des davon Betroffenen, was einen idealen Nährboden für Leisetreterei und Intrigen bildete. Ohne den Absonderlichkeiten der russischen Hofgesellschaft im Einzelnen nachzugehen, verdient seine Ehefrau Alexandra, je nach Standpunkt Alix oder *Die Deutsche* genannt, einen kurzen Exkurs: Sie übte entscheidenden Einfluss auf ihren ohnedies willensschwachen Ehemann aus, und sie bestärkte ihn in seinen autokratischen Grundüberzeugungen. Den Charakter Alexandras würde man heute vielleicht als herb bezeichnen.[103] Der deutsche Militärbevollmächtigte Paul von Hintze kleidete das in einigermaßen höfliche Worte, wenn er am 4. März 1909 berichtete:

Die Umgebung Ihrer Majestät nennt die Krankheit Hysterie oder Neurasthenie. ... Am Hofe herrscht fast übereinstimmend die Auffassung, dass die Gesundheit der Zarin einen Wechsel des Milieus zur Voraussetzung hat. Wolfsgarten ist in Vorschlag gebracht worden. Aber die Kaiserin will nichts von Reisen hören; die erlauchte Frau nimmt es ganz außerordentlich übel, wenn ihr Ratschläge oder Vorschläge gemacht werden. Und da sie einen entscheidenden Einfluss auf den Zaren besitzt, so wagt niemand aus der Umgebung, den Mund zu öffnen. Ein eigenartiges Bild. Selbst die Ärzte sind stumm. Die berufenen Ratgeber in dieser, an und für sich einfachen Angelegenheit hüten sich zu sprechen; der Berufenste, Hausminister Graf Fredericksz, ist lieber selbst auf Urlaub gegangen. Von den Großfürsten oder Großfürstinnen kann niemand sprechen; sie stehen dem Kaiserpaar fremd gegenüber.[104]

Zu allem Überfluss trat Alexandra mit abfälligen Äußerungen über die russische Gesellschaft ohne große Scheu hervor, was ihr keineswegs die Zuneigung der Einheimischen bescherte. Bestärkt wurde die Abneigung zudem durch die damals unheilbare Bluterkrankheit ihres einzigen Sohnes, die man im abergläubischen Russland als göttliche Fügung ansah. Aber auch Alexandra flüchtete sich in religiöse Wahnvorstellungen, die in der Aufnahme eines Wundermannes in ihren Hofstaat gipfelte. Bei diesem Schein-Heiligen handelte es sich um einen selbst ernannten Mönch, genannt Rasputin, der in Wirklichkeit Grigori Jefimowitsch

Nowy hieß, ein Bauer aus Prokowskoje in der Provinz Tobolsk. Zu seinen hervorstechendsten Eigenschaften soll gehört haben, dass er sich nie wusch. Verbürgt ist dagegen, dass Rasputin durch den erheblichen Einfluss, den er auf die Vergabe höchster öffentlicher Ämter nahm, bis zu seiner Ermordung im Jahre 1916 eine Art Nebenregierung bei Hofe bildete. Nicht ohne Erstaunen nimmt man zur Kenntnis, dass die russische Regierung seit 1910 aufgrund der Anordnung des damaligen Ministerpräsidenten Pjotr Stolypin den Wundermann und Zarengünstling hinter dem Rücken des Herrschers geheimdienstlich überwachen ließ[105] – und das liest sich in der einschlägigen Bürokratensprache in einem geheimen Bericht vom 18. Februar 1913 wie folgt:

Eine neuerliche Überwachung wurde vom ehemaligen Innenminister, Senator Makarow, ab dem 23. Januar 1912 angeordnet, die bis zum 16. Januar 1913 folgende Erkenntnisse zu Tage förderte: Rasputin ging nur selten alleine aus, aber wenn er es tat, begab er sich normalerweise zum Newski-Prospekt oder in andere Straßen, wo Prostituierte anzutreffen sind, und sprach sie an; dann nahm er eine von ihnen und ging mit ihr in ein Hotel oder ins Badehaus.
Während Rasputins erster Reise [nach St. Petersburg] *im Jahre 1912 registrierte die Überwachung sechs solcher Vorfälle, die sich jeweils nach folgendem Muster abspielten: Am 4. Februar verließ Rasputin die Prostituierten Botwinkina und Kozlowa (Swiechny-Gasse, Haus Nr. 11) und begab sich in Begleitung einiger anderer geradewegs zu den Golowins. Dort blieb er zwei Stunden und ging anschließend zum Newski-Prospekt, wo er wiederum eine Prostituierte ansprach, mit der das Badehaus in der Konjuschennaja-Straße aufsuchte.*
Am 6. Februar kam Rasputin von Sinaida Mandschtet, bei der er anderthalb Stunden verbracht hatte, und ging geradewegs zum Newski-Prospekt, wo er die Prostituierte Petrowa ansprach, mit der er ins Badehaus ging, das sich in der Moika befindet ...[106]

Und so weiter und so fort: Besuche bei den so genannten Damen der Gesellschaft, sodann und sogleich Prostituierte und Badehäuser; zwischendrin Aufenthalte bei der kaiserlichen Familie. Die Ochrana gab sich keineswegs damit zufrieden, Rasputin ständig zu observieren, was man bis zur Nacht seiner Ermordung durchhielt, sondern sie hatte in der richtigen Einschätzung, dass dergleichen bei Hofe schlecht realisierbar war, in die Hofgesellschaft einen ihrer geschicktesten Agenten eingeschleust. Das war ein Mann namens Iwan Manassewitsch-Manuilow. Manuilow wurde 1869 in Kowno als Sohn eines Russen und einer Jüdin geboren. Den Familiennamen hatte er von seinem jüdischen Adoptivvater erhalten. Seine Agentenkarriere begann im Auslandsdienst, die Stationen hießen Paris und Rom. 1905 nach Petersbug zurückbeordert, war er zunächst mit der Organisierung von Judenpogromen beschäftigt, dann wurde ihm die Überwachung der ausländi-

schen Diplomaten zugewiesen, während er offiziell mit dem Willen seiner Dienstherren als Herausgeber und Mitarbeiter bei einflussreichen Zeitschriften sein Brot
verdiente. Eine homoerotische Liebesbeziehung zum Fürsten Meschtscherski
verschaffte ihm den realen Schlüssel zur Hofgesellschaft; das brachte ihm 1916
einen neuen Posten, auf dem wir ihn noch agieren sehen werden, denn nunmehr
betätigte er sich auf der Position eines Sekretärs beim russischen Ministerpräsidenten Boris Stürmer. Mit Hilfe des gelernten Agenten und nunmehrigen Sekretärs hielt Stürmer den Hofstaat unter Kontrolle.[107]
Bei aller Verkürzung, die in dieser Beschreibung liegt, wird klar, dass solche Verhältnisse an der Staatsspitze die denkbar schlechtesten Voraussetzungen für die
Regierung eines Reichs von den Ausmaßen Russlands bildeten. Was schon in ruhigen Zeiten heikel gewesen wäre, wurde in Russland dadurch verschärft, dass das
Zarenreich durch innere und äußere Zerreißproben belastet wurde, wobei die
Masse dieser Krisen durchaus selbstverschuldet entstand. Dabei kamen diese Krisen keineswegs plötzlich; sie bahnten sich seit dem frühen 19. Jahrhundert an und
wurden zum hingenommenen Dauerzustand. Dabei fehlte es in Russland nicht an
bedrohlichen Hinweisen. Seit den 1820er-Jahren entstanden in seinem Innern
wellenförmige Bewegungen, deren Zielsetzung die Abschaffung der himmel-
schreienden sozialen Diskrepanzen in der russischen Gesellschaft war. Die Akteure und ihre Gruppierungen, mit denen es der russische Staat zu tun bekam,
ließen keinen Zweifel an der Ernsthaftigkeit und der Radikalität ihrer Bestrebungen zu. Eine lange Reihe hoher und höchster Repräsentanten Russlands, mit
Alexander II. auch ein Zar unter ihnen, blieben als Opfer terroristischer Anschläge auf der Strecke.
Mit den äußeren Bedingungen des Zarenreichs sah es nicht viel besser aus. Russland war im 19. Jahrhundert endgültig an die äußeren Grenzen seiner Machtent-
faltungsmöglichkeiten geraten. Nach der letzten Teilung Polens und den napo-
leonischen Kriegen schien die Westgrenze festgelegt zu sein, und im Osten
erstreckte sich das Land über die gewaltige asiatische Landmasse bis an den
Pazifischen Ozean. Nach Süden zu, wo scheinbar noch der meiste Platz zur Verfügung stand, stieß Russland erstmals auf ernsthafte europäische Gegner, vor
allem die Briten, deren Kolonialinteressen eine weitere Ausdehnung des russischen Reichs in die eigenen Einflusssphären nicht gleichgültig sein konnte. Den
Auftakt der Auseinandersetzungen bildete der Krimkrieg von 1850. Russlands
Ausbruchsversuch aus dem Schwarzen Meer wurde verhindert. Andere Konflikt-
herde folgten in Persien, Afghanistan und Tibet. Wieder war es Großbritannien,
das durch Interventionstruppen zumindest eine langfristige Verzögerung der
russischen Expansionswünsche bewirkte. Dann allerdings ergab sich Anfang des
20. Jahrhunderts in der äußersten Südostecke des Reichs mit der Mandschurei

noch einmal ein Raum scheinbar möglicher Ausdehnung. Doch dieses imperiale Experiment dauerte nur drei Jahre und endete mit einer demütigenden Niederlage im russisch-japanischen Krieg 1904/05.[108]

Für ein eigenständiges äußeres Konfliktfeld sorgte der aufkommende Panslawismus, eine rassistische Bewegung, deren Antriebsmotor ein verschwommenes Slawentum darstellte, als dessen angeblicher Interessenwahrer der russische Zar figurierte. Diese Ideologie sorgte vor allem in den Grenzgebieten und in den auswärtigen Berührungspunkten mit Österreich-Ungarn für Konfliktstoff. Polen, die Ukraine, die Tschechei, die Slowakei, Serbien, Montenegro, Bosnien, die Herzegowina und Albanien waren die Gebiete, in denen der Panslawismus mit erheblicher russischer Förderung für äußeren und inneren Zündstoff mit der Donaumonarchie sorgen sollte und auch sorgte. Wir erinnern uns, dass das Habsburger Reich zur Jahrhundertwende mit dem einstigen Rivalen Preußen-Deutschland in Nibelungentreue verbunden war, so dass die Aggressionen, die Russland gegen Österreich-Ungarn ins Werk setzte, letztlich auch den deutschen Verbündeten treffen mussten. Deutschland stand diesen Dingen allerdings ziemlich verständnislos gegenüber; seine Nationalitätenprobleme beschränkten sich auf wenige Dänen in Nordschleswig, noch weniger Wallonen in Malmedy, Elsässer im Elsass und etliche Franzosen in Lothringen, alles Völker, von denen zwar nationalistische, aber keine rassistischen Probleme zu erwarten waren. Die Polen schließlich am Ostrand des Reichs fielen schon zahlenmäßig nicht besonders ins Gewicht; von den Sorben ganz zu schweigen. Man darf allerdings den Panslawismus hinsichtlich der innerrussischen politischen Meinungsbildung nicht überschätzen, denn er bildete einen schroffen Gegensatz zu einem anderen Extrem, dem russischen Nationalismus. Der war der Motor der Russifizierungspolitik. Russifizierungspolitik und Panslawismus passten unter keinen Hut, denn nichts konnte den slawischen Völkern an der Südwestflanke Russlands ferner liegen, als russifiziert zu werden.[109]

Zurück nach Russland: In einer Mittellage zwischen den äußeren und inneren Konflikten bewegten sich die Streitigkeiten mit jenen unterjochten Völkern am Rande des Reichs, die gezwungen waren, innerhalb der russischen Reichsgrenzen zu leben; sie waren in erster Linie durch deren Abspaltungsbestrebungen diktiert. Doch die Völker am Kaukasus und erst recht die in den asiatischen Weiten hatten den nach europäischen Maßstäben bewaffneten und gegliederten Verbänden der russischen Armee nichts entgegenzusetzen. Heikler gestaltete sich die Lage in Finnland und in Polen. Eine allgemeine Erhebung in Polen im Jahre 1830 wurde von russischem Militär blutig unterdrückt; dieser 29. November grub sich tief in die Erinnerung der Polen ein; 85 Jahre später blieb es einer von politischen Einsichten unberührten deutschen Militärverwaltung vorbehalten, diesen Gedenktag im soeben erst von deutschen Truppen besetzten Warschau zu verbieten. Doch bis hierhin ist es noch ein Stück Weges; einstweilen war es in den europäischen Ländern Russlands vor allem die gefürchtete Geheimpolizei, die den Abspaltungsbestrebungen entgegentrat.[110]

Für die zaristische politische Polizei hat sich das Synonym der Ochrana eingebürgert, obwohl es sich bei dieser nur um einen der Zweige des Überwachungsapparats handelte. Die Geschichte der Ochrana lässt sich bis 1826 zurückverfolgen. Die unter Zar Nikolaus I. gebildete *III. Abteilung der eigenen Kanzlei des Kaisers* erhielt am 3.7.1826 den Auftrag, für die Verfolgung der Beteiligten des so genannten Dekabristenaufstands zu sorgen. Aus dieser Sonderabteilung und aus einem Gendarmeriekorps wurde 1866 eine politische Polizei gebildet, die in den Folgejahren gegen zahlreiche Umsturzversuche vorzugehen hatte. 1880 wurden beide Behördenzweige unter einer einheitlichen Führung, der *Obersten Anordnenden Kommission*, zusammengefasst. Nach der noch im selben Jahr erfolgten Auflösung der Kommission wurde die politische Polizei nunmehr dem Innenministerium unterstellt, und zwar mit zentralen und örtlichen *Abteilungen zur Bewachung der gesellschaftlichen Ordnung und Sicherheit*, nach dem russischen Ausdruck für Bewachung kurz Ochrana genannt. Die Ochrana wurde ausschließlich für die heimliche Ausspähung und die polizeiliche Bekämpfung eingesetzt; für Maßnahmen der Strafverfolgung blieb die Gendarmerieverwaltung der Gouvernements zuständig. Der Kampf der Ochrana gegen die innenpolitischen Gegner des Zarenregimes war eine unablässige Abfolge von Provokation und Verfolgung; sie fand mit der Februarrevolution 1917 ein jähes Ende.[111]

Abgesehen von Umbenennungen und organisatorischen Änderungen im Detail hat die polizeiliche politische Überwachung im Zarenreich bis zu seinem Ende in der Zweigleisigkeit zwischen Ochrana und Gendarmerie bestanden. Beide unterstanden dem Innenministerium. Einer der stellvertretenden Innenminister, der nach russischer Gepflogenheit den Titel eines Ministergehilfen führte, war Leiter der Reichspolizei und Kommandeur des Selbständigen Gendarmeriekorps. Bei dieser Gendarmerie, zuweilen wurde sie auch als Besondere Gendarmerie bezeichnet, handelte es sich nicht um die allgemeine Polizei, sondern um eine eigenständige Staatsschutztruppe. Sie wurde unterhalb des Kommandeurs von einem Chef des Stabs geleitet, der nicht zum Polizeidepartement gehörte. Er befehligte im Jahre 1913 rund 13 200 Gendarmeriemitarbeiter, die sich im Wesentlichen auf die 75 Gouvernement-Verwaltungen der Gendarmerie, 33 Gendarmerie-Eisenbahnverwaltungen und drei Gendarmeriedivisionen in St. Petersburg, Moskau und Warschau verteilten; die letztgenannten Divisionen waren eine Art Eingreifreserve für besondere Lagen im Innern. Die Polizei Russlands unterstand dem Polizeidepartement. Diesem waren eine ganze Reihe von Abteilungen nachgeordnet. Eine davon war die Sonderabteilung, auch Besondere Bewachungsabteilung genannt, also die politische Polizei, die Ochrana. Unterhalb dieser Sonderabteilung bestanden in den 16 wichtigsten Städten, in denen es politische Opposition gab, Abteilungen zum Schutz der gesellschaftlichen Ordnung und Sicherheit, die örtlichen Ochrana also, die zugleich als Gebietsbehörden das Territorium des Zarenreiches abdeckten. Daneben existierte die dem Leiter des Polizeidepartements unterstehende Auslandsagentur, die zuweilen auch als Auslandsexpositur der Ochrana bezeichnet worden ist; ihre Aufgabe war eine Art Auslandsspionage, jedoch mit deutlichem Schwerpunkt der Bekämpfung der russischen Exilopposition.[112]

Innenminister
(Chef des Selbständigen Gendarmeriekorps)

Sipjagin, bis 1902 (ermordet), April 1902 W. K. Plehwe, bis 28. 7. 1904 (ermordet),
P. N. Durnowo, bis Anfang 1906, P. A. Stolypin, bis 1909, Makarow, bis Ende 1913,
Maklakow, bis 19. 6. 1915 Tscherbatschew, 1916 Chwostow, September 1916
Protopopow, bis März 1917

Gehilfe des Ministers
(Leiter der Reichspolizei und Kommandeur des Selbständigen Gendarmeriekorps)
1909 Gen. Kurlow, 1914/15 Gen. Dshunkowski, bis 1915 1916 Wolkonski oder Balz

---

Polizeidepartement	**Chef des Stabs**
1901/02 S.E. Swoljansky, 1903 A. Lopuchin, bis 1905, Juli 1905 Garin, S. Kowalenski, 1906 M.I. Trussewitsch, 1909 N.P. Sujew, E. Wuitsch, Bjelezki, Klimowitsch, bis 1. Oktober 1916, A. Wassiljew, bis März 1917	1915/17 Gen. Kurlow

---

diverse Abteilungen	75 Gouvernementverwaltungen
Auslandsagentur Um 1900 Ratschkowski, 1916 A. Krassilnikow	33 Eisenbahnverwaltungen
(Politische) Sonderabteilung 1902 Subatow, bis 1903	3 Gendarmeriedivisionen
	33 Kreisverwaltungen im Privislinskier Gebiet
16 örtliche Abteilungen (Ochrana)	21 Festungs- und Hafenkommandos
	27 Baueinheiten

Es lohnt sich, einige Augenblicke bei der Ochrana zu verweilen, da sowohl Methoden und Wirkungen als auch eine Reihe ihrer Gegner weit über ihr Ende im Februar 1917 Bedeutung behielten. An der finsteren Entschlossenheit ihres geheimdienstlichen Gegenübers, den Zarenstaat zu beseitigen, konnte es seit der Mitte des 18. Jahrhunderts keinen Zweifel geben. Dieses Gegenüber waren in der Regel Angehörige einer schmalen Schicht der russischen Intelligenzija, allerdings Personen, die man falsch beurteilt, würde man sie als Studierstubenrevolutionäre bezeichnen. Solche gab es zwar auch in beträchtlicher Zahl, daneben aber auch etliche, die den Terror nicht nur guthießen, sondern ihn auch zu praktizieren verstanden, unter ihnen auch erstaunlich viele gebildete junge Frauen. Diese Revolutionäre zogen eine breite Blutspur hinter sich her, wobei offen bleiben mag, was sie sich von ihren Mordanschlägen versprachen, die bevorzugt führenden Repräsentanten des Zarenregimes oder dem Zaren selbst galten. Über den schlichten gewalttätigen Protest hinaus mag die Hoffnung eine Rolle gespielt haben, auf diese Weise eine revolutionäre Situation herbeizubomben.

Die Maßnahmen der Ochrana zur Bekämpfung des revolutionären Terrors waren ebenso brutal wie wirkungsvoll. Etwa seit Beginn des Jahrhunderts hatte die Ochrana durch ihren Spitzenmann Subatow, von dem noch die Rede sein wird, eine Zweiteilung der Überwachungsmaßnahmen eingeführt.[113] Während die so genannte Äußere Überwachung in erster Linie die Observation darstellte, die durch eigenes fest angestelltes Polizeipersonal durchgeführt wurde, zu dem Juden und Polen nicht zugelassen wurden,[114] arbeitete hiervon organisatorisch strikt abgeschottet die Innere Überwachung. Hierbei handelte es sich um das Anwerben und Führen von Spitzeln. Ihrer wusste sich die russische Geheimpolizei meisterlich zu bedienen, um die verhassten Sozialdemokraten, Sozialrevolutionäre, Menschewiki oder Bolschewiki oder wie immer sie heißen mochten, zu überlisten, zu enttarnen, an den Galgen oder ins Gefängnis zu bringen, in Verbannung und in Straflager deportieren zu lassen. Die Ochrana ließ es sich etwas kosten, um ihre Agenten einzukaufen; an dieser Stelle zeigte sich der russische Staat durchaus nicht knauserig. Diese Großzügigkeit hatte fast immer Erfolg; es gab kaum Gruppierungen von einiger Bedeutung, die nicht nach absehbarer Frist von Spitzeln durchdrungen gewesen wären. Dabei genügte es den ehrgeizigen Leitern der Ochrana vielfach nicht, die konspirativen Zirkel aufzudecken, sondern ihr Ziel war es, die Konspirateure an den Galgen zu bringen. Das konnte allerdings nur gelingen, wenn diese Aufrührer auf frischer Tat, am besten bei der Ausführung eines Attentats, gestellt wurden. So etwas konnte nicht ohne Pannen abgehen, und so fand eine Reihe von Attentaten unter den Augen der Ochrana statt, die die Gendarmerie erst informierte, wenn die Attentäter zur Tat schritten. Dass es dabei Tote auf Seiten der eigentlich zu Schützenden gab, versteht sich fast am

Rande. Derartig frivoles Verhalten blieb durchaus nicht ohne Widerspruch, denn mancher Innenpolitiker und Polizeiverantwortliche musste sich fragen, ob die Attentate nicht im Vorfeld hätten verhindert werden können. Diese Frage lässt sich nicht durchweg bejahen, da die Ochrana in etlichen Fällen erst durch die Begehung von Anschlägen auf neu entstandene Gruppen oder Grüppchen aufmerksam wurde. Aber es gab eben auch diese ganz anderen Fälle, in denen sich leitende Ochrana-Beamte entschlossen hatten, die Attentate selbst anzustiften. Ihre Motivlage war klar: Zum einen eindeutige Beweise zu schaffen und zum andern das Lob für die geglückte Aufklärung einzuheimsen. Doch einigen war selbst das nicht genug: Sie schufen sich ihren Terror selbst, indem sie Lockspitzel oder Provokateure zum Einsatz brachten.

Der Lockspitzel galt und gilt vielen Geheimdiensten als die Krone ihres Könnens. Er ist Mitglied in der bekämpften Organisation, aus der er nicht nur berichtet, sondern er versucht auch, sie im Auftrag seines Dienstherrn zu steuern. Das bedeutet, er veranlasst seine scheinbaren Genossen, Handlungen zu begehen, mit denen sie sich verdächtig oder sogar strafbar machen. Natürlich nimmt der Lockspitzel an den inkriminierten Handlungen teil; er würde sonst Gefahr laufen, seiner Tarnung verlustig zu gehen. Dies war auch der Weg, den die Ochrana ging; gegenüber der Beteiligung ihrer Agenten an Attentaten, bei denen tatsächlich Blut floss, empfanden deren Leiter keinerlei Skrupel. Einige von ihnen gingen noch weiter: Sie planten selbst die Attentate und ließen sie dann ausführen.

Einen derartigen Fall stellt die Tätigkeit des Mehrfachagenten Ewno Asew dar.[115] Der 1869 geborene Asew gehörte um die Jahrhundertwende zu den Mitbegründern der Partei der Sozialrevolutionäre. 1903 stieg er zum Leiter von deren Kampforganisation auf. Das waren jene konspirative Zirkel, die Attentate planten und ausführten. Diesen fielen beispielsweise 1904 der russische Innenminister Plehwe und der Gouverneur von St. Petersburg, Großfürst Sergej Alexandrowitsch Romanow, zum Opfer. Asews Stellung in der Kampforganisation beruhte auf seinen scheinbaren Attentatserfolgen. Niemand von Asews revolutionären Hinterleuten ahnte deswegen, dass er es mit einem Agenten der Ochrana zu tun hatte, der 1893 angeworben und bei seinem Arbeitgeber unter dem Decknamen Walentin Kusmitsch geführt wurde. Erst als gleichzeitig immer mehr von seinen Kampfgefährten hinter Gitter oder an den Galgen kamen, entstand bei den Sozialrevolutionären mit der Zeit der Verdacht, dass ein Ochrana-Spitzel Raskin mit dem eigenen Spitzenmann Asew identisch sein könnte. Dieser Verdacht beruhte auf einer Gepflogenheit der Ochrana, die man bestenfalls als skurril bezeichnen kann: Der zaristische Geheimdienst pflegte im Zweiwochenrhythmus einen Lagebericht über die Erkenntnisse der staatsfeindlichen Bestrebungen herauszugeben, der als Offsetdruck aufwendig hergestellt, einem nicht gerade kleinen Verteiler, zu dem auch der Zar gehörte, übermittelt wurde. Hieran wäre nichts zu bemängeln, wenn nicht in dieser Berichterstattung Hinweise auf die Herkunft der Informationen und insbesondere die menschlichen Quellen unter Nennung ihrer Decknamen enthalten gewesen wären. Das war ein heikles Spiel, denn die handfesteren Terroristengruppen verfolgten nicht nur eine Spitzelabwehr, sondern sie versuchten auch aktiv in die Sicherheitsbehörden vorzudringen. Ein Mann, dem das immer wieder gelang, war der Historiker Wladimir Burzew, den man heutzutage einen Enthüllungsjournalisten nennen würde. Über ihn gelangte das Zentralkomitee der Sozialrevolutionäre zur Erkenntnis, dass es vom Spitzel mit dem Decknamen Raskin ausgespäht wurde. Burzew vermutete bereits frühzeitig, dass Asew Raskin sei. Doch wer wollte schon so etwas glauben. Im Gegenteil, der Journalist und vermeintliche Asew-Denunziant Wladimir Burzew wurde im Herbst 1908 mit seinem angeblichen Opfer zum Femegericht nach Paris einbestellt. Boris Sawinkow, einer der führenden Terroristen der Sozialrevolutionäre, beschrieb die Szene:

Anfang Oktober teilte mir Burzew mit, er habe eine neue Mitteilung, welche Asew entlarve. Er bat mich, auf Ehrenwort zu versprechen, niemandem vor der Gerichtssitzung etwas über diese Nachricht mitzuteilen. Daher erfuhr das Zentralkomitee bis zur Gerichtssitzung nichts davon.

Der ehemalige Direktor des Polizeidepartements, der Senator Alexej Alexandrowitsch Lopuchin, ein Bekannter Burzews von Petersburg her, war im Oktober ins Ausland gefahren. Burzew traf ihn im Zug zwischen Köln und Berlin. Burzew bat Lopuchin, ihm mitzuteilen, ob Asew tatsächlich im Dienst der Polizei stand und ob Lopuchin als Direktor des Polizeidepartements etwas mit ihm zu tun gehabt habe. Nach langem Schwanken und auf nachdrückliches Bitten von Burzew beantwortete Lopuchin die beiden Fragen positiv. Er teilte mit, dass er Azew zweimal dienstlich getroffen hatte.

Die Erzählung Lopuchins konnte mir kein Misstrauen gegen Asew einflößen. Mein Vertrauen zu ihm war so groß, dass ich selbst einem Geständnis von seiner eigenen Hand nicht geglaubt hätte.[116]

Burzew blieb auch vor den gestrengen und ungläubig lauschenden Genossen, unter denen sich auch die Alt-Revolutionärin Vera Figner befand, bei seinen Anschuldigungen. Doch bei der Addition aller Verhaftungen der letzten Jahre blieb nur ein einziger Mitwisser übrig: Asew. Nachdem sich dort Boris Sawinkow und Genossen von ihrer Ungläubigkeit und ihrem Schock erholt hatten, wendete sich das Femegericht gegen ihn. Er wurde zum Tode verurteilt. Aber der Spitzel, der genau wusste, dass es hier keine Revisions- und Gnadeninstanz gab, konnte entkommen. Er setzte sich nach Berlin ab, wo er fortan von seinem ersparten Agentenlohn lebte. Zum Schluss seiner Karriere hatte das monatliche Fixum 1000 Rubeln betragen, wozu noch Prämien bei besonders wichtigen Meldungen hinzukamen. Asew war mithin ein reicher Mann. Zunächst lebte er in der Luitpoldstraße 21 in Berlin unter dem Falschnamen Alexander Neumayer von Aktienspekulationen. Später betrieb er mit seiner deutschen Freundin, einem Fräulein Müller, unter deren Namen ein Geschäft für Damenunterwäsche. Erst 1915, also nach Beginn des Ersten Weltkrieges, ereilte ihn sein Schicksal; aufgrund einer Denunziation bei der Abteilung V, der politischen Abteilung des Berliner Polizeipräsidiums, wurde Asew als russischer Revolutionär, der er schon längst nicht mehr war, festgenommen und wegen des so genannten Belagerungszustands, also des Kriegs-Ausnahmerechts, als feindlicher Ausländer bis 1917 in Haft gehalten. Hier zog er sich ein Nierenleiden zu, an dem er am 24. April 1918 verstarb.[117]

Der Fall Asew kann für viele andere als Musterfall dienen. Ein junger Mann wird mit kleinen Geldzuwendungen als politischer Spitzel angeworben. Das Gehalt seines Arbeitgebers ermöglicht es ihm, sich gegenüber seinen Genossen als finanziell unabhängig darzustellen und sich mehr als andere in der Organisation einzusetzen. Tipps seines Arbeitgebers sorgen dafür, dass er oftmals einen richtigen Riecher nachweisen kann, so dass seinem Aufstieg in der Organisation nichts im Wege steht. Schließlich wird er einer ihrer Leiter. Sein Arbeitgeber nimmt zunächst seine Straftaten hin, da er sich mit dem Hinweis tröstet, ohne seine Quelle blind zu sein. Dann ermuntert er ihn zur Planung von Straftaten, da ihm nur auf diese Weise spektakuläre Fischzüge gegen den inkriminierten Gegner gelingen können; jetzt muss er in Kauf nehmen, dass seine Quelle auch einmal eigene Wege geht, weil sie sonst fürchtet, verbrannt zu werden. Jetzt fällt der Agent auch anderen staatlichen Stellen ins Auge; sie ahnen das Doppelspiel. Die Zusammenarbeit wird wegen der Aufdeckungsgefahr beendet. Geht mit der Beendigung die Enttarnung einher, bricht die von der Quelle ehemals unterwanderte Organisation regelmäßig zusammen. Genau so geschah es auch mit der Kampforganisation der Sozialrevolutionäre. Wiederbelebungsversuche blieben fruchtlos; das Gift des Verrats hatte die alten konspirativen Strukturen zerstört. Vielen anderen Agenten der Ochrana ging es ähnlich; zwei von ihnen, Georgi Gapon und Roman Malinowski werden wir noch kennen lernen. Sie wurden nach ihrer Enttarnung von ihren ehemaligen Genossen umgebracht. Andere Spitzel hatten mehr Glück. Manch einer machte in Sowjetrussland Karriere; so der spätere Propagandist und Schriftsteller Ilja Ehrenburg, der vor dem Ersten Weltkrieg als Kaffeehausliterat sein Leben in Paris fristete und sich so ein Zubrot verdiente, oder der Jurastudent Andrej Wyschinski, der es unter Stalin zum gefürchteten Ankläger und späteren Außenminister brachte.[118]

Als Folge des verlorenen russisch-japanischen Krieges brach in Russland die Revolution aus. Lange eher herbeigewünscht als vorhergesagt, war sie 1905 plötzlich

da. Auch die Ochrana vermochte nicht, die russische Revolution von 1905/06 richtig zu prognostizieren, geschweige denn die Ereignisse zu stoppen. Es gehört zum ständig wiederholten ironischen Repertoire der Geschichte, dass Geheimdienste in bestimmten Situationen dies nicht vermögen. Hierfür gibt es einen Grund. Geheimdienste befassen sich regelmäßig mit einem bestimmten Gegenüber, das sie ausforschen oder lenken wollen. Sie nennen dieses Gegenüber oft Gegner, zuweilen auch Feind. Auf diesen ist ihr Hauptaugenmerk konzentriert. Sie trachten danach, ihn am Unerwünschten zu hindern; in totalitären Staaten ist den Geheimdiensten die Vernichtung des Gegners vornehmste Pflicht. Um dies zu erreichen, versuchen sie, sich in die Sichtweise des Gegners hineinzuversetzen. Dafür bedienen sie sich gerne auch des gegnerischen Personals, das einzustellen sie sich nicht scheuen, wenn es in ihrem Sinne geläutert erscheint. Ein prächtiges Beispiel hierfür ist der leitende Ochrana-Beamte Sergej Subatow. Er selbst war in seinen jungen Jahren von liberalen und revolutionären Ideen begeistert, hatte die Schriften der Klassiker nicht nur gelesen, sondern auch verinnerlicht. Dann ging er den Weg vom Informanten zum festen Mitarbeiter der Ochrana, bis hin zur Chefposition. Er beherrschte die Kunst der Überzeugung, mit der er auch Hartgesottene in Gespräche verstricken und ihnen Zugeständnisse bis hin zur Mitarbeit abringen konnte; einer der Agenten, die er für die Ochrana warb, war der spätere Arbeiterpriester Gapon, den wir gleich näher kennen lernen werden. Zum Missbehagen seiner Vorgesetzten gründete Subatow unter anderem selbst Arbeiterinteressenvertretungen, die er anleitete und die deswegen erfolgreich agieren konnten, weil er es verstand, Arbeitgeber von Amts wegen im Sinne seiner Organisationen unter Druck zu setzen. Als ihm im Juli 1903 die Arbeiterproteste in Moskau und Odessa aus dem Ruder liefen, wurde er zusammen mit seinem Gehilfen, einem Dr. Schajewitsch, zwangspensioniert und nach Sibirien verbannt.[119]
Jede Geheimdienstmühe ist umsonst, wenn das Unerwünschte unerwartet geschieht. Hierzu kommt es, wenn die Handlungen nicht vom gewohnten Gegner ausgehen, sondern von einem Dritten, der bislang der Aufmerksamkeit nicht wert erschien. Besonders heikel ist dies, wenn selbst der Gegner, den man so sorgsam studiert hat, von den Ereignissen überrascht, ja überrollt wird. So ging es mit den revolutionären Ereignissen von 1905. Das Volk verschaffte sich selbst Gehör, und die Revolutionäre, die dies von Beruf waren, hatten erhebliche Mühe, den Anschluss zu gewinnen. Dabei gehört es zur Ironie der Geschichte der russischen Revolution von 1905/06, dass sie ausgerechnet von einem Ochrana-Agenten ausgelöst wurde. Das war der 32-jährige prominente Arbeiter-Pope Georgi Gapon; auch er trug auf zwei Schultern. Mit Wissen der Ochrana organisierte er die *Vereinigung der russischen Fabrik- und Betriebsarbeiter*. Als er seine Anhänger am 9. Januar 1905 zu einem öffentlichen Bittgang in St. Petersburg zusammenrief,

endete der Umzug im Kugelhagel des Militärs. Das war der später so bezeichnete Blutsonntag, der die russische Revolution auslöste. Von Gewissensqualen heimgesucht, offenbarte Gapon den Ursprung dieses Ereignisses. Doch er wollte sich nicht nur rechtfertigen, sondern er versuchte, den Sozialrevolutionär Peter Ruthenberg mit ins Boot zu ziehen, indem er ihn für die Ochrana anwarb. Das Gespräch fand am 10. April 1906 in einem einsamen finnischen Bauernhaus statt. Ruthenberg hatte vorsorglich zwei Genossen mitgebracht, die heimlich mithörten und den Priester anschließend ermordeten.[120]

Die Geschichte der russischen Revolution von 1905/06 ist hier nicht nachzuerzählen. Sie war so etwas wie die Generalprobe für die Ereignisse, die die Verhältnisse in Russland zwölf Jahre später auf den Kopf stellen sollten. Davon später. An dieser Stelle soll eine Episode eingefügt werden, die zeigt, wie die kaiserliche Geheimpolizei agierte, als sie den Schock des Ereignisses überwunden und wieder Atem zum Handeln geschöpft hatte. Zunächst war, da man für das offenbare Versagen der Ochrana einen Sündenbock benötigte, an der Spitze des Polizeidepartements im Innenministerium ein Wechsel vorgenommen worden. Alexej Lopuchin musste gehen; er war den Leuten, die jetzt im Innenministerium das Sagen bekamen, zu liberal. An seine Stelle trat ein Mann namens Garin. Zu dessen Stellvertreter mit einem etwas diffusen Aufgabenbereich ernannte man am 27. Juli 1905 Pjotr Ratschkowski; er war in der Folgezeit die eigentlich treibende Kraft hinter der Ochrana.[121]

Ratschkowski war ein Mann mit einem bezeichnenden Vorlauf: Pjotr Iwanowitsch wurde als Angehöriger des Dienstadels 1851 im Gouvernement Cherson geboren. Der ausgebildete Jurist trat 26-jährig als unbezahlter Ermittlungsbeamter in die Dienste des russischen Justizministeriums in St. Petersburg. Doch bereits am 13. August 1879 schien seine Karriere ein für allemal beendet zu werden: Ratschkowski wurde festgenommen; der Grund: Politische Unzuverlässigkeit. Über einen Monat saß Ratschkowski in U-Haft, dann kam er, weil man ihm nichts nachweisen konnte, wieder auf freien Fuß. In seiner Ermittlungsakte vermerkte die Polizei: Weiter beobachten. Doch es kam anders: Ratschkowski wurde Mitarbeiter der Ochrana, vermutlich als gewöhnlicher Inlandsagent. Doch schon 1884 wurde er nach Paris entsandt: Der Anlass: Sein unmittelbarer Vorgesetzter Oberstleutnant Sudejkin war im Vorjahr, am 16. Dezember 1883, in der Wohnung eines seiner wichtigsten Agenten, Sergej Degajew, ermordet worden. Degajew hatte sich sogleich nach Frankreich abgesetzt; ihn zu ergreifen, war das Ziel der Ratschkowski'schen Mission. Zwar misslang dieser Auftrag, doch muss sich Ratschkowski in Paris so hervorgetan haben, dass er noch im selben Jahr zum Chefresidenten der Ochrana in Paris ernannt wurde. In der Folgezeit entwickelte sich Ratschkowski zum Fälschungsspezialisten; seine Elaborate dienten mit gro-

ßem Erfolg dazu, unbequeme Emigranten in Frankreich oder, was der Ochrana weit erstrebenswerter erschien, bei ihrer Rückkehr nach Russland hinter Schloss und Riegel zu bringen. Um die Jahrhundertwende erhielt Ratschkowski einen allerhöchsten Auftrag: Er sollte ein Dossier über den französischen Modequacksalber Philippe Nizier-Vachod anfertigen. Er tat, was ihm befohlen worden war, doch muss ihn am Schreibpult der Verstand verlassen haben. Er beachtete oder wusste nicht, dass der französische Wundertäter im Begriff war, nicht nur ins Allerheiligste der Monarchie vorgelassen zu werden – zur Vorbereitung diente sein Dossier –, sondern dass alles bereits beschlossene Sache war. Sein ebenso drastisches wie wahrheitsgemäßes Dossier bedeutete 1903 das Ende seiner Agentenkarriere. In den Folgejahren hielt sich der Ochrana-Mann a. D. in Brüssel und Warschau auf. Einiges spricht dafür, dass er bei der Ermordung seines ehemaligen Dienstvorgesetzten, des Innenministers von Plehwe, im Jahre 1904 seine Hände im Spiel hatte. Ein Jahr später, und nach Ablauf der kurzen Amtszeit des Plehwe-Nachfolgers, der als Liberaler galt, war Ratschkowski wieder obenauf. Der frisch ins Amt gelangte Schlosshauptmann und stellvertretende Innenminister Dimitri Trepow, der eigentliche starke Mann aus der bröckligen Mannschaft des Zaren, hatte ihn ins Amt zurückgeholt. Das machte sich für Zar Nikolaus II. mehr als bezahlt. Denn Ratschkowski wurde zum intriganten Planer, Unterstützer und vermutlich auch Organisator einer Bewegung, die den Thron des Zaren noch einmal retten sollte. Die Rede ist vom *Bund des russischen Volkes*.[122]
Der *Bund* wurde von den beiden Regierungsbeamten Alexander Dubrowin und Wladimir Purischkewitsch gegründet. Er war eine Art Vorläuferorganisation späterer faschistischer Bewegungen; er speiste seine Mitgliedschaft aus so genannten kleinen Leuten, d. h. aus kleineren Gewerbetreibenden, kleinen Hofsitzern und niederen Beamten, denen die Revolution und die von den Liberalen vorangetriebenen Wirtschaftsreformen nicht nur theoretisch zur Existenzangst verhalfen. Er schwoll innerhalb eines Jahres auf 300 000 Mitglieder an. Für gewalttätigen Aktionismus schuf der *Bund* mit den Schwarzhundertern illegale Kampforganisationen. Damit übte er unwiderstehliche Anziehungskraft auf den Mob der Städte aus, denn die Schwarzhunderter, die angeblich die Ruhe und Ordnung gegenüber marodierenden Arbeitern und Bauern wiederherstellen sollten, bildeten Prügelkolonnen, deren Einsatz regelmäßig in Plünderungen ausartete. Diese Bandenbildung wäre nicht möglich gewesen, wenn sie nicht die Unterstützung hoher Verwaltungsfunktionäre gefunden hätte, die sich der ausdrücklichen Billigung des Hofes sicher sein konnten. Auch während der Bekämpfung der Revolutionäre von 1905/06 handelten diese Horden keineswegs auf eigene Kappe, sondern auf Anweisung des Zaren, der offenbar begriffen hatte, dass hier seine letzten Bataillone ins Gefecht zogen. Deswegen erhielten die *Bund*leute auch Waffen und we-

nigstens 70 000 Rubel aus der Ochrana-Kasse. Durch den Leiter der St. Petersburger Ochrana, Generalmajor Alexander Gerassimow, sind wir darüber informiert, wie ungeniert die Unterstützung mit Geld und Waffen durch den Stadthauptmann von St. Petersburg, General Wladimir von der Launitz, abgewickelt wurde. Deutlich spürt man beim Lesen der aufschlussreichen Memoiren des Ochrana-Mannes, wie er selbst zwischen Sympathisantentum und Abwehrhaltung hin- und herschwankte, wobei letztlich die Polizistenüberzeugung überwogen haben mag, dass man eine derartige Unordnung nicht dulden dürfe.[123]

Da das verbrecherische Treiben des *Bundes* unter den Augen, mit Billigung oder sogar nach Anstiftung durch Polizei und Ochrana geschah, kann man sich unschwer vorstellen, welcher Abschaum sich bei den Schwarzhundertern zusammenfand, um ungestört Straftaten zu begehen. Die Ermordung der Duma-Abgeordneten Herzenstein, Jollos und Kaganowitsch stellten nur die Spitze des Eisberges dar; als im Gegenzug der Agent der Moskauer Ochrana, Kasanzew, ermordet wurde, dessen Leiche man im Juli 1907 in St. Petersburg entdeckte, war für Insider klar, dass hinter dem Mordgeschehen der Moskauer Ochrana-Chef, Oberst Klimowitsch, steckte, der es noch bis zum Leiter des Polizeidepartements bringen sollte. Doch nicht nur Agenten fielen dem Gegenterror zum Opfer, auch der St. Petersburger Stadthauptmann wurde mit Hilfe eines Pistolenattentats am 3. Januar 1907 beseitigt. Es blieb keineswegs bei Terror und Gegenterror gegen die Spitzen aus Politik und Verwaltung; angeblich oder tatsächlich aufsässige Bauern und Bürger gerieten ebenso ins Visier. Am schlimmsten traf es wieder einmal die Juden. Bereits Ende 1905 wurden 690 Pogrome registriert, bei denen mindestens 3000 Menschen ermordet wurden. Die Hochburg der Ausschreitungen war Odessa: 800 Juden wurden ermordet, 5000 verletzt und über 100 000 wurden obdachlos. Das alles konnte nur geschehen, weil die Pogrome staatlich vorbereitet und organisiert worden waren. Zu diesem Zweck betrieb der reaktivierte Ochrana-Mann Ratschkowski zusammen mit einem Untergebenen, dem Hauptmann Michail Kommissarow, eine konspirative Druckerei, in der judenfeindliche Pamphlete und Flugblätter mit einschlägigen Aufrufen hergestellt wurden.[124] Es entsprach dem russischen Zeitgeist, dass solche Handlungen möglich waren. Einer dieser militanten Antisemiten war zum Beispiel der letzte Leiter des Polizeidepartements im Innenministerium, Alexander Wassiljew; er schrieb:

Niemand kann leugnen, dass in ganz Russland der ärztliche Beruf, die Advokatur, die Kaufmannschaft, die Banken, die Presse und die Börse mit Juden überschwemmt waren, von anderen Erwerbszweigen, wie die Musik, die Uhrmacherei, die Schneiderei und viele sonstige, die immer einträglich, doch nicht stets ehrenhaft waren, ganz zu schweigen. Dagegen hat niemand je gesehen, dass die Juden Sinn und Liebe für die Landwirtschaft gehabt und sich diesem

Beruf zugewendet hätten. Bereits Kaiser Alexander der Erste hatte den Juden ausdrücklich gestattet, Grundbesitz zu erwerben und zu bewirtschaften; sein Nachfolger Nikolaus der Erste bemühte sich immer wieder mit dem Angebot bedeutender Staatsmittel, die Juden auf dem Lande ansässig zu machen, und verlieh solchen Juden, die sich hierfür bereit erklärten, ganz besondere Vorrechte, wie die Befreiung von der allgemeinen Militärpflicht.

Aber es zeigte sich bald, dass sich auf solche Art gegründete landwirtschaftliche Kolonien nicht erhalten konnten; die jüdische Bevölkerung war eben auf keine Weise daran zu gewöhnen, ihren Lebensunterhalt anders als durch Handelsgeschäfte zu erwerben. So musste der wohlgemeinte Versuch aufgegeben und geradezu der gegenteilige Weg eingeschlagen werden. In dieser verhängnisvollen Unfähigkeit der Juden zu jeder gesunden, produktiven Arbeit lag ja eben der Kern des ganzen Übels. Die Regierung hätte nie den mindesten Grund gehabt, gegen die Juden gerichtete Maßregeln zu ergreifen, wenn dies nicht zum Schutz der russischen Bevölkerung und insbesondere der Bauernschaft geradezu unerlässlich gewesen wäre.[125]

Für die Initiierung von Judenpogromen war Ratschkowski der richtige Mann. Seine langjährige Fälscher- und Provokateurkarriere prädestinierte ihn für diese Aufgabe wie keinen zweiten. Bereits während seiner Auslandtätigkeit in Paris hatte er mit Hilfe seiner Agenten ein Machwerk herstellen lassen, das als *Die Protokolle der Weisen von Zion* ein Stück Weltliteratur im übelsten Sinne werden sollte. Der Text fingierte das Protokoll einer Verschwörung zur Eroberung der jüdischen Weltherrschaft mit allen unlauteren Zutaten. Im eigentlichen Sinne war das Pamphlet, wie später immer wieder behauptet worden ist, keine Fälschung, sondern es war eine pure Erfindung, nicht besonders gut gemacht, aber was heißt das schon im politischen Kampf. Ratschkowski und seine Mittäter Matwej Golowinski und Salomon Kogan gingen wie folgt vor: Sie nutzten einen unter der Herrschaft Napoleon III. in Frankreich umlaufenden Text, der unter der Camouflage eines Zwiegesprächs zwischen Montesquieu und Machiavelli die Zustände im französischen Kaiserreich scharf geißelte. Dieses Buch des Franzosen Maurice Joly erschien 1864 anonym in Genf unter dem Titel *Dialogue aux enfers entre Machiavel et Montesquieu ou la politique de Machiavel*; es wurde seinerzeit verboten und eingezogen, so dass die Ochrana-Agenten darauf hoffen durften, dass niemand bemerken würde, was sie nun taten. Sie änderten den ihnen vorliegenden französischen Text so ab, dass er wie das Machwerk größenwahnsinniger Juden auf dem Weg zur Welteroberung aussah – jedenfalls, wenn man nicht so genau hinblickte. Der Text wurde anschließend ins Russische übertragen und diente als Munition zur Ankurbelung von Judenpogromen. 1905 war die erste große Zeit der Protokolle: Der fanatische russische Antisemit Sergej Nilus, ein gescheiterter

Jurist und Pleite gegangener Gutsbesitzer, hängte die *Protokolle* als Anhang ab der zweiten Auflage seinem Buch *Das Große im Kleinen* an. 1918/19 hatten die *Protokolle* eine Renaissance, als im Bürgerkrieg die Weißen auf der Suche nach einem theoretischen Unterfutter begierig nach den Protokollen griffen, um die Schuld für ihre Niederlagen bei der jüdisch-bolschewistischen Weltrevolution abladen zu können. Selbst im Nachlass des 1918 ermordeten letzten Zaren fand sich ein Exemplar der Protokolle.[126] Wenige Jahre später nutzte sie der angehende Diktator Adolf Hitler, als er sein Programmwerk *Mein Kampf* zu Papier bringen ließ.

Zurück in die russische Hauptstadt: Weitere Greueltaten der selbsternannten Ordnungshüter folgten. Tausende ehemaliger Revolutionäre oder Leute, die man dafür hielt, wurden 1906 aufgehängt, erschossen, ausgepeitscht, enteignet und verbannt.[127] Etliche verließen Russland fluchtartig. Zum Schluss siegten – dieses eine Mal noch – die alten Autoritäten und das ihnen wieder gehorchende Militär. Allerdings war der Zar gezwungen worden, erstmals eine durch Wahl zu ermittelnde Volksvertretung, die Staatsduma, zu akzeptieren. Anlässlich der feierlichen Eröffnung der Duma notierte die Schwester des Zaren, Xenia Romanowa, am 27. April 1906 in ihr Tagebuch:

> *Mama wurde oben angekleidet, während Olga bei uns saß. Dann gingen wir zu Nicky und Alix. Die Familie wartete in ihren Zimmern. Der Zug begann um Viertel vor zwei. Nicky ging allein, Krone und Reichsinsignien wurden vor ihm hergetragen. In der Wappenhalle warteten viele Damen der Gesellschaft und eine große Menge anderer Leute. Von dort aus gingen die Großfürstinnen durch die Romanow-Galerie in die St.-Georgs-Halle, wo wir unsere Plätze auf einer Plattform rechts vom Thron einnahmen. Die Hofdamen kamen dazu, dann Mama, Alix und die Wache. Das Tedeum hatte schon begonnen.*
>
> *Genau gegenüber von uns befanden sich die Mitglieder des Staatsrats und die hohen Beamten, links die Mitglieder der Duma, darunter einige Männer mit abweisenden Gesichtern und unverschämt verächtlichem Gesichtsausdruck! Sie bekreuzigten sich nicht und verbeugten sich auch nicht, sondern standen da, mit ihren Händen hinter dem Rücken oder in den Taschen, und blickten alle und jeden finster an. Aber unter den Landleuten waren so wundervolle Gesichter…*[128]

Und unter dem 30. April 1906 ergänzte die Großfürstin Xenia:

> *Die Duma ist ein solcher Dreckhaufen, ein solches Nest von Revolutionären, ekelerregend und eine Schande für Russland vor der ganzen Welt.*[129]

Die Eintragung gibt trefflich die Einschätzung der russischen Hofgesellschaft über die Duma wider. So nimmt es nicht wunder, dass auch die Ochrana an dem zarten konstitutionellen Pflänzchen nach deren Konstituierung mit den ihr eigenen Maßstäben Maß nahm. Das gelang ihr bereits 1907 mit einem bemerkenswerten Coup. Der Petersburger Ochrana-Chef Generalmajor Alexander Gerassimow schleuste zwei Agenten, Boris Brodski und Jekaterina Schornikowa, genannt Kasanskaja, in die Sozialdemokratische Partei Russlands (SDAPR) ein. In dieser Partei kannte sich die Ochrana bereits gut genug aus, um einen besonders perfiden Ansatzpunkt wählen zu können. Ihr Ziel war der revolutionärere Flügel der Sozialdemokraten, die nach einer fragwürdigen Parteiversammlung 1903 in London den Namenszusatz Bolschewiki, also Mehrheitler, führten. In deren konspirative Moskauer Militärorganisation drangen die Agenten Brodski und Schornikowa mit dem Ziel vor, dort einen Aufruf zum Sturz der Staatsmacht zu lancieren. Es liegt auf der Hand, dass das Komplott ordnungsgemäß aufgedeckt wurde, woraufhin im November 1907 die II. Staatsduma vom Zaren aufgelöst und die Mitglieder der sozialdemokratischen Fraktion vor Gericht gestellt und zum überwiegenden Teil zur Zwangsarbeit verurteilt wurden.[130]

Auch sonst blieb die Partei der Bolschewiki, die Partei Lenins, nicht von Spitzeln verschont. Viele haben den Georgier Josef Dshugaschwili für einen solchen Ochrana-Agenten gehalten. Der 1878 geborene ehemalige Zögling eines Priesterseminars in Tiflis begann seine Laufbahn als Berufsrevolutionär um die Jahrhundertwende; manche sehen in ihm zu dieser Zeit eher einen ganz ordinären Bankräuber, der auch revolutionären Ideen anhing. Gesichert ist, dass sich Ochrana und Polizei für ihn interessierten und dafür sorgten, dass er in langjähriger Verbannung verschwand. Sein Kampfname war Stalin; unter diesem erlangte er als sowjetischer Diktator Weltruhm. Egal, welche Schlechtigkeit man ihm zu Recht anlastet, die eines Ochrana-Spitzels ist völlig ungesichert[131] (ganz im Gegensatz zu seinem späteren Co-Diktator Adolf Hitler, der seine politische Karriere als V-Mann der Abwehrstelle München 1919 begann).[132]

Von ganz anderem Kaliber war der leitende Funktionär der Sozialdemokratischen Arbeiterpartei Russlands (Bolschewiki) Roman Malinowski. Der 1876 geborene Malinowski stieg als brillanter Volksredner in der Zeit nach der Jahrhundertwende in führende Funktionen seiner Partei auf; als er 1912 Mitglied der IV. Staatsduma wurde, war er bereits seit fünf Jahren als Agent für die Ochrana verpflichtet. Wir können lediglich erahnen, wie ergiebig diese Quelle gesprudelt haben muss, denn Malinowski hatte zugleich eine weitere wichtige Parteifunktion, die wie ein weiterer Bubenstreich anmutet: Malinowski war nämlich von der Parteiführung mit der Auffindung von Ochrana-Spitzeln innerhalb der Bolschewiki beauftragt. Hier weckte sein Tun bei den Genossen durchaus begründeten Verdacht. Doch Lenin, dem dieser Verdacht hintertragen wurde, wiegelte ab; er gebe nichts auf die ständigen Spitzelgerüchte. So flog Malinowski nicht durch die Wachsamkeit der Genossen auf, sondern die Staatsmacht selbst war es, die sich seiner entledigte; 1914 legte ihm der Ochrana-General Wladimir Dshunkowski nahe, er möge sein Abgeordnetenmandat niederlegen, widrigenfalls man ihn enttarnen werde. Malinowski fügte sich und emigrierte nach Deutschland. Er machte einen Umweg und besuchte Parteichef Lenin in dessen galizischem Exil; dort werdem wir ihm erneut begegnen.[133]

Die blutige Geschichte des Terrors und des Spitzeleinsatzes war für die Ochrana durchaus nicht nur von Erfolgen gekrönt. Ein Beispiel dafür, wie alles auch ganz anders laufen konnte, ist der Fall des Alexander Petrow. Der junge Dorflehrer schloss sich 1905 den Sozialrevolutionären an. Beim Basteln von Bomben erzeugte er unbeabsichtigt eine Explosion, die ihn ein Bein kostete. Sogleich inhaftiert und verbannt, gelang es ihm drei Jahre später zu entkommen und sich erneut bei den Sozialrevolutionären als Bombenbauer zu verdingen. 1909 geriet er erneut in Haft. Er wandte sich alsbald an den Chef der Saratower Gendarmerieverwaltung, dem er seine Mitarbeit anbot. Dem war die Sache zu heiß, so dass er in Petersburg um Weisung bat. Die lautete so, dass er Petrow zur Vernehmung nach Petersburg zur dortigen Ochrana zu überstellen habe; dort warb ihn deren Leiter Alexander Gerassimow an und organisierte seine Scheinflucht. Er entsandte Petrow nach Paris, wo er zu Recht die Spitzen der Partei der Sozialrevolutionäre vermuten musste. Gerassimow übergab, als er kurz darauf den Dienstposten wechselte, den Agenten Petrow in absentia an seinen Nachfolger Karpow und wies ihn darauf hin, dass er sich um dessen Führungsoffizier zu kümmern habe, der infolge von Verwaltungsschlampigkeit dem Agenten noch nicht nach Paris gefolgt war. Doch es geschah nichts. Petrow, der offenbar einer peniblen Befragung unterzogen wurde, gab schließlich seine Anwerbung preis, von der er sich nach der Auffassung seiner Genossen nur reinwaschen konnte, wenn er Gerassimow, in dem die Sozialrevolutionäre mit gutem Grund einen Quell des Übels sahen, ermordete. Doch der war nicht mehr auf seinem Posten, und er weigerte sich, mit dem Agenten zusammenzutreffen. Der Rest ist rätselhaft, fest steht lediglich, dass Petrow den neuen Mann der Petersburger Ochrana in der für ihn eigens eingerichteten Wohnung mit Hilfe einer Sprengladung ermordete. Gerassimow, dem das Attentat ursprünglich galt, schrieb später, sein Nachfolger Karpow habe vorgehabt, ihm den Attentäter zuzuführen, was allerdings durch seine Absage misslungen sei, so dass der Täter schließlich die Bombe gezündet habe, mit der er Karpow umbrachte, um überhaupt etwas zu tun. Petrow wurde gleich nach der Tat festgenommen und gehängt.[134]

Die Niederlage gegen Japan und die Revolution von 1905/06 verwirrten nicht nur die russische Seite, sondern erschwerten auch den nüchternen Blick der deutschen und der österreichischen Militärs auf die Kampfkraft der russischen Armee. Wunschdenken diktierte die Kriegsfallplanung. Hätte die deutsche Seite das Ausmaß der russischen militärischen Vorbereitungen einschließlich der mit Fleiß betriebenen Militärspionage gekannt, wäre ihr Leichtsinn möglicherweise verflogen. Die Auslandsspionage lag seit dem 19. Jahrhundert in den Händen der Raswedka, der zaristisch-russischen Militäraufklärung. Nach der Niederlage gegen Japan musste ihr Leiter, der russische Oberst Ljupow, im Oktober 1904 seinen Platz räumen; Oberstleutnant Lindow folgte ihm 1905 nach. Die russische Militäraufklärung Raswedka stützte sich auf zwei miteinander verflochtene Stränge: die Spionage über Residenturen und die über die russischen Militärattachés, die regelmäßig ebenfalls aktive Spionagenetze betrieben. Die einschlägigen gegen die Mittelmächte Deutschland und Österreich-Ungarn gerichteten Aktivitäten verfolgten zur Wende in das 20. Jahrhundert eine besonders wirksame Residentur in Warschau und eine weitere, die vor allem den südöstlichen Teil der Donaumonarchie ausforschte, in Kiew. Bei den für die Spionage zuständigen russischen Militärattachés handelte es sich naturgemäß vor allem um die in Berlin und Wien, aber auch solche in den Anrainerstaaten, wie zum Beispiel der Schweiz.

In Berlin war nach der Jahrhundertwende Alexej Michelson zum Miltärattaché bestellt; er wurde 1911 bei einem Treff überrascht und musste als Persona non grata das Deutsche Reich unverzüglich verlassen. Sein Nachfolger wurde der 40-jährige Militäraufklärer Boris Basarow; der Raswedka-Oberst war bereits beim russisch-japanischen Krieg im Spionagefach tätig. 1908 nahm er in Kassel an einem deutschen Sprachlehrgang teil. Auch Basarow fiel bei einem Spionagetreff auf. Kurz vor Ausbruch des Ersten Weltkrieges musste er im April 1914 aus Deutschland ausreisen.

Der rührigste unter den Attachés war zweifellos der in Wien stationierte Mitofan Martschenko. Er führte mehrere Agentenringe; so den des Beamten Kretschmar, den des Oberstleutnants und Korpsjustizchefs Hekajlo, den des Hauptmanns und Korpsadjutanten Acht und den des Majors und Kommandanten einer Nachschubstation Stanislaw Wiekowski. Die Ausweisung Martschenkos erfolgte 1910 auf Veranlassung des k.u.k. Hauptmanns Maximilian Ronge, der zu dieser Zeit als Untergebener des Landesverräters Alfred Redl die Spionageabwehr im k.u.k. Evidenzbüro leitete; den Grund für die Ausweisung erbrachte die Observation eines Treffs von Martschenko mit dem Agenten Kretschmar am 15. Januar 1910. Bei Kretschmar handelte es sich um einen österreichischen Beamten, der seit den 1890er-Jahren Bediensteter des Artilleriezeugdepots in Wien war und dort einen eigenen Unter-Agentenring unterhielt, der mit ihm am 15. Januar 1910 aufflog; das waren sein Schwiegervater, sein Schwiegersohn, ein Zeugverwalter und fünf Offiziere. Martschenkos Nachfolger war der Oberst Michail Sankjewitsch, der 1910 sein Amt in Wien antrat. Nach der Observation eines Treffs mit dem k.u.k. Oberleutnant Cedomil Jandrič und der anschließenden Durchsuchung von dessen Wohnung im April 1913 wurde auch er unverzüglich aus Österreich ausgewiesen; Jandrič verschwand für Jahre im Kerker.

Eine Sonderrolle als Spionagestützpunkt gegen Deutschland und Österreich spielte bereits vor dem Ersten Weltkrieg die Schweiz. Hier residierte als Militärattaché Dimitri Romejko Gurko. Er führte als Oberst und russischer Militärattaché in Bern unter dem Decknamen Kolenski ein eigenes Agentennetz und diente auch als Anlaufstelle für Agenten aus anderen Netzen, so für den Deutschen Wölkering. Durch die Redl-Affäre wurde er so stark desavouiert, dass er 1913 aus der Schweiz ausgewiesen werden musste. Die Schweiz war Russland wichtig genug, dass sie neben dem Militärattaché zusätzlich einen illegalen Residenten stationiert hatte; dies war der Oberst Wladimir Lawrow als Leiter eines eigenständigen Agentennetzes. Auch Lawrow wurde im Oktober 1913 als Folge der Redl-Affäre aus der Schweiz ausgewiesen. Der Nachfolger als Militärattaché (auch für die Zeit des Ersten Weltkrieges) wurde Oberst Golowane, der nach der russischen Revolution die Seiten wechselte und zunächst beim Evidenzbüro seinen Lebensunterhalt verdiente.

Auf die eigenartige Rolle von Victor Artamatonow, dem russischen Militärattaché in Belgrad, und seinen Anteil am Ausbruch des Ersten Weltkrieges haben wir bereits hingewiesen. Ähnlich bedeutsam für die Beeinflussung des potenziellen Kriegspartners Frankreich und für die Deutschlandspionage erwies sich der 1912 bis 1917 in Paris amtierende Oberst Alexej Ignatjew; er hatte bereits zuvor von Kopenhagen aus ein Agentennetz gegen das Deutsche Reich gelenkt, als er dort von 1909 an Militärattaché bei den Nordischen Reichen war. Allerdings ist die Beschreibung seines Hauptagenten so undeutlich, dass wir ihn und seine Tätigkeit lediglich beschreiben, die Person aber nicht identifizieren können. Es handelte sich um einen pensionierten deutschen Obristen, einen Selbstanbieter, dessen Motiv möglicherweise Preußenhass war. Er lieferte militärische Informationen, auch solche über modernen Festungsbau, die er sich als ehemaliger Militär offenbar leicht zu beschaffen wusste.[135]

Ein ähnlich gelagerter Fall scheint der des Agenten mit dem französischen Decknamen *Le Vengeur*, zu deutsch: Der Rächer, gewesen zu sein.[136] Der Fall wurde vielfach kolportiert; er soll sich wie folgt abgespielt haben: Ein deutscher Generalstabsoffizier traf sich drei Mal mit dem französischen Hauptmann Friedrich Emil Lambling vom Zweiten Büro, der Militärspionage, um ihn in Brüssel, Paris und Nizza in die Einzelheiten des Schlieffen-Plans einzuweihen. Der Rächer hatte zur Tarnung Kopf und Gesicht wie nach einer schweren Operation bandagiert, so dass man seine Identität nicht habe ermitteln können. Im französischen Generalstab habe man allerdings die für teures Geld erworbenen Informationen für Desinformation gehalten. Als man bei Kriegsende eine Untersuchung führte, stellte sich heraus, dass die Akten des Rächers im August 1914 vernichtet worden waren. Das ist eine schöne Geschichte, mehr nicht. Die Grundzüge des Schlieffen-Plans waren in Frankreich, Großbritannien und Russland durch militärische

Fachveröffentlichungen bekannt – ob der Plan zur Ausführung gelangen würde, hingegen nicht. Alles spricht dagegen, dass sich die Treffen zwischen Lambling und dem Rächer, so wie geschildert, abgespielt haben. Da die Treffs auf französischem Boden stattgefunden haben sollen, wäre es für das Deuxième Bureau ein Leichtes gewesen, die Identität des Agenten aufzuklären und den Mann mit Hilfe von erpresserischem Druck bei der Stange zu halten. Dafür wäre der Elsässer Lambling der geeignete Mann gewesen. Der Geheimdienstprofi galt als Intimus des französischen Spionagechefs der Vorkriegszeit, des Majors Charles Joseph Dupont, in dessen Auftrag er tätig war, die französisch-russische Spionage von der Schweiz aus zu koordinieren. Sein dortiger Deckname war Horton. Lambling-Horton arbeitete in dieser Zeit mit einem simplen Anwerbungstrick: Er wendete sich mit Hilfe von Presseinseraten in österreichischen und deutschen Zeitungen an pensionierte Offiziere, denen er einen Nebenverdienst in Kolonialangelegenheiten versprach. Er hatte sich verrechnet. Österreichische Pensionisten, die auf die Anzeigen eingegangen waren, machten dem Evidenzbüro anschließend Meldung über den ungewöhnlichen Informationssucher. So wurde Lambling 1907 in einer ersten deutsch-österreichisch-schweizerischen Abwehroperation enttarnt, so dass er nicht mehr in diesen Ländern eingesetzt wurde. Bei diesem Vorlauf erscheint es zwar möglich, dass ein deutscher verräterischer Offizier den Namen und die Funktion von Lambling gekannt hat, ebenso ist es denkbar, dass Lambling innerhalb Frankreichs und Belgiens bei der Informationsbeschaffung weiterhin tätig war, jedoch ist es ganz unwahrscheinlich, dass dieser erprobte Mann mit seinen Meldungen nicht ernst genommen worden sein soll. Der Rächer ist vermutlich eine Erfindung, denn ausgerechnet in diesem Fall erfuhr die russische Seite von den Erkenntnissen nichts.

Völlig ungeniert bediente sich die russische Militärspionage der zaristischen diplomatischen Vertretungen. Als besonders dreist empfand die deutsche Seite das Wirken des russischen Diplomaten von Eck, der zwischen 1911 und 1913 am Konsulat in Königsberg beschäftigt war und einen eigenen Spionagering für die Militärspionage in Ostpreußen unterhielt. Eck verließ seinen Posten und entlief in die Schweiz; der deutschen Spionageabwehr verriet er gegen klingende Münze seine Agenten, so zum Beispiel die preußischen Militärschreiber Rosenfeld und Dobinski. Dobinski diente im Kürassier-Regiment Nr. 3; nach seiner Enttarnung wurde er 1913 zu 15 Jahren Zuchthaus verurteilt. Dasselbe Strafmaß erhielt Rosenfeld, der als Schreiber bei der 1. Kavallerie-Inspektion fungierte. Aber auch von Eck kam nicht ungeschoren davon; als er während des Krieges, von Tirol kommend, die bayerische Grenze überschritt, wurde er verhaftet.[137]

Die Hauptaktivitäten gingen vor dem Ersten Weltkrieg von der Residentur Batjuschin in Warschau aus. Nikolaj Batjuschin hatte bereits vor der Jahrhundertwende die Raswedka-Residentur in Warschau übernommen. Er führte sie bis zum Jahreswechsel 1914/15, als er, wie zahlreiche andere Funktionsträger auch, wegen der russischen Niederlagen an der deutschen Ostfront abgelöst wurde. Seine Residentur führte u. a. den Ersten Schreiber der Festung Thorn, den Unteroffizier Wölkering. Er gehörte bis zu seiner Enttarnung, zu der das k.u.k. Evidenzbüro maßgeblich beitrug, zu den wichtigsten und erfolgreichsten russischen Militäragenten. Wölkering wurde 1913 überführt und zu 15 Jahren Zuchthaus verurteilt. Die Durchsuchung seiner Unterkunft erbrachte, dass er sich zusätzlich dem französischen Militärgeheimdienst angedient hatte. Die öffentliche Empörung über seinen Fall verlief sich hinter dem Sturm, den die Enttarnung des Österreichers Alfred Redl auslöste.[138] Nikolaj Batjuschin wurde auch gegen Österreich-Ungarn tätig. Einer seiner ersten Agenten dort war Alexander Baron Murmann, der als Kadettwachtmeister wegen Kriegsuntauglichkeit aus der k.u.k. Armee entlassen worden war. Aus verletzter Eitelkeit verdingte er sich in den Jahren bis zum Ausbruch des Ersten Weltkrieges als russischer Agent. 1898 wurde Murmann zum ersten Mal wegen Spionage zu acht Monaten schwerem Kerker verurteilt. Das hielt ihn nicht ab, anschließend Offizier der Raswedka zu werden und in deren Auftrag als Tipper und Werber in Österreich und Deutschland umherzureisen, zuletzt auch für die Residentur Galkin in Kiew. Zudem war er Lehrer an der Agentenschule in Warschau. Bei einer der Reisen durch die Donaumonarchie wurde Murmann 1912 erneut inhaftiert; die Zeitungen empörten sich bei ihrer Gerichtsberichterstattung vor allem darüber, dass der Agent einst auf Kosten der kaiserlichen Privatschatulle zum Offizier ausgebildet worden war.[139] Auch andere russische Konfidenten reisten ungerührt in Deutschland und Österreich-Ungarn umher. So der russische Oberstleutnant im Generalstab Stanislaus Jazewitsch (Sacewice); er wurde kurz vor dem Krieg wegen Spionage bei Lemberg festgenommen. Jazewitsch hatte Glück: Er wurde gegen den in Warschau wegen Spionage einsitzenden k.u.k. Oberleutnant Robert Valloch ausgetauscht.[140]

Der schwerste Spionagefall, der auf das Konto der Raswedka vor dem Ersten Weltkrieg ging, war der des k.u.k. Generalstabsoffiziers Alfred Redl. Als der Fall 1913 ruchbar wurde, hatte der 1864 geborene Redl eine respektable Generalstabskarriere und – seit 1903 – eine ebensolche als Agent hinter sich. 1900 trat der 36-jährige Hauptmann in die russische Gruppe des Evidenzbüros ein. Seine Homosexualität und sein Versuch, einen dementsprechend heimlich-extravaganten Lebensstil zu pflegen, machten ihn auf der Suche nach hohen Nebeneinkünften, für eine Doppelexistenz als Geheimdienstoffizier und Landesverräter anfällig. 1909 stieg er zum Chef der Kundschafterstelle und zum Sous-Chef des Evidenzbüros auf. Die österreichischen Spionagebemühungen gegen Russland wurden der Raswedka zum offenen Buch. Allerdings erst die letzte, im Oktober 1912 folgende Dienststellung eines Generalstabschefs beim (Prager) VIII. Armeekorps versetzte ihn in die Lage, die Aufmarsch- und Mobilisierungspläne der österreichisch-ungarischen Armee an Russland im Original zu verraten. Doch nunmehr waren Redls Tage als Agent gezählt. Ein ehemaliger Untergebener Redls im Evidenzbüro, der Hauptmann Maximilian Ronge, zuständig für die Spionageabwehr, hatte versucht, die Masse der misslungenen österreichischen Fälle der Russlandspionage zu analysieren, und war zu dem Schluss gelangt, dass hier Verrat im Spiel sein musste. Wie so häufig in diesen Fällen, war die Zahl der in Frage kommenden Täter angesichts der Häufung der Fälle sehr klein. Bei der Aufklärung des Falles kam Ronge der Zufall zu Hilfe. Ein nach Wien gesandter Post-Restante-Brief wurde, da ihn niemand abholte, nach Berlin zurückgesandt, wo man zur Feststellung des Absenders den Umschlag öffnete. Zum Erstaunen der Postbeamten enthielt der Umschlag 6000 österreichische Kronen – einen hübschen Batzen Geld also. Noch erstaunlicher ist es, dass niemand das Geld stahl, sondern die Sendung an die Polizei weitergereicht wurde, die aufgrund der beigegebenen zwei Adressen die Abteilung III b einschaltete. Eine der Anschriften lautete auf einen J. Dietrich, Rue du Prince 11, in Genf. Bei Nicolai und seinen Leuten klingelte es: Dietrich war die Deckadresse von Paul Larguier, ein Ex-Capitaine der französischen Armee, der schon auf mehreren Schultern getragen hatte, jetzt Resident des französischen Militärgeheimdienstes Deuxième Bureau in der Schweiz. Von hieraus war es nur noch ein Katzensprung bis zur Lösung des Falles. Das Evidenzbüro wurde informiert. Es schaltete die Wiener Staatspolizei ein, die den Abholschalter während der Öffnungszeiten durch drei Beamte observieren ließ. Das Warten lohnte sich, denn erneut gingen unter dem Namen Nikon Nizetas postlagernde Briefe ein. Als Redl sie am 24. Mai 1913 abholte, ging er, wenn auch nicht ohne einige Zwischenfälle, der Staatspolizei ins Netz.[141] Vor die Alternative einer entehrenden Verurteilung gestellt, beging Redl am 25. Mai 1913 einen wohl eher erzwungenen Selbstmord. Doch die Vertuschung der Affäre misslang, da eine Reihe von Einzelheiten in die Presse durchsickerte und der österreichische Thronfolger Franz Ferdinand, den man am Anfang gründlich belog, an weiterer Desinformation nicht interessiert war.

Einer hatte von Anfang an mit dem Fall Redl und dessen Aufdeckung sicher nichts zu tun. Und doch schrieb er nach dem Ersten Weltkrieg so blumenreich und mit so großer Verbreitung unter dem bescheidenen Titel *Wie ich erfuhr, dass Redl ein Spion war* darüber, dass es sich eingebürgert hat, in Egon Erwin Kisch den Entdecker und Aufdecker des Falles Redl festzumachen.[142] Es klingt aber auch zu schön, wenn man Kischs Schilderung liest.

Deshalb schaute ich gar nicht hin, als Wagner mich am nächsten Vormittag in der Redaktion aufsuchte.

»Ich komme dir sagen, dass ich gestern nicht antreten konnte.«

»Hab ich gemerkt, hau ab.«

»Es war wirklich unmöglich, ich musste …«

»Ist mir ganz egal, was die musstest«, schnitt ich ihm das Wort ab.

»Ich war schon angezogen, da kommt ein Soldat in unsere Werkstatt und sagt, jemand von uns muss sofort ins Korpskommando, ein Schloss aufbrechen.«

»Erzähl mit keine Geschichten! So was dauert fünf Minuten. Und wir haben eine geschlagene Stunde mit dem Anstoß gewartet.«

»Drei Stunden hat es gedauert. Ich musste eine Wohnung aufbrechen und dann alle Schubfächer und Schränke, es waren nämlich zwei Herren aus Wien da, den einen haben sie Herr Oberst genannt. Sie haben nach russischen Papieren gesucht und nach Fotografien von Plänen.«

»Wem gehört denn die Wohnung?«

»Ich glaube einem General. Eine große Wohnung im ersten Stock.«

»Und der General war nicht da?«

»Der, dem die Wohnung gehört? Nein, der war nicht dabei. Aber der Korpskommandant war dabei.«

Obwohl ich Obmann eines Fußballklubs bin, der gestern durch die Schuld eines pflichtvergessenen Endbacks das Wettspiel verloren hat, vergesse ich dem pflichtvergessenen Endback länger böse zu sein. Ich sage ihm nicht mehr: »Erzähl keine Geschichten«, sondern lasse mir die Geschichten von gestern Nachmittag ganz genau erzählen, wie der Wiener Oberst die Fotografien von Plänen und Aktenstücken dem Prager Korpskommandanten hinüberreichte und wie dieser jedes Mal den Kopf geschüttelt und gesagt hat: »Schrecklich, schrecklich! Wer hätte das für möglich gehalten!«

Wagner erzählt, dass die Wohnung ganz merkwürdig ausgesehen habe, »wie von einer Dame«, lauter Toilettengegenstände und Brennscheren und parfümierte Briefe und Fotos von jungen Männern.[143]

Und so weiter. Und dann habe er, so Kisch, die Lawine losgetreten. Zur Vermeidung der Zensur habe er ein Dementi zu Redls Spionageschuld erfunden. So der *Rasende Reporter.* Die Sache hat einen kleinen Haken. Sie ist frei erfunden, denn in der *Bohemia* gibt es keinen entsprechenden Artikel von Kisch – und auch sonst nirgends. Richtig ist allerdings, dass Kisch sich in der deutschsprachigen *Bohemia* seine ersten journalistischen Meriten verdiente. Doch das war nicht die Geschichte des Militäragenten Redl, sondern ein ganzseitiges Interview mit Karl May, einem anderen begabten Lügner des Reiseschriftstellerfachs.[144]

Dabei hatte Kisch einmal, allerdings ohne es zu ahnen, einen leibhaftigen Spion vor seinem Stenoblock sitzen. Auch das geschah in Prag (wenn diese Geschichte von ihm stimmen sollte). Da suchte er kurz vor dem Ersten Weltkrieg den schwedischen Maler Anders Zorn auf, um ihn zu interviewen. Der Grund für Kischs Interviewwunsch war der Umstand, dass der Maler, der in der schwedischen Landschaft Darlana noch heute als einer der ganz Großen verehrt wird, seinerzeit im Prager Hotel *Blauer Stern* abgestiegen war und zwar in der Fürstenloge. Das Interview wird von Kisch erwähnt, weil es in Anwesenheit von zwei Herren geführt wurde, von denen einer, wie der Reporter erst später erfuhr, der mit Zorn inkognito reisende schwedische König war. Wenige Monate später, der Erste Weltkrieg war ausgebrochen, schrieben deutsche Polizeibehörden den Maler Zorn als reisenden Agenten zur Fahndung aus. Doch Zorn zog es künftig vor, zu Hause zu bleiben; er starb deshalb nicht an einem deutschen Galgen, sondern 1920 in seinem Heimatstädtchen Mora. Doch so etwas brauchte Kisch nicht mehr zu interessieren. Ihm zum Ruhme genügte die Redl-Sache. Diese Ente wird Kisch und dem auf ihn ausgelobten Journalistenpreis keinen Abbruch tun, weil sich die Geschichte über Kisch-Redl nach genügender Wiederholung so sehr verselbständigt hat, dass hiergegen auch in Zukunft kein Kraut gewachsen sein wird.[145]

Der Fall Redl galt durch die Jahrzehnte als ein Bilderbuchfall: Redl als ein klassischer nachrichtendienstlicher Erpressungsaspirant. Seine Homosexualität, zu dieser Zeit fast überall strafbar in Europa, und sein Wunsch, diese wie ein Lebemann der Jahrhundertwende heimlich auszuleben, hätten aus Redl ein leicht zu fassendes Opfer gemacht. Geldgier besorgte den Rest. Doch die Tatsachen sehen etwas anders aus. Mit Redl tritt uns ein besonders abgebrühter Agent entgegen, ein Profi, der auf seinem Instrument zu spielen verstand. Von Erpressung keine Spur, jedenfalls nicht von geheimdienstlicher Seite, denn Redl war mit großer Sicherheit ein so genannter Selbstanbieter und zwar in seiner schärfsten Form. Er bot seine Ware als Anonymus an. Seine Informationen waren geheimdienstlich so erstklassig, dass er Wert und Gegenwert bestimmen konnte. Seine Kunden, das französische Deuxième Bureau und die russische Raswedka, konnten seine Bedingungen nur akzeptieren oder es bleiben lassen, denn sie wussten nicht, wer der geheimnisvolle Nikon Nizetas war, an den sie den Agentenlohn zu übersenden hatten. Damit entfiel auch die beliebte Möglichkeit, den Agenten durch Druck zur Weiterarbeit zwingen zu können. Redl handelte nur, wann und wo es ihm passte. Nur wenn man diese Prämissen zugrunde legt, sind die übrigen bekannten Fakten zu einem stimmigen Puzzle zusammenzusetzen. Jahrzehntelang hat es praktisch niemanden gestört, dass die Führungsstelle des Agenten Redl diesem ausgerechnet auf dem unsicheren Poste-Restante-Weg Bargeld als Agentenlohn zukommen ließ. Dies widersprach allen Regeln der Zunft und hätte auch nicht stattgefunden, wenn denn die Informationsempfänger des brisanten Redl-Materials gewusst hätten, wer hinter dem Absender wirklich steckte. Auf der russischen Seite wurde nach dem Aufkippen Redls eine Abschlussbeurteilung des Agenten Nummer 25

der Raswedka vorgenommen. Sie enthält einen ebenso aufschlussreichen wie
widersprüchlichen Hinweis:

> *Der unbekannte Agent war äußerst gut informiert und verfügte über die wert-*
> *vollsten Daten sämtlicher Geheimakten, die periodisch von ihm auch geliefert*
> *wurden. Der Fall zeigt, dass es sich bei diesem Agenten um Redl handelt, ob-*
> *wohl General Roop, der ihn angeworben hatte, dies bestreitet.* [146]

Dieser Vermerk klärt alles weitere. Es handelt sich um einen Auszug aus dem
Jahresbericht der Raswedka für das Jahr 1913 vom 1. Februar 1914. Dieser Teil
wurde vom Leiter der Militäraufklärung im Militärbezirk (Militärkreis) Kiew,
Oberst Samoiko, verfasst, bei dem einer der Schwerpunkte der aktiven Öster-
reich-Spionage lag. Völlig zutreffend nahm er an, dass es sich bei dem unbekannten Agenten Nr. 25 um Redl handelte. Hierfür spricht aus heutiger Sicht zum
Beispiel die dort erwähnte Berichtspause Redls per 1911, die mit dem Wechsel der
dienstlichen Funktionen identisch war, und erst recht die wörtliche Erwähnung
des Verratsmaterials u. a. als *Kriegsordre de bataille* usw. Die russische Aufzählung
benutzt dieselben Begriffe, die Redl in seiner eigenen kurzen Vernehmung gebraucht hat – Verhörangaben, die der russische Berichtsverfasser nicht kennen
konnte; also sprachen sowohl der Agent Redl wie auch der Führungsoffizier Samoiko unabhängig voneinander über dasselbe. Bei General Wladimir Roop, der
als Werber genannt wurde, welcher der Identifizierung des Agenten als Redl
widersprach, kann es sich bestenfalls um den ersten Kontaktmann Redls gehandelt haben. Der Raswedka-Mann Roop, der jetzt im Jahre 1913 noch einmal zur
Sicherheit befragt wurde, war von 1900 bis 1905 russischer Militärattaché in der
Donaumonarchie. Doch auch Roop kannte Nummer 25 offensichtlich nicht persönlich, sonst wäre der Agent 25 nicht von Roop an Samoiko ohne weitere Identi-
fizierungsmöglichkeit übergeben worden. Dergleichen hätte den elementarsten
Grundsätzen über die Führung von Agenten ohne jeden Grund widersprochen.
Mit Redl war der Raswedka der Einbruch in die k.u.k. Armee an einer besonders
empfindlichen Stelle ohne eigenes Zutun geglückt, denn Nummer 25 legte durch
seine Verrattätigkeit die ohnehin dürftigen Bemühungen der österreichischen
Russlandspionage lahm. Ebenso gelang es ihm, vor allem nachdem er zum stellvertretenden Leiter des Evidenzbüros aufgerückt war, entscheidend die Spionageabwehr seiner Behörde zu behindern. Sein Wechsel in die Position eines
Korps-Generalstabschefs schmälerte seinen Wert als Agent keineswegs, sondern
eröffnete der Raswedka eine völlig neue, eine möglicherweise kriegsentscheidende Perspektive; sie erhielt aus erster Hand die Aufmarschunterlagen für den Fall
eines Krieges mit Russland, zu denen Redl als führender Offizier des Evidenzbüros zumindest offiziell keinen Zugang gehabt hatte. Die Folgen dieses Verrats
waren unabsehbar. Es fällt auch heute noch schwer, eine Würdigung der Verrats-

tätigkeit dieses Generalstäblers vorzunehmen. Der wichtigste Grund hierfür ist, dass die österreich-ungarische Seite es selbst sorgsam vermied, die Affäre sachgemäß aufzuklären. Das klingt unglaublich, aber es ist so: Am Tage, als Redl der Spionagetätigkeit überführt worden war, gab der Chef des Generalstabs Conrad von Hötzendorf den Befehl, Redl zum Selbstmord zu veranlassen.[147] Und so geschah es. Die Ausführung des Befehls lag in den Händen des Evidenzbüro-Chefs August von Urbanski. Dieser hat sich in späteren Rechtfertigungsgeschichten als Opfer des Redl-Falles dargestellt. Doch die Wahrheit liegt wohl einen Millimeter daneben: Der Chef des Evidenzbüros wurde nicht ohne Grund das Opfer der unglaublichen Abwicklung der Redl-Affäre. Urbanski hat zwar später darauf hingewiesen, dass er Redl vor dessen Selbstmord zu seiner Verratstätigkeit eingehend vernommen habe; auch vergisst er nicht, darauf hinzuweisen, dass er wegen seiner dienstlichen Position hierzu besonders prädestiniert gewesen sei. Doch spätestens hier müssen dem Beobachter der Szenerie ernsthafte Zweifel kommen. Entweder der Oberst der k.u.k. Evidenz verstand sein Handwerk nicht, oder aber er hat der Nachwelt einen mächtigen Bären aufgebunden. Jeder, der je einen Agenten oder Geheimdienstmann nach seinen Erkenntnissen auszuquetschen hatte, weiß, dass es fast immer tage-, ja wochenlanger intensiver Befragung bedarf, um Kenntnisstand und Verratsumfang einigermaßen zuverlässig auszuloten. Bei Redl liegt der Sonderfall vor, dass er beides war: Agent und ehemaliger langjähriger Geheimdienstler. Die Informationen des geständigen Obristen wären geeignet gewesen, tief greifende Erkenntnisse über das Tun der Raswedka zu gewinnen. Hierzu hätte es gut vorbereiteter Verhöre unter Rückabwicklung der nur dem Evidenzbüro bekannten Erfolge und Misserfolge bedurft. Vollends unglaubwürdig klingt die aufgrund der Urbanski'schen Einlassungen vertretene Auffassung, der Verräter habe zumindest in seiner Zeit im Evidenzbüro über die österreichische militärische Planung nichts gewusst.[148]

Wir haben bereits gesagt, dass zur Besonderheit des österreichischen Militärgeheimdienstes die Vereinigung von Feindlagebeurteilung und Nachrichtenbeschaffung unter einem Organisationsdach gehörte. Diese Arbeitseinheit, die dem Generalstabschef unmittelbar unterstand, soll also nicht mitbekommen haben, was dieser mit der Feindlagebeurteilung anstellte? Diese Vorstellung dürfte nicht nur Angehörigen militärischer Stäbe ein Lächeln entlocken, denn sie unterstellt, dass über Fragen der militärischen Planung unter den dafür zuständigen Spitzenoffizieren nicht gesprochen worden wäre. Zu diesen Spitzenleuten gehört Redl spätestens seit seinem Aufstieg zum stellvertretenden Leiter der österreichischen Evidenz. Dies alles wussten natürlich auch der österreichische Geheimdienstchef Conrad und sein Untergebener Urbanski. Man darf vermuten, dass sie von ihren Erkenntnissen, welche die Marginalisierung jahrelanger Arbeit bedeutete, so geschockt waren, dass sie versuchten, die Sache erst totzuschweigen, und, als das nicht mehr ging, sie zu bagatellisieren. Zunächst meldete der Generalstabschef dem Erzherzog-Thronfolger wahrheitswidrig, dass sich Redl aus unbekannter Ursache erschossen habe. Doch als Franz Ferdinand sich zu Recht nach ersten Pressespekulationen verkohlt vorkommen musste und die volle Aufklärung verlangte, bekam er Akten zu lesen, in denen der Geheimdienstchef den Untergebenen Max Ronge seine ganze Vernehmungsweisheit schriftlich hatte niederlegen lassen:

Geständnis des R[edl]:
Verratene Geheimakten:
Kriegsordre de bataille
Generalstabshandbuch
Anhänge zu »Kriegsordre de bataille«
Mobilisierungsanweisungen des VIII. Korps (vielleicht Schreibtisch nachsehen!)
(Sonst nur Geringfügiges, an das er sich nicht mehr erinnert.)
Keine Komplizen in Russland, sonst an niemand.
Hainfeld, am 16. Juni 1913 Ronge[149]

Wie gesagt, man schwankt nach der Lektüre, ob man bei den Armeegeheimdienstlern und ihrem Generalstabschef boshaftes Lügen oder schlichten Dilettantismus unterstellen soll. Es war vermutlich eine Kombination aus beidem. Allerdings bleibt der Verdacht, dass das Dilettantische überwog, denn als im Herbst 1913 Redls Nachlass zur Versteigerung freigegeben wurde, erwarb ein Prager Gymnasiast dessen Fotoausrüstung einschließlich der noch nicht entwickelten Fotoplatte, die Kopien der Mobilmachungsinstruktion enthielt. Die unterbliebene Beseitigung des Schadens ist auch für die folgenden großen Spionageskandale des Jahrhunderts so typisch, dass es sich lohnt, noch einen Augenblick dabei zu verharren. Die eigentliche und vordringliche Schadensbeschreibung unterblieb: Der Mann wurde gegen jede Vernunft aus dem Wege geräumt, wobei nicht einmal als gesichert gelten kann, dass er den aus dem Evidenzbüro stammenden Browning-Revolver tatsächlich eigenhändig betätigt hat. Selbst eine gescheite Spurensicherung wurde nicht durchgeführt, die öffentliche Versteigerung von Spionagematerial wäre sonst so nicht denkbar gewesen. Drückte man sich also schon bei der Schadensfeststellung, so gilt dies im besonderen Maße auch für die Analyse des Verrats und die notwendigen Maßnahmen zur Schadensbeseitigung. Sie fanden nicht statt.[150]

Doch es wäre völlig fasch anzunehmen, dass nichts stattfand. Nach einer solchen Affäre beginnt die hohe Zeit der Denunzianten und Immer-schon-Wisser, der Schreibtischsauberhalter und Ich-weiß-was-Vermerkeschreiber. So auch nach dem Fall Redl. Die k.u.k. Armee wurde von dem, was man damals Spionenriecherei nannte, wie von einer Seuche befallen. Dabei durften sich diese Meldungen schreibenden und tuschelnden Existenzen zu allem Überfluss auf eine Weisung des Generalstabschefs berufen, der in einem Rundumschlag befahl, ihm jede Unregelmäßigkeit eines Generalstabsoffiziers unverzüglich persönlich zu melden. Damit war die Hexenjagd legalisiert; eine Lawine ergoss sich auf das Evidenzbüro.[151] Österreich-Ungarns Offiziere beschäftigten sich mit sich selbst, und eine aufgeregte bis hämische Öffentlichkeit half ihnen dabei. Die Spionenjagd war zugleich eine fröhliche Schwulenhatz. Das Interesse wurde aus voyeuristischen und pornografischen Quellen gespeist, denn es galt in Österreich wie im Deutschen Reich, dass die männliche Homosexualität ganz entschieden unter Strafe gestellt war. Doch mit Normen solcher Art war keineswegs dieses aus sonstigen öffentlichen Debatten verdrängte Problem beschrieben. Die Wirklichkeit sah etwas anders aus:

Dort [in Berlin] traf ich eines Tages einen alten Lichterfelder Kadettenkameraden als Polizeioffizier wieder. Er hatte ein ganz mittelloses Mädchen geheiratet und war daher von der Infanterie zur Polizei übergetreten … Eines Abends erbot er sich, mir und einigen Freunden das Leben der Berliner Homosexuellen zu zeigen. Er führte uns dazu in ein im Berliner Osten gelegenes Ballokal. Das Bild wird mir immer unvergesslich bleiben. Mehrere Hundert Männer und Frauen aller Altersklassen, meist geschminkt, die Männer vielfach als Frauen, die Frauen als Männer kostümiert. Sowie wir den hell erleuchteten Saal betraten, wusste die ganze Gesellschaft sofort, dass wir Neugierige unter polizeilicher Führung waren. Der Nachrichtendienst arbeitete anscheinend ganz ausgezeichnet. Neben vielen unsympathischen, verlebten Gesichtern sah man auch viele fein durchgeistigte. Manche wollten sich bei meinem Polizeifreunde scheinbar dadurch beliebt machen, dass sie uns die zynischsten Dinge mit brutalster Offenheit erzählten. Als wir später noch unter uns alleine über das Gesehene sprachen, fragte ich meinen Freund, warum die Polizei die Abhaltung solcher Feste überhaupt dulde, wo doch der § 175 einmal bestehe. Die Berliner Polizei ist sich natürlich ganz klar darüber, dass die wirkliche Zuwiderhandlung gegen den § 175 vollgültig zu beweisen, fast niemals gelingt. Der Hauptgrund, dass sie die Abhaltung solcher Feste erlaubt, ist der Wunsch, diese Kreise kennen zu lernen. Unter ihnen spielt die Erpressung eine sehr große Rolle. Sehr viele lassen sich natürlich nur von ihren inneren Trieben leiten. Sehr viele machen aus den Gefühlen der anderen einfach ein Geldgeschäft. Die männliche Prostitution spielt eine sehr große Rolle.[152]

Soweit unser Gewährsmann, der ehemalige Generalmajor Paul von Schoenaich, über die Verhältnisse im Vorkriegsberlin, wobei er auch die unter wehrpflichtigen Soldaten gegenüber einschlägigen Offizieren bestehende Prostitution deutlich beim Namen nennt. Doch Schoenaich war mit seiner Offenheit und erst recht mit seinen Ansichten ein krasser Außenseiter in der Welt der Doppelmoral, die bis in die höchsten Kreise des kaiserlichen Hofs hineinreichte.[153] So blieb die Homosexualität bis nahezu zum Ende des Jahrhunderts beliebtes Druckmittel für die Spionage, ja sie blieb es selbst dann noch, als in den 1970er-Jahren in Deutschland die einschlägigen Strafnormen abgeschafft waren.

Doch zurück nach Wien und St. Petersburg: Ehe sich die österreichische Führung von ihrem Schock erholt hatte und an eine grundlegende Revision der Aufmarschplanung hätte herangegangen sein können, wenn sie es denn gewollt hat, war der Erste Weltkrieg da. So stellt sich am Schluss dieses Kapitels die Frage: Wie gut war die russische Spionage am Vorabend des Ersten Weltkrieges, und wie wurden ihre Ergebnisse genutzt? Wie üblich gibt es hierzu verschiedene Aussagen. Eine russische Nachkriegsveröffentlichung spricht davon, dass man einen Rekord an Kenntnissen über den Inhalt der Panzerschränke deutscher Provinzstäbe und der geheimen Schatzkammer in Wien besessen habe; allerdings seien für die russische Führung, als Conrad den österreich-ungarischen Aufmarschplan kurz vor Kriegsbeginn geändert habe, diese Kenntnisse eher verwirrend als nützlich gewesen.[154] Während die Aussage über die Menge und Güte der Spionageerkenntnisse sicher zutrifft, ist die Sache mit den Änderungen der Aufmarschpläne eine Geschichte für sich. August von Urbanski hat ein Übriges getan, um die Sache zu vernebeln. In einem Beitrag über Aufmarschpläne zur Enzyklopädie *Weltkriegsspionage* hat er den Wert dieser zentralen militärischen Planungsunterlagen heruntergespielt.[155] Das klingt eher wie das Pfeifen im Walde, denn nichts konnte für eine Kriegsfallplanung entscheidender sein, als die Absichten des Gegners im Vornherein zu kennen. Gefährlich war lediglich, an einen gegnerischen Plan zu glauben, der mit der Wirklichkeit nicht in Einklang stand. Wir sind heute in der Lage, die russischen Kenntnisse und Folgerungen zu überprüfen. Hierfür steht uns die militärische Lagefortschreibung des russischen Generalstabs für das Jahr 1914 zur Verfügung. Aus der Feindlagebeschreibung dieses Dokuments ergibt sich, dass in der Hauptlageannahme die potenzielle Kriegsteilnahme aller Staaten richtig beschrieben worden ist. Das gilt sogar für Wackelkandidaten wie die Türkei, Bulgarien, Rumänien und Italien. Restlos zutreffend ist die Annahme, dass der deutsche Hauptaufmarsch im Westen stattfinden werde, die Annahmen über den Aufmarsch der Mittelmächte an deren Ostfront, die gleichbedeutend mit der russischen Westfront war, ist zutreffend. Lediglich hinsichtlich des deutschen Ostaufmarschs ist zwischen einer wahrscheinlichen Lösung, die ziemlich exakt der tatsächlichen Gliederung der in Ostpreußen aufmarschierenden deutschen 8. Armee entsprach, und einer Hilfsvariante unterschieden worden, welche eine Verstärkung des deutschen Ostheeres um weitere drei Armeekorps in Erwägung zog. Völlig richtig ging die russische Seite von der deutschen Grenzsicherung aus, wobei mit überraschenden deutschen Angriffen zu rechnen sei, weil dies dem Geist der deutschen Armee entspreche. Auch die österreich-ungarische Aufmarschplanung mit der Zweiteilung der Kräfte zwischen der Ostfront und der serbischen Front wurde richtig eingeschätzt, ebenso die österreichischen Operationsabsichten. Die Raswedka hatte ihre Friedensaufgaben mustergültig erledigt. Die Verantwortung hierfür trugen der bei Kriegsausbruch 44-jährige Generalmajor Nikolaj Monkewitsch und, wie es im Russischen heißt, sein Gehilfe, der Oberst Oskar Enkel.

Noch im Bett übergab man mir die Nummer der »Neuen Zeit«, wo ich auf der ersten Seite das österreichische Ultimatum an Serbien las. Krieg! Darüber gab es für mich diesmal keinen Zweifel mehr, und ich eilte Hals über Kopf auf den Schlossplatz in die Abteilung des geheimen Informationsdienstes zu Monkewitz. Dieser General stand in dauerndem Kontakt mit dem Außenministerium und musste besser als jeder andere wissen, was in den höchsten Kreisen vor sich ging.

Nikolai Augustowitsch war ein schlauer Mensch. Zu mir war er immer berückend liebenswürdig, aber es war sehr schwer, seine Gedanken zu lesen, weil er sie hinter seiner unwahrscheinlichen Schieläugigkeit verbergen konnte. Es war unmöglich zu erraten, wohin er blickte. Als Mitarbeiter hatte er sich Oskar Karlowitsch Enkel gewählt (den späteren Generalstabschef der finnischen Armee), der seine Gedanken genauso gut zu verbergen verstand. Beide hielten sich abgesondert von den übrigen Kollegen, kümmerten sich absolut nicht um deren Meinung, und durch ihr Verhalten mir gegenüber gaben sie zu verstehen, dass sie zwar indirekte, aber doch die einzigen unmittelbaren Chefs der Militärattachés seien.

Sie spielten sich als Europäer auf, als Leute, die mit den Verhältnissen im Ausland gut Bescheid wüssten. Sie pflegten einen stets statt in die schlechte Stabskantine ins »Hotel de France« auf der Großen Morskaja zu einem zwanglosen Frühstück einzuladen. Dort hatte man wenigstens Ruhe vor der Obrigkeit und wurde nicht durch die Fragen der Besucher in den vertraulichen Gesprächen gestört.[156]

Diese zwiespältige Beschreibung des Geheimdienstchefs und seines Vertreters durch den russischen Militärattaché in Paris, Alexej Graf Ignatjew, lässt bereits das Motiv der russischen Dolchstoßlegende anklingen, welche die Verantwortung für den katastrophalen Kriegsverlauf den deutschen Agenten in russischen Staatsstellungen zugeschoben hat. Damit werden wir uns noch ausführlich zu befassen haben. Zudem muss man einrechnen, dass der Memoirenschreiber Ignatjew in den 1920er-Jahren zur sowjetischen Seite überging, während dies bei Monkewitsch nicht zutraf, wofür er 1926 mit dem Leben bezahlen musste. Von alledem konnten die Beteiligten im Sommer 1914 nichts wissen; ihnen war lediglich mit einem gewissen Recht klar, dass sich die russische Militäraufklärung auf einem bemerkenswert guten Niveau bewegte.

Doch das ist nur die eine Seite der Medaille. Die richtige Information muss die richtige Folgerung nach sich ziehen, sonst ist sie nichts wert. Die Folgerungen, die der russische Generalstab aus den gewonnenen Feindlagemeldungen zog, waren und sind kaum nachvollziehbar. Russland versammelte seine Hauptmasse an der den Österreichern gegenüberliegenden Front an der Grenze zu Galizien, wo es angriffsweise zu operieren gedachte. Ausgerechnet gegenüber der sich in Ostpreußen versammelnden deutschen Armee glaubte man, durch Fesselungsangriffe für deren Neutralisierung sorgen zu können, wobei man davon ausging, sich notfalls in einer Art Verzögerungsgefecht in die Tiefe Weißrusslands bzw. des baltischen Raums zurückziehen zu können. Ein Offensivstoß aus dem nach Deutschland hineinragenden Raum Warschau in Richtung mecklenburgische Ostseeküste wurde entfernt erwogen, aber nicht verwirklicht und damit die realistische Chance, die deutschen Kräfte in Ostpreußen abzuschnüren und auf Berlin zu marschieren, vertan.

Da die deutsche Seite weder die reale Stärke der russischen Armee kannte noch die Geschwindigkeit von deren Mobilisierung und Aufmarsch, geschweige denn die Operationsabsichten, war die Dislozierung der 8. Armee im weit nach Osten vorspringenden Ostpreußen ein Vabanquespiel, das nur deswegen aufging, weil die russische Seite nicht den Mut besaß, den Krieg gegen Deutschland in den ersten Wochen zu entscheiden. Was also bei erstem Hinsehen ein Glück für Deutschland und seine Militärplaner war, sollte sich bald nach Kriegsbeginn als Bumerang erweisen, wie wir bei der weiteren Abfolge der Ereignisse noch sehen werden.

| II |

Die große Katastrophe.
Der Weltkrieg

Nach dem denkwürdigen Auftritt des deutschen Generalstabschefs Helmuth von Moltke vor seinem Kaiser und König am 1. August 1914 gab Wilhelm II. den Weg für den Krieg frei. Die Zeitgenossen haben das Ereignis sehr schnell mit der Bezeichnung *Der Weltkrieg* versehen, obwohl im August 1914 bei weitem noch nicht absehbar war, welche Dimensionen die Auseinandersetzung in den folgenden vier Jahren noch annehmen sollte.

Wer zuerst?
Die Auslösung des Weltkrieges

Über die Frage, wer nun den Ersten Weltkrieg ausgelöst habe, ist unter den Verantwortlichen erheblich gestritten worden. Die Sieger des Krieges legten 1919 im Vertrag von Versailles die deutsche Alleinschuld fest und halfen damit, die geistige Voraussetzung für den Zweiten Weltkrieg zu schaffen, an dessen Auslösung durch Deutschland es keinen vernünftigen Zweifel gibt. Für den Ersten Weltkrieg war dies grundlegend anders. Alle Beteiligten verwendeten die größte intellektuelle Mühe darauf, von ihrer auch nur geringsten Mitschuld abzulenken. Im Bewusstsein der Deutschen grub sich trotzig der Gedanke ein, von einer Welt neidischer Feinde, die ihnen ihren Aufstieg nicht gönnten, überfallen worden zu sein. So formulierte es bereits der deutsche Kaiser in den ersten Augusttagen des Jahres 1914, und so glaubten es auch später noch viele nur allzu gerne. Erst in den 1960er-Jahren wurde diese Sicht im Zuge der so genannten Fischer-Debatte grundlegend in Frage gestellt.[157]
Dabei konnten sich die Verteidiger der These von der Nicht-Alleinschuld der Deutschen kaum ungeschickter verhalten, als sie es taten. Zwei der grundlegenden Quellen, die zur Beurteilung der deutschen Staatsleitung, nämlich des Kaisers und des Reichskanzlers Theobald von Bethmann Hollweg, zur Verfügung stan-

den, wurden bei ihrer Veröffentlichung durch namhafte westdeutsche Historiker verfälscht. So muss man es wohl nennen, wenn den Tagebüchern des Marinekabinettschefs Georg Alexander von Müller und des Reichskanzlermitarbeiters Kurt Riezler diejenigen Passagen kommentarlos entnommen wurden, die ein mehr als zweifelhaftes Licht auf die deutsche Führung werfen mussten. Wir wollen diesen Vorgang, den man im Geheimdienstjargon Desinformation nennen könnte, hier nicht vertiefen.[158] Für uns ist vielmehr von Bedeutung, dass im Zusammenhang mit den Streichungen ein wesentlicher geheimdienstlicher Aspekt des Kriegsausbruchs unter den Teppich gekehrt worden ist.

Wir erwähnten bereits, dass die deutsche Reichsleitung in ungewohnt genauer Form über die zwischen Russland, Großbritannien und Frankreich stattfindende Geheimdiplomatie, welche einen gemeinsamen Krieg mit Deutschland zum Gegenstand hatte, informiert war.[159] Diese anfangs in ihrem Wahrheitsgehalt nicht für möglich gehaltenen Informationen, die ein Einkreisungsdesaster bedeuteten, stammten aus einer außerordentlich zuverlässigen Quelle: Dem zweiten Botschaftssekretär an der russischen Botschaft in London, Benno von Siebert. Wir sind mit der Vergabe eines Titels *Größter Spion des 20. Jahrhunderts* eher zurückhaltend, da diese Bezeichnung von allzu vielen an allzu viele bereits vergeben worden ist, doch ist Siebert ein derartiger Sonderfall, dass es sich lohnt, auf ihn zurückzukommen. Seine Sonderstellung beruht nicht in erster Linie auf der Bonität seiner hochpolitischen Meldungen; solche Informationen haben auch andere Agenten abgeliefert. Die Sonderstellung Sieberts beruht vielmehr darauf, was seine geheimdienstlichen Dienstherren aus den Informationen machten. Wie schon erwähnt, war die Zahl der Mitwisser der Siebert-Meldungen außerordentlich klein. Der Reichskanzler und die drei Eingeweihten des Auswärtigen Amtes hielten sogar den Kaiser von ihren Informationen fern.[160] Ob dies loyal war, ist eine eindeutig zu verneinende Frage. Ob es hingegen klug war, eine ganz andere. Wilhelm II. hätte dann beispielsweise zur Kenntnis nehmen können, mit welch aggressiven Methoden Russland auf dem Balkan operierte, indem es am 12. März 1912 die entscheidende Abrede zwischen Serbien und Rumänien für den dann beginnenden Balkankrieg zustande brachte; hierüber hatte der Agent Siebert das Auswärtige Amt zeitnah und völlig zutreffend unterrichtet.[161] Dieses Bündnis richtete sich in erheblichem Maße gegen die deutschen Interessen im Orient und führte zur gravierenden Schwächung des Osmanischen Reichs, das der dortige Verbündete war. Außerdem machte das russische Vorgehen auf dem Balkan den dortigen Völkern deutlich, dass Russland zulasten der Donaumonarchie jetzt die dominierende Rolle zu spielen beabsichtigte. Dies war den Männern der deutschen Staatsführung mit Ausnahme des Kaisers klar. Der ahnungslose deutsche Monarch nutzte im selben Jahr eine Visite beim russischen Zaren zu plumpen unangemessenen Vertraulichkeiten; er zog den russischen Außenminister Sassonow in ein an Peinlichkeit kaum zu überbietendes Gespräch, in welchem er ihn zum erstaunten Ohrenzeugen von Auslassungen über seine unglückliche Jugend und die Lieblosigkeit seiner Eltern machte.[162] Er gab seine Gedanken damit einem Manne preis, der zu den schärfsten Befürwortern einer kriegerischen Abrechnung mit der Donaumonarchie einschließlich Deutschlands gehörte. Es ist zwar nicht bewiesen, dass der Kaiser sich bei Kenntnis des wahren Sachverhalts anders verhalten hätte; zumindest hätte er eine reelle Chance gehabt. Zu Wilhelms Glück nutzte Sassonow das Gehörte nicht, um den Kaiser öffentlich bloßzustellen. Was die Siebert-Meldungen im Übrigen bei den Empfängern bewirkten, ist durch das Tagebuch von Kurt Riezler offen gelegt.[163] Auch er, der von der Tätigkeit Sieberts keine Ahnung hatte, erfuhr erstmals Anfang Juli 1914 von der Existenz der Agentenmeldungen und von deren Inhalt. Die Situation ist leicht nachvollziehbar: Riezlers Dienstherr, der Reichskanzler, hatte seinen persönlichen Mitarbeiter in sein Privathaus in Hohenfinow bestellt und legte ihm in einer Art Monolog dar, was ihn veranlasst hatte, alles in seiner Macht Stehende zu tun, um nunmehr im Sommer 1914 eine Auslösung des Krieges sehr wahrscheinlich zu machen. Es war eine Art Selbstgespräch, in welchem der Reichskanzler den Jüngeren lediglich als stummen Zeugen benötigte, um die Tragfähigkeit seiner Argumente noch einmal durchzuprobieren. Und die lauteten so: Ein Krieg in Europa wurde von Bethmann für unausweichlich gehalten. Die Kriegsgegner Frankreich und Russland standen für Bethmann unverrückbar fest. Fraglich erschien lange Zeit die Gegnerschaft Großbritanniens. Insofern stimmte er mit dem Generalstabschef von Moltke überein, der ihn hatte wissen lassen, dass eine nach Frankreich zu entsendende britische Expeditions-Landstreitmacht eine zu vernachlässigende Größe sei. Von Moltke wusste er auch, dass die militärische Schwäche Russlands in absehbarer Zeit beendet sein würde, und wie dieser glaubte er, dass es notwendig sei, diesen ohnehin unabänderlichen Krieg so bald als möglich zu führen. Bei dieser gedanklichen Grundkonstellation kamen die Meldungen aus London über die britisch-russischen Verständigungsbemühungen wie eine kalte Dusche, denn deren Inhalt signalisierte dem Reichskanzler eine neue Stufe der Gefahr. In den Vorstellungen Bethmanns fiel nunmehr die Entscheidung zur Kriegsführung, da weiterer Aufschub nicht mehr zu dulden war. Jetzt kam es für ihn darauf an, den Kriegsausbruch als fremde Nötigung darstellen zu können; insofern kam der Fürstenmord in Sarajewo nicht ganz ungelegen. Anders der Kaiser: Er hatte vom Fortschritt der Dreier-Entente Russland-Großbritannien-Frankreich keine Ahnung. Er glaubte bis zum Schluss daran, dass sich der Krieg mit Großbritannien werde vermeiden lassen. Ihm fehlte das Einsichtsvermögen, dass die törichten deutschen Kriegserklärungen an Russland am 1. August 1914[164] und an Frankreich zwei Tage später,[165] die von ebenso törichten Juristen des Auswärtigen Amtes als Voraussetzung zur Rechtfertigung der Besetzung Belgiens und Luxemburgs angesehen worden waren, in Wirklichkeit das Gegenteil bewirkten: Denn jedermann in der Welt durfte nunmehr mit gutem Grund Deutschland als den wahren Aggressor betrachten. Das galt auch für Russland und Frankreich als Partner eines Defensivbündnisses sowie für Großbritannien, nämlich in seiner Funktion als Garantiemacht Belgiens, so dass nach außen hin der aufgenötigte Kriegsfall, und damit der Bündnisfall, für alle drei Mächte gegeben war. Bethmann wusste das im Vorhinein. Für ihn hätte es keinen Zweifel geben dürfen, dass Großbritannien eingreifen würde. Noch im Mai 1914 hatte er versucht, die Briten durch die Veröffentlichung ihrer militärpolitischen Planungen außenpolitisch ins Unrecht zu setzen. Kurz zuvor hatte ihm der deutsche Agent in der russischen Botschaft zu London, Benno Siebert, die Texte der französisch-britischen Flottenabsprache vom 10. Februar 1913 geliefert, die nunmehr mit dem Willen beider Vertragspartner auch der russischen Seite zugänglich gemacht worden waren. Für die deutsche Reichsführung konnte es jetzt keine Illusion mehr geben, dass in einem künftigen Krieg die Gegner Russland, Frankreich und Großbritannien heißen würden. Nunmehr sah der Reichskanzler die Möglichkeit, die britische Seite zu desavouieren, zumal der britische Premier Herbert Asquith noch vor Jahresfrist öffentlich erklärt hatte, sich an kein anderes Land durch Militärbündnisse gebunden zu haben. Um die Quelle Siebert zu schützen, spannte Bethmann Hollweg die Presse ein. Klugerweise wählte er einen Journalisten, dessen Zeitung durch die permanent kritische Berichterstattung nicht in den Verdacht geraten konnte, hier das Blatt der Reichsregierung auszuspielen. Dieser Journalist war Theodor Wolff, der Chefredakteur beim *Berliner Tageblatt*. Wolff ging nur zu gerne auf den Deal ein und verkündete am 22. Mai 1914 der erstaunten Leserschaft und damit der Weltöffentlichkeit, dass er aus sicherer, angeblich französischer Quelle wisse, welche Absprachen da heimlich zwischen Paris und London getroffen worden seien, und nannte entsprechende Einzelheiten.[166] Die deutschen Konspirateure hatten richtig kalkuliert. Es blieb nicht bei dem Pressekrieg, sondern der britische Premier wurde, schließlich war England eine Demokratie, im Unterhaus zur Stellungnahme gezwungen, in welcher er am 11. Juni 1914 die Angelegenheit kalt leugnete.[167]

Man kann sich leicht vorstellen, wie sich die Berliner zunächst die Hände rieben. Doch sehen wir näher hin: Was hatten sie durch ihren Pressewirbel erreicht? Nichts. Dass Tage später der österreichische Thronfolger erschossen wurde, was fürderhin die Schlagzeilen bestimmte, dafür konnten sie nichts. Doch warum verschossen sie ihr Pulver in öffentlicher Feldschlacht? Auf den Gedanken, dem britischen Premier das kompromittierende Material unter Ausschluss der Öffentlichkeit zu präsentieren, ist offenbar niemand verfallen. Es hätte vielleicht auch nichts gefruchtet. Jetzt verfing diese politische Strategie des 19. Jahrhunderts auch nicht mehr. Auf den Kanzler musste das umso alarmierender wirken, da er genau wusste, dass die offizielle britische Verlautbarung und die militär-politischen Geheimabsprachen in keinem Fall zur Deckung zu bringen waren. Jetzt standen für Bethmann die Signale auf Krieg, denn eins wollte dieser Mann auf keinen Fall, nämlich die Verwirklichung der britisch-russischen Absprache, die, und das war das neue, vorsah, im Falle eines Krieges mit Deutschland, eine russische Armee mit Hilfe der britischen Flotte in der Ostsee amphibisch beweglich zu machen und sie sodann in Pommern anzulanden. Bethmann Hollweg war gut genug über die militärische Planung ins Bild gesetzt, um zu wissen, dass das Deutsche Reich einer solchen Anlandung keine ernsthaften Kräfte entgegensetzen konnte. Den Generalstabschef weihte Bethmann im Frühsommer 1914 in diese Krisennachricht nicht ein. Ihm genügten dessen Informationen, dass die russische Armee zur Zeit noch nicht ernsthaft mobilisierungsbereit sei. Doch das war ein Vabanquespiel, das zunächst nur deswegen aufging, weil der russische Kriegsplan keine ernsthafte Offensive gegen das Deutsche Reich ins Auge gefasst hatte.

Der Umstand, dass Bethmann nicht nur den Kaiser sondern auch den deutschen Generalstabschef über seine Spionageerkenntnisse im Unklaren ließ,[168] will uns heute kaum begreiflich erscheinen. Dies umso weniger, als er gegenüber einem ihm durchaus kritisch eingestellten Journalisten Ross und Reiter genannt hat.[169] Es steht zu vermuten, dass der selbstbewusste Theodor Wolff dem Reichskanzler sein *Berliner Tageblatt*[170] sonst nicht zur Verfügung gestellt hätte, die kriegsentschlossenen Briten zu desavouieren.[171] Es ist allerdings auch nicht bewiesen, dass Moltke, wenn er denn diese Meldungen gekannt hätte, anders vorgegangen wäre, als er es dann tat. Denn auch Moltke war ein Verfechter eines baldigen Präventionskrieges. Auf einem Kronrat hatte er sich bereits 1912 dementsprechend festgelegt.[172] Nun, im Juli 1914, schien ihm dieser Moment gekommen zu sein. Moltke bemerkte dazu gegenüber seinem Adjutanten, dem Oberstleutnant Hans von Haeften, er wolle den Ratschlag an den Monarchen, die Mobilmachung anzuordnen und damit letztlich den Krieg auszulösen, nicht ohne dreifach abgesicherte Erkenntnis aussprechen, dass in Russland die Mobilmachung tatsächlich bereits begonnen habe.[173] Diese drei Quellen lassen sich mit einiger Sicherheit identifizieren.

Die erste Meldung stammte von dem nach Moskau gereisten Rittmeister Ernst Köstring, der von einem sommerlichen Abstecher nach England nach Russland weiterreiste, weil er seine dort lebenden Eltern besuchen wollte.

In Moskau eingetroffen, sagte mir ein befreundeter Bankier, es wäre leichtsinnig, aufs Land zu fahren, wo die Postverbindungen außerordentlich schlecht waren. Trotz der Warnung reiste ich auf mein väterliches Gut. Auf der 25 km langen Straße von der Bahnstation bis zu unserem Gut begegneten mir zu meinem Erstaunen verschiedene Offiziere, die in Uniform zur Bahnstation fuhren, was sonst nie der Fall gewesen war ... So fuhr ich noch in derselben Nacht nach Moskau zurück. Auf dem deutschen Konsulat war der Konsul leider nicht anwesend. Aber sein Vertreter sah die Lage doch für bedenklich an, da soeben die Verordnung eingegangen war, die Ausfuhr von Pferden ins Ausland einzustellen. Ich begab mich sofort zum Bahnhof; auf dem Wege dorthin sah ich das Bild, das ich als Regimentsadjutant bei Probemobilmachungen selbst oft genug exerziert hatte: Transport von kriegsmäßigen Lasten in feldgrauer Bemalung, Wagen mit Lanzen, die wohl geschärft werden sollten, und anderes. Mein Kutscher drehte sich zu mir um und sagte treuherzig: »Sieh mal: die Mobilmachung!« ... Im Gegensatz zu meiner Hinfahrt waren diesmal alle Bahnstrecken, besonders die Brücken, bewacht. Ich verhielt mich natürlich mäuschenstill, wo ich aber sprechen musste, fiel ich infolge meines perfekten Russisch nicht auf. Das nächste Alarmzeichen war für mich, dass große Arbeiterkolonnen damit beschäftigt waren, das Schussfeld der Warschauer Forts von bisher dort stehenden Bäumen und Waldkulissen freizumachen. So traf ich mit gespannter Erwartung endlich in der russischen Grenzstation ein ... [Ich] fuhr weiter nach Posen. Auf dem Bahnhof wurde ich jedoch in jener Nacht vom 30. auf den 31.7. von einem Offizier meines Regiments, der als Flieger mit seiner Mobilmachungsorder auf dem Wege zu seiner Fliegerstaffel war, mit Hallo begrüßt. Er berichtete mir, dass Teile des Regiments schon seit dem 29.7. laut seiner Mobilmachungsbestimmung an die russische Grenze gerückt waren. So entschloss ich mich zur Meldung an meinem Mobilmachungsort, dem Generalkommando XX in Allenstein. Hier wurde ich vom Chef des Stabs mit freudiger Spannung empfangen. Der Generalstab in Berlin konnte sich nicht entschließen, das Stichwort »Drohende Kriegsgefahr« auszusprechen, wodurch die Vorbereitung der Mobilmachung in Gang gesetzt werden würde. Meine Beobachtungen aus Russland wurden unverzüglich an den Chef des Großen Generalstabs in Berlin weitergegeben, der sich gerade in Potsdam zum Vortrag beim Kaiser befand. Das Stichwort »Drohende Kriegsgefahr« wurde gegeben.[174]

Die zweite Meldung kam vom deutschen Militärbevollmächtigten am Zarenhof Oscar von Chelius, der in dringlicher Form auf die Mobilmachungsaktivitäten in Russland aufmerksam machte.

Telegramm. 31. Juli 1914. 12 Uhr 19 Min. N. M.

Mobilmachung der russischen Armee und Flotte heute Nacht befohlen. Erster Mobilmachungstag heute. Chelius. [Randglosse des Kaisers:] Wie verträgt sich

das mit des Zaren Telegramm an mich, wo er die Hoffnung auf Gelingen mei-
ner Vermittlung ausspricht! Er rennt in sein Verderben hinein, leichtsinnig und
kopflos. Welch furchtbare Verantwortung! W.[175]
Die Nachricht aus St. Petersburg war deutlich. Und sie war umso überraschender,
weil der russische Kriegsminister Wladimir Suchomlinow noch fünf Tage zuvor
dem deutschen Militärattaché in St. Petersburg, Major von Eggeling, versichert
hatte, dass von Mobilmachung überhaupt keine Rede sein könne.[176] Die Ausführungen des russischen Kriegsministers waren formal ebenso richtig wie in der
Sache missverständlich, was auch der eigentliche Zweck dieser Unterrichtung
war. Denn exakt am selben Tag begann für die russische Armee die Kriegsvorbereitungsperiode. Bei diesem am 17. Februar (2. März) 1913 neugeschaffenen
Instrument handelte es sich um die Vorverlegung eines Teils der eigentlichen
Mobilmachungsaktivitäten, ohne dies an die große Glocke zu hängen. Die Überlegungen, die zur Einführung der Kriegsvorbereitungsperiode geführt hatten,
wurden aus der nüchternen Erkenntnis gespeist, dass die Mobilmachung beim
potenziellen deutschen Gegner schneller ablaufen würde als auf der eigenen russischen Seite, so dass man einen zeitlichen Vorlauf organisierte. Dieser umfasste
beispielsweise den Beginn der Kriegszensur, den Beginn von Bahnschutz und
Grenzschutz, die Urlaussperre für Offiziere, die unverzügliche Rückkehr der
Truppen in ihre Standorte und den Übergang des Dienstbetriebs auf reine Ge-
fechtsausbildung.[177] Diese wesentliche Erkenntnis über die Organisationsgrund-
sätze, die 1913 bei der russischen Armee eingeführt wurden, waren dem deutschen
militärischen Geheimdienst verborgen geblieben. Beim ehemaligen III b-Offizier
Gunther Frantz hört man auch noch zehn Jahre später förmlich die Empörung
heraus,[178] dass man den Russen auf den Leim gegangen war, denen es gelang,
durch geschickte diplomatische Verhandlungen die Wachsamkeit des Gegners zu
unterlaufen. Diese Unkenntnis trug wesentlich zur Fehleinschätzung der Geschwindigkeit des russischen Aufmarsches von 1914 bei. Die deutsche Militäraufklärung sollte noch bis zum Kriegsende 1918 brauchen, bis ihr ein Licht aufging:
Unter dem Aktenzeichen Tgb. Nr. 11 geheim meldete am 12. Oktober 1918 der
Nachrichtenoffizier der OHL beim Deutschen General in Finnland, Leutnant
Spies, die Ergebnisse eines Gespräches mit dem nach Helsinki geflohenen ehemaligen russischen Kriegsminister Wladimir Suchomlinow, der über das Instrument
der Kriegsvorbereitungsperiode und seine Anwendung im Sommer 1914 bereit-
willig Auskunft gab.[179]
Jetzt jedoch, in diesem entscheidenden Juli 1914, war von der Sektion III b bislang nichts eingegangen. Das wundert nicht, denn III b war nach dem Mord von
Sarajewo auf Sommerurlaub gegangen. Ihr Chef, Major Walter Nicolai, machte
mit seiner Familie Ferien im Harz. Noch am 16. Juli 1914 verfügte der Große Ge-

neralstab an die Nachrichtenstellen, dass besondere Aufklärungsmaßnahmen nicht erforderlich seien.[180] Erst am 25. Juli 1914 wurde Nicolai nach Berlin zurückbeordert. Am folgenden Tag erteilte er Weisung, die S-Agenten, das heißt also die Spannungsagenten, in Marsch zu setzen. Deren ureigenste Aufgabe war es, durch Herumreisen mögliche Mobilmachungsaktivitäten bei einem potenziellen Gegner in Krisenzeiten festzustellen. Das galt auch gegenüber Russland. Nicolai verfügte, dass der Einsatz der Agenten kräfteschonend zu erfolgen habe, da man sich auf ein wochenlanges Andauern der Krise einstellen müsse.[181] Aus dieser Ecke stammte die dritte Meldung, die Moltke schließlich von der Richtigkeit der Kriegsauslösung überzeugte. Die Meldung war das russische Mobilmachungsplakat, das der III b-Agent Pinkus Urwicz abgerissen und der Abwehrstelle des XX. Armeekorps in Allenstein überbracht hatte. Der zuständige Nachrichtenoffizier hier war der Hauptmann i. G. Erich Otto Volkmann.[182] Die Stunden vor und nach dem Auffinden des Plakats hat er 24 Jahre später in seinem autobiografischen Roman *Die roten Streifen* geschildert; sie bilden die zentrale Schlüsselszene des Buchs, in der Volkmann den Nachrichtenoffizier des XX. Armeekorps unter dem Namen Erich Lindow auftreten ließ. Es besteht kein Anlass zur Annahme, dass die Szene erfunden ist:

> *Er unterrichtete das Generalkommando, aber das Telefongespräch, das er mit dem Generalstabschef des Korps führte, wurde von der aufgeregten Stimme des Fräuleins vom Postamt unterbrochen. Der Chef des Generalstabs in Berlin verlangte den Korpschef zu sprechen. Lindow wartete fünf Minuten, dann rief ihn der Korpschef wieder an. »Hören Sie, Lindow«, sagte er, »ich habe eben mit General von Moltke über ihre Meldung gesprochen. Er wollte wissen, ob ich sie für zuverlässig halte und hat mich beauftragt, Sie noch einmal auf die große Verantwortung aufmerksam zu machen, die Sie auf sich nehmen. Wenn Sie bei Ihrer Meldung bleiben, beabsichtigt der General, Seiner Majestät Bericht zu erstatten und die Mobilmachung zu beantragen. – Lassen Sie sich Zeit. Ich bleibe am Apparat.«*
>
> *Der Hauptmann ließ langsam den Hörer sinken. Deutlich stand die Kette von Menschen vor seinem Auge, an der jetzt die Entscheidung hing. Dort der Landesverräter, den an dieser Entscheidung nichts weiter interessierte, als dass er seine Rubel verdiente. Dann der Vertrauensmann, ein treuer ehrlicher Mensch, hundertfach bewährt; dann er, der Nachrichtenoffizier, der eine Verantwortung übernehmen musste, die in jedem Falle schwer war, mochte die Antwort positiv oder negativ ausfallen, schließlich der Nachrichtenchef und der Korpschef, die dem Chef des Generalstabs dafür hafteten, dass die Nachrichtenstelle mit einem geeigneten Offizier besetzt war, der die Dinge richtig übersah und ein zuverlässiges Urteil abgab.[183]*

Urwicz war bei weitem nicht der einzige Spannungsagent, der bei III b unter Vertrag stand. Wir kennen diese Agenten, ihre Reisewege und das Ergebnis ihrer Ermittlungen ziemlich genau. Dabei mag es überraschen, wie wenige Personen dies waren. Unmittelbar von III b eingesetzt waren vier Männer, die Herren Heaumont, Beckers, Ventzki und Stratton. Ihre Reisewege durch Russland zwischen dem 27. und 31. Juli 1914 sind minutiös dokumentiert. Sie hatten den Auftrag, mit Hilfe von vereinbarten Codewörtern ihrer Führungsstelle III b mitzuteilen, ob Indikatoren für eine russische Mobilmachung vorlagen. Hierfür waren ihnen Deckadressen zugeteilt worden, an die über den öffentlichen Telegrafenverkehr Meldung zu erstatten war. So weit so gut. Doch nimmt man zur Kenntnis, was diese angeblichen Deckadressen in Wirklichkeit ausmachte, so sträuben sich nicht nur dem Kenner der Materie die Haare: Sie lauteten auf die Namen Franz oder Hoth mit genauen Adressen in Berlin, hinter denen sich, so weit reichte die Phantasie der preußischen Nachrichtendienstler, die Privatanschriften der III b-Offiziere Gunther Frantz und Hermann Hoth verbargen. Von gleicher Qualität war auch die Meldeanschrift des Spannungsagenten Stratton: H. G. Neuhof, denn dieses war die Adresse der Schwester des III b-Hauptmanns gleichen Namens. Es nimmt kaum wunder, dass die Agenten dieser Art von Nachrichtenübermittlung misstrauten. Sie meldeten lieber bei ihrer Rückkehr, so der schon erwähnte S-Agent Stratton. Der US-Amerikaner Wilbert E. Stratton war das, was man beim Geheimdienst einen Selbstanbieter nennt. Hauptberuflich war er Geschäftsreisender der Firma *Pyrene Company* in London. Im Juli 1914 hielt er sich gerade in Berlin auf. Von hieraus unternahm er eine Eisenbahnfahrt nach St. Petersburg, um auf der Durchreise seine Eindrücke von den russischen Bahnhöfen telegrafisch zu übermitteln; das muss nicht besonders gut geklappt haben. Als er nach Deutschland zurückkehrte, um Meldung zu erstatten, war der Krieg bereits ausgebrochen.[184]

Heute können wir uns nur wundern, dass ein diplomatisches Telegramm, eine Zufallsmeldung und ein Plakat das Informationsgerüst bildeten, einen Krieg von den Dimensionen des Ersten Weltkrieges auszulösen. Man kann das nur begreifen, wenn man zwei Faktoren in Rechnung stellt. Zum einen handelte es sich auf der deutschen Seite um die Umsetzung des Schlieffen-Plans, der nur funktionieren konnte, wenn man einer anlaufenden russischen Kriegsmaschinerie rechtzeitig entgegentreten konnte. Dafür musste man den Zeitpunkt einer russischen Mobilisierung ohne Verzug wissen, sonst lief den deutschen Planern die Zeit davon, die sie für die vorherige Abrechnung im Westen benötigten. Zum andern ist die Sache nur dann zu verstehen, wenn man berücksichtigt, dass die Handelnden auf allen Seiten seit Jahren mit dem Krieg als einer notwendigen Form der Auseinandersetzung zur Bereinigung der Differenzen in Europa gespielt hatten. Nein, sie hatten nicht nur gespielt; sie hatten den Krieg als notwendig einkalkuliert, und dementsprechend verhielten sie sich. Es fällt uns heute schwer, den eigentlichen Grund für dieses Verhalten zu verstehen. Und hätten wir die Möglichkeit, die Zeitgenossen nach dem Grund für ihr Tun zu befragen, so würden sie vermutlich mit Verständnislosigkeit reagieren. Es war ein diffuses Gefühl der Gegnerschaft, das die beteiligten Nationen beherrschte, und es war der geistige Defekt, der ihnen suggerierte, die Dinge durch einen modernen Krieg bereinigen zu können. So kam es zum Krieg, den alle Seiten unter falschen Voraussetzungen begannen.

Jeder Schuss ein Russ.
Der Beginn des Krieges im Osten

Auf deutscher Seite lief mit dem ersten Tag der Mobilmachung der lange vorbereitete und mehrfach angepasste Schlieffen-Plan an. Danach sollte mit Hilfe eines Durchmarsches durch Luxemburg und Belgien und der Einkreisung der französischen Streitkräfte in einer gewaltigen Kesselschlacht in Nordfrankreich die Entscheidung rasch an der Westfront fallen, noch bevor das russische Riesenheer seinen Aufmarsch beendet haben würde. Dann wollte man sich mit voller Kraft dem Osten zuwenden. Beide Voraussetzungen beruhten auf Wunschträumen. Bereits im Spätsommer 1914 hätte der Krieg der Mittelmächte fast mit einem militärischen Fiasko geendet, das nur mit Mühe abgewendet werden konnte.[185]

Der Krieg im Osten begann für die Mittelmächte mit einer Abfolge von Überraschungen, die in krasser Weise die Unkenntnis über den russischen Gegner ans Licht des Tages brachten. Der österreichisch-ungarische Aufmarsch ging ins Leere. Die über den Aufmarschplan wohl informierten Russen fielen dem aufmarschierenden österreichischen Heer nicht nur von Nordosten her in die Seite, sondern eine starke russische 8. Armee griff Galizien frontal von Osten her an, so dass die k.u.k. Armee sich im August und September 1914 nur durch eine Rückwärtsbewegung, die in Wirklichkeit eine wilde Flucht war, vor der vernichtenden Umfassung auf eigenem Territorium retten konnte.[186] Auf Hunderten von Kilometern Tiefe stand die russische Armee in den östlichen Ländern des Habsburger Reichs. Einem jungen Pflänzchen ihres Geheimdienstes verdankten es die Österreicher, dass sie nicht schon in dieser frühen Phase des Krieges vernichtend geschlagen wurden. Die Rede ist erneut vom Radiohorch- und Chiffrierdienst, den das Evidenzbüro in aller Stille in den 1910er-Jahren aufzubauen begonnen hatte.[187]

1912 wurde der 39-jährige bereits verabschiedete ehemalige Hauptmann Andreas Figl beim Evidenzbüro eingestellt; er war ein Sprachgenie und zudem ein begabter Systematiker; Figl befasste sich mit dem russischen Funkverkehr und wurde

Österreichs führender Dechiffrierer. Treibende Kraft und Organisator des Radio-
horch- und Chiffrierdienstes wurde der Ungar Hermann Pokorny. Als der Erste
Weltkrieg ausbrach, war der 32-jährige Hauptmann Leiter der Russischen Gruppe
des Evidenzbüros. Nach dem Ersten Weltkrieg machte Pokorny nach einem
Umweg über die Weiße Armee in Russland eine Karriere bei der ungarischen
Armee, wo er es noch bis zum Feldmarschallleutnant (was dem deutschen Generalleutnant entspricht) brachte. Doch so weit war es jetzt noch nicht. Pokorny
konnte, nachdem sich die russischen Armeen in Bewegung setzten, alsbald aus
dem unverschlüsselten Funkverkehr mitlesen, in welches Desaster der österreichische Aufmarsch hineinzugelangen drohte. Seine Meldungen lösten die Rückwärtsbewegung aus, welche die k.u.k. Armee vor der Vernichtung bewahrte.[188]
Während des Krieges wurde seine Gruppe erheblich ausgebaut. Ehemalige Chif-
freoffiziere, wie der Landsturmhauptmann Victor von Marchesetti traten hinzu.[189] Sie machten den russischen Funkverkehr für die Mittelmächte durchsichtig.
Neidlos, nein: voller Neid mussten die deutschen Strategen erkennen, dass sie
dem sonst so verachteten Bundesgenossen hier nicht das Wasser reichen konnten.
Während des gesamten Krieges an der Ostfront beruhten die deutschen strategischen Entschlüsse häufig genug auf dem entschlüsselten österreichischen Material. Mit einer gravierenden Ausnahme: Im Spätsommer 1914 waren die Deutschen,
was den feindlichen Funkverkehr anlangte, noch auf sich gestellt; sei es, dass die
Österreicher ihr bis dahin gut gehütetes Geheimnis noch vor den Deutschen verborgen halten wollten, sei es, dass sie mit sich selbst genug zu tun hatten, um eine
vernichtende Niederlage an der Ostfront abzuwenden.

Tannenberg.
Der Mythos einer Schlacht

Auf der deutschen Seite begann man, wie von den Mobilmachungsvorschriften
vorgesehen, mit der Aufstellung der 8. Armee, die den Osten des Reichs gegen
russische Angriffe sichern sollte. Man glaubte auf deutscher Seite, Russland werde
alles Erdenkliche tun, die deutsche Mobilmachung dadurch zu stören, dass es gewaltige Reitermassen über die Grenze entsende.[190] Das war purer Unfug, da es
entsprechende russische Planungen nicht gab. Es versteht sich am Rande, dass
dieser Wunschtraum einen gefährlichen Pferdefuß hatte. Denn in der Vorphase
des Krieges waren III b-Agenten dazu angehalten worden, nach der Konzentration der russische Reitermassen zu forschen.[191] Als man diese, wie es der Wirklichkeit entsprach, nicht ausmachen konnte, glaubte man wegen der mit Sicherheit angenommenen russischen Langsamkeit der Mobilisierung vor ernsthaften

Kriegshandlungen einstweilen verschont zu sein. Um sichergehen zu können, setzte man ab der Mobilmachung auf die Aufklärungstätigkeit der eigenen Kavallerie und nicht mehr auf das Meldeaufkommen des militärischen Nachrichtendienstes.[192] Für diesen sah die Aufmarschanweisung wie folgt aus:

Zur Leitung des geheimen Nachrichtendienstes wird dem Armeeoberkommando ein Generalstabsoffizier (mit einem Hilfsoffizier) zugeteilt, der schon im Frieden im Großen Generalstab dem geheimen Nachrichtendienst an der Ostgrenze vorstand.

Die im Frieden in Königsberg, Allenstein, Danzig, Posen und Breslau befindlichen Nachrichtenoffiziere treten als Organ des geheimen Nachrichtendienstes zu den Generalkommandos I., XX., XVII. und stellvertretenden Generalkommandos V. und VI. Armeekorps. –

Das Eintreffen von Agenten des geheimen Nachrichtendienstes bei einem Truppenteil ist dem am ehesten erreichbaren Generalkommando auf schnellstem Wege unmittelbar zu melden. Die Nachrichtenoffiziere entscheiden sodann über die weitere Behandlung der Agenten.[193]

So sah die Papierform aus. Sie war blanke Theorie. Hinzu kam, dass die betroffenen Offiziere keineswegs von ihrer Mobilmachungsverwendung begeistert waren. Hauptmann Lüders beispielsweise, als Generalstabs- und Nachrichtenoffizier dem V. Armeekorps in Posen zugeteilt, musste mit ansehen, wie sein Verband an die Westfront und in den Krieg zog, während er am Standort zu bleiben und Nachrichtendienst nach Osten zu organisieren hatte.[194] Gleich nach Kriegsbeginn verlangte er energisch seine Frontverwendung, die der III b-Chef Nicolai allerdings abschlug.[195] Das hielt ihn keineswegs davon ab, seine Versetzung zur Infanterie doch noch durchzusetzen; er fiel ein Jahr später als Major beim Reserveinfanterieregiment 61 an der Ostfront. Wir erwähnen dieses Beispiel, um noch einmal zu illustrieren, welch geringen Stellenwert die Feindaufklärung im deutschen Offizierskorps besaß. Auch den anderen Nachrichtenoffizieren ging es keineswegs besser, ob nun Hauptmann Erich Gudovius, den sein VI. Armeekorps in Breslau zurückzulassen hatte, Hauptmann Friedrich Gempp beim I. Armeekorps in Königsberg, Hauptmann Weste beim XVII. in Danzig und Hauptmann Otto Erich Volkmann beim XX. Armeekorps in Allenstein. Aus der Sektion III b des Großen Generalstabs traten Hauptmann Gunther Frantz und Oberleutnant Fritz Crato hinzu. Sie alle sollten nun plötzlich unter Kriegsbedingungen Feindnachrichten beschaffen. Doch wie? Um die Russland-Spionage war es schon in Friedenszeiten nicht besonders bestellt gewesen. Doch jetzt musste auch das zarteste Pflänzchen verkümmern, wenn die Nachrichtenoffiziere mit ihren mobilgemachten Stäben irgendwohin ins Feld gingen. Von den drei ostpreußischen Armeekorps (I., XVII., XX.) zog lediglich der Nachrichtenoffizier des I., Hauptmann

Gempp, aus der Lage die richtige Folgerung und blieb mit seinen wenigen Hilfskräften in Königsberg am gewohnten Platze, um für die Agenten weiter erreichbar zu bleiben.

Bei Lichte betrachtet, brach die Agententätigkeit bei Kriegsbeginn erst einmal zusammen, denn sie war nicht richtig vorbereitet worden. Dreh- und Angelpunkt der erfolgreichen Führung von Agenten ist das Verbindungswesen, nämlich die Informationsübermittlung vom Agenten zu seiner Führungsstelle und umgekehrt. Das ist meist die Achillesferse. Im jetzt beginnenden Massenkrieg mit geschlossenen Grenzen, rapiden Verkehrsbeschränkungen des nichtmilitärischen Verkehrs und einer auf beiden gegnerischen Seiten extrem misstrauischen Bevölkerung, stellte sich das Hin- und Herwechseln von Menschen zwischen den Kriegsparteien als nahezu unmöglich heraus.[196] Man sage nicht, dass es auch Wege über die neutralen Anrainerstaaten, im Falle Deutschlands und Russlands also über Schweden gegeben habe; das trifft zu und spielte im Verlaufe des Krieges im Spionagegeschäft noch vielfach eine Rolle, doch jetzt, in den Sommertagen des Jahres 1914 kam es auf etwas anderes an, auf aktuelle, ohne Zeitverzug gemeldete Informationen über Absichten und Bewegungen des Feindes. Diese waren jedoch unter den Bedingungen, wie man sie in der Vorkriegsphase auf beiden Seiten organisiert hatte, nicht mehr zu haben. Das lag daran, dass jene Händler und Fuhrleute, deren man sich als Agenten und Kuriere bedient hatte, ausfallen mussten, denn der zwischen den Grenzstädten florierende Warenaustausch war abrupt abgeschnitten worden. Erschwerend kam hinzu, dass die Nachrichtenoffiziere, von wenigen Ausnahmen abgesehen, mit ihren Verbänden zusammen die Standorte verließen, so dass die raren reisenden Agenten bzw. deren Kuriere die Anlaufstellen verloren. Die dringend benötigten Informationen als Agentenmeldungen waren so nicht mehr zu haben.

Es steht zu vermuten, dass die deutsche militärische Führung in ihren Kriegsplanungen dergleichen billigend in Kauf genommen hatte. Sie setzte hinsichtlich der taktischen Feindaufklärung auf die Kavallerie.[197] Sie war in der deutschen Armee jedem modernen Kriegsbild zum Trotz überreichlich vorhanden, und sie kam jetzt zum Einsatz. Bereits in den ersten Augusttagen stellten die über die Grenze zur Aufklärung entsandten deutschen Kavallerieformationen zum Erschrecken der deutschen militärischen Führung fest, dass sich kampfbereite russische Verbände ohne Verzug auf Ostpreußen zu bewegten.[198] Doch das war alles, was die deutschen Reiter zu leisten vermochten; über Stärke, Gliederung, Bewaffnung und Absichten des Feindes konnten sie naturgemäß keine Angaben machen. Sie mussten vielmehr froh sein, wenn sie sich der Wirkung moderner Infanteriewaffen wieder entziehen konnten und mit ihrem Leben davonkamen.[199] Dabei machte sich ein weiterer skandalöser Planungsfehler bemerkbar: Die ganze deut sche Reiterei war jahrzehntelang auf frisch-fröhliche Attacken getrimmt worden, die zwar das Herz des Reiters erfreuen, aber wegen der Wirkungsweise zeitgenössischer Feuerwaffen nur als verbrecherisch bezeichnet werden konnten. Die angesichts der geschilderten Aufklärungsdefizite vielleicht erfolgreich zu praktizierende, mit Hilfe von Pferden beweglich gemachte Kleinkampftaktik galt in der deutschen Vorkriegsarmee als unsoldatisch, und sie war entsprechend verpönt, vom möglichen Einsatz verkleideter landes- und sprachkundiger Offizierspatrouillen ganz zu schweigen. So versagte denn auch dieses Aufklärungsmittel, noch ehe es so recht zum Einsatz gekommen war. Trotzdem war es ein Kavallerieoffizier, der die ersten entscheidenden Feindnachrichten beschaffte:

In der Schlacht von Soldau (das erste ernstere Gefecht an der Ostfront) geriet ein verwundeter russischer Rittmeister von der 6. Kavallerie-Division in Gefangenschaft. Ich besuchte ihn im Lazarett. Über mein akzentfreies Russisch erfreut und erstaunt, bat er mich, einen Brief an seine Frau weiterzuleiten. Er schrieb den Brief in meiner Gegenwart, und ich habe ihn auch, wie versprochen, an die hierfür zuständige Stelle weitergeleitet. Ich habe bis heute keinen gefangenen Offizier kennen gelernt, der so wie dieser Rittmeister über die Lage orientiert war. Er berichtete mir, dass zwei Armeen, Rennenkampf und Samssonow, gegen Ostpreußen angesetzt seien. Die Armee Rennenkampf sollte in westlicher, die Armee Samssonow in nordwestlicher Richtung gegen unsere Truppen in Ostpreußen vorstoßen, um dieselben entweder östlich der Weichsel zu vernichten oder sie zu zwingen, freiwillig über die Weichsel zurückzugehen. Er gab mir die Zahl der Korps und den Standort des Heeresgruppenkommandos an. Ich rief in Erkenntnis der Tragweite dieser Aussage den Nachrichtenoffizier beim XX. Armeekorps, Hauptmann V[olkmann], an, der mir seinerseits den Auftrag erteilte, sofort eine Lokomotive zu »requirieren« und zum Stabe nach Allenstein zu kommen, wo ich dann unter allgemeinem Erstaunen einen Vortrag über diese Aussage halten musste. Wenn ich auch später erfuhr, dass der Generalstab diesen Plan bereits aus früherer Zeit kannte, so war es immerhin insofern eine außerordentlich wichtige Meldung, als sie unsere Vermutungen bestätigte.[200]

Der Bericht entstammt der Feder des unter dem Pseudonym Agricola schreibenden Reserveoffiziers Alexander Bauermeister. Der 25-jährige Kaufmann war kurz vor Kriegsausbruch dem allgemeinen Kriegsgetümmel in St. Petersburg entkommen, so dass er sich pünktlich zur Mobilmachung bei seiner Stammdienststelle, dem Westpreußischen Kürassierregiment Nr. 5, einfinden konnte. Mit diesem Reiterverband zog der Leutnant d. R. an die sich bildende Ostfront in den Krieg. Bauermeister hat nicht mitgeteilt, wer auf die Idee verfallen war, den verwundeten Russen freundschaftlich zu vernehmen. Wieder fällt auf, dass hier per Zufall eine der wichtigsten, die Operationen bestimmende Nachricht gewonnen wurde. Bauermeister stapelt tief, wenn er in seiner Niederschrift Glauben macht, dass der deutsche Generalstab diesen Plan der russischen Führung bereits gekannt habe. Wie wir schon gesehen haben, gab es entsprechende Vermutungen, aber von einer Kenntnis der russischen Absichten konnte zu dieser frühen Zeit überhaupt keine Rede sein. Man kann sich also leicht vorstellen, dass der Nachrichtenoffizier des XX. Armeekorps, Otto Erich Volkmann, wie von der Tarantel gestochen reagierte; mitten im militärischen Aufmarschgeschehen beging er das Sakrileg, eigens eine Lokomotive beschlagnahmen zu lassen, um diesen wichtigen Mann mit dieser wichtigen Meldung selbst im Korpsstab anhören zu können. Dort behielt man Bauermeister gleich ein und machte ihn zum Hilfsoffizier des Nachrichtenoffiziers. Doch Volkmann hatte nur wenige Tage Freude an dem Mann, dann schnappte ihn der vorgesetzte Armeestab; dort war es der Hauptmann Gunther Frantz, der soeben sein Amt als Nachrichtenoffizier der 8. Armee angetreten hatte. Beiden, Frantz und Bauermeister, werden wir noch öfters begegnen.[201]

Das Grenzgefecht bei Stallupönen, das der Kommandierende General des Königsberger I. Armeekorps, Hermann von François, auf eigene Kappe angezettelt hatte und das rasch wieder abgebrochen wurde, und ein weiteres Gefecht bei Gumbinnen belehrte das deutsche Oberkommando endgültig darüber, dass die These vom monatelangen Aufmarsch der russischen Armee ein Ammenmärchen war. Gleichzeitig beleuchtete die erste Kriegsbeute von detaillierten Karten der deutschen Festung Thorn, die bei einem gefallenen Offizier vorgefunden wurde, in grellen Farben, wie trefflich die russische Vorkriegsspionage die eigene Armee bedient hatte. Dementsprechend panikartig fielen bei der deutschen Führung die Reaktionen aus, zumal als klar wurde, dass die Bauermeister-Meldungen zutrafen und sich zwei kriegsstarke Armeen auf Ostpreußen zubewegten, jede von ihnen stärker als die für die Deckung der deutschen Ostgrenze erst in Bildung begriffene 8. Armee. Deren Oberbefehlshaber Max von Prittwitz und Graffon befahl daher den Rückzug hinter die Weichsel. Prompt erhielten er und sein Stabschef Georg Graf von Waldersee aus dem Großen Hauptquartier telegrafisch einen frostigen Abschied mitgeteilt; ihre Nachfolger seien bereits auf der Eisenbahn. Doch bevor diese, es waren die später allgegenwärtigen Generale Paul von Hindenburg und Erich Ludendorff, auch nur die Möglichkeit hatten, in Allenstein in Ostpreußen beim Armeeoberkommando einzutreffen, hatte dort der 1. Generalstabsoffizier der Armee das militärische Ruder herumgerissen, ohne dass er später hierfür das alleinige Verdienst in Anspruch nahm, sondern darauf verwies, den Noch-Oberbefehlshaber von Prittwitz zum Handeln überzeugt zu haben.[202]

Es ist ein alter Bekannter von uns, der Oberstleutnant Max Hoffmann. Er drehte die gesamten bereits in Westrichtung zurückmarschierenden Verbände so ab, dass ein riesiger Sack entstand, in den die von Süden nach Ostpreußen einrückende russische Narew-Armee des Generals Samssonow hineinlief, um in wenigen Tagen eingekesselt und bis zum 30. August 1914 vernichtend geschlagen zu werden. Wer immer später den Sieg von Tannenberg auf seine Fahnen schrieb, und das waren nicht zu wenige, die Idee und die ersten entscheidenden Befehle kamen von Hoffmann. Er bediente sich des Reserveoffiziers Alexander Bauermeister, der nun als Nachrichtenoffizier in seiner Umgebung Dienst tat. Zusammen mit dem zum Landsturm eingezogenen Königsberger Professor Ludwig Deubner gelang es ihm, den Funkverkehr der näher rückenden russischen 1. und 2. Armee abzuhören und die Entschließungen ihrer Oberbefehlshaber zu verfolgen. Bauermeister und Deubner meldeten ihre Erkenntnisse life an den Nachrichtenoffizier der 8. Armee Gunther Frantz. Dies war nur möglich, weil die Russen in diesen ersten Kriegswochen unverschlüsselt funkten; sie waren aus dem Stand aus ihren Quartieren losmarschiert; ihr Verhalten war noch recht manöverähnlich. Das hatte zur Folge, dass der Nachrichtenoffizier der Armee die Funksprüche anfangs für Desinformationsmaterial hielt, so dass er sich schwer tat, sie an den für die Operationen zuständigen 1. Generalstabsoffizier Max Hoffmann weiterzugeben. Der aber entschloss sich spontan, den Funkverkehr der Russen ernst zu nehmen und hieraus die möglichen operativen Folgerungen zu ziehen. Hier liegt der Schlüssel zum Erfolg der Schlacht von Tannenberg, durch die die eine der beiden auf Ostpreußen angesetzten russischen Armeen komplett vernichtet wurde. 90 000 russische Soldaten ergaben sich den deutschen Truppen; der Oberbefehlshaber Samssonow erschoss sich im Angesicht der Niederlage; seine Leiche wurde bei den Aufräumungsarbeiten erst nach Tagen entdeckt.[203]

Doch auch für die deutsche Seite blieb der Ausgang der Schlacht nicht ohne Folgen. Die Schlacht von Tannenberg bedeutete zwar einen grandiosen militärischen Sieg, doch ihre Tragik besteht darin, dass sie bei der Führung und bei der Bevölkerung völlig falsche Vorstellungen weckte.[204] Diese Fehlvorstellungen betrafen nicht nur die angebliche Überlegenheit der deutschen Streitkräfte über die russische Armee, sondern auch den militärischen Stellenwert der Schlacht. Der bestand in der nicht zu unterschätzenden Bereinigung einer eher psychologisch wichtigen Situation, nämlich der Abwehr des nach Ostpreußen erfolgten Einmarsches russischer Truppen. Die Größe des Sieges weckte unberechtigte Hoffnungen über die auf russischer Seite damit korrespondierende Größe der Niederlage. In Wirklichkeit war die russische Armee insgesamt so groß und die nahezu sprichwörtliche Gleichgültigkeit der Russen gegenüber momentanen Niederlagen so ausgeprägt, dass Tannenberg keineswegs einen Meilenstein auf dem Wege zu einer Kriegsentscheidung bedeutete. Die russische offizielle Berichterstattung über die Schlacht lautete dementsprechend lapidar (und nicht ganz zutreffend):

2. September 1914: Im südlichen Ostpreußen führten die Deutschen beträcht-
liche Verstärkungen auf ihrer ganzen Front heran und griffen mit erheblich
überlegenen Kräften unsere beiden Armeekorps an. Diese erlitten starke Ver-
luste durch die schwere Artillerie, die die Deutschen aus den benachbarten, an
der Weichsel gelegenen Festungen herangebracht hatten. In diesem Kampfe fiel
General Samssonow. Wir sind weiter in Fühlung mit dem Feind und führen
neue Verstärkungen heran.[205]

Das sahen die deutschen Zeitgenossen anders. Zugleich wurde um die formellen
Sieger der Schlacht, die Generale Hindenburg und Ludendorff, ein öffentlich ze-
lebrierter Feldherrnmythos begründet.[206] Ein wahrer Hindenburg-Kult über-
schwemmte das Land. Das Hindenburg-Licht und das Hindenburg-Programm,
eiserne, hölzerne und sonstige Hindenburge wurden in den Städten und Dörfern
aufgestellt, Postkarten vertrieben und Gedichte aufgesagt. Es ist kaum verwunderlich, dass die so Geehrten bald für Wirklichkeit hielten, was man ihnen an-
dichtete, und so kam es, dass den beiden Soldaten in den Folgejahren ein Einfluss zuwuchs, der auf geradem Wege in Deutschlands militärische Niederlage
führte.

Tannenberg war, aus der Nähe betrachtet, ein Vabanquespiel, wie es riskanter
kaum gedacht werden kann. Die Vernichtungsschlacht gegen die zahlenmäßig
überlegenen Truppen der Narew-Armee des General Samssonow wurde nur
möglich, weil die deutschen Militärs bereit waren, alles auf eine Karte zu setzen.
Sie konnten dies, ohne als Hasardeure dazustehen, nur, weil sie über die Absichten des Gegners laufend ins Bild gesetzt wurden; dies gilt auch für die erneuten
Vorwärtsbewegungen der russischen Njemen-Armee des Generals von Rennenkampf, die ab dem 26. August 1914 nach dem von den Deutschen bei Gumbinnen
abgebrochenen Gefecht ihren Vormarsch nach Westen zögernd wieder aufnahm.[207] Hätte Rennenkampf oder dessen Vorgesetzter Shilinski nur entfernt geahnt, dass die Deutschen durchaus weder verteidigen noch ein Verzögerungsgefecht führen wollten, sondern die Narew-Armee rücksichtslos zur Schlacht
stellen würden, wäre es ihnen ein Leichtes gewesen, durch einen energischen Vorstoß nach West und Südwest den deutschen Hoffnungen ein jähes blutiges Ende
zu bereiten. Indessen, wie bekannt, taten sie das nicht. Der Grund hierfür ist
ziemlich schlicht: Sie hatten von den deutschen Absichten und deren Umsetzung
keine Ahnung. In einer der verlorenen Schlacht folgenden disziplinarischen Untersuchung des russischen Kriegsministeriums gegen die leitenden Generale spielte der Umstand eine besondere Rolle, dass der russischen Militäraufklärung durch
Spionage das deutsche, vom damaligen Generalstabschef von Schlieffen 1905 veranstaltete Kriegsspiel bekannt gewesen sei. In diesem Kriegsspiel war die angriffsweise Auseinandersetzung mit russischen, nach Ostpreußen einrückenden

Verbänden, selbst bei deren drückender Überlegenheit geübt worden. Hieraus zogen die Untersuchungsführer den Schluss, wenn Shilinski, Rennenkampf und Samssonow diese Annahmen berücksichtigt hätten, wäre die Niederlage von Tannenberg zu vermeiden gewesen.[208] Diese Ableitungen erscheinen nur wenig überzeugend. Zum einen waren die Erkenntnisse neun Jahre alt, zum andern konnte der russischen Militärführung niemand garantieren, dass die Deutschen aus ihrem Kriegsspiel Wirklichkeit machen würden. Wie wir gesehen haben, bedurfte es zur Gestaltung dieser Wirklichkeit erst der Zufallserkenntnisse der Funkaufklärung, um den Plan der Schlacht von Tannenberg in die Tat umzusetzen. Dass daneben zur deutschen Militärdoktrin der Grundsatz gehörte, kriegerische Lagen bevorzugt angriffsweise zu lösen, galt als Allgemeingut und bedurfte keiner Spionagetätigkeit. Und doch wirft das blinde Operieren der russischen Nordwestarmeen im August 1914 ein erstes grelles Licht auf die Funktionsfähigkeit der Raswedka, der russischen Militäraufklärung, unter Kriegsbedingungen. Man muss feststellen, dass sie nach den glänzenden Aufklärungserfolgen, die ihr für die Zeit vor dem Krieg neidlos zuzubilligen sind, keine Mittel wusste, um in einem Bewegungskriege sozusagen mit dem Ohr am Feind zu bleiben.

Hinsichtlich der Agentenaufklärung gilt dasselbe, wie wir schon auf deutscher Seite erörtert haben: Auch die Russen schnitten sich mit Kriegsbeginn durch mangelhafte Organisation des Verbindungswesens von ihren Informanten ab. Überhaupt die feindlichen Spione: Als der Krieg ausbrach, raste eine unvorstellbare Woge von Spionagehysterie auch durch Deutschland. Gymnasialprofessoren und Apothekengehilfen, Kinderfräuleins und Gemüseweiber, Tagediebe und Dirnen beteiligten sich an der Suche nach Spionen, sahen rätselhafte Lichtsignale in Nachbars Haus und hielten Autos an, die märchenhafte Goldschätze nach Russland transportierten.[209] Der deutsche Ordnungssinn war von der Kette gelassen, eine herrliche Zeit für Denunzianten brach an. Wehe dem Automobilisten, der mit einer Panne im Dorfe stehen blieb, wehe dem Fremden, dem nicht nach Landesart Gekleideten. Manch einer verbrachte, wenn es glimpflich abging, die Nacht gefesselt im Feuerwehrschuppen. Aufrufe der örtlichen Obrigkeit zur Wachsamkeit heizten die Stimmung nur noch an.[210] Wie schrill die Verhältnisse sich zuspitzten, dokumentiert beispielsweise ein Dienstbefehl des Stuttgarter Polizeidirektors Bittinger vom August 1914:

Schutzleute! Die Einwohnerschaft fängt an, verrückt zu werden, die Straßen sind von alten Weibern beiderlei Geschlechts gefüllt, die sich eines unwürdigen Treibens befleißigen. Jeder sieht in seinem Nebenmann einen russischen oder französischen Spion und meint die Pflicht zu haben, ihn und den Schutzmann, der sich seiner annimmt, blutig zu schlagen, mindestens aber unter Verursachung eines großen Auflaufs ihn der Polizei zu übergeben. Wolken werden für

Flieger, Sterne für Luftschiffe, Fahrradlaternen für Bomben gehalten ... Es ist nicht abzusehen, wie sich das alles gestalten soll, wenn die Zeiten wirklich einmal schwierig werden. Festgestelltermaßen hat sich hier bis jetzt auch nicht das geringste Bedenkliche ereignet. Gleichwohl meint man in einem Narrenhause zu sein, während doch jeder, wenn er nicht ein Feigling oder ein gefährlicher Müßiggänger ist, ruhig seine Pflicht tun könnte, wozu die Zeiten ernst genug sind.[211]

Es gab Tote und Verletzte. Walter Nicolai bemerkte in seinen Memoiren, dass innerhalb weniger Tage nach Kriegsausbruch in Deutschland ein Zustand eintrat, der die Durchführung der Mobilisierung ernsthaft in Frage stellte.[212] Das ist nachvollziehbar, wenn man beispielsweise folgende Meldung der *Frankfurter Zeitung* vom 8. August 1914 nachliest:

In Walbeck wurden am 2. August 1914 80 französische Offiziere in deutscher Uniform verhaftet, die in zwölf Kraftwagen die deutsche Grenze überjagt hatten. In Berlin wurden zahlreiche Agenten verhaftet, in Berlin konnten Unter den Linden zwei als Diakonissinnen verkleidete russische Spione verhaftet werden.[213]

Das alles mag die Unmöglichkeit erklären, eine geordnete Agentenführung fortzusetzen. Doch ist das Versagen der russischen Aufklärung umso unbegreiflicher, wenn man berücksichtigt, dass die russische Seite bereits vor dem Krieg, von den späteren Mittelmächten Deutschland und Österreich unbemerkt, darangegangen war, gut funktionierende Dechiffrierungsdienste aufzubauen. Einen solchen unterhielt zum Beispiel das russische Außenministerium, dem es gelang, die diplomatischen Telegramme von Freund und Feind mitzulesen. Eine weitere derartige Stelle war die bei der Ochrana angesiedelte Geheimschriften-Sektion unter dem Obristen Andrejew. Dort hatte man vieljährige Erfahrungen mit Codes und Schlüsseln, schon weil die Gegner im Innern dergleichen seit Jahrzehnten bei ihrem konspirativen Tun verwendeten. Dem Ochrana-Dechiffrierer Zybine wurde nachgesagt, er habe einfache Codes mit einem Blick erkannt, während er sich zur Lösung schwieriger Entschlüsselungsprobleme in eine Art Trance versetzt habe. Angesichts dieses Vorbereitungsstandes muss einem der nahezu völlige Ausfall der russischen Feindaufklärung gegen den deutschen Armeeaufmarsch umso rätselhafter erscheinen. Es hat demzufolge nicht an verschwörerischen Ansätzen gefehlt, um das Unbegreifliche zu erklären. Bei alledem habe, so die russischen Versionen, die bereits während des ersten Kriegsjahres in Umlauf kamen, Verrat eine entscheidende Rolle gespielt, und manch ein Russe besann sich darauf, dass in den russischen Spitzenpositionen von Militär, Verwaltung und Industrie nur allzu viele Träger deutscher Namen eine führende Rolle spielten. Der General von Rennenkampf, Oberbefehlshaber der Njemen-Armee, war nur einer davon, und kaum einer scheute sich später, ihn zu verdächtigen, seinen Armeeführer-Kollegen Samssonow absichtlich in der Falle von Tannenberg ohne Hilfe gelassen zu haben; wenn ihm nicht noch Schlimmeres angedichtet wurde. Auch wurde behauptet, die Armee Samssonows sei nur deshalb in Ostpreußen untergegangen, weil der französische Botschafter in St. Petersburg am 5. August 1914 ultimativ ihren Einsatz gegen Deutschland verlangt habe, während sie in Wirklichkeit für die Entscheidungsschlacht gegen Österreich-Ungarn vorgesehen gewesen sei. Doch für all das fehlt jeglicher Beleg. So bleibt schließlich für das Versagen der russischen Aufklärungskräfte nur die Vermutung, dass Dechiffrierung von Revolutionspamphleten und von militärisch chiffrierter Nachrichtenübertragung offenbar doch zwei Paar Stiefel waren.[214]

Dass die deutsche Seite erheblich besser dastand, war mehr oder weniger dem Zufall geschuldet und der intelligenten Spielernatur des Generalstabsoffiziers Max Hoffmann, der das Wagnis einging, sich auf die russischen Klartext-Funksprüche zu verlassen. Ohne diese Informationen wäre es praktisch unmöglich und militärisch unvertretbar gewesen, die Schlacht von Tannenberg zu organisieren. Erfolg macht süchtig. So war es auch bei den deutschen Führern. Angeblich soll der neue Stabschef der 8. Armee, Erich Ludendorff, jeden Abend in das Büro der unvermuteten Nachrichtenspezialisten Bauermeister und Deubner gestürzt sein, um hochroten Kopfes und ultimativ die neuesten Feindlageerkenntnisse zu verlangen. Doch der reiche Strom ebbte Ende August 1914 allmählich ab. Die Russen begannen, verschlüsselt zu funken. Jetzt waren Bauermeister und Deubner vorerst mit ihrem Latein am Ende. Da half es auch nichts, dass die beiden ab dem 5. September 1914 in der eigens beim Feldtelegrafiechef des Armeestabs, Oberstleutnant Lehmann, eingerichteten Entzifferungsstelle eingesetzt wurden.[215] Abhilfe vermochten erst die geschmähten österreichischen Bundesgenossen zu schaffen.

Bewegung und Stillstand.
Überblick über die militärischen Operationen
an der Ostfront 1914 bis 1917

Tannenberg wiederholte sich nicht. Im Gegenteil. Der versuchte Umfassungsangriff gegen Rennenkampfs Njemen-Armee Anfang September 1914 bei den Masurischen Seen vertrieb zwar die Russen vorübergehend aus Ostpreußen, doch was in die Welt als großer Sieg hinausposaunt wurde, war strategisch belanglos und für beide Seiten äußerst verlustreich. Und es kam noch schlimmer: Im Spätherbst 1914 wäre die an der Ostfront neu gebildete 9. deutsche Armee bei Lodz beinahe eingekesselt und vernichtet worden. Dem entging sie nur knapp und mit

viel Glück sowie aufgrund der Erkenntnisse, die jetzt der österreichische Radio-
horch- und Chiffrierdienst seinem deutschen Verbündeten frei Haus anlieferte.
Wie sehr die Sache Spitz auf Knopf stand, wird aus dem Umstand deutlich, dass
die österreichischen Lauscher Anfang November 1914 mitbekommen hatten,
dass der russischen Seite der deutsche Funkschlüssel bekannt geworden war; es
kann sein, dass es sich um den am 20. August 1914 bei Pillkallen verloren ge-
gangenen Funkschlüssel gehandelt hat. Es galt nun nicht nur den deutschen Verbündeten schnellstmöglich zu warnen, der in diesen heiklen Tagen des Bewe-
gungskrieges in Polen für eine kurze Weile ebenso durchsichtig operierte wie
seinerzeit die Russen in Ostpreußen, sondern es war zu befürchten, dass das
Abhören der Russen alsbald ein Ende haben würde. Denn den aufmerksamen
Russen war bei der Auswertung des deutschen Funkverkehrs aufgefallen, dass die
deutschen operativen Aufklärungserfolge nicht wie vermutet auf der Luftaufklärung, sondern dem Mitlesen des russischen Funkverkehrs beruhten. Dass sie
hierbei die technisch als hochgerüstet eingeschätzten Deutschen im Verdacht hatten, war im Ergebnis ohne Belang. Vielmehr war zu befürchten, dass die russische
Armee von einem auf den andern Tag den Funkschlüssel ändern würde. Genau so
geschah es. Waren die Teile der deutschen 9. Armee den Russen dank ihrer Funkaufklärung in die Falle geraten, so tappten jetzt die deutschen Führungsstellen im
Dunkeln. Zum Glück gelang es Figl und seinen Leuten in kürzester Frist, den
neuen Schlüssel zu brechen, so dass gegen Ende November 1914 der Ausbruch
des eingeschlossenen deutschen Verbandes gelingen konnte. Der Bewegungskrieg
begann, auch im Osten im Stellungskampf zu erstarren. Der Rest des Jahres zeigte
den Mittelmächten auf drastische Weise, dass der russische Koloss weit entfernt
davon war, durch die deutschen Kriegserfolge der vielfach gefeierten Schlachten
ernsthaft getroffen worden zu sein. Noch einmal drang die russische Armee in
Ostpreußen ein, von wo sie erst im Februar 1915 durch die Winterschlacht an den
Masurischen Seen entfernt werden konnte.[216]
Das Jahr 1915 brachte die deutsche Durchbruchsschlacht von Gorlice-Tarnow,
die eher der Stabilisierung des österreichischen Verbündeten diente und ungeheure Geländegewinne einbrachte, weil die Russen sich in die Weite ihres Raumes
zurückzogen. Der Durchbruch von Gorlice konnte nur glücken, weil hier erstmals das Gegenstück der Funkaufklärung zur Anwendung kam, nämlich die angeordnete und eingehaltene völlige Funkstille der heimlich in ihre Einsatzräume
einrückenden Angriffsverbände. Deren Existenz blieb der russischen Seite bis
zum Angriffstermin verborgen. Schlichten Gemütern suggerierten dieser Durchbruch und das anschließende Vorrücken ungeheure Siege; aber es waren nur nutz-
lose Geländegewinne, die lediglich die ohnehin schon überdehnten Frontlinien
weiter verlängerten. Den deutschen Siegesphantasten erschien der Vormarsch wie

Landeroberungen im Osten, gewaltigen Kolonien gleich. Nur skeptischen Leuten ging auf, dass, selbst wenn man den Krieg gewinnen sollte, dieses Gebiet niemals deutsch werden würde. Hinter den Kulissen begann ein konfuses Gezerre um ein wiederzuerrichtendes Polen.[217] 1916 konnte die Front gegen russische Angriffe der so genannten Brussilow-Offensive nur mit Mühe gehalten werden; die Masse des deutschen Feldheeres war in dieser Zeit an der Westfront konzentriert, wo ein wenig phantasievoller Generalstabschef Erich von Falkenhayn die deutschen Armeen bei Verdun verbluten ließ; die Alliierten machten es nach und an der Somme auch um keinen Deut besser. 1917 dann wieder endlose Vormärsche ins Baltikum. Riga fiel am 4. September 1917. Zuvor hatten sich die Stadt und ihr Umland, aller geheimdienstlichen Überwachung zum Trotz, zum Alptraum für die russische Führung entwickelt. Truppen, die einmal in der Stadt in Garnison gelegen hatten, galten als demoralisiert und für die weitere Kriegführung unbrauchbar, weil sie mit lettischem Freiheitsstreben und deutschem Ungeist in Kontakt gekommen waren. Nun also war die Stadt gefallen, und die Alldeutschen schwadronierten von *deutschen Landen*.[218]

Soweit in groben Zügen der Kriegsverlauf an der Ostfront. Die Geheimdienste mittendrin. Sie alle waren gewaltig ausgedehnt worden, verfügten über bedeutende personelle Ressourcen und doch scheut man sich, ihnen eine besondere Rolle am Kriegsgeschehen zuzubilligen. Wäre da nicht die schon besprochene österreichische Funkaufklärung und dieser ganz andere, alle taktischen Erwägungen sprengende Zweig der deutschen geheimdienstlichen Tätigkeit gewesen: die Revolutionierung Russlands, der später ein eigenständiges Kapitel gewidmet wird.

Nicolai, Gempp und Co.
Die Rolle des deutschen Geheimdienstes

Der deutsche militärische Geheimdienst, die Sektion III b, wurde während des Krieges enorm aufgebläht; 1915 erhielt die Sektion die prestigeträchtige Aufwertung, indem sie zur eigenständigen Abteilung im Generalstab des Feldheeres erhoben wurde; der Name III b wurde beibehalten. Abteilungschef blieb Walter Nicolai; seine Aufgaben allerdings vervielfältigten sich. Das wird bereits überdeutlich, wenn man das Organigramm der III b vom Ende des Jahres 1915 betrachtet. Es fällt auf, dass der Chef von III b scheinbar an der Spitze aller geheimdienstlichen Beschaffungsaktivitäten stand, die zum Teil zentral, zum Teil dezentral abgewickelt wurden. Daneben sieht man, dass III b sowohl in Deutschland als auch an den Fronten und in den besetzten Gebieten für die Spionageabwehr verantwortlich zeichnete. Schließlich sticht ins Auge, dass III b in man-

nigfacher Weise für Presseangelegenheiten zuständig war und ihm zudem das am
14. Oktober 1915 errichtete Kriegspresseamt einschließlich der dazugehörigen
Oberzensurstelle unterstellt wurde.[219] Zu den weiteren organisatorischen Beson-
derheiten gehörte, dass die Abteilung, den Gepflogenheiten der preußischen
Armee folgend, in einen mobilen und einen immobilen Teil aufgespalten wurde.
Das lag an der Fiktion, dass der Generalstab nur beratender Teil des in seinem
Feldhauptquartier weilenden Monarchen und obersten Feldherrn sei. Der mobile
Teil von III b befand sich demgemäß an den wechselnden Standorten des Haupt-
quartiers, für dessen funktionellen Teil sich während des Krieges die Bezeichnung
Oberste Heeresleitung (OHL) einbürgerte. Daneben gab es, mit eigenständigen
Aufgaben versehen, die stellvertretende Abteilung III b, an deren Spitze deren
ehemaliger Chef, der pensionierte Oberst Brose, trat. Auch Brose und seine Leute
unterstanden fachlich Nicolai, während sie personell dem Chef des Stellvertretenden Generalstabs untergeben waren; das war seit Dezember 1914, zumindest
der Form nach, der im September 1914 kaltgestellte Ex-Generalstabschef Helmuth von Moltke.[220] Es wäre keineswegs angemessen, diesen in Berlin verbliebenen Rest der III b irgendwie als Heimatkriegerverein abzutun, wie das vielleicht
bei der einen oder andern im Reich verbliebenen stellvertretenden Kommandobehörde angezeigt war, sondern die stellvertretende III b enthielt zumindest zwei
für unser Thema virulente Sektionen, die für Politik und für Spionageabwehr, auf
die wir noch zurückkommen müssen. Gleiches gilt für die Tätigkeiten der Pres-
sesektionen und des Kriegspresseamtes; sie nahmen einen nicht zu unterschätzenden Einfluss auf den Kriegsverlauf. Auch darüber wird noch zu berichten sein.
Das Schaubild der III b suggeriert ein Maß an militärischem Durchorganisiertsein
der deutschen Spionagetätigkeit im Ersten Weltkrieg, das keineswegs mit der
Wirklichkeit in Einklang stand. Menschliche und organisatorische Unzulänglich-
keiten machten einander Konkurrenz. Der hierarchisch aufgebaute Nachrichtendienst III b saß mit seiner Spitze beim mobilgemachten Teil des Generalstabs in
der Obersten Heeresleitung. Der Chef von III b, der Oberstleutnant Nicolai, war
lediglich für die Nachrichten*beschaffung* zuständig. Das notwendige Pendant, die
Auswertung der Feindlage, bildete auf der obersten Ebene die Nachrichtenabteilung, die im April 1917 in Abteilung Fremde Heere umbenannt wurde, ohne dass
dies an der organisatorischen Zweigleisigkeit von Beschaffung und Auswertung
etwas änderte. An der Spitze der Auswertungs-Abteilung stand mit dem Bayern
Richard Hentsch der Mann, dem man später einmal die misslungene Befehlsgebung für die verlorene Marneschlacht vom September 1914 in die Schuhe schieben würde; er starb, von der Last der Anfeindungen entnervt, Anfang 1918 gerade 47-jährig in Bukarest. Hentsch wurde bereits im November 1914 als oberster
Nachrichtenauswerter ersetzt und zum k.u.k. Verbündeten als Aufpasser an die

Funktionale Gliederung der Abteilung III b (Stand: Ende 1915)		
Oberstleutnant Walter Nicolai	Chef III b	

Mobile Abt. III b (OHL) Oberstleutnant Walter Nicolai	Stellvertretende Abt. III b (Berlin) Oberst/Generalmajor z. D. Brose	Kriegspresseamt (errichtet am 14.10.1915) 14.10.1915–1.11.1916 Major Erhard Deutelmoser; 1.11.1916–15.8.1917 Major Paul Stotten; 15.8.1917–Ende 1918 Major Ernst Würtz
Intern:	**Intern:**	
Nachrichtendienst III b West – Major Paul Stotten; bis 1.11. 1916; Major Hans Witte III b Ost – Major von Redern	Politik November 1914–Juli 1916 Hauptmann d.R. Rudolf Nadolny Juli 1916/1918 Hauptmann Ernst von Hülsen	Abteilung I Inlandsstelle 1916/17 Major d.L. Gesandter a.D. von Scheller-Steinwartz
Spionageabwehr im Operations- und Okkupationsgebiet	Nachrichtendienst Major Koenemann – Weltwirtschaftsabteilung Hauptmann d.R. Hans Zache	Abteilung II Oberzensurstelle 1915–1918 Major Alfred von Olberg
Presse	Spionageabwehr in Deutschland 1914–?1918 Hauptmann Carl von Roeder	Abteilung III Auslandsstelle 1915 Oberstleutnant Hans Wolfgang Herwarth von Bittenfeld; 1916/17 Major von Larisch
Neutrale Militärattachés	Presse Major Neumann	Abteilung IV Auskunftstelle 1915 Major Erhard Deutelmoser; 1916/17 Major d. L. Warnecke
Feldpolizeichef Feldpolizeidirektor Bauer	Passzentrale	
	Postüberwachung Grenzüberwachung	

III b nachgeordnet:	Stv. III b nachgeordnet
Kriegsnachrichtenstelle Antwerpen Hauptmann Kefer – Sektion Frankreich: Dr. Elsbeth Schragmüller	Inlands-Nachrichtenoffiziere (Ino) (Beschaffung von Weltwirtschafts-Nachrichten) Geschäftsstelle Hamburg Major Frhr. von Rechenberg
NO beim k.u.k. Hauptquartier August 1914 Hauptmann Hasse Januar 1915 Hauptmann von Rothkirch 1915 Hauptmann Fleck; bis Ende 1918	
NO Oberost Major Gunther Frantz; bis Mai 1915; sodann: Major Friedrich Gempp	
NO Berlin (Nob) April 1915 Major Hermann Friderici Major Heinersdorff, 1916 Hauptmann Ulrich (?) von der Osten	
Zweigstellen: Hamburg Budapest Hadersleben Stockholm Galatz	

Serbienfront entsandt; an seine Stelle trat von 1916 bis zum Kriegsende und darüber hinaus der preußische Oberstleutnant von Rauch, der im Gegensatz zu etlichen seiner Abteilungsleiterkollegen nicht augenfällig in Erscheinung getreten ist; erst als er nach dem Krieg beim Kapp-Putsch mitmischte, fiel er auf und wurde zwangspensioniert.[221]

Es hat den Anschein, dass Nicolai zu Kriegsbeginn versucht hat, wenn auch nicht den unmittelbaren Nachrichtenzugang, also die Führung von Agenten, so doch deren Nachrichtenabfluss zentral zu organisieren. Friedrich Gempp, sein Untergebener von der Ostfront, nannte das später in bitterem Spott den Versuch, den Geheimdienst wie eine preußische Infanteriekompanie zu führen. Das hat und hätte im weiteren Verlauf des Krieges bedeutet, dass alle Agentenmeldungen über seinen Tisch liefen, bevor ihr Extrakt an den Nutzer der Information weiterging. Angesichts der Tatsache, dass sich das deutsche Hauptquartier überwiegend in der Nähe der Westfront befand, war eine solche Verfahrensweise nicht nur unpraktisch, sondern wegen der notwendigerweise auftretenden Verzögerungen für die Operationen an der Ostfront riskant. So pflegen Nachrichten zustande zu kommen, die an höchster Stelle Beachtung finden, beim Endverbraucher aber nur Kopfschütteln auslösen können. Das gilt auch für den Nachrichtenfluss des Jahres 1914, die Ostfront betreffend. Nicolai meldete dem Generalstabschef Erich von Falkenhayn, der im November 1914 im Westen die Kriegsentscheidung suchte, dass der russische Koloss bereits wanke.

Alle Nachrichten aus dem Innern Russlands lassen fortschreitende Zersetzung der Armee und wachsende Kriegsmüdigkeit erkennen.[222]

Darüber konnte sich der Oberbefehlshaber der um ihre Existenz ringenden deutschen 9. Armee nur wundern. Hindenburg sparte demzufolge nicht mit entgegengesetzten Bemerkungen, zumal das Duo Hindenburg-Ludendorff glaubte, den Krieg – natürlich gestützt auf die eigene Feldherrnkunst – im Osten entscheiden zu können. Doch sie benötigten noch fast zwei Jahre, um den verhassten Falkenhayn zu stürzen und zu beerben. Beide Seiten, Falkenhayn wie Ludendorff, versuchten während ihrer Auseinandersetzungen, den Geheimdienst für ihre Belange zu instrumentalisieren. Das soeben vorexerzierte Beispiel ist nur eines von vielen. Überhaupt tut man gut daran, bei allen deutschen Quellen, welche die Zeit von Spätherbst 1914 bis Ende August 1916 behandeln, den Konflikt Ludendorff-Falkenhayn mitzulesen, denn kaum einer der Darstellungen ist es gelungen, nicht für die eine oder andere Seite Partei zu ergreifen. Das gilt sogar und in besonderem Maße für die vom Reichsarchiv vorgenommene offizielle Kriegsdarstellung, die für Hindenburg-Ludendorff so stark Partei nahm, dass sich die beamteten Weltkriegsdeuter nicht in der Lage sahen, die Geschichte des Weltkrieges zu Ludendorffs Lebzeiten zu Ende zu bringen. In ihrer Einseitigkeit wurden sie durch den Umstand bestärkt, dass mit dem ehemaligen Feldmarschall Paul von Hindenburg ab 1925 einer der Beteiligten Reichspräsident und damit ihr oberster Chef geworden war. Dessen zweifelhafte Rolle bei der Beseitigung der Inhaber oberster Reichsinstanzen, wie den deutschen Generalstabschef Falkenhayn und den deutschen Reichskanzler Bethmann Hollweg, um nur zwei zu nennen, waren somit tabu. Man fragt sich, was das Duo Hindenburg-Ludendorff umtrieb. Mit Frechheit und Intrigantentum waren sie über die Jahre am Werk, die Macht an sich zu reißen. Sie waren von Ehrgeiz zerfressen und von dem Glauben beseelt, dass nur sie dem Vaterland den herbeigesehnten Sieg würden bringen können. Das war ein schwerer Irrtum, wie das Ergebnis des Krieges deutlich ausweist.

Zurück zu Nicolai: Der Grund für die rabiate Bündelung von Nachrichtensträngen pflegt im Geheimdienstmilieu der Wunsch des Chefs zu sein, als einziger über das zu verfügen, was dem Außenstehenden höchst geheimnisumwittert und wichtig vorkommen muss. Nicolai setzte noch eins drauf: Er verbot den bis auf die Ebene der Armeekorps vorhandenen Nachrichtenoffizieren die eigenständige Spionagearbeit und konzentrierte diese bei den Kriegsnachrichtenstellen.[223] Zudem war allen Nachrichtenoffizieren explizit verboten, Erkundungen im Feindesland selbst vorzunehmen.[224] Für die Geheimdienstler an den Fronten war dies nicht die reine Freude. Sie bewegten sich zwischen allen Stühlen, da sie neben der Beschaffung von Feindnachrichten auch für die Führung der Feindlage in ihren Stäben und für die Spionageabwehr in ihren Kommandobereichen zuständig waren. Ihre Informationsbasis wurde, da ihnen die Agentenarbeit verboten war, auf die Kriegsgefangenenbefragung zurückgedrängt; außerdem waren sie darauf angewiesen, was die eigene Truppe an Feindmeldungen nach oben gab. Die Nachrichtenoffiziere der Armeen und der Heeresgruppen partizipierten von der Funkaufklärung und den Fliegermeldungen. Da die Nachrichtenoffiziere mit den von ihnen beschafften Feindinformationen zur Meldung auf einem eigenen Strang bis zur Abteilung III b verpflichtet waren, standen sie in den Stäben, denen sie angegliedert waren, in dem Ruf, Spione im eigenen Hause zu sein.[225] Der selbstherrliche Ludendorff verbot seinen eigenen Nachrichtenoffizieren daher den Einblick in die Lagekarten.[226] Dass unter diesen Voraussetzungen überhaupt so etwas wie eine Militärspionage gelingen konnte, war der Hartnäckigkeit und Heimlichkeit einiger weniger Offiziere zu verdanken, mit denen wir uns jetzt beschäftigen müssen.

Blick über den Zaun. 1. Russlandspionage

Die Russlandspionage hätte nach dem Willen des III b-Chefs Walter Nicolai strikt geordnet über zwei Stellen ablaufen sollen: Die Sektion für Nachrichtendienst beim Stellvertretenden Generalstab in Berlin und die Nachrichtenstelle in

Stockholm. Doch die Wirklichkeit sah bereits im ersten Kriegsjahr anders aus. Wir hatten gesehen, dass es der Nachrichtenoffizier des ostpreußischen I. Armeekorps, Friedrich Gempp, bei Kriegsbeginn vorgezogen hatte, zunächst ortsfest an seinem Standort in Königsberg zu verbleiben, da er befürchtete, sein Ausrücken mit dem Korpsstabe würde die Verbindungswege zu den Agenten zerstören. Seinen Vorgesetzten, den General von François, scheint das nicht gestört zu haben. Unter dem guten Dutzend Nachrichtenoffizieren an der Ostfront entwickelte sich Gempp, mittlerweile war er im September 1914 zum Nachrichtenoffizier der 8. Armee avanciert, in den nächsten Wochen zum Spezialisten für den Einsatz von Agenten. Hierbei kam ihm zustatten, dass am nördlichsten Ende der Ostfront, etwa bei Memel, beiderseits eine Lücke klaffte, die nur notdürftig gesichert wurde. Diese Lücke wurde das Einfalltor für den Agenteneinsatz, für den sich eine Reihe polnischer und russischer Juden anwerben ließen. Gempp ging jetzt zur Sache: Er begnügte sich keineswegs, den Agenten Spionageaufträge zu erteilen, sondern ließ seine Konfidenten gezielt Kontakt mit den Kommandeuren der in Russisch-Polen gelegenen Festungen aufnehmen, denen er hohe Belohnungen im Falle von Kapitulationen versprechen ließ. Damit setzte er sich explizit in Widerspruch zur Weisungslage von Nicolai.

Die Macht des Faktischen setzte sich durch, da die durch Agentenmeldungen gewonnenen Feindlageerkenntnisse im Februar 1915 dazu geführt hatten, dass sich Oberost, die deutsche Kommandobehörde an der nördlichen Ostfront, trotz des Winterwetters entschloss, einer für den März erkannten russischen Offensive zuvorzukommen, so dass die deutsche 10. Armee der gegenüberliegenden russischen 10. Armee in der in aller Heimlichkeit vorbereiteten Winterschlacht in den Masuren eine vernichtende Niederlage bereiten konnte. Doch auch dieser Angriffsentschluss war nicht ohne Reibungen und Hakeleien zwischen der Obersten Heeresleitung und Oberost abgegangen. Auf dem Strang der III b war Generalstabschef Falkenhayn zu Jahresbeginn informiert worden, dass es die Absicht der russischen Führung war, mit der Nordwestfront im Frühjahr eine erneute Großoffensive zu beginnen. Er fragte nicht ganz unprätentiös bei Oberost nach, was an den dunklen Andeutungen der Feindpresse dran sei, dass ein derartiger Angriff vor der Tür stünde. Prompt wurde ihm geantwortet: Nichts-dran, da der Hindenburg-Stab sich nicht in die Karten sehen lassen wollte; vielleicht störten die unerfreulichen Meldungen über einen russischen Großangriff lediglich die eigenen Offensivphantasien, die wie Seifenblasen zu zerplatzen drohten. Doch bereits wenige Tage nach der großspurigen Auskunft bekam Oberost kalte Füße und musste sich gegenüber dem Generalstabschef korrigieren. Die Funkaufklärung ließ nun keinen ernsthaften Zweifel mehr daran, welches Unglück sich an Ostpreußens Grenze zusammenbraute. So und nicht anders kam es zur Entscheidung, unter den denkbar ungünstigsten Witterungsbedingungen das Unmögliche zu wagen und mit einer begrenzten Offensive in die russische Bereitstellung hineinzustoßen. Das konnte nur gelingen, weil Falkenhayn in richtiger Einschätzung der Lage seine strategische Heeresreserve nach Osten transportieren ließ. Der Befreiungsschlag fand statt, wenn auch nicht so großartig, wie Oberost sich das erträumt hatte.[227] Selbstredend sparte Hindenburgs oberster Kriegsherr nicht mit kernigen Worten, allerdings mit einem kleinen Schönheitsfehler:

Meine Absicht, heute wie in den letzten Tagen den Schlusskämpfen bei Suwalki beizuwohnen und den Siegern persönlich zu danken, haben zu meinem Bedauern die verschneiten Wege verhindert. Wilhelm I. R.[228]

Es ist nicht überliefert, was die Soldaten, die in der barbarischen Kälte des Augustower Forstes vegetierten, gedacht haben, als man ihnen diesen Tagesbefehl ihres allerhöchsten Kriegsherrn verlas. Vielleicht waren sie einfach nur froh, dass die ungeheuren Strapazen des Winterkampfes vorläufig ein Ende gefunden hatten.

Suwalki, 16.2.15. Das waren schwere und bedeutsame Tage, die hinter uns liegen. Das Korps marschierte seit Beginn der Operationen in zwei Kolonnen vorwärts, der Russe widersetzte sich wiederholt, es waren aber immer nur Nachhuten. Das Gros war voraus mit der gesamten Artillerie. Ich weiß nicht, ob wir davon etwas erhaschen werden. Mein Korps hat etwa 10 000 Gefangene gemacht, im Ganzen sollen es an die 40 000 sein. Ich habe 400 Mann an Verwundeten einschl. etwa 80–100 Toter gehabt. Das Schwerste waren die Marschleistungen. Die Anstrengungen spotten jeder Beschreibung. Die Wege meterhoch verstürmt, fast unbenutzbar, sehr viel wird daneben marschiert. Es ist seit drei Tagen Tauwetter, und nun marschiert man buchstäblich im Schneewasser, das alles durchdringt. Ortschaften für Unterkunft sind nur ganz spärlich vorhanden, so dass der größte Teil der Infanterie biwakieren muß bei dieser Nässe. Die Feldküchen, diese herrliche Erfindung an sich, bewähren sich hier insofern nicht, als sie viel zu schwer sind und hier der Truppe nicht zu folgen vermögen. Wenn nicht wiederholt russische Bagagen mit Konserven in unsere Hände gefallen wären, so weiß ich nicht, wie wir durchgekommen wären.[229]

Doch die Freude über die erneute Vertreibung der russischen Soldaten war nur von kurzer Dauer. Bereits am 17. März 1915 besetzten russische Truppen unter General Potapow die Städte Tauroggen und Memel. Vor allem in Memel richteten sie Verwüstungen an; zum Beispiel sorgten sie durch die Sprengung des Wasserturms für eine empfindliche Störung der städtischen Wasserversorgung. Bei den Plünderungen in Memel tat sich der russische Rittmeister der Grenztruppen Rehbinder besonders hervor. Noch im Vorjahr hatte dieser Mann als Agent K 117 der Nachrichtenstelle Königsberg bei dem deutschen Hauptmann Gempp ein zweites Gehalt bezogen. Mit Kriegsbeginn, als seine Agententätigkeit wirklich hätte nützlich werden können, hatte er seine heimliche Betätigung beendet. Jetzt hielt er sich durch diese etwas andere Tätigkeit im Lande seiner ehemaligen Auftraggeber schadlos.[230] Die russischen Vorstöße kamen für die deutsche Führung völlig überraschend.[231] Das ungesicherte Loch an der Nordflanke der Ostfront war von beiden Seiten eifrig als Schleuse für das Hinüber und Herüber von Agenten genutzt worden. Hierbei waren auch reichlich Nachrichten eingegangen, die auf russische Truppenversammlungen hindeuteten. Doch nahm man dergleichen bei der deutschen Führung von Oberost nicht sonderlich ernst, da man, wie der Erste Generalstabsoffizier Max Hoffmann später meinte,[232] sich an dergleichen Tartarennachrichten, die zu Dutzenden eingegangen seien, gewöhnt hatte. Wir tun gut daran, diese betont forsche Aussage ein wenig zu beargwöhnen. Vermutlich war es so, dass man die eingehenden Nachrichten über die russischen Versammlungen vor Memel und Tauroggen ignorierte, weil sie einfach nicht ins Konzept passten, und das hieß: Die Russen sind soeben bei den Masurischen Seen vernichtend geschlagen worden und Ostpreußen ist vom Feinde frei.[233] Nebenbei herrschte trotz aller Beiträge, welche die deutschen Nachrichtenoffiziere bislang zum Kriegsgeschehen an der Ostfront geliefert hatten, vor allem gegenüber Agentenmeldungen eine bemerkbare und oft nur zu berechtigte Zurückhaltung. Daneben liegt es nahe, dass die Führer von Oberost in die Falle der Funkaufklärung gegangen waren, die sie seit Monaten mit zutreffenden Meldungen versorgt und verwöhnt hatte. So sah denn die Weisungslage der russischen Nordwestfront per 1. März 1915 geradezu beruhigend aus:

> *Seine kaiserliche Hoheit* [der Höchstkommandierende, Großfürst Nikolaj Nikolajewitsch] *hält es weder nach dem augenblicklichen Zustande der Armeen noch nach dem Bestande an Kampfmitteln für zulässig, die Grenze zu überschreiten und nach Ostpreußen einzudringen, wo wir unsere Truppen wieder dem unheilvollen Einflusse der preußischen Eisenbahnen aussetzen würden.* [Die Heeresgruppe muss sich daher damit begnügen,] *scharfe aber kurze Schläge zu führen, mit Verfolgung nur bis zur Grenze.*[234]

Sollte dieser Heeresgruppenbefehl an die russischen Armeen der deutschen Führung bekannt gewesen sein, wofür einiges spricht, so wird ihre Sorglosigkeit und der anschließende Ärger mehr als verständlich. Da erscheint es bezeichnend, dass Hoffmann in seinen Reflexionen dieser Ereignisse einer Episode besonderen Raum gewährt: Die Meldungen über den genauen Ablauf der Dinge in Memel stammten nicht von den hierzu Berufenen, etwa der Agenten- oder kavalleristischen Fernaufklärung, sondern vom Telefonfräulein des Memeler Postamts namens Erica Röstel.[235] Sie hielt den Stabsoffizier am Telefon auf dem Laufenden, bis ihre Berichterstattung über den russischen Einmarsch mit den Worten endete:

»Eben kommen sie die Treppe herauf.«[236] Danach muss sie besonders harmlos gewirkt haben, denn hätten die eintreffenden russischen Soldaten auch nur geahnt, was sich soeben abgespielt hatte, wäre dem Fräulein Röstel ein Tod als Spionin sicher gewesen. Ludendorff will sich anschließend vergeblich bemüht haben, dieser ebenso leichtfertigen wie entschlossenen jungen Frau das Eiserne Kreuz zu verschaffen.[237] Jetzt, im März 1915, gelang es nur mit größter Mühe und mit eilig zusammengekratzten Truppenresten, die Lage in der äußersten Nordostecke des Reichs wieder in den Griff zu bekommen.[238]

Angesichts dieser nahe beieinanderliegenden Erfolge und Misserfolge des Frühjahrs 1915 war es schlechterdings unmöglich, Gempp die Agentenaufklärung im Nahbereich formal weiterhin zu untersagen. Doch diese Art der Spionage genügte dem Hauptmann nicht; er organisierte mit einigem Nachdruck auch die Tiefenaufklärung nach Russland hinein, die er über die Spionagedrehscheibe Stockholm abwickelte. Das konnte nicht gut gehen, denn jetzt griff er *offensichtlich* in die Domäne von Nicolai ein. Dieser hatte als Scharnier für die Fernaufklärung nach Russland in Stockholm eigens eine Nachrichtenstelle installiert, deren Leiter, Major Friderici, mit den Gempp'schen Ergebnissen nicht mithalten konnte. Zu allem Überfluss brachten Gempps Agenten aus St. Petersburg die Nachricht mit, dass in russischen Nachrichtendienstkreisen vor Friderici als deutschem Agenten gewarnt wurde. Der Konter-Raswedka war bereits im September 1914 die Anschrift *Hermann F. Friderici, Grand Hotel Stockholm*, bei der Postkontrolle aufgefallen. Sie vermutete ganz zutreffend, dass es sich hier um die wenig phantasievolle Deckadresse des III b-Residenten handelte.[239]

Gempps Fernagenten, die über Schweden ins Zarenreich einreisten, begannen Ende 1914 ihr konspiratives Tun. Es war zum Beispiel ein Mann namens Windelband, der von Stockholm kommend, nach Riga übersetzte, wo er den deutschbaltischen Journalisten A. von Hagen anwarb. Ein weiterer Werber war der ehemalige Oberförster Möller aus Kurland; er warb den schwedischen Papierfabrikanten Einar Kull an. Kull warb in Riga Frau Bogdanowa, als diese gerade dabei war ins russische Hauptquartier als Krankenschwester abzurücken; die Bogdanowa warb ihren Bruder, der in einem Stab im Kaukasus diente. Als Nächsten warb Kull in St. Petersburg angeblich einen leibhaftigen General namens Alexej Jakobowitsch, der gegen rollenden Rubel Informationen aus dem Kriegsministerium preisgeben wollte; aber daraus wurde nichts. Und so ging es munter fort: Händler, wie ein Mann namens Gordin aus Mitau, traten hinzu. Gempps Hilfsoffizier, der Leutnant d.R. Andres, führte den Holzgrossisten Pupkow aus Tilsit als Agenten; der unterhielt Filialen im ganzen Zarenreich. Das Neueste vom Zarenhof erfuhr Pupkow durch den Prinzen Peter von Oldenburg, einen Schwager des Zaren, mit dem er eng verkehrte. Im russischen Hauptquartier, der

Stawka, arbeitete neben der Krankenschwester Bogdanowa eine Frau namens Knie und ein ehemaliger Kellner, der jetzt als Telegrafist seinen Wehrdienst leistete. Aus Meldung auf Meldung entstand nun so etwas wie ein Nachrichtenstrom aus Russland, so dass Nicolai die Arbeit Gempps auch formell akzeptieren musste; er machte aus dem winzigen Stab des Nachrichtenoffiziers eine Kriegsnachrichtenstelle Ost mit Sitz in Insterburg.[240]

Doch Gempp wollte mehr. Ein Offiziersstellvertreter namens Ruben hatte ihn auf die Idee gebracht, die zahlreich in Deutschland vorhandenen Kriegsgefangenenlager durchzukämmen und Leute für den aktiven Russlandeinsatz auszusieben, der bevorzugt nicht in der Spionage, sondern in der Beeinflussung bestehen sollte. Gempp reichte den Vorschlag an Nicolai weiter, doch der lehnte ab. Auf dergleichen mochte sich der deutsche Geheimdienstchef nicht einlassen. Er ahnte vermutlich nicht, dass im Reichskanzleramt und im Auswärtigen Amt längst entsprechende Pläne mehr als nur ventiliert wurden und dass es einer der ihm fachlich unterstehenden Offiziere war, der den Motor dieser Aktionen darstellte, nämlich der Leiter der Sektion Politik in der stellvertretenden Abteilung III b, der Hauptmann d.R. Rudolf Nadolny. Sein Tun werden wir im Zusammenhang mit der Revolutionierung Russlands näher beleuchten. Hier beim stellvertretenden Generalstab wurde bedenkenlos die von Ruben erdachte Agentenwerbung durch Gefangenenarbeit aufgezogen. Die georgische Legion beispielsweise verdankte ihre Entstehung allein dieser Initiative. Auch einzelne Agenten wurden auf diesem Wege rekrutiert. Vermutlich war es der pensionierte Hauptmann Georg Cleinow, der auf diesem Gebiet aktiv und erfolgreich war. Cleinow war vor dem Krieg Herausgeber der Zeitschrift *Der Grenzbote*; er galt durch seine Veröffentlichungen über das Zarenreich als Russlandexperte.[241] Er wurde nach Kriegsbeginn reaktiviert und als Kommandant des Gefangenenlagers Zossen bei Berlin eingesetzt, in dem russische Kriegsgefangene untergebracht wurden. Da er vermutlich mit dem anonymen Autor des Aufsatzes *Spionage und Spionage-Abwehr. Erinnerungen eines Nachrichtenoffiziers im Osten*[242] identisch ist, dürfte er, nach seinen Aufzeichnungen zu schließen, für die Anwerbung von drei russisch-jüdischen Agenten verantwortlich sein. Der eine war ein Offizier, den er aus dem Lager warb und der über Rumänien nach Südrussland entsandt wurde.[243] Die beiden anderen waren Berliner Geschäftsleute, deren Spionagemotiv glühender Russenhass war, weil der dreijährigen Schwester des einen bei einem der Vorkriegspogrome in Russland von einem eisernen Rollladen der Kopf abgeschlagen worden war.

Der eine dieser Agenten wurde von den Russen gefangen genommen. Es gelang ihm aber, seine Wächter zu täuschen und zu entfliehen und auf ganz abenteuerliche Art über Rumänien zurückzukommen. Als er meldete, sein Schwager sei in den Händen der Russen, erlebte ich einen peinlichen Auftritt: die Frau des

*Vermissten erschien bei mir, schrie und heulte und ließ sich auf keine Weise be-
ruhigen. Als ich ihr eine größere Summe gab in der Hoffnung, das Geld würde
beruhigend wirken, warf sie mir das Bündel Bankscheine vor die Füße und
schrie: »Ich will Ihr schmutziges Geld nicht; geben Sie mir meinen Mann wieder!« Ich kann nicht behaupten, dass ich mich in meiner Haut allzu wohl ge-
fühlt hätte. – Umso größer war die Freude, als Moses, so hieß er wirklich, nach
einigen Wochen kreuzfidel bei mir erschien, mit seiner rundlichen, vor Freude
strahlenden Gattin am Arm. Jetzt wurde das Geld mit vielem Dank angenommen.*[244]

Damit haben wir den Ereignissen um einige Monate vorweggegriffen. Denn zur
Jahreswende 1914/15 fand die Gefangenenarbeit noch nicht statt. Mit der Absage
an Gempp hatte sich Nicolai offenbar entschlossen, den allzu Ehrgeizigen endgültig zurückzustutzen. Er verfügte, dass Gempps Kriegsnachrichtenstelle die
Agenten der Fernaufklärung an die dafür zuständige Nachrichtenstelle Ost in
Stockholm abzugeben habe, was dann auch geschah. Das war aus nachrichtendienstlicher Sicht eine Eselei der allerersten Größenordnung. Zum Einmaleins der
Agentenführung gehört der Grundsatz, dass man die Führung eines Agenten
nicht ohne triftigen Grund ändert. Nur so vermeidet man, dass der Kreis der Mitwisser unnütz erweitert wird. Auch besteht durch Führungswechsel die Gefahr,
dass die Führung ernsthaft beschädigt wird – dies umso eher, wenn zwischen der
Führungsstelle und dem Agenten ein besonderes Vertrauensverhältnis besteht.
Doch das focht den deutschen Geheimdienstchef nicht an; ja, es störte ihn nicht
einmal, dass er aus Meldungen der von Gempp geführten Agenten wusste, dass
die Deckanschrift *Hermann F. Friderici Grandhotel Stockholm* der Spionageabwehr in Russland bereits bekannt war, so dass damit zu rechnen war, dass russische Agenten in Stockholm den deutschen Residenten sorgfältig überwachten. Es
kam, wie es kommen musste: Die Gempp-Konfidenten Kull, Pupkow und Hagen
sprangen ab. Das war ein schwerer Rückschlag, zumal auch der Kull-Informant
Peter von Oldenburg als oberster Chef des Sanitätswesens Anfang Juli 1915 abgesetzt wurde und einen längeren Urlaub erhielt,[245] was im Klartext die Entfernung des Prinzen vom Zarenhofe bedeutete. Fridericis Sieg über den Konkurrenten war ein kurzer persönlicher Erfolg; bereits im April 1915 wurde er, da seine
Position unhaltbar geworden war, nach Deutschland zurückbeordert. Doch war
er damit keineswegs aus dem Rennen, denn nunmehr ernannte Nicolai den in
Schweden verbrannten Nachrichtenmann zum Nachrichtenoffizier Berlin, kurz
Nob. Hinter der Bezeichnung verbarg sich die neu geschaffene Position einer
Zentralstelle für Russlandspionage. Damit war Gempp praktisch alle seine Kompetenzen quitt; die Auflösung seiner Kriegsnachrichtenstelle Insterburg war die
logische Konsequenz.

Kriegsnachrichtenstelle Stockholm	
Stand: 19. Januar 1915	
Leitung: Major Hermann Friderici	
Mitarbeiter:	*Schlepper (= Werber):*
Ernst Carl Becker	Anton Behrens
Deutschschwedischer Großhändler	Deutscher Portier aus Helsingfors
Walter Kunstmann	K. Leipziger
Reeder aus Stettin	Deutscher
	Hans Menzel
	Österreichischer Pferdehändler

Agenten:
Wilbert Stratton, US-Amerikaner, z. Zt. in England
Reisson, junger Russe
Einar Kull, Schwede
E. Waggstaffe, Engländer
Knut Johannson, schwedischer Kaufmann
K. von Hagen (Deckname: Grünfeld), deutschbaltischer Journalist
Juennesson, Schwede, in England eingesetzt
Holmström, Schwede, in England eingesetzt

V-Leute (= Anlaufstellen, Deckadressen, Kuriere pp.):
Isselhorst, Deutschschwede, Vorsitzender des deutschen Hilfsvereins
Direktor Gustav Trott, Deutschschwede
Arthur Trott, Sohn von Gustav T.
Brettschneider, deutscher Ingenieur, lange in Finnland tätig
Worthaus, Deutscher, lange in Finnland tätig
Meinhard, Deutschschwede
Daumichen, österreichischer Generalkonsul
Wallander, Schwede

Selbständiger Agent in Haparanda mit eigenem Netz:
F. Poirier, deutscher Bierverleger aus Helsingfors
Außenstelle Malmö (2 V-Leute):
G. von Jaeppelt, Deutschschwede
Direktor Geissler, Deutscher

Außenstelle Kopenhagen (2 V-Leute):
Hermann Claudius sen.
Joh. Jepsen

Außenstelle Kristiania (Oslo), gegen England gerichtet:
Leiter: Werner Kratsch, 2 Agenten, 3 V-Leute

Der Zufall wollte es jedoch anders. Im Mai 1915 erklärte Italien, wie schon lange erwartet, seinem ehemaligen Dreibund-Verbündeten Österreich-Ungarn den Krieg. Der Nachrichtenoffizier von Oberost, Gunther Frantz, wurde wegen seiner guten Italienischkenntnisse zur Südfront abgestellt, und auf seinen Platz rückte der viel bewährte, mittlerweile zum Major avancierte Friedrich Gempp. Irgendwie scheinen sich Friderici und Gempp auf pragmatische Weise verständigt zu haben. Denn fortan wurde die Fernaufklärung über dritte Staaten sowie die jetzt anlaufende Gefangenenarbeit von Nob übernommen, Gempp machte den Frontnachrichtendienst, für den er ohnedies zuständig war, und Fernaufklärung für Nordrussland, während als Dritter im Bunde für Südrussland der im k.u.k. Hauptquartier tätige Hauptmann Fleck zuständig zeichnete.

Den Dolch im Gewande.
Die deutschen Gesandtschaften in den neutralen Staaten

Fridericis neu organisierte Russlandspionage ruhte auf zwei Säulen: den eigenen Außenstellen, die den Agentenbetrieb abwickelten, und den Dienststellen der Militärattachés in neutralen Staaten. Die agentenführenden Außenstellen befanden sich in Hamburg, Hadersleben, Budapest und Galatz. Die einschlägig eingespannten Militärattachés saßen in Bern, Stockholm, Sofia und Bukarest. Das Einbeziehen der Militärattachés in die Russlandspionage war in doppelter Weise wider die reine Lehre. Zum einen unterstanden sie keineswegs der Abteilung III b, sondern unmittelbar dem Chef des Generalstabs, und zum andern war es ihnen expressis verbis verboten, selbst Spionage zu treiben.[246] Darüber halfen sie sich hinweg, indem sie das Verbot so auslegten, dass sich dieses nur auf den Gastgeberstaat bezog. Und das etwas andere Unterstellungsverhältnis, das ihnen zudem aufnötigte, ihre Berichte dem Botschafter vor Absendung zur Kenntnis zu geben, umschifften sie durch die Herstellung so genannter privatdienstlicher Schreiben, deren Empfänger keine Behörden, sondern bestimmte, persönlich angeschriebene Männer waren, die sehr wohl wussten, dass sie außerhalb des Dienstweges mit Dienstlichem beliefert wurden. Was uns in Akten und Zeitungsmeldungen als Spionage begegnet, war oft alles andere als die heimliche Informationsbeschaffung. Unentwirrbar waren hiermit die beiden anderen geheimdienstlichen Fäden der Sabotage und der Beeinflussung verwoben. Wir werden uns bemühen, die Stränge ein wenig zu entwirren. Soweit es um den Strang der Revolutionierung Russlands geht, einer klassischen geheimdienstlichen Beeinflussungsmaßnahme also, werden wir ein eigenes Kapitel für die Schilderung benötigen.
An der deutschen Gesandtschaft in Stockholm hatte als Militärattaché für die Nordischen Reiche der Major i.G. Carlo von Aweyden kurz vor Kriegsbeginn

seinen Dienst angetreten. Aweyden machte nicht viele Umstände, als ihn der aus gemeinsamer Dienstzeit in Stockholm bekannte Friderici anging, die Kurierstelle für die Russlandspionage zu übernehmen. Das nimmt bei dem Zuschnitt eines Mannes nicht wunder, der nichts dabei fand, selbst seine Ehefrau ins konspirative Handwerk einzubeziehen.[247] Die Aweyden-Meldungen aus Russland gaben lapidar zur Herkunft an: Schwedische Quelle.[248] Bei dieser Quelle dürfte es sich 1914/15 in der Hauptsache um den über Stockholm laufenden russischen Telegrafenverkehr nach Westeuropa gehandelt haben. Gleich zu Beginn des Krieges waren die deutsche und die schwedische Seite übereingekommen, einen Nachrichtenaustausch über diesen Telegrammverkehr vorzunehmen. Hierzu wurde dem deutschen Militärattaché das abgefangene verschlüsselte Material übergeben, der es per Kurier nach Deutschland transportieren ließ, wo es – da es gelungen war, den russischen diplomatischen Code zu knacken – in einen deutschen Klartext übertragen wurde, den die Schweden zurückerhielten. Der Wert der so gewonnenen Nachrichten war umstritten. Der deutsche Unterstaatssekretär im Auswärtigen Amt, Arthur Zimmermann, berichtete telegrafisch an seinen Chef Gottlieb von Jagow unter dem 7. Oktober 1914:

> *Bitte Herrn von Moltke mitzuteilen, dass uns militärische Nachrichten leider nicht zugänglich sind. Bisher habe ich über Stockholm nur politische Nachrichten erhalten, die kein besonderes Interesse bieten.*[249]

Es ist jedoch zweifelhaft, ob diese abschätzige Auffassung nach dem Spätherbst 1914 noch zutreffend war, zumal die Kriegsalliierten Frankreich und Russland zunehmend bemüht waren, ihre Operationen zeitlich aufeinander abzustimmen. Für Aweyden war die Russland-Spionage eigentlich nur Mittel zum Zweck. Sein Ziel war es, einer in Schweden durchaus bemerkbaren Kriegspartei, der so genannten Aktivistenbewegung, zum Durchbruch zu verhelfen. Ansatzpunkt für das schwedische Kriegsgeschrei waren die ganz überwiegend von Schweden bewohnten Ålandinseln, die sich Russland im Zuge der Annexion Finnlands 1809 einverleibt hatte. Schon aus diesem Grunde hatte der russische Generalstab, durchaus nicht unrealistisch, vor dem Krieg den möglichen Kriegseintritt Schwedens an der Seite Deutschlands in seine Planungen mit einbezogen.[250] Doch bereits Mitte August 1914 ging die russische Militärführung davon aus, dass ein starker militärischer Flankenschutz gegen Schweden nicht mehr erforderlich sei; die entsprechend in St. Petersburg und Finnland zurückgehaltenen Truppen wurden abgezogen.

Der Kriegseintritt auf Seiten der Mittelmächte war vor allem in schwedischen Militärkreisen populär, und so ist es nicht verwunderlich, dass die Schweden als unmittelbare Nachbarn des kriegführenden Russlands alles daransetzten, Informationen aus dem Zarenreich zu beschaffen und hieran auch die Deutschen partizipieren zu lassen. So kam es zur schon geschilderten Weitergabe des Telegrafenverkehrs sowie weiterer nachrichtendienstlichen Erkenntnissen und somit letztlich zu den Aweyden-Meldungen. Doch die Beeinflussung Schwedens war auf deutscher Seite keineswegs unumstritten. Spätestens mit der Installierung des neuen deutschen Gesandten in Stockholm, Hellmuth Lucius von Stoedten, kam im März 1915 ein Mann mit anderen Ansichten an diese wichtige diplomatische Schaltstelle. Lucius war bereits im Oktober 1914 in Stockholm eingetroffen; seine fünfjährige Tätigkeit in St. Petersburg von 1909 bis 1914 schien ihn besonders für die Kriegseintrittspläne zu prädestinieren. Doch das war ein Irrtum: Lucius hielt schon aus wirtschaftspolitischen Überlegungen eine schwedische Neutralität als im deutschen Interesse für geboten. Zudem war er jeglicher Untergrundarbeit abhold. Mit Nachdruck betrieb er die Ablösung aller Befürworter der Kriegslösung. Im Falle des deutschen Militärattachés war er damit im September 1916 erfolgreich. Aweyden musste das Land verlassen; er fiel zwei Jahre später als Regimentskommandeur an der Westfront. Der neue Mann in Stockholm war sozusagen der alte: Auf von Lucius' ausdrücklichen Wunsch rückte der Oberstleutnant Eberhard von Giese nach. Der Kavallerist aus dem vornehmen Leibkürassierregiment Nr. 1 war bereits von 1911 bis 1914 Militärattaché in Stockholm gewesen; er galt als besonders angenehmer Mann. Dass Lucius mit diesem Streich einen wesentlichen Zweig der Russland-Spionage zerschlug, dürfte ihm gleichgültig gewesen sein, zumal er zu seinem Ärger dulden musste, dass sich eine Reihe weiterer Agenten getarnt in der Gesandtschaft herumtummelten. Einer von ihnen war der als Vizekonsul eingebaute Friedrich Karl Grumme, ein bei Kriegsbeginn reaktivierter Korvettenkapitän, der für den Marinegeheimdienst N arbeitete. Seine Deckadresse lautete vermutlich auf den besonders phantasievollen Namen Smith, über die Kurierpost nach Russland abgewickelt wurde; deren deutsches Gegenstück war die Tarnfirma Atlas GmbH mit Sitz in Hamburg. Deren angeblicher Direktor ließ die Postsachen zur Verschleierung des Weges von deutschen Dampfern aus Bremen mitnehmen. 1917 kamen, als es in Russland Spitz auf Knopf stand, in der deutschen Gesandtschaft in Stockholm mit den Herren Hans Steinwachs und Rudolf Schmidt zwei angebliche Handelsattachés hinzu, deren tatsächliche Arbeitgeber in der Sektion Politik des Stellvertretenden Generalstabs saßen.[251]

Etwas anders lagen die Dinge in der Schweiz. In Bern residierte der deutsche Militärattaché Busso von Bismarck. Dieser hatte in Friedenszeiten ein beschauliches Dasein geführt. Bald nach Kriegsbeginn wurde ihm ein ungedienter Doktor der Staatswissenschaften zur Seite gestellt, und am Ende des Krieges befehligte der Attaché einen Stab von sage und schreibe 80 Personen. Der deutsche Major mit dem berühmten Namen unterhielt zu den mit dem Nachrichtendienst der

Schweizerischen Armee betrauten Offizieren, den Obristen Moritz von Watten-wyhl und Karl Egli, die denkbar besten Beziehungen. Das ging so weit, dass die beiden deutschfreundlichen Offiziere dem Militärattaché den russischen Funk- und Telegrafenverkehr zugänglich machten, soweit dieser sich des russischen Militärattachés Sergej Golowane in der Schweiz als Relaisstation bediente. Das galt im Besonderen für den Austausch militärischer und militärpolitischer Informationen zwischen St. Petersburg und dem russischen Militärattaché Graf Ignatjew in Paris. Der besondere Charme der Schweizer Dienstleistungen bestand darin, dass die Eidgenossen den russischen Militärcode geknackt hatten, so dass Bismarck den Klartext nach Berlin übermitteln konnte, den er zuvor nach dem deutschen Schlüssel codiert hatte. Doch das war ein schwerer Fehler, denn die Eidgenossen konnten auch diese Funksprüche und Telegramme mitlesen und entziffern, was sie allerdings dem Deutschen vorenthielten. Was jetzt folgte, gehört zu den Geheimdienstgrotesken des Ersten Weltkrieges. Der Mann, der in der Schweiz das Entzifferungsgeschäft besorgte, war ein zum Militärdienst einberufener Bibliothekar aus Lausanne, der Doktor der Philosophie André Langié. Sein Name lässt es bereits erahnen; dieser Mann war kein Freund der Deutschen. Zu seinem Erstaunen musste er beim Abhören und Entziffern des deutschen diplomatischen Telegrammverkehrs bemerken, dass auch der deutsche Militärattaché die Geheimnisse des russischen Nachrichtenverkehrs kannte. Seinem Vorgesetzten gegenüber wies er zu Recht auf die von ihm festgestellten Fertigkeiten der Deutschen hin. Wattenwyhl machte daraufhin die flapsige Bemerkung, dass sie, die Schweizer, selbst die Deutschen seien. Die Tragweite dieses Spaßes, den Langié überhaupt nicht komisch finden konnte, ging dem Entzifferer erst allmählich auf. Fünf Monate später, im November 1915 trat Langié eine Lawine los, die als Obersten-Affäre in die Schweizerische Geschichtsschreibung eingehen sollte. Langié gab seine Erkenntnisse anonym an die russische Gesandtschaft weiter. Von hier aus war es nur noch ein Sprung, bis die französischfreundliche Presse der Schweiz damit gespickt war, und der Skandal war da. Wattenwyhl und Egli wurden aus ihren Stellungen abgelöst, im Februar 1916 vor Gericht gestellt, das die beiden vom strafrechtlich relevanten Vorwurf des Geheimnisverrats zwar freisprach, aber im Anschluss daran wurden die Obristen wegen der Überschreitung ihrer dienstlichen Kompetenzen zwangsweise pensioniert. Die deutsche Militäraufklärung hatte damit ein wichtiges Tor ihrer Erkenntnis durch Unbedachtsamkeit zugeschlagen, was neben der deutschen Spionage auch die von Österreich-Ungarn traf. Es gab keinen vernünftigen Grund dafür, diese hochbrisanten Meldungen dem selben Telegrafen anzuvertrauen, von dem man wusste, dass er mitgelesen wurde, und es wäre ein Leichtes gewesen, einen Kurierdienst bis zur deutschen Grenze einzurichten, von wo aus die Meldungen auf deutschen Post-

wegen unbelauscht hätten reisen können. Doch soweit reichte die geheimdienstliche Vorstellungskraft des deutschen Militärattachés doch wieder nicht. Was
Wunder, denn Bismarck galt unter den Leuten von III b als schlimmer Laie, der
sich vom Deuxième Bureau mehrmals Desinformationsmaterial unterjubeln
ließ, weil er Spaß daran hatte, höchstpersönlich Agenten anzuwerben und zu
führen.[252]

Auf dem Balkan liefen die Dinge noch komplizierter an. Bulgarien und Rumänien
waren Wackelkandidaten, was ihren möglichen Kriegseintritt anlangte. Während
Bulgariens Interessen sich in erster Linie gegen Serbien richteten, war das bei
Rumänien anders: Seine Begehrlichkeiten bezogen sich gleichermaßen auf russisches und habsburgisches Staatsgebiet. Der deutsche militärische Geheimdienst
wie auch das Auswärtige Amt unternahmen ausgedehnte konspirative Aktionen,
um mit Hilfe von Einflussagenten Bulgarien und Rumänien zu einem für die Mittelmächte freundlichen Verhalten zu beeinflussen. In der politischen Wirklichkeit
spielte sich das so ab, dass mit Hilfe großzügiger finanzieller Bestechung auf Entscheidungsträger Einfluss genommen wurde. Hauptauftraggeber dieser Aktionen
waren die Politische Abteilung des Auswärtigen Amtes und die Sektion Politik
des Stellvertretenden Generalstabs in Berlin. Deren Aktivitäten wurden nicht
offiziell über die Botschaften und die Militärattachés abgewickelt, sondern über
Mittelsmänner. Deren bedeutendster war Ludwig Roselius. Der schwerreiche
Bremer Großkaufmann, Inhaber der Kaffee-Handelsgesellschaft (HAG), gründete zu Kriegsbeginn eine auf dem Balkan operierende Einkaufsorganisation, von
der schwer zu sagen ist, ob sie in erster Linie den wirtschaftlichen Interessen des
40-jährigen oder denen des Reichs diente.[253] Wie dem auch sei. Durch großzügige
Geldausgaben leistete Roselius einen wichtigen Beitrag, die öffentliche Meinung
in den Balkanstaaten so zu beeinflussen, dass Bulgarien 1915 auf Seiten der Mittelmächte in den Krieg eintrat, während sich Rumänien wenigstens bis zum August
1916 raushielt. Einer dieser deutschen Zuwendungsempfänger war Christo Rakowski. Der 1873 in der Dobrudscha Geborene war in jeglicher Weise ein Exot:
Reich und stets elegant gekleidet und dennoch Sozialist. Heute würde uns das
eher weniger auffallen, damals war es anders. Ursprünglich ein Bulgare, wurde
Rakowski durch die Annexion seiner Heimatprovinz Rumäne, in Frankreich studierte er Juristerei und Medizin, danach lebte er einige Zeit in Deutschland. Dort
ausgewiesen, kehrte er 1905 nach Rumänien zurück.[254] Seine Aktivitäten für
Deutschland liefen äußerst diskret ab. Sein Mittelsmann zur deutschen Regierung
hieß Alexander Helphand, der wiederum einen ganz anderen Antrieb hatte als
die vornehmen Herren in der Berliner Wilhelmstraße. Sein Ziel war eine sozialistische Revolution. Das wird ihn zur Zentralfigur des nächsten Kapitels machen.
Ähnlich wird es mit Rakowski gehen, der das Geld nahm, obwohl er wusste,

woher es kam. Doch seine moralische Messlatte war aus anderem Holze – dem der bolschewistischen Weltrevolution.

Dies alles hatte mit der klassischen Spionage gegen Russland wenig oder nichts zu tun. Und so waren auch die Militärattachés in den Balkanstaaten mehr um Einflussnahme als um Spionage bemüht. In Sofia war es der Oberstleutnant Freiherr von der Goltz, dessen Aufzeichnungen ebenso unergiebig wie aufschlussreich sind.[255]

In dieser von elektrischen Spannungen geladenen Atmosphäre, in diesem Wirrwarr von politischen Bestrebungen und Intrigen arbeiteten auf weithin sichtbarem Posten die Diplomaten und in der Verborgenheit die Agenten des geheimen Nachrichtendienstes der am Kriege beteiligten Länder. Neben den geworbenen gab es viele freiwillige Spione, die sich an die Gesandten und Militärattachés heranzumachen suchten. Es waren meist finstre fragwürdige Gestalten von stark exotischem Typus. Auffallend viele Inder, aber auch Südamerikaner und spaniolische Juden fanden sich unter ihnen. Für sie alle war der Krieg lediglich die große, lange und inbrünstig herbeigesehnte Erwerbsgelegenheit. Gegen gutes Geld wollten sie jeden noch so schwierigen Spionageauftrag übernehmen. Die Verwegensten unter ihnen erboten sich, jede beliebige, ihnen bezeichnete Persönlichkeit aus dem Wege zu räumen. So wollte durchaus ein dunkelhäutiger Jüngling mit wallendem, pechschwarzem Haar und fanatisch blitzenden Augen, der wohl aus den heißen Tälern des Bramaputra stammte und gegen meinen Willen bis in mein Arbeitszimmer vorgedrungen war, den angesehenen Korrespondenten der »Times«, Mr. Brouchier, der ein liebenswürdiger und harmloser alter Herr war, in seinem Zimmer im Hotel Bulgarie, in dem auch ich wohnte, für 50 englische Pfund in die Luft sprengen. Glücklicherweise konnte ich diesen seltsamen Gast so lange im Gespräche festhalten, bis ein heimlich herbeigerufener Polizist ihn liebevoll in die Arme nahm.

Es war für beamtete Persönlichkeiten im hohen Maße bedenklich, sich mit Unbekannten, die sich für Spionagezwecke anboten, einzulassen. Man konnte niemals wissen, ob die Betreffenden nicht Agenten des Feindes waren, der nur erfahren wollte, an welchen Erkundungszielen der Gegenseite besonders gelegen war, um daraus Schlüsse auf deren Absichten zu ziehen.[256]

Klarer kann man kaum zum Ausdruck bringen, dass man als preußischer Offizier von Geheimdienst nichts hält und nichts versteht. Eine durchaus mögliche und bitter notwendige Spionagearbeit von Bulgarien aus gegen Russland fand demzufolge nicht statt. Goltz sah sich, wie so mancher seiner deutschen Militärattachékollegen auch, eben nicht als Stützpunkt und Organisator von Militärspionage, sondern als diplomatischer Vertreter des Reichs. Im Sommer 1915 meldete er völlig zutreffend an die deutsche OHL, dass immer noch offen sei, auf welche Seite der Kriegsparteien sich Bulgarien schlagen werde; erst der massive deutsch-österreichische Angriff auf Serbien brachte in Bulgarien die Entscheidung zugunsten der Mittelmächte zustande.[257] Auf Goltz folgte noch 1915 der Oberstleutnant Ewald von Massow nach. Massow war schon vor dem Krieg in Bulgarien gewesen, hatte auch an den Balkankriegen als deutscher Militärbeobachter teilgenommen, so dass anzunehmen ist, dass der bulgarische Zar Ferdinand I. auf die Wiederbestellung Massows gedrungen hatte. Wie sehr dem bulgarischen Monarchen an Massow gelegen war, zeigt, dass der deutsche Oberst ihm 1917 zur persönlichen Dienstleistung zugeordnet wurde. Das war mehr als nur eine freundliche Geste.

Ganz anders, wenn auch keineswegs besser, lagen die Dinge in Rumänien. Dessen deutscher Militärattaché war der Oberstleutnant Günter Bronsart von Schellendorff. Bronsart, so jedenfalls charakterisierte ihn Gempp, sei ein frustrierter preußischer Offizier gewesen, der die nachrichtendienstlichen Aktivitäten des für die Russlandspionage seit Frühjahr 1915 verantwortlichen Nachrichtenoffiziers Berlin Fiderici als Störung des Dienstbetriebes empfunden habe. Das klingt nicht abwegig, da erfahrungsgemäß Funktionsträger auf Abschiebeposten bei plötzlicher dienstlicher Inanspruchnahme mit Abwehrmaßnahmen zu reagieren pflegen. So berichtete der Attaché höchst unfreundlich an den ihm vorgesetzten Generalstabschef und wies auch auf seine eigenen Erkenntnisse hin, die allerdings bei den Geheimdienstlern Gruseln auslösten, weil sie die Informationen Bronsarts für Spielmaterial des russischen Militärattachés in Bukarest, Oberst Semjonow, hielten. Im Gegenzug trat anstelle des deutschen Militärattachés die Sektion Politik des Stellvertretenden Generalstabs unter Rudolf Nadolny in Aktion. Nadolny entsandte den Spezialisten für verdeckte Maßnahmen, Hans Steinwachs. In seinem Diplomatengepäck führte der skupellose Mann Rotz-Bakterien mit, die er in einem Nebengelass der deutschen Botschaft weiterpäppeln und für den Versand in Medizin-Flaschen abfüllen ließ. Empfänger dieser tödlichen Sendungen waren rumänische Gestüte, die Russland mit Militärpferden versorgten.[258]

Anbei 4 Fläschchen für Pferde und 4 für Hornvieh. Anwendung wie besprochen. Jedes Röhrchen genügt für 200 Stück. Wenn möglich den Tieren direct in das Maul sonst in Futter. Bitten um kleinen Bericht über dortige Erfolge.[259]

Der Kriegseintritt Rumäniens auf Seiten der Entente im August 1916 beendete geheimdienstliche Späße dieser Art. Vollmundige Nachkriegs-Erklärungen deutscher Nachrichtendienstoffiziere, Dinge dieser Art habe es auf der Seite der Mittelmächte nie gegeben, gehören ins Reich der Legende.[260]

Blick über den Zaun. 2. Front- und Tiefenerkundung

Wie schon erwähnt, war die deutsche Front- und Tiefenerkundung gegen Russland ab Frühjahr 1915 organisatorisch auf drei Stellen verteilt worden. Während für die Tiefenspionage wenigstens in der Papierform der Nachrichtenoffizier Berlin verantwortlich zeichnete, war die Frontaufklärung noch komplexer, weil sich die verbündeten Heeresleitungen während des gesamten Krieges nicht einmal an der Ostfront auf ein gemeinsames Oberkommando verständigen konnten und sich stattdessen von einem zum nächsten Kompromiss entlanglavierten. Die Konzentrierung der deutschen Aufklärungsbemühungen bei den deutschen Nachrichtenoffizieren bei Oberost und beim k.u.k. Oberkommando beschreibt den Zustand daher nur unvollkommen. Die Schwierigkeiten wurden noch dadurch verstärkt, dass periodisch Großverbände des einen Bündnispartners unter das Kommando des andern traten.

Ein solcher erster Fall war der nur mit Mühe zustande gekommene Einschub deutscher Truppen an der südlichen Ostfront beim vom Zusammenbruch bedrohten k.u.k. Heer. Zum Jahreswechsel 1914/15 war so die deutsche Südarmee entstanden, die eher unspektakulär ihre Pflicht tat. Dann trat Ende April 1915 die neugebildete deutsche 11. Armee auf den Plan, mit der am 2. Mai 1915 der Durchbruch bei Gorlice-Tarnow vollzogen wurde, der im Verlaufe des Sommers die gesamte Ostfront in Bewegung bringen sollte, so dass die österreichisch-ungarischen Gebietsverluste des Vorjahres wieder rückgängig gemacht und darüber hinaus die russischen Gebiete von Kongresspolen besetzt werden konnten.

An den Operationen der deutschen sowie österreichisch-ungarischen Verbände ist nachrichtendienstlich zweierlei hervorzuheben. Es gelang, wie schon kurz gestreift, die russische Seite über die deutschen Angriffsvorbereitungen im Unklaren zu lassen, so dass der Angriff überraschend kam, und es glückte zudem, die entscheidenden Stellen für den Angriff durch sorgsame Feindaufklärung zu ermitteln. Später ist es in Deutschland so dargestellt worden, als habe sich der Frontabschnitt zwischen Gorlice und Tarnow durch einen Blick auf die militärische Lagekarte von selbst ergeben. Doch das ist das typische deutsche Generalsgerede. Man tat sich schwer, neidlos anzuerkennen, dass hinter dem operativen Entschluss eine starke, und in diesem Falle zutreffende, Vermutung stand, den Feind an einer schwachen Stelle zu treffen.[261] Der Gerechtigkeit halber muss gesagt werden, dass der Hinweis auf diesen Frontabschnitt und die von hieraus zurückzugewinnende Initiative zur Kriegsführung vom österreichischen Generalstabschef Conrad stammte.[262] Er stützte sich neben der richtigen Beurteilung des Geländes auf die Aufklärungsergebnisse der k.u.k. Nachrichtabteilung, dem im Hauptquartier befindlichen Teil des Evidenzbüros, und Österreichs Kundschafteroffizieren bei den Korps und Armeen. Die von diesen geleistete Feindevidenz, also die klassische Spionage, wurde durch den Abhorchdienst ideal ergänzt, so dass sich das k.u.k. Oberkommando ein recht zutreffendes Bild über die Dislozierung der gegenüberliegenden russischen Streitkräfte machen konnte. Der Erfolg der Aufklärung war vor allem der Spionagetätigkeit der im Dezember 1914 in Neu-Sandec eingerichteten mobilen Kundschafterstelle unter dem Polizeioberkommissär Franz Charwat zu danken. Charwat hatte als Polizeioffizier in Lemberg schon erfolgreich mit dem Evidenzbüro zusammengearbeitet; nach der Besetzung der Stadt durch die russische Armee trat er ganz in dessen Dienste. Er galt als einer der erfolgreichsten Agentenführer Österreichs.[263] Charwat konnte sich dank der Polnischen Legion eines schier unerschöpflichen Reservoirs bedienen, dessen Konfidenten sich, ohne Verdacht zu erregen, auf beiden Seiten der Front bewegen konnten. Dass hierbei auch Missgriffe vorkamen und die österreichische Seite auf Doppelagenten hereinfiel, versteht sich fast von selbst. Einige von ihnen fielen der österreichischen Abwehr auf. So der Doppelagent Michael Korn. Sein Pech war, dass er dem Wiener Uniformschneider, der dem angeblichen Legionsrittmeister Michael Ritter von Wiszniarski den Waffenrock anmaß, als wenig offiziersmäßig aufstieß, so dass er die Behörden verständigte, als er den Legionär in einem Wiener Gasthaus sitzen sah. Die Wiener Staatspolizei griff ohne Zögern zu. Korn begab sich, bevor er abgeführt werden sollte, auf die Toilette des Gasthauses, wo er sich eine Pistolenkugel durch den Kopf schoss. Eine Untersuchung des Abwasserrohrs förderte 14 000 Kronen und Papierrubel zu Tage, die Durchsuchung seiner Unterkunft eine bei der Ochrana übliche Legitimationskarte.[264]

Die Gefahr, Doppelagenten untergejubelt zu bekommen, traf erst recht auf eine andere, ziemlich erfolgreiche Methode zu, Agenten zu gewinnen: Diese bestand darin, Flugschriften mit Hilfe von Kinderballons über die Frontlinie treiben zu lassen, in denen den russischen Soldaten für den Fall des Überlaufens mit ihrem Gewehr fünf Rubel, also ein kleines Goldstück, geboten wurde. Diese Abwerbemaßnahme war eine Zeit lang so erfolgreich, dass aus der großen Zahl der Überläufer, die zu intensiven Aussagen bereit war, etliche Agenten gewonnen werden konnten, die sich wieder auf die russische Seite zurücksenden ließen.[265]

Als die deutsche 11. Armee Ende April 1915 zusammentrat, konnte sich deren Nachrichtenoffizier Hauptmann Braune nur wundern, wie genau die verbündeten Geheimdienstler zu arbeiten verstanden hatten. Die k.u.k. Nachrichtenabteilung hatte mit ihrem stellvertretenden Chef, dem Oberstleutnant Max Ronge, eigens einen ihrer am längsten erprobten und fähigsten Nachrichtendienstler zur Unterstützung entsandt. Ronge blieb bis nach dem Anlaufen der Offensive beim deutschen Armeeoberkommando und kehrte erst ins österreichische Hauptquartier nach Teschen zurück, nachdem er sicher war, dass die Zusammenarbeit zwischen dem deutschen Nachrichtenoffizier und dem österreichischen Beauftragten, dem Polizeioberkommissär Charwat, geräuschfrei lief.[266] Auch das Überraschungsmoment, das wesentlich zum deutschen Durchbruchserfolg beitrug, war keineswegs dem Zufall geschuldet. Es gelang vielmehr, den Einschub der deutschen Truppen, der so spät als möglich vor Angriffsbeginn erfolgte, gezielt geheim zu halten. Hierfür waren mehrere Faktoren verantwortlich: Es wurden Eisenbahntransporte an anderen Stellen der Front organisiert, um mögliche Agenten zu täuschen. Sodann wurde ein deutsches Funkverbot angeordnet, das der Irreführung der nunmehr ordentlich funktionierenden russischen Funkaufklärung diente, und schließlich wurde im Habsburger Reich vom 19. April 1915 an eine Post- und Telegrafensperre verhängt, die postalischer Geschwätzigkeit einen wirksamen Riegel vorschob. Zwar wusste die russische Seite aufgrund dieser Maßnahme, dass sich etwas tat, aber nicht was es war. Dennoch las die österreichische Funkaufklärung in den letzten Tagen vor dem Angriff mit, dass es russischen Agenten doch gelungen war, das Heranrücken der deutschen Korps in die Karpaten zu melden. Es mag sein, dass einer der Lieferanten dieser Agentenmeldung der polnische Kaufmann Simom Konschew gewesen ist. Er suchte am 29. April 1915 den russischen Raswedka-Major Maklakow in Warschau auf; seine Informationen stammten von Geschäftspartnern aus Krakau, welche die brisante Meldung als kaufmännisches Geschäftstelegramm getarnt mit Zwischenstationen in Wien, Genf und Stockholm übermittelt hatten. Doch da war es bereits zu spät, denn die deutschen Angriffsverbände griffen fast unmittelbar nach dem Erreichen der Bereitstellungsräume an.[267]

Mit dem nun folgenden, fast vier Monate andauernden Bewegungskrieg stabilisierte sich die Lage der Mittelmächte an der Ostfront erheblich. Doch er brachte keine Kriegsentscheidung, ja, er rückte nicht einmal in die Nähe einer solchen. Ob eine solche im Frühsommer 1915 überhaupt möglich war, mag man bezweifeln. Aus dem Hause Ludendorff und seinem Anhang kamen nimmermüde Angriffe, die den seinerzeit verantwortlichen deutschen Generalstabschef Erich von Falkenhayn der Unfähigkeit ziehen, die Operation nicht großzügiger aufgezogen zu haben, so dass sich im Ergebnis die Masse des russischen Heeres aus dem Mittelabschnitt der Ostfront geordnet nach Osten absetzen konnte, wobei die Russen zerstörten, was den Deutschen irgendwie hätte von Nutzen sein können. Wir wollen diesem Streit nicht näher nachspüren, sondern lediglich die Frage stellen, was die militärischen Geheimdienste der Mittelmächte zur Klärung der Lage hatten beitragen können. Das allerdings war ziemlich buntscheckig. Österreichs Abhorchdienst glänzte auch weiterhin mit seinen Feindlageerkenntnissen. Zwar wechselte die russische Armee bald nach dem Beginn der deutschen Offensive den Schlüssel, doch kannten Major Pokorny und seine Dechiffrierer den neuen russischen Schlüssel eher, als die russischen Funker ihn beherrschten,[268] so dass der Schlüsselwechsel in dieser Phase des Gefechts den Russen offenbar mehr schadete, als er ihnen nutzen konnte. Auch fiel es der k.u.k. Nachrichtenabteilung nicht allzu schwer, für das Gebiet des zügig zurückzuerobernden Habsburger Lands geeignete Agenten zu gewinnen.

Für die deutsche Seite galt dies so uneingeschränkt nicht, wenngleich es ihr wie schon vor dem Krieg gelang, aus der jüdisch-polnischen Bevölkerung Agenten anzuwerben, denn die Bevölkerung dieser Gebiete sah keinen Anlass, die Herrschaft des Zaren zu verteidigen. Kontraproduktiv wirkte sich erneut die zur Manie anwachsende Gegnerschaft zwischen dem Stab von Oberost, also dem Duo Hindenburg-Ludendorff, und dem deutschen Generalstabschef von Falkenhayn aus. Ludendorff, dem eine groß ausholende Zangenbewegung vorschwebte, sah erneut in den deutschen III b-Geheimdienstlern Spione aus dem fernen deutschen Hauptquartier, so dass er sie aus seinen operativen Überlegungen ausschloss, was umgekehrt zur Folge hatte, dass die Nachrichtenoffiziere um Friedrich Gempp nur wenig unternahmen, um Tiefenaufklärung in die beabsichtigten Operationsräume vorzutreiben. Ohne das belegen zu können, kann man sich die Kurzsichtigkeit der deutschen militärischen Führung bei Oberost nur so erklären, dass diese Männer abseits von ihrem Verfolgssyndrom nur laienhafte Vorstellungen über die Schaffung von Spionagenetzen besaßen. Erschwerend kam für sie hinzu, dass sie als preußische Militärs den unbedingten Glauben an Befehl und Gehorsam besaßen. Danach war ein Befehl, wenn er erging, sofort zu befolgen. Dass dieses angeordnete Sofort nicht mit erfolgreicher Spionage unter einen Hut zu bringen war, die vor allem Vorbereitungszeit brauchte, war ihnen fremd bis zur Unbegreiflichkeit.

Bei dieser verordneten Kurzatmigkeit war die Aufmerksamkeit, die der deutsche militärische Geheimdienst den russischen Festungen widmete, geradezu wohltuend vorsorglich. Ossowiec, Grodno, Kowno, Nowo-Georgiewsk und Brest-Litowsk sollten die Westgrenze des Zarenreiches schützen helfen. Die deutschen Bemühungen waren nicht auf die Ausspähung dieser Verteidigungswerke beschränkt, was sich in jedem Fall bei einem Angriff auszahlen musste, sondern Gempp und Co. spezialisierten sich auf die Bestechung von Festungsgouverneuren. Die deutschen Geheimdienstler spekulierten, dass die kampflose Aufgabe von Festungen den ohnedies nicht üppigen deutschen Osttruppen unnütze menschliche Verluste würde ersparen können. Im Fall der Festung Kowno wurden Nägel mit Köpfen gemacht. Leutnant Andres, der Nachrichtenhilfsoffizier in der 10. Armee des Generals von Eichhorn, hatte einen Agenten angeworben, der die Verbindung zum Gouverneur der Festung, General Grigorjew, herstellte und diesem das verlockende Angebot machte, im Fall der kampflosen Übergabe der Festung eine Million Reichsmark kassieren zu können; anschließender sicherer Aufenthalt im Reich wurde gleichfalls versprochen. Für Handstreiche dieser Art war selbst Ludendorff zu erwärmen, der die Ausstellung eines entsprechenden Schecks durch die Reichsbank veranlasste. Wie es weiterging, ist ein wenig dunkel. Der deutsche Emissär verschwand erneut in Richtung Kowno. Dann wurde er nicht wieder gesehen. Am Nachmittag des 16. August begann der Angriff auf Kowno mit dem Einschießen der deutschen Artillerie; am folgenden Tag wurde die Festung aufgegeben. 20 000 Gefangene, 1300 Geschütze und über 800 000 Schuss Artilleriemunition fielen den deutschen Angreifern nahezu kampflos in die Hände. Der Gouverneur Grigorjew hatte sich abgesetzt; er wurde kurze Zeit später in Dünaburg vor ein Kriegsgericht gestellt, das ihn am 10. Oktober 1915 zu 15 Jahren Zwangsarbeit verurteilte.[269]

Wie sich die Sache mit den Festungen wirklich zugetragen hat, wird vermutlich für immer im Dunkeln bleiben. Einer der Untergebenen Gempps, der Nachrichtenoffizier Alexander Bauermeister, hat jedenfalls nachdrücklich bestritten, dass im Fall der Festung Kowno ein von den Deutschen angezettelter Verrat im Spiel gewesen sei. Er konnte nicht ahnen, dass sein ehemaliger Chef Friedrich Gempp Ende der 1930er-Jahre umfangreiche und anderslautende Aufzeichnungen angefertigt hat, die er im Gegensatz zu Bauermeister keinesfalls literarisch zu verwerten gedachte. Gempp hat die Sache mit Kowno bestätigt. Nach Darstellung Bauermeisters war die russische Festung Ossowiec das Ziel eines deutschen Bestechungsversuchs. Hier kennen wir sogar den Namen des eingesetzten Agenten. Das war der 53-jährige Kaufmann Max Koslowitz aus Kolno, der im September 1914 von Gempp angeworben worden war. Ob die von Bauermeister behauptete Bestechung des russischen Kommandanten, Generalleutnant Schulmann, im Frühjahr 1915 wirklich stattgefunden hat, scheint fraglich. Die ausgelobte Summe habe 100 000 Rubel, also 200 000 Reichsmark, betragen. Die Sache sei schiefgegangen, weil der Kommandierende General des der Festung benachbarten III. Sibirischen Korps, der General Irmanow, die beabsichtigte Übergabe bemerkte und verhinderte. Dem widerspricht, dass der Zar *nach* den Frühjahrskämpfen an der nördlichen Ostfront der immer noch in russischer Hand befindlichen Festung einen unangemeldeten Besuch abstattete, um die Schäden zu besichtigen; zu diesem Zeitpunkt war der Kommandant der Festung, Schulmann, noch auf seinem Posten und keineswegs wegen seiner angeblichen Zusammenarbeit mit den Deutschen abgesetzt. Merkwürdig mutet jedoch an, dass Ossowiec am 23. August 1915 kampflos aufgegeben wurde.[270] Auf russischer Seite schließlich ist die Sache mit den Festungsverlusten anders und vollends abenteuerlich dargestellt worden. Hiernach soll es der Gouverneur der Festung Nowo-Georgiewsk (Modlin), der

General Bobyr, gewesen sein, der einer deutschen Bestechung nachgab. Das ist wenig glaubwürdig, da die Festung zwischen dem 6. und 20. August 1915 nur unter schweren Verlusten bezwungen werden konnte. Wie üblich waren auch im Falle Nowo-Georgiewsk Latrinenparolen und Wahrheit kaum auseinander zu halten. Klar ist, dass deutsche Agenten erhebliche Anstrengungen unternahmen, die Festung auszukundschaften. Von ihnen sind die Namen überliefert: Tomaschewski und Wisotzki aus Mlawa und der Journalist Malinowski aus Warschau; das Trio arbeitete unter dem Kommando von Friedrich Gempp. Eine zweite Gruppe bildeten die Herren Falkenburg und Sonnenburg, die dem Oberleutnant von Hoverbeck unterstanden. Sie verfügten über Bestechungsgelder in Höhe von einer Million Mark. Für die russischen Soldaten, die die Festung verteidigen sollten, war es klar, dass es beim deutschen Angriff nicht mit rechten Dingen zugegangen war, denn im Juli 1915, also vor dem Beginn der Belagerung, war ausgerechnet der führende russische Ingenieuroffizier der Festung mit drei weiteren Offizieren seines Stabs in deutsche Gefangenschaft geraten. Betrachtet man die präzisen Verwüstungen, die von der deutschen schweren Artillerie angerichtet wurden, so kann man schon ins Grübeln geraten.[271]

Überhaupt muss man feststellen, dass den Darstellungen der Beteiligten über die Spionageereignisse des Ersten Weltkrieges etwas seltsam Unpräzises, Raunendes anhaftet, was es unmöglich macht, Dichtung von der Wahrheit zu trennen. Die Darstellungen von Ich-Erzählern sind nur zu häufig von A bis Z gelogen. Zur Kategorie der Münchhausiaden zählt zum Beispiel das weit verbreitete Buch von Walter Herrmann.[272] Eins der bekanntesten Spionagewerke ist auch das 1929 erschienene Buch von Berndorff, das in kürzester Frist mindestens 31 Auflagen erlebte.[273] Seine Beliebtheit war der Auswalzung von Fällen berühmter Spioninnen zu danken; seine Lieblingsagentin war offenbar die Kult- und Kunstfigur Annemarie Lesser, die angebliche Mademoiselle Docteur. Daneben spross die Beteiligtenliteratur schon frühzeitig recht üppig; Führungsleute wie Walter Nicolai, August von Urbanski und Max Ronge, und solche aus der zweiten Reihe wie Gunther Frantz, Elsbeth Schragmüller und Alexander Bauermeister haben hier ihre Beiträge geleistet.[274] Bei der Mehrzahl der Autoren, sieht man einmal von Max Ronge und Gunther Frantz ab, sticht ins Auge, dass sie die Schilderung nachprüfbarer Fakten vermieden. Zu diesem Gerede in Andeutungen gehörte auch, die Klarnamen zu verschleiern. Etliche der Autoren haben es dabei so weit getrieben, dass sie sogar ihren eigenen Namen verschwiegen haben,[275] wie der mitteilsame Alexander Bauermeister, der zunächst unter dem Pseudonym Agricola schrieb, bis der literarische Erfolg ihn zur Preisgabe seines richtigen Namens animierte. Von Agricola kennen wir auch die Namen und Taten einiger seiner Agenten, so zum Beispiel die Geschichte des Polen Felix Wolski. Er soll an die zweieinhalb Jahre zwischen den deutschen und russischen Linien hin- und hergependelt sein und Spionage- und Sabotageaufträge erledigt haben. Seine letzte Aktion war die Sprengung des russischen Munitionsdepots von Kamenz-Podolzk, bei der er am 4. Oktober 1917 den Tod fand. Nicht minder fraglich erscheint das Wirken seiner Freundin Genia Josifowna, die es zu einem Spionageausflug bis Odessa gebracht haben soll, während sie bei einem anderen, der sie in den Standort des russischen Hauptquartiers nach Mogilew am Dnjestr führte, 1916 erwischt und gehängt wurde. Doch im Gegensatz zu vielen anderen gibt es für Bauermeister einen Leumundszeugen: seinen früheren Vorgesetzten Friedrich Gempp. In dieser Offenheit schädlich, wenngleich zutreffend, so hat der Generalmajor a. D. die Schriften seines früheren Untergebenen beurteilt, und man sieht ihn förmlich vor sich, wie er beim Diktat dieses Absatzes seiner Mammut-Denkschrift missbilligend die Augenbrauen hob.[276]

Es war eine kleine Armee von Spionen, die auf deutscher Seite beschäftigt wurde. Meistens einheimische Polen und Juden, die über Truppenbewegungen beim Gegner Erkenntnisse sammeln sollten; kein besonders fruchtbringendes Geschäft, wie man sich leicht vorstellen kann. Unter den Spionen und Kurieren waren auch etliche Frauen. Sie schmuggelten ihre Informationen in abenteuerlichen Behältnissen durch die Frontlinien. Für die Verbindung zwischen den Agenten und ihrer Führung wurden auch Brieftauben eingesetzt. Das war ein höchst einseitiges Geschäft, denn die Tauben mussten zunächst mit Hilfe von Kurieren zum Agenten hingeschafft werden.

Zweitens musste drüben der Vertrauensmann die Tauben sehr geschickt vor den Nachbarn verstecken. Denn jeder, der Tauben hielt, war schon an und für sich verdächtig; sowohl auf deutscher wie auf russischer Seite. Aber auch das war nicht alles. Eine aufsteigende Taube war immer verdächtig. Da sie stets in kleinen Kreisen kerzengerade aufsteigt, war es nicht schwer festzustellen, von welchem Gehöft die Taube aufgestiegen war. Ein Fachmann vermochte das in Frage kommende Gehöft mit vollkommener Sicherheit festzustellen. Der Vertrauensmann drüben musste also außergewöhnlich geschickt und vorsichtig arbeiten. Man nahm nur abgelegene Gehöfte, wo es weniger auffiel und man vor den »lieben Nachbarn« sicher war.

Eine Taube, die über die Front flog, fiel durch ihren kerzengraden Flug auf. Sie war natürlich immer verdächtig. Von beiden Seiten wurde auf sie geschossen. Vorsichtig geschätzt wurden dreißig vom Hundert der Brieftauben abgeschossen. Ich gab daher Anweisung, dass jede Meldung doppelt geschickt werde ... Gewiss ist die Beförderung durch Menschen risikoloser; das stimmt, und wir hätten Brieftauben nicht verwendet, wenn der Mensch sie in allen Fällen hätte ersetzen können. Um dauernd über die Vorgänge im Hinterland orientiert zu sein, hätten wir ständig eine beträchtliche Zahl von Agenten drüben unterhalten müssen, die für bestimmte Abschnitte verantwortlich waren. So reichlich war aber leider das Agentenmaterial nicht. Intelligente und unbedingt zuverlässige Agenten gab es nur sehr wenig; ganz abgesehen davon, dass in besonders dringenden Fällen die Brieftaube zehn- bis zwanzigmal schneller als der Mensch war. Einige Vertrauensleute mit Tauben, auf große Abschnitte verteilt, ersetzten das Zehnfache an Agenten.[277]

Dies alles waren Methoden, die nur in der Erstarrung des Stellungskrieges unter den realen Verhältnissen der Ostfront funktionieren konnten, denn eine durchgehende Stellung von Nord bis Süd hat während des gesamten Weltkrieges nicht existiert. Mit deutlich erkennbarer Distanz stellte der deutsche Geheimdienstchef Walter Nicolai wenige Jahre nach dem Krieg fest:

Unter diesen Umständen spielte die Spionage für die Deutschen auf dem russischen Kriegsschauplatz nur eine nebensächliche Rolle. Sie hat höchstens für begrenzte taktische Zwecke Erfolg bringen können. Keine der großen Umgruppierungen des russischen Heeres ist rechtzeitig durch sie gemeldet worden.[278]

Dass Nicolai mit diesen vernichtenden Feststellungen bei seinen vormaligen Untergebenen nicht gerade auf Gegenliebe stieß, lässt sich denken. Ob seine Bewertung auch zutrifft, ist nach den oben geschilderten Fällen zumindest zweifelhaft. Dies gilt umso mehr, als der Oberst a. D. in seinen nach dem Krieg verfassten Memoiren alles beiseite gelassen hat, was die praktische Organisation und die Durchführung der Arbeit mit Agenten anlangte. Ob es sich hierbei um eine Geheimdienstmacke, um pure Unwissenheit oder um den Ärger auf seinen wenig geschätzten damaligen Vertreter im Osten, Friedrich Gempp, handelte, der, als Nicolai sein Buch schrieb, bereits sein Nachfolger geworden war, muss offen bleiben. Richtig ist allerdings, dass im Bewegungskrieg die Frontspionage angesichts der technischen Unmöglichkeit, die Agenten zweckmäßig zu führen, nahezu unbrauchbar war. Zu Beginn des Krieges waren Reiterpatrouillen ausgesandt worden. Beim deutschen Vormarsch an der nördlichen Ostfront im Sommer 1915 nahmen sie ihre Tätigkeit wieder auf; längst waren Pferd und Reiter ein anachronistisches Kriegsgerät. Flugzeug und Fesselballon hatten deren Funktion übernommen. Immer präzisere Kameras, Filme mit enormer Auflösung sorgten für Informationen, die Tausende von Reitern nicht hätten übermitteln können. Die deutsche Luftaufklärung wurde dadurch erleichtert, dass die Russen im Sommer 1915 im Mittelabschnitt der Ostfront während ihrer planmäßigen Absetzbewegungen zur Taktik der verbrannten Erde griffen. Zahlreiche zum Himmel aufsteigenden Rauchsäulen konnten für die Flugzeugbeobachter nur eine einzige nicht misszuverstehende Bedeutung haben: Die Russen vermieden das Gefecht und zogen sich in die Tiefe des Raumes zurück.

Neben der reinen Spionage, also der Gewinnung von Informationen über den Gegner und seine Absichten, spielten auf der deutschen Seite auch andere geheimdienstliche Aktivitäten eine gravierende Rolle. Man würde im heutigen Vokabular von Aktiven Maßnahmen sprechen. Deren Zielrichtung war es, dem Kriegsgegner Russland mit allen Mitteln zu schaden, ihn nach Möglichkeit aus der alliierten Kriegskoalition herauszubrechen. Die Planungen hierfür begannen in der Sektion III b des Generalstabs bereits im August 1914; mit von der Partie auch das Auswärtige Amt, das den passenden Begriff beisteuerte: Die Revolutionierung Russlands. Wir werden diesem erstaunlichen Tun später ausführlich nachgehen. Hier sind nur diejenigen aktiven Maßnahmen abzuhandeln, die mit der russischen Revolution unmittelbar nichts zu tun haben. So wurde Mitte Dezember 1914 im Hauptquartier des Armee-Oberbefehlshabers Hindenburg der Plan erdacht, den russischen obersten Befehlshaber, Großfürst Nikolai Nikolajewitsch Romanow, durch Agenten ermorden zu lassen. Anstifter war offenbar Kurt Riezler, der herumreisende Pressereferent des Reichskanzlers Bethmann Hollweg; Riezler notierte am 23. Dezember 1914 in sein Tagebuch:

Am 17ten von Berlin aus mit Solf in Posen. Nachmittags lange Unterredung mit dem Vertreter von Ludendorff, dem Oberstleutnant Hoffmann, einem glänzenden Kerl, (aber noch größere Schnauze); Ludendorff war aber nach Berlin gefahren zu Falkenhayn.

Große Wut auf Falkenhayn. Das Spielerische seiner Natur. Die Leichtfertigkeit etc. Der Wahnsinn von Ypern. Wenn er 14 Tage eher Truppen nach dem Osten abgegeben hätte, wären die Russen ganz erledigt.

Abends mit Hindenburg. Ruhige Größe ohne Genialität. Nerven, Gottvertrauen, Sachlichkeit. Geste des Überblicks. Nachher noch lange mit Hoffmann. Frage des russischen Friedens. Er hält es für ausgeschlossen, Russland mit den gleichen Truppen weiter hinter zu treiben.

Ich legte ihm nahe, Ermordung Großfürst Nikolai, der Seele des Widerstandes. Allgemeine Übereinstimmung, dass ohne ihn Russland zusammenbrechen wird.[279]

Nach dem Krieg ist energisch bestritten worden, dass es je einen solchen Plan gegeben habe.[280] Doch hier sind mehr als nur Zweifel am Platze. Auch wenn die Aufzeichnungen Hoffmanns die Sache mit keiner Silbe erwähnen, gibt deren Gesamtschau doch deutlich zu erkennen, dass auch er den Großfürsten allein für die Seele des Krieges gegen Deutschland hielt.[281] Zudem war Hoffmann ein Mann, dem jegliche Bedenklichkeiten fremd waren. Noch schwerer wiegt, dass Riezler, den wir als einen der Hauptbeteiligten bei der Revolutionierung Russlands noch kennen lernen werden, ausdrücklich verfügt hatte, dass seine Tagebücher bei seinem Ableben zu vernichten seien, was ein besonderes Licht auf die Glaubwürdigkeit der heiklen Stellen seiner Aufzeichnungen wirft. Bemerkenswert ist auch, dass die geradezu kargen Memoiren des deutschen Geheimdienstchefs Walter Nicolai den Plan zum Großfürstenmord nahezu wortreich schildern, um dann lapidar festzustellen, dass dergleichen nie in seiner Absicht gelegen habe:

Es ist bezeichnend, dass der Weltkrieg durch den politischen Mord am Erzherzogthronfolger seinen Ausgang nahm. Auch diese Seite der modernen Kriegführung ist Aufgabe des Nachrichtendienstes geworden, indem er die Wege und Möglichkeiten zur Beseitigung politisch hinderlicher Persönlichkeiten erkundet, Organe zur Ausführung anwirbt und die Tat in dem erwünschten Augenblick veranlasst. Es ist klar, dass die Verbindung zu amtlichen Stellen besonders geheim gehalten wird ... Dem deutschen Nachrichtendienst boten sich zur Beseitigung führender Persönlichkeiten auf Feindseite Organe an, denen die Tatkraft schon zugesprochen werden konnte und die den Weg zur Erreichung ihres Zieles glaubhaft nachzuweisen suchten. Die Angebote stammten meist aus russischen oder türkischen Kreisen und richteten sich gegen den Großfürsten Nikolai Nikolajewitsch und Venizelos. Im Besonderen ist mir ein Fall erinnerlich, dass ein kriegsgefangener russischer Offizier, von der Überzeugung getrieben, dass der Krieg zwischen Deutschland und Russland seinem Vaterland zum Unglück gereichen werde, sich erbot, als Mönch verkleidet zu ihm vorzudringen und ihn zu töten. Diesen Vorschlägen wurde deutscherseits nicht stattgegeben, obgleich der sonst mehrfach getätigte Grundsatz einer gewissen Berechtigung nicht entbehrt, dass nicht nur der Soldat im Schützengraben, sondern auch der Führer sein Leben einsetzen muss, und dass die Beseitigung vielleicht von viel größerem Nutzen sein kann als dass Tausende von Soldaten geopfert werden.[282]

Nicolais merkwürdiges Dementi klingt eher wie die sorgsam vorbereitete Argumentationslinie für den Fall, dass der Mord gelingen sollte. Und vollends kryptisch liest sich, was der deutsche Nachrichtenoffizier Herbert von Bose zu diesem Thema zu Papier zu bringen wusste:

Umgekehrt wiederum erhielt der deutsche Nachrichtendienst manches Angebot zur Beseitigung führender Persönlichkeiten der Feindstaaten. Besonders der russische Großfürst Nikolai Nikolajewitsch erfreute sich einer besonderen Beliebtheit als Ziel derartiger Anschläge. Der deutsche Nachrichtendienst hat grundsätzlich auf dieses Mittel der Kriegführung verzichtet.[283]

Allerdings kennen wir mit einiger Sicherheit den mutmaßlichen Agenten, den die deutsche Offiziere ausgesucht hatten, um die Mordtat auszuführen. Es handelte sich um den russischen Oberleutnant Jakob Kulakowski. Er war im August 1914 als Offizier des 23. Nisowskischen Infanterieregiments im ostpreußischen Soldau in deutsche Kriegsgefangenschaft geraten. Kulakowski war offenbar das, was man in einem Geheimdienst einen Selbstanbieter nennt. Er wandte sich schriftlich an die deutschen Stäbe. Von hier aus war der Weg nicht mehr weit, bis ihn ein deutscher Nachrichtenoffizier namens Walter aufsuchte, hinter dessen Decknamen sich niemand anders verbarg, als unser alter Bekannter Alexander Bauermeister. Die Instruktion des Russen erfolgte am 20. Dezember 1914, unmittelbar nach Riezlers Besuch im Hauptquartier von Oberost. Was weiter geschah, welchen Auftrag Kulakowski bekam und wie er enttarnt wurde, ist nicht zuverlässig zu rekonstruieren. Am wahrscheinlichsten ist es, dass er sich auf dem Wege seiner Durchschleusung nach Russland in Stockholm beim dortigen russischen Marineattaché Petrow (oder dem Militärattaché Oberst Kandaurow) meldete, der ihn nach St. Petersburg weiterreichte. Die vernehmenden Offiziere der Raswedka werden nicht schlecht gestaunt haben, als ihnen Kulakowski die Geschichte vom Mordauftrag gegen den russischen Höchstkommandierenden auftischte. Man kann als sicher unterstellen, dass auch dieser davon erfuhr. So kam es, dass der zurückgekehrte Fast-Agent zum Kronzeugen für die deutsche Russlandspionage und ihre angeblichen Täter und Hintermänner umgemodelt wurde.[284] Davon sogleich mehr, wenn es um die Aktivitäten auf der russischen Seite geht. Hier genügt einstweilen die Feststellung, dass das Attentat auf den Großfürsten nicht stattfand. Nicht durch Kulakowski, und auch durch keinen anderen.

Damit ist nicht gesagt, dass es einen solchen Plan nicht gegeben habe. Wenn man die deutschen politischen Bemühungen Russland gegenüber zum Jahreswechsel 1914/15 ins Kalkül zieht, ist das Gegenteil mehr als wahrscheinlich. Hierzu zählt nicht nur, dass mit der Tagebuchaufzeichnung Kurt Riezlers der vermutliche Anstifter in unsern Blick geraten ist, sondern dieser Mann hatte aus seiner Sicht allen Grund, so zu handeln. Der im Spätherbst 1914 gründlich gescheiterte deutsche Kriegsplan hatte den Reichskanzler, dessen persönlicher Mitarbeiter Riezler war, dazu veranlasst, eine ganze Reihe von Initiativen zu ergreifen, um abseits von allen Revolutionierungsideen, von denen noch ausführlich die Rede sein wird, diplomatische Schritte zu ergreifen, um rasch aus dem Krieg mit Russland herauszukommen. Diese Initiativen beruhten auf dem Axiom, dass es mit einiger Überredungskunst möglich sein werde, den für wankelmütig gehaltenen Zaren zu einem Separatfrieden zu veranlassen. Hierzu gelte es, die Entente-Partei bei Hofe, als deren Exponent Großfürst Nikolai Nikolajewitsch angesehen wurde, von der Macht zu entfernen und eine vermeintlich deutschfreundliche Mannschaft an deren Stelle zu setzen. Bevor wir der Frage nachgehen, wie diese sich bald als völlig falsch erweisende Ansicht über die Haltung des Zaren zustande kam, scheint der Hinweis angezeigt, dass es für skrupellose Leute à la Riezler und Hoffmann gar keinen Grund gab, in diesem für notwendig befundenen Prozess den Großfürsten als den Anführer der Kriegspartei zu verschonen. Beide haben sich erfrischend deutlich darüber geäußert, dass ihnen jedes Mittel recht war, den Krieg für Deutschland zu entscheiden.

Was die schrägen und ebenso illusionären Entscheidungsgrundlagen des Reichskanzlers anlangt, so stützten sich diese auf Berichte, die er durch den amtierenden Gesandten Hellmuth Lucius von Stoedten aus Stockholm erhalten hatte. Bereits am 5. November 1914 hatte Lucius dem Auswärtigen Amt mitgeteilt, er wisse aus einer ganz zuverlässigen St. Petersburger Quelle, dass die Mutter des Zaren, Maria Feodorowna, an der Spitze einer Deutschen-Partei stehend, ihren Sohn einschlägig zu beeinflussen gedenke. Das war eine Ente. Die Mutter des Zaren, eine Prinzessin aus dem der Duodezfürstentum Glücksburg-Sonderburg, war angesichts des immerhin 50 Jahre zurückliegenden preußisch-dänischen Krieges vor allem eines: Sie war eine glühende Preußenhasserin. Lucius war auf eine Meldung des deutschen Militärattachés Carlo von Aweyden hereingefallen, der seine Weisheit vom russischen Kollegen, allem Anschein nach dem Obristen der Militäraufklärung, Kandaurow, bezogen hatte.[285] Es ist nicht ganz klar, ob Aweyden auf Kasinogeschwätz hereinfiel oder ob der russische Oberst ihn bewusst mit Falschmeldungen fütterte. Jedenfalls schöpften die beiden Deutschen munter weiter aus derselben Quelle, so dass der deutsche Gesandte von Lucius am 5. März 1915 in zwei dicht nacheinander abgesetzten Telegrammen melden konnte, dass der Einfluss der Entente-Partei in Petersburg im schwinden begriffen und dass auf einer Konferenz des russischen Generalstabs die Lage außerordentlich pessimistisch eingeschätzt worden sei.[286]

Diese Meldungen schienen zu bestätigen, was im Oktober 1914 bereits aus der deutschen Gesandtschaft in Konstantinopel verlautet war. Unter Bezugnahme auf eine ähnlich lautende Vorkriegs-Meldung vom Frühjahr 1914 hatte der deutsche Gesandte Hans von Wangenheim dem Reichskanzler mitgeteilt, dass der ehemalige russische Ministerpräsident Graf Sergej Witte wieder einen einflussreichen Posten anstrebe, der einen separaten Friedenschluss mit Deutschland wahrscheinlich mache. Die Quelle für diese Meldung war erneut der russische Botschafter in Konstantinopel, Michael von Giers, der sich eines russischen Bankinspektors der Asiatischen Bank in St. Petersburg mit Namen Edgar Bruns bediente, welcher nicht nur Informationen aus dem Witte-Lager, sondern auch handfeste Spionagenachrichten über militärische Eisenbahntransporte an den deutschen Militärattaché von Laffert weiterreichte. Nach dieser Kontaktaufnahme hatte der russische Botschafter Giers seinen Vertrauensmann Beczovsky veranlasst, einen V-Mann des deutschen Botschafters mit Namen Weitz aufzusuchen, um ihm erneut die Witte'schen Gedanken vorzutragen. Auf Umwegen wurde deswegen im Frühjahr 1915 mit Witte Kontakt gesucht. Als geheime Kanäle dienten zum einen ein in Kopenhagen ansässiger Russe namens Melnik, der als der Übersetzer von theoretischen Werken Wittes mit diesem näher bekannt war, zum andern der Bankier Robert Mendelssohn, an den Witte auf verschlungenem postalischem Wege mit der Bitte herangetreten war, sein in Deutschland beschlagnahmtes Vermögen illegal in die Schweiz zu transferieren. Es entbehrt nicht einer gewissen Komik, dass der in deutsche Dienste getretene Melnik bei der Erfüllung seines Auftrages zur Berichterstattung nach Berlin kam, wo er als Russe unverzüglich verhaftet und ins Polizeigefängnis am Alexanderplatz eingeliefert wurde; seine Befreiung verdankte der deutsche Agent einem Zufall: Der am Alexanderplatz vorüberkommende Chef der Nachrichtenabteilung des Auswärtigen Amtes Otto Hammann kannte und erkannte Melnik und bewirkte dessen Freigabe. Doch der hoffnungsvolle Flirt mit dem angeblich immer noch einflussreichen Deutschenfreund Witte geriet nach kürzester Frist unter die kalte Dusche der politischen Wirklichkeit. Die auf Initiative des dänischen Königs Christian zur Jahreswende unternommenen Friedenserkundigungen erbrachten nach einer Reise des dänischen Reeders und Staatsrats Hans Niels Andersen und einer Audienz beim russischen Zaren die klare Erkenntnis, dass Nikolaus II. nicht im Traum daran dachte, das Bündnis der Ententestaaten zugunsten eines Separatfriedens mit Deutschland zu verlassen; der deutsche Gesandte in Kopenhagen Brockdorff Rantzau unterrichtete Bethmann Hollweg am 12. März 1915 über diesen kompletten Fehlschlag der deutschen konspirativen Diplomatie. Wie ein Ausrufungszeichen hinter dem Ganzen wirkt der Tod Wittes, der einen Tag später, am 13. März 1915 eintrat. Selbstredend war bei diesem Vorlauf der Tod des 65-jährigen Politikers von wilden Gerüchten begleitet, die wissen wollten, dass dieser Todesfall äußeren Einwirkungen geschuldet sei; doch weder für die Mord- noch für die Selbstmordversionen gab es einen Beleg. Doch auch unabhängig vom Tod dieses angeblichen deutschen Hoffnungsträgers erwiesen sich die Spekulationen der deutschen Staatsleitung als eine Illusion; sie waren auf unzutreffenden Informationen aufgebaut worden. Man sieht also, dass selbst wenn es zum Anschlag auf den Großfürsten Nikolai Nikolajewitsch gekommen wäre, die so genannte Kriegspartei in St. Petersburg keineswegs Schaden genommen hätte; vermutlich wäre sogar das Gegenteil erreicht worden.[287]

Neben der Großfürsten-Affäre ist von gezielten deutschen Anschlägen gegen Personen aus dem Krieg gegen Russland wenig bekannt geworden. Diese Abstinenz gilt jedoch nicht für Anschläge auf Versorgungseinrichtungen und Bahnstrecken. Aus der Fülle der Ereignisse ragen zwei Begebenheiten heraus und sollen hier kurz Erwähnung finden. In den ersten Tagen des Oktobers 1916 startete der Oberleutnant Max von Cossel an Bord eines zweisitzigen Roland C II-Doppeldeckers; Flugzeugführer Vizefeldwebel Rudolf Windisch flog den jungen Offizier weit ins russische Hinterland, setzte ihn in der Nähe der Bahnlinie Rowno-Brody ab. Cossel brachte erfolgreich Sprengladungen an der Eisenbahn an und wurde anschließend per Flugzeug wieder abgeholt. In dieser siegesarmen Zeit war das Ereignis wichtig genug, um im Bericht der sonst eher wortkargen Obersten Heeresleitung Eingang zu finden. Geheimhaltungsinteressen mussten der Sensation wegen offensichtlich zurückstehen. Es war dies, so weit bekannt ist, der erste erfolgreiche Luft-Boden-Kommandoeinsatz der Kriegsgeschichte. Erst ab 1940 hat es ungezählte Nachahmungen gegeben. Das Kriegsgerät hat sich seither verfeinert; aber das Prinzip ist dasselbe geblieben.[288]

Ein anderer Anschlag galt dem russischen Linienschiff *Imperatrizia Maria*, das zur Schwarzmeerflotte gehörte. Das Großkampfschiff lief im September 1911 in Nikolajew vom Stapel und wurde im Sommer 1915 bei der Schwarzmeerflotte in Dienst gestellt. Der Neubau sollte dank seiner modernen Bewaffnung den im Schwarzen Meer stationierten deutschen Kreuzern *Goeben* und *Breslau*, die seit November 1914 unter türkischer Flagge die Küsten unsicher machten, Paroli bieten. Am 8. Januar 1916 kam es zu einem ersten Gefecht zwischen der *Imperatrizia Maria* und der *Goeben*, wobei sich beide Schiffe hinsichtlich Bewaffnung und Geschwindigkeit als in etwa gleichwertig erwiesen. Wenige Monate später wurde das nagelneue russische Linienschiff am 20. Oktober 1916 durch zwei heftige Explosionen im Hafen von Sewastopol zerstört; die erste der Explosionen soll sich um 20 Minuten nach Mitternacht im Munitionsraum des Geschützturms 1 am Heck ereignet haben. Über die Hintergründe ist nichts Sicheres bekannt; angeblich hatte es kurz zuvor eine Sabotagewarnung durch den Entzifferungsspezialisten im russischen Außenministerium Serafimow gegeben. Der Vorgang erinnert an die Handschrift des k.u.k. Marineevidenzbüros, dessen Agenten in derselben Epoche des Krieges die italienische Flotte durch erfolgreich durchgeführte Sprengstoffanschläge schwer schädigten. Auch das Wirken deutscher Hintermänner erscheint möglich, die bereits zur Jahreswende 1915/16 in der Schwarzmeerstadt Nikolajew den Schwerpunkt ihrer Tätigkeit im südlichen Russland unterhielten, um das Zarenregime zu stürzen.[289]

Mit der Untersuchung der Angelegenheit wurde die Gendarmerieabteilung in Sewastopol unter Oberst Redlow und die Konter-Raswedka der Schwarzmeerflotte beauftragt; zur ihr wurde eigens der Rittmeister des Gendarmeriekorps Awtamow abgestellt. Trotz der Verhaftung von 47 Verdächtigen kamen die Ermittlungsbehörden zu keinem konkreten Ergebnis; sie vermeldeten ihren Vorgesetzten in der Flottenleitung lediglich, dass ein Anschlag nicht ausgeschlossen werden könne. Doch das musste alles Spekulation bleiben; ebensogut war ein Unfall denkbar. Erst 1933 ist scheinbar etwas Bewegung in die Sache gekommen. In diesem Jahr wurde in Nikolajew, dem Bauort der *Imperatrizia Maria*, durch die sowjetische Geheimpolizei OGPU eine deutsche Spionageagentur ausgehoben.

An ihrer Spitze stand Viktor E. Berman, der im Verhör angab, dass er seit 1908 für die Deutschen gearbeitet habe. Zu seinen Agenten soll ein Elektriker namens Skibnew gehört haben, der die notwendigen Informationen über die Geschütztürme des Schiffes beschaffte. Von ihm, Berman, seien die Informationen an die Deutschen weitergereicht worden. Die Informationen gingen an einen Sewastopoler Sabotagering unter der Leitung des Ingenieurs Wieser weiter, der die Tat veranlasst habe. Diese von zwei Mitarbeitern des russischen Inlandsdienstes FSB rekonstruierten Fakten haben sie angeblich dadurch bestätigt gefunden, dass ein Agent der Petrograder Gendarmerieabteilung mit Namen Dolin Benzian, der während des Krieges in Berlin eingesetzt war, seinen Auftraggebern über ein Gespräch mit einem Mann namens *Bismark* berichtet hatte, einem Mitarbeiter der deutschen Auslandsaufklärung, der ihm gegenüber die Existenz dieses Sabotageauftrags bestätigte. Nach einer anderen Version, die sich auch auf die Aussage des deutschen Agenten Viktor Berman stützt, soll der Auftrag von Heinrich Prochnow ausgegangen sein, einem deutschen Marineoffizier, der eine Sabotagegruppe in der Werft zu Nikolajew geleitet habe. Gegenüber beiden Versionen ist Skepsis angezeigt. Zur ständigen Praxis der OGPU seit den späten 1920er-Jahren gehörte das pausenlose Aufdecken von vermeintlichen Spionen- und Diversantenzentralen. Davon und von den hierbei erpressten Geständnissen wird noch die Rede sein. Ohne einen anderen handfesten Hinweis haben wir keinerlei Anlass, Akten Glauben zu schenken, deren Deliktsbeschreibungen regelmäßig von vorne bis hinten erfunden sind. Und weiter: Ein Marineoffizier Heinrich Prochnow ist nicht nachweisbar. Einzig die Meldung über *Bismark* erscheint vage nachvollziehbar. Bei ihm könnte es sich um den deutschen Militärattaché in Bern, Busso von Bismarck, gehandelt haben. Aber ob ausgerechnet der den russischen Agenten Dolin Benzian über die deutschen Sabotageabsichten ins Bild gesetzt hat, erscheint mehr als ungesichert; immerhin scheint es möglich, dass der Geheimdienstlaie Bismarck nach dem Ereignis gegenüber Dritten mit der Vernichtung des Linienschiffes geprahlt hat. So mag dann die Meldung des Agenten zustande gekommen sein.[290]

Den Gegner ausmanövrieren.
Die Tätigkeit der Zentralstelle für Auslandsdienst

Es wurde bereits mehrfach beschrieben, dass das deutsche Auswärtige Amt seine Außenpolitik auch als operative Durchsetzung deutscher Interessen mit ebenso aggressiven wie konspirativen Mitteln begriff. Eine Reihe von Diplomaten fand nichts dabei, sich hierfür in geheimdienstliche Aktionen zu verstricken. Informationsgewinnung vor Ort mit Hilfe von Agenten galt nicht als ungewöhnlich; die Beschäftigung von Einflussagenten war üblich. Bei dieser Grundeinstellung der deutschen Diplomatie erscheint es erklärbar, dass die deutsche Reichsleitung glaubte, auf einen geheimdienstlich arbeitenden, politisch ausgerichteten Nachrichtendienst verzichten zu können. Nicht nur Bismarcks außenpolitische Grundsätze, auch seine operativen Gepflogenheiten waren zu Beginn des 20. Jahrhunderts gründlich in Vergessenheit geraten. So kam mit Kriegsbeginn, was kommen musste: Deutschlands Führung war mit einem Schlag von den politischen Informationen des feindlichen Auslands abgeschnitten. Dabei hatte man offenbar kein schlechtes Gewissen, denn die Leiter von Militär und Politik glaubten, dass der Krieg nach wenigen Wochen siegreich beendet sein würde. Mit der verlorenen Schlacht an der Marne zerplatzte dieser Glaube wie eine Seifenblase. Nunmehr ging den etwas Nachdenklicheren auf, dass zur rein militärischen auch die politische Kriegführung würde hinzutreten müssen, um aus dem Debakel des Weltkrieges wieder herauszukommen. Das Diktum politischer Einflussnahme wurde unübersehbar. Doch was nützt der Wille, wenn man über keine handfesten Informationen verfügt.

Damit rückte erneut das Auswärtige Amt ins Zentrum der Politik. In ihm war die Abteilung I A, die Politische Abteilung, die organisatorische Stelle, in der die operative Politik des Reichs erdacht und vor allem mit Hilfe der Botschaften und Gesandtschaften umgesetzt wurde. Nachdem dieser verlängerte Arm durch den Kriegsbeginn sozusagen amputiert worden war, rückte mit dem Pressereferat der Politischen Abteilung eine Arbeitseinheit in den Vordergrund, die bislang eher eine nebensächliche Rolle gespielt hatte. Das erkennt man daran, dass das Pressereferat mit dem ehemaligen Journalisten Otto Hammann von einem Nichtdiplomaten geleitet wurde. Hammann leistete bis zum Kriegsbeginn in erster Linie Pressearbeit, doch nebenbei standen eine Reihe von so genannten Büros zur Verfügung, denen die Auslandspropaganda und andere Beeinflussungsmaßnahmen oblagen. Bei Kriegsbeginn existierten 27 derartige Büros; sie wurden 1914 unter dem Gesandten Philipp Mumm von Schwarzenstein organisatorisch zusammengefasst; von ihm ist gesagt worden, er sei ein initiativloser Routinediplomat ohne Kenntnisse über den Osten gewesen.[291] 1915 wurde die Informations- und Beeinflussungstätigkeit aus der Politischen Abteilung herausgelöst und eine eigenständige Nachrichtenabteilung gebildet.[292]

Dem Pressereferat bzw. später der Nachrichtenabteilung nachgeordnet entstand die Zentralstelle für Auslandsdienst und innerhalb dieser die Pressestelle.[293] Diese Pressestelle war in Wirklichkeit eine Auswertestelle für die Auslandspresse, und sie war dementsprechend in Länderreferate unterteilt. Dabei ging die Tätigkeit dieser Referate weiter, als einen thematisch geordneten Presseausschnittsdienst zu organisieren und im Bedarfsfalle für Übersetzungen ins Deutsche zu sorgen, wie das Pressestellen üblicherweise tun. Die Tätigkeit dieser Dienststelle erweiterte sich alsbald um den Zweig der Analyse und der Berichterstattung. Bei der Zentralstelle für Auslandsdienst entstand so eine Wochenberichterstattung, mit der das Interesse einer Vielzahl von Entscheidungsträgern des Reichs bedient werden konnte. Eine solche Tätigkeit war nur möglich, weil man von Seiten der Leitung der Zentralstelle alsbald dazu überging, die Dienstposten nicht mit Diplomaten, sondern mit Länderspezialisten aus allen möglichen Berufen zu besetzen – mit Leuten also, die nicht nur sprachlich, sondern auch wegen ihrer Landeskunde in der Lage waren, zwischen den Zeilen zu lesen. Gerade für die Russlandberichterstattung benutzte man gern die Auswertung von Provinzzeitungen, für die angenommen werden durfte, dass die Schere des Zensors nur unvollkommen gewirkt hatte. Auf Agenten soll man sich angeblich nicht verlassen haben;[294] das ist mit Fragezeichen zu versehen, denn alle in der Pressestelle Arbeitenden verfügten über gute persönliche Kontakte nach Russland hinein, so dass statt des Wortes Agent vermutlich das des Informanten zutreffender wäre.

Nun zum Personal: Neben Paul Rohrbach, der der Erfinder und Leiter der Pressestelle war, lag das Russlandgeschäft in den Händen von Silvio Brödrich, Axel Schmidt, Siegfried von Vegesack und, zeitweise, Friedrich von Haken.[295] Rohrbach und Schmidt waren bekannte Publizisten.[296] Der Livländer Rohrbach wurde 1869 geboren. Zunächst wurde er Historiker, danach Theologe, doch bald schon Publizist und Forschungsreisender. 1897 bis 1902 erforschte er das westliche Sibirien, die folgenden drei Jahre war er Kommissar für das Ansiedlungswesen in Deutsch-Südwestafrika.[297] Der aus Kurland stammende Brödrich war vor dem Kriege dadurch bekannt geworden, dass er ein erfolgreiches Umsiedlungsprogramm in Russland geleitet hatte, dem an die 10 000 Russlanddeutsche gefolgt waren, die aus Südrussland auf das von baltischem Großgrundbesitz in Kurland zur Verfügung gestellte Siedlungsland umgezogen waren. Diese der Russifizierung des Baltikums entgegengesetzte Kampagne hatte Brödrich den zweifelhaften Ehrentitel eines Bismarck von Russland eingetragen. Von Haken schließlich war vor dem Krieg im russischen Landwirtschaftsministerium tätig gewesen.[298]

Es liegt auf der Hand, dass diese politikerfahrenen Leute nicht wertfrei berichteten, sondern eine eigene Politik betrieben. Zu den Grundlagen des Politikverständnisses von Rohrbach und Co. gehörte die Auffassung, dass Russland besiegbar sei. Hierzu notierte Friedrich von Haken seinen Auftraggebern im Oktober 1915:

Er wird sein wie beim Fällen eines Baumes: bis zu einem gewissen Punkt bemerkt man keine Wirkung des Sägens; der Baum steht gerade wie zuvor. Ist man aber beim Durchsägen des Stammes an den kritischen Punkt gekommen, so beginnt es im Baum zu krachen und, ohne dass der Arbeiter noch viel zu tun braucht, stürzt der Baum um. So wird es auch mit Russland gehen – wenn unsere Säge lange genug bei der Arbeit bleibt.

…Das Wichtigste ist vielleicht das psychologische Moment, die Suggestion … Heute ist die allgemeine Überzeugung: Die Revolution wird kommen … Wir brauchen nicht unbedingt einen gewaltsamen Umsturz zu erwarten. Das Übergehen der Regierungsgewalt in die Hände der linken Parteien, das Versagen der Zentralgewalt gegenüber den örtlichen Autoritäten, sobald Beamte und Offiziere die Sache der Regierung verloren geben, würde für uns dieselbe Wirkung haben wie eine wirkliche Revolution: es würde das ganze Land … wehrlos uns zu Füßen legen … Die Russen sind ein Volk, das, wenn einmal der Zusammenbruch begonnen hat, jede Widerstandskraft verliert.[299]

Gedanken dieser Art fanden in den Grundtenor der Wochenberichterstattung über Russland Eingang.[300] Nur einem Teil der Empfänger gefielen Botschaften dieser Art uneingeschränkt. Soweit Rohrbach in seinen Thesen mit Nachdruck die Abspaltung der nichtrussischen Teile vom Russischen Reich vertrat, hatten Notable, wie der ehemalige Botschafter Ferdinand von Stumm, als Stellungnahme nur eine einzige Vokabel bereit: Verrückt.[301] Doch da irrte der Herr von Stumm, wie im Kapitel über die Revolutionierung Russlands zu sehen sein wird. Einstweilen nahm jeder aus der Rohrbach'schen Berichterstattung das, was ihm gefiel: Während die politische Reichsleitung um den Reichskanzler von Bethmann Hollweg die Folgerung zog, mit Russland zu einem separaten Frieden zu gelangen, fühlte sich die Militärkamarilla um Hindenburg-Ludendorff bestärkt, im Osten die militärische Entscheidung zu erzwingen. Erst unversehens und dann sehr bewusst nahm Rohrbach Partei für die angeblichen Feldherrngenies an der deutschen Ostfront. Im Widerspruch zu den eigenen Erkenntnissen begann auch er die These zu vertreten, dass im Sommer 1915 der militärische Sieg an der Ostfront durch einen verfehlten Mittelansatz verschenkt worden sei.[302] Damit ließ er sich vermutlich unbeabsichtigt vor den Ludendorff'schen Karren spannen und wirkte so am Sturz des deutschen Generalstabschefs Erich von Falkenhayn mit. Es bedarf keiner tiefsinnigen Erörterungen, dass dergleichen nicht die Aufgabe einer Zentralstelle für Auslandsdienst sein konnte, doch ging es dieser und ihren Akteuren, wie es allemal politischen Nachrichtendiensten zu ergehen beliebt: Sie pflegen, erst einmal als unentbehrliche Informationslieferanten etabliert, nur allzu gerne ins Geschehen tatkräftig mit einzugreifen.

Die Quittung folgte, als Ludendorff Ende August 1916 endlich sein Ziel erreicht hatte und Falkenhayn mit kräftiger Nachhilfe des Reichskanzlers in die Wüste geschickt worden war.[303] Nunmehr ging es darum, die lästige Selbständigkeit des Auslandsdienstes zu zügeln. Man begann ganz oben. Als erster wurde der Leiter der Nachrichtenabteilung des Auswärtigen Amtes, Otto Hammann, zum Ende des Jahres 1916 seines Postens enthoben. Es sei ihm nicht gelungen, die Stimmung der kriegsmüden Bevölkerung zu heben, so lautete die Begründung. Es darf jedoch vermutet werden, dass die im Dezember 1916 gestartete und sogleich gescheiterte Friedensinitiative der Auslöser für seine Entfernung war. Schließlich beruhte die Friedensinitiative zu einem guten Teil auf den Lageeinschätzungen des Auslandsdienstes. Doch dass aus dem Ganzen nichts werden konnte, lag weniger an dessen Berichterstattung als vielmehr an der Unfähigkeit der deutschen Reichsleitung, konkrete Kriegsziele zu benennen und auf diese Weise den Feindstaaten die Werthaltigkeit des Angebots deutlich zu machen. Angestachelt durch die neue Oberste Heeresleitung Hindenburg-Ludendorff träumten der Kaiser und seine Getreuen von Siegen und Eroberungen. Da war es nur konsequent, dass der Einfluss der Obersten Heeresleitung auf die Zentralstelle für Auslandsdienst dadurch sichergestellt wurde, dass ein bewährter Militär an die Stelle von Otto Hammann trat. Das war der bis dahin als Chef des Kriegspressesamtes tätige Oberstleutnant Erhard Deutelmoser. Er sollte fortan die richtige Berichterstattung garantieren, was allerdings auf Dauer misslang, da wie so oft das Amt die Erkenntnisfähigkeit des Betroffenen veränderte.[304]

Auch für Paul Rohrbach, den Motor der Pressestelle des Auslandsdienstes, war alsbald kein Platz mehr: Seine explizite Gegnerschaft gegen den für den Jahresbeginn als unausweichlich angekündigten uneingeschränkten U-Bootkrieg ließ diesen Mann nicht rasten, auf allen ihm zu Gebote stehenden Kanälen hiergegen Stellung zu nehmen. Sein Antrieb waren durchaus keine humanitären Erwägungen gegenüber weiteren zu erwartenden Opfern unter unschuldigen Seereisenden, sondern die nüchterne und zutreffende Erkenntnis, dass die Maßnahme zum sicheren Kriegseintritt der USA führen musste. Hieran knüpfte er die gleichfalls zutreffende Schlussfolgerung, dass Deutschland unter dieser Voraussetzung den Krieg mit Sicherheit verlieren werde. Interessanterweise verband er diese Ansicht mit der Prognose, dass die russische Revolution in Kürze kommen müsste, so dass man mit einigem Geschick den Kriegsgegner im Osten loswerden könne. Rohrbachs Prognostik beruhte auf der Einschätzung von Berichten über die Reisen führender westlicher Politiker nach Russland, die einzig zu dem Zweck erfolgten, den wankenden Koalitionär im Osten bei der Stange zu halten. Es liegt auf der Hand, dass für einen Mann mit diesen Ansichten in einem Umfeld, in dem das alldeutsche Eroberungsgeschwätz zum guten Ton gehörte, kein Platz mehr war. Als die russische Revolution Wirklichkeit wurde und der Traum vom deutschen Land im Osten scheinbar in Reichweite rückte, war Rohrbach im Monat zuvor aus den Diensten des Auswärtigen Amtes ausgeschieden. Zusammen mit Axel Schmidt hatte dieser gewiefte Russlandkenner die Ansicht vertreten, dass es im Zarenreich eher eine Revolution als mit diesem einen Sonderfrieden geben werde. Das war

Auswärtiges Amt 1914–1918
Staatssekretär
Gottlieb von Jagow; bis November 1916; Arthur Zimmermann;
bis August 1917; Richard von Kühlmann; bis Juli 1918; Paul von Hintze;
bis Oktober 1918; Wilhelm Solf;
bis Dezember 1918; Ulrich Graf Brockdorff Rantzau

Unterstaatssekretär
Arthur Zimmermann; bis November 1916; Wilhelm von Stumm;
bis 1918; zusätzlich ab 1916; Hilmar Freiherr von dem
Bussche-Haddenhausen; bis 1918

Abteilung I A
Politische Abteilung
Wilhelm von Stumm; bis
November 1916; Freiherr von
Langwerth

Abteilung I B
Personal- und Verwaltungs-
abteilung

Abteilung II
Handels- und Verkehrs-
abteilung

Abteilung III
Rechtsabteilung

Ab 1.5.1915:
Abteilung IV
Nachrichten-
abteilung
Otto Hammann: bis 27.12.1916.
Ab 1917: Oberstleutnant a.D.
Erhard Deutelmoser

Zentralstelle für
Auslandsdienst
Botschafter Philipp Mumm
von Schwarzenstein; später:
Legationsrat Wilhelm von
Radowitz; bis November 1917

N.O.
Nachrichtenstelle
für den Orient
Max Freiherr von
Oppenheim; bis
Frühjahr 1915;
Karl Emil Scha-
binger Freiherr
von Schowingen;
bis 25.2.1916;
Eugen Mittwoch

Geschäftsstelle
Generalkonsul
Thiel; später: General-
konsul Richard Kiliani

Pressestelle
Ende 1914: Paul
Rohrbach; bis
Februar 1917

ihm außerordentlich übel angekreidet worden. Nun ging er, denn eine Falsch-
berichterstattung aus Russland hatte er sich nicht vorwerfen lassen wollen. Soweit
erkennbar, spielte das unter ihm gestartete interessante nachrichtendienstliche
Experiment sodann keine Rolle mehr.[305]

Küss die Hand.
Die k.u.k. Russlandspionage und das Vorgehen
gegen die Feinde im Innern

Beim österreichischen Kriegsverbündeten standen die Dinge nicht viel besser als
in Deutschland. Die Russlandspionage, um die Jahrhundertwende noch das
Flaggschiff des Evidenzbüros, war durch die ab 1906 eingeleiteten Sparmaßnah-
men reduziert und durch den Verräter Redl paralysiert worden. Als der Krieg ausbrach, stand das Evidenzbüro hinsichtlich der Erkenntnisse über den Hauptfeind
Russland praktisch nackt da. Über den Solitär des Radiohorch- und Chiffrierdienstes haben wir berichtet; dessen Erkenntnisse blieben bis Kriegsende bestim-
mend für die Operationen der Mittelmächte. Auch gegenüber dem österreichischen Kriegsgegner fügten sich die Russen durch häufiges und undiszipliniertes
Nutzen des Funks schwere Nachteile zu. Dabei hatte das offene Funken noch
eine weitere schlimme Konsequenz für sie. Als man ab dem 14. September 1914
endlich dazu überging, verschlüsselt zu funken, gelang es dem Hauptmann Pokorny und seinen Leuten durch Vergleich der zahlreichen offenen Funksprüche
mit den jetzt eingehenden verschlüsselten in kürzester Frist den russischen Zah-
lencode zu brechen, so dass die ungehemmt funkenden Russen auch fürderhin
ihre Befehle und Absichten offenbarten.[306] Neben dem sprachgewandten Pokorny waren es vor allem die Russischspezialisten Victor von Machesetti und
Theodor Iwanyszyn, die das Wunder der k.u.k. Funkspionage ermöglichten.
Hermann Pokorny, der vor dem Krieg die Russische Gruppe des Evidenzbüros
geleitet hatte, wurde nach Eröffnung der Feindseligkeiten der k.u.k. 4. Armee als
Abhörspezialist zur Verfügung gestellt, doch schon bald darauf ins Hauptquartier
abgezogen, wo er sich mit viel Energie und Erfolg daran machte, die Radiogrup-
pe im k.u.k. Armeeoberkommando, also dem österreichischen Hauptquartier,
aufzubauen. Hier wurden im Verlaufe des Krieges alle 16 von der russischen
Armee verwendeten Schlüssel gebrochen.[307] Das System des Belauschens wurde
im Verlauf der Kriegsjahre erheblich verfeinert und durch einen frontnahen
Lauschdienst ergänzt. Das waren überdimensionierte technische Ohren, die aufgestellt wurden, vergrößerten Grammophontrichtern ähnlich, die das gespro-
chene Wort auch in der Ferne noch erfassen sollten. Über die Ergebnisse ist nur

wenig bekannt. Wie es dem Lauscher ergangen sein mag, wenn vor seinem Gerät ein Schuss fiel, kann man sich ohne viel Phantasie vorstellen. Heute erscheint es uns, als sei hier das Richtmikrophon vorweggenommen worden.

Auch das österreichische Evidenzbüro setzte auf Spione. Doch mit dem Ausbruch des Krieges versickerte der ohnehin spärliche Fluss der Nachrichten aus Russland. Strenge russische Grenzabsperrungen auch gegenüber Schweden und Rumänien sorgten dafür, dass die in Marsch gesetzten Konfidenten und Kundschafteroffiziere nicht nach Russland hineinkamen. Die gleiche Enttäuschung erlebte die österreichische Führung mit den zur Aufklärung entsandten Kavallerieeinheiten; sie scheiterten an den von den Grenztruppen der russischen Gendarmerie errichteten Grenzsperren. Lediglich die spärlich vorhandenen Flieger brachten erste magere Aufklärungsergebnisse. Dem wuchtig nach Nordosten vorgetragenen Angriff der k.u.k. Verbände folgte der Flankenstoß von Osten her. Österreichs Militäraufklärer hatten den Aufmarsch der russischen 8. Armee in der Bukowina schlicht übersehen. Die Konsequenz war der Zusammenbruch des österreich-ungarischen Eröffnungsfeldzuges.[308]

Der Krieg fand nach dem fluchtartigen Rückzug vom Spätsommer 1914 fast durchweg auf ehemals Habsburgischem Gebiet statt. Österreichs Militäraufklärer versuchten, aus dieser Not eine Tugend zu machen, indem sie landeskundige und sprachbegabte Kundschafteroffiziere zurückließen, die sich von der russischen Offensive überrollen lassen sollten. Einer dieser Waghalsigen war der Leutnant Leon Göbel, der sich in Lezajsk am San zu etablieren verstand. Ein anderer war der Kavallerieoberleutnant Max Teisinger von Tüllenberg. Er nahm gleich 50 Mann von seinem Dragonerregiment Nr. 11 mit, so dass er zwischen Rzeszów und San nicht nur einen funktionierenden Aufklärungsdienst einrichten, sondern auch einen Heckenschützenkrieg vom Zaun brechen konnte. In den Gegenden, die jetzt vom Krieg heimgesucht wurden, lebte von jeher ein Gemisch von Ukrainern, Polen, Rumänen, Juden und wenigen Deutschen. In solchem Umfeld ist es nie schwer gefallen, menschliche Quellen für die Spionagearbeit zu finden. Hinzu kam, dass durch die Kriegsereignisse Entwurzelte zwischen den Fronten hin- und herzogen. Unter ihnen waren auch etliche, die anderes im Sinn hatten, als ihre Angehörigen zu finden. Spionageaufträge, und mochten sie noch so zweifelhaft erscheinen, waren an der Tagesordnung, vielen der daran Beteiligten war es gleichgültig, wer sie besoldete; am besten, man kassierte auf beiden Seiten. Österreichs Nachrichtenabteilung versuchte, eine Statistik über die Agenten zu führen. Danach waren zur Jahreswende 1914/15 rund 1000 Konfidenten in der Russlandspionage tätig, unter ihnen etliche Soldaten, die sich freiwillig zum Spionagedienst meldeten, und eine ganze Menge Frauen. Durch Einrichtung einer Zentralevidenz, sprich: einer zentralen Registrierung, wurde versucht, Doppelagenten und

Nachrichtenschwindlern auf die Schliche zu kommen. Das waren bis Ende 1916 immerhin 150 Personen.[309]
Auch die österreichische Spionagegeschichte steckt voller Geschichtchen, in denen von kühnen jungen Männern und blendend aussehenden Frauen aus den besseren Kreisen die Rede ist. Man darf vermuten, dass sie fast alle auf purer Erfindung basieren. Baronesse Manja R. war so ein Fall: Sie passierte am 31. Mai 1916 den österreichischen Horchposten 3 bei Popowa, um sich in der Verkleidung eines russischen Bauernjungen ins russische Hauptquartier zu begeben. Ihr Spionagemotiv: Eine so genannte Schmach, die ihr zuvor von Kosaken angetan worden war; heute würde man das eine Vergewaltigung nennen. Es ist klar, dass sie spurlos verschwand.[310]
Auch Österreichs Militäraufklärer setzten während des Krieges auf den Einsatz der k.u.k. Militärattachés und, wo es sich um die Verbündeten handelte, auf ihre Militärbevollmächtigten. Gleich zu Beginn des Krieges entsandte das k.u.k. Armeeoberkommando den Hauptmann Moritz Fleischmann von Theißruck nach Berlin, von wo er sogleich zur Beobachtung der deutschen Operationen an der Ostfront nach Allenstein in Ostpreußen weiterreiste; dort wurde der Stab der 8. deutschen Armee aufgestellt. Noch im Verlauf des Herbstes 1914 wechselte er zur neugebildeten 9. Armee, wo der Schwerpunkt der Operationen lag, und von dort zum Stab von Oberost. Fleischmann war bis zum Kriegsbeginn Leiter der Deutschen Gruppe im Evidenzbüro gewesen, also von Amts wegen mit der Sammlung und Zusammenstellungen von Nachrichten über die deutsche Armee betraut. In seiner Kriegsfunktion diente er durchaus als Konfident seiner Heeresführung, die über diesen Draht weit mehr über die deutschen Operationsabsichten erfuhr als etwa über die offizielle Dienststelle des deutschen Militärbevollmächtigten beim k.u.k. AOK. Auf zahlreichen Fotos des seinerzeit viel fotografierten Hindenburg sieht man Fleischmann mit dem flotten Offizierskäppi der k.u.k. Armee dabeistehen.[311]
In Stockholm residierte bereits vor Kriegsbeginn der Oberst Eugen Straub. Seine Aufgabenstellung war zweigeteilt: Zum einen sollte er Schweden im Sinne der Mittelmächte beeinflussen. Wichtiger aber war, dass ihm die Aufklärung des St. Petersburger Militärbezirks zugewiesen war. Es hat den Anschein, als sei ihm das Aufziehen eines munteren Spionagebetriebes gelungen. Nebenbei scheint er seinem russischen Kontrahenten, dem russischen Militärattaché Assanowitsch vor Ort kräftig ins Handwerk gepfuscht zu haben. Der Raswedka-Gehilfe des Militärattachés, Oberleutnant Probjano, stellte dazu fest, dass niemand den Russen in Stockholm so geschadet habe wie der k.u.k. Oberst. Was also Straub an Russlandspionage gegen den St. Petersburger Militärbezirk glückte, misslang bei seinem Kameraden in Bukarest vollständig. Der dort akkreditierte Major Maximilian

Randa sollte den Militärbezirk Odessa erkunden. Doch die Dienststelle des k.u.k. Militärattachés wurde von den Rumänen völlig ungeniert so dicht polizeilich überwacht, dass jeder auch nur vage konspirative Versuch zum Scheitern verdammt sein musste. In Bukarest hatte eindeutig das nachrichtendienstliche Gegenüber das Sagen, das war der russische Attaché, Oberst Semjonow – derselbe Mann, der auch den deutschen Militärattaché Bronsart von Schellendorf durch Desinformationen in Misskredit zu bringen wusste.[312]

Was wir für die deutsche Seite schon feststellten, gilt für die österreichische im verstärkten Maße: Man war nicht zimperlich bei der Aburteilung von tatsächlichen oder vermeintlichen Spionen. Mit der Attitüde des selbstgefälligen Landesherrn ging die österreichische Obrigkeit, nunmehr in Gestalt ihrer Militärkommandanten, gegen die Bevölkerung dieser Landstriche vor. Der Dichter Georg Trakl schrieb in einem Brief an seinen Freund Ludwig von Ficker in Innsbruck:

> Da standen nämlich auf dem Platz, der wirr belebt und dann wieder wie ausgekehrt schien, Bäume. Eine Gruppe unheimlich reglos zusammenstehender Bäume, an deren jedem ein Gehenkter baumelte. Ruthenen, justifizierte Ortsansässige.[313]

Es bliebe hinzuzufügen, dass Trakl, der von Beruf Militärapotheker war, nach der Schlacht von Grodeck seelisch völlig zerrüttet ins Lazarett nach Krakau eingeliefert wurde, wo er am 3. oder 4. November 1914 an einer Überdosis Drogen starb.[314]

Verschärft im Blickfeld der Militärmaschinerie waren die Ruthenen. Das waren in der Diktion der Donaumonarchie die in Ostgalizien, der Bukowina und in Nordungarn wohnenden Ukrainer. In Galizien wurden die so genannten unzuverlässigen Elemente gleich zu Kriegsbeginn arretiert und ins Innere des Reichs in wenig einladende Gefangenenlager abgeschoben, die im k.u.k. Behördendeutsch als Konsignierungslager bezeichnet wurden. Aber auch die Masse der im Lande verbliebenen Bevölkerung, im Wesentlichen waren das 3,5 Millionen Polen und 2,8 Millionen Ruthenen, ging schweren Zeiten entgegen, weil sie von Seiten der Armee ständig dem Verdacht ausgesetzt wurde, mit dem Feind zu konspirieren; für diesen Verdacht genügte häufig schon eine mangelnde Zustimmung für die Sache Österreichs. Öffentliche Massenexekutionen folgten, welche die Missstände keineswegs eindämmen konnten, sondern die Sympathien erst recht und oft zum ersten Mal dem Gegner zufliegen ließen. Was unter dem Schlagwort der Spionageabwehr an Greueltaten in den Kriegsgebieten der Ostfront verübt wurde, spottete jeder Beschreibung; es war wie die Vorwegnahme der Verbrechen, die 25 Jahre später folgen sollten, als die bejubelten deutschen Befreier sich als noch schlimmere Unterdrücker entpuppten. Die Hinrichtungen gingen in die Tausende. Es klingt wie eine böse Ironie, dass sich unter den Hingerichteten auch zahlreiche eigene Agenten befanden, die sich abgerissen und ausgepumpt zu den eigenen in steter Rückwärtsbewegung befindlichen Truppen durchgeschlagen hatten; sie galten schon wegen ihres Aussehens per se als verdächtig. Ungezählt sind die Fotografien, auf denen selbstzufriedene k.u.k. Soldaten neben den baumelnden Leichen der Exekutierten zu sehen sind. Ungezählt sind auch die Geschichten in der Memoirenliteratur, in denen Vorgesetzte ihre Untergebenen von einer unberechtigten Hinrichtung abgehalten haben wollen.[315] Dabei hätte die österreichische Führungsmacht allen Anlass gehabt, mit der ansässigen Bevölkerung sorgsamer umzugehen. Im von den Russen 1914 überrollten Galizien entstand nämlich so etwas wie eine Widerstandsbewegung. Ein zartes Pflänzchen nur und angeleitet durch einen k.u.k. Gendarmerieoberst namens Eduard Fischer wurde in der Bukowina ein Heckenschützenkrieg entfacht, den die russische Armee über Monate hinweg nicht in den Griff bekam. Dies war nur denkbar, weil die einheimische Bevölkerung sich wohlwollend neutral verhielt, während sie für die Russen als Besatzungsmacht nichts übrig hatte. Wie anders waren dagegen die Verhältnisse auf der österreichischen Seite. Hier sorgte der blanke Unverstand für den Hass der Bevölkerung. Nach der Rückeroberung von Galizien im Sommer 1915 hielten die k.u.k. Kriegsorgane erneut ein schreckliches Strafgericht unter den Ruthenen ab, die sich während der russischen Besetzung auf die Seite der Besatzer geschlagen hatten. Soweit es nicht wieder zu den gewohnten, nirgends genau dokumentierten Ausschreitungen kam, schafften die Spionageabwehrleute des Oberstleutnants Ronge die Kompromittierten, die sich nicht mehr rechtzeitig hatten absetzen können, nach Wien, um ihnen dort einen groß aufgezogenen Spionage- und Hochverratsprozess zu machen, von dem man annahm, er würde abschreckend wirken. Angeklagt waren der Reichstagsabgeordnete Dr. Markow, der Oberlandesgerichtsrat Dr. Kurylowicz, die Rechtsanwälte Dr. Cyrill Czelunczakiewicz und Dr. Ritter von Howora-Sas, der russische Schriftsteller Dimitri von Jantschewetzky, der Bauer Diakow und der Schlosser Mulkiewicz. Sie alle wurden zum Tode verurteilt, doch die Strafe wurde in eine Kerkerhaft umgewandelt. Man brauchte Personal für Austauschzwecke. Jantschewetzky beispielsweise wurde Anfang 1917 gegen die in Russland wegen Spionage einsitzende Michalina Karlik ausgetauscht. Er reiste über Saßnitz und Schweden nach Russland aus. Doch das bekam ihm letztlich schlecht: Als die Bolschewiki in Russland an die Macht kamen, stellten sie fest, dass er ein zaristischer Agent sei, und brachten ihn um. Den anderen Inhaftierten erging es besser: Sie kamen 1917 bei einer Amnestie frei.[316] Das Ergebnis des Ersten Weltkrieges vor Augen, der das Habsburgerreich gründlich zerstörte, wundert man sich, welche Phantasten den österreichischen Staat und seine öffentliche Meinung lenkten. Da war zum Beispiel die Polenfrage. Restpolen, das Gebiet also, das zuvor zum russischen Reich gehört hatte, sollte nach dem Willen Österreichs, nachdem die deutsche Armee es besetzt hatte, dem Habsburger Staatsverband zugeschlagen werden. Hierüber kam es, mitten im Krieg, fast zum Bruch der Koalition mit dem Deutschen Reich, das aus nachvollziehbaren Gründen ein selbständiges Polen als Pufferstaat zu Russland bevorzugte. Doch Österreich war auf Landgewinn aus, es hatte umfassende koloniale Interessen in Osteuropa. Dabei hätte seine Staatsführung die Dinge besser wissen können und müssen. Wie die anderen kriegführenden Staaten auch, führte Österreich eine intensive Briefzensur durch, die ein Spiegelbild der Volksmeinung erzeugte – gerade auch aus jenen Gegenden des Habsburger Reichs, die nicht deutschsprachig waren, und das war die Masse. Die Briefzensur oblag dem zu Kriegsbeginn neu gegründeten Kriegsüberwachungsamt und der Defensiven Aufklärungsgruppe des militärischen Geheimdienstapparats.[317]

Die Aufklärung der Feinde der Monarchie war zweigeteilt. Im Innern amtierte von jeher die in Wien ansässige Staatspolizei; das Kriegsüberwachungsamt trat hinzu. Nach außen und in den Kriegsgebieten erkundete das militärische Evidenzbüro. Es wurde nach Ausbruch des Krieges in einen mobilen und einen immobilen Teil gespalten, blieb jedoch unter dem Chef der Nachrichtenabteilung unter einheitlicher Führung. Die Nachrichtenabteilung war der im militärischen Hauptquartier angesiedelte eigentliche Spionage- und Feindauswertungsapparat, in Wien verblieben Teile des Auswertungsdienstes, die Spionageabwehr und Teile der Funkaufklärung. Während des Krieges unterstand die Nachrichtenabteilung bis zum April 1917 dem k.u.k. Oberst Oskar von Hranilovic-Cvetassin. Anders als die übrige k.u.k. Armee brauchte Österreich-Ungarns militärische Nachrichtenorganisation den Vergleich mit den Verbündeten und den Feinden nicht zu scheuen. Auch wenn die im und nach dem Kriege geäußerte vernichtende reichsdeutsche Kritik am Zustand und an der Kampfkraft der k.u.k. Armee kaum eine Ausnahme kannte, gilt es festzustellen, dass ohne das Wirken des Evidenzbüros für die deutsche Ostfront ein frühzeitiges Aus im Bereich des Vorstellbaren gelegen hat. Ohne die Abhörer und Chiffre-Spezialisten hätten Deutschlands Strategen mehr als nur einmal im Dunkeln gestanden, was immer dann geschah, wenn die Lauschergebnisse einmal ausblieben; so beispielsweise im Frühjahr 1916.[318] Das blieb bis zum Ende der Kampfhandlungen so, auch wenn man derartige Hinweise in der deutschen Memoirenliteratur vergeblich sucht; man begnügte sich, in allgemeiner Form auf die Erfolge der Funkaufklärung hinzuweisen. Den österreichischen Verbündeten nur am Rande positiv zu erwähnen, kam deutschen Generalen kaum in den Sinn. So schrieb der preußisch-deutsche Kriegsminister Adolf Wild von Hohenborn im Juli 1915, also in der knappen Phase des Vormarsches, über den Verbündeten:

Und die Österreicher sind hundsmiserabel schlapp. Ich habe neulich ... Einblicke getan, die den Hund jammern ... Dann hat der Russe kehrtgemacht, und die braven Bundesbrüder sind einfach davongelaufen. Es ist hart! Aber man muss sie ertragen! Wir haben ja nichts Besseres.[319]
Der Abhorch- und Dechiffrierdienst blieb bis zum Kriegsende das unerreichte Flaggschiff des Evidenzbüros. Es hat auch den Anschein, dass die mehrsprachigen Offiziere des Vielvölkerstaats mit dem Spionagegeschäft im Osten und Südosten viel besser zurechtkamen als ihre deutschen, meist eine Spur zu lauten Kameraden. Man muss nur die Namen auf den Organigrammen lesen, dann weiß man, wovon hier die Rede ist. Wenn diese aus allen Teilen der Monarchie zusammengeholten Offiziere loyal waren, so konnten sie im Zusammenwirken geradezu musterhaft geheimdienstlich arbeiten. Die entscheidende Frage war stets: Waren sie loyal? Für das Evidenzbüro kann man diese Frage vermutlich bejahen; auch insofern unterschied es sich grundlegend von der übrigen k.u.k. Armee.

Militärischer Nachrichtendienst Stand: August 1914	
Nachrichtenabteilung des AOK Oberst Oskar von Hranilovic	**Nachrichtenabteilung B (= Balkan)** Major Otto Gellinek
Gruppe Russland Oberstleutnant Heinrich Zermanek	Hauptleute Milan Ulmansky, Hübner, von Clanner, von Perko; Oberleutnant Karl Ritter von Storck; Leutnants Dr. Reumann, Staudigl
Kundschaftsgruppe Major Max Ronge	
Gruppe Balkan Hauptmann Dragoilov	
Fortifikatorische Gruppe Major Glumac	
Dolmetschergruppe	
Manipulationsgruppe	
Freiwillige Automobilisten; zugleich Kanzleidienst	
Vertreter des Ministeriums des Äußeren Rittmeister Alexander Freiherr von Lago	

Militärischer Nachrichtendienst Oberst Oskar von Hranilovic, ab April 1917 Oberst Max Ronge Stand: Anfang 1917

Nachrichtenabteilung	Evidenzbüro
Gruppe Russland	Artillerie- und Fortifikationsgruppe
Gruppe Italien	Englische Gruppe
Gruppe Balkan	Französische Gruppe
Offensive Nachrichtengruppe	Chiffregruppe
	Gruppe Politik und Presse
	Defensive Nachrichtengruppe

Im April 1917 wurde der Leiter der Nachrichtenabteilung, Oskar von Hranilovic, durch den 43-jährigen k.u.k. Obersten Maximilian Ronge abgelöst. Mit Ronge gelangte einer der erfahrensten Geheimdienstleute seiner Zeit auf den Posten des Geheimdienstchefs. Er hatte bereits als Leiter der Spionageabwehr im Evidenzbüro 1913 bei der Enttarnung seines ehemaligen Vorgesetzten, des Verräters Redl, eine entscheidende Rolle gespielt. Bei Kriegsbeginn leitete er die Kundschaftergruppe, also den nachrichtendienstlichen Beschaffungsapparat. Während des Krieges rückte er zum Vertreter des Chefs der Nachrichtenabteilung auf. Er war so etwas wie die Seele des Geschäfts. Einen Fingerzeig hierauf geben Ronges Veröffentlichungen nach dem Krieg, vor allem sein Buch mit dem Untertitel *Zwölf Jahre im Kundschafterdienst*,[320] das sich eher wie die sachkundige Beschreibung eines Außenstehenden denn wie die Memoiren eines Geheimdienstchefs liest. Man muss die vom Autor vertretenen innenpolitischen Auffassungen durchaus nicht teilen, um zu dem Schluss zu gelangen, dass einem hier einer der kompetentesten Nachrichtendienstler des 20. Jahrhunderts gegenübertritt. Ronge gestaltete die Nachrichtenabteilung und das Evidenzbüro noch einmal grundlegend um, um dessen Effizienz zu steigern.[321] Ein Jahr später war Österreich am Ende. Das Evidenzbüro wurde aufgelöst. Ronge blieb auch nach dem Krieg im Dienst. Seinem Landsmann Adolf Hitler war er 20 Jahre später dermaßen suspekt, dass dieser ihn nach dem Anschluss Österreichs 1938 ohne nähere Begründung einsperren ließ. So überlebte er das Dritte Reich.

Der zweite österreichische militärische Geheimdienst war das Marine-Evidenzbüro, ein äußerst aktiver Spionage- und Sabotageapparat; es spielte im Mittelmeer

Militärischer Nachrichtendienst
Oberst Maximilian Ronge
Stand: Ende 1917

Nachrichtenabteilung Oberst Maximilian Ronge	Evidenzbüro = (ab 1917) Evidenzgruppe des Generalstabs Oberstleutnant Robert Rycktrmoc, ab Oktober 1917: Oberstleutnant Hermann Pokorny
I. Erkundungsgruppe Major Franz Nordeck – a Russische Gruppe Hauptmann Pantelija Boorovica – b Italienische Gruppe Hauptmann Franz Freiherr von Silvatici 1918: Major Victor Ritter von Meduna – c Balkangruppe Hauptmann Demeter Stojakovicz – d Inlandsgruppe (Defensiver Dienst) Landsturmverpflegungsoffizial Wilhelm Preißler – e Referat für Kriegspropaganda Hauptmann d.R. Josef Wurmbrand	VIII. Artillerie- und Fortifikationsgruppe Hauptmann Ing. Karl Leitner
II. Kriegs-Chiffregruppe Oberstleutnant i.G. Hermann Pokorny – a Italienische Gruppe Major Andreas Figl – b Rumänische Gruppe Hauptmann Kornelius Savu, ab April 1918: Hauptmann Johann Baleanu – c Russische Gruppe Hauptmann Viktor von Marchesetti, ab 1918: Rittmeister d.R. Rudolf Lippmann	VIII. Englische Gruppe Rittmeister Hans Gürtler
III. Personalgruppe Hauptmann Johann Stattin	IX. Französische Gruppe Hauptmann Hans Caron
IV. Pass- und Reisegruppe (Defensiver Dienst) Dr. Heinrich Heinrich	X. Gruppe Spionageabwehr Hauptmann Ernst Ritter von Groß
V. Gruppe Skandinavien (nur vorübergehend in der Abt.) Oberleutnant Martin Makai	XI. Kriminalpolitische Gruppe Hauptmann Dr. Richard Turba
VI. Manipulationsgruppe Major Rudolf Präsenz	XII. Chiffregruppe I Hauptmann Richard de Carlo
	XIII. Chiffregruppe II Hauptmann Richard Imme
	XIV. Manipulationsgruppe Rittmeister Hans Luksch

eine Rolle, wo Österreich eine Seemacht war. Von seiner Residenz in der Schweiz ging das Marine-Evidenzbüro vor allem gegen Italien vor, wo es durch Sabotage riesige Schäden anrichtete. In der Auseinandersetzung mit Russland war es nahezu ohne Bedeutung.[322]

Die kriegerischen Aktivitäten des Weltkrieges brachten es mit sich, dass in Österreich-Ungarn, ebenso wie im Deutschen Reich, das Militärische zunehmend Einfluss auf die Innenpolitik des Landes erlangte. Ebenso wie ihre deutschen Kameraden beschritten Österreichs Offiziere den Weg einfacher Lösungen. Deren katastrophale Konsequenzen in den Randgebieten der Donaumonarchie, wie etwa in Galizien, wurden bereits erwähnt. Doch damit gab man sich, wie die Aufzeichnungen Ronges zeigen, keineswegs zufrieden. Das Einfalltor für die militärischen Interventionen ins Nichtmilitärische war die Sorge um die Funktionsfähigkeit der k.u.k. Armee. Dass es mit dieser nicht zum Besten stand, pfiffen nach dem kläglichen Scheitern der Eröffnungsfeldzüge gegen Serbien und Russland im Spätsommer 1914 die deutschen Spatzen von den Dächern. Ganze Einheiten und Verbände, vor allem solche aus Tschechen, Ruthenen und Italienern, gingen geschlossen zum Feind über, ohne auch nur einen Schuss abgegeben zu haben, es sei denn auf die eigenen Offiziere. Die Schuld für die Fehlbeurteilung der österreichungarischen Armee ist später vielfach dem langjährigen Generalstabschef der Donaumonarchie, Conrad von Hötzendorf, angelastet worden. Er habe in seiner Truppenfernheit die Kampfkraft seiner Wehrpflichtarmee sträflich überschätzt. Doch auch hier sind aus der deutschen Perspektive deutliche Fragezeichen angebracht, denn der deutsche Generalstab, vor allem dessen Chef Helmuth von Moltke, machten sich über den potenziellen militärischen Verbündeten und seine Schlagkraft falsche Vorstellungen. Der Aufbau des deutschen Kriegsplans beruhte auch insofern auf einem Phantom. Dabei hätte Moltke durchaus die Mittel gehabt, sich vom Zustand der k.u.k. Armee zu unterrichten. Die notwendige Erkundungsarbeit unterließ man jedoch.[323] Nach den Worten eines der Oberquartiermeisters im Großen Generalstab aus der Vorkriegszeit, Hugo von Freytag-Loringhoven, klingt das so:

Ich habe, während ich Oberquartiermeister war, vergeblich versucht, meine Kommandierung zu den großen österreichisch-ungarischen Herbstmanövern durchzusetzen, indem ich darauf hinwies, dass ich, wenn ich im Kriegsfall unsere Heeresleitung bei den Verbündeten vertreten solle, von diesen vor allem eine klare Vorstellung haben müsse. Generaloberst v. Moltke erkannte das wohl an, meinte aber, das Kriegsministerium würde Schwierigkeiten machen. Ein Zeichen im Einzelnen für die Kleinlichkeit der Anschauungen, die bei und in solchen Dingen herrschten. Ich weiß nicht, ob der Chef des Generalstabes wirklich dieser Ansicht war oder sich aus anderen Gründen scheute, oder ob auch hierbei wieder seine Sorge um Geheimhaltung mitsprach, kurzum, es wurde nichts aus der Sache.[324]

So blieben dem deutschen Generalstab die schweren Missstände in der Armee des wichtigsten potenziellen Kriegsverbündeten verborgen. Es ist allerdings einzuräumen, dass sich der hohe Grad der Zersetzung erst nach Kriegsausbruch in aller Deutlichkeit offenbarte. Entscheidende Hinweise über die Aktivisten, die dieses Geschäft seit Jahren betrieben hatten, kamen aus den Aktenfunden, die der deutschen Rückeroberung Galiziens und der weitgehenden Einnahme Serbiens im Herbst 1915 zu verdanken waren. Sie zeigten, welches Netz von Landesverrat die Donaumonarchie überzog und wie tief greifend die Abspaltungstendenzen vor allem der Tschechen und der Völker auf dem Balkan fortgeschritten waren. Ungezählte Prozesse wegen Landes- und Hochverrat waren die Folge. An zwei der Verfahren soll der Niedergang der Donaumonarchie beispielhaft erläutert werden.[325]

Der Einstieg in den Prager Untergrund begann im Juli 1915. Gegen einen tschechischen Legionär mit Namen Emil Posker wurde vor einem Feldgericht in Mährisch-Ostrau verhandelt. Hierbei stellte sich heraus, dass Posker im November 1914 als russischer Kurier nach Mähren entsandt worden war, um Verbindung zum tschechischen Reichstagsabgeordneten Vaclav Klofáč und dem tschechischen Politiker Karel Kramář aufzunehmen. Von hier aus führten die Spuren zur russischen Kirche in Prag. Solange der dortige zivile k.u.k. Statthalter von Böhmen, Fürst Franz-Anton von Thun-Hohenstein, die Hände über seine Tschechen hielt, passiert nichts. Dann aber, nachdem dem Evidenzbüro im August 1915 eine Politische Gruppe angegliedert wurde, die dem Militärjuristen Dr. Richard Turba unterstellt wurde, waren die Tage bis zur Haussuchung gezählt. Diese brachte derartig belastendes Material zum Vorschein, dass nachgewiesen werden konnte, was die wahre Rolle der russischen Kirche in Prag gewesen war. Sie war längst nicht nur die geistliche Stätte der Orthodoxen, sondern seit den 1890er-Jahren Briefkasten und Verteilerstation für die Gelder, die Russland notwendig erschienen, um die Abspaltung der slawischen Brüder aus der Donaumonarchie zu organisieren. Am 6. Dezember 1915 begann der Landes- und Hochverratsprozess gegen Dr. Kramář und Genossen. Mit von der Partie auch ein ehemaliger russischer Konsulatsangestellter mit Namen Ryschkow, der die Rolle des russischen Residenten gespielt hatte. Der Prozess offenbarte nicht nur die klägliche Rolle, die der österreichische Statthalter von Böhmen, Fürst Thun, gespielt hatte, als er anfangs des Krieges den Hauptträdelsführer Thomas Masaryk ungehindert ins Ausland davonziehen ließ, sondern auch wie tief die tschechische Abspaltung bereits gediehen war. Ryschkow wurde am 7. Mai 1917 zum Tode durch den Strang verurteilt, jedoch alsbald gegen den von den Russen aus Lemberg verschleppten

Metropoliten, Graf Szeptycki, ausgetauscht. Auch die vier angeklagten Tschechen wurden zum Tode verurteilt. Jedoch wurden die Urteile nicht vollstreckt, um Märtyrer zu vermeiden; dass das nahe Ende der Donaumonarchie bald alle auf freien Fuß setzen würde, konnte zu diesem Zeitpunkt noch niemand ahnen.[326] Auch der andere tschechische Vormann, der Abgeordnete Klofáč, ging den Männern der Politischen Gruppe des Richard Turba ins Netz. Mittlerweile war auf dem Amselfeld die Korrespondenz des geflohenen serbischen Ministerpräsidenten Nikola Pašić sichergestellt worden. Beim Sichten müssen den Geheimdienstlern die Augen übergegangen sein, denn sie stießen auch hier auf ein weit verzweigtes konspiratives Netz in der Tschechei, an deren Spitze der Politiker Klofáč stand. Der Anfang von dessen Tätigkeit ließ sich auf 1902 datieren. Dabei beschränkte man sich keineswegs auf politische Wühlarbeit, sondern hatte auch militärische Spionage im Angebot, was angesichts der zahlreichen tschechischen Waffenschmieden nahe lag; der Abfluss der Informationen folgte jahrelang in Richtung Serbien. Dass dort die Russen letztlich Nutznießer der Meldungen sein würden, wurde gerne in Kauf genommen. Im Januar 1914 besuchte Klofáč St. Petersburg. Bei einem Treffen mit dem russischen Generalstabschef sagte er diesem zu, ein Agentennetz zugunsten Russlands aufzuziehen und österreichische Mobilmachungsarbeiten tatkräftig zu behindern. Während des Krieges kam dann noch ein besonderer konspirativer Zweig hinzu: Die Zivostenska Banka nutzte ihr Zweigstellennetz zur Übermittlung von Spionagematerial. Damit nicht genug: Ganz gezielt wurde mit Hilfe dieser Bank die österreichische Geldwirtschaft geschädigt, um einen finanziellen Kollaps der Monarchie herbeizuführen. Damit war es 1916 aus; die Betroffenen wurden in Untersuchungshaft genommen, doch zu einer Verurteilung kam es nicht mehr. Die Uhr der Donaumonarchie war abgelaufen. Im Laufe des Jahres 1917 war der Selbstauflösungsprozess weit fortgeschritten; äußerliche Wegmarken waren die Entlassung des Chefs des Kriegsüberwachungsamtes, Feldzeugmeister Leopold von Schleyer, und kurze Zeit später, am 9. September 1917, die Auflösung der Behörde.[327]

Das große Sterben.
Russische Spionageaktivitäten und die russische Dolchstoßlegende

Werfen wir einen Blick auf die russische Seite. Die russische Geheimpolizei Ochrana spielte bei den kriegerischen Auseinandersetzungen mit den Mittelmächten eine wenig durchsichtige Rolle. Ob sie ihre Agenten in den Gebieten nutzen konnte, die ab 1915 von der deutschen Armee besetzt wurden, ist kaum bekannt. Es kann sein, dass unter den zahlreichen von Deutschen und Österreichern abgeurteilten Spionen auch solche der Ochrana waren. Besondere Bedeutung werden sie nicht gehabt haben; das liegt schon an ihrer Einsatzrichtung: Sie waren auf die inneren Feinde des Zarenstaates fixiert. Wie sich polnische, weißrussische, ukrainische Sozialisten gegenüber der deutschen Besatzung aufführten, verlor für die russische Führung an Bedeutung, selbst wenn man sich vorstellen kann, dass ihr jetzt an einem Agieren der ehemaligen Unruhestifter gelegen sein durfte. So nimmt es auch nicht Wunder, dass die Nachrichtenoffiziere von Oberost auf einheimische Zuträger insbesondere unter der russisch-polnischen Bevölkerung zurückgriffen. Hierunter werden auch wieder ehemalige Ochrana-Agenten gewesen sein, denn die Erfahrung lehrt, dass Menschen diesen Zuschnitts gern mal den Auftraggeber wechseln.

Einen ganz anderen Stellenwert hatte der Spionagedienst des Generalstabs, die Raswedka. Wenn wir uns deren aggressive und erfolgreiche Vorkriegsspionage vor Augen führen, verwundert es schon, dass mit Kriegsbeginn das alles der Vergangenheit angehört haben soll. Doch ganz so war es nicht. Auch die Russen bedienten sich des neutralen Auslands als Operationsbasis gegen die Mittelmächte; auch für sie boten sich die nordischen Länder zu diesem Zwecke an. Bereits bei Kriegsbeginn hatte sich in Kopenhagen ein Spionagering etabliert, der vom Polen Dr. Katz aus Warschau geleitet wurde. Dem Katz-Ring gehörten eine Reihe von Gebietsresidenten an, Schapiro für Ostpreußen, Felsenstädt für Posen, Willner für Berlin, Silberberg für Bromberg, Blauzwirn für Breslau. Dieser ausschließlich aus Juden rekrutierte Spionagering strafte alle diejenigen Lügen, die von der Annahme ausgingen, dass die polnischen Juden ein sicheres Spionagepotenzial des Deutschen Reichs darstellten. 1915 etablierte sich eine weitere von polnischen Juden geführte Spionagegruppe, deren Leiter Blumenthal und Stückgold sich auf die Anwerbung von reisenden Artisten spezialisiert hatten. Beide Ringe flogen auf. Den Grund hierfür fasste der III b-Chef, Walter Nicolai, in Worte, die ihn als krassen Antisemiten ausweisen: Unternehmungen, die sich auf *jüdische Elemente* stützten, hätten, so formulierte Nicolai, wegen deren Unzuverlässigkeit und Feigheit keinen Erfolg haben können. Es gehört zu den Geheimnissen des deutschen Geheimdienstchefs, wie er zu dieser Erkenntnis gekommen sein will, denn die in Russisch-Polen ansässige jüdische Bevölkerung stellte, wie wir uns erinnern, ein wesentliches Rekrutierungsreservoir der deutschen Russlandspionage. Nicolais Untergebene sahen die Dinge realistischer, und sie nutzten die Erkenntnis der Käuflichkeit der Bevölkerung von Russisch-Polen für geheimdienstliche Spiele und Gegenspiele. Eine andere Spionageorganisation, die der deutschen Seite viel Ärger brachte, war die des Raswedka-Obristen Rascha in Kopenhagen. Sie arbeitete mit Schweden, Finnen und Deutschen, denen es gelang, bei so genannten Militärpersonen und in höheren Gesellschaftskreisen Fuß zu fassen. Dabei war

Rascha den deutschen Abwehrbehörden durchaus kein Unbekannter: Schon im Sommer 1911 war es dem damaligen Oberstleutnant im Hauptstab für Aufklärung gelungen, unter Decknamen nach Deutschland einzureisen und in aller Seelenruhe ausgerechnet das Kaisermanöver der deutschen Armee aus der Nähe mitzuerleben.[328]

Die russische Seite bewegte sich in ähnlichen Denkmustern wie der deutsche Geheimdienstchef. Ganz unabhängig von der Tatsache, dass Ochrana und Raswedka gerade unter wohlhabenden Juden mit ihren weitreichenden Handelsverbindungen Agentenringe für die Fernaufklärung organisierten, gingen die russischen zivilen und militärischen Sicherheitsbehörden in Russisch-Polen und später auch in Litauen, Kurland und Livland gegen die ortsansässige jüdische Bevölkerung mit breit angelegter Zwangsevakuierung vor. Den Grund hierfür lieferte deren angebliche Unzuverlässigkeit und Deutschenfreundlichkeit. Diese Mär war nicht zuletzt von den deutschen Nachrichtenoffizieren in die Welt gesetzt worden, die seit Kriegsbeginn beim Kampf um die Köpfe versucht hatten, gerade diese Bevölkerungsgruppe propagandistisch anzusprechen. Das geschah durch das Abwerfen von Flugblättern, die mit Ballons oder Flugzeugen über die russischen Linien transportiert wurden. In den für die Juden bestimmten Flugblättern wurde in jiddischer Sprache zum gemeinsamen Kampf gegen den Zarismus und zum Sturz des Zaren aufgerufen.[329] Der Effekt war gleich null – im Gegenteil, die Betroffenen wurden ins Innere Russlands deportiert. Von derartigen Aktionen ist in den deutschen Nachkriegspublikationen selbstredend nichts zu lesen. Doch die Russen hielten sich mit den von ihnen beargwöhnten Juden keineswegs immer an die beschriebene Methode. Bei den Kämpfen im österreichischen Galizien nahmen sie deren Vertreibung in Richtung der österreichischen Linien vor – immer nach dem Motto: Mochte sich der Feind mit ihnen herumschlagen. Dort mochte man diesen unerwarteten, unerwünschten Zulauf zunächst kaum glauben. Erst die Meldung des k.u.k. Abhorchdienstes brachte die Bestätigung:

Die jüdische Bevölkerung ist im Operationsraum ohne Rücksicht auf Alter und Geschlecht in Richtung gegen den Feind zu evakuieren.[330]

Aus dem Umstand, dass der russischen Armee von Kriegsbeginn an immer wieder empfindliche Niederlagen beigebracht wurden, ist auf deutscher Seite später gefolgert worden, die Aufklärung der Raswedka sei bei Kriegsbeginn zusammengebrochen.[331] In Russland hingegen hielt sich hartnäckig die Legende, alles sei von deutschen Spionen unterwandert gewesen. Beide Auffassungen stellen Verkürzungen des Geschehens dar und sind so nicht haltbar. Die russische Auslandsaufklärung erhielt mit der Kriegseröffnung einen empfindlichen Schlag. Plötzlich stand sie keineswegs besser da als die mangelhafte deutsche und die österreich-ungarische Russlandspionage. Auf beiden Seiten war das Verbindungswesen für den

Nachrichtenaustausch zwischen den Agenten und den Führungsstellen auf die Führung eines Massenkrieges nicht eingerichtet. Die Folge war auch auf russischer Seite, dass die Raswedka ihre Agenten aus dem Auge verlor. In der Praxis der Kriegführung auf der Armeeebene wirkte sich das wie folgt aus, wenn wir den Memoiren des russischen Armeebefehlshabers Alexej Brussilow Glauben schenken, der am äußersten südlichen Flügel des russischen Heeres aufmarschiert war:

Wir besaßen nur ziemlich spärliche Angaben über den Gegner, und unsere Aufklärung war im Großen und Ganzen wenig befriedigend organisiert. Die Luftaufklärung war ziemlich schwach, da wir nur wenige alte Flugzeuge hatten. Dennoch erhielten wir unsere wenigen Informationen vor allem von den Fliegern. Für uns arbeiteten nur wenige Agenten, und die, die wir in aller Eile angeworben hatten, brachten nicht viel. Die Kavallerieaufklärung konnte nicht tief über die Grenze vorgehen, weil der Grenzfluss Zbrucz (Sbrutsch) durchweg von Infanterieeinheiten gesichert wurde. Im Großen und Ganzen wussten wir, dass einstweilen keine starken feindlichen Kräfte uns gegenüber handelten. Wir nahmen an, dass sich die feindlichen Truppen am Sereth auf der Linie Tarnopol (Ternopol)-Trembowla (Trembowlja)-Czortkow (Tschortkow) konzentrierten, doch in welcher Stärke und wie ihre Kräfte entfaltet waren, konnten wir nicht ermitteln.[332]

So war die russische Führung nach Eröffnung der Kampfhandlungen in der ersten Zeit des Krieges fast ausschließlich auf die Aussagen Kriegsgefangener angewiesen, denn die Raswedka hatte sich in der Vorkriegszeit fast einseitig auf die Führung ihrer Agenten mit Hilfe legaler Residenturen gestützt, das heißt auf Personal, welches in die diplomatischen Vertretungen eingebaut war, vor allem auf die Militärattachés. Der Kriegsausbruch diktierte die Notwendigkeit neuer Führungsstellen. Wie auf deutscher Seite auch, rückten für die Fernaufklärung die neutralen Anrainerstaaten ins Blickfeld. Schwerpunkt der russischen Deutschlandaufklärung wurde Dänemark, so wie es im umgekehrten Wege Schweden war. Das wurde durch den Umstand erleichtert, dass in Dänemark starke antideutsche, aber kaum antirussische Ressentiments vorhanden waren, während dies in Schweden umgekehrt war. Hinzu kam, dass der Standort für den russischen Militärattaché in den Nordischen Reichen seit Jahren in Kopenhagen lag. Dort residierte seit 1912 der rührige Militärattaché Assanowitsch. Gegen Österreich-Ungarn lagen die Dinge etwas anders. Hier bildete die Schweiz einen idealen Stützpunkt. Ein ebenso wichtiger war bis zum Frühherbst 1916 Bukarest. Deutsche Schalmeienklänge, die vom Klappern der Goldmark begleitet wurden, konnten die russische Seite neutralisieren. Russlands Geheimdienstresident, der Militärattaché Semjonow, wusste nicht nur die deutschen Maßnahmen zu unterlaufen, sondern er versorgte den deutschen Militärattaché Bronsart von Schellendorf kräftig mit Desinformationsmaterial. Als Wanderer zwischen den Welten diente dabei ein Deutscher, der Doppelagent Heinrich Nebel. Völlig ungeniert wurde zudem von Rumänien aus ein Spionagedienst gegen Ungarn betrieben; die ungarische Grenzpolizei galt als stümperhaft und uneffektiv. Zudem wurde weder im damals ungarischen Temesvár noch in Hermannstadt der in Aussicht genommene defensive Kundschafterdienst eingerichtet. Als es dann nach vielem Hin und Her in Temesvár doch geschah, konnten umgehend 102 Spionagefälle aufgedeckt werden. Ein Fünftel der Festgenommenen waren Geistliche, die sich darauf spezialisiert hatten, einheimische Honved-Soldaten zur Desertion oder zur Selbstverstümmelung zu veranlassen. Im August 1916 trat Rumänien auf der Seite der Entente in den Krieg ein; ein Erfolg, an dem die Raswedka nicht unmaßgeblich Anteil hatte. Doch für die russischen Spionageaktivitäten zeigte sich alsbald ein Bumerang: Mit dem deutschen Herbstfeldzug, der zur fast vollständigen Besetzung des Landes führte, verlor die russische Auslandsspionage ihren wichtigsten Stützpunkt gegen die Donaumonarchie.[333]

Auch in der Nahaufklärung ähnelten sich die Verhältnisse auf beiden Seiten. Die Zuständigkeit für die frontüberschreitende Aufklärung lag bei den Nachrichtenoffizieren der Fronten, Armeen und Korps. Diese rekrutierten sich ab Kriegsbeginn zu einem Teil aus den Angehörigen des Gendarmeriekorps, also der militärisch und zentral organisierten, uniformierten politischen Polizei des Zarenreichs. Das waren erfahrene Leute in der Führung von Agenten. Hinzu kam, da sie aus den Grenzregionen rekrutiert wurden, dass sie Land und Leute derjenigen Regionen kannten, in denen sich das Kriegsgeschehen in der Hauptsache abspielte.[334]

Es gibt eine verhältnismäßig sichere Methode, den Aktivitäten der russischen Spionage gegen die Mittelmächte noch nach Jahrzehnten auf die Schliche zu kommen. Es sind dies die Meldungen der einschlägigen deutschen und österreich-ungarischen Spionageabwehr. Es ist eine Banalität, aber dennoch steckt hinter jedem enttarnten Spion ein Agent, der einmal seinem Handwerk nachgegangen ist. Allerdings sind die Dinge keineswegs eins zu eins übertragbar. Es ist in Abzug zu bringen, was die österreichische Seite anrichtete, als sie im kriegerischen Hin und Her in Galizien Massenhinrichtungen unter der Bevölkerung verübte, deren einziges Vergehen häufig der Verdacht der Illoyalität gegen das Haus Habsburg war. Dass dies die betroffene Bevölkerung erst recht auf die Seite der Russen treiben musste, ist eine Binsenweisheit, die der k.u.k. Generalität indessen so gut wie unzugänglich war. Lässt man diese unerfreulichen Dinge beiseite, bleibt noch genug zu berichten. Eine Vielzahl von Steckbriefen, Zeitungsnotizen, Hinrichtungslisten und Berichten über Abwehrerfolge zeigt ein buntes Bild der russischen Spionage im Kriegsgebiet. Ein paar Beispiele: Am 4. September 1915 wurden in

Warschau vier Personen wegen Spionage gegen die deutsche Armee zum Tode
verurteilt; es waren die Polen Peter Ryschkin, Stefan Szymanski, Wasili Pietrek
und Czeslaw Niemozykiewicz; sie wurden vier Tage später erschossen. Am
1. September 1916 erfolgte in Suwalki die Hinrichtung von Josas Urnewitsch. Am
9. September 1916 wurde der Arbeiter Boleslaus Piekut aus Warschau wegen
Spionage in Warschau hingerichtet. Der Pole Jan Kaniewski entging der Hinrichtung wegen Spionage; er nahm lieber erfrorene Füße in Kauf, denn er entfloh aus
der Haft in Garwolin am 28. März 1916, indem er trotz der Winterzeit barfuß aus
dem ersten Stockwerk aus dem Gefängnis sprang.[335]
Von Riga aus wirkte der russische Stabskapitän Grigorjew zusammen mit seinem
lettischen Gehilfen Preede. Die Spezialität des Duos war die Entsendung von
angeworbenen Prostituierten hinter die deutschen Linien. Ob diese Vorgehensweise der deutschen Armee mehr durch eingeholte Spionageerkenntnisse oder
durch die Übertragung von Geschlechtskrankheiten schadete, ist nicht überliefert. Von ähnlichem Kaliber war der russische Nachrichtenoffizier Popow, dessen
Kuriere die Herren Keldisch und Blumberg waren. Popow hatte zur Abdeckung
seiner Aktivitäten in einem Bordell Quartier bezogen. Zwar ist vor allem von
deutscher Seite darauf hingewiesen worden, dass der Einsatz von Prostituierten
zu Spionagezwecken nichts gefruchtet habe, doch sind gegen apodiktische Urteile dieser Art Zweifel angebracht. Es ist zwar zutreffend, dass der Betrieb der ebenso schauerlichen wie offenbar notwendigen Front- und Etappenbordelle so ablief,
dass an eine nebenamtliche Spionagetätigkeit der dort beschäftigten Damen kaum
zu denken war, doch vollzog sich der von der deutschen Heeresführung fruchtlos
bekämpfte Geschlechtsverkehr im Kriegsgebiet auch außerhalb der eigens eingerichteten Schnellschussanlagen. Russische Nachrichtenoffiziere trugen im Gegensatz zu ihren deutschen Pendants keinerlei Bedenken, die ärmliche Stadt- und
Landbevölkerung in Russisch-Polen zur Prostitution anzustiften.[336]
Überhaupt die Frauen: Eine der Agentinnen, Emilie Sommerlatte, vermutlich eine
Lettin, nannte sich Samurlajewa. Sie war zum orthodoxen Glauben übergetreten
und unterhielt ein Liebesverhältnis mit einem versprengten russischen Offizier
hinter den nördlichen Linien der deutschen Ostfront. Wie weit da Spionage im
Spiel war, blieb jedoch im Dunkeln. Die Sommerlatte hatte Glück; sie blieb am
Leben und wurde in ein Sammellager abgeschoben. Überlebt hat auch die Lettin
Kirstein. Sie ging mit deutschen Soldaten ins Bett, falls ein solches vorhanden war,
um sie auszuhorchen. Bis zur Jahreswende 1915/16 war die attraktive junge Frau
tätig, dann stolperte sie der Spionageabwehr ins Netz. Ihrer Hinrichtung entging
sie, weil sie zum fraglichen Zeitpunkt schwanger war. Weniger Glück hatte der
russische Agent Koschkin. Seine Methode der Ausforschung deutscher militärischer Maßnahmen basierte auf dem Liebesverhältnis zur Frau eines Gastwirts, die

den Agenten nicht nur mit den Dingen des körperlichen Bedarfs versorgte, sondern auch mit den Informationen versah, die sie aufgrund ihrer Tätigkeit leicht beschaffen konnte. Doch als Koschkin aufkippte, belastete sie ihren Liebhaber schwer, um selbst den Kopf aus der Schlinge zu ziehen.[337]

Eine weitere russische Eigenart der Spionage war der Einsatz von Kinderagenten. Sie waren als Strandgut des Krieges leicht zu rekrutieren und zu Beginn ihres Einsatzes recht unauffällig, da sie, wie viele andere Mädchen und Jungen auch, zwischen den feindlichen Lagern auf der Suche nach etwas Essbarem herumvagabundierten. Doch bald fiel den Deutschen auf, welcher Floh ihnen hier in den Pelz gesetzt worden war, und sie griffen die Jugendlichen wahllos auf, um sie, ob nun angeworben oder nicht, ins Landesinnere zu verfrachten, wo sie keinen wirklichen Schaden stiften konnten.[338] Beim ersten Auftreten des Phänomens der Kinderspionage hatte im November 1916 die deutsche Spionageabwehr bei Oberost wie folgt berichtet:

> *Der russische Nachrichtendienst entsendet in neuerer Zeit in das von den verbündeten Truppen besetzte Gebiet als Agenten Burschen im Alter von 14 bis zu 17 Jahren, die zwar im besetzten Gebiet beheimatet sind, aber beim allgemeinen russischen Rückzug flüchteten. In Minsk bestehen vier Agentenschulen, deren Oberaufsicht der Nachrichtenoffizier beim Stabe der 2. Armee, Oberstleutnant Kowalewski, führt, welcher von dem Nachrichtenoffizier Popow unterstützt wird. Den Schülern werden Pseudonyme beigelegt, mit welchen sie sowohl von den Lehrern als auch von den Kameraden angesprochen werden; ihre richtigen Namen werden geheim gehalten. Die Ausbildung in den Agentenschulen dauert drei Monate und umfasst eingehende Belehrungen über die Unterscheidungsmerkmale und Erkennungszeichen der deutschen Truppengattungen und Kommandostäbe sowie über das Verhalten bei Festnahme durch die Deutschen. Den Schülern wird dabei eingeprägt, unter keinen Umständen ein Geständnis abzulegen, sondern den vernehmenden Beamten durch Erzählungen über die wirtschaftliche Lage hinter der russischen Front von dem Vernehmungsziele abzulenken. Nach erfolgter Ausbildung werden den Agenten sorgfältig angefertigte Ausweise, z. B. Geburtsurkunde, Schülermatrikel, Niederlassungsgenehmigung, Militärentlassungsschein eingehändigt.[339]*

Auch die russische Seite ließ nichts unversucht, um führende deutsche Militärs gewaltsam zu beseitigen. Eines dieser Kommandos bestand aus 24 Personen, Sprengagenten genannt, die den Auftrag erhalten hatten, den Chef von Oberost, Generalfeldmarschall Paul von Hindenburg, nebst seinem Stab in Kowno ins Jenseits zu befördern. An der Spitze dieser Bande standen eine russische Studentin, die, wie der deutsche Abwehroffizier erstaunt notiert hat, nicht revolutionär, sondern nationalistisch gesinnt war, und ein freigelassener Zuchthäusler namens

Agafonoff. Die Tat misslang, da sie verraten worden war, und 18 der 24 Agenten gingen der deutschen Feldpolizei ins Netz. Sie wurden umgehend erschossen. Dieses Mordkommando war bei weitem nicht die einzige Sabotagetruppe, die die deutsche Seite feststellen musste. Bis Dezember 1915 wurde die Existenz von über 300 Agenten ermittelt, die der Sabotageorganisation des Obristen Terakow zugeordnet wurden. In Sprengtrupps aufgeteilt, hatten sie den Auftrag, über die Frontlinie hinweg ins deutsche Hinterland einzudringen und dort bevorzugt Bahnsprengungen vorzunehmen. Einige dieser Sprengtrupps sind auch über Polen hinaus in die Ostgebiete des Deutschen Reichs vorgedrungen. Einer der Anschläge galt der Eisenbahnbrücke der Strecke Warschau-Wien bei Sonowice. Die Sprengung der Brücke wurde durch die Festnahme des fünfköpfigen Kommandos am Abend des 12. Februar 1915 im letzten Augenblick verhindert. Die Sprengvorrichtung wurde von der Abwehrpolizei untersucht und anschließend für die anderen Abwehrbehörden in einer Prinzipskizze beschrieben. Vier Tage vor dem missglückten Anschlag auf die Eisenbahnbrücke war am 8. Februar 1915 durch Sabotage die Sprengstofffabrik Kruppamühle bei Keltsch in Schlesien zerstört worden. Die Explosion kostete 22 Menschen das Leben, 18 Schwer- und 33 Leichtverletzte überlebten die Katastrophe. Für den Wiederaufbau der Fabrik und die Neuaufnahme der Produktion wurden vier Monate benötigt.[340]
Die russische Spionage wies einen bemerkenswerten Unterschied zur deutschen Frontaufklärung auf: Während es den deutschen Nachrichtenoffizieren ausdrücklich verboten war, sich in Feindesland zu begeben, kannte die russische Militäraufklärung solche Zurückhaltung nicht. Der russische Rittmeister Gregor Aporor aus Taschkent tat in ungarischer Uniform als Imre Nagy Dienst in einer Honved-Landsturm-Husarenschwadron – bis zu einer kleinen Panne. Bei einem Löhnungsappell wurde der Nagy-Imre aufgerufen; da meldeten sich gleich zwei, da es auch einen echten in der Einheit gab. Dem sicheren Erschießungstod entkam Aporor, indem er die Dummheit seines slowakischen Wachtpostens zur Flucht nutzen konnte. Seine ehemalige Einheit bedachte er später mit einer ironischen Feldpostkarte aus Russland, in welcher er Weihnachtsgrüße bestellte. Ähnlich unverfroren verhielt sich der russische Kundschafteroffizier mit dem Decknamen Bakytin; er soll sich bereits in den Jahren 1912 bis 1914, dem russischen Militärattaché zugeteilt, in Wien aufgehalten haben. Nach Ausbruch des Krieges nahm er in der Verkleidung eines k.u.k. Generalstabshauptmanns an den Kämpfen im Süden der sich Ende August 1914 erst entwickelnden Ostfront im Hinterland der k.u.k. Armee teil. Durch fingierte Befehlsgebung und Falschmeldungen, die er telefonisch übermittelte, soll er die Operationsführung bei Dub ganz entscheidend zum Nachteil der Österreicher beeinflusst haben. An dieser Stelle sind zwei russische Kadetten nicht zu vergessen, die, als Nonnen verkleidet, Dienst bei

einem k.u.k. Divisionslazarett im Styrabschnitt machten und wegen ihrer Gewohnheit, im Schlafzimmer zu rauchen, enttarnt wurden.[341]

Auch Deutschland musste bereits in den Augusttagen des Jahres 1914 eine empfindliche Schlappe einstecken, die nicht einmal rechtzeitig bemerkt wurde. Am 26. August 1914 lief nämlich der deutsche Kleine Kreuzer *Magdeburg* im Finnischen Meerbusen im dichten Nebel auf Grund. Was dann geschah, wird in einigen Varianten erzählt; wir neigen nicht dazu, diese Sache für eine glänzende Tat der jungen kaiserlichen Marine zu halten. Fest steht, dass das 1911 fertig gestellte Schiff von seiner Besatzung aufgegeben wurde; fest steht auch, dass verbotswidrig der Marinefunkschlüssel der Kriegsmarine im Schiff zurückblieb, so dass ihn erstaunte und entzückte russische Militäraufklärer in Besitz nehmen konnten. Aber sie bemerkten alsbald, dass sie damit den Funkverkehr der deutschen Armee nicht entschlüsseln konnten; möglicherweise diente er ihnen aber als wichtiges Muster für die Dechiffrierung des deutschen Armeeschlüssels. Dessen zeitweise Entschlüsselung während der Herbstkämpfe in Russisch-Polen haben wir bereits gesehen. Doch die Russen taten, bündnistreu, wie sie zu dieser Zeit noch waren, ein Übriges: Sie gaben eine Kopie des Schlüssels an den britischen Kriegsverbündeten weiter. Dieser wusste ihn in der Tat zu nutzen. Room 40, die Abhör- und Dechiffrierungsstelle des britischen Marinegeheimdienstes, konnte in der zweiten Hälfte des Krieges geradezu sensationelle Abhörerfolge verbuchen. Die Sensation wäre ausgeblieben, wenn nicht die deutsche Seite eine Geheimdiensteselei der ersten Größenordnung produziert hätte. Noch im Herbst 1914 wurde den Offizieren von III b durch Agentenmeldungen und durch die Funkaufklärung bekannt, dass die Russen den Marinefunkverkehr mitlesen konnten. Doch zwischen Armeegeheimdienst und Seekriegsleitung verschwand diese wichtige Erkenntnis auf Nimmerwiedersehen, so dass die Marineleitung die gebotene Konsequenz nicht zog; man chiffrierte weiterhin munter nach den eingeübten Verfahren.[342]

Auch in anderen Fällen wurden den Mittelmächten durch die Aktionen der Raswedka schmerzhafte Stiche versetzt. In der Nacht vom 27. auf den 28. November 1915 gelang es einem russischen Kommando, das den Auftrag hatte, hochrangige Kriegsgefangene einzubringen, einen leibhaftigen deutschen Divisionskommandeur bei Newel, südlich von Pinsk, zu kidnappen. Es handelte sich um den Führer der 82. Reservedivision, den Generalmajor Fabarius. Der deutsche Heeresbericht vom 4. Dezember 1915 musste zähneknirschend korrigieren, dass er die russische Erfolgsmeldung zwei Tage zuvor als freie Erfindung abgetan hatte. Allerdings hatten die Russen keine dauernde Freude an ihrem Erfolg; Fabarius starb bereits am 30. November an den Verletzungen, die ihm bei dem Handstreich zugefügt worden waren.[343]

Schließlich riss selbst die russische Tiefenaufklärung nach Deutschland hinein während des Kriegs keineswegs ab. Von den in Deutschland wegen des Verdachts auf Landesverrat Aufgegriffenen wurden 411 Personen einschlägig verurteilt. 22 der Verurteilten waren Russen, aber wichtiger noch: in 55 Fällen wurde Spionage für Russland nachgewiesen.[344] Die Zahlen weisen vermutlich nur die Spitze eines Eisberges aus. Auch ein anderes Konzept der russischen geheimdienstlichen Kriegführung ging anfangs auf. Bei einem der Grenzscharmützel wurden am 14. August 1914 die deutschen Truppen aus dem Ort Kalisch von Zivilisten beschossen. Es steht zu vermuten, dass dies auf Anstiftung russischer Provokateure geschah; möglich ist auch, dass es die russischen Agenten selbst waren, die das Feuer eröffneten. Die deutsche Rache war schrecklich; der Ort wurde verwüstet. Wie vorherzusehen, waren die deutschfeindlichen Reaktionen weltweit entsprechend; vor allem auf die polnische Bevölkerung wirkte sich das deutsche Vorgehen verheerend aus.

In der Frontaufklärung liefen die Dinge für die Russen allerdings schlecht: Die nach Ostpreußen vordringenden beiden Armeen gingen mit einem gewissen Recht davon aus, dass die Deutschen angesichts der prognostizierten zahlenmäßigen Unterlegenheit alles daransetzen würden, möglichst verlustarme Abwehrgefechte zu führen. Doch der Oberstleutnant Max Hoffmann hielt sich nicht an diesen Grundsatz. Er führte ein bewegliches Vernichtungsgefecht. Den Funkaufklärungsergebnissen und dem unbändigen Willen der deutschen Führung hatte die russische Seite nichts Adäquates entgegenzusetzen. Weitere, wenn auch weniger erfolgreiche Schläge folgten, denen man russischerseits blind ausgeliefert war. Die russische Funkaufklärung lief schleppend an und funktionierte nur zeitweise; einschlägig platzierte Spitzen-Spione waren in deutschen Frontstäben nicht vorhanden. Alles andere war, wie auch beim Gegenüber, eher eine auf Kleinklein vertrauende Spionagetätigkeit, von Soldaten- und Kolonnenzählern, die zwar wichtige Ergebnisse liefern, aber nichts über den sich ständig ändernden feindlichen Kriegsplan sagen konnten.

Man kann lange darüber debattieren, ob die herben Schläge, die die russische Armee einstecken musste, in erster Linie durch eine verfehlte Militäraufklärung verursacht worden waren oder ob ganz andere Faktoren eine entscheidende Rolle spielten. Wie dem auch sei: Ende 1914 wurden Sündenböcke gesucht und die Spitzen der russischen Spionage abgelöst; sowohl der Leiter der Raswedka, Nikolaj Monkewitsch, als auch der einst erfolgreiche Residenturleiter aus Warschau, Nikolaj Batjuschin, und der aus Kiew, Michail Galkin, mussten ihre Stühle räumen. Monkewitsch wurde durch Nikola Terechow ersetzt und Batjuschin durch den wesentlich jüngeren Oberstleutnant Michail Rajewski. Doch damit nicht genug. Von der Ablösung der leitenden Geheimdienstoffiziere bis zur Behauptung, dass

Spionage und Verrat im Spiele sei, ist es erfahrungsgemäß nur ein winziger Schritt. Das galt auch für die zaristische Armee. Plötzlich besann man sich, dass der Name Nikolaj Augustowitsch Monkewitsch ursprünglich Monkewitz geheißen habe, sein Vater hieß August, wie man aus dem Vatersnamen ableiten konnte. Sein Vertreter hieß Oskar Karlowitsch Enkel – auch nicht besonders russisch, wenn man es sich recht überlegte. Wer diesen Unfug aufbrachte, ist nicht mehr zu rekonstruieren, vielleicht lag der Gedanke einfach in der Luft, und er musste nur noch ausgesprochen werden: Die verheerenden und unbegreiflichen Niederlagen der russischen Armee beruhten also auf Spionage und Sabotage – und zwar nicht von irgendwelchen kleinen Agenten, sondern von der Staatsspitze selbst. Diese Meinung war bald Allgemeingut, und mit Wladimir Orlow haben wir einen würdigen Kronzeugen, um den Ereignissen weiter nachzuspüren. Orlow war Militär-Untersuchungsrichter in der Stawka, dem russischen Hauptquartier; er sollte den Dingen auf den Grund gehen und die Schuldigen aburteilen lassen.[345]

Der Erste, der Orlow ins Netz ging, war der Oberstleutnant Sergej Mjassojedow. Der Gendarmerieoffizier hatte ein bewegtes Leben hinter sich. Kurz nach der Jahrhundertwende leitete er die politische Polizei im Kreis Wirballen. Der grenzte unmittelbar an Ostpreußen an; dort dienten die Wälder von Rominten dem deutschen Kaiser als Jagdgebiet. Die hieraus resultierenden dienstlichen Kontakte führten alsbald zu Einladungen, bei denen der deutsche Kaiser und preußische König nicht mit der Verleihung von Orden sparte. Wie jeder Uniformträger hatte auch Mjassojedow Freude an den hübschen Dekorationen; mit sechs bunten Bändern konnte er seinen Uniformrock schmücken; darunter war kein einziges russisches. Seinen Vorgesetzten war das ein Dorn im Auge; sie beschlossen, den Mann ins Innere Sibiriens zu versetzen. Der mochte allerdings nicht mitspielen und nahm am 2. Oktober 1907 seinen Abschied. Seine alten Polizeiverbindungen nutzend, gründete er ein Auswanderungsbüro in Libau, das gut floriert haben muss. Nichtsdestotrotz zog Mjassojedow 1911 die Uniform wieder an, als sich ihm eine einmalige Karrierechance bot. Er hatte den russischen Kriegsminister Suchomlinow kennen gelernt. Der Kontakt war über die beiden Ehefrauen zustande gekommen, die, durch die russische Brille gesehen, ein Kapitel für sich darstellten. Die jetzige Frau des Kriegsministers ging, als dieser noch Witwer und kaiserlicher Gouverneur in Kiew war, mit diesem, obwohl selbst verheiratet, ein Liebesverhältnis ein, so dass ein Skandal in der Kiewer Gesellschaft heraufbeschworen und ihre Ehe mit Donnergetöse geschieden wurde. Bei Mjassojedow lagen die Dinge nicht viel besser: Seine Frau war eine russische Jüdin, Klara Gollstein aus Wilna. Der ehemalige Gendarmerieoffizier kam dem russischen Kriegsminister gut zupass. Ihn hatte schon von jeher das von der Gendarmerie gegenüber der Armee ausgeübte Bespitzelungswesen geärgert, vor allem die Hilflosigkeit, die er als höherer Kommandeur gegen dieses staatlich verordnete Denunziantenwesen empfunden hatte, weil weder die Betroffenen noch ihre unmittelbaren Vorgesetzten je zu Gesicht bekamen, was da so alles zu Papier gebracht wurde. Manche militärische Laufbahn wurde auf diese Art jäh beendet. Suchomlinow war nun, als er an höchster militärischer Schaltstelle saß, auf die Idee verfallen, den Ex-Gendarmen ins Kriegsministerium einzustellen, damit dieser die eingehenden Spitzelberichte lesen und bewerten konnte. So geschah es. Mit diesem Schritt hatte der Kriegsminister die Rechnung ohne den Wirt gemacht, das heißt ohne den Innenminister, der diese Kontrolle durch einen unabhängigen, zudem seinem Kommando nicht unterstehenden Offizier kaum hinnehmen mochte. Der Innenminister bediente sich des Suchomlinow-Vertreters General Poliwanow, dem er, wie dessen Tagebuch vom März 1912 ausweist, eine wilde Geschichte einträufelte. Es dauerte keine zwei Jahre, da war Mjassojedow durch seinen ehemaligen Dienstherrn so gründlich demontiert, dass er erneut den Abschied einreichen musste. Dem war eine verletzende öffentliche Kampagne vorausgegangen, in welcher Mjassojedow unter anderem als deutscher und als österreichischer Agent denunziert wurde. Der so Verunglimpfte hatte keine bessere Lösung gewusst, als sich mit den Verleumdern zu duellieren und schließlich sogar öffentlich zu prügeln. Danach war seine erneute Entlassung nicht mehr aufzuhalten.[346]

In den Folgejahren wurde Mjassojedow auf Veranlassung der Raswedka überwacht, ohne dass man irgendetwas feststellen konnte, was auf eine Spionagetätigkeit hingedeutet hätte. Mit Beginn des Krieges wurde Mjassojedow zum dritten Mal Offizier. Diesmal verwendete man den im Grenzverkehr Erfahrenen bei der Raswedka in Stäben an der nördlichen Ostfront. Zur Jahreswende 1914/15 war er als Nachrichtenoffizier bei der russischen 10. Armee eingesetzt, deren Operationsgebiet die Masurischen Seen waren. Wie wir uns erinnern, brach gegen diese Armee im Februar 1915 völlig überraschend eine deutsche Offensive trotz des strengen Winterwetters los, die dem russischen, für den März geplanten Angriff zuvorkam und zu einer weiteren schlimmen russischen Niederlage führte. In diesem Fall bot sich Mjassojedow geradezu als Sündenbock an. Man beschränkte sich keineswegs darauf, eine Untersuchung zu veranstalten, ob der Nachrichtenoffizier etwas versäumt habe, was bei der Feindaufklärung nötig und möglich gewesen wäre, sondern die Affäre bekam sogleich einen ganz anderen Zungenschlag. Mjassojedow wurde von Anbeginn an unterstellt, er habe durch wissentliche Konspiration mit dem Feind absichtlich die Niederlage seiner Armee herbeigeführt. Das war ein tödlicher Vorwurf, und es war die Aufgabe des Militärrichters Orlow, ihn zu belegen. Man darf annehmen, dass die Anweisung hierfür vom Höchstkommandierenden, dem Großfürsten Nikolai Nikolajewitsch, stammte, der mit der Mjassojedow-Sache mehrere handfeste Ziele verfolgte. Vordergründig galt es, vom eigenen militärischen Versagen abzulenken, aber das Fernziel hieß Suchomlinow, der russische Kriegsminister. Orlow wurde also tätig. Zunächst setzte er dem Obersten einen scheinbaren Offizier mit dem deutschen Namen Düsterhoff als Spitzel in seine unmittelbare Umgebung, der durch provokantes Verhalten den vermeintlichen Agenten zu unüberlegtem Handeln herausfordern sollte. Doch das scheint, trotz einer anders lautenden Bemerkung von Orlow, nicht funktioniert zu haben. Trotzdem wurde Mjassojedow festgenommen, denn zwischenzeitlich hatte man ein anderes, effektiveres Beweismittel für Mjassojedows Spionagetätigkeit bei der Hand, den Oberleutnant Jakob Kulakowski. Das war der Mann, der sich im September 1914 aus der Kriegsgefangenschaft den Deutschen zum Spionagedienst angeboten hatte und von der stellvertretenden Abteilung III b zur Jahreswende 1914/15 via Stockholm nach Russland entsandt worden war, um den russischen Höchstkommandierenden zu ermorden. Doch Kulakowski hatte es sich unterwegs anders überlegt; kaum in Stockholm eingetroffen, offenbarte er sich dem russischen Militärattaché, der ihn heimlich nach St. Petersburg expedieren ließ. Dort bekam der ehemalige Selbstanbieter und nunmehrige Rückselbstanbieter eine neue Rolle geschneidert: Er wurde zum Kronzeugen für die angebliche Spionagetätigkeit führender Militärs eingesetzt. Dass Kulakowski sich dafür hergab, ist leicht nachzuvollziehen; schließlich musste er den Beweis für seine Loyalität erbringen. Es galt, das Misstrauen zu beseitigen, dass jedem entgegenschlägt, der einmal, wenn auch nur zum Schein, das Mäntelchen der Gegenseite übergeworfen hatte. Kulakowski sagte also aus, dass er vom deutschen Geheimdienst den Auftrag bekommen hatte, sich in Zweifelsfällen an eine bestimmte Adresse in St. Petersburg zu wenden: Kolonaja Nr. 11.[347] Kolonaja 11 in St. Petersburg war die Wohnanschrift von Sergej Mjassojedow. Dessen Schicksal war damit besiegelt. Orlow hütete sich wohlweislich, seine beiden Belastungszeugen dem Gericht zu präsentieren. Sonst hätten wohlmöglich auch die korruptesten Richter nicht umhingekonnt nachzufragen, welcher Teufel die Offiziere von III b geritten hatte, dem nicht erprobten Agenten Kulakowski ausgerechnet ihren angeblichen Top-Agenten in der russischen Raswedka zu offenbaren. Man hätte vielleicht fragen müssen, warum der Rücküberläufer zunächst angegeben hatte, dass seine Kontaktanschrift in Norwegen war. Das alles unterblieb, zumal der Prozess als ein Geheimprozess ablief, weil es angeblich um höchste Sicherheitsinteressen des russischen Staates ging. Mjassojedow mag zunächst angenommen haben, dass er sich im falschen Film befand. Das schleunigst ausgesprochene Todesurteil belehrte ihn eines Besseren. Als er zum Galgen geführt werden sollte, muss er wie ein Irrer getobt haben; die Einzelheiten der Hinrichtung, zu denen später jeder Unberufene noch ein wenig hinzuerfand, ersparen wir uns. Wichtig sind drei andere Details. Es genügte den Regisseuren der Affäre keineswegs, den Oberstleutnant als Einzeltäter hinzustellen. Vielmehr wurde ein respektabler Agentenring konstruiert. Als Beweismittel diente das bereits gefällte Todesurteil, denn den Toten konnte bekanntlich niemand mehr befragen. Die weiteren Statisten waren Mjassojedows Frau Klara Gollstein sowie die Geschäftspartner aus der Zeit, als der entlassene Gendarmeriemann in Libau sein Auswanderungsbüro unterhielt. Es waren die Herren Katzenellenbogen, Freinat, Riegert, Falk, Mikulis, Aaron Salzmann, Samuel Freiberg, dessen Bruder David und ein baltischer Baron namens Groothus. Ein weiterer angeblicher Komplize war der Präsident der Revaler Kriegswerft, ein russischer Staatsrat namens Spahn. Insgesamt 15 Personen wurden in der Nacht vom 4. auf den 5. März 1915 festgenommen. Der Prozess fand in Dünaburg statt. Die obligaten Todesstrafen wurden in Wilna vollstreckt. Lediglich Frau Mjassojedow wurde zu lebenslanger Verbannung begnadigt, Freinat und Groothus erhielten Zuchthausstrafen. Doch in Letzterem irrt der Ex-Untersuchungsrichter und Memoirenschreiber Orlow, dem die Betroffenen ihre Strafen verdankten, vielleicht irrte er sich absichtlich; jedenfalls hieß Groothus nicht Groothus, sondern Otto Grotthus, und Freinat hieß in Wirklichkeit Freiberg. Beide hatten mit Mjassojedow nicht das Geringste zu tun, sondern waren Beamte im russischen Innenministerium. Ihre Strafverfolgung verdankten sie ausschließlich ihrem deutschen Namen.[348]

Die beiden wurden vor ein Kriegsgericht gestellt, und als dieses sie freisprach, weil ihnen nichts anderes nachgewiesen werden konnte, als dass sie in Friedenszeiten sich der Interessen des reichsdeutschen Zellulosewerks Waldhof angenommen hatten, kassierte Nikolai Nikolajewitsch das Urteil und bestellte ein neues, das beide zum Tode verurteilte. Sie wurden zu lebenslänglichem Zuchthaus begnadigt, und Grotthus wurde nach Moskau gebracht und hinter Gittern als hochverräterischer baltischer Baron ausgestellt. Patriotische Männer und Frauen kamen, um sich das Scheusal anzusehen, und spuckten ihn an.[349]

Selbstverständlich vergaßen die Veranstalter dieser Justizmorde nicht, die Angelegenheit detailstrotzend über die Presse einem breiten Publikum bekanntzumachen. So erfuhr auch die deutsche Seite davon, die in richtiger Einschätzung des Sachverhalts die Prozessgroteske für den Beginn eines großen Aufräumens durch den Höchstkommandierenden Nikolaj Nikolajewitsch hielt. Doch was unternahm nun III b? Die deutschen Nachrichtenoffiziere benahmen sich – wie preußische Offiziere. Sie waren erst einmal empört, mit welcher Kälte hier ein Justizmord aus Gründen der Staatsraison zelebriert worden war. Natürlich wussten sie, dass sie selbst im Fall Mjassojedow keine Karten im Spiel hatten. Anstatt zu schweigen, brachten sie das selbst den Russen gegenüber zum Ausdruck. Offenbar ist keinem der III b-Strategen die Idee gekommen, dass mit dem Fehlurteil ein grandioses Geschenk auf dem Silbertablett überreicht worden war, nämlich ein Anknüpfungspunkt für zersetzendste Desinformations- und Flüsterkampagnen gegen nahezu jeden beliebigen zaristischen Staatsfunktionär. Doch nichts geschah, und so besorgten die Russen das Zersetzungsgeschäft selbst.[350]

Der Fall Mjassojedow konnte, wie er aufgezogen und abgelaufen war, natürlich nicht dazu dienen, die schwere russische Niederlage in den Karpaten, die mit dem Durchbruch von Gorlice-Tarnow am 2. Mai 1915 ihren Anfang genommen hatte, zu erklären. Das passte schon vom Zeitablauf nicht. Aber die Militärjuristen der russischen Stawka hatten jetzt Übung; Untersuchungsführer wurde ein Mann namens Kotschubinski, der den militärischen Dienstgrad eines Fähnrichs führte. Er trat den nächsten Alibi-Spionageprozess vor dem Feldgericht in Berditschew los. Angeblicher deutscher Hauptspion war diesmal ein Oberst namens Iwanow. Zum Konstrukt seines Spionagerings gehörten unter anderem der Militärpublizist N. M. Goschkjewitsch und der Kiewer Kaufmann Alexander Altschiller sowie einige aktuelle und ehemalige Ehefrauen. Die angeklagten Männer wurden, so wie von der Stawka bestellt, verurteilt; man begnügte sich mit lebenslanger Zwangsarbeit; die mitangeklagten Frauen sprach man frei. Von eigentlichem Interesse in diesem Verfahren war nur der österreichische Kaufmann Altschiller, der seit 1870 in Kiew ansässig war; er war in späteren Jahren mit dem Kiewer Gouverneur, dem General Suchomlinow befreundet. Schon wieder ein Agent in der Umgebung des Kriegsministers![351]

Wie angedeutet, zielte die Affäre Mjassojedow höher als gegen diesen eher unbedeutenden Gendarmerie-Obristen. Doch bereits der Auftakt der Intrige wäre um ein Haar misslungen. Selbstverständlich kam der eingesperrte Delinquent auf den Gedanken, sich an seinen einstigen Gönner, den russischen Kriegsminister zu wenden. Doch Suchomlinow, der es in der Hand gehabt hätte, durch radikale Maßnahmen einzugreifen, zog es vor, sich so zu verhalten, wie es bei der Prominenz auch heute noch gang und gäbe ist. Er hielt sich raus; er schwieg. Immer nach dem Motto: Warum sollte ich mich für ein so kleines Licht engagieren? Hinterher besudelt man sich noch selbst. Das Verhalten des Kriegsministers ist leicht nachzuvollziehen. Liest man seine Memoiren, so kann man feststellen, dass der Mann ein Raushalter war; ungezählte Male betonte er seine mangelnde Zuständigkeit. Gab es einen Missstand, so galt: Suchomlinow war nicht zuständig. Durch dieses Verhalten hatte er es in seinem Leben weit gebracht. Nun jedoch, in diesem einen Fall verschätzte er sich gründlich. Der tote angebliche Agent wurde benutzt, das Gift des Verdachtes auszustreuen, der Kriegsminister habe mit dem deutschen Agenten unter einer Decke gesteckt. Ehe sich der Kriegsminister versah, war eine neue Untersuchungskommission gebildet, der Wladimir Orlow vorstand, dessen neue Aufgabe es war, den mächtigen Kriegsminister zunächst zu Fall und dann ins

Zuchthaus zu bringen. Das gelang ihm vorzüglich. Die erste Hürde war die schwierigste; es galt den Zaren zu überzeugen, den ihm vertrauten Kriegsminister in die Wüste zu schicken. Also begann ein Trommelfeuer von Einflüsterungen. Soweit sich der Onkel des Zaren, der Großfürst und Höchstkommandierende Nikolaj Nikolajewitsch, daran beteiligte, konnte von Flüstern keine Rede sein. Nikolajs normale Stimmlage war Gebrüll, das auch vor seinem kaiserlichen Neffen nicht verstummte. Er hasste Suchomlinow als einen Emporkömmling aus der Provinz; doch tödlich war, dass der Mann nur zu genau einzuschätzen vermochte, wie sehr die russische Kriegführung nach den Misserfolgen der ersten Kriegsmonate im Argen lag. Doch das hätte wohl kaum gereicht, um den Zaren von seinem Günstling zu trennen. Also musste ein anderer Einflüsterer her, die Zarin, die gar nicht erst überzeugt werden musste, denn für sie war der Kriegsminister wegen seiner unmöglichen Ehe ein steter Dorn im Auge gewesen. In diesem Gebräu von Andeutungen und Beschuldigungen gab der Zar seinem Kriegsminister am 24. Juni 1915 den Laufpass.[352]

Kaum war der einst Mächtige aus dem Amt entfernt, gab es für Orlow kein Halten mehr. Zusammen mit einer Reihe von Höflingen, unter denen sich der ehemalige Suchomlinow-Vertreter und jetzige Nachfolger Poliwanow hervortat, wurde eine Mixtur zusammengebraut, die alles enthielt, um den ehemaligen Kriegsminister hinter Zuchthausmauern zu bringen. Suchomlinow wurde der Untreue bezichtigt, auch der Zusammenarbeit mit dem Feinde und schließlich der absichtlichen Sabotage der russischen Kriegsvorbereitungen während seiner Amtszeit als Minister. Das alles war ein Popanz, der dazu diente, die russischen Niederlagen für jedermann verständlich zu machen. Was nutzt die Feststellung, dass die Beteiligten auf einem Vulkan tanzten? Hätte man ihnen mitgeteilt, dass es keine zwei Jahre mehr brauchen werde, um sich durch ihr Verhalten um Titel, Vermögen, Posten und Ansehen zu bringen, sie hätten es wohl mit einem Nitschewo abgetan. Auch der Umstand, dass der Zar am 5. September 1915 seinen Onkel Nikolai Nikolajewitsch als Höchstkommandierenden ablöste und sich selbst an dessen Stelle setzte, regte die Beteiligten nicht zur Revision ihres Tuns an. Im Gegenteil, man gewinnt den Eindruck, dass sie es nur noch bunter trieben. Das ist nur schwer begreiflich. Natürlich wussten sie nach dem Sturz des scheinbar so unanfechtbaren Militärdespoten, wie fragil ihre eigenen Positionen waren und wie sehr sie sich mit den Affären gegen Mjassojedow, Iwanow und Suchomlinow besudelt hatten. Also fuhr man in den eingefahrenen Gleisen fort. Gegen Suchomlinow wurde mit höchstem Eifer weiteres Material zusammengetragen. Neben den uns schon bekannten Militärjuristen trat eine *Höchste Kommission zur allseitigen Untersuchung aller Ursachen der mangelhaften Heeresversorgung* auf den Plan, die von dem 80-jährigen General Petrow geleitet wurde. Am 3. Mai 1916 veranstaltete die Staatsanwaltschaft unter Erregung größter öffentlicher Aufmerksamkeit beim ehemaligen Kriegsminister eine Hausdurchsuchung, die bis zum nächsten Morgen andauerte. Der fassungslose Suchomlinow wurde festgenommen und in die Peter-und-Pauls-Feste eingeliefert. Die Untersuchungshaft dauerte bis Oktober 1916; dann wurde sie in Hausarrest umgewandelt, für dessen Einhaltung acht Offiziere der Petrograder Gendarmerieverwaltung zu sorgen hatten. Zu einem öffentlichen Strafprozess kam es während der Herrschaft des letzten Zaren nicht mehr. Nach der Februarrevolution musste Suchomlinow der Vorläufigen Regierung, die ganz auf die Fortsetzung des Krieges an der Seite der Alliierten gestimmt war, noch einmal als öffentlicher Sündenbock dienen. In einem wilden Justizspektakel, das vom 10. August bis zum 12. September 1917 andauerte, wurde der ehemalige Kriegsminister zu lebenslanger Zwangsarbeit verurteilt. Erst die Kommunisten der Oktoberrevolution hatten an diesem Fossil der zaristischen Intrigen kein Interesse mehr; sie warfen ihn am 14. Mai 1918 als unnützen Esser aus der Strafhaft heraus. Suchomlinow entkam nach Deutschland, wo er in Wandlitz in der Mark Brandenburg völlig verarmt seine letzten Lebensjahre fristete. Er hinterließ einen umfangreichen Memoirenband. Auf dem Russenfriedhof in Tegel wurde er begraben. Seiner Frau erging es kaum besser. Nachdem sie sich von dem Entmachteten losgesagt hatte, brachte ihr die Revolution kein Glück. 1918 wurde sie mit ihrem neuen Begleiter in einem Eisenbahnwaggon mit zwei Tüten Zucker aufgegriffen und wegen Wirtschaftsvergehen an Ort und Stelle erschossen.[353]

Die Doppelaffäre Mjassojedow-Suchomlinow war nicht lediglich die soeben geschilderte üble Intrige, sondern sie war der Auftakt für ganz anderes. Bereits vor dem Krieg hatte Russlands so genannte Gesellschaft verächtlich über alles Deutsche gesprochen; zu Kriegsbeginn war diese Haltung in Deutschenhass umgeschlagen. Haltung und Handlung sind zwei Dinge. Die Jagd auf alles Deutsche nahm im Baltikum ihren Ausgang. Dort war die deutschstämmige Bevölkerung nur eine Minderheit, aber sie war wirtschaftlich und geistig tonangebend. Die deutsche Sprache wurde durch den Generalgouverneur Kurlow per Dekret verboten und die deutschstämmigen Männer in Strafbataillone eingezogen. Nicht jeder mochte sich dem beugen. Als beispielsweise der Ingenieur Stephan Roewer nach Kriegsausbruch in Riga einen einschlägigen Gestellungsbefehl erhielt, versuchte er im Winter 1914/15, sich über das Eis der Ostsee nach Finnland abzusetzen. Er wurde aufgegriffen, zum Tode verurteilt und zu lebenslanger Zwangsarbeit in Sibirien begnadigt. Mit der eisernen Gefangenenkugel am Fußgelenk verließ er zusammen mit zahlreichen Leidensgenossen die Stadt Riga; von da an verliert sich seine Spur. Hier in Riga wurde bald nach Kriegsbeginn das Statistische Büro gegründet. Hinter der Deckadresse verbarg sich, nur mühsam getarnt, eine Spezialeinheit der Gendarmerie zur Überwachung deutschstämmiger russischer Offiziere. Leiter des statistischen Büros war der Hauptmann Sewastjanow, der sich einer Agentin bediente, die den Decknamen Adjoschka führte. Adjoschka soll auch grenzüberschreitend für den russischen Gendarmerieoffizier Mjassojedow gearbeitet haben. Das erscheint denkbar, da der russische Oberstleutnant zur Jahreswende 1914/15 Nachrichtenoffizier bei der 10. russischen Armee war, die bei den Masurischen Seen stand. Wenn sie tatsächlich so wie geschildert existiert haben sollte, muss es sich bei der Agentin mit ziemlicher Sicherheit um eine Deutsche gehandelt haben. Eine andere Deutsche war die Schauspielerin Martha Hell; sie soll nach Auskunft des Leiters der Staatspolizei in Riga, R. von Medem, die Geliebte eines russischen kommandierenden Generals und eine deutsche Spitzenagentin gewesen sein. Die Hell beging Ende 1914 Selbstmord. Ein tatsächlicher deutscher Zuträger war der kurländische Kreismarschall im Kreis Krobin, der Freiherr von Manteuffel. Bereits am 2. August 1914 hatte der Großgrundbesitzer russische Truppenbewegungen an die Nachrichtenstelle Königsberg weitergegeben. Den notwendigen Kurierdienst versah der persönliche Kutscher des Barons. Was dieser bei den lebensgefährlichen Aufträgen empfunden haben mag, können wir bestenfalls erahnen.[354]

Nach der Mjassojedow-Affäre wurden die niedrigsten Instinkte auch offiziell von der Kette gelassen, so dass sie sich gegen alles Deutsche und scheinbar Deutsche austoben konnten. Bevor es zu organisierten Pogromen kam, setzte die russische Staatsmacht alles daran, die Kriegsereignisse auszunutzen, um mit dem Deutschtum aufzuräumen. Auch hierfür ist der kaiserlich-russische Untersuchungsrichter Wladimir Orlow ein guter Gewährsmann.

Es ist für den Laien unfassbar, wie ausgedehnt der deutsche Einfluss während des Krieges war. Eine Reihe von Politikern und anderen Männern des öffentlichen Lebens in Russland arbeiteten bewusst oder unbewusst für den deutschen Nachrichtendienst. Zentrum der deutschen Kundschafter während des Feldzuges war das Hotel Astoria in Petersburg. Es gehörte der deutschen Gesellschaft Weyß und Freitag. Hier arbeiteten die deutschen Spione Siegfried Rey, Katzenellenbogen, Baron Lerchenfeld. Alle Nachrichten gingen zunächst nach Stockholm und von dort schnellstens nach Berlin. Ihr gesamtes Verwaltungspersonal bestand aus verkleideten deutschen Soldaten und Offizieren. Ja, dieses Unternehmen übernahm Aufträge bei Festungsbauten, indem es einfach mit phantastischen Verlusten alle Konkurrenten unterbot. So kam es hinter die vertraulichen militärischen Geheimnisse und kabelte sie sogleich über Stockholm an die Spree.

Die Elektrizitätsgesellschaften in Russland, »Siemens und Halske«, Siemens-Schuckert« und die »A.E.G.«, durchweg Abteilungen des deutschen Elektro-

Trusts, erhielten Bestellungen beim Bau von russischen Schiffen und bildeten nicht nur eine Informationsquelle für das deutsche Oberkommando, sondern führten auch, nach dokumentarischen Daten des russischen Generalstabs, besondere Instruktionen aus, indem sie während des Krieges die Fertigstellung von Kriegsschiffen verzögerten. Die Gesellschaft Singer, obwohl in amerikanischem Besitz, befand sich in Europa in deutschen Händen und wurde in Russland durch den deutschen Offizier August Flohr geleitet, der den gewaltigen Apparat dieser schwerreichen Firma in den Dienst der deutschen Nachrichtenabteilungen zu stellen wusste.[355]

So geht es bei Orlow seitenlang weiter: Die Transportgesellschaften, das Versicherungswesen, die Banken. Sie alle waren angeblich in ein gewaltiges nachrichtendienstliches Komplott des deutschen Generalstabs eingebunden, um Russland wirtschaftlich zu ruinieren. Doch es war nicht so. Ein Vergleich mit den Namen der uns bekannten deutschen Agenten zeigt, dass die russische Seite völlig im Dunkeln tappte. Sie ging zwar zu Recht davon aus, dass das Auswärtige Amt wie auch III b über Stockholm die konspirativen Drähte zog. Richtig war auch die Annahme, dass das florierende Skandinaviengeschäft Unterschlupf für allerlei Geheimdienstaktionen bot, doch mit den von Orlow bearbeiteten deutschen Firmen oder scheinbaren deutschen Niederlassungen lag er um Meilen neben der Wirklichkeit. Mit den Bekämpfungsmaßnahmen wurde das Gegenteil des Beabsichtigten erreicht. Lebenswichtige Wirtschaftszweige wurden ruiniert, und die falsche Zielauswahl verstellte die Sicht darauf, was die deutsche Seite seit den ersten Kriegstagen mit dem Ziel der Revolutionierung Russlands tatsächlich anzettelte. Doch davon nahmen die Ochrana und die Raswedka keine Notiz; sie hatten sich, wie das bei Geheimdiensten vorzukommen pflegt, auf den falschen Gegner eingeschossen. Zahlreiche Offiziere wurden wegen ihrer deutschen Namen als vermeintliche Verräter gemaßregelt. Ein Beispiel hierfür ist der Stabschef des Gardekorps, Oberst Graf Nostitz, der vor dem Krieg Militärattaché in Berlin gewesen war, was ihn jetzt besonders verdächtig machte; in seinem Fall begnügte sich der Zar damit, den zu Unrecht Bezichtigten 1915 zwangsweise zu verabschieden. Den Fall des Armeeführers von Rennenkampf haben wir bereits kennen gelernt. Seine verfehlten operativen Entscheidungen trugen auch ihm den Vorwurf der Agententätigkeit ein; seine Verabschiedung war indessen aufgrund seiner militärischen Unfähigkeit überfällig. Die Hetze ging weiter: Durch den Befehl Nr. 524 ordnete die russische Stawka an, Offiziere mit deutschen Namen aus den Stäben zu entfernen und an die Front zu versetzen. Dort könnten sie unter Beweis stellen, ob sie wahre Russen seien. Es entbehrt nicht der Komik, dass dieser Befehl des Höchstkommandierenden von einem Stabshauptmann namens Richter beglaubigt worden war.[356]

Die offiziellen deutschfeindlichen Maßnahmen trafen bei weitem nicht nur das Militär: Bereits am 2. Dezember 1914 hatte ein Ukas des Zaren die Schließung der deutschen Schulen und die drastische Einschränkung des Handels mit dem feindlichen Ausland verfügt. Die Umsetzung schleppte sich etwas hin, so dass mehrfach Fristen und Nachfristen gesetzt werden mussten, um die Schließung einschlägiger Handelsunternehmen durchzusetzen. Diese Maßnahmen trafen vor allem die städtische deutschstämmige Bevölkerung. Damit nicht genug: Durch Gesetz vom 15. Februar 1915 wurde der Erwerb und der Besitz von Grund und Boden für Untertanen feindlicher Staaten in Russland verboten. Das wäre in Kriegszeiten noch hingegangen, doch ein Erlass des russischen Innenministers Maklakow legte dieses Gesetz so aus, dass das Verbot auch auf die zaristischen Untertanen deutscher Nationalität anzuwenden war, um den angeblich schädlichen Einfluss der deutschen Kolonialisten zu brechen. Die Zahlenangaben über die betroffenen deutschstämmigen Bauern schwanken. Möglicherweise sind es bis zu 2 Millionen Personen gewesen, von denen allein 400 000 in Russisch-Polen gesiedelt hatten.[357]

Wie schon angedeutet, beeinflusste die Deutschenhetze auch das Verhalten von Gendarmerie, Ochrana und Polizei, die einander an Beweisen und Ermittlungserfolgen zu übertreffen suchten. Vor allem für die Ochrana lag nichts näher, als nach bewährten Mustern die Lenkung der Volksmeinung selbst in die Hand zu nehmen. Auf diesem Gebiet verfügten ihre Funktionäre über reiche Erfahrungen. Wohlorganisierte Entfesselung des vermeintlichen Volkszorns gehörte zu diesem Repertoire. Regelmäßig war es die Volksgruppe der Juden gewesen, die man zu Sündenböcken gemacht hatte; jetzt waren die Deutschen an der Reihe. Die Pogrome waren so organisiert, dass man durch Agenten Racheparolen ausstreuen ließ, um dem Mob in den Städten die Plünderung bestimmter Geschäfte und Wohnungen schmackhaft zu machen. Gelang das, schauten die Behörden gelassen zu, wenn die provozierten Aggressionen sich an den Wehrlosen entluden. Schwierig war es allein, die entfesselten Gewalten im Griff zu behalten, was dann jeweils durch den Einsatz von Militär, das in die Menge feuerte, erzwungen werden konnte. Doch das waren Drahtseilakte, wie die Ereignisse des Blutsonntags von St. Petersburg im Januar 1905 gezeigt hatten. Damals war durch die Provokation eine Revolution ausgelöst worden, die das Zarentum an den Rand des Abgrunds geführt hatte. Jetzt, nach den kriegerischen Misserfolgen an der russischen Westfront, die sich nach dem deutschen Durchbruch von Gorlice-Tarnow zum Desaster ausweiteten, hielt es die russische Führung für zweckmäßig, den sich anbahnenden inneren Unruhen erneut durch die Organisierung von Volkszorn einen Riegel vorzuschieben. Die Affären Mjassojedow und Iwanow waren nur das Präludium gewesen. Das pausenlose Nennen deutscher Namen in der Presse bereitete den Nährboden, und die zahlreichen offiziellen Maßnahmen gegen Deutschstämmige waren für viele ein Wink mit dem Zaunpfahl. In dieser Atmosphäre des Deutschenhasses wurden am 27. Mai (9. Juni) 1915 in Moskau Gerüchte in Umlauf gebracht, die Fälle der in der Stadt aufgetretenen Cholera seien auf Sabotage zurückzuführen; deutsche Agenten hätten das Trinkwasser mit Bakterien infiziert. Das war zunächst nichts Besonderes und hätte als eine der vielen Latrinenparolen durchgehen können. Aber am Abend des selben Tages kam es in der Fabrik Zindel & Schröder zu ersten Exzessen, bei denen leitende deutsche Angestellte und deren Familienmitglieder ermordet wurden. Am nächsten Morgen sammelte sich gegen 10 Uhr einen kleinere Gruppe von Menschen am Borowizkaja Tor, entrollte russische Fahnen und zog mit Gesang nationalistischer Lieder durch die Moskauer Innenstadt. Nach mitgebrachten Verzeichnissen begann die Menge, die sich rasch vergrößerte, Läden und Lagerhäuser mit deutschen Geschäftsnamen zu stürmen und zu verwüsten. Im Laufe des Tages geriet die Antideutschendemonstration vollends außer Kontrolle und ging in ein allgemeines Plündern und Brandstiften über. Während die Polizei zu Tagesbeginn die Ereignisse wohlwollend begleitet hatte, stand sie den Ereignissen jetzt machtlos gegenüber. Ein Ergebnis des Pogroms waren 61 Großbrände, die tagelang bekämpft werden mussten. Nach einer ersten Schätzung wurden 692 Personen empfindlich geschädigt, davon 113 deutsche und österreichische Staatsangehörige sowie 189 russische mit ausländischen Namen; der übergroße Rest waren Russen mit russischen Namen. Der Schaden belief sich auf Hunderte von Millionen Rubel. Das waren nur die sichtbaren Schäden. Daneben machte sich Angst vor Wiederholungen und die beklemmende Furcht vor einer Revolution breit. Eine Untersuchung ergab, dass der russische Innenminister von dem, was er eine patriotische Kundgebung zu nennen beliebte, gewusst hatte und vom russischen Generalissimus Nikolai Nikolajewitsch aufgefordert worden war, über deren Durchführung und Ausgang unverzüglich zu berichten.[358]

Nun war die Sache aus dem Ruder gegangen. Die Leidtragenden waren in der wohlhabenden russischen Bürgerschaft zu suchen; diese zeigte keinerlei Verständnis für die Vorgänge und wusste ihren Standpunkt überdies deutlich zu machen. Die Obrigkeit getraute sich deswegen nicht, den Pogrom den vermeintlichen deutschen Agenten in die Schuhe zu schieben. Als Sündenbock wurde der Moskauer Stadthauptmann Adrianow abserviert, weil er die Ruhe in der Stadt nicht gewährleistet hatte, und durch den Generalmajor Solotarew ersetzt. Aber auch der Innenminister kam nicht ungeschoren davon; der 40-jährige Nikolaj Maklakow musste am 19. Juni 1915 seinen Hut nehmen. Ihm folgte mit Fürst N. B. Schtscherbatschow ein echter Höfling des Zaren, der bislang die Hauptverwaltung des Reichsgestütswesens geleitet hatte.[359] Das war eine der typischen

Entscheidungen Nikolaus II., mit der er Goodwill gegenüber der aufgebrachten Bürgerschaft demonstrieren wollte. Doch die Dinge standen für seine Herrschaft bereits so kritisch, dass alles andere näher gelegen hätte, als einen Pferdekenner zum Polizeiminister zu ernennen. Die innere Verfassung des Zarenreichs war bereits bedrohlich ins Rutschen gekommen. Das zeigt beispielsweise ein Ukas des Hauptstabs; er ordnete an, dass die Briefzensur keinen Brief von russischen Soldaten aus deutscher Kriegsgefangenschaft mehr durchlassen durfte, in welchem die materiellen Bedingungen der Kriegsgefangenschaft in Deutschland als erträglich dargestellt wurden.

Der Höchstkommandierende befiehlt, aus der eintreffenden Korrespondenz alle geschlossenen Briefe zurückzuhalten, namentlich die aus dem Auslande eintreffenden, da sie Nachrichten darüber enthalten, dass es den Soldaten in der Kriegsgefangenschaft gut geht. Solche Nachrichten wirken auf unsere Soldaten verführerisch. Es wird daher befohlen, alle derartigen Briefe streng geheim dem Stabsleutnant Ismailow auszuhändigen. Generalmajor Danilow.[360]

Das war die eine Seite. Auf der anderen Seite waren es nicht deutsche, sondern russische Arbeiter, die in Moskau, Petrograd und am Schwarzen Meer die Arbeit niederlegten; von den tatsächlichen deutschen Hintermännern wird noch die Rede sein. Doch Russlands Sicherheitsbehörden waren hierfür blind; sie verstrickten sich in grausame Spiele mit der deutschstämmigen Bevölkerung, die eigentlich nur ihrer Arbeit nachgehen und auf keinen Fall einen Umsturz wollte. Es waren ganz andere Deutsche, die Russland schwer zu schaffen machten. Bereits am 29. April 1915 war es in der Sprengmittelfabrik von Ochta zu einer schweren Explosion mit zahlreichen Toten und Verletzten gekommen, die man notdürftig noch deutscher Sabotage in die Schuhe schieben konnte, obwohl es nahe lag, die Täter im Umfeld der revolutionären Sozialdemokratie zu suchen. Es stimmte diesmal beides, denn der Anstifter und Organisator des Anschlags residierte am Berliner Königsplatz im roten Ziegelgebäude des preußischen Generalstabs; es war der Hauptmann d.R. Rudolf Nadolny, Leiter der Sektion Politik, dessen Vita und Wirken uns noch genauer beschäftigen wird. Am 19. Juli 1915 kam es in den Petrograder Putilow-Werken zu blutigen Ausständen, die sich im Juli 1915 auf die Wyburger Stadtseite ausdehnten. Sie läuteten das Ende des Zarenreichs ein. Für die wenigen Klarblickenden hatte die rote Sonne der Revolution soeben den Horizont überschritten. Doch die so genannte Gesellschaft war blind für diese Vorgänge. Sie war beschäftigt mit wichtigeren Dingen: Wer lud wen zum Tee ein, und wer wurde mit wem in der Theaterloge gesehen.[361]

| III |

Die Einkreisung sprengen.
Deutschlands Randstaatenpolitik
und die Revolutionierung Russlands

Am Anfang war Lenin. Das klingt wie die Inschrift auf dem Sockel eines Denkmals. Eingemeißelt am kolossalen Monument des realen Sozialismus. Wir werden ein wenig an diesem Denkmal kratzen und behaupten: Am Anfang war Parvus. Zu diesem Zweck werden wir im Folgenden zu den Anfängen des Jahrhunderts hinabsteigen müssen, um in einem Zuge die Geschichte der Oktoberrevolution und ihrer geheimdienstlichen Hintermänner zu erzählen, und daran anschließen, welche Retourkutsche die Bolschewiki fuhren, um, kaum an die Macht gelangt, ihrerseits das Deutsche Reich zu revolutionieren.

Zahlreiche Schriften aus der Zeit des realen Sozialismus schildern mit Wortgewalt die *Große Sozialistische Oktoberrevolution*, den Urknall sozusagen der aufgeklärten fortschrittlichen Menschheit. Beredt wird die infame Unterstellung zurückgewiesen, imperialistische Kreise, wie etwa der deutsche Generalstab, hätten ihre Finger im Spiel gehabt. Den Vogel schießt Leo Trotzki ab: Etwa zwanzig Seiten seiner üppigen Revolutionsgeschichte hat er mit Rabulistik gefüllt, wer wen alles der deutschen Agentenschaft geziehen habe; da hätte der Vorwurf gegen die Bolschewiki nicht ausbleiben dürfen. Auch bei anderen reiht sich Dementi an Dementi. Sieht man etwas näher hin, wundert man sich über die seltsame Abwesenheit von Fakten und Argumenten.[362]

Bereits kurz nach dem Ersten Weltkrieg hat der prominente sozialistische Theoretiker Karl Kautsky darauf hingewiesen, dass es auf der deutschen Seite seit den ersten Kriegstagen ein Revolutionierungsprogramm gegenüber dem Rest der Welt gegeben habe. Das wurde als ideologisches Geschwätz abgetan. Doch der Mann, der als Staatssekretär in der unmittelbaren Nachkriegszeit Gelegenheit hatte, beträchtliche Teile der deutschen Akten einzusehen, hatte nur allzu Recht. Neben einschlägigen Randglossen Wilhelms II. an einem Bericht des deutschen Botschafters in St. Petersburg, Pourtalès vom 30. Juli 1914 konnte sich Kautsky auf zwei Schreiben des deutschen Generalstabschefs Helmuth von Moltke an das

Auswärtige Amt vom 2. und 5. August 1914 stützen, der die Auslösung von Aufständen im Britischen und Russischen Reich als notwendige Kriegsmaßnahme gefordert hatte. So fanden schon im August 1914 Gesprächsrunden zwischen Mitarbeitern des Auswärtigen Amtes und des Reichskanzlers statt, in denen die Frage erörtert wurde, wie man das riesige Russland, das man im Innern als wankend wähnte, am besten aus der Riege der Kriegsgegner würde herausbrechen können. Was zunächst Wortgeplänkel gewesen sein mögen, verdichtete sich alsbald in ernsthafte Gespräche. Hierzu war ab Mitte September 1914 aller Anlass, nachdem klar wurde, dass der große deutsche Siegesplan, der vielgerühmte Schlieffen-Plan, mit der verlorenen Schlacht an der Marne zu Makulatur geworden war. Anlass zu ernster Besorgnis verursachte auch die Schlagkraft der russischen Armee – eine überaus irritierende Erkenntnis, die man mit lautem Siegesgeläute zu übertönen hoffte. Das war vor allem für das Volk gedacht; die Mitglieder der Reichsleitung hatten weit weniger Illusionen, voran der Reichskanzler Theobald von Bethmann Hollweg, einer der Hauptverantwortlichen für den Ausbruch des Krieges.[363]

Man stelle sich diese Runden korrekt gekleideter Herren und eng geschnürter Militärs vor, wie sie, betont aufrecht sitzend, die Möglichkeit der politischen Niederwerfung Russlands erörtern. Auf einem andern Bild sehen wir sie vor den Stufen des Reichstags zusammenstehen, den Reichskanzler, seinen Außenstaatssekretär und dessen Vertreter Zimmermann. Wir hören förmlich, wie der Unterstaatssekretär des Äußeren, Arthur Zimmermann, zu Bethmann Hollweg sagt: »Ich schlage Euer Exzellenz die Revolutionierung Russlands vor.« Das ist ein Satz, der sitzt. Zumindest war das passende Schlagwort geboren. Wir wissen nicht, ob es tatsächlich Zimmermann war, der den Begriff geprägt hat, doch zuzutrauen war es ihm. Zimmermann, bei Kriegsbeginn 49 Jahre alt, war die treibende Kraft der Revolutionierungspolitik auf der obersten Reichsebene. Anders als sein Vorgesetzter Gottlieb von Jagow galt er als forsch, draufgängerisch und effektiv, was ihm auch die besondere Sympathie des deutschen Kaisers sicherte, dem ein abwägendes Urteil eher fremd war.[364]

Wer sich wundert, dass ausgerechnet das vornehme Auswärtige Amt in die Niederungen von Revolution und Agententum abgestiegen sein soll, sei sogleich eines Besseren belehrt, denn die heutige gleichnamige Behörde und das damalige Außenministerium des Deutschen Reichs unterschieden sich, wie es krasser kaum möglich ist. Es galt den Herren Diplomaten nicht als anstößig, die Interessen des Landes in aggressiver, ja in militanter Weise zu vertreten; die Führung von Agenten, zumal von Einflussagenten galt als nicht ungewöhnlich. Diplomatie war der verlängerte operative Arm der Politik des Reichs. Gewiss waren die Verhältnisse im Auswärtigen Amt denen in allen anderen Behörden insofern ähnlich, als der Typus des risikoscheuen Bürokraten überwog, aber der Zeitgeist ließ auch Platz

für ganz andere Typen, hinter deren aristokratischer oder bürgerlicher Fassade ein
gerüttelt Maß Abenteurertum steckte. Sie fanden sich in den zivilen Behörden,
bevorzugt im Auswärtigen Amt, vermutlich weil dieses zur Jahrhundertwende
am ehesten in der Lage war, die Lust am Abenteuer zu bedienen. Und in der Tat
waren die Diplomaten Brockdorff Rantzau, Romberg, Hentig, Waßmuß, Nadolny, Schulenburg Erscheinungen, die keinerlei Sorge trugen, dem geheimdienstlichen Handwerk im Dienst nachzugehen; vermutlich hatten sie sogar Freude
daran. Dass demgegenüber der deutsche militärische Geheimdienst, die Abteilung III b, wie ein Waisenknabe wirkte, ist nicht nur der geringeren finanziellen
Ausstattung geschuldet, denn spätestens seit Kriegsbeginn existierte dieser Eng-
pass nicht mehr. Es lag vielmehr an der Grundstruktur des preußisch-deutschen
Offizierskorps, sich mit Dingen der Geheimdienstwelt nicht zu nahe einzulassen,
denn hier war der militärische Ruhm des Schlachtfeldes nicht zu erwerben.[365]
Die Herren des Auswärtigen Amtes dürften von der Revolution gesprochen
haben wie die Blinden von der Farbe. Trotz allem kristallisierte sich recht bald
eine wenn auch unkoordinierte Doppelstrategie heraus, bestehend aus der Revolutionierung von innen und der Abspaltung der Randvölker des Russischen
Reichs. Zur Abspaltungsvariante, im offiziellen Sprachgebrauch von Diplomaten
und Militärs als Randstaatenpolitik umschrieben, liefen bald konkrete Maßnahmen an. Die Blicke richten sich vor allem auf Polen, die Ukraine, Finnland und
Transkaukasien. Ergänzend kamen Maßnahmen gegen Anrainerstaaten Russlands hinzu, mit deren Hilfe man den mächtigen Kriegsgegner im Osten hoffte
schädigen zu können. Ins Blickfeld gerieten hier vor allem Bulgarien, Rumänien,
die Türkei, Persien und Afghanistan. So gründete das deutsche Auswärtige Amt
eine Organisation zur Unterstützung der fernen Weltmachtpläne, die Nachrichtenstelle für den Orient, kurz N.O. Eine ihrer Aufgaben sollte die geheimdienst-
liche Vorbereitung der Revolutionierung Kaukasiens und Nordafrikas werden.
Die N.O. wurde zu Beginn von dem ehemaligen Diplomaten und nunmehrigen
Privatgelehrten Max von Oppenheim geleitet, der bereits in den 1890er-Jahren das
Ohr des jungen Monarchen Wilhelm II. mit seiner Idee vom Heiligen Krieg im
Orient gewonnen hatte. Ihm folgte im Frühjahr 1915 der Diplomat Karl Emil
Schabinger Freiherr von Schowingen und ab 25. Februar 1916 der Ägyptologe
Eugen Mittwoch. Über Erfolge und Misserfolge der N.O. kann man heute nur ein
ungenaues Urteil abgeben. Die Orientaktivitäten scheiterten letztlich entweder
am Interessengegensatz mit dem Kriegsverbündeten Türkei, so zum Beispiel die
Georgische Legion, oder am unzureichenden Kräfteansatz, wie die Suezexpedi-
tionen unter dem bayerischen Obristen Friedrich Kreß von Kressenstein.[366]
Die enge Verknüpfung von politischem Wollen und behauptetem militärischem
Können führte bald dazu, dass der deutsche Generalstab bei allen noch zu be-

sprechenden Aktionen eine zunehmend einflussreiche, wenn nicht die entscheidende Rolle zu spielen begann. Organisatorisch verankert waren diese Aktivitäten eigentlich bei der Abteilung Politik, die beim deutschen Hauptquartier angesiedelt war. Sie unterstand unmittelbar dem deutschen Generalstabschef, in den ersten Kriegswochen also dem Generaloberst Helmuth von Moltke. Wie vage dessen Vorstellungen waren, zeigt ein Brief vom 3. September 1914 an seine Frau: *Heute ist nichts Neues vorgefallen. Mit den Österreichern geht es schlecht, und wir können ihnen zur Zeit nicht helfen, müssen Gott danken, wenn wir mit unseren Gegnern fertig werden. Gott gebe, dass bald irgendein Ereignis in Russland eintritt, das uns von den moskowitischen Massen entlastet.*[367] Das klingt alles sehr nebulös, und das war es auch. Moltkes Mann für die entsprechenden Aktivitäten, der Leiter der Abteilung Politik im Generalstab des Feldheeres, war der Oberstleutnant Wilhelm von Dommes. Dommes galt als einer der engen Vertrauten Moltkes, und böse Zungen behaupteten, er sei lediglich auf den Posten berufen worden, um einen Grund zu haben, dass er sich in der unmittelbaren Umgebung des Generalstabschefs aufhalten konnte. Wie dem auch sei, besondere Aktivitäten von Dommes sind nicht bekannt geworden. Anders in Berlin: Hier war der immobile Teil des Generalstabs zurückgeblieben, der jetzt als Stellvertretender Generalstab firmierte. Damit war eine weitere Zentralbehörde neben dem Generalstab und dem Kriegsministerium entstanden, an deren Sinn man Zweifel anmelden darf.[368]

Als der Krieg aus den ersten hektischen Aufbruchswochen heraus war, begann der Stellvertretende Generalstab ein Eigenleben zu entwickeln, das besondere Formen annahm, als der von der Stellung des Generalstabschefs am 14. September 1914 entbundene und Ende Dezember 1914 zum Chef des Stellvertretenden Generalstabs ernannte Moltke damit begann, dem Kaiser eigenständige Vorstellungen über die weitere Gesamtkriegführung zu unterbreiten. Nicht ohne Grund räumte Moltkes Nachfolger als Generalstabschef, der General der Infanterie Erich von Falkenhayn, gründlich mit dieser Nebenregierung auf. Mit der Weisung, dem Kaiser nur noch Dinge vorzulegen, die zuvor seinen Schreibtisch passiert hatten, unterstellte er sich praktisch den Stellvertretenden Generalstab, ohne dass Moltke oder der Kaiser dem widersprochen hätten. Auch traf er eine Reihe von Personalmaßnahmen. Unter anderem ersetzte er den Leiter der Abteilung Politik, von Dommes, durch Oberst Paul von Bartenwerffer. Damit nicht genug: In Berlin war wenige Wochen nach Kriegsbeginn in der Nachrichtenabteilung des Stellvertretenden Generalstabs die Sektion Politik geschaffen worden. An ihre Spitze trat im November 1914 mit Rudolf Nadolny ein Reserveoffizier, der im Hauptberuf Legationsrat im Auswärtigen Amt war. Falkenhayn muss schnell erkannt haben, was dieser Mann an dieser Stelle zu bewirken im Stande war, denn er unterstellte sich die Sektion Politik ungeachtet sonstiger Generalstabshierarchien unmittelbar.[369]

Bei allem, was im folgenden Geschehen der Revolutionierung Russlands geschildert wird, muss man sich Nadolny stets als Handelnden und Treibenden mitdenken. Wie kaum ein Zweiter trägt er die Verantwortung für das, was in den nächsten Jahren in Russland geschehen sollte. Das ist Grund genug, ihn vorzustellen. Rudolf Nadolny wurde 1873 als eines von zwölf Kindern eines Landwirts in Ostpreußen geboren. Trotz der bescheidenen Verhältnisse, in denen der junge Rudolf aufwuchs, wurde es den männlichen Kindern ermöglicht, das Gymnasium und eine Universitätsausbildung zu absolvieren. Rudolf Nadolny wählte aus pragmatischen Gründen das Studium der Juristerei. Das Referendarexamen schaffte er mit Ach und Krach. In der Referendarzeit lernte er Russisch und Französisch. Aus Langeweile? Keineswegs. Es handelte sich vielmehr um ein Kommunikationsproblem. Das wurde durch das Verhältnis mit einer verheirateten Russin verursacht, die ihre Zeit in Ostpreußen zubrachte, während der Staatsdienst ihren Mann ins Innere Sibiriens verschlagen hatte. Die Freundin Nadolnys war offenbar eine begabte Sprachlehrerin. Das Ergebnis ihrer Bemühungen ermöglichte es dem jungen Juristen, sich nach dem zweiten Examen im Auswärtigen Amt mit Erfolg zu bewerben. Im April 1902 trat der 28-jährige in den Auswärtigen Dienst ein. Ihm, wie allen anderen Bewerbern, die auf ein durch Arbeit zu erwerbendes Gehalt angewiesen waren, stand lediglich die konsularische Laufbahn offen. Der hiervon strikt geschiedene diplomatische Dienst war jüngeren Männern vorbehalten, die es sich leisten konnten, aus eigener Kasse auf großem Fuß zu leben, denn der angehende Diplomat des Reichs musste vor der Einstellung ein Jahreseinkommen von mindestens 15 000 Reichsmark nachweisen; das konnten sich nur Abkömmlinge aus schwer reichen Familien des preußischen adligen Großgrundbesitzes und des sich soeben etablierenden industriellen Geldadels leisten. Die Mitarbeiter des konsularischen Korps starteten dagegen mit einem Jahresgehalt von 2190 Mark. Nadolny begann also in der konsularischen Laufbahn; der Weg in den wesentlich prestigeträchtigeren diplomatischen Dienst schien ihm nach den Gepflogenheiten des kaiserlichen Deutschlands auf Dauer versperrt. Bereits von 1903 bis 1907 diente Nadolny, rasch aufsteigend, am deutschen Generalkonsulat in St. Petersburg – eine Zeit, in der er die Folgen des gegen Japan verlorenen Krieges und den Ausbruch der Revolution von 1905/06 aus nächster Nähe miterleben konnte. Seine guten Russischkenntnisse prädestinierten ihn zu Übersetzungs- und Dolmetscherdiensten für den deutschen Militärattaché, die er nebenbei erledigte. Nach einer Zwischenstation in der Handelspolitischen Abteilung des Auswärtigen Amtes wurde Nadolny auf selbständige Missionen ins Ausland entsandt, so nach Persien, Bosnien und Albanien; er muss in dieser Zeit so etwas wie ein Mann für alle Fälle gewesen sein. Mit Kriegsausbruch meldete sich Nadolny, wie andere Diplomaten auch, zum Dienst in der preußischen Armee, obwohl der Oberleutnant d.R. das Wehrpflichtalter längst hinter sich gelassen hatte. Zunächst wurde er als Übersetzer in einem Kriegsgefangenenlager verwendet, was für den begabten Mann wahrhaftig keine angemessene Verwendung war. Eine Begegnung mit dem Pressechef des Kriegsministeriums, Major Erhard Deutelmoser, änderte diesen Zustand abrupt. Deutelmoser muss den damals noch in Personalunion als Kriegsminister tätigen Falkenhayn auf Nadolny aufmerksam gemacht haben. Jedenfalls berief der Generalstabschef den weitgehend arbeitslosen Diplomaten unverzüglich an die Spitze der Sektion Politik im Stellvertretenden Generalstab und ernannte ihn zum Hauptmann d.R. Den Posten hatte er dann bis Juli 1916 inne; in dieser Zeit wurden durch ihn die entscheidenden Weichen für die Randstaatenpolitik und das Revolutionierungsprogramm gestellt. Mit einem Wort: Hier war der Mann in seinem Element. Alles, was in den ersten zwei Kriegsjahren an Sabotage-, Beeinflussungs- und Revolutionierungsaktivitäten mit militärischer Beteiligung anlief, ging über seinen Schreibtisch. Dabei scheint er eine besonders intensive Rolle bei der Auswahl des eingesetzten Personals gespielt zu haben.[370]

Ich unterstand der Politischen Abteilung des Generalstabs des Feldheeres, hatte aber sehr weitgehende Vollmachten. So leitete ich zusammen mit dem Auswärtigen Amt verschiedene schwierige Unternehmungen, konnte für meine Zwecke alle Offiziere und Mannschaften anfordern und hatte unmittelbaren Vortrag beim Chef des Generalstabs des Feldheeres. Aus den hierbei gemachten Erfahrungen kann ich feststellen, dass es geradezu ergreifend war, wie viele Deutsche sich damals freiwillig zu den gefährlichsten Unternehmungen meldeten. Mein Partner im Auswärtigen Amt war damals Legationsrat von Wesendonk. Alle von ihm ausgehenden Erlasse wurden mir zur Kenntnis vorgelegt.[371]

Soweit Nadolny. Es ist wenig überraschend, dass er in seinen Memoiren Zurückhaltung bei der Beschreibung seiner Rolle im Ersten Weltkrieg übt. Das Buch erschien Anfang der 1950er-Jahre. Da war es in Westdeutschland unüblich, sich mit derartigen Aktivitäten zu schmücken. So will Nadolny beispielsweise mit den Sabotageakten in den USA nichts zu tun gehabt haben, obschon der entsprechende Erlass an den Militärattaché in den USA, Franz von Papen, seine Unterschrift trägt. Bei seinen Russlandaktivitäten wird er um eine Nuance genauer. Das Attentat auf die russische Schießpulverfabrik in Ochta am 29. April 1915 will er verantwortet haben, schließlich wurde er hierfür von Falkenhayn mit dem Eisernen Kreuz ausgezeichnet, nur soll der Anschlag so durchgeführt worden sein, dass Menschen nicht zu schaden kamen. Bliebe hinzuzufügen, dass die deutsche

Presse hierüber seinerzeit ganz anders berichtet hat. Nadolny wurde im Juli 1916 auf eigenen Wunsch von seinem Posten abgelöst, um die diplomatische Vertretung des Reichs in Persien zu übernehmen. An seine Stelle trat der Hauptmann Ernst von Hülsen.[372]

Durch die Wüste.
Orientpolitik und die Randstaaten

Mit Kriegsbeginn wurden Verhandlungen mit Istanbul aufgenommen, um das Osmanische Reich an der Seite der Mittelmächte in den Krieg hineinzuziehen. Mit diesem Streich, so meinten die deutschen Politik- und Militärstrategen, konnten zwei Fliegen getroffen werden: Das britische Reich, das mit seiner aggressiven Interventionspolitik in Ägypten in die türkische Einflusssphäre eingedrungen war, und auch Russland, dass seit langem mit der Türkei über Kreuz lag. Jahrzehntelang hatte St. Petersburg versucht, sich den Zugriff auf die Meerengen am Bosporus zu sichern, um den freien Zugang zum Mittelmeer zu gewinnen, der den Slawophilen die Voraussetzung für eine erfolgreiche Balkanpolitik zu sein schien.[373] Ausgerechnet die Türkei war es gewesen, die den Haupt-Reibungspunkt der Vorkriegszeit zwischen dem Deutschen Reich und Russland ausmachte, wobei es wohl weniger die Meerengenfrage war, in der der deutsche Kaiser offenbar glaubte, großzügig sein zu können, als vielmehr der von deutschen Industrieunternehmen und deutschen Finanziers als lukrativ ausgemachte Orient, den man über die Türkei mit Gewinn zu erschließen hoffte. Augenfälliges Prestigeobjekt und Stein des Anstoßes zugleich war die Bagdadbahn, die Konstantinopel mit dem Zweistromland verbinden sollte. Doch was als Handelsader erdacht war, eignete sich allemal auch als strategische Achse; das hierdurch gesäte Misstrauen gegen Deutschland war nachvollziehbar. Wie empfindlich die Russen auf die deutschen Türkeiaktivitäten reagierten, zeigt der Sturm der Entrüstung, als Deutschland im Jahre 1913 daranging, auf türkischen Wunsch eine Militärmission zusammenzustellen, welche die im Balkankrieg gerupfte türkische Armee reorganisieren sollte. Nach dem in Aussicht genommenen Leiter der deutschen Militärdelegation, Otto Liman von Sanders, ist das Ereignis als Liman-Affäre in den Geschichtsbüchern vermerkt worden.[374] Bleibt als ironische Fußnote nachzutragen, dass der deutsche General, kaum war aus ihm Liman von Sanders Pascha geworden, den eher wackligen deutschen Verbündeten durch seine Arroganz derartig auf die Nerven ging, dass sich der sonst eher bedenkliche Reichskanzler Bethmann Hollweg gegenüber Wilhelm II. zu einer scharfen Demarche veranlasst sah. Er schrieb in einem Ton, den selbst Wilhelm verstehen musste:

... für Frankreich oder Russland den Säbel zu schleifen, haben wir keinerlei Veranlassung.[375]
Jetzt, nach dem Beginn des Weltkrieges wurden den Jungtürken, einer in Konstantinopel seit kurzem an der Macht befindlichen Offiziersclique, fabelhafte Versprechungen gemacht. Die Türken waren angetan; am Kaukasus und in Persien winkte reiche Beute. Gemäß den geheimen Militärabsprachen zwischen dem Deutschen und dem Osmanischen Reich machten die Türken am 2. August 1914 mobil. Ende Oktober traten sie durch die Eröffnung von Feindseligkeiten in den Krieg ein. Doch die Deutschen hatten die Rechnung ohne den britischen und den russischen Wirt gemacht. Die Türkei wurde über die Kriegsjahre hinweg mehr zum unterstützungsbedürftigen Schwachmatikus denn zu einem kampfstarken Verbündeten. Immerhin sollte nicht verschwiegen werden, dass die türkischen Versuche, zum Kaukasus vorzudringen, ab Spätherbst 1914 starke russische Kräfte banden, die auf dem europäischen Kriegsschauplatz folglich nicht zur Verfügung standen.[376]
Der Kriegsbeitritt der Türkei ermöglichte es, Einflussoperationen mit der Türkei als Basis zu organisieren. Dreh- und Angelpunkt dieser Aktionen wurde die deutsche Gesandtschaft in Konstantinopel, der mit Hans von Wagenheim ein Mann vorstand, dem kein noch so finsteres Geschäft fremd war, wenn es denn den Interessen des Reiches diente. Die bekanntesten der 1914/15 gestarteten Einflussoperationen sind die von Wilhelm Waßmuß in Persien, die von Otto von Hentig und Oskar Niedermaier in Persien und Afghanistan und die von Max von Scheubner-Richter im türkisch-persisch-russischen Grenzgebiet. Während sich die Aktionen von Scheubner-Richter eindeutig gegen Russland richteten, kann man das von den Expeditionen Waßmuß' und Niedermaiers nicht so apodiktisch sagen, sie richteten sich auch gegen den anderen in Asien einflussreichen Kriegsgegner, nämlich Großbritannien.
Die deutschen Orientaktivitäten mit der Türkei als Basis hatten bevorzugt Persien im Visier. Das Land grenzte an das Osmanische Reich an; es war also auf dem Landwege erreichbar. Ein Engagement in Persien versprach, sowohl die Russen als auch die Briten empfindlich treffen und, wenn alles gut lief, beide Länder gegeneinander aufbringen zu können. Die Ausgangslage hierfür war nicht ungünstig, denn jahrzehntelang hatte Persien als Zankapfel zwischen britischen und russischen Kolonialinteressen dagestanden. Seit einiger Zeit war das Land in drei Einflusssphären eingeteilt, die nördliche unter russischem und die südliche unter britischem Diktat; die Mitte des Reiches stand als quasi neutrale Zone allein unter persischer Hoheit. In der persischen Hauptstadt Teheran versuchte nach Beginn des Krieges das Personal der deutschen Gesandtschaft mit Kleinkampfmitteln in den Krieg einzugreifen. Die Planungen liefen über den ehemaligen deutschen

Militärattaché in Teheran, den Hauptmann Fritz Klein, der bereits vor dem Ersten Weltkrieg dort seinen Dienst angetreten hatte, und den deutschen Konsul im persischen Täbris, Wilhelm Litten. Diesen Männern war alles recht, was dem britischen und dem russischen Gegner schaden musste. Klein operierte von irakischem Gebiet aus und verantwortete die Einsätze des deutschen Offiziers Hans Lührs, der im März und April 1915 drei erfolgreiche Unternehmungen zur Sprengung der Ölleitungen von Ahwas leitete. Ein Achtungserfolg gewiss, aber mehr wohl kaum. Schlechter erging es einem anderen Offizier namens Erich Zugmayr; er wurde 1916 von den Persern festgenommen, an die Briten ausgeliefert, die ihn nach Russland weiterschoben; auf einer Insel im Kaspischen Meer interniert, entkam er während der russischen Revolution. Eine weitere Revolutionierungskolonne unterstand dem Reserveoffizier Seiler; er konnte einer Gefangennahme durch Flucht entkommen.[377]

Eine eigenwillige Rolle spielte die deutsche Gesandtschaft in Teheran. An ihrer Spitze stand mit dem Gesandten Prinz Heinrich XXXI. Reuß jüngere Linie seit Jahren schon eine Monumentalfigur, ein Mann, der seinen subversiven Bohrer an der Staatsspitze ansetzte. Er hatte nichts Geringeres im Sinn, als den jungen Schah zu veranlassen, seine Hauptstadt Teheran zu verlassen, um von dort nach der südlicher gelegenen Stadt Chum auszuweichen. Das Ganze sollte als eine Art Hedschra organisiert werden, also eine Flucht, die der des Propheten Mohammed von Mekka nach Medina im Jahre 622 nachgestaltet werden sollte, um so in Persien aus Protest gegen Russen und Briten einen Heiligen Krieg auszulösen. Die von den Deutschen angezettelte Verschwörung geriet in ein konkretes Stadium: Sie provozierte die Russen, mit Kosakenverbänden die persische Hauptstadt zu besetzen – angeblich um das Leben der von den Mittelmächten bedrohten Staatsangehörigen der Entente zu schützen. Angesichts dieses bewusst herbeigeführten Ereignisses verließen die deutschen Diplomaten beschleunigt die Stadt. Doch sie hatten sich zu früh gefreut. Der zur Flucht entschlossene Schah ließ sich umstimmen, als die Russen angesichts der Flucht der deutschen Aufrührer auf eine Besetzung von Teheran verzichteten. Reuß indessen, der sich so weit desavouiert hatte, wurde alsbald aus Persien abberufen – aus gesundheitlichen Rücksichten, wie offiziell verlautete. Aber auch die Stadt Chum ließ sich nicht halten, obwohl mit deutscher Hilfe dort so etwas wie eine persische Ersatzregierung unter Nizam es Saltaneh gebildet worden war. Einen Teil der persischen Gendarmerieeinheiten, soweit sie nicht ohnedies in Teheran geblieben waren, hatte sich dem deutschen Militärattaché, Georg Graf Kanitz, unterstellt. Dessen österreichisches Pendant in Konstantinopel Josef Pomiankowski nannte den jungen Deutschen, der im Hauptberuf eigentlich ein Diplomat war, einen stürmischen jungen Herrn. Doch seine Schneidigkeit nützte dem Rittmeister d. R. wenig;

angesichts der anrückenden Russen bröckelte die Truppe zusehends ab. Bei Kengaver kam es im Januar 1916 zu einem Gefecht, und am nächsten Morgen war der deutsche Graf nicht mehr da. Lange Zeit machten zwei widersprüchliche Versionen für sein Verschwinden die Runde: Er sei von den eigenen persischen Leuten ermordet worden, bzw. er habe Selbstmord begangen. Erst Anfang der 1970er ließ sich der Fall aufklären: Kanitz war am 15. Januar 1916 von seinem Gastgeber, dem Fürsten der Garagozlu, ermordet und in seinem Garten verscharrt worden; sein Motiv: Kanitz trug einen erheblichen Geldbetrag bei sich; zudem lockte den Dieb und Meuchelmörder das von Russen und Briten auf ihn ausgelobte Kopfgeld.[378] Bei so viel militärischem Engagement mochte auch das österreichische Evidenzbüro nicht fehlen. Es entsandte mit dem Oberstleutnant Wolfgang Heller einen Mann, der ein konkretes und erfolgversprechendes Ziel verfolgte. Nachdem Heller im April 1915 in der persischen Hauptstadt eingetroffen war, veranlassten ihn die zahlreichen aus Turkmenistan nach Persien entwichenen Kriegsgefangenen der Mittelmächte zur Planung eines Massenausbruchs der schätzungsweise 40 000 in zaristischen Lagern internierten Personen. Der Plan war gut und gar nicht mal unrealistisch, doch auch Heller war unvorsichtig. Er ließ sich von einer Teheraner Diplomatengruppe zur Jagd einladen, die für den Geheimdienstoffizier schlecht endete, denn er wurde verraten. Kosaken, die im Land herumstreiften, nahmen Heller gefangen und verschleppten ihn nach Russland. Im Gegensatz zu ihren deutschen Kameraden verzichteten die Österreicher auf die Wiederbesetzung des Postens. Heller gelang es, im Februar 1918 aus Turkestan zu entfliehen und nach Österreich zurückzukehren.[379]

Im Juli 1916 wurde für den abgelösten deutschen Gesandten Prinz Reuß ein Nachfolger nach Persien berufen. Auf Vorschlag des deutschen Generalstabschefs Erich Falkenhayn, der die Dinge dort noch nicht verloren geben mochte, war es zum Ärger des Auswärtigen Amtes unser alter Bekannter Rudolf Nadolny, der damit den heiß ersehnten Schritt aus der konsularischen Laufbahn in den diplomatischen Dienst vollzog. Staatssekretär von Jagow weigerte sich, den neuen Geschäftsträger vor seiner Abreise zu empfangen, und sein Vertreter, der Unterstaatssekretär Zimmermann, bürstete ihn wie folgt ab:

Sie sollen nach Persien gehen, und zwar als Geschäftsträger. Der Staatssekretär von Jagow ist der Meinung, Sie hätten sich selbst dazu ernannt und ist wütend darüber.[380]

Nadolny reiste unverzüglich in Richtung Türkei ab. Noch von Berlin aus hatte er für die Einsetzung eines neuen Militärattachés für Persien gesorgt. Von diesem, dem Grafen Wichard von Wilamowitz, erhielt er in Konstantinopel den ersten Bericht aus Bagdad. Doch schneller noch war die Nachricht gewesen, dass Wilamowitz in der Hitze von Bagdad einem Herzschlag erlegen war. An seine Stelle trat der bekannte Archäologe Professor Friedrich Sarre – auch er ein Reserve-offizier, der einmal bei einem der Danziger Leibhusarenregimenter gedient hatte. Am 27. Oktober 1916 traf der Rittmeister d. R. in Kermanschah ein. Doch weder der umtriebige Nadolny noch der in persischen Angelegenheiten sehr erfahrene Sarre konnten den verfahrenen Dingen eine Wendung geben. Im Februar 1917 wurde die Lage infolge der Niederlagen der türkischen Truppen und ihrer deutschen Helfer im Orient unhaltbar. Nadolny musste Kermanschah räumen, im April 1917 wurde er aus dem Nahen Osten nach Berlin abgezogen. Damit gerät er keineswegs aus unseren Augen, denn im Auswärtigen Amt wurde er nunmehr mit der Wahrnehmung der Geschäfte des Russlandreferenten in der Politischen Abteilung betraut.[381] Bevor er erneut ins Blickfeld geraten wird, ist ein Ereignis aus Persien und Afghanistan zu beleuchten, das er in seinen Erinnerungen wie folgt geschildert hat:

Eines Tages erschien in der Gesandtschaft ein Mann in persischem Gewand mit rotem Bart und roten Fingernägeln. Es war der Hauptmann Niedermayer, der aus Afghanistan zurückkam und unterwegs überfallen und seiner Habe beraubt worden war. Er berichtete eingehend über seine Erlebnisse und Eindrücke, und ich gab einen vom ihm erstatteten schriftlichen Bericht nach Berlin weiter.[382]

Spektakulär verlief die deutsche Afghanistan-Expedition in der Tat, aber letztlich doch erfolglos. Ihr Ziel war es, den in Afghanistan herrschenden Emir Habibulla Chan in den Krieg gegen Russland und Großbritannien hineinzuziehen. Afghanistan war seit Jahrzehnten eine der Wetterecken der kolonialen Gegensätze zwischen Großbritannien und Russland gewesen. Die Planungen für die Afghanistan-Expedition begannen unmittelbar nach Kriegsausbruch. Der Anlauf gestaltete sich schwierig, denn der vorgesehene Leiter, Wilhelm Waßmuß, deutscher Konsul in der persischen Stadt Buschir, war auf eigene Faust losgezogen und führte irgendwo in Persien einen erfolgreichen Kleinkrieg. Statt seiner verfiel man im Stellvertretenden Generalstab in Berlin auf den 29-jährigen bayerischen Oberleutnant Oskar Niedermayer. Dem jungen Offizier muss der Friedensdienst in der Armee nicht genügt haben, denn er studierte vor dem Ersten Weltkrieg nebenher Geographie und Geologie in Erlangen; zudem erlernte er die persische Sprache. Ende 1914 stöberte man ihn an der Front in seinem Regiment auf und ernannte ihn zum Chef der deutschen Afghanistan-Expedition, die von der Türkei aus starten sollte. Bis man aufbrach, vergingen noch Monate. Zur Verstärkung hatte der Planer des Unternehmens, Rudolf Nadolny, dem bayerischen Offizier Niedermayer den Diplomaten Otto von Hentig zur Seite gestellt. Damit war letztlich niemandem ein Gefallen getan, denn beide Männer vertrugen sich nicht; zu allem Überfluss war festzulegen versäumt worden, wer von beiden das Kommando führte. Der Konflikt von Niedermayer und von Hentig spiegelt exakt die nicht gelösten Kompetenzen zwischen Generalstab und Auswärtigem Amt im Kleinen wider; keiner von beiden war gewillt, dem andern nachzugeben. Dass es unter diesen Umständen überhaupt gelang, zu Fuß und zu Pferd die persischen Wüsten und noch dazu im Sommer in West-Ost-Richtung zu durchqueren und im Oktober 1915 in Kabul einzutreffen, stellt nicht nur eine einmalige sportliche und angesichts der verfolgenden Truppen militärische Leistung dar, sondern es grenzt nahezu an ein Wunder. In der afghanischen Hauptstadt angekommen, mussten die Deutschen wochenlang warten, bis sich der Emir zum Empfang bequemte. Das mitgebrachte Handschreiben Wilhelms II. schmeichelte ihm; beeindruckender indessen fand er die Kiste mit den Goldmünzen. Die Zusage über die Lieferung von eintausend Gewehren deutscher Bauart nahm er interessiert zur Kenntnis, ebenso die Aufrufe des türkischen Wesirs, in denen vom Heiligen Krieg zu lesen war. Daran allerdings mochte er sich nicht beteiligen. Britische Agenten in Kabul meldeten alsbald, wer sich da im indischen Hinterzimmer eingenistet hatte. Großbritannien ließ Kabul eine deutliche Warnung zukommen, die der regierende Emir sehr wohl verstand. Die Erinnerung an die noch nicht einmal zwei Jahrzehnte vergangene britische Militärintervention – damals war es um die von Russland her ausgestreckte Hand gegangen – war noch nicht verblasst. Die Deutschen brauchten bis Mai 1916; dann ging ihnen endlich ein Licht auf, dass Afghanistan sich aus dem Krieg heraushalten würde. Die kaiserlichen Emissäre hatten in Kabul nichts mehr verloren; sie zogen ab. Niedermayer und Hentig hatten sich mittlerweile dermaßen verkracht, dass sie die Gruppe teilten: Niedermayer wagte den Rückweg durch Persien, was beinahe schief gegangen wäre. Wir sahen bereits in der Schilderung von Nadolny, wie Niedermayer in der deutschen Gesandtschaft in Kermanschah schließlich verkleidet und ausgeplündert eingetrudelt war. Da sich dieser etwas zänkische Herr indessen in die Geschäfte des deutschen Gesandten einzumischen begann, schickte ihn der handfeste Nadolny kurzerhand nach Hause. Hentig indessen wählte seinen Weg durch Tibet und das damals noch neutrale China, von wo aus er nach einigen Umwegen per Schiff nach Europa gelangte. Als er 1917 in Deutschland eintraf, war der böse Konkurrent schon eingetroffen und hatte den gesamten Ruhm der Expedition abkassiert. Der Kaiser hatte ihn empfangen, und der bayerische König hatte geruht, aus dem Oskar Niedermayer durch Verleihung des Bayerischen Militär-Max-Josef-Ordens den Ritter von Niedermayer zu machen. Heute würde man sagen, Niedermayer hatte Hentig die Schau gestohlen; das galt auch publizistisch: Niedermayer landete mit seinem Erlebnisbericht einen Bestseller, der mehrere Auflagen erzielte; Hentigs Erfolg blieb bescheiden. Die Herren sollen nie wieder miteinander gesprochen haben.[383]

Weiter östlich in Asien fand eine andere Beeinflussungs- und Revolutionierungs-
mission statt – die des Oberrabiners Salomon Tagger nach Turkestan. Tagger
wurde Ende 1914 von der deutschen Gesandtschaft in Bern mit Geld und Instruktionen versehen. Über Konstantinopel reiste Tagger nach Buchara. Im Februar 1915 meldete er sich in Bern zurück. Die Ergebnisse, die er aufzuweisen hatte,
ließen aufhorchen. Seine Hauptkontaktleute waren ein Bolschewik namens Kusnezow und ein russischer Diplomat mit Namen Schirimowski. Kusnezow war zu
Kriegsbeginn aus dem französischen Exil nach Russland zurückgekehrt, wo er sogleich festgenommen wurde. Der Deportation konnte er sich durch Flucht nach
Buchara entziehen. Hier wurde er zur zentralen Figur des nomadischen Widerstands gegen die Zarenherrschaft, der praktisch seit Jahren nicht hatte gebrochen
werden können. Nunmehr bekam die Widerstandtätigkeit mit Kusnezow einen
Organisator und dank Tagger deutsches Geld. Der Kontaktmann für die notwendigen Kurierdienste war der Diplomat Schirimowski, der eigentlich an der russischen Botschaft in Paris tätig war. Der spielte nunmehr ein Spiel nach mehreren
Seiten. Für den Fall, dass seine Verbindungen mit den Revolutionären bekannt
werden sollten, erbat er von der deutschen Regierung einen persönlichen Zu-
schuss von 25 000 Franc. Da der Aufstand bereits für das Frühjahr 1915 erwartet
wurde, unternahm der deutsche Militärattaché in Peking, der Hauptmann Werner
Rabe von Pappenheim, mit einer angeworbenen Reiterschar einen Einfall in die
Südostecke des russischen Reiches. Sein Ziel war die östliche Mongolei, wo er die
Zerstörung der dortigen Strecke der Transsibirischen Eisenbahn durch Sprengung
der Nonni-Brücke und des Tunnels von Hailar zu bewerkstelligen gedachte.
Rabes Expedition schlug fehl. Er und seine Reiter wurden im Februar 1915 durch
Krieger des mongolischen Fürsten Babutschab vernichtet; alle Teilnehmer des
Kommandounternehmens wurden ermordet. Trotz dieses Misserfolgs kam die
Revolutionierung in Turkestan gut voran. Im März 1916 brach ein offener Auf-
stand aus, der in längere Kriegshandlungen überging, so dass am 28. März 1916 in
den Aufstandsgebieten der Kriegszustand ausgerufen werden musste.[384]
Eine weitere Revolutionierungs-Expedition, die in dieser Zeit stattfand, war die
Mission mit dem Namen Scheubner-Nadji. Im August 1915 startete die Gruppe
aus der nordosttürkischen Stadt Erzerum ins türkisch-persisch-russische Grenzgebiet. Ihr Auftrag: Das Anzetteln antirussischer Aufstände. Leiter der Agenten-
gruppe war der 31-jährige Max von Scheubner-Richter, der bereits am 17. Januar
1915 aus Tarnungsgründen zum Vizekonsul in Erzerum ernannt worden war.
Scheubner-Richter war Deutschbalte. 1905/06 hatte er sich aktiv an der russischen
Revolution beteiligt, und zwar beim Baltisch-deutschen Selbstschutz in Riga, so
dass er es vorzog, das Land zu verlassen, als die Zarenmacht sich wieder zu stabilisieren begann. Seitdem lebte er in Deutschland, wo er sich im August 1914 frei-

willig zur bayerischen Armee einziehen ließ. Doch seine perfekten Russisch-kenntnisse und seine konspirativen Erfahrungen prädestinierten ihn zu anderem: zum Agenten der Sektion Politik des Stellvertretenden Generalstabs. So kam es zu seinem Einsatz in Asien. Mit von der Partie war ein 22-jähriger Reserveoffizier und angehender Jurist mit Namen Paul Leverkuehn, den wir im Zweiten Welt-krieg noch einmal in Asien antreffen werden und der es später zum anerkannten Völkerrechtsspezialisten und zum Bundestagsabgeordneten bringen sollte. Die Scheubner'sche Expedition brachte eine Reihe von Aufklärungsergebnissen, an-sonsten blieb sie ein Torso. Unüberbrückbare Gegensätze zeigten sich alsbald zum Kriegsverbündeten, der Türkei. Bereits in einem frühen Stadium berichtete Scheubner vom eben dort stattfindenden Völkermord. Es war dies die Vernich-tung der christlichen armenischen Bevölkerungsgruppe. Den systematisch betrie-benen Deportationen und Hungermärschen fielen Millionen Menschen zum Opfer. Vom türkischen Innenminister Talaat Pascha organisiert, fand dieses Ver-brechen, durch die Kriegsereignisse bedingt, unter Ausschluss der Weltöffent-lichkeit statt. Die Deutschen allerdings wussten nicht zuletzt durch die Bericht-erstattung Scheubners Bescheid.[385]

Der Feldzug Halil Beys nach Nordpersien hatte Massakrierung seiner armeni-schen und syrischen Bataillone und Vertreibung der armenischen, syrischen und persischen Bevölkerung aus Nordpersien zur Folge und hinterließ eine große Erbitterung gegen die Türken.[386]

In aller Schärfe zeigte sich hier, wenn man denn schon moralische Gesichtspunkte nicht bemühen will, wie diametral die Interessen der Türken zu denen des Deut-schen Reichs waren, dennoch unternahm man nichts, um es mit dem Kriegsver-bündeten nicht zu verderben. Die deutsche Militärführung setzte noch eins drauf und verbot mit Hilfe der militärischen Pressezensur jegliche Berichterstattung, und zwar mit einer überaus entlarvenden Zensurverfügung:

Über die Armeniergreuel ist Folgendes zu sagen: Unsere freundschaftlichen Beziehungen zur Türkei dürfen durch diese innertürkische Verwaltungsange-legenheit nicht nur nicht gefährdet, sondern im gegenwärtigen schwierigen Augenblick nicht einmal geprüft werden. Deshalb ist es einstweilen Pflicht, zu schweigen.[387]

Dieser, noch 1917 erneut ausgesprochene Zensurbefehl wirft ein schlimmes Licht auf die deutsche Orientpolitik. Scheubner erkrankte im Juni 1916, so dass er nach Europa zurückkehren musste. Da wir ihm in seiner Agentenkarriere noch einmal begegnen werden, bleibt uns Zeit, sein abstruses Ende zu erzählen. Scheubners Unternehmung sollte den Auftakt für eine Revolutionierung Transkaukasiens bilden. Zuvor war die Region zwischen den Kriegsverbündeten Deutschland und Türkei in Einflusssphären aufgeteilt worden: Georgien, Aserbaidschan und Armenien. Nur das georgische Gebiet sollte in die deutsche Interessensphäre fallen. Die Voraussetzungen für die deutschen Planungen waren insofern nicht ungünstig, als Nadolny auf einen Kollegen des Auswärtigen Amtes zurückgreifen konnte, der für ein Gelingen zu garantieren schien. Das war der ehemalige Konsul von Tiflis, Friedrich Werner Graf von der Schulenburg. Schulenburg stammte wie Nadolny aus der konsularischen Laufbahn des Auswärtigen Dienstes; trotz des wohlklingenden Adelsprädikats war er von Anbeginn seiner Laufbahn gezwungen gewesen, von seinen Beamteneinkünften zu leben, so dass er kaum mit jener glänzenden Karriere rechnen konnte, die er später nehmen sollte. Den Grundstein hierfür legte er durch seinen Einsatz während des Ersten Weltkrieges. Im August 1914 befand er sich eher zufällig in Berlin, so dass ihm die Rückführung als Diplomat aus dem kriegführenden Russland für dieses Mal erspart blieb; er holte das dann im Sommer 1941 als deutscher Botschafter in der Sowjetunion nach. Jetzt, bei Ausbruch des Ersten Weltkrieges, meldete er sich wie so viele seiner Zunft zum Dienst in der Armee; als Artillerieoffizier ging der Oberleutnant d. R. an die Westfront. Von hier holte ihn Nadolny zum Jahreswechsel 1914/15 nach Berlin, denn es galt, den talentierten, charmanten Mann in einer ganz anderen Sparte der Kriegführung zu beschäftigen, und so wurde Schulenburg zum Koordinator der georgischen Abspaltungsbewegung eingesetzt. Als Operationsbasis bekam er die türkische Stadt Erzerum zugewiesen, wo er als diplomatische Tarnung die Stellung eines Konsuls erhielt.[388]

Als Werkzeug der Revolutionierung Georgiens diente die Georgische Legion. Das war ein stolzer Name für eine seltsame Sache. Die Grundidee war einfach: Mit Hilfe eines aus Georgiern angeworbenen militärischen Verbandes sollte die Abspaltung eines zu verselbständigenden Staates Georgien bewerkstelligt werden. Doch mit dem türkischen Vormarsch nach Kaukasien im Spätherbst 1914, der zur Jahreswende in eine vernichtende Niederlage der türkischen Armee einmündete, war der Traum des Einzugs malerisch gekleideter Georgier in ihre Heimat ausgeträumt. Dieser Traum war von Anfang an reichlich unrealistisch, denn eine siegreiche türkische Armee hätte eine derartige Selbstbefreiung niemals geduldet. Doch so weit sahen die deutschen Revolutionsplaner im Jahre 1914 nicht; sie hatten auch in den Folgejahren Mühe, das Wünschbarte vom Erreichbaren zu trennen. So entstand die Georgische Legion zunächst in Deutschland. Sie rekrutierte sich aus einigen wenigen Exil-Georgiern und in der Masse aus russischen Kriegsgefangenen, an denen nach den Eröffnungsschlachten an der Ostfront kein Mangel bestand. Als Vorzeigegeorgier wurde der aus Tiflis stammende Fürst Georg Matschabelli, der mit einer bekannten Filmschauspielerin verheiratet war, rekrutiert. Matschabelli versicherte seinen deutschen Geldgebern, dass er eine Truppe von 7500 bis 8500 Freiwilligen zusammenbringen werde. Diese Zahlen waren ebenso eindrucksvoll wie falsch. Es ist in diesem Zusammenhang nicht ohne Interesse, den Weg nachzuverfolgen, auf dem Matschabelli in die Dienste des Auswärtigen Amtes und von dort in die der Sektion Politik des Stellvertretenden Generalstabs gelangt war. Der Märchenfürst war am 22. September 1914 bei der Preußischen Gesandtschaft in Karlsruhe aufgetaucht, wo er sich mit einem Reisedokument der deutschen Militärverwaltung in Belgien auswies. Gegenüber den Herren in der Wilhelmstraße konnte er zudem einen Empfehlungsbrief vorweisen, der ihm von dem bekannten Nationalökonomen Adolf Wagner ausgestellt worden war, der seinerseits den Mann auf der Party eines mit ihm befreundeten Großindustriellen kennen gelernt hatte. So ist es später kolportiert worden.[389] Doch in Wirklichkeit brachte dieser Selbstanbieter eine scheinbar wertvollere Eintrittskarte mit: Streng geheime Dislozierungsunterlagen der russischen Armee, zusammengefasst in einer Denkschrift des russischen Kriegsministers Wladimir Suchomlinow an den Zaren. Matschabelli hatte auch eine plausible Geschichte auf Lager, wie er an derartig Geheimes herangekommen war. Sein Freund, der Georgier Wassili Dumbadse, hatte die Papiere dem eitlen Suchomlinow abgeschwatzt, um sie angeblich als Hintergrundmaterial für eine Biografie des erfolgreichen Militärs zu verwenden. Jetzt waren die Herren mit ihrer geheimdienstlichen Eintrittskarte in Deutschland erschienen. In Wirklichkeit war ihnen die nach Kriegseröffnung eher wertlose Denkschrift als Spielmaterial von der russischen Militäraufklärung mitgegeben worden. Es muss offen bleiben, ob die Georgier sich den Deutschen sogleich offenbarten, oder ob diese erst auf den Busch klopfen mussten. Dumbadse reiste zur Jahreswende 1914/15 mit Unterlagen aus dem preußischen Kriegsministerium nach Russland zurück. Doch das, was er im Gepäck hatte, wurde von den misstrauischen Russen als Spielmaterial eingestuft. Matschabelli hingegen trat ganz offen in deutsche Dienste; zusammen mit einem weiteren Freund, dem Georgier Michael von Tsereteli, bildete er fortan die Spitze der Abspaltungsbewegung für Georgien. Ausgerechnet für den im Sommer 1915 entlassenen russischen Kriegsminister Suchomlinow hatte die Sache ein Nachspiel; die Entsendung von Matschabelli und Dumbadse wurde ihm nun selbst als Geheimnisverrat zum Anklagevorwurf gemacht. Die revolutionären Saubermänner waren besonders stolz darauf, dass ihnen eingefallen war, der Kriegsminister, dem mit dem Generalstab auch die Militäraufklärung unterstand, habe geheimdienstliche und damit ungesetzliche Machenschaften zu verantworten. Der Betroffene hat diese Geschichte in seinen Memoiren anders geschildert. Das wundert nicht; schließlich lebte der ehemalige Kriegsminister nach dem Kriege als geduldeter Exilant am Wandlitzsee in Brandenburg.[390] Die Georgische Legion erreichte im März 1916 eine Kaderstärke von 1200 Mann. Die militärische Leitung des Verbandes übernahm ein Emigrant aus der Schweiz mit Namen Leo Kereselidze. Die Legion wurde im Lauf des Jahres 1915 in die Türkei verlegt; sie scheint vor allem im Raum Samsun stationiert worden zu sein. Dort wurde ihr im Januar 1916 mit dem Leutnant Schliephack ein deutscher Kommandeur aufgenötigt; die Disziplin der Truppe habe sich daraufhin verbessert. Türkischen Wünschen auf nahtlose Eingliederung in die türkische Armee widersetzte sich dieses Häuflein von Revolutionssoldaten allerdings. Daran konnte auch nichts ändern, dass wiederholt versucht worden ist, die Georgische Legion im Rahmen gewöhnlicher Operationen der türkischen Armee einzusetzen – vermutlich mit geringem Erfolg, denn es waren fortan die Türken selbst, die alles daransetzten, die unerwünschten Georgier wieder quitt zu werden. Im Sommer 1916 traten der deutsche Oberaufseher Schulenburg und der deutsche Kommandeur Schliephack ihren Heimaturlaub an, worauf sich die Moral der Truppe unter dem neuen georgischen Kommandeur Murad Bey Magalow offenbar festigte; sie kam am Schwarzen Meer zum regulären Einsatz. Das war den Deutschen auch nicht recht, und so besann sich der deutsche Militärbevollmächtigte in Konstantinopel, Otto von Lossow, darauf, dass die Legion eigentlich nichts weiter als teuer sei, und verlangte ihre Auflösung. Die fand am 17. Januar 1917 offiziell statt. Übrig gebliebene Mannschaften, weniger als 200 Mann, wurden nach Deutschland transportiert, dort zunächst in der Landwirtschaft eingesetzt und später nach Rumänien verschubt, wo sie im Bewachungsdienst für Kriegsgefangene Verwendung fanden. Erst im Juli 1918 wurden die Ex-Legionäre nach Georgien in Bewegung gesetzt; dort werden wir ihnen noch einmal begegnen.[391]

Die Geschichte der Georgischen Legion ist die Geschichte eines weitgehenden Fehlschlags. Dessen Gründe liegen in der mangelhaften Zielsetzung verborgen. Die Ursprungsplanung einer Truppe für den Einmarsch in Georgien war bestenfalls in der Theorie nachzuvollziehen; in der Wirklichkeit war sie undurchführbar. Spätestens seit dem Scheitern der türkischen Kaukasusoffensive hätte der militärische Charakter zugunsten einer subversiven Revolutionierungstruppe aufgegeben werden müssen. Dabei hatte es zuerst den Anschein, als sei diese Option mit bedacht worden. Die Ernennung des Exilrevolutionärs Leo Kereselidze wäre sonst kaum nachvollziehbar. Kereselidze war 1907 aus der Verbannung in Sibirien geflohen und hatte wie viele seinesgleichen Unterschlupf in der Schweiz gefunden; von dort aus stellte er sich im August 1914 dem deutschen Konsulat in Genf zur Verfügung. So wurde er über einige Umwege zum Leiter der Georgischen Legion bestellt. Doch bereits die Verlegung der Legion in Form eines geschlossenen Verbandes in die Türkei war militärisch sinnlos und politisch töricht, denn ein unbewaffneter Verband von zweifelhaftem Gefechtswert, der mit Mühe Bataillonsstärke erreichte, konnte dort dem deutschen Ziel der Abspaltung Georgiens vom russischen Staatsverband nicht dienen. Fragt man nach den Verantwortlichen für diesen Fehlgriff, so rücken die deutschen Militärverantwortlichen in der Türkei ins Blickfeld, aber auch der Hauptmann d. R. Friedrich Werner von der Schulenburg. Von ihm heißt es, dass er nur Freunde und keine Feinde gehabt habe, was, wenn man so will, im Umkehrschluss bedeutet, dass er sich mit niemandem zur Durchsetzung seiner Ziele anlegte.[392]

Doch ganz so erfolglos, wie es bis jetzt erscheinen mag, waren die deutsch-georgischen Bemühungen nicht. Jene Zwiespältigkeit, die von vornherein in dem Unternehmen angelegt war, zeigte einige Früchte, wenngleich es schwer fällt, die unmittelbare Auswirkung dieser Aktionen auf die 1918 tatsächlich erfolgte Abspaltung des georgischen Staates vom russischen Staatsverband nachzuweisen. Zu vermuten ist bestenfalls, dass ein Samenkorn gelegt wurde. Denn es geschah durchaus etwas: In vier Wellen wurden mit Hilfe von deutschen U-Booten aus der georgischen Legion ausgewählte Agenten über das Schwarze Meer transportiert, damit sie nach Kaukasien einsickern konnten. Ende Mai/Anfang Juni 1915 fanden die ersten beiden Transporte statt. Sie wurden vom Unterseeboot U 38 unter Kapitänleutnant Max Valentiner durchgeführt. Die ersten drei Georgier wurden in Anakria, nördlich von Batum, an Land gesetzt. Die zweite Gruppe folgte im Juni 1915; sie bestand aus drei Georgiern, einem Aserbeidschaner und einem Tschetschenen. Einer der Georgier war Fürst Matschabelli, dem es tatsächlich gelang, sich bis Tiflis durchzuschlagen. Seinen Aufwiegelungsversuchen blieb ein messbarer Erfolg versagt, doch vermochte er der Verfolgung durch die Gendarmerie zu entkommen. Er floh über Japan und die USA nach Deutschland zurück, wo er im August 1917 eintraf; erneut übernahm er hier die Führung der Exilgeorgier. Seine während seines Aufenthalts in Georgien implantierte Idee eines dreigliedrigen transkaukasischen Staates setzte sich nach der russischen Märzrevolution zunächst einmal durch.[393]

Noch einmal wurden im Jahr 1917 zwei Agentengruppen durch Unterseeboote abgesetzt: Die erste am 30. Mai 1917 von UB 14 unter Oberleutnant zur See Ulrich, die zweite von UB 42 unter Oberleutnant Schwarz am 9. Oktober 1917; diesmal gingen fünf Agenten mit Waffen, Munition und einer Kriegskasse von 370 000 Rubel von Bord. Sie fielen in die Hände russischer Wachmannschaften. Um es zu wiederholen: Die Ergebnisse der deutschen Bemühungen, Georgien abzuspalten oder zu revolutionieren, blieben trotz des erheblichen Einsatzes finanzieller Mittel vage. Allein bis Mitte 1916 waren für Aufbau und Unterhalt der Georgischen Legion 1,66 Millionen Reichsmark hingeblättert worden.[394] Das Konzept für Georgien war unschlüssig: Die Implementierung eines Märchenprinzen mit schöner Märchenfee, wie sie aus dem Einschleusen von Fürst Matschabelli durchschimmert, war eine Abspaltungsvariante, die weder mit der Revolutionierungsidee noch mit den tatsächlichen politischen Strömungen in

Georgien unter einen Hut passte. Demselben Dilemma werden wir in der Ukraine und vor allem in Russland begegnen. Was Georgien anlangt, werden wir Gelegenheit haben, die politische Realität im Jahre 1918 noch einmal aus der Nähe zu sehen, als es mit deutscher militärischer Hilfe gelang, einen selbständigen Staat Georgien zu gründen.

Schließlich ist die einzige ungeplante Expedition zu erwähnen. Es war zugleich die am längsten andauernde – die von Wilhelm Waßmuß. Das 26-jährige Sprachgenie für orientalische Dialekte trat 1906 in den Dolmetscherdienst des Auswärtigen Amtes ein. Ab 1909 wurde Waßmuß als Konsularagent im persischen Buschir tätig; 1913 erfolgte seine Berufung zum Konsul an gleicher Stelle. Nach Ausbruch des Krieges wurde Waßmuß als Leiter einer Afghanistanexpedition des Deutschen Reichs vorgesehen, doch daraus wurde nichts. Der 34-Jährige hatte sich entschlossen, allein und mit wohlgefüllter Kriegskasse in Persien Krieg zu führen. In dem von widerstrebenden Interessen geprägten Umfeld führte Waßmuß einen Feldzug als Einzelkämpfer. Perfekt getarnt, wiegelte er einheimische Stämme gegen die intervenierenden Staaten auf. Vier Jahre lang band er so beträchtliche Truppen der Entente. Dies alles konnte nicht ohne das heimliche Wohlwollen des offiziellen Persien geschehen. Erst im März 1919 nahm man Waßmuß fest und lieferte ihn an Großbritannien aus. Nun wurde der jahrelang als Agent Gesuchte zunächst verprügelt und sodann unter den erbärmlichsten Bedingungen inhaftiert. Waßmuß gelang zusammen mit seinem Begleiter Oertel erneut die Flucht. Er schlug sich trotz einer Fußverletzung bis zur deutschen Gesandtschaft in der Nähe von Teheran durch. Als Ergebnis der jetzt einsetzenden diplomatischen Bemühungen vereinbarte man einen unverzüglichen Abschub dieses gefährlichen Mannes nach Deutschland, wo er schließlich nach erneuten Behinderungen seiner Reise und erneuter Haft am 19. September 1919 eintraf. Damit war auch für diesen schwierigen Mann der Weltkrieg nach über fünf Jahren zu Ende gegangen.[395]

In Großbritannien atmete man auf. Eines allerdings behielten die Briten lange Jahre für sich: Bereits 1915 hatten sie sich bei der Verfolgung Waßmuß' dessen Gepäck bemächtigen können. In diesem Gepäck befand sich, über ein Jahr unbeachtet im britischen Marinegeheimdienst aufbewahrt, der deutsche diplomatische Funkschlüssel.[396] Der Leiter des britischen Dienstes, Sir William Reginald Hall, muss ein neugieriger Mann gewesen sein. Er entdeckte das kostbare Stück beim Herumstöbern in der Behörde in den beschlagnahmten Unterlagen von Waßmuß, die unausgewertet herumlagen. Was Blinker, so der Spitzname von Hall, zu dem Fund seinen Untergebenen an Unfreundlichkeiten gesagt hat, oder ob er seinem Spitznamen entsprechend nur mit den Augen gezwinkert hat, ist nicht überliefert. Alsbald war es Hall und seinen Untergebenen klar, welchen Schatz sie gehoben hatten. Der Raum 40 im alten Admiralitätsgebäude, die Bezeichnung des Zimmers war zugleich die Tarnbezeichnung der Funk- und Telegrafie-Abhörzentrale, beherbergte das Geheimste, was die britische Marine in dieser Zeit zu bieten hatte. Seit geraumer Zeit besaß man hier den deutschen Marineschlüssel, den der russische Verbündete auf dem gestrandeten Kreuzer *Magdeburg* erbeutet und nach Großbritannien weitergereicht hatte. Nun also verfügten die Briten auch über den diplomatischen Code. Da die Deutschen hiervon nichts ahnten und da sie auf die Seekabelverbindung nach den USA für die diplomatische Post nicht verzichten mochten, las Room 40 den Nachrichtenaustausch zwischen der Zentrale des Auswärtigen Amtes und den amerikanischen Gesandtschaften mit. Das betraf nicht nur die Einzelheiten über die Politik der Kriegführung mit U-Booten, die Großbritannien existenziell zu schaffen machte, sondern auch jene verquere Weisung des Außenamtsstaatssekretärs, Arthur Zimmermann, an die Botschaften in Washington und Mexiko, wonach den Mexikanern deutsche Hilfe für den Fall ihres Angriffs auf die USA zugesichert werden sollte. Mag man diese Pläne auch ins Reich von Phantasia verweisen, eines bewirkten sie mit Bestimmtheit: Den Kriegseintritt der USA im Frühjahr 1917 auf Seiten der Entente und damit das militärische Aus der Mittelmächte. Der deutsche Größenwahn hatte sich überfressen. Wenn bei der Unzahl der Imponderabilien des Ersten Weltkrieges zwei Ereignissen das Urteil kriegsentscheidend zugebilligt werden darf, so sind es die Nachlässigkeit Waßmuß' und das neugierige Stöbern Halls. Es ist kaum auszudenken, wie es weitergegangen wäre, wenn diese beiden Kleinigkeiten nicht ins Getriebe der Geschichte eingegriffen hätten.

Über die Ostsee.
Russland revolutionieren

Im Frühjahr 1917 reiste ein kleiner unscheinbarer Mann mit einem rostroten Haarkranz hinter der ausgeprägten Glatze per Bahn von Süd nach Nord quer durch Deutschland zum Ostseehafen Saßnitz. Dieser Mann reiste ohne die übliche Fahrkarte. Zusammen mit einem Tross von Gesinnungsfreunden, Agenten und Bewachern fuhr er im eigens für ihn bereitgestellten D-Zugwagen 2./3. Klasse preußischer Bauart; für die Fahrtkosten kamen andere auf. Der Mann hieß mit bürgerlichem Namen Wladimir Iljitsch Uljanow. Kurz drauf wurde der bis dato Unbekannte auch über den Kreis der Eingeweihten hinaus unter seinem Parteidecknamen Lenin einer Weltöffentlichkeit zur geläufigen Größe.

Wie macht man eine Revolution?
Die handelnden Personen: Lenin und Parvus

Wladimir Iljitsch wurde am 10. April 1870 als Sohn des russischen Schulinspektors im Gouvernement Simbirsk geboren. Der Vater hatte durch seinen Beruf den Aufstieg in den russischen Dienstadel geschafft. Aus der mütterlichen Linie der ursprünglich jüdischen Blanks stammte ein Landgut, das die vielköpfige Familie auch nach dem frühen Tod des Vaters zusammen mit dessen Pension standesgemäß zu ernähren vermochte. Es enthob den späteren Revolutionär der Mühe, sich der Ausübung eines Brotberufs aussetzen zu müssen. Seinen Lebensunterhalt durch die Arbeitskraft russischer Bauern abgesichert zu sehen, fanden weder er noch seine späteren Jünger in irgendeiner Form anstößig. Vermutlich wirkte hier das gute Beispiel des großen Karl Marx aus Trier. Auch der lebte auf Kosten eines anderen, seines Industriellenfreundes Friedrich Engels, der wiederum sich sein Leben durch Fabrikarbeiter in Barmen und Manchester finanzieren ließ. Wie auch immer. Bereits als Gymnasiast musste es der junge Wladimir erleben, wie sein älterer Bruder Alexander 1887 als politischer Attentäter am Galgen endete. Alexander Uljanow hatte sich an den Vorbereitungen für ein Zarenattentat auf Alexander III. beteiligt; die Sache wurde durch einen Agenten der Ochrana aufgedeckt; den Rest besorgte die russische Justiz.[397]

Es ist viel Papier dafür verschwendet worden, wie dieser Tod auf den jungen Lenin gewirkt haben mag. Das soll hier nicht wiederholt werden; stattdessen wollen wir die Geschichte jenes Mannes einschieben, der für die Hinrichtung des älteren Uljanow-Sohnes die Verantwortung trug. Das war mit einiger Sicherheit der Ochrana-Agent Arkadi Heckelmann, der als Provokateur bei den jugendlichen Bombenbauern tätig war. Über die Herkunft von Heckelmann ist wenig bekannt; dafür wissen wir aus den Ermittlungen, die der Marx-Enkel Jean Longuet und der russische Sozialrevolutionär Georgi Silber nach der Jahrhundertwende angestellt haben, über Heckelmanns Agentenkarriere weitere erstaunliche Einzelheiten: Zusammen mit einer Reihe von flüchtigen Revolutionären begab sich Heckelmann nach dem gescheiterten Attentatsversuch in die Schweiz. Er reiste und lebte fortan unter dem Aliasnamen Landesen; ein entsprechender echter Pass ließ ihn in die Rolle dieses angeblichen Baltendeutschen hineinschlüpfen. Nach einem gescheiterten Bombenbauexperiment, bei dem zwei der nunmehr führenden Leute in der Nähe von Zürich 1889 tödlich verletzt wurden, wichen die Revolutionäre nach Paris aus, wo es alsbald eine muntere Bombenbauerszene gab. Diese wurde bereits 1890 von der Polizei ausgehoben. Die Täter erhielten Haftstrafen. Nur einer nicht: Heckelmann-Landesen. Er hatte sich rechtzeitig absetzen können und wurde in Abwesenheit verurteilt. Doch damit war Heckelmanns Karriere keineswegs am Ende. Er hielt sich hernach unter einer geheimdienstlichen Legende in Deutschland auf und avancierte sodann unter dem Namen Arkadi von Harting zum Leiter der persönlichen Wache des Zaren – eine Funktion, in der er beispielsweise den russischen Herrscher 1907 nach Swinemünde begleitete. Kurz darauf ernannte man den Unermüdlichen, der mittlerweile einen Generalsrang innehatte und den Titel Exzellenz führen durfte, zum Leiter der Auslandsabteilung der Ochrana. Enttarnt wurde sein Vorleben durch den russischen Publizisten Wladimir Burzew, dem es gelungen war, Briefe von Landesen und Harting zu beschaffen und zu vergleichen. Danach verlieren sich Heckelmann-Landesen-Hartings Spuren.[398]

Zurück zum jungen Lenin: Es ist unschwer nachvollziehbar, dass die Familie durch die Hinrichtung des ältesten Sohnes ins soziale Abseits geriet. Ohne die psychologisierenden Argumente überbetonen zu wollen, ist ebenso leicht nachzuvollziehen, dass der junge Lenin zwischen strikter Anpassung und totaler Radikalisierung zu wählen hatte; er wählte den Weg der Anpassung, bevor er Jahre später in die Nachfolge des getöteten Bruders einschwenkte. Nichtsdestotrotz brachte er zunächst eine juristische Ausbildung hinter sich, die ihn zum Anwaltsberuf befähigte, was in seiner Karriere jedoch lediglich eine Episode blieb.[399]

Es folgten die Zeiten der illegalen Parteitätigkeit in sozialistischen Splittergruppen. Das führte 1897 zu dreijähriger Verbannung und anschließend in ein 17 Jahre andauerndes Exil. Aus Wladimir Uljanow wurde allmählich der spätere Lenin. Sein Leben war eine Mischung aus offener Propagandatätigkeit und konspirativem Tun. Wir haben nicht vor, dem Leben der Revolutionsikone in allen Mäandern nachzuspüren; das haben Berufenere längst erledigt. Uns genügt die Feststellung, dass Lenin es verstand, sich nach 1900 zu einem der leitenden Funktionäre der russischen Sozialdemokratie aufzuschwingen. Er nahm alsbald die Spaltung der Partei bewusst in Kauf, um unbeschränkter Herrscher wenigstens des einen Teils werden zu können. Über die sachlichen Gründe der Spaltung lohnt es nicht zu räsonieren; sie pflegen wie bei allen religiösen Körperschaften dem Außenstehenden dunkel zu bleiben. Lenin wurde also die personifizierte Sozialdemokratische Arbeiterpartei Russlands (B). Auf diesen Klammerzusatz kommt es an, es waren dies die Bolschewiki, die Mehrheitler also, eine Bezeichnung, die aufgrund eines zufälligen im Ausland 1903 erfolgten Abstimmungsergebnisses zur Frage entstanden war, ob die Partei eine solche von Berufsrevolutionären sein müsse oder im Volk ihre Verankerung haben solle. Diejenigen, die in Übereinstimmung mit der Masse der russischen Sozialdemokraten zur Volksverankerung neigten, waren in der Minderheit. So kam es, dass die wesentlich größere Parteiformation innerhalb der SDAPR fortan die Bezeichnung Minderheitler, oder auf russisch: Menschewiki, trugen.[400] Man tut Lenin Unrecht, wenn man unterstellt, dass es ihm auf

Dauer auf solche theoretischen Fragen ankam. Er schrieb über sie und ereiferte sich auch; für seine praktische Politik indessen waren sie häufig genug nebensächlich. Ihm ging es um die Macht, so dass seine Jünger immer wieder gezwungen wurden, die grundlegenden Sentenzen des Meisters so umzuinterpretieren, dass sie mit seinem tatsächlichen Verhalten zur Deckung gebracht werden konnten. So etwas forderte immer wieder gläubigen Gehorsam, der umso leichter eingefordert werden konnte, als die intimen Kenner des Lenin'schen Oeuvres sich seinerzeit an wenigen Händen abzählen ließen.

Der Lenin, der uns interessiert, wohnte und wirkte zu Beginn des Ersten Weltkrieges im polnischen Krakau, im damaligen Österreich-Ungarn also. Von hier aus hatte er mit Hilfe des polnischen Sozialistenführers Józef Pilsudski intensive Kurierverbindungen in das Russische Reich aufgebaut. Man kann sagen, dass er die Bolschewiki, die mittlerweile auch in der russischen Politik eine wahrnehmbare Größe geworden waren, von Krakau aus erheblich beeinflussen, wenn nicht gar lenken konnte. Die Möglichkeit hierzu verdankte er nicht zuletzt der russischen Ochrana, der kaiserlichen Geheimpolizei. Und das kam so: Nicht ohne schmerzhaftes Hin und Her hatte sich das Zentralkomitee der Bolschewiki 1912 entschlossen, die Macht der Emigranten bei der Bestimmung der Parteigeschäfte zurückzudrängen; nur noch eine Minorität von ihnen sollte im zentralen Beschlussapparat der Partei Sitz und Stimme haben. Das war auf den ersten Blick ein vernünftiger Beschluss, denn seit Überwindung der Aversion gegen die Duma, das vom Zaren 1905 ertrotzte rudimentäre Parlament, waren auch Bolschewiki für jedermann sichtbar als Abgeordnete in Erscheinung getreten.[401]

Der führende Mann der Bolschewiki in der Duma war ein enger Vertrauensmann Lenins: Roman Malinowski. Er war zugleich eines der Mitglieder des Zentralkomitees und von diesem beauftragt, die Partei nach Provokateuren der Ochrana zu durchforsten. Doch mit der Übertragung dieser Zusatzaufgabe an den Multifunktionär hatte man den Bock zum Gärtner gemacht, denn Malinowski war selbst seit 1907 Agent der St. Petersburger Ochrana; ab 1910 wurde er von Moskau aus unter dem Decknamen Schneider geführt. Malinowski verriet der Ochrana alles, was er über die Bolschewiki wusste, und das war nicht gerade wenig. Immer wieder geriet er bei seinen Genossen in den Verdacht, ein doppeltes Spiel zu treiben. Doch der um Hilfe angerufene Lenin wiegelte ab. Malinowski war sein wichtigster Kontaktmann nach Russland hinein. Selbst als ab 1912 alle in Russland agierenden Mitglieder des Zentralkomitees mit Ausnahme von Malinowski festgenommen worden waren, sah Lenin immer noch keinen Anlass zum Misstrauen. Vielleicht war es ihm sogar ganz recht, dass die Partei jetzt auch formal nur noch von einem Trio geführt wurde: Von Malinowski und den beiden Auslandskadern Grigori Sinowjew und ihm selbst. Auch die Ochrana sah diese Entwicklung mit Wohlgefallen: Malinowski war ihr eigenes Werkzeug und den in Krakau sitzenden Wladimir Uljanow schätzte sie völlig realistisch als so zänkisch ein, dass man ihn nur machen lassen müsse; er würde die in der russischen Sozialdemokratie vorherrschenden Wünsche auf ein Zusammengehen von Bolschewiki und Menschewiki zu verhindern wissen. Die Ochrana wandte also das gute alte Divide et impera an; für dieses Teile und Herrsche brauchte sie Lenin nur gewähren zu lassen, was man dadurch verstärken konnte, dass man alle anderen führenden Bolschewiki ausschaltete. Aus Sicht der Geheimpolizei agierte Lenin, das hässliche Wort sei hier verwendet, als ein nützlicher Idiot. So nennt man in Geheimdiensten Personen, die aus eigenem Antrieb das Geschäft des Dienstes zu dessen Nutzen vorantreiben; ihr Handeln beruht zumeist auf einer Überschätzung der eigenen Einflussnahmemöglichkeiten.[402]

Im Frühsommer 1914, noch vor Ausbruch des Ersten Weltkrieges war Malinowski nahezu unrettbar aufgeflogen. Nachdem er eigene, und wie man hinzufügen muss: Ochrana-freie Ambitionen in der Parteiführung entwickelt hatte, ließen ihn seine geheimdienstlichen Auftraggeber gnadenlos fallen. Er floh aus Russland nach Deutschland, nicht ohne bei Lenin in Galizien Station zu machen und seine Unschuld zu beteuern, was ihm gegen jede Vernunft immer noch geglaubt wurde. Lenin veranstaltete umgehend eine Parteiuntersuchung. Die Kommission bestand aus ihm selbst und seinen beiden Mitstreitern Grigori Sinowjew und Jacob Fürstenberg-Hanecki. Wir werden noch genug Anlass haben, uns mit beiden Personen zu beschäftigen. Die Parteikommission der Bolschewiki kam, im Gegensatz zu einer entsprechenden Kommission der Menschewiki, zu dem Ergebnis, Malinowski vom Spitzelvorwurf freizusprechen. Malinowski reiste erleichtert nach Deutschland ab. Obwohl der Kreis der Mitwisser dieser Parteiuntersuchungen denkbar klein war, berichtete die Auslandsresidentur der Ochrana aus Paris bereits am 20. August 1914 über das Ereignis und sein Ergebnis nach St. Petersburg. Ochrana-Akten, die nach der Februarrevolution von 1917 ans Licht kamen, sprachen eine deutliche Sprache über Malinowskis ehemalige Spitzelkarriere. Was unter diesen Bedingungen den im Ersten Weltkrieg bis 1917 in Deutschland in Schutzhaft Genommenen veranlasste, 1918 nach Russland zurückzukehren, wo er von seinen ehemaligen Genossen im November hingerichtet wurde, bleibt ein Rätsel. Vermutlich verließ er sich ganz auf seinen alten Vormann Lenin, doch das war ein folgenschwerer Irrtum.[403]

Der Kriegsausbruch überraschte Lenin in Galizien. Spionenfurcht trieb hier wie überall in Europa schillernde Blüten. Und so konnte sich Lenin fast glücklich schätzen, dass er als mutmaßlicher russischer Spion lediglich inhaftiert und nicht sogleich liquidiert wurde, denn k.u.k. Henkersstricke hingen in dieser Zeit sehr locker. Österreichische Sozialisten wie Viktor Adler setzten sich für seine Freilassung ein, und so gelang es Lenin, in die Schweiz zu entkommen. Ein Stand-gericht oder das Überrolltwerden durch zaristischen Truppen hätte im August 1914 ebenso gut im Bereich des Möglichen gelegen. Als Lenin und seine Frau Nadjeshda Krupskaja im September 1914 in der Schweiz eintrafen, verfügten sie über eine Barschaft von etwa 2000 Rubel. Dieses Geld stammte aus einer Erb-schaft in doppelter Höhe, die Lenin im August 1914 gemacht hatte. Für den verbotenen Geldtransfer in die Schweiz knöpfte ihm ein österreichischer Makler 50 Prozent als Honorar ab. Dies alles wäre nicht weiter bemerkenswert, wenn Lenin nicht später die Behauptung aufgestellt hätte, dass der Schweizaufenthalt für ihn und seine Frau aus diesen Mitteln bestritten worden wäre. Diese Ein-lassung diente der Abwehr von Angriffen, er habe in dieser Zeit von deutschen Geldern gelebt. Ob das so war, darüber wird noch zu sprechen sein. Eins jeden-falls erscheint klar: Lenins Einlassung ist gelogen. Wenn man den Betrag auf die 920 Tage aufteilt, die das Ehepaar in der Schweiz verbrachte und überdies in Rech-nung stellt, dass von dem Geld am Ende noch einiges übrig gewesen sein soll, um die Fahrkarte nach Russland bezahlen zu können, braucht es nicht vieler Worte, um die Lenin'schen Legenden ad absurdum zu führen.[404]

Die Überraschung des Kriegsausbruchs traf indessen nicht nur Lenin. Der Beginn des Ersten Weltkrieges war über die europäischen sozialistischen Parteien jeg-licher Schattierung hinweggerast. Der Rausch nationalistischer Ausfälle ersetzte das Denken, und es war den meisten der Zeitgenossen nicht gegeben, sich abseits zu stellen und die Frage nach dem Wieso und dem Wohin zu erörtern. Dem in der Schweiz stillgelegten Berufsrevolutionär Lenin drängte sich die Überzeugung auf, dass dieser Irrsinn das Ende der bekämpften Zarenherrschaft bringen müsse; an-dere fanden diesen Gedanken weniger einleuchtend. Hochmögende Konferenzen fanden in der Schweiz statt, wie die von Zimmerwald und Kienthal. Aber das in-teressierte eigentlich niemanden, außer einige linke Exoten und Geheimpolizisten der diversen Länder Europas.[405] Die Schweiz wahrte, um das in Erinnerung zu rufen, während des Ersten Weltkrieges ihre Neutralität. Zugleich wurde sie Dreh-scheibe eines politisch und wirtschaftlich aus den Angeln geratenen Europa. Und verdiente gut daran. Politische Emigranten wurden geduldet, wenn sie denn nicht der öffentlichen Fürsorge zur Last zu fallen drohten, da verstanden die Schweizer keinen Spaß. Doch das Schicksal eines Mittellosen drohte Lenin zum Glück, wie wir ja schon gehört haben, nicht. Man richtete sich in der Schweiz ein. So wären der Krieg und die russische Revolution beinahe dahingegangen, ohne dass die in der Schweiz sitzenden Emigranten die geschichtsträchtigen Ereignisse hätten berüh-ren können. Es kam jedoch anders. Die Initialzündung hierfür liegt weniger in der Marx'schen Lehre begründet, sondern sie ist handfester; sie beruht auf dem Ein-greifen von real existierenden, praktisch denkenden und handelnden Menschen.

Bereits im August 1914, gleich nach dem Ausbruch des Ersten Weltkrieges, war auf deutscher Seite der Gedanke der Revolutionierung Russlands entstanden. Hierunter verstand man das Abspalten von Völkern aus der Peripherie des russischen Reichs und den Sturz des Zarenregimes von innen. Zunächst rechnete man auf deutscher Seite fest damit, dass dergleichen Umstürze von selbst geschehen würden.[406] Doch nach der verlorenen Marneschlacht im September 1914 wurde in einer schmalen deutschen Führungsschicht die Einsicht Allgemeingut, dass man deutscherseits an diesem erwünschten Ereignis würde mitarbeiten müssen. Es ist klar, dass Diplomaten und Militärs, die diesen Gedanken in die Tat umzusetzen trachteten, zunächst an alles andere dachten, nur nicht an eine nach Möglichkeit auch noch erfolgreiche *sozialistische* Revolution. Es klang an, blieb aber zunächst nebulös, da sich Militärs und Politiker in einer Gedankenwelt bewegten, die eher dem Erfahrungsbereich eines deutschen Kavallerieoffiziers entsprach, also dem Feind durch säbelblitzende Attacken zu schaden. Nun mache einer mal eine sozialistische Revolution, wenn er ein überzeugter preußischer Beamter oder ein Offizier ist. Sind wir ehrlich, das beißt sich. Es ist unrealistisch, selbst wenn der feste Wille dahintersteht. Und so war es auch 1914: Es wäre alles nichts geworden ohne einen Mann, der sich anbot, das Unerhörte zu bewerkstelligen. Die Rede ist von Alexander Helphand, genannt Parvus, der Kleine.

Israel Lasarowitsch Helphand wurde am 27. August 1867 in Beresino im Gouvernement Minsk geboren. Als 21-Jähriger wanderte er in die Schweiz aus, um dort Nationalökonomie zu studieren; seinen jüdischen Vornamen tauschte er gegen den europäischen Alexander aus. Wie viele andere seines Alters und seiner Herkunft engagierte sich Helphand für die Ideen des Sozialismus. Seine politische Lehrzeit machte Helphand bei der SPD in Deutschland, wobei er sich als politischer Redakteur und Schriftsteller mit fast jedermann in der deutschen Partei anlegte; denn unverhohlen predigte er im Gegensatz zu den behäbig gewordenen sozialdemokratischen Führern die sozialistische Revolution. Sein wildes Agitieren bescherte ihm nicht nur die Feindschaft zahlreicher SPD-Funktionäre, sondern auch die Ausweisung aus Preußen als unerwünschter Ausländer, denn der Form nach war Helphand zaristischer Untertan jüdischen Glaubens, wie man dies damals zu nennen beliebte.[407]

Trotz des Rauswurfs aus Preußen bedeutete das nicht das Aus in Deutschland; weitere Stationen seines Wirkens waren Leipzig und Dresden, wo ihn die Ausweisung aus Sachsen ereilte. Sodann hielt er sich kurz in einem der thüringischen Zwergstaaten auf, von wo er in das als liberaler geltende München übersiedelte. Hier traf Helphand auf einen anderen exilierten politischen Schriftsteller, auf Wladimir Uljanow. Dass beide miteinander auf Dauer nicht zusammenarbeiten würden, war angesichts ihrer egomanischen Grundstruktur nicht weiter verwunderlich. Jeder von beiden war eine Art Einmannpartei innerhalb der sozialistischen Bewegung. Auch äußerlich lässt sich der Gegensatz zwischen beiden Männern kaum größer denken. Auf der einen Seite der körperlich kleine, gefühlskalte, von bürgerlichen Moralvorstellungen geprägte, auf Kosten seiner Familie lebende Uljanow-Lenin; auf der anderen Seite der riesige, mit einem kolossalen Bauchansatz versehene, stets in Geldnöten lebende, liebend gern zechende und großbusige Blondinen bevorzugende Helphand-Parvus. Parvus hielt Lenin für einen elitären Schreibstubengelehrten, Lenin Parvus für einen marxistischen Falstaff. Doch wie auch immer sich beide verabscheuten, den Kontakt zueinander verloren sie nie. Bis zum Dezember 1917 beschimpften sie sich zwar literarisch; einen Bruch indessen vermieden sie, denn beide brauchten einander auf jeweils ihrem Weg zur sozialistischen Revolution.

Noch einen anderen lernte Helphand in seiner Münchener Zeit kennen. Das war der jugendliche Revolutionär Leo Trotzki. Der suchte Helphand in München auf, wohnte eine Zeit lang in dessen Wohnung und machte eine kurze Lehrzeit in der Theorie des Sozialismus bei ihm durch.[408] In seiner Autobiografie urteilt Trotzki:

Parvus war zweifellos eine hervorragende Gestalt unter den Marxisten am Ende des vorigen und am Anfang dieses Jahrhunderts. Er beherrschte die marxistische Methodik vollkommen, hatte einen weiten Blick, verfolgte alles Wesentliche in der Weltarena, was ihn bei seiner außerordentlichen Kühnheit des Denkens und einem männlich muskulösen Stil zu einem hervorragenden Schriftsteller machte. Seine alten Arbeiten haben mir die Fragen der sozialen Revolution näher gebracht und die Machteroberung des Proletariats aus einem astronomischen »Endziel« in eine praktische Aufgabe unserer Zeit verwandelt.[409]

Dann trennten sich ihre Wege; erst bei der russischen Revolution von 1905/06 trafen sie sich wieder.

Diese russische Revolution brach nach dem Blutsonntag von St. Petersburg am 5. (22.) Januar 1905 aus. Ihr Entstehen lag wahrscheinlich in einem katastrophalen Missgriff der Ochrana begründet, die zuließ oder sogar veranlasste, dass ihr Agent Georgi Gapon den Bittgang organisierte, der zu dem entsetzlichen Blutbad führte. Für den eigentlichen Ausbruch der Revolution lässt sich eines mit Sicherheit sagen: Es waren nicht die revolutionären Parteien, die diese Revolution machten. Sie hatten zwar jahrelang Revolution gepredigt und theoretisch geweissagt, doch es war die vielbeschworene revolutionäre Ungeduld der Volksmassen, die sich in den Städten entlud. Die Herren Revolutionäre konnten es erst gar nicht glauben, was dort geschah. Einer der Ersten, die erwachten, war Trotzki, der nur zu bald die führende Rolle in den Räten, den Sowjets, spielte. Helphand folgte kurze Zeit später mit geliehenem Fahrgeld; auch er exponierte sich für eine Weile als erfolgreicher Revolutionär. Als Letzter traf Lenin ein; er war damit beschäftigt gewesen, literarisch nachzuweisen, dass diese Revolution nicht seine Revolution sei; doch damit war er bei seinen Bolschewiki nicht sonderlich gut angekommen.[410] Nach der Wiederetablierung der Zarenherrschaft wurden zunächst Trotzki und dann auch Helphand in der Peter-und-Pauls-Feste inhaftiert. Am 22. August 1906 nach Sibirien verbannt, gelang Helphand indessen die Flucht, deren Endpunkt erneut Deutschland war. Helphand wurde besoldeter Funktionär der SPD; ob seine revolutionäre Erfahrung, seine berserkerhafte Energie, sein schriftstellerisches Vermögen, seine wirtschaftspolitischen Kenntnisse den Ausschlag für die Anstellung gaben, wissen wir nicht; vielleicht war es alles zusammen. Doch die Zeit bei der SPD dauerte nicht lange; 1910 wurde Helphand mit dem Vorwurf konfrontiert, Parteigelder veruntreut zu haben. Der 43-Jährige verschwand daraufhin aus Deutschland. In der Türkei tauchte er wieder auf. Was er in den folgenden Jahren dort tat, ist nie richtig geklärt worden; klar ist nur, dass ihn seine Tätigkeit zum Millionär machte; Spekulationen, er habe die Zeit der Balkankriege für Waffengeschäfte genutzt, klingen nicht ganz abwegig.[411]

Nun hätte man meinen können, dass sich der überaus sanierte und saturierte mittelalterliche Herr aus den Geschäften zurückgezogen und seinen Reichtum genossen hätte; doch weit gefehlt. Umtriebig wie er war, agitierte Helphand ab Kriegsbeginn in Konstantinopel zugunsten eines türkischen Eingreifens in den Krieg, wobei er den Türken darlegte, sie könnten sich auf diese Weise aus der erdrückenden Umarmung der Kolonialmächte Europas, vor allen aus den französischen Finanzabhängigkeiten, befreien. Dies waren Töne, die in gewisser Weise auch in deutschen Ohren wie Musik klingen mussten. Um es gleich zu sagen, Helphand fand in türkischen Finanzkreisen durchaus Beachtung mit seiner Agitation, die selbstredend auch mit eigenen wirtschaftlichen Interessen verknüpft war.[412]

Plan und Realität.
Helphands Ideen gewinnen Gestalt

Vom türkischen Finanzmanager zum kaiserlich-deutschen Politikberater war für Helphand nur ein kleiner Schritt. Zu Helphands Entdeckern gehörte Dr. Max Zimmer. Von diesem Mannheimer Industriellensohn ist nur so viel bekannt, dass er als eine Art Vorläufer späterer Aussteiger vor dem Ersten Weltkrieg am Schwarzen Meer eine Farm betrieb. Zu Kriegsbeginn 1914 stellte er sich dem Auswärtigen Amt zur Verfügung, um die Revolutionierungsbemühungen gegenüber Russland zu unterstützen;[413] er wurde demgemäß im September der deutschen Gesandtschaft in Konstantinopel zugeordnet.[414] Zimmer war auf Helphand aufmerksam geworden und ermöglichte diesem Ende des Jahres 1914 eine Audienz beim deutschen Gesandten Hans von Wangenheim. Helphand teilte Wangenheim

＃

nicht mehr und nicht weniger mit, als dass er beabsichtige, in Russland die Revolution herbeizuführen. Wangenheim fand den Auftritt Helphands bedeutend genug, um die Kunde davon unverzüglich nach Berlin zu kabeln.[415] Auch hier schlug die Nachricht offenbar wie eine Bombe ein. Der einst aus Preußen ausgewiesene Helphand durfte bereits im Februar 1915 nach Deutschland einreisen und traf mit Vertretern des Auswärtigen Amtes und mit dem persönlichen Referenten des Reichskanzlers, Kurt Riezler, zusammen. Riezler hatte sich schon seit Kriegsbeginn mit dem Problem der Revolutionierung Russlands befasst und wiederholt mit dem Reichskanzler darüber beraten, der dem Plan aufgeschlossen gegenüberstand. Der Tag des Zusammentreffens zwischen Riezler und Helphand steht nicht genau fest; auch wurde kein Protokoll der Verhandlungen in den Akten des Amtes hinterlegt.[416] Was Helphand vortrug, war keine blutleere Absichtserklärung; deren gab es reichlich und genug. Es war ein konkreter Umsturzplan, der die Revolutionsvariante, ausgelöst durch von außen unterstützte Massenstreiks, und die Abspaltungsvariante in einem schlüssigen Konzept vereinigte. Was Helphand vorgetragen hatte, fasste er Anfang März 1915 zu einem Memorandum zusammen, das man noch heute in den Akten des Auswärtigen Amtes besichtigen kann. Es ist ein vielseitiges maschinenschriftliches Gutachten, undatiert und nicht unterschrieben, auf dem der Referent des Auswärtigen Amtes, Diego von Bergen, das Datum 8. März 1915 und das Wort *(Parvus)* vermerkte. Ein weiterer handschriftlicher Vermerk von unbekannter Hand – möglicherweise von Riezler – lautet: Vom Sozialisten Parvus. Das Schriftstück endet mit einem 11-Punkte-Plan, der keinen Zweifel daran lässt, was die Herren dort beredet haben könnten:

Es gilt jetzt besonders in Arbeit zu nehmen:

1. Finanzielle Unterstützung der sozialdemokratischen russischen Majoritätsfraktion, die den Kampf gegen die zaristische Regierung mit allen Mitteln fortführt. Die Führer sind in der Schweiz aufzusuchen.

2. Schaffung direkter Verbindungen mit den revolutionären Organisationen in Odessa und Nikolajeff über Bukarest und Jassy.

3. Schaffung einer Verbindung mit der Organisation der russischen Seeleute. Durch einen Herrn in Sofia sind bereits Verbindungen angeknüpft worden, weitere Anknüpfungen führen über Amsterdam.

4. Unterstützung der Tätigkeit der jüdischen sozialistischen Organisation »Der Bund« – nicht Zionisten –.

5. Aufsuchen maßgeblicher Persönlichkeiten der russischen Sozialdemokratie und der russischen Sozialisten-Revolutionäre in der Schweiz, in Italien, in Kopenhagen und Stockholm, und Förderung deren Bestrebungen, soweit sie zu einem energischen und unmittelbaren Vorgehen gegen den Zarismus entschlossen sind.

6. *Unterstützung der russischen revolutionären Literaten, soweit sie für die Fortführung des Kampfes gegen den Zarismus auch während des Krieges eintreten.*

7. *Verbindung mit der finnischen Sozialdemokratie.*

8. *Organisation von Kongressen der russischen Revolutionäre.*

9. *Beeinflussung der öffentlichen Meinung der neutralen Staaten, im Besonderen der sozialistischen Presse und der sozialistischen Organisationen im Sinne des Kampfes gegen den Zarismus und des Anschlusses an die Zentralmächte. In Bulgarien und Rumänien ist es bereits mit Erfolg geschehen. Es muss fortgeführt werden in Holland, Dänemark, Schweden und Norwegen, der Schweiz und Italien.*

10. *Ausrüstung einer Expedition nach Sibirien mit dem speziellen Zweck, die wichtigsten Eisenbahnbrücken zu sprengen und so die russischen Waffentransporte aus Amerika zu verhindern. Nebenbei müsste die Expedition mit reichlich Geldmitteln ausgestattet sein, um einer Anzahl politischer Deportierter die Möglichkeit zu verschaffen, ins Landesinnere zu entweichen.*

11. *Technische Vorbereitungen für einen Aufstand in Russland:*

a) Beschaffung genauer Karten russischer Eisenbahnen und Bezeichnung der wichtigsten Brücken, deren Zerstörung notwendig ist, um den Verkehr lahmzulegen; desgleichen Angabe der Zentralgebäude, Depots, Werkstätten, denen die meiste Aufmerksamkeit zugewendet werden sollte.

b) Genaue Angabe der Menge von Sprengstoffen, die zur Erreichung des Zieles in jedem Fall notwendig ist. Es ist dabei die Knappheit des Materials zu berücksichtigen und die schwierigen Verhältnisse, unter denen die Aktion vollzogen werden wird.

c) Verständliche Anweisung über die Handhabung der Sprengstoffe bei Brückensprengungen, Sprengung von großen Gebäuden etc.

d) Einfache Rezepte zur Herstellung von Sprengstoffen.

e) Bearbeitung eines Planes des Widerstandes der aufständischen Bevölkerung in Petersburg gegen die bewaffnete Macht unter besonderer Berücksichtigung der Arbeiterviertel, Schutz der Häuser und Straßen, Schutz gegen Kavallerie und gegen eindringende Infanterie.[417]

Man muss sich einmal vergegenwärtigen, was hier aufgeschrieben wurde, und man muss kein Fachmann für Revolution und verdeckte Aktionen sein, um zu bemerken, dass ein gut durchdachtes Programm vorgelegt worden war. Ja, es war ein Revolutionsfachmann, der sich hier geäußert hatte. Hinzu kam, dass der Doktor Helphand dem Doktor Riezler auch aus einem anderen Grund als der geeignete Kandidat erschien, die Angelegenheit voranzutreiben, denn er verfügte über etwas, was alle anderen deutschen Revolutionierungs-Strategen nicht zu bieten hatten: Er wusste aus eigener Anschauung, wovon er sprach, *und* er kannte eine Vielzahl der Handelnden aus der Nähe. Er hatte zudem einen unverdächtigen Draht zu den europäischen Sozialisten und den deutschen Sozialdemokraten, die trotz ihres eindeutig nationalen Auftretens seit Kriegsbeginn in den einschlägigen Kreisen der Monarchie nach wie vor als unsichere Kantonisten galten. So umschlichen sich sozusagen die Beteiligten, zu denen außer Riezler und Helphand vor allem zwei weitere Männer gehörten: Rudolf Nadolny und Ulrich Graf Brockdoff Rantzau. Über Nadolnys Herkommen und Tätigkeit zu Beginn des Ersten Weltkrieges ist bereits berichtet worden, so dass wir uns nun Brockdorff Rantzau zuwenden können.

Ulrich Graf Brockdorff Rantzau wurde 1869 geboren. Er blickte hochmütig auf die Ahnengalerie derer von Rantzau zurück, die bis ins 12. Jahrhundert reichte. Der norddeutsche Aristokrat entschied sich für den diplomatischen Dienst; 1912 wurde er deutscher Gesandter in Kopenhagen, eine Dienststellung, die er bis Ende 1918 ausüben konnte, denn Dänemark blieb während des Ersten Weltkrieges neutral. Nichts deutete, als er den Gesandtenposten antrat, darauf hin, dass Brockdorff Rantzau einmal zu den führenden Geburtshelfern des bolschewistischen Systems in Russland gehören würde. Weder seine Dienststellung, geschweige denn seine Herkunft, prädestinierten den bei Kriegsausbruch 45-Jährigen hierzu. Auch sein Äußeres macht es uns mehr als schwer, ihn uns in dieser Rolle vorzustellen. Auftreten und Äußerlichkeiten dieses unbeweibten Mannes, dessen Berliner Haushalt sein Zwillingsbruder führte, ließen nicht nur bei Intriganten den Verdacht aufkommen, der Mann gehöre zur verbreiteten streng verpönten Gruppe altadeliger Schwuler. Es blieb nicht bei den stillen Verdächtigungen, so dass sich noch während des Krieges der Chefredakteur des *Berliner Tageblatt*s, Theodor Wolff, veranlasst sah, dem Gescholtenen ein Alibi zu verschaffen, wie auch immer dieses ausgesehen haben mag. Aber auch sonst blieb der Mann genügend bizarr: Kunstsammler, Kettenraucher, Liebhaber fragwürdiger erotischer Witze, Cognac-Trinker zur Tages- und Nachtzeit.[418] In der zweiten Hälfte des 20. Jahrhunderts hätte man einen Mann dieses Zuschnitts als Sicherheitsrisiko eingeschätzt und vom Kopenhagener Botschafterposten ferngehalten.

Brockdorff wurde ein glühender Verfechter der Revolutionierungsidee, und er war sich nicht zu schade, den Verbindungsmann zum Agenten Alexander Helphand abzugeben. Der Begriff des Agenten ist hier zutreffend gewählt, denn genau in dieser Funktion sahen die Herren der deutschen auswärtigen Politik den Doktor Helphand. Sie nutzten intensiv seine Kenntnisse von Personen und Strukturen der russischen sozialistischen Parteien und Gruppierungen. Sie bauten auf seine Kontakt- und Reisemöglichkeiten als Kaufmann nebst zugehöriger Gewinnsucht; und sie hatten erkannt, dass Parvus-Helphand, wie sie ihn im Schriftverkehr nannten, für die eigenen Pläne unbezahlbar war. Wie kein anderer förderte Brockdorff Rantzau die Helphand'schen Revolutionierungspläne, und wie kein anderer drückte er aus, welche Risiken in ihnen steckten. Anders als andere Beamte war er nicht bereit, die Dinge treiben zu lassen, sondern er verschaffte ihnen Fortgang mit dem Gewicht seiner dienstlichen Position, die ihm das Recht gab, mit den Spitzen des kaiserlichen Deutschland zu korrespondieren. So schrieb er, als der Fortgang im Reichsschatzamt zu klemmen drohte, weil dessen Staatssekretär Karl Hellferich nicht viel von dieser Art Geldausgaben hielt,[419] an den Reichskanzler am 16. Dezember 1915:

> *Der Sieg und als Preis der erste Platz in der Welt ist aber unser, wenn es gelingt, Russland rechtzeitig zu revolutionieren und dadurch die Koalition zu sprengen. Nach Friedensschluss wäre der innenpolitische Zusammenbruch Russlands für uns von geringem Wert, vielleicht sogar unerwünscht. Dass Dr. Helphand weder ein Heiliger noch ein bequemer Gast ist, steht fest; er glaubt aber an seine Mission und hat eine Probe seiner Befähigung während der Revolution nach dem Russisch-Japanischen Krieg abgelegt. Ich meine daher, wir sollten ihn benutzen, ehe es zu spät ist, und uns auf eine Politik mit Russland einrichten, die von unsern Enkeln einmal traditionell genannt werden wird, wenn die deutsche Nation unter der Führung des Hauses Hohenzollern sich mit dem russischen Volk in dauernder Freundschaft gefunden hat. Bevor das Zarenreich in seinem jetzigen Bestand nicht erschüttert ist, wird dieses Ziel nicht erreicht werden. Dr. Helphand glaubt, den Weg zeigen zu können, und macht, gestützt auf eine zwanzigjährige Erfahrung, positive Vorschläge. Angesichts der gegenwärtigen Lage müssen wir meines Erachtens den Versuch wagen. Der Einsatz ist gewiss hoch und der Erfolg nicht unbedingt sicher; ich verkenne auch keineswegs die Rückwirkungen, die der Schritt auf unser innenpolitisches Leben nach sich ziehen kann. Sind wir militärisch im Stande, eine endgültige Entscheidung zu unsern Gunsten herbeizuführen, so wäre eine solche allerdings vorzuziehen, andernfalls bleibt nach meiner Überzeugung nur der Versuch dieser Lösung, weil unsere Existenz als Großmacht auf dem Spiel steht – vielleicht noch mehr.[420]*

Es nimmt nicht wunder, dass ein Projekt dieser Größenordnung nicht umsonst zu haben war. Das Gegenteil ist vielmehr zutreffend: Millionen von wertvollen Reichsmark verschwanden in dem Revolutionierungskanal.[421] Empfänger war, zum Teil auf Umwegen, Alexander Helphand. Seine Methode, die gewünschte konspirative politische Arbeit zu finanzieren, wurde über ein geniales Tarnsystem verschleiert. Zu diesem Zweck (und nicht nur zu diesem) stieg Alexander Helphand groß ins Import-/Exportgeschäft mit Russland ein. Die Tarnfirmen, die er betrieb, waren, nachrichtendienstlich gesprochen, durchaus keine Scheinfirmen, sondern überaus profitable Unternehmen, die den Standort Dänemark und das augenzwinkernde Stillhalten der deutschen Reichsleitung für einen florierenden, fast monopolisierten zwischenstaatlichen Handel zwischen Deutschland und Russland mitten im Krieg nutzen konnten. So wurden für Helphand Bleistifte und Präservative ebenso lukrative Geschäftsartikel wie Manganerz und Rohgummi. Was genau wie bezahlt wurde, konnte prächtig verschleiert werden, und ohne Schwierigkeiten ließen sich die Millionen des Auswärtigen Amtes in den Zahlungstransfer einspeisen und in Petrograd wieder abzwacken.

Wie sah die Organisation aus, die auf deutscher und russischer Seite Geber und Nutznießer der Aktionen war? Hier sind die Erkenntnisse spärlich, was indessen nur auf den ersten Blick verwundern kann. Niemand hatte Interesse, die Dinge zu dokumentieren. Dies gilt für beide Seiten. Das Desinteresse der Bolschewiki liegt auf der Hand. Sie hatten bereits im Sommer 1917 und auch noch nach ihrer Machtergreifung genug Ärger mit den Gerüchten über die Geldzahlungen aus Deutschland, die in keinen marxistischen Geschichtskanon hineinpassen wollten. Die sowjetischen Hauptbeteiligten haben sich folglich bis zu ihrem Tod ausgeschwiegen. Lenin starb 1924, Koslowski 1926 und Fürstenberg wurde 1937 auf Stalins Geheiß erschossen. Auch die deutsche Seite blieb schweigsam. Das ist nur zu verständlich, denn sie verantwortete durch ihr Tun ein Regime, mit dem man spätestens, seit es zur Macht gelangt war, nichts mehr zu tun haben wollte. So sucht man vergeblich nach einschlägigen Zeugnissen, etwa bei Helfferich, dem als deutscher Finanzstaatssekretär die Anweisung derartiger Gelder oblag; ebenso schwieg sich Riezler in seinen nicht zur Veröffentlichung bestimmten Tagebüchern aus, und auch bei Nadolny ist Fehlanzeige zu vermelden. In seinen Erinnerungen kommt der Name Helphand nicht einmal vor; das ist leicht nachzuvollziehen, denn die Memoiren erschienen 1955; in dieser Hochzeit des Kalten Krieges war es in Westdeutschland nicht üblich, darauf aufmerksam zu machen, für die Installierung des Sowjetsystems die Mitverantwortung zu tragen. Unmissverständlich klar ist anhand der deutschen Akten lediglich der Geldabfluss. Aus ihnen ergibt sich auch der wichtigste Adressat der deutschen Guttaten. Es war, wie schon gesagt, der Geldempfänger, Geschäftemacher und Revolutionsstratege Helphand; der unterhielt ab 1915 in Kopenhagen und Stockholm Handelsniederlassungen, deren Zweck das Russlandgeschäft war, so dass es ihm unschwer möglich wurde, über Mittelsmänner unverdächtige Stützpunkte in St. Petersburg zu unterhalten, von wo aus die Dinge organisiert wurden. Seine Mittelsmänner waren Jacob Ganetzki-Fürstenberg und Mieczyslaw Koslowski.[422]

Jacob Hanecki oder Jakub Ganetzki hieß in Wirklichkeit Fürstenberg. Er kam 1879 als Sohn einer wohlhabenden Warschauer Familie zur Welt, noch im 19. Jahrhundert wurde er Mitglied der Sozialdemokratischen Partei Polens, später auch der Russlands. Seit 1912 war er ein enger Vertrauter und Mitarbeiter Lenins. Mit diesem zusammen ging er unter dem Parteideckenamen Kuba nach Ausbruch des Ersten Weltkrieges in die Schweiz. Fürstenberg reiste mit erstklassigen Legitimations-Papieren, mit denen er sich, obwohl Krieg war, offensichtlich ungehindert in ganz Europa bewegen konnte; es waren falsche echte Ausweise. Die Quelle dieser unschätzbar wertvollen Dokumente war mit ziemlicher Sicherheit die Wiener Staatspolizei, deren damaliger Leiter Johannes Schober es noch bis zum österreichischen Bundespräsidenten bringen sollte. Vermutlich 1915, spätestens 1916 wechselte Fürstenberg nach Kopenhagen, wo er in der Firma *Handels- og Exportkompagniet* die Geschäftsführung übernahm; diese Firma gehörte mit einem 50-Prozent-Anteil Alexander Helphand; sie war der dänische Stützpunkt zur Finanzierung der russischen Revolution. Im Januar 1917 wiesen die Dänen Fürstenberg-Hanecki aus, doch er machte in Stockholm wie gewohnt weiter. Die Nähe zu Lenin ist Hanecki auf Dauer nicht gut bekommen. Nach einer Karriere als Sowjetfunktionär wurde dieser unbequeme Mitwisser auf Geheiß Stalins am 26. November 1937 hingerichtet. Haneckis Gegenüber in St. Petersburg war Mieczyslaw Koslowski. Der polnische Jurist und Bolschewik war der in Russland zuständige Vertrauensmann und Treuhänder für die Bewirtschaftung der deutschen Gelder. Auch er machte nach der Revolution Karriere. Das Schicksal Haneckis blieb ihm erspart, denn Koslowski starb 1927 als 60-Jähriger eines natürlichen Todes. Als Bindeglied zwischen beiden Männern fungierte eine Frau, die Finnin Eugenia Sumenson. Als Geschäftsführerin der Firma Fabian Klingsland S/A war sie die St. Petersburger Repräsentantin der schweizerischen Firma Nestlé. Das war eine gute Tarnung. Denn daneben war sie die Geliebte von Koslowski, und nicht nur das: Sie wurde, nachrichtendienstlich gesprochen, Kurierin und Deckadresse des illegalen Geldtransfers. Die Firma Klingsland wurde zu diesem Zweck in den Tarnapparat des Alexander Helphand integriert. Wir werden Eugenia Sumenson im Verlauf des Juli 1917 noch einmal kurz in Petrograd begegnen; dann verliert sich ihre Spur.[423]

Die Schilderung des Helphand'schen Hilfspersonals macht eines überdeutlich: Dieser Mann setzte bevorzugt auf *eine* politische Karte, die der Bolschewiki. Er kannte sie seit langem und schätzte sie zutreffend als die diszipliniertesten der russischen Revolutionäre ein. Nach ihrem Selbstverständnis war Revolution ihr Beruf. Das galt auch und vor allem für ihren Führer Lenin. Machtgierig und kompromisslos, wie er war, würde er nach Helphands Auffassung als Einziger in der Lage sein, das Land unter seine Gewalt zu bringen. Was das für Deutschland bedeuten würde, behielt Helphand für sich. Er hatte zu dieser Zeit keineswegs im Sinne, mit den Vertretern des kaiserlichen Deutschland seine Motive zu erörtern. Ob diese dann vor ihm zurückgescheut wären, bleibt zweifelhaft, denn Brockdorff und Co. verfolgten nur ein Ziel: Russland aus der Koalition der Feinde her-auszuschießen.

Der goldene Zügel.
Lenins Kontakte zur deutschen Reichsleitung

Warum gingen nun Helphand, warum die deutsche Reichsleitung diese Umwege, wenn es letztlich allein auf Lenin ankommen sollte? Die Antwort ist einfach: Beide Seiten wollten sich nicht mit einer Sache besudeln, die allen Beteiligten in der Öffentlichkeit zutiefst abträglich sein musste. Man stelle sich das einmal vor: Das monarchistische System in Deutschland stürzt die Nachbarmonarchie mit Hilfe sozialistischer Revolutionäre; zu leicht hätte das Neugierige im eigenen Land auf den Plan rufen können. Die revolutionären Wurzeln der SPD waren längst noch nicht ausgestanden. Auch Lenin konnte keinerlei Interesse haben, als deutscher Zuwendungsempfänger, oder wie es dann Zeitgenossen drastischer for-muliert haben: als deutscher Agent, dargestellt zu werden. Konsequent und schlau verweigerte sich Lenin jeglichen ihn möglicherweise kompromittierenden Kontaktes. Zwar kam es im Mai 1915 zu einer persönlichen Begegnung zwischen Lenin und Parvus in Lenins Schweizer Wohnung, doch Lenin lehnte Parvus' Zu-sammenarbeitsofferte angeblich schroff ab. Indessen war das nur ein Drittel der Wahrheit. Deren Lenin'sche Variante lautete, Helphand sei von ihm mit eingezo-genem Schwanze davongejagt worden. Das klingt nicht besonders glaubwürdig, zumal Helphand Lenin in einem öffentlichen Lokal beim Essen antraf und um ein Vieraugengespräch bat, worauf dieser sofort einging und den Dicken mit in seine Wohnung nahm. Lediglich zur Kolorierung des Bildes erwähnen wir, dass Help-hand, der eine Vorliebe für Champagner und üppige Blondinen hatte, auf dieser Reise von Jekatarina Groman begleitet wurde; ihren Ehemann Wladimir, einen Menschewiki-Revolutionär, hatte die Groman zu Hause gelassen.[424]
Das zweite Drittel der Wahrheit sieht so aus, dass Lenin dem Alexander Help-hand seinen Adjutanten Jakob Fürstenberg überließ, der nun offiziell in die Help-hand'schen Handelsgeschäfte in Kopenhagen als Geschäftsführer einstieg, aber weiterhin das Ohr seines Meisters in der Schweiz behielt.[425] Nicht ohne Grund hat Fürstenberg den Einstieg ins Helphand-Imperium im Nachhinein auf einen möglichst späten Zeitpunkt zu verschieben gesucht. Max Zimmer, bei Kriegs-beginn der deutschen Gesandtschaft in Konstantinopel zugeteilt und der Ent-decker Helphands für das Auswärtige Amt, wurde im Sommer 1915 beauftragt, die Helphand'schen organisatorischen Maßnahmen in Kopenhagen zu überprü-fen, denn schließlich ging es um einen hohen Einsatz – auch finanziell. In seinem Bericht vom 6. August 1915 fasste er seine Erkenntnisse wie folgt zusammen:

Die von Herrn Dr. Parvus geschaffene Organisation beschäftigt z. Z. 8 Leute in Kopenhagen und etwa 10 Personen, welche in Russland reisen. Die Arbeit dient dazu, um mit den verschiedenen Persönlichkeiten in Russland in Kontakt zu kommen, da es eine Notwendigkeit ist, die verschiedenen auftauchenden Bewegungen in Russland zusammenzufassen. Von der Zentrale in Kopenhagen aus wird mit den durch die Agenten geschaffenen Verbindungen dauernde Korrespondenz unterhalten. Herr Dr. Parvus hat der Organisation einen Beitrag für die Verwaltungskosten zur Verfügung gestellt, mit welchem sehr haushälterisch gewirtschaftet wird. Bisher ist es gelungen, die ganze Sache so diskret zu machen, dass nicht einmal die Herren, welche in obiger Organisation arbeiten, merken, dass unsere Regierung hinter allem steht. Es ist bereits aufgefallen, dass P. so viel Geld für die Zwecke der Partei ausgibt. Dies kann dadurch unauffällig gemacht werden, dass von einem mit dem Büro verbundenen Exportunternehmen einige Geschäfte durchgeführt werden.[426]

Neben dem Import-Exportgeschäft des Alexander Helphand gründete und betrieb dieser Revolutionsmacher in Kopenhagen eine Revolutionierungszentrale ganz eigener Art mit dem dänischen Namen *Selskabet for Social Forskens af Krigens Folger*; auf Deutsch: Institut zur Erforschung der sozialen Folgen des Krieges. Es war dies also ein Forschungsinstitut – eine geniale Erfindung, die es ihm ermöglichte, eine ganze Reihe von sozialistischen Revolutionären unter Vertrag zu nehmen, ohne sie besonders auffällig zu kompromittieren. Auf seiner Gehaltsliste standen Leute wie Arshak Surabow, Wladimir Perasitsch, Gregori Tschudnowski, Moissej Urizki und Wladimir Groman; der Letztgenannte hatte Helphand im Gegenzug für einige Zeit seine Frau Jekatarina, genannt *die Welle*, abgetreten. Im Dunstkreis dieses Instituts ist die Idee entstanden, Russland durch die Überschwemmung mit falschen Rubelnoten wirtschaftlich zu ruinieren. Ob die Aktion über das Denkstadium hinauskam, ist nicht mehr aufklärbar. Es scheint so, als seien 1917 in Petrograd falsche 10-Rubel-Noten aufgetaucht, welche die Konter-Raswedka prompt deutschen Hintermännern zurechnete. Wie auch immer, der Spott, den die Sache Helphand aus etablierten Finanzkreisen eintrug, ist leicht nachvollziehbar. Allerdings tun wir uns schwer, in diesem Fall in den Chor der Spötter einzustimmen, da wir mit der Tscherwonzen-Affäre der 1920er-Jahre und der Aktion Bernhard aus der zweiten Hälfte des Zweiten Weltkrieges zwei Wiederholungen der Helphand'schen Gedanken erleben werden, die alles andere als harmlos verliefen. Interessant ist wie üblich, was die Auslands-Ochrana von alledem mitbekam. Bereits am 22. und erneut am 30. Juli 1915 berichtete sie aus Paris nach Petrograd, dass Helphand sich in einem wohlhabenden Vorort von Kopenhagen niedergelassen habe. Er lebe dort mit einer 22-jährigen Münchnerin namens Marie Schillinger und einem dänischen Dienstmädchen zusammen und betätige sich literarisch. Sein Ziel sei der Sturz des Zarentums und die Einführung einer liberalen Verfassung. Zutreffend wurde die Verbindung zum Exportbüro des Jacob Fürstenberg beschrieben. Ob seine Tätigkeit von den Deutschen finanziert werde, könne nicht festgestellt werden. Das alles war nicht schlecht beobachtet; aber es war nur ein Zipfel der Wahrheit. Funktionsweise und Ausmaß des Helphand-Imperiums blieben der Ochrana verborgen. Auch die militärische Raswedka kannte die Fakten bestenfalls in Umrissen. Alles Anderslautende, was später hierüber zu lesen war, klingt wenig glaubhaft. Wäre es anders gewesen, hätten die russischen Geheimdienste ohne weiteres die Transaktionen mit Nachdruck gestört, wenn nicht unterbunden.[427]

Das letzte Drittel der Wahrheit über die Zusammenarbeit Lenins mit der deutschen Reichsregierung blieb so gar Fachleuten wie Parvus-Helphand verborgen. Diese konspirative Schiene war bereits 1914 in der Schweiz installiert worden. Hierbei handelte es sich um den Esten Alexander Kesküla, der mit Rat und Tat und deutschem Geld die Sache der Weltrevolution vorantrieb. Kesküla war, wie so viele Politemigranten in der Eidgenossenrepublik einst ein Teilnehmer an der Revolution von 1905/06 gewesen. Nach Inhaftierung und anschließender Amnestie war er 1908 zunächst nach Deutschland, sodann 1910 in die Schweiz übergesiedelt und hatte in Bern Volkswirtschaft studiert. Im September 1914 stellte er sich der deutschen Gesandtschaft zu Bern in Sachen Informationssammlung und Propagandaarbeit in Russland zur Verfügung. Sein V-Mannführer wurde Seine Exzellenz, der kaiserlich-deutsche Botschafter Gisbert Freiherr von Rombach. Keskülas erste wichtige Mission wurde die Kontaktaufnahme mit Lenin; sie fand vermutlich Ende September/Anfang Oktober 1914 statt. Es blieb nach Keskülas Behauptung bei dieser einzigen Begegnung zwischen den beiden Männern, die deutschen Akten der Gesandtschaft in Bern sehen das etwas anders. Wie auch immer: Was bei der Gelegenheit besprochen worden ist, lässt sich aus den folgenden Ereignissen erraten. Mit gutem Grund legten beide Konspirateure Wert darauf, dass sie nicht mehr miteinander gesehen wurden. Sie bedienten sich eines Vertrauensmannes – im wahrsten Sinne des Wortes. Das war ein weiterer Este, der Emigrant Arthur Siefeldt. Durch diesen Kanal floss Geld – wohlgemerkt deutsches Geld. So war Lenin am 1. November 1914 in der Lage, die Zeitschrift *Sozialdemokrat* drucken und über Skandinavien bis nach Russland hinein verteilen zu lassen. Auf derselben Schiene erfuhren Keskülas deutsche Auftraggeber zum ersten Mal aus erster Hand, dass Lenin, wenn er denn die Möglichkeit haben würde, an die Macht zu gelangen, eins mit Sicherheit sofort organisieren würde: die Beendigung des Krieges. Das war eine gute Neuigkeit. So wurden im Gegenzug die in der Schweiz anwesenden Bolschewiki über den Kanal Kesküla-Siefeldt verstärkt finanziert. Im Falle des Spitzen-Bolschewiken Lenin war das auch bitter nötig, da er nach Kriegsausbruch von seinen gewohnten russischen Quellen des Lebensunterhalts abgeschnitten worden war.[428]

Die neue finanzielle Lage ermöglichte es Lenin, seine Propaganda auch in die Kriegsgefangenenlager der Mittelmächte einzuschleusen. Man kann es auch etwas anders sagen: Die deutschen Revolutionierungsexperten ermöglichten es Lenin ganz bewusst, seine defätistische Propaganda in die Kriegsgefangenenlager hineinzutragen. Hans Steinwachs, der zwischen Berlin und Skandinavien hin und her irrlichternde deutsche Agentenführer der Sektion Politik des Stellvertretenden Generalstabs, bezeichnete Lenin in diesem Zusammenhang nicht ohne Grund als eine wichtige deutsche Quelle. Denn es wurden mit deutschem Geld Broschüren und Flugschriften aus Lenin'scher Urheberschaft hergestellt und deren Transport in vierzehn deutsche und sieben österreichische Lager ermöglicht. Auf der Absenderseite betätigte sich Lenins Ehefrau Krupskaja; auf der Empfängerseite dieser scheinbar konspirativen Kriegsgefangenenarbeit agierte Roman Malinowski. Er war, wie wir uns erinnern, nach seiner Flucht aus Russland 1914 mit einem Umweg über ein bolschewistisches Parteigericht nach Deutschland entkommen. Hier wurde er mit einiger Sicherheit nach Ausbruch des Krieges als unerwünschter Ausländer in Schutzhaft genommen, um bald darauf als deutscher Einflussagent für die Kriegsgefangenenarbeit Verwendung zu finden.[429]

Interessant und erwähnenswert erscheint es, was die Auslands-Ochrana über diese Sache dachte. Sie registrierte und überwachte das Bolschewiki-Treffen, das Lenin vom 23. Februar bis zum 3. März 1915 in Bern abhielt. Die Londoner Bolschewiki-Gruppe wurde bei dieser Gelegenheit durch Maxim Litwinow vertreten. Litwinow hatte sich während der Revolution von 1905/06 als Waffenschmuggler betätigt. Anschließend war er über Deutschland nach Großbritannien geflohen. Den Zwischenstopp in Deutschland hatte er genutzt, um sich in Dresden einen echten Pass zu verschaffen, der auf den Namen Gustav Graf ausgestellt worden war. Die Ochrana vermutete deswegen nicht ganz grundlos, dass dieses feine Identitätspapier nur einen deutschen Aussteller haben könne, zu dessen Gewohnheiten die Ausstellung solcher Falschpapiere gehörte. Mit andern Worten, die Ochrana vermutete in Litwinow einen deutschen Agenten. Hierzu passte es zwanglos, dass Litwinow nunmehr mit einem Mann namens Klatschko in London zusammenwohnte. Dieser Nikolaj Klatschko arbeitete in der britischen Waffenfabrik Vickers-Armstrong. Von hier aus, so vermutete die Ochrana, gingen Nachrichten aus der britischen Waffenschmiede über die Schiene Litwinow und Lenin an die Deutschen. Das alles klingt zu schön, um wahr zu sein. Aus deutschen Akten ergibt sich lediglich, dass Lenin an die deutsche Seite Informationen lieferte, aber nicht welche. Hätten die deutschen Revolutionsmacher mitgelesen, was die Pariser Ochrana-Dependance sonst noch über Lenin und die Revolution

nach Petrograd berichtete, wären sie vermutlich pikiert gewesen: Lenin, so die
russische Geheimpolizei in ihrem Bericht vom 9. Februar 1916, gehe davon aus,
dass noch vor der russischen eine sozialistische Revolution in Deutschland ausbrechen müsse. Nicht ganz so gut informiert war zu diesem Zeitpunkt die schweizerische Bundespolizei: Sie vermutete zur selben Zeit, dass sich Lenin während
der krankheitsbedingten Abwesenheit seiner Ehefrau mit einer deutschen Gräfin
mit dem hübschen Namen Ostheim vergnüge. Das mit dem Vergnügen stimmt,
doch der Rest war ein Irrtum. Die vermeintliche Deutsche war Lenins Geliebte
und Mitkonspirantin Inessa Armand.[430]

Zurück zum Agenten Alexander Kesküla: Auf die Tätigkeit eines Kanals zur
Schweizer Emigration war seine Rolle keineswegs begrenzt. Unter der Regie der
Sektion Politik des Stellvertretenden Generalstabs reiste der 32-jährige Selbst-
anbieter 1914 unter dem Decknamen Alexander Stein zum ersten Mal nach Stock-
holm; seine nachrichtendienstliche Betreuung hierbei übernahm der Nadolny-
Konfident Hans Steinwachs. Keskülas Auftrag war die Erkundung der russischen
Szenerie für das Revolutionierungsgeschäft. Doch Kesküla reiste zu diesem
Zwecke nicht selbst nach Russland. Diesen Part spielte der dänische sozialistische
Journalist Alfred Kruse. Kruse unternahm zwei solche Reisen, die eine im Herbst
1915, die andere Anfang 1916. Von Kesküla bekam er einen Reisekostenzuschuss
und einen Vorschuss für das Buch, was er über die Reiseeindrücke zu schreiben
gedachte. Das sollte ihm sein Leben lang anhängen. Denn ausgerechnet die Bol-
schewiki verdächtigten ihn ab 1916 als deutschen Agenten. Es gehört zur Ironie
der Sowjetgeschichte, dass kein anderer als Moissej Urizki in der einschlägigen
Parteiuntersuchungskommission über Kruse zu Gericht saß. Dabei war Urizki
ein Mann, der sich selbst ganz ungeniert, wenn auch verdeckt durch Alexander
Helphand finanzieren ließ. Selbstverständlich hat Alexander Kesküla später im
Brustton der Überzeugung bestritten, dass er Kruse Spionageaufträge mit auf den
Weg gegeben habe, sondern nur die Bitte, einen ehemaligen Lehrer von ihm in
Moskau aufzusuchen. Das klingt heiter und korrespondiert auch keineswegs mit
der Berichterstattung von Steinwachs in Sachen Kesküla. Doch der Este hatte
allen Grund, die Dinge im Nachhinein zu leugnen. Er sei, so sagte er später dem
britischen Historiker Michael Futrell, der ihn Anfang der 1960er-Jahre interview-
te, niemals ein deutscher Agent gewesen, was der Brite offenbar für bare Münze
nahm, denn er bezeichnete Kesküla später als einen genialen estnischen Politiker
(und als seinen Freund). Der Este habe versucht, über seine Basis in Stockholm
eine schwedisch-finnisch-estnische Konföderation ins Leben zu rufen, was allerdings gescheitert sei. Das ist eine hübsche Geschichte, und wenn dies tatsächlich
die Gedanken des Mannes gewesen sein sollten, beeinträchtigten sie die deutschen
Intentionen, Schweden in den Krieg hineinzuziehen und zugleich eine aggressive

Randstaatenpolitik gegenüber Russland zu betreiben, keineswegs. Ende 1916 kühlten sich die Beziehungen zwischen Keskülä und seinen deutschen Geldgebern sichtlich ab. Bis zu diesem Zeitpunkt waren mindestens 250 000 Mark durch seine Hände und Taschen gegangen – ein prächtiger Betrag, der es ihm ermöglichte, in Stockholm in einer großen Villa mit eigenem Personal zu residieren. Ob Keskülä nicht die gewünschten Ergebnisse brachte oder einfach nur die Seiten wechselte, muss offen bleiben. Bezeichnend ist, dass er nie nach Estland zurückkehrte, was nach der Selbständigkeit des Landes ab Ende 1918 eigentlich nahe gelegen hätte. Eins kann man sicher sagen, bevor wir Keskülä verabschieden: Dieser Mann war ein Schelm. Er tat, was eher unüblich ist; er schrieb aus den USA an seinen alten Geldgeber und bot ihm an, seinen Agentenlohn, und zwar einen Betrag von 300 000 Mark, zurückzuzahlen. Die Gesichter der Herren Räte und Dirigenten des Auswärtigen Amtes hätten wir zu gerne gesehen, als diese Offerte eintraf. Hinzuzufügen ist allerdings, dass dies im September 1923 geschah; das war der Höhepunkt der Inflation, und der Betrag entsprach dem winzigen Bruchteil eines Dollars.[431]

Rückschläge.
Die Revolution will nicht stattfinden

Soweit zum Organisatorischen und zum Exoten Alexander Keskülä. Doch das praktische Revolutionierungstheater sprach eine deutlich andere Sprache. Im Herbst des Jahres 1915 hatte Helphand den Ausbruch einer revolutionären Krise für das russische Reich vorausgesagt; am Jahrestag des St. Petersburger Blutsonntags werde es in Petrograd und anderswo zu Massenstreiks kommen. Die Prognose bewahrheitete sich nur unvollkommen. Zunächst kam es im Januar 1916 in Nikolajew zu einem ernst zu nehmenden Streik, an dem mehr als 10 000 Arbeiter der Naval-Werke teilnahmen und von dem bekannt wurde, dass die streikenden Arbeiter pro Mann und Tag mit umgerechnet 1,50 Reichsmark aus der Streikkasse unterstützt wurden; woher dieses Geld stammte, konnte kaum zweifelhaft sein. Noch im Januar 1916 schlossen sich Streiks in den Putilow-Werken in Petrograd an, die das politische System in Russland in eine ernste Schieflage brachten. Doch die Streiks konnten durch Werksschließungen unterdrückt werden, und die lang herbeigewünschte Revolution blieb aus. So viel zu den Ereignissen, deren Bekanntwerden nicht zu unterdrücken war. Doch die Streiks waren nicht die ersehnte Revolution. Völlig zutreffend berichtete Alexander Keskülä aus Stockholm im Januar 1916 an den deutschen Gesandten in Bern Gisbert von Rombach, dass die politische Situation in Russland für die Revolution reif sei; allerdings fehle es noch an den notwendigen organisatorischen Vorkehrungen.[432]

Für Helphand hatte das Ausbleiben der von ihm prophezeiten Revolution eine ernst zu nehmende Konsequenz. Das Auswärtige Amt stellte ihn als Revolutionsmacher kalt.[433] Zwar hatte Brockdorff Rantzau dafür plädiert, weiterhin an ihm festzuhalten. Doch der Außenamts-Staatssekretär Gottlieb von Jagow hatte nun endgültig genug. Im Gegensatz zu seinem Unterstaatssekretär Zimmermann galt Jagow als hölzerner Beamtentypus, dem von Beginn an das Helphand'sche Revolutionsprogramm eher Anlass für witzelnde Bemerkungen denn für ernsthafte Unterstützung gewesen war;[434] Leute seines Schlages sind oft Meister der spitzfindigen Noten und Aktenvermerke, mit denen sie eines Tages nachweisen werden, immer schon dagegen gewesen zu sein. Jetzt war es offensichtlich, und auch Brockdorff konnte dem nicht viel entgegensetzen: Die Parvus'sche Prognose war nicht zutreffend gewesen; der Prophet hatte sich geirrt. Heute wissen wir es besser: Die Streiks vom Frühjahr 1916 waren der gefährliche Aufgalopp für das, was im Februar 1917 Wirklichkeit werden sollte.

Und so wäre Helphand um Haaresbreite aus dem Rennen gewesen, wenn er nicht mittlerweile ein zweites Eisen im Feuer gehabt hätte. Genau genommen waren es zwei Eisen: der deutsche Generalstab und N, der deutsche Marinenachrichtendienst. Diese beschäftigten spätestens seit Beginn des Krieges drei Brüder mit Namen Sklarz als Agenten, Heinrich, Waldemar und Georg. Nebenbei waren auch sie Kaufleute, genauer gesagt Schieber, Leute also, welche die Kriegssituation für fragwürdige Geschäfte zu nutzen verstanden. Dass dergleichen, obwohl weitgehend illegal, gelingen konnte, verdankten sie ihren mächtigen Hinterleuten, die in den Geheimdiensten von Armee und kaiserlicher Marine saßen. Auch dort war längst die Idee von der Revolutionierung Russlands angelangt. Ihr Motor war allerdings hier kein Berufsoffizier, sondern ein Diplomat, der uns schon hinreichend bekannte Rudolf Nadolny. Noch war er auf seinem Posten als Leiter der Sektion Politik des Stellvertretenden Generalstabs in Berlin. Diesen Posten hatte er bis Juli 1916 inne; in dieser Zeit wurden durch ihn die entscheidenden Weichen für das Gedankengut der Randstaatenpolitik und des Revolutionierungsprogramms gestellt. Er spielte die Rolle des Vorantreibenden und die des Scharniers zwischen den oft widerstrebenden Interessen der auswärtigen Politik des Reichs und des deutschen Generalstabs.

Zwei aus dem Gebrüder-Trio Sklarz gehörten als Agenten zu III b, zwei waren Agenten des Marinegeheimdienstes N. Einer des Trios trug also auf zwei Schultern, wenn auch für denselben Staat. Ob ihre Auftraggeber das wussten, erscheint zweifelhaft. Wichtig ist nur, dass die Operationsbasis des Sklarz-Trios die skandinavischen Staaten waren und dass sie, wie Helphand, das Russlandgeschäft für ihre Zwecke instrumentalisierten. Dass sie sich hierbei beträchtlich zu bereichern verstanden, versteht sich von selbst. Geheimdienstlich wurden die Sklarz-Brüder über

die Gesandtschaft in Kopenhagen geführt; Heinrich Sklarz agierte hier ab Sommer 1915 unter dem Decknamen Pundyk; eine Reihe von Doppelagenten, von denen wir die Namen Dogopolski, Müller und Romanowitsch kennen, bildeten den von ihm geleiteten Ring, zu dem überdies eine Artistin namens Amatis gehörte. Im August 1916 wurde Heinrich Sklarz aus Dänemark wegen des Vorwurfs der Spionage ausgewiesen. Bei all dem nimmt es nicht wunder, dass einer der Gebrüder, nämlich Georg Sklarz, mit Helphand gemeinsame Geschäfte trieb. Er öffnete für Helphand die Tür zum militärischen Geheimdienst. Als das Auswärtige Amt den Geldhahn abstellte, kam der Geldsegen aus der Kasse des Generalstabs. Und, wichtig genug, Helphand konnte auch im Frühjahr 1916 seine Tätigkeit im Russlandgeschäft mit einem Ersatzmann im Hintergrund ungestört fortsetzen. Seine Russland-Connection mit Fürstenberg und Co. funktionierte also weiterhin.[435]
So kam schließlich der März 1917. In Petrograd brach eine Revolution los, die diesen Namen insofern verdient, als das Regime Nikolaus II. weggefegt wurde. Der Kaiser war nackt; keine ernst zu nehmende politische Figur war bereit, für das überholte System der Romanows auch nur eine Hand zu rühren. Wie schon 1905 geschah das Ereignis von 1917 ohne die Planung durch die Strategen der Berufsrevolution. Bleibt die Frage, ob die deutschen via Helphand abgeflossenen Millionen den großen Kladderadatsch des Zarenregimes beeinflusst oder sogar bewirkt hatten. Zur Klärung dessen ist noch einmal ein kurzer Blick auf das zaristische Russland notwendig.

Tanz auf dem Vulkan.
Die inneren Bedingungen der Februarrevolution

Zwei Jahre Krieg mit den Mittelmächten hatten der russischen Armee schreckliche Verluste zugefügt. Diese Verluste, besonders bei der Infanterie, und die damit einhergehende hohe Fluktuation im Mannschaftsbestand ließen die zu Kriegsbeginn vorhandene Kampfkraft und vor allem die Gefechtsmoral rapide verfallen. Die hohe Zahl der zu den Waffen eingezogenen Bauernsoldaten führte zu entscheidenden Einbrüchen bei der Bewirtschaftung der landwirtschaftlichen Betriebe, so dass im Agrarland Russland die Lebensmittelversorgung der Bevölkerung im dritten Kriegsjahr in ein kritisches Stadium geriet. In den großen Städten folgten Streiks der Industriearbeiter.[436] Neben Lohn- und Versorgungsforderungen traten deutlich politische Parolen in den Vordergrund. Selbstverständlich blieb die härter werdende Gangart der Arbeiterschaft nicht unbemerkt, und ebenso wenig blieb sie ungeahndet. Das Patentrezept lautete: Einberufung der aufrührerischen Elemente zur Armee. So etwas konnte kaum gut gehen, denn nunmehr wurde der revolutionäre Bazillus mit Macht in die Armee verpflanzt.

Währenddessen tanzte die so genannte Gesellschaft von Petrograd und Moskau auf dem Vulkan. Die Kriegsgewinne stiegen ins Unermessliche, und für die, deren Überfluss keine Grenze mehr kannte, gab es keinen Anlass, an ein Ende des Krieges überflüssige Gedanken zu verschwenden. Dieses Ausufern erschien nur möglich, weil eine ernst zu nehmende Regierung in Russland längst nicht mehr stattfand. Der Wechsel der Minister und der Generale hatte rasante Formen angenommen. Auf den Ministerpräsidenten Iwan Goremykin folgte im Januar 1916 Boris Stürmer; der wurde im November 1916 durch Alexander Trepow abgelöst. Trepow blieb nur zwei Monate im Amt, um dem Fürsten Nikolaus Golyzin zu weichen, den dann die Revolution im März aus dem Amt warf. Unabhängig vom kurzatmigen Wechsel der Regierungschefs tauschte der Zar, meist von seiner Frau angestiftet, in wilder Reihe die Minister aus. So konnte beim besten Willen keine kontinuierliche Regierungsgewalt ausgeübt werden. Sicher, es gab als Kontinuum noch die einst so gefürchtete Ochrana, doch die setzte sich mit drei Gruppen selbst definierter Gegner auseinander, nämlich den Deutschen, den Juden und den diversen Abgeordneten der Duma, allen voran dem Führer der Konstitutionellen Demokraten, Pawel Miljukow.[437]

Deutsche und Juden waren Scheinfeinde im russischen Staatsverband. Die gegen sie losgetretenen Pogrome dokumentierten nichts als Hilflosigkeit und konnten bestenfalls den Pöbel mobilisieren, nicht hingegen die Kriegsverdrossenheit der Arbeiter und Bauern bekämpfen. Doch das, was als Ablenkungsmanöver geplant war, als Präsentation eines Sündenbocks, zeigte alsbald seinen Pferdefuß: Der Gedanke, dass *die Deutschen* hinter allem Übel steckten, wurde zum Gemeingut. Damit wendete sich der inszenierte Deutschenhass auch gegen seine Urheber. Zunächst war es nur dummes Geschwätz. Es machte sich vor allem an der Zarin Alexandra fest, an deren deutscher Herkunft es in der Tat keinen vernünftigen Zweifel geben konnte. Dass diese Tatsache sie zugleich zur Landesverräterin machte, dafür gab es keinen wirklichen Anhaltspunkt. Doch es wurde weitererzählt und geglaubt. Da war zum Beispiel die Geschichte vom britischen Kriegsminister Horatio Kitchener. Er sollte Anfang Juni 1916 den russischen Kriegsverbündeten besuchen. Doch der Panzerkreuzer *Hampshire* erreichte den Bestimmungshafen Archangelsk nie. Am Tag seiner Abreise aus Scapa Flow, am 6. Juni 1916, sank das Schiff nach einer heftigen Explosion auf hoher See. Kitchener und sein Stab ertranken im orkangepeitschten Nordmeer. Um diesen Schiffsuntergang, dessen wahrscheinliche Ursache eine treibende Mine war, hat es sogleich eine Unzahl von Agentengeschichten und Verschwörungstheorien gegeben. In Russland wurde erzählt und geglaubt, dass die Zarin, die die Ankunft des Briten verhindern wollte, dem deutschen Generalstab über die Reise Mitteilung machte, der daraufhin durch einen Agenten das Schiff versenken ließ. Ferner soll Alexandra ständig Truppenbewegungen und Angriffstermine verraten haben. Auch das wurde verbreitet. So wurde etwas zum Faktum, weil es gut passte, die unfasslichen Niederlagen der russischen Armee und die damit einhergehende rapide Verschlechterung der Lebensverhältnisse im Zarenreich zu erklären. Im Übrigen waren die Erzählungen um die letzte Zarin mit Details über ihre sexuellen Ausschweifungen gespickt, in deren Mittelpunkt der angebliche Mönch Rasputin stand. Auch das war Blödsinn, doch es befriedigte den Bedarf an Pornografie an der Front und im Hinterland ganz ungemein.[438]

Es war durchaus nicht so, als wären alle Russen von Macht und Einfluss gegenüber dem Verfall blind gewesen, doch waren die Schlussfolgerungen höchst unterschiedlich. Ein Teil von ihnen gab sich dem Rausch des Untergangs hin, während politisch Denkende zwischen der Einführung tatsächlicher Reformen, Palastrevolte und härtester Militärdiktatur schwankten. Die in der Duma versammelten Politiker verabredeten in ihrer übergroßen Mehrheit, sich einer neuerlichen Auflösung der Volksvertretung dadurch zu widersetzen, dass man den kaiserlichen Ukas ignoriere und einfach den Tagungsort nach Moskau verlege. Kaum einer zweifelte daran, dass das Regime des Zaren beseitigt werden müsse.[439]

Das wusste auch die Ochrana, und von dieser wusste es der Innenminister Protopopow:

Eine beträchtliche Anzahl von Personen aus dem höheren Kommandobestand sympathisierte mit der Umwälzung; einzelne Personen standen in Verbindung und unter dem Einfluss des so genannten Progressiven Blocks.[440]

Selbst die höchsten Kreise frondierten vor der Revolution. In den Clubs und Salons der großen Welt übte man scharfe und missgünstige Kritik an der Politik der Regierung; man analysierte und begutachtete die Beziehungen, die sich in der Zarenfamilie herausgebildet hatten; verbreitete anekdotische Erzählungen über das Oberhaupt des Staates; schrieb Verse; viele Großfürsten besuchten offen solche Zusammenkünfte, und ihre Anwesenheit verlieh den karikaturenhaften Erfindungen und bösartigen Übertreibungen in den Augen des Publikums besondere Zuverlässigkeit. Das Bewusstsein der Gefährlichkeit dieses Spieles erwachte bis zum letzten Augenblick nicht.[441]

Die Überwachung des einschlägigen politischen Personals ging über jede Parteigrenze hinweg und machte auch vor dem britischen Botschafter Buchanan nicht halt, den man nicht ohne Grund für einen der Anführer der antizaristischen Verschwörung hielt. Hierbei setzte man sich bewusst über eine anders lautende Weisung des Zaren hinweg.[442] Wer war nun der Mann, der diese wohl möglich systemerhaltende Härte zeigte? Die Antwort könnte kaum enttäuschender ausfallen. Sie zeigt einen Menschen, der als beispielhaft für die unmöglichen Zustände in Russland angesehen werden darf.

Alexander Protopopow wurde 1866 geboren. Er war Textilfabrikant und Gutsbesitzer, politisch gehörte er zu den Oktobristen. In der Duma saß er im Progressiven Block; zugleich war er einer der stellvertretenden Vorsitzenden der Volksvertretung. Seine Ernennung zum geschäftsführenden Innenminister im September 1916 erfolgte völlig überraschend und musste für die liberale Opposition in der Duma wie ein Paukenschlag wirken, weil ein prominentes Mitglied der ihren plötzlich in diese bestgehasste Staatsfunktion aufrückte. Das alles wirkte wie ein Signal, dass der Zar sich im letzten Moment eines Besseren besonnen haben müsste. Diese Hoffung gründete auf einer Reihe vernünftig klingender Fakten. Es war den Parteifreunden von Protopopow durchaus nicht unbekannt geblieben, dass dieser nach einem von Mai bis Juli 1916 dauernden Besuch von Dumaabgeordneten bei den Kriegsverbündeten Frankreich und Großbritannien die Rückkehr über Stockholm dazu nutzte, dort mit dem deutschen Bankier Max Warburg zusammenzutreffen. Warburg war ein enger Freund des Reeders Albert Ballin, der wiederum dem deutschen Kaiser sehr nahe stand. Es kann kaum einen Zweifel daran geben, dass die beiden Männer Gedanken zu einem deutsch-russischen Sonderfrieden austauschten, auch wenn dies auf beiden Seiten später heftig bestritten wurde. Für Warburg mag das weniger riskant gewesen sein als für Protopopow, denn für diesen galt, dass er sich mit Gesprächen dieser Art hart an den Rand des Hochverrats begab. Doch keine Angst: Protopopow handelte mit allerhöchster Billigung, sonst wäre die Einbindung des russischen Botschafters in Schweden nicht denkbar gewesen. Was hier zwischen dem Hof und dem Abgeordneten verhandelt worden ist, blieb für Protopopows Parteifreunde im Dunkeln. Hätten sie geahnt, dass der Strippenzieher in Sachen Protopopow die Zarin Alexandra war, so wären ihre Beifallskundgebungen bei Protopopows Ernennung sicher verhaltener ausgefallen. Sie wussten nicht, dass Protopopow wie so viele vor ihm den Möchtegernheiligen Rasputin als Passepartout für das Tor zur Macht benutzt hatte. Protopopow, von dem gesagt wird, dass er ein fanatischer Mystiker gewesen sei, dürfte keine Schwierigkeit gehabt haben, sich in das System Rasputin zu integrieren.[443] Von hier aus war es für geschickte Leute nur noch ein Katzensprung zur Zarin; den Rest besorgte deren Korrespondenz mit dem Zaren. Nikolaus II. antwortete auf ihren Vorschlag, Protopopow zum Innenminister zu ernennen, am 5. September 1916:

Mein geliebtes Turteltäubchen,
innigsten Dank für Deinen lieben langen Brief mit den Botschaften von unserem Freund [das ist die Chiffre für Rasputin]. *Dieser Protopopow ist, so glaube ich, ein guter Mann, aber sehr stark im Stoffhandel usw. engagiert. Rodjansko hat ihn schon vor langer Zeit an Stelle von Schachowski als Handelsminister vorgeschlagen. Ich muss über diese Frage noch nachdenken, sie kommt ziem-*

lich unerwartet für mich. Die Vorstellungen unseres Freundes sind ja manchmal seltsam, wie Du weißt – deshalb muss man vorsichtig sein, vor allem bei der Besetzung von hochrangigen Posten.

Diesen Klimowitsch kenne ich nicht persönlich. Ist es wirklich sinnvoll, beide gleichzeitig wegzuschicken – ich meine, den Minister des Innern und den Mann an der Spitze der Polizei? Darüber muss man sehr sorgfältig nachdenken. Und mit wem soll man den Anfang machen? All diese Wechsel sind ermüdend. Ich finde, sie kommen viel zu oft vor. Für die innere Situation des Landes ist es ganz bestimmt nicht gut, denn jeder neue Mann bringt ja auch Veränderungen in die Verwaltung. Es tut mir leid, dass mein Brief so unangenehm geworden ist, aber ich musste Deine Fragen beantworten.

Gott segne Dich + die Mädchen! Ich küsse Euch alle zärtlich. Stets meine süße Sunny, Dein alter Nicky.[444]

Soweit der Zar an seine Frau; der Brief ist einer von vielen. Gleich nachdem der Zar den Oberbefehl über die Armee übernommen hatte, war gemunkelt worden, dass die Politik und zumal die Personalpolitik in Zarskoje Selo, also am Standort der Zarin, formuliert werde, solange der Zar im Hauptquartier in Mogilew weilte.[445] Die Mutmaßungen waren nur ein schwacher Abklatsch der Wirklichkeit. Die Wahrheit trat erst ans Tageslicht, als die Briefe des Zarenpaares nach der Machtergreifung der Bolschewiki veröffentlicht wurden. Im Fall Protopopow dauerte es nur noch wenige Tage, dann war seine Berufung zum Innenminister perfekt. Diesmal war es nicht nur die Intervention der Zarin und ihres Wundertäters, die das Gewünschte bewirkt hatten, sondern es hatte zusätzlich einer Geheimdienstklamotte bedurft. Und die ging so: Russlands neuer Ministerpräsident Boris Stürmer hielt sich zur Überwachung des von ihm wenig geschätzten Innenministers Chwostow und der anderen Akteure des Polizeiressorts einen Privatagenten. Das war der ehemalige Auslandsagent der Ochrana, Iwan Manassewitsch-Manuilow. Er ernannte den 47-Jährigen, der sich besondere Verdienste als Organisator der Judenpogrome von 1905/06 erworben hatte, zum Kollegienratsassessor und zu seinem Präsidialsekretär – heute würde man die Dienststellung mit der eines Büroleiters vergleichen.[446]

Innenminister Alexander Chwostow konnte nichts unangenehmer sein als diese Berufung, denn der ehemalige Rasputin-Protegé Chwostow hatte hochfliegende Pläne, in die er den nach wie vor zur politischen Polizei engen Kontakt haltenden Manuilow durchaus nicht Einblick nehmen lassen wollte. Also ließ er den engsten Mitarbeiter des Ministerpräsidenten unter großem öffentlichem Tamtam wegen angeblicher Erpressung festnehmen. Das war notwendig, denn zum Repertoire des Ministers gehörte der Plan, den mehr als lästig gewordenen Rasputin durch Mord beseitigen zu lassen. In diesen Plan weihte Chwostow seinen Gehilfen

Bjelezki und den Leiter der Abteilung *Besondere Bewachung*, Oberst Kommissarow, ein, und er befahl seinen Untergebenen detailliert, den Mord ausführen zu lassen. Doch weder der Staatssekretär noch der Ochrana-Mann mochten an die Sache herangehen. Der ungeduldige Minister entließ daraufhin den vorher allmächtigen Bjelezki; doch der rächte sich. Er gab der politischen Polizei den Tipp, einen von Chwostow für die Mordtat engagierten Privatagenten namens Rschewski festnehmen zu lassen und aus diesem ein Geständnis herauszuprügeln. Als die Geschichte, wie geplant, durch Indiskretion in die Öffentlichkeit kam, war Chwostow nicht mehr zu halten; der Zar wandte sich entsetzt von ihm ab. Jetzt war der Platz für Protopopow frei. Bei Protopopow wusste Freund und Feind nach kürzester Frist, woran man war. Für seine ehemaligen politischen Freunde des Progressiven Blocks konnte kaum noch zweifelhaft sein, wie dieser Mann sich verdreht hatte, als er, mit frischen Ministerehren ausgestattet, in der Generaluniform der verhassten zaristischen Gendarmerie erschien. So schaffte es dieser steinreiche Mann auch noch den letzten Gutwilligen gegen sich und den Zaren zu mobilisieren.[447]

Die Reaktion ließ nicht lange auf sich warten. Trotz seines unzweifelhaft russischen Herkommens wurde Protopopow alsbald in die angebliche Fronde der *Deutschen Partei* einsortiert. Seine Friedensfühler in Stockholm wurden in epischer Breite problematisiert, so dass sich die zaristische Regierung zu der völlig unglaubwürdigen Erklärung veranlasst sah, dass Protopopow sich lediglich als Privatmann mit deutschen Privatleuten getroffen habe, um diesen durch seine Ausführungen die Illusion zu rauben, Russland sei wirtschaftlich bezwingbar. Mindestens genauso viel Ärger bereitete Protopopow das Projekt einer Zeitungsgründung. Petrograder Journalisten traten eine Kampagne los, wonach in diese Sache fünf Millionen Rubel geflossen seien – aus welcher Quelle, darüber könne es nach diesem Vorlauf keinen Zweifel geben. Es wäre zwar eine gute Idee gewesen, wenn sich Rudolf Nadolny seinerzeit entschlossen hätte, ein solches Projekt, das dem Zarentum unbedingt schädlich sein musste, zu fördern, doch so subversiv und um die Ecke dachte selbst dieser tatkräftige Mann nicht. Auch hätte niemand den nahezu verrückten Aufstieg des Abgeordneten Alexander Protopopow voraussehen können. Was indessen in Petrograd geschah, war wie üblich nur ein Stochern mit der Stange im Nebel, was ein beliebtes Gesellschaftsspiel jener Jahre gewesen sein muss. Wie hätten diese Gerüchteerspürer und Graswurzelhörer erst gestaunt, wenn sie nur geahnt hätten, dass zur selben Zeit, als die Friedensfühler über Warburg und Protopopow ausgestreckt wurden, der russische Ministerpräsident Boris Stürmer Adressat einer heimlichen deutschen Ansprache wurde, die mit einer kräftigen Handsalbung verbunden sein sollte. Es war eine Aktion des deutschen Gesandten in Stockholm, Hellmuth von Lucius, welcher aus irgendeinem Grund als Russlandexperte galt. Weil er den Russen, vermutlich wegen seines deutschen Namens, für besonders deutschenfreundlich hielt, bot er ihm als persönliche Zuwendung für den Abschluss eines Separatfriedens mit dem Deutschen Reich die Kleinigkeit von 200 000 Schwedenkronen an. Fast überflüssig zu erwähnen, dass daraus nichts wurde.[448]

Protopopow hatte, um das zu wiederholen, zugunsten seines wundersamen Aufstiegs eine krasse politische Wende vollzogen. Seine Stützen waren fortan nur noch die Zarin und ihr heiliger Säufer. Was der so alles tat, war dem neuen Mann an der Spitze des Innenministeriums ohne weiteres zugänglich, denn Rasputin wurde nach wie vor rund um die Uhr überwacht. Hieran änderte der Rasputin-Protégé offensichtlich nichts. Unter Gesichtspunkten des Machterhalts wird manch einer hieran nichts zu bemängeln finden. Doch der weitere Verlauf der Ereignisse lehrt, dass diese Überwachung zu kurz griff, denn Rasputin hätte in Wirklichkeit unter Polizeischutz gehört, denn das Leben des Schein-Heiligen war seit geraumer Zeit in Gefahr. Bereits seit Januar 1916 hatte der soeben entlassene Innenminister Chwostow versucht, seinen einstigen Gönner umbringen zu lassen; doch das misslang. Der gegen den Willen der Zarin im November 1916 ins Amt gelangte Ministerpräsident und erbitterte Protopopow-Gegner Alexander Trepow versuchte es mit dem goldenen Zügel. Er bot Rasputin 200 000 Rubel in bar, wenn er sich aus der Politik heraushalte und vom Hofe verschwinde; doch der Wundermann war mächtig genug, das Angebot abzulehnen. Ob es angesichts dieser realen Verhältnisse überhaupt möglich gewesen wäre, Rasputin unter wirksamen Polizeischutz zu stellen, wenn Protopopow denn gewollt hätte, mag dahinstehen. So jedenfalls konnte es geschehen, dass Rasputin über ein Mordkomplott beseitigt wurde, an dem nicht gerade wenige Menschen beteiligt waren. Der Mord geschah in der Nacht vom 16. (29.) auf den 17. (30.) Dezember 1916. Über den Ablauf sind wir durch den diensthabenden Ochrana-Mitarbeiter Tichmirow, der in dieser Zeit die Observation versah, informiert. Es ist für einen Geheimdienstmann geradezu klassisch zu nennen, dass er den Mordverlauf mit ansehen konnte und nichts dabei empfand, *nicht* einzugreifen, denn sein Auftrag lautete: Beobachten.[449]

Das taten auch andere, so der französische Botschafter Maurice Paléologue:

17. Dezember 1916. Heute Abend gegen sieben Uhr berichtet mir ein ausgezeichneter Informant, der in meinen Diensten steht, dass Rasputin am Vormittag während eines Essens im Palais Jussupow ermordet worden sei. Die Mörder sind angeblich der junge Fürst Felix Jussupow (der 1914 eine Nichte des Zaren heiratete), Großfürst Dimitri, der Sohn des Großfürsten Paul, und Purischkewitsch, der Sprecher der extremen Rechten in der Duma. Auch zwei oder drei Damen der Gesellschaft sollen bei dem Essen zugegen gewesen sein. Die Nach-

richt wird zur Zeit noch strikt geheim gehalten ... Für die Angelegenheit ist der Chef der Ochrana zuständig.[450]

Der französische Botschafter hatte in der Tat einen guten Informanten, wenn auch die Sache mit den anwesenden Damen nicht ganz stimmte und der angebliche Mordzeitpunkt nicht der Vormittag, sondern die Nacht zuvor war. Doch die Tat selbst und auch die Mörder waren korrekt beschrieben worden. Und die kannte zu diesem Zeitpunkt nur einer ganz genau, die Ochrana. Die Mörder Rasputins, Wladimir Purischkewisch und Felix Jussupow, haben die Tat später ausführlich und dramatisch beschrieben.[451] Hier genügt die Feststellung, dass Jussupows Frau Irene den Lockvogel abgab, um den geilen Rasputin auf ein Schäferstündchen ins Palais ihres Mannes zu laden; dort wurde er nach einem vergeblichen Giftanschlag mit Blausäure von den beiden Memoirenschreibern erschossen, der Leichnam außer Hauses gebracht und an entlegenem Ort in die Newa geworfen. Das Eis gab die Leiche erst nach ein paar Tagen wieder frei. Der Mord war ein Skandal allererster Größe, und es gab kaum jemanden in Russland, der sich nicht von Herzen darüber freute.[452]

Doch auch hier reichte die Phantasie des Volkes nicht aus, um die Affäre in ihrer ganzen Erbärmlichkeit auszuloten, denn das Motiv zur Beseitigung Rasputins, das es sorgfältig zu verbergen galt, stammte aus ganz anderer Quelle: Felix Jussupow, zum Tatzeitpunkt ein 29-jähriger ungewöhnlich reicher Nichtstuer, hatte keineswegs, wie er in seinen Memoiren zum Besten gab, mit Rasputin kurz vor der Mordnacht zum ersten Mal Kontakt aufgenommen, um ihm seine Frau Irene scheinbar anzudienen, sondern die Herren kannten einander schon länger. Der Kontakt war von Jussupow gesucht worden, weil er sich vom bärtigen Wundermann eine Heilung erhoffte. Die Krankheit, von der er zu genesen trachtete, war seine Homosexualität. Zwei weitere Homosexuelle vom Hofe, die mit Rasputin gut bekannt und in den Mordfall verwickelt waren, die Großfürsten Dimitri Pawlowitsch und Nikolai Michailowitsch, hatten vermutlich den jungen Jussupow mit dem Wunderheiler zusammengebracht. Dieser muss über den knabenhaften Mann sehr entzückt gewesen sein, so dass er, der durchaus gerne auch mal mit Männern ins Bett ging, Jussupow zu verführen versuchte, was indessen misslang. Jussupow war zutiefst empört. Das war der Auslöser des Mordes und der Kern der ganzen Affäre. Aber der größte Skandal war etwas anderes: Niemand wurde strafrechtlich zur Verantwortung gezogen. Zwar hatten der ehemalige Leiter der Polizeiabteilung Bjelezki, der auf Befehl des Zaren die Untersuchung persönlich leitete, sowie der Leiter der Ochrana, der Gendarmeriegeneral Globatschjew, alsbald ein zutreffendes Ermittlungsergebnis vorgelegt, doch Nikolaus II. begnügte sich damit, die beiden Fürsten aus Petrograd zu verbannen, und dem ultrarechten Abgeordneten Purischkewitsch geschah buchstäblich nichts.

Mehr als der Zar das geahnt haben mochte, hatte sein Nichtstun Symbolkraft, denn nun wurde es auch dem letzten Revolutionär im Lande klar, dass man an den engsten Vertrauten der Zarenfamilie ungestraft Hand anlegen konnte. Damit nicht genug: Auch in der Armee bewirkte die Handhabung der Rasputin-Affäre das endgültige Aus für die Reste der Loyalität gegenüber der Person des Zaren.[453] Die Uhr der Romanows lief in rasender Geschwindigkeit ab. Es gab praktisch keine ins Gewicht fallende Einrichtung mehr, die für das Zarenregime eine Hand gerührt hätte. Doch unter dem Firnis der Überzeugung, dass die Autokratie der Romanows zu beenden sei, klafften die Anschauungen über die politische Zukunft aufs Krasseste auseinander. Da war zum Beispiel der Faktor der bewaffneten Macht. Russlands Armee war als Wehrpflichtarmee organisiert. Doch hatte das, was wir Wehrgerechtigkeit nennen würden, in Russland seltsame Blüten getrieben. Den wohlhabenden Schichten war anheim gestellt, ob ihre Söhne Soldat werden sollten oder nicht. Wehrpflichtausnahmen wurden auf Betreiben des aufstrebenden Unternehmertums auch für Industriearbeiter zugelassen, so dass die Wehrpflichtarmee in Wirklichkeit eine Bauarmee war. An die 15 Millionen Männer waren im Verlauf der Jahre 1914 bis Anfang 1917 zu den Waffen gerufen worden; etwa 1,7 Millionen von ihnen hatten den Tod gefunden, 1,45 Millionen wurden unheilbar verstümmelt, weitere 3,5 Millionen verwundet, 2,5 Millionen Soldaten gerieten in Kriegsgefangenschaft.[454] Das waren ungeheuerliche Verluste. Allein die Aussicht, in einem immer unverständlicher werdenden Krieg verheizt zu werden, hätte vermutlich schon genügt, um bei mitteleuropäischen Soldaten die Kampfmoral auf null sinken zu lassen. Doch der russische Bauernsoldat war aus anderem Holze, wie selbst die in ihrer Selbstüberschätzung kaum zu übertreffende deutsche Militärführung immer wieder feststellen musste.

So bedurfte es zusätzlicher Mittel, um den russischen Soldaten aufsässig zu machen. Es war nicht die Militärpropaganda der Mittelmächte, der es zwar gelang, Russen massenweise zur Fahnenflucht anzustiften, sondern für das Entstehen eines soliden Widerstands innerhalb der russischen Armee sorgte die russische Militärführung mit zwei ungeheuer wirksamen Maßnahmen selbst, nämlich durch die Wiedereinführung entwürdigender Strafen und die Einberufung aufrührerischer Elemente aus der Arbeiterschaft. Um mit Letzterem zu beginnen: Hatte es in der ersten Hälfte des Jahres 1914 noch Massenstreiks in Russland gegeben, wie seit der Revolution von 1905/06 nicht mehr, so hörten diese nach Kriegsbeginn zunächst völlig auf. Doch es war nur wie ein Luftholen. Als sich, 1915 beginnend und 1916 rasend beschleunigend, die Versorgungslage im Lande rapide verschlechterte und die Lebensmittelversorgung unter die Hungermarke fiel, lebten die Streiks wieder auf. Ochrana und Gendarmerie hatten ein waches Auge auf diese Vorgänge, so dass es möglich war, die Meinungsmacher mit einer hohen

Trefferquote zu isolieren. Doch wer früher kommentarlos nach Sibirien abgeschoben worden wäre, wurde nunmehr zur Armee eingezogen und beschleunigt in die Frontverwendung verfrachtet. Die Folge solcher Maßnahmen lag auf der Hand: Die weitgehend unpolitischen Bauernsoldaten gerieten erstmals in ihrem Leben mit konspirationserfahrenen städtischen Agitatoren in Kontakt. Doch hätten diese mit einiger Sicherheit ins Blaue hinein gepredigt, wenn die russische Militärführung ihnen nicht eine Steilvorlage beschert hätte. Die Rede ist von der Wiedereinführung der Prügelstrafe in der russischen Armee. Was in der Nachkriegsmemoirenliteratur russischer Heerführer totgeschwiegen wurde, war seit den ab 1915 stattfindenden Massendesertionen üblich geworden: Soldaten bereits wegen geringfügiger Disziplinwidrigkeiten öffentlich auszupeitschen. Es gibt kein Disziplinierungsmittel, dass derartig verheerende Schäden bei Delinquenten und Zwangszuschauern hinterlässt. Doch die russische Militärführung war blind für die Seelen ihrer Soldaten, ja sie hatte nicht einmal verstanden, dass der Kampf um die Seelen begonnen hatte. Das ist durchaus wörtlich zu nehmen. Nikolaj Gogol hat es unnachahmlich beschrieben, welche Bedeutung der Begriff der Seele für die russische Landbevölkerung hatte.[455]

Trotz der ungeheuren personellen Beanspruchung durch die Kampfhandlungen an den Fronten glaubte die russische Führung auf keinen Fall darauf verzichten zu können, in und um größere Industriestandorte beträchtliche Garnisonen unter Waffen zu halten. In Petrograd standen beispielsweise während des Krieges immer mindestens 180 000 Mann. Deren Auftrag konnte nicht zweifelhaft sein. Sie bildeten den bewaffneten Arm, um die als aufrührerisch bekannte Industriearbeiterschaft im Zweifel mit Waffengewalt unterdrücken zu können. Hier in Petrograd und anderen Städten wurde der Kampf um die Seelen der Bauernsoldaten zum Überlebenselixier der widerstreitenden Parteien. Mit Entsetzen stellte der französische Botschafter Maurice Paléologue Ende Oktober 1916 fest, dass Soldaten der Petrograder Garnison, anstatt gegen die Arbeiter vorzugehen, auf die Polizei geschossen hatten:

Dienstag, 31. Oktober 1916. Seit zwei Tagen sind alle Petrograder Fabriken im Ausstand. Die Arbeiter haben ohne Angabe des Grundes, lediglich auf den von einem geheimnisvollen Komitee stammenden Befehl, ihre Werkstätten verlassen.

Heute Abend Festtafel im Ministerium des Äußeren zu Ehren Motonos [des japanischen Botschafters in Petrograd]. Um ein halb acht Uhr, als ich mich gerade fertig ankleide, meldet man mir, dass zwei französische Industrielle, Sicaut und Beaupied, mich in dringendster Angelegenheit zu sprechen wünschen. Sie sind Vertreter der Automobilfabrik Louis Renauld und leiten eine große Fabrik im Wiborger Viertel.

Ich empfange sie sofort; sie berichten mir: »Sie wissen, Exzellenz, dass wir mit unseren Arbeitern stets sehr zufrieden waren und dass dies auch auf Gegenseitigkeit beruhte. Dabei weigerten sie sich, dem allgemeinen Ausstande beizutreten ... Heute Nachmittag, während die Arbeit in vollem Zuge war, hat eine Schar von Ausständigen, aus den Fabriken von Baranowski kommend, unser Haus belagert unter dem Gebrüll von: ›Nieder mit den Franzosen! Genug des Krieges!‹ Unsere Ingenieure und Werkmeister haben mit ihnen unterhandeln wollen. Man hat ihnen mit Steinwürfen und Revolverschüssen geantwortet. Ein Ingenieur und drei französische Werkmeister sind schwer verwundet worden. Die Polizei, die indessen herbeieilte, hat bald eingesehen, dass sie machtlos ist. Da ist es einem Häuflein von Gendarmen gelungen, durch die Menge zu dringen und zwei Infanterieregimenter zu holen, die in der Nähe einquartiert sind. Die zwei Regimenter kamen einige Augenblicke später an, aber anstatt unsere Fabrik zu befreien, haben sie auf die Polizisten geschossen.«

»Auf die Polizisten?«

»Ja, Exzellenz, Sie können auf unseren Wänden noch die Spuren der Gewehrsalven sehen ... Viele Gorodowoj und Gendarmen sind gefallen. Dann kam ein großes Handgemenge. Schließlich hörten wir den Galopp der Kosaken; es waren vier Regimenter. Sie sind mit blanker Waffe gegen die Infanteriesoldaten vorgegangen und haben sie mit Säbelhieben in die Kaserne zurückgetrieben. Jetzt ist die Ordnung wiederhergestellt.«[456]

Es bliebe hinzuzufügen, dass der russische Ministerpräsident Boris Stürmer dem französischen Botschafter am selben Abend mitteilte, dass er den Vorfall für harmlos halte.[457] Doch bereits neun Tage später notierte der 57-Jährige in sein Tagebuch:

Donnerstag, 9. November 1916. Hundertfünfzig Soldaten aus den Regimentern, welche am 31. Oktober auf die Polizisten angelegt haben, sind heute früh erschossen worden. Diese Nachricht hat sich gegen zehn Uhr in den Fabriken verbreitet, und als Zeichen ihrer Missbilligung sind die Arbeiter sofort in den Ausstand getreten.[458]

Dabei kamen die Dinge nicht besonders überraschend. In Ochrana-Berichten des Herbstes 1916 lesen wir:

Die Armee im Hinterland und ganz besonders an der Front ist voll von Elementen, die zum Teil fähig sind, eine aktive Kraft des Aufstandes zu werden, während die andern nur im Stande wären, die Unterdrückungsarbeit zu verweigern ... Und: Jeder, der in die Nähe der Armee kommt, muss den vollen und überzeugenden Eindruck von der unbedingten moralischen Zersetzung der Truppen gewinnen.[459]

Was tat nun der allmächtige und durch seine Geheimpolizei überaus gut informierte Innenminister? Protopopow dachte an bewährte Hausmittel. Ob er selbst drauf kam, oder ob er auf seine Einflüsterer aus Ochrana und Gendarmerie hörte, bleibt ziemlich gleichgültig. Protopopow verschwendete die letzten Wochen, die ihm an der Macht vergönnt waren damit, sich der Illusion hinzugeben, Russland durch groß angelegte Pogrome wieder auf den rechten Weg zurückzulenken. Das Personal sollte den schon zu Jahrhundertbeginn einschlägig bewährten Schwarzhundertern entnommen werden. Den professionellen Rest würden die Leute der Ochrana stellen. Der Mann, der über die entsprechende Erfahrung verfügte, war der Gendarmerie-Oberst Michail Kommissarow. Er hatte als Gehilfe des berüchtigten Ratschkowski bereits 1905/06 bei den Judenpogromen an prominenter Stelle mitgewirkt. Jetzt also organisierte er ein Deutschen- und Judenpogrom. Aus dem geheimen Verfügungsfonds des Zaren wurden 400 000 Rubel erbeten, mit denen man die bestellten Demonstrationen, die in die gewohnten Gewalttätigkeiten übergehen sollten, zu bezahlen gedachte. Doch mitten in den Vorbereitungen passierte eine Panne. Kommissarow wurde entführt und verschwand Anfang März 1917 von der Bildfläche; ihn hatte vermutlich sein böses Tun unter dem Polizeichef Bjelezki eingeholt – der Plan nämlich, Rasputin durch Mord vom Zarenhofe zu entfernen. Im diesem Punkte verstand Russlands Innenminister Protopopow keinen Spaß; bei ihm kam erschwerend hinzu, dass sich in dieser Zeit deutliche Zeichen von Verfolgungswahn zeigten – vermutlich die Auswirkungen einer fortgeschrittenen Syphilis. Die Erkenntnis, dass er mit der Beseitigung Kommissarows seinen fähigsten Pogromplaner aus der Riege der Polizeiverantwortlichen herausschoss, wird ihm vermutlich erst nach der Februarrevolution gekommen sein, als man ihn selber vor Gericht stellte. Hier versuchte sich Protopopow damit herauszureden, die Geldanforderung aus dem Geheimfonds des Zaren habe der verbesserten Ausbildung der Petrograder Polizei und ihrer Ausstattung mit Maschinengewehren dienen sollen. Das war eine krasse Ausrede, denn für die Ausstattung mit Waffen hätte es nur des Rückgriffs auf die Waffendepots der Garnison bedurft. Für Kommissarow war der plötzliche gewaltsame Karriereknick ein Glücksfall; ausgerechnet er konnte sich später darauf berufen, ein Opfer des Zarenregimes gewesen zu sein. So konnte er seine Laufbahn nach der Oktoberrevolution fortsetzen.[460]

Die Überlegungen Protopopows, ein Pogrom auszulösen, waren nicht nur aus den Lehren der Vergangenheit gespeist, sondern vor allem auch aus scheinbaren Erkenntnissen über die tiefe Verstrickung deutscher Agenten in die Petrograder Gesellschaft. Es war eine Art Gesellschaftssport, beliebige Leute der deutschen Spionagetätigkeit zu verdächtigen. Die politischen Salons der Gräfin Rosen und der Gräfin Kleinmichel luden förmlich dazu ein, die Gastgeberinnen entsprechend zu verdächtigen. Ein Mann, der gleich beide verdächtigen Eigenschaften vereinte, nämlich Jude und auch noch ein Deutscher zu sein, war der Bankier Ignaz Manus.[461]

Unter allen Geheimagenten, welche Deutschland in der russischen Gesellschaft unterhält, glaube ich nicht, dass es einen eifrigeren, geschickteren, wirksameren besitzt als den Finanzmann Manus. Hebräischen Glaubens hat er auf üblichem Wege die Erlaubnis erhalten, in Petrograd zu wohnen, und sich in diesen letzten Jahren durch Vermittlung und Spekulation ein bedeutendes Vermögen erworben. Der Genius seiner Rasse gab ihm ein, sich mit den wildesten Verteidigern von Thron und Altar zu verbünden. So unterwarf er sich knechtisch dem alten Fürsten Meschtscherski, dem berühmten Leiter des Graschdanin, dem unerschrockenen Verfechter des strenggläubigen Absolutismus. Gleichzeitig erwarb ihm seine verschwiegene und gewandte Freigebigkeit nach und nach die Gunst der gesamten Rasputin-Sippschaft.

Seit Kriegsbeginn führt er einen Feldzug für die rasche Versöhnung Russlands mit den germanischen Mächten. Man schenkt ihm in der Finanzwelt starkes Gehör, und er hat sich zu den meisten Zeitungen Beziehungen geschaffen. Er steht in ständiger Verbindung mit Stockholm … das heißt: Berlin. Ich habe ihn sehr stark in Verdacht, dass er hauptsächlich deutsche Hilfsgelder verteilt.

Jeden Mittwoch lädt er Rasputin zu Tische ein. Admiral Nilow, erster Flügeladjutant des Kaisers und seinem persönlichen Dienste zugeteilt, wird grundsätzlich eingeladen, weil er das Trinken so gut verträgt. Ein anderer Stammgast ist der ehemalige Leiter der Polizeiabteilung, der furchtgebietende Bjeletzky, der heute Senator ist, sich aber seinen ganzen Einfluss auf die Ochrana gewahrt hat und durch Frau Wyrobow andauernde Beziehungen zur Kaiserin unterhält. Natürlich gibt es auch einige liebenswürdige Frauen, zur Erheiterung des Festmahls. Unter den Gästen befindet sich eine reizende Georgierin, Frau E…, geschmeidig, verführerisch und einschmeichelnd, wie eine Sirene. Man zecht die ganze Nacht; Rasputin ist sehr rasch betrunken, und da plaudert er unermüdlich. Ich zweifle nicht daran, dass ein ausführlicher Bericht über diese Gelage tags drauf nach Berlin abgeschickt wird … mit erforderlichen Randbemerkungen und genauen Einzelheiten.[462]

So weit seine Exzellenz, der Botschafter der Republik Frankreich in Petrograd. Paléologue war offenbar so vernarrt in diesen Gedanken, dass er in seinem Tagebuch mehrfach auf die angeblichen geheimdienstlichen Umtriebe von Manus zu sprechen kam. Natürlich war das blühender Unsinn, denn Ignaz Manus war ein Jude, der sich aus kleinsten Verhältnissen emporgearbeitet hatte. Ihn interessierten nur seine Geschäfte.[463] Der Vorgang zeigt deutlich, wie blank die Nerven der Kriegsverbündeten Russlands zu Ende des Jahres 1916 lagen und wie stark sie sich von der allgemeinen antijüdisch-antideutschen Kampagne hatten anstecken lassen. Dabei lag der Mann mit seinen Einschätzungen um Meilen neben der Wirklichkeit: Es waren zwar in der Tat auch einige Juden in die Verteilung der deutschen Gelder involviert, doch die öffentlich Verdächtigten hatten hiermit nichts zu tun. Helphand war Russe und der Geldbeschaffer, die drei anderen waren Bolschewiki. Die Polen Fürstenberg und Koslowski waren auf der nördlichen Route tätig, der Bulgare Rakowski besorgte den Transfer auf der Südroute. Doch davon ahnten weder der Innenminister Protopopow noch der amtliche Spionenjäger Wladimir Orlow, geschweige denn der französische Botschafter etwas. Stattdessen jagte man Phantomen nach; auch hierüber sind wir durch den schreibfrohen französischen Botschafter unterrichtet:

Der Journalist D..., der geheimnisvolle Beziehungen zur Ochrana unterhält und mich mit seinem Vertrauen beehrt, wenn er sich in Geldnöten befindet, versichert mir heute, dass sich Protopopow eifrig damit beschäftige, die »Schwarzen Banden« wieder ins Leben zu rufen, die berühmten Tschernaja Sotny aus den Jahren 1905 bis 1906; sein hauptsächlicher Mitarbeiter bei dieser Tätigkeit ist Nikolaus Feodorowitsch B...

Das Werkzeug ist des Werkes würdig. B..., ein ehemaliger Kavallerieoffizier, der als Antonius des alten Fürsten Meschtscherski denselben kürzlich beerbte, ward in diesen letzten Jahren mit mehreren höheren Polizeisendungen in Russland und im Auslande betraut.

Ich erinnere mich, dass ich einmal mit ihm und Nikolaus Maklakow, der damals Minister des Inneren war, bei Meschtscherski gespeist habe; wir waren zu viert; ich war sehr begierig, den gefürchteten Streiter der Gaschdanin, den berühmten Vorkämpfer des autokratischen Zarismus und des göttlichen Rechts, kennen zu lernen; das Gespräch, das wir an dem mit Flaschen beladenen Tisch führten, währte bis lange nach Mitternacht. Trotz seiner dreiundsiebzig Jahre und des unheilbaren Leidens, das seine Kräfte untergrub, erheiterte mich Wladimir Petrowitsch höchlichst durch seinen hochmütigen beißenden Witz, durch seine Ausbrüche des Stolzes und des Zornes, seine wilde Prophezeiungsgabe, durch die prächtige Gewalt seiner Verwünschungen und Flüche, durch seine stürmische, heftige, glühende rednerische Fähigkeit, die mich an den Ausbruch eines Vulkans gemahnten. Jede Weissagung, jeder Wahrspruch, der aus seinem Munde kam, entriss Maklakow einen Ausruf der Bewunderung. B...saß mit verzückt gen Himmel aufgeschlagenen Augen dabei; aber von Zeit zu Zeit warf er mir verstohlen einen stechenden, forschenden, schlauen Blick zu, den Blick eines Gauners und eines Polizeispitzels.

Nikolaus Feodorowitsch verdient daher das ganze Vertrauen Protopopows bei der Wiederherstellung des mächtigen Werkzeugs der Reaktion, das General

Bogdanowitsch und Dr. Dubrowin im Jahre 1905 gründeten, dieses »Bundes des russischen Volkes«, der durch die Heldentaten seiner »Schwarzen Banden« einen so furchtbaren Ruf erlangte. Der Gedanke, die gläubigen Bauernmassen im Namen der strenggläubigen Selbstherrschaft zu mobilisieren und sie auf die liberalen und geistigen Arbeiter, auf die fremdrassigen Völker und auf die Juden loszulassen, wird in der Umgebung des Innenministers täglich erwogen. Mit Ausnahme von B..., der weniger ein Mann der Tat als Vermittler und Berater ist, soll die tatsächliche Leitung dieser Bewegung der Tschernaja Sotny anvertraut werden, Markow, Bulawtzel und Zamysslowsky. Man nimmt an, dass einige gut durchgeführte Pogrome genügen würden, um die »alteinge-wurzelten Volkstugenden« aufs Neue zu beleben.[464]

Was Paléologue dort schreibt, entspricht vermutlich ziemlich genau der Wahrheit. Warum er allerdings den Ochrana-Mann so vornehm mit B... umschreibt, erscheint rätselhaft. Vermutlich handelte es sich um Iwan Manassewitsch-Manuilow, der in Petrograd zur Überwachung des diplomatischen Korps eingesetzt war und dessen Liebesaffäre mit dem Fürsten Meschtscherski ihn zum Erben von dessen Vermögen machte. Er hatte als zweites berufliches Standbein die Überwachung der Hofgesellschaft übernommen. Über sie berichtete er eifrig an das Innenministerium. Ob mit explizitem Auftrag oder nur aus guter alter Spitzelgewohnheit muss offen bleiben. Manuilow hatte bereits Erfahrungen bei der Organisierung von Pogromen sammeln dürfen. Doch das, was man so sorgsam vorbereitete, kam nicht mehr zur Ausführung, denn im März 1917 war die Uhr des zaristischen Russlands endgültig abgelaufen. Manuilow und sein Chef Protopopow wanderten, um es im Stil der Zeit auszudrücken, auf den Kehrrichthaufen der Geschichte. In Wirklichkeit wurden sie unverzüglich festgenommen; sodann hatten sie Gelegenheit, ihr Tun in umfangreichen Vernehmungen der Nachwelt zu erhalten. Protopopow wurde, nachdem die Bolschewiki am Ruder waren, im Januar 1918 kurzerhand erschossen. Auch Manuilow, dem man eine Personalienfälschung zur Last legte, landete vor dem Erschießungskommando.[465]

Nun also doch.
Februarrevolution und deutsche Reaktion

Im März 1917 brach in Russland die Revolution aus. Nach dem russischen Kalender wurde sie als Februarrevolution in die Geschichtsbücher eingetragen. Die Februarrevolution war in Wirklichkeit eine Art Staatsstreich mit revolutionären Begleiterscheinungen. In Wirklichkeit kollabierte wegen des verheerend strengen Winters 1916/17 die ohnehin prekäre Versorgungslage in den großen Städten, allen voran in Petrograd. Gleichzeitig brach das marode Transportsystems zu-

sammen, vor allem also die Eisenbahnen, so dass die Fabriken ihre Arbeit einstellen mussten. So trieb es das Volk fast von selbst auf die Straße. Bei aller Unvollkommenheit, die in dieser Verkürzung liegen mag, fällt es nicht schwer zu begreifen, dass sich unter solchen Bedingungen sehr rasch ein politisches Vakuum bilden konnte. Was die politisch Verantwortlichen zunächst nicht ernst nahmen, weil sie aus der Vergangenheit an so genannte Brotkrawalle gewöhnt waren, weitete sich deswegen in einen Umsturz aus, weil Arbeiter und Soldaten einfach genug hatten und nicht viel mehr taten, als den Gehorsam gegen die überkommenen Autoritäten aufzukündigen. Die Einzigen, die zunächst noch bei der Stange blieben, waren Polizisten. Sie repräsentierten, egal wie sie sich verhielten, das verhasste System. So kam es zu einzelnen Schießereien mit der Polizei. Es ist deren Angehörigen kaum zu verdenken, dass sie sich beschleunigt aus der Stadt absetzten. Sie hatten viel zu verlieren – nämlich ihr Leben.[466]
Dies alles eine Revolution zu nennen, fällt nicht ganz leicht, zumal, wie schon im Jahre 1905, die berufsmäßigen Wahrsager revolutionärer Ereignisse erneut von den Vorgängen völlig überrascht wurden.[467] Hinzu kam, dass die Wildesten und Revolutionärsten unter ihnen entweder im ausländischen Exil lebten, oder sie vegetierten in der sibirischen Verbannung. So war das, was in Petrograd passierte, nichts Geplantes, Vorbereitetes, Durchdachtes und schon gar kein proletarischer Aufstand. Die Wirklichkeit war ernüchternd unklar, und es wäre sicher einer seriösen Untersuchung wert, wann eine Gesellschaft auf einen Punkt zutreibt, in der sie den überkommenen Autoritäten den Gehorsam aufkündigt. In der Wirklichkeit des März 1917 fielen die Reaktionen der politischen Kräfte entsprechend der undurchsichtigen Lage konfus aus. Es etablierte sich ein doppeltes Regime: Auf der einen Seite bildeten sich die Sowjets, also aus Arbeitervertretungen und militärischen Verbänden konstituierte Räte, auf der anderen Seite die Provisorische Regierung. Diese leitete ihre Legitimation aus der letzten Reichsduma, also dem von Nikolaus II. 1905 zugebilligten Parlament ab. Bei alledem spielten, um das vorwegzunehmen, die Bolschewiki nur eine nachgeordnete Rolle. In der provisorischen Regierung waren sie nicht vertreten und in den Sowjets stellten sie eine von mehreren Kräften dar. Allerdings waren die Sowjets der Hebel, mit dem sich die Bolschewiki an die Macht zu bringen hofften.
Die Ratlosigkeit im deutschen Hauptquartier kann kaum größer gewesen sein als im Frühjahr 1917. Eigentlich war das eingetreten, worauf man zweieinhalb Jahre intensiv hingearbeitet hatte, und nun wollte es zunächst niemand glauben.[468] Eilends wurde der im Februar 1917 wegen seiner unerwünschten Nachrichtenauswertung über Russland aus dem Amt geschiedene Leiter der Pressestelle der Zentralstelle für Auslandsdienst, Paul Rohrbach, ins Auswärtige Amt zitiert:

Ich wurde noch einmal mit [Axel] Schmidt ins Auswärtige Amt gebeten, und wir machten dort die Erfahrung, auf die wir selbst nach allem Vorhergegangenen nicht gefasst waren. Einer der maßgebenden Herren in hoher Stellung ließ sich von uns die Parteiverhältnisse in der Duma mit ihrer Stellung zur zaristischen Autokratie, zum Bündnis Russlands mit den liberalen Westmächten und zur Revolution auseinander setzen. Als wir uns nach unserem Vortrag empfahlen, hieß es: »Ich danke Ihnen, meine Herren, nun weiß ich doch, wie die Dinge zusammenhängen!« Und das im dritten Kriegsjahr! Man konnte wirklich verzweifeln. Wozu hatten wir denn einen Botschafter in Petersburg gehabt, und wozu gab es unter den Länderreferaten im Auswärtigen Amt auch eins für Russland?[469]

Doch der Reihe nach: Wie wir uns erinnern, hatte der Transmissionsriemen der Revolutionierungspolitik, der zu Reichtum gelangte Sozialist Alexander Helphand, seinen Geldgebern mit der ihm eigenen Großartigkeit prophezeit, dass das gewaltige, das revolutionäre Ereignis, für das Millionen durch seine Hände gegangen waren, im Januar 1916 stattfinden werde. Zwar hatte es Massenstreiks in Petrograd und vor allem in Südrussland gegeben, doch der Umsturz blieb aus. Die Folge war, dass das Auswärtige Amt Helphand gegen den Widerspruch von Brockdorff Rantzau auf Eis legte, wo seine Aktivitäten erstarrt wären, hätte nicht die militärische Seite den Agenten Helphand unter ihre Fittiche genommen. Verantwortlich hierfür war im Frühjahr 1916 der Hauptmann d. R. Rudolf Nadolny, der bald darauf seinen zentralen und ungewöhnlich einflussreichen Platz in Berlin freiwillig räumte, um als Geschäftsträger des Deutschen Reichs ins wilde Persien zu wechseln. Um den Wechsel ist gerätselt worden, doch der Grund ist leicht nachzuvollziehen. Nadolny sah seine persönliche Chance, aus der ungeliebten konsularischen in die attraktive diplomatische Laufbahn überwechseln zu können, und er nahm sie wahr. Nebenbei mag Abenteuerlust den Mann veranlasst haben, von seinem Berliner Revolutionierungs-Schreibtisch zu verschwinden. Das hatte Folgen: Sein Nachfolger als Leiter der Sektion Politik im Stellvertretenden Generalstab wurde der Hauptmann Ernst von Hülsen, von dem Aktivitäten nicht bekannt geworden sind; vom III b-Major Gempp wurde er als ein farbloser Mann ohne eigene Ideen beschrieben.[470] Das mochte zunächst insofern Vorteile haben, als der neue Mann den nunmehr unter militärischem Kommando agierenden Alexander Helphand offenbar keine Steine in den Weg legte, was er gekonnt hätte. Der Wechsel hatte allerdings den entscheidenden Nachteil, dass der dynamische Nadolny, als er im Frühjahr 1917 dringend in Berlin gebraucht wurde, irgendwo in der persischen Wüste sein Unwesen trieb. Er traf auf dem Rückzug am 2. April 1917 in Mossul ein, wo er die Nachricht erhielt, sich beschleunigt nach Deutschland zurückzubewegen.[471] Denn er wurde jetzt wirklich gebraucht – und zwar als Ostreferent in der Politischen Abteilung des Auswärtigen Amtes.

Dort war mittlerweile klar geworden, dass sich in Russland ein gewaltiger Umsturz ereignet haben musste. Die Nachrichtenlage hatte sich erst allmählich verdichtet: Bereits am 23. Oktober 1916 hatte der Nachrichtenoffizier der am Mittelabschnitt der Ostfront eingesetzten Heeresgruppe Linsingen, der Hauptmann Peters, auf dem III b-Strang gemeldet, aus russischen Überläuferangaben lasse sich mit einiger Sicherheit entnehmen, dass die zaristische Armee sich im Stadium der Selbstauflösung befinde.[472] Das war zu schön, um wahr zu sein; doch niemand mochte Meldungen dieser Art glauben. Den tatsächlichen Umsturz in Petrograd meldeten dann auch nicht als Erste die Agenten von III b, sondern die österreichische Funkaufklärung. Das soll kein Vorwurf sein, weil in der Stadt selbst geraume Zeit niemand genau wusste, was eigentlich vorging. So sind denn auch die Agentenmeldungen, wie die des III b-Konfidenten in Satarow, Mjerski, aus dem Januar 1917 mit größter Skepsis bewertet worden; Mjerski hatte gemeldet, dass man vor Ort hoffe, bis Mitte März mit den Vorbereitungen zum Putsch fertig zu sein. Die erste unzweifelhafte und aktuelle Umsturzmeldung stammte, wie gesagt, aus der k.u.k. Funkaufklärung. Max Ronge, der Chef der k.u.k. Nachrichtenabteilung, erinnerte sich hieran wie folgt:

Wie eine Bombe wirkte am 13. März 1917 die Radiodepesche des [russischen] XIII. Korps: »In Petrograd ist eine provisorische Regierung mit Rosjanko an der Spitze gebildet worden. Gulewitsch erbittet Verhaltensmaßregeln vom Kommando der Nordfront und von der Obersten Heeresleitung.«[473]

Die Männer des k.u.k. Abhorchdienstes erkannten sofort, was sie hier in den Händen hielten. Noch am selben Tag wurde die brisante Meldung an die deutsche Oberste Heeresleitung weitergegeben, die die Sache sofort an den Kaiser und die politische Reichsleitung weiterreichte.[474] Jetzt gab es praktisch keinen Zweifel mehr, dass etwas Grundlegendes geschehen war. Einen Tag später bestätigte die Petersburger Telegrafenagentur bereits das Unerhörte durch den simplen Satz: *In Petersburg ist die Revolution ausgebrochen,*[475] und am folgenden Tage konnte es jedermann in der ganzen Welt in den Zeitungen nachlesen. Und die deutsche Führung? Sie staunte nicht schlecht, nachdem man so viel Hoffnungen in die Revolution gelegt hatte.[476] Doch mit dem Sturz des Zaren mochte sich keineswegs das gewünschte Ergebnis einstellen. Von deutscher Seite ist deshalb später wiederholt und treuherzig behauptet worden, mit der Februarrevolution in Russland habe man nichts zu tun gehabt. Etliche Russen sahen das ganz anders.[477] Beides ist richtig und falsch zugleich. Es ist richtig, dass mit den Ereignissen eine Regierung an die Macht gelangte, die alles andere als deutschfreundlich war. Das bedeutete: Das revolutionierte Russland war nicht bereit, aus der Koalition der Kriegsalliierten auszuscheren. Vor allem der Sozialrevolutionär Alexander Kerenski, der zunächst als Justizminister in die Provisorische Regierung eintrat, erwies sich für das Deutsche Reich als überraschender, weil ernst zu nehmender Verbündeter der Entente.[478] Der Krieg ging weiter, und Russlands Armee eröffnete erneut eine Offensive gegen die Mittelmächte.

Bevor wir den Ereignissen weiter nachgehen, ist noch ein innerrussischer Effekt der angeblichen und der tatsächlichen deutschen Millionen zu besprechen. Was schon für die Zeit der Zarenherrschaft galt, kam nach der Februarrevolution erneut und in fast noch kurioserer Form zum Ausbruch: Die gegenseitige Verdächtigung, im Solde der Deutschen zu stehen. Die Angelegenheit nahm im Verlaufe des Jahres derartig groteske Formen an, dass sich sogar die Bolschewiki dahinter verschanzen konnten. Als es nämlich im Juli 1917 tatsächlich zum Schwure kam, wo denn Lenin sein Geld herhabe, konnte der Meister der Rabulistik Leo Trotzki darauf verweisen, dass man es hier mit einer der üblichen Verdächtigungskampagnen zu tun habe. Auch in seiner umfangreichen Revolutionsgeschichte kommt Trotzki auf diese Argumentationslinie zurück.[479]

Doch auch der häufig wiederholte deutsche Hinweis, dass man mit dieser, der Februarrevolution, nichts zu tun gehabt habe, war nur die halbe Miete; es war eine Schutzbehauptung, da man nicht wahrhaben wollte, dass man sich so gründlich verrechnet hatte. Sieht man näher hin, stellen sich die Dinge etwas anders dar. Die Februarrevolution hatte ein Doppelgesicht. Sie gebar die Provisorische Regierung und parallel dazu die diffuse Macht der Räte. Sie, die Sowjets, waren ein schwankendes Element im plötzlich zur Republik mutierten ehemaligen Zarenreich. Geboren aus einer Mischung von Kriegsmüdigkeit und revolutionärem Elan war bei ihnen durchaus nicht klar, wohin die Reise gehen würde. Zudem muss gefragt werden: Was passierte eigentlich mit den sagenumwobenen Millionen des deutschen Kaisers, die ab 1915 über die dunklen Kanäle der deutschen Revolutionierungsstrategen nach Russland strömten? Wie wir schon gesehen haben, setzten Nadolny, Brockdorff und Co., beeindruckt von den Vorgaben Helphands, auf die radikalsten unter den russischen Sozialisten, auf die Bolschewiki. Über den Spezialfonds für Propaganda und Sonderexpeditionen liegt eine Abrechnung per 31. Januar 1918 vor: Hiernach wurden seit Kriegsbeginn 382 Millionen Mark veranschlagt und ausgegeben. Das kann viel sein oder, wie manch einer später meinte, eher wenig. Der Batzen für das Revolutionierungsprogramm innerhalb dieses Betrages belief sich, preußisch exakt, auf 40 580 997 Mark; in diesem Betrag sind Propagandamittel und die Verfügungsmittel des deutschen Generalstabs nicht enthalten. Von dem veranschlagten Betrag der 40,5 Millionen aus dem Revolutionierungsfonds für Russland waren am 31. Januar 1918 26,5 Millionen verbraucht worden; von diesem Betrag allein 15 Millionen zwischen November 1917 und

Januar 1918. Aus unterschiedlichen Töpfen erhielt Alexander Helphand in der Zeit vorher, die an dieser Stelle interessiert, mindestens zwei Millionen Mark und 20 Millionen Rubel ausgezahlt, also umgerechnet 42 Millionen Mark. Was konnte er damit anstellen? Zum Beispiel dieses: Über den in Südrussland im Januar 1916 in Nikolajew und Odessa unterstützten Streik wurde gemeldet, dass den Streikenden ein Tagegeld von umgerechnet 1,50 Mark gewährt wurde. Das Geld stammte mit hoher Sicherheit aus dem deutschen Revolutionierungsfonds des Alexander Helphand. Setzte er nur ein Drittel des ihm nachweislich übergebenen Geldes in Südrussland ein, das nach seiner Ansicht hinsichtlich der revolutionären Reife besonders fortgeschritten war, so konnte er damit eine Million Streiktage finanzieren oder, anders ausgedrückt, 10 Tage Streik für 100 000 Arbeiter. Konkret waren es aber nur 10 000 Arbeiter der Naval-Werke in Nikolajew; sie konnten volle 100 Tage finanziert werden. Berücksichtigt man diese Zahlungen, so darf man folgern, dass diese Streiks ohne deutsches Geld nicht oder zumindest so nicht stattgefunden hätten. Man kann ihre Wirkung auf die Zersetzung des Zarenreichs gar nicht hoch genug einschätzen. Dies gilt nicht nur für die Rüstungsindustrie an der Schwarzmeerküste und in Petrograd, sondern im besonderen Maße für die mit den Streiks einhergehende Sabotage im Transportgewerbe, das mit fortschreitendem Kriegsverlauf zur Achillesferse des untergehenden Russlands wurde.[480]

Reise mit Umwegen.
Lenins Transport durch Deutschland

Von alledem ahnten die deutschen Revolutionsmacher im Moment der Februarrevolution wenig oder gar nichts. Nachdem sie erst einmal begriffen, welch radikales Ereignis in Petrograd stattgefunden hatte, machte sich Enttäuschung darüber breit, dass alle Revolutionierungskunst nichts gefruchtet hatte. Dann stellte sich ihnen mit Lenin'scher Schärfe die Frage: Was tun? Bevor wir ihrer Antwort nachgehen, wollen wir einen kurzen Blick auf das handelnde Personal werfen, das für die jetzt folgenden Ereignisse die Verantwortung trug. Es waren die Herren Zimmermann, Brockdorff Rantzau und Bergen vom Auswärtigen Amt. Ihnen sekundierte für das Militär die Sektion Politik des Stellvertretenden Generalstabs. Sogleich werden wir sehen, was sie taten. Auf die Frage: Was tun? gaben sie eine echt Lenin'sche Antwort: Die Sache gehört in die Hände eines Berufsrevolutionärs, in die von Lenin. Lenin war der einzige bekannte Berufsrevolutionär von Bedeutung, der die Beendigung des Krieges seit Jahr und Tag auf seine Fahnen geschrieben hatte. Auf diese Erkenntnis wären die Herren kaum von selbst gekommen; ihre Einsicht stammte, man kann es nicht oft genug betonen, von keinem anderen als dem Inspirator und Macher der Revolutionierungsstrategie: Alexander Helphand. Gewiss nicht von ihm allein. Doch Helphand war es, der die russischen Kaffeehaus-Sozialisten auseinander halten konnte; er kannte ihre Schriften, den Meinungsstand, die Strömungen. Er war Interpret und Mitmacher in einer Person. Über Helphands Einfluss hatte die Idee im deutschen Botschafter in Kopenhagen Ulrich Graf Brockdorff Rantzau tiefe Wurzeln geschlagen. Geradezu mahnend schrieb er an den ihm vorgesetzten Staatssekretär des Auswärtigen, Arthur Zimmermann, der erst im November 1916 den zögerlichen Gottlieb von Jagow abgelöst hatte, einen persönlichen Brief, in dem er Zimmermann ersuchte, Helphand zu empfangen:

Ich weiß sehr wohl, dass sein Charakterbild im Urteil der Zeitgenossen schwankt und dass insbesondere Ihr Herr Amtsvorgänger es liebte, an ihm Reibungsflächen für seine spitze Zunge zu suchen; ich kann demgegenüber nur feststellen, dass Helphand politisch sehr Positives geleistet, und in Russland, ohne Aufhebens davon zu machen, als einer der Ersten für den Erfolg gearbeitet hat, der jetzt eingetreten ist; es wäre manches vielleicht anders, wenn Jagow vor zwei Jahren seine Anregungen nicht in den Wind geschlagen hätte. – Die Verbindungen, die Helphand in Russland besitzt, können meines Erachtens usschlaggebend für die Entwicklung der gesamten Situation werden ... [481]*

Arthur Zimmermann, bekannt für seine Hau-Ruck-Diplomatie, brauchte nicht lange überzeugt zu werden. Auch wenn er Helphand nicht persönlich sprach, weil dieser, als man sich zur Einladung entschloss, schon wieder gen Kopenhagen unterwegs war, so waren doch auch ohne seine erneute Vorsprache im Auswärtigen Amt die Weichen in Sachen Lenin in einer für das Auswärtige Amt ungewöhnlichen Eile und Konsequenz gestellt worden. Das besorgte einer der Referenten der Politischen Abteilung, Diego von Bergen. Der 45-jährige Bergen, der aparterweise die Mehrzahl seiner Diplomatenjahre im Vatikan zugebracht hatte und nach dem Krieg auch wieder zubringen sollte, hatte sich das Revolutionsgeschäft unter den Nagel gerissen. Ihm assistierte Otto Günther von Wesendonck, ein 32-jähriger Ex-Diplomat, für den die unstandesgemäße Heirat mit einer Portugiesin 1914 das berufliche Aus gebracht hatte; jetzt im Krieg durfte Wesendonck wieder mitmachen. Die beiden Herren konnten sich nur deshalb auf dieser Wiese tummeln, weil der eigentlich zuständige Ostreferent, Wilhelm Graf Mirbach, Militärdienst leistete und sein amtlicher Vertreter, Friedrich Graf Pourtalès, der bis zum Kriegsausbruch Botschafter in St. Petersburg gewesen war, es vorzog, sich nicht persönlich um die Dienstgeschäfte zu kümmern. Damit hatte von Bergen praktisch freie Hand, zumal der neue Ostreferent Rudolf Nadolny sich zu dieser Zeit noch bei Mossul mit Kurden herumschoss. So und nicht anders fiel die Entscheidung für Lenin; sie fiel natürlich nicht, ohne dass die Beamten des Auswärtigen Amtes die im Jahre 1917 geradezu übermächtige Oberste Heeresleitung beteiligt hätten. Von dort wurde nach kurzer Frist eine mündliche Zustimmung Ludendorffs übermittelt.[482] Hieraus sind später ganz falsche Schlüsse hinsichtlich der Verantwortlichkeit für die Lenin-Mission gezogen worden.[483] Dabei ging der Entscheidungsablauf wie folgt vor sich: Zunächst wurde die in Berlin befindliche, ohnehin zuständige Sektion Politik des Stellvertretenden Generalstabs beteiligt. Der stand der Hauptmann Ernst von Hülsen vor, über den wir nur das abschätzige Urteil des Geheimdienst-Majors Friedrich Gempp kennen. Dafür wissen wir über seinen Mitarbeiter etwas mehr: Das war der Hauptmann Hans Georg von Beerfelde. Nach Fronteinsatz in Ost und West war der 39-Jährige zur Sektion Politik versetzt worden. Sein Hang zur Theosophie und sein Fronterleben hatten aus dem preußischen Offizier einen bedingungslosen Pazifisten gemacht, der vom Gedanken an einen Frieden ohne Annexionen beseelt war. Es liegt nahe, dass er insofern, da er diese Begriffe im Umgang mit anderen verwendete, Anleihen bei der Propagandaliteratur des Wladimir Lenin gemacht hatte. Solch einen Mann wie Beerfelde brauchte man nicht lange zu überzeugen, dass Lenin der richtige Mann für Russland sei. Doch auch bei der Sektion Politik sicherte man sich nach oben ab und verwies auf die OHL. An diese wandte sich nunmehr das Auswärtige Amt mit Schreiben vom 23. März 1917, wo der Leiter der Politischen Abteilung des Generalstabs, Oberst Paul von Bartenwerffer, anlässlich eines mündlichen Lagevortrags bei Ludendorff die Sache abhakte. Dem anwesenden Chef von III b, Walter Nicolai, war dabei nicht mehr eingefallen, als zu fordern, dass Lenin sich bei der Durchreise durch Deutschland jeglicher Propagandatätigkeit zu enthalten habe. Die Stellungnahme des Generalstabs wurde dem Auswärtigen Amt am 25. März 1917 telefonisch übermittelt.[484]

Für die Oberste Heeresleitung war diese Sache offensichtlich von geringer Bedeutung; sie mochte in ihr bestenfalls eine flankierende Maßnahme sehen, da sie selbst einen anderen Kurs verfolgte. Der Krieg an der Ostfront sollte beendet werden, indem man die Kampfkraft des russischen Heeres durch zwei ineinander greifende Maßnahmen zersetzte: durch einschlägige Propaganda und durch Einstellung der Kampftätigkeit.[485] Die Idee hierzu stammte aus denselben Tagen. Oberst Hermann Ritter von Mertz, der Chef der Operationsabteilung Balkan der Obersten Heeresleitung, hielt sich am 24. März 1917 in Sofia auf; über ein Gespräch mit dem bulgarischen Zaren Ferdinand I. notierte er dessen Ansicht:

Ich würde an des Kaisers Stelle im Osten von jetzt an das Schießen verbieten, dann ginge die russische Armee in wenigen Monaten nach Hause ... Russland geht zweifellos zugrunde, wenn wir es jetzt militärisch in Ruhe lassen.[486]

Diese Auffassung machte sich auch die deutsche militärische Führung zu Eigen. Mit Lenin hatte das nichts zu tun; die Leninsache passte lediglich bündig ins eigene Konzept. Es ist bezeichnend, dass keiner der Beteiligten nach dem Krieg die

Verantwortung für das übernehmen wollte, was aufgrund dieses Konsenses ins Werk gesetzt wurde. Ludendorff mochte sich mit einem gewissen Recht kaum an die Situation erinnern.

Durch die Entsendung Lenins nach Russland hatte unsere Regierung auch eine besondere Verantwortung auf sich genommen. Militärisch war die Reise gerechtfertigt. Russland musste fallen. Unsere Regierung aber hatte darauf zu achten, dass nicht auch wir fielen.[487]

Soweit der Erste Generalquartiermeister und zur fraglichen Zeit Deutschlands mächtigster Mann. Die anderen schwiegen sich aus. Nur einer, dem man später die Verantwortung für den Lenin-Deal zuschieben wollte, nahm dezidiert Stellung. Das war der Generalmajor a. D. Max Hoffmann:

Die Zersetzung, die die russische Revolution in das Heer getragen hat, suchten wir naturgemäß durch Mittel der Propaganda zu vergrößern. In der Heimat kam irgendein Mann, der Beziehungen zu den in der Schweiz lebenden Russen unterhielt, auf die Idee, von ihnen einige heranzuziehen, um die Moral des Heeres noch schneller zu untergraben und zu vergiften. Er wandte sich an den Abgeordneten Erzberger, und der Abgeordnete an das Deutsche Auswärtige Amt. So kam es zu dem bekannt gewordenen Transport von Lenin durch Deutschland nach Petersburg.

Ob die deutsche Oberste Heeresleitung Kenntnis von dieser Maßnahme gehabt hat, weiß ich nicht. Wir erfuhren erst davon, als nach Monaten die ausländischen Zeitungen anfingen, Deutschland deshalb Vorwürfe zu machen und zu behaupten, dass wir die Väter der russischen Revolution seien. Dieser Behauptung, erlogen, wie so viele der feindlichen Propaganda, kann nicht scharf genug widersprochen werden. Die Revolution ist in Russland, wie ich schon oben sagte, durch England gemacht; wir Deutschen im Kriege mit Russland, hatten unzweifelhaft das Recht, als die russische Revolution, nicht, wie zuerst behauptet, den Frieden brachte, die Unruhen im Lande und im Heere zu vergrößern … Wie gesagt, ich habe persönlich vom Transport Lenins nichts gewusst. Wäre ich aber gefragt worden, so hätte ich schwerlich Einwendungen erhoben, denn welch unselige Folgen das Auftreten dieser Männer für Russland und ganz Europa haben sollte, konnte damals kein Mensch voraussehen.[488]

Damit haben wir den Ereignissen etwas vorgegriffen. Noch saß Lenin in der Schweiz, er saß in der Schweiz fest. Er durfte nicht darauf hoffen, dass Deutschlands Kriegsgegner Frankreich und Italien ihn durchreisen lassen würden, und für das kaiserliche Deutschland und die Donaumonarchie war er ein unerwünschter, ein feindlicher Ausländer. Er konnte nicht ahnen, dass die deutsche Reichsleitung anderes mit ihm vorhatte: Gleich nach Bekanntwerden der Revolution in Petrograd hatte der russische Emigrant und Sozialrevolutionär Eugen Weiß, der eigentlich Zivin hieß,[489] in der deutschen Botschaft in Bern vorgesprochen, um die Möglichkeit eines Transits von Exilanten durch Deutschland zu erörtern. Die Vorsprache von Weiß-Zivin war nichts Neues und auch kein Zufall. Dieser Mann war so etwas wie das Scharnier zwischen den deutschen und österreichischen Geheimdienstbüros in der Schweiz und der russischen schreibenden Emigrantenszene. Oder prosaischer ausgedrückt: Über ihn liefen monatlich 30 000 Schweizer Franken zur Produktion von Revolutionsliteratur ab.[490] Die konspirationserfahrenen Diplomaten in der Schweiz wussten sogleich, worum es für Deutschland ging, als die Reisewünsche vorgebracht wurden. Am 20. März 1917 berichtete der Legationsrat Schubert im befürwortenden Sinne an den Reichskanzler.[491] Bei dem rannte man offene Türen ein. In einem zusammenfassenden Bericht an den deutschen Kaiser resümierte Bethmann Hollweg am 11. April 1917, also als Lenin und Genossen bereits unterwegs waren, dass er die Gesandtschaft in Bern angewiesen habe, *sich mit den in der Schweiz lebenden politischen Verbannten aus Russland in Verbindung zu setzen und ihnen dabei die Durchfahrt durch Deutschland anzubieten.*[492]

Es dürfte wenig zweifelhaft sein, dass hinter diesem Entschluss der Referent des Reichskanzlers für die politische Kriegführung, Kurt Riezler, steckte. Für ihn war klar: Lenin musste nach Russland. Sogleich versuchte er, sich der Sektion Politik des Stellvertretenden Generalstabs zu bedienen. Von dort wurde Georg Sklarz, einer der Agenten aus dem Gebrüder-Trio, hingeschickt, der dem Berufsrevolutionär das Angebot unterbreitete, er und sein Genosse Sinowjew könnten sofort und auf deutsche Kosten nach Russland geschleust werden. Eine amüsante Szene muss das gewesen sein: Der empörte Lenin und der entgeisterte deutsche Abgesandte; natürlich saß Lenin in der Schweiz auf heißen Kohlen; nicht noch einmal wie schon 1905 wollte er zu spät kommen; doch der Gedanke, als ein Agent der Deutschen nach Russland entsandt zu werden, konnte für einen Lenin nichts Verlockendes haben. Dann schon lieber gar nicht. Auch ein zweiter deutscher Anlauf, Lenin der russischen Provisorischen Regierung bei einem projektierten Gefangenenaustausch unterzuschieben, scheiterte, bevor man zur Tat schreiten konnte, denn die russische Regierung hatte an dem Berufsrevolutionär Wladimir Uljanow verständlicherweise kein Interesse; sie hielt ihn in der Schweiz für gut untergebracht und für unschädlich.[493]

In dieser verfahrenen Situation besann sich das Auswärtige Amt auf Alexander Helphand. Mag auch sein, dass er sich erneut aufdrängte; jedenfalls war er jetzt wieder wer. Er war der Mann mit den Verbindungen und mit der richtigen Tarnorganisation. Ohne dass Helphand und Lenin sich exponieren mussten, war der Kontakt über Lenins Adjutanten Jakob Fürstenberg-Hanecki, der zugleich als Majordomus bei Helphands Firmen in Stockholm fungierte, erhalten geblieben.

Helphand kannte Lenins Reisesorgen, er kannte den plumpen Annäherungsversuch des Hülsen-Agenten, schließlich war Georg Sklarz zugleich sein Geschäftspartner, und er kannte den Willen der deutschen Führung, Lenin nach Russland zu spedieren. Jetzt musste eine neue Idee her und ein Mann, der für jedes Lügenmärchen gut war. Die Rede ist von Karl Radek. Er wurde 1885 als Karl Sobelsohn im damals österreichischen Galizien geboren. Nach einer kurzen Laufbahn als Berufsrevolutionär Radek setzte sich der 21-Jährige nach der russischen Revolution von 1905/06 in Richtung Deutschland ab, wo er alsbald als Zeitungsredakteur bei der SPD unterkam. Da er die drohende Schutzhaft in Deutschland ebenso wie die Einberufung zur k.u.k. Armee für unerquicklich hielt, verschwand er zu Beginn des Ersten Weltkrieges in Richtung Schweiz. Radek wurde für eine begrenzte, für ihn nützliche Zeit ein uneingeschränkter Bewunderer Helphands, und wir dürfen getrost unterstellen, dass der materiell nicht gerade rosig dastehende Radek von dem Dicken in großzügiger, wenn auch verdeckter Form unterstützt wurde.[494]

Der Plan, der nun geschmiedet und umgesetzt wurde, war nicht gerade ein Muster an Schlüssigkeit, aber er half mit, dass alle Seiten notdürftig ihr Gesicht wahren konnten. Er sah vor, dass eine beliebige Anzahl russischer Emigranten die Schweiz auf eigene Rechnung verlassen konnten, indem sie per Bahn von Süd nach Nord Deutschland durchquerten, um sodann über Schweden nach Russland auszureisen. Hierzu wurde so etwas wie eine private Reisegruppe organisiert mit einem schweizerischen Reiseleiter. Das war der Sozialist Fritz Platten.[495] Der setzte eine Art Transitvertrag auf, in dem er sich von den Mitreisenden Folgendes per Unterschrift bestätigen ließ:

1.dass die eingegangenen Bedingungen, die von Platten mit der deutschen Botschaft getroffen wurden, mir bekannt gemacht worden sind.
2.dass ich mich den Anordnungen des Reiseführers Platten unterwerfe.
3.dass mir eine Mitteilung des »Petit Parisien« bekannt gegeben worden ist, wonach die russische provisorische Regierung die durch Deutschland Reisenden als Hochverräter zu behandeln drohe.
4.dass ich die ganze politische Verantwortlichkeit für diese Reise ausschließlich auf mich nehme.
5.dass mir von Platten die Reise nur bis Stockholm garantiert worden ist.
Bern-Zürich, 9. April 1917.[496]

Wer glaubt, das sei ein Märchen, der irrt, denn genau so wurde es gemacht. Jahrzehntelang mussten die Sänger der Großen Sozialistischen Oktoberrevolution darüber hinwegschwadronieren,[497] dass der Export von Lenin durch Deutschland nur möglich war, weil die deutsche Reichsleitung den Befehl hierzu gegeben hatte. Daneben fielen die Kleinigkeiten kaum noch ins Gewicht. So ist bis zum heutigen

Tage nicht aufklärbar, wer denn die dreißig Personen waren, die da durch Deutschland kutschiert wurden. Unter denen waren nur etwa ein Dutzend Bolschewiki. Unter diesen ein Mann namens Alexander Linde, den manche für einen deutschen Agenten hielten.[498] Natürlich besaßen die russischen Emigranten in der Schweiz nicht genügend Kleingeld, um einen deutschen Kurswagen zu finanzieren; Lenin hatte deswegen am 1. April 1917 an seinen Statthalter Fürstenberg nach Stockholm telegrafiert.[499] Das, was sie bezahlten, kam aus der Reisekasse von Karl Radek, und das, was darin war, kam von Alexander Helphand, der auf die deutsche Staatskasse zugreifen durfte. Natürlich bestand keine Notwendigkeit, dass die Zugfahrt im Großraum Berlin unterbrochen wurde, so dass die Fernreisenden erst nach mehreren Tagen am 13. April 1917 im Fährhafen Saßnitz auf Rügen eintrafen. Gewiss mühten sich deutsche Diplomaten nach der Abreise der Revolutionstouristen eine Weile lang um deren Zugangserlaubnis nach Schweden, das sie durchfahren mussten, um die schwedisch-finnische Grenze überschreiten zu können. Das alles brauchte ein paar Tage, war aber bereits am 10. April 1917 erledigt,[500] so dass sich hieraus nicht der Grund für die Verzögerung in Deutschland ableiten lässt. Vielmehr blieb Zeit, um heimlich ein paar Abstimmungsgespräche zu führen. Da ist zu Recht eingewendet worden, dass Lenin es ablehnte, während der Bahnfahrt deutsche gewerkschaftliche Delegationen zu empfangen;[501] so offiziell sollte die Reise nicht verlaufen.

Um diesen Nichtempfang des Gewerkschaftsführers Jansson ist in den späteren Erinnerungsberichten über die Reise viel Wind gemacht worden.[502] Aber die Macht in Deutschland lag nicht in den Händen von Arbeiterdelegationen; sie lag in Händen der kaiserlichen deutschen Reichsleitung. Diese hatte vom deutschen Generalstab verlangt, dass die Transportbegleitung in den Händen eines gewandten Offiziers zu liegen habe, was Ludendorff ohne weiteres konzedierte.[503] Dieser Offizier war der sächsische Rittmeister der Reserve Arwed von der Planitz. Planitz gehörte zur Abteilung III b des Stellvertretenden Generalstabs, ebenso der zweite mitreisende Offizier, der Leutnant von Bühring, der fließend russisch sprach, aber den Auftrag hatte, sich das nicht anmerken zu lassen.[504] Doch es wäre etwas verfrüht, bereits deswegen aufhorchen zu wollen, weil hier zwei Offiziere des Militärgeheimdienstes mitfuhren. Der Rittmeister fertigte über die Reise von Lenin und Genossen einen Bericht an. Dieser Bericht ist verschwunden. Wir haben nur deswegen Kenntnis davon, weil Planitz einen weiteren Transport von Revolutionären aus dem Exil durch Deutschland begleitete und auch hierüber schriftlich Bericht erstattete. In diesem Schriftstück nimmt er mehrfach Bezug auf den vorausgegangenen Rapport über die Lenin-Reise.[505] Dieser zweite Bericht enthält ein bemerkenswertes Detail: Wie der erste Transport wurde auch der zweite an der deutsch-schweizerischen Grenze bei Gottmadingen an Planitz übergeben. Die Abreise erfolgte am Morgen des 13. Mai 1917 um 7 Uhr 50, die Ankunft in Saßnitz am folgenden Mittag. Trotz einer Verspätung, die durch einen Güterzug verursacht wurde, dauerte diese zweite Fahrt nur 28 Stunden. Die Lenin-Reise begann nachmittags am 9. April 1917. Der mit höchster Priorität durch Deutschland geschleuste Zug – er verursachte sogar eine zweistündige Verzögerung für den Sonderzug des Kronprinzen – brauchte bis zum späten Abend des 12. April, um Saßnitz zu erreichen; er benötigte also mehr als doppelt so viel Zeit.

Der Zug mit Lenin an Bord fuhr ohne erkennbaren Grund nach Berlin hinein, obwohl der direkte Weg nach Rügen an der Eisenbahnperipherie von Berlin entlang geführt hätte. Zunächst machte er halt im *Potsdamer Bahnhof*, einem Kopfbahnhof wenige Minuten von der Wilhelmstraße entfernt, um sodann zum *Stettiner Bahnhof* verschoben zu werden, wo er stundenlang, es ist von 20 Stunden die Rede, scharf bewacht stehen blieb. Ein Stabsoffizier in Zivil habe den Zug aufgesucht, um sich nach dem Wohlbefinden der Reisenden zu erkundigen. Doch dieser angebliche Stabsoffizier, ein Abgesandter der Reichsregierung, war kein Offizier, sondern ein Zivilist. Es war mit hoher Wahrscheinlichkeit der Legationsrat und Doktor der Philosophie Kurt Riezler, der persönliche Mitarbeiter des Reichskanzlers Bethmann Hollweg und zugleich seit August 1914 dessen Referent für die operative Kriegführung. Seit Anfang 1915 war Riezler in den Fall Parvus-Helphand eingebunden, und wie kein anderer war er in der Lage, den Willen der deutschen Reichsleitung zum Ausdruck zu bringen und einschlägige Zusagen zu machen. Von Riezler selbst wissen wir, dass er zur fraglichen Zeit vom deutschen Hauptquartier in Richtung Berlin aufgebrochen war. Was er dort genau tat, ließ er im Dunkeln. Durch Riezlers Freund Arnold Brecht ist überliefert, dass Riezler ihm gegenüber nach dem Kriege geäußert habe, er, Riezler, habe den Zug lediglich begleitet. In dieser Aussage stecken zwei Tatsachenfeststellungen: Die erste lautet: Ich war im Zug. Wenn das stimmt, kann man über das ja-aber-lediglich-zur-Begleitung nur lächeln.[506] Schlussendlich bleibt die kryptische Tagebucheintragung Riezlers vom 13. April 1917, dem Tag danach:

Seltsame Lage – wir streifen selbst an die Katastrophe, vielleicht auch an den Sieg. Seit vorgestern Bewegung wegen der bescheidenen und gedämpften Kriegszielerklärungen des Fürsten Lwow [des Ministerpräsidenten der russischen Provisorischen Regierung].
Frage, ob man warten oder sofort antworten soll und wie. Österreich und die innere Lage drängen nach sofortiger Antwort unter möglichem Verzicht auf Annexionsgedanken unsererseits. Das AA., der Kaiser etc für warten. Richtig, dass der trop de zèle alles verderben kann – richtig auch, dass in ein paar Wochen Russland zu großen Concessionen bereit ist.[507]

Das ist eine merkwürdige Einlassung; sie spiegelt die Annahme des Tagebuch-schreibers wider, in ein paar Wochen werde sich für Deutschland alles zum Besseren wenden. Woher wusste er das so genau? Von Lenin? Dass keiner der Beteiligten hierüber später plaudern mochte, erscheint mehr als verständlich. Riezlers Tagebuch jedenfalls schweigt sich zu diesem Vorfall ansonsten gründlich aus.[508] Gleiches gilt von den Revolutionstouristen, die sich später über die Reise literarisch zu Wort gemeldet haben: Karl Radek, Grigori Sinowjew, Nadeshda Krupskaja und Fritz Platten.[509]

Das alles könnte uns ziemlich gleichgültig sein und sich auf die Frage reduzieren, ob Lenin neben der ohnehin kompromittierenden Fahrt durch Deutschland auch noch kompromittierende Gespräche geführt hat, deren Inhalt niemand kennt. Doch ganz so einfach ist die Sache nicht. Zwischen der Abfahrt in der Schweiz und der Ankunft in Petrograd änderte Lenin sein revolutionäres Konzept. Er tat dies so grundlegend, dass wir Mühe haben, seine marxistische Theorie hernach wiederzuerkennen. An dieser Stelle ist nolens volens ein kleiner Ausflug in diese Theorie nicht zu vermeiden. Die Entwicklung der Gesellschaft richtet sich, so die Lehre, nach bestimmten Determinanten, nämlich der Ablösung der Feudalgesellschaft durch die kapitalistische Gesellschaft, die dann unweigerlich an ihren Widersprüchen scheitert und von der sozialistischen Revolution hinweggefegt wird. Alle Marxisten hatten diese Lehrsätze so tief verinnerlicht, dass es ihnen ganz selbstverständlich erschien, wie die Geschichte in Russland zu verlaufen habe: Hier, so lautete das Allgemeingut aller sozialistischen Revolutionäre, müsse zunächst der Feudalismus durch den Kapitalismus abgelöst werden, bevor die Stunde der Menschheitsbefreiung nahe. Man kann es nicht oft genug betonen, dass hieran alle glaubten, übrigens auch Lenin – bis exakt Mitte April 1917. Danach war sein Glaube radikal verändert. Nunmehr war er der festen Überzeugung, dass Russland für seine, für die sozialistische Revolution reif sei. Das war in der Tat eine Revolution im Denken Lenins, und man kann sich leicht vorstellen, wie sehr er vor allem seine Anhänger mit der neuen Überzeugung vor den Kopf stieß. Dies zu verstehen, muss man den Versuch wagen, sich in die Gedanken und in die Gefühlswelt dieser Leute hineinzuversetzen. Sie befanden sich sozusagen noch in der Phase der Unschuld; anders ausgedrückt: für die jetzigen revolutionären Umwälzungen in Russland, die die Ablösung des zaristischen Regimes gebracht hatten, waren sie politisch nicht zur Rechenschaft zu ziehen, da ihre Zeit noch nicht herangereift war. Es musste zuerst eine kapitalistische Gesellschaft her. Wir dürfen diese Kapriolen nicht mit heutigen Erkenntnissen messen, dürfen auch die Elle der Logik nicht anlegen, sondern müssen akzeptieren, dass es sich um Glaubensfundamente handelte. Damit allerdings sollte im April 1917 radikal aufgeräumt werden. Lenins spätere Interpreten hatten Mühe, den Grund für diesen Meinungsumsturz zu erklären.[510] Sie versuchten es mit dem Hinweis, dass die Volksmenge, die Lenin am Finnischen Bahnhof in Petrograd erwartete, in ihm den Umschwung des Denkens erzeugt habe. Das klingt wenig einleuchtend. Näher liegt es, dass Lenin am 12. April 1917 aus berufenem Munde klargemacht wurde, dass die Massenbasis, die er für den Umsturz brauchte, jetzt und zwar mit deutschem Geld herzustellen war, und dass dies sehr viel Geld sein würde. Der Versuch stand also auf realistischem Fundament. Es war wie ein Zipfel des Schicksals, an dem zu zerren sich lohnen würde. Diesem Neubeginn im Denken entspricht auch der weitere Verlauf der Reise. Lenin blieb als einer der wenigen am Deck des Fährschiffes, das auf sturmbewegter Ostsee den Weg von Saßnitz nach Trelleborg nahm. Dort spätabends am 13. April 1917 eingetroffen, hatte Lenin als Einziger keine Zeit, sich dem von seinem Statthalter Jacob Fürstenberg arrangierten Büffet zu widmen, sondern er zog sich mit Hanecki-Fürstenberg zu einem ersten Vieraugengespräch zurück. Während der Nachtfahrt nach Stockholm wurde die Besprechung fortgesetzt. Nunmehr wurde auch Karl Radek ins Eisenbahn-Coupé hinzugezogen, denn Radek sollte in Stockholm als politischer Statthalter zurückbleiben.[511]

Wieder interessiert nur das Ergebnis: Die deutsche Reichsleitung hatte ihren Willen, den revolutionären Bazillus mit dem Namen Lenin nach Petrograd zu expedieren, mit dessen Reiseplänen zur Deckung gebracht. Mit Entsetzen betrachtete die russische militärische Spionageabwehr den auf das russische Machtzentrum zurollenden Transport. Sie war durch französische Agentenmeldungen auf dem Laufenden.[512] Doch die neuen politischen Herren in Petrograd mochten nichts unternehmen, um den Zuzug der Revolutionäre an der Grenze wirksam zu stoppen. So traf Lenin am 3. (18.) April 1917 spätnachts in der russischen Hauptstadt ein.[513] Der militärische V-Mannführer in der deutschen Gesandtschaft in Stockholm, Hans Steinwachs, meldete am selben Abend telegrafisch an die Stellvertretende Abteilung III b in Berlin die lakonische Nachricht:

Lenin Eintritt in Russland geglückt. Er arbeitet völlig nach Wunsch.[514]

Unterwegs nach Petrograd hatte es Lenin fast noch geschafft, einen Eklat zu inszenieren, der um ein Haar alles in Frage gestellt hätte. Helphand, der eigens nach Stockholm angereist war, um sich mit Lenin zu treffen, wurde von diesem nicht vorgelassen.[515] Allerdings war Lenin klug genug, sich erneut der eingespielten Mittelsmänner zu bedienen, denn nun und in Zukunft fehlte es vor allem an einem: an Geld, an Geld, an Geld. Lenin ließ seinen Adlatus Radek in Stockholm zurück; bei ihm, so schien es den Beteiligten, waren auch die anrüchigsten Geschäfte in guten Händen, denn es ging um nichts Geringeres als um die sozialistische Weltrevolution. Hierzu wurde die *Bolschewistische Auslandsstelle* in Stockholm ins Leben gerufen. Als deren Leiter agierte öffentlich sichtbar Karl Radek.

Die beiden anderen dort handelnden Personen waren Jakob Fürstenberg, der ohnedies schon vor Ort war, und Wazlaw Worowski-Orlowski. Der Letztgenannte war ein Parteiveteran, der bereits bei seinem Studium am Polytechnikum in München zur Jahrhundertwende mit Alexander Helphand bekannt geworden war. Als Vertreter der deutschen Firma Siemens-Schuckert lebte der Ingenieur seit Januar 1916 in Stockholm.[516] Auch die deutsche Reichsleitung setzte alles daran, ihre Mannschaft in der schwedischen Hauptstadt mit konspirativem Personal zu verstärken: Der deutsche Botschafter Hellmuth von Lucius musste es erdulden, dass weitere der von ihm so wenig geschätzten Geheimdienstleute in der Gesandtschaft unterkrochen. Mit dem V-Mannführer Hans Steinwachs war ihm ein angeblicher Handelsattaché zugewachsen, dessen Auftraggeber in der Sektion Politik des Stellvertretenden Generalstabs saß, und für den angeblichen landwirtschaftlichen Sachverständigen Rudolf Schmidt gab es auch keinen anderen Auftraggeber. Im August 1917 musste schließlich der angebliche Russland-Spezialist von Lucius hinnehmen, dass das Auswärtige Amt zudem eine selbständige Russlandabteilung in seiner Botschaft unterbrachte, an deren Spitze der Revolutionierungsfachmann Kurt Riezler trat.[517] Der hatte nach dem Sturz des Reichskanzlers Bethmann Hollweg im Juli 1917 als dessen ehemaliger persönlicher Mitarbeiter eine neue Verwendung bekommen müssen.[518] Und diese hier passte gut, denn mittlerweile war auch dem letzten Zögernden in der Wilhelmstraße klar geworden, dass es ohne eine sozialistische Revolution Lenin'scher Machart in Russland keinen Zusammenbruch geben würde.

Hand in Hand.
Die deutsche Umsetzung von Lenins Umsturzplänen

Die Weltrevolution mochte sich so ohne weiteres nicht einstellen. Ein unübersehbarer Propagandafeldzug der Bolschewiki begann, der ebenso einfach wie wirkungsvoll war; er lautete: Frieden sofort! Ohne Konfiskationen und Kontributionen! Die Masse des propagandistischen Dauerfeuers ließ auf wohlgefüllte Kassen schließen. Es war der so genannte Spezialfonds des Zentralkomitees der Bolschewiki, in dem sich offenbar ein unerschöpflicher Geldvorrat befand; Woche für Woche konnten plötzlich 1,5 Millionen Zeitungen unter das Volk gebracht werden. Die Helphand'sche Geldversendungsmaschinerie war im großen Stil wieder angelaufen: Der Kurierweg Fürstenberg-Koslowski-Sumenson funktionierte besser denn je. Für die Abwicklung des Finanztransfers benötigte man eine Bank, wollte man nicht das ganze Geld der dubiosen Geschäfte zu Fuß über die russisch-schwedische Grenze tragen. Abgesehen von den Summen, um die es hier ging, wäre das weder sinnvoll noch praktisch gewesen. Fürstenbergs Handels-

und Exportkompanie verfügte ohnedies über ein seriöses Geschäftskonto, da die Firma tatsächlich im Russlandgeschäft tätig war. Konkret: Man exportierte vor allem medizinische Güter deutschen Ursprungs nach Russland und führte von dort im Gegenzug Gummi ein; hinsichtlich dessen lässt sich aus den Geschäftsunterlagen nachvollziehen, dass das Gummi vor allem auch in ein Fertigprodukt, nämlich Präservative, verwandelt wurde. Aus einer von der dänischen Zollbehörde am 23. September 1916 beschlagnahmten Kiste kennen wir den Inhalt einer solchen Lieferung nach Russland: 1150 Fieberthermometer, 144 subkutane Spritzen und 40 Kilogramm Medikamente. Die anschließenden Durchsuchungen und Beschlagnahmen im Kopenhagener Büro von Fürstenberg, Østergade 58, Tel. 12999, ergaben, dass 1916 mindestens sieben große Frachtsendungen von Deutschland über Kopenhagen und Stockholm nach Russland geleitet worden waren. Ihr Inhalt: Etliche Hundert Groß Fieberthermometer und Tausende von Kilo an Medikamenten; der Warenwert betrug 200 000 Dänenkronen. In der Gegenrichtung lieferte Fürstenberg an die Berliner Firma von Georg Sklarz aus Russland Präservative zu einem Warenwert von 35 000 Dänenkronen. Die Sendungen nach Russland wurden über Schweden per Bahn verfrachtet, am Nordzipfel des Bottnischen Meerbusens im schwedischen Haparanda ausgeladen, über den Grenzfluss Tornioni auf die finnische Seite geschafft, von wo aus sie ab dem Bahnhof in Tornio per Bahn nach Russland rollten. Medizingut als Handelsware versprach bei geringst möglichem Transportraum höchste Gewinne. Empfänger des Guts waren das Russische Rote Kreuz und als Zwischenhändler für den Schwarzmarkt die Firma Fabian Klingsland S/A, deren Geschäftsführerin Eugenia Sumenson hieß.[519]

Der Verschub der Waren von Deutschland und Russland macht deutlich: In erster Linie handelte es sich um ein Warengeschäft von Deutschland nach Russland; der Verkehr in Gegenrichtung machte nur einen Bruchteil des Warenwerts aus. Es musste also Geld fließen, da Kompensationsgeschäfte bei dieser Art des Handelsgebarens der Firma Fürstenberg nur zum Teil in Betracht kamen; das war auch beabsichtigt. Zunächst war es notwendig, in Deutschland im großen Stil Medizingeräte und Medikamente aufzukaufen, deren Export in Feindstaaten verboten war. Sodann floss Geld nach dem Abverkauf der Ware. Die hierbei zu erzielenden Verkaufserlöse übertrafen den üblichen Verkaufswert der Ware ganz beträchtlich, da in Russland astronomische Summen für diese knappen Güter gezahlt wurden. Die höchsten Gewinne versprach der Schwarzmarkt. Beim Verkauf in Russland wurde üblicherweise in Rubeln bezahlt; das Geld musste demnach transferiert werden. Diesem Zweck diente die Nya Banken des Olof Aschberg in Stockholm. Der 1877 geborene schwedische Bankmann war ein Spezialist des Russlandgeschäfts; seit 1911 hatte er es zudem nicht als störend für seine Geldgeschäfte empfunden, sich intensiv für den Sozialismus zu interessieren. Als Olof Aschberg im Sommer 1917, nachdem die Praktiken von Fürstenberg aufgekippt waren, zu seinen Geldtransfers befragt wurde, konnte er ruhigen Gewissens antworten, dass das Geschäftskonto der Fürstenberg'schen Firma fast ausschließlich in Ost-West-Richtung benutzt worden sei – bis auf kleinere Beträge, was immer das auch bei einem Bankinhaber bedeuten mag. Es seien also in erster Linie Rubel aus Russland nach Skandinavien verschoben worden, aber nicht umgekehrt. Hieraus folgerten Zeitgenossen messerscharf, dass die Finanzierung der Bolschewiki mit Hilfe der Fürstenberg-Firma nicht stattgefunden haben könne. Doch das ist falsch. Der von Fürstenberg aufgezogene Warenverkehr garantierte, dass stets ein beträchtlicher Rubelüberschuss den Saldo seiner Geschäfte bildete. Für diesen Überschuss gab es nach Abzug der beträchtlichen Provisionen keinen legalen Empfänger mehr, da die Ware, um die es ging, bereits aus der deutschen Staatskasse bezahlt worden war. Der Überschuss stand nunmehr für das Revolutionierungsgeschäft zur Verfügung. Wegen der in Russland zu erzielenden exorbitanten Gewinne war es nicht einmal notwendig, die Verkaufserlöse in Gänze nach Skandinavien zu transferieren, sondern ein Gutteil konnte sogleich in Petrograd verbleiben, ohne dass er durch irgendwelche Bücher gehen musste. So und nicht anders, und man muss hinzufügen: so einfach, verlief der geheimnisvolle Geldtransfer aus der Wilhelmstraße nach Petrograd. Allen Legenden zum Trotz sei es wiederholt: Das alles geschah nur, weil die Revolutionierungsexperten aus der deutschen politischen Führung es so wollten. Der große Medikamentenschmuggel wäre sonst nicht möglich gewesen; er wäre bereits innerhalb Deutschlands gescheitert. Und auch das ist hinzuzufügen: Die Firma *Handels- og Exportkompagniet*, die diese Geschäfte zum Nutzen der Bolschewiki abwickelte, gehörte keineswegs dem polnischen Bolschewisten und Emigranten Jacob Fürstenberg; sie gehörte je zur Hälfte den Herren Alexander Helphand und Georg Sklarz.[520] Wer nun annimmt, das große Geschäft sei Ende September 1916 zu Ende gewesen, als die dänischen Behörden zugriffen und der dänische Untersuchungsrichter Viggo Thorup Maßnahmen ergriff, um den nach dänischem Recht illegalen Warenverkehr zu unterbinden, der irrt. Auf Anraten seines Anwalts zahlte Fürstenberg wegen des aufgekippten Frachtguts die Zollstrafe von 8000 Dänenkronen, gab zudem die Erklärung ab, dass er Dänemark nicht mehr ohne ausdrückliche Genehmigung der dänischen Behörden betreten werde – und machte von Stockholm aus weiter, wo seine Gesellschaft ohnedies ein Büro unterhielt.[521] So sah die Quelle aus, aus welcher Lenin und die Seinen im Frühsommer 1917 ihren gewaltigen Propagandazirkus finanzierten.

Die deutsche militärische Führung ging einen anderen Weg. Sie hatte vor allem die Zersetzung der russischen Armee im Blick. Dies zu erreichen, setzte sie auf ein

Unterbleiben von Kriegshandlungen und den Einsatz massiver Propaganda. Dreh- und Angelpunkt der Beeinflussung der russischen Bauernsoldaten war die Vorstellung, dass die alljährliche Verteilung des Gemeindelandes, das in Russland die überwiegende Landwirtschaftsfläche ausmachte, einen unwiderstehlichen Sog ausüben würde, wenn durch Unterbleiben von Kriegshandlungen die Notwendigkeit, Soldat sein zu müssen, für den russischen Bauern nicht mehr erkennbar war. In Kurt Riezlers Tagebuch ist die Idee am 4. April 1917 wie folgt wiedergegeben: *Lange mit R[eichs]K[anzler] über die Art und Weise [gesprochen,] mit der russ[ischen] Revolution zu verfahren. Frage eines Angebots eines limitierten Waffenstillstandes. Helfferich'sche Idee: er meint, dann würden die Bauern [aus Angst,] sie kämen bei der Landverteilung zu kurz, nach Hause laufen. Bestechend.*[522] Der ebenso kluge wie reaktionäre Karl Helfferich, der zu diesem Zeitpunkt der Innenstaatssekretär des Deutschen Reiches war, hatte mit seiner Auffassung den Nagel auf den Kopf getroffen. Dem einstigen Bank- und Wirtschaftsfachmann war offensichtlich klar, dass die Masse des russischen Bauernlandes im so genannten Gemeinbesitz befindlich war, zu dessen Eigenheiten es gehörte, alljährlich unter den Bauern der Gemeinde neu verteilt zu werden.[523] Diese Tatsache kann nicht nachdrücklich genug betont werden, da sie durch spätere Revolutionsliteratur verkleistert wurde, die uns glauben machen wollte, die Masse des Bauernlandes habe sich im Eigentum der adeligen Großgrundbesitzer befunden.[524] Es ist kaum noch vorstellbar, wie diese Welt der russischen Bauern eigentlich war, die Dorfgemeinschaft, bezeichnet mit dem seltsamen russischen Begriff *Mir*, der zugleich auch Welt, Frieden und Universum bedeutete.[525] Die beabsichtigte Fernwirkung der deutschen Friedenspropaganda trat erst allmählich ein; wir werden darauf zurückkommen, wenn es um die Frage geht, warum sich ausgerechnet die Bolschewiki im russischen Chaos der Kräfte an der Macht halten konnten. Eine flankierende Unterstützung versprachen sich die deutschen Propagandisten von dem Hinweis, dass der russische Soldat in den letzten zwei Jahren ausschließlich für französische und britische Interessen seine Knochen hingehalten habe; auch das war zu vermitteln. Die österreichische Seite sah dieses Vorgehen mit der größten Skepsis; vor allem der junge Kaiser Karl fürchtete, dass es sich bei dieser Art von Kriegführung um einen Bumerang handeln könne.[526] Die Propaganda begann mit den gewohnten Mitteln des Flugblattabwurfs über den russischen Linien. Die bemerkbar einsetzende Waffenruhe veranlasste zahlreiche Soldaten von hüben und drüben, ihre Stellungen zu verlassen, so dass es im Niemandsland zu Verbrüderungsszenen kam, für die die Militärführung auf beiden Seiten wenig Verständnis aufbringen konnte. Auch die Mittelmächte fürchteten nicht ohne Grund um die Kampfmoral ihrer Truppen. So ging man bald schon

dazu über, russisch sprechende Offiziere einzusetzen, welche die russischen Truppen in ihren Stellungen aufsuchten, um die Soldaten zu beeinflussen und zu örtlichen Waffenstillstandsvereinbarungen zu veranlassen. Einer der Ersten, die den Gang in die Höhle des Löwen wagten, war der uns hinreichend bekannte Nachrichtenoffizier Alexander Bauermeister. Für ihn barg der Besuch russischer Truppen ein beträchtliches Risiko, das weit über eine Gefangennahme hinausging, zumal er im Zuge der Mjassojedow-Affäre in Russland 1915 in Abwesenheit zum Tode verurteilt worden war. Bauermeister verließ sich bei seinen Frontexpeditionen auf die Absprachen mit russischen Soldatenräten, die ihn bewaffnet zu eskortieren pflegten, so dass die russischen Offiziere zähneknirschend zusehen mussten, wie dieser Deutsche ihre Soldaten vom Kriegführen abhalten ging. Andere, wie der Nachrichtenoffizier Max Wild, versuchten, es ihm gleichzutun. Wild wurde, wenn seine autobiografischen Aufzeichnungen stimmen sollten, am 14. Mai 1917 am Stochod gefangen genommen und nach einer Odyssee durch russische Gefängnisse schließlich nach Sibirien abgeschoben.[527]
Die deutsche militärische Führung beschränkte sich keineswegs auf den sonst strikt verpönten Einsatz eigener Offiziere jenseits der gegnerischen Linien, sondern sie griff auch auf das altbekannte Mittel der Anwerbung von Kriegsgefangenen zurück, die jetzt allerdings nicht mit Spionageaufträgen, sondern mit Zersetzungsinstruktionen versehen wurden. Einer dieser deutschen Zersetzungsagenten war der russische Fähnrich Jermolenko. Von seinem Vorlauf ist nach seinen eigenen Angaben Folgendes bekannt: Er diente vor dem Krieg bei der russischen Konter-Raswedka, der Spionageabwehr, aus der er 1913 entlassen wurde. Nach Kriegsbeginn 1914 zog man ihn zur Armee ein, an der russischen Westfront geriet er in deutsche Kriegsgefangenschaft, wo er sich der deutschen Lagerleitung als Informant andiente. Zwei deutsche Hauptleute, die Jermolenko später als Schidizki und Libers identifizierte, warben den Lagerspitzel als Einflussagenten an und entsandten ihn am 25. April (8. Mai) 1917 hinter die russischen Linien; sein angeblicher Auftrag: Spionage, Brückensprengungen, Agitation für eine unabhängige Ukraine und für einen Separatfrieden. Das mit den Spionage- und Sabotageaufträgen war sicher gelogen, denn der Mann wollte sich, kaum auf der russischen Seite angekommen, wichtig machen. Dann allerdings machte er eine Bemerkung, die seine russischen Vernehmer aufhorchen ließ: Die deutschen Offiziere, so Jermolenko, hätten ganz offen darüber gesprochen, dass auch Lenin im gleichen Sinne in Russland tätig sei. Angesichts der unhaltbaren Zustände in der russischen Armee geriet Jermolenko in Vergessenheit; doch er tauchte noch einmal auf.[528]
Im Frühsommer hörte der deutsche Zersetzungsspaß ohnedies auf. Britischer und französischer Einfluss, der in Petrograd viel ungenierter wirken konnte als der deutsche, hatte die Stimmung zugunsten der Fortführung des Krieges so weit an-

geheizt, dass im Südabschnitt der Ostfront erneut eine kraftvoll vorgetragene Offensive die deutschen Schallmeienklänge mit einem Schlag beendete.[529] Der zum Kriegsminister aufgerückte Alexander Kerenski, ein Mitglied der Partei der Sozialrevolutionäre, stand an der Spitze der Kriegspartei. Doch was so hoffnungsvoll begonnen hatte und zu einigen Geländegewinnen bei Tarnopol und Stanislau führte, scheiterte nach wenigen Tagen im deutschen Abwehrfeuer, da die Russen, vermutlich infolge mangelhafter Frontaufklärung, statt österreich-ungarischer Truppen die deutsche Südarmee unter Generaloberst Felix Graf von Bothmer angegriffen hatten. Die misslungene Offensive, der die deutschen Truppen mit aggressiven Schlägen antworteten, gaben der russischen Armee den Rest.[530] Jetzt trat mit Waffengewalt ein, was die deutsche militärische Führung im Frühjahr mit friedlichen Mitteln versucht hatte: Die russische Armee löste sich auf. Das Kriegskomitee der 11. russischen Armee gab hierüber einen aufschlussreichen funktelegrafischen Situationsbericht nach Petrograd weiter, der auf deutscher Seite mitgelesen werden konnte:

In der Stimmung der Truppen, die vor kurzem durch die heldenmütigen Anstrengungen der zielbewussten Minimalisten [das ist die deutsche unzutreffende Übersetzung von Menschewiki] *vorgeschoben wurden, hat sich ein scharfer und gefahrdrohender Umschwung vollzogen. Die Angriffslust erschöpfte sich rasch. Die meisten Truppenteile befinden sich im Zustande einer zunehmenden Zersetzung. Von einer Anerkennung des Vorgesetzten und einer Subordination ist keine Rede mehr. Zureden und Belehren sind völlig wirkungslos geworden; sie werden durch Drohungen, zuweilen sogar durch Erschießungen der Zuredenden beantwortet. Manche Formationen verlassen die Schützengräben, ohne das Herankommen des Feindes abzuwarten.*

In einigen Fällen wurde der Befehl, zur Unterstützung der Kämpfenden vorzurücken, mehrere Stunden hindurch in Versammlungen besprochen; die Folge davon war eine Verspätung der Unterstützung um 24 Stunden. Wiederholt haben Truppen bei den ersten Schüssen ihre Stellungen verlassen. Hinter der Front ziehen kilometerweit Züge von Flüchtlingen mit und ohne Gewehr, gesund, frisch, bar aller Scham und im Gefühl völliger Sicherheit vor Strafe. Zeitweilig entfernten sich ganze Truppenteile.[531]

Es war daher kein Wunder, wenn nunmehr auch die Provisorische Regierung ins Wanken geriet. Deren Konzept einer Fortführung des Krieges war gründlich gescheitert. Da die Parteien der Duma und die in den Sowjets überwiegend vertretenen Menschewiki und rechten Sozialrevolutionäre aber von ihrem Kriegskonzept nicht lassen mochten, spielten sie den Bolschewiki in die Hände, die dank Lenin die einzige politische Kraft mit dem ernst zu nehmenden Willen waren, den Krieg ohne Wenn und Aber zu beenden.

Im revolutionären Durcheinander der russischen Hauptstadt interessieren uns jetzt nur noch wenige markante Entwicklungslinien: Lenin hatte seine Partei im Frühsommer so weit getrieben, dass Anfang Juli 1917 die Lage für die Provisorische Regierung außer Kontrolle zu geraten drohte. Doch der am 2. Mai 1917 zunächst zum Kriegsminister und ab 21. Juni 1917 zum Ministerpräsidenten aufgestiegene Advokat Alexander Kerenski wusste die Sache noch einmal für sich zu entscheiden; dabei kam ihm allerdings sein Nachfolger als Justizminister, Pawel Perewsew, in die Quere: Die von Perewsew angeordnete Überprüfung der Finanzquellen der Bolschewiki führte zu einem ungeheuerlichen öffentlichen Eklat, als Dokumente der Konter-Raswedka über die Staatsanwaltschaft in die Presse lanciert wurden, welche die deutsche Urheberschaft des Lenin'schen Propagandareichtums aufdeckten. Doch die Sache wurde, wenn man das Endergebnis vor Augen hat, reichlich laienhaft organisiert. Zunächst wurde per Flüsterpropaganda am Abend des 4. (18.) Juli 1917 die Nachricht verbreitet, das Justizministerium habe Dokumente aufgefunden, welche angeblich die Zusammenarbeit Lenins mit dem deutschen Generalstab belegten. Die Zeitungen wagten sich erst scheibchenweise an die Sache heran, aber nach wenigen Tagen war dann der große Skandal da. Selbst die Räte zeigten sich keineswegs gewillt, den erschreckten Dementis der Bolschewiki Glauben zu schenken. Zu frisch war der Eindruck des fast geglückten Aufstandes vom Monatsanfang, als die Bolschewiki nur Zentimeter von der gewaltsamen Machtübernahme in Petrograd entfernt gewesen waren. Als Leo Trotzki vor den Vereinigten Zentralen Exekutivkomitees eine seiner eindrucksvollen Reden zur Verteidigung Lenins hielt, schlug ihm blanker Hohn entgegen. Der Traum der Bolschewiki von der Weltrevolution schien ausgeträumt. Aus dem öffentlichen und parteiinternen Dauerredner Lenin war über Nacht der per Haftbefehl gesuchte Hochverräter Uljanow geworden. Die Organisatoren des Reichtums Jakob Fürstenberg, Mieczyslaw Koslowski und Eugenia Sumenson wurden verhaftet. Die Sumenson war dabei aufgefallen, dass sie ohne erkennbaren Grund 800 000 Rubel von ihrem Konto abgehoben hatte; weitere 180 000 befanden sich noch darauf. Die Sumenson legte angeblich ein umfassendes Geständnis ab, bei dem sie allerdings mit Nachdruck bestritt, je mit pharmazeutischen Produkten gedealt zu haben. Das wissen wir indessen besser. Auch sonst war das mit dem Geständnis so eine Sache, an welche die um Rechtsstaatlichkeit bemühte Provisorische Regierung nicht so richtig ran wollte. Karopatschinski, ein Mitarbeiter der Konter-Raswedka, behauptete später, er habe sich der Sumenson soweit annähern können, dass diese ihn, ganz im Vertrauen, in die Finanzgeschichte eingeweiht habe. Das scheint uns eine hübsche Romeo-Story zu sein; ob sie wahr ist, steht dahin. Nach anderer Darstellung ist das Geständnis der Sumenson von Mitarbeitern der Konter-Raswedka aus der Frau herausgeprügelt worden. Jedenfalls scheute man sich, auf dieser Basis eine Anklage zu formulieren. Offensichtlich hatte die russische Staatsmacht auch Schwierigkeiten, aus den beschlagnahmten Unterlagen, die notwendigen Schlussfolgerungen abzuleiten. Später sind zahlreiche weitere Unterlagen aufgetaucht, die ein US-Amerikaner namens Edgar Sisson während des Russischen Bürgerkrieges in den USA veröffentlichte. Doch das wurde ein publizistisches Strohfeuer, denn Sisson, Mitglied eines *Committee of Public Information*, war auf russische Fälschungen hereingefallen. Die Sowjets bestritten von Anfang an die Authentizität des publizierten Materials. Das taten sie zu Recht, und wie beglückt waren sie erst, als sie viele Jahre später eine Bestätigung durch den Russland-Experten George Kennan erfuhren.[532]

Was in normalen Zeiten vielleicht das politische Aus bedeutet hätte, war für Lenin nur ein gefährliches Zwischentief. Die Zeiten waren eben nicht normal, und nach wie vor rollte der Rubel, wenn auch mit anderen Geldboten, aus Stockholm nach Petrograd. Man fragt sich, wie es möglich war, dass sich die Bolschewiki von diesem Schlag in kürzester Frist wieder erholen konnten. Der Grund hierfür ist so banal, dass man Mühe hat, ihn richtig darzustellen. Die Februarrevolution hatte, wie mehrfach festgestellt, die seltsame Doppelherrschaft von Duma und Räten hervorgebracht. Doch diese funktionierten keineswegs wie ein Tandem, sondern wie zwei Radfahrer, die in unterschiedliche Richtungen strebten, aber mit einem Seil aneinander gekettet waren. Nur in einem waren sich alle einig, als der Dunst der Ungewissheit über dem revolutionären Petrograd ein wenig verweht war: Das war die Abschaffung der zaristischen Unterdrückungsorgane: Von der berüchtigten Ochrana bis zum Gendarmeriekorps mit seiner politischen Polizeifunktion. Das ist nur zu verständlich: Waren doch bis vor Tagen alle diejenigen, denen jetzt die politische Macht zugefallen war, den Maßnahmen dieser Einrichtungen unterworfen gewesen, die frei von jeglicher gesetzlicher Bindung agierten. Unter Vorwegnahme der Ereignisse der 90er-Jahre des 20. Jahrhunderts, wurde es zum Volkssport, Ochrana-Spitzel zu entlarven. In den Zeitungen erschienen ganze Spitzellisten – offenbar Früchte des Gewinnstrebens soeben arbeitslos gewordener Ochrana-Offiziere und -Agenten. Selbst Lenin musste bei seiner denkwürdigen Anreise nach Petrograd im April 1917 aus einer Prawda-Meldung mit tiefem Groll zur Kenntnis nehmen, dass sein einstiger Vertrauter in der Fraktion der Bolschewiki vor dem Kriege, der Abgeordnete Roman Malinowski, ein solcher Ochrana-Spitzel in seiner eigenen Partei gewesen war.[534]

Die revolutionäre Wut räumte die verhassten Institutionen beiseite, und man kann sich kaum dem Gefühl der Befriedigung verschließen, das die Menschen, die nunmehr die Politik gestalteten, empfunden haben müssen. Dabei trieb die Spitzelsuche aus heutiger Sicht seltsame Blüten. Ein Advokat namens Sergej Swatikow wurde eingesetzt, um den Auslandsaktivitäten der Ochrana auf die Schliche zu kommen. Zu diesem Zweck reiste er mitten im Kriege auf Umwegen nach Paris, dem einstigen Zentrum der Auslandsresidenturen der zaristischen Geheimpolizei, und kümmerte sich dort um so bizarre Dinge wie die *Protokolle der Weisen von Zion.* Die Zerschlagung der Sicherheitsbehörden hatte Konsequenzen, die keiner der Zeitgenossen richtig einzuschätzen vermochte. Es gibt kein schlagenderes Beispiel hierfür als die unprofessionelle Verfolgung von Lenin und seiner Geldwäscherbande. In Ermangelung einer funktionierenden politischen Polizei war die Kerenski-Regierung auf die Tätigkeit der Konter-Raswedka angewiesen gewesen. Deren einstiger Leiter im Militärbezirk Petrograd stand unter der grotesken Anklage der Zusammenarbeit mit der Ochrana vor Gericht und sein Nachfolger im Amt, der Oberst Boris Nikitin, hatte von den auf ihn zukommenden innenpolitischen Aufgaben keine Ahnung. Die Auslandsspionage gegen die Mittelmächte war überdies komplett zum Erliegen gekommen. Das alles hatte irreparable Folgen.[535]

Doch die Zeitgenossen sahen das anders. Für sie war die gewaltsame Auflösung des zaristischen Sicherheitsapparats wie die Reinigung der Luft, aber es war nur eine Atempause. Gewichte und Gegengewichte wurden neu verteilt. Als einer der Ersten erkannte der Advokat Alexander Kerenski, Mitglied der sozialrevolutionären Fraktion der Duma, dass es in diesem plötzlich freiesten Land der Welt darauf ankommen musste, die Massen hinter sich zu bringen – und zwar mit Hilfe der damaligen Massenmedien, das heißt der Presse und der öffentlichen Ansprache. Er war einer der ersten Politiker in Russland, der das Mittel des Personenkults einsetzte, um so praktische Politik ins Werk zu setzen.

> *Noch heute sehe ich Kerenski, wie er mit dem Rücken zum Chauffeur in seinem mächtigen sechssitzigen Auto steht. Ringsum wogt eine dicht gedrängte unübersehbare Soldatenmenge; hie und da sieht man auch Offiziersmützen und Schulterstücke. Nicht weit von mir, beim hinteren Kotflügel des Autos steht eine mir wohl vertraute Gestalt, ein schwer verwundeter Reserveleutnant der Infanterie. Auf seiner Brust leuchtet das weiße St.-Georgs-Kreuz; in den Händen hält er einen dicken Stock. Sein Mund ist ein wenig geöffnet. Mit riesigen schwermütigen Augen, die voller Tränen sind, starrt er auf Kerenski und scheint von ihm irgendein letztes, erlösendes Wort zu erwarten.*
>
> *Der Redner Kerenski hat wieder einmal seinen glücklichen Tag. Er spricht wie verzückt, wobei er seine weit geöffneten Arme bald liebevoll zur Masse senkt, als wolle er Wunderwasser aus dem zu seinen Füßen wogenden Volksmeere schöpfen, bald flehentlich zum Himmel erhebt. In dem mächtigen Gewoge seiner aufgeregten Stimme hört man aber schon die für den Redner so charakteristischen hysterischen Noten aufklingen, die sich wie Jubel und Schluchzen zugleich anhören. Indem er das Heer beschwört, Russland und die Revolution,*

das Land und die Freiheit bis zum letzten Atemzug zu verteidigen, donnert er in die Menge den Befehl, auch ihm ein Gewehr zu geben, er würde allen vorangehen, um zu siegen oder zu sterben.[536]

Es gelang Kerenski in kürzester Frist, zu einem allgemein bekannten Manne und zum Ministerpräsidenten aufzusteigen, sein nächster Schritt sollte der zum Diktator Russlands sein; frei nach dem Vorbild der Französischen Revolution nannte er sein Kabinett ab dem 22. September 1917 Direktorium.[537] Durch die Art seines Vorgehens schuf sich Kerenski unversöhnlich hassende Gegner nicht nur in den Reihen der Linksparteien einschließlich der Bolschewiki, sondern auch bei der äußersten Rechten, die ihn verächtlich als das *Jüdlein Sascha Kerenski* bezeichneten.[538] Die Vermehrung seiner Macht und die Zunahme seiner Feinde gingen Hand in Hand. Kerenski glich einer Sternschnuppe, deren Verglühen man schon erahnt, während die Augen ihren Flug am Himmel verfolgen.

Kerenskis Selbstherrlichkeit veranlasste ihn, die Affäre Lenin wie ein Advokat zu handhaben. Als Mann des Theaterdonners schwebte ihm ein großartiges Tribunal vor. So kam es, dass die Staatsaffäre sozusagen beim Schwanze aufgezäumt wurde: Pressekampagne, Dingfestmachen der beteiligten Hochverräter und Aburteilung durch die Justiz. Das mag der Plan gewesen sein. Schon der erste Schritt war ein schwerer Missgriff, obwohl es zunächst so aussah, als sei die Pressekampagne ein voller Erfolg. Lenin geriet parteiintern an die Grenzen seiner Reputation; dort erinnerte man sich nicht ohne Grollen an den Verräter Malinowski, dem etliche der Bolschewiki Jahre der Kerkerhaft und der Verbannung zu verdanken hatten. Man erinnerte sich auch daran, dass Lenin dem Verräter Malinowski so lange vertraut und alle Warnungen vor ihm großartig in den Wind geschlagen hatte.[539] Hatte Lenin etwa mit Absicht gehandelt? Allein die Fragestellung ließ den Abstand zum Mitverschworenen des Verräters auf einen Trippelschritt zusammenschrumpfen. Doch die Provisorische Regierung konnte ihren Platzvorteil nicht nutzen. Der Lenin, den sie so gründlich diskreditiert zu haben glaubte, entzog sich mit etwas Glück seiner Verhaftung und tauchte unter. Mit Perücke und ohne Bart überstand Lenin auf mehreren Zwischenstationen in Finnland die schwierigen Wochen.[540] Diesen Dingen wollen wir nicht näher nachgehen; sie sind in den Märchenbüchern des realen Sozialismus mit Liebe zum Detail ausgemalt worden.[541] Für uns ist viel interessanter, wie es ihm gelingen konnte, wieder auf die Beine zu kommen. Hierfür sind die Provisorische Regierung und deren Chef Kerenski verantwortlich. Er ließ es zu, dass die Bolschewiki vor der einsetzenden Kampagne gewarnt wurden, anstatt die leitenden Funktionäre in einer Nacht-und-Nebel-Aktion festnehmen zu lassen. Nach Abflauen der ersten Empörung begann man öffentlich zu fragen, welche Beweise denn vorlägen für die Verbindung des Bolschewiki-Führers mit dem deutschen Generalstab. Nun verfiel die Regierung auf den hanebüchenen Gedanken, ausgerechnet den aus deutscher Kriegsgefangenschaft entsprungenen Fähnrich Jermolenko zu präsentieren, der die Lenin-Agentengeschichte, die er von deutschen Offizieren gehört haben wollte, erneut zum Besten gab. Das war kein besonders prächtiger Zeuge, denn die Ankläger mussten damit rechnen, dass Leute wie der clevere Trotzki nichts unversucht lassen würden, um im Vorleben dieses Denunzianten herumzustochern, wie es dann auch geschah. Auch die Festnahme der Geldkuriere Koslowski und Sumenson brachte auf die Schnelle nicht die gewünschten Sensationsergebnisse. Schließlich war es Kerenski selbst, der noch eins draufsetzte. Mit der Würde des Advokaten verkündete er, dass man zwischen Erkenntnissen und gerichtsfesten Beweisen unterscheiden müsse; Letztere lägen eben noch nicht vor.[542] Das war schon konfus genug. Doch diesem so auf Öffentlichkeitswirkung fixierten Mann war eins nicht klar: Große Themen bedürfen immer neuen Nährstoffs, sonst erlahmt das Interesse. Und so lief sich auch die Affäre Lenin tot.

Der Rest ist schnell erzählt. Gegen jede Vernunft beharrte das politische Establishment auf der Fortsetzung des längst zum Anachronismus gewandelten Krieges. Nur die Bolschewiki vertraten, dank Lenin'scher Durchsetzungskraft, die Parole von dessen Ende. Im erneut entstandenen politischen Vakuum griff er am 7. November 1917, noch immer ohne Bart, zur Macht. Dieser Griff zur Macht war reichlich unspektakulär; Leo Trotzki und die von ihm in Petrograd angeleitete Militärorganisation der Bolschewiki hatten ganze Vorarbeit geleistet.[543]

Ein Abschlusssatz mag der seinerzeit viel diskutierten Frage gelten: War Lenin ein deutscher Agent?[544] Das ist eher eine Geschmacksfrage. Wer sich unter einem Agenten einen Finsterling mit Schlapphut vorstellt, der an fremder Leute Türen lauscht, der kann guten Gewissens die Frage nach Lenins Agententätigkeit verneinen. Wer verlangt, dass der Agent aus Gewinnsucht handelt, wird mit Blick auf Lenin nur den Kopf schütteln. Wer das anders sehen will, wird darauf hinweisen, dass hier heimlich Geld eingesetzt wurde, um etwas Bestimmtes zu bewirken. Läßt man dies genügen, sieht die Sache anders aus. Vor allem sollte man sich hüten, den Betroffenen zu fragen, ob er ein Agent sei. Das haben alle in Frage Kommenden, die eigene politische Ziele verfolgten, stets und mit Inbrunst zurückgewiesen. So auch Lenin, Helphand und Kesküla. Das ist die Sicht der Geld-Nehmer. Doch werfen wir einmal einen Blick auf die Geberseite: Für das deutsche Auswärtige Amt stand es fest: Lenin, die Finanzierung seiner Bolschewiki, ihre Implementierung im revolutionären Petrograd und die massive Stützung ihrer überaus wirksamen Propaganda waren feste Bestandteile eines jahrlang verfolgten Revolutionierungsplans. Dessen Umsetzung erschien den Zeitgenossen im Augenblick des Geschehens ungewöhnlich gut gelungen, denn das Ziel, Russland aus der Entente herauszubrechen, wurde erreicht. Außenamtsstaatssekretär Richard von Kühlmann, der Nachfolger des an seiner berühmten Amerika-Depesche gescheiterten Arthur Zimmermann,[545] schrieb am 29. September 1917 nicht ohne Stolz an das deutsche Hauptquartier:

Die groß angelegten und erfolgreich durchgeführten militärischen Operationen an der Ostfront sind seitens des A. A. durch eine intensive Minierarbeit in Russland sekundiert worden. Wir haben es uns hierbei in erster Linie angelegen sein lassen, die nationalistisch-separatistischen Bestrebungen tunlichst zu fördern und die revolutionären Elemente kräftig zu unterstützen. Wir sind hierbei seit längerer Zeit in vollem Einvernehmen mit der Sektion Berlin des Generalstabs des Feldheeres (Hauptmann von Hülsen) vorgegangen. Unsere gemeinschaftliche Arbeit hat sichtbare Erfolge gezeitigt. Die Bolschewiki-Bewegung hätte ohne unsere weitgehende Unterstützung nie den Umfang annehmen und sich den Einfluss erringen können, den sie heute besitzt. Alle Anzeichen sprechen für ihre weitere Ausdehnung. Das Gleiche gilt für die finnischen und ukrainischen Unabhängigkeitsbestrebungen.[546]

Und weitere fünf Wochen darauf, also knapp nach Lenins Machtergreifung:

Die Sprengung der Entente und in der Folge die Bildung uns genehmer politischer Kombinationen ist das wichtigste politische Kriegsziel. Als schwächstes Glied in der feindlichen Kette erschien der russische Ring; es galt daher, ihn allmählich zu lockern und wenn möglich herauszulösen. Diesem Ziel diente die destruktive Arbeit, die wir hinter der Front in Russland vornehmen ließen, in erster Linie durch die Förderung separatistischer Tendenzen und die Unterstützung der Bolschewiki. Erst die Mittel, die den Bolschewiki auf verschiedenen Kanälen und unter wechselnder Etikette von unserer Seite dauernd zuflossen, haben es ihnen ermöglicht, die »Prawda«, ihr Hauptorgan, auszugestalten, eine rege Agitation zu betreiben und die anfangs schmale Basis ihrer Partei zu verbreitern.[547]

Natürlich kann man dies auch anders sehen: Einem Lenin gab niemand Befehle, und was er tat, tat er allein aus revolutionärer Überzeugung. Seine Fähigkeit, im Laufe eines knappen Jahres das theoretische Fundament seiner Handlungen mehrfach umzuwerfen und seine Genossen nach wilden Auseinandersetzungen hinter sich zu scharen, war nicht planbar. Und dennoch: Ohne den Genossen Parvus, den Geschäftemacher Alexander Helphand, den Falstaff der sozialistischen Bewegung, wäre in Sachen Großer Sozialistischer Oktoberrevolution nichts gelaufen. Anarchie und spätere Militärdiktatur vielleicht, aber kein Lenin an der Macht und ein sowjetischer Staat schon gar nicht.

Der Vollständigkeit halber sei es wiederholt, dass Parvus nicht der einzige deutsche Revolutionierungsagent war, ja nicht einmal der einzige in der Formation der Bolschewiki. Auf dem Balkan gab es den Bulgaren Christo Rakowski und in der

Schweiz den Esten Alexander Kesküla, die mit Rat und Tat und deutschem Geld die Sache der Weltrevolution vorantrieben. Auch Eugen Weiß-Zivin wirkte in der Schweiz und nicht zu vergessen: Angelica Balabanow, nachdem sie von ihrer Liebe zu Benito Mussolini genesen war.[548] Doch sie alle hätten alleine nichts bewirkt, denn sie spielten kleine Rollen im großen Stück, das *Die Revolutionierung Russlands* hieß. Die Leute, die es inszenierten, saßen in der Berliner Wilhelmstraße. Der Generalintendant war, um im Bild zu bleiben, der deutsche Reichskanzler Theobald von Bethmann Hollweg; die Regie führten die Herren Kurt Riezler, Rudolf Nadolny und Ullrich Graf Brockdorff Rantzau. Die Hauptrolle war mit dem damals weitgehend unbekannten Wladimir Uljanow besetzt, der unter seinem Künstlernamen Lenin als Insidertipp galt und dessen Impresario hieß Alexander Parvus-Helphand. Alle anderen waren Nebenfiguren. So bleibt es bei der anfänglichen Bemerkung: Am Anfang war Parvus.

| IV |

Auf dem Drahtseil.
Das Jahr 1918

Man hat sich angewöhnt, das Jahr 1917 als das der Weltenwende des 20. Jahrhunderts zu bezeichnen. Das mag insofern zutreffend sein, als es in diesem Jahr gelang, die erste bolschewistische Regierung der Welt zu installieren. Doch aus deutscher Sicht war es nicht dieses Jahr 1917, sondern das folgende, das die Entscheidung bringen sollte und sie auch brachte. Das gilt auch für das Verhältnis zu Russland. Es war ein Jahr, in dem für die Regime in beiden Ländern alles auf des Messers Schneide stand. Nie vorher und nie danach hatten beide es so sehr in der Hand, alles auch ganz anders zu gestalten, als es später gekommen ist. Dies zu ergründen, werden wir einen Blick auf die Machtergreifung Lenins in Petrograd werfen müssen; sodann werden wir klären, wie beide Staaten miteinander umsprangen, um schließlich zum Kern vorzustoßen, der Revolutionierung Deutschlands. Es ist wie ein Déjà-vue, so als würden die Verhältnisse in Russland noch einmal Revue passieren. Die Rolle der Sozialdemokratie wird in einer grellen Beleuchtung erscheinen, auch was später von manchem als die revolutionäre Impotenz der SPD gebrandmarkt worden ist. Das Wechselspiel mit den Russen wird erneut ins Zentrum rücken, das Ausfransen dieser größten deutschen Partei während des Ersten Weltkrieges und das Einschwenken in die Machtübernahme am Ende des ereignisreichen Jahres 1918, das mit der Gründung der KPD endete.

Wer wen?
Den Krieg mit Deutschland liquidieren

Als Lenin sich am 25. Oktober (7. November) 1917 in Petrograd an die Macht putschte, hatte sein militärpolitischer Statthalter Leo Trotzki ganze Arbeit geleistet. Die Übernahme der Regierungsgewalt ging nahezu unblutig vonstatten. Die Große Sozialistische Oktoberrevolution späterer Geschichtsbücher und Geschichtenbücher war gelaufen, bevor sie noch richtig begonnen hatte. Die Macht lag in Petrograd, wie Richard Löwenthal später schrieb, auf der Straße.[549] Lenin und seine Bolschewiki bildeten eine Regierung, die sich nach einer Idee Trotzkis betont revolutionär *Rat der Volkskommissare* nannte; Lenin selbst übernahm in diesem Sownarkom den Vorsitz. In bürgerliche Kategorien übersetzt war er der neue Ministerpräsident Russlands; Leo Trotzki wurde der erste Volkskommissar des Äußeren, also der erste Außenminister Sowjetrusslands. Der Chef der Vorgängerregierung Alexander Kerenski floh aus Petrograd; er musste erkennen, dass niemand einen Finger dafür rühren würde, ihm wieder zu seinem Amt zu verhelfen.[550] Lenin und die Seinen saßen erst mal im Sattel und dies mit einer verblüffend einfachen Parole: Frieden sofort – ohne Annexionen und Kontributionen. Folgerichtig erließ Lenin bereits am ersten Tage seiner Herrschaft das von ihm verfasste Dekret über den Frieden[551] – in aller Bescheidenheit an alle kriegführenden Völker und ihre Regierungen gerichtet:

> *Ein gerechter oder demokratischer Friede, den die überwältigende Mehrheit der durch den Krieg erschöpften gepeinigten und gemarterten Klassen der Arbeiter und der Werktätigen aller kriegführenden Länder ersehnt, und den die russischen Arbeiter und Bauern nach dem Sturz der Zarenmonarchie auf das entschiedenste und beharrlichste fordern – ein solcher Friede ist nach der Auffassung der Regierung ein sofortiger Friede ohne Annexionen (d. h. ohne Aneignung fremder Territorien, ohne Angliederung fremder Völkerschaften) und ohne Kontributionen.*
>
> *Die Regierung Russlands schlägt allen kriegführenden Völkern vor, unverzüglich einen solchen Frieden zu schließen, wobei sie sich bereit erklärt, alle entscheidenden Schritte zu unternehmen – bis zur endgültigen Bestätigung aller Bedingungen eines solchen Friedens durch die Bevollmächtigten Versammlungen der Volksvertreter aller Länder und Nationen.*[552]

Die Formel vom sofortigen Friedensschluss mit Deutschland, in der Tat Lenins Idee und bei etlichen Bolschewiki nicht besonders beliebt, brachte die entscheidende Zustimmung breiter Teile der russischen Bevölkerung zu Lenins anfänglichem Regime. Mit dieser Forderung präsentierte sich die einzige politische Kraft, die den Wunsch der Bevölkerung nach Beendigung des Krieges präzise zum Ausdruck brachte. Jede andere Partei, die nach ihrem Selbstverständnis auch Kriegsfortführungspartei war, war nicht in der Lage, genügend Gewehre für sich zu mobilisieren, um den Putschisten Lenin aus Petrograd wieder zu entfernen. Und das kam so: Anders als die Bolschewiki, deren Zielgruppe das städtische Proletariat war, hatten es die Sozialrevolutionäre seit Jahrzehnten auf die Befreiung des Bauernstandes abgesehen. Ihre überragend starke Position in den Räten und die Beteiligung an der Vorläufigen Regierung im Sommer 1917 hatte beim Landproletariat Hoffnungen geweckt, die sich im Herbst 1917 in der Selbsthilfe bei der Enteignung des feudalen Großgrundbesitzes entluden.[553] In diese Stimmung hinein kam nach dem Novemberumsturz die Formel der neuen bolschewistisch geführten Regierung vom sofortigen Frieden, vom Brot für jedermann und vom Land für die Bauern. Ohnmächtig mussten die immer noch auf die Fortführung des Krieges eingeschworenen Generale erleben, wie sich ihre Truppen in Wohlgefallen auflösten. Zu Hunderttausenden desertierten die russischen Bauernsoldaten, die das Gros der russischen Armee ausgemacht hatten; sie mussten schleunigst nach Hause, um bei der im Gange befindlichen Bodenverteilung nicht zu spät zu kommen. Die große Landverteilung, von der die Enteignung des Großgrundbesitzes nur einen Bruchteil ausmachte, fand statt, ohne dass die Bolschewiki entscheidend ihre Hände im Spiel gehabt hätten; sie hätten nicht einmal die Mittel gehabt, um einzugreifen.

Werfen wir einen Blick auf die deutsche Seite. Wieder fällt ein eigentümliches Schweigen der Hauptbeteiligten auf. Stimmen die Aufzeichnungen des Admirals Alexander Müller, so beschäftigte sich der kaiserliche Hof in der fraglichen Zeit mit allgemeinen Hofintrigen und einer Fahrt des Kaisers zum italienischen Kriegsschauplatz. Erst am 27. November 1917 beim Mittagessen kommt Russland ins Gespräch, als Wilhelm II. über die Fortschritte der Waffenstillstandsverhandlungen dozierte.[554] Das war die Sicht der Generale; vom Novemberumsturz kein Wort, was nicht weiter verwundert, da der Kaiser von den Einzelheiten kaum etwas gewusst haben dürfte. Kurioses ist auch von dem sonst so penibel notierenden Kurt Riezler zu vermelden. Ausgerechnet in der Zeit vom 4. August 1917 bis zum 14. Januar 1918 weist das Tagebuch eine ungewöhnliche Lücke auf, die nur durch eine einzige Eintragung am 3. Oktober 1917 unterbrochen wird.[555] Die fortlaufende Bezifferung der Tagebuchblätter legt nahe, dass in diesem Fall nichts weggefälscht worden ist. Vermutlich kam Riezler nicht zu den Eintragungen, da er unversehens in ein Zentrum der operativen Reichspolitik geraten war, in dem er als Akteur gefordert wurde. Es mag aber auch sein, dass er diese Ereignisse nicht aufzeichnen wollte oder sie später vernichtet hat. Dabei hätte gerade Riezler in dieser Zeit Entscheidendes zu berichten gehabt.

Wir erinnern uns: Kurt Riezler, der seit Jahren die Position eines Persönlichen Referenten bei Reichskanzler Bethmann Hollweg wahrnahm und nach dessen Intentionen die Revolutionierungspolitik des Reiches mit steuerte, war im Juli 1917 mit dem Sturz des Reichskanzlers seine einflussreiche Stellung losgeworden. Der ursprünglich als Öffentlichkeitsarbeiter ins Auswärtige Amt Eingestellte geriet jetzt noch unmittelbarer in die operative Russlandpolitik der Behörde. Ins Auswärtige Amt zurückbeordert, wurde er nämlich ab dem 5. August 1917 der deutschen Botschaft in Stockholm zugeteilt, um dort unabhängig von den Aktivitäten der

Botschaft das Russlandgeschäft des Auswärtigen Amtes zu betreiben. Dies unterschied sich von den Ambitionen der Obersten Heeresleitung grundlegend: Während bei der OHL im Frühjahr der Gedanke Oberhand gewonnen hatte, durch das Absehen von Kriegshandlungen und durch Propaganda den russischen Bauernsoldaten zum Nach-Hause-Gehen zu veranlassen, konnte es seit der Kerenski-Offensive des Frühsommers keinen Zweifel mehr daran geben, dass dieses Konzept gescheitert war. Also hatte man nach der Abwehr der Offensive deutscherseits erneut mit Angriffshandlungen begonnen, die rasch Erfolge zeitigten. Die auswärtige Politik hatte auf mehreren Ebenen gleichzeitig gearbeitet, um den erhofften Sonderfrieden mit Russland zu bekommen. Doch die Diplomaten mussten schon bald zur Kenntnis nehmen, dass die mit der Februarrevolution ans Ruder gekommenen Kräfte alles andere wollten als einen Friedensschluss mit Deutschland. Paul Rohrbach, bis zum Frühjahr 1917 Leiter der Pressestelle in der Zentrale für Auslandsdienst, hat über die Ignoranz der Diplomaten entrüstet Bericht erstattet. Dabei war die feindliche Haltung sowohl der Duma-Mehrheit wie auch der Räte gegenüber dem Deutschen Reich nahe liegend. Man schüttelte nicht in Petrograd die verhasste Autokratie ab, um mit dem autokratischen Deutschland einen Verständigungsfrieden einzugehen; das war eine Frage des politischen Einmaleins.[556]

Diese Abstinenz der Friedensbereitschaft galt vorübergehend auch für den nach Russland zurückgeschafften Bolschewiki-Führer Wladimir Lenin. Seine Propaganda zur Beendigung des Krieges war zwar die notwendige politische Abgrenzung gegen die übrigen Parteien, die im Wesentlichen Kriegsfortführungsparteien waren, aber er brauchte den Krieg noch. Er kalkulierte, dass die politische Konkurrenz durch die Weiterführung des Krieges sich beim Volke so weit diskreditieren würde, bis eine Machtübernahme der Bolschewiki möglich erschien. Also kam es Lenin darauf an, alles zu torpedieren, was eine Beendigung des Krieges zur Unzeit herbeiführen musste. Da waren zum Beispiel die Friedensbemühungen der sozialistischen Parteien, die 1917 nach Stockholm einberufen worden waren. Lenins Statthalter in Stockholm erhielten strikte Weisung, derartige Friedensbestrebungen zu sabotieren. Der versuchte Juliumsturz der Bolschewiki hatte Lenin gezeigt, dass das Kerenski-Regime sich noch einmal hatte durchsetzen können, und er hatte um ein Haar das politische Aus des Bolschewiki-Vormannes gebracht, dem er sich nur durch Flucht nach Finnland hatte entziehen können. Doch Lenin machte weiter, und brauchte Geld, sehr viel Geld. Die Finanzstrecke über Helphand-Fürstenberg-Sumenson-Koslowski war, wie wir geschildert haben, zerstört worden. Doch es gab Ersatz. In die Rolle des Geldbriefträgers schlüpfte Carl Moor.

Der schweizerische Sozialist Carl Moor war wie fast alle, die im Revolutionierungstheater eine Rolle spielten, eine schillernde Figur. 1852 als uneheliches Kind einer Haushaltshilfe geboren, erlebte er dadurch einen unerhörten gesellschaftlichen Aufstieg, dass seine Mutter einen wohlhabenden österreichischen Obristen geheiratet hatte, der nach seiner Verabschiedung mit der Familie Wohnung in Nürnberg nahm. Der junge Carl muss ein schwieriges Kind gewesen sein. Immerhin hinderte ihn die Relegation vom Gymnasium wegen Unbotmäßigkeit nicht, als Externer seine Abiturprüfung abzulegen. Das anschließende Studium verlief nicht besonders befriedigend. Die vielen verbummelten Studentenjahre an mehreren Orten in mehreren Fächern blieben ohne jeden Abschluss. Moor konnte sich das leisten, weil ihn seine Mutter alimentierte, die inzwischen das Vermögen des verstorbenen Vaters geerbt hatte. Raufereien, Messerstechereien, Vergewaltigungsdelikte schlossen Moor von einem so genannten bürgerlichen Beruf aus. Er wählte als Ausweg den Journalismus. Eine bescheidene Karriere als Sozialist kam hinzu. Aber mehr als diese Tätigkeiten sorgte sein unzeitgemäßes Sexualleben für eine gewisse Bekanntheit. So kam bei einem Prozess wegen der Verführung dreier minderjähriger Schwestern ans Tageslicht, dass auch deren Mutter den Carl als Liebhaber nicht verschmäht hatte. 1909 starb Moors Mutter. Jetzt war der 57-Jährige infolge des ererbten Vermögens in der Lage, auf ziemlich großem Fuße zu leben.[557]

Der Beginn des Ersten Weltkrieges brachte dem schweizerischen Staatsbürger Moor die Gelegenheit, sich auf der Bühne der Weltpolitik zu bewegen. Schon frühzeitig nahm er Kontakt zu dem im September 1914 in die Schweiz geflüchteten Lenin auf, ebenso zu dem in die Eidgenossenschaft desertierten Karl Radek. Es darf angenommen werden, dass Moor die Bolschewiki materiell unterstützte. Politisch muss der Mann in dieser Zeit eine seltsame Wandlung durchgemacht haben. Ohne vom Grundprinzip des revolutionären Sozialismus abzulassen, hielt er eine Verständigung zwischen den Mittelstaaten und Russland für wünschenswert. Spätestens ab dem Frühjahr 1917 bot sich ihm die Möglichkeit der praktischen Betätigung für seine Ideen. Moor wurde nämlich Agent des Deutschen Reichs und von Österreich-Ungarn. Es steht zu vermuten, dass seine beiden Auftraggeber eine Weile lang von dieser Doppelposition nichts ahnten. Zumindest für die Österreicher diente der Einsatz von Moor auch der Förderung von Zielen, die mit dem Deutschen Reich nicht abgesprochen waren. Auf der deutschen Seite wurde Moor durch die Botschaft in Bern geführt. Sein V-Mann-Führer war der Gehilfe des deutschen Militärattachés Busso von Bismarck, den dieser in seiner umständlichen Aufzeichnung als einen militärfreien Doktor der Staatswissenschaften bezeichnet hat, der ein kluger Mann, aber in militärischen Dingen ein völliges Kind gewesen sei. Hinter der mühsamen Umschreibung verbarg sich Walther Nasse. Der wohlhabende Flaneur war seit Ende des Jahres 1914 als geheimdienstliche rechte Hand des prominent-adeligen Militärattachés tätig – ein Mann, der seinen Spaß am geheimdienstlichen Spiel hatte. Nasse war, wie es durch die Akten und Erinnerungen der Zeitgenossen belegt ist, der diskrete V-Mann-Führer einer Reihe von Quellen des Deutschen Reichs, von denen Carl Moor nur eine war.[558]

Moor stieg vermutlich im März 1917 offiziell, wenn auch konspirativ, als V-Mann bei der deutschen Gesandtschaft in Bern ein. Seine Bedeutung resultierte aus seiner Position als Staatsbürger der neutralen Schweiz; daneben kam ihm seine finanzielle Unabhängigkeit zustatten. Beide Momente machten eine Legendierung seiner nun folgenden regen Reisetätigkeit nahezu überflüssig, denn der Mann durfte reisen, und er konnte sich dergleichen zu seinem Vergnügen leisten. Seine journalistischen und politischen Ambitionen taten ein Übriges, aber entscheidend für seine Anwerbung mag der Umstand gewesen sein, dass man hier einen persönlichen Bekannten des Bolschewiki-Führers unter Vertrag nehmen konnte, wozu aller Anlass bestand, nachdem der Kontaktmann seit Kriegsbeginn, der Este Alexander Keskükla, Ende 1916 oder Anfang 1917 in Stockholm abgesprungen war. Carl Moor, vulgo: Baier, Beier oder Bayer, wie ihn die deutschen Quellen ausweisen, entfaltete im Verlauf des Sommers 1917 seine Aktivitäten zugunsten der Mittelmächte auf den sich dahinschleppenden internationalen Sozialistenversammlungen in Stockholm, wobei er nicht nur als Berichtender, sondern auch als Einflussagent in Erscheinung trat. In dieser Eigenschaft war Moor keine Ausnahme. Unter den in Stockholm palavernden Sozialisten aller Länder dürfte ein hoher Anteil von Einflussagenten jeglicher Couleur gewesen sein. Allein der schon ins Bild geratene V-Mann-Führer von Moor, Walther Nasse, zeichnete für einen weiteren Mann verantwortlich: Das war der deutsche Journalist Gustav Mayer, ein eigens vom Landsturmdienst befreiter Mann mit besten Verbindungen in die sozialistische Szene, der nach Stockholm entsandt worden war.[559]

Um dieselbe Zeit flog im Juli 1917, wie man sich erinnern wird, das kunstvolle Finanzierungsgespinst der Helphand-Mafia auf, so dass dringend Ersatz gebraucht wurde, um die Bolschewiki vor ihrem politischen Absturz zu bewahren. In diese Rolle schlüpfte nunmehr Moor, wobei es später nicht an Hinweisen gefehlt hat, er habe bei der Finanzierung der Bolschewiki sein eigenes Vermögen aufgebracht. Das mag zwar sein, ändert aber an dem Umstand nichts, dass er ganz überwiegend fremdes Vermögen weiterreichte. Selbstverständlich gibt es keine Quittungen, in denen etwa Lenin die an die Bolschewiki geflossenen Millionen bestätigt hätte. Aber es sprechen die Akten des Auswärtigen Amtes eine mehr als deutliche Sprache: So teilte der besorgte Gesandte Gisbert von Rombach am 26. November 1917, also *nach* dem Putsch von Lenin, an das Auswärtige Amt telegrafisch mit:

Geheim! Für Gesandten von Bergen.

Baier muss leider aus ärztlicher Anordnung Abreise um eine Woche verschieben. Nasse bleibt daher einstweilen auch hier. Auf sicherem Weg gehen von hier inzwischen die erbetenen Hilfsmittel nach oben ab. Romberg.

Ebenso aufschlussreich ist es, was der Mann fürs Grobe im Auswärtigen Amt, Diego von Bergen, als Antwort an Romberg handschriftlich notiert hatte, nicht ohne Eingang und Ausgang dem zuständigen Ostreferenten Rudolf Nadolny zur Mitzeichnung vorgelegt zu haben. Ausweislich des Ab-Vermerks hat die Wilhelmstraße am 28. November 1917 folgende Weisung verlassen:

Geheim. Auf Tel[egramm] No. 1885. Nach vorliegenden Nachrichten hat Regierung in Petersburg mit großen finanziellen Schwierigkeiten zu kämpfen. Es ist daher sehr erwünscht, ihr Geld zuzuführen. Bergen.

Angesichts dessen, was man in den deutschen Akten an Restbeständen über den Russland-Coup vorfindet, gibt es keinen vernünftigen Zweifel, dass das Geld vor und nach Lenins Machtübernahme aus der Reichskasse in seine Taschen geflossen ist. Die deutschen Aktenverwalter hatten überhaupt keinen Anlass, die Akten mit Ereignissen zu schmücken, von denen man spätestens seit dem Zusammenbruch des Kaiserreichs Ende 1918 selbst nichts mehr wissen wollte. Dementsprechend ist das meiste von dem kompromittierenden Material zu Kriegsende vernichtet worden. Fest steht, dass Moor vor und nach Lenins Putsch zu Zwecken der Revolutionsfinanzierung zwischen der Schweiz und Stockholm mit Zwischenstops in Berlin hin und her pendelte. Damit nicht genug, sondern er begab sich zum Jahresende 1917 nach Petrograd, wo er in den Folgewochen im Smolny, dem bolschewistischen Hauptquartier also, ein eigenes Zimmer bewohnt haben soll. Bei allen jetzt folgenden Ereignissen müssen wir uns Moor, den von Lenin in seiner unmittelbaren Nähe geduldeten, aus der Botschaft in Bern gesteuerten deutschen Agenten mitdenken. Moor ist erst Ende April 1918 via Stockholm und Berlin nach Bern zurückgekehrt – eine erstrangige Quelle über die Entschließungen an der Staatsspitze in Petrograd. Es scheint so, als habe während seiner Anwesenheit in Russland, also im Frühjahr 1918, von Bern aus eine Verbindung mit ihm bestanden.[560]

In der Tat waren gleich nach dem Machtantritt der Bolschewiki die deutsch-russischen Beziehungen in eine entscheidende Phase getreten. Am 2. Dezember 1917 wurde in Brest-Litowsk der Waffenstillstand zwischen Russland und Deutschland unterzeichnet.[561] Dem war eine erste offiziöse Kontaktaufnahme vorausgegangen, die in Stockholm zwischen Lenins Statthalter Woronski und dem nach dort im August 1917 entsandten vorgeschobenen Beobachter des Auswärtigen Amtes, Kurt Riezler, wahrgenommen wurde. Der Revolutionierungsfachmann Riezler berichtete seiner vorgesetzten Behörde in durchaus skeptischem Ton:

Es dürfte ein schwerer politischer Fehler sein, die Zukunft der deutsch-russischen Beziehungen auch nur scheinbar an das Schicksal und die Herrschaft der jetzigen russischen Machthaber zu binden.[562]

Doch die Gruppe um Nadolny und Bergen in der Wilhelmstraße sah dies gänzlich anders. Sie hatte nicht umsonst den Bolschewiki in entscheidendem Maße zur Macht verholfen, um jetzt auf die Früchte dieses Erfolges verzichten zu wollen. Und die hießen: Beendigung des Krieges im Osten, um Handlungsfreiheit für den Hauptfeind im Westen zu gewinnen. Das waren die Grundlagen der folgenden Handlungen der Reichsleitung, die zum Waffenstillstand und letztlich zum Friedensschluss führen sollten. Zwei Fotos, die um die Welt gingen, zeigen die Ankunft des sowjetischen Chefunterhändlers Adolf Joffe auf dem Bahnhof in Brest-Litowsk und den Augenblick der Unterzeichnung des Waffenstillstands. Beides waren bedeutende Augenblicke in den deutsch-russischen Staatsgeschicken. Mit Adolf Abramowitsch Joffe trat den für den Waffenstillstand verantwortlichen deutschen Militärs ein Mann entgegen, der zur Gruppe der von ihnen so bezeichneten und ebenso verachteten Clique der bolschewistisch-jüdischen Weltverschwörung als Repräsentant wie kaum ein anderer zu passen schien. Als Kostprobe des deutschen militärischen Denkens dieser Zeit mag die Aussage des damaligen Oberstleutnants Max Bauer dienen, der zwar in diesem Zusammenhang Waffenstillstands- und Friedensverhandlungen in einen Topf warf, die aber bezeichnend genug ist, um die Stimmung der politisierenden Obristen der Obersten Heeresleitung zu charakterisieren:

Die Russen waren in der Hauptsache durch Juden, hartgesottene Verbrecher, vertreten, dazu ein paar völlig ungebildete Soldaten und eine Frau. Die Soldaten hatten als Berater höhere Offiziere bei sich. Einer der Letzteren beging, erdrückt ob all des Schimpfes, schließlich Selbstmord. Was mag der Unglückliche gelitten haben! Das Weib war aus der Hefe des Volkes mit finsterer Vergangenheit, vielfache Mörderin, und für uns – »gnädige Frau!« Mit diesen Vertretern gingen nun Czernin und Kühlmann tatsächlich wie mit ihresgleichen um. Im Übrigen spielten die russischen Führer Trotzki und Genossen mit den deutschen und österreichischen Vertretern nach Pläsier, versprachen etwas und hielten es nicht, vor allem aber betrachteten sie das Ganze als Propagandatheater für ihre Ideen. Die Frechheit ging so weit, dass sie die deutschen Soldaten aufforderten, ihre Offiziere totzuschlagen.[563]

Verhandlungsort zwischen Deutschland und Russland war das von den Russen beim Rückzug 1915 weitgehend zerstörte Brest-Litowsk. Es war damit keine besonders annehmbare Stadt in unmittelbarer Nähe der ehemaligen Fronten des Winters 1917/18, doch wies Brest-Litowsk den scheinbaren Vorteil auf, einen Bahnhof zu besitzen, in dem von Osten kommend die russische Breitspur mit der von Westen kommenden Normalspur zusammenstieß. Doch der wahre Grund für die Auswahl von Brest-Litowsk war ein psychologischer: Hier war das deutsche militärische Hauptquartier von Oberost. Kein Ort hätte besser demonstrieren können, dass hier der Sieger den Besiegten zu den allfälligen Gesprächen lud. In Brest-Litowsk nun trafen die Delegationen der Mittelmächte auf die aus Sowjetrussland. Türken, Bulgaren, Österreicher und Ungarn sowie Deutsche begegneten erstmals den Repräsentanten des revolutionären Systems. Eine herrliche Szenerie, die leider nie als Stoff für eine Komödie genutzt worden ist. Man sprach deutsch. Der deutsche Außenminister von Kühlmann ohnedies, der aus Österreich, Graf Czernin, auch, und Leo Trotzki, der russische Volkskommissar des Äußeren, wenn er wollte, ebenso. Dass die Deutschen nun nichts mehr vom Frieden ohne Annexionen und Kontributionen wissen wollten, muss die Spitzensowjets, die die Absprachen besser kannten, ungemein geärgert haben. Nun erfand Leo Trotzki ein Mittel, das die deutschen Diplomaten zunächst in Erstaunen, sodann aber in Fassungslosigkeit versetzte. Er teilte mit, dass es sich nach Auffassung Sowjetrusslands zwischen den Beteiligten, nachdem die Waffen schwiegen, um einen Zustand handele, der weder Krieg noch Frieden sei, so dass es auf einen Friedensvertrag im herkömmlichen Sinne gar nicht ankommen könne. Was hier in knappen Worten versuchsweise als die Trotzki'schen Ausführungen wiedergegeben worden ist, gestaltete sich in Wirklichkeit komplizierter, vor allem aber wesentlich langatmiger. Im Klartext: Leo Trotzki, der erfahrene und scharfzüngige Revolutionär, der Rhetoriker, Einpeitscher und Debattierer hielt den pikierten monarchischen Diplomaten stundenlange Reden, die der Agitation vor berufeneren Ohren alle Ehre gemacht hätten. Er nutze aus, dass die deutsche Seite sich mit der sowjetischen Forderung einverstanden erklärt hatte, öffentlich zu verhandeln; so sprach Trotzki mit Hilfe der Presse zu einem Weltpublikum. Doch nicht nur das; es kam ihm genauso darauf an, Zeit zu schinden. Das ging eine Weile lang gut. Heute wissen wir, dass die Zeit ausreichte, um die Lenin'sche Macht in Petrograd zu stabilisieren. So ging die Zeit ins Land, bis die deutsche Seite keinen anderen Rat mehr wusste, als ein giftiges Ultimatum zu formulieren, das bei Nichteinhaltung den deutschen Einmarsch bis nach Petrograd ankündigte. Es war der deutsche Generalmajor Max Hoffmann, der mit der Faust auf den Verhandlungstisch haute, um die Suada von Trotzki und Co. zu stoppen.[565] Dies darf und muss man sich im übertragenen Sinne vorstellen. Hoffmann selbst hat die Szene wie folgt beschrieben:

Es wurde verabredet, dass Staatssekretär von Kühlmann bei der nächsten, ihm geeignet erscheinenden Veranlassung mir das Wort erteilen und ich dann sagen solle, was mir nötig erschien. Die Gelegenheit kam schneller, als wir gedacht. Schon am nächsten Tage hielt Kamenjew, Trotzkis Schwager, auf dessen Befehl

eine Rede, die uns dabeisitzenden Offizieren sämtlich das Blut in den Kopf stei-
gen ließ. Sie war von einer edlen Dreistigkeit; eine gewisse Berechtigung hät-
ten die Russen vielleicht dazu gehabt, wenn die Lage umgekehrt gewesen
wäre, d.h. wenn die deutsche Armee geschlagen am Boden gelegen und die rus-
sischen Heere siegreich auf deutschem Boden gestanden hätten.
Ein Blick des Staatssekretärs zeigte mir, dass auch seine Geduld erschöpft sei.
Er erteilte mir das Wort, und ich setzte nun den Russen auseinander, wie die
Lage tatsächlich sei und welcher Unterschied sei zwischen ihrem Reden und
ihrem Tun, wie sie große Reden hielten über Freiheit der Überzeugung, Frei-
heit des Wortes, Selbstbestimmungsrecht der Völker und andere schöne Dinge
und wie sie tatsächlich in dem Bereich ihrer Macht keinerlei Freiheitsregung
duldeten. Wie sie die Konstituante, die gegen sie ausgefallen, mit Bajonetten
auseinander gejagt hätten, wie sie die Volksvertretung der Weißrussen in
Minsk mit Waffengewalt vertrieben hätten, ebenso wie sie jetzt die frei ge-
wählte Rada der Ukraine verjagten. Für die deutsche Oberste Heeresleitung
sei die Frage der Randstaaten entschieden: sie stände auf dem Standpunkt, dass
die gesetzmäßigen Vertretungen dieser Staaten sich für die Lostrennung von
Sowjet-Russland ausgesprochen hätten, eine nochmalige Abstimmung sei des-
halb zwecklos. Ich sprach im Übrigen sitzend und absolut ruhig, weder habe
ich meine Stimme irgendwie erhoben, noch habe ich, wie das Märchen weiß,
mit der Faust auf den Tisch geschlagen.
Als ich endete, herrschte tiefes Schweigen. Sogar Herr Trotzki fand im ersten
Augenblick kein Wort der Erwiderung. Es ließ sich an sich auch schwer etwas
sagen, da alles das, was ich behauptet hatte, den tatsächlichen Vorgängen ent-
sprach. Die Sitzung wurde schnell abgebrochen.[566]

Einen Trotzki zum Schweigen gebracht zu haben, mag dem einen oder andern als
Wert an sich erschienen sein. Auch Trotzki selbst wird sich erinnert haben. Noch
Jahre später nannte er Hoffmann höhnend einen preußischen Leutnant im Generalsrang.[567] Hoffmann als der Chef des Generalstabs von Oberost, der deutschen
militärischen Kommandobehörde an der ehemaligen Ostfront, hatte streng genommen bei den Verhandlungen in Brest-Litowsk nichts verloren. Was hier zu
bereden war, war Angelegenheit der zivilen Reichsleitung; die Anwesenheit des
deutschen Außenamtsstaatssekretärs von Kühlmann belegte es nur zu deutlich.
Doch eine solche Sicht der Dinge verkennt die tatsächlichen Machtverhältnisse im
zu Ende gehenden Kaiserreich. Durch die unglückselige Verfassungskonstruk-
tion, die dem deutschen Kaiser die Position des Bundesfeldherrn verlieh, war dieser in der Lage, neben der eingeschränkten Zuständigkeit zur Lenkung der zivilen Dinge des Reichs, die in erster Linie sein Recht zur Bestimmung des
Reichskanzlers ausmachte, die militärischen Dinge in einem Kriege eigenverant-

wortlich zu regeln. Auf diese Zuständigkeit legte Wilhelm II. den größten Wert, und er ließ sich durch Reichskanzler Bethmann Hollweg und seine Nachfolger in dieses eifersüchtig bewachte Ressort nicht hineinreden. Es war dies wie eine kleine Zacke Gottesgnadentum in der sonst eher föderalistischen Kaiserkrone von 1871. Aber mit was für Folgen. Schon der seit September 1914 in der Nachfolge des unglücklichen Generalstabschefs Moltke amtierende Erich von Falkenhayn bewachte argwöhnisch, dass niemand aus der Politik in seine Kriegführung hineinredete, und es bedurfte erst des blutrünstigen Misserfolgs der Schlacht von Verdun und des Eintritts von Rumänien in die Phalanx der Feinde, um diesen von vielen Seiten befehdeten Mann im August 1916 aus der Spitzenposition der deutschen Kriegführung zu entfernen. Doch was dann folgte, war keineswegs beruhigender. Falkenhayns Nachfolger wurde der Generalfeldmarschall Paul von Hindenburg, der angebliche Sieger von Tannenberg; ihm zur Seite blieb sein mehrjähriger Generalstabschef, der General Erich Ludendorff, der auf den eigens für ihn geschaffenen Posten eines Ersten Generalquartiermeisters aufrückte.

Wenn es je in der jüngeren deutschen Geschichte einen Menschen gab, der zutiefst davon überzeugt war, dass es auf alle Fragen der Politik eine militärische Antwort gäbe, dann war es Ludendorff. Ludendorff verband sein militärisches Können mit einer ans Unverschämte grenzenden Schroffheit; so etwas galt etlichen Zeitgenossen als besonders preußisch. Doch damit nicht genug; Ludendorff ließ auch jeglichen Hang zur Bildung vermissen. Charaktere dieser Art pflegen den Weg einfacher Lösungen zu verfolgen. Was auf dem Schlachtfeld zur Not angehen mochte, erwies sich für die Führung des Volkes als kurzschlüssig. Bei Ludendorff trat noch ein anderes Moment hinzu: Das Überzeugtsein, stets die richtige Antwort zu wissen, gepaart mit einem unbedingten Willen zur Machtausübung. Kaum an der Macht in der Ende August 1916 eigens für ihn geschaffenen Dienststellung eines Ersten Generalquartiermeisters des deutschen Generalstabs, machte Ludendorff nicht nur seine Hausaufgaben als oberster, nahezu selbständiger Gehilfe des Gehilfen des deutschen Kaisers als Kriegslenker, nein, er mischte sich in beliebige Fragen der Politik ein. Er tat dies in seiner gewohnten Art, barsch und unerbittlich und unter dem unduldsamen Hinweis, dass der Krieg sonst nicht zu gewinnen sei. Kriegführung wurde für Ludendorff die Tätigkeit, der sich die Politik unterzuordnen hatte – nicht etwa umgekehrt; ob er den Clausewitz gelesen hat, bleibt Spekulation; verstanden jedenfalls hatte er ihn nicht.[568]
Ludendorff hatte auch im Falle des Kriegsendes im Osten keinerlei Hemmungen, einen Verfassungskonflikt zu beschwören. Dabei verhielt er sich in einem Maße widersprüchlich, dass man nur staunen kann. Vordergründig ging es ihm darum, das Kriegsende im Osten mit Waffengewalt zu erzwingen. Der Grund hierfür: Er wollte alle greifbaren Truppen der Ostfront für eine alles entscheidende Offensive

an der Westfront versammeln. Doch wer nun glaubte, dass man sich mit dem im Dezember 1917 erzielten Ergebnis zufrieden geben werde – immerhin war der Waffenstillstand unterzeichnet und die deutschen Truppen standen tief auf dem Gebiet des Russischen Reichs – der irrt. Mit dem verqueren Argument, anderes sei der Truppe nicht zuzumuten, verlangte Ludendorff kategorisch nach einem üppigen Siegfrieden. Bei diesen Voraussetzungen kann es nicht wundernehmen, dass die Oberste Heeresleitung bei den Friedensgesprächen in Brest-Litowsk mit am Tisch saß. Ebenso wenig kann es verwundern, dass Max Hoffmann im Namen der OHL den Russen die Friedensbedingungen zu diktieren suchte. Hier war nicht mehr die Rede davon, den Krieg mit dem Status quo zu beenden. Jetzt ging es um Eroberungen. Es war ein unglückseliges Mixtum compositum, das sich hier zusammengefunden hatte, um die angeblichen deutschen Interessen zu artikulieren: Alldeutsche, Militärs, unverbesserliche Konservative und Kolonialisten; sie einte der Wunsch, im Osten Land zu erobern. Sie nannten das: Lebensraum schaffen. Lebensraum im dünn besiedelten Osteuropa auf Kosten der dort lebenden Völker. Damit kamen alle Phantastereien wieder an die Oberfläche, die schon lange vor Kriegsausbruch in Deutschland unterschwellig mitgeschwungen haben mögen. Die abenteuerliche Vorstellung, einen durchgreifenden militärischen Sieg errungen zu haben, trat, die Gehirne umnebelnd, hinzu. Fast entschuldigend wollen wir hinzufügen, dass die Zeitgenossen des Jahreswechsels 1917/18 vielleicht nicht klarer sehen konnten; mit Sicherheit entzog sich das totale militärische Aus, das nur elf Monate später eintrat, ihrer Vorstellungskraft.[569]

Statt sich den Rücken freizuräumen, war man auf neue Abenteuer aus: Auf der Hand lagen die Unabhängigkeit der baltischen Staaten, die zu diesem Zeitpunkt ohnedies weitgehend von deutschen Truppen besetzt waren, die Loslösung der Ukraine vom russischen Staatsverband, die Abspaltung Georgiens und die Verselbständigung Finnlands. Für alle diese Länder gab es gesonderte und gut nachvollziehbare Motive. Die baltischen Staaten wurden von einer deutschstämmigen, sehr schmalen Bevölkerungsschicht kulturell dominiert, von der wiederum eine Minderheit den Großteil des Bodens besaß. Diese machte durch unüberhörbare patriotische Töne auf sich aufmerksam; jedem nüchternen Betrachter war klar, dass es hier um Kolonialismus reinsten Wassers ging. Die Ukraine war die Kornkammer Russlands; für den Wunsch, sie wirtschaftlich zu beherrschen, bedurfte es nach zwei Hungerwintern keiner besonderen Phantasie. Das Land am Kaukasus versprach wegen seiner Erz- und Erdölvorkommen reiche Beute; auch hier war eine Kompensation der im Kriege aufgetretenen Mängel fast nahe liegend. Und Finnland? Es weckte irgendwie sympathische Gefühle.

Als Hoffmann im Januar 1918 in Brest-Litowsk auf den Verhandlungstisch haute, hatten die Bolschewiki keine realistische Chance, dem deutschen Friedensdiktat etwas entgegenzusetzen. Lenin wusste das, Trotzki ahnte es, doch verspürte er keine Neigung, in die Geschichte Russlands als derjenige einzugehen, der seine Unterschrift für das Unvermeidbare gegeben hatte. Die Lage Russlands und erst recht die der bolschewistischen Regierung war zu Beginn des Jahres 1918 alles andere als rosig. Leo Trotzki hatte sich bei seinen, vom Deutschlandexperten Karl Radek inspirierten Clownerien gründlich verkalkuliert. Zwar gelang es ihm, die entscheidenden Wochen herauszuschlagen, um die Bolschewiki fester in den Sattel zu bringen, doch die Kehrseite der Medaille wog mindestens ebenso schwer. Das Auslaufen des Waffenstillstands mit dem Deutschen Reich versetzte die deutsche Armee de jure in die Lage, die Kriegshandlungen wieder aufzunehmen. Und zur Überraschung aller Kriegführenden und zum Entsetzen der Bolschewiki nahm General Hoffmann den Vormarsch mitten im Winter wieder auf. Vor allem die weitere Besetzung des Baltikums und der schnelle Einmarsch in die Ukraine zeigten rasch, dass mit einer ernsthaften Gegenwehr der einst so mächtigen russischen Armee nicht mehr zu rechnen war.

Wieder war es allein Lenin, der mit aller Deutlichkeit auf die sofortige Unterzeichnung des Friedensvertrages drängte. Er ahnte, dass einem deutschen Einmarsch in Petrograd der Sturz seiner Regierung auf dem Fuß folgen würde. Geheimverhandlungen mit den Alliierten, vor allem mit US-Amerikanern und Briten, hatten ihn hinreichend darüber belehrt, dass aus dieser Richtung bestenfalls mit Geld und guten Worten zu rechnen sei, nicht hingegen mit handfesten kriegerischen Handlungen, die in der Lage gewesen wären, die Deutschen zu stoppen oder gar vernichtend zu schlagen. Geld, das wusste Lenin nur zu genau, konnte er auch vom Deutschen Reich weiterhin erhalten. Dazu allerdings musste er an der Macht bleiben; diesem Ziel hatte sich die gesamte praktische Politik unterzuordnen. Leo Trotzki wurde nach stürmischen Debatten im Zentralkomitee beauftragt, die notwendige Unterschrift im Namen der Sowjetregierung zu leisten; doch er entzog sich dieser wenig schmeichelhaften Aufgabe und trat vom Posten des Kommissars für die Äußeren Angelegenheiten zurück. Ein Mann aus der dritten Reihe, Grigori Sokolnikow, konnte sich schließlich dem Auftrag nicht entziehen. Er wurde förmlich bevollmächtigt und unterschrieb am 3. März 1918 die erneut verschärften deutschen Friedensbedingungen.[570] Der Krieg an der Ostfront des Deutschen Reiches war zu Ende. Doch nicht der deutsche Vormarsch. Rein formal hatte der seine Ordnung, solange die deutschen Truppen in großem Tempo das restliche Estland und die Ukraine besetzten, da diese nach deutscher Lesart nicht vom Frieden von Brest-Litowsk umfasst wurden; im Gegenteil: Der formale Standpunkt der Deutschen berechtigte sie sogar, in diesen Gebieten für den gewaltsamen Abzug roter russischer Revolutionstruppen sorgen zu können. Nun machten die Deutschen allerdings nicht halt, sondern marschierten über die

Grenze der Ukraine hinaus auf die Halbinsel Krim. Und das Fortscheiten in Estland ließ in Petrograd böse Ahnungen aufkommen, ob es mit dem deutschen Frieden ernst gemeint sein könnte. Die Furcht war berechtigt. General Hoffmann, der die Bolschewiki in Brest-Litowsk kennen und verachten gelernt hatte, setzte auf die Karte, diese Leute mit Gewalt von der Macht zu entfernen. Doch diesmal wurde er ausgebremst. Deutschland brauchte den Frieden im Osten, und zwar jetzt, denn für März 1918 stand die große, die alles entscheidende Offensive des deutschen Westheeres auf dem Zeitplan. So jedenfalls in den Köpfen der militärischen und der zivilen Reichsleitung, so dass sich die führenden Instanzen des Reichs in diesem Punkte ausnahmsweise einmal einig waren: Ein weiteres Vorrücken im Osten mit unbekanntem Ausgang konnte und wollte man sich nicht leisten.

Kolonie im Osten.
Die Ukraine

Die Ukraine rückte nicht erst 1918 ins Blickfeld der deutschen politischen und militärischen Strategen. Von den frühesten Kriegstagen des Jahres 1914 an hatte dem Land die Aufmerksamkeit der Randstaatenabspalter und Revolutionsankurbeler gegolten.[571] Bereits am 6. August 1914 berichtete der deutsche Konsul in Lemberg, der damaligen Hauptstadt des österreichischen Galizien, dass die Aufwiegelung der Ukraine einen Stoß in das Herz Russlands bedeuten würde:

Gelingt es mit Hilfe dieser Bewegung [gemeint war der von Österreich aus initiierte Oberste Ukrainische Rat] *einen allgemeinen Aufstand in Südrussland anzufachen und ihn insbesondere mit dem hier sicher erwarteten Aufstand des russischen Polens zusammenwirken zu lassen, so wird der gefährlichste unserer drei Feinde mitten ins Herz getroffen und muss nach einigen entscheidenden Schlägen zusammenbrechen.*[572]

Dabei wurde den Machern im Auswärtigen Amt und in der Sektion Politik des Stellvertretenden Generalstabs alsbald klar, dass die Einwirkung auf dieses Gebiet zu erheblichen Spannungen mit den Kriegsverbündeten führen musste. Mit der Provinz Galizien grenzte die Donaumonarchie unmittelbar an den russischen Teil der Ukraine an. Dieser östlichste Teil Österreich-Ungarns wurde zu beträchtlichen Teilen von Ukrainern bewohnt, die im k.u.k. Sprachgebrauch als Ruthenen bezeichnet wurden; über das Wüten der österreich-ungarischen Soldateska gegenüber dieser Bevölkerungsgruppe im ersten Kriegsjahr wurde bereits berichtet. Im Süden der Ukraine waren es vor allem türkische Großmachtinteressen, die für politischen Sprengstoff innerhalb der Kriegskoalition sorgten.[573]

Nicht viel anders, als wir es schon in anderen Regionen gesehen haben, haftete den Aktionen zur Abspaltung der Ukraine etwas Abenteuerliches, etwas Zufälliges an. Bereits kurz *vor* dem Beginn des Ersten Weltkrieges war im österreichischen Lemberg (Lwow/Lwiw) der *Bund zur Befreiung der Ukraine* gegründet worden. Die Konspirateure, die für dieses Unternehmen die Verantwortung trugen und das notwendige Kleingeld beisteuerten, saßen diesmal nicht in der Berliner Wilhelmstraße, sondern am Ballhausplatz in Wien, dem Sitz des k.u.k. Außenministeriums. Mit den verlorenen Grenzschlachten des Spätsommers 1914 verlegte der Bund seinen Sitz eilends nach Wien und von dort im Herbst 1914 ins damals noch neutrale Konstantinopel. Hier geriet der Bund unter den Einfluss deutscher Revolutionsstrategen, an deren Spitze unser alter Bekannter, der damals noch in der Türkei residierende Alexander Helphand, stand.[574]

Die konspirativen Aktionen zur Abspaltung der Ukraine gingen fortan vor allem von den deutschen Gesandtschaften in Konstantinopel und in Bukarest aus. Hier eine Kostprobe: Da meldete sich bei Kriegsbeginn in der deutschen Gesandtschaft in Konstantinopel ein Mann namens Zalisniak, der behauptete, Repräsentant des *Bundes zur Befreiung der Ukraine* zu sein, einer Organisation, die bereits für die Meuterei auf dem Panzerkreuzer Potjomkin 1905 die politische Verantwortung getragen habe (was natürlich Unsinn war). Er versprach nicht mehr und nicht weniger als ein da capo. Wochenlang lieferte Zalisniak auftragsgemäß Nachrichten über den Schiffsverkehr im Schwarzen Meer; seine wichtigsten Quellen dürften die einschlägigen Schiffsfahrpläne gewesen sein. Als im Dezember 1914 seinen deutschen und den österreichischen Auftraggebern klar wurde, dass Zalisniak keinerlei Verbindungen zu nationalistischen ukrainischen Kreisen unterhielt, brach man die Verbindung ab. Zu den Kuriosa dieses Falles gehört, dass Zalisniak behauptete, die Türkei habe durch ihr kriegerisches Eingreifen in den Ersten Weltkrieg seinen Auftrag unmöglich gemacht; er zahlte daraufhin 400 000 Kronen an seine Geldgeber zurück, nicht ohne 50 000 Kronen Abfindung eingestrichen zu haben. Zwei andere, die auch groß ins ukrainische Revolutionierungsgeschäft einstiegen, waren die uns schon bekannten Herren Ludwig Roselius und Max Zimmer – Handelsherr von Kaffee-Hag der eine, Besitzer einer Großfarm in der Türkei der andere. Doch da es mit der Rekrutierung von Revolutionären, vor allem aber mit der Konspiration haperte, platzten auch diese Aktionen Ende des Jahres 1914 wie Seifenblasen. Ein letztes Beispiel soll aus Bukarest erzählt werden; der dortige Konsul Hans Tjaben telegrafierte am 25. September 1914 an das Auswärtige Amt, dass, wie er es ausdrückte, zwei Juden von großem Einfluss durch ihn mit 50 000 Mark Reisegeld versehen worden seien, da sie sich erboten hätten, zunächst in Bessarabien und sodann in ganz Russland einen Aufstand anzuzetteln.

Es erübrigt sich fast zu erwähnen, dass das Duo die für den Erfolgsfall ausgelobten zwei Millionen Mark in Goldbarren nicht abrief.[575]

Doch neben diesen Sabotage- und Revolutionierungsgrotesken fand noch etwas ganz anderes statt. Über die vorgeschobenen Posten der deutschen Gesandtschaften wurde die Ukraine mit Geld und Druckwerken versehen, um selbsttätige Abspaltungsbestrebungen voranzutreiben. Hierbei scheute sich das Auswärtige Amt keineswegs, auf die sonst so missbilligten deutschen Sozialdemokraten zurückzugreifen, da man sehr wohl mitbekommen hatte, welcher soziale Sprengstoff der Tatsache innewohnte, dass der landwirtschaftliche Großgrundbesitz in der Ukraine weitgehend in den Händen von Russen lag. Den Anstoß zur Revolutionierungsarbeit in dieser Richtung gab der Rektor der Universität Jassy, Sterre. Von Sterre lief der Kontakt zum sozialdemokratischen Abgeordneten Albert Südekum, der seinerseits mit den Revolutionären die Verbindung aufnahm und letztlich 30 000 Rubel zur Einrichtung einer Geheimdruckerei transferierte.[576]

So nahm die Verselbständigung der Ukraine einen ernst zu nehmenden Anfang, selbst wenn sich die Auswirkungen dieser Maßnahmen in den ersten Kriegsmonaten und -jahren nicht allzu deutlich offenbarten. Doch spätestens ab der Februarrevolution 1917 und erst recht nach Lenins Novemberumsturz kam ein ukrainischer Separatismus unübersehbar an die politische Oberfläche. Er war sozialistisch ausgerichtet, wobei, entsprechend der landwirtschaftlichen Grundstruktur des Landes, die Funktionäre aus der Partei der Sozialrevolutionäre dominierten. Während sich die Sowjet-Delegation unter Leo Trotzki in Brest-Litowsk noch in Clownerien erging, schlossen die Mittelmächte am 9. Februar 1918 in aller Eile mit den aus Kiew angereisten Vertretern einer sozialistisch dominierten Rada einen Friedensvertrag mit der Ukraine, der zugleich eine Anerkennung der Verselbständigung des Landes bedeutete. Nebenbei bemerkt: Die Legitimation der ukrainischen Vertretung war durchaus anzweifelbar. Dies galt umso mehr, als die Bolschewiki zur selben Zeit darangingen, in Kiew die Macht mit Waffengewalt an sich zu reißen. So kam für die deutsche Reichsleitung eins zum andern: Zur ukrainischen Hilfsaktion gesellte sich gegenüber Sowjetrussland die Friedenserzwingungsaktion. Sie begann nach dem Ablauf des deutschen Ultimatums mit dem Vorstoß in die Ukraine, der auch nicht Halt machte, als sich die Bolschewiki überstürzt zur Unterschrift bequemten. Die deutschen Interventionstruppen waren, gemessen am gewaltigen Ostheer, das vor kurzem noch nötig gewesen war, um der letzten russischen Offensive Paroli zu bieten, eher bescheiden. Es waren Radfahrkompanien, eilig zusammengestellte Eisenbahnpanzerzüge, auch ein wenig Kavallerie, alles in allem immer noch eine halbe Million Soldaten. Die deutsche Vormarschgeschwindigkeit entsprach dem Reisezugtempo der wenigen nutzbaren Eisenbahnen; sie war also, gemessen an den Verhältnissen der Zeit, enorm hoch. Bald zeigte sich, dass die deutsche Militärführung gar nicht daran dachte, an den in Brest-Litowsk selbst gesteckten Grenzen Halt zu machen. Schließlich war die Krim erreicht.[577]

Ansätze bolschewistischer Herrschaft in der Ukraine wurden weggefegt. Spätere kommunistische Erzählungen sprachen von furchtbaren Exzessen der Deutschen; doch hier müssen einige Fragezeichen angebracht werden, so wenig wir bereit sind, deutsche Verbrechen zu verkleinern. Neben dem üblichen preußischen Unverstand, der das militärische Befehlen zur Regelung jedweder Situation für ausreichend gehalten haben mag, hat es einzelne schreckliche Massaker an Bolschewikigruppen gegeben, die auf das Konto deutscher Soldaten gingen und die, soweit feststellbar, auch ungesühnt blieben.

Im Juli …waren mir von zwei befreundeten Landwehrmännern inhaltlich übereinstimmende Berichte über die Niederschlagung von bolschewistischen Banden an der Miusbucht zugegangen, wonach 3600 Bolschewisten mit kleinen Schiffen vom Kubangebiet über das Asowsche Meer herübergekommen, von deutschen Truppen empfangen und samt Krankenschwestern und Schifferfamilien niedergemäht worden! Der Bericht der Obersten Heeresleitung von diesem Tage hatte die gleichen Zahlen genannt und lakonisch hinzugefügt: »Sie wurden vernichtet.« Die Landwehrleute waren Zeugen des Massakers gewesen. Die Menschen seien auf einen Haufen getrieben worden, berichteten die beiden, und mit Maschinengewehren in eine Masse von Fleisch und Blut verwandelt worden. Besonders empörte es die Briefeschreiber, dass die Schiffer mit Frauen und Kindern und die Krankenschwestern mit erschossen wurden. Grauenvolle Einzelheiten wurden in den Briefen mitgeteilt.[578]

Diesem Bericht verdanken wir die 1949 erschienenen Memoiren des sozialdemokratischen Reichstagsabgeordneten Wilhelm Keil. Seine Erinnerungen enthalten hinsichtlich des Zeitpunkts und der Opferzahl zwei Ungenauigkeiten, die seine Ausführungen indessen keineswegs in Frage stellen; der deutsche Heeresbericht datierte nicht vom Juli sondern vom 15. Juni 1918:

Heeresgruppe v. Eichhorn: Etwa 10 000 Mann starke russische Banden, die von Jeisk kommend, in der Miusbucht an der Nordküste des Asowschen Meeres landeten und zum Angriff auf Taganrog vorgingen, wurden vernichtet. Teile des Feindes, die auf Booten und Flößen zu entkommen versuchten, wurden im Wasser zusammengeschossen.[579]

Selbstverständlich musste der seinerzeit 48-jährige Keil erleben, wie die Militärbürokratie die Angelegenheit aus vermeintlichen außenpolitischen Rücksichten vertuschte. Umso empörender war es, dass ihm auf einer Inspektionsreise durch die Ukraine der für das Massaker Verantwortliche, ein württembergischer Oberst namens Bopp, die Angelegenheit mit der größten Selbstverständlichkeit erzählte.[580] Ob angesichts solcher Ereignisse die Deutschen von der ukrainischen Bevölkerung nun ausgerechnet als Befreier gefeiert wurden, wie Zeitgenossen meinten und wie dies 23 Jahre später zunächst tatsächlich passierte, mag bezweifelt werden; noch hatten die leidgeprüften Ukrainer nicht die Segnungen von zwei Jahrzehnten kommunistischer Herrschaft erfahren. In der politischen Wirklichkeit war es die Partei der Sozialrevolutionäre, die sich bei den Wahlen zur ukrainischen Rada der größten Zustimmung erfreute. Die ukrainische Landbevölkerung hatte allen Anlass zu dieser Wahl, da sie als Einzige versprach, die Vormacht des russisch dominierten Großgrundbesitzes zu brechen.[581]

Die deutsche Politik gegenüber diesen Verhältnissen war zwiespältig und wenig stringent. Wieder verwischten sich Wunsch und Wirklichkeit. Im Februar 1918 waren die sozialrevolutionären Vertreter der ukrainischen Rada noch willkommene Ansprechpartner in Brest-Litowsk gewesen, um einen von Russland abgespaltenen Separatfrieden mit dem Deutschen Reich abzuschließen. Doch mit dem deutschen Einmarsch änderten sich die Anschauungen. Nunmehr gab sich die deutsche politische Führung dem Trugschluss hin, sie könne die Ausbeutung der wirtschaftlichen Reserven durch eine Regierung von eigenen Gnaden erzwingen. Bei der Auswahl einer solchen Marionette spielten vor allem Ressentiments gegenüber der politischen Grundrichtung der Sozialrevolutionäre eine entscheidende Rolle. Auf die Zustimmung der breiten Masse des Volkes glaubte man nicht angewiesen zu sein – man glaubte es ja bei sich zu Hause auch nicht – und setzte auf militärische Machtmittel, wo Zusammenarbeit wahrscheinlich rasch zu vertretbaren Ergebnissen geführt hätte. Doch derartige Erwägungen lagen außerhalb des deutschen Horizonts, der durch den mühelosen Einmarsch in die Ukraine vernebelt wurde. Wieder wurde militärische Operation mit politischem Erfolg verwechselt. Die Männer, die für diese verfehlte, in sich unschlüssige und nicht einmal einheitlich durchgesetzte Politik verantwortlich zeichneten, waren auf der militärischen Seite der preußische Feldmarschall Hermann von Eichhorn und sein Stabschef, der württembergische Generalleutnant Wilhelm Groener. Ihr Ziel war es, das Land mit militärischer Gewalt auszuplündern. Den Gegenpol bildete der kaiserliche Gesandte; der Posten wurde mit dem 59-jährigen Diplomaten Philipp Alfons Mumm von Schwarzenstein besetzt, der uns bereits als wenig erfolgreicher Leiter der Zentralstelle für Auslandsdienst des Auswärtigen Amtes begegnet ist. *Von Russland und der Ukraine verstand er so viel wie von der Walfischjagd.*[582] Im persönlichen Umgang offenbar unangenehm, konnte sich Mumm keine Freunde erwerben, da er die Überzeugung vertrat, dass das ganze Ukraine-Abenteuer nur unnütz deutsche Truppen in Anspruch nehme; diese Überzeugung vertrat er aber keineswegs, weil er für eine sinnvolle Selbständigkeit der Ukraine plädiert hätte, sondern er hielt von einer verselbständigten Ukraine grundsätzlich nichts. Daran konnten auch Paul Rohrbach und Axel Schmidt nichts ändern; diese beiden Baltendeutschen hatten bereits 1915 bis 1917 die Pressestelle betrieben, die zur Zentralstelle für Auslandsdienst gehörte. Jetzt, im Mai 1918, bekamen sie vom Auswärtigen Amt den Auftrag, nach Kiew zu reisen, um dort für den von der deutschen Regierung ausgesuchten Hetman der Ukraine zu werben – ein nutzloses Unternehmen. Wenn es hierfür eines handfesten Beweises bedurft hätte, so bekamen ihn die deutschen Besatzungstruppen am 30. Juli 1918 mit der Ermordung ihres Oberbefehlshabers von Eichhorn prompt geliefert; er wurde durch ein Bombenattentat des linken Sozialrevolutionärs Donzow auf offener Straße so schwer verwundet, dass er am Abend desselben Tages verstarb.[583] Die deutsche Besatzungsmacht setzte also zur Durchsetzung ihrer Ukrainepolitik ab April 1918 auf einen eigenen Mann. Das war nicht nur psychologisch ungeschickt, denn in den Augen seiner ukrainischen Zeitgenossen musste dies ein Agent der Deutschen sein. Genau so war auch ihre Wortwahl, wenn sie von ihm redeten, diesem Hetman der Ukraine von Kaisers Gnaden, General Pawlo Skoropadski. Mit der Ukraine hatte dieser Russe nicht viel mehr zu tun, als dass er dort Großgrundbesitzer war und, wie Spötter meinten, eine Kosakenuniform kleidsam tragen konnte; doch das allein war kein politisches Programm. Skoropadski blieb, obschon mit beträchtlichem Propagandaaufwand installiert, eine Episode, allein gestützt auf eine deutsche militärische Ordnungsmacht, die den wichtigen Schritt nur zögernd gehen mochte, ihren Verbündeten sogleich mit einer Armee aus Ukrainern auszustatten, die diesen Namen auch verdient hätte. Stattdessen umgab sich Skoropadski mit einer Schar von Söhnen russisch-ukrainischer Landbesitzer, Leuten also, die angesichts der russischen Revolution etwas zu verlieren hatten. Die deutsche Fehlbesetzung bei der Leitung des Landes hatte zwei entscheidende Effekte: Zum einen bildete sich eine echte ukrainische Nationalbewegung, die vordem nur in Rudimenten vorhanden gewesen war; zum andern wurden die deutschen ehrgeizigen Projekte, den natürlichen Reichtum des Landes zugunsten der eigenen daniederliegenden Versorgung auszunutzen, systematisch unterlaufen. Die deutsche Militärmacht sah sich bemüßigt, mit Zwang einzutreiben, was nicht freiwillig geliefert wurde. Es bleibt zu ergänzen, dass die Requirierungsbemühungen nicht sonderlich erfolgreich verliefen. Gleiches gilt für die Hoffnung, Skoropadski durch halbherzige Bemühungen militärisch auf die Beine zu helfen. Der 41-jährige Kürassier-Rittmeister Ernst Köstring, in Russland geboren und aufgewachsen, erhielt den Auftrag, unter diesen Bedingungen eine deutschfreundliche ukrainische Armee zu organisieren. Das gelang ihm nicht.[584]

So blieb das einzige Bemerkenswerte bei der versuchten Aufstellung einer ukrainischen Armee eine Versammlung von etwa zwei Dutzend zaristischer

Generäle bei Skoropadski; aber der Wert dieser Zusammenkunft erschöpfte sich allein in dem hervorragenden Festessen, das er bei diesem Anlass dem deutschen Oberkommando und diesen Generälen gab.[585]

Es lohnt sich, den Ex-Kavalleristen Köstring im Auge zu behalten; er nahm in den folgenden 25 Jahren an allen wichtigen Winkelzügen heimlicher Militärpolitik zur Sowjetunion teil. Das heißt keineswegs, dass er von geheimdienstlichen Aktionen viel hielt; im Gegenteil, verächtlich pflegte er von Agentchen zu sprechen. Seine Sache war die große Militärpolitik, mit der er dann allerdings kläglich scheiterte; davon wird noch zu berichten sein.

Mit der Beendigung des Ersten Weltkrieges hatte auch das Ukraineabenteuer ein Ende. Die deutschen Kolonialisierungsträume zerstoben innerhalb von Stunden und verwandelten sich in ein Eisenbahntransportproblem. Die Rückführung der über das Land verteilten ehemaligen Besatzungsmacht dauerte Monate. In diesem Durcheinander gelang auch dem Hetman von deutschen Gnaden die Flucht aus Kiew; von oben bis unten eingegipst machte er die Fahrt nach Berlin in einem deutschen Lazarettzug mit.[586]

Der Riegel im Norden.
Finnland

Die finnisch-deutsche Zusammenarbeit hatte eine Vorgeschichte, die zunächst nur aus den geschichtlichen Verhältnissen zu erklären ist. Finnland war jahrhundertelang Pufferzone zwischen schwedischen und russischen Großmachtinteressen. Mit dem Verfall der schwedischen Großmacht an der Ostsee setzten sich die Russen an deren Stelle.[587] Finnland geriet unter russische Herrschaft, die jedoch fragil blieb. Rücksichtslose Russifizierungspolitik im Baltischen Raum zur Wende vom 19. auf das 20. Jahrhundert entfachte auch in Finnland erbitterten Widerstand. Kernstück dieser Politik war die Abschaffung der eigenständigen finnischen Armee zum Jahresende 1901 und die Einführung der russischen allgemeinen Wehrpflicht. Dem widersetzten sich die Finnen mit einem erfolgreich durchgeführten Wehrstreik. Finnische Wehrpflichtige entzogen sich in den folgenden zwei Jahren durch Abtauchen jeglicher Einberufung; gewaltsames Vorgehen gegen die russischen Repräsentanten lehrten diese das Fürchten vor dem aufmüpfigen Dreimillionenvolk. Finnische Männer mussten ab 1904 auch de jure keinen Wehrdienst mehr leisten, was zur weiteren Folge hatte, dass nunmehr junge, an Waffen ausgebildete Finnen rar wurden. Anlass für die Maßnahmen der Russifizierungspolitik mag ein Gemisch aus Furcht und russischem Größenwahn gewesen sein, denn eins schien den russischen herrschenden Kreisen sicher: In den

Mythos einer zaristischen Slawenherrschaft würden die Finnen und die in Finnland wohnenden Schweden auf keinen Fall hineinpassen. Was blieb, waren nackte Machtinteressen, welche die Ostsee als Mare Slawicum in Anspruch nahmen. Gleich mit Kriegsbeginn geriet auch Finnland in den Blick der deutschen Randstaatenpolitik. Gleichzeitig bemühten sich deutsche Diplomaten und Militärs, über den Hebel der von Russland seit einem Jahrhundert besetzten Ålandinseln Schweden zum Kriegseintritt an der deutschen Seite zu bewegen. Zentrum dieser Kriegseintrittspolitik war die deutsche Gesandtschaft in Stockholm; wie gründlich diese Politik scheiterte, haben wir bereits gesehen. Doch über Stockholm liefen auch die konspirativen Kontakte nach Finnland hinein. Zunächst hatte man im deutschen Auswärtigen Amt, gestützt auf die Meldung eines Journalisten des schwedischen *Aftonbladet*, geglaubt, in Finnland werde ohne weiteres Zutun alsbald eine nationale Revolution ausbrechen. Doch das war nichts als pure Hoffnung, die auf einer Presseente basierte. Diese Träume sollten bald durch einschlägige konkrete Kontakte einer erheblichen Ernüchterung weichen. Tippgeber für diese Kontakte war zunächst der schwedische Gesandte in Deutschland, Arved Graf Traube. Zu den Finnen, die nun mit dem Deutschen Reich zusammenwirkten und der deutschen Führung die Augen darüber öffneten, dass ohne aktive militärische Beihilfe an einen Aufstand in Finnland nicht zu denken sei, gehörten vor allem der bei Kriegsbeginn 59-jährige Altrevolutionär Konni Zilliacus, der Archäologe Herman Gummerus und der Professor Johannes Öhquist. Gummerus und Öhquist hatten sich bei Kriegsausbruch in Deutschland befunden. In Berlin gründeten sie mit deutscher Unterstützung ein *Finnisches Befreiungskomitee*; es nahm in der Landgrafenstraße 20 seinen Sitz. Gummerus reiste nach Finnland, um die notwendigen organisatorischen Dinge in die Wege zu leiten. Richtigerweise stellte er in Rechnung, dass die Finnen zu ihrer Selbstbefreiung vor allem eines benötigten, eine militärische Grundausbildung. Als Kontaktmann nach Finnland hinein fungierte fortan der finnische Rechtsanwalt Fritz Wetterhoff. Der 36-Jährige lebte bei Kriegsbeginn in Berlin; vier Jahre nach dem Krieg ist er hier als Attaché an der finnischen Botschaft gestorben. Über Wetterhoff lief die Rekrutierung und die Ausschleusung der jungen Finnen, die in Deutschland in die Finnische Legion einzutreten gedachten. In Finnland selbst war es eine Frau, welche die Verbindungen aufrechterhielt und weitgehend mit weiblichen Kurieren bestückte: die junge Magisterin der Philosophie Elsa Inberg.[588]

Das Scharnier zwischen Deutschland und Finnland bildete während des gesamten Krieges die deutsche Gesandtschaft in Stockholm. Noch vor dem Gesandtenwechsel Ende 1914, von dem schon die Rede gewesen ist, war im Herbst 1914 der deutsche Gewerkschafter Wilhelm Jansson im Auftrag des deutschen Auswärtigen Amtes nach Stockholm gereist. Er sah sich dort um; den Auftrag, nach Finnland weiterzureisen, lehnte er allerdings ab. Über seine Erkundigungen unterrichtete er die deutsche Gesandtschaft, die hierüber im Oktober 1914 mehrfach nach Berlin berichtete. Was er zu sagen wusste, klang erstaunlich genug. Eine Revolution in Finnland werde nur mit Hilfe der dortigen Sozialdemokraten zum Ziele führen. Zudem würde eine Revolutionierung Finnlands den Sturz Russlands nicht bewirken können, vielmehr sei dafür eine Revolutionierung von ganz Russland vonnöten. Diese Auskünfte waren in mehrfacher Weise bemerkenswert: Nicht nur, weil sie letztlich zutrafen, sondern weil sie auch in klarer Form auf den Umstand hinwiesen, dass die finnische Politik in keiner Weise einheitlich war, sondern dass man bei den Abspaltungsbemühungen zwischen der bürgerlich-landbesitzenden und der sozialdemokratisch-sozialistischen Richtung würde unterscheiden müssen. Die deutsche Seite setzte in Finnland, ganz im Gegensatz zu den russischen Revolutionierungsbestrebungen, auf den bürgerlich-landbesitzenden Block. Janssons Aussage zur Gesamtrevolutionierung scheint die früheste zu sein, die in den deutschen Akten auftaucht. Wie wir schon gesehen haben, war es kurze Zeit später Alexander Helphand, der einem solchen Konzept zu Form und Durchbruch verhalf.[589]

Zurück zur deutschen Gesandtschaft: Der Gesandte Hellmuth von Lucius erhielt für die finnische Sache mit dem ehemaligen Marineoffizier Friedrich Karl Grumme einen weiteren, der von ihm so wenig geschätzten Geheimdienstgehilfen. Der 44-jährige Grumme war zu Beginn des Ersten Weltkrieges für den Marinenachrichtendienst reaktiviert worden. Nach einschlägigem Einsatz im Admiralstab in Berlin wechselte er im August 1916 nach Stockholm, wo er unter der Tarnung eines Vizekonsuls tätig wurde; er verblieb bis zum Kriegsende in dieser Funktion. Sein tatsächlicher Vorgesetzter war und blieb der Kapitän zur See Walter Isedahl. Der Marineoffizier war bereits bei Kriegsbeginn Chef der Nachrichtenabteilung des Admiralstabs, die schon seit der Jahrhundertwende ein ausgeklügeltes Spionagenetz an den Küsten der Ostsee installiert hatte. Mit Kriegsbeginn wurde *die N* auch in die Revolutionierungsbemühungen des Reichs eingespannt. Finnland als Ostseeanrainer fiel vor allem in ihren Zuständigkeitsbereich. Der Mann, der den Leuten der N in Stockholm zuarbeitete, war der bereits erwähnte Finne Herman Gummerus. Den international bekannten Archäologen hatte der Kriegsausbruch in Deutschland überrascht. Alsbald siedelte der 37-Jährige nach Stockholm über, wo er als Vertrauensmann der finnischen Nationalbewegung in unmittelbarer Verbindung mit der deutschen Gesandtschaft agierte.[590]

Die Finnen waren, durch schlechte Erfahrungen gewitzigt, misstrauische Leute. Bevor sie in einen militärischen Ausbildungspakt mit den Deutschen einwilligten, verlangten sie die förmliche Zusicherung, dass Deutschland bei einem Friedensschluss mit Russland ihr Ziel der Verselbständigung stützen werde. Doch genau diese Zusicherung mochte das Auswärtige Amt Ende 1914 nicht geben, denn dies war die Zeit erster Kontakte für einen Separatfrieden mit Russland, den man durch das finnische Problem nicht belasten mochte.[591] Dem widersprechend verlangte der deutsche Generalstabschef Erich von Falkenhayn aus militärischen Gründen zu Jahresbeginn 1915 energisch die Durchführung von Maßnahmen zur Revolutionierung des Landes. Ihm wurde durch seine Abteilung III b assistiert; der militärische Geheimdienst berichtete zur Jahreswende 1914/15 über die innere Lage in Finnland:

Als die Bevölkerung sich trotz der wilden Gerüchte über eine bevorstehende deutsche Landung durchaus ruhig verhielt und die schwedische Regierung nicht die geringste Lust zeigte, die alten Ansprüche auf das ihr vor 100 Jahren entrissene Land geltend zu machen, scheute man sich nicht, durch noch rücksichtsloseres Vorgehen seine Russifizierung zu fördern.[592]

Erst hierdurch, so ergänzte die Abteilung III b im Februar 1915, sei so etwas wie eine deutschenfreundliche Stimmung entstanden.

Nunmehr einigten sich Auswärtiges Amt, Generalstab und Admiralstab auf einer Sitzung am 26. Januar 1915, die finnische Revolutionierungstruppe ins Leben zu rufen. Der Reichskanzler forderte zu diesem Zweck bereits am 2. Februar 1915 eine Million Reichsmark beim Reichsschatzamt an. Der deutsche Militärattaché in Stockholm Carlo von Aweyden wurde angewiesen, für die Durchschleusung der jungen Freiwilligen nach Deutschland zu sorgen. Ende Februar 1915 begann im Lager Lockstedt bei Hamburg die strikt abgeschottete Ausbildung der ersten 170 Finnen. Zu Tarnungszwecken erhielt die Finnische Legion die Bezeichnung eines preußischen Jägerbataillons Nr. 27. Nach dem erfolgreichen Offensivbeginn von Gorlice-Tarnow im Mai 1915 änderte der deutsche Generalstab erneut seine Meinung; er hielt am Ziel der Revolutionierung Finnlands nicht mehr fest. Nunmehr war es das Auswärtige Amt, das massiv die Beibehaltung der Legion forderte. Ihre Auflösung, die mit Sparsamkeitsfragen begründet worden war, würde sich bei allen anderen Verselbständigungsbewegungen schnell herumsprechen und dort verheerende Folgen haben. So kam man überein, die Finnische Legion fortzuführen. Ständig neu eintreffende Finnen ließen die Legion bis Ende März 1916 auf 1502 Mann anwachsen. Am 31. Mai 1916 wurde die Legion an die nördliche Ostfront transportiert, wo sie bis Mitte Dezember 1916 bei Riga für Wach- und Patrouillentätigkeit eingesetzt wurde. Dann kam sie zur weiteren Ausbildung ins Quartier nach Libau. Bei einer Alarmierung für einen Gegenangriff an der Aa Mitte Januar 1917, der nach einem russischen Einbruch notwendig geworden war, leisteten die Finnen den deutschen Befehlen nur widerstrebend Folge; 60 der Legionäre verweigerten den Gehorsam ganz. Nunmehr wurden Teile des Bataillons aus den Unterkünften abgezogen, im Lager Polangen an der Ostsee in Sabotage und Aufwiegelung unterwiesen und etwa drei Dutzend Männer in drei Wellen am 27. Oktober, 12. November und 3. Dezember 1917 zur Revolutionierung nach Finnland entsandt. Die ersten beiden Fahrten führte der Dampfer *Equity* unter dem Kommando des Oberleutnants zur See Gustav Pezold von Danzig-Neufahrwasser aus durch. Mit dem ersten Turn landete er neben Waffen und Gerät auch 29 finnische Jäger auf einer Insel nördlich von Vaasa an. Die letzte Fuhre unternahm das Unterseeboot UC 57 unter Kapitänleutnant Friedrich Wissmann; es brachte Apparate, vermutlich Funkgeräte, und acht finnische Jäger nach Finnland hinüber. Das U-Boot lief auf der Rückfahrt auf eine Mine; hierbei wurde es mit seiner gesamten Besatzung vernichtet. Die Legion selbst, die ungeduldig in Libau verharrte, wurde am 13. Februar 1918 offiziell aufgelöst. Ihre Soldaten gingen als Kaderstamm einer finnischen weißen Armee in ihre Heimat.[593]

Damit haben wir den Ereignissen ein wenig vorgegriffen: Aus der russischen Sicht verliefen diese nämlich ganz anders. Wie wir gesehen haben, kalkulierte der russische Kriegseröffnungsplan die Möglichkeit ein, dass Schweden sich im Kriegsfalle auf die deutsche Seite schlagen werde, so dass Russland wegen der Furcht vor amphibischen Operationen gegen Finnland und vor allem gegen Petrograd in diesen Gebieten beträchtliche Truppenmassen zur potenziellen Abwehr zurückhielt. Zwar korrigierte der russische Generalstab bereits im Verlauf des August 1914 seine Einschätzung, doch mochte er auf die weitere Stationierung von beträchtlichen Truppenkontingenten trotz der angespannten Kriegslage an der russischen Westfront weder im Raum Petrograd noch in Finnland verzichten. Der Grund hierfür war die innenpolitisch instabile Lage in beiden Regionen. In Finnland blieben während des Krieges mindestens 100 000 Mann dauerhaft stationiert. Für die Offiziere und Soldaten war Finnland ein herrlicher Druckposten. Marodierende Soldaten sorgten für viel Ärger und trugen, wie der deutsche Geheimdienst III b im Frühjahr 1915 zutreffend berichtet hatte, entscheidend dazu bei, dass sich die finnische Bevölkerung auf die Lostrennung von Russland einstellte.

Einen Einblick in die Verhältnisse gibt der Bericht des deutsch-baltischen Journalisten Paul Schiemann, der während des Ersten Weltkrieges als russischer Offizier diente; 1916 wurde seine Einheit nach Finnland verlegt:

In Wilmanstrand lebte eine verrusste Petersburger Deutsche, Witwe des Dragonerrittmeisters L., der in der Zeit, als ich am Bahnhof in Riga Dienst tat, mit unzähligen Maschinengewehrschüssen verwundet eingeliefert wurde und bald darauf verschied. Sie hatte sich dem Trunke ergeben und pflegte, wenn sie zum Rausche gelangt war, den edlen Renner ihres Mannes vor den Schlitten zu spannen und in tollster Karriere auf Besuch zu fahren. Nachts wurden meine Frau und ich plötzlich aus dem Schlaf gerissen und mussten ihr mit dem reichlich mitgebrachten Weine Bescheid tun. Auch auf ihre Wohnung lud sie Wyssokos-

sow, mit dem sie bald ein näheres Verhältnis verband, und mich zu richtigen Ge-
lagen, auf denen Sekt getrunken und auf dem Grammophon russische Roman-
zen gespielt wurden. Der edle Renner wurde mitten in der Nacht aus dem Stall
in die in der ersten Etage befindliche Wohnung gebracht und musste Zeuge des
Festes sein. Wir wurden genötigt, die Stiefel auszuziehen, die sie dann versteck-
te, um jeden frühzeitigen Abbruch des Gelages zu verhindern. Auf einige Wo-
chen kam auch ihre Schwester zu Besuch, Frau Kokowzewa, die als Freiwillige
in einem Kosakenregiment stand. Auch sie huldigte dem Trunk und zwar in
solchem Maße, dass schließlich durch Garnisonsbefehl den Offizieren verboten
wurde, sich mit der Freiwilligen K. an öffentlichen Orten zu zeigen.[594]

Die Februarrevolution in Russland führte in Finnland zu einer Herrschaft unter
Einschluss der Sozialdemokratie; es gab auch in dieser einen deutlich wahrnehmbaren bolschewistischen Zweig. Von Anfang an waren Loslösungsbestrebungen
vom russischen Reich vorherrschend, die Finnland alsbald in Konflikte zur Vorläufigen Regierung in Petrograd brachte. Doch Finnland war bereits im Sommer
1917 in seiner tatsächlichen Unabhängigkeit so weit fortgeschritten, dass das
Land einen nahezu sicheren Fluchtpunkt für die in Petrograd verfolgten Bolschewiki bildete. Die Genossen Uljanow und Sinowjew beispielsweise setzten sich
erfolgreich nach Finnland ab; die finnische Grenze war von Petrograd aus mit
einer kurzen Eisenbahnfahrt zu erreichen. Die Oktoberwahlen 1917 in Finnland
brachten eine bürgerlich-landbesitzende Mehrheit, die energisch nach Selbständigkeit des Landes drängte. In eine seltsame Zwitterposition geriet das russisch-
finnische Verhältnis erst nach dem bolschewistischen Novemberumsturz in
Petrograd, da die Bolschewiki nationale Selbstbestimmung auf ihre Propaganda-
fahnen geschrieben hatten, so dass sich die Randvölker des russischen Großreichs
berechtigt sahen, ihre nationale Unabhängigkeit von Russland einzufordern.[595]

Zum Verdruss der sowjetischen Führung hatte die finnische Sozialdemokratie die
Novemberereignisse in Russland nicht dazu ausgenutzt, die Macht nach russischem Vorbild an sich zu reißen. Dabei waren die Voraussetzungen hierfür, wie
der eigens nach Finnland entsandte Kommissar für nationale Minderheiten, Josef
Stalin, feststellen konnte, gar nicht so ungünstig, da im Lande immer noch 100 000
Mann der russischen Armee standen, die bereit und in der Lage waren, brüderliche Waffenhilfe zu leisten. Doch bevor es zum bolschewistischen Staatsstreich
kommen konnte, waren Abordnungen des finnischen Landtages nach Petrograd
gereist, um auch von Russland die Anerkennung der Selbständigkeit offiziell
einzufordern – zuletzt der gewählte Senatspräsident Pehr Svinhufvud, der am
31. Dezember 1917 im Smolny vorsprach und so lange, in einen Pelzmantel
gehüllt, im Vorzimmer der sowjetischen Regierung sitzen blieb, bis er kurz vor
Mitternacht das Gewünschte in Händen hielt:

Als Antwort auf den Antrag der finnischen Regierung, die Unabhängigkeit der Republik Finnland anzuerkennen, hat der Rat der Volkskommissare, in voller Übereinstimmung mit dem Grundsatz des Selbstbestimmungsrechts der Völker, dem Ausführenden Zentralausschuss vorzuschlagen:

a) dass die staatliche Selbständigkeit Finnlands anerkannt wird, und

b) dass ein besonderer Ausschuss von Vertretern beider Seiten gebildet wird, um praktische Maßnahmen vorzuschlagen, die sich aus der Trennung Finnlands von Russland ergeben.

W. Uljanow, L. Trotzki, G. Petrowski, J. Stalin, J. Steinberg, V. Karelin, A. Schlichter[596]

Die Beteuerungen zum Selbstbestimmungsrecht der Völker musste man zum marxistischen Nennwert nehmen. Sie beruhten auf äußerem Druck und dem inneren Vorbehalt, dass eine bolschewistische Revolution in Finnland sowieso alle Zusagen über den Haufen werfen würde. Der äußere Druck stammte aus der deutschen Obersten Heeresleitung. Hier hatte am 26. November 1917 Finnlands ehemaliger Senatspräsident Edvard Hjelt in Begleitung von Adolf von Bonsdorff vorgesprochen und vom deutschen Generalquartiermeister Erich Ludendorff die Zusage erhalten, dass Finnland deutsche Hilfe zur Befreiung vom russischen Militär erhalten werde. Die Finnen hatten sich an die richtige Adresse gewandt. Während die deutsche auswärtige Politik mit der Installierung von Lenin und Co. ihr Ziel erreicht hatte, Russland aus dem Verband der Kriegsgegner herauszubrechen, verfolgte die deutsche Oberste Heeresleitung erheblich weiter gehende Interessen. Sie verbrämte diese mit militärstrategischen Begründungen. Im Falle Finnlands ging es den Leuten um Ludendorff vordergründig darum, die Russen möglichst weit von den deutschen Reichsgrenzen zu entfernen und den Zugang zur Ostsee abzuschneiden. Das war der Grund für die deutsche Hilfszusage. Den gleichzeitig zu Waffenstillstands- und sodann Friedensverhandlungen in Brest-Litowsk befindlichen Sowjets wurde signalisiert, dass man diese Forderungen zur Not mit Waffengewalt durchsetzen werde. Der sowjetischen Seite musste klar sein, dass nach der Eroberung von Riga und der amphibischen Operation gegen die Insel Oesel im Spätherbst 1917 die deutsche Drohung ernst zu nehmen war.[597] So also kam die sowjetische Erklärung über die Entlassung aus dem russischen Staatsverband zustande. Der Rat der Volkskommissare war indessen guten Mutes. Er war durch einen der ersten Auslandsagenten der neuen Geheimpolizei Tscheka über die Lage in Finnland ins Bild gesetzt. Der Mann hieß Alexej Filippow;[598] der 1870 geborene Rechtsanwalt hatte sich in der Vergangenheit auch als Verleger betätigt. Jetzt, Ende 1917, reiste er unter der Legende eines Journalisten nach Finnland ab, um laufend über die Ereignisse zu berichten. Sein Ende wird noch kurz berichtet werden. Jedenfalls waren es Berichte aus dieser Quelle, die den rus-

sischen Außenkommissar Leo Trotzki veranlassten, kurz nach der Entlassungser-
klärung der Finnen die bolschewistischen Kräfte in der finnischen Sozialdemokratie zum Staatsstreich aufzufordern:

> *Die Stunde des Handelns ist da. Konzentriert fünfzehntausend Rotgardisten*
> *in Helsinki und Umgebung. Ergreift die Macht. Nehmt die Regierung ge-*
> *fangen!*[599]

Doch Finnland war nicht Russland. Zwar war es ohne weiteres möglich, finnische
Rote Garden nach russischem Vorbild aufzubauen und aus den reichlich vorhandenen russischen Militärbeständen zu bewaffnen, doch die Besetzung der finnischen Hauptstadt bedeutete keineswegs die Eroberung der Macht im Lande, denn
breite Teile der Bevölkerung waren zu ernsthaftem Widerstand entschlossen.
Dass der hieraus entstehende kurze finnische Bürgerkrieg für die weiße Seite bereits nach einigen Wochen Erfolg haben konnte, war vor allem zwei Faktoren
geschuldet: Zum einen der Auswahl eines befähigten militärischen Führers, zum
andern der deutschen Intervention. Zum Führer der zunächst als Schutzkorps
bezeichneten weißfinnischen Verbände wurde der ehemals zaristische Generalleutnant Carl Gustav Mannerheim bestimmt. Mannerheim hatte am 3. Dezember
1917 in Odessa, wo er zuletzt als Kommandeur eines Kavalleriekorps stationiert
gewesen war, den Zug bestiegen und war, in voller Uniform reisend, am 12. Dezember in Petrograd angekommen; kurz drauf erreichte er Helsinki. Es gehört
zur Ironie der Geschichte, dass dieser ehemals zaristische General der Regierung
die Bedingung stellte, er werde den Oberbefehl nur übernehmen, wenn bei der
Räumung des Landes von russischen Truppen auf die Inanspruchnahme deutscher Interventionskräfte verzichtet werde. Dies wurde zugesagt.[600] Doch Ende
Januar 1918 sahen die Dinge ganz anders aus. In Helsinki wehten rote Fahnen,
und Rote Garden wurden aus russischen Heeresdepots mit Waffen und Munition
ausgestattet. Die bürgerlichen Politiker flohen nach Norden, oder sie waren in der
Stadt abgetaucht.

Zu den in Helsinki Zurückgebliebenen gehörte auch Finnlands frisch gewählter
Senatspräsident Pehr Svinhufvud. Es gelang ihm, mit einigen Getreuen den finnischen Eisbrecher *Tarmo* zu kapern und damit nach Reval über die Ostsee zu entkommen. In Reval, das soeben von deutschen Truppen eingenommen worden
war, wusste man mit dem Riesen, der vorgab, das finnische Staatsoberhaupt zu
sein, wenig anzufangen, steckte ihn nach preußischer Sitte erst mal in eine Mi-
litärentlassungsanstalt, bevor man sich am 6. März 1918 bequemte, diesen wichtigen Verbündeten Deutschlands nach Berlin weiterreisen zu lassen. Auch hier
wurde der durch die Flucht etwas heruntergekommene Mann mit spitzen Fingern
behandelt. Der Hauptmann Ernst von Hülsen von der Sektion Politik des Stellvertretenden Generalstabs wurde zur Rekognostizierung ins Hotel *Continental*

vorgeschickt. Der Nächste, der den Finnen beäugte, war der Leiter der Abteilung Politik des Großen Hauptquartiers, Generalmajor Paul von Bartenwerffer, bevor sich Diplomatie und Spitzenmilitärs endlich um diesen wichtigen Mann und sein Weiterkommen nach Vaasa bemühten.[601]

Mittlerweile hatten sich die bürgerlichen politischen Kräfte nach Vaasa durchgeschlagen; sie dachten nicht im Traum daran, den Verlust der Hauptstadt mit dem Ende ihrer legitimen Herrschaft gleichzusetzen. Das war kein Wunschtraum, denn die entstehende weißfinnische Armee und die Anlandung deutscher Truppen machten die Regierung in Vaasa zu einem konkreten Machtfaktor. Die deutsche Hilfe war auf zwei Wegen angelaufen. Bereits im Herbst 1917 waren die tüchtigsten der finnischen Jäger aus dem Ausbildungslager Polangen mit Waffen und Gerät an der finnischen Küste abgesetzt worden. Sie gingen unverzüglich daran, heimlich das Schutzkorps als einheimische bewaffnete Macht aufzustellen. Ende Januar 1918 kamen nach der offiziellen Auflösung des Jägerbataillons Nr. 27 an die 2000 gut ausgebildete und hoch motivierte, bewaffnete Kämpfer hinzu. Mit deutscher Hilfe über die Ostsee transportiert, bildeten sie den Nukleus der finnischen Armee. Heimlich mit von der Partie war der deutsche Major i. G. Crantz, der als deutscher Vorposten die Verbindung zwischen der weißfinnischen Regierung, ihrem Oberbefehlshaber Mannerheim und der deutschen Obersten Heeresleitung aufrechterhielt. Die Verantwortung für diese frühe deutsche Intervention trug der Leiter der Nachrichtenabteilung des Admiralstabs, Walter Isedahl. Der Kapitän z. S. hatte in den skandinavischen Unternehmungen seit Jahren den Schwerpunkt seiner Tätigkeit gehabt, so dass es der deutschen Seekriegsleitung im Januar 1918 nützlich erschien, den 45-Jährigen exklusiv für das finnische Unternehmen abzustellen. Doch das blieb für den Nachrichtenmann nur ein Zwischenspiel in seiner Laufbahn. Die Oberste Heeresleitung beanspruchte alsbald die Oberleitung des Finnlandunternehmens gegenüber der Marine; Isedahl wurde bereits im Februar 1918 wieder abberufen und als Hafenkommandant in den soeben von deutschen Truppen besetzten Krimhafen Sewastopol entsandt.[602]

Nunmehr trat der Heeresgeneral Rüdiger Graf von der Goltz auf den Plan. Er wurde Kommandeur der sich bildenden Ostseedivision, die schließlich die Herrschaft der Roten in Finnland brechen sollte. Es war ein aus drei Jägerbataillonen und drei arbeitslosen Kavallerieregimentern zusammengewürfelter Verband, verstärkt um ein paar Kanonen und Kraftfahrzeuge, alles in allem etwa 9000 Mann. Die Hauptkräfte landeten, von Danzig kommend, am 3. April 1918 an der Südwestecke Finnlands im Hafen von Hangö, der sich im Herrschaftsgebiet der Bolschewiki befand, das sich zu diesem Zeitpunkt über das gesamte Südfinnland erstreckte. Von Hangö aus bewegte sich der deutsche Verband strikt nach Osten.

Finnlands Hauptstadt Helsinki wurde am 12. April erreicht; am nächsten Tag wurde sie gewaltsam eingenommen. In den folgenden Tagen trieben die deutschen und die weißen finnischen Truppen die Roten Garden, soweit sie sich nicht in Luft auflösten, vor sich her, bis sie am 2. Mai 1918 bei Lahti eingekesselt wurden und kapitulierten.[603]

Dem militärischen Sieg der Weißen folgte der Exodus der führenden Sozialdemokraten. Sie tauchten ab oder gingen außer Landes. Bevorzugtes Ziel war das geografisch und politisch nahe Sowjetrussland. Manch einer machte dort Karriere. So der Abgeordnete Otto Kuusinen, der bald eine führende Rolle in der Komintern, der Kommunistischen Internationale, spielen sollte. Auch seine Ehefrau, Aino Kuusinen, emigrierte. Sie wurde später eine Agentin des sowjetischen Militärgeheimdienstes GRU. Die Stalin'schen Verfolgungen Ende der 1930er-Jahre, deren Opfer sie wurde, sollten bei ihr für Ernüchterung sorgen. Hierüber hat sie dann viele Jahre später Bericht erstattet.[604] Ein anderer, der nicht mit dem Leben davonkam, war der Agent Alexej Filippow. Er hatte seit Dezember 1917 an seine Auftraggeber bei der Tscheka über die politische Entwicklung in Helsinki berichtet. Im Mai 1918 verließ auch er heimlich das Land. Doch seine Rückkehr nach Petrograd stand unter keinem guten Stern. Der 48-jährige Rechtsanwalt und Verleger wurde von seinen Auftraggebern festgenommen und erschossen – sein Delikt war falsche Klassenzugehörigkeit.

Nach dem militärischen Sieg der Weißen, der nur möglich war, da die deutschen und die weißfinnischen Truppen von der finnischen Bevölkerung überwiegend unterstützt worden waren, wäre es an der Zeit gewesen, die Ostseedivision wieder außer Landes zu schaffen. So war es verabredet, und so forderte es auch der kaiserlich-deutsche Gesandte in Helsinki, August von Brück. Doch damit drang er nicht durch. Ende Mai 1918 trat der finnische Oberbefehlshaber Mannerheim wegen seiner unbeugsamen Ablehnung gegen die immer noch im Lande befindlichen deutschen Truppen von seinem Posten zurück. Faktischer Ersatzmann war nach dem Verhalten des zum finnischen Reichsverweser gewählten Pehr Svinhufvud der deutsche General Rüdiger von der Goltz. Die deutschen Soldaten blieben nicht als Besatzungsmacht, sondern, so sagte man, als Schutzmacht gegen die unsicheren Kantonisten in Petrograd. Deutsche Offiziere übernahmen den Aufbau einer finnischen Armee. Mit dem Oberst von Redern reiste ein Organisator aus dem deutschen Hauptquartier an, der jahrelang als Nachrichtenoffizier (Ost) in der Abteilung III b Dienst getan hatte. Zum Kriegsminister wurde der letzte finnische Kommandeur des einstigen Jägerbataillons 27, Wilhelm Thesleff, ernannt. Der 38-Jährige hatte ein etwas eigenwilliges Vorleben: Nach einer Offiziersausbildung in der separaten finnischen Armee machte er nach deren Auflösung Ende 1901 schnelle Karriere im russischen Heer. 1917 geriet der russische

Oberstleutnant bei Riga in deutsche Kriegsgefangenschaft. Hier wurde er im September 1917 durch den deutschen Agentenführer an der deutschen Botschaft in Stockholm, den *Direktor Hans Steinwachs*, für den deutschen militärischen Geheimdienst als Einflussagent angeworben. Sein militärischer Vorlauf prädestinierte ihn, am 6. November 1917 zum Kommandeur des Jägerbataillons 27 ernannt zu werden. Er führte das Bataillon bis zu dessen offizieller Auflösung im Februar 1918. Nach der Anlandung der finnischen Jäger in Vaasa kam es sogleich zum Konflikt mit dem zum Oberbefehlshaber ernannten General Mannerheim, den strikten Gegner der deutschen Intervention. Mannerheim schob Thesleff, den er als Mann der Deutschen einschätzte, bald darauf als Verbindungsoffizier zur deutschen Ostseedivision ab. Knapp zwei Monate später war der Agent Minister – für seinen V-Mann-Führer war das Anlass genug, nunmehr zwischen den Hauptstädten hin- und herzupendeln, auf dem Weg nach Helsinki stets ein größeres Gebinde Alkohol im Diplomatengepäck, auf dessen Einsatz als Schmiermittel sich Steinwachs besonders verstanden haben soll.[605]

Doch bei dieser Art von Aufbauhilfe blieb es keineswegs. Die militärischen Revolutionierungsexperten der Abteilung Politik des Generalstabs und ihres Pendants in Berlin sahen die Chance zu einem Staatsstreich in Finnland. So jedenfalls muss man es wohl nennen, als die Herren Paul von Barttenwerfer und Ernst von Hülsen darangingen, den Finnen einen Deutschen als König zu oktroyieren; ihr Mann fürs Grobe war auch der Macher der feinen Intrige, der Direktor Hans Steinwachs. Ihm wurde durch den jungen Leutnant Rüdiger Graf Adelmann assistiert, den die Sektion Politik als angeblichen zweiten Adjutanten in den Stab der Ostseedivision implantiert hatte; von dort berichtete er unmittelbar nach Berlin. Zahlreich waren die Anwärter, als das Revolutionierungsgespann in die Rolle des Königsmachers geschlüpft war. Übrig blieb zum Schluss der hessische Prinz Friedrich Karl. Er wurde am 9. Oktober 1918 vom finnischen Rumpfparlament zum König gewählt. Knapp die Hälfte der Abgeordneten war nicht anwesend; das waren die Mitglieder der finnischen Sozialdemokraten, die der finnische Bürgerkrieg bis auf einen in alle Winde auseinander getrieben hatte. Die denkbar knappe Wahl war ein Staatsstreich. Mit viel Geld aus den deutschen Revolutionierungskassen war versucht worden, die öffentliche Meinung in Finnland durch den Ankauf und die Lenkung von Zeitungen zu beeinflussen. Doch im Oktober 1918 war den deutschen politisierenden Offizieren die Zeit für Aktionen davongelaufen. Das Spiel mit der finnischen Krone war ausgespielt; einen Monat später war auch Deutschland keine Monarchie mehr.[606]

Letztlich hatte das Finnlandabenteuer eine einzige greifbare und ironische Konsequenz. Der im Oktober 1918 noch von Wilhelm II. entlassene Erste Generalquartiermeister Erich Ludendorff fing Anfang November 1918 an, nicht ohne

Grund um sein Leben zu fürchten. Es war nicht minder bestürzend für ihn, dass die siegreichen Alliierten seine Auslieferung verlangten. Ludendorff wandte sich um Hilfe an den finnischen Botschafter in Berlin, Edvard Hjelt. Der war gern zu Diensten, und so floh der bis vor kurzem mächtigste Mann Deutschlands drei Tage nach dem deutschen militärischen Zusammenbruch mit abrasiertem Bart – Lenin lässt grüßen – und mit einem finnischen Pass, der aus dem Ex-General den Legationsrat Ernst Lindström machte, über Dänemark nach Schweden. Dort verfasste Ludendorff innerhalb weniger Monate in einem berserkerhaften Schreibanfall seine 622 Seiten starken Kriegserinnerungen; selten hat ein deutscher General als Schriftsteller seinem Land so geschadet wie er; davon wird noch die Rede sein.[607]

Traum von der Weltmacht.
Georgien

Die Abspaltungsbemühungen gegenüber Georgien hatten im September 1914 begonnen. Der Einsatz der Georgischen Legion erwies sich als undurchführbar. Erst die letzten im Jahre 1917 über das Schwarze Meer beförderten Agenten, unter ihnen Michael Tseretheli, konnten unter den Bedingungen der russischen Revolution erfolgreich agieren. Aber ohne den deutschen militärischen Vorstoß in den Kaukasus im Frühjahr 1918 wäre das alles nichts geworden. Dieses deutsche Engagement hatte nur scheinbar folkloristische Züge. In Wirklichkeit waren es handfeste wirtschaftliche Interessen, die den aufwändigen Vormarsch auslösten. Die deutschen Begehrlichkeiten waren auf die Erdöl- und Manganerzvorkommen gerichtet. Die Ausbeutung dieser Rohstoffe hatte bereits vor dem Ersten Weltkrieg für die deutsche Wirtschaft eine kaum zu überschätzende Rolle gespielt. Hieran knüpfte man nun wieder an.

Das Militär stand unter dem Kommando des bayerischen Generalmajors Friedrich Freiherr Kreß von Kressenstein. Vor seinem Georgienkommando hatte der Bayer die Jahre des Ersten Weltkrieges in der Türkei zugebracht. Durch seine beiden, wenn auch missglückten Suez-Expeditionen war er in Kreisen der Revolutionierungsexperten wohl bekannt. Der Umgang mit den kriegsverbündeten Türken hatte ihn gelehrt, dass partnerschaftliche Zusammenarbeit mehr einbrachte als die sonst gern von deutscher Seite zur Schau gestellte Arroganz des scheinbar Überlegenen. Kressenstein zur Seite stand mit Friedrich Werner Graf von der Schulenburg ein Mann aus dem konsularischen Dienst des Auswärtigen Amtes, der in dieser Zeit die Uniform eines preußischen Hauptmanns trug. Schulenburg war bereits vor dem Krieg Konsul in Tiflis gewesen. In den ersten Kriegsjahren war er für die Aufstellung der Georgischen Legion verantwortlich gewesen. Jetzt verstand er es, sich schnell in die georgischen Angelegenheiten hineinzudenken; nach seiner Auffassung konnte eine stabile, von Russland unabhängige Regierung nur aus dem Land selbst kommen. Dies zu garantieren waren nach seinem Eindruck allein die georgischen Menschewiki in der Lage. Damit hatte er Recht. Und so bescherte er dem Land unter deutscher Militäraufsicht eine eigenständige Regierung, die alles andere war als ein Marionettentheater der deutschen, ohnedies schwachen Besatzungskräfte. Die Konstellation war stark genug, sich der bolschewistischen Einflussnahme zu erwehren und britischen und türkischen Großmachtbestrebungen militärisch entgegenzutreten. Nach dem Abzug der Deutschen und der Konsolidierung der russischen Sowjetregierung zerbrach der Traum von einem selbständigen Georgien. Allerdings brauchten die Sowjets noch Jahre, bis sie Georgien unter ihre Kontrolle gebracht hatten. Georgische Emigranten fanden bereitwillige Aufnahme im deutschen Reich; sie sollten alsbald zu einem gern integrierten Bestandteil deutscher Geheimdienstpolitik werden. Bei der Tscherwonzen-Affäre in den 1920er-Jahren werden wir diesen Leuten erneut mehrfach begegnen.[608]

Im Auge des Sturms.
Moskau

Das Jahr 1918 war im deutsch-russischen Auf und Ab ein seltsamer Bastard. Lenin und seine Bolschewiki dachten nicht im Traum daran, für den endgültig am 3. März 1918 aufgezwungenen Frieden von Brest-Litowsk auch noch dankbar zu sein. Zwar erhielt Lenin immer noch Zuwendungen von der Reichsregierung, die ernsthaft befürchten musste, dass ihr dieser östliche Waffenstillstandsgarant durch Intervention der Ententemächte wegbrechen könnte; doch hatten sich innerhalb der deutschen Reichsleitung erneut die Gewichte verschoben. Auch 1918 war keine einheitliche deutsche Politik möglich. Während es zunächst die Revolutionsexponenten des Auswärtigen Amtes waren, die die Revolutionierung vorantrieben, trat nach der Abkühlung der Erwartungen im Frühjahr 1916 vorübergehend der Generalstab als Förderer auf den Plan, während der eigentliche Transfer von Lenin und Co. wiederum auf Betreiben des Auswärtigen Amtes organisiert wurde. Bei den Verhandlungen von Brest-Litowsk war die Zuneigung der Militärs wiederum ganz abgekühlt. Hierfür gab es zwei Gründe. Zum einen glaubte man, mit dem Vormarsch des Jahres 1918, der den Abschluss des Waffenstillstands erzwang, erneut die fortdauernde militärische Überlegenheit demonstriert zu haben, zum andern vermochten sich die Herren Offiziere mit den Umgangsformen, dem Äußeren und den Reden der Sowjets nicht zu befreunden. Ihre Sympathie galt eindeutig der geschlagenen zaristischen Generalität. Doch diese Zuneigung hatte einen Haken: Die Generale des Zaren wollten durchaus auf Seiten der alten Verbündeten weiter Krieg führen. Selbst, wo sie das nicht mehr wollten, hatten sie die Gunst der Bauernsoldaten gründlich verloren. Sie waren Feldherren ohne Armeen. So entstand im Frühjahr 1918 die groteske Lage, dass die Lenin'sche Regierung aus Furcht von einer deutschen militärischen Besetzung von Petrograd ihre Sachen beschleunigt packte und in das wesentlich fernere Moskau umzog. Man reiste per Bahn. Mit von der Partie Carl Moor.[609] Selten dürfte ein deutscher Einflussagent auch für das eigentliche Objekt seiner professionellen Neugierde so wichtig gewesen sein wie er, denn durch ihn erfuhr Lenin mit hoher Sicherheit die wesentlichen Eckdaten über die deutschen Machtverhältnisse und ihre Kontrahenten.

Auch die deutsche Botschaft, eine solche sollte es nun nach dem Friedensschluss wieder geben, war genötigt, ihren Sitz in Moskau zu nehmen. Am 19. April 1918 hatte sich gegen Mitternacht der Sonderzug mit dem Personal in Berlin auf die Reise gemacht; am 23. April erreichten die deutschen Diplomaten den Alexanderbahnhof in Moskau. Das Botschaftspersonal war das perfekte Spiegelbild für die Unklarheit der deutschen Russlandpolitik. Botschafter wurde der Diplomat Wilhelm Graf Mirbach. Zuvor hatte der steinreiche Mann es vorgezogen, seine Planstelle als Ostreferent des Auswärtigen Amtes mit einer drittrangigen Funktion in der Militärverwaltung zu tauschen. Im September 1917 war Mirbach auf Drängen Ludendorffs von seinem Posten in Bukarest abberufen worden; standesgemäß hatte er sich daraufhin krankgemeldet. Jetzt war er als Diplomat wieder gefragt; manche hielten ihn indessen für eine komplette Fehlbesetzung. Sein zweiter Mann war der hinlänglich bekannte Kurt Riezler, der als persönlicher Mitarbeiter des deutschen Reichskanzlers Theobald von Bethmann Hollweg vom ersten Tag des Krieges an mit Billigung und im Auftrag seines Chefs an der Revolutionierung Russlands gearbeitet hatte. Nach Bethmanns Rücktritt war er im August 1917 in die Rolle eines diplomatischen Sondervermittlers zu den Bolschewiki in der Stockholmer Gesandtschaft geschlüpft; jetzt galt er als der eigentliche Kenner der Verhältnisse vor Ort in Moskau. Seine Aufgabe war es, die Bolschewiki an der Macht zu halten. Dass er hieran Freude gehabt hätte, kann niemand behaupten; doch die Weisungen aus der Berliner Zentrale ließen einen Spielraum nicht zu, denn in der Wilhelmstraße hatte mit Rudolf Nadolny ein weiterer Revolutionierungsexponent nunmehr das Russlandreferat in der Politischen Abteilung des Auswärtigen Amtes übernommen. Mochte auch Riezler davon ausgehen, dass die Tage der Bolschewiki gezählt seien, so war ihm klar, dass die Reichsinteressen den Frieden im Osten und damit vorerst den Machterhalt der

Bolschewiki bedeuteten. Deren Position durfte im Frühsommer 1918 auch in Moskau nicht gerade rosig genannt werden.[610]

Moskau, 11. Mai. Die Gesandtschaft mehr Casino – schreckliche Nuancenlosigkeit bei Kaufleuten und Offizieren, aber die Letzteren fallen (mit Ausnahmen) weit mehr auf die Nerven. Sonst heftiger Betrieb[:] Agenten mit Verbindungen an die Weiber der sehr weiberverbrauchenden Bolschewiki, Juden, Bestechungen etc.[611]

Riezler nutzte zur Informationsgewinnung über den Stand der Dinge Agenten, die zu werben im Chaos des russischen Bürgerkrieges, der sich anbahnte, nicht schwer gefallen sein mag. Sehr viel Näheres hat er über seine Informanten nicht mitgeteilt; es waren jedenfalls Personen, die auch über weite Distanzen im Lande herumreisten, vermutlich also Kaufleute; aber zwingend ist das alles nicht. Wir wissen nur, dass es vor allem Juden waren, die zur Informationsbeschaffung dienten, und, wie er es ausdrückte, Weiber aus dem Umfeld der auch insofern heftig konsumierenden Berufsrevolutionäre. Zwei von Riezlers Botschaftskollegen, die Berufsoffiziere waren, gingen recht eigenwillige Wege. Die Majore Wilhelm Henning als Vertreter des Kriegsministeriums für Kriegsgefangenenfragen und Karl Freiherr von Bothmer als Vertreter der Obersten Heeresleitung für Fragen des Eisenbahnwesens und des Gefangenenaustauschs mochten sich mit den ihnen übertragenen Aufgaben nicht begnügen. Sie wollten Politik, vielleicht sogar Geschichte machen. Dabei waren sie eher schlichte Militärs; der Aspekt der unbedingten Nützlichkeit des Lenin'schen Regimes für den Erhalt des Waffenstillstands war ihnen fremd. Geblendet von den militärischen Scheinerfolgen des nahezu widerstandslosen Vorrückens in Russland nach den Jahren des verlustreichen Bewegungs- und Stellungskrieges ignorierten sie konsequent die Gefahr eines von den Alliierten wiederentfachten Krieges, die zu fürchten anlässlich der Anlandung von Expeditionskorps im Norden und Osten des Riesenreichs aller Anlass bestand. Ungeniert konspirierten sie mit der so genannten Konterrevolution und schwelgten mit ehemaligen zaristischen Offizieren in Luftschlössern einer wieder zu errichtenden monarchistischen Ordnung. Eine Zeitung in russischer Sprache sollte für die notwendige Sammlungsbewegung sorgen; dass die deutsche Botschaft hinter diesem Unternehmen stand, pfiffen in Moskau die Spatzen von den Dächern. Die deutschen Akteure blieben nicht unbemerkt. Dafür sorgte die zum Leben wieder erweckte russische Geheimpolizei.[612]

Am 7. (20.) Dezember 1917 fasste der Rat der Volkskommissare Beschluss über: Die Gründung eines Organs der Diktatur des Proletariats zum Schutz der Staatssicherheit. So entstand die Behörde mit dem Namen *Allrussische Außerordentliche Kommission für den Kampf gegen Konterrevolution und Sabotage*. Deren Kurzform im Russischen lautete Wetscheka, oder nochmals abgekürzt: Tscheka.

Das Kürzel Tscheka sollte die folgenden 80 Jahre zum Synonym für die bolschewistische Machtausübung werden. Was die einen wie die Pest fürchteten, lobten die andern mit revolutionärer Inbrunst. Der Begriff der Tscheka überstand alle Reorganisationsbemühungen und Umbenennungen der Staatssicherheitsbehörde, ob sie sich nun GPU, OGPU, NKWD, NKGB, MGB oder KGB nannte; die Angehörigen der Zunft nannten sich stolz Tschekisten. Das gilt auch für die Nachahmer in den Satellitenstaaten der Sowjetunion nach dem Zweiten Weltkrieg; es war eine große Bruderschaft von Unterwerfung, Unterdrückung und nackter Gewalt. Einem ihrer Exponenten, dem ostdeutschen Stasi-General Markus Wolf, wird nachgesagt, dass er eine Tschekisten-Schnulze dichtete, in der er seine Genossen singen ließ, warum zum Tragen der Orden keine Zeit bleibe.[613]
Zunächst und zuvörderst war die Tscheka ein revolutionäres Organ, ein Instrument der Machtausübung außerhalb der Vorstellung klassischer Behördenstruktur, auf die selbst der Rat der Volkskommissare alsbald Wert zu legen begann. Der Rückgriff auf Bewährtes ist keineswegs eine Besonderheit der Bolschewiki, sondern Ausdruck jeglicher Machtausübung, die fast immer auf hergebrachte Strukturen zurückgreift. Das galt in recht eigenwilligem Maße auch für die Geheimpolizei. Die Tscheka konnte sich auf die russische Tradition der innenpolitischen Überwachung durch die Ochrana stützen, ging aber weit über diese hinaus. Die Bolschewiki hatten ohne Ausnahme ihre Erfahrungen mit der russischen Geheimpolizei und ihrer Arbeitsweise gemacht; sie selbst waren Angehörige einer strikt konspirativen politischen Vereinigung gewesen. Spitzelarbeit, Provokation und polizeiliche Unterdrückungsmaßnahmen waren ihnen aus eigener Anschauung bestens bekannt; auch Gefängnis, Verbannung und Exil gehörten zu ihren Lebenserfahrungen. Die Tscheka griff auf solche Erfahrungen zurück. Auch sie nahm, wie schon Ochrana und Gendarmerie, die Befugnis administrativen Freiheitsentzugs für sich in Anspruch. Während die Organe des Zaren auf die administrative Verbannung von maximal fünf Jahren beschränkt waren, konnte die Tscheka die gleich lange Einsperrung in ein Konzentrationslager verfügen. Doch bei dieser Befugnis ließ es die Tscheka keineswegs bewenden: Die Rede ist vom Recht zum Töten. Soweit bekannt, wurde es nie expressis verbis formuliert, aber es ergibt sich deutlich aus den Umständen und auch aus Einzelweisungen, die insbesondere von Wladimir Lenin ausgingen. Jahrzehntelang hat man dies zu vertuschen versucht, insbesondere nachdem Nikita Chruschtschow die Verdammung des Stalin-Kults zur Stärkung der eigenen Machtposition entdeckt und 1956 auf dem XX. Parteitag der KPdSU in einer so genannten Geheimrede propagiert hatte; da passte es natürlich schlecht ins Bild, dass das andere sowjetische Kultobjekt, Wladimir Lenin, plötzlich seiner Gloriole entkleidet, als blutrünstiger Revolutionär dastand, der die Erschießung Tausender unschuldiger Menschen ange-

ordnet hatte, die an die Segnungen des Bolschewismus nicht glauben mochten.[614]
Was Lenin schriftlich anordnete, las sich beispielsweise so:

Genossen! Der Aufstand von fünf Kulakenbezirken ist gnadenlos niederzu-
werfen. Die Interessen der gesamten Revolution verlangen das, denn »die
letzte Entscheidungsschlacht« mit den Kulaken ist jetzt überall im Gange. Es
muss ein Exempel statuiert werden.

1. Mindestens einhundert bekannte Kulaken, Reiche, Blutsauger aufhängen (die
Hinrichtung ist unbedingt vor den Augen der Bevölkerung vorzunehmen).

2. Namen veröffentlichen.

3. Das gesamte Getreide beschlagnahmen.

4. Geiseln gemäß dem gestrigen Telegramm auswählen.

Führen Sie die Aktion so durch, dass die Menschen im Umkreis von Hunder-
ten von Kilometern sehen, zittern, wissen, rufen: Sie würgen die blutsaugenden
Kulaken und sie erwürgen sie.

Telegrafieren Sie Empfang und Vollzug!

Ihr Lenin.

Nehmen Sie einige wirklich harte Burschen.[615]

Eine Organisation braucht einen Grund für ihre Einrichtung und sie braucht
Menschen, die das tun, was verlangt wird. Beides war im Dezember 1917 reichlich vorhanden. Die Lenin'sche Große Sozialistische Oktoberrevolution, wenige
Wochen alt, stand auf wackligen Beinen: Der ideologische Feind stand im Innern
Russlands, und außen stand die deutsche Militärmaschinerie. Weitere Feinde
kamen hinzu, so die ehemaligen Verbündeten der Entente, die gar nicht einsehen
mochten, warum sie auf den Kriegspartner Russland verzichten sollten, und
denen es noch weniger einleuchtete, dass die Bolschewiki keck erklärt hatten, mit
den Auslandsschulden des zaristischen Systems nichts zu tun zu haben; diese Haltung war in der Tat revolutionär. Ein anderer Grund, um den Bestand der Revolution zu fürchten, ergab sich aus einer weiteren Lenin'schen Fehlprognose: Es
war das Ausbleiben des nun automatisch und vom russischen Vorbild angeregten
Ausbrechens sozialistischer Revolutionen sonst wo, zumindest aber in Deutschland. Hierauf bauten Lenins Berechnungen zur Stabilisierung der eigenen Lage.
Doch die Revolutionen blieben einstweilen aus.

Von den Männern und Frauen, die die Tscheka gründeten, nennt man für gewöhnlich deren ersten Vorsitzenden, den Polen Felix Dsershinski; die kurzzeitigen Parallelbesetzungen bzw. Zwischenlösungen in der Leitung der Tscheka,
Iwan Xenofontow (33 Jahre) und Jakow Peters (32 Jahre) werden meist großzügig
unterschlagen. Der 1877 geborene Felix Dsershinski, ein polnischer Adliger und
Sohn eines Gutsbesitzers, wurde bereits frühzeitig als 22-Jähriger ein sozialistischer Revolutionär, was ihm mehrfache Verbannung nach Sibirien eintrug. Den

Posten des Chefs der Geheimpolizei verdankte er Lenin, der ihn als besonders rücksichtslos und ergeben einschätzte. Lenin wusste, was er an dem kommunistischen Multifunktionär Dsershinski hatte, und er widerstand allen Versuchen aus Partei und Regierung, Dsershinskis Tscheka einem besonderen Kontrollgremium oder sogar einem Volkskommissariat zu unterstellen. Die Tscheka blieb sein ihm selbst zugeordnetes Machtinstrument. Sie nahm personell einen stürmischen Zuwachs; zunächst waren es einige Dutzend hartgesottene Berufsrevolutionäre, die ihren Kern ausmachten, darunter Leute wie Moissej Urizki, der 1916 bereits mit Alexander Helphand in Skandinavien konspirierte, auch dessen Kompagnon Mieczyslaw Koslowski und etliche andere, die im Laufe der Geschichte noch einmal eine Rolle spielen sollten. Da waren die Letten Martin Lacis (30 Jahre), Karlis Grasis (24 Jahre) und Jakow Peters (32 Jahre); Peters galt als besonders sadistischer Folterer; im Juli/August 1918 war er kurzfristig Chef der Tscheka, bevor er endgültig von Dsershinski abgelöst wurde; Lacis, der eigentlich Subdrabs Janis hieß, wurde 1937 erschossen, Grasis und Peters 1938. Da war der 27-jährige Pole Franciszek Grzelszczak; er wurde der erste Sekretär der Tscheka; sein weiterer Weg führte ihn in die Illegalität nach Polen; 1937 ließ Stalin ihn erschießen. Da war der Pole Stanislaw Messing (28 Jahre), er wurde 1937 hingerichtet, und der Russe Solomon Mogilewski (33 Jahre), einer von Lenins Gefährten aus der Schweiz; er kam bei einem Flugzeugabsturz 1925 ums Leben. Da waren die bolschewistischen Funktionärinnen Jelena Stassowa (45 Jahre), zugleich Sekretärin des Zentralkomitees der KPR(B), und die 44-jährige Warwara Jakowjewa, die eine Weile de-facto-Chefin in Petrograd war; sie wurde 1941 hingerichtet. Mit von der Partie waren auch die späteren sowjetischen Spitzenfunktionäre Kliment Woroschilow (37 Jahre) und Nikolaj Bulganin (23 Jahre); beide brachten es zu Marschällen der Sowjetunion, Bulganin sogar zum Regierungschef. Unsichere Quellen gehen für das Ende des Jahres 1918 von einer Personalstärke von 15 000 Personen aus, die im Laufe von nur drei weiteren Jahren auf 250 000 Personen aufgestockt worden sei.[616]

Eine der vielen Legenden über den Personalapparat der Tscheka und ihrer Nachfolger besagt, dass man im Gegensatz zu anderen Institutionen des sowjetischen Staates von Anfang an streng darauf geachtet habe, keine Exponenten des alten Systems und vor allem keine ehemaligen Spitzel der Ochrana in die Reihen der bolschewistischen Geheimpolizei aufzunehmen, doch wie so oft ist auch hier das Gegenteil zutreffend. Einigen von ihnen werden wir noch begegnen. Abgesehen von der Kontinuität solcher Spitzelkarrieren gab es noch ganz anderes: Der Ex-General der Ochrana, Wladimir Dshunkowski, stellte sich frühzeitig in den Dienst der Tscheka. Ihm verdankte sie die Überleitung der alten Dienstvorschriften in die neue Zeit, vor allem aber die Fortsetzung der geheimpolizeilichen

Methoden, wie den Einsatz von Provokateuren und die Gründung ganzer Provokateur-Scheinorganisationen, von denen wir noch ausgiebig sprechen werden. Nebenbei bemerkt: Dshunkowski wurde 1938 erschossen; da hatte er seine Schuldigkeit mehr als nur getan.[617]

Dies also war der Apparat, über den Lenin verfügte, als er daranging, die ihm über Nacht zugefallene Macht zu sichern. Die Tscheka war nur ein Teil des bewaffneten Apparats. Als geschickter Stratege hatte Lenin die Macht geteilt. Der andere Teil war die Rote Armee, deren Aufbau und Leitung dem begabten Organisator und Agitator Leo Trotzki anvertraut war. Auch die Rote Armee vergrößerte sich rasant. Dafür sorgte die Hereinnahme von 40 000 ehemaligen zaristischen Offizieren als so genannte Militärexperten. Ihnen gegenüber erschien es den Bolschewiki notwendig, ihre Macht organisatorisch zu sichern; zu diesem Zweck wurden den militärischen Kommandeuren gleichberechtigte Kommissare zugeordnet.[618]

Einer der Militärexperten war der Admiral Schtschastny. Er war der Oberbefehlshaber der Ostseeflotte. Als er im Frühsommer 1918 vom Kriegskommissar Trotzki den Befehl erhielt, die Flotte wegen des befürchteten Zugriffs durch die Deutschen zu versenken, widersetzte er sich der Weisung. Zu Recht beurteilte er die Lage so, dass ein Angriff derzeit weder aktuell noch realistisch war. Schtschastny wurde zu seinem Vorgesetzten einbestellt und auf dem Wege dorthin festgenommen, da er vier Dokumente bei sich trug, die ihm soeben per Post zugegangen waren. Aus den Dokumenten sollte sich angeblich die Zusammenarbeit der Bolschewiki mit den Deutschen beweisen lassen. Alles spricht dafür, dass dieser Dokumentenfund Teil einer bolschewistischen Provokation war. Denn der Admiral wurde unverzüglich wegen Aufwiegelung vor Gericht gestellt und am 21. Juni 1918 erschossen. Es war der Erste in einer langen Reihe von Scheinprozessen, an die sich die Betrachter der bolschewistischen Herrschaft rasch zu gewöhnen begannen.[619]

Das alles fand in jenem Sommer 1918 statt, als der Botschaftsrat Kurt Riezler aus Moskau berichtete. Er selbst hielt in Verkennung der tatsächlichen Umstände Lenins Macht für nahezu am Ende.[620] Allerdings gab es genügend Anhaltspunkte, die diesen Schluss nahe legten.

> *Die Situation hat sich in den letzten 14 Tagen in sehr schnellem Tempo zugespitzt; der Hunger kommt und wird mit Terror erstickt, der Druck der Bolschewikifaust ist ungeheuer, Hunderte werden im Stillen erschossen. Das ginge noch, aber es ist nicht mehr zu zweifeln, dass auch die physischen Machtmittel der Bolschewiki sich erschöpfen. Das Benzin für die Autos geht zu Ende, und die auf den Autos sitzenden lettischen Soldaten sollen auch nicht mehr unbedingt zuverlässig sein.*[621]

Es hatte allen Anschein, als ob die einzige ernst zu nehmende Militärmacht in

Russland die Tschechoslowakische Legion sei, eine Landsknechtstruppe, die am 21. April 1916 aus Kriegsgefangenen und Überläufern aus der k.u.k. Armee gebildet worden war, um an der Seite der Entente in den Krieg einzutreten; jetzt bewegte sich dieser Verband entlang der Transsibirischen Eisenbahn und terrorisierte die Umgebung. Zudem gab es etliche politische Oppositionelle, die sich allmählich vom Schock der Oktoberrevolution erholt hatten, auch viele ehemals zaristische Staatsfunktionäre, die sich mit den Ereignissen der Februarrevolution nicht abfinden wollten. Und es gab nicht zuletzt die Partei der Linken Sozialrevolutionäre, die bis März 1918 mit Lenin in einer Art Koalitionsregierung zusammenarbeiteten. Dann traten sie aus dem Sownarkom aus; in der Tscheka jedoch blieben sie vertreten. So war ihnen nicht verborgen geblieben, wie stark Lenins Regierung vom Wohlwollen der deutschen Militärmacht abhängig war. Als die Deutschen darangingen, über die in Brest-Litowsk festgelegten Grenzen hinaus militärisch gegen Finnland, die Krim und den Kaukasus vorzugehen, war bei etlichen der Sozialrevolutionäre das Maß der Duldung von Lenins Bolschewiki erschöpft. Sie besannen sich auf ihre eigene terroristische Tradition und beschlossen, dieselbe wieder aufleben zu lassen. Doch bevor sie gegen führende Bolschewiki zu Werke gingen, gerieten die deutschen Besatzer ins Visier der Links-Revolutionäre. Ihre Attentate hatten ein Vorspiel, das wesentlich zur eigenen Vernichtung beitrug.[622]

Am 6. Juli 1918 betraten zwei Mitarbeiter der Tscheka unter einem Vorwand die deutsche Botschaft in Moskau und erschossen dort aus nächster Distanz den deutschen Gesandten Wilhelm von Mirbach. Leiter dieses Unternehmens war der Linke Sozialrevolutionär Jakow Bljumkin, dem aparterweise als Chef der Deutschen Sektion der Tscheka die Überwachung der deutschen Botschaft in Moskau oblag. Sein Komplize hieß Michail Andrejew. Da die Tschekisten sich mit einem von Dsershinski ausgestellten Gesuch Zutritt zur Botschaft verschafft hatten, stellte sich für deren Personal schon bald die Frage der wirklichen Urheberschaft des Anschlags. Zwar erschienen Lenin und Dsershinski noch am Mordtag, um zu kondolieren, auch versprachen sie die Aburteilung der Schuldigen, doch Riezler, der Augenzeuge, merkte an, dass dies alles in kalter Geschäftsmäßigkeit abgegangen sei. Er konnte alsbald Beruhigendes bezüglich der Strafverfolgung nach Berlin melden, doch kommen uns durchaus Zweifel über Ursache und Wirkung des Attentats. Vorsichtig gesprochen kam das Attentat auf Mirbach den Bolschewiki gerade recht; bereits am 16. Mai 1918 hatte Lenin in einer Unterredung mit Mirbach den deutschen Botschafter gewarnt, den Bogen der Repressalien gegenüber Russland nicht zu überspannen. Dank der Berichterstattung der Tscheka-Leute Bljumkin und Andrejew konnte die Führung der Bolschewiki keinen Zweifel mehr haben, dass der deutsche Botschafter ihr Regime zunehmend als Übergangslösung zu betrachten begann. In diesem Augenblick kam das öffentliche Attentatsgerede der Sozialrevolutionäre wie gerufen. Über die Feindseligkeit der Sozialrevolutionäre auch ihm selbst gegenüber konnte Lenin keinerlei Illusionen hegen. Zwei Tage vor dem Gesandtenmord hatten die Linken Sozialrevolutionäre Lenin auf dem V. Sowjetkongress, auf dem ihre Mitglieder ein Drittel der Sitze innehatten, scharf attackiert. [623] Auch ihr Liebäugeln mit den nach wie vor im Lande diplomatisch vertretenen Entente-Staaten kann ihm nicht verborgen geblieben sein, selbst wenn wir berücksichtigen müssen, dass im Frühsommer 1918 die Tscheka noch Meilen von dem Überwachungsapparat entfernt war, zu dem sie in wenigen Jahren werden sollte. Lenin hatte die Gunst der Stunde ergriffen:

Wir machen bei unseren revolutionären Genossen eine Art innere Anleihe und beweisen unsere Unschuld, ohne unser eigenes Menschenkapital anzugreifen.[624]

So jedenfalls hat Leonid Krassin, ein alter Weggefährte Lenins, dessen Worte übermittelt, denn Krassin war über den Zynismus entsetzt, aus den verhafteten Linken Sozialrevolutionären einige willkürlich herauszugreifen, um sie als angebliche Hintermänner hinrichten zu lassen. Trotzdem blieb die Lage für die Bolschewiki heikel genug, da ausgerechnet zwei Tscheka-Angehörige die Tat unternommen hatten. Es bedurfte einiger gewundener Erklärungen, die Glauben machen sollten, die Unterschrift von Dsershinski auf dem Auftrag der Tscheka-Leute sei gefälscht gewesen. Dsershinski wusste Bescheid: Tage vor dem Attentat hatte ein V-Mann der deutschen Botschaft mit Namen Hintzsch auf die Planung des Attentats aufmerksam gemacht. Die Deutschen hatten daraufhin Felix Dsershinski zu Rate gezogen, doch der hatte abgewiegelt. Vollends unglaubwürdig wird die Geschichte, wenn wir das weitere Schicksal des Attentäters Bljumkin verfolgen. Er entzog sich der Verhaftung zunächst durch Flucht in die Ukraine. Im Gegensatz zu einigen Dutzend Sozialrevolutionären, die als angebliche Strippenzieher des Anschlags ohne viel Federlesens hingerichtet wurden, erhielt Bljumkin (vermutlich in Abwesenheit) eine Gefängnisstrafe von drei Jahren. Hiervon war keine Rede mehr, als er bald darauf nach Moskau zurückkehrte, um die Arbeit bei der Tscheka wieder aufzunehmen. Sein Schicksal ereilte ihn erst zehn Jahre später: Als Resident des Auslandsgeheimdienstes INO im Nahen Osten galt er als Verbindungsmann zu dem soeben exilierten Leo Trotzki, dem Staatsfeind Nummer eins dieser Jahre. Ihn nach Moskau zurückzuexpedieren, wurde eine Mitarbeiterin des Geheimdienstes zu ihm entsandt. Sie erhielt den Auftrag, unter Verzicht auf die sozialistische Moral mit Bljumkin ein Liebesverhältnis anzuknüpfen und sodann für seine Rückkehr zu sorgen. Die Wahl fiel auf die 28-jährige Lisa Rosenzweig; die attraktive Rothaarige mit dem Spitznamen Lissa (die Füchsin) schaffte Bljumkin nach Moskau zurück und lieferte die angeblichen Beweise für seine trotzkistischen Verbindungen, so dass der Tschekist

1929 ohne Verzug erschossen wurde. Seine Ex-Geliebte sollte als Agentin Elisaweta Sarubina den Deutschen noch viel Ärger bereiten.[625]
Einstweilen standen die Dinge im Sommer 1918 für die Bolschewiki nicht gerade rosig. Von der Entente unterstützt, machten sich eine Reihe zaristischer Generale daran, die Macht im Lande zurückzuerobern. So begann der blutige Bürgerkrieg, den die Rote Armee schließlich zugunsten der Bolschewiki entschied. Ihr Sieg war der Organisations- und Führungskraft Trotzkis zu verdanken; die spätere sowjetische Geschichtsschreibung hat sich alle Mühe gegeben, diesen Umstand wegzulügen. Mit entscheidend für den Misserfolg der Weißen war, dass sie kein glaubwürdiges politisches Konzept besaßen, welches es ihnen ermöglicht hätte, erneut Soldatenmassen für einen Krieg zu mobilisieren. Die Notwendigkeit, am Landerwerb teilzuhaben, der von den Bolschewiki geduldet und bald propagandistisch ausgeschlachtet wurde, verbot den meisten, sich in den Dienst für eine höchst unsichere, restaurative Sache einspannen zu lassen. Hätten diese Bauernsoldaten geahnt, dass sie kurze Zeit später von den Bolschewiki selbst zu Kulaken und damit zu Staatsfeinden ausgerufen werden sollten, wäre die Entscheidung wohl anders ausgefallen.

Für viele Russen stand fest, dass die Bewegung der Weißen für Kriegsverlängerung und Restauration stand. Damit hatten sie nicht einmal Unrecht, denn die Ententestaaten, allen voran Großbritannien, gaben sich die größte Mühe, durch finanzielle Zuwendungen an die Weißen das Ruder noch einmal herumzureißen. Es blieb nicht bei den Finanzspritzen; im britischen Außenministerium und im Auslandsgeheimdienst MI 6, der damals noch MI 1c hieß, war man zur Überzeugung gelangt, dem Sturz der Bolschewiki mit Rubeln aus der konpirativen Schatulle nachzuhelfen. Es wurde eine Verschwörung organisiert, über die so viele Varianten im Umlauf sind, dass man damit eine Spezialbibliothek füllen könnte. Sicher ist nur: Die Sache ging schief. Der Kopf der Verschwörung war der britische Diplomat Robert Bruce Lockhart, der sich einiger Geheimdienstmitarbeiter bediente. Lockhart war bis September 1917 britischer Generalkonsul in Moskau gewesen. Nach kurzem Aufenthalt in London kehrte der 48-Jährige bereits im Januar 1918 nach Russland zurück. Sein Auftrag lautete, den Sturz der Bolschewiki zu organisieren. Mittelsmann war der 1874 in Odessa geborene Sigmund Rosenblum, der seit den 1890er-Jahren für den Geheimdienst Seiner Majestät als Sidney Reilly arbeitete. Dieser heckte aus, dass mit Hilfe der in Russland vagabundierenden lettischen Truppen, die von den Bolschewiki zu Bewachungsaufgaben herangezogen wurden, die bolschewistische Regierung festgenommen, Lenin erschossen oder alternativ in Unterhosen durch Moskau getrieben werden sollte. Wegen der involvierten Letten ist die ganze Sache als Lettisches Komplott in die Geschichtsbücher eingegangen; andere haben den Vorgang als Gesandtenverschwörung bezeichnet. Doch die Rädelsführer gingen nicht besonders konspirativ vor. Selbst die deutsche Botschaft in Moskau erfuhr durch einen der lettischen Kommandeure von der Affäre. Die Letten schätzten die Chancen der Leninregierung, deren Bewachung ihnen oblag, nicht als besonders hoch ein. Der Kontakt zu den deutschen Diplomaten sollte ihnen die Zusicherung einer Amnestie bei Rückkehr in das von deutschen Truppen besetzte Lettland bringen. Doch damit zögerte das Auswärtige Amt; denn vor allem Ludendorff mochte die lettischen Soldaten nicht in dem von deutschen Truppen besetzten Kurland und Livland haben. Ihrer Hoffnung beraubt, blieb den Letten nichts anderes übrig, als bei der Stange zu bleiben. So wurden aus den potenziellen Deserteuren nolens volens bolschewistische Helden. Weder Eduard Bersin noch Jan Bulkis mochte es mit dem britischen Agenten Reilly halten. Bulkis verhandelte indessen unter dem Decknamen Schmidtchen, den Reilly für lettisch halten mochte, mit dem britischen Agenten weiter und erleichterte ihn um 1,2 Millionen Rubel, die statt der Putschkasse dem sowjetischen Staatshaushalt zuflossen. So klappte das Lettische Komplott zusammen, ehe es für die Herrschaft der Bolschewiki ernsthafte Konsequenzen haben konnte. Indessen waren diese keineswegs gewillt, die Sache auf sich beruhen zu lassen; sie erstürmten die britische Botschaft und setzten in der Nacht vom 31. August auf den 1. September 1918 Lockhart als Rädelsführer fest. Am 2. Oktober 1918 wurde er gegen den in England einsitzenden Maxim Litwinow ausgetauscht. Sidney Reilly konnte entkommen; ob es unter den von ihm später geschilderten abenteuerlichen Umständen geschah, mag so sein.[626]

Was indessen niemand ahnen konnte, waren die Planungen der Sozialrevolutionäre. Durch das Vorgehen der Bolschewiki gegen sie nach den Attentaten auf den deutschen Botschafter Graf Mirbach und den deutschen Militärbefehlshaber von Eichhorn in der Ukraine waren bei ihnen die Würfel für die Beseitigung von Lenin endgültig gefallen; andere sagen, dass das, was jetzt passierte, ungeplant war und mit den Sozialrevolutionären nichts zu tun hatte. Am 30. August 1918 wurden fast zeitgleich Revolverattentate auf den Leiter der Petrograder Tscheka, Moissej Urizki, und in Moskau auf Wladimir Lenin unternommen. Urizki wurde getötet, Lenin durch zwei Revolverkugeln verwundet. Nach kritischen Stunden im Kreml überlebte er das Attentat. Die Rache war schrecklich. Die Tscheka erhielt den Auftrag, die konterrevolutionären Elemente zu liquidieren. Die Angaben über die erschossenen Opfer schwanken erheblich; sie wurden zwischen 500 und 50 000 Personen geschätzt; unter diesen auch Fanny Kaplan. Die 28-jährige ehemalige Anarchistin hatte bei einem Bombenanschlag im Jahr 1906 eine stark beeinträchtigende Augenverletzung davongetragen. Nun wurde sie bezichtigt, die Lenin-Attentäterin zu sein. Das ist mehr als nur zweifelhaft; dennoch wurde sie am 3. September 1918 vom Militärkommandanten des Kreml Pawel Malkow

eigenhändig erschossen. Ein Gerichtsverfahren wurde für entbehrlich gehalten. Die Tscheka hatte endgültig das Recht zum Töten okkupiert.[627]
Vielfach werden die Attentate vom August 1918 mit dem Lettischen Komplott in einem Atemzug genannt, weil beide als Teile einer Gesamtstrategie vom britischen MI 6 angezettelt worden seien.[628] Zwingend ist dies keineswegs; es ist sogar eher unwahrscheinlich. Die Folgen dieser Verschwörungssaga waren allerdings kaum zu überschätzen: Fortan setzte sich in den Köpfen führender Bolschewiki der Gedanke fest, dass die Masse des auf Sowjetrussland zukommenden Ungemachs seinen Ursprung im Tun des britischen Geheimdienstes hätte. Vor allem Stalin hielt bis zu seinem Tode an dieser traumatischen Erfahrung fest. In den Schauprozessen der 1930er-Jahre wimmelte es nur so von angeblichen britischen Agenten.
Und die Deutschen? Nach dem Attentat auf den deutschen Gesandten Mirbach leitete sein Vertreter Riezler kurze Zeit die Geschicke der deutschen Vertretung in Moskau. Er hatte Lenin bereits abgehakt. Doch das Auswärtige Amt in Berlin beurteilte die Dinge völlig anders. Nicht ohne Wohlwollen sah man die Schwierigkeiten, in denen die Bolschewiki steckten, doch ihnen den Garaus zu machen, hätte den deutschen expansiven Interessen grundlegend widersprochen. Mit Karl Helfferich entsandte man einen neuen Botschafter, der unter Reichskanzler Bethmann Hollweg 1915 bis 1917 Staatssekretär des Reichsschatzamtes und sodann der Innen-Staatssekretär gewesen war; Helfferich galt als politisches Schwergewicht, dem man vor allem die Durchsetzung von Wirtschaftsinteressen zutraute. Doch Helfferich blieb nur wenige Tage auf seinem Moskauer Posten; dann begab er sich unaufgefordert zur Berichterstattung nach Berlin, was im Auswärtigen Amt nicht ohne Grund als Fahnenflucht registriert wurde. Noch vor seiner Abreise ordnete er aus angeblichen Sicherheitsgründen die Verlegung der Botschaft von Moskau nach Petrograd an. Auch dort blieb sie nur vorübergehend und verlegte sodann ihren Sitz nach außerhalb des Herrschaftsbereichs von Sowjetrussland, nämlich ins estnische Reval. Deutschland hatte sich damit freiwillig seines vorgeschobenen Beobachtungspostens begeben.[629] Was immer der Anlass gewesen sein mag, von nun an schlug wieder die Stunde der Agenten, und ein alter Bekannter von uns betritt erneut die Bühne – Alexander Bauermeister. Im Auftrag der Obersten Heeresleitung suchte er im Spätsommer 1918 Moskau auf; er war mit der Ausspähung der sich bildenden Roten Armee beauftragt.

Eines Tages meldete sich bei meinem Hilfsoffizier ein eleganter Herr im Trench, der mich unter vier Augen sprechen wollte. Da man mit Provokationen rechnen musste, durchsuchte ihn mein Hilfsoffizier nach Waffen. »Ich verstehe durchaus die Vorsichtsmaßnahmen«, sagte der Fremde ruhig und ließ sich untersuchen. Er führte keine Waffen bei sich. »Generalstabshauptmann N.«,

stellte er sich mir vor. Indem er mir auseinander setzte, dass er die internatio-
nalen Bolschewisten aus tiefstem Herzen hasse, bot er sich mir als Agent an …
Ich stellte den Generalstabshauptmann gegen ein im Verhältnis zu seinen Mel-
dungen außerordentlich bescheidenes Gehalt ein. Dieser Generalstabshaupt-
mann war fraglos der bedeutendste Spion des Weltkrieges, hat er doch im Ver-
lauf der nächsten Monate in wöchentlichen Berichten die ganze Dislokation
der in Bildung befindlichen Roten Armee bis in alle Einzelheiten gemeldet.
Kein anderer Agent des Weltkrieges hat auch nur im Entferntesten die Mög-
lichkeit gehabt, solches Material zu liefern. Die Herren der damaligen Ab-
teilung für fremde Heere im Großen Hauptquartier werden dieses gewiss
bestätigen. In Briefen, mit Geheimtinte geschrieben, berichtete mir der Gene-
ralstabshauptmann wöchentlich bis zum Dezember 1918.[630]

Selbst wenn man von Bauermeisters Schilderungen Abstriche macht, darf man getrost davon ausgehen, dass es in Moskau drunter und drüber ging. Die Damen di-
verser Ballette verdingten sich als Geliebte und Agentinnen. Bei der Auswahl
ihrer Gönner scheinen sie nicht besonders wählerisch vorgegangen zu sein. Bauermeister entging in Moskau nur mit Mühe einem Anschlag, der im Schlafzimmer
der Balletteuse und Doppelagentin namens Selenina auf ihn vorbereitet worden
war, nachdem er auf das Angebot nicht eingehen mochte, seinerseits zum Doppelagenten zu werden. Erst am 6. November 1918 kehrte er nach Reval zurück.[631]
Der Informationsfluss aus Russland riss dann ab.

| V |

Retourkutsche.
Die Revolutionierung Deutschlands

Kaum hatten sich die Bolschewiki als Regierung installiert, beschloss der Rat der Volksbeauftragten am 20. Dezember 1917, zwei Millionen Rubel für die Herbeiführung der Revolution in Deutschland zur Verfügung zu stellen.[632] Es ist nicht überliefert, woher man dieses Geld nahm. Stammte es aus der gut gefüllten Parteikasse der Bolschewiki, so kam es im Ursprung aus dem deutschen Fonds zur Revolutionierung Russlands. Dies ist der komische Aspekt an der Sache. Kaum nötig zu erwähnen, dass die deutsche Oberste Heeresleitung dies kaum zum Lachen gefunden hätte, wenn sie diesen Geldumweg erahnt haben würde. Stattdessen war die deutsche Seite zufrieden. Das Auswärtige Amt und, in diesem Falle in seinem Schlepptau, die Oberste Heeresleitung, hatten ihr Ziel erreicht: Dank Alexander Helphand war Lenin und Co. zur Macht verholfen worden; auf diese Weise wurde der Krieg im Osten ad hoc beendet. Doch hatte niemand den politisierenden Generalen und Obristen klaren Wein eingeschenkt, was dieser Machterwerb für die eigenen politischen Verhältnisse in Mitteleuropa bedeuten würde.

Helphand ahnte es, und er strebte danach, seine Rolle in Russland *und* in Deutschland zu spielen. Doch für ihn bedeutete der radikale Umsturz in Russland mit Hilfe der preußisch-deutschen Militärmacht das persönliche politische Aus. Die Reichsleitung ließ ihn im November 1917 gnadenlos fallen, als er sich bemühte, den Kontakt zwischen den siegreichen Revolutionären und den deutschen Mehrheits-Sozialdemokraten um Ebert und Scheidemann herzustellen. Riezler und Brockdorff Rantzau, die in ihm nichts anderes gesehen hatten als einen teuren, aber wohl funktionierenden Agenten des Deutschen Reiches, schnitten ihn von den diplomatischen Kommunikationswegen ab, die er bis dahin hatte benutzen können. Der Kaltgestellte suchte nun über seinen alten Bewunderer Karl Radek Kontakt zu Lenin; jetzt, so ließ er wissen, wollte er wieder mitmachen bei der Revolution in Russland. Für Radek war die Bitte wichtig genug, dass er sogleich von Stockholm nach Petrograd fuhr, um Lenin zu konsultieren. Er kam mit abschlägigem Bescheid zurück, und er war charakterlos genug, die Ablehnung des Ausgedienten in beleidigende Worte zu fassen. Helphand blieb nur die literarische Rache; fortan bezeichnete er Radek als revolutionären Harlekin. Das war nur ein schwacher Trost, denn die Rolle des Politikers, Revolutionärs und Agenten Alexander Helphand war zu Ende. Abseits vom wichtigtuerischen Getriebe in der Reichshauptstadt starb er am 12. Dezember 1924 auf seinem Besitz im feudalen Schwanenwerder am Berliner Wannsee.[633] Radeks Hauptrolle kam noch; er wurde Lenins Exponent der Revolutionierung Deutschlands.

Von wegen vaterlandslose Gesellen.
Die innenpolitischen Vorbedingungen

Um die im Jahre 1918 über Deutschland hereinbrechende Katastrophe in ihrem ganzen Ausmaß einordnen zu können, sind einige Bemerkungen zur inneren Lage des Kaiserreichs angezeigt. Dies erscheint unerlässlich, weil spätere Geschichtsschreibung seltsame Erklärungen gegeben hat – vor allem was die Rolle der deutschen organisierten Arbeiterschaft anlangt. Knapp zwei Jahre nach dem Regierungsantritt Wilhelms II. fiel das Sozialistengesetz, für dessen erneute Verlängerung sich im Reichstag am 25. Januar 1890 keine Mehrheit mehr fand. Damit entfiel eine der merkwürdigsten Staatsschutzbestimmungen, deren wesentlicher Inhalt das Verbot jeglicher Betätigung für die SPD war – ausgenommen allerdings die Wahl zum Reichstag und die Ausübung des Abgeordnetenmandats. Das Gesetz war längst zum Anachronismus geworden. Es hatte nicht verhindern können, dass in Deutschland eine revolutionäre sozialistische Partei zur stärksten politischen Kraft hatte aufsteigen können – ja man darf vermuten, dass es die politische Verfolgung war, die wesentlich zu diesem Aufstieg in Deutschland beitrug.[634] Doch hinter der gewaltigen kraftstrotzenden Fassade stand keine einheitliche politische Strategie. Dieser Umstand ließ sich so lange verkleistern, als die SPD nicht gezwungen war, die bequemen Sitze der Opposition zu verlassen und politisch in die Pflicht zu geraten. Grob gesagt bezogen sich die inneren Diskrepanzen der Sozialdemokratie auf die Frage, ob der Sozialismus nur durch eine einschlägige Revolution zu erreichen sei oder ob man den herrschenden Klassen das Erwünschte auch auf legalem Wege abtrotzen könne. Das war ein dankbares Feld für die erlauchtesten politischen Geister des frühen Jahrhunderts. Diese Diskussionen verdeckten für spätere Leser das Faktum, dass die SPD mit ihren über eine Million Mitgliedern vor dem Ersten Weltkrieg die einzige ernst zu nehmende politische Kraft in Deutschland war, die außerhalb der Strukturen der etablierten Gesellschaft stand. Riesenhaftigkeit der Organisation und Möglichkeiten der praktischen politischen Einflussnahme lagen um Meilen auseinander, sieht man einmal von Länderbesonderheiten wie in Bayern und seiner Hauptstadt München ab. Umso schärfer jedoch gilt die Feststellung für das Reich und sein größtes Land, für Preußen. Während im Reich das Allgemeine Wahlrecht galt, das der SPD zu einer respektgebietenden Größe im Reichstag verhalf, galt demgegenüber in Preußen das Dreiklassenwahlrecht, das sich an den Besitzverhältnissen ausrichtete, wodurch die parlamentarische Präsenz der SPD im Preußischen Abgeordnetenhaus auf ein Minimum reduziert werden konnte. Hinzu kam die geringe politische Einflussnahme der Parlamente, denen eine unmittelbare Kontrolle der Regierungen nicht zustand. Die Regierungen waren vielmehr vom Wohlwollen des Monarchen abhängig. Das galt im Reich wie auch in Preußen. Die Parlamente waren allerdings notwendiger Teil der Gesetzgebung; ihr stärkster politischer Einfluss resultierte aus dem Etatrecht, der Befugnis zur Festlegung der öffentlichen Haushalte.[635]

Vieles, was in der deutschen Sozialdemokratie mit Bierernst debattiert wurde, lesen wir heute mit Kopfschütteln oder Erheiterung, doch am 31. Juli 1914 war der Spaß zu Ende. Der Reichstag wurde zu einer Sondersitzung zusammengerufen, weil es über die Gewährung von Kriegskrediten abzustimmen galt. Zwar stand dem deutschen Kaiser als dem Bundesfeldherrn das verfassungsmäßige Recht zu, allein über Krieg und Frieden zu entscheiden, doch diese Alleinherrlichkeit bestand für die Frage der Finanzierung eines Krieges nicht. Also wurde am 4. August 1914 eine Ergänzung des Reichshaushalts zur Kreditfinanzierung des Krieges vorgelegt. Jetzt galt es für die SPD öffentlich Stellung zu beziehen, wie sie es mit dem Vaterland zu halten gedachte. Das war für die deutsche Sozialdemokratie die Stunde der Wahrheit. Sie stimmte der Regierungsvorlage geschlossen zu. In der vorausgegangenen innerfraktionellen Sitzung hatte sich eine klare Mehrheit abgezeichnet, so dass sich auch die Kriegs- und Kriegskreditgegner der Fraktionsdisziplin beugten – auch der Reichstagsabgeordnete Karl Liebknecht, selbst wenn dies später gerne anders geschildert worden ist. Die Führung der SPD hatte sich von der Lüge, dass das friedliebende Deutschland überfallen worden sei, überrumpeln und anstecken lassen.[636]

Die Zustimmung der SPD-Fraktion am 4. August 1914 zur Gewährung der Kriegskredite wurde zur Wegmarke ihrer Geschichte. Gnadenlos vollzog sich die vorerst intern bleibende Spaltung in einen internationalistisch-pazifistischen und einen vaterländischen Flügel. Diese Flügel ähnelten personell, trotz mancher Überschneidungen, jenen beiden Vorkriegsrichtungen, die man als revolutionär und evolutionär beschreiben kann. Hier wurde das Fundament für die später unumgänglich erscheinende Parteispaltung gelegt. Kaum einer mochte sich erinnern, dass die Voraussetzung für die Zustimmung der SPD ein Trick des Reichskanzlers Bethmann Hollweg gewesen war, der dem deutschen Volk und damit auch der SPD glaubhaft suggerieren konnte, Deutschland sei am 1. August in einen aufgezwungenen Verteidigungskrieg eingetreten. Die Sozialdemokratie als politische Kraft mit der größten Massenbasis sah sich im Zugzwang und schwenkte, wenn auch mit deutlichen Zweifeln, auf die Linie der Kriegführung ein. Der sozialistische Internationalismus war verflogen; jahrelange gegenteilige Beteuerungen hatten sich binnen Tagesfrist in Luft aufgelöst. Es ist wenig tröstlich, dass es der SPD damit nicht besser erging als den sozialistischen Bewegungen der Feindstaaten. Selbst in Russland machten die sozialdemokratischen Menschewiki einen vorübergehenden Frieden mit den monarchischen Systemen. Sozialistische internationalistische Pazifisten wurden über Nacht zu befehdeten Exoten: In Paris wurde deren bekanntester Exponent Jean Jaurès am 31. Juli 1914 ermordet.[637]

Man nannte diesen Zustand in Deutschland den Burgfrieden. Der Begriff ist aufschlussreich, denn er enthält als wesentliches Element das Gefühl des Zusammenschlusses gegen einen ungerechten, von außen aufgenötigten Angriff neidischer Feinde. Die Floskel von der Welt der neidischen Feinde war der letzte propagandistische Erfolg, den der geschwätzige deutsche Kaiser bei seinem Volk hatte landen können. Sein Appell an die Nation, der in den Worten gipfelte: Ich kenne keine Parteien mehr, ich kenne nur noch Deutsche,[638] traf den Nerv des Volkes mit voller Wucht. Er löste eine Welle nationaler Begeisterung aus, der sich auch die Sozialdemokraten nicht zu entziehen vermochten. Später ist das von Besserwissern anders gesehen worden.[639] Hätte allerdings die Führung der SPD in den frühen Augusttagen des Jahres 1914 nur entfernt geahnt, mit welcher Leichtfertigkeit die deutsche Reichsleitung den Krieg mit verursacht hatte, wäre ihre Entscheidung vielleicht ganz anders ausgefallen. Doch das muss müßige Spekulation bleiben. Festzuhalten ist lediglich, dass die Entscheidung der SPD vom August 1914 leicht nachzuvollziehen ist. Betrachten wir für einen Augenblick die mögliche Alternative. Jahrelang fortgeschriebene Kriegsplanung von Militär und Polizei hatte Schwarze Listen vorgesehen, nach denen im Falle eines Kriegsausbruchs alle führenden Funktionäre der SPD festzunehmen und in so genannte Schutzhaft zu überführen waren.[640] In Russland übrigens geschah genau dies: Die fünf sozialistischen Dumaabgeordneten, die den Bolschewiki angehörten und den Lenin'schen Doktrinen folgend die Zustimmung zu den Kriegskrediten verweigerten, wurden kurzerhand festgesetzt und in die Verbannung nach Sibirien verfrachtet.[641] Dergleichen erübrigte sich in Deutschland, jedenfalls im August 1914. Doch hinter der Fassade der sozialistischen Solidarität bröckelte es.

Mit dem Abflauen der Begeisterung, mit den schwächer werdenden Siegesnachrichten, mit dem Eintreffen immer längerer Lazarettzüge mit stinkenden, eiternden und zum Krüppel geschossenen Verwundeten verschoben sich die Koordinaten zur Beurteilung der Kriegspolitik des Reichs allmählich. Gerade und bevorzugt in der SPD brachen die alten Gräben wieder auf; neue kamen hinzu. Mehrheitler, Radikale und Marxisten, Internationalisten und Zentristen, Revisionisten und revolutionäre Sozialisten, Utopisten und Syndikalisten, sie alle fühlten sich gedrängt, das Unerhörte des Krieges auf ihre spezielle Weise zu erklären. Es ist fraglos das Verdienst des Reichstagsabgeordneten Karl Liebknecht, nicht nur in der Theorie großartige politische Handreichungen erdacht, sondern als Erster konkret politisch gehandelt zu haben, indem er auf der Reichstagssitzung am 2. Dezember 1914 die Gewährung weiterer Kriegskredite ablehnte.[642] Das war nicht nur ein mutiger öffentlicher Schritt, sondern er unternahm ihn mit einer beachtlichen Begründung:

Dieser Krieg ist … nicht für die Wohlfahrt des deutschen oder eines anderen Volkes entbrannt. Es handelt sich um einen imperialistischen Krieg … Ein schleuniger, für keinen Teil demütigender Friede, ein Friede ohne Eroberungen, ist daher zu fordern, alle Bemühungen dafür sind zu begrüßen.[643]

Das war eine deutliche Aussage, und es war eine Kampfansage. Sie machte den Verfasser mit einem Schlag weit über seinen bisherigen Wirkungskreis hinaus bekannt. Und sie machte ihn zum Hassobjekt des Establishments, wo immer dieses in der politischen Arena sitzen mochte.[644] Karl Liebknechts Mut war in der Tat beträchtlich, wiewohl, was er aussprach, irgendwie in der Luft lag. Wir wollen ihm keineswegs die Originalität seiner Gedanken absprechen, und doch kommen uns seine Ausführungen irgendwie bekannt vor. Sie sind nahezu wortgleich mit den Aufrufen, welche die Bolschewiki 1917, also bald drei Jahre später, in die Welt setzten; es waren die Parolen, die ihnen entscheidend halfen, die Macht in Russland zu gewinnen und ihren Erhalt sodann gegen vielfältige Feinde zu ertrotzen. Es waren die Gedanken von Wladimir Lenin, ausgedacht bereits 1914, als er zu argumentieren begann, dass dieser Krieg zur Zertrümmerung der alten verhassten Regime führen müsse[645] – eine der wenigen Prognosen, mit denen er Recht behalten sollte.

Liebknechts Aktionen blieben nicht ohne Wirkung auf die Sozialdemokratie, die unter dem Druck der Kriegsereignisse Wandlungen und Zerreißproben durchmachte. Recht bald stand die Gruppe Internationale (Spartacus) krass abseits der offiziellen betont vaterländischen Haltung der Partei. Das brachte ihr die Überwachung durch Preußens politische Polizei ein, die sich auf eine gut platzierte Quelle stützte. Wer dieser V-Mann der Abteilung V in der politischen Spitze war, lässt sich nicht mit Sicherheit sagen; die Berichterstattung über seine Meldungen legt indessen den Schluss nahe, dass es einer der Abgeordneten des linken Flügels der SPD war. Der Führer von Spartacus, Karl Liebknecht, verschwand wegen seiner am 1. Mai 1916 in Berlin gehaltenen Antikriegsrede für die nächsten zweieinhalb Jahre im Zuchthaus. Er hatte ausgerufen: Nieder mit dem Krieg – nieder mit der Regierung! Das brachte ihm eine Verurteilung wegen Hochverrats ein. Eine Spaltung der SPD lag von da an in der Luft.[646]

Der schreckliche Hungerwinter von 1916/17 grub sich als der Kohlrübenwinter in die Erinnerung der Zeitgenossen ein. Es war eine erschütternde Erfahrung, die bis ins Bürgertum hineinreichte. Es ging nicht mehr um Bescheidenheit oder Opferbereitschaft für einen von außen aufgezwungenen Verteidigungskrieg gegen eine Welt voll neidischer Feinde, jetzt ging es ums nackte Überleben. Die Steckrübe als Grundnahrungsmittel breitester Bevölkerungsschichten hinterließ bei den Überlebenden nichts als Ekel. Natürlich gab es auch anderes zu essen – ja, es gab alles, wenn man wohlhabend genug war, um astronomische Schwarzmarktpreise zu bezahlen. Daneben machte sich eine drückende Kohleknappheit in den Städten bemerkbar. Die Todeszahlen der Tuberkulose stiegen rapide; hinzu kamen in den letzten drei Kriegsjahren jährlich über 250 000 Hungertote – die meisten davon Kinder zwischen sechs und fünfzehn Jahren. Hätten die Hungernden und die Frierenden das Ausmaß gekannt, in welchem Leute wie die uns bekannten Gebrüder Sklarz sich an diesem Missstand zu bereichern wussten, hätten sie die immensen Gewinne gekannt, die der Chefrevolutionär Alexander Helphand aus seinen Kohlegeschäften mit den dänischen Sozialdemokraten einstrich, so wäre die Lage im Innern Deutschlands vielleicht schon früher explodiert.[647] So blieb es lange ruhig, denn wer ums Überleben kämpfen muss, hat keine Muße, um über die Ungerechtigkeit der Welt nachzudenken.

Die russische Februarrevolution ermutigte Kräfte, die bis dahin bestenfalls im Untergrund vernehmbar gewesen waren. Der radikalere Teil der SPD spaltete sich im April 1917 von der Mutterpartei ab. Man nannte sich fortan Unabhängige Sozialdemokratie (USPD). Die Parole lautete: *Brot und Wissen für alle! Frieden und Freiheit allen Völkern!*[648] Auch die USPD war mit ihren 120 000 Mitgliedern eine Massenpartei, also durchaus keine Vereinigung von Berufsrevolutionären, zu der die deutsche innenpolitische Überwachung sie gerne gemacht hätte; sie war in ihrer Zielsetzung mit der Gruppe Internationale (Spartacus) nicht identisch, obwohl die Spartacisten bei der USPD organisatorisch Unterschlupf nahmen. Das Radikale an der USPD war ihre strikte Forderung, den Krieg zu beenden. Ähnlich wie in Russland war die Forderung nach Frieden ein politisches Ansinnen, das der breiten Unterstützung nicht nur der Arbeiterschaft sicher sein durfte. Zeitgleich mit der Neuformation der Sozialdemokratie entlud sich die Atmosphäre im April 1917 in ersten großen Streiks; es waren spontane Erhebungen ohne Mitwirkung der Gewerkschaften und der Sozialdemokratie.[649] Bei diesen Streiks ging es erstmals nicht allein um die Arbeitsbedingungen; es wurde vereinzelt auch die Systemfrage gestellt.

Arbeiter! Zwei und dreiviertel Jahr tobt der Weltkrieg! Millionen Arbeiter sind
hingeschlachtet, zu Krüppeln geworden, und Millionen werden weiter zur
Schlachtbank getrieben. Daheim zehrt der Jammer Millionen Kinder, Mütter
und Ehefrauen auf, das arbeitende Volk hungert, ihm mutet man zu, noch
mehr zu hungern ...
Nieder mit dem meuchelmörderischen Kriege! Nieder mit Belagerungszu-
stand, Zensur und Einschränkung des Vereins- und Koalitionsrechtes! Heraus
mit den politisch Verurteilten aus den Kerkern! Her mit dem gleichen Staats-
bürgerrecht! ...Es wehe die rote Fahne über der freien Republik!
Leuchtend ist die russische Arbeiterschaft Euch vorausgegangen. Gehet hin
und tuet desgleichen ... [650]

Die Streiks wurden unterdrückt. Sie wurden mit Betriebsschließungen beantwortet, und die Streikbereitschaft endete an der Verhungernsgrenze. Politische Kundgebungen wurden untersagt und, wo sie dennoch stattfanden, mit Hilfe des verschärften Ausnahmezustands bekämpft. Die Kommandierenden Generale der
stellvertretenden Generalkommandos waren die Herren der Stunde. Deren Abteilungen I c erledigten die so genannte Abwehrarbeit. Seit 1917 war hiermit
keineswegs mehr die Zuständigkeit der militärischen Spionageabwehr allein gemeint, sondern das Militär wurde auch für die innenpolitische Aufklärung zuständig. Hiervon wurde reger Gebrauch gemacht. Die Monatsberichte der Generalkommandos an den Stellvertretenden Generalstab in Berlin geben Zeugnis
dafür ab, dass man sich über die innenpolitische Situation in Deutschland keinerlei Illusionen machen durfte. [651]

Wie so häufig klafften auch 1917/18 Erkenntnisse nachrichtendienstlich gewon-
nener Informationen und die Schlussfolgerungen hieraus meilenweit auseinander.
Die innere Sicherheit unterstand dank der Ausrufung des Belagerungszustands
mit Kriegsbeginn den Militärs. Die stellvertretenden Generalkommandos waren
Militärbehörden; ihr örtlicher Zuständigkeitsbereich war mit denen der Armee-
korpsbezirke, in die das Reich eingeteilt war, identisch. Die Armeekorps selbst,
die aktiven Verbände also, waren ins Feld ausgerückt, zurück blieben die Stellvertreter und ihre militärischen Verwaltungsstrukturen, deren eigentliche Aufgabe die von Ersatzbeschaffungsbehörden war. In der Praxis saßen auf diesen
Dienstposten durchweg längst pensionierte Offiziere; im Verlauf des Krieges
kamen zum Krüppel Geschossene und Drückeberger hinzu. Auch für die stellvertretenden Kommandierenden Generale selbst galt durchweg, dass sie die Pen-
sionsgrenze schon lange hinter sich gelassen hatten. Sie waren reine Militärs, die
mit Politik nie in Berührung gekommen waren. Viele von ihnen hielten Zivilisten
und ihre Art, die Verwaltungen zu lenken, grundsätzlich für *schlapp*, was eine besonders beliebte und bezeichnende Vokabel war. Wer an den Sieg der einst

schimmernden deutschen Wehr nicht glauben mochte, war ein *Flaumacher*, um auch diesen Ausdruck der Vergessenheit zu entreißen.[652]

Als besonders unglücklich erwies sich die Entscheidung, dem militärischen Geheimdienst III b die Kriegszensur zu unterstellen.[653] Diese bestand aus zwei ganz unterschiedlichen Zweigen: der Briefzensur und der Pressezensur. Die Briefzensur diente vordergründig der Spionageabwehr; so ist man dem einen oder andern Agenten auf die Schliche gekommen. Gravierender allerdings war, dass auf diese Weise, vor allem durch die Masse der Feldpost, ein Stimmungsbild der Bevölkerung und der Frontsoldaten gewonnen werden konnte, da andere insbesondere öffentliche Äußerungsmöglichkeiten infolge des verkündeten Belagerungszustandes nicht bestanden. Die aus der Briefzensur gewonnenen Erkenntnisse ergaben ein schonungsloses Bild über die wachsende Kriegsmüdigkeit der Bevölkerung; die Briefe spiegelten auch den russischen Bazillus wider, nachdem im Februar 1917 in Petrograd die Revolution ausgebrochen war. Welche Schlüsse zog die deutsche politische Führung aus dem, was sie da erfuhr? Eigentlich lange Zeit keine. Liebend gerne hätte der eine oder andere Militärgewaltige an streikenden Arbeitern ein Exempel statuiert, im Klartext: auf sie schießen lassen. Einer dieser Scharfmacher, der die innenpolitischen Probleme mit dem Gewehr lösen wollte, war der Direktor des Allgemeinen Kriegsdepartements im preußischen Kriegsministerium, der Generalmajor Ernst von Wrisberg. Wie er sich den militärischen Umgang mit einer kriegsmüden Bevölkerung vorstellte, hat er kurz nach dem Krieg ausführlich geschildert.[654] Dass es dazu nicht kam, verdankten die Betroffenen der Einsicht der zivilen Behörden. Noch stand bei den Aprilstreiks 1917 ein Reichskanzler Bethmann Hollweg an der Spitze der Regierung, der dergleichen nicht dulden mochte. So griff man zu anderen Mitteln: Schutzhaft in den ärgeren Fällen; im Übrigen entzog man den noch im Militäralter befindlichen Männern unter den Streikenden und Demonstrierenden ihre Unabkömmlichstellung und ließ sie zur Armee einrücken, die, wie man zuversichtlich glaubte, ganz andere Möglichkeiten der Disziplinierung zur Verfügung hatte. Doch auch diese Maßnahmen erwiesen sich als kurzschlüssig. Vor allem dank dieser ehemals Freigestellten hielt der Bazillus der russischen Revolution auch in der deutschen Armee Einzug.[655]

Nicht anders war es in der kaiserlichen Kriegsmarine. Bereits im Sommer 1917 war es zu mehreren Befehlsverweigerungen in der Kriegsmarine gekommen – Vorfällen, bei denen man Mühe hat, sie mit dem Begriff der Meuterei zu belegen. Auch die Berichterstattung der Nachrichtenabteilung des Admiralstabs, die 1917 durch eine zusätzliche Abteilung für Spionageabwehr ergänzt worden war, schlug eher skeptische Töne an. Doch der Marineleitung, die in Begriffen wie Manneszucht und Weltgeltung zu denken und zu reden gelernt hatte, fehlte das Vorstellungsvermögen, dass hinter massiven Unmutsäußerungen Sachverhalte zu stecken pflegen, die in tief greifenden Missständen ihren Ursprung haben. Und so war es auch in der kaiserlichen Marine. Die Mehrklassengesellschaft an Bord der großen Schiffe war nicht dazu angetan, den öden, sinnlos erscheinenden Dienst auf den Großkampfschiffen konfliktfrei zu organisieren. Zu den Ärgernissen unterschiedlicher Besoldung, Bekleidung, Unterbringung und Verpflegung trat der arrogante, der vielen Matrosen unerträgliche Ton zwischen Offizieren und Mannschaften hinzu. Auf der einen Seite das herablassende Du gegenüber den Mannschaften; auf der anderen Seite die verquaste Anredeform gegenüber den Offizieren in der dritten Person Plural – die Bitte, Herrn Leutnant melden zu sollen, an Herrn Leutnant vorbeitreten zu dürfen. Das waren unglaubliche Faxen für gestandene Männer aus gestandenen Berufen, zumeist Arbeiter, die mit der Sorge lebten, wie ihre Familien über den nächsten Winter kommen sollten. Nach dem Kohlrübenwinter von 1916/17 steigerte sich allein der Anblick der unterschiedlichen Verpflegung in den Offiziersmessen bis zur Unerträglichkeit.[656]

Arbeiter aus den Hütten und Zechen des Ruhrgebiets, die jetzt seit Jahr und Tag gezwungen waren, als Heizer auf Großkampfschiffen Dienst zu tun, waren von Hause aus in breiterem Umfang gewerkschaftlich organisiert, als dies bei anderen Truppenteilen der Fall war. Auch konnte es niemanden ernsthaft verblüffen, dass enge persönliche Verbindungen in die radikalere der beiden sozialdemokratischen Parteien, die USPD, bestanden. Hieraus eine Verschwörung gegen Kaiser und Reich zu konstruieren, war allerdings der Marineleitung vorbehalten. Sie reagierte, wie kaum anders zu erwarten war, halbherzig. Vermeintliche Rädelsführer wurden festgenommen, fünf davon unter fragwürdigsten Bedingungen zum Tode verurteilt. Zwei der Urteile, die gegen die Matrosen Max Reichpietsch und Albin Köbes, wurden vollstreckt, denn beide hatten leichtsinnigerweise in ihren Vernehmungen eingeräumt, Verbindungen zur USPD unterhalten zu haben. Das war der Seekriegsleitung genug, um die große Verschwörung belegt zu bekommen und nach Ablehnung des Gnadengesuchs die Urteile durch Erschießen der Delinquenten vollstrecken zu lassen. Eine wesentliche Rolle spielte hierbei die Vorstellung, ein Exempel statuieren zu müssen. Das war eine Milchmädchenrechnung, denn die Vollstreckung bewirkte zweierlei: Sie schuf zwei Märtyrer, und sie trug ganz wesentlich zur Radikalisierung der Heizer-Matrosen *und* der USPD bei. Beide Seiten fühlten sich fortan einander zugehörig, ein Standpunkt, welcher der USPD vor den Ereignissen keineswegs nahe gelegen hatte, nämlich ein Bündnis mit Teilen der Armee und der Flotte zur Beendigung des sinnlosen Krieges einzugehen; erst allmählich klang auch die Beseitigung des kaiserlichen Regimes als Grundton mit an.[657]

Die Lage in der Hochseeflotte blieb heikel, da niemand in der Marineleitung daran dachte, nach den Ursachen der Matrosenunruhen zu forschen. Wir müssen dieses Faktum im Blick behalten, da es der einst so kaisertreuen Marine vorbehalten war, Deutschland im November 1918 revolutionäre Beine zu machen. Vordergründig hatte die Marine-Affäre einen ironischen Schlusspunkt: Sie bewirkte den Sturz des Reichskanzlers. Zur Erinnerung: Eine seltsame Allianz zwischen dem Ersten Generalquartiermeister Erich Ludendorff und dem umtriebigen und intriganten Zentrumsabgeordneten Matthias Erzberger hatte im Juli 1917 den langjährigen Reichskanzler Bethmann Hollweg gestürzt – mit von der Partie der unentbehrliche Emissär Ludendorffs, Oberstleutnant Max Bauer, der die Intrige einfädelte.[658] Es gibt kaum einen besseren Hinweis auf die bodenlose politische Naivität des allmächtig werdenden Generals Ludendorff als seinen Hinweis in den eigenen Memoiren:

> *Ich war überrascht, dass nicht jederzeit ein Nachfolger für den Reichskanzler seitens der entscheidenden Instanzen bereit gehalten wurde, und dass Deutschland in dieser für sein Geschick so entscheidenden Frage von der Hand in den Mund leben musste.*[659]

Auf Bethmann Hollweg folgte Georg Michaelis, ein frömmlerisches politisches Leichtgewicht. Er konnte sich lediglich bis Ende Oktober 1917 im Amt halten; dann stürzte er über seine eigenen unverantwortlichen Äußerungen. Er hatte sich vor den Marinekarren spannen lassen und behauptete im Reichstag, die Verursacher der Marineunruhen seien in der USPD zu suchen. Als hier vor allem die SPD aus nachvollziehbaren Gründen nachsetzte, musste Michaelis eine Erklärung schuldig bleiben – denn es gab keine. So organisierte Michaelis seinen eigenen Sturz.[660] Der Chefredakteur des *Berliner Tageblatts* Theodor Wolff notierte in sein Tagebuch:

> *Neuer sensationeller Krach im Reichstag … Michaelis und [der Staatssekretär des Reichsmarineamts Eduard von] Capelle machen »Enthüllungen« über die Marine-Revolte und beschuldigen die drei »Unabhängigen« [Wilhelm Dittmann, Hugo Haase, Ewald Vogtherr]. Haben sich völlig über den Eindruck ihres Vorgehens geirrt. Dem Reichstag war die Angelegenheit schon bekannt, und er war von der Schuldlosigkeit der 3 »Unabhängigen« überzeugt, da der Reichsanwalt nicht gegen sie hat einschreiten wollen. Der ganze Reichstag mit Ausnahme der Rechten gegen Michaelis und Capelle, selbst die Nationalliberalen wagen nicht, sich auf die Seite der Regierung zu stellen.*[661]

Zurück zum Heer: Die Entscheidung der Obersten Heeresleitung, die Kampfkraft der russischen Armee durch Einfrieren der Kriegstätigkeit zu untergraben, blieb auch auf die eigenen Verbände nicht ohne Auswirkung. An der Ostfront vegetierten die Soldaten in Schützengräben dahin. Zum Entsetzen ihrer militärischen Führer kam es bereits im Frühjahr 1917 zu ausgiebigen Verbrüderungsszenen mit den gegenüberliegenden russischen Verbänden. Mit Soldaten, die nicht aufeinander schießen, kann niemand Krieg führen. Das wussten beide Seiten. Noch einmal gelang es, durch radikalen Austausch der Verbände, die Truppe in den Griff zu bekommen. Das galt für die Russen wie für die Deutschen. Doch die im Sommer 1917 von den Westalliierten geforderte und finanziell geförderte Kerenski-Offensive, die im deutschen Abwehrfeuer zusammenbrach, war nur noch ein kriegerisches Intermezzo. Das offensichtlich sinnlos gewordene Blutvergießen gab der russischen Armee den Rest. Wieder kam es zu Verbrüderungsszenen. Die bolschewistische Propaganda begann nachhaltig nicht nur auf die russischen Truppen einzuwirken. Das Geld hierzu stammte, wie wir uns erinnern, aus den Kassen des Reichs; Agenten des Auswärtigen Amtes, wie Alexander Helphand und Carl Moor transportierten das Bare. Das reichte auch aus, damit die deutschen Truppen mit deutschsprachigen Flugblättern versorgt werden konnten, die der Genosse Wladimir Uljanow unterzeichnet hatte. Aus heutiger Sicht, wo man es gewohnt ist, dass Pizzabuden, Fitnessstudios und Pressspanmöbelmacher den heimischen Briefkasten mit ihren einmaligen Angeboten verstopfen, ist man geneigt, die Wirkung der Flugblattpropaganda zu unterschätzen. Im Kriegswinter 1917/18 war dies ganz anders: Jeder bedruckte Fetzen Papier hatte Informationswert,[662] durfte beanspruchen, vom ersten bis zum letzten Wort gelesen und weitergereicht zu werden. Was der deutsche Soldat da lesen konnte, war anregend und einleuchtend genug: Schluss mit dem Krieg. Was das bedeutete, konnte auch der Phantasieloseste ermessen: Raus aus dem Schützengraben, Schluss mit dem Dreck und dem Ungeziefer und ab nach Hause.

Die zersetzende Propaganda gegenüber den deutschen Truppen wurde nach dem russischen Novemberputsch verschärft. Neben Flugblättern waren es jetzt regelrechte Zeitungen, die über die deutschen Linien geschafft wurden, was vor allem nach Eintritt des Waffenstillstands im Dezember 1917 ganz gefahrlos geschehen konnte. Die erste dieser Zeitungen hieß *Die Fackel*; sie wurde alsbald durch die bis März 1918 erscheinende Schrift mit dem bezeichnenden Titel *Völkerfriede* ersetzt. Andere derartige Produkte hießen *Weltrevolution*, *Der Stern* und *Friedensapostel*. Flankiert wurde diese Propaganda durch die in Stockholm vom Auslandsbüro der Bolschewiki, sprich von Karl Radek, herausgegebenen deutschsprachigen Elaborate *Bote der russischen Revolution* und *Russische Korrespondenz – Prawda*. Die deutsche militärische Führung reagierte angemessen empört. Dies war nicht nur der Kriegswinter, in dem eine verheerende, bis in den folgenden Winter andauernde Grippeepidemie die Mittelmächte heimsuchte. Jetzt wurden die Verbände auch noch vom Bolschewismus infiziert; dessen Bazillus hieß: Frieden sofort – ohne Annexionen und Kontributionen. Wieder mussten unsichere Kantonisten aus der Front genommen werden. Man wusste keinen besseren Rat, als sie von Ost nach West an die dortige Front zu transportieren, wo, wie man annahm, für derartige Flausen kein Raum blieb. Aber auch das war Unsinn, ausgedacht in Köpfen, welche die Seele des kriegsmüden Volkes mit militärischen Drillmaßnahmen zu heilen hofften.[663]

Lenins Novemberputsch wirkte sich nicht nur auf die deutsche Armee aus; auch im Inland zeigten sich bereits im Januar 1918 gravierende Folgen. Denn das, was im April 1917 als Streik noch Stirnrunzeln und Beklemmungen verursacht hatte, denen man mit Betriebsschließungen zu Leibe gerückt war, artete jetzt zum Flächenbrand aus: der Munitionsarbeiterstreik. Hier traten Rüstungsindustriearbeiter in den Ausstand, etwa 600 000 Menschen, von denen etliche die Systemfrage stellten. So standen die Dinge auf des Messers Schneide, und es bedurfte nur noch eines Funkens, um das Pulverfass der deutschen Monarchie zur Explosion zu bringen. Die Lunte jedenfalls brannte, und anders als beim Aprilstreik 1917 war nicht mehr die russische Februarrevolution das Vorbild. Jetzt hieß die Messlatte bolschewistische Novemberrevolution (das war seinerzeit der deutsche Begriff für die russische Oktoberrevolution). Diese war jetzt das Vorbild, und es war nicht völlig weltfremd, sie für nachahmbar zu halten. Die Uhr der Monarchie lief vernehmbar ab. Erneut bedurfte es militärischen Zwanges und der Einberufung von mindestens 50 000 streikenden Arbeitern zum Militärdienst, um die Lage einigermaßen unter Kontrolle zu bekommen.[664]

Jetzt, im Januar 1918, war die Partei der Unabhängigen Sozialdemokratie der Motor der Bewegung, und die Sache wäre vermutlich zum Systemsturz eskaliert, hätten nicht die Mehrheits-Sozialdemokraten unter Ebert und Scheidemann eingegriffen. Unter der Bedingung eines dann sicher zu verlierenden Krieges mochten sie im Januar 1918 am Sturz des hergebrachten Systems nicht mitwirken. So wurden sie, wenn auch nur vorübergehend, zu seiner entscheidenden Stütze. Gedankt wurde das nicht. Im Hofstaat des Kaisers wurde die Frage erörtert, warum man *den Scheidemann*, also einen der beiden Vorsitzenden der Mehrheitssozialdemokratie und Stellvertreter des Reichstagspräsidenten, nicht einfach an die Wand stelle. Und die deutsche Kaiserin, ein Muster an Dummheit und Arroganz, äußerte sich angesichts dieser Lage wiederholt mit dem Satz: Gegen Demokraten helfen nur Soldaten. Man darf annehmen, dass sie ihr Geplapper ernst meinte.[665] Andere deutsche Verantwortliche aus Politik und Militär ahnten vielleicht erstmals, dass der Bolschewismus eine gefährliche Religion sei.[666] Doch man verdrängte diese unangenehme Erkenntnis. Hierbei half die bei III b ressortierende, militärisch organisierte Pressezensur. Dem Volk war Jahr für Jahr vorgegaukelt worden, die deutschen Waffen eilten von Sieg zu Sieg. Auch werde der siegreiche Krieg ungeheure Gewinne an Land und Leuten bringen. Skeptische Stimmen, wie es sie beispielsweise beim renommierten *Berliner Tageblatt* gab, wurden durch Zensurmaßnahmen, die bis zum Erscheinungsverbot und zu Gefängnisstrafen für

Redakteure reichten,[667] unterdrückt. So notierte dessen Chefredakteur Theodor Wolff unter dem 7. September 1917 in sein Tagebuch:

Unser Redakteur Michaelis ist gestern zu Major Nicolai gerufen worden, der ihm in Gegenwart des Oberst Würtz und des Majors Naumann [Neumann] eine lange Rede über die Haltung des Berliner Tageblatts gehalten hat – es könne so nicht weitergehen, ich störte die Einheit der inneren Front etc. Ich schreibe infolgedessen an Nicolai und ersuche ihn, sich etwas deutlicher zu äußern.[668]

Nach der Oktoberrevolution verstieg man sich zu derartigen Zwangsmaßnahmen bereits, wenn Zeitungen über das bolschewistische System nicht im Ton der Abscheu berichteten; so traf es Anfang Februar 1918 erneut das *Berliner Tageblatt*, das aus der *Prawda* zitiert hatte und dafür mit einem Erscheinensverbot belegt wurde.[669] Der deutsche militärische Geheimdienstchef, Walter Nicolai, dem bekanntlich auch die Inlands-Pressezensur unterstand, äußerte, mit dem *Berliner Tageblatt* könne es nicht so weitergehen[670] – eine Bemerkung, die illustriert, wie weit die Generalstabsgötter unter Ludendorff bereits abgehoben hatten.

Die Beendigung des Januarstreiks, angeblich allein mit den herkömmlichen militärischen Zwangsmaßnahmen, ließ diejenigen wieder Oberhand gewinnen, die nicht müde wurden, ihre Sieg-Friedens-Forderungen in die Welt zu posaunen. In diesem Januar 1918 war das einstige Kriegsziel, Russland in die Knie zu zwingen, nicht mehr genug, sondern man wollte Land im Osten gewinnen, und das war noch nicht in Sack und Tüten. Durch eine groß angelegte militärische Intervention wurde der Landgewinn erreicht. Es war ein Scheinerfolg, denn in Wirklichkeit war die Lage Deutschlands durch weitere propagandistische Maßlosigkeiten, schreckliche Menschenopfer an der Westfront, Hunger, Kohlenot und Grippeepidemie auf die Spitze getrieben worden. Die Katastrophe der militärischen Niederlage nahm unaufhaltsam ihren Lauf. Längst war der Bogen dessen überspannt, was einem Volk ungestraft zugemutet werden durfte. Man hatte zu lange im Wolkenkuckucksheim logiert, und die wenigen Stimmen der Vernunft, die bereits im September 1914 die Beendigung des vermutlich nicht mehr zu gewinnenden Krieges gefordert hatten, waren niedergeschrien worden im immer phantastischer werdenden Sieg-Friedens-Gebrüll.[671]

Im Oktober 1918 war es soweit. Aufweichung der Disziplin und Zusammenrottungen waren an der Tagesordnung. In den kaiserlichen Kriegshäfen von Kiel und Wilhelmshaven wehten ab Anfang November 1918 die roten Fahnen, Fahnen, die durchaus für ein Sowjetsystem hätten stehen können. Sie sollten es an etlichen Stellen auch. Fast unwichtig angesichts der dann folgenden Ereignisse ist der Anlass der Meuterei, das Gerücht nämlich, die Großkampfschiffe der kaiserlichen Marine auslaufen zu lassen, die seit der Seeschlacht vom Skagerrak im Mai 1916 nicht mehr in einem ernsthaften Einsatz gestanden hatten, um sie nunmehr in einer Art Selbstaufopferung die britische Seemacht angreifen zu lassen. Sicher ein sinnloser Akt. Ganz gleich, ob Latrinenparole oder ob auch ein Körnchen Wahrheit dahinter steckte, die Geschichte von der nutzlosen Entscheidungsschlacht wurde geglaubt, und sie führte mit seltener Radikalität zum Ende der kaiserlichen deutschen Kriegsmarine. Hierüber konnte sich nur wundern, wer seit Jahren die Zeichen der Zeit konsequent ignoriert hatte.[672]

An Bord der Helgoland holte ein kräftiger junger Heizer die Flagge des Kaisers nieder und hisste die rote Flagge am Hauptmast. Um den 7. November befand sich die ganze Flotte im Aufruhr. In jener Nacht sah ich die Kolonnen der aufrührerischen Matrosen auf beschlagnahmten Lastwagen nach Bremen rollen – mit roten Fahnen und aufmontierten Maschinengewehren. Tausende zogen durch die Straßen. Die Lastwagen hielten oft, die Matrosen sangen und verlangten grölend freie Durchfahrt. Die Arbeiter grüßten mit besonderer Begeisterung einen kleinen, dicken jungen Mann im dunkelblauen Anzug. Der Mann schwang den Karabiner über den Kopf, den Gruß zu erwidern. Es war der Heizer, der als Erster die rote Fahne über der Flotte gehisst hatte. Sein Name war Ernst Wollweber.

Ein Offizier in Feldgrau trat aus dem Bahnhof, als dieser umzingelt wurde; er wurde von den Aufrührern gepackt. Widerstrebend ließ er sich die Schulterstücke abreißen. Er machte eine Bewegung, um seine Pistole zu ziehen, da sausten Gewehrkolben nieder und die Menge fiel über ihn her. Fasziniert schaute ich aus nächster Nähe zu. Dann wandten sich die Matrosen ab und sprangen auf ihre Lastwagen. Ich hatte schon früher Tote gesehen. Aber ein gewaltsamer Tod und der Wutausbruch, der diesen begleitete, waren für mich neu. Der Offizier rührte sich nicht mehr. Ich war erstaunt, wie leicht ein Mensch getötet werden konnte.[673]

Soweit der seinerzeit 14-jährige Richard Krebs, dessen Vater auf einem der Großkampfschiffe als Matrose diente. Krebs jun. brachte es in den folgenden Jahren zum Agenten so mancher Herren.

Die Fortsetzung des deutschen Kollaps ist schnell erzählt: Im Westen waren ab dem 8. August 1918 ununterbrochene Offensivschläge der Alliierten erfolgt, unter denen Ende September 1918 das Westheer weitgehend zusammengebrochen war. Es war in Auflösung begriffen. Alles anders Lautende, was später zusammengedichtet worden ist, von der ungeschlagenen deutschen Armee, der die Heimat in den Rücken fiel, ist dummes Zeug. Richtig ist, dass die deutsche Führungselite die Macht angesichts der heraufdämmernden Katastrophe einfach fallen ließ. Man kann es auch noch etwas drastischer ausdrücken: Deutschlands lauteste Entscheidungsträger gingen von der Fahne; sie desertierten. Allen voran der deutsche

Kaiser. Er stahl sich heimlich aus der Reichshauptstadt. Der vorgeschobene Grund für seine Abreise ins militärische Hauptquartier war die Amtseinführung des für den abgesetzten General Ludendorff ernannten Generalleutnants Wilhelm Groener. In Wirklichkeit fürchtete sich der einst so geschwätzige Monarch vor seinen Berliner Untertanen. Dem entgeistert intervenierenden neuen Reichskanzler, Prinz Max von Baden, ließ er sagen, dass er ihn nicht zu sprechen wünsche, da er Angst habe, sich an dessen Grippe anzustecken.[674] Ähnliche Zeugnisse von Mannesmut legten die militärischen Befehlshaber in der Reichshauptstadt ab. Für Berlin und Brandenburg galt insofern eine organisatorische Sonderregelung, als den Stellvertretenden Kommandierenden Generalen des III. Armeekorps und des Gardekorps ein *Armeeoberkommando in den Marken* vorgeordnet war. Dessen Oberbefehlshaber war der General Alexander von Linsingen, ein Mann, der auch unter seinesgleichen als schwierig galt. Jahrelang hatte er an der Ostfront eine Armee geführt, im Frühjahr 1918 stand er mit seinen Truppen in der Ukraine. Als es dann darum ging, das eroberte Land wirtschaftlich auszubeuten, war ihm der in Wirtschaftsfragen als erfahren geltende General Wilhelm Groener als Stabschef beigegeben worden, der sich indessen mit seinem Oberbefehlshaber nicht vertrug. So war Linsingen abgelöst und mit dem Oberkommando in den Marken betraut worden. Sein Amtsvorgänger, der in Berlin bestens vertraute Generaloberst Gustav von Kessel, hatte weichen müssen, obwohl er für die Niederwerfung des Januarstreiks berühmt-berüchtigt geworden war. Als es in Berlin Anfang November 1918 Spitz auf Knopf stand, zog es Linsingen nebst seinem Stab vor, zu Hause zu bleiben, so dass, wer eine Entscheidung von der zuständigen militärischen Kommandobehörde erhalten wollte, mit dem Telefonisten des Stabs sprechen konnte, aber mit sonst niemandem. Das war ein bezeichnender Fall von Fahnenflucht. Sie wirkte sich als Beispiel verheerend auf die Disziplin von Offizieren und Truppen aus.[675] Wie im Fall Linsingen ging es vielerorts.[676] Wer noch vor Wochen von deutscher Weltgeltung und Eroberungsplänen schwadroniert hatte, mochte mit der Verwaltung der Niederlage nichts zu schaffen haben. Man zog sich zurück in seine Privathäuser und Clubs und gab sich besorgt, wozu in der Tat Anlass bestand. Der letzte, vom deutschen Kaiser ernannte Reichskanzler, Prinz Max von Baden, saß zwischen allen Stühlen. Von seinem Vetter Wilhelm nur als Notlösung akzeptiert, vom Reichstag als Kompromisskandidat hingenommen, wird dem Leiter der Berliner Sitte, wie es im Polizeideutsch heißt, vermutlich der Zwicker von der Nase gefallen sein, als er die Ernennung des Prinzen in das höchste Staatsamt in der Zeitung las.

Diese Ernennung traf mich wie ein schlechter Witz, denn dieser Totengräber des deutschen Kaiserreichs stand auch im Verdacht, zur Klasse der Männerfreunde zu gehören.[677]

Ob der Polizeirat Hans von Tresckow die Schwulenakte des Reichskanzlers sicherheitshalber wegschloss, ist nicht überliefert.[678] Auf alle Fälle dauerte die Amtszeit des Badeners zu kurz, um einen Skandal überhaupt aufkommen zu lassen. Auch waren die Ereignisse in Deutschland mittlerweile in ein solch dramatisches Stadium eingetreten, dass selbst Skandalreporter wie Maximilian Harden keine Zeit fanden, im Privatleben des liberalen Prinzen herumzustochern. Max von Baden war klug genug, um festzustellen, dass die Zeit der Hohenzollernherrschaft abgelaufen war. Er erklärte wahrheitswidrig, dass Wilhelm II. abgedankt habe, und übergab ohne jegliche Legitimation die Macht im Reich am 9. November 1918 an Friedrich Ebert, den Führer der Mehrheitssozialdemokraten. Der bildete als Reichsexekutive den Rat der Volksbeauftragten. Das war ein Staatsstreich, ohne Frage, durchgeführt vom letzten kaiserlichen Reichskanzler, mit im Boot eine Handvoll Männer aus der SPD und die Führung der USPD, die sich zögernd anschloss. Von Revolution im eigentlichen Sinne wird man bei diesem Vorgang kaum sprechen können.[679]

Daneben gab es Revolutionäres, was später mit diesem Staatsstreich in einen Topf geworfen wurde – sei es aus Glorifizierungsgründen, sei es, um die Sozialdemokraten des Jahres 1918/19 verächtlich zu machen. Revolte herrschte in der kaiserlichen Marine und in den dazugehörigen Garnisonsstädten und im schwächeren Maße auch beim deutschen Heer. Sie machte sich in höchst unterschiedlicher Weise Luft, fast überall zumindest in der Bildung von Soldatenräten, die den Kommandeuren mehr oder weniger gleichberechtigt zur Seite traten. Je weniger die Einheiten, Verbände und Standorte von den unmittelbaren Kriegshandlungen betroffen waren, desto wilder ging es zu. Mit einem Schlag brach der preußische Kadavergehorsam zusammen. Offiziere, die sich besonders verhasst gemacht hatten, taten gut daran, abzutauchen, denn sie mussten um ihr Leben fürchten. Wie vordergründig und anderseits tief greifend die Spannungen waren, die sich entluden, war an den Forderungen abzulesen, welche die Abschaffung besonders verachtenswerter Symbole betrafen: die Grußpflicht und die Dienstgradabzeichen, die preußische Offiziere seit Generationen symbolträchtig auf den Schultern trugen. Diese Achselstücke wurden mit revolutionärem Elan heruntergerissen. Die kaiserlichen Kokarden verschwanden von den Mützen, und die schirmlosen Mannschaftsmützen, mit dem seltsamen Namen Krätzchen, das unkleidsame Symbol der militärischen Habenichtse, verschwand im Straßengraben und wurde durch die Schirmmütze ersetzt. Ungezählte zeitgenössische Fotografien haben diesen Vorgang dokumentiert. Wer hier meint, das sei alles Mumpitz und keine Revolution, der verkennt die Symbolkraft, die eine solche Auflehnung gegen die angeblich unüberbrückbaren Gegensätze haben musste. Und die Herren Offiziere? Sie fügten sich. Wie sollten sie sonst mit den unterstellten Truppen, im November/Dezember 1918 vielfach noch fern den deutschen Grenzen, an die angestammten Standorte zurückkehren können. Bei den Fronttruppen verständigten sich Offiziere und Soldatenräte meist recht geräuschlos, denn es einte ein gemeinsames Ziel: die Rückkehr in die Heimat. Die Masse der Soldaten und Reserveoffiziere wollte schleunigst entlassen werden und nach Hause. Zurück in den Garnisonen blieben Entwurzelte, Taugenichtse, Landsknechtsnaturen und viele Berufsoffiziere, die vor dem sozialen Aus standen. Das war eine wilde Mischung von Menschen, mit denen man in der einen oder anderen Weise Revolutionen anzetteln konnte. Nach links und nach rechts – das war völlig offen.

Als das Jahr 1918 zu Ende ging, ähnelten die Verhältnisse in Deutschland zum Verwechseln denen, die 1917 in Russland vorgeherrscht hatten.[680] Hier wie dort eine Armee, die an der Westfront in ihren Grundfesten erschüttert worden war, deren Soldaten nicht länger bereit waren, sich für Kriegsziele verheizen zu lassen, die nicht ihre waren. Hier wie dort das sang- und klanglose Abtreten der Oberschicht, der niemand eine Träne nachweinte, auch ein abgewirtschafteter Monarch, dessen Gottesgnadentum nur noch Hohn und Hass zu erzeugen vermochte. Die Macht in den Händen von Männern, die sich verzweifelt um Legitimität bemühten, die sich gegen äußere Feinde zur Wehr zu setzen hatten und deren Verhältnis zur bewaffneten Macht äußerst fragil genannt werden muss. Große Ähnlichkeit wies auch die seltsame Doppelspitze der Staatsführung auf: Hier die Nachfolger einer abgetretenen kaiserlichen Regierung, dem alten parlamentarischen System entstammend, dort die Macht der Räte, deren Wahl und Legitimation so zweifelhaft war wie die der Regierung. Wie in Russland 1917 war in Deutschland im November 1918 völlig offen, wohin die Reise gehen sollte. Eine Demokratie lag im Bereich des Möglichen, ebenso eine Diktatur nach dem Vorbild des Wladimir Lenin.

Deutschland auf dem Weg zur bolschewistischen Weltrevolution. Linksabspaltungen im deutschen Sozialismus und deren Einfluss auf die Revolution

Die Beiträge deutscher Sozialisten zur Weltrevolution waren während des Krieges nahezu bedeutungslos. Anders als man das später gerne annahm, waren die Kontakte zwischen den linkssozialistischen Kriegsgegnern der verfeindeten Staaten spärlich. Es waren Splittergruppen und Grüppchen. In Deutschland franste diese Szenerie erheblich auseinander.[681] Sie wurde von Lokalmatadoren bestimmt; der Grad ihrer Organisierung und ihre Vernetzung waren bescheiden. Wir stellen das ohne Naserümpfen fest, denn die Möglichkeiten der Kommunikation waren unter den Bedingungen der Kriegszensur stark eingeschränkt und für die Betroffenen mit der Gefahr verbunden, wegen hochverräterischer Betätigung hinter Zuchthausmauern zu landen. Für die Verbreitung ihrer Gedanken über Publikationen galten diese Restriktionen erst recht, denn die Kriegspressezensur kannte nicht nur den Weg der Kontrolle, durch die Einziehung und zukünftiges Publikationsverbot ausgelöst werden konnte, die Geheimdienstabteilung III b des Oberstleutnants Walter Nicolai konnte Druckerzeugnisse auch unter Vorzensur stellen. Das bedeutete, dass zunächst kontrolliert und sodann erst ggf. die Druckerlaubnis erteilt wurde. Die militärischen Zensurbehörden waren flächendeckend über Deutschland verteilt. Sie waren bei den Stellvertretenden Generalkommandos angesiedelt und unterstanden der Oberzensurstelle, die ihrerseits Teil des Kriegspresseamtes war.[682] Mit deutscher Gründlichkeit wurden Zensurvorschriften erlassen, die 1917 in einem Zentralen Zensurbuch Eingang fanden, das nach Stichworten geordnet war. Hier eines der abstrusen Beispiele:

Stinkbomben: Veröffentlichungen über Stinkbomben sind unerwünscht. [683]

Manches von dem, was sich Militärbürokraten ausgedacht hatten, mag uns heute zum Lachen anregen. Das vergeht spätestens, wenn man zur Kenntnis nimmt, was mit Hilfe der deutschen Zensurpraxis angerichtet worden ist. Inhaltlich ging es längst nicht um das Wahren notwendiger militärischer Geheimnisse, sondern um das Weglügen militärisch und politisch unangenehmer Tatsachen.[684] Das radikale Vorgehen gegen die bürgerliche Presse wurde am Beispiel des *Berliner Tageblatts* bereits gestreift. Noch viel radikaler traf es die Druckwerke sozialistischer Couleur.

Wie es unter diesen Bedingungen gelingen konnte, dass seit Juni 1916 in Bremen die Wochenschrift *Arbeiterpolitik* legal hatte erscheinen können, bleibt ein Rätsel. Bremen war bereits vor dem Weltkrieg innerhalb der Sozialdemokratie ein Zentrum der Linksopposition gewesen. Hier lebte und publizierte beispielsweise Karl Radek. Diese Linksopposition blieb auch während des Krieges bestehen. Die von Johann Knief und Paul Frölich herausgegebene *Arbeiterpolitik* bot führenden Bolschewiki, wie Wladimir Lenin und Grigori Sinowjew, Raum zur Publikation ihrer Gedanken. Der unermüdliche Radek publizierte dort ebenfalls weiterhin.[685] Dass er nebenbei längst zum wichtigen Kurier zwischen Lenin und Parvus-Helphand und über diesen Umweg zum Verbindungsmann des kaiserlichen Deutschland aufgestiegen war, blieb den Genossen von der Bremer Linksopposition verborgen.

Auch die SPD-Abweichler um Karl Liebknecht publizierten, sofern sie das überhaupt konnten, konspirativ und mit viel Pathos. Allen voran Rosa Luxemburg und ihr polnischer Landsmann Julian Marchlewski, der den Parteidecknamen

Karski benutzte. Am 1. Mai 1916 wurde Karl Liebknecht in Berlin auf dem Potsdamer Platz verhaftet. Er hatte dort öffentlich gegen den Krieg polemisiert. Das war in den Augen der gezielt anwesenden Beamten der Abteilung V des Polizeipräsidiums Hochverrat, der dem Reichstagsabgeordneten, der zwischenzeitlich zur preußischen Armee eingezogen worden war, unverzüglich eine Zuchthausstrafe einbrachte, aus der er erst im Oktober 1918 wieder freikommen sollte. Auch den anderen Führern seiner Gruppe erging es nicht viel besser: Am 12. Mai 1916 wurde Marchlewski in Schutzhaft genommen, einen Monat später, am 10. Juni, auch Rosa Luxemburg. Ihnen folgten im August 1916 Ernst Meyer und der greise Franz Mehring in die Haft. Nunmehr übernahm mit Leo Jogiches, dem Lebensgefährten der Luxemburg, ein dritter Pole die Leitung dieses linksextremen Politzirkels. Unter seiner Ägide erschienen die Publikationen dieser Gruppe unter dem Titel *Spartacusbriefe*, ab September 1916 auch in gedruckter Form. Diese Publikation gab ihren Mitgliedern später den allgemein geläufigen Namen: Spartacus. Monatelang suchte die politische Polizei vergebens nach einem Ausländer, den sie zu Recht für den Führer der Spartacus-Leute hielt. Erst am 24. März 1918 gelang ihr der Zugriff.[686]

Die Spatacus-Leute nahmen organisatorisch gesehen einen eigenwilligen Weg. Vor allem unter dem Einfluss des Duos Luxemburg-Jogiches vermieden sie eine Abspaltung von der SPD, die sie vielmehr von innen her zu bekämpfen trachteten – ein moderner Ansatz. Sie hielten hieran selbst dann noch fest, als zu Beginn des Jahres 1917 die Spaltung der SPD nicht mehr aufzuhalten war. In Gotha formierte sich in den Tagen vom 6. bis 8. April 1917 die Unabhängige Sozialdemokratische Partei Deutschlands, eine Zusammenfassung der radikalen Kriegsgegner in der SPD. Auch diese Abspaltung war eine Massenpartei. Diese USPD wurde nun das Mutterschiff der Spartacus-Leute. Sie lehnten es in deutlichem Gegensatz zu den russischen Bolschewiki ab, sich ohne Massenbasis als eine Partei der Berufsrevolutionäre zu konstituieren. Das war der Einfluss von Luxemburg und Jogiches. Sie hatten 1905/06 ihre revolutionären Erfahrungen im russischen Polen gemacht, die es ihnen als absurd erscheinen ließen, Revolutionen ohne oder gar gegen die Massen veranstalten zu wollen. Wir schildern diese Vorgänge nicht aus Gründen der Revolutionsikonographie, sondern um darzustellen, dass der Einfluss Lenins auf die deutschen Sozialisten bis 1918 geradezu marginal war. Das ist mit Blick auf die während des Krieges im schweizerischen Zimmerwald im September 1915 und in Kienthal im Herbst 1916 stattfindenden Konferenzen später anders dargestellt worden. Doch für die in die Schweiz angereisten deutschen Genossen war Lenin nichts weiter als ein exilierter Russe, ein revolutionärer Kopf ohne Hinterland. Sie konnten zu dieser Zeit nicht ahnen, wie die Revolutionierungsstrategen des kaiserlichen Deutschland diesem Mann alsbald ein Hinterland

und eine revolutionäre Kriegskasse beschaffen würden. Der anwesende Diener beider Herren, Carl Moor, der um die Dinge wusste, schwieg sich aus.[687]
Mit der Machtübernahme der Bolschewiki im November 1917 änderten sich die Verhältnisse zu den deutschen Linksradikalen insofern, als Lenin nun fast von selbst eine starke Vorbildfunktion ausübte. Die Ereignisse in Russland berührten die Herzen der deutschen Radikalsozialisten jedoch weit mehr als ihre Köpfe. Selbst nach ihrer Freilassung im Herbst 1918 vermochte sich die Chefdenkerin der deutschen Radikalen, Rosa Luxemburg, keineswegs kritiklos für die Herrschaft der Bolschewiki in Russland zu erwärmen. Das konnte Lenin und Co. nicht beeindrucken; sie hatten gleich nach ihrer Machtergreifung die Revolutionierung Deutschlands auf die Tagesordnung gesetzt und hierfür Geld lockergemacht. Aus der Sicht der Beteiligten waren es Riesenbeträge. Die waren notwendig, denn schließlich sollte aus der eigenen russischen Revolution die Weltrevolution entstehen. Hatte man auch Schwierigkeiten bei der Erklärung, warum ausgerechnet im industriell rückständigen Russland der Initialfunke der Weltrevolution entzündet worden war, so galt es als ausgemachte Sache, dass mit Deutschland der Rest der kapitalistischen Welt zwangsläufig würde kippen müssen. Wir dürfen uns nicht mit heutigen Einwendungen aufhalten, sondern müssen akzeptieren, dass diese uns so ferne Anschauung das ideologische Grundgerüst der Bolschewiki bildete – ein Grundgerüst, aus dem sehr konkrete Handlungsmaximen gefolgert wurden. Eine dieser Maximen hieß: Wenn denn in Deutschland die Revolution ausbricht, kann es nur die sozialistische sein; falls nein, so hatte man mit Kräften dafür zu sorgen, dass es eine wurde.[688]
Das waren Glaubenssätze. Der Satz *Die Lehre von Marx ist allmächtig, weil sie wahr ist* war auch so einer. Er stammte von Lenin. Besser konnte man kaum zum Ausdruck bringen, dass es beim Fundament von seinem Lehrgebäude um Glaubensartikel ging. Lenin war ein ungemein fruchtbarer Schriftsteller, er war nicht nur ein Interpret von Marx, sondern er nahm für sich in Anspruch, die Lehren des großen Karl in origineller Weise fortzuschreiben, was ihm selbstredend den Zank der Konkurrenten einbrachte. Doch im Gegensatz zu ihnen, mochten sie nun Kautsky, Martow, Luxemburg, Mehring oder sonst wie heißen, gelang es ihm als Einzigem, an die Macht zu kommen. Er selbst, der große Theoretiker, wurde zum Staatenlenker. Es gab daher keinen besseren Beweis, als dass *er*, und *nur er*, Recht hatte mit seinen Auffassungen, denn genau diese hatten ihn zum Ziel der Macht geführt. Das erst sorgte für die weltweite Verbreitung seiner Ansichten und die Rezeption in der sozialistischen Bewegung. Selbstredend waren Lenin und die Seinen auch Missionare. Deswegen richteten sich ihre Blicke nach Deutschland. Man muss nicht einmal in den konspirativen Untergrund hinabsteigen, um den Willen Lenins zu dokumentieren, in Deutschland eine bolschewistische Revolu-

tion anzuzetteln. Was er in Deutschland wollte, konnte man bereits während des Jahres 1918 in der *Prawda* nachlesen, dem bolschewistischen Parteiblatt, dass in dieser Zeit auf deutsche Staatskosten gedruckt wurde. Hier eiferte Lenin für die bolschewistische Revolution und gegen seine Kritiker aus dem linken Lager, allen voran Karl Kautsky, den er fortan nur noch als *Renegat Kautsky* zu betiteln beliebte, so dass Generationen junger Sozialisten annahmen, Renegat sei der Vorname dieses deutsch-österreichischen Sozialisten.[689]

Nach dem Friedensvertrag von Brest-Litowsk, der am 3. März 1918 unterzeichnet wurde, waren die diplomatischen Beziehungen mit Russland wieder aufgenommen worden; die Botschaft Sowjetrusslands im alten zaristischen Botschaftsgebäude Unter den Linden Nr. 7 öffnete im April erneut ihre Tore. Doch das gilt nur mit Vorbehalten, denn etliches spielte sich hinter verschlossenen Türen ab. Die russische Botschaft war nämlich der quasilegale Anlaufpunkt zur Auslösung der bolschewistischen Revolution in Deutschland geworden. Zum sowjetischen Botschafter wurde Adolf Joffe ernannt; der 35-Jährige führte ein Doppelleben: Er vertrat Sowjetrussland diplomatisch, und er lenkte strikt konspirativ die Revolutionsaktivitäten in der USPD.[690] Dem Diplomaten Wipert von Blücher, einem Mitarbeiter des Ostreferenten Rudolf Nadolny, verdanken wir die wenig schmeichelhafte Beschreibung dieses Berufsrevolutionärs:

> *Es war ein unscheinbares Männchen, das in das stolze Botschafterpalais Unter den Linden seinen Einzug hielt. Er hatte ein aschfahles Gesicht ohne bemerkenswerte Züge. Der Abstammung nach war er Jude und hatte nach der einen Version früher ein Möbelgeschäft besessen, nach der andern eine Zahnarzt-Praxis ausgeübt. Jedenfalls erschienen bei uns Leute, die behaupteten, er hätte ihnen früher schlechte Möbel verkauft, und andere, er hätte ihnen die Zähne schlecht behandelt. Er musste aber neben seiner zweifelhaften bürgerlichen Vergangenheit in seiner revolutionären Antezedentien haben, sonst wäre er von den Bolschewiken nicht mit dieser wichtigen Mission betraut worden. Im Umgang hatte er etwas Unsicheres, das manchmal devot wirkte. Seine Augen und auch sein Gesichtsausdruck waren völlig undurchdringlich und hatten etwas Hinterhältiges.[691]*

Dem sowjetischen Botschafter zur Seite stand der viel bewährte Karl Radek; er galt formal als Chef der frisch gegründeten Nachrichtenagentur Rosta; doch auch sein Geschäft war weniger der Journalismus als die Revolution. Die Rosta war das maßgebliche Vehikel, das die Sowjets 1918 vor ihren revolutionären Karren spannten. Die Nachrichtenagentur war ein Pressedienst und zugleich Nachrichtendienst. Ihr Geschäft hieß Revolution und das Etikett war Nebensache. Radeks rechte Hand wurde ein Mann mit einem intensiven russisch-deutschen revolutionären Vorlauf: der Doktor der Philosophie Eugen Leviné.[692] 1883 in St. Petersburg geboren, siedelte der erst 14-Jährige nach Deutschland über, wo er das Gymnasium absolvierte, um sodann in Heidelberg und Berlin zu studieren. Wie so manchen seiner Landsleute hielt es den 22-Jährigen 1905 nicht im kaiserlichen Deutschland, sondern er reiste, getrieben von seinem revolutionären Impetus, unverzüglich nach Russland. Das brachte ihm 1906 eine erste und 1908 eine zweite Verhaftung und schwere Misshandlung zur Erzwingung eines Geständnisses ein. Nach der Haftentlassung zog Leviné dem Verbleib in Russland eine Rückkehr nach Deutschland vor, wo er in Heidelberg promovierte und in Mannheim der SPD und sodann dem Marx-Club beitrat. 1913 gelang es ihm, die badische Staatsbürgerschaft zu erwerben. Unverzüglich übersiedelte er, nunmehr vor Ausweisung sicher, ins Zentrum der Macht, nach Berlin. Bei aller Rastlosigkeit blieb der nunmehr nicht mehr ganz jungen Berufsrevolutionär Zeit genug, mit Rosa Broido, einer aparten Jüdin aus der Bukowina, ganz bürgerlich die Ehe einzugehen und den Sohn Genija zu zeugen. Der Kriegsbeginn brachte dem zum Deutschen Gewordenen die Einberufung zum Landsturm, wo er ausgerechnet als Dolmetscher in Gefangenenlagern für russische Kriegsgefangene Verwendung fand. 1916 wurde er aus dem Militärdienst entlassen; ob dies seiner Agitation unter russischen Kriegsgefangenen geschuldet war, ist nicht überliefert. Leviné nahm im April 1917 den Weg von der SPD zur USPD. Von hier war es zur Rosta im April 1918 nur noch ein kleiner Schritt; Leviné wurde Leiter der russischen Redaktion. Sein deutsches Pendant wurde der Spartacus-Mann Ernst Meyer, der es wenig später für eine kurze Zeit zum Vorsitzenden der KPD bringen sollte.[693] Die beiden Männer wurden zu Hauptverantwortlichen für die Ausstattung der USPD mit sowjetischem, auf Deutsch verfasstem Propagandamaterial. Die Privatsekretärin des Weltrevolutionärs Leviné wurde seine Frau Rosa; sie notierte:

Zum Unterschied von Leviné, der seinem Äußeren keinerlei Beachtung schenkte, war Ernst Meyer stets gepflegt, mit adrettem Haarschnitt, manikürten Händen – er sah kaum wie ein Revolutionär aus. Aber er war ein Mann von hoher Integrität. Freiwillig kürzte er sein Gehalt bei Rosta um die Hälfte mit der Begründung, dass er ja auch nur die Hälfte seiner Zeit mit der Arbeit für Rosta zubringe. Leviné war tief beeindruckt.[694]

Natürlicher Ansprechpartner des Revolutionierungsgeschäfts wurde diejenige Partei, die der revolutionären Ordnung in Russland programmatisch am nächsten stand; das war die USPD. Und innerhalb der USPD waren es deren revolutionäre Einsprengsel, bevorzugt also die Spartacus-Leute. Es ist fraglich, ob den Russen in ihrem revolutionären Elan 1918 klar war, wie schwächlich diese Gruppen in Wirklichkeit waren, die von ihnen mit Geld und Druckwerken überschwemmt wurden. Da war zum Beispiel die Spartacus-Gruppe im Berliner Reichstags-Wahlbezirk 6, der sich nördlich von Charlottenburg über Moabit bis nach Spandau erstreckte; hier waren es sage und schreibe sieben Mann, die den Spartacus in seiner Hochburg Berlin ausmachten: Ein Obermeister von Siemens als Leiter der Gruppe; der Soldat Willi Budich, der aparterweise im Oberkommando in den Marken Dienst tat, der Kommandobehörde also, die unter anderem für die öffentliche Ordnung in Berlin zuständig war; dazu noch ein Techniker und ein technischer Zeichner und ein Obermeister der Elektrizitätswerke in Oberschöneweide; ferner ein weiterer Techniker, Artur Golke, später einmal Landtagsabgeordneter der KPD; schließlich noch Karl Retzlaw, der 1923 einer der Leiter des illegalen Apparats der KPD werden sollte.[695]

In den Berliner Revolutionierungskanal strömte nicht nur Propagandamaterial, sondern auch Geld, das zum Ankauf von Waffen bestimmt war. Einer der Empfänger war Emil Barth, der es am 10. November 1918 zu einem der sechs Volksbeauftragten bringen sollte.[696] Später ist das Waffengeschäft wortreich bestritten worden;[697] aber es gab auf der Nehmerseite glaubwürdige Zeugen für die Annahme des Baren, die an der sozialistischen Bruderhilfe nichts Anstößiges zu entdecken vermochten, so zum Beispiel Emil Barth:

Es war wohl das wohl schwerste Stück Arbeit gewesen, Verbindungen ausfindig zu machen, um die notwendigen Brownings, Munition und Handgranaten zu erhalten. Aber es gelang schließlich doch. Einen Teil bekamen wir völlig umsonst, einen Teil zu normalen und einen Teil zu unverschämten Wucherpreisen. Als wir nun soweit waren, die Waffen zu erhalten, hatte sich eine erste und eine zweite Gelegenheit, Geld zu erhalten, zerschlagen. Endlich nach einigen ungeheuer mühevollen Bemühungen ... erhielt ich von einigen Genossen ausreichend Geld, immer so viel ich benötigte.[698]

Weniger begeistert war die Reichsregierung. Den deutschen Behörden, vor allem der Abteilung V des Berliner Polizeipräsidiums, wurde schnell klar, wie hier die Nachrichten- und Lenkungsstränge verliefen. So wurde die Sowjet-Botschaft bald verdächtigt, für die in großer Zahl auftauchenden bolschewistischen Revolutionsaufrufe verantwortlich zu sein. Da durch Observationen die Druckereien nicht gefunden werden konnten, nahm man an, dass das Schriftgut aus Russland mit der diplomatischen Kurierpost eingeführt werde. Doch man hatte wochenlang nichts Greifbares in der Hand. Dementsprechend zurückgenommen berichtete der preußische Innenminister Wilhelm Drews auf einer Kabinettsitzung der Reichs-Staatssekretäre am 28. Oktober 1918 über diese Missstände. Es war der Sozialdemokrat Philipp Scheidemann, der dem Kabinett seit einigen Tagen erst als Staatssekretär ohne Portefeuille angehörte, der nun die Idee aufbrachte, eine der verdächtigen Kurierkisten der sowjetischen Botschaft beim Transport wie zufällig *entzweigehen* zu lassen; so drückte er es aus. Dieser Vorschlag fiel auf fruchtbaren Boden. Einige Transportarbeiter des Bahnhofs Friedrichstraße wurden durch ein kleines Handgeld veranlasst, eine der russischen Transportkisten die vom Bahnsteig herabführende Steintreppe hinunterzustürzen. Wie erwartet zerbarst die Kiste und eine Flut revolutionärer Aufrufe verteilte sich auf den Stufen, wo sie von einigen in Zivil scheinbar zufällig dastehenden Polizeibeamten rasch beschlagnahmt wurden.[699] Über das Wolffsche Telegrafenbüro wurde am folgenden Morgen eine amtliche Verlautbarung verbreitet:

> *Berlin. 5. November. Am 4. November abends traf von Moskau kommend der Kurier der hiesigen diplomatischen Vertretung der Sowjet-Regierung auf dem Bahnhof Friedrichstraße ein. Bei dem Heruntertragen des Gepäcks vom Bahnsteig wurde eine der Kisten durch Anstoßen beschädigt, so dass darin befindliche Papiere auf den Boden fielen. Diese Papiere waren, wie sich herausstellte, in deutscher Sprache gedruckte Flugblätter, die die deutschen Arbeiter und Soldaten zu blutigem Umsturz auffordern. Eins der Flugblätter, das von der Gruppe »Internationale« (der Spartacusgruppe) unterzeichnet war, enthält einen Aufruf zum Revolutionskampf, während ein anderes Flugblatt die näheren Anweisungen für diesen Kampf gibt, zum Meuchelmord und Terror auffordert. Auf Ansuchen der Bahnbehörde wurde das gesamte Kuriergepäck in einem geschlossenen und bewachten Raum sichergestellt und das Auswärtige Amt benachrichtigt, um diesem die Untersuchung und weitere Behandlung der Angelegenheit zu ermöglichen.*[700]

Die Reichsregierung zögerte nicht lange und wies noch am 5. November 1918 das sowjetrussische Botschaftspersonal aus Deutschland aus; die diplomatischen Beziehungen wurden abgebrochen. Unverzüglich wurden die Telefonleitungen zum Botschaftsgebäude gekappt. Und weil der Botschafter Joffe geprahlt hatte, hunderttausend Berliner würden ihn zum Bahnhof geleiten, schaffte man unter starkem Polizeigeleit das russische Botschaftspersonal in aller Frühe am 6. November 1918 auf die Bahn. Weder die Äußerungen des Sowjetbotschafters noch die massiven Sicherungsvorkehrungen der Polizei waren völlig aus der Luft gegriffen, denn seit einiger Zeit hatten sich Sonntagsversammlungen radikaler Berliner vor der sowjetischen Botschaft eingebürgert. Die letzte einschlägige Veranstaltung fand am 27. Oktober 1918 statt.[701]

Obwohl die Polizei und durch sie auch die Militärkommandostellen wussten, dass diese Veranstaltung gegebenenfalls als Auftakt für einen militanten Putsch genutzt werden sollte, wurde von militärischer Seite nichts unternommen, um im Zweifel Herr der Lage zu bleiben. So wurden an diesem 27. Oktober 1918 die schwachen Sicherungskräfte überrannt und die Lage nur mühsam durch massiven Polizeieinsatz wieder unter Kontrolle gebracht. Dass der in Aussicht genommene Putsch unterblieb, war nicht der Staatsmacht zu danken; sondern die Aktion war kurz zuvor von den Hauptorganisatoren Barth und Genossen abgeblasen worden. Sie konnten nicht ahnen, dass sie in der Woche drauf durch Schließung der sowjetischen Botschaft ihren Aktionskern verlieren sollten. Als nun der Abtransport des Botschaftspersonals eingeleitet wurde, da staunte selbst die Polizei nicht schlecht: Es handelte sich um 186 Personen. Einer blieb zurück. Das war der Deutsche Oskar Cohn. Der Doktor juris war der Rechtsberater der Sowjets gewesen. Jetzt war er damit beschäftigt, die 150 000 Reichsmark und 150 000 Rubel beiseite zu schaffen, die er am Abend des 5. November 1918 von Botschafter Joffe zur Förderung der deutschen Revolution erhalten hatte. Cohn sah, im Gegensatz zur USPD-Führung, keine Schwierigkeiten darin, dergleichen später öffentlich zuzugeben. Der Geldcoup glückte, ohne dass er der Polizei aufgefallen wäre. Die Kanäle, in denen das Bare versickerte, konnten bis heute nicht nachvollzogen werden. Auch andere Leute aus dem Dunstfeld der Sowjetbotschaft, wie die Rosta-Männer Leviné und Meyer, verloren zwar den Arbeitsplatz, aber keineswegs das revolutionäre Engagement. Der 35-jährige Leviné zum Beispiel betätigte sich unverzüglich als Revolutionsprediger im Industrierevier des Rhein-Ruhr-Gebiets. In Essen wurde er angeblich als Delegierter des Spartacus für die Konferenz Ende Dezember 1918 in Berlin gewählt, jedenfalls finden wir ihn zu diesem Zeitpunkt erneut in Berlin vor.[702]

Mit dem Abbruch der diplomatischen Beziehungen verlor Sowjetrussland seine legale Residentur zur Revolutionierung des Deutschen Reiches. Zwar war diese deutsche Maßnahme vom 5. November 1918 eine der letzten des kaiserlichen Deutschland, doch wurde sie entgegen den dringenden Erwartungen von Sowjetbotschafter Joffe keineswegs wieder rückgängig gemacht, nachdem die Revolution in Deutschland nun tatsächlich, und aus russischer Sicht: nun endlich, ausgebrochen war. Es ist kaum auszudenken, welchen Verlauf diese Ereignisse genommen hätten, wäre da eine wohlfunktionierende, mit Geld und Propagandamaterial agierende Sowjetbotschaft in der Straße *Unter den Linden* gewesen. Die Revolutionierungsstrategen Joffe und Co. warteten in ihrem Zug vergeblich in Grenznähe; niemand wollte sie ins Deutsche Reich wieder einreisen lassen. Mit seiner funktelegrafisch verbreiteten Erklärung, er habe ein Recht auf Einreise, denn schließlich habe er die Revolution durch Rat und Geld unterstützt, erwies Joffe sich selbst einen Bärendienst und kompromittierte obendrein die deutschen Unabhängigen Sozialisten auf das Schwerste.[703]

Auf die Erklärungen der Herren Volksbeauftragten Emil Barth und Hugo Haase erkläre ich zunächst, dass ich allerdings ein lächerlicher Konspirator und in der illegalen Organisation der russischen sozialdemokratischen Partei 15 Jahre umsonst tätig gewesen wäre, wenn ich in meiner streng illegalen revolutionären Tätigkeit in Berlin so gehandelt hätte, wie es die beiden Herren darzustellen belieben.

*Es versteht sich von selbst, dass ich zum Ankauf von Waffen bestimmte Geld-
beträge nicht unmittelbar an Barth aushändigen konnte, da dieser Herr ein
Neuling in der Arbeiterbewegung war und mir kein großes Vertrauen ein-
flößte. Ich musste vielmehr als Mittelsperson solche Genossen auswählen, die
auf mein Vertrauen mehr Anspruch und deren Namen besseren Klang in der
Arbeiterbewegung hatten. Es war jedoch Herrn Volksbeauftragten Barth ganz
genau bekannt, dass die mehreren Hunderttausend Mark, die er, wie er selbst
zugibt, von den deutschen Genossen erhalten hatte, letzten Endes doch von
mir stammten. Mir gegenüber hat er dies, bei der von ihm erwähnten Zusammenkunft, vierzehn Tage vor Ausbruch der Revolution, bestätigt, als er sagte,
er wisse ganz genau, wo diese Gelder ihren Ursprung hätten.*[704]

So nahmen die revolutionären Ereignisse in Deutschland, und zumal in Berlin,
einen ganz anderen, für die Sache der Weltrevolution abträglichen Verlauf. Noch
Anfang November 1918, als die Meuterei in der kaiserlichen deutschen Kriegsmarine ausbrach, standen die Zeichen so, dass dies eine marxistische Revolution
hätte werden können. Auch in Berlin schien alles seinen sozialistischen Gang zu
gehen. Am 1. November 1918, noch waren die Russen in Berlin, kam der Partei-
vorstand der USPD zu einer entscheidenden Sitzung zusammen. Die Spartacisten
Karl Liebknecht und Wilhelm Pieck waren zugezogen worden. Liebknecht war
erst vier Tage zuvor auf Betreiben seiner ehemaligen Parteigenossen aus der SPD,
die jetzt mit in der Regierung saßen, aus der Zuchthaushaft entlassen worden. Der
preußische Kriegsminister Scheüch hatte vergeblich protestiert. Jetzt war Liebknecht in seinem Element, denn das illustre Partei-Gremium beschloss auf Antrag
des Genossen Emil Barth, am nächsten Tag, einem Samstag, in Berlin die Revolutionären Obleute zu instruieren; dieses radikale Einsprengsel innerhalb der Me-
tallarbeitergewerkschaft sollte zwei Tage später, am 4. November 1918 also, mit
militanten Maßnahmen zur Auslösung der Revolution beginnen. Was machte
Barth so sicher? Spartacus verfügte über erstrangige Quellen in der zuständigen
deutschen Kommandobehörde, dem Armeeoberkommando in den Marken. Mus-
tert man das in Frage kommende Militärpersonal durch, so stößt man auf den
Telefonisten Willi Budich. Der 28-jährige Soldat hatte noch einen zweiten wichtigen Job. Seit Mitte des Jahres 1917 war er, ganz nach bolschewistischem Vorbild,
Leiter der illegalen Militärorganisation von Spartacus. Es ist wahrscheinlich, dass
er die eine der beiden Quellen war, welche die Genossen über den Stand der Ab-
wehrarbeiten des preußischen Militärs unterrichteten; hierzu gehörten zuletzt die
Geheimbefehle an die in Berlin stationierten Gardeverbände vom 5./6. Dezember 1918, nach denen diese ihre Alarmabschnitte besetzen sollten. Die andere
Quelle von Spartacus war Leo Flieg. Er arbeitete als wehrpflichtiger Schreiber im
stellvertretenden Generalstab in Berlin. Auch er blieb in späteren Jahren der Kon-

spiration treu; als Chef der Fälscherwerkstätten der KPD werden wir ihm noch auf die Finger sehen können.[705] Doch auch die Gegenseite war denkbar gut informiert; später ist das Gegenteil behauptet worden, um vom grandiosen Fehlverhalten der preußischen Spitzenmilitärs abzulenken, die lieber zu Hause blieben, als sich einer so unsicheren Sache wie der Abwehr eines militanten Aufstandes hinzugeben. Wie bereits erwähnt, führten die preußischen Behörden, vermutlich die Abteilung V des Berliner Polizeipräsidiums, eine Spitzenquelle in der USPD. Diese galt es zu schützen, indem man die notwenigen bereits gewonnenen Informationen zusätzlich auf anderem Wege beschaffte. Dem diente das Geständnis, zu dem man den in die Aufstandsplanung eingeweihten Oberleutnant d. R. Eduard Walz am 3. November 1918 veranlasste. Nunmehr war es der Polizei möglich, am 8. November 1918 zu einer Verhaftungsaktion zu schreiten. Die Nummer 1 auf ihrer Wunschliste, der Feldwebel Ernst Däumig, ging ihr an diesem Tag ins Netz. Damit war nicht nur der Militärfachmann der Revolutionären Obleute und gleichzeitige Funktionär der USPD unschädlich gemacht, sondern die Funde, die man in Däumigs Taschen und in seiner Wohnung machte, ließen den Fahndern die Augen übergehen, was die Aufstandsplanungen von Spartacus und den Umfang des militärischen Verrats anging. Doch was nützten die Erkenntnisse, wenn niemand da war, sie in konkrete Abwehrmaßnahmen umzusetzten? So kam es fast notwendig zum Umsturz.[706]

Bereits die Ausrufung der Republik durch Philipp Scheidemann war in Deutschland eine schwierige Geburt. Erst das Eingreifen von Karl Liebknecht machte den in monarchistischen und legalistischen Bahnen denkenden Sozialdemokraten Beine. Für die ihm verbleibende kurze Spanne seines Lebens war Liebknecht der einzige ernst zu nehmende Kopf, um in Deutschland die Diktatur des Proletariats, ein Herrschaftssystem Lenin'scher Bauart, zu errichten. Es lebe die deutsche Räterepublik.[707] Wir lassen beiseite, welche theoretischen Winkelzüge Lenins von Liebknecht abgelehnt wurden und welche nicht. Ebensowenig erörtern wir, welche Unterschiede zur ursprünglich polnischen Sozialdemokratin Rosa Luxemburg bestanden, denn beide scheiterten so gründlich, dass sie mit dem Leben bezahlen mussten. Liebknecht glaubte, dass mit dem Aufstand der Matrosen von Kiel die herbeigesehnte revolutionäre Situation herangereift sei. Er war unvorsichtig genug, diese seine Überzeugung in zahlreichen Zeitungsartikeln und öffentlichen Auftritten zu propagieren. Nichts konnte seine Überzeugung besser dokumentieren als die Tat: Am 9. November 1918 verkündete er vom Balkon des Berliner Schlosses die deutsche sozialistische Republik. Der Ort hätte kaum besser gewählt werden können. Das Stadtschloss der Hohenzollern, deren Herrschaft für beendet erklärt wurde, ein finsterer Kasten mitten in Berlin, lag günstig, um einer übersehbaren Menschenmenge in Deutschlands Hauptstadt den Beginn einer neuen Zeit anzukündigen. Es war ein revolutionärer Akt, aber man tut sich schwer, den Vorgang als eine Revolution zu bezeichnen. Es war eher der Versuch, in einer in Gärung befindlichen Situation die Herrschaft zu ergreifen.[708]

Angesichts der Realität konnte dergleichen nur scheitern. Denn hinter Liebknecht stand zu diesem Zeitpunkt buchstäblich nichts oder nicht sehr viel. Das gilt zunächst einmal für die USPD, der Liebknecht formal angehörte. Diese Partei war in sich tief gespalten. Um dies zu erklären, muss man sich auf den Anlass zur Abspaltung von der SPD besinnen: Es war die Manifestation des Willens, den Krieg zu beenden. Dieses Politikziel sollte in wenigen Tagen mit dem Abschluss des Waffenstillstands wegfallen. Nun blieb noch der Sturz der etablierten Verhältnisse, der ohnehin im Gange war. Diejenigen, die dergleichen mit Hilfe einer Rätediktatur anstrebten, waren in der USPD lediglich Einsprengsel. Auf diese musste Liebknecht bauen, denn die sowjetischen Freunde aus der russischen Botschaft *Unter den Linden* waren Tage zuvor aus Deutschland ausgewiesen worden. Sie verharrten zwar jenseits der Grenze, um rasch ins revolutionäre Deutschland zurückkehren zu können, doch sie warteten trotz nachdrücklicher Glückwunschadressen vergebens. Niemand rief sie zurück. Der Rat der Volksbeauftragten tat es nicht und der Zentrale Rat der Arbeiter- und Soldatenräte, der sich im Dezember 1918 bildete, erst recht nicht.[709]

Dabei hatte der Rat der sechs Volksbeauftragten zunächst eine interessante Zusammensetzung: Mit Ebert, Scheidemann und Landsberg gehörten ihm drei Sozialdemokraten an, die drei anderen waren Haase, Barth und Dittmann von der USPD. Mit dem linken USPDler Emil Barth war ein Mann des radikalen Umsturzes vertreten, der sich sehen lassen konnte. Eine weitere Schlüsselstellung, die im Sinne der Radikalen unverzüglich besetzt wurde, war die des Berliner Polizeipräsidenten; sie fiel an den Redakteur Emil Eichhorn von der USPD; er hatte bis vor kurzer Zeit noch in Berlin der russischen Botschaft gedient; sein formeller Arbeitsplatz war die sowjetische Nachrichtenagentur Rosta. Doch der radikale Polizeipräsident hatte zunächst andere Sorgen, als die Macht gewaltsam an sich zu reißen; ihm lag zuvörderst die Liquidation der verhassten Abteilung V, jener berühmt-berüchtigten politischen Polizei Preußens am Herzen, die er alsbald durchsetzte. Eine verständliche Maßnahme, aber ein großer, wenn nicht entscheidender Fehler. Anstatt das Wagnis einzugehen, die erfahrenen Ermittler und Agentenführer für die eigenen Zwecke umzupolen, warf er sie hinaus; stattliche Aktenvorräte wurden vernichtet. Die Erfahrung lehrt, dass in derartigen Situationen Personen gerne Verwendung finden, die jedem System mit Eifer dienen. Ja, sie neigen sogar dazu, bei einem Systembruch ihren Eifer zu verdoppeln, um so ihre Loyalität unter Beweis zu stellen. Nicht so in Berlin. Es mutet sonderbar an, wie der neue Berliner Polizeipräsident sich eilte, die Spuren der Vergangenheit zu löschen, und wenn man bedenkt, wie tief Preußens politische Polizei in die USPD eingedrungen war, kann man sich ein Stirnrunzeln kaum verkneifen. Wie auch immer, Eichhorn verpasste seine Chance; er sollte seine Aktivitäten kurz drauf mit seinem Amt bezahlen.[710]

Ebenso wie hinter Liebknecht stand hinter dem Rat der Volksbeauftragten anfangs eigentlich niemand, jedenfalls kein ernst zu nehmender bewaffneter Arm. Die deutschen Soldaten wollten, als sich ihnen zum Jahresende 1918 die Chance bot, nur noch eines: Sie wollten nach Hause. Das traf ausgerechnet für diejenigen Männer zu, die mit den Sozialdemokraten sympathisierten. Es waren ernsthafte Männer, denen der mehrjährige Krieg nichts als die erzwungene Abwesenheit von ihren Familien und Arbeitsstätten gebracht hatte. Diesen Zustand galt es zu beenden, zumal der neue Rat der Volksbeauftragten als erste Maßnahme die Einführung des lange umkämpften Achtstundentages dekretiert hatte. Die nach Berlin hineinströmenden, zurückkehrenden Fronttruppen zeigten zwar beim Einmarsch gute Ordnung, doch liefen sie unverzüglich auseinander, kaum dass sie ihre Garnisonen erreicht hatten. Zurück blieben, wir sagten es bereits, nur zweifelhafte Elemente jeglicher Couleur.[711]

Auch dem Rat der Volksbeauftragen musste alsbald klar sein, dass seine Mitglieder zwar im Reichskanzleramt in der Wilhelmstraße residieren konnten, aber dass ihnen hieraus nicht die Macht im Reich zugewachsen war. Zudem waren die Mitglieder des Rats in der Frage der Legitimation ihrer Macht zutiefst gespalten. Sahen die SPD-Mitglieder in ihrem Status eher eine Übergangsform, die bis zur Durchführung von Wahlen und der Abhaltung einer Nationalversammlung Bestand haben konnte, waren die radikaleren unter den USPD-Leuten mit dem Gedanken eines Rätesystems vertraut.[712] Wieder zeigten sich Parallelen zu der Entwicklung in Russland. Die Februarrevolution von 1917 hatte die Provisorische Regierung hervorgebracht, die sich zeit ihrer Existenz zu radikalen innenpolitischen Maßnahmen nicht durchzuringen vermochte; formelhaft verwies man auf die Zuständigkeit der noch einzuberufenden Konstituante. Auf diese Weise verprasste man viel Zeit und spielte so dem bolschewistischen Staatsstreich in die Hände.

In Deutschland liefen die Dinge viel komprimierter ab. Das lag daran, dass alle Protagonisten von den Vorgängen in Russland zutiefst beeinflusst wurden. Entweder sie waren davon fasziniert, oder aber sie waren im gleichen Maße davon entsetzt. Ebert, der Vorsitzende des Rats der Volksbeauftragten, war ein Mann des legalistischen Weges.[713] Er wollte, wenn man dies so nennen darf, den Weg des Umsturzes in Ruhe und Ordnung beschreiten. Hierfür ist er vielfach belächelt, verlacht, beschimpft, verunglimpft, karikiert worden: Frei nach Lenin ein Revolutionär, der vor der Erstürmung des Bahnhofs eine Bahnsteigkarte löst. Der Adjutant des preußischen Kriegsministers, Hauptmann Gustav Böhm, hat einen ihm einschlägig erscheinenden Auftritt zwischen seinem Vorgesetzten und Ebert überliefert:

> *Eines Tages, als Exc[ellenz] Scheüch Ebert klar zu machen versuchte, dass die erste Vorbedingung für eine Bereinigung der Verhältnisse in Berlin die Beseitigung des unabhängigen Polizeichefs Eichhorn und sein Ersatz durch einen ihm zuverlässig ergebenen Mann sei, sagte er wörtlich: »Herr Ebert, Sie müssten jetzt in Berlin einen Fouché haben«, worauf Ebert erwiderte: »Ja, wo steckt denn der Mann? Kann man den nicht kommen lassen?« »Das wird nicht gut möglich sein«, erwiderte Exc. Scheüch, ohne eine Miene zu verziehen.[714]*

Doch dieses Bild des biederen, etwas dicklichen SPD-Führers ist nicht einmal die halbe Wahrheit. Ebert war bereit, und das haben ihm Generationen von tatsächlichen und Möchtegern-Revolutionären verübelt, den von ihm als richtig erkannten Weg notfalls mit Gewalt durchzusetzen. Der Bereitschaft folgte die Tat. Nach einem von Liebknecht provozierten Zusammenstoß bewaffneter Truppen in der Berliner Chausseestraße hatte es am 6. Dezember 1918 die ersten Toten gegeben. Wenige Tage später versuchten Ebert, Haase und vor allem auch Liebknecht, den zentralen Arbeiter- und Soldatenrat mit donnernden Ansprachen unter ihre Kontrolle zu bringen. Liebknecht musste vor der Tür agieren, denn ihm und Luxemburg war es nicht gelungen, als gewählte Mitglieder in dieses höchste revolutionäre Beschlussgremium vorzudringen; auch ihr Antrag auf Kooptation wurde mit großer Mehrheit zurückgewiesen. Daraufhin unternahm Liebknecht mehrere, wenn auch vergebliche Anläufe, den Rat durch unfriedliche Demonstrationen in seinem Sinne zu beeinflussen. Mochte es anfangs noch so scheinen, als schwankten die Möglichkeiten zwischen einer Nationalversammlung und einer revolutionären Räteregierung hin und her, zeigte sich indessen bei den ersten Abstimmungen rasch, wie die Gewichte in Wirklichkeit verteilt waren. Die Vertreter des russischen Rätemodells waren eine verschwindende Minderheit. Nach dem üblichen Palaver ging es nur noch um den Wahltermin; der Weg zur parlamentarischen Demokratie war geebnet.[715]

Zeitgenössische und spätere Revolutionsapologeten haben bejammernd festgestellt, dass der Kongress der Arbeiter- und Soldatenräte damit seine eigene Abschaffung beschlossen hatte. Das trifft zu. Die Delegierten taten dies mit der überwältigenden Mehrheit von 344 zu 98 Stimmen. Die Versammlung, die von den Mehrheitssozialdemokraten dominiert wurde, wollte ein parlamentarisches demokratisches Deutschland, über dessen Konturen die Beschlussfassenden möglicherweise nur verschwommene Vorstellungen hatten. Dafür wollten sie die Alternative, die ebenfalls zur Debatte stand, auf keinen Fall: Nämlich eine Rätediktatur nach russischem Vorbild. Das war eine beachtliche politische Leistung; denn es war die Entscheidung, dass die Herrschaft im neuen Deutschland ihre Legitimation aus Wahlen und nicht aus Gewaltakten herleiten sollte. Dass das so war, ist dem Einfluss von wenigen Männern zu verdanken, nämlich Friedrich Ebert und einer Handvoll weiterer Spitzengenossen in der SPD. Sie besaßen zu dieser Zeit nicht mehr als die Macht des Arguments. Sie setzten sich durch und erwarben dabei einen Zipfel der politischen Macht. Warum sie so handelten, ist nahezu verschüttet worden. Ob sie die Lektion der russischen Revolution gelernt hatten, ist möglich, aber nicht sicher.[716] Einen Fingerzeig gibt der damalige Spitzengenosse Otto Braun, der bereits Monate zuvor, im März 1918, im *Vorwärts* schrieb:

Der Sozialismus kann nicht auf Bajonetten und Maschinengewehren aufgebaut werden. Soll er Dauer und Bestand haben, muss er auf demokratischem Weg verwirklicht werden. Dazu ist freilich Vorbedingung, dass die wirtschaftlichen und sozialen Verhältnisse für die Sozialisierung der Gesellschaft reif sind. Wäre das in Russland der Fall, würden sich die Bolschewiki zweifellos auf eine Mehrheit im Volke stützen können. Da dem nicht so ist, haben sie eine Säbelherrschaft etabliert, wie sie brutaler und rücksichtsloser unter dem Schandregime des Zaren nicht bestand.[717]

Trotz der Abstimmungserfolge von Ebert und Co. blieben Gewaltakte nicht aus. Ihr Aufgalopp mutet eher wie eine Groteske an. Es sind die Vorgänge um die Volksmarinedivision, die vielfach als eine Art revolutionärer Folklore beschrieben worden sind. Doch das waren sie aus der Sicht der Beteiligten keineswegs. Die Volksmarinedivision war Anfang November 1918 in Berlin erschienen, um die Revolution zu schützen – was immer dies bedeuten mochte. Was die Matrosen der Division darunter verstanden, sah ungefähr so aus: Sie vertrieben sich die Zeit, indem sie Autos anhielten, die Insassen mit Waffengewalt verjagten und mit wehenden roten Fahnen die Berliner Prachtstraße auf und ab fuhren, bis das Benzin zu Ende war. Man residierte im Berliner Schloss und vertrieb sich die Zeit damit, dass nicht mehr existierende herrschende System zu expropriieren. Man könnte auch sagen: Das Interieur des Schlosses wurde gestohlen und verhökert. Nicht jedem gefiel das, am wenigsten dem jetzt von Sozialdemokraten geführten preußischen Finanzministerium, dem die Verwaltung der Liegenschaft oblag. Durch den Rauswurf der Matrosen und die geforderte Schlüsselübergabe an den sozialdemokratischen Stadtkommandanten Otto Wels entwickelte sich ein blutiger Putschversuch. Die etwa eintausend Angehörigen der Volksmarinedivision wurden von einem ehemaligen Leutnant namens Heinrich Dorrenbach geführt. Dorrenbach war zwei Jahre zuvor aus der Armee desertiert, 1917 wurde er gefasst und in Haft genommen. Mit den Novemberereignissen in Berlin kam er frei. Sogleich avancierte er zum Leiter der Presseabteilung der Volksmarinedivision, spätestens ab Mitte Dezember agierte er als ihr Führer. Dorrenbach hetzte die Matrosen auf, die ihnen zugesagte Löhnung keineswegs beim Stadtkommandanten Wels abzuholen, sondern er wählte als Verhandlungspartner den Rat der Volksbeauftragten und zwar dessen Mitglied Emil Barth, an dessen radikaler Opposition kein Zweifel bestehen konnte. Was genau die beiden beredet haben, ist nicht klar. Fest steht nur, dass Matrosen der Volksmarinedivision im Anschluss daran die Reichskanzlei besetzten und deren Telefonzentrale blockierten. Teile des Rates der Volksbeauftragten saßen in der Falle. Was die Meuterer allerdings nicht bedachten, war dies: Es war möglich, durch eine unbewachte Tür mit dem in der Wilhelmstraße benachbarten Auswärtigen Amt in Kontakt zu treten, so dass die Nachricht vom Putsch Verbreitung finden konnte. Ebensowenig wussten die Meuterer, dass die Blockade der Telefonzentrale keine Auswirkungen auf ein Telefon im Dienstzimmer des Unterstaatssekretärs Kurt Baake hatte, das unmittelbar zur Obersten Heeresleitung geschaltet war. Herbeigerufene, an der Reichskanzlei aufmarschierende regierungstreue Truppen flößten den meuternden Matrosen so viel Respekt ein, dass sie sich überreden ließen, das Gebäude zu räumen. Unterdessen hatten allerdings andere von ihnen den Stadtkommandanten Wels überfallen und unter schweren Misshandlungen in ihr Hauptquartier geschleppt. Jetzt erst, in der Nacht vom 23. auf den 24. Dezember 1918 gab Ebert Anweisung an den preußischen Kriegsminister Erwin Scheüch, den Gefangenen zur Not mit Waffengewalt zu befreien. Nun nahmen die Dinge einen kritischen Verlauf, als am Morgen des 24. Dezember 1918 Marstall und Schloss von preußischen Schützen der ehemaligen Gardekavallerie unter Oberst von Tschirschky und Bögendorff umstellt wurden. Nach einem auf zehn Minuten befristeten, in typisch schnarrendem Ton vorgebrachten Ultimatum ließ Tschirschky das Feuer aus Maschinengewehren und Geschützen eröffnen. Der Schusswechsel dauerte nur kurz. Es gab Tote und Verletzte auf beiden Seiten; die Matrosen ergaben sich. Doch kurz nach diesem scheinbaren Erfolg gerieten die Regierungstruppen unter den Schmähungen von Passanten und spartacistischen Agitatoren ihren Führern in kürzester Frist aus der Hand. Durch das Eingreifen und die Anleitung des Polizeipräsidenten Emil Eichhorn hatten die Fußtruppen von Spartacus einen Wort-Sieg über Preußens angeblich unerschütterlich regierungstreue Gardekavalleristen errungen. Mit etwas weniger preußischem Unverstand wäre das vermutlich zu vermeiden gewesen.[718]

Aus den Weihnachtsschießereien hat die Nachwelt merkwürdige Schlussfolgerungen gezogen – zum Beispiel, dass Ebert und Genossen mutwillig gegen diese Helden der Revolution vorgegangen seien. Doch die Wirklichkeit ist prosaischer. Ebert wusste, dass die Machtfrage gestellt war, und er entschied diese für sich. Er tat dies mit Hilfe der noch im Amt befindlichen Obersten Heeresleitung, die seit einigen Tagen in Kassel residierte, immer noch mit dem königlich preußischen Feldmarschall Paul von Hindenburg an der Spitze. Ihm zur Seite stand seit Ludendorffs Abgang Ende Oktober 1918 der württembergische Generalleutnant Wilhelm Groener – ein Mann, dem völlig zu Unrecht republikanische Neigungen nachgesagt wurden. Zwischen diesen Männern und Ebert wurde in diesen Tagen auf einer direkt in die Reichskanzlei geschalteten Leitung telefoniert. Einzelheiten und Anlass sind ebenso vielfältig wie widersprüchlich beschrieben worden. Darauf soll es nicht ankommen, entscheidend ist vielmehr, dass ein Ruhe- und Ordnungs-Pakt zwischen Ebert und Hindenburg-Groener besiegelt wurde. Beide Seiten versprachen einander, sich in ihrer Existenz nicht anzutasten. Der Gewinner dieser Abrede war ohne Zweifel Ebert. Die Militärführung war durch ihn lediglich legitimiert worden, das Heer in Ordnung in die Heimat zurückzuführen, die Militärführung ihrerseits garantierte, Ebert und seinen Rat der Volksbeauftragten als Reichsautorität anzuerkennen. Beide Seiten hatten mit Sicherheit heimliche Vorbehalte, vor allem Hindenburg. Seine Autorität beruhte auf einem kaiserlichen Befehl: Als sich nämlich Wilhelm II. am 9. November 1918 sang- und klanglos nach Holland absetzte, hatte er dem Feldmarschall ausdrücklich befohlen, im Amt zu bleiben. Hindenburg fühlte sich somit als eine Art kaiserlicher Statthalter. Zu gehorchen gewohnt, machte er sich möglicherweise keinerlei Gedanken über die Unhaltbarkeit dieses Befehls – vor allem nachdem der Kaiser Wochen später abgedankt hatte. Jetzt erkannte er eine neue Autorität an. Der Preis war für Ebert nicht sehr hoch gewesen: Ausgleich zwischen Offizierskorps und Soldatenräten sowie das Recht der Offiziere, ihre Orden und Dienstgradabzeichen wieder zu tragen. Der Zivilist Ebert mag gelächelt haben, denn er war von jedem Verdacht frei, Gefallen am militärischen Klimbim zu haben. Andere Sozialdemokraten waren hierüber keineswegs so erhaben.[719]

Mit der Weihnachtsschießerei hatte Ebert in der Tat seine revolutionäre Unschuld verloren. Das wäre noch hingegangen und konnte nur Leute erregen, die von seiner Art der Politik ohnedies nichts hielten. Doch dieses Blutvergießen brach das Tabu, dass Sozialisten nicht auf Sozialisten schießen. Die Folgen dieses Tabubruchs waren durchaus zweiseitig: Liebknecht und Co. konnten noch ungehemmter den bewaffneten Aufstand propagieren und die Sozialdemokraten mussten ins Kalkül ziehen, dass Gewalt fortan zur kleinen Münze werden würde. Der Mann, der nun die Bühne betrat, hieß Gustav Noske, ein Schrank von einem Sozialdemokraten, der nahezu prophetisch gesagt haben soll, einer müsse den Bluthund machen. Noske hatte bereits Anfang November 1918 das revolutionäre Kiel befriedet. Er tat dies mit Überredung und mit Gewalt. Selbst kaiserliche Marineoffiziere, die beleidigt abseits standen, als ihnen die Soldaten selbstverschuldet aus der Hand gerieten, und die mit gutem Grund um ihr Leben fürchteten, wie der ehemalige Marineagent und U-Boot-Kommandant Wilhelm Canaris, mussten sehr schnell erkennen, was für eine Energie von diesem wallrossbärtigen Zivilisten ausging. Fotografien zeigen diesen Mann, häufig im langen Mantel, bei irgendwelchen Ansprachen. Sie vermögen nicht annährend wiederzugeben, was für ein Zwang von diesem Sozialdemokraten ausgegangen sein muss. Nach der Aktion in Kiel kam Noske nach Berlin. In seinem Gepäck die Erfahrung im Umgang mit Aufrührern und mit verschüchterten Offizieren, denen er zu befehlen und zu drohen verstanden hatte. Das prädestinierte ihn zu den Auseinandersetzungen, die jetzt notwendig folgen mussten. Denn in Berlin hatten sich die Verhältnisse erheblich zugespitzt.[720]

Während dieser Zuspitzung der Lage warteten die Sowjetrussen immer noch auf eine legale Möglichkeit, nach Deutschland zurückzukehren. Sie hatten die Rechnung ohne den Wirt gemacht. Der Wirt hieß Ebert, und der wählte sich Gehilfen, die es in sich haben sollten. Als einer der Ersten aus dem kaiserlichen Beamtenapparat trat Rudolf Nadolny an Eberts Seite. Man mag sich die Augen reiben, aber es war genau jener Nadolny, der bis vor Tagesfrist Ostreferent des Auswärtigen Amtes gewesen war und die zwei ersten Kriegsjahre damit zugebracht hatte, die sozialistische Revolution nach Russland zu transferieren. Nadolny wurde so etwas wie der Büroleiter des sozialdemokratischen Ersatz-Kanzlers und dessen wichtigster außenpolitischer Berater. Eberts späteres Angebot auf Übernahme des Außenministerpostens lehnte er allerdings ab. Wenn man sich fragt, wie Ebert ausgerechnet auf Nadolny verfiel, so muss man sich vergegenwärtigen, dass es diesem dynamischen Mann möglich gewesen war, sich ins Blickfeld der Volksbeauftragten zu schieben. Nadolny agierte nämlich als Ostreferent des Auswärtigen Amtes an prominenter Stelle, um die Meinungsbildung des Rats der Volksbeauftragten zu beeinflussen.[721] Nach seinen eigenen Worten geschah dies im Dezember 1918 wie folgt:

Neben den Volksbeauftragten regierte aber noch der [Berliner] Arbeiter- und Soldatenrat. Dieser verlangte, dass die russische Botschaft wieder zurückgeführt und in ihr Amt eingesetzt würde. Ich wurde vor ihn geladen und befragt, wo die russische Botschaft sich befinde. Natürlich antwortete ich, das entziehe sich meiner Kenntnis. Ich müsste annehmen, die russische Botschaft sei längst in Moskau. Tatsächlich hielt sie sich aber noch immer in Borissowo auf. Glücklicherweise hatte der Arbeiter- und Soldatenrat keine Funkverbindung mit Moskau. Dagegen hatte ich eine solche an der Hand. Ein neuer Attaché, Herr Riesser, war bisher Funker gewesen und besaß in Königs Wusterhausen gute Freunde, die ihm alle Funksprüche lieferten. Ich benutzte die Funksprüche, die für meine Zwecke tauglich waren, und warf die anderen in den Papierkorb.

Auch der Fernschreiber aus der russischen Botschaft war von mir im Auswärti-
gen Amt untergebracht. Eines Tages kam der Unteroffizier, der den Fern-
schreiber bediente, und meldete mir, die Herren Tschitscherin und Radek
möchten Herrn Haase sprechen. Ich erklärte ihm: »Gut, schreiben Sie nach
Moskau, die Herren möchten morgen Mittag gegen zwei Uhr anrufen, dann
wird Herr Haase am Apparat sein. Nehmen Sie morgen die Unterhaltung auf
und, wenn Sie merken, dass sie sich dem Ende zuneigt, schicken Sie zu mir und
melden mir das.« Gleichzeitig informierte ich Herrn Haase. Am nächsten Tag
fand verabredungsgemäß die Unterhaltung statt. Ich wartete, bis ein Soldat
mir die vorgesehene Meldung machte.

Als ich ins Fernschreibzimmer eintrat, hörte Herr Haase mit seiner Unterhal-
tung auf. Die Papierschlangen füllten fast das ganze Zimmer. Ich erbot mich,
ihm die Unterhaltung aufkleben und zugehen zu lassen. Dies war ihm sichtlich
unangenehm, doch er konnte nicht umhin, einzuwilligen und das Zimmer zu
verlassen. Darauf ließ ich alles aufkleben und sah daraus, dass es sich um ein
bolschewistisches Angebot handelte, den Krieg gegen Westen mit uns als Ver-
bündeten weiterzuführen, auch sofort einige Ladungen Getreide zu liefern,
aber unter der Bedingung, dass Deutschland sowjetiert würde.

Ich ließ das Ganze sofort abschreiben, schickte das Original an Haase und be-
hielt Abschriften für [Staatssekretär] Solf und Ebert zurück. Zufälligerweise
hatte ich gleichzeitig ein ganzes Paket Zettel über russische Waffeneinkäufe in
Deutschland erhalten, das in dem Zug, der die russische Botschaft nach Boris-
sowo befördert hatte, gefunden worden war. Ich ging mit mir zu Rate, wie man
auf das Angebot der Russen reagieren sollte. Es war ohne Zweifel ein verfüh-
rerischer Gedanke, den Krieg mit russischer Hilfe fortzusetzen und womöglich
doch noch zu einem guten Ende zu führen. Aber andererseits hätte die von den
Russen zur Bedingung gemachte Sowjetisierung die Katastrophe unserer
Volkswirtschaft und den Ruin Deutschlands zur Folge gehabt. Angesichts des-
sen konnte die Antwort nur abweisend lauten. In diesem Sinne entwarf ich ein
Telegramm nach Moskau, fügte hinzu, die Sowjets sollten mit ihrem Getreide
ihre eigene hungernde Bevölkerung ernähren, und wies darauf hin, wir woll-
ten mit Leuten, die bei uns Waffen ankauften und damit Banden gegen den
Staat ausrüsteten, nichts zu schaffen haben.

Nach einigen Tagen war die russische Antwort da. Sie besagte, bei den auf den
Zetteln aufgeführten Waffen habe es sich um solche gehandelt, die für Russland
gekauft wurden. Die Herren Haase und Barth müssten Bescheid wissen über
die Gelder, die sie von der russischen Botschaft zum Ankauf von Waffen erhal-
ten hätten. Als ich die Antwort Solf zeigte, war er empört und beschloss, die
Herren Haase und Barth zur Rede zu stellen. Ich warnte ihn, zu scharf vor-

zugehen, denn die Volksbeauftragten waren schließlich ein Gremium, das zu-
sammenhalten musste. Aber er ließ sich nicht in die Zügel fallen. Wir gingen in
die Sitzung der Volksbeauftragten. Solf gab den russischen Funkspruch an
Ebert, und als Haase und Barth kamen und ihm die Hand reichen wollten,
verweigerte er den Handschlag mit den Worten: »Nein, Ihnen kann ich die
Hand nicht geben«, worauf Haase antwortete: »Na, denn nicht.« Ich las den
Funkspruch vor, und beide Herren sagten, das sei eine Gemeinheit, sie wüssten
von keinen Waffen und von keinem Geld. Das könne nur an Spartacus gege-
ben sein, aber nicht an sie. So entstand eine schiefe Situation für Solf. Es blieb
ihm nichts übrig, als zu demissionieren.[722]

Zur Überraschung des abgehalfterten deutschen Establishments hatte sich Ebert
im Dezember 1918 einen Außenminister ausgesucht, der wahrlich aufhorchen
ließ. Es war Ulrich Graf Brockdorff Rantzau, Deutschlands Gesandter in Kopenhagen. Für beide Seiten war diese Ernennung keine leichte Sache. Ebert hatte
einen Mann durchzusetzen, der schon rein äußerlich wie kaum ein Zweiter das
Regime der Vergangenheit zu repräsentieren schien. Brockdorff, der kaiserliche
Karrierediplomat, sollte nun ein Ministeramt antreten, das er 1917/18 nur zu
gerne ergriffen hätte. Doch Minister in der Niederlage, zudem von Volkes Gnaden, war für ihn mehr als gewöhnungsbedürftig. Brockdorff nahm das Amt an,
jedoch keineswegs bedingungslos. Er verlangte Entscheidungsfreiheit in den
äußeren Angelegenheiten des Reichs und nachdrückliches Verweigern eines
schmählichen Friedens, der nach den Waffenstillstandsbedingungen vom November 1918 mehr als wahrscheinlich zu werden drohte.[723] In dem einschlägigen
Schreiben vom 9. Dezember 1918 an den Volksbeauftragten Scheidemann ergänzte Brockdorff sein persönliches politisches Programm wie folgt:

Im Einzelnen möchte ich hier ergänzend mit dem Anheimstellen, davon nach
Ihrem persönlichen Ermessen Gebrauch zu machen, hinzufügen, dass ich be-
züglich des dritten Punktes, der Schaffung einer republikanischen Armee, ein
scharfes Vorgehen gegen die bolschewistischen Umtriebe und ihre Leiter bis zu
den letzten Konsequenzen für unumgänglich erforderlich halte. Anders sehe
ich nicht die Möglichkeit, das größte Unglück abzuwenden. Es ist sicher die
heilige Pflicht jeder gewissenhaften Regierung, keinen Tropfen Blutes unnütz
zu vergießen; die Entwicklung scheint mir aber dahin zu treiben, dass, wenn
um jeden Preis dieser Grundsatz jetzt durchgeführt wird, schließlich die Re-
gierung selbst und mit ihr das ganze Land in einem Blutbad ersticken wird. Ich
würde, wenn ich in die Regierung aufgenommen werde, diesen Standpunkt
unbedingt vertreten.[724]

Die Volksbeauftragten akzeptierten, und Brockdorff trat sein Amt an. Auch mit
ihm müssen die sowjetrussischen Wünsche auf Rückkehr zum diplomatischen

Verkehr unmittelbar nach seinem Amtsantritt erörtert worden sein. Doch er dachte gar nicht daran, den Russen klein beizugeben. Das mag auf den ersten Blick verwundern. Wir erinnern uns nur zu gut daran, dass Brockdorff der führende deutsche Diplomat war, der das Programm zur Revolutionierung Russlands vorangetrieben hatte. Er war sich nicht zu schade gewesen, den Verbindungsmann der Reichsregierung zum Revolutionsspezialisten Alexander Helphand abzugeben und mit diesem zusammen die entscheidenden Weichen für das Ende der Romanows und, wichtiger noch, für den Beginn der Herrschaft der Bolschewiki zu stellen. Doch es war Brockdorff, der Helphand benutzte, obwohl es erst so aussah, als sei es umgekehrt. Als Russlands Ausstieg aus der feindlichen Kriegskollation erreicht war, ließ Brockdorff den Revolutionär ohne Skrupel fallen; Helphands politischer Einfluss sank auf null. Noch etwas anderes zeigte das Agieren des Ulrich Brockdorff: Hier handelte ein Mann, der die Methoden dem Ziel rücksichtslos unterzuordnen verstand. Der enge persönliche Umgang mit einem neuzeitlichen Revolutionär – warum nicht! Seine Standesgenossen hatten gezuckt. Jetzt ging es Brockdorff nach seinen eigenen Aussagen darum, Deutschland vor einem schmählichen Frieden zu bewahren. Das schien unter den vom ihm wenig geschätzten Sozialdemokraten möglich. Wieder war ihm das Ziel wichtiger als der Weg. Als es dann im Sommer 1919 nicht zu erreichen war, trat Brockdorff zurück; manch einer sagte später, er habe aufgrund seiner restaurativen Forderungen in Versailles seinem Land nicht wirklich gedient, sondern die Situation verschärft. Wie auch immer: Die Russen jedenfalls hatten, das war Brockdoff zur Jahreswende von 1918 auf 1919 klar, derzeit in Berlin nichts verloren. Zwar hatte er den bolschewistischen Umsturz mit herbeigeführt, doch verabscheute er nichts mehr als die Bolschewiki und ihre Methoden. Er wusste um die Gefahr eines bolschewistischen Putsches und war intelligent genug, einen solchen zu fürchten. Als Spezialist für Revolutionierungsfragen hatte er keine Illusionen, dass jetzt auch Deutschland anfällig war. Hinzu kam, dass für die Maxime seines politischen Handelns, nämlich Deutschland einen erträglichen Frieden zu sichern, ihm die Bolschewiki nichts bieten konnten. So mussten die Russen draußen bleiben.[725]
Doch die russische Regierung, jener Rat der Volkskommissare, mochte nicht auf Akkreditierung und Visa warten. Wie gesagt, Lenin war kein Mann, der eine Bahnsteigkarte löste, um sodann die Station zu stürmen. Man war in erster Linie Revolutionär und ein erfolgreicher dazu. Wenn aus wissenschaftlichen Gründen jetzt die Weltrevolution, Unterkapitel Deutschland, auf dem Fahrplan der Geschichte stand, dann musste sich der revolutionäre Zug auch ohne gültige Fahrkarten aus dem Deutschen Reich in Bewegung setzen lassen. Revolutionäre mussten her, um den deutschen Genossen auf die Sprünge zu helfen. Denn eins war der Sowjetregierung klar: Mit einer Regierung Ebert-Scheidemann-Haase war die

Weltrevolution nicht zu befördern. Es galt dem Genossen Liebknecht kräftig unter die Arme zu greifen, und die Genossin Luxemburg, wenn sie denn noch immer gegen den Leninismus geifern sollte, zu neutralisieren. Es mussten also Leute ran, die den Laden von innen kannten, die die Sprache beherrschten und genügend Biss im revolutionären Kampf hatten.[726]

Geeignetes Personal war rasch gefunden und zusammengestellt. An die Spitze des sowjetischen Revolutionierungskomitees trat Karl Radek, der Vielerfahrene, mit den deutschen Verhältnissen bestens bekannt, ausreichend, wenn auch nicht fehlerfrei, im Deutschen in Wort und Schrift, einstiger Genosse und Bewunderer der roten Rosa in ihren polnischen Revolutionstagen, verschlagen, intelligent, zur Not auch korrupt, von beißendem Witz und genügend zu Hause im konspirativen Alltag eines bolschewistischen Revolutionärs. Ihn begleiteten zwei Herren, die sich Friesen und Felix Wolff nannten. Doch das waren nicht ihre richtigen Namen. Friesen war Ernst Reuter, ein gestandener deutscher Sozialdemokrat, den sein Soldatenschicksal 1916 in russische Kriegsgefangenschaft verschlagen hatte, wo er sich so weit radikalisierte, dass er sich 1917 den russischen Bolschewiki anschloss, deren Kommissar er wurde, durchaus erfolgreich beim Vormarsch der Roten in Südrussland. Reuter war eine gute Wahl; von ihm durfte vor allem ein Abwerben von Sozialdemokraten für die Sache der Revolution erwartet werden. Der Dritte im Bund hieß in Wahrheit Werner Rakow. Der Sohn deutscher Auswanderer nach Russland war zu Beginn des Krieges als feindlicher Ausländer in ein Internierungslager gesteckt worden, aus dem er erst zu Beginn der Revolution entweichen konnte. Hieraus zog Rakow den persönlichen Schluss, an der Seite der Bolschewiki mitzumachen. Das Trio reiste im Dezember 1918 in den deutschen Machtbereich ein, getarnt in österreichischen Uniformen und mit Papieren versehen, die diese scheinbaren Russlandrückkehrer der deutschen Obhut bei ihrer Durchreise anempfahlen. Über Ostpreußen ging die Fahrt in überfüllten Zügen bis Posen. Hier verwandelten sich die drei Scheinösterreicher in Deutsche; deren Marschziel hieß Berlin.[727]

Partei der Weltrevolution.
Die Gründung der Kommunistischen Partei Deutschlands und deren Folgen

Der Genosse Ernst Meyer begrüßte im Namen der *Zentrale* die etwa 130 Delegierten und die wenigen Gäste. Es war 10 Uhr vormittags, an diesem Montag, dem 30. Dezember 1918. Der Kongress tagte ausgerechnet im Festsaal des Preußischen Abgeordnetenhauses, den man mitsamt einiger Parlamentsstenografen angemietet hatte. Einer von ihnen war Walther Franz aus Berlin-Steglitz. Durch das von ihm gefertigte Protokoll wissen wir, was sich an diesem ersten und den folgenden zwei Verhandlungstagen tat, die später als der Gründungskongress der KPD in die Geschichte eingehen sollten.[728]

Wir werden diesen Vorgang aufmerksam zu beobachten haben, denn hier entstand der Nukleus für eine Jahrzehnte andauernde sowjetische Einflussnahme in Deutschland. Noch zwei Monate zuvor wäre eine derartige Versammlung undenkbar gewesen. Wo immer sich diese Delegierten zusammengefunden hätten, um in öffentlicher Sitzung kommunistische Politik zu beschließen, hätten die Beamten der politischen Polizei aus der Abteilung V des Berliner Polizeipräsidiums eingegriffen, die Versammlung aufgelöst, die Teilnehmer und die Gäste in Gewahrsam genommen und ihre Exponenten in die Schutzhaft verfrachtet. Doch die Zeiten hatten sich geändert, nachdem am 9. November 1918 die Republik ausgerufen worden war. Die Spitzen von SPD und USPD hatten nicht nur eine gemeinsame Reichsexekutive, den Rat der Volksbeauftragten gebildet, auch an der Spitze des Berliner Polizeipräsidiums hatte es einen gravierenden Wechsel gegeben. Dort hatte mit Emil Eichhorn ein Unabhängiger Sozialist das Sagen, den wir bereits bei den Weihnachtsschießereien am Berliner Schloss auf Seiten von Spartacus haben agieren sehen; später sollte Eichhorn offen zur KPD übergehen. Unter solchen Bedingungen war es möglich geworden, dass die Spartacus-Leute am 23. Dezember 1918 in ihrem Polit-Organ, *Die Rote Fahne*, zum Kongress in Berlin öffentlich hatten einladen können. Die Parteigründung, die dann zur Jahreswende programmwidrig durchgeführt wurde, war allerdings kein kommunistischer Urknall in einer gesetzmäßig verlaufenden deutschen Geschichte, sondern sie hatte einen vielgliedrigen, etwas mühseligen Vorlauf, der erst durch die Ereignisse des Ersten Weltkrieges in eine dynamische Phase geraten war.[729]

Dem eigentlichen Kongress des Spartacus, der am 30. Dezember begann, war am Sonntag, dem 29. Dezember, eine nichtöffentliche Vorkonferenz vorangegangen, auf der die Weichen für die Parteigründung der KPD gestellt wurden. Wichtigste Voraussetzung hierfür war nach der Überzeugung der Teilnehmer, deren Zahl sich nicht mehr ermitteln lässt, ein Beschluss über den vorherigen Austritt aus der USPD. Dieser seltsam juristisch anmutende Punkt wurde bei drei Gegenstimmen abgehakt. Die Gegenstimmen waren von besonderem Gewicht, denn zwei davon gehörten Rosa Luxemburg und ihrem Gefährten Leo Jogiches. Das ist interessant genug, um einen Augenblick zu verharren. Nach wie vor sprachen sich der ideologische Kopf der Kommunisten in Deutschland, die Luxemburg, und der organisatorische Vormann Jogiches gegen die Abspaltung aus.[730] Immer noch hielten sie am Unterwanderungskonzept fest. Die USPD erschien ihnen als revolutionäres Mutterschiff unentbehrlich. Und das vor dem Hintergrund, dass die USPD einen winzigen Schritt vor der Erlangung der revolutionären Macht stand. Denn natürlich war es den beiden nicht entgangen, dass der Rat der Volksbeauftragten nach den Weihnachtsschießereien am Berliner Schloss in seiner ursprünglichen Zusammensetzung geplatzt war. Die Unabhängigen waren ausgetreten, die Partei für Revolutionäres damit wieder frei. Zudem hatte die Luxemburg nur zu gut in Erinnerung, dass sie selbst und die andere Galionsfigur von Spartacus, Karl Lieb-knecht, nicht den Zugang zum Zentralen Arbeiter- und Soldatenrat hatte finden können, obwohl sich auch Spartacus an der Konstituierung der Räte beteiligt hatte. Bereits am 7. Oktober 1918 beschloss eine Reichskonferenz der Spartacis-ten in Berlin, das Installieren von Arbeiter- und Soldatenräten allerorten in Angriff zu nehmen. Doch der Erfolg blieb mäßig. Im Zentralen Arbeiter- und Soldatenrat, der vom 16. bis 21. Dezember 1918 in Berlin tagte, waren der Gruppe gerade einmal zehn Delegierte zugesprochen worden. Sie waren innerhalb der Gesamtzahl von 489 Delegierten eine verschwindende Minderheit. Es war eine Veranstaltung, die, von den Mehrheitssozialdemokraten dominiert, die Weichen für ein parlamentarisch-demokratisches Deutschland stellte. Um es zu wieder-holen: Der Beschluss, noch für Januar 1919 allgemeine Wahlen für eine konstitu-ierende Nationalversammlung auszuschreiben, war ein politischer Sieg der Leute um Friedrich Ebert und Genossen.[731]

Als der Kongress der Spartacus-Leute am 30. Dezember 1918 eröffnet wurde, war der Zug der Revolution längst abgefahren. Man konnte vom Preußischen Abge-ordnetenhaus, der Tagungsstätte der Revolutionäre, nicht einmal mehr die roten Rücklichter erkennen. Doch die Delegierten hielten, um im Bild zu bleiben, auch nach der Abfahrt des Zuges an ihren Reiseplänen fest. Dabei war nach der Vor-konferenz vom 29. Dezember der eigentliche Zweck des Kongresses vorwegge-nommen. Mit dem gegen die Voten von Luxemburg und Jogiches gefassten Be-schluss zur Trennung von der USPD war im Grunde entschieden, was Liebknecht der Versammlung am folgenden Tag als Punkt eins der Tagesordnung unterbrei-tete, nämlich die Notwendigkeit der Abspaltung von der USPD oder, wie es wörtlich hieß: *Die Krisis der USP*. Es war letztlich nichts anderes als der quälend theoretische Vortrag über die Frage, warum es nötig sei, mit der Mutterpartei zu brechen, weil mit dieser eine Revolution à la Petrograd November 1917 nicht zu machen war.[732]

Überhaupt war das Verhältnis der Spartacus-Leute zur bolschewistischen Revo-lution erstaunlich zwiespältig. Das hatte, wie so häufig, neben sachlichen poli-tischen auch handfeste persönliche Gründe. Selbstverständlich war auch von Spartacus die russische Februarrevolution begrüßt worden. Für den November-umsturz des Genossen Lenin galt dieser Beifall nicht so unverhohlen. Man muss es sogar schärfer fassen: Rosa Luxemburg, die Vordenkerin der Spartacisten, setzte der Herrschaft der Bolschewiki mehr als deutliche Vorbehalte entgegen. Revolutionäre, gegen das Volk gerichtete Gewalt lehnte die Luxemburg ab. So ist es überall zu lesen.[733] Zum Beleg dessen dient das von der KPD auf ihrer Gründungsversammlung verabschiedete Parteiprogramm, das aus der Feder der Luxemburg stammte. Bereits in der *Roten Fahne* vom 14. Dezember 1918 unter dem Titel *Was will Spartacus* veröffentlicht, passierte es den Gründungskongress ohne Abstriche.[734] Das Ganze ist ein vielseitiges Dokument, bestehend aus politischer Analyse und programmatischen Forderungen. Auch viel Schwulst mit Vor- und Rückblicken. Es enthält kritische Hinweise an die Adresse der Bolschewiki, denen die Ohren geklingelt haben müssen, wenn sie Sätze wie diese aufgetischt bekamen:

Der Spartacusbund wird nie anders die Regierungsgewalt übernehmen als durch den klaren unzweideutigen Willen der großen Mehrheit der proletarischen Masse in Deutschland, nie anders als kraft ihrer bewussten Zustimmung zu den Ansichten, Zielen und Kampfmethoden des Spartacusbundes. Die proletarische Revolution kann sich nur stufenweise, Schritt für Schritt auf dem Golgathaweg eigener bitterer Erfahrungen, durch Niederlagen und Siege, zur vollen Klarheit und Reife durchringen. Der Sieg des Spartacusbundes steht nicht am Anfang, sondern am Ende der Revolution: er ist identisch mit dem Siege der großen Millionenmassen des sozialistischen Proletariats. Auf Proletarier! Zum Kampf! Es gilt eine Welt zu erobern und gegen eine Welt anzukämpfen. In diesem letzten Klassenkampf der Weltgeschichte um die höchsten Ziele der Menschheit gilt dem Feinde das Wort: Daumen aufs Auge und Knie auf die Brust.[735]

Man mag rätseln, was dieser seltsame Schlussakkord zu bedeuten hat. Wer es mit der Gewalt gern ein bisschen deutlicher hat, der blättere zurück, und er entdeckt alsbald den Trick, den die Luxemburg angewendet hat. Sie ging als sicher davon aus, dass die alten Kräfte, die alten Feinde die sozialistische Revolution mit Gewalt bekämpfen würden; hiergegen, so dekretierte sie, sei eigene Gewalt das probate Mittel. Im O-Ton klingt das so:

All dieser Widerstand muss Schritt für Schritt mit eiserner Faust und rücksichtsloser Energie gebrochen werden. Der Gewalt der bürgerlichen Gegenrevolution muss die revolutionäre Gewalt des Proletariats entgegengestellt werden, den Anschlägen, Ränken, Zettelungen der Bourgeoisie die unbeugsame Zielklarheit, Wachsamkeit und stets bereite Aktivität der proletarischen Masse, den drohenden Gefahren der Gegenrevolution die Bewaffnung des Volkes und die Entwaffnung der herrschenden Klassen, den parlamentarischen Obstruktionsmanövern der Bourgeoisie die tatenreiche Organisation der Ar-

beiter- und Soldatengesellschaft – die konzentrierte, zusammengeballte, aufs höchste gesteigerte Macht der Arbeiterklasse.[736]

Die Luxemburg proklamierte die Gewalt. Wer dies verneint, kann nicht lesen. Sie machte aus der revolutionären Gewalt eine Verhinderungsgewalt und damit eine gerechtfertigte Handlung. Sie hatte am eigenen Leibe erfahren, wie wichtig es war, Gewalt in Verteidigungsnotwendigkeit umzudeuten. Im August 1914 hatte sie mit ansehen müssen, wie die sonst so friedlichen Massen begeistert wurden, um in einen angeblichen Verteidigungskrieg zu ziehen. Diesem nationalen Exzess hatte sie als sozialistische Internationalistin nichts entgegenzusetzen gehabt.[737] Nun also klang dasselbe Motiv durch ihre eigenen Schriften. Gewiss, wenn man *ihrer* Meinung ist, stimmt man ihr zu. Ansonsten findet man die Fundierung ihres Appells zur Gewalt eher schal.

So, wie sich die Luxemburg die Revolution als einen lang andauernden Prozess von Niederlagen und Siegen vorstellte, stimmte sie mit dem nicht überein, was in Petrograd Wladimir Lenin vor Jahresfrist eindrucksvoll vorgemacht hatte. Auch den bolschewistischen Massenterror, der sich im Herbst 1918 bis nach Deutschland herumgesprochen hatte, lehnte sie ab, wobei sie sorgsam vermied, die Dinge bei ihrem wirklichen Namen zu nennen. Auch mied sie den direkten Angriff auf die Bolschewiki, mit denen sie seit Jahren ideologisch über Kreuz lag. Doch schon die Person des Emissärs, den der Führer der russischen Revolution nach Berlin entsandt hatte, musste der Luxemburg genügen, um ihr klarzumachen, was der Vorsitzende des Rats der Volkskommissare von ihr als der Vordenkerin der deutschen Revolution hielt. Denn ausgerechnet Karl Radek war der Mann, den die Luxemburg jetzt ertragen musste.

Karl Radek und Rosa Luxemburg waren einander spinnefeind. Es war eine grundlegende, tief sitzende Abneigung, die auf Gegenseitigkeit beruhte. Der junge Karl Sobelsohn, wie er ursprünglich hieß, hatte schon bei der Revolution von 1905/06 in Polen versucht, in die revolutionären Fußstapfen der großen Rosa zu treten. Doch die Sache ging bekanntlich nicht gut aus, und so brauchte auch der intelligente Karl nicht lange, um festzustellen, aus was für dünnem Holz die Sache der Revolution damals gezimmert worden war. Auch er etablierte sich sodann, es war die Zeit vor dem Ersten Weltkrieg, in Deutschland, wo er als Redakteur bei den Bremer linken Sozialdemokraten zu einigem Erfolg kam. Wie das einem Mann gelingen konnte, der zeit seines Lebens weder das Russische noch das Deutsche fehlerfrei zu beherrschen lernte, mag sein Geheimnis bleiben. Jedenfalls muss es den Bremer Genossen gefallen haben, dass Radek neben dem Spielerischen seiner Intelligenz über ein nicht versiegendes Potenzial an Witz verfügte, der nicht selten in beißenden, ätzenden Spott ausschlug. Die Luxemburg hatte genügend Reibungsflächen, um auf Radek anregend zu wirken. Und wir halten ihn für charakterlos genug, dass er auch über ihr Hinken seine Scherze machte. Anders ist die Verachtung, welche die bekannte Frau ihm entgegenbrachte, kaum hinreichend zu erklären.[738] Radek und seine Mitstreiter waren nach Berlin gekommen, um in Deutschland nach dem Stand der längst überfälligen proletarischen Revolution zu sehen und ihr, wo es Not tat, nachzuhelfen. Irgendwie liegt im Nebel, was das Trio in Deutschland tatsächlich anstellte. Dass Radek, Reuter und Rakow Gäste auf dem Gründungskongress der KPD waren, ist geschrieben worden. Zumindest für Radek ist es als sicher anzunehmen. Doch schon bei der Frage, was er dort sagte und tat, bewegt man sich auf schwankendem Grund. Er sprach, von Wilhelm Pieck dazu aufgefordert, ein Grußwort der Sowjetregierung an die Delegierten. Doch was er sagte, ist unklar, denn über seine Ansprache liegt keine stenografische Aufzeichnung vor. Es kann gut sein, dass der gewiefte Radek den Protokollanten die Übergabe des Redemanuskripts in Aussicht stellte, so dass sie sich das Mitschreiben ersparten. Deswegen sind wir jetzt auf einen Text angewiesen, den er selbst 1919 in Berlin drucken und veröffentlichen ließ. Doch hier ist Skepsis am Platze, denn die angebliche Rede ist ein durchkomponierter Aufsatz. Radek müsste nicht Radek gewesen sein, wenn er diesen streckenweise hölzern klingenden Text den Versammelten vorgetragen hätte, denn die sollen über die tatsächlich gehaltene Rede in Begeisterung ausgebrochen sein. Radek war vielmehr klug genug, einen schriftlichen Text nachzuliefern, der ihm sowohl als Rechtfertigung in Moskau, als auch gegenüber der keineswegs wohlgesonnenen deutschen Regierung zum Beweis dafür dienen konnte, dass er keineswegs zur offenen Rebellion aufgerufen hatte, sondern bestenfalls zur Beseitigung des Rats der Volksbeauftragten. Jeder konnte also lesen, was ihm behagte.[739] Es hieße, die Wichtigkeit der Mission Radeks völlig zu verkennen, wollte man in ihm eine Art Grußaugust zur Ermunterung der deutschen Genossen erblicken. Radek war Lenins persönlicher Deutschlandspezialist, und Deutschland war im Lenin'schen Revolutionskonzept die proletarische Hochburg, die als Nächstes fallen musste. Sein sorgsames Theoriegebäude der Weltrevolution konnte anders nicht aufgehen.[740] Unter diesem Gesichtspunkt ist Radeks Rolle bei der Vorkonferenz vom 29. Dezember 1918 zu überdenken. Als in der *Roten Fahne* zur Berliner Reichskonferenz von Spartacus eingeladen wurde, war mit keinem Wort die Rede davon, dass auf dieser Veranstaltung die Gründung der Kommunistischen Partei Deutschlands auf dem Programm stand. Im Gegenteil, die Versammlung diente allein der Klärung, ob zukünftig zu einer solchen Veranstaltung eingeladen werden sollte. Dementsprechend war die Tagesordnung formuliert, die richtigerweise mit einem Referat zur Krise der USPD nebst gehöriger Aussprache begann. Das war, wenn man so will, typisch deutsch. Es sollte nicht um die Frage gehen, ob man eine Revolution veranstalten sollte, sondern lediglich darum, ob eine Versammlung einzuberufen war, die das dann hätte beschließen können. Dementsprechend reagierten die wenigen Basisorganisationen in der Fläche des Reichs. Sie entsandten nicht durchweg ihre Vormänner, sondern begnügten sich mit zweiter und dritter Garnitur, die zum Teil mit gebundenen Mandaten anreiste. Nur die Zentrale, das Spitzengremium von Spartacus, war mit seiner ersten Riege vertreten.

Man darf vermuten, dass der gescheite Radek die Komik der Situation sogleich nach seinem Eintreffen in Berlin durchschaute. Ebenso darf man unterstellen, dass er seinen deutschen Genossen drastisch vor Augen führte, dass man Revolution nur im scharfen Schuss, aber niemals auf Probe macht. Anders ist das Ergebnis der Vorkonferenz nicht zu erklären: Der Beschluss, sich unverzüglich von der USPD abzuspalten und Ernst zu machen mit der Gründung einer Partei von Revolutionären. Anders als durch das Eingreifen Radeks ist der augenfällige Sinneswandel der Genossen von der Zentrale, die vor Wochenfrist noch ganz anderes wollten, nicht zu erklären. Nur Rosa Luxemburg, ihr Lebensgefährte Leo Jogiches und ein dritter Ungenannter mochten da nicht mittun. Doch sie wurden glatt überstimmt, zumal der schlaue Radek zugleich für das Luxemburg'sche Parteiprogramm votiert hatte. Es fällt nicht schwer sich vorzustellen, mit welch ätzenden Bemerkungen Radek seine Genossen vor sich hertrieb. Vermutlich ließ er es auch nicht an Schmeicheleien für Karl Liebknecht fehlen. Schließlich war er es gewesen, der am 9. November 1918 vom Berliner Schloss aus die sozialistische deutsche Republik ausgerufen hatte. Jedenfalls stand Karl Liebknecht jetzt an der Spitze der Parteigründungsbefürworter. Sein Referat über die Krisis der USPD zu Anbeginn des Kongresses war eigentlich sinnlos geworden, doch es wurde gehalten, damit der Versammlungsleiter gleich anschließend feststellen konnte, dass eine Aussprache nicht mehr nötig sei, sondern nur noch über den Namen der neuen Partei abgestimmt werden müsse. Nach Auszählung der Stimmen stand fest: Kommunistische Partei Deutschlands (Spartacusbund).[741] So wurde mit einem Tagesordnungstrick, der die Hochachtung aller Versammlungsmanipulatoren verdient, das gewünschte Ergebnis über die Köpfe der Delegierten hinweg erzielt, bevor die Veranstaltung noch richtig begonnen und die Schleusen der Redseligkeit sich geöffnet hatten. Nur unter diesen Prämissen leuchtet ein, warum gerade jetzt Karl Radek das Wort ergriff, um die Versammelten von der brüderlich verbundenen Regierung Sowjetrusslands zu grüßen und mit dem Segen der dort siegreichen Revolution zu versehen. Radek war der Joker in der Hinterhand der Versammlungsleitung, der notfalls hätte gezogen werden müssen, wenn die Veranstaltung bis hierher nicht den gewünschten Verlauf genommen hätte. Da alles wie gewünscht gelaufen war, konnte sich Radek auf ein Grußwort beschränken.

Danach wurden viele Worte um vieles verloren, so wie es auf Parteiversammlungen zuzugehen pflegt. Der zweite inhaltliche Schwerpunkt des Spartacus, das Revolutionsprogramm der Rosa Luxemburg, wurde ohne Abstriche und Zusätze genehmigt. So bleibt nur, einige Gedanken auf die Wirkungsgeschichte dieser Veranstaltung zu verwenden. Mit der Gründung der KPD wurde zum 1. Januar 1919 die organisatorische Grundlage für einen deutschen verlängerten Arm der russischen Bolschewiki geschaffen. Diese Feststellung gilt unabhängig von der Tatsache, dass die überwiegende Zahl der anwesenden Delegierten eine solche Bemerkung mit einiger Sicherheit entrüstet zurückgewiesen haben würde. Ja, man zeigte sich geradezu spröde, dem sowjetischen Ansinnen auf Unterschlupf unter ein gemeinsames Organisationsdach nachzukommen. Als der KPD-Spitzengenosse Hugo Eberlein kurz drauf nach Moskau fuhr, um im März 1919 am Gründungskongress der Kommunistischen Internationale teilzunehmen, die genau dieses Dach bilden sollte, reiste er nicht nur ohne Mandat des Parteitages, sondern gegen dessen erklärten Willen. Doch das konnte den Komintern-Gründer Wladimir Lenin nicht sonderlich beeindrucken. Die KPD wurde alsbald, wenn auch nicht ohne Zickzackbewegungen und ideologisches Bauchgrimmen, auf den Moskauer Kurs festgezurrt.[742]

Der Kongress zeitigte ein weiteres wichtiges Ergebnis. Mit dem Beschluss über das Luxemburg'sche Revolutionsprogramm und der ausdrücklichen Ablehnung der Delegierten, sich an Wahlen, zumal solchen für die Nationalversammlung zu beteiligen, war die KPD auf die Politik der revolutionären Tat eingeschworen worden. Diese Weichenstellung zeigte in kürzester Frist ihre Früchte. Bereits im Januar 1919 brachen in Berlin revolutionäre Unruhen aus, die ganz im Luxemburg'schen Sinne Wegmarken auf dem langen Marsch zur Eroberung der revolutionären Macht darstellen sollten. Die Initiatoren dieser Aufstandsbemühungen waren in den Reihen der KPD zu suchen. Ob es die Luxemburg selbst war, die hier die Initiative ergriffen hatte, ist zweifelhaft, aber letztlich ohne Bedeutung, da die Partei jetzt umzusetzen begann, was die Delegierten des Gründungskongresses beschlossen hatten. Mit von der Partie war der Berliner Polizeipräsident Emil Eichhorn, ein Ex-Mitarbeiter der russischen Nachrichtenagentur Rosta, dem nicht ohne Grund nachgesagt wurde, dass er statt der gewohnten Polizei eine bewaffnete Garde von umstürzlerischem Habitus unterhielt. Die Absetzungsbemühungen des mittlerweile nur noch aus SPD-Männern bestehenden Rats der Volksbeauftragten gegenüber Eichhorn mündeten in den Berliner Januaraufstand ein.[743]

Demgegenüber stützte sich die innere Ordnung im Reich auf die Absprachen zwischen Ebert und dem Generalquartiermeister der nach wie vor bestehenden Obersten Heeresleitung, Wilhelm Groener. Dieser bediente sich Truppen von höchst zweifelhaftem Ruf und Wert. Mit dem Versprechen erhöhter Besoldung gelang es, unter dem General Heinrich von Hofmann eine antirevolutionäre Truppe zusammenzustellen, deren Offizierskorps und Mannschaften in den Quartieren der ehemaligen Gardekavallerieregimenter zusammengesammelt worden waren. Das war eine schaurige Mischung von Entwurzelten, Asozialen und Landsknechten unter der Leitung monarchistischer Offiziere, die das Aus der Hohenzollern nicht wahr haben wollten. Und das war der Kern der Gardekavallerie-Schützendivision: An ihrer Spitze neben einem unbedeutenden Generalleutnant ein Erster Generalstabsoffizier, der alle Eigenschaften eines Revolutionärs und Konspirateurs in seiner Person vereinigte: Hauptmann Waldemar Pabst. Pabst hasste mit Inbrunst den Umsturz vom November, aber noch schrecklicher war ihm das Gespenst einer bolschewistischen Herrschaft in Deutschland. Eine solche Gefahr habe in Deutschland nie bestanden, ist immer wieder geschrieben worden.[744] Doch ganz so harmlos lagen die Dinge nicht. Die in Berlin im Januar 1919 von Liebknecht losgetretenen Gewaltakte und die sie einleitenden Aufrufe sprechen eine ganz andere Sprache.

Arbeiter! Genossen! Soldaten!

Mit überwältigender Wucht habt Ihr am Sonntag Euren Willen kundgetan, dass der letzte bösartige Anschlag [gemeint war die Entlassung Eichhorns] der blutbefleckten Ebert-Regierung zuschanden gemacht wurde.

Um Größeres handelt es sich nunmehr! Es muss allen gegenrevolutionären Machenschaften ein Riegel vorgeschoben werden! Deshalb heraus aus den Betrieben! Erscheint in Massen heute 11 Uhr vormittags in der Siegesallee! Es gilt die Revolution zu befestigen und durchzuführen! Auf zum Kampfe für den Sozialismus. Auf zum Kampfe für das revolutionäre Proletariat!

Nieder mit der Regierung Ebert-Scheidemann!

Berlin, den 6. Januar 1919.

Die revolutionären Obleute und Vertrauensmänner der Großbetriebe Großberlins.

Der Zentralvorstand der sozialdemokratischen Wahlvereine Großberlins der Unabhängigen Sozialdemokratie.

Die Zentrale der Kommunistischen Partei Deutschlands (Spartakusbund).[745]

Es grenzt an unbegreifliche Naivität, dass bei dieser Gefechtslage die kommunistischen Parteiführer in Berlin herumspazierten, als sei nichts weiter geschehen. Lediglich Karl Radek scheint, nichts Gutes ahnend, Vorsorge gegen den zu erwartenden Zugriff getroffen zu haben. Es gelang ihm, für mehrere Wochen in die Anonymität abzutauchen. Luxemburg und Liebknecht wurden zur Festnahme ausgeschrieben, gezielt gesucht und alsbald auch gefunden. Der Mann, dem dies zu verdanken war, hieß Fritz Grabowsky. Der 32-jährige promovierte Jurist hatte den Ersten Weltkrieg als Leutnant mitgemacht. Jetzt am Kriegsende diente der Abkömmling aus einer in Berlin alteingesessenen jüdischen Kaufmannsfamilie der Gardekavallerie-Schützendivision als Propaganda- und Nachrichtendienstchef. Die Zahl der von ihm beschäftigten Spitzel soll über 100 gelegen haben. Er trug die Verantwortung dafür, dass die hasserfüllten Aufrufe gegen Liebknecht und Luxemburg an den Mann kamen und durch den Rückfluss von Meldungen alsbald Erfolg zeigten. Die Revolutionäre wurden ergriffen und ins Hauptquartier der Gardekavalleristen geschleift. Das war das Hotel *Eden* am Berliner Zoologischen Garten. Dort trafen sie neben dem Hauptmann Pabst auch auf den festgenommenen Genossen Wilhelm Pieck, der alsbald wie durch Zauberhand der strengen Bewachung entkam. Wie, ist durchaus umstritten. Lange Zeit hielt sich hartnäckig das Gerücht, er habe den Soldaten der Gardekavallerie-Schützendivision zur eigenen Rettung Karl Liebknecht und Rosa Luxemburg ans Messer geliefert. Jedenfalls machte er später vor einem eilig einberufenen Parteitribunal höchst zweifelhafte Angaben über sein Entweichen aus dem Hotel *Eden*. Luxemburg und Liebknecht überlebten den Tag ihrer Inhaftierung nicht.[746]

Ihre am selben Tag ins Werk gesetzte Ermordung war nicht die Handlung einer außer Kontrolle geratenen Soldateska, wie es später allenthalben zu lesen war, sondern die kaltblütige Tat deutscher Offiziere, die der 1. Generalstabsoffizier der Gardekavallerie-Schützendivision, der Hauptmann Waldemar Pabst, ausdrücklich befohlen hatte. Die Morde führten Offiziere mit den Namen Kurt Vogel, Hermann Souchon, Ulrich von Ritgen und Horst von Pflugk-Harttung aus. Das blieb lange verborgen oder wurde sorgsam vertuscht. Mit von der Partie war ein aktiver Marineoffizier, der sein Amt als Untersuchungsführer trefflich nutzte, um die Mörder-Kameraden entkommen zu lassen. Sein Name lautete Wilhelm Canaris. Ihm werden wir als Chef der deutschen Abwehr später noch begegnen. Der Öffentlichkeit wurde als nützlicher Idiot der Jäger Otto Wilhelm Runge präsentiert, der auftragsgemäß auf Liebknecht und die Luxemburg mit seinem Gewehrkolben eingeprügelt hatte. Er musste seine jämmerliche Prominenz Jahrzehnte später mit dem Leben bezahlen. Denn in der Sowjetischen Besatzungszone wurde dieser angebliche Mörder der Rosa Luxemburg im Mai 1945 festgenommen, an die Besatzungsbehörden übergeben und von diesen höchst wahrscheinlich umgebracht. Die Folgen der Ermordung von Liebknecht und Luxemburg reichten weit über den Tag hinaus: Sie schuf zwei Märtyrer, die der kommunistischen Bewegung fortan mehr nützten, als die Lebenden es je hätten tun können.[747] Die Zeitgenossen sahen das allerdings anders; ein unverdächtiger Zeuge ist der Kommunist und spätere Schriftsteller Ernst Toller:

Die Nachricht [von der Ermordung] *erreicht mich in München, ich jage in eine Massenversammlung der Rechtssozialisten, »Liebknecht und Luxemburg sind*

ermordet«, rufe ich, und die Menge, die verblendete Menge, schreit: »Bravo!
Recht ist ihnen geschehen, den Hetzern!«[748]

Während die Jagd auf die Genossen der KPD eröffnet war, tauchten die Emissäre aus Moskau erst einmal gründlich unter. Die Radek-Begleiter Reuter-Friesland und Rakow-Wolff wurden nicht gefasst. Anders erging es dem Leiter der Revolutionierung Deutschlands selbst: Karl Radek. Ihn suchte man zunächst in der Wohnung des Historikers und Journalisten Gustav Mayer, den die selbst ernannten Fahnder der Gardekavallerie-Schützendivision mit dem Spartacus-Mann Ernst Meyer verwechselten. Sie schickten Gustav Mayer einen Lockspitzel ins Haus, der bei dem Gelehrten eine nächtliche Razzia inszenieren ließ. Das führte zur Verwüstung von Mayers Zettelkasten, in dem sich die höchst verdächtigen Notizen zu seiner Engels-Biografie befanden, aber selbstredend nicht zur Ergreifung von Radek. Der hatte in der Wohnung einer untervermietenden Witwe in Berlin-Wilmersdorf Quartier genommen, wo er als Privatgelehrter Doktor Sowieso sein Zimmer hütete, immerzu neue Episteln und Traktate verfassend. Radek war am 16. Januar 1919 wegen Hochverrats zur Fahndung ausgeschrieben worden; auf seinen Kopf wurde eine Belohnung von 10000 Mark ausgesetzt, ein gewaltiger Betrag für den berühmten Herrn Jedermann. Doch es waren professionelle Fahnder der Berliner Kripo, die ihn zur Strecke brachten. Sie brauchten nicht lange zu suchen. Sie beschatteten, richtig kombinierend, die Redaktionssekretärin der *Roten Fahne*, Lina Becker, die sie unbeabsichtigt zu dem gesuchten Vielschreiber führte. Am 12. Februar 1919 wurde Radek verhaftet. Was nun folgte, klingt eher wie eine Klamotte. Radek wurde von den Kriminalisten in das Gefängnis Berlin-Moabit überstellt. Die dort befindlichen Offiziere des regierungstreuen Regiments Reinhard mochten ihn nicht übernehmen, da der einliefernde Kripobeamte auf einer Quittung für die Übergabe des Gefangenen bestand. Diese Zurückhaltung ist nur dadurch erklärlich, dass die Herren offenbar planten, den Delinquenten auf der Flucht zu erschießen, wie man einen Meuchelmord damals zu umschreiben beliebte. Als Radek ihnen mitteilte, er sei beileibe kein Agent, sondern der diplomatische Vertreter seines Landes, und er obendrein unverschämt genug war, ihnen für den Fall seiner Ermordung höchst persönliche Konsequenzen anzudrohen, kamen den Herren offenbar Bedenken. Sie mochten sich vorstellen, dass auch die Morde an Liebknecht und Luxemburg nicht folgenlos geblieben waren, denn eine kriegsgerichtliche Untersuchung war noch in vollem Gange. Die Offiziere, die sich Radek und seiner Kripobewachung in den Weg gestellt hatten, ließen daher von dem Gefangenen ab, sorgten aber dafür, dass er angekettet wurde. So traf ihn der Untersuchungsrichter an. Auch ihn wusste Radek so lange zu bereden, bis der dem Gefangenen, der vor Stundenfrist nur durch Frechheit seiner Ermordung entgangen war, bemerkenswerte Hafterleichterungen verschaffte. Es muss alsbald ein fröhliches Gefängnis gewesen sein, in dem die Besucher nur so ein- und ausströmten.[749] Auch die Regierung Sowjetrusslands ließ ihren Abgesandten, wie Radek richtig berechnet hatte, keineswegs hängen. In Moskau wurde ein Schreiben verfertigt, in welchem eine imaginäre Sowjetregierung der Ukraine den Genossen Karl Radek zu ihrem Sondergesandten in Deutschland erklärte.[750] Im Auswärtigen Amt in der Wilhelmstraße mochte zwar niemand an diesen Bluff glauben, doch waren im Frühjahr 1919 die Zeiten nicht dazu angetan, sich wegen eines Karl Radek in weitere außenpolitische Turbulenzen zu stürzen. Vielmehr waren die deutschen Interessen in der Gegend des angeblichen Abgesandten ganz andere. Nach dem gescheiterten Ukraine-Abenteuer des Jahres 1918 ging es jetzt vor allem darum, den geräuschlosen Rücktransport des ehemaligen Besatzungsheeres zu bewerkstelligen.[751] Während man in der Wilhelmstraße noch grübelte, wie man Radek ohne Aufsehen quitt kriegen konnte, hielt dieser in seiner mittlerweile ordentlich ausgestatteten Gefängniszelle Hof. Hierfür hatte ihm die Justizverwaltung einen eigenen Empfangsraum zugestanden. Der wurde zum Wallfahrtsort für allerlei politische Emissäre. Selbst die Genossen der KPD ließen sich wieder blicken, um Trost und Zuspruch zu holen, gewiss auch, um Radek über die Ereignisse auf dem Laufenden zu halten. Denn auch andernorts hatte die Weltrevolution inzwischen stattgefunden, wenn auch mit kläglichen Ergebnissen. Und hier in Berlin hatte es im März 1919 einen weiteren letzten verzweifelten Versuch gegeben, ein sozialistisches Deutschland zu errichten.

Arbeiter! Parteigenossen! Auf zum neuen Kampf für die Revolution! Lasst die Arbeit ruhen! Bleibt vorläufig in den Betrieben, auf dass Euch die Betriebe nicht entwunden werden! Versammelt Euch in den Betrieben! Klärt die Zagenden und Zurückgebliebenen auf! Lasst Euch nicht in unnütze Schießereien ein, auf die Noske nur lauert, um neues Blut zu vergießen! Bleibt in den Betrieben beieinander, damit Ihr jeden Augenblick aktionsfähig seid! Höchste Disziplin! Höchste Besonnenheit! Eiserne Ruhe! Aber auch eiserner Wille! Auf zum Kampf! Auf zum Generalstreik! Nieder mit Ebert-Scheidemann-Noske, den Mördern, den Verrätern! Nieder mit der Nationalversammlung! Alle Macht den Arbeiterräten![752]

Der Aufruf spricht für sich. Er war gegen die sich soeben etablierende Republik gerichtet, welche die KPD, entsprechend ihren programmatischen Festlegungen, zur Not mit Gewalt zu verhindern trachtete. Die Aufwiegelung der Berliner Arbeiterschaft zeigte an einigen Stellen Erfolg. Doch über die Besetzung einiger Gebäude und die Kontrolle einiger weniger Stadtteile sind die gewaltsamen Aktionen nicht hinausgekommen. Wieder fehlte es an geeigneten Führern, auch an revolutionären Truppen, und zudem an einer echten revolutionären Situation, denn die Unterstützung der Aufständischen durch die Bevölkerung war denkbar gering. Wieder riefen Ebert und Noske Freikorpssoldaten zu Hilfe. Sie bereiteten den Aufständischen mit außerordentlicher Härte ein schnelles Ende. In der Praxis bedeutete das: Wer mit der Waffe in der Hand angetroffen wurde, ist augenblicklich standrechtlich exekutiert worden. In anderen Fällen war noch nicht einmal das nötig, um durch eine Freikorpskugel sterben zu müssen. Jetzt verlor die KPD auch ihren letzten führenden Kopf: Leo Jogiches, den langjährigen organisatorischen Vormann des Spartacus. Der Mann mit dem Parteideckamen Tyska, der im Januar noch dem Zugriff hatte entkommen können, wurde am 10. März 1919 erneut verhaftet. Jogiches wurde am selben Tage im Kriminalgericht Moabit, angeblich auf der Flucht, von dem Wachtmeister Ernst Tamschick durch einen Kopfschuss hinterrücks ermordet. Die Zerschlagung des Berliner Aufstands rückte die im fernen verpennten Weimar weilende Ebert-Regierung in ein schlimmes Licht. Noch Jahrzehnte später galten Autoren als fortschrittlich, die behaupten, die Ebert-SPD habe die deutsche Arbeiterschaft verraten. Solche Stimmen waren nicht nur in der Weimarer Zeit zu vernehmen, nicht nur in der DDR mit ihrem Chef-Propagandisten Albert Norden, nein auch in der Bundesrepublik wurde ein Mann wie Sebastian Haffner sein Leben lang nicht müde, an der Legende vom Verrat an der Arbeiterklasse zu stricken. Selbst nach der politischen Wende in der DDR, die manch einen lehrte, von lieb gewonnenen Behauptungen abzurücken, hielt Haffner an seinen Einsichten fest. Sein letztes einschlägiges Werk widmete er einem Einflussagenten der DDR-Staatssicherheit, dem West-Professor Gerhard Kade, Deckname: Super.[753]

Auch in München nahm die Weltrevolution nicht den gewünschten Verlauf. Eine traditionell parlamentarisch gesonnene bayerische SPD rang zur Jahreswende 1918/19 mit allerlei linken Gruppen und Grüppchen um die Macht. Schwabings anarchistische Literaten waren die Männer der Stunde, doch es bedurfte erneut sowjetischen Eingreifens, damit aus einer Art Faschingsregierung ein sowjetisches Bayern entstehen konnte.[754] Es trat unverzüglich in telegrafischen Kontakt mit dem Führer der Weltrevolution Wladimir Lenin, der sich in diesem Augenblick vielleicht an seine eigene Schwabinger Zeit erinnert haben mag,[755] als er ein Telegramm des revolutionären bayerischen Außenministers erhielt:

> *Proletariat Oberbayerns glücklich vereint. Sozialisten plus Unabhängige plus Kommunisten fest als Hammer zusammengeschlossen; mit Bauerntum einig. Liberales Bürgertum als Preußens Agent völlig entwaffnet. Bamberg Sitz des Flüchtlings Hoffmann, welcher aus meinem Ministerium den Abtrittschlüssel mitgenommen hat.[756]*

Doch München war nicht Bayern. Die von München nach Bamberg ausgewichene Regierung des Sozialdemokraten Johannes Hoffmann rief das Reich um Hilfe an. Als Reichswehr und Freikorps auf München vorrückten, beging die so genannte Sowjetregierung den unverzeihlichen Fehler, am 13. April 1919 im Luitpold-Gymnasium Geiseln erschießen zu lassen. Jetzt erst wurde aus der Gaudi blutiger Ernst. Wie schon von den Ereignissen in Berlin bekannt, übten die in München einrückenden Verbände eine schauerliche Selbstjustiz. Von Münchener Bürgern denunziert, waren bald alle namhaften Revolutionäre gestellt. Unter ihnen die beiden Abgesandten der russischen Sowjetregierung, Levien und Leviné. Dass sie die Abgesandten Sowjetrusslands waren, ist später heftig bestritten worden. Doch lässt der Lebensweg der beiden an diesem Dementi erhebliche Zweifel aufkommen: Eugen Leviné haben wir bereits kennen gelernt. Bevor er im November 1918 in den revolutionären Untergrund des Ruhrgebiets abtauchte, um rechtzeitig zur KPD-Gründung in Berlin zurück zu sein, war er Funktionär des Nachrichtenbüros Rosta gewesen, das von der sowjetischen Botschaft aus die deutsche bolschewistische Revolution ins Rollen bringen sollte. Jetzt, Anfang März 1919, war Leviné im Auftrag der Zentrale der KPD in München, um aus der dortigen Rätediktatur eine solche nach bolschewistischem Muster zu begründen. Es war ein Putsch im Putsch, der für einige wenige Tage gelang. Levinés Mitstreiter bei der Sowjetisierung Münchens war Max Levien. Er wurde 1885 in Moskau geboren und floh nach der Teilnahme an der russischen Revolution von 1905 in die Schweiz. Hier machte er die Bekanntschaft von Lenin und schloss sich den Bolschewiki an. Später lebte er als Naturwissenschaftler in Deutschland, wo er im Ersten Weltkrieg zur Armee eingezogen wurde. Als Spartacist wurde Levien im November 1918 Vorsitzender des Münchener Soldatenrates.[757]

Am 2. Mai 1919 war das revolutionäre Abenteuer München beendet. Ohne Federlesens wurden die meisten Revolutionäre ums Leben gebracht. Die Weißen gingen bei der Auswahl ihrer Opfer völlig willkürlich vor und verließen sich nur zu gerne auf Denunziationen. Ungezählte Unschuldige wurden kurzerhand liquidiert. Es ist nicht überliefert, ob Münchens Bürgertum diesem Treiben mit einer gewissen Schadenfreude zusah. Vorstellbar ist es indessen. So mag es sein, dass man der sinnlosen Erschießung der noch in München befindlichen russischen Kriegsgefangenen kaltblütig zuschaute. Doch jegliche Zustimmung zum Morden hatte ein Ende, als am 6. Mai 1919 auch ein katholischer Gesellenverein Opfer des Gemetzels wurde. Jetzt gebot auch die Regierung Hoffmann im fernen Bamberg Einhalt und verlangte, dass Standgerichtsurteile ihr zur Genehmigung vorgelegt werden mussten. Nur wer das Glück hatte, diese ersten Tage des Gegenterrors zu überleben, konnte später mit Haftstrafen davonkommen. Das galt allerdings nicht für den Revolutionsmacher Eugen Leviné; er wurde verhaftet, zum Tode verurteilt und am 5. Juni 1919 in München-Stadelheim erschossen. Was er bei seiner Gerichtsverhandlung äußerte, ging in die Ikonensammlung des Bolschewismus ein:[758]

Wir Kommunisten sind alle Tote auf Urlaub. Ich weiß nicht, ob Sie mir meinen Urlaubsschein noch verlängern werden oder ob ich einrücken muss zu Karl Liebknecht und Rosa Luxemburg. Ich sehe jedenfalls Ihrem Spruch mit Gefasstheit und innerer Heiterkeit entgegen.[759]

Der andere Russe, Max Levien, kam mit dem Leben davon. Er konnte nach Österreich entkommen, wo er am 7. Oktober 1919 zwar festgenommen, aber wegen der ihm drohenden Todesstrafe nicht ausgeliefert wurde. 1921 entkam er in die Sowjetunion, wo Stalins Henker die aufgeschobene Todesstrafe in den 1930er-Jahren nachholten. Die Geschichtsschreiber des realen Sozialismus haben es vorgezogen, ihren Genossen Levien dem Vergessen anheim fallen zu lassen.[760]

An dieser Stelle ist an einen besonders kuriosen Agenten zu erinnern, an Adolf Hitler. Soeben aus dem Lazarett in Pasewalk entlassen, war der 29-Jährige Ende 1918 in seine Garnisonsstadt München zurückgekehrt, wo er vier Jahre zuvor als Kriegsfreiwilliger zur bayerischen Armee eingerückt war. Den Weltkrieg hatte er durchweg als Melder an der Westfront erlebt. Jetzt wusste er es einzurichten, dass seine anstehende Ausmusterung herausgezögert wurde. Hitler tat also Garnisonsdienst; was das in den Revolutionstagen genau bedeutet hat, lässt sich mit Sicherheit nicht sagen. Dafür ist aber klar, was folgte. Der Gefreite Hitler wurde Agent des Reichswehrgruppenkommandos 6 in München. Dessen Abwehrstelle I b leitete der Hauptmann Karl Mayr, der Hitler anwarb. Hitlers erste Aufgabe: Bespitzelung von Kameraden. Hauptmann Mayr muss mit den Leistungen seines Agenten so zufrieden gewesen sein, dass er dessen Aufgabenkreis alsbald erweiterte. Hitler wurde ausgesandt, um politische Versammlungen in München auszuspähen. Man sollte sich hierüber nicht zu stark verwundern. Seit 1917 waren die Abwehrstellen der Abteilung III b, die bei den Stellvertretenden Generalkommandos eingerichtet worden waren, auch zur innenpolitischen Aufklärung ausdrücklich ermächtigt worden. In Ermangelung eines gegenläufigen Befehls führten auch die Nachfolgeeinrichtungen der Reichswehr diese Tätigkeit fort. Sie taten dies aus ihrer Sicht mit voller Berechtigung, sahen die Offiziere der Reichswehr sich selbst doch als die Garanten der inneren Ordnung des Reichs an. Was sie hierunter verstanden, blieb nebelhaft, denn die meisten von ihnen waren antidemokratisch von der Stiefelsohle bis zum Stahlhelmrand. Für sie waren die kommunistischen und anarchistischen Umtriebe, die München monatelang in Atem gehalten hatten, gegen die Ordnung des Reichs; darin bestand sogar Einigkeit mit demokratischen Politikern. Der Abwehrmann Mayr sah offenbar weiter. Man kann dies nur aus seinem späteren Lebensweg folgern, der aus dem königlich-bayerischen Offizier einen überzeugten Sozialdemokraten werden ließ –

ein Umstand, der ihm unter der späteren Herrschaft seines ehemaligen V-Manns noch das Leben kosten sollte. Jetzt jedenfalls schickte er Hitler in Versammlungen von völkischen, nationalistischen, antisemitischen und sonstigen Splittergruppen, an denen in München kein Mangel herrschte.[761] Die nachrichtendienstliche Neugierde wird sich in erster Linie auf die Militanz dieser Gruppierungen gerichtet haben, auf ihre Verbindungen zu den Freikorps und in die Bürgerwehren hinein, die der Reichswehr nur so lange willkommene Partner waren, als sie sich von dieser kontrollieren ließen. Riss diese Verbindung ab, stellten die illegalen Wehrverbände ein unkalkulierbares Sicherheitsrisiko dar; die bayerischen Reichswehrverbände sollten das in den nächsten vier Jahren noch bitter zu spüren bekommen.

Niemand konnte indessen ahnen, was der Hauptmann Mayr durch den V-Mann-Einsatz des Gefreiten Hitler anrichtete. Für den kontaktscheuen Mannschaftsdienstgrad, den einstigen Nichtstuer und gescheiterten Kunstmaler tat sich beim Besuch der politischen Biertischversammlungen eine völlig neue Welt auf. Er sah, dass es Leute gab, Kleinstbürger wie er, die in abendlich dröhnenden Unterhaltungen politische Sentenzen und Glaubenssätze formulierten, die von Gleichgesinnten ernst genommen und mit Beifall bedacht wurden. Nachrichtendienstlich gesprochen passierte hier etwas, was jedem Führungsoffizier ein Horror ist: Der Agent schwamm weg, wie man sagt; er wechselte unmerklich die Seiten. Denn der V-Mann Adolf Hitler hatte plötzlich seine politische Heimat entdeckt und seinen zukünftigen Beruf. Er fühlte sich zum Politiker berufen. Das Objekt seines nachrichtendienstlichen Ausspähungsauftrags, die Deutsche Arbeiterpartei, die spätere NSDAP, wurde sein neues Zuhause.[762]

Werfen wir noch einen letzten Blick in die Arrestzelle Karl Radeks. Natürlich wurde hier kein Wort über den noch völlig unbekannten Adolf Hitler verloren. So tief reichte selbst bei exzessiver Interpretation die wissenschaftliche Erkenntnisfähigkeit der Marx'schen Lehre nicht. Es waren ganz konkrete Dinge, die erörtert wurden, und auch tiefe Blicke in die Zukunft fehlten nicht. Das zeigt schon die Besucherliste. Da war zum Beispiel Walther Rathenau, der schwerreiche AEG-Erbe. *Von kommenden Dingen*, so hatte er eines seiner Bücher betitelt. Ein eigenwilliger Gesinnungssozialist, bei weitem jedoch kein Marxist. Es war eine Begegnung, die in ihrer Bedeutung kaum überschätzt werden kann, denn der sowjetrussische Deutschlandexperte lernte hier den Mann kennen und einzutaxieren, der in Kürze als Außenminister der Weimarer Republik die diplomatischen Beziehungen zum Sowjetstaat wieder aufnehmen sollte. Wer wen zu Wort kommen ließ, ob nur Rathenau redete oder nur Radek, ist unklar, denn reden taten beide gerne. Wie dem auch sei, keiner wird den andern überzeugt haben. Es ging um Elementares gewiss, aber auch ums Taxieren des künftigen Gegenübers.

Dabei mag Rathenau Radeks Einfluss überschätzt haben. Richtig wird er allerdings erkannt haben, dass Radek sich im Zweifel bei Lenin würde Gehör verschaffen können.[763]

Das wird auch Ruth Fischer angenommen haben. Die junge Genossin aus Wien gehörte zu den geschätzten Besuchern des Häftlings Radek – liebevoll beschrieben vom greisen Dichter Stefan Heym, dem es ihr wogender Busen besonders angetan hatte.[764] Doch lassen wir die junge Dame selbst zu Wort kommen:

> *Ich war zu dieser Zeit in Berlin, es sollte mein erster Unterricht in den konspirativen Regeln werden. Radek, der von meinen österreichischen Erlebnissen gehört hatte, wünschte mich kennen zu lernen und schickte mir Moor, damit er mich zu ihm im Moabiter Gefängnis brächte. Moor führte mich zu meinem größten Erstaunen zum Hauptquartier des Generalstabs in der Bendlerstraße, wo sich alle Türen wie automatisch vor ihm öffneten. Ein Offizier gab mir einen Pass, auf dem Name, Stand und Beschreibung deutlich gefälscht waren; und mit diesem Pass hatte ich wöchentlich dreimal Zugang zu Radeks Zelle. Ich machte vollen Gebrauch davon. Diese Gefängniszelle wurde für mich eine Art Schulklasse, indem ich an einem Kursus für fortgeschrittenen Kommunismus teilnahm. Die Episode im Hauptquartier in der Bendlerstraße, die freundliche Verbindung zwischen Moor und den deutschen Offizieren mitten im deutschen Bürgerkrieg haben sich mir ins Gedächtnis gebrannt. Die gewann noch an Bedeutung, als die Zeit weiterschritt und Radeks eigentümlicher Berliner Auftrag deutlich wurde. Vom Moabiter Gefängnis aus nahm Radek weiter aktiven Anteil an dem Aufbau der deutschen kommunistischen Partei.*[765]

Mit dieser kurzen Episode sind zwei wesentliche Punkte berührt: Zum einen die Rolle unseres alten Bekannten, des Verbindungsmannes Carl Moor, der, inzwischen aus Petrograd zurück, in Berlin zum Nachrichtenknoten zwischen der bolschewistischen Regierung und dem deutschen Generalstab mutiert war; zum andern eine eher liebenswürdige Eigenheit des bolschewistischen Revolutionsmachers Karl Radek, nämlich sein Umgang mit (jungen) Frauen. Während üblicherweise von Radeks abstoßender Hässlichkeit die Rede ging, übte er offensichtlich einen unwiderstehlichen Reiz auf Frauen aus. Das galt selbst für solche wie die Witwe des soeben in München erschossenen Revolutionärs Leviné. Rosa Leviné konnte Radek wegen seines Hochmuts und der miesen Behandlung, die er Eugen Leviné hatte angedeihen lassen, eigentlich nicht leiden, fand dann aber doch Zugang zu ihm.[766]

> *Radek war ein Mann Mitte dreißig und stand in dem Rufe, von affenartiger Hässlichkeit zu sein. Mag sein, dass er sich diesen Ruf erworben hatte, weil er einen Backen- und Schnurrbart trug, der sein schmales Gesicht fast ganz bedeckte und einem als Erstes ins Auge fiel. Aber das Urteil war einhellig, be-*

stätigt von Freund und Feind. Ich glaube, es war ein männliches Urteil – kaum eine Frau aus Radeks unmittelbarer Umgebung hätte es unterschrieben. Er war schlank und überdurchschnittlich groß, er hatte eine schöne Stirn, große eindringliche Augen hinter dicken Brillengläsern und einen ausdrucksvollen, sinnlichen Mund.[767]

Aus Ruth Fischer, die in Wirklichkeit Elfriede Eisler hieß, gedachte Radek eine zweite Rosa Luxemburg zu machen. Mit Rosa Leviné schwadronierte er über dieses Thema, was dieser keineswegs gefiel. Gewiss wird sich Radek mit seinen Besucherinnen auch über den Fortgang der Weltgeschichte unterhalten haben, über das Scheitern der kommunistischen Revolution in Ungarn in jenen Frühjahrstagen des Jahres 1919. Auch hier folgte dem roten Terror der weiße auf dem Fuße. Sicher schwärmten sie von der Dritten Sozialistischen Internationale, die im März 1919 von Lenin als Komintern in Moskau ins Leben gerufen worden war. Das Ereignis wird uns noch beschäftigen. An dieser Stelle ist nur noch zu erwähnen, dass Radek im Januar 1920 nach Sowjetrussland abgeschoben wurde. Die Bolschewiki hatten durch Geiselnahmen in Kiew, denen die Deutschen Heinz Stratz, Georg Cleinow und Dr. Brendel zum Opfer fielen, eine Austauschsituation erzwungen. Es sollte nicht das letzte Mal sein, dass sie zu solchen Methoden im Umgang mit dem Deutschen Reich griffen.[768]

Polnisches Intermezzo.
Das Land zwischen Deutschland und Russland 1919/20

Die unverzügliche Abschiebung des kommunistischen Agitators Karl Radek aus Deutschland erschien der Reichsregierung 1919 dringlich. Doch den ungebetenen Gast in die Eisenbahn zu setzen und nach Russland zu expedieren, wie das vor wenigen Wochen noch gehandhabt worden wäre, war jetzt ohne Komplikationen nicht mehr möglich. Sowjetrussland und das Deutsche Reich hatten keine gemeinsame Grenze mehr. Zwischen beiden Staaten lagen jetzt Polen sowie die baltischen Länder Estland, Lettland und Litauen. Auch der Weg, den die Revolutionierungstruppe von Lenin und Co. im Frühjahr 1917 benutzt hatte, über Saßnitz, die Ostsee, Schweden und Finnland, war abgeschnitten: In der Ostsee patrouillierten britische Blockadeschlachtschiffe, und auch Finnland würde keineswegs gewillt sein, den Revolutionär ins Land zu lassen.

Aus den Trümmern der Donaumonarchie und den im Osten im Weltkrieg von deutschen Truppen besetzten Gebieten Kongresspolens war Ende 1918 endgültig ein polnischer Staat errichtet worden, und zwar unter dem maßgeblichen Einfluss des ehemaligen Sozialisten und Kostgängers des k.u.k. Evidenzbüros Józef Pilsudski. Der 1867 in Litauen geborene Adlige wurde bereits als 20-Jähriger 1887 in sibirische Verbannung verschickt. Das muss ihn nicht übermäßig beeindruckt haben, denn bereits im Jahr nach seiner Entlassung gründete er 1893 die Polnische Sozialistische Partei. 1901 erfolgte eine erneute Inhaftierung; 1902 verließ Pilsudski das Zarenreich und siedelte sich im österreichischen Galizien an; seine politischen Aktivitäten gab er keineswegs auf; ab 1906 diente er sich dem k.u.k. Evidenzbüro an, das aber zunächst nicht anbeißen wollte. Erst zwei Jahre später nahm man ihn in die Besoldungsliste auf. Nach dem Ausbruch des Ersten Weltkrieges kam es mit Pilsudskis Zutun zur Aufstellung der *Polnischen Legion*. Doch bei der Frage, wozu dieser Verband gut sein sollte, trennten die Beteiligten Welten. In Österreich nahm man an, die Polen sollten für die Habsburger Monarchie kämpfen, in Deutschland dachte man eher an einen Pufferstaat zu Russland, und die Polen hatten nur eins im Sinn: den Kampf für die Unabhängigkeit ihres Landes. Der Streit entzündete sich an einer Frage, deren Gewicht uns heute lächerlich vorkommen mag, nämlich ob und wie die polnischen Legionäre zu vereidigen seien. So vergingen die Jahre. Zwar proklamierte die deutsche Besatzung am 5. November 1916 ein Königreich Polen und setzte einen Kronrat ein. Die eigentliche Regierungsgewalt lag jedoch weiterhin beim deutschen Militärgouverneur in Warschau, dem General Hans Hartwig von Beseler, einem Pensionär, der im Herbst 1914 durch die Eroberung der Festung Antwerpen bekannt geworden war. Inwieweit das zur Regierung eines Landes prädestinierte, mochte allein Wilhelm II. wissen, der Beseler in seiner Eigenschaft als Bundesfeldherr am 25. August 1915 eingesetzt und sich selbst unmittelbar unterstellt hatte. Als Beseler befürchten musste, dass Pilsudski keineswegs seine Befehlsgewalt als General anerkennen, sondern aus der Polnischen Legion eine Polnische Unabhängigkeitsorganisation POW (Polska Organizacja Woiskowa) bilden würde, ließ er ihn im Juli 1917 kurzerhand festnehmen und nach Deutschland abschieben, wo er die beiden letzten Kriegsjahre in so genannter Schutzhaft verbrachte.[769]

Die vom k.u.k. Evidenzbüro aufwendig installierte Polnische Legion kam also nie so richtig zum Einsatz, jedenfalls, vom ersten Kriegsjahr abgesehen, nicht gegen die Russen. Sie diente dafür bei Kriegsende als Grundstock der polnischen Armee für die bewaffneten Auseinandersetzungen mit den Truppen des Deutschen Reichs. Bereits im Verlauf des Jahres 1918 geriet für die deutsche Besatzungsmacht die Lage im polnischen Gouvernement allmählich außer Kontrolle. Ende September 1918 wurde der Chef der deutschen politischen Polizei, Erich Schultze, erschossen. Der Grund: Schultze hatte im Jahr zuvor die Festnahme des polnischen Nationalistenführers Pilsudski geleitet. Weitere Morde, die gleichfalls auf Kosten des Kampfkommandos der Polnischen Sozialistischen Partei gingen, sollten in den nächsten Wochen folgen. Am 9. November 1918 war des Kaisers Herrlichkeit in Deutschland vorbei. Einen Tag später teilte General von Beseler dem polnischen Regentschaftsrat mit, dass das deutsche Generalgouvernement auf Anordnung des Reichskanzlers aufgelöst werde.[770]

Zu diesem Zeitpunkt war Pilsudski wieder in Freiheit und auf dem Weg nach Warschau. Eine kindlich anmutende deutsche politische Führung hatte in der Nacht vom 7. auf den 8. November 1918, wenige Stunden vor dem Untergang des Kaiserreichs, seine Freilassung in der Annahme verfügt, in Pilsudski einen gewogenen Verhandlungspartner zu besitzen. Der Mann, der die Rückführung des Polen bewerkstelligen und ihn beeinflussen sollte, war Harry Graf Kessler, ein steinreicher Flaneur, der sich auf diese Weise als Diplomat nützlich machen wollte. Das gelang keineswegs. Das deutsche Reich hatte nicht nur ein neues Problem, denn Pilsudski wurde der radikale Staatsgründer Polens, sondern es sah sich auch innerhalb weniger Tage dessen militanten Annexionsbestrebungen ausgesetzt, die im Verlauf der nächsten beiden Jahre zu erheblichen Gebietsverlusten führten. Denn noch 1918 gingen die Polen daran, sich auch nach Westen hin kräftig auszudehnen. Ihr Ziel war die Ostsee an der westpreußischen Küste und das Industriegebiet von Oberschlesien. Hierbei durften sie sich des freundlichen Beifalls Frankreichs sicher sein, dem hochwillkommen war, was den verhassten ehemaligen Kriegsgegner Deutschland schwächen musste. So unternahmen die Siegermächte alles Erdenkliche, um Deutschland an der Verteidigung seiner Grenzen zu hindern. Die Drohungen mit der Wiederaufnahme von Kriegshandlungen konnten das geschlagene Reich nicht unbeeindruckt lassen. So tat man offiziell nichts, sorgte aber heimlich dafür, dass an der deutschen Ostgrenze Freikorps dem Widerstand militärische Korsettstangen einzogen. In Ostpreußen befehligte der Sozialdemokrat August Winnig. Das war ein ehemaliger Maurer, den die Revolution zum Oberpräsidenten von Ostpreußen emporgeschleudert hatte. Was 1919 gut war, galt nicht für das folgende Jahr: Der stramme Mann war ins Soldatspielen offenbar so hineingewachsen, dass er beim Kapp-Putsch mitmischte, so dass ihn seine Genossen im Anschluss an die Affäre vor die Tür setzten.[771]

Winnigs Pendant in Schlesien war ein im Weltkrieg schwer verwundeter Haudegen, der 57-jährige Generalmajor Karl Hoefer. Während in Westpreußen, also dem ehemaligen Regierungsbezirk Posen, die Machtübernahme der Polen dank der Selbstaufgabe der einst so mächtigen preußischen Militärbehörden einen rasanten Verlauf nahm, war dies in Oberschlesien anders. Die von Hoefer kommandierten Freikorps lieferten den Polen erbitterte Abwehrkämpfe. Sie wurden erst beendet, als französische Besatzungstruppen von Polen zu Hilfe gerufen worden waren. Allerdings konnte sich Frankreich mit der Übergabe Oberschlesiens an Polen im Konzert der Siegermächte nicht durchsetzen. Vor allem die

Intervention des britischen Premiers Lloyd George, dem an einer unfriedlichen Abtrennung von 2,1 Millionen Deutschen an der Südostecke des Reichs nicht gelegen war, erzwang die Durchführung einer Volksabstimmung.[772] Alsbald gingen beide Seiten – Polen und Deutsche – in diesem von niemandem erklärten Krieg statt offener militärischer Konfrontation zu Infiltration und Zersetzungsmaßnahmen über; Überfälle und Einschüchterungsaktionen bestimmten den Alltag.[773] Der Kopf der deutschen Aktionen war der Verwaltungsjurist Carl Spiecker, der 1919 vom preußischen Innenminister als Staatskommissar eingesetzt worden war. Doch Spiecker war ein Kommissar ohne Land, denn das Abstimmungsgebiet wurde durch französisches Militär besetzt. So konnte Spiecker nur konspirativ einreisen, und er tat es auch. In Liegnitz bildete, von ihm angeordnet und finanziert, der Reichswehrmajor Beckmann die konspirative Kampforganisation Oberschlesien (KOOS). Deren militanter Arm, die Spezialpolizei (SP), unterstand dem Freikorpskonspirateur Heinz Oskar von Hauenstein. Der ehemals preußische Leutnant vom Jahrgang 1899 organisierte mit seiner Geheimdiensttruppe in den Jahren bis 1922 über 200 politische Morde. Es waren Fememorde. Für jedermann sichtbar wurden vermeintliche oder tatsächliche Verräter an der deutschen Sache ums Leben gebracht. Diese Handlungen waren nur möglich, weil Hauenstein und Co. sich auf einem Territorium bewegten, dessen überwiegende Bevölkerungsmehrheit mit den Polen und der die polnische Sache stützenden Besatzungsmacht nichts gemein hatte. Einer der führenden deutschen Köpfe in diesem unterirdischen Krieg war der in der Bundesrepublik später als Vertriebenenminister bekannt gewordene Hans Lukaschek. Am 25.Dezember 1918 war der 33-Jährige als Vorsitzender des örtlichen Arbeiter- und Soldatenrats zum Bürgermeister des oberschlesischen Dybnis gewählt worden; 1919 war er bereits Landrat. Bei ihm wurde die Logistik des konspirativen Kampfes organisiert, so auch die Verteilung der mit Reichsmitteln finanzierten Propagandazeitschrift *Pieron*. *Pieron*, oder zu deutsch: der Blitz möge dich treffen, war eine Postille, die tief in die Kiste des Erotischen und des vulgär Antipolnischen griff. Vermutlich deswegen war sie außerordentlich beliebt, was in hohen Verkaufszahlen einen Niederschlag fand. Der Schriftleiter des *Pieron* war bis Ende 1920 der schon damals nicht mehr unbekannte Schriftsteller Kurt Tucholsky. Tucholsky war ein Mann mit einem gerüttelt Maß an konspirativer Praxis, die er als Kommissar der Geheimen Feldpolizei 1918 im besetzten Rumänien erworben hatte. Die Rumänen hatte der spätere Internationalist damals schlicht als *uninteressante Lumpen* und als *die Affen Europas* bezeichnet.[774] Gesinnungen pflegen sich zu ändern, und so sind später auch die konspirativen Freikorps-Aktivitäten des berühmt werdenden Mannes in Vergessenheit geraten.[775] Da war es auch nicht weiter verwunderlich, dass er in späteren Jahren eine Besprechung des Ochrana-Buches von Alexander

Wassiljew zum Anlass nahm, das deutsche Geld in Lenins revolutionärer Biografie empört zu leugnen:[776]

Bekämpft ihn [Lenin]. Sagt, er habe nichts als Unheil angerichtet. Schreibt, er sei überschätztes Mittelmaß. Sagt alles, was ihr wollt. Wer aber die persönliche Ehrenhaftigkeit dieses Revolutionärs in Zweifel zieht, der ist ein Schuft.[777]

Die Auseinandersetzungen um Oberschlesien nahmen auch nach der Volksabstimmung ihren Fortgang, da die polnische Seite nicht gewillt war, sich dem für sie ungünstigen Ergebnis zu fügen, das lediglich in einem schmalen Grenzstreifen am Ostrand Oberschlesiens eine polnische Mehrheit erbracht hatte. Dem bewaffneten Putsch der Polen wurden erneut die Freikorps unter General Hoefer entgegengesetzt. Deren Vordringen über die nach der Volksabstimmung festgelegte Grenzlinie wusste die Reichsregierung allerdings zu verhindern. Sie löste unter alliiertem Druck die Verbände bis zum Ende des Jahres 1921 auf.[778]

Neben den Deutschen, den Polen und den Franzosen tauchte noch eine vierte Partei in diesem Machtpoker auf, die heimlichen Abgesandten aus Moskau. Ihre Aufgabe war es, im Industrierevier Schlesiens die Weltrevolution anzuzetteln. Das war weder eine besonders dankbare, noch eine sonderlich erfolgreiche Mission, denn die Atmosphäre in der deutsch-polnischen Grenzregion war in erster Linie von nationalistischem Hass und Gegenhass geprägt. Für die Vereinigung der Proletariarier aller Länder hatte die betroffene Bevölkerung weder Zeit noch Verständnis. Der Abgesandte aus Moskau hieß Roman Pilljar. Der 1894 geborene Deutschbalte, der mit richtigem Namen Romuald von Poelchau hieß, war bereits im Ersten Weltkrieg zu den Revolutionären gestoßen. 1918 war er einer der Mitbegründer der kommunistischen Parteien in Weißrussland und in Litauen. Im Folgejahr von der Tscheka rekrutiert, war der mehrsprachig aufgewachsene Pilljar ein idealer Kandidat, sich in der deutsch-polnischen Grenzregion zu bewegen. Notgedrungen beschränkte er sich bald auf das Spionagegeschäft; für erfolgreiche ideologische Einflussnahme war die Zeit nicht reif. Später spielte Pilljar im sowjetischen Auslandsgeheimdienst INO eine prominente Rolle bei der Bekämpfung von Exilanten. 1937 wurde er als angeblicher polnischer Spion von den eigenen Leuten erschossen.[779]

Doch nicht nur das Deutsche Reich wurde vom polnischen Nationalismus heimgesucht. Etliche Kilometer weiter östlich rangen zur gleichen Zeit die aggressiven polnischen Nationalisten mit den ebenso aggressiven sowjetischen Internationalisten um Macht und Einfluss. Der sowjetisch-polnische Krieg von Januar 1919 bis Oktober 1920 führte beide Regime an den Rand des Kollaps'. Doch die Polen hatten sich im Sommer 1920 überraschend erfolgreich gegen den sowjetischen Vorstoß auf Warschau zur Wehr setzen können und waren ihrerseits zur Offensive übergegangen. Ihre Truppen standen im Herbst in Weißrussland und in der

Ukraine. Der zufällige Frontverlauf am Tage der Waffenruhe vom 17. Oktober 1920 bestimmte fortan die Staatsgrenze zur Sowjetunion. Für Deutschland waren diese Ereignisse insofern von höchster Bedeutung, als die Eroberungspläne von Lenin durchaus nicht auf Polen beschränkt waren, vielmehr erwartete man auf dem II. Weltkongress der Komintern, der im Sommer 1920 aus nostalgischen Gründen im Smolny zu Petrograd abgehalten wurde, dass die Rote Armee keineswegs in Polen Halt machen, sondern über Ostpreußen bis nach Berlin durchmarschieren werde. Daraus wurde nichts.[780]

Hier endet das erste polnische Intermezzo. Noch mehrfach werden wir den Polen im deutsch-sowjetischen Schachspiel begegnen, bei dem ihnen, wie keinem anderen Volk Europas, übel mitgespielt worden ist. Zum Schluss noch eine Bemerkung zu Karl Radek. Ende 1919 erklärten sich die Polen doch noch bereit, ihren ehemaligen Landsmann, den Herold der sowjetischen Revolution, durchs Land reisen zu lassen. Sie taten dies nicht ohne Hintergedanken. In Prostken, beim Grenzübertritt nach Polen, wurde Radek am 19. Januar 1920 vom polnischen Geheimdienstoffizier Berner in Empfang genommen. Der versuchte während der langen Bahnfahrt den sonst so Gesprächigen auszuhorchen. Doch wird er nicht mehr als Propagandaformeln aus Radek herausgeholt haben und die freche Aufforderung, sich an der Großen Sozialistischen Weltrevolution zu beteiligen. Dann hielt die Bahn. Das letzte Stück über die polnisch-sowjetische Grenze war im Schnee zu Fuß zurückzulegen.[781]

| VI |

Der Griff nach Westen.
Der Aufstieg der Sowjetunion
in den 1920er-Jahren

Die Hauptstadt Sowjetrusslands hatte im Jahre 1920 nur noch eine entfernte Ähnlichkeit mit der russischen Metropole Moskau aus der Vorkriegszeit. Wo 1914 2,5 Millionen Menschen lebten und arbeiteten, hausten jetzt noch 800 000 verhärmte hungernde Gestalten. In den anderen Städten sah es kaum besser aus. Auch aus Petrograd, dem ehemaligen St. Petersburg, war die Hälfte der Bevölkerung verschwunden. Wo waren die Menschen abgeblieben? Sie waren gestorben oder geflohen. Dass sie dem Bürgerkrieg zum Opfer gefallen waren, ist weniger als die halbe Wahrheit. Innerhalb von knapp drei Jahren kamen in Sowjetrussland 20 Millionen Menschen ums Leben. Das waren mehr als die Kriegstoten aller kriegführenden Parteien des Ersten Weltkrieges zusammen. Die Menschen fielen den sinnlosen Massakern zwischen Rot und Weiß zum Opfer, den Rachefeldzügen der Tscheka und den von ihr angezettelten Massenexekutionen, doch die überwiegende Zahl war verhungert. Die Hungertoten waren keiner Naturkatastrophe geschuldet, sondern dem Krieg, den die Bolschewiki gegen das eigene Volk führten. Die neuen Herren Russlands führten den Sozialismus ein. Darunter verstanden sie die Abschaffung des Marktes der Waren und Dienstleistungen, dieses Beelzebubs des Kapitalismus. An dessen Stelle setzten sie die zentrale Verteilung; das galt auch für die Lebensmittel. Diese wurden bei den Bauern zwangsweise eingetrieben, ohne Rücksicht darauf, ob den Produzenten selbst noch genug zum Überleben und zur Aussaat blieb. Auch die Verteilung erfolgte nach einfachen Gesetzen. Kommunisten bekamen satt zu essen, denn sie mussten den Sozialismus aufbauen; Arbeiter erhielten Überlebensrationen; Bourgeois bekamen nichts. Als Folge derartiger Verteilungskunst durchrasten schreckliche Hungerwellen das Land, denen Typhus-, Cholera- und Grippeepidemien auf dem Fuß folgten.[782]

Was unter diesen Umständen verblüfft, ist die Tatsache, dass sich das verhasste Regime an der Macht halten konnte. Doch auch hierfür gibt es plausible Gründe.

Als sich die Bolschewiki im November 1917 an die Macht putschten, vertraten sie politische Ideen, denen die Gegner nichts Gleichwertiges entgegenzusetzen hatten: Brot, Land und Frieden. Das waren Ziele, die nicht nur die Bauernsoldaten einleuchtend fanden. Nach dem alten Regime sehnten sich nicht einmal die Liberalen zurück. Als der Bürgerkrieg Realität wurde, kämpften die Roten an der inneren Linie. Sie hielten die Metropolen Petrograd und Moskau fest in der Hand, ebenso weitere Zentren von Handel und Gewerbe. Die Weißen waren Mächte an der Peripherie des Riesenreichs. Ihre politischen Ideen und Programme waren nicht sehr klug. Ihre überkommene Russifizierungspolitik verprellte alle Randvölker, die sich infolge des von den Bolschewiki proklamierten Selbstbestimmungsrechts vor den Russen sicher wähnten – ein Irrtum, wie sich wenige Jahre später herausstellte. Auch haftete vielen Weißen der Ruch an, sie seien Marionetten fremder Mächte. Die deutsche Marionettenregierung des Hetmans Skoropadski in der Ukraine des Jahres 1918 haben wir bereits besichtigt. Nicht nur bei den Russen erweckten Erscheinungen dieser Art nationale Gefühle, denen, so unglaublich das klingt, die Bolschewiki ein Ventil boten. So brachte der Aufruf Leo Trotzkis, der Roten Armee beizutreten, 32 000 ehemalige zaristische Offiziere und 225 000 Unteroffiziere und Soldaten aus der ehemaligen Zarenarmee unter die roten Fahnen. Hierbei soll nicht verschwiegen werden, dass nicht wenige der Hunger wieder zu den Waffen trieb.[783] Das war das Erfolgsgeheimnis der Roten in den gewaltsamen Wirren, die man den Bürgerkrieg nennt. Ein zweites Moment trat hinzu. Bis auf die Deutschen, deren militärisches Engagement im November 1918 abrupt endete, mochte sich keine ausländische Macht ernsthaft ins Kriegsgeschehen in Russland verwickeln lassen. Die alliierten Interventionstruppen in Archangelsk am Weißen Meer, in Wladiwostok am Pazifik und die am Schwarzen Meer sahen den Dingen lieber aus sicherer Distanz zu. Das gilt für Briten, Franzosen und US-Amerikaner sowie, mit Abstrichen, auch für die Japaner. Türkische Aggressionen dieser Zeit richteten sich gegen die Kaukasusregion, die erst einige Jahre später von den Sowjets unterworfen werden konnte.

Ein weiterer Faktor zur Stabilisierung des Sowjetsystems war der Massenterror. Nach eher verhaltenen Anfängen war die im Dezember 1917 gegründete Tscheka seit dem Attentat auf Lenin im August 1918 zum offenen Terror übergegangen. Sie führte einen eigenständigen Krieg der Klassen. Exekutionen waren an der Tagesordnung und das, obschon die Sowjets in Russland die Todesstrafe abgeschafft hatten. Demzufolge wurden keine Todesurteile gefällt, sondern die Tscheka, die sich an keinerlei Rechtswesen gebunden fühlen musste, liquidierte die Feinde des Sowjetsystems aufgrund eigener Machtvollkommenheit. Den Anstoß hierzu gab, wie bei so vielen Dingen, Wladimir Lenin. Seine Befehle zum Töten wurden später sorgsam weggeschlossen. Auch der viehische Mord am letzten Zaren und seiner Familie, der am 7. Juni 1918 stattfand, ging auf eine unmittelbare Weisung von Lenin zurück. Nikolaus II., oder wie er jetzt hieß: der Bürger Romanow, war nach der Revolution gefangen genommen worden. Anfangs war es eine fast komfortabel zu nennende Gefangenschaft, später wurden die Umstände rauer. Nikolaus saß mit der Familie und wenigen Bediensteten zunächst in Tobolsk fest; später wurde er nach Jekaterinburg geschafft. Mit seiner Bewachung war ein alter Gefolgsmann Lenins beauftragt, der 42-jährige Filipp Goloschtschokin, der bei der Oktoberrevolution als Leiter der Abteilung für innere und äußere Verbindungen des Petrograder Revolutionären Militärkomitees fungiert hatte. Nun war Goloschtschokin die Aufgabe der Beseitigung des Zaren zugefallen. Hier in Jekaterinburg erreichte den Tscheka-Mann die verklausulierte Weisung Lenins, die Romanows unverzüglich umzubringen. Das siebenköpfige Mordkommando unter der Leitung des Tschekisten Jakow Jurowski trieb nachts den Zaren, seine Frau und ihre Kinder sowie die Dienstboten in den Keller des Hauses, in dem die Romanows gefangen gehalten worden waren. Auf kürzeste Distanz wurde aus Pistolen und Karabinern das Feuer auf die Wehrlosen eröffnet. Auf die noch zuckenden Körper wurde sodann so lange mit Bajonetten eingestochen, bis sie sich nicht mehr bewegten. Die Leichen wurden hin- und hergeschafft, ein- und wieder ausgegraben und schließlich angezündet und die Reste verscharrt. Erst in den 1990er-Jahren wurden die Leichenreste identifiziert. Der Zarenmord war nur ein schwacher Auftakt für das, was folgen sollte. Hunderttausende wurden massakriert, weil sie, wie man das prosaisch formulierte, der falschen Klasse angehörten oder weil sie wie Burshoi, also Bürger, aussahen.[784]

Wir führen Krieg nicht gegen einzelne Personen, wir rotten die Bourgeoisie als Klasse aus; als Erstes ist der Beschuldigte zu fragen, zu welcher Klasse er gehört, seine Herkunft, sein Beruf. Diese Fragen sollen über sein Schicksal entscheiden.[785]

Wer glaubt, das alles sei bloßes Propagandagedröhn des leitenden Tscheka-Funktionärs Martin Lacis, der irrt. Der 30-jährige Lette meinte es bitterernst. Jedes Mordkommando hatte seine eigenen Methoden. Es fand so etwas wie ein sozialistischer Wettbewerb der brutalsten Hinrichtungsformen statt. Die Opfer wurden gepfählt, geblendet, in heißes Wasser getaucht, um ihnen die Haut abzuziehen. Sie wurden gekreuzigt, kopfüber gehängt, zu Tode geprügelt und ertränkt. Erst mit der Zeit setzte sich der Genickschuss durch, den man in Kreisen der Tscheka als Versiegeln zu bezeichnen beliebte. Die Täter dieser Verbrechen im Namen des Fortschritts der Menschheit waren Verbrecher, Sadisten und Süchtige, ein Gruselkabinett der unmenschlichen Gesellschaft. Eine besonders traurige Kategorie bildeten die Kinder. Sie waren leicht zu rekrutieren aus dem Heer der etwa sieben Millionen herumvagabundierenden Minderjährigen. Sie erhielten eine Lederjacke und eine Waffe und den Befehl zum Töten. Eine dieser erbarmungswürdigen Gestalten hieß Pawel Sudoplatow. Ein Kindertschekist. Der 14-jährige Pawel schlug bei der Tscheka gut ein. Der junge Mann war später beim Auslandsgeheimdienst INO, wo er in führende Positionen aufstieg. Er wird uns künftig öfters begegnen.[786]

Man sollte annehmen, dass in dieser Zeit angesichts der innenpolitisch chaotischen Verhältnisse für außenpolitische Aggressionen kein Raum gewesen sei. Doch weit gefehlt. So dekretierte Lenin noch 1917, dass nunmehr alle Kraft darauf zu verwenden sei, auch dem Deutschen Reich das Glück einer sozialistischen Revolution zu bescheren. Wir haben bereits gesehen, welche Auswirkungen diese Weisung auf das weitere Schicksal Deutschlands zur Jahreswende 1918/19 hatte. Nach dem hoffnungsvollen Auftakt im Frühjahr 1919 war die Weltrevolution nicht gerade glücklich verlaufen: Berlin kläglich gescheitert, München im Feuer von Reichswehr und Freikorps zusammengeschossen, Budapest nur eine Episode, die baltischen Länder ein Hort des Nationalismus, Finnland schon im Jahr zuvor verloren, Polen, Weißrussland und die Ukraine auf der Kippe. Doch das waren Dinge, durch die sich ein langsam von seiner Verwundung genesender Lenin nicht übermäßig beeindrucken ließ. Im Gegenteil, unbeirrt ließ er Institutionen und Wege schaffen, um dem großen Ziel näher zu kommen. Diese Hartnäckigkeit galt auch und vor allem Deutschland. Es war eine seltsame Hassliebe, die der Leiter der Revolution für Deutschland hegte – das Land, das er wegen seiner Emigrantenkarriere nur wenig schätzte, während er deutschen Fleiß und deutsches Organisationstalent zu importieren hoffte. So blieb Deutschland auf Lenins Revolutionsagenda. Weiterhin galt: Mit Deutschland würde Europa und dann die ganze Welt fallen.[787] Der Marsch zum Ziel fand für Lenin und seine Nachfolger auf drei Wegen statt. Sie hießen Unterwanderung, Ausspähung und Zusammenarbeit. Alle drei Wege führten auf den Platz der Revolution. Für jeden dieser Wege schuf Sowjetrussland eine eigene Kolonne. Manchmal kamen sich diese Westfahrer an den Abzweigungen ein wenig in die Quere. Doch in ihrer generellen Marschrichtung ließen sie sich dadurch nicht beirren. Wir werden sie jetzt ein gutes Stück begleiten.

Die Straße der Unterwanderung.
Die sozialistische Republik Deutschland erzwingen

Im März 1919 wurde in Moskau die Dritte Sozialistische Internationale mit großem öffentlichem Tamtam aus der Taufe gehoben. Diese Kommunistische Internationale, auch Komintern genannt, war ein Zusammenschluss aller marxistisch-revolutionären Parteien, die das Spitzengremium der im vollen Gange befindlichen Weltrevolution bilden sollte. Sah man indessen etwas näher hin, waren die Dinge bescheidener. Außer den sowjetischen Spitzengenossen hatten sich nur wenige ausländische Revolutionäre nach Moskau verirrt, unter ihnen der frisch gebackene KPD-Genosse Hugo Eberlein, der unter dem Falschnamen Max Albert angereist war. Dass ausgerechnet er nörgelnde Anmerkungen zur Legitimation der Versammlung machte, konnte der Kongress-erfahrene Wladimir Lenin nur mit einem spöttischen Lächeln beantworten. Er hatte seit 1900 schon ganz andere Parteiversammlungen manipuliert. Ihm kam es auf das Spektakuläre an, den Weltmaßstab sozusagen. Da konnte der Hinweis auf die Abwesenheit fast aller marxistischen Bewegungen nur lächerlich, unmarxistisch, mit einem Wort: unleninistisch wirken. Die Bruderparteien würden sich schon noch einfinden. Auch hatte man durchaus kein Interesse an der Mitgliedschaft beliebiger marxistischer Gruppierungen. Die Auswahl wollte man lieber selber besorgen, und da war es besser, wenn der Apparat bereits fertig war. Den Rest würde man dann regeln. Das tat man im Jahr darauf, als der II. Weltkongress der Komintern das Beitrittsstatut beschloss; es waren jene berühmt-berüchtigten 21 Bedingungen, die nicht mehr und nicht weniger als die Unterwerfung der Beitrittskandidaten unter das Diktat der Bolschewiki bedeuteten. Selbstverständlich ist dieser peinliche Vorgang der Selbstentmündigung von allen davon Betroffenen wortreich in Abrede gestellt worden.[788]

An die Spitze der Komintern wurde der Lenin-Gefährte Grigori Sinowjew berufen. Manche behaupten, er sei gewählt worden. Die Komintern sollte in den folgenden 24 Jahren ihrer Existenz eine zentrale Rolle bei der sowjetischen Deutschlandpolitik spielen. Sie bildete diejenige Marschsäule, die auf der Straße der Unterwanderung nach Deutschland vorrückte. Rein äußerlich sah es so aus, als wäre die Komintern der Dachverband aller kommunistischen Parteien. Aus der Nähe betrachtet war sie jedoch das organisatorische Vehikel der sowjetrussischen Kommunisten zur Auslösung der sozialistischen Weltrevolution. Die Truppen bildeten die kommunistischen Parteien des Auslands, das Kommando lag allein bei den russischen Bolschewiki; ihr Kommandostand war der Führungszirkel der Komintern. An der Spitze stand eine Art Weltrevolutionsregierung, ein ständiges Organ mit der Bezeichnung Exekutivkomitee der Kommunistischen Internationale, kurz: EKKI. Das EKKI war das Gremium, welches über Wohl und Wehe kommunistischer Bewegungen Beschlüsse fasste, die Logistik organisierte, Geld, Propagandamaterial, Waffen und Einflussagenten entsandte. Zu diesem Zweck unterhielt die Komintern seit Mitte 1921 einen eigenen hauptamtlichen Apparat erfahrener Konspirateure und Verwaltungsfachleute, zusammengefasst in der *Abteilung für Internationale Verbindungen* OMS. An deren Spitze setzte Lenin einen alten bolschewistischen Untergrundspezialisten, den Genossen Ossip Pjatnizki.[789]

Die OMS und damit die Komintern beschränkten sich keineswegs darauf, Geld und gute Ratschläge zu geben. Neben ihrer Tätigkeit als Steuerungs- und Kontrollinstrument entwickelte sie sich als ein gigantisches geheimdienstlich organisiertes Nachrichtenbüro, deren Informationskanäle bis in den letzten kommunistischen Ortsverein von Riesa im Erzgebirge hineinreichten. Pjatnizki und die Seinen waren Meister der Täuschung und der Heimlichkeit. Scheinbare Nachrichtenagenturen wurden gegründet oder bestehende unterwandert, Personal rekrutiert und geheimdienstlich geschult. Eine dieser Tarneinrichtungen war das Westeuropäische Büro, das mit Sitz in Berlin bereits im Jahre 1919 seinen Betrieb aufnahm. Das WEB war mitnichten die Presseagentur, als die es unter anderem firmierte, sondern der nach Westen vorgeschobene konspirative Arm der Komintern, über den in den 1920er-Jahren alle europäischen Angelegenheiten abgewickelt wurden. Erster Leiter des WEB war von 1919 bis 1925 der Genosse J. Thomas, der auch als James Reich und A. Rubinstein firmierte, während sein wirklicher Name eine Kombination aus alledem war: Jakob Reich; aber was will das schon bedeuten? Ihm zur Seite stand der Pole M. G. Brodski, der in Wirklichkeit Mieczislaw Warszawski hieß. Jakob Reich stammte aus Lemberg, 1905 hatte er bei der Revolution im russischen Polen mitgemischt, anschließend floh er über Deutschland in die Schweiz. Dort im November 1918 ausgewiesen, schlug er sich nach Moskau durch und heuerte im Frühjahr 1919 bei der Komintern an. Im September erschien er in deren Auftrag als Instrukteur und Zahlmeister der Weltrevolution in Berlin. Durch seine Hände gingen Millionen: Rubel, Mark und andere Währungen, Schmuck und Wertpapiere. Reich stand für perfekte Konspiration – ein Grundsatz, den er auch auf seine Abrechnungsmethoden anwandte, so dass er 1925 rausflog. Mit gutem Grund mied er Moskau und blieb als Herausgeber sozialistischer Literatur in Berlin. 1930 wurde die Leitung des WEB vom Genossen Helmuth übernommen. Hinter diesem Decknamen steckte der weitgehend unbekannte bulgarische Kommunist Georgi Dimitroff, der erst mit dem Reichstagsbrandprozess prominent werden sollte.[790]
Zur Schulung der Konspirateure wurde die *Internationale Leninschule* in Moskau errichtet. Ganze Generationen angehender Revolutionäre wurden hier durchgeschleust. Von Anbeginn an gehörte es zum Ritual der Ausbildung, ausschließlich unter einem Decknamen zu leben. Jeder wurde in ausführlichen Berichten beurteilt, die ihren Ursprung in gegenseitiger Bespitzelung hatten. So wurden die künftigen Kader mit allen Zutaten einer kommunistischen Karriere vertraut gemacht: der Konspiration, dem absoluten Gehorsam, dem gegenseitigen Misstrauen, dem Umgang mit Nachrichtenmitteln und mit Waffen, dem Erlernen von Sabotage und Beeinflussung und nicht zuletzt dem Studium der Klassiker: Marx, Engels und Lenin. Die Komintern war von Beginn an ein unerschöpfliches Perso-

nalreservoir für die sowjetischen Geheimdienste. Der deutsche Reporter Richard Sorge begann bei der Komintern, bevor er zur GRU wechselte. Die Deutsche Hede Massing war bei der Komintern unter Vertrag, bevor sie als Agentin in den USA Dienst tat. Der ungarische Kartograph Sándor Radó arbeitete in einer Agentur der Komintern, bevor er Resident der GRU in der Schweiz wurde. Für seine Frau Helene Jansen gilt dasselbe. Rudolf Merker ging als Komintern-Agent in die USA; sein Genosse Walter Ulbricht ließ den Spitzenkommunisten nach dem Zweiten Weltkrieg als angeblichen West-Agenten einsperren. Rudolf Herrnstadt kam über die Komintern zur GRU in Warschau; auch er fiel später als Ulbricht-kritiker in Ungnade. So ließe sich die Liste seitenlang fortsetzen. Vielen dieser Genossen werden wir im deutsch-sowjetischen Spiel wiederbegegnen.[791]

Als der Gründungskongress der Komintern im März 1919 in Moskau die Lage zu beraten begann, standen die Zeichen auf Hoffnung. Bolschewistische Aufstände in Berlin, München und Budapest. Für eine gehobene Stimmung sorgte auch das Fortschreiten der Roten Armee in der Ukraine und gegen die Polen. Auf großen Landkarten wurden die täglichen Erfolgsmeldungen eingezeichnet. Doch dann traten Rückschläge ein, für die es das richtige theoretische Unterfutter zu finden galt. Diese Arbeit wurde mit marxistischer Gründlichkeit in den folgenden Monaten und Jahren erledigt.[792] Vordringlich und aktuell war dagegen, wie man die Schlappen wieder gutmachen konnte. Zu diesem Zweck beschlossen die Delegierten, die notwendigen organisatorischen Grundlagen zu schaffen: Die kommunistischen Parteien sollten nach dem Vorbild der Bolschewiki strukturiert und der russischen Vorherrschaft unterworfen werden – ein Vorgang, der mit dem Begriff der Anleitung umschrieben wurde. Diese Form der Unterwerfung hat in den folgenden Jahren immer wieder für Verärgerung und Missstimmungen gesorgt, denn Moskau sah sich fortan berechtigt, Instrukteure zu entsenden, die befugt sein sollten, bei den Bruderparteien nach dem Rechten zu sehen und durchgreifende Weisungen zu erteilen. Auch die deutschen Genossen sollten das alsbald zu spüren bekommen.

Das Zentralkomitee hat dem Instrukteur jegliche Unterstützung zu gewähren und ihm alle erforderlichen Dokumente auszuhändigen, die er zur Instruktion und Information benötigt. Der Instrukteur wird mindestens einmal monatlich im Orgbüro des EKKI einen schriftlichen Bericht über die von ihm geleistete Arbeit und den Stand der Parteiarbeit in dem betreffenden Lande erstatten. Desgleichen ist es die Pflicht des Instrukteurs, dringende Auskünfte, Vorschläge und Berichte über besondere Angelegenheiten zu übermitteln. Alle Dokumente, die die Arbeit des Instrukteurs unmittelbar betreffen, wie auch verschiedene Beschlüsse, Rundschreiben, sonstige Vorschriften usw. sind dem Instrukteur unverzüglich auszuhändigen.[793]

Um das Komplizierte der sowjetisch-deutschen Revolutionierungsbemühungen zu beschreiben, müssen wir eine kurze Musterung der Fußtruppen der Revolution vornehmen. Zur Erinnerung: Wir hatten die in der KPD zusammengeschlossenen Spartacisten verlassen, nachdem sie in Berlin, München und anderswo mit ihren Revolten im Frühjahr 1919 schmählich gescheitert waren. Hierbei hatte die Partei einen beträchtlichen Teil ihrer Führungskader durch Mord, Hinrichtung, Haft oder Flucht verloren. Zu allem Überfluss spaltete sich das verlorene Häuflein im September 1919 auf dem Parteitag, der im windstillen Heidelberg abgehalten wurde. Die von einigen wenigen Intellektuellen dominierte Splittergruppe blieb KPD, die Abspaltung nannte sich KAPD – Kommunistische Arbeiterpartei Deutschlands.[794] Daneben existierte, links von der SPD, nach wie vor die Unabhängige Sozialdemokratie als Massenpartei. Bei den Wahlen nach Kriegsende waren ihr etliche Sitze in verschiedenen Parlamenten zugefallen, auch auf der Reichsebene. Doch die USPD war eine zutiefst gespaltene Partei, denn mit dem Kriegsende war ihr eigentlicher Daseinszweck erledigt. An den Aufstandsbemühungen des Jahreswechsels und des Frühjahrs 1919 hatte sie sich, von einzelnen Funktionären abgesehen, nicht beteiligt. In den darauf folgenden Monaten stritten sich ihre Spitzenleute, ob man sich Lenins Kommunistischer Internationale anschließen solle. Doch in Moskau gab man sich spröde. Mit der KPD hatte man bereits einen Revolutionierungspartner, auf dessen Potenz man dank phantastischer, oder soll man sagen: phantasievoller, Berichterstattung große Stücke hielt. Doch diese Liebe kühlte sich im März 1920 rapide ab. Den Anstoß gab ein Ereignis in Deutschland, an dem die Sowjets ausnahmsweise unbeteiligt waren. Die Rede ist vom Kapp-Lüttwitz-Putsch.

Bereits im Sommer 1919 hatte der militärische Verlierer des Ersten Weltkrieges, der General der Infanterie a.D. Erich Ludendorff, seine Kriegserinnerungen herausgegeben, einen Wälzer von über 600 Seiten Stärke. Im Nachwort dieser Memoiren vertrat er nachdrücklich die These, die Heimat sei mit ihrem Kriegsunwillen und den Streiks dem ungeschlagenen Heer in den Rücken gefallen. Das war eine dreiste Lüge, doch die Dolchstoßlegende war damit unausrottbar in die Welt gesetzt. Sie traf den Nerv der Zeit, und Hunderttausende von deklassierten Funktionsträgern des ehemaligen Regimes plapperten sie nach. Die Sozialdemokraten wurden offen als Novemberverbrecher verunglimpft. Ein Rechtsputsch lag in der Luft. Als er im März 1920 stattfand, entpuppte er sich rasch als ein Unternehmen, dessen Dilettantismus in Planung und Ausführung kaum zu übertreffen war. Nach Ausrufung des Generalstreiks durch den Führer des Allgemeinen Deutschen Gewerkschaftsbundes, Carl Legien, durch die sozialdemokratischen Mitglieder der Reichsregierung und durch den SPD-Vorstand fiel die Sache nach wenigen Tagen wie ein Kartenhaus in sich zusammen. Wenn an dem Ereignis eins

verblüffend ist, dann ist es die Tatsache, dass die Reichsregierung die Rädelsführer nicht an Ort und Stelle erschießen ließ. Auch den Chef des Truppenamtes, den General Hans von Seeckt, der während des Putsches abseits stand, um zu sehen, wie sich die Dinge entwickelten, und der mit dem dummen Spruch aufwartete, Reichswehr schieße nicht auf Reichswehr, hätte man ohne große Umwege wegen Hochverrats belangen können. Doch der Mann mit dem Monokel blieb nicht nur im Amt, sondern wurde auch noch zum Chef der Heeresleitung befördert – eine Dienststellung, in der er dann nachhaltig in die deutsch-sowjetischen Verhältnisse eingriff. Dabei handelte es sich nicht nur um die deutsch-sowjetische militärische Zusammenarbeit, von der wir noch hören werden, sondern auch um die von den Sowjets angezettelten kommunistischen Aufstände in Sachsen und anderswo, die er mit Hilfe der ihm unterstehenden Truppe rücksichtslos niederwarf.[795]
Die radikale Unterbindung des Rechts-Putsches war allein dem Eingreifen der SPD- und ADGB-Funktionäre zu danken, deren Streikaufruf weitgehende Beachtung fand. Den Vormann der Weltrevolution, Wladimir Lenin, müssen diese Ereignisse erheblich beeindruckt haben; gleichzeitig durfte er sich über die Abwesenheit jeglicher Aktivitäten der deutschen Bruderpartei ärgern, die mit eher theoretischen Erwägungen ausgelastet gewesen war. Für den alten Revolutionsfachmann zeigte sich nicht nur die gewaltige Kraft, die in der von ihm seit Jahren bespöttelten deutschen Sozialdemokratie und in den deutschen legalistischen Gewerkschaften steckte, ihn muss zugleich gewurmt haben, welche revolutionäre Chance hier ungenutzt blieb, nachdem die Dinge erst einmal ins Rutschen gekommen waren. Denn die Lage in Deutschland kam nach dem offiziellen Abbruch des Generalstreiks keineswegs sogleich wieder ins Lot. An etlichen Orten des Reiches, vor allem in West- und in Mitteldeutschland, waren spontan Rätesysteme errichtet worden, deren Mitglieder sich nicht gewillt zeigten, sang- und klanglos nach Hause zu gehen, nur weil in Berlin dergleichen beschlossen worden war. Der bekannteste dieser Aufständischen war Max Hoelz, eine Art Robin Hood des Vogtlandes. Aber alle diese Mini-Diktatoren des Proletariats hatten keine Chance gegen die jetzt massiv eingreifende Reichswehr, deren Chef Seeckt keine Skrupel zeigte, auf Arbeiter sofort schießen zu lassen. So wurden die Aufstandsversuche im Keim erstickt; vor allem das Vorgehen gegen die Rote Ruhrarmee war von sinnlosen Grausamkeiten gegen Unbeteiligte geprägt.[796]
Wieder einmal waren revolutionäre Eruptionen spontan geschehen, also ohne die Planung und Lenkung der angeblichen Revolutionsprofis von links außen. Lenin zog hieraus den Schluss, dass man mit den Spartacisten auf das falsche Pferd gesetzt hatte. Folglich machte er eine Wende um 180 Grad und sah die USPD plötzlich in einem ganz anderen Licht. Die Genossen von der KPD wurden mit einer wilden Philippika abgekanzelt, die den schönen Titel *Der Radikalismus, die Kin-*

derkrankheit des Kommunismus trug. Doch damit nicht genug. Eine Abordnung der USPD wurde im Sommer 1920 auf dem II. Weltkongress der Komintern empfangen. Doch die deutschen Genossen waren auch in der Beitrittsfrage gespalten. Zum anschließenden Parteitag der USPD im Oktober 1920 reiste mit dem Komintern-Vorsitzenden Grigori Sinowjew echte Kreml-Prominenz nach Halle an. Sinowjew redete mit Engelszungen und auf Deutsch vier Stunden lang auf die Genossen ein. Der Erfolg war ein Mehrheitsbeschluss zum Beitritt zur Komintern – und die Spaltung der Partei. Die beitrittsunwillige Fraktion führte die USPD fort, bis sie sich schließlich nach langem Zögern entschloss, zur SPD zurückzukehren. Die Komintern-Befürworter vereinigten sich mit der KPD zur Vereinigten Kommunistischen Partei, VKPD; der Name wurde bald wieder in ein schlichtes KPD zurückgeändert. Mit diesem unerwarteten Zulauf war die KPD plötzlich zum Status einer Massenpartei mit etlichen Parlamentsmandaten gelangt.[797]

Kaum etabliert musste die neue große kommunistische Partei ideologischen Ärger aus Moskau schlucken. In Sowjetrussland waren zur Jahreswende 1920/21, also nach drei Jahren bolschewistischer Misswirtschaft, die Verhältnisse bis zum Zerreißen gespannt. Arbeiter- und Soldatenaufstände, wie der in der einstigen Revolutionshochburg Kronstadt, führten die bolschewistische Herrschaft an den Rand des Abgrunds. Wieder wurde militärische Intervention gegen das eigene Volk notwendig. Selbstverständlichkeiten des eigenen politischen Programms mussten als konterrevolutionär abgestempelt werden und vor allem: Es musste die ökonomische Wende vollzogen werden. Lenin vollzog sie. Das neue Glanzstück sozialistischer Praxis hieß Neue Ökonomische Politik, abgekürzt: NEP. Die NEP war nichts anderes als die partielle Abkehr von der Zwangswirtschaft und die Einführung von begrenzten Marktwirtschaftsprinzipien. Was in Sowjetrussland eine Angelegenheit des blanken Überlebens war, stellte für die kommunistischen Parteien westlich der Weichsel eine üble Zumutung dar. Das, was jetzt aus Moskau als Heil verkündet wurde, war nichts anderes als der lange verhöhnte Sozialdemokratismus. Und Lenins hoch gepriesene Erkenntnis, *Kommunismus, das ist Sowjetmacht plus Elektrifizierung*, konnte auf einen deutschen Arbeiter nur befremdend wirken. Es ist klar, dass die neue Linie in der Vereinigten KPD nicht sonderlich entzückt aufgenommen wurde.[798]

Um die deutschen Genossen zur Raison zu bringen, kam der unvermeidliche Karl Radek nach Deutschland. Auch die Spitzengenossin Jelena Stassowa reiste an. Nach guter alter Gewohnheit reiste sie als angebliche Frau Fritzmann inkognito. Sie hatte allen Anlass, sich konspirativ zu verhalten, denn ihr Auftrag lautete keineswegs, Propaganda unter den deutschen Kommunisten zu treiben, sondern Reorganisation des M-Apparats der KPD. M- oder Militärapparat; dies sollte das organisatorische Gerüst einer zu schaffenden deutschen Roten Armee sein, zugleich Nachrichtenapparat und Zersetzungsinstanz – mit einem Wort, der praktische Hebel zur Inszenierung einer kommunistischen Revolution. Die 47-Jährige brachte alle Voraussetzungen mit, um als Instrukteurin akzeptiert zu werden. Die Frau mit dem Parteidecknamen Herta war bereits seit 21 Jahren Mitglied der russischen Sozialdemokratie. Ihre Herkunft als Tochter eines zaristischen Gouverneurs hatte ihren Weg an die Spitze der Bolschewiki nicht aufhalten können. Eigentlich war sie während und nach der Oktoberrevolution Sekretärin des Zentralkomitees von Lenins Partei. Das hinderte sie ab 1918 nicht an einer zusätzlichen Tätigkeit im Direktorium der Petrograder Tscheka, die es mit Nachdruck zum Machterhalt aufzubauen galt. Nun also, 1921, war die Stassowa mit ähnlichem Auftrag in Deutschland.[799]

Namen, Unterstellungen und Organisationszusammenhänge des M-Apparats der KPD wechselten in den folgenden Jahren so häufig, dass man Mühe hat, Erzählbrücken zu schlagen. Was die Stassowa an Konspirativem in Deutschland vorfand, muss nicht besonders beeindruckend gewesen sein. Da waren zunächst einmal die Reste des Apparats von Ernst Däumig aus dessen Zeit bei den Revolutionären Obleuten und bei der USPD. Wie wir uns erinnern, war der ehemalige Fremdenlegionär bereits im Herbst 1918 der Militärfachmann der revolutionsbereiten Linken gewesen, was ihm Anfang November 1918, praktisch um fünf vor zwölf, eine Verhaftung durch die preußische Polizei eingebracht hatte. Doch der Freiheitsentzug dauerte nicht lange, und Däumig mischte wieder mit. Auf dem Zentralen Kongress der Arbeiter- und Soldatenräte im Dezember 1918, an dem er als Delegierter teilnahm, sprach er sich als einer der wenigen gegen die Einberufung einer Nationalversammlung aus. Im Jahr drauf wurde er als Repräsentant der Linken zu einem der beiden Vorsitzenden der USPD gewählt. In dieser Funktion wirkte er 1920 maßgeblich bei der Überführung der USPD-Mehrheit in die Komintern und in die KPD mit. Däumig hatte neben seiner offiziellen Funktion in der USPD, die ihm ein Mandat im Reichstag einbrachte, noch ein zweites, nicht minder bedeutendes politisches Standbein. Das war seine konspirative Revolutionärstruppe, die hinter vorgehaltener Hand *Der Apparat* genannt wurde. Es kann kaum bezweifelt werden, dass Däumig mit diesem, wenn auch wenig gut beleumundeten Anhang in der KPD ein willkommener Zuwachs war. Später ist dies anders geschildert worden, vermutlich weil Däumig nicht der Mann war, sich widerspruchslos allen möglichen Parteidiktaten zu beugen und aus irgendeinem Grund im September 1921 wieder aus der KPD austrat. Bereits im folgenden Jahr starb er im sechsundfünfzigsten Lebensjahr.[800]

Neben Däumigs konspirativem Apparat fand die Stassowa auch die Restbestände der Militärorganisation von Spartacus und rudimentäre illegale Geheimdienststrukturen der KPD vor. Die Militärorganisation von Spartacus war bereits Mitte

1917 gebildet worden. Sie stand unter der Leitung von Willi Budich, der zur Jahreswende 1918/19 zu den Mitbegründern der KPD gehörte und dort sogleich mit der Leitung der Militärabteilung betraut wurde. Nach der Bayerischen Räterepublik gelang Budich die Flucht nach Moskau; was er in Deutschland hinterließ, kann nicht besonders beeindruckend gewesen sein. Daneben gab es ein frühes Spionagenetz, das aller Wahrscheinlichkeit nach von Felix Wolff, alias Werner Rakow, ins Leben gerufen war. Rakow war der Mann, der im Gefolge von Karl Radek im Dezember 1918 illegal nach Deutschland gekommen war. Er wurde 1919 vor allem im Großraum Hamburg tätig und scheint dort so etwas wie eine eigenständige Geheimdienststruktur aufgebaut zu haben. Seine Geldprobleme löste der tüchtige Mann, indem er seine Informationen auch den Geheimdiensten westeuropäischer Siegermächte feilbot. Wie lange diese kreative Art der Konspiration gedauert hat, ist nicht überliefert. Jedenfalls machte die Stassowa nicht Rakow zum Leiter des entstehenden M-Apparats, sondern den Genossen Hugo Eberlein. Der war ihr vom Gründungskongress der Komintern im März 1919 persönlich bekannt. Über seine revolutionären Ambitionen konnte es keinerlei Zweifel geben. Er redete so häufig von Bombenattentaten, dass die Genossen der Zentrale ihm den Spitznamen *Hugo mit der Sprengschnur* verliehen hatten. Rakow hingegen, der sich immer noch unter dem Falschnamen Felix Wolff in Deutschland aufhielt, bekam die Aufgabe eines Berichterstatters zugewiesen. Hierunter verstanden die russischen Genossen einen Kontrolleur mit dem Recht auf Einsichtnahme in alle Vorgänge; seine Aufgabe wurde es, nach Moskau zu berichten, ob auch alles der vorgegebenen Linie entspreche. Als die Stassowa Deutschland wieder verließ, hatte der M-Apparat Form und Richtung. Er war ein Mixtum compositum aus konspirativer Bürgerkriegsarmee und Geheimdienst. Der eine Arm diente der heimlichen Organisierung von militärischen Kadern und der illegalen Waffenbeschaffung, der andere der Erkundung des politischen Gegners, der Zersetzung von Reichswehr und Polizei sowie der Spitzelabwehr. Alsbald kamen erste hektographierte Spitzelwarnungen und schließlich ein gedruckter Spitzelalmanach der KPD heraus, der Steckbriefe von wirklichen oder vermeintlichen Provokateuren und Polizeispitzeln enthielt.[801]

Die NEP als friedliche Alternative, den Sozialismus herbeizuführen, und die Pflicht der sowjetischen Bruderparteien, sich konspirative Apparate zu schaffen, stellten einen unlösbaren politischen Zielkonflikt dar, der nicht nur in Deutschland die immer bolschewistischer werdende kommunistische Partei vor eine erneute Zerreißprobe stellte. Deren neuer Vorsitzender Paul Levi, ein Rechtsanwalt und Spartacus-Mann, war ein strikter Gegner von jeglichem Putschismus, wie man die Umsturzaktivitäten zutreffend nannte. Auch in der Komintern-Führung gab es solche und solche. Das Oberhaupt der Putschisten in der Komintern war deren Vorsitzender Grigori Sinowjew. Das ist verständlich: Sinowjew war zugleich der allmächtige Parteisekretär von Petrograd, und ausgerechnet in seinem Machtbereich brach im Frühjahr ein Aufstand in Kronstadt aus, obschon die Ostseegarnison seit 1917 als bolschewistische Hochburg galt. Durch den Kronstädter Aufstand geriet das bolschewistische Regime noch einmal an den Rand des Abgrunds. Es lag daher nahe, ein auswärtiges Ablenkungsmanöver anzuzetteln. So lösten die Putschisten der Komintern im Frühjahr 1921 in Deutschland die Märzaktion aus. Zu diesem Zweck reisten zwei Revolutionsexperten, der Ungar Béla Kun und der einstige Zionist Samuel Guralski, illegal nach Deutschland ein. Die Herren waren in Eile, denn nach den preußischen Landtagswahlen vom 20. Februar 1921 besaß Preußen lediglich eine geschäftsführende Regierung, der man nicht viel Schlagkraft zutraute. Ihr Plan war ebenso einfach wie zweifelhaft: Durch einen Generalstreik im Mansfelder Industrierevier sollte der Initialfunke für eine Erhebung in ganz Deutschland gezündet werden. Begleitende Terrorakte des M-Apparats sollten Polizei und Reichswehr zu Übergriffen provozieren. So sollte eine bolschewistische Revolution in Deutschland in Gang gebracht werden. Ernsthafte Auswirkungen hatte dieser Plan praktisch nur in Mitteldeutschland. Aus dem Vogtland gesellte sich der unermüdliche Einzelkämpfer Max Hoelz hinzu. Hugo Eberlein mit dem M-Apparat brachte es zu einigen Bombenanschlägen in Breslau und Halle; aber zur großen Aktion in Berlin war *Hugo mit der Sprengschnur* offenbar nicht in der Lage. Es ist fast entbehrlich zu erwähnen, dass die Reichswehr mit aufgebauschten Meldungen versuchte, sich in die Sache einzumischen. Doch Reichswehrchef Seeckt musste sich vom Preußischen Ministerpräsidenten Otto Braun in die Schranken weisen lassen. Der SPD-Mann bemerkte spitz, dass eine Täuschung des Feindes wohl militärische Gepflogenheit im Kriege sei, die preußische Regierung diese Rolle aber nicht zu übernehmen gedenke. So blieb die Reichswehr im Wesentlichen außen vor. Preußens Polizei übernahm die Unterdrückung der Unruhen. Hoelz wurde festgenommen und zu lebenslänglichem Zuchthaus verurteilt, während Eberlein, der mit Haftbefehl gesucht wurde, nach Moskau entkommen konnte, wo er beim EKKI ein Unterkommen fand. Es ist klar, dass es hinterher niemand gewesen sein wollte. So behaupteten sozialistische Geschichtsschreiber in grober Verdrehung der Tatsachen später, die blutigen Auseinandersetzungen in Mitteldeutschland seien von der preußischen Polizei provoziert worden, um sich an den dortigen unbotmäßigen Arbeitern zu rächen. Die missglückte Märzaktion führte die KPD erneut in eine ernste Krise. Der kurz zuvor ausgebootete Parteivorsitzende Paul Levi tat alles, um weiteres Blutvergießen zu verhindern. Auf dem III. Weltkongress der Komintern im Sommer 1921 versuchte er, dieses Tun zu rechtfertigen. Zeitgleich publizierte er die Broschüre mit dem Titel *Unser Weg. Wider den Putschismus*. Damit fand er zwar bei Lenin einiges Verständnis, aber bei späteren Geschichtsschreibern des realen Sozialismus wenig Gnade. Levi wurde aus der KPD ausgeschlossen. Die Partei war erneut auf Monate hinaus gelähmt und zu keiner weiteren Aktion fähig. Sie brauchte zwei Jahre, um zum nächsten Schlag ausholen zu können.[802]

Die wirtschaftlichen Repressionen, denen Deutschland aufgrund des Friedensvertrages von Versailles ausgesetzt war, führten das Land 1923 auf geradem Wege in den wirtschaftlichen Kollaps. Unbezahlbare Reparationsforderungen und die Besetzung des wirtschaftlichen Kernlandes an Rhein und Ruhr veranlassten das Reich zu einer abenteuerlichen Geldpolitik. Mit Hilfe der Geldnotenpresse suchten die Verantwortlichen der Schuldenlast Herr zu werden. Das konnte nicht lange gut gehen. Die bald fühlbare Geldentwertung wurde schnell zur Inflation, die im Laufe des Jahres 1923 galoppierende Züge annahm.[803] Die Währung verfiel zum Schluss rascher, als die Bevölkerung ihre Löhne zum Einkaufen in die Läden tragen konnte. Die Folge waren massive Versorgungsstörungen und die fortschreitende Verarmung breiter Teile der Bevölkerung. Natürlich gab es auch Raffkes und Schieber, die, wie schon zu Zeiten des Weltkrieges, wunderbare Gewinne aus der Not der anderen zu machen wussten, die in Saus und Braus lebten, umgeben von Künstlern und Huren. Deswegen fällt es schwer, von diesen Zeiten als von den Goldenen Zwanzigern zu reden. Es hätte nur eines Funkens bedurft, um die Dinge zur Explosion zu bringen. Doch der Funke blieb aus. Denn die Genossen, die da hätten zündeln können, hatten keine Zeit. Sie mussten diskutieren. Sie redeten über die Theorie der revolutionären Situation. Dann endlich rafften sie sich zur Tat auf und halfen, die Regierung unter Reichskanzler Wilhelm Cuno zu stürzen. Dessen Nachfolger Gustav Stresemann bereitete der Inflation durch einen brutalen Währungsschnitt ein Ende. Das Ereignis mit dem Namen Währungsreform machte die Ersparnisse null und nichtig. Die Währungsreform war das Aus für all die Vermögen, die im Grunde nur noch als Hoffnung existiert hatten. Die neue Rentenmark machte viele gleich – gleich arm. Jedoch Deutschlands Wirtschaft, sie begann sich zu erholen.[804]

Die KPD befand sich auf einem anderen Stand der Dinge. Man lag sich in den Armen, war berauscht von der eigenen Kraft, im Sommer durch Mittun beim Generalstreik die Reichsregierung Cuno gestürzt zu haben. Bald würde man sich daran berauschen, auf Befehl Moskaus in Sachsen und Thüringen eigene Minister in einer so genannten Volksfrontregierung zu haben. Man räsonierte über Proletarische Hundertschaften, die als Rote Armee den Widerstand der Reichswehr brechen würden. Meldungen flogen zwischen Berlin und Moskau hin und her. Doch in Moskau wurde gezaudert. Das EKKI und das ZK der KP Russlands debattierten, ob es jetzt in Deutschland doch noch zur proletarischen Revolution kommen würde. Zahlreiche Emissäre wurden entsandt, das Kommando über den Militär-

Apparat zu übernehmen. Andere kamen, um die revolutionäre Situation zu erspüren. Alles, was als Berufsrevolutionär Rang und Namen hatte, war auf den Beinen. Schließlich ging es darum, den *Deutschen Oktober* zu inszenieren.[805]

Die Auslösung des Deutschen Oktober wurde von den Sowjets monatelang als Militärputsch vorbereitet; mit seiner Durchführung war der Militärpolitische Apparat der KPD beauftragt. Der MP-Apparat unterstand formal der politischen Leitung der KPD, also deren Vorsitzendem Heinrich Brandler. Doch in Wirklichkeit nahmen die Sowjets für diese Angelegenheit die Anleitung, sprich: das Kommando für sich in Anspruch. Sie hatten durch die Besetzung des MP-Apparats mit einem Offizier der Roten Armee im Generalsrang klargestellt, dass sie allein bei der militärischen Führung des Aufstands das Sagen haben würden. Der Mann, den sie mit der Leitung beauftragt hatten, war Woldemar Rose, ein deutschstämmiger Metallarbeiter aus dem Baltikum, der es in der Roten Armee bis zum Korps-Kommissar gebracht hatte. Der 26-jährige Rose lebte in dieser Zeit unter dem Aliasnamen Peter Skoblewski in Deutschland; gegenüber seinen Mitverschworenen nannte er sich Helmut. Ihm zur Seite stand als politischer Kommissar und Verbindungsmann zur KPD-Führung der bolschewistische Revolutionär Samuel Guralski, der sich August Kleine nannte, während die deutschen Haudegen der MP-Führung den nur knurrend akzeptierten Genossen unter sich Mister Meschugge zu nennen beliebten. Zur Umsetzung der Aufstandsplanung richtete die Zentrale der KPD einen Revolutionären Kriegsrat ein, dem neben dem Vorsitzenden Brandler und den Sowjetfunktionären Rose und Guralski die Genossen Iwan Katz, Fritz Heckert, Erich Melcher, Werner Rakow, Wilhelm Pieck und Hugo Eberlein angehörten. Als nächst niedrige Organisationsebene war das Reichsgebiet in sechs Oberabschnitte eingeteilt worden, die sich an der Dislozierung der Reichswehrverbände orientierten. Es waren dies die Oberabschnitte Berlin, Mitte, West, Nord-West, Süd-West und Ost. An der Spitze der Oberabschnitte stand jeweils ein KP-Funktionär, dem ein Offizier im generalsgleichen Rang aus der Roten Armee als so genannter Oberberater beigegeben war. Nur im Oberabschnitt Mitte, also in Thüringen und Sachsen, gab es eine bedeutsame Abweichung: Hier leitete ein aktiver Offizier, der Major Hans von Hentig, den MP-Apparat. Zugleich war er für die illegale Waffenbeschaffung zuständig. Hentig diente seinen kommunistischen Freunden überdies als ihre wichtigste Quelle in der Reichswehr; er hatte mit seinem Bruder Werner Otto seinerseits eine wichtige Quelle im Auswärtigen Amt. Diesen Hentig haben wir bereits auf seiner vergeblichen Mission nach Afghanistan 1915/16 gesehen.[806]

Mitte September 1923 verkündete Rose auf einer Stabsbesprechung die Richtlinien für die Vorbereitung des bewaffneten Aufstands. Sie sahen vor: Bildung von Proletarischen Hundertschaften in den Betrieben und aus dem Heer der Arbeits-

Die Organisatoren des Deutschen Oktober

Komintern

Vorsitzender: Grigori Sinowjew
Beauftragte für Deutschland:
– Karl Radek, alias Nathan Fischbein, alias Anton
– Georgi Pjatakow, alias Arvid

Revolutionärer Kriegsrat

Heinrich Brandler, Vorsitzender der KPD
Woldemar Rose, alias Helmut, alias Peter Skoblewski, sowjetischer Instruktor Samuel Guralski, alias August Kleine, Kommissar des sowjetischen Instruktors (zugleich Mitglied der Zentrale der KPD)

Verpflegung Iwan Katz	Verkehrs- und Verbindungswesen Fritz Heckert Erich Melcher	Politische Aufklärung Werner Rakow, alias Felix Wolff	Waffenbeschaffung Wilhelm Pieck	Zersetzung Hugo Eberlein	Organisation Walter Ulbricht

MP-Apparat

Leiter: Woldemar Rose, alias Helmut, alias Peter Skoblewski
Politkommissar: Samuel Guralski, alias August Kleine
Generalstab: Djula Kapitan
M-Apparat: Karl Retzlaw
T-Apparat: Felix Neumann

Oberabschnitte:

Name	Gebiet	Militärischer Leiter	Politischer Leiter	Sowjetberater
Berlin	Brandenburg, Mecklenburg, Pommern, Schlesien	Joseph Gutsche (oder Albert Gromulat?)	Hans Pfeiffer	unbekannt
Mitte	Sachsen, Thüringen	Major Hans von Hentig, alias Heller Kommissar: Karl Volk	Paul Böttcher	unbekannt
West	Rheinland, Westfalen	Wilhelm Zaisser	August Kleine	unbekannt
Nord-West	Hamburg, Hannover, Oldenburg, Schleswig-Holstein	Albert Schreiner	Rudolf Lindau	Manfred Stern, alias Max Fred
Süd-West	Hessen, Baden, Württemberg, Bayern	Erich Wollenberg, alias Walter	Hermann Remmele	Alexej Stezki, alias General Muraille
Sonderbezirk Nord-Ost	Ostpreußen	Arthur Illner, alias Richard Stahlmann	Georg Schumann	unbekannt
Sonderbezirk Süd	Bayern		Hugo Eberlein	unbekannt
Sonderbezirk Süd-Ost	Schlesien		Wilhelm Pieck	unbekannt

losen als Basisorganisationen des bewaffneten Kampfes bis zum 15. Oktober und Konfrontation der Kompanien der Reichswehr bzw. Hundertschaften der Polizei mit einer doppelten Anzahl von Kämpfern des Proletariats. Das war in der Tat ein schöner Plan, und es war ein Plan aus Wolkenkuckucksheim. Denn die Realität der Proletarischen Hundertschaften sah in etwa wie folgt aus: Auf Betriebsversammlungen und bei Massenveranstaltungen von Arbeitslosen wurden Listen herumgegeben, in die sich Freiwillige eintragen konnten, die, falls sie in Hundertschaften zusammentraten, dort ihre Hundertschafts- und Zehnergruppenführer wählen sollten. Die Armee, die den stolzen Namen der *Proletarischen Hundertschaften* führte, war eine Größe auf dem Papier. Sie war bestenfalls als Demonstrationsarmee, nicht jedoch als Kampftruppe zu gebrauchen. Es fehlte bereits an der Bewaffnung, von militärischer Ausbildung für den Bürgerkrieg ganz zu schweigen. Die grandiose Planung von Rose ging nicht ohne Proteste ab. Beide Seiten pochten auf ihre spezielle Kriegserfahrung. Von den deutschen Oberleitern hatten zumindest Zaisser und Wollenberg ein gerüttelt Maß davon zu bieten: Zaisser als *Roter General von der Ruhr* in den Jahren 1919 bis 1921 und Wollenberg bei der Münchener Räterepublik 1919 und dem Mai-Aufstand in Bochum 1923. Doch blieb der Protest vergeblich. Rose berief sich auf die siegreiche Rote Armee. Das war ein Argument, das immer zog, und er berief sich auf die Billigung seines Plans durch den Kriegskommissar Leo Trotzki. Das verbot jede weitere Diskussion. Trotzki, später befragt, wusste von dieser Zustimmung nichts – das zumindest sagte er.[807]

Unzweifelhaft lag die Letztentscheidung für die Auslösung des Aufstandes in Moskau. Die Komintern entsandte einen alten Bekannten, die Dinge ins rechte Gleis zu bringen: Karl Bernhardowitsch Sobelsohn, genannt Karl Radek. Jetzt reiste er unter der Legende eines reichen polnischen Kaufmanns nebst Gattin. Das Paar nannte sich Fischbein. Doch Frau Nathan Fischbein war durchaus nicht Frau Fischbein, sie war auch nicht Radeks Frau Rosa, denn die war in Moskau geblieben, wo sie in ihrer Wohnung im Kreml Radeks Rückkehr abwarten sollte. Radeks konspirative Scheinfrau war Larissa Reissner. Gut aussehend, schreibgewandt und ungewöhnlich rücksichtslos war sie durch die russische Revolution nach oben gespült worden. 1918 hatte man sie als Kommissarin an der Südfront des Bürgerkrieges gesehen. Hier hatte sie ihren Mann, den revolutionären Matrosen Fjodor Raskolnikow kennen gelernt, der als ein kräftiger Mann beschrieben worden ist. Mit ihm zusammen lebte sie in den Folgejahren in Petrograd, er als Oberbefehlshaber der Roten Ostseeflotte, sie als große Dame, deren hochherrschaftlicher Lebensstil nicht nur in Petrograd Stadtgespräch war. Nebenbei schrieb sie – oder war es ihr Hauptberuf? – Zeitungsartikel, bevorzugt über ihre Erlebnisse aus revolutionärer Zeit. Doch in Petrograd war nicht mehr viel los. So nahm die Reissner 1921 einen Agentenauftrag der Komintern für Afghanistan an. Zwei Jahre später, längst in Russland zurück, entschloss sie sich, für eine Revolutionierungstour nach Deutschland den starken Raskolnikow gegen den schmächtigen Radek einzutauschen. Ihre Tarnung als Paar machte es ihnen unschwer möglich, die Liebesbeziehung als revolutionäres Muss zu kaschieren. Als das nette Duo in Deutschland auftauchte, waren die Dinge praktisch schon gelaufen. Zu den Launen Radeks gehörte es, dass er in Chemnitz in eben dem Hotel abstieg, in dem auch der Reichswehrgeneral Müller sein Hauptquartier aufgeschlagen hatte. Bald eintreffende Funktionäre der KPD können Radek nicht darüber im Unklaren gelassen haben, dass die Sache verpfuscht war. Also trennten sich die Fischbeins. Wer unter welcher Legende wohin weiterreiste, kann man nur mit Spekulationen beantworten.[808]

Der Ablauf des Aufstandes, der letztlich nur in einem Teil Hamburgs stattfand, lässt sich kurz wie folgt beschreiben: In Sachsen und in Thüringen bildeten sich im Oktober 1923 die ersten so genannten Arbeiterregierungen, also Koalitionen, die sich auf eine parlamentarische Mehrheit von SPD und KPD stützten. In Sachsen war der von der KPD gestellte Finanzminister Paul Böttcher, der im Zweiten Weltkrieg eine Rolle als sowjetischer Agent spielen sollte, unvorsichtig genug, in einer öffentlichen Versammlung zur Bewaffnung der Proletarischen Hundertschaften aufzurufen. Das geschah am 16. Oktober, die Arbeiterregierung war gerade einmal sechs Tage alt. Nun ging es Schlag auf Schlag. Am 17. Oktober ersuchte der örtliche Reichswehrbefehlshaber des Wehrkreises IV, der Generalleutnant Alfred Müller, den sächsischen Ministerpräsidenten Erich Zeigner (SPD), die Böttcher'sche Aufforderung bis zum folgenden Tage zu widerrufen. Zeigner lehnte dies innerhalb der gesetzten Frist ab, worauf Reichspräsident Friedrich Ebert gegenüber Sachsen die Reichsexekution anordnete. In Sachsen hatte von Stund an der General Müller mit seinen Reichswehrtruppen die Befugnis, exekutiv einzuschreiten, wo immer er dies für erforderlich hielt.[809] In dieser Situation traf sich am selben Abend, es war der 20. Oktober 1923, die Leitung der KPD, um das weitere Vorgehen zu beschließen. Vor den Putschisten lag ein Telegramm des Komintern-Chefs Sinowjew, aus dem man alles Mögliche herauslesen konnte:

Da wir die Lage so einschätzen, dass der entscheidende Moment nicht später als in vier, fünf, sechs Wochen kommt, so halten wir es für notwendig, jede Position, die unmittelbar nützen kann, sofort zu besetzen. Aufgrund der Lage glauben wir, bei gegebener Lage muss man die Frage unseres Eintretens in die sächsische Regierung praktisch stellen. Unter der Bedingung, dass die Zeigner-Leute wirklich bereit sind, Sachsen gegen Bayern und die Faschisten zu verteidigen, müssen wir eintreten. Sofort Bewaffnung von 50 000 bis 60 000 wirklich durchführen, den General Müller ignorieren. Dasselbe in Thüringen.[810]

Das war eine seltsame Beratungsgrundlage, denn die KPD war bereits seit mehreren Tagen in der sächsischen Landesregierung vertreten: Ihr Vorsitzender Heinrich Brandler fungierte als Chef der Staatskanzlei; die Genossen Paul Böttcher und Fritz Heckert amtierten als Minister. In Thüringen waren Karl Korsch und Albin Tenner auf Ministersessel gestiegen. Der Befehl Moskaus zur Bewaffnung von Zehntausenden von Proletariern mag die Stimmung gehoben haben, wird aber bei den wenigen, die wie Brandler in die sowjetische Aufstandsplanung eingebunden waren, eher stille Panik erzeugt haben, denn diese Weisung war nur auf dem Papier durchzuführen. Sie war praktisch nicht umsetzbar. Angesichts dieser Voraussetzungen verständigte man sich darauf, dass die für den morgigen Sonntag ohnehin nach Chemnitz einberufene Konferenz der Arbeitnehmerorganisationen Sachsens den Generalstreik zu beschließen habe. Man berauschte sich an dem Gedanken, dass ein erneuter Generalstreik, so wie er im Sommer des Jahres die Reichsregierung Cuno hinweggefegt hatte, eine revolutionäre Situation in ganz Deutschland auslösen müsste. Doch kommunistische Theorie und Realität klafften um Meilen auseinander. Die Chemnitzer Konferenz dachte gar nicht daran, den gewünschten Beschluss zu fassen. Die 400 Delegierten, zusammengerufen, um über konkrete soziale Probleme zu beraten, lehnten mit überwiegender Mehrheit den Aufruf zum Generalstreik ab. Aus dieser Abstimmungsniederlage hat kommunistische Rabulistik später die Kritik formuliert, dass hier die falschen Leute zusammengesessen hätten. Keineswegs seien die werktätigen Massen durch diese Delegierten repräsentiert worden. Der erstaunte Beobachter fragt sich allerdings angesichts dieses Befundes, wie die Leitung der KPD unter solchen Voraussetzungen überhaupt auf die Idee kommen konnte, eine öffentlich zu bemerkende Abstimmungsniederlage zu provozieren.[811]

Was nun folgte, würde in einem Politkrimi nicht durchgehen, weil es wie eine schlecht inszenierte Klamotte ablief. Die desavouierte KPD-Führung stand vor der Entscheidung, auf eigene Faust den Generalstreik auszurufen, oder es aber bleiben zu lassen. In dieser Situation wurde sie das Opfer ihrer eigenen konspirativen Allüren. Die Spitzengenossen waren nämlich auf den grandiosen Einfall gekommen, als Codewort für die Ausrufung des kommunistischen bewaffneten Aufstandes das Wort *Generalstreik* zu verwenden. Benutzte man also in einem öffentlichen Aufruf den Begriff Generalstreik, so musste das zu entsprechenden militanten Aufstandsversuchen führen. Dies allerdings wollte im Moment so recht niemand, schon gar nicht der KPD-Vorsitzende Heinrich Brandler. Nach seiner Meinung würde durch den Grad, in dem die Massen einen Aufruf zum Generalstreik befolgten, die Frage der revolutionären Situation zur Unzeit geklärt werden. Alles abzublasen, schien auch nicht klug, zumal man nicht wieder wie im gerade erst vergangenen Sommer dem Vorwurf ausgesetzt werden wollte, eine revolutionäre Situation verpennt zu haben. Also verfiel man auf ein seltsames Sowohl-als-auch und beschloss, einen örtlich begrenzten Aufstand zu wagen. Dieser sollte Aufschluss darüber geben, ob sich die revolutionären Massen anschlossen oder nicht. Falls ja, käme dann der Deutsche Oktober, falls nein, konnte man sich auf den Standpunkt zurückziehen, dass es sich um eine örtliche Eigenmächtigkeit gehandelt habe, die keineswegs der Gesamtpartei zugerechnet werden könne.[812]

Wie beschlossen, so getan. Jedenfalls so ungefähr. Der Emissär, der die Botschaft ins Land zu tragen hatte, war der Reichstagsabgeordnete Hermann Remmele, der sich gegenüber Polizeizugriffen am ehesten durch seine Immunität würde schützen können. Er reiste von Chemnitz via Berlin, wo er zu Hause übernachtete, nach Hamburg. Sein Ziel: die Hafenstadt Kiel. Das war reine Revolutionsphantasterei, denn, in Erinnerungen schwelgend, hatte die kommunistische Führung beschlossen, dass von Kiel aus, wie schon im November 1918 die Fackel der Revolution ins Land getragen werden sollte. Doch in Kiel gab es keine revolutionäre Basis, die man hätte in Bewegung setzen können. Das wurde Remmele in Hamburg vom zuständigen Oberbezirk mitgeteilt. Also beschloss man kurzerhand, einen zur Zeit in Hamburg ohnedies stattfindenden Hafenarbeiterstreik zur revolutionären Tat zu nützen. Doch die angeblichen Proletarischen Hundertschaften gab es auch in Hamburg nur auf dem Papier. Dagegen existierte ein recht revolutionärer Haufen, der sich sehr zum Ärger der etablierten KP-Funktionäre unter der Leitung des Studenten und Ex-Leutnants Hans Kippenberger gebildet hatte. Man hatte Kippenberger deswegen mit einem parteilichen Disziplinarverfahren überzogen, doch jetzt brauchte man ihn, denn der eigentliche MP-Leiter John Schehr war nicht zu finden; sicherheitshalber tauchte er auch in den jetzt folgenden Tagen des Aufstands nicht auf.[813]

Pünktlich am Morgen des 23. Oktober löste der 25-jährige Kippenberger in Hamburg den Aufstand mit einigen Dutzend entschlossener Mitkämpfer aus, indem er mehrere Polizeireviere überfallen ließ. Auf diese Weise wurden einige Waffen erbeutet, über welche die Hamburger MP-Organisation zuvor nicht verfügt hatte. Selbstverständlich wurde das revolutionäre Tun in Hamburg reichsweit registriert. Doch der erwartete Funken der Revolution sprang keinesfalls über. Vielmehr wurde die Polizei in Bewegung gesetzt, dem Spuk ein Ende zu bereiten. Nach blutigen Auseinandersetzungen mit der Polizei und mit Schiffsbesatzungen der Reichsmarine wurde die Sache am Morgen des 26. Oktober abgeblasen.[814] Die Beteiligten verkrümelten sich im Gewirr der Stadt.

Ein hagerer Kommunist mit sanftem Blick und kraftlosem Mund protestierte. »Willst du uns alle ermorden?« rief er. »Geh und sag Thälmann und Brandler und Lenin, sie sollen den verdammten Bahnhof selber stürmen.« Der unter-

setzte Mann stieß den Defaitisten gegen die Tür. »Sei bloß ruhig, mein Junge«, murmelte er. Plötzlich zog er eine Pistole und schoss dem hageren Mann eine Kugel durch den Kopf.

Ein Gemurmel entstand, und man hörte einige »Bravos«. Viele Genossen schleuderten die Gewehre auf den Boden. Ich hatte die Sache satt und andere auch. Einen Augenblick schien es, als würde ein Genosse den anderen ermorden. »Wir haben genug«, sagte einer.

Die Diskussion hörte auf, als der Späher aus dem Hamburger Hauptbahnhof zurückkam. Er berichtete, dass zweihundert Schutzleute im Wartesaal versteckt seien. Auf den Plätzen der Stadt waren neue Plakate angeschlagen mit der Schlagzeile:»Personen, die im Besitz von Waffen angetroffen werden, werden mit dem Tode bestraft!« Jeder Widerstand war sinnlos geworden. Wir hatten keine Führer. Die Demoralisierung setzte ein. Einheiten von Rebellen, die aus purem Eigensinn weiterkämpften, vielleicht aber auch aus Verlangen nach Rache, zogen sich auf Lübeck zurück. Die Mehrzahl aber, gebrochen, beschmutzt und enttäuscht, fiel ab, einer den anderen im Stich lassend, um sich selbst zu retten.[815]

So weit der Bericht von Jan Faltin, der in Wirklichkeit Richard Krebs hieß. Über die Ereignisse in Hamburg gibt es zahlreiche ganz andere Darstellungen, die es dem Betrachter erschweren, Licht in die Abläufe zu bringen. Das ist nicht weiter verwunderlich, da es eine ganze Reihe Beteiligter und abseits Stehender gab, die allen Anlass hatten, ihre Version der Geschichte zu verbreiten. Da war zum Beispiel Larissa Reissner: Die ehemalige Bürgerkriegskommissarin hatte sich in Chemnitz von ihrem Begleiter Karl Radek getrennt. Vermutlich fuhr sie nach Berlin; von dort jedenfalls schrieb sie Briefe an ihre Mutter. Dass sie jedoch, wie behauptet, bei den Ereignissen in Hamburg dabei war, mag man getrost bezweifeln, es sei denn man akzeptiert in ihrer Darstellung, dass Hamburg am Meer liegt.[816] Doch ist die Reissner'sche Berichterstattung als Zeitdokument für kommunistische Pressearbeit immer noch lesenswert:

Die Aufständischen zogen sich zurück. An der ersten Wegeskreuzung wurden sie vom Genossen K[ippen]b[erger] aufgehalten, der in Erwartung der angreifenden Truppen sein festes Netz von Barrikaden errichtete. Ein einziger Offizier für den ganzen Hamburger Aufstand – aber wie viel hat er für ihn getan! Es gab keine Straße in Barmbek, keine Gasse, keinen einzigen Durchschlupf, den er nicht mit zwei, drei Hindernissen versperrt hätte. Die Barrikaden wuchsen wie aus der Erde, vermehrten sich mit unglaublicher Schnelligkeit. Es gab keine Sägen und keine Schaufeln – man verschaffte sich welche. Die Bewohner wurden zu Erdarbeiten herangezogen – schwitzend schleppten sie die Steine herbei, wühlten das Pflaster auf und sägten die geheiligten Bäume

der öffentlichen Gärten nieder; sie waren bereit, sich selbst in die Luft zu spren-
gen – nur um ihre Betten und Küchen vor dieser wilden Bautätigkeit zu be-
wahren. Nur eine alte Frau machte eine Ausnahme – sie berührte den Führer
am Ärmel und veranlasste ihn, ihr zu folgen – um ihm ein starkes breites Brett
von ihrem Waschtisch – dem Stolz der Wirtschaft – mitzugeben. Das Brett, wie
geschaffen für die Barrikade, fand seine Verwendung und hielt sich standhaft
bis zum Ende.[817]

Einen sparte die Reissner in ihren Lobgesängen aus: Den Genossen Teddy, Ernst
Thälmann, den örtlichen Partei-Bezirkschef. Doch der überlebte das Desaster, das
er mit angerichtet, aber aus dem er sich wohlweislich herausgehalten hatte – auch
politisch. Im Gegenteil, er wusste den Kampf in der KPD-Führung, der nach dem
misslungenen Jahr 1923 ausgebrochen war, für seinen Aufstieg zu nutzen, so dass
er binnen kurzem mit ausdrücklicher Billigung aus Moskau an die Spitze der
deutschen Kommunisten vordrang. Eins sei zur Ehrenrettung dieses eher schlichten Mannes hinzugefügt: Wenn die Genossen ihn mit dem falschen Lorbeer der
Hamburger Barrikaden bekränzen wollten, wurde Thälmann grob.[818]

Noch ein anderer übte sich in revolutionären Märchenerzählungen, die allerdings
nie veröffentlicht wurden. Das war der sowjetische Berater des Hamburger Aufstands, der Offizier der Roten Armee Manfred Stern. Der Mann, der in Hamburg
den Decknamen Max Fred verwendete, war 1896 in der damals österreichischen
Bukowina geboren worden. Zu Beginn des Ersten Weltkrieges meldete sich der
18-Jährige freiwillig zum Dienst in der k.u.k. Armee. Während der russischen
Sommeroffensive geriet er in russische Kriegsgefangenschaft. 1919 trat er der
Roten Armee bei, wo er rasch aufstieg und vom Armeegeheimdienst GRU übernommen wurde. Dieser lieh den perfekt deutsch sprechenden Offizier an die Komintern aus, als dort das Personal für den Deutschen Oktober zusammengestellt
wurde. Stern, der Hauptanstifter des Hamburger Aufstands, wusste sich Ende
Oktober dem angerichteten Desaster zu entziehen. Nach Moskau zurückgekehrt,
sang er dort sein eigenes Heldenlied, da er nicht damit rechnete, dass auch noch
andere der Beteiligten davongekommen waren. Doch das war ein Fehler, denn auch
dem revolutionären Hans Kippenberger gelang die Flucht. Da der die Dinge aus
der Nähe kannte, war Stern mit seiner Lügengeschichte alsbald der Gelackmeier-
te. Ein heftiger Karriereknick folgte, den man später zu vertuschen suchte.[819]

Auch einem anderen erging es nicht gut: Karl Radek. Er hatte sich nach der Trennung von der Reissner nach Berlin begeben, wo er, obschon bei der Polizei bekannt wie ein bunter Hund, noch eine gute Weile unbehelligt und inkognito lebte.
Geldprobleme verspürte er nicht, denn schließlich reiste er mit einer wohl gefüllten Revolutionierungs-Kriegskasse. Aber die Rückrufe aus Moskau waren
schließlich nicht mehr zu überhören. Also fuhr er. Der Kongress der Komintern

von 1924 brachte ihm, was kommen musste. Sinowjew und Genossen schoben alle Schuld am misslungenen Deutschland-Abenteuer auf ihn. Radek wurde in Ungnaden entlassen. Zum ersten Mal in seiner Revolutionärskarriere war Karl Radek arbeitslos. Seine Freundin Larissa Reissner blieb verschont. Ihre Uhr lief ab, als sie sich in ein neues Abenteuer stürzte. Sie starb an Typhus und wurde von anderen journalistischen Lichtgestalten besungen.[820]

Larissa Reissner. Du bist für Russland zu früh gestorben. So eine wie dich haben wir nie gehabt. So eine wie dich möchten wir so gerne haben. Eine, die liebt und hasst und die in dem Papierkram das sieht, was er wirklich ist: Handwerkszeug. Wir grüßen dich, Larissa Reissner. Du bist eine Erfüllung gewesen und eine Sehnsucht.[821]

In Deutschland ging es nach dem gescheiterten sowjetischen Aufstandsversuch zunächst weniger prosaisch zu. Am 13. November 1923 wurde die KPD im ganzen Reich, wenn auch nur vorübergehend, verboten. Die Generalität der Weltrevolution verließ Hals über Kopf das Land. Die Sowjets verloren sichtlich die Lust am Aufstand in Deutschland. Infolgedessen hörten die reichlichen Finanzzuweisungen auf, die über die sowjetische Botschaft *Unter den Linden* abgewickelt worden waren – alles in allem etwa eine Million Dollar, im Deutschland der Inflation eine Riesensumme. Der M-Apparat der KPD und die Proletarischen Hundertschaften verfielen dementsprechend rasch. Anders als vor zwei Jahren war der Aufstand von 1923 und seine Spätfolgen nicht dem Eingreifen des weisen Wladimir Lenin geschuldet. Und dennoch liegt die Ursache in seiner Person begründet. Mit dessen Gesundheit war es rapide bergab gegangen und seit Monaten verdämmerte der Leiter der Weltrevolution den Rest seines Lebens. Lenin war fern vom Getriebe des Kreml ins stille Gorki verbannt worden. In Moskau hatten längst die Kämpfe um seine Nachfolge begonnen. In dieser Situation war das Deutschland-Abenteuer entstanden; nunmehr jedoch war es nicht ratsam, mit seinem erneuten Misslingen in Verbindung gebracht zu werden. Das galt auch für die im Deutschen Reich Zurückgebliebenen. Wie schon in den vorangegangenen Jahren war die Weimarer Staatsführung nicht gewillt, die Sache auf sich beruhen zu lassen. Wann immer Polizei und Justiz die Beteiligung nachweisen konnten, drohte eine drastische Strafe wegen Hochverrats. Zwei der Beteiligten wurden zum Tode verurteilt; 332 Personen erhielten zum Teil lang bemessene Freiheitsstrafen.[822]

An der Spitze der Aufrührer, die der Polizei ins Netz gingen, stand ein Mann namens Skoblewski, der russischer Revolutionär deutscher Abstammung mit dem wirklichen Namen Woldemar Rose. Er muss sich seiner Tarnung sehr sicher gewesen sein. Doch fiel er Dummheit, Prahlsucht und anschließendem Verrat zum Opfer. Einer der ihm unterstellten Apparate war der T-Apparat. Das T steht für Terror. Seine Aufgabe: Durch Attentate eine revolutionäre Situation zu schaffen.

Dergleichen hatte vor allem in Russland eine lange Tradition. In der Zarenzeit hatte sich das die Organisation Narodnaja Wolja Ende des 19. Jahrhunderts auf ihre Fahnen geschrieben. Die Kampforganisation der Sozialrevolutionäre ahmte es Anfang des 20. Jahrhunderts nach. Deren Leiter, den Ochrana-Spitzel Ewno Asew, haben wir bereits agieren sehen. Anfang der 1920er-Jahre hatte die Terrormethode auch in Deutschland Konjunktur. Links und rechts. Rechts bei der Organisation Consul des abgehalfterten Freikorpsführers Hermann Erhardt, links beim T-Apparat der KPD. Dessen Leiter hieß Felix Neumann; der hatte im Jahr davor als Geldkurier zwischen der sowjetischen Botschaft und den Machern des Deutschen Oktober gedient. Als Attentatsopfer suchte Neumann den Reichswehrgeneral Hans von Seeckt aus. Das war konsequent, galt doch Seeckt als besondere Hassfigur, da er als Chef der Heeresleitung die Hauptverantwortung für die Niederschlagung kommunistischer Aufstandsversuche in den vergangenen zwei Jahren trug. Doch das Pferd des Generals scheute und mit ihm der Attentäter; so blieb von Seeckt am Leben. Weniger glücklich war ein Mann mit Namen Johann Rausch. Der Friseur galt als Polizeispitzel. Um die Funktionsfähigkeit seines Apparats zu beweisen, ließ Neumann den Rausch liquidieren. Doch er konnte seine Tüchtigkeit nicht für sich behalten. Vom Renommieren in der Kneipe bis zur Festnahme in Stuttgart am 28. Februar 1924 war nur ein winziger Schritt. In der Haft packte er dann richtig aus. So kam im Frühjahr 1924 auch sein Vorgesetzter Skoblewski-Rose hinter Gitter. Vom 10. Februar bis zum 22. April 1925 fand vor dem Reichsgericht in Leipzig der so genannte Tscheka-Prozess statt. Wegen Hochverrats wurde Skoblewski zum Tode verurteilt. Seine Mitangeklagten Rudolf Margies und Felix Neumann erhielten langjährige Zuchthausstrafen, kamen aber bereits nach einigen Jahren der Haft nach einer Amnestie auf freien Fuß. Margies ging als gefeierter Mann in die Sowjetunion, was ihn vor der Liquidierung im Verlauf der Großen Säuberung nicht bewahrte. Neumann wurde als Verräter gebrandmarkt; fast folgerichtig trat er daraufhin der NSDAP bei.[823]
Der Todeskandidat Skoblewski-Rose hatte Glück – für dieses Mal noch. In der Sowjetunion wurden zur Erzwingung einer Austauschsituation drei Studenten wegen vorgeblicher Spionage festgenommen. Sie hießen Karl Kindermann und Theodor Wolscht; der dritte war der aus Estland stammende Deutschbalte Max von Ditmar. Der Prozess war eine Farce. Ein vierter Angeklagter namens Baumann, den man beim Gerichtstermin nicht zu sehen bekam, hatte angeblich gestanden, dass die Gruppe der rechtsextremen Organisation Consul zugehöre und Attentate auf führende Sowjetrepräsentanten geplant habe. Im Prozess fungierte als Sachverständiger der Anklage der kommunistische Jungaktivist Heinz Neumann, von dem behauptet wurde, er selbst habe sich vor kurzem noch in Deutschland mit der Frage der Ermordung politischer Gegner mit Hilfe von

Cholerabakterien befasst; doch das ist vermutlich eine immer wieder kolportierte Ente, die auf einer Namensverwechselung mit dem Z-Leiter Felix Neumann beruhte. Die Todesstrafe war reine Formsache. Dem Deutschen Reich boten die Sowjets sodann frech den Austausch an. Sie hatten richtig kalkuliert: Die deutsche Seite knickte ein; nur Reichswehrminister Otto Geßler mochte nicht mitspielen. Er wusste als Vorgesetzter der Abteilung T 3 des Truppenamtes nur zu genau, dass die Spionagegeschichte eine Lüge war. Die Inhaftierten waren keine Agenten aus der Abwehrgruppe von T 3, denn dort fand, wie wir noch sehen werden, eine gezielte und geordnete Sowjetunionspionage nicht statt. Auf einer für den 12. August 1926 eigens angesetzten Sondersitzung des Reichskabinetts wurde Geßler überstimmt. So kam der Austausch der Gefangenen im November 1927 zustande. Doch Skoblewskis Hinrichtung war nur verschoben worden – um 16 Jahre. Im Spanischen Bürgerkrieg wurde der Mann als Brigadekommandeur Gorjew tätig. Als Held von Madrid erlangte er beträchtliche Bekanntheit. Doch bereits im Herbst 1937 wurde Skoblewski-Rose-Gorjew nach Moskau zurückbeordert, wo er mit dem Leninorden dekoriert wurde. 1939 wurde er durch einen Genickschuss erledigt. Es war die Zeit der Großen Säuberung. Sein Austauschpartner Karl Kindermann war von der Liebe zur Sowjetunion, in die er im Oktober 1924 mit so großem Enthusiasmus gereist war, vollständig geheilt. Im Dritten Reich ging er als deutscher Agent nach Fernost, wo er bald nach Kriegsende von der US-amerikanischen Gegenspionage entdeckt und am 29. Oktober 1945 festgenommen wurde. Später in Deutschland zurück, übersetzte er das Enthüllungsbuch des sowjetischen Ex-Agenten Alexander Orlow, der uns unter seinem wirklichen Namen Lew Feldbin noch begegnen wird.[824]
Ein weiterer kommunistischer Fememörder, welcher der Polizei ins Netz ging, war der 20-jährige Walter Zeutschel. Er hatte sich am Hamburger Aufstand beteiligt und war sodann in den T-Apparat der KPD gewechselt. Der Mordanschlag auf einen Landarbeiter, den man im M-Apparat als *faschistischen Waffenschieber* eingestuft hatte, brachte Zeutschel im Jahre 1924 hinter Gitter. Nach einer Amnestie wieder auf freiem Fuß, ließen ihn seine Genossen abblitzen. Zeutschel rächte sich mit einem Enthüllungsbuch, das ausgerechnet im sozialdemokratischen Dietz-Verlag erschien.[825]
Andere ließen es 1923/24 nicht darauf ankommen, von der Polizei hinter Gitter befördert zu werden, und verschwanden still von der deutschen Bildfläche, etliche wurden nach Moskau zurückbeordert, andere wagten es auf eigene Kappe. So die Brüder Nikolai und Werner Rakow. Nikolai Rakow wurde in Kreuzburg in Livland geboren, das im heutigen Lettland liegt. Nach Abitur und Banklehre in Deutschland siedelte der 21-Jährige nach St. Petersburg über, von wo er 1914 als feindlicher Ausländer nach Perm interniert wurde. Nach der russischen Revolu-

tion setzte er sich von dort ab und war bereits 1918 wieder in Petrograd, wo er in die Rote Armee eintrat. Anfang 1919 kam er im Auftrag der Bolschewiki nach Hannover, um dort die kommunistische Partei zu organisieren; 1920 gehörte er bereits zum Zentralkomitee der KPD. Ab 1921 arbeitete er als besoldeter Funktionär für die Komintern. Zwei Jahre später zur Fortbildung nach Moskau beordert, reiste er im Oktober 1923 wieder nach Deutschland ein, um am kommunistischen Aufstand teilzunehmen. Nach dessen Scheitern wurde er vom ZK der KPR(B) nach Moskau zurückbefohlen; die folgenden acht Jahre diente Rakow der sowjetischen Geheimpolizei OGPU als Funktionär. Ähnlich erging es seinem drei Jahre jüngeren Bruder Werner. Wir haben ihn bereits als Felix Wolff kennen gelernt, der im Dezember 1918 zusammen mit Karl Radek und Ernst Reuter illegal ins Deutsche Reich einreiste, um die deutsche kommunistische Partei aus der Taufe zu heben. Er blieb zunächst in Königsberg, wechselte dann nach Hamburg und war einer der Initiatoren des M-Apparats. Ab 1920 wechselte er unter ein neues Dach der Konspiration; er wurde Mitarbeiter des Westeuropäischen Büros der Komintern in Berlin. Nach einem Intermezzo als illegaler Resident der sowjetischen Militäraufklärung in Wien, hier trug er den Namen Wladimir Inkow, wurde er 1923 beschleunigt nach Deutschland zurückversetzt, wo er die Informationsabteilung des M-Apparats, also den Parteinachrichtendienst der KPD von Oktober 1923 bis März 1924 leitete. Die Verhaftung Skoblewskis löste seinen sofortigen Rückruf nach Moskau aus, wo er erst einmal kaltgestellt wurde. Dies sind nur zwei von vielen Schicksalen, die hier als Beispiele geschildert werden; es handelte sich um Deutsche, die sich im frühen Stadium der bolschewistischen Revolution angeschlossen hatten. Ihr Einstieg war fast immer der Beitritt zur Roten Armee; doch bald schon erfolgte der Wechsel ins Exportgeschäft der Revolution. Parteiaufbau, Zersetzung, Spionage mit beliebigem Wechsel zwischen den verschiedenen zur Verfügung stehenden Organisationen. Unter den Dächern der KP Russlands, der KPD, der Komintern, deren Westeuropäischem Büro oder einem der Geheimdienste Sowjetrusslands, die zunehmend an eigener Bedeutung gewannen.[826]

Aber es gab auch ganz andere, die nicht den Umweg über Sowjetrussland genommen hatten. Sie hatte das Grauen des Weltkrieges und der deutsche Zusammenbruch, der für viele Deutsche auch einen persönlichen Zusammenbruch bedeutete, in die KPD geschwemmt. So waren aus ehemaligen Offizieren Revolutionäre geworden, wie aus Ernst Schneller, Gerd Caden und Ludwig Renn. Ernst Schneller hatte den Umweg über die SPD genommen. Doch 1920 wechselte der 30-Jährige in die KPD, wo er offiziell alsbald Spitzenpositionen als Landtags- und Reichstagsabgeordneter einnahm. Doch der Mann führte wie so viele andere ein Doppelleben. Er war zugleich einer der Unterführer in den Proletarischen

Hundertschaften, also der Putscharmee der KPD. 1925 bis 1928 leitete er im Zentralkomitee der Partei die Informationsabteilung, womit er der Vorgesetzte des bereits zu dieser Zeit grundlegend umgestalteten Parteigeheimdienstes wurde. Das Dritte Reich durchlebte Schneller durchweg in Zuchthaus- und KZ-Haft. Hier wurde er im Dezember 1944 ermordet. Gerd Caden, auch er ein ehemaliger Weltkriegsoffizier, vertauschte nach dem Krieg den Waffenrock mit dem Künstlerkittel. Einige der von ihm geschaffenen Statuen waren hohl und aufschraubbar. Sie dienten dem M-Apparat als Container, also als Aufbewahrungsort für geheim zu haltende Nachrichten. Neben dieser eher handwerklichen Hilfestellung für den KPD-Parteigeheimdienst, betätigte sich der Mann mit dem Decknamen Cello auch als Agent, und das bevorzugt in konservativen Kreisen ehemaliger sowie aktiver Militärs. Ludwig Renn war der ungewöhnlichste von allen diesen ehemaligen Offizieren. Der sächsische Adelige hieß in Wirklichkeit Arnold Friedrich Vieth von Golßenau. Er arbeitete seine Weltkriegserlebnisse als proletarischer Schriftsteller ab und führte fortan eine seltsame Doppelexistenz als Pazifist und konspirativer kommunistischer Krieger. Alles sprach bei ihm dagegen, einmal eines natürlichen Todes zu sterben, und dennoch ist es so. Der Mann war ein Überlebenskünstler.[827]

Nach dem Desaster des Deutschen Oktober entschlossen sich die Bolschewiki, die deutsche Bruderpartei gründlich umzugestalten. Das traf nicht nur die Parteiführung, sondern auch den Parteigeheimdienst, der fortan nicht mehr M-Apparat, sondern AM-Apparat hieß. AM steht für Antimilitärisch. Die Umbenennung ist auf das Konto der Beliebigkeit kommunistischer Namensgebung zu buchen, denn die Aufgaben des Apparats blieben im Wesentlichen die gleichen: Die Aufklärung und die Zersetzung des Gegners, worunter in erster Linie die SPD, die Reichswehr und die Polizei verstanden wurde; daneben gab es die Überprüfung des eigenen Parteivolks, Spitzelabwehr genannt. Etwas abgesetzt hiervon bildete sich in den 1920er-Jahren der BB-Apparat heraus. BB ist das Kürzel für Betriebsberichterstattung. Doch die Unterstellung der Betriebsberichterstattung unter den AM-Apparat war eine rein formale Sache. In Wirklichkeit hatten hier die Genossen der sowjetischen Auslandsaufklärung allein das Sagen, denen die BB oder, ordinärer ausgedrückt, die Wirtschaftsspionage unmittelbar zuarbeitete. Die BB wird daher beim Thema sowjetische Deutschlandspionage einer genaueren Betrachtung unterzogen.

An dieser Stelle ist nun der Flieg- oder Pass-Apparat zu erwähnen, die Fälscherwerkstatt. In einem weit verzweigten Netz von Werkstätten und Scheinfirmen mit zeitweise 170 Angestellten besorgte der Genosse Leo Flieg die notwendigen Papiere für die Konspiration. Flieg wurde im November 1893 in Berlin geboren. Im Ersten Weltkrieg wurde der junge Kaufmann Soldat. Eine Verwundung brachte ihn nach Berlin zurück, wo er fortan Schreibstubendienst zu leisten hatte. Flieg engagierte sich seit dieser Zeit für den Spartacus. Gleich nach Kriegsende trat er der KPD bei, die ihn 1922 als Sekretär in das Organisationsbüro ihrer Zentrale holte. Spätestens hier begann seine illegale Laufbahn, die ab 1925 über ein Mandat im preußischen Landtag abgesichert wurde.[828]

Leo Flieg, ein zierlicher, kleiner Mann mit einem schönen Kopf und immer gepflegten, sehr vollen dunkelbraunen Haaren, sprach niemals ein lautes Wort. Seine Bewegungen waren gemessen und zurückhaltend. Er machte den Eindruck eines überfeinerten Menschen, den jede laute Erregung abstieß. Mit einer für ihn typischen Geste pflegte er sich langsam über die Augen zu fahren und den Nasenrücken herunter zu streichen, so, als versuche er, seine allzu große Müdigkeit abzuwischen. Er aß nur winzige Portionen, so dass der Vater seiner Freundin, ein Osram-Arbeiter, in dessen Familie er wohnte, einmal wütend und verächtlich äußerte: »*Mich wundert es eigentlich, dass Leo zum Frühstück ein ganzes Ei schafft, ein halbes würde ihm sicher auch genügen.*«[829]

Großauftraggeber des Flieg'schen Fälschungs-Apparats waren neben der KPD und ihren Apparaten auch die Komintern und die Geheimdienste Sowjetrusslands.[830] Sie wussten die Qualitätsarbeit der deutschen Genossen zu schätzen. Die Zuverlässigkeit und Leistungsfähigkeit des Pass-Apparats führte unter anderem dazu, dass etliche sowjetische Agenten ihren Weg über Berlin nehmen mussten, um dort mit einer einschlägigen Legende versehen zu werden. Den in Berlin notwendigen Zwischenstopp nannten die Eingeweihten: Umsteigen. Für Reisende in Richtung Russland galt dieselbe Methode, denn auch in diesen Fällen sollte regelmäßig das Reiseziel geheim bleiben. Die Fälscher von Flieg fabrizierten bei weitem nicht nur Pässe. Je nach Legende des Agenten waren auch andere Papiere herzustellen, zu beschaffen oder umzufälschen. Einen solchen Satz von Papieren, die man auf einen Agenten zuschnitt, nannten die Fälscher eine Sammlung. In den Jahren 1927 bis 1932 fabrizierte der Apparat jährlich etwa 400 solcher Sammlungen. Der Passfälscher Hans Reiners hat diese Tätigkeit wie folgt beschrieben:

Wir haben ein deutsches Passblanko, das wir nun für den neugeborenen Herrn Müller aus München ausfüllen. Aber wir müssen natürlich daran denken, dass Herr Müller eines Tages wirklich nach München gehen und die Polizei seine Papiere genau überprüfen könnte. Welche Tinte benutzt man in München zur Ausstellung von Pässen? Wie heißt der Beamte, der den Pass ausstellt und unterschreibt? Unser Mann in München wird angewiesen, diese Einzelheiten herauszufinden und eine Unterschrift des Polizeipräsidenten Schmidt zu beschaffen – und das ist keine leichte Sache. Bei der Eintragung des Ausgabedatums entsteht eine neue Schwierigkeit: Wir müssen sichergehen, dass der Polizeipräsident an jenem Tag, an dem er unseren Pass »*unterschrieb*«*, nicht* *krank oder auf Urlaub war. Außerdem wird in einigen Ländern der Pass mit einem Gebührenstempel versehen, der ebenfalls gefälscht werden muss. Das Gleiche gilt für Gebührenmarken. Deshalb muss eine riesige Stempel- und Dienstsiegelsammlung aus Hunderten von Städten und Orten unterhalten werden. Wenn diese Arbeiten beendet sind, hat die eigentliche Passfälschung eigentlich erst begonnen – der schwierigste Teil steht noch bevor. Müller kann nicht einfach mit einem Pass allein in die Welt hinausziehen; er muss alle entsprechenden Urkunden haben, die seine Identität bestätigen, wie zum Beispiel Geburtsurkunde, Arbeitsbuch, Versicherungskarte usw. Dieser Satz persönlicher Identitätspapiere wird die »Sammlung« genannt, und um eine vollständige Sammlung herstellen zu können, muss man Historiker, Geograf und Fachmann für Polizeifragen zugleich sein.*[831]

Ein Fachmann, alles dies zu bewirken, war zum Beispiel ein Metteur namens Dühring. Die Druckerei stand im Keller einer Schreinerei in Wedding, in der alle Maschinen auf Hochtouren laufen mussten, wenn gedruckt wurde. Das Gummi für die Stempel besorgte ein Mann, der zugleich ein Hauptlieferant der Berliner Polizei war. Als Graveur war ein Mann namens König zwölf Jahre lang für den Pass-Apparat tätig, dann ging er im Auftrag der Zentrale nach Moskau. Als sein Sohn, der den Laden wunschgemäß weiterführte, nach 1933 von der Gestapo verhaftet wurde, wanderte auch der Vater als vermuteter Nazi-Provokateur in NKWD-Gewahrsam. Ein Mann, der bestehende Pässe umfrisierte, trug den Decknamen Abel; bürgerlich hieß er Richard Quast. Die Anforderungen für diese illegale Mannschaft stieg im letzten Jahr der Weimarer Republik noch einmal gewaltig an, als die Zentrale der KPD auf Befehl Moskaus die Anweisung erteilte, für 600 Funktionäre der Partei Falschpapiere auszustellen. Der Auftrag wurde ausgeführt, und die mit den Alias-Papieren Ausgestatteten erhielten den Parteibefehl, sich mit beiden Identitäten an den stattfindenden Reichstagswahlen zu beteiligen. So sollte ein unbeabsichtigtes Aufkippen vermieden werden; zudem trat der angenehme Effekt einer Verdoppelung von Stimmen für die eigene Partei ein. 1932 hatte das Fälschungsgeschäft der KPD einen solchen Umfang angenommen, dass Pannen und Verhaftungen unumgänglich wurden. Zunächst kippte ein Kurier mit Falschpapieren in Wien auf, dann traf es einige legendiert Reisende in den Niederlanden. Im November 1932 schlug die Polizei in einer der Passverteilerstellen in der Berliner Kaiserallee zu. Sie fand 2000 Stempel, 600 Passblätter und stapelweise andere Fälschungsutensilien vor. Aus den sichergestellten Unterlagen ergab sich, dass in den letzten sechs Monaten von dieser Stelle 1500 Pässe ausgegeben worden waren. Die Apparate-Leute Karl Wiehn und Erwin Kohlberg wurden festgenommen. Zu ihnen gesellte sich nach der Machtergreifung der Nazis Richard Großkopf, der im April 1933 mit einem weiteren Passlager hochgegangen war. Wiehn und Großkopf, die seit 1923 unter den Decknamen Schilling und Turgel für den Apparat gearbeitet hatten, erhielten eine zwölfjährige Haftstrafe. Großkopf überlebte das Kriegsende im KZ Buchenwald als Funktionshäftling im Krankenrevier. Rasch wechselte er wieder in den kommunistischen Sicherheitsapparat; 1961 ging der verdiente Oberst des MfS in den Ruhestand. Doch dem Leiter dieses Fälschungsgroßbetriebes, Leo Flieg, nutzte alle Tüchtigkeit letztlich nichts, denn er wurde zunehmend zum lästigen Mitwisser. Als das Dritte Reich begann, emigrierte Flieg mit Zwischenstopp in Frankreich ins Arbeiter- und Bauernparadies. Dort wurde der 45-Jährige im Mai 1939 als angeblicher deutscher Agent erschossen.[832]

Die größte Neuerung des AM-Apparats war indessen sein neuer Leiter. Auch Hans Kippenberger war als junger Mann Kriegsfreiwilliger und Weltkriegsoffizier gewesen. Seine Parteistationen waren 1919 die USPD, von wo er 1920 zur KPD kam. Am Hamburger Aufstand nahm er im Oktober 1923 in vorderster Front teil; die Flucht in die Sowjetunion rettete ihn vor der Bestrafung. 1925 kam der 27-Jährige nach Deutschland zurück, inzwischen in das ABC der Geheimdienstarbeit eingewiesen. Jetzt übernahm er den Apparat, den er bis zu dessen Auflösung im Herbst 1935 leiten sollte. Ein zugeschanztes Reichstagsmandat sicherte ihm zusätzlich Immunität und gab ihm, als er Mitglied des Wehrausschusses im Reichstag wurde, ungeahnte Einblickmöglichkeiten in Deutschlands militärische Geheimnisse. Kippenberger professionalisierte den Parteigeheimdienst, legte Wert auf junge Akademiker, die er in die Arbeit der gestrandeten Revolutionäre zu integrieren suchte.[833]

Sein Hauptquartier befand sich im Karl-Liebknecht-Haus in dem nur über eine Geheimtreppe erreichbaren Dachzimmer. Auf dem Tisch des kleinen Raumes prangte wie ein Ritualobjekt ein Artilleriegeschoss, das Kippenberger einige Zeit zuvor im Reichstag als Beweisstück für die illegale Aufrüstung der Reichswehr vorgewiesen hatte.[834]

1928 gab er, in Gemeinschaft mit einer illustren Riege weiterer Autoren, ein Revolutionshandbuch heraus. Es erschien in der Schweiz unter dem erfundenen Autorennamen A. Neuberg; sein Titel lautete: *Der bewaffnete Aufstand.* In dieser Schrift verarbeitete Kippenberger seine Hamburger Erfahrungen. Auch die anderen Autoren waren Revolutionsprominenz oder sollten es noch werden: Ossip Pjatnizki, der Leiter der Abteilung für internationale Verbindungen der Komintern (OMS), Josef Unschlicht, Spitzenfunktionär der Tscheka, Nikolaj Tuchatschewski, späterer Marschall der Sowjetunion, Ture Lehen, roter Offizier im finnischen Bürgerkrieg, sodann Komintern-Funktionär und Instrukteur des M-Apparats, Ho Chi Minh, nachmaliger Revolutionsführer in Vietnam, und schließlich Erich Wollenberg als Redakteur.[835]

Auch Wollenberg erlebte den Beginn des Ersten Weltkrieges als Kriegsfreiwilliger. So wie viele andere wurde er Reserveoffizier, zuletzt bei einer Sturmabteilung, einer jener raren Eliteverbände an der erstarrten Westfront. Fünf Mal wurde er verwundet. Ende 1918 nahm er an der Revolution in Königsberg teil, Anfang 1919 wechselte er nach München. Doch anstatt dort das unterbrochene Medizinstudium fortzuführen, nahm er an der gescheiterten Räteregierung teil, was ihm drei Jahre Festungshaft einbrachte. Kaum wieder auf freiem Fuß, trat er dem M-Apparat bei, wo er es bis 1923 zum Oberleiter Südwest brachte. Nach dem misslungenen Deutschen Oktober wurde Wollenberg nach Moskau abberufen. Die Flucht rettete ihn vor der Festnahme, zu der er am 27. Februar 1924 ausgeschrieben wurde. Wollenberg avancierte zum Lehrer an der Internationalen Leninschule und unterrichtete Kommunisten in der Kunst des bewaffneten Aufstandes. Erst 1931 kehrte er nach Deutschland zurück, doch wurde er schon im folgenden Jahr durch Walter Ulbricht aus seinen Funktionen bei der Roten Fahne und beim Rotfront-Kämpferbund entlassen. Der vorgebliche Grund: Wollenberg war bei einer tätlichen Auseinandersetzung mit der preußischen Polizei schwer verletzt worden; doch in Wirklichkeit mochte der prüde Ulbricht den intellektuellen, rauflustigen Homosexuellen in seiner Umgebung nicht dulden. Ohne viel zu fragen, reiste Wollenberg, immer noch im Besitz eines gefälschten Passes, in die Sowjetunion, wo er zunächst an einer deutschsprachigen Leninausgabe mitwirkte. Doch Moskau wurde dem freiwilligen Emigranten zu unsicher, als nach Beginn des Dritten Reichs nach und nach die KPD-Prominenz eintrudelte. Ohne Abschied zu nehmen, verließ er, immer noch im Besitz jenes Passes, der auf den Namen Wilhelm Rüdiger lautete, die Heimat aller Werktätigen und begab sich auf eine Emigrations-Odyssee. Wider Erwarten überlebte er. 1946 gelangte Wollenberg nach München; 1973 starb der 81-Jährige in Hamburg. Im Gegensatz zu ihm bekam Wollenbergs Flucht aus der Sowjetunion vielen dort Zurückgebliebenen nicht gut. Mindestens 70 Personen, die mit ihm in Berührung gekommen waren, wurden bis 1938 als Teilnehmer einer angeblichen deutschen Wollenberg-Hoelz-Verschwörung hingerichtet. Davon wird noch die Rede sein.[836]

Von alledem konnte man in Kippenbergers Apparat während der Weimarer Jahre naturgemäß noch nichts wissen. Doch wer meint, dass es hier besonders akademisch zugegangen sei, der irrt. 1931 beispielsweise gab Kippenberger die Weisung, den Polizeihauptmann Paul Anlauf, genannt Schweinebacke, zu ermorden, denn der hatte sich bei der Bekämpfung der KPD besonders exponiert. Hier trat Erich Mielke, ein Mann vom Parteiselbstschutz in Aktion. Am 9. August 1931 spätabends schoss er Anlauf und dessen Kollegen Franz Lenk auf dem Berliner Bülowplatz nieder; sodann floh er in die Sowjetunion. Dieser damals völlig unbekannte Mann wird uns noch vielfach beschäftigen, denn er blieb bis zu seinem beruflichen Ende im Jahre 1989 ein gehorsamer und brutaler Exekutor seiner Partei. Der Polizistenmord vom Bülowplatz war nur die Spitze des Eisberges, was die Aktivitäten der Apparate gegen die bewaffnete Macht des Weimarer Staates anlangt. Um zu schildern, was sonst noch war, ist ein Blick auf den Z-Apparat zu werfen, auch Zer-Apparat genannt, die Geheimdiensteinheit, die der kommunistischen Zersetzung von Reichswehr und Polizei dienen sollte. Der Z-Apparat wurde ab Januar 1924 von Arthur Heimburger geleitet. Der KPD-Funktionär mit dem Decknamen Fritz Burg hatte seine Geheimdienstkarriere als Zuträger des KPD-Apparats im Rheinland begonnen. Seine Karriere als Z-Leiter dauerte fünf Jahre, dann wurde Heimburger im März 1929 als so genannter Versöhnler abgelöst und aus der Parteizentrale entfernt.[837]

Man sollte meinen, dass es mit den Zersetzungserfolgen angesichts der nationalistischen Grundeinstellung von Beamtenschaft und Armee in der nachwilhelminischen Zeit nicht weit her gewesen sein kann. Doch der Anschein täuscht. Für viele, vor allem jüngere Männer, denen mit dem Zusammenbruch des Kaiserreichs ein scheinbar unverrückbares Weltbild abhanden gekommen war, bot der Bolschewismus durchaus verlockende Seiten. Das Fronterlebnis des Schützengrabens hatte für die 20-jährigen Reserveoffiziere einstige Klassengegensätze radikal planiert. Zurückgeblieben war die Verachtung für die Angehörigen der alten Eliten, die nicht einmal den Mut aufgebracht hatten, sich dem Untergang der alten Werte mit Gewalt zu widersetzen. Man tut nicht gut daran, alles, was wir bereits in den Freikorps und den Wehrverbänden an Landsknechtspersonal besichtigt haben, über den Leisten eines tumben Nationalismus zu scheren. Bei etlichen Gruppen, Grüppchen und Einzelpersonen zeigten sich vielmehr Versatzstücke eines Gedankengebäudes, das bald als Nationalbolschewismus bezeichnet worden ist. Diese *Linken Leute von rechts*, reichten noch in den 1930er-Jahren weit in die NSDAP hinein, und es ist durchaus nicht ausgemacht, wie sich die Nazi-Partei entwickelt hätte, wenn die Brüder Strasser dort die Oberhand gewonnen und der ursprünglich linke Mann Josef Goebbels sich nicht im entscheidenden Moment auf die Seite seines Führers geschlagen hätte.[838]

Damit ist das Wesentliche angedeutet: In die Frontgeneration der jungen ehemaligen wie auch der aktiven Offiziere führte eine Schneise des Bolschewismus hinein. Sie ist deswegen so auffällig, weil in ihrem Gefolge ein breites Schrifttum entstanden ist. Eins der einschlägigen Publikationsorgane war die Zeitschrift *Der Aufbruch*, in deren Umfeld sich Sympathisanten, die so genannten Aufbruchkreise entwickelten. Sowjetaufklärung und KPD-Apparate hätten blind sein müssen, wenn sie diese Einfalltore nicht bemerkt und benutzt hätten.[839]

Nun ist es keineswegs so, als hätten Reichswehr- und Polizeiführung politischen Infiltrationsbemühungen von rechts und links tatenlos zugesehen. Der Reichswehrleutnant Richard Scheringer beispielsweise wurde mit anderen beim Werben für die NSDAP ertappt, aus der Armee entfernt und am 4. Oktober 1930 wegen Hochverrats zu Festungshaft verurteilt. In der Haft traf er ausgerechnet auf den ebenfalls einsitzenden Chef des Ressorts *Reichswehr* des Z-Apparats Rudolf Schwarz, dem es gelang, Scheringer so intensiv zu indoktrinieren, dass er zur KPD übertrat und dies auch öffentlich machte. Die Verbreitung der Erklärung von Scheringer besorgte Hans Kippenberger, der sie in seiner Eigenschaft als Reichstagsabgeordneter am 19. März 1931 vor dem Hohen Hause verlas. Der beabsichtigte Skandal war enorm. Doch kann er nicht darüber hinwegtäuschen, dass der beabsichtigte Zersetzungseffekt bei Reichswehr und Polizei eher bescheiden blieb.[840]

Mit Scheringer als Galionsfigur machten die Aufbruchkreise allerdings viel von sich reden. An ihrer Spitze agierten Leute wie der ehemalige Führer des Freikorps Oberland, der Hauptmann a.D. Josef (Beppo) Roemer, der ehemalige Polizeioberleutnant Gerhard Giesecke und der Ex-Nazi Rudolf Rehm, vordem stellvertretender Gauleiter seiner Partei in Berlin. Sie alle waren in den Apparat eingebunden; ihre Anleitung war eines der Lieblingskinder des Apparate-Chefs Hans Kippenberger. Ob die hier eingefangenen Personen auch oder später unmittelbar für sowjetische Dienste arbeiteten, ist unklar. Das gilt zumindest für Scheringer. Kurz nach dem Zweiten Weltkrieg avancierte er zum kommunistischen Staatssekretär in Bayern. Seine Dienstzeit währte genau drei Tage, dann löste ihn die US-amerikanische Besatzungsmacht ausgerechnet wegen ehemaliger Zugehörigkeit zur NSDAP ab – ja, Amerika ist weit. Ganz anders verlief das Schicksal von Beppo Roemer. Der ehemals legendäre Befreier des oberschlesischen Annaberges baute nach der Machtübernahme der Nazis im Auftrag der GRU militärische Fünfer-Kampfgruppen aus KPD-Leuten auf. Im Zusammenhang mit einer Attentatsplanung auf Hitler wurde er festgenommen und im Jahre 1944 hingerichtet. Die in die Aufbruchkreise investierten Mittel sollten allerdings noch einmal reiche Früchte tragen, denn einer der 1932 rekrutierten Kostgänger der sowjetischen Finanzierung, ein junger Mann namens Schulze, sollte im Dritten Reich einer der wichtigsten Agenten im deutschen Regierungsapparat werden. Der Mann ist unter seinem später angenommenen Namen Harro Schulze-Boysen prominent geworden.[841]

Der eigentliche Clou war dem Apparat bei der Reichswehrführung selbst gelungen. Die Rede ist von General Curt Freiherr vom Hammerstein-Equord, der als Chef des Truppenamtes seit 1929 der Generalstabschef des deutschen Heeres war. Am 1. Oktober 1930 wurde er gegen alle Erwartungen, denn Hammerstein galt im Kameradenkreis als faul, zum Chef der Heeresleitung ernannt und damit der oberste Soldat in Deutschland – eine Position, die er bis zum Ende des Jahres 1933 innehatte. Dann wurde der General der Infanterie, der aus seiner Verachtung für den Nationalsozialismus kein Geheimnis machte, in den Ruhestand versetzt. Bei ihm saßen die Sowjets durch die Hilfe des Z-Apparats sozusagen mit am Tisch. Hammerstein unterhielt in Berlin, wie man so sagte, ein Haus; das bedeutete, dass in seinem Hause häufig Gesellschaften gegeben wurden, in dem sich ein bestimmter Personenkreis zu treffen pflegte. Das waren vor allem Leute aus Politik, Journalismus und Literatur. Einer der Gäste, die bei Hammersteins ein und aus gingen, war der schon erwähnte Ex-Offizier, Maler und Apparate-Agent Gert Caden. Unter den Gästen befand sich auch der Sohn eines reichen jüdischen Schuhhändlers aus Berlin, Viktor Aron, alias Leo Roth, alias Victor. An diesem fand die Tochter des Generals, das Freifräulein Helga, so erhebliches Wohlgefallen, dass man Anfang der 1930er-Jahre zur Hochzeit schritt. Nach einer anderen Version unterblieb die Heirat; die Liebenden beschränkten sich auf ein Zusammenleben, das man seinerzeit als wilde Ehe zu benennen beliebte. Wie auch immer, die Sache hatte einen kleinen Schönheitsfehler: Der geliebte Viktor war zugleich Mitarbeiter des Apparats. Er war die Traumbesetzung für einen Abschöpf- und Einflussagenten. Die sowjetischen Genossen waren mit Sicherheit beglückt, denn bei Hammersteins zu Hause wurde über Politik und Militär gestritten. Damit ist nicht gesagt, dass der General die Aufmarsch- und Dislozierungspläne der Reichswehr vor den erstaunten Ohren seines Schwiegersohns offenbarte, doch darf man getrost unterstellen, dass Aron-Roth beispielsweise ein reiches Angebot von Personenbeurteilungen von dort mitbringen konnte, allein weil mit ihnen oder über diese Leute gesprochen wurde. Auch die Privatkorrespondenz des Generals, mit der die KPD-Führung 1929 glaubte aufwarten zu können, kann nur aus dieser Quelle stammen. Nach dem Machtantritt der Nazis soll Grete, so der Deckname der Hammersteintochter, noch als Quelle interessant gesprudelt haben. Auf diesem Wege erfuhr der Kreml von Hitlers erstem Auftreten vor der deutschen Generalität in seiner Funktion als Reichskanzler; das Treffen fand bereits am 3. Februar 1933 in der Wohnung Hammersteins statt. Die 20-jährige Helga von Hammerstein und ihre Schwester Marie-Louise stenographierten heimlich mit, was Hitler in einer zweieinhalbstündigen Rede den Generalen mitzuteilen hatte: Beseitigung des Krebsschadens der Demokratie, Ausrottung des Marxismus mit Stumpf und Stil, die Eroberung neuen Lebensraums im Osten und dessen rücksichtslose Germanisierung. Leo Roth übernahm die Funkübermittlung. Am 6. Februar war Moskau im Bilde. Ebenso ist wohl aus dieser Ecke eine Abschrift der geheim gehaltenen Anklageschrift für den Reichstagsbrandprozess nach Moskau gewandert. Doch bald schon wurde die Quelle wertlos, denn Vater Hammerstein verlor Ende 1933 seinen Posten. Roth tauchte ab. Kurz darauf gelang ihm die Flucht in die Sowjetunion. Dort wurde er 1937, wie auch sein Chef

Hans Kippenberger, als angeblicher deutscher Spion erschossen; nach einer anderen Version geschah dies in Spanien während des dortigen Bürgerkrieges. Helga von Hammerstein und Gerd Caden sollen sich noch bis 1937 in Deutschland mit dem Apparate-Funktionär Hermann Nuding konspirativ getroffen haben; was sie sich dabei zu sagen hatten, bleibt rätselhaft. Damit haben wir den Ereignissen ein wenig vorgegriffen. Wir werden noch genügend Anlass haben, uns mit den Apparaten nach dem Machtantritt der Nationalsozialisten zu befassen.[842]

Pfade der Ausspähung.
Sowjetische und deutsche Spionage

Sowjetrussland, die spätere Sowjetunion, unterhielt von der Gründung bis zur Auflösung fast durchgängig zwei Organisationen für die Auslandsspionage – eine militärische, die GRU, und eine Abteilung der Geheimpolizei, die INO. Beide begannen während des Bürgerkrieges ihr Geschäft: die GRU, um Erkundung gegen den jeweiligen militärischen Feind zu betreiben, die INO, um ins Ausland entwichene gefährliche Elemente zu bekämpfen. Doch diese Erklärung ist zu holzschnittartig, denn beide Organisationen verschrieben sich alsbald auch der Auslandsspionage, und zwar in der breiten Palette der militärischen, politischen, wissenschaftlichen und wirtschaftlichen Informationsgewinnung. Bei ihren Erkundungsaufträgen blieben sie allerdings nicht stehen, denn das hätte mit dem revolutionären Selbstverständnis der in der Aufklärung tätigen Sowjetfunktionäre nicht zusammengepasst. Ihre Tätigkeit hieß immer zugleich auch Kampfauftrag. Ihr Kampf hatte ein klares Ziel: die sozialistische Revolution. Das war ein leicht zu begreifendes Ziel. Es steckte den Handlungsrahmen ab und war Motivation zugleich.

Im Oktober 1918 wurde die Registrierverwaltung der Roten Armee gegründet. Hinter dem Namen verbarg sich der Armeegeheimdienst, der Anfang der 1920er-Jahre in GRU umgetauft wurde. Glasnoje Raswedywatelnoje Upralenie, zu Deutsch: Hauptverwaltung für Aufklärung. So heißt der russische Armee-Dienst noch heute. Zum Leiter der GRU bestellte der Kriegskommissar Leo Trotzki den ehemals zaristischen Major Semjon Aralow. Der 37-Jährige war zuletzt Offizier in der Raswedka gewesen. Er war nur einer der rund 32 000 ehemals zaristischen Offiziere, die Trotzki 1918 als so genannte Spezialisten anheuerte, um die Rote Armee aufzubauen. Doch Aralow hielt sich nicht lange auf seinem Posten; als Sündenböcke für die verheerenden Misserfolge im russisch-polnischen Krieg 1919/20 gesucht wurden, musste er seinen Posten räumen. Er wechselte in den diplomatischen Dienst. Dieses Hin und Her blieb typisch für das Sowjetsystem, in dem Geheimdienstarbeit und diplomatischer Betrieb nur zwei Hebel einer einheitlichen Außenpolitik darstellten. Für zahllose spätere Funktionäre lässt sich dieselbe zweigleisige Karriere feststellen, so etwa für Wladimir Semjonow und Walentin Falin, die im deutsch-russischen Geschäft später Spitzenpositionen einnehmen sollten. Untypisch für diesen frühen Sowjetfunktionär Aralow ist es, dass er in den 1930er-Jahren die Große Säuberung, auf den Posten eines stellvertretenden Direktors des staatlichen Literaturmuseums abgeschoben, überlebte. Er starb als Pensionär 1989 eines natürlichen Todes. Aralows Nachfolger wechselten in rascher Folge: Sergej Gussew, Wladimir Aussem, Jan Lenzmann, Georgi Pjatakow. Ihre Dienstzeiten bemaßen sich nach Monaten oder Wochen. Es folgte mit Arwed Sejbot ein lettischer Revolutionär, der es immerhin auf drei Jahre brachte, bis er 1924 als Generalkonsul ins chinesische Harbin wechselte. Nach Sejbot kam ein weiterer Lette auf den Stuhl des Direktors der GRU, der 34-jährige Jan Bersin. Bersin gilt als der eigentliche Schöpfer des Armeegeheimdienstes; er stand elf Jahre an dessen Spitze. Das sind Lichtjahre im Leben eines Geheimdienstchefs. Der lettische Bauernsohn mit der Blitzkarriere hieß in Wirklichkeit Peteris Kjusis. Bereits als Jugendlicher schloss er sich revolutionären Zirkeln an. 1907 wurde der Minderjährige wegen eines Polizistenmordes zu einer achtjährigen Freiheitsstrafe verurteilt, die er ab 1911 in sibirischer Verbannung abbüßen musste. Im Ersten Weltkrieg zur Armee eingezogen, desertierte Bersin bereits 1915 und verschwand erneut im revolutionären Untergrund. Nach der Oktoberrevolution bekleidete er im kurzlebigen Sowjet-Lettland die Position des Innenministers. 1918 trat er der Tscheka bei, tat als Kommissar Dienst in der Roten Armee und kam im Dezember 1920 in die Führung der GRU.[843]

Von Anfang an war der Schwerpunkt der GRU-Spionage gegen Deutschland gerichtet. Das nimmt nicht weiter wunder, galt es doch auch für den Armeegeheimdienst, sich bei der Erreichung des großen Ziels, eine bolschewistische Revolution in Deutschland herbeizuführen, nützlich zu machen. Zu diesem Zweck investierte die GRU gleich nach dem Umsturz im Deutschen Reich von Dezember 1918 bis Januar 1920 sechs Millionen Rubel. In dieser Zeit sollen bereits 284 Agenten für die sowjetischen Militäraufklärer tätig gewesen sein – eine Zahl, der man mit Skepsis begegnen muss, es sei denn, man addiert alle Spartacus-Leute hinzu, die in irgendeiner Verbindung zu den russischen Militär-Bolschewiki standen. Unter Jan Bersin nahm die GRU einen fulminanten Aufschwung zur erfolgreichsten Spionageorganisation der 1920er- und 30er-Jahre. Ihr Erfolgsrezept war der Einsatz von Illegalen. Hierunter darf man sich keine finsteren Untergrundkämpfer vorstellen – im Gegenteil: Das Grundmuster der Illegalen beruhte auf einer persönlichen Legende, die es dem Agenten ermöglichen sollte, im Einsatzland ein quasilegales Leben zu führen, als normaler Mensch unter normalen Menschen sozusagen. Seine Spionagetätigkeit betrieb der Illegale daneben, wenn auch nicht nebenbei. Er spionierte in aller Regel nicht selber, sondern warb und führte Agenten aus dem Einsatzland. Die Illegalen waren so etwas wie Niederlassungsleiter, die ihrerseits von Moskau aus geführt wurden. Hierbei ließ es sich GRU-Direktor Bersin nicht nehmen, seine illegalen Residenturen ab und an persönlich zu inspizieren. Auch er war ein Mann von wechselnden Legenden. Man sagte ihm nach, er habe ein gutes Händchen für die Auswahl seiner Illegalen besessen. Der Deutsche Richard Sorge, der Pole Leopold Trepper und der Bulgare Iwan Winarow gehen vermutlich auf sein Konto.[844]

> *Wir setzten uns um den kleinen Tisch, an dem Bersin gern mit seinen Mitarbeitern neue Aufgaben erörterte und die alten analysierte. Im Verlauf des Gespräches musste ich viele Einzelheiten erzählen, welche die Kundschafterarbeit in China beleuchteten. Ich informierte über Leute, mit denen wir konspirativ zusammengearbeitet und noch Verbindung hatten … [Der ebenfalls anwesende Richard] Sorge fragte auch nach Dingen, die nichts mit dem Kundschaften zu tun hatten. Ihn interessierte die Mentalität der Menschen, die Kultur, die Bildung unserer Mitarbeiter und vieles andere mehr.*
>
> *Es war Mitternacht, als wir aus der Verwaltung gingen. Bersin bat uns in seinen Dienstwagen. Ein stattlicher Packart fuhr uns die breiten, jetzt ruhigen Straßen an der Moskwa entlang. Der Chauffeur überquerte den Roten Platz, wir kamen am Lenin-Mausoleum vorbei, dann suchten wir die Leninberge auf und blickten auf die schlafende Stadt. Doch damit der Schlaf nicht gestört wurde, damit die Werktage produktiv blieben, standen Tausende Soldaten, Tausende Kämpfer an der lautlosen Front Tag und Nacht auf Wache.[845]*

So viel zur angeblichen Kundschafterromantik des Genossen Bersin. Er konnte auf ein reiches Reservoir zur Anwerbung von Agenten zurückgreifen. Kommunistische Aufstandsversuche in halb Europa schwemmten die Geschlagenen als Emigranten nach Moskau. Vor allem der misslungene Deutsche Oktober sorgte für einen ganzen Schub deutscher Konspirateure. Komintern-Funktionäre an der Internationalen Leninschule standen für die Vorauswahl bereit. Dann machte die M-Schule aus dem kommunistischen Untergrundkämpfer einen sowjetischen Militäragenten. Motivationsprobleme waren den zukünftigen Agenten unbekannt. Ihr Glaube an das Gute im Menschen und an Lenin ließen sie ohne Zögern auch Parteiaufträge an der Geheimen Front annehmen. Hinzu kam, dass etliche das Abenteuer reizte, vielleicht, wenn auch nicht eingestanden, die Möglichkeit, das triste Leben in Sowjetrussland gegen die Buntheit in den Ländern Europas, Asiens und Nordamerikas eintauschen zu können. Denn überall in den Ländern dieser drei Erdteile dehnten sich die Netze des Jan Bersin aus. Und überall dort galt: Die Illegalen fanden Zuspruch und Unterstützung durch die Sympathisanten und Helfer der kommunistischen Sache. Der M-Apparat der KPD ist hierfür ein beredtes Beispiel. Für die Agenten der Kippenberger-Truppe stand es außerhalb jeder Diskussion, Anweisungen von Instrukteuren aus dem fernen Moskau Folge zu leisten. Ob diese zu Hause den Rock der Roten Armee trugen, interessierte sie nicht.[846]

Ein Beispiel hierfür ist die Agenten-Karriere des GRU-Mannes Otto Braun. Bereits als Jugendlicher gehörte Braun im Ersten Weltkrieg dem Spartacus an. Von Anbeginn an war der 18-jährige Mitglied der KPD. 1919 beteiligte er sich aktiv an der bayerischen Räterepublik. Später kämpfte er beim Märzaufstand 1921. Im gleichen Jahr wurde Braun leitender Funktionär im illegalen M-Apparat. Doch das war nur ein Standbein, denn zugleich wirkte er als Agent für die GRU. 1926 flog er auf, er wurde verhaftet. Seine Geliebte und Subagentin ließ die preußische Polizei wieder frei. Doch das war ein Fehler, wie sich am 11. April 1928 herausstellen sollte. Denn an diesem Tag erschien Olga Benario an der Spitze eines bewaffneten Kampftrupps im Gerichtssaal und entführte Braun vor den Augen der entgeisterten Staatsmacht. Dem Duo gelang die Flucht nach Moskau, dann trennten sich die Wege. Braun wurde Hauptamtlicher bei der Roten Armee. Er studierte an der Frunseakademie und ging dann als Resident nach China, offiziell als Berater der Roten Armee. 1939 erfolgte der heikle Rückruf nach Moskau, den Braun lebend überstand. 1954 gelang ihm die Übersiedlung in die noch junge DDR, wo Braun fortan über Marxismus-Leninismus dozierte. Einem Augenblick des ideologischen Zerwürfnisses zwischen Moskau und Peking verdankt die Nachwelt das Erscheinen seiner chinesischen Memoiren. Nicht weniger aufregend verlief der Weg der GRU-Agentin Olga Benario. Auch sie erhielt in Moskau zunächst eine ausführliche Ausbildung, dann folgten vier Jahre Auslandseinsätze als Illegale des Militärgeheimdienstes. Ende 1934 wurde sie zur Komintern abgestellt; hier war sie Mitarbeiterin des brasilianischen Spitzenkommunisten Louis Carlos Prestes, den sie alsbald heiratete. Ein von Prestes in Brasilien angezettelter Putsch scheiterte. Die Benario wurde im März 1936 verhaftet. Der Festnahme folgte prompt ein deutsches Auslieferungsersuchen, denn im Reich war noch eine alte Rechnung aus Weimarer Tagen offen. Brasilien willigte ein, vermutlich erleichtert, die aggressive Kommunistin quitt zu werden. Der brasilianische Staat trug offenbar keine Bedenken, was mit der Delinquentin werden würde. In Deutschland kam die Benario unverzüglich in Haft; 1942 ist die 34-jährige in einem KZ gestorben.[847]

Zwanzig Jahre später erschien in Ost-Berlin ihre Biografie.[848] Das ist ein schönes Stück kommunistischer Erbauungsliteratur. Die Verfasserin: eine gewisse Ruth Werner. Sie war drei Jahre jünger als die Portraitierte. Am 11. Mai 1907 wurde sie als Ursula Kuczynski in Berlin geboren. Die Tochter wohlhabender jüdischer

Intellektueller schloss sich frühzeitig der kommunistischen Bewegung an. Bei einem Chinaaufenthalt mit ihrem damaligen Ehemann Rolf Hamburger wurde sie von einem der dortigen GRU-Illegalen, dem Journalisten Richard Sorge, für den sowjetischen Armeegeheimdienst als Agentin angeworben.[849] Ihr künftiger Deckname: Sonja. Sie muss sich als Agentin und als Werberin so gut bewährt haben, dass die Zentrale sich entschloss, die junge Frau nach Moskau zu beordern, wo sie die übliche Illegalen-Ausbildung durchlief. Die frisch gebackene Offizierin der Roten Armee ging sodann auf Auslandseinsatz. China, Polen, die Schweiz, Großbritannien hießen ihre künftigen Stationen. Kaum ein Illegaler hat seinen Einsatzländern und auch dem Deutschen Reich so geschadet wie diese nachmalige Obristin der Roten Armee. Wir werden noch Gelegenheit haben, ihr Tun zu bestaunen.

Es wäre allerdings völlig verfehlt, GRU-Direktor Jan Bersin und die Seinen durch die wie auch immer verklärende Brille der Spionage zu betrachten. Es war vor allem ein dreckiges Geschäft mit Lügen, Erpressungen und Morden. Im Übrigen war Bersin viel zu sehr Berufsrevolutionär, um seinen Dienst nicht auch dem revolutionären Tun in Europa und Asien zur Verfügung zu stellen. 1923 ließ er durch Josef Unschlicht die Warschauer Zitadelle in die Luft sprengen. Hunderte von Menschen starben, als Teile des jüdischen Viertels hierbei in Schutt und Asche gelegt wurden. Und als es 1925 wieder einmal um das Herbeiführen einer revolutionären Situation ging, war auch die GRU am Start. Das Einsatzland hieß Bulgarien, und das Einsatzkonzept war das sattsam bekannte. Durch Attentate sollte die revolutionäre Situation beschleunigt werden. Die GRU mochte sich diesmal nicht mit schlichten Morden zufrieden geben. Wenn schon ein Attentat, dann erneut ein richtiges. So flogen in Sofia am 17. April 1925 bei einer gewaltigen Bombenexplosion Teile der Sophien-Kathedrale in die Luft. 250 Menschen fanden in den Trümmern den Tod. Wie so häufig erwies sich die sinnlose Mordtat als schwerer Fehlschlag für die Sache des Sozialismus. Der Ruf nach der Bestrafung der Täter war lauter als der nach der Ablösung des Regimes. Der nachmalige bulgarische General Iwan Winarow schilderte Jahrzehnte später in seinen Memoiren, wie er Tage vor dem Attentat als Illegaler der GRU nach Sofia einreiste und wie er gleich danach wieder verschwand. Mit dem Attentat will er nichts zu tun gehabt haben; wer will, mag ihm das glauben. Einem anderen wies die bulgarische Justiz die Beteiligung an dem Anschlag nach: Dem zur Tatzeit 24-jährigen Ruben Awranow; der war seit 1921 Mitglied der KP Bulgariens. Nach dem Anschlag setzte er sich in die Sowjetunion ab. Das Todesurteil gegen ihn wurde in seiner Heimat in Abwesenheit gefällt. Im Gegensatz zu vielen anderen wurde Awranow sehr alt. Er starb als geachteter bulgarischer Spitzenfunktionär im Alter von 86 eines natürlichen Todes. Von dem dritten Beteiligten kann man dies durchaus nicht sagen. Das war der zur Tatzeit 30-jährige Wladimir Nestorowitsch. Der GRU-Mann mit dem Decknamen Ibrahim koordinierte die Anschlagsvorbereitungen von Österreich aus, wo der Illegale als ein Herr Jaroslawski stationiert war. Dem Russen kamen nach der Tat Gewissensbisse. Er setzte sich nach Deutschland ab, wo er sich ausgerechnet dem britischen Geheimdienstmann Sidney Reilly offenbarte. Dessen verqueres Tun haben wir bereits gesehen. Seine angeblich guten Verbindungen in die russische Exilantenszene waren gespickt mit sowjetischen Provokateuren der Operation Trest. Alles Weitere war nur eine Frage von Tagen: Der Überläufer Nestorowitsch wurde am 6. August 1925 von Agenten der sowjetischen Auslandsaufklärung INO in einem Mainzer Kaffeehaus mit Gift ermordet. Mit von der Partie waren hierbei drei Brüder namens Golke, die im Auftrag des T-Apparats Schmiere gestanden hatten; sie wurden nach der Tat nach Moskau abgezogen, wo sie fortan lebten.[850]

Aus unserer heutigen Sicht ist man versucht zu fragen, wie ein solches hemmungsloses Agieren von Geheimdiensten überhaupt möglich war, wie ihre Chefs, Jan Bersin beispielsweise, solche Pannen überstehen konnten, die ihr Land immer wieder in heftigste außenpolitische Turbulenzen rissen. Die Antwort hierauf ist ebenso schlicht wie möglicherweise verblüffend: Sie handelten im vollen Einvernehmen mit ihrer jeweiligen politischen Führung. Bereits der Nummer eins der Revolution, dem weisen Wladimir Iljitsch, wird nachgesagt, dass er seine helle Freude an der Konspiration hatte. Er war zudem der klassische Schreibtischtäter, der die Zusammenhänge von Gewalt, Machterhalt und Heimlichkeit wie kaum ein Zweiter beherrschte. Zu Lenins unbestrittenen Meisterleistungen zählte die bewusste unmittelbare Unterstellung der Tscheka unter seine Person. Jeden Versuch des Rates der Volkskommissare, die Tscheka zu bändigen, wusste er als unrevolutionären Rückfall in die Bürgerlichkeit zu geißeln. In Felix Dsershinski hatte er einen unerbittlichen Exekutor gefunden. Es sprach alles dafür, dass dergleichen auf Dauer nicht gut gehen konnte. Allerdings vermochte niemand zu erahnen, dass auf den Gewalttäter Lenin ein noch schlimmerer Gewaltmensch folgen würde. Auch Josef Dshugaschwili, der sich Stalin nannte, hatte seine ganz persönlichen Erfahrungen mit Geheimdiensten. Wir erzählten bereits, wie oft gemutmaßt wurde, er sei selber ein Agent der zaristischen Ochrana gewesen. Als Stalin dann an der Macht war, endete jegliches Palaver über diesen Umstand tödlich. Es genügte der Hinweis, jemand habe entsprechende Andeutungen gemacht. So erging es zum Beispiel dem in der Ukraine eingesetzten Tscheka-Spitzenfunktionär Wsewolod Balizki. In Stalins Umgebung wurde gemunkelt, er nutze sein Amt, um die ehemaligen Archive der Ochrana einschlägig durchforsten zu lassen. Stalin befahl seine Ermordung; am 24. November 1937 wurde Balizki auftragsgemäß erschossen.[851]

Doch ganz so weit ist die Handlung noch nicht fortgeschritten. Als Lenin im August 1918 beinahe dem Attentat der Fanny Kaplan zum Opfer fiel, hätte niemand der Spitzenfunktionäre eine Kopeke darauf verwettet, dass Stalin einmal Lenins Nachfolger werden sollte. Alles sprach gegen den einen Meter sechzig messenden Mann aus Georgien mit dem pockennarbigen Gesicht und dem verkrüppelten linken Arm. Im Gegensatz zu seinen Mitstreitern fehlte ihm jegliche rhetorische Brillanz, ja er sprach nicht einmal fehlerfrei das Russische, sondern nur mit einem schwer verständlichen Akzent. Seine revolutionären Leistungen galten als begrenzt. Im Rat der Volkskommissare war er, als Nichtrusse, mit dem Posten eines Kommissars für Nationalitätenfragen abgespeist worden. Seine Missionen in fernen Regionen, so wie in Finnland, waren nicht besonders erfolgreich verlaufen; seine militärischen Taten im Bürgerkrieg galten Fachleuten und Konkurrenten als dilettantisch. Mit einem Wort: Stalin wurde von den anderen Sowjetführern rettungslos unterschätzt. Wir werden hier nicht die Geschichte seines Aufstiegs in allen Winkelzügen nacherzählen. Uns genügt der Hinweis, dass Stalin innerhalb weniger Jahre alle noch so brillanten Widersacher ausbootete und eine Alleinherrschaft errichtete, die ab Ende der 1920er-Jahre unangreifbar geworden war. Auf seinem Weg hatte er sich schon frühzeitig den Parteiapparat und allmählich auch die Tscheka untertan gemacht. Dabei begann er mit höchst praktischen Dingen. So ließ er im Kreml die Telefone abhören. Auf diese Weise gewann er gegenüber seinen Rivalen einen uneinholbaren Informationsvorsprung. Auch sonst wusste er seinen Posten als Generalsekretär vortrefflich zu nutzen. Er befehligte im Namen der Partei praktisch die Kreml-Wache, so dass er nicht nur wusste, wer wo war, sondern er konnte auch den Zugang zu fast jedermann steuern. Den Besucherverkehr mit dem daniederliegenden Parteichef Lenin ließ er verbieten. Als dessen Frau Krupskaja dagegen opponierte, schrieb er ihr einen saugroben Brief. Stalin hatte *den Chef* vor dessen Tod bereits abgeschrieben und begann zeitig, die Dinge neu zu ordnen.[852]

Wie kaum einer vor oder nach ihm verließ sich Stalin auf Geheimdienstinformationen. Falls es eine Geheimdienstsucht geben sollte – er hatte sie. Hierbei ist auf eine Besonderheit aufmerksam zu machen. Stalin wollte die Originalmeldungen lesen. Dies führte bei den ihm unterstehenden Geheimdiensten, der Tscheka wie der GRU, zu rabiatesten Formen der Quellenwerbung. Je mehr desto besser. Es ist nicht belegt, wie viel tausend Agentenmeldungen Stalin im Laufe seiner langen Herrschaft gelesen hat. Es müssen sehr viele gewesen sein. Genüsslich kritzelte er obszöne Bemerkungen an Stellen, die ihm gefielen oder die ihn ärgerten.[853] Diese seltsame Sucht nach unausgewerteten Quellenmeldungen (die Russen sprechen von Grauen Informationen) lässt noch ein weiteres Charaktermerkmal Stalins deutlich hervortreten: sein abgrundtiefes, durch nichts einzuschläferndes Misstrauen. Zusammenfassende Meldungen oder gar bewertende Berichte seiner Dienste schätzte er nicht. Er selbst war sein bester Auswerter. Jedem, der die Tätigkeit der Geheimdienste, das Zustandekommen ihrer Erkenntnisse nur ein wenig aus der Nähe gesehen hat, wird rasch das Mackenhafte von Stalins Geheimdienstsucht ins Auge springen, denn hinter jeder Agentenmeldung steckt ein Agent, der häufig genug lange überlegt, was er melden soll und was er besser fortlässt. Genau dies zu erkennen, stellt die Kunst des professionellen Geheimdienstes dar. Hierfür bedarf es regelmäßig der persönlichen Führung des Agenten und die Überwachung dieser Führung durch einen hiervon unabhängigen Nachrichtenauswerter. Dergleichen war bzw. wurde in Sowjetrussland unpopulär. Man gab die Meldungen, so wie sie kamen, von Hand zu Hand. Statt der Kontrolle war die Tätigkeit der professionellen Geheimdienstler hierbei ganz anderer, fatalerer Art. Auf dem Wege nach oben entschieden nämlich die Funktionäre, was sie vorlegten und was man tunlichst beiseite ließ. Auf diese Art und Weise entstand beim Herrscher des Kreml ein total schiefes Bild der Wirklichkeit. Es wurde in erster Linie vom überholenden Gehorsam seiner Untergebenen geprägt. So wirkten die ungünstigen Aspekte in der Addition: Es wurde genau das geliefert, was erwünscht war, um das zu belegen, was ohnedies schon klar erschien.

Wir brechen hier die Arbeiten an Stalins Charakterskizze ab, da genug gesagt worden ist, um die Handlungen der Tscheka im Folgenden zu verstehen. Wir werden allerdings am Charakterbild des Georgiers noch einmal Hand anlegen müssen, wenn es um die Darstellung geht, wie Stalin in den 1930er-Jahren die kommunistische Elite mit Hilfe der Geheimpolizei eliminieren ließ. Dann werden wir auch über seine Paranoia sprechen müssen.

Einstweilen diente die Tscheka, so wie sie von Wladimir Lenin und Felix Dsershinski angelegt worden war, zum Kampf gegen die Feinde des Kommunismus im Innern des Reichs – die äußeren Feinde bekämpfte die Rote Armee. Die Notwendigkeit für Auslandsoperationen folgte für die Tscheka fast zwangsläufig, denn längst nicht überall konnte die Rote Armee gegen die äußeren Feinde ins Gefecht ziehen. Das galt vor allem für ein Phänomen, das Anlass zu steter Sorge im Sowjetstaat werden sollte: Die Rede ist von den Emigranten. In den ersten Monaten der Existenz von Sowjetrussland verließen zwei Millionen Menschen das russische Reich, allein 300 000 von ihnen gelangten im ersten Schritt nach Berlin. Einigen wenigen gelang die Flucht mit Hab und Gut. Der Masse allerdings blieb nichts als das nackte Leben. Der Menschenstrom ergoss sich vor allem nach Deutschland, nach Polen, nach Frankreich und auf den Balkan. Dass hieraus so etwas wie eine feudale Emigrantengesellschaft nach zaristischem Vorbild entstand, taugt bestenfalls als Operettenstoff. In Wirklichkeit war die Mehrzahl dieser Leute bitterarm. Hoheiten, Durchlauchten und Exzellenzen blieb bestenfalls die Erinnerung an ein Leben in Wohlstand. Jetzt war man froh, sich selbst über Wasser zu halten. Dass diese Leute keine freundlichen Gefühle in das Sowjetsystem zu investieren vermochten, versteht sich am Rande. Etliche organisierten sich in Exilorganisationen, in denen Verbalradikalismus keine Mangelware war. Wie ernst den Mitgliedern dieser Exilantengruppen eine gewaltsame Rückkehr nach Russland war, ist nicht mehr genau auszuloten, da die Grenzen zur Folklore allmählich verschwammen, doch die Sowjets nahmen alles das bitter ernst. Zahlreich sind die Hinweise über Umsturzversuche, Anschläge und Sabotageakte, die dieser Szenerie angeblich zuzuordnen waren. Doch hier ist höchste Skepsis am Platze, denn alsbald gehörte es zu den Spezifika des Sowjetsystems überall böse Mächte am Werke zu sehen, wenn irgendwo irgendwas schief lief. Was andernorts mit Dummheit, Nachlässigkeit, Schlamperei, Unvermögen, Unwissenheit erklärt worden wäre, hatte in Sowjetrussland ein einziges gültiges Erklärungsmuster: die Sabotage.[854]

Keine Sabotage ohne Saboteure, und die vermutete man unter den Exilanten, den Deklassierten der einstigen Staats- und Gesellschaftselite. Mit der Frage, woher die das Geld nehmen sollten, um umfangreiche Auslandsoperationen zu finanzieren, hielt man sich in Moskau nicht lange auf. Für die Sowjets stand auch das fest: Das Geld stellten die bösen Engländer zur Verfügung, deren Auslandsdienst schon einmal, beim Lettischen Komplott, eine so unrühmliche Rolle bei dem Versuch gespielt hatte, die Herrschaft der Bolschewiki zu kippen. Man muss allerdings einräumen, dass diese Zwangsvorstellung einen realen, wenn auch bescheidenen Hintergrund hatten. Einige Agenten und Ex-Agenten Seiner Majestät beliebten zu ignorieren, dass der Erste Weltkrieg beendet und die Zeit der britischen Intervention in Sowjetrussland abgelaufen war. Unter ihnen der Agent Sidney Reilly, den keiner mehr benötigte. Doch Reilly war entschieden anderer Meinung. Er vermutete hinter seiner Abschaltung ein Komplott der Labour-Regierung des Ramsay MacDonald und des Sowjet-Staates. Er und andere sahen sich in ihrem Verdacht bestätigt, als am 8. August 1924 Briten und Russen ein Handelsabkommen unterzeichneten. Die Konservativen gingen auf die Barrikaden und die von ihnen gelenkte Presse auch. Im Oktober 1924 fing der Chef des Inlandsdienstes MI 5 einen Brief des Komintern-Vorsitzenden Grigori Sinowjew an das russische ZK-Mitglied Christo Rakowski ab. In diesem Brief war die Absicht wiedergegeben, in Großbritannien einen kommunistischen Umsturz anzuzetteln. MI 5 hielt den Brief angeblich für echt und stufte ihn, ganz wie es sich für einen Geheimdienst gehört, erst einmal als geheim ein. Trotzdem gelangte das gute Stück vier Tage vor den britischen Unterhauswahlen in die Presse. Das gab einen Mordsskandal – und die Konservativen gewannen die Wahlen. Das Handelsabkommen wurde selbstverständlich von der neuen Parlamentsmehrheit nicht ratifiziert.

Allerdings war der angebliche Skandal tatsächlich einer, wenn auch aus anderem Grund. Der Sinowjew-Brief war eine Totalfälschung. Und, was noch schwerer wog, es gab keinen ernsthaften Grund, ihn als echt zu deklarieren. Doch das aufzuklären, hatten weder die konservative Regierung noch die Sicherheitsbehörden Seiner Majestät ein Interesse. Es blieb der begründete Verdacht, dass nicht nur Sidney Reilly seine Hände bei der Fälschung und ihrer Lancierung im Spiel gehabt hatte. Für ihn war der Skandal ein Volltreffer. Sogleich konnte Siegmund Rosenblum, wie Reilly tatsächlich hieß, seinen Krieg gegen die Sowjetunion wieder aufnehmen. In der Nacht vom 28. auf den 29. September 1925 überschritt er zusammen mit seiner Begleiterin, der Exil-Russin Maria Sachartschenko, die sowjetische Grenze. Die Grenzgänger lockte ein Angebot der in Russland operierenden militanten Antisowjetorganisation mit dem Namen *Monarchistische Vereinigung Zentralrusslands* (MOZR) in die Sowjetunion. Doch Reilly kam nicht weit. Die Falle der sowjetischen Geheimpolizei schnappte zu. Einen guten Monat lang wird man ihn wohl nach allen Regeln der russischen Folterkunst vernommen haben. Anfang November 1925 war das erledigt und Reillys Leben wurde durch einen Genickschuss ausgelöscht. Der Todesschütze hieß vermutlich Grigori Syrojeschkin. Die Leiche von Reilly wurde sodann in das Tscheka-Hauptquartier, die Lubjanka, gebracht und aufgebahrt, damit sich die Tschekisten an dem Anblick des gefällten Feindes delektieren konnten.[855]

Was Reilly und andere nicht ahnten: Die MOZR war keine Exilorganisation, der es gelungen war, in Russland Fuß zu fassen, sondern eine Schimäre der sowjetischen Geheimpolizei GPU, die den Fallnamen Trest (Trust) trug. Trest diente keinem anderen Zweck, als Sowjetfeinde aus den Exilorganisationen ins Land zu locken, wo man ihnen im wahrsten Sinne des Wortes einen kurzen Prozess machte. Die Operation Trest lief über fünf Jahre hinweg, von 1922 bis 1927. Sie bildete den Schwerpunkt der Tätigkeit der Auslandsaufklärung INO und der Verwaltung für Spionageabwehr der GPU. An der Spitze dieser Abteilungen standen mit Michail Trilisser und Artur Artusow zwei bemerkenswerte Männer. Der 1883 in Astrachan geborene Trilisser war bereits bei der Revolution von 1905/06 einer der Spitzenleute der Bolschewiki. Er leitete die Militärorganisation der Partei in Finnland. Das brachte ihm 1909 eine achtjährige Verbannung nach Sibirien ein. Nach einigen revolutionären Umwegen stieß er 1921 zur INO, die er von 1922 bis 1929 leitete. Doch damit nicht genug: Unter dem Namen Michael Moskwin war er für die Komintern tätig. Auch hier war sein Tätigkeitsgebiet die Auslandsspionage, in erster Linie aber war er als Aufpasser für die in der Komintern-Spitze tätigen Ausländer gedacht. 1935 rückte er sogar ins Präsidium der Komintern vor, doch 1938 wurde er verhaftet und im übernächsten Jahr als angeblicher Spion erschossen.[856]

Artur Artusow war erheblich jünger. Der Sohn eines Italieners und einer Baltin kam 1891 zur Welt. Der junge Ingenieur beherrschte neben dem Russischen auch die deutsche, die französische, die englische und die polnische Sprache – es heißt: fließend. 1918 stieß Artusow als Partisan zur Revolution, 1919 wechselte er zur Tscheka, deren Spionageabwehr er von 1922 bis 1927 leitete. Sodann wurde er zum zweiten stellvertretenden Leiter der operativen Spezialverwaltung der GPU bestellt, jener Truppe, die im Ausland Auftragsmorde beging. 1930 wechselte Artusow zur INO, deren Chef er von Mai 1931 bis August 1935 wurde. Dann ging es mit seiner Karriere merklich bergab. Die Ernennung zum stellvertretenden Chef der Militäraufklärung GRU entfernte ihn aus Stalins unmittelbarem Blickfeld. 1937 war er nur noch wissenschaftlicher Mitarbeiter bei der Abteilung Statistik der Hauptverwaltung für Staatssicherheit, und am 21. August 1937 war er tot – erschossen als angeblicher Spion polnischer und anderer Geheimdienste.[857]

Bei der Operation Trest arbeitete unter der Leitung von Trilisser und Artusow ein Panoptikum von Agenten. Die Hauptpersonen waren Alexander Jakuschew und Victor Steckiewicz. Sie waren es, die die angebliche Monarchistische Vereinigung Zentralrusslands (MOZR) gründeten, welche alsbald hochrangige Kontakte zu den Exilantenorganisationen in Westeuropa knüpfte. Jakuschew reiste als Lockvogel. Ihn hatte die Tscheka 1921 rekrutiert, nachdem sie den 45-jährigen ehemaligen Kaufmann als Klassenfeind wegen angeblicher Spionage zum Tode verurteilt hatte. Jakuschew zog die Agententätigkeit seiner Liquidierung vor. So entging er dem Schicksal Zehntausender, die wie er selbständige Kaufleute gewesen waren. Victor Steckiewicz hingegen kam aus der Agentenbranche; er war zunächst für die Polen tätig gewesen. Auch ihm drohte 1920, als er aufgeflogen war, die Todesstrafe. Angeblich aus Russland entkommen, gelang es ihm, sich bei zahlreichen Exilorganisationen ins Vertrauen einzuschleichen; gleichzeitig diente er als illegaler Resident der GPU in Helsinki und in Riga. Es ist nicht ganz klar, wie viele der militanten Exilrussen das Duo über die Grenze locken konnte. Als sie die Operation einstellten, war die Szene auf Jahre hinaus paralysiert. Der ehemalige Raswedka-Chef Michail Monkewitsch beispielsweise, der als Exilantenfunktionär in Paris lebte, verschwand dort am 5. November 1926 unter mysteriösen Umständen. Kurze Zeit später wurde er erschossen aufgefunden – ein Werk der Spezialverwaltung der GPU. Diese wusste sodann das Gerücht zu streuen, Monkewitsch sei Agent der GPU gewesen, er habe den Selbstmord nur vorgetäuscht und sei in Wirklichkeit in der Sowjetunion verschwunden. Man sieht, nichts war zu albern, als dass es in einer Atmosphäre von Verunsicherung und Misstrauen nicht geglaubt wurde.

Die letzte Aktion von Trest diente einer der Hauptpersonen, Maria Sachartschenko-Schulz. Die 1893 geborene Russin war eine waschechte Agentin. Im Ersten Weltkrieg mehrfach hinter den deutschen Linien eingesetzt, war sie zweimal mit dem Andreaskreuz ausgezeichnet worden. Im Bürgerkrieg kämpfte sie auf Seiten der Weißen. Dann entschwand die Aktivistin nach Berlin, von wo sie für den Höheren Monarchistischen Verband (WMS) Agentenaufträge durchführte. Eine Verbindungsaufnahme mit der MOZR lag für sie auf der Hand. Von den angeblichen Exilanten hofiert, reiste die Sachartschenko als ahnungsloser Lockvogel mehrfach zwischen Paris und Moskau hin und her.[858] Sie war es auch, die dem britischen Agenten Sydney Reilly den scheinbar sicheren Weg über die sowjetische Grenze bahnte. Danach müssen ihr ernsthafte Zweifel gekommen sein. Auch den Trest-Konfidenten blieb das nicht verborgen. Mit dem GPU-Agenten Upenisch setzten sie einen weiteren Provokateur auf die Sachartschenko an; seine Aufgabe: die Sachartschenko vor der unechten MOZR zu warnen. Hierzu traf man sich in Helsinki. Wie Upenisch es schaffte, die Frau nicht nur von der Gefährlichkeit der MOZR zu überzeugen und sie trotzdem zu veranlassen, zusammen mit anderen Aktivisten erneut in die Sowjetunion einzureisen und sich durch Sabotageakte zu rächen, bleibt ein Rätsel. Gleich nach dem Grenzübertritt wurden die Kommandotruppler gefasst und erschossen. Aber auch von den anderen Beteiligten starb kaum einer eines natürlichen Todes. Der Provokateur Upenisch soll später ein Antiquitätengeschäft in Kiew betrieben haben. Nach dem Einmarsch der deutschen Wehrmacht wurde er bei der Besatzungsmacht denunziert und im Jahre 1942 hingerichtet. Die bereits 1921 beschlossene Hinrichtung des Agenten Alexander Jakowlew war durch die Aktion Trest lediglich verschoben worden; 1934 zu Arbeitslager verurteilt, kam er bereits drei Jahre später ums Leben. Der dritte im Bunde, der Pole Steckiewicz, wurde im Mai 1932 erschossen; angeblich waren buddhistische Aufständische in der Mongolei hierfür verantwortlich.

Parallel zur Operation Trest führte der Auslandsdienst der GPU ein zweites Unternehmen von ähnlichem Aufwand und Kaliber durch: die Operation Sindikat (Syndikat). Im Gegensatz zum Trest-Vorgang, der die Emigrantenszene paralysieren sollte, diente Syndikat der Liquidierung eines einzelnen Menschen: des sowjetischen Staatsfeindes Boris Sawinkow. Der Ex-Terrorist hatte ein bewegtes Leben hinter sich. 1908/09 hatte er als Führungsmitglied der Kampforganisation der Sozialrevolutionäre entscheidenden Anteil an der Entlarvung ihres Leiters Ewno Asew als Ochrana-Agent. Er lebte sodann in Paris, von wo aus er 1914 auf Seiten der Entente freiwillig in den Weltkrieg zog. 1917 hielt es ihn nicht mehr in Frankreich; ihm gelang die Passage nach Russland. Der Provisorischen Regierung in Petrograd diente er zeitweilig als stellvertretender Kriegsminister. Oktoberrevolution und Bürgerkrieg überstand er auf Seiten der Weißen mit Glück und Geschick. Dann wurde der Ruhelose zum Reisenden in Sachen Konterrevolution; sein Arbeitsfeld: die Exilorganisationen und die Geheimdienste Westeuropas. Man darf bezweifeln, ob er in dieser Rolle je eine ernsthafte Größe darstellte. Auch die Hinweise, dass Sawinkow in Berlin eine Terrorgruppe gegründet habe, um Bombenattentate auf Sowjetdelegationen zu verüben, dürften eher aus kolportiertem Maulheldentum stammen. Doch der junge Sowjetstaat sah dies anders. Für Sawinkow wurde eine nur auf ihn zugeschnittene Scheinwiderstandsbewegung konstruiert, die sodann Verbindung mit ihm suchte. Es gelang tatsächlich, den so Umworbenen im August 1924 über die Grenze nach Russland zu locken, wo er sofort festgenommen und bereits am 29. August zum Tode verurteilt wurde. Man fragt sich: Wozu der Aufwand? Ein Pistolenschuss in Paris oder Warschau hätte es doch auch getan. Die Wahrheit kennt nur die *Prawda*. Das Parteiorgan der KPR(B) veröffentlichte im September 1924, einen Monat nach dem Todesurteil, eine ausführliche Unterwerfungserklärung Sawinkows.

Warum ich die Sowjetregierung anerkannt habe? ... Ich antworte darauf: Und wenn die Weißen gesiegt hätten, gäbe es dann keine Diktatur? Ich ziehe immerhin die Diktatur der Arbeiterklasse der Diktatur von Generalen vor, die nichts gelernt haben ... Als ich unter der Zarenregierung auf die Hinrichtung wartete, war ich ruhig. Ich wusste, ich hatte dem Volk gedient. Als ich jetzt die unvermeidliche Erschießung erwartete, beunruhigten mich die gleichen Zweifel wie vor einem Jahr im Ausland: Und wenn die russischen Arbeiter und Bauern mich nicht verstehen werden? Und wenn ich für sie ein Feind bin, ein Feind Russlands? Es ist schwer, mit diesem Gedanken zu sterben. Es ist schwer, mit diesem Gedanken zu leben.[859]

Sawinkows Todesstrafe wurde nunmehr in eine zehnjährige Haft abgeändert. Der Vorgang weckt Erinnerungen an die katholische Inquisition, an das drohend hervorgestoßene *Widerrufe!*, das man dem verstockten Ketzer abverlangte. Genau so war es hier. Sowjetrussland war ein Glaubensstaat, der es nicht ertragen konnte, dass ein Revolutionär, ein Marxist, ein Sozialist zur Vernichtung des Sowjetsystems aufgerufen hatte. Dieser Mann musste nicht nur eliminiert werden, er musste vorher seine Fehler öffentlich bekennen. Das Bekenntnis nützte Sawinkow wenig. Nach sowjetischer Version stürzte er sich am 7. Mai 1925 aus größerer Höhe auf den Gefängnishof. Doch an der Selbstmordversion sind starke Zweifel angebracht. Wahrscheinlicher ist, dass Sawinkows Zellenspitzel, Grigori Syrojeschkin, im wahrsten Sinne des Wortes den entscheidenden Anstoß gab. Das war derselbe Mann, der auch Sidney Reilly hinterrücks erschoss. Man kann diesen Vorgang nicht als Ausrutscher einiger verbohrter Sowjetfunktionäre abtun. Der Fall Sawinkow beschäftigte die Staatsspitze, die ihr Plazet zu seiner Inszenierung gab. Und der Fall blieb auch kein Einzelfall. Er wurde durch die Operation Ente in den Schatten gestellt, die die ganzen 1930er-Jahre hindurch den sowjetischen Auslandsdienst in Atem hielt, bis man den Staatsfeind Nummer eins endlich ums Leben gebracht hatte: Leo Trotzki. Es war die aufwändigste, bis dahin abgelaufene Geheimdienstoperation des Sowjetstaates, deren Leitung seinem skrupellosesten Geheimdienstfunktionär Pawel Sudoplatow anvertraut worden war. Bei der Behandlung der 1930er-Jahre werden wir diese Vorgänge noch einmal streifen.[860]

Jetzt, in der Mitte der 1920er-Jahre, zog die INO als Auslandsspionageorganisation hinter der GRU langsam gleichauf. Sie operierte nach ähnlichen Grundsätzen wie die Militäraufklärung, also mit dem Aufbau von Spionagenetzen, die durch Illegale geleitet wurden. Daneben verschaffte sich die INO ein zweites Standbein mit Hilfe von legalen Residenturen. Der Begriff der Legalresidentur ist recht missverständlich, denn die Spionage, die an diesen Stellen organisiert wurde, war und blieb illegal. Lediglich der Standort, an dem die Spionage organisiert wurde, war legaler Teil des Sowjetsystems, nämlich die Botschaft, die Gesandtschaft, das Konsulat, die staatliche Handelsniederlassung. Diese dienten einem doppelten Zweck, einem legalen, meist diplomatischen, und daneben einem illegalen, nämlich der Spionage im Einsatzland. Wir haben bereits gesehen, wie die sowjetische Botschaft *Unter den Linden* im Jahre 1918 ihren geheimdienstlichen Aktivitäten nachging. Als sich Sowjetrussland nach dem Bürgerkrieg auch international zu etablieren begann, wurden diese Aktivitäten in allen Gastländern unverzüglich wieder aufgenommen – auch in Deutschland, das ab 1922 wieder diplomatische Beziehungen mit Russland unterhielt. Das System der sowjetischen Legalresidenturen hielt sich hartnäckig bis zum Untergang der Sowjetunion. Andere Staaten machten es nach; insbesondere die US-Amerikaner, die ab den 1950er-Jahren diese Art der Spionagestützpunkte bei ihren Verbündeten errichteten.

Das Prinzip der Legalresidentur hatte und hat Vor- und Nachteile. Es erspart den Residenten mühselige und zeitaufwändige Eingewöhnungsphasen und verkürzt die Notwendigkeit der Legendenbildung auf ein Minimum. Der Entsendestaat braucht seinen Residenten lediglich mit den üblichen Papieren auszustatten, die er seinem übrigen Botschaftspersonal auch ausstellt. Ein entscheidender Nachteil ist hingegen die Überwachungsmöglichkeit, denn der Gaststaat weiß von vornherein den Ort, an dem die Agenten sitzen. Das galt auch für die Abteilung I A des Berliner Polizeipräsidiums, welche die sowjetischen Handelsgesellschaften Derop, Deruluft und Deronapht als einschlägige Residenturen überwachte.[861] Eine dichte Kontrolle des Personals verrät den Überwachungsbehörden meist rasch, wer hier wer ist; so war es auch in Berlin. Ebenso oft gelingt es mit Hartnäckigkeit und langem Atem, die Agenten zu identifizieren, die der Legalresident führt. Das ist eine Art von Spiel für jemanden, der es akzeptiert, dass diese Sache mancherorts auch tödlich ausgeht – zumindest für den Agenten, denn die Residenten genießen häufig diplomatischen Schutz. Ihnen droht bestenfalls, zur Persona non grata erklärt zu werden und das Gastland verlassen zu müssen. Für das deutsch-sowjetische Verhältnis bedeutete die geschilderte Verfahrensweise einen zuverlässigen Quell steten Ärgernisses, wenn auch die deutschen Behörden alles das in den frühen 1920er-Jahren noch nicht so sicher erkannt hatten.

Nun zu den Agenten: Um es vorweg zu sagen, es waren in der Weimarer Zeit so viele, dass wir mit ihren Namen ein hübsches kleines Telefonbuch füllen könnten. Der Grund für diesen Masseneinsatz ist schnell erklärt. Zum einen lag es an der Geheimdienstbesoffenheit der Herren im Kreml, von denen Stalin der Süchtigste war. Daneben lag es an der russischen Gewohnheit, die Dinge in großen Stückzahlen zu erledigen. Es lag am neuen Instrument der Planerfüllung, das kurioserweise auch für die Geheimdienstarbeit galt. Es lag an der Hilflosigkeit der deutschen Abwehrbehörden, die solch einen Nachrichtentummelplatz erst aufkommen ließen. Es lag schließlich am schier unerschöpflichen Reservoir kommunistischer Helfer und Helfershelfer vor Ort, die für die große Sache der Weltrevolution keinerlei Hemmnisse vor dem Landesverrat zeigten. Und schlussendlich lag es am Lenin'schen Diktum, dass der Schlüssel zur Weltrevolution in Deutschland liege.

Beginnen wir mit der einfachsten, der schädlichsten und erfolgreichsten Sparte der Spionage, nämlich der Wirtschaftsspionage. Sie stützte sich, angeleitet von etlichen Legalresidenten, auf einen speziellen Apparat der KPD, den BB-Apparat. Das BB steht für Betriebsberichterstattung. Dieser Zweig der Spionage war, nicht nur in Deutschland, aus einer sowjetrussischen Kampagne mit dem Namen Rab-Kor entstanden. Hinter dem martialisch klingenden Kürzel, das sich in Rabotki Korrespondenti oder zu Deutsch: Arbeiterkorrespondenz auflösen lässt, steckte ein Trojanisches Pferd. Mit der RabKor-Kampagne wurden die Proletarier aller Länder aufgefordert, Missstände aus ihren kapitalistischen Betrieben zu melden. Die Meldungen waren an die große Sowjetunion zu richten, die dergleichen kapitalistischen Übermut weltweit anprangern würde. Niemand sagte, dass den Schlüssel zu diesem Briefkasten der Auslandsdienst INO der sowjetischen Geheimpolizei in Händen hielt. Geheimdienstlich gesprochen, diente die RabKor-Kampagne also in erster Linie der Tipp-Gewinnung. Hierunter versteht man das Sammeln von Informationen, aus denen sich spätere Agenten ausfiltern lassen. Und so war die Post, die Moskau via KPD erhielt, in erster Linie wegen des Adressenmaterials interessant. Auch der Inhalt der Briefe bot dem geschulten Auge wertvolle Hinweise. Die Sowjets hielten das deutsche Informationsaufkommen für so wichtig, dass sie die Betriebsberichterstattung aus dem Befehlsstrang der KPD herauslösten und ihren eigenen Residenten unterstellten. Soweit es sich um Rüstungsinformationen handelte, wurden zusätzliche Informationsstränge zum Militärgeheimdienst GRU installiert. Diese unmittelbare Unterstellung ist vermutlich auch deswegen erfolgt, weil es zwischen der KPD und Moskau einen deutlichen Zielkonflikt gab. Die KPD nutzte nämlich die Erkenntnisse der Betriebsbeobachtung vorzugsweise für propagandistische Zwecke. Sie wollte illegale Rüstungsgeschäfte anprangern. Die Zeitschrift *Oktober* schwelgte im Entlarven; das war die benutzte Kampfvokabel. An alledem konnten die Herren im Kreml keinerlei Interesse haben. Sie wollten vielmehr von den Informationen inhaltlich profitieren und hatten zudem alles andere im Sinn, als dass man ihnen bei der jahrelang gepflegten illegalen Zusammenarbeit mit der Reichswehr, von der noch die Rede sein wird, auf die Schliche kam.[862]

Leiter der Betriebsberichterstattung war seit 1929 ein Mann namens Edgar. Das war einer seiner Decknamen. Andere kannten ihn als Adolf 1 oder als Dr. Schwartz. Hinter alledem verbarg sich der 28-jährige Fritz Burde. Der war seit 1920 bei der KPD und ihrem M-Apparat im Geschäft. Bis 1932, als er nach Moskau abberufen wurde, stand er einem Netz von drei- bis viertausend Wirtschaftsspionen vor. Sie schafften herbei, was den Betrieben teuer und schützenswert war. Produktionsverfahren, Werkstoffe, Konstruktionspläne, Auftragsbücher und Kalkulationen. Sie wurden so zu Vorreitern eines profitablen Gewerbes, das sich in der zweiten Hälfte des 20. Jahrhunderts in allen Industriestaaten breit machte: der Wirtschafts- und Industriespionage. Noch nie zuvor war die deutsche Wirtschaft durch Informationsraub so geschädigt worden wie ab Mitte der 1920er-Jahre, als alles, was der großen sozialistischen Sache nützlich sein konnte, in die Sowjetunion abfloss. Der Reichsverband der deutschen Industrie schätzte die in Deutschland auf diese Weise entstehenden Schäden auf 800 Millionen Mark ein. Die russische Wirtschaft sog die Informationen auf wie ein Schwamm. Dort waren die Neuigkeiten bitter nötig, denn die Sowjetführer hatten ihrem Land den Sprung in die Industriegesellschaft verordnet. Burdes Nachfolger als Leiter der Betriebsberichterstattung wurde der 32-jährige Wilhelm Bahnik. Als Angehöriger des Jahrgangs 1900 gehörte er zu den Letzten, die 1918 zum Kriegsdienst eingezogen wurden. 1919 trat Bahnik in die SPD ein, wechselte noch rechtzeitig vor dem Deutschen Oktober in die KPD, was ihm 1927 mit einiger Verspätung eine mehrjährige Haftstrafe einbrachte. Doch bereits im folgenden Jahr kam er durch die 1928er-Amnestie wieder auf freien Fuß. Im Parteiauftrag reiste er in die Sowjetunion, wo ihm eine solide Geheimdienstausbildung zuteil wurde. Nach seiner Rückkehr und Einsetzung als Leiter war Bahniks Betriebsbeobachtung nur noch eine kurze Zeit zugemessen. Die Machtergreifung der Nationalsozialisten machte bald jedem kommunistischen Tun ein Ende. Bahnik wusste noch eine Weile lang die Informationsfäden von Prag aus zu spinnen. 1935 wurde auch parteioffiziell die fruchtlos werdende Tätigkeit beendet. Bahnik wurde nach Moskau zurückbefohlen. Im Jahr drauf reiste er im Auftrag der Komintern in den

Spanischen Bürgerkrieg, wo man ihn als Comandante Fernando wiederfindet. In Spanien kam er im April 1938 ums Leben. Sein Vorgänger Fritz Burde war zu diesem Zeitpunkt bereits zwei Monate tot. Er hatte nach der Versetzung in die Komintern-Zentrale in den folgenden Jahren Agenteneinsätze in Dänemark, der Schweiz und der Tschechoslowakei zu absolvieren. Am 7. September 1937 wurde er als angeblicher feindlicher Agent in Moskau festgenommen und am 15. Februar 1938 von einem NKWD-Funktionär erschossen.[863]

Das Auslaufen der Betriebsberichterstattung im Dritten Reich war der Zerschlagung der kommunistischen Strukturen durch die Gestapo geschuldet. Die Liste der Opfer ist ellenlang, denn auf Landesverrat stand nach dem 1934 renovierten Strafgesetzbuch die Todesstrafe. Später ist viel Unsinn über die Hingerichteten verbreitet worden. Das Paradepferd für kitschige Antifaschismus-Spektakel wurde Liselotte Herrmann, die durch das *Requiem für Lilo Herrmann* von Paul Dessau eine schaurig-anbiedernde Widerstandsmoritat verpasst bekam. Die Wirklichkeit war hingegen ernüchternd. Die 1909 geborene junge Frau hatte ihr Studium abgebrochen – ob aus Geldmangel oder wegen ihrer beiden unehelichen Kinder, die sie zu versorgen hatte, mag dahinstehen. Um die Familie durchzubringen, arbeitete sie im Ingenieurbüro ihres Vaters in Stuttgart, wo sie 1934 durch den Gebietsleiter Südwest der illegalen KPD, Stefan Lovacz, im Bett als Zuträgerin angeworben wurde. Fortan lieferte sie Unterlagen aus der Rüstungsindustrie; Bosch, Mercedes-Benz und Dornier gehörten zum Repertoire ihrer Spionagegruppe, die aus der Schweiz geführt wurde. Ein Kommunist namens Artur Göritz ließ den Lovacz-Ring am 2. Juni 1936 auffliegen. Das Todesurteil fällte der Volksgerichtshof am 12. Juni 1937. Ein Jahr später ließ Scharfrichter Friedrich Hehr aus Hannover die Fallbeile nach unten schlagen.[864]

Wer waren nun die Männer, die diese Apparate auf russischer Seite befehligten, die Aufträge erteilten und über das Wohl und Wehe der Agenten entschieden? Es waren die legalen und die illegalen Residenten, die in Berlin und an anderen deutschen Orten in rascher Folge wechselten. Häufig operierten sie auch von Wien aus nach Deutschland hinein. Da war zum Beispiel Wladimir Bustrem, ein altgedienter bolschewistischer Haudegen, seit 1903 im revolutionären Geschäft und mit der Erfahrung von vieljähriger Haft und Verbannung versehen. Ende 1922 wurde er in der soeben wiedereröffneten sowjetischen Botschaft *Unter den Linden* der legale Resident. Der 39-Jährige nannte sich in dieser Zeit Alexander Loginow. Als er drei Jahre später nach Moskau zurückkehrte, verfügte die Berliner Residentur über Agenten im Berliner Polizeipräsidium, im Auswärtigen Amt und in den Botschaften von Frankreich und Rumänien.[865]

Bustrems Nachfolger wurde Efroim Goldenstein. Er leitete die Residentur *Unter den Linden* von 1927 bis 1930. Der GPU-Mann war im Jahre 1900 als 18-Jähriger

Mitglied in der SDAPR geworden. Es folgten mehrere Verhaftungen wegen illegaler Parteitätigkeit. 1906 setzte sich Goldenstein zunächst nach Deutschland und sodann in die Donaumonarchie ab. Er studierte Medizin und wurde Arzt. Während des Ersten Weltkrieges arbeitete er für das Rote Kreuz. Doch den Russen zog es nach Russland zurück. 1919 trat er den Bolschewiki bei, die ihn ab 1923 im diplomatischen Dienst verwendeten. Von hier aus war es für Goldenstein zum Auslandsgeheimdienst INO nur ein kleiner Schritt. Der Mann mit dem Decknamen Doktor verwandelte die Berliner Residentur in einen Spionagegroßbetrieb. Er selbst führte acht Mitarbeiter, die ihrerseits 38 Quellen abschöpften; weitere acht Quellen berichteten ihm aus Paris. Allein im Jahre 1927 sandte Goldenstein 4947 INO-Meldungen nach Moskau. 147 davon wurden Stalin persönlich vorgelegt. 1930 wurde der tüchtige Mann nach Moskau zurückgerufen, wo er zur Komintern wechselte. 1932 wurde er wegen Veruntreuung von Geldern verhaftet, jedoch im Januar 1938 wegen Spionage verurteilt und noch im selben Monat erschossen.[866]

1930 wurde der 26-jährige Dimitri Bystroletow Resident an der Berliner Botschaft. Er hatte bereits eine Tätigkeit als Illegaler in Prag hinter sich. Ging er auf Agentenwerbung, so nannte er sich Andrej. In seinen sechs Jahren in Berlin spezialisierte er sich auf das Personal westeuropäischer Gesandtschaften. Ganz nebenbei absolvierte er eine Ausbildung als Mediziner. Die Universität Zürich promovierte den vielseitigen Mann 1935 zum Dr. med. 1937 nach Moskau zurückgerufen, erging es ihm wie den meisten seiner Profession: Er wurde 1938 festgenommen. Er entging der Erschießung aus nicht nachvollziehbaren Gründen. Sein Strafmaß belief sich auf 20 Jahre Haft. 1947 erinnerten sich seine ehemaligen Dienstherren an ihn. Doch Bystroletow lehnte eine erneute Agentenkarriere ab. Das brachte ihm drei Jahre Einzelhaft ein, in der er psychisch erkrankte. Hiergegen verordnete man ihm Zwangsarbeit, aus der er 1954, ein Jahr nach Stalins Tod, freikam. Danach war der Mann als Mediziner tätig. Er starb 1975 als 71-Jähriger.[867]

Eine Odyssee ganz eigener Art durchlief Grigori Cheifez. Als der 27-Jährige im Jahre 1926 seine Tätigkeit als Illegaler in Deutschland begann, hatte er bereits einen Radius als Agent durchmessen, wie man ihn sonst eher aus Spionageromanen kennt. In der Nähe von Riga geboren, schloss sich der 16-jährige Cheifez 1915 dem zionistischen *Bund* an. Das brachte ihm eine Verbannung aus Riga in die Nähe von Moskau ein. Doch die Zwangsmaßnahme der zaristischen Obrigkeit erwies sich bei näherem Hinsehen als nicht besonders zweckmäßig. Der junge Grigori wurde nämlich Bolschewik. Nach seinem Einsatz im Bürgerkrieg übernahm ihn die OMS, der Spionagearm der Komintern für den Auslandseinsatz. Riga und Konstantinopel hießen seine ersten Stationen. Dann kam er nach

Deutschland. In Jena graduierte man den angeblich indischen Studenten zum Ingenieur. Der Schein-Inder war zugleich ein erfolgreicher Werber und Anleiter. Eine Laune der OMS verschob ihn 1927 nach Shanghai, vermutlich zum Legendenwechsel, denn 1928 war er wieder in Deutschland. Sein neuer Standort hieß Berlin. Von hier aus ging er 1931 als Resident der INO nach Frankreich und von dort aus weiter in die USA. Sein Schicksal blieb wechselhaft. Bei der Atomspionage sollte Cheifez noch einmal groß herauskommen.[868]

Wo kamen nun die Agenten her, die man in Deutschland offensichtlich problemlos werben und führen konnte? Das Potenzial der Kommunisten und ihrer Sympathisanten haben wir bereits mehrfach gestreift. Das war ein weites Feld. Ein Parteiauftrag konnte ohne weiteres zur Spionage verpflichten – und zwar für Grete oder Klara, wie GPU und GRU im kommunistischen Kauderwelsch umschrieben wurden. Die Sowjetunion erschien den Gläubigen wie ein fernes Wunderland. Glühende Reiseberichte von Leuten, die gereist waren, hinein ins Paradies der Werktätigen, weckten Sehnsüchte nach der besseren Welt. Man kann den Lesern dieser Berichte die Begeisterung nicht einmal verdenken. Nachvollziehen kann man auch, dass sich viele dieser Begeisterten entschlossen, bei der Spionage in der Betriebsberichterstattung mitzumachen. Weniger nachsichtig sind wir gegenüber den Erfindern dieser Lügenmärchen. Sie verschlossen die Augen vor der sowjetischen Wirklichkeit, beschönigten, wiegelten ab. Ihre Geschichten waren Desinformation. Kein sowjetischer Nachrichtenapparat hätte ersinnen oder bezahlen können, was diese Leute frei Haus lieferten. Ihre Namen verdienen nicht, genannt zu werden. Nur wenige schilderten, was sie in Wirklichkeit erleben mussten, und bezahlten das, wie der rumänische Bolschewist Panaït Istrati, mit ihrer unverzüglichen Ächtung. Die meisten begnügten sich, ihre Zweifel für sich zu behalten – Zweifel, die man bezeichnenderweise Bauchschmerzen nannte.[869]

Ein Reservoir ganz eigener Art stellte die russische Emigrantenszene für die Agentengewinnung dar. Das nachrichtendienstliche Interesse an dieser Szenerie beruhte auf zwei Faktoren: Ein kleiner Teil dieser Leute hatte erstaunlich gute Verbindungen in die alte deutsche Herrschaftselite; aber hauptsächlich folgte das Interesse der Sowjets der simplen Einstellung, exilierte Russen generell für gefährlich zu halten. Mit erheblichem Aufwand wurden diese Zirkel geheimdienstlich ausgespäht, beeinflusst und zersetzt. So gründete die GPU 1922 in Berlin mit Hilfe von Strohmännern die Tageszeitung *Nakanunje* (zu Deutsch: *Am Vorabend*). Die Zeitung machte unter anderem Stimmung für eine Rückholbewegung nach Russland, die Smena-Wech-Bewegung. Doch dieses *Umstellen der Wegmarkierung*, wie die deutsche Übersetzung des Begriffs etwa lautet, war nicht sonderlich erfolgreich. Im Gegensatz dazu zeigte es sich rasch, dass die Werbung zukünftiger Agenten in diesem Milieu erstaunlich problemlos ging. Manchmal genügte ein Appell ans Nationalgefühl. Anderen wurde die Rückkehr in die Heimat versprochen, wenn sie sich an der geheimen Front bewährt hatten. Wieder andere wurden rabiat genötigt, indem man ihnen Repressalien gegenüber den in Russland verbliebenen Verwandten androhte. So wurden beispielsweise die Schauspielerinnen Olga Tschechowa und Olga Förster-Prowe und der Schriftsteller Ilja Ehrenburg für die Geheimdienstarbeit angeworben. Selbstverständlich sollte man in den Memoiren der Betroffenen nicht fündig werden wollen.[870]

Ilja Ehrenburg, Jahrgang 1891, wurde in Kiew als Sohn eines Bierbrauers geboren. Nach dem Abbruch seiner Schulausbildung schloss er sich frühzeitig antizaristischen Revolutionszirkeln an. Eine Verhaftung durch die Ochrana bewog ihn, 1908 nach Paris zu fliehen, wo er sein Leben als Kaffeehausliterat fristete. 1917 gelang es ihm, ins revolutionäre Russland zu reisen. Was er dort trieb, ist nicht geklärt. Es sprich einiges dafür, dass er während des Bürgerkrieges im Jahre 1919 als Nachrichtendienst- und Propagandafunktionär auf Seiten der Weißen in Rostow am Don tätig war. Doch dort hielt es ihn nicht lange. Er versuchte, nach Frankreich zurückzureisen. Das misslang. Die französischen Behörden wiesen ihn nach Deutschland aus. Drei Jahre, von 1921 bis 1924, lebte Ehrenburg als Literat und GPU-Agent in Berlin. Aus dieser Zeit existieren eine Reihe von Fotografien, die ihn im Kreise russischer Künstler und Intellektueller zeigen. Man kann diese Bilder als Zeugnisse des bemerkenswerten Kulturlebens von Berlin betrachten. Man kann sie aber auch unter dem Gesichtspunkt ansehen, dass hier der GPU-Agent Ehrenburg zusammen mit den Personen zu sehen ist, über die er auftragsgemäß Bericht erstattete. Nach dieser Bewährung an der Geheimen Front war er in Moskau willkommen. Ehrenburg war ein Mann, der sich nach den Zeichen der Zeit zu richten wusste. 1936 bis 1940, in der lebensgefährlichen Zeit also, war er Moskau fern. Da diente er als Korrespondent der Armeezeitung *Krasnaja Swesta* im Spanischen Bürgerkrieg und in Paris. In den folgenden Jahren des deutsch-sowjetischen Krieges hat keiner so eifrig wie er die Propagandatrommel gegen die Deutschen gerührt. Aufrufe, die Deutschen wie Tiere zu vernichten, gehörten zu seinen Standards. Damit haben wir ein wenig vorgegriffen und entlassen nun den Stalinpreisträger aus unserer Geschichte.[871]

Ein Wanderer zwischen den Welten war auch Alexander Dobrow. Als der 27-Jährige im Jahre 1906 in Moskau seinen Abschluss an der Technischen Hochschule machte, konnte von einer Agentenkarriere noch keine Rede sein. In der Schweiz setzte der Wissbegierige seine Studien bis zur Graduierung als Diplom-Ingenieur fort, dann kehrte Dobrow nach Russland zurück, wo er, in der Textilbranche tätig, enge Geschäftsbeziehungen zur Firma *IG Farben* in Deutschland aufbaute. Nach der Oktoberrevolution wurde er als so genannter Spezialist zum Oberingenieur beim sowjetischen Wirtschaftsrat ernannt. Dort wurde die INO auf ihn aufmerksam, die 1929 befand, dass er wegen seiner guten Deutschlandkontakte eine Karriere als Illegaler zu beginnen habe. 1931 reiste Dobrow nach Berlin, wo er als angeblicher ehemaliger Weißgardist in die Emigrantenszene eintauchte. Mehrere Jahre forschte er dieses Milieu mit Erfolg aus, bis er am Ende der 1930er-Jahre nach Moskau zurückgezogen wurde. Hier wurde er im Mai 1939 verhaftet und am 20. Juni 1940 als angeblicher deutscher Spion erschossen.[872] Ganz ähnlich erging es Nikolaj Afanasow – nur dass es sich bei ihm um einen echten Emigranten handelte. Der 18-Jährige hatte 1919/20 auf Seiten der Weißen als Soldat gekämpft. Am Ende des Bürgerkrieges floh er nach Westeuropa, wo ihn Jahre später, 1931, die Werber der INO anheuerten. Unter dem Decknamen Klaus setzten sie ihn in Berlin ein, bis sie ihm 1936 gestatteten, nach Russland zurückzukehren. Dort erfolgte 1940 die Verhaftung. Am 27. Juli 1941, also schon nach dem Beginn des deutsch-sowjetischen Krieges, wurde der angebliche deutsche Agent Afanasow erschossen.

Doch nicht nur Russen, auch eine Vielzahl von Deutschen in den unterschiedlichsten gesellschaftlichen Stellungen und beruflichen Positionen war bereit, für die Sowjets Landesverrat zu begehen. Von einigen kennen wir bis zum heutigen Tage nur ihre Agentenregistrierung oder ihren Decknamen. A/239 war ein Mitarbeiter des Berliner Haupttelegrafenamtes, der die INO ab Anfang der 1930er-Jahre mit dechiffriertem Telegrammverkehr versorgte. A/256 saß in unmittelbarer Umgebung des Politikers und späteren, kurzzeitigen Reichskanzlers Franz von Papen. Auch nach der Machtergreifung der Nazis blieb A/256 eine munter sprudelnde Quelle, die über angebliche Verschwörungen innerhalb der Roten Armee berichtete. Da werden wir uns dem Mann noch einmal annähern; vielleicht enträtselt sich dann das Geheimnis seiner Identität. A/301 war eine Schreibkraft. Auch sie saß im Berliner Haupttelegrafenamt, wo sie Zugang zu Geheimmaterial hatte, das sie an ihre sowjetischen Auftraggeber weiterreichte. AA/8 war ein Agent der INO aus der Mitte der pazifistischen Bewegung in Deutschland. Die Quelle unterhielt weit gespannte Beziehungen nach Westeuropa, worüber sie ab Ende der 1920er-Jahre an die Sowjets berichtete. Angesichts der etwa 40 000 Mitglieder, die sich in den 1920er-Jahren in den verschiedenen pazifistischen Vereinen organisiert hatten, ist eine Identifizierung nahezu ausgeschlossen.[873] In derselben Zeit erstattete AA/30 seine Berichte. Er war Pole, Mitarbeiter an der Polnischen Botschaft in Berlin. Er lieferte Dokumente und Protokolle zu den deutsch-polnischen Beziehungen und über die Kontakte zu den polnischen Schutzmächten Großbritannien und Frankreich.

Überhaupt die Diplomaten: Das Einfalltor ins deutsche Auswärtige Amt stellten die Frauen dar. Sie wurden zumeist über die Romeo-Methode angeworben. Das ist die Werbemethode, die darauf setzt, der künftigen Agentin einen Werber ins

Bett zu senden. Behauptungen, es sei der MfS-General Markus Wolf gewesen, der dergleichen erfunden habe, gehören ins Wörterbuch des Agentenlateins. Als die Russen mit der Romeo-Methode gezielt zu arbeiten begannen, war der deutsche Tschekist noch nicht einmal geboren. Wie üblich praktizierten die Sowjets auch die Romeo-Methode im großen Stil – immer nach dem Motto, dass bei Abgabe vieler Schüsse die Chance eines Volltreffers wächst. Die so getroffenen Damen waren beispielsweise die Agentinnen mit den Decknamen Auguste, Chanum und Martha. Auguste, die Ehefrau eines hochrangigen Diplomaten, lieferte Interna aus dem Auswärtigen Amt. Chanum war in den 1920er-Jahren Sekretärin an der deutschen Botschaft in Paris, 1930 ging sie ihrem INO-Werber auf den Leim. 1933 kam sie nach Berlin – weiterhin als sprudelnde Quelle. Auch Martha, eine andere deutsche Diplomatenfrau, wurde von einem INO-Romeo angeworben, von dem sie, sieht man von anderen Details ab, lediglich den Namen Fedor kannte. Das war sein Deckname, unter dem er ihr vorspielte, Journalist und verliebt in sie zu sein. Sie wollte das wohl glauben und lieferte Fedor alles, was sie mit Hilfe ihres unwissenden Mannes erfuhr, der es noch bis zu einem Botschafter des Deutschen Reichs bringen sollte. Die Liaison dauerte bis 1939, als Fedor nach Moskau zurückbeordert wurde. Sein weiteres Schicksal ist unbekannt. Von seiner Agentin hat er ein Foto hinterlassen. Martha wurde nach dem Verlust ihres Fedor durch die sowjetische Illegale Elisaweta Sarubina weitergeführt. Wir haben sie schon einmal kurz erlebt, als es darum ging, den abtrünnigen Tscheka-Mann Bljumkin in die Sowjetunion und damit in den Tod zurückzulotsen. Die Sarubina führte in den 1930er-Jahren in Berlin auch die liebhaberlos gewordenen Agentinnen Auguste und Chanum. Warum ihr das gelang, ist leider nicht überliefert. Wir hätten es sonst gerne preisgegeben. Der Kontakt mit Martha riss 1941 ab. Damit greifen wir bis zum Beginn des deutsch-sowjetischen Krieges vor. Martha verschwand in einer psychiatrischen Klinik. Ihr weiteres Schicksal ist unbekannt.[874]
Aber es ging nicht nur um die Frauen des Auswärtigen Amtes. 1931 ging der INO ein Mann ins Netz, der den Decknamen Winterfeld erhielt. Winterfeld war im Ersten Weltkrieg U-Boot-Fahrer gewesen. Nach dem Krieg gelang ihm der Sprung ins Auswärtige Amt. Er erhielt den bescheidenen Posten eines Kuriers in der wirtschaftspolitischen Abteilung – ein Mann, der Geheimes hin und her zu transportieren hatte. Anfangs berichtete er aus dem Gedächtnis, ab 1936 ging Winterfeld dazu über, seine Post zu fotografieren. 1941, nach Abzug seines Führungsoffiziers, stellte er die Geheimdienstarbeit ein.[875]
Ihren größten geheimdienstlichen Coup landeten die Sowjets auf dem Gebiet des nachrichtendienstlichen Gegners. Sie warben einen Mitarbeiter der Berliner Spionageabwehr an, dem sie den Decknamen Breitenbach verpassten. Der Tipp, der zu Breitenbach führte, stammte von Ernst Kur. Dieser Angehörige der Berliner

Polizei war 1927 wegen irgendwelcher Dienstvergehen aus dem Polizeidienst entlassen worden. Er diente sich der INO als Agent an, die ihn unter der Registriernummer A/70 unter Vertrag nahm. Kur lieferte den Sowjets alles, was er bei seinen ehemaligen Kollegen an Informationen abschöpfen konnte. Das, was er ihnen gegen Bezahlung geliefert hatte, war den Russen so wertvoll, dass sie Kur, als dem 1933 in Berlin der Boden unter den Füssen zu heiß wurde, bei seinen Auswanderungsbemühungen nach Schweden unterstützten und ihm dort ein Geschäft anmieteten, das Kur zu einem Informationsstützpunkt umfunktionierte. Seine größte Leistung blieb allerdings die Anbahnung von Breitenbach. Hinter dem Decknamen verbarg sich der Polizeibeamte Willy Lehmann. Der 1884 in Sachsen Geborene trat als 17-Jähriger in die kaiserliche Kriegsmarine ein. 1911 musterte der Seemann ab und wurde, wie so viele Längerdienende der Kaiserzeit, in den Staatsdienst übernommen. Lehmann kam zur preußischen Polizei, zunächst als Streifenpolizist. Bald schon muss er seinen Vorgesetzten als begabter Mann aufgefallen sein, denn bereits zu Beginn des Ersten Weltkrieges war er zur Spionageabwehr beim Berliner Polizeipräsidium übergewechselt. Mit den Jahren brachte er es zum stellvertretenden Dezernatsleiter in seiner Behörde. Für jeden Geheimdienst saß er damit in einer Schlüsselstellung. Das wussten auch die Leute der INO, als sie ihn 1929 unter der Registriernummer A/251 anwarben. Der Werbemodus ist nicht überliefert. Möglich erscheint, dass sein Exkollege Ernst Kur ihn mit den Ergebnissen seiner zweijährigen Abschöpftätigkeit konfrontierte und so zum Weitermachen veranlasste. Genau so gut ist denkbar, dass Geld die überzeugende Rolle spielte. Wie auch immer: Kaum ein anderer Agent hat dem Deutschen Reich und seinen Abwehrinteressen so geschadet wie Lehmann. Zunächst lieferte Lehmann lediglich Informationen aus seinem ureigensten Arbeitsgebiet; das war die Abwehr der polnischen Spionage. Doch die Sowjets wollten mehr und anderes wissen, so dass er sich in der Abwehr sowjetischer Dienste profilieren musste. Dass das gelang, war natürlich kein Zufall, sondern dem gezielten Durchreichen von Informationen seines sowjetischen Dienstherrn geschuldet. Kaum war die Aufgabenänderung geglückt, begann Lehmann dienstliches Material über die Unterstützung kommunistischer Gruppierungen durch die Sowjetunion an seine Auftraggeber in der INO zu verraten und, was noch besser war, durch Verschwindenlassen von Akten dem Dienstbetrieb zu entziehen. Er warnte seine sowjetischen Auftraggeber vor beabsichtigten dienstlichen Zugriffen und konnte sie beruhigen, wenn gegen ihre Agenten dienstlich nichts vorlag. Durch seine Verratstätigkeit konnte beispielsweise der Sowjetagent Stefan Lang der drohenden Verhaftung entkommen.

Lang hieß in Wirklichkeit Arnold Deutsch. Bei diesem Doktor der Philosophie lohnt es sich, einen Augenblick zu verharren. Die mögliche Verhaftung von

Deutsch hätte mit einiger Sicherheit verhindert, dass die INO zu ihrem vielleicht größten Spionageerfolg kam. Der 1904 in Wien geborene Arnold Deutsch wurde bereits als 16-Jähriger Mitglied im Sozialistischen Studentenbund. Der bald folgende Eintritt in die Kommunistische Partei Österreichs war dem Studenten eine Selbstverständlichkeit. 1926 beendete der Begabte seine Hochschulausbildung mit der Promotion. Eine illegale Tätigkeit als Kurier der Komintern war ihm anschließend keineswegs zu mühsam. Bis 1932 schloss er in Moskau seine Agentenausbildung zunächst bei der Komintern und dann bei der INO ab. Die Agentenlaufbahn eines der brillantesten aller Illegalen nahm ihren Lauf. Zum Eingewöhnen ging es nach Frankreich, dann folgte Deutschland als feste Residenz, wo mittlerweile die NSDAP an die Macht gekommen war. Doch der unter dem Aliasnamen Stefan Lang Operierende geriet alsbald ins Visier der Gestapo. Ende 1933 gelang ihm nach dem Tipp von Lehmann-Breitenbach im buchstäblich allerletzten Moment Hals über Kopf die Flucht nach England. Was zunächst wie eine Notlösung aussah, war der Wechsel in eine Goldgrube. Der junge Doktor der Philosophie hielt alsbald Vorlesungen in Cambridge. Er war es, der den jungen Kim Philby für den sowjetischen Dienst rekrutierte. Später folgten andere. Von diesen sind Philby, Anthony Blunt, Guy Burgess, John Cairncross und Donald Maclean später als Cambridge Five in die Geschichte der Spionage eingegangen. Sie machten aus dem Auslandsdienst Seiner Majestät einen sowjetischen Popanz. Entscheidendes trugen sie auch zum Kampf der Sowjetunion gegen das Großdeutsche Reich bei. In dem Zusammenhang werden wir uns noch mit ihnen beschäftigen müssen. 1937 wurde Deutsch nach Moskau einbestellt. Doch im Gegensatz zu zahlreichen anderen heimgeholten Illegalen wurde Deutsch nicht umgebracht, sondern lediglich aus der INO ausgesteuert und ins Institut für Weltwirtschaft abgeschoben. Als der deutsch-sowjetische Krieg ausbrach, besann man sich seiner und holte Deutsch zur INO zurück. Auf dem Weg zum Einsatz als Illegaler in Südamerika ereilte ihn sein Schicksal. Sein Transportschiff wurde am 7. November 1942 im Nordmeer von einem deutschen U-Boot versenkt.[876] Von alledem konnte der Agent Lehmann-Breitenbach natürlich nichts ahnen. Er wusste es Ende der 1930er-Jahre einzurichten, dass er mit der Beratung der Rüstungswirtschaft über den Spionageschutz beauftragt wurde, was ihm neue ungeahnte Zugänge eröffnete. Von ihm erfuhren die Sowjets beispielsweise zum ersten Mal etwas über das Raketenbauprogramm eines Wernher von Braun. Doch dann lief auch Lehmanns Zeit ab. Bei der Fahndung nach der Roten Kapelle ging Lehmann-Breitenbach seinen eigenen Kollegen im Jahre 1942 ins Netz. SS-Chef Heinrich Himmler befahl, den Fall zu vertuschen. Und so wurde Lehmann, nachdem man ihn gehörig ausgequetscht hatte, ohne viel Federlesens im Dezember 1942 erschossen. Ein Gerichtsverfahren wegen Landesverrats glaubte man, sich ersparen zu sollen. Lehmanns Tod wurde im Amtsblatt des Chefs der Sicherheitspolizei und des SD kommentarlos gemeldet.[877]

Recht frühzeitig kümmerten sich die Sowjets um die NSDAP. Lange bevor diese im Januar 1933 im Deutschen Reich an die Macht gelangt war, hatten die Russen in der Nazi-Partei einige erfolgversprechende Quellen installiert. Ihr Illegaler Alexander Dobrow, den wir bereits kennen gelernt haben, nutzte seine ab 1931 in Berlin gespielte Emigrantenrolle, um sich mit Erfolg als Informant dem Russlandreferat bei der Dienststelle Rosenberg anzudienen, die unter der parteioffiziellen Bezeichnung *Außenpolitisches Amt* eine Art Außenministerium in der NSDAP darstellen wollte. Ob er mit seinen beabsichtigten Einflüsterungen Erfolg hatte, lässt sich nicht rekonstruieren. Zumindest schöpfte er ab, was er zu hören und zu sehen bekam. Noch besser war Olga Förster-Prowe platziert. Die aus Russland gebürtige Schauspielerin war Agentin der INO mit der Registriernummer A/229. Sie heiratete 1930 auftragsgemäß den Schriftsteller Arnolt Bronnen, einen klassischen Wendehals, der in dieser Zeit als Mann der kommenden Nazis galt. Bronnen hatte der Förster den Zugang zum NS-Gauleiter von Berlin, Josef Goebbels, geöffnet. Das heißt: Auch in das Bett des allseits bekannten Berliner Schürzenjägers. Der Führungsoffizier der Förster-Prowe berichtete bereits im Dezember 1930 stolz nach Moskau, dass der Einstieg seiner Agentin bei Goebbels geglückt sei.[878]

Goebbels hält sie nach seinen Worten für eine Heldin der nationalsozialistischen Partei. Die Beziehungen zu Goebbels sind sehr gut. Er tut alles nur Mögliche, um sie öfter bei sich zu haben.[879]

Was dieser Erfolg für die Sowjets bedeutete, kann nur ermessen, wer den weiteren Weg von Goebbels bis zu seinem bitteren Ende kennt. Goebbels wurde nach der Machtergreifung der NSDAP einer von einer Handvoll Männer, welche die Macht unter sich aufteilten. Er behielt diese Position bis zu seinem Selbstmord am 1. Mai 1945 im Berliner Führerbunker inne. Doch die Göttin der Spionage meinte es in diesem Fall nicht besonders gut mit den Russen. Ihre Spitzenquelle Olga beging im Jahre 1935 Selbstmord. Über die Gründe können wir nur spekulieren. Auch ihr gehörnter Witwer schwieg sich in seinen Memoiren gründlich aus. Seine gewesene Ehefrau war ihm nicht ein einziges Wort in seinen Erinnerungen wert. Immer nach dem Motto, dass auch gegenüber dem Agenten stete Kontrolle nützlich ist, war in der Anfangsphase der Förster-Prowe noch ein zweiter Agent in der unmittelbaren Nähe der aufsteigenden Nazi-Größe platziert, von dem nur der Deckname Engel bekannt ist. Engel war ebenfalls Schauspieler, allerdings ein männlicher, und er wurde 1931/32 vom Apparate-Mann Franz Feuchtwanger geführt. Nach der Machtergreifung der Nazis zerschlug sich dann die Sache, da Engel sich weigerte, der NSDAP beizutreten.[880]

Als besonders ergiebig erwiesen sich zwei in der NSDAP tätige INO-Agenten, die Doktoren Heimsoth und Thaler. Ihr Führungsoffizier war der OGPU-Funktionär Roman Birk. Er betrieb an der Berliner Sowjetbotschaft eine Zweigstelle der Nachrichtenagentur AMEIA, die der 33-Jährige 1927 als Tarnfirma zunächst in Wien gegründet hatte. Karl-Günther Heimsoth führte ein wildes Leben. Im Ersten Weltkrieg kämpfte er nach einem 1917 abgelegten Notabitur als Artillerieoffizier. In einem Freikorps betätigte er sich nach dem Krieg weiter als Soldat, wo er die Bekanntschaft des Reichswehrhauptmanns Ernst Röhm machte, mit dem er ein Liebesverhältnis einging. Spätere Jahre sehen den gelernten Arzt als Internisten auf Java und in China. Dann kehrte Heimsoth nach Deutschland zurück. Er nahm einen politischen Zickzack-Kurs: 1930 bei der Kampfgemeinschaft Revolutionärer Nationalsozialisten des Otto Strasser, wechselte er im folgenden Jahr zu den nationalbolschewistischen Zirkeln des Ex-Hauptmanns Beppo Römer, wo ihn zunächst der M-Apparat der KPD als Quelle Günther nutzte, um sodann 1932 als Agent der INO verpflichtet zu werden. Die sowjetische Auslandsaufklärung versah seine Berichte mit dem Prädikat: ausgesprochen wertvoll. Die Machtergreifung stellte für Heimsoth keinen Grund dar, die Kontakte zu den Sowjets abzubrechen – im Gegenteil, er tat noch ein Übriges und trat am 1. Mai 1933 auftragsgemäß der NSDAP bei. Doch die Gestapo kam ihm auf die Schliche. Im Februar 1934 wurde er verhört. Danach verschwand er. Im Juli 1934 wurde seine Leiche in Berlin aufgefunden. Ein Täter wurde nie ermittelt; es steht zu vermuten, dass Heimsoth Opfer des so genannten Röhm-Putsches geworden ist. Franz Thaler hatte mehr Glück. Der österreichische Doktor juris mit dem Decknamen Mainer wurde 1930 von der INO unter falscher Flagge angeworben. Im Auftrag der NSDAP trat er Österreichs Heimwehr bei, wo er rasch aufstieg. Seinen sowjetischen Auftraggebern lieferte er alles, was er über die NSDAP und ihre Aktionen in Erfahrung bringen konnte. Das muss nicht wenig gewesen sein, denn die Berliner Residentur der INO, die Thaler-Mainer führte, bezeichnete ihn als eine ihrer wertvollsten Quellen. Nach der Machtergreifung wurde Thaler von Prag aus geführt. Ausgerechnet hier geriet er bei einem Treff unter Spionageverdacht. Die Tschechen nahmen ihn fest, ließen ihn jedoch bald wieder laufen. Thaler stellte die Zusammenarbeit ein. Doch das wurde nur eine Pause, die bis 1945 andauerte. Nach der Besetzung Wiens durch die Rote Armee meldete sich Thaler beim sowjetischen Armeeabwehrdienst Smersch zum Dienst zurück. Er wurde reaktiviert.[881]

Zum Schluss dieser Agentenparade werfen wir einen Blick auf die Militärspionage. Hier diente ein Mann mit der GRU-Registriernummer 37, dessen Inkognito bis heute nicht gelüftet worden ist. Dieser höhere ehemalige Offizier lebte in Berlin und berichtete Interna aus der Reichswehrführung. Sein Führungsoffizier war der sowjetische stellvertretende Militärattaché Schmitman, der mit gemischten Gefühlen zur Kenntnis nahm, als sich Nr. 37 nach der Machtergreifung durch die Nationalsozialisten um die Rückkehr in den aktiven Militärdienst bewarb, was ihm im Oktober 1933, jedoch um den Preis eines Umzuges in die Provinz, gelang.[882] Angesichts dieses geradezu unglaublichen Ausmaßes an geheimdienstlicher Unterwanderung fragt man sich, ob Deutschland den Sowjets nichts Adäquates entgegenzusetzen hatte. Die Antwort lautet: Nein. Nach dem Ersten Weltkrieg hatte man die in der Abteilung III b und der Abwehrabteilung der Marine zentralisierte Spionageabwehr wieder aufgegeben. Die Exekutivzuständigkeit war an die föderal gegliederten Polizeibehörden und Staatsanwaltschaften zurückgefallen. Soweit sie überhaupt Staatsschutz betrieben, hatten diese Behörden alle Hände voll zu tun, die Feinde im Inneren des Reiches zu bekämpfen. An Personen und Gruppierungen, die den Weimarer Staat subtil oder mit offener Gewalt zu bekämpfen trachteten, war in der Tat kein Mangel. Selbst wo keine offene Feindschaft zur Republik artikuliert wurde, herrschte überwiegend Gleichgültigkeit vor. Das galt auch für Beamte, Soldaten und Richter. Für die Demokratie offen einzutreten, war kaum jemandes Sache. Vielen war die Republik zu links, zu lasch, zu unnational. Zu tief steckte die Legende vom Dolchstoß der Novemberverbrecher, die Deutschland vermeintlich von seinem herrlichen Platz an der Sonne gestürzt hatten. Jedoch keine Regel ohne Ausnahme: Diese trägt den Namen Bernhard Weiss. Im Berliner Polizeipräsidium wurde bereits 1919 eine neue politische Polizei installiert. Wir erinnern uns, dass der USPD-Mann Emil Eichhorn die Abteilung V der Berliner Polizeibehörde, die diese Aufgabe bis zum Ende der Kaiserzeit wahrgenommen hatte, im Laufe des Dezembers 1918 nach Hause schickte. Doch auch Eichhorn blieb nur eine Episode.

In den nächsten Jahren geriet die Berliner und auch die preußische Polizei insgesamt fest in die Hände der Sozialdemokratie. In der preußischen Polizei war der Doktor juris Bernhard Weiss in mancherlei Hinsicht eine krasse Ausnahme, um nicht zu sagen: ein Exot. Nach dem Kriegsdienst als Reserveoffizier war der Jurist noch während des Ersten Weltkrieges in die politische Polizei berufen worden. Das war in doppelter Weise bemerkenswert. Zum einen wurden und werden Akademiker im höheren Polizeidienst wenig geschätzt, weil ihnen die angeblich unabdingbare Erfahrung mehrjährigen Dienstes als Streifenpolizist fehlt, an die sich gewöhnlich die Ochsentour von Laufbahn zu Laufbahn anzuschließen hat. Zum andern war Weiss Jude, was für die Erlangung der höheren Verwaltungsweihen in Preußen eine nahezu unübersteigbare Hürde bedeutete. Nach dem Krieg unterstand Weiß die Abteilung I A im Berliner Polizeipräsidium. Hier war der polizeiliche Staatsschutz mit etwa 60 Beamten eingerichtet worden, der alsbald im Erlasswege auf ganz Preußen ausgedehnt wurde. Für das Reichsgebiet galt diese

Zuständigkeitserweiterung nicht, denn wie schon nach der Reichsverfassung von 1871 blieb auch nach der Weimarer Reichsverfassung von 1919 die Polizeihoheit Sache der Länder. Zwar wurde mit dem Reichskommissar für die öffentliche Ordnung beim Reichsministerium des Innern eine zentrale Nachrichtensammelstelle geschaffen, doch blieb diese für die konkrete Bekämpfung von Feinden des Reichs ohne besonderen praktischen Nutzen. So bemühte sich Preußens Polizei redlich, den einschlägigen Gesetzen Geltung zu verschaffen. Das galt vor allem nach dem Erlass des Gesetzes zum Schutz der Republik. Doch nicht einmal die Justiz mochte dabei vorbehaltlos folgen. Auch galt, dass Polizei nicht ersetzen kann, wenn breit gestreuter Bürgerwille etwas anderes verlangt – ein Dilemma, das jede Demokratie treffen kann, wenn sie ihren Namen zu Recht trägt. Wie es mit diesem Bürgerwillen bestellt war, darüber geben die Wahlergebnisse der Weimarer Republik Auskunft. Zu ihrem Ende hin triumphierten die totalitären Parteien. Die Befürworter der demokratischen Staatsform waren in die Minderheit geraten. NSDAP und KPD unterhielten ihre eigenen Truppen, die auch schon mal zusammenarbeiteten – zumal, wenn es gegen das verhasste Preußen zu Felde ging.[883]

Nun ist es seinerzeit Weiss und seinen Leuten keineswegs entgangen, auf welchem Pulverfass sie operierten. Er hat seine Erfahrungen in der politischen polizeilichen Arbeit in einem respektablen Buch zusammengefasst. Doch die Wirklichkeit des politischen Polizeialltags verlief wie das Märchen von Hase und Igel. Das gilt auch für das Arbeitsgebiet der Spionageabwehr. Wir erwähnten bereits, wie die Sowjets in Berlin ihre legalen Einrichtungen zu geheimdienstlichen Legalresidenturen ausbauten. Allen voran die Botschaft *Unter den Linden* und die Handelsvertretung in der Lindenstraße. Aber auch das Gästehaus am Kronprinzenufer 10, das zunächst die Vertretung der Ukraine beherbergt hatte, diente janusköpfigen Zwecken: Während hier einerseits intellektuelle Sympathisanten bei kulturellen Veranstaltungen abgefüttert und abgefüllt wurden, nahmen im Gebäude gleichzeitig Kuriere und Agenten Quartier, um die Zeit zu überbrücken, während der Passapparat des Leo Flieg die passenden Legendenpapiere für die Weiterreise schneiderte. Man kann sich gut die Wut vorstellen, mit dem die Berliner Polizisten dem Treiben der sowjetischen Stützpunkte zusehen mussten. Nach der Aussage des Spio-Mannes im Berliner Polizeipräsidium Hans Peters versuchten die Abwehrleute vielfach vergeblich, V-Leute in die Sowjetinstitutionen einzuschleusen. Doch sie scheiterten regelmäßig am dort geübten raschen Personalwechsel, der eine Etablierung von Quellen sehr erschwerte.[884]

Im Mai 1924 war es dann aus Sicht der Polizei endlich so weit. Wie wir schon gesehen haben, führte die Ruhmsucht Felix Neumann, den Chef des Terror-Apparats der KPD, geradewegs in die Arme der Polizei. Dort quatschte er mun-

ter weiter. So kam man dem Apparate-Mann Hans Botzenhard auf die Schliche. Dieser ehemalige Reichsbahnangestellte war zu Beginn der Weimarer Jahre durch seine Teilnahme an den kommunistischen Aufstandsversuchen seinen Job losgeworden. Fortan verdiente er nach Ableistung einer Probezeit beim T-Apparat der KPD sein Brot. In Stuttgart wurde er festgenommen. Bei der Überstellung nach Stargard in Pommern veranlasste er in Berlin die beiden ortsunkundigen Polizisten, die ihn begleiteten, mit ihm durch die Lindenstraße zu gehen, wo er sich von seinen Bewachern losriss und in die Sowjetische Handelsvertretung entkam. Man kann sich leicht ausmalen, mit welcher Freude die eilends herbeigerufenen preußischen Polizisten ihm nachsetzten und wie sie am 20. Mai 1924 an den aufgeschreckten Russen vorbei in das Haus eindrangen und alles auf den Kopf stellten. Den entsprungenen Botzenhard fand man allerdings nicht. Das Haus in der Lindenstraße 20, das der Versicherungsgesellschaft Viktoria gehörte und jährlich über eine Million Reichsmark Miete kostete, grenzte rückwärts an ein Grundstück in der Ritterstraße an. Im dem hier stehenden Geschäftshaus hatten die Gebrüder Löwenstein ein Juweliergeschäft etabliert, dessen eigentlicher Zweck es war, als verdeckter Ein- und Ausgang für die sowjetische Handelsvertretung zu dienen. Hier entschlüpfte auch Botzenhard. Die Reaktion auf den Polizeicoup ließ nicht lange auf sich warten. Geharnischter Sowjetprotest erreichte umgehend das Auswärtige Amt, und Sowjetbotschafter Nikolaj Krestinski wurde stehenden Fußes zur Berichterstattung nach Moskau zurückbeordert. Von flagranter Völkerrechtsverletzung und Ähnlichem war die Rede. Und erst die billig und gerecht denkende Presse. Besonders wenn sie kommunistisch gesteuert war, tutete sie sogleich in dasselbe Horn. Die Frage, ob hier dem Völkerrechtsbruch ein anderer vorausgegangen war, wurde weniger erörtert. In diesem Mai 1924 knickte das Deutsche Reich ein. Einen solchen Eklat mochte man dem zarten Pflänzchen der deutsch-sowjetischen Zusammenarbeit nicht zumuten. Die sowjetische Seite setzte noch eins drauf und nötigte der deutschen die Anerkennung des Diplomatenstatus für eine ganze Reihe von Spitzenleuten der Handelsvertretung auf. Und Hans Botzenhard? Zunächst beschloss die OGPU diesen gefährlichen Mann zu liquidieren. Doch der hatte Glück: Die preußische Polizei kam dem kommunistischen Mordkommando zuvor und verhaftete ihn. Nunmehr schwenkten seine alten Auftraggeber geistesgegenwärtig um und sorgten dafür, dass es ihm in der Haft an nichts fehlte, denn nichts konnte unangenehmer sein, als wenn er jetzt auspackte. Die Rechnung ging auf. Botzenhard schwieg sich aus. Dreieinhalb Jahre Zuchthaus lautete die Quittung der Justiz. Später verlieren sich seine Spuren.[885]
Doch wie stand es um die Spionagebemühungen des Deutschen Reiches gegenüber dem Staat der Werktätigen? Sieht man die sowjetischen Quellen durch, ist man verblüfft, wer sich da alles zum Zwecke der Spionage und Sabotage auf deut-

sche Kosten im Arbeiter- und Bauernstaat herumtrieb. Der Prozess gegen die Ingenieure von Schachty brachte im Jahre 1928 angeblich eine weit verzweigte deutsche Spionageorganisation an den Tag. Viele weitere Verfahren sollten folgen. Spione, Agenten, Saboteure, Diversanten. Böse Mächte aus Deutschland, die nur eins im Sinne hatten: der Sowjetunion den Garaus zu machen. Doch mit der Wirklichkeit hatten diese Verfahren nichts gemein. Sie waren Ausfluss einer systembedingten Paranoia. Sie waren so etwas wie das notwendige Gegenstück zum Glauben an den Plan. Ging eine Sache nicht nach Plan, so waren dunkle Mächte am Werk. Und wo dunkle Mächte walteten, konnten die Geheimdienste des Klassenfeindes nicht fern sein. Die Sowjets konnten auf diese Weise simple Missstände nicht nur erklären, sondern es besteht der Verdacht, dass die Betroffenen selbst an ihren Unsinn geglaubt haben. Sie wurden Opfer ihrer eigenen operativen Politik, die auf den hemmungslosen Einsatz geheimdienstlicher Methoden setzte. Dass andere Staaten anders handelten, lag außerhalb der Vorstellungswelt. Wir wollen simple Psychologisierungen vermeiden, doch drängt sich auf, dass der hier angedeutete Verfolgungswahn im Herkommen der sowjetischen Führungsschicht begründet lag: Diese Männer und Frauen waren in erster Linie Revolutionäre. Sie verdankten ihr Leben und ihr Überleben dem Umstand, dass sie es gewohnt waren, in den Bahnen der Konspiration zu denken und in ihnen zu leben. Sie wussten, dass jede Sorglosigkeit sofort geahndet werden würde. Sie rechneten stets mit dem gegnerischen Angriff und sei es aus den eigenen Reihen durch die verhassten Provokateure. Als die Bolschewiki an die Macht gelangten, konnten und wollten sie ihre Gewohnheiten nicht ablegen. Sie stülpten dem Staat, den sie beherrschten, ihre Lebensformen auf und prägten ihn auf diese Weise bis zu seinem Untergang.[886]

Die Bilanz der Sowjetunionspionage aus der deutschen Sicht fällt, ganz entgegen der russischen Sicht der Dinge, ernüchternd aus. Als der Erste Weltkrieg dem Ende zuging, lag der Schwerpunkt der Spionageaktivitäten bei der Abteilung III b des Großen Generalstabs. Die Nachrichtenstelle Ost leitete den Einsatz gegen das junge Sowjetrussland. Einer der reisenden Agenten war, wie wir geschildert haben, der Reserveoffizier Alexander Bauermeister gewesen, der im Herbst 1918 einen abenteuerlichen Ausflug nach Moskau unternommen hatte. Bauermeister war ein Exot in der sowjetischen Hauptstadt, nachdem erst der deutsche Botschafter Karl Helfferich und sodann die gesamte Botschaft im August 1918 die Flucht ergriffen hatten. Die deutschen Diplomaten, einschließlich des Revolutionierungsexperten Kurt Riezler, hatten sich gründlich verspekuliert. Lenin und seine Bolschewiki blieben allen Unkenrufen zum Trotz an der Macht, selbst als der Vordenker der Revolution Ende August 1918 bei einem Attentat schwer verletzt worden war. Der deutsche Geheimdienst beschäftigte alle möglichen Figuren, und die deutsche Militärmacht setzte auf die Konsolidierung des ihr scheinbar zugefallenen Einflussbereichs von Finnland im Norden hinunter bis zur Krim. Das von General Max Hoffmann wärmstens befürwortete Kommandounternehmen gegen Petrograd unterblieb allerdings. Die deutsche Führung wollte keine weiteren Kräfte gegen das sich scheinbar von selbst auflösende Regime vergeuden. Mit dem deutschen militärischen Zusammenbruch im Westen im Herbst 1918 war die ganze Herrlichkeit auch im Osten zu Ende.[887] Der Generalstabschef von Oberost, Max Hoffmann, notierte am 31. Dezember 1918 in sein Tagebuch: *Bei uns herrscht leider etwas Schweinerei – wir werden Riga nicht halten können. Die Truppen wollen nicht mehr kämpfen.*[888]

Der Waffenstillstand vom November 1918 deutete an, was der Friedensvertrag von Versailles ein halbes Jahr später tatsächlich brachte: das Ende der deutschen Militärmacht, den Abschied aus der Gruppe der Kolonialmächte, den Ausschluss aus dem Konzert der internationalen Gremien und den wirtschaftlichen Ruin durch maßlose Reparationsforderungen. Mit einem Schlag änderten sich auch die Beziehungen zu Russland. Dass der Abbruch der diplomatischen Beziehungen fast auf den Tag genau mit dem Ende des Kaiserreichs zusammenfiel, ist ein Zufall, die Feindseligkeit zwischen beiden Ländern hingegen nicht. Sowjetrussland hatte allen Anlass, sich für das Friedensdiktat von Brest-Litowsk zu revanchieren, und das Deutsche Reich tat gut daran, sich vor den sowjetischen Revolutionierungsbestrebungen zu fürchten, die zum festen Bestandteil des Lenin'schen Programms der bolschewistischen Weltrevolution gehörten. Mit einem Schlag waren die Karten neu verteilt worden. Sowjetrussland konnte das Spiel bestimmen.[889]

Angesichts dieser neuen Ausgangslage nimmt es wunder, wie hartnäckig Deutschland versuchte, auch gegen den Willen der siegreichen Westalliierten in Russland den Fuß in der Tür zu behalten. Sein Blick war vor allem auf das Baltikum gerichtet, das, seit Monaten fast vollständig von deutschen Truppen besetzt, vielen so etwas wie eine Ersatzkolonie darstellte. Auch machte man sich mit der Behauptung Mut, es handele sich ohnedies um altes deutsches Kulturland. Hieran war lediglich richtig, dass in Kurland, Livland und Estland seit Jahrhunderten deutsche Siedler gelebt hatten, deren Oberschicht kulturell den Ton angab. Bestenfalls mit Russen hatte man sich verbündet. Doch die deutschstämmige und strikt deutschsprachige Bevölkerung war im Vergleich zu den ortsansässigen Letten und Esten eine verschwindende Minderheit. Eine Minderheit innerhalb dieser Minderheit besaß allerdings den Löwenanteil an Grund und Boden.[890] Als die deutschen Truppen einmarschiert waren, Riga fiel im September 1917, gaben sich vom Kaiser abwärts Fürsten und Fürstlichkeiten die Klinke in die Hand und schwelgten im vermeintlichen Deutschtum der Länder. Angesichts dieser Konstellation konnte es kaum verwundern, dass die Masse der einheimischen Bevölke-

rung die russische Revolution frohen Herzens begrüßte. Selbst die Oktoberrevolution fiel auf fruchtbaren Boden. Doch mit dem Abzug der deutschen Truppen und dem Nachrücken der Roten machte sich Ernüchterung breit. Ein gut einjähriger Bürgerkrieg begann, der dem russischen an Hass und Grausamkeit in nichts nachstand; eine reiche Erinnerungsliteratur, die in der Nachkriegszeit sehr in Mode kam, gibt hierüber ungeschminkt Auskunft.[891]
Es war eine wilde Gemengelage aus nationalistischen, ideologischen und kolonialen Motiven, welche die Schlachtordnung und die schwankenden Koalitionen bestimmte. Auf der deutschen Seite waren es längst keine regulären Truppen mehr, die dort Dienst taten, sondern Landsknechtsverbände mit martialischen Namen, wie die *Eiserne Division* des Majors Josef Bischoff. Daneben existierte die Baltische Landeswehr, eine Einheit aus deutschbaltischen Einheimischen, die keinerlei besonderer Motivation bedurften, denn für sie ging es um Leben und Besitz. Den Oberbefehl über diese gemischte Truppe führte ein Bürgerkriegsexperte, der bereits in Finnland so auffällig in Erscheinung getretene politisierende General Rüdiger von der Goltz. Goltz hat mit seinen Memoiren insofern ein bemerkenswertes Dokument hinterlassen, als sich die erste und die zweite Auflage in einem Punkt gravierend unterscheiden: Erst in der 1936 renovierten zweiten Fassung bekannte sich der General dazu, dass er gewillt gewesen war, die deutsche Reichsregierung 1919 mit Hilfe seiner Baltikumer gewaltsam zu beseitigen. Dieses Bekenntnis zum Hochverrat legte Goltz allerdings erst ab, nachdem er im Dritten Reich sicher sein durfte, nicht mehr strafrechtlich zur Verantwortung gezogen zu werden. Auch der Bruder des Generals war mit von der Partie; er rührte in Berlin die Werbetrommel der Freikorps und hatte Erfolg mit dem Versprechen guter Löhnung und der Aussicht, im Baltikum auf eigener Scholle siedeln zu können – auf Ländereien nämlich, welche die deutschbaltischen Großgrundbesitzer den Freikorpssoldaten aus ihrem Fundus abzutreten gedachten.[892]
Während Goltz und die Seinen Krieg führten, kam die Reichsregierung in Weimar zunehmend unter alliierten Druck, das Baltikumabenteuer bis zum 20. August 1919 zu beenden. Man entschloss sich, scheinbar nachzugeben, finanzierte die wilden Kriegsscharen im Nordosten aber heimlich weiter. Als sich das nicht mehr aufrechterhalten ließ, verfiel man auf einen weiteren Dreh, der noch absonderlicher anmutet. Der nach Berlin emigrierte Abenteurer und angebliche zaristische Offizier Bermondt kam auf die Idee, in einem Kommandounternehmen vom Baltikum aus zusammen mit anderen russischen Emigranten Petrograd von der Bolschewikenherrschaft zu befreien. Er wählte für sein Vorhaben den wohlklingenderen Namen eines Fürsten Awaloff und glaubte, mit Hilfe der deutschen Baltikumtruppen eine russische Nordarmee bilden zu können. Die Deutschen gingen darauf ein, da die Besetzung des Baltikums sozusagen die Durch-

gangsstation sein musste. Von Estland war der Weg nach St. Petersburg in der Tat nicht allzu weit. Es gelang Awaloff-Bermondt unter den in Deutschland immer noch verbliebenen russischen Kriegsgefangenen einige Truppen zu rekrutieren. Das Geld für sein Unternehmen spendete die deutsche Wirtschaft, allen voran die Deutsche Bank. Sie hatte höchst eigennützige Interessen entlang der Ostseeküste. Ein Vertreter der Reichsregierung und Awalow kamen überein, dass die deutschen Freikorps im Baltikum unter russisches Kommando treten sollten. Ein schöner Plan, der mit dem Ablauf des Jahres 1919 nach massiver alliierter Intervention endgültig zerstob.[893]

Mittendrin ein alter Bekannter: Max Erwin von Scheubner-Richter. Der Baltendeutsche hatte 1915/16 an den Revolutionierungsbemühungen der Kaukasusländer teilgenommen, Ende 1916 war er als tropenuntauglich ins Reich zurückgekehrt. Das Jahr 1918 hatte ihn als Presseoffizier der deutschen 8. Armee gesehen, die den Nordabschnitt der Ostfront besetzt hielt. Als die Deutschen das Baltikum räumten, blieb Scheubner dort. In wessen Auftrag, ist nicht ganz klar, doch vermutlich nicht ohne Billigung seines ehemaligen Dienstherrn. Dann kam es, wie es kommen musste: Der rührige Scheubner wurde festgesetzt und als deutscher Spion mit der Todesstrafe bedroht. Ihn rettete seine Unverschämtheit. Die Behauptung, er sei der offizielle Vertreter des Deutschen Reichs in den Baltischen Staaten, konnten die Revolutionsgarden zumindest auf Anhieb nicht widerlegen. Als auch noch eine Bestätigung aus Berlin eintraf, stand einem Austausch des Gefangenen gegen Geiseln, die von deutschen Freikorpsleuten genommen worden waren, nichts mehr im Wege. Der Fall erinnert ein wenig an den von Karl Radek, den nur seine Frechheit davor bewahrt hatte, auf der Flucht erschossen zu werden. Für Scheubner bedeutete die Freilassung nur einen Aufschub des ihm zugedachten gewaltsamen Todes. Im November 1923 marschierte er neben dem Führer der NSDAP in München in Richtung Feldherrnhalle. Die Kugel aus einer bayerischen Polizeiwaffe verwundete den Marschierer tödlich. Sie riss ihn derartig um, dass er gegen den nachmaligen Führer des Großdeutschen Reiches geschleudert wurde. Hitler kam durch den Aufprall zu Fall und kugelte sich einen Arm aus. Die gegenteilige Konstellation hätte der Welt viel Leid erspart.[894]

Nach dem gescheiterten Baltikumabenteuer unternahm man auf deutscher Seite im Jahre 1920 einen zweiten und letzten Versuch, das Sowjetsystem in Russland durch eine verdeckte Intervention zu stürzen. Motor dieses Versuchs war der zweite Mann in der neu gebildeten Ostabteilung des Auswärtigen Amtes, der Ministerialdirigent Ago von Maltzahn. Inwieweit er mit dem Wissen oder sogar mit Billigung des Reichsaußenministers Hermann Müller handelte, ist zweifelhaft. Mit im Geschäft war der soeben früh pensionierte Generalmajor a. D. Max Hoffmann. Ihm trauten die Konspirateure genügend strategischen Blick und das notwendige Organisationsvermögen zu. Er schätzte völlig realistisch die Lage so ein, dass ohne das wohlwollende Stillhalten der Sieger des Weltkrieges nichts zu bewegen sei. Eine Kontaktaufnahme mit Winston Churchill, dem kommenden Mann in Großbritannien, schien zunächst Erfolg versprechend, doch dann kam die kalte Dusche. Eine britische Zeitung deckte die Geheimkontakte auf. Bei der Wahl zwischen Ludendorff und Lenin habe sich Großbritannien für den harmloseren Lenin entschieden.[895]

Abgesehen von diesen halboffiziellen Eskapaden fanden geheimdienstliche Aktivitäten gegen Russland nach Ende 1918 kaum noch statt. Damit war das Deutsche Reich von Informationen über die Ereignisse in Sowjetrussland praktisch abgeschnitten. Die Abteilung III b wurde zusammen mit dem deutschen Generalstab im Laufe des Jahres 1919 aufgelöst. Das erschien den alliierten Siegermächten als eine sichere Garantie dafür, den deutschen Militarismus zu zerschlagen. Die Alliierten sorgten mit eigens ins Land entsandten Militärmissionen, die sozusagen akkreditierte Spionage betrieben, dass die Entwaffnung und Reduzierung der Militärmacht auf ein 100 000 Mann-Heer strikt durchgeführt wurde. So glaubten sie wenigstens. Wir haben bereits gezeigt, wie wenig die deutsche Führung geneigt war, sich diesen Bedingungen zu beugen. Das Verbot der Überschreitung von Obergrenzen wurde durch heimliche Kaderung und die Pflege von Freikorps unterlaufen. Die notwendigen Waffen wurden in geheime Depots verbracht. Der Generalstab wurde nur vermeintlich abgeschafft. Seine fähigsten Offiziere traten zum neu geschaffenen Truppenamt über, das die Aufgabe weiter betrieb. Auch der Geheimdienst wurde nur angeblich aufgelöst. Die unter der Bezeichnung T 3 (Statistik) errichtete Abteilung des Truppenamtes war in Wirklichkeit die Fortsetzung der alten Abteilung Fremde Heere, der Abteilung III b und des Funk- und Dechiffrierdienstes unter einem organisatorischen Dach. Zum ersten Mal in der deutschen Militärgeschichte waren nachrichtendienstliche Beschaffung und Feindauswertung in einer eigenständigen Organisationseinheit vereinigt. Die Hinzunahme des Dechiffrierdienstes lehrt, dass Not und Sparsamkeit den richtigen Weg erzwungen hatten; doch bereits 1924 wurde der alte Zustand der Trennung wiederhergestellt. Nimmt man sich die Stellenbesetzungsliste des Reichswehrministeriums per 1. Oktober 1919 vor,[896] sieht man, wie der deutsche militärische Geheimdienst zusammengeschrumpft war. Ganze 13 Offiziere waren in der Abteilung T 3 tätig. Von diesen waren zwei oder drei in der Abwehrgruppe, also der aktiven Spionage tätig; hinzu kamen sechs als Zivilangestellte beschäftigte ehemalige Offiziere.[897]

Leiter dieser neuen und heimlichen nachrichtendienstlichen Funktionseinheit innerhalb des Reichswehrministeriums wurde der preußische Major i. G. von Rauch, der die letzten Jahre des Krieges Leiter der Abteilung Fremde Heere in der

Obersten Heeresleitung gewesen war.[898] Den ehemaligen Leiter der III b mochte niemand mehr aktivieren. Seine Zuständigkeit für das Presse- und Zensurwesen war den neuen Staatsgewaltigen nur zu gut in Erinnerung. Passenderweise war Nicolai bei angeblich ruhiger Lage im November 1918 in Urlaub gegangen. Aus diesem gab es für den einst so mächtigen Mann kein dienstliches Zurück mehr. Unter Beförderung zum Obristen wurde er vorzeitig in den Ruhestand versetzt. Alle seine späteren Bemühungen auf Wiederbeschäftigung scheiterten. Sein Nachfolger für die nachrichtendienstliche Beschaffungsarbeit wurde der Major Friedrich Gempp, zuletzt Nicolais Vertreter für die Nachrichtenbeschaffung bei III b und ein ausgewiesener Kenner der Russlandspionage. Im Juni 1920 wurde Gempp zum Leiter der Abwehrgruppe und der später daraus gebildeten Abwehrabteilung ernannt – eine Dienststellung, die er bis 1927 innehaben sollte.[899]

An und für sich hätten nach dem Krieg die denkbar besten Voraussetzungen für die Russlandspionage bestanden. Doch die Wirklichkeit sah anders aus. Als Erstes musste der neue Spionagechef dafür sorgen, seine Organisation an den alliierten Kontrolleuren vorbeizuschmuggeln. Wipo, der Wirtschaftspolitische Dienst, war 1919 die erste Tarnbezeichnung; andere folgten, bis man bei der vorgeblichen Heeresstatistik unterkroch. Wo überhaupt noch Nachrichtendienstoffiziere in der Reichswehr in Erscheinung traten, sprach man beschwichtigend von Abwehr – das in der Überzeugung, dass gegen Spionageabwehrmaßnahmen niemand würde etwas einzuwenden haben. Doch der Begriff der Abwehr war bewusst falsch gewählt, denn er umfasste auch die aktive Spionagearbeit, die man mit dem etwas skurrilen Begriff *Geheimer Meldedienst* umschrieb. Verballhornungen dieser Art ist häufig ein langes Leben beschieden: Der Begriff der Abwehr hielt sich bis zur Auflösung der einschlägigen Behörde, des Amtes Ausland/Abwehr im Jahre 1944; vom geheimen Meldedienst sprach man auch nach dem Zweiten Weltkrieg noch im Bundesnachrichtendienst und in den Verfassungsschutzbehörden.

Die Spionageaktivitäten der Abwehrgruppe, wie die Arbeitseinheit innerhalb der Heeresstatistik bald inoffiziell-offiziell hieß, konzentrierten sich auf Deutschlands unmittelbare Nachbarn, die als nächste Gegner einer kriegerischen Auseinandersetzung in Betracht kamen. Das waren Frankreich, Belgien, Polen und die Tschechoslowakei. Russland kam in diesem Tableau praktisch nicht vor.[900] Es lag außerhalb der militärischen Reichweite. Der in den 1920er-Jahren für Russland zuständige Referent, der Major Ernst Köstring, hat seine Terra incognita wie folgt beschrieben:

Was aber das damalige Russland betrifft, war es in dieser Zeit von uns durch einen noch fast engmaschigeren »Eisernen Vorhang« abgeschirmt als etwa heute, da alle Welt von diesem Eisernen Vorhang spricht. In dieser Abteilung »Fremde Heere« war ich Referent für die russische Armee und russische Wirt-

schaft. Durch eine mehrmonatige Mosaikarbeit in der Zusammenstellung von Nachrichten, die ich mir auf verschiedensten Wegen mühsam beschaffen musste, konnte ich mir erst die Basis für die Weiterarbeit in meiner neuen Aufgabe schaffen. Als das endlich gelungen war, musste ich über meine Ergebnisse dem damaligen Reichswehrminister Dr. Gessler darüber Vortrag halten. Den Minister interessierten meine Ausführungen derart, dass er mir befahl, hierüber auch dem Reichspräsidenten Ebert Vortrag zu halten. Es war dies mein erstes Zusammentreffen mit einem Sozialdemokraten. Wer nun weiß, welche Auffassungen im alten Offizierskorps über die Sozialdemokraten herrschten, kann sich leicht vorstellen, mit welch ablehnenden Gefühlen ich zu Ebert ging, der immerhin mein Oberster Befehlshaber war. Ein kleiner Trost war mir meine rote Safianledermappe, in die ich meine Karten und sonstigen Notizen legte und die in goldenen großen Buchstaben noch die Aufschrift trug: »Vortrag bei S. M«, das heißt, Seiner Majestät (dem Kaiser). Nach meiner durchaus primitiven Vorstellung von Sozialdemokraten hatte ich mir meinen Obersten Befehlshaber etwa in Ballonmütze und Kittel gedacht. Wie überrascht war ich, als mir ein durchaus soigniert gekleideter und kultiviert auftretender Mann liebenswürdig entgegentrat, … Ebert hörte mich über eine Stunde lang an und stellte öfter, aber immer so kluge Fragen und äußerte sich schließlich so zufrieden mit meinem Vortrag, so dass ich mit äußerster Anerkennung für diesen sympathischen Mann von ihm schied.[901]

Wie schon vor dem Ersten Weltkrieg wurden die Dinge in der Kriegsmarine, oder besser gesagt: was davon übrig geblieben war, etwas anders beurteilt. Das lag an der eigenwilligen Lagebeurteilung des Kapitäns z.S. Walter Lohmann. Der Seeoffizier war am Ende des Ersten Weltkrieges zum Leiter der Transportabteilung des Admiralstabs aufgestiegen. Seine Dienstgeschäfte, zu denen auch der Rücktransport deutscher Truppen aus aller Welt gehörte, brachten ihm vielfältige Kontakte zur zivilen Schifffahrt und in die Privatwirtschaft. So verfiel er offensichtlich auf Gedanken, die mit seinem sonstigen Dienstbetrieb recht wenig zu tun hatten, sich aber über diesen trefflich verschleiern ließen. Aus Mitteln des Reichs baute Lohmann der Marine ein Firmenimperium auf, das eine Mischung von Spionage- und Beeinflussungsorganisation werden sollte. Das Ganze wurde von der verschwommenen Vorstellung gelenkt, dass Deutschland in einem Konfliktfalle auf höchst geheime Mittel, Reserven und Strukturen zurückgreifen können sollte. Das Unternehmen war jedoch eine gewaltige Luftblase, die Haushaltsmittel und Reichsbürgschaften in Millionenhöhe verschlang. Zum Schluss erinnerte der Lohmann-Konzern nur noch an Wechselreiterei. Als mit der Pleite der Phoebus-Film AG das Ganze platzte, war der Skandal perfekt.[902] Die Reichsregierung versuchte, sich zunächst mit einer ganzen Reihe von falschen Dementis über die

Runden zu retten. Als das nicht fruchten wollte, wurde die Sache zur geheimen Reichsangelegenheit erklärt. Zum Schluss blieb der vernichtende Bericht des Reichsrechnungshofpräsidenten, dessen Aufzeichnungen heute nahezu unbeachtet im Bundesarchiv schlummern. Die fortschrittliche Presse tobte. Lohmann wurde sang- und klanglos in den Ruhestand verabschiedet. Mit am Start bei der Entwirrung des Lohmann-Labyrinths war der Korvettenkapitän Wilhelm Canaris, ein Mann, der schon öfter nachgewiesen hatte, dass er fürs Geheimdienstgeschäft gut war. Doch selbst der vermochte dem verworrenen Lohmann-Unternehmen keinen Sinn abzuzwacken, denn ungeahnte Reichsmittel, auch solche aus der operativen Marinekasse, waren verprasst worden.[903]

Etwa zeitgleich beschäftigte die Zeitgenossen eine zweite Affäre aus dem konspirativen Milieu. Deren Drahtzieher hielten sich allerdings wesentlich besser getarnt im Hintergrund auf. Was im August 1927 als ein ganz gewöhnlicher Kriminalfall zunächst keine übermäßige Beachtung fand, wuchs sich alsbald zur Tscherwonzen-Affäre aus. Je nach Perspektive wechselte die Sache vom Kriminalstück zur Agentenstory, von der schlichten Vermögensstraftat zur Verschwörung und Staatsaffäre und letztlich zur Klamotte. Dass das so kam, ist dem geschickten Agieren einiger Strafverteidiger, hilflosen Repliken deutscher Regierungsstellen und der veröffentlichten Empörung zu verdanken. Letzte fand vor allem in der kommunistisch gelenkten Presse statt.[904] Doch der Reihe nach: Als die Kripo in Frankfurt am Main zentnerweise gefälschte sowjetische Rubelnoten, so genannte Tscherwonzen, beschlagnahmte, sah alles so aus, als habe man eine Geldfälscher- und Verteilerbande ausgehoben. Die war gerade dabei gewesen, ihre Blüten auf recht amateurhafte Weise an den Mann zu bringen. So sah es aus, doch die Festgenommenen, zwei im deutschen Exil lebende Georgier und zwei Deutsche, ließen, als man sie vor Gericht stellte, Zweifel aufkommen, ob das wirklich so war. Die Georgier hießen Schalwa Karumidse und Basilius Sadathieraschwili. Sie waren als ehemalige Menschewiki Angehörige jener politischen Partei, die 1918 mit Hilfe der deutschen Besatzungstruppen in Georgien an die Macht gekommen und erst Anfang der 1920er-Jahre von dort durch die Bolschewiki gewaltsam vertrieben worden waren. Vor Gericht gestellt, behaupteten die Georgier, sich nicht zur Sache einlassen zu können, da ihnen die notwendigen Aussagegenehmigungen öffentlicher Stellen, für die sie tätig gewesen seien, fehlten. Lägen diese vor, könnte man weitersehen. So wurde der Ball der Abteilung I A, der politischen Polizei im Berliner Polizeipräsidium, weitergereicht. Dort eierte man, und der erste Prozess platzte. Ein zweiter Aufguss des Prozesses brachte noch mehr Verwirrung, denn nun war auch noch die Reichswehr ins Boot geholt worden. Und als eine dritte Auflage auf der Terminrolle stand, waren zwei der Angeklagten untergetaucht. Zurück blieben Aussagefetzen und Spekulationen.

Die falschen Tscherwonzen, das hatte sich schon bald herauskristallisiert, waren keineswegs dafür gedacht gewesen, in Frankfurt umgerubelt zu werden. Die riesigen Mengen, die in einer ganz brauchbaren Qualität hergestellt worden waren, dienten einem anderen Zweck. Sie sollten in die Sowjetunion expediert werden und dort, in phantastischen Stückzahlen auf den Markt geworfen, die Volkswirtschaft ruinieren und letztlich zum Sturz des Sowjetsystems führen. 12 000 bis 13 000 der gefälschten Noten waren bereits in die Sowjetunion gelangt. Ein Plan aus Phantasia? Nachdenklich wird man schon, wenn man berücksichtigt, auf welch wackligen Füßen das Sowjetsystem in den 1920er-Jahren wirtschaftlich stand. Doch der schöne Plan kam nicht zur Ausführung. Einige der Beteiligten des Unternehmens hatten sich nämlich entschlossen, mit einem kleinen Teil der wunderbaren Blüten vorab auf eigene Kappe Kohle zu machen. Die Herren Mittäter Karumidse und Sadathieraschwili waren ehemalige georgische Menschewiki, die vor nicht allzu langer Zeit Mitglieder der dortigen Regierungspartei gewesen waren – an die Macht gekommen dank einer deutschen Militärbesatzung, die in Georgien für die Einsetzung einer stabilen Regierung gesorgt hatte. Nach dem Abzug der Deutschen benötigten die Sowjets noch Jahre, um die Kaukasusrepublik erneut der Zentralgewalt zu unterwerfen. Das Anzetteln von bolschewistischen Aufständen bewirkte fast nichts. Nur eine handfeste kriegerische Intervention der Roten Armee konnte zur Wiedereingliederung der Region in das ehemalige Zarenreich führen. Für die Menschewiki war dies das politische Aus. Etliche von ihnen zogen es vor, den sofort einsetzenden Massakern der Geheimpolizei GPU durch Flucht ins Ausland zu entkommen.[905]

Auch in Berlin etablierte sich neben der Russenszene eine solche aus Georgiern. Selbstredend wurde diese von diversen Geheimdiensten und der preußischen Polizei beargwöhnt und überwacht. Die beiden Georgier, die wir soeben als Angeklagte kennen lernten, trieben offenbar alle möglichen Aktivitäten. Nebenbei waren sie auch bei der Abteilung I A unter Vertrag und vermutlich ebenso bei der deutschen militärischen Abwehr. Doch anders, als die beiden Gaukler es vor Gericht darstellen wollten, hatten ihre staatlichen Auftraggeber mit der Tscherwonzen-Affäre nichts zu tun. Eine Maßnahme von solcher Brisanz hätte zu dieser Zeit nicht in den Interessen des Reichs gelegen, das auf eine gedeihliche Zusammenarbeit mit der sowjetischen Seite aus war, wie wir noch im Einzelnen hören werden. Aber die Sache war den Berliner Geheimdienst- und Kripoleuten nicht ganz unbekannt geblieben, und so eierten sie herum, anstatt sich von ihren ohnedies verbrannten Quellen zu trennen. So entstand aus dem Heimlichkeitsgeraune vor Gericht der übliche falsche Verdacht. Denn in Wirklichkeit hatten die Georgier für das gigantische Geldmanöver einen anderen Auftraggeber gehabt. Der hatte seinen Geschäftssitz in Holland und war Chef des Ölkonzerns Royal

Dutch Shell Compagnie. Es war Henry Detering. Dieser steinreiche Unternehmer hatte vor kurzem erst ein gewaltiges Vermögen verloren, nämlich seine Ölbohrrechte am Kaukasus, welche die Sowjets gleich nach ihrer Machtübernahme in Georgien nach guter Gepflogenheit ersatzlos enteignet hatten. Wie es sich gehört, ging der Milliardär bei seinem Putschplan nicht eigenhändig zu Werke. Er bediente sich einiger Mittelsmänner von gutem und von zweifelhaftem Ruf. Sein unmittelbarer Emissär war ein Mann namens Georg Bell. Bell war deutsch-schottischer Abstammung, und er war nach seinen eigenen, aber falschen Angaben besonders stolz darauf, eine in einschlägigen Kreisen außerordentlich bekannte Tante zu haben, die britische Orient-Agentin Gertrude Bell, die durch ihre konspirativen vertrauensbildenden Kontakte in den arabischen Raum im Ersten Weltkrieg wesentlich mehr zur Zerstörung des Osmanischen Reichs beigetragen hatte als ihr später so berühmt gewordener Kollege Thomas Lawrence. Solche Wahl-Verwandtschaft verpflichtete offenbar. So wurde auch Georg Bell Agent. Er tat dies auf eigene Kappe und diente etlichen Herren, eben auch Henry Detering. Für ihn schuf er einen wichtigen Kontakt zum Generalmajor a. D. Max Hoffmann – Brest-Litowsk-Hoffmann, wie er von seinen Kameraden halb spöttisch, halb bewundernd genannt wurde.[906]

Hoffmann hat in seinen Memoiren geschildert, mit der Expedition von Lenin nach Russland nichts zu tun, ja nicht einmal davon gewusst zu haben, obwohl er der leitende Soldat an der Ostfront war. Zugleich hat er zu Papier gebracht, dass er die Maßnahme bei Kenntnis unterstützt haben würde, um fortzufahren, er hätte die bolschewistische Regierung im Frühjahr 1918 mit militärischen Mitteln hinweggefegt. Das war ihm verwehrt worden, und noch immer haderte er mit dem Gedanken, dass ihm das nicht gelungen war. Hoffmann war der Mann mit den Kontakten und der Energie, die Detering brauchte. Der General a. D. sprach seinen alten Weltkriegsgefährten Kreß an und der besorgte die Georgier.[907]

Doch wer war der Fälscher? Alles deutet auf einen Russen hin, auf Wladimir Orlow (Orloff). Der ehemalige Militärjurist im zaristischen Russland hatte eine bewegte Karriere hinter sich. 1914 war der 32-Jährige der Residentur Batjuschin, also der Warschauer Dependance der Raswedka, zugeteilt worden. 1915 kam er ins militärische Hauptquartier als Untersuchungsrichter für besonders wichtige Fälle. Der Bürgerkrieg sah ihn auf Seiten der Weißen, wo er als Spionage- und Abwehrchef in der Armee des Generals Wrangel diente. Als der Bürgerkrieg zu Ende ging, machte Orlow unter falschem Namen Station in Moskau. Von dort entkam er rechtzeitig, bevor ihn seine Verfolger liquidieren konnten. Ob das alles so geschah, wie er es später geschildert hat, ist nicht sicher. Fest steht hingegen, dass Orlow 1920 nach Berlin emigrierte. In der Exilorganisation *Allrussischer Kongress* nahm er alsbald eine führende Stellung ein. Er fungierte als Leiter von deren in-

terner Nachrichtenabteilung. Seinen Lebensunterhalt bestritt er mit etwas anderem; er bezog von Abwehr und politischer Polizei ein hinreichendes Einkommen als Sowjetexperte. Auch wirkte er als Informant in die Exilantenkreise hinein, wobei er seine Lust, die Sowjetregierung zu stürzen, keineswegs geheim hielt. Bereits am 10. Juli 1922 versuchte deshalb *Die Rote Fahne,* den unbequemen Russen mit der abstrusen Behauptung zu diskreditieren, er habe am Mordkomplott gegen den deutschen Außenminister Walther Rathenau teilgenommen. Auch der vom M-Apparat der KPD herausgegebene Spitzel-Almanach nannte Orlows Namen. Richtig ist allerdings, dass Orlow mit anderen Emigranten zusammen eine Fälscherwerkstatt betrieb, in der man bekommen konnte, was immer für die Illegalität im Sowjetstaat an gefälschten Papieren benötigt wurde. Orlows Kompagnon bei der Herstellung von getürkten Papieren war der Deutschbalte Harald Siewert. Der aus Lettland stammende Siewert hatte Chemie studiert. Während des Krieges diente er als Offizier in der zaristischen Armee. Bereits 1919 kam er nach Deutschland, wo er in den 1920er-Jahren eingebürgert wurde. Seinen Lebensunterhalt bestritt der windige Zeitgenosse, indem er ein Nachrichtenbüro mit dem Namen Dobro, Deutsches Ostbüro, unterhielt, das mit Informationen über Russland und die Berliner Russenszene Handel trieb. Hierfür bezog der gefragte Mann eine stattliche monatliche Zuwendung aus den Kassen des Reichs und des Landes Preußen. Es ist ziemlich wahrscheinlich, dass die Vorlagen für die gefälschten Tscherwonzen aus dieser Ecke stammten. Auch diesen Kontakt wird Max Hoffmann hergestellt haben. Dafür brauchte er nur seinen ehemaligen Untergebenen, den Abwehroberst Friedrich Gempp anzusprechen, der wiederum den Agenten Orlow aktivierte. Dies alles ist wahrscheinlich; belegt ist es nicht.[908]
Als sich nach mehreren missglückten Anläufen Anfang der 1930er-Jahre ein deutsches Gericht entschloss, durch Einvernahme des Zeugen Hoffmann aufzuklären, wie die Dinge wirklich gelaufen waren, mussten die erstaunte Staatsanwaltschaft und die erleichterte Verteidigung feststellen, dass Hoffmann bereits Jahre zuvor am 8. Juli 1927 verstorben war. Bekannte vom ihm mutmaßten, die Liebe zum Cognac habe hierbei eine entscheidende Rolle gespielt. Wir entlassen Hoffmann aus dieser Geschichte mit dem Hinweis, dass nun auch die Tscherwonzen-Affäre in die Jahre gekommen war. Zwar versuchte *Die Rote Fahne* weiterhin, ihren empörten Lesern die große Verschwörung gegen die brüderliche Sowjetunion deutlich zu machen, doch irgendwie hatte sich die Sache totgelaufen. Da halfen auch die geheimdienstlichen Informanten nicht mehr weiter. Ein solcher Mann, der aus der Botschaft *Unter den Linden* sein Gehalt von der INO bezog, war der Russe Sumarokow. Er flüchtete im Sommer 1924 angeblich aus der russischen Botschaft in Berlin. Er gab an, seit 1917 bei der Tscheka Dienst getan zu haben. Die deutschen Behörden glaubten ihm das zunächst und statteten Sumarokow zu

seinem Schutz mit echten Falschpapieren aus. An seinen Befragungen, die sich über Monate hinzogen, nahm auch Wladimir Orlow als Sachverständiger teil. Er kam nach zwei Jahren zu dem Ergebnis, dass Sumarokow ein von der GPU vorgeschobener Provokateur sei. Dem kann man nur zustimmen, denn angesichts der Gepflogenheiten der Tscheka, Überläufer möglichst rasch umzubringen, war nicht nachzuvollziehen, warum Sumarokow ungestört in Berlin herumlaufen konnte. Dieses Bild wird durch den Umstand abgerundet, dass spätere sozialistische Darstellungen Sumarokow zwar als Fälscher in der Russenszene darstellten, was der Mann schließlich auch war, jedoch sein angebliches Überlaufen aus der Tscheka vornehm verschwiegen.[909]

Sumarokow war nicht der einzige russische Agent dieser Machart. Bereits 1923 hatte der sowjetische Auslandsdienst INO eine Quelle in der unmittelbaren Umgebung von Orlow platzieren können. Das Unternehmen war mit Nachdruck betrieben worden, da man Orlow für einen der gefährlichsten unter den Berliner Emigranten hielt, was zweifellos zutraf. Der Mann, der sich in Orlows Vertrauen einschlich, hieß Michail Krotschko, Deckname Katj. 1918 war der 20-Jährige auf der weißgardistischen Seite in den Bürgerkrieg geraten. Seine anschließende Flucht nach Polen ist nur zu verständlich. 1920 ließ er sich von der INO anwerben, die ihn unverzüglich der Berliner Residentur für den Einsatz in der Emigrantenszene überstellte. Krotschko hatte schon bald Erfolg. Durch ihn erfuhren die Sowjets die Schritte und die Planungen von Orlow. Außerdem konnten sie durch dieses Auge der Abwehr und der Berliner Polizei in die Karten sehen. Doch der Schaden, den der überwachte Orlow stiftete, überwog offensichtlich den Nutzen, den man aus den Orlow-Informationen zog. Spätestens 1926 versuchte die INO deshalb Orlow mit Geschichten über die angebliche Verwicklung in Mordtaten zu diskreditieren. Das blieb zunächst fruchtlos. Erst im Jahre 1929 gelang sowjetischen Geheimdienstlern der gewünschte Schlag. Sie schoben Orlow gefälschte Dokumente unter. Es war die Fälschung einer angeblichen Fälschung, denn die Dokumente sollten belegen, dass Orlow Dokumente fabriziert hatte, um zwei US-Senatoren der Bestechung durch sowjetische Dienste bezichtigen zu können. Der vielen deutschen Amtsträgern ohnehin zwielichtig erscheinende Russe wurde am 27. Februar 1929 aufgrund dieser getürkten Bezichtigungen festgenommen. Noch im selben Jahr wurde er aus Deutschland ausgewiesen. Sein nächstes und letztes Exil war Belgien. Hier wurde der Ex-Agent nach dem Einmarsch der deutschen Truppen im Jahre 1940 aufgespürt und von Gestapo-Beamten erschossen – so jedenfalls lauteten sowjetische Berichte, denen wir mit größter Skepsis begegnen. Wahrscheinlicher ist es, dass sowjetische Geheimdienstfunktionäre, die sich in Belgien ziemlich ungestört bewegen konnten, Orlow aus dem Wege räumten. Sie nutzten das Chaos des deutschen Überfalls und erschossen den unbequemen Mitwisser. Michail Krotschko, der Entscheidendes beigetragen hatte, Orlow zur Strecke zu bringen, blieb den Sowjets ein gehätschelter Agent. Noch 1967 gestattete ihm das KGB, seine Memoiren zu veröffentlichen.[910]

Mit Orlows Ausweisung aus Deutschland und den Prozessen von 1929/30 war die Tscherwonzen-Affäre praktisch beendet. Nach der Machtergreifung der Nationalsozialisten hatte kein deutsches Gericht fürderhin Interesse daran, in die Sache hineinzuleuchten – dies umso weniger, als sich Henry Detering, der Milliardär, als ein handfester Freund der NSDAP erwiesen hatte. Seinem ehemaligen Konfidenten Georg Bell bekam die Sache hingegen schlecht, obwohl man ihm eine Beteiligung an der Tscherwonzen-Affäre nicht nachweisen konnte. Folglich wurde er 1929 freigesprochen. Er war es, der kurz drauf die Verbindung zwischen der Nazi-Partei und dem Öl-Multi herstellte. Doch Bell hatte auf das falsche Pferd gesetzt, als er den Kontakt zum NS-Raufbold und SA-Führer Ernst Röhm übernahm. In der trüben Brühe der NS-Kabalen ließ sich Bell in ein Komplott verstricken, das angeblich der Ermordung Hitlers galt. Als Bell bemerkte, was hier gespielt wurde, trat er am 8. Oktober 1932 mit empörtem Getöse aus der NSDAP aus. Das war nicht besonders klug. Wenig später, nach der Machtergreifung, floh Bell, nichts Gutes ahnend, nach Österreich. Doch er hinterließ eine zu deutliche Fährte. Bereits am 3. April 1933 hatte ihn ein über die Grenze gewechselter SS-Trupp aufgespürt, der Bell ohne Federlesens durch mehrere Schüsse aus nächster Distanz ermordete. In Deutschland hatte die Zeit des Reinhard Heydrich begonnen.[911]

Die Allee der Zusammenarbeit.
Das heimliche deutsch-sowjetische Zusammenwirken

Die Allee der Zusammenarbeit war eine wenig gepflegte Straße mit Bäumen, die nicht allzu hoch in den Himmel wuchsen. Auf der deutschen Seite die Bürgersteige geharkt, auf der russischen viel undurchsichtiges Buschwerk. Unter der Straße eine Reihe von heimlichen Verbindungswegen, breit genug, um Flugzeuge und Panzer zu verschieben. Die Zusammenarbeit hatte im Ersten Weltkrieg begonnen; sie fand im November 1918 ein jähes Ende. Sie war in den Monaten zuvor nie ernst gemeint gewesen; und dennoch war sie von gemeinsamen Interessen diktiert. Deutschland wollte seinen ehemaligen Kriegsgegner Russland dauerhaft aus dem Krieg heraushalten, der mit unverminderter Heftigkeit tobte. Sowjetrussland ging es nicht viel anders; die Sowjets wussten, dass die einzige Macht, die ihnen gefährlich werden konnte, die kaiserlich-deutsche Kriegsmaschinerie war. Abgesehen von dieser wechselweise übereinstimmenden Interessenlage, benahmen sich beide Seiten wie Halunken. Deutsche Militärs und andere Eroberungsspezialisten konspirierten nahezu offen mit den Feinden des Sowjetstaats. Die Sowjets wiederum versuchten teils offen, teils heimlich mit den Ententemächten zu paktieren und taten alles in ihren Kräften Stehende, das deutsche Ostheer und weit ausholend die gesamte deutsche Armee und Marine bolschewistisch zu zersetzen. Denn hierin hatten sie Erfahrung; es war das Erfolgsrezept ihrer revolutionären Machtergreifung.

Die deutschen Behörden und Regierungsstellen gaben sich keinerlei Illusionen über die Tätigkeit der sowjetischen Botschaft *Unter den Linden* hin, und sie inszenierten deswegen den Kladderadatsch des Botschaftsgepäcks auf den Treppenstufen des Bahnhofs Friedrichstraße. Nachdem sich die sowjetischen Revolutionsaufrufe wie eine Massendrucksache auf dem Zugang zum Fernbahnhof verteilt hatten, schritt die kaiserlich deutsche Regierung zum Abbruch der diplomatischen Beziehungen. Die Ausweisung des Botschaftspersonals war die übliche Folge. Dies war einer der buchstäblich letzten Akte der vorrevolutionären deutschen Außenpolitik. Was unter anderen Bedingungen einer Sensation gleichgekommen wäre, wurde in den folgenden Tagen durch den Umsturz in Deutschland zur Bedeutungslosigkeit degradiert. Doch trotz des revolutionären Eifers in Berlin blieb Russlands Botschaft geschlossen. In umgekehrter Richtung standen die Dinge weit weniger dramatisch; der deutsche Anspruch auf Beeinflussung der russischen Politik war im Untergangsstrudel der militärischen Niederlage und dem Zerfall der deutschen Armee in einer Wolke von Illusionen zerstoben. Es vergingen vier Jahre, bis Deutschland und Russland 1922 erneut diplomatische Beziehungen aufnahmen.[912]

Bis dahin gab es Zwischenlösungen. Sie verdienen es, erwähnt zu werden, weil sie genau dieselbe Janusköpfigkeit aufwiesen wie offizielle Vertretungen davor und danach. Da zwischen Deutschland und Sowjetrussland das Problem des Kriegsgefangenenaustausches nicht abschließend gelöst war, installierte man so genannte Fürsorgestellen, die in den Hauptstädten residierten. Die sowjetischen Interessen nahm in Berlin ein ehemaliger bolschewistischer Emigrant namens Viktor Kopp wahr, der während des Ersten Weltkrieges Kriegsgefangener in Deutschland gewesen war. Der 39-Jährige geriet alsbald zu Recht in den Verdacht, auch weiterhin das Blatt der Weltrevolution in Deutschland auszuspielen. Neben Kopp agierte das Westeuropäische Büro, von dem wir bereits gesehen haben, dass es keineswegs eine Presseagentur einer unabhängigen Komintern, sondern eine vorgeschobene Geheimdienstagentur war.

Auf der Moskauer Seite fanden die Dinge mit doppelt umgekehrten Vorzeichen statt. Denn dort hatte sich im ehemaligen deutschen Konsulat eine Riege von

deutschen Kommunisten etabliert, welche die Geschäfte der Kriegsgefangenen-
fürsorge auf eigene Kappe betrieben. Dass sie auch anderes taten, versteht sich am
Rande. Sie nutzten die dort einkassierten Stempel und Vordrucke, um Reisende in
Sachen Weltrevolution mit den passenden echten Falschpapieren zu versehen. Erst
nach einem Abkommen vom 19. April 1920 konnte dieser Spuk beendet werden;
die Reichsregierung ließ die Sowjets wissen, dass sie nur noch Diensthandlungen
des von ihr akkreditierten Legationssekretärs Schmidt-Rolke zu akzeptieren
gedenke. Notgedrungen mussten die Russen ihr trojanisches Pferd aufgeben. An
die einhundert deutsche Bolschewiki verloren Unterkunft und Gehalt. Nach
Schmidt-Rolke war es vor allem der Diplom-Ingenieur Gustav Hilger, der zum
ruhenden Pol und wandelnden Lexikon der deutsch-sowjetischen Beziehungen
werden sollte. Der 1886 in Moskau geborene und aufgewachsene Fabrikanten-
sohn wurde am 7. Juni 1920 zum Leiter der Gefangenenfürsorgestelle in Sowjetrussland ernannt. Später war er der Leiter der Wirtschaftsabteilung an der deutschen Vertretung, eine Dienststellung, die er bis 1941 über alle Botschafter- und
Systemwechsel hinweg einnehmen sollte. Nach der diplomatischen Karriere
stand ihm eine späte geheimdienstliche noch bevor. Ab 1942 wurde Hilger in den
persönlichen Stab des Reichsaußenministers versetzt, wo er die Funktion eines
Verbindungsbeamten zur SS wahrnahm. Das alles erschien der US-amerikanischen Siegermacht nach dem Zweiten Weltkrieg interessant genug, um ihn als
Personalrekrutierer für das Office of Policy Coordination, kurz: OPC, anzuheu-
ern. OPC war die Tarnbezeichnung für die Organisationseinheit der CIA, die
zwischen 1947 und 1955 einen Untergrundkrieg gegen die Sowjetunion organisieren sollte. Damit sind wir den Dingen etwas vorausgeeilt.[913]
Von 1920 bis 1922 fungierten die Leiter der Gefangenenfürsorgestellen praktisch
als die diplomatischen Interessenvertreter ihrer Länder. Das ging nicht ohne
Feindseligkeiten und Grotesken ab. So versicherte beispielsweise Karl Radek, der
in dieser Zeit offiziell den scheinheiligen Posten eines Leiters der *Prawda* bekleidete, seinem diplomatischen Gegenüber vollmundig, dass die sowjetische Seite
gar nicht daran denke, in Deutschland angesichts der augenblicklichen politischen
Konstellationen die Macht zu ergreifen. Vielmehr müsse zunächst ein Rechtsputsch erfolgen. Dann erst sei die Stunde der Kommunisten da.[914]
Das Abkommen von Rapallo wurde am 22. April 1922 zwischen dem Reichsaußenminister Walther Rathenau und dem sowjetischen Volkskommissar Georgi
Tschitscherin abgeschlossen. Es wirkte wie eine Sensation, und es war doch nichts
anderes als eine Zweckveranstaltung zwischen zwei Außenseitern des Welt-
theaters. Der Hauptzweck war die Demonstration, dass die beiden ehemaligen
Großmächte und Weltkriegsverlierer genügend Souveränität besaßen, um außenpolitisch eigenständige Wege zu gehen. Rapallo war eine Art diplomatisches Aus-

rufezeichen, auch ein leise ausgestoßenes drohendes Knurren. Wie beabsichtigt, wurde das allseits verstanden; vereinzelte hysterische Reaktionen in Frankreich und Italien mögen dem einen oder anderen an der Vorbereitung Beteiligten ein bitteres Lächeln abgenötigt haben. Dabei wussten beide Seiten sehr genau, was sie von dem Abkommen und was sie voneinander zu halten hatten. Nicht umsonst hatte vor allem der deutsche Außenminister Walther Rathenau vor seiner Unterschrift erheblich gezögert. Weder die Neugierde, die Rathenau zu Beginn des Jahres 1919 in die Zelle des sowjetischen Revolutionärs Karl Radek in Berlin gelockt hatte, noch seine gigantischen planwirtschaftlichen Phantasien hatten aus dem Mann einen Sympathisanten für das Moskauer System gemacht. Alles, was aus dieser Gegend der Welt zu hören war, konnte einen Mann wie ihn bestenfalls das Fürchten lehren.[915]

Doch Rathenau war nicht mehr genügend Zeit zugemessen, um das außenpolitische Experiment mit der Sowjetunion zu leiten und zu begleiten. Eine Verschwörerbande unter Leitung des ehemaligen Korvettenkapitäns Hermann Erhardt setzte seinem Leben am 24. Juni 1922 ein Ende. Als er im Kugelhagel der Mörder Erwin Kern und Hermann Fischer in seinem Auto auf der Berliner Königsallee starb, hatte eins der unsinnigsten und unseligsten Geheimbundunternehmen seine Erfüllung gefunden. Der AEG-Erbe verband alle nur denkbaren Hass-Klischees in seiner Person: Rathenau war reich, sehr reich, fast möchte man sagen unanständig reich. Rathenau war zudem ein Intellektueller – ein schwer verständlicher Intellektueller: Er schrieb nicht nur eine naturwissenschaftliche Doktorarbeit, nein, er hatte bei aller Inanspruchnahme und Rastlosigkeit, die ihm eigen war, Lust und Muße *Von kommenden Dingen* und von anderen Gegenständen zu schreiben. Den deklassierten Offizieren, die seine Mörder wurden, hatte einst die preußische Felddienstordnung sichere geistige Handreichung und ebensolchen Horizont geboten; für ihresgleichen war das Werk dieses Mannes ein unappetitlicher, bestenfalls die Manneszucht untergrabender Greuel. Rathenau war einflussreich; er begnügte sich keinesfalls mit der Lenkung seines zum Teil ererbten, zum Teil in jungen Jahren selbst geschaffenen Firmenimperiums, nein, er übte politischen Einfluss aus; ohne Not hatte er nach dem Kriegsausbruch 1914 für ein knappes Jahr im preußisch-deutschen Kriegsministerium die neu geschaffene Kriegsrohstoffabteilung initiiert und geleitet – eine wesentliche Voraussetzung dafür, dass das Reich in der Lage gewesen war, die ersten Jahre des Weltkrieges ohne Zusammenbruch zu überstehen. Neuerdings mischte er sich wieder in die Reichsgeschäfte ein; ab Ende Januar 1922 war er sogar der Außenminister des Reichs. Und Rathenau war, das konnten ihm seine Mörder am wenigsten verzeihen, ein Jude. Zwar hatte man nicht verhindern können, dass er als Einjährigfreiwilliger im allervornehmsten Kavallerieregiment, welches das Königreich

Preußen zu bieten hatte, dem *Garde du Corps*, Dienst tat; die Ernennung zum Leutnant hatte man allerdings zu verhindern gewusst. Aber man denke nur: In den Personalfragebogen, den ihm unverschämte Bürokraten bei seiner Ernennung als Reichsaußenminister vorlegten, schrieb er hinter die Frage der Religionszugehörigkeit: Diese Frage entspricht nicht der Verfassung. So ein Mann musste weg, und er kam weg. Sein Mordkommando lauerte ihm am 24. Juni 1922 auf. Das Attentat gelang durch eine Aneinanderkettung von Zufällen. Auch hatte es an einschlägigen Warnungen nicht gefehlt, so dass man fast geneigt ist festzustellen, dass der Außenminister des Deutschen Reichs an diesem Samstag provokativ im offenen Wagen in den Tod fuhr.[916]

Der Tod Rathenaus brachte innenpolitisch einiges in Wallung, außenpolitisch änderte er so gut wie nichts. Dies ist beileibe keine Missachtung des Ermordeten, den der Österreicher Robert Musil hernach nicht besonders schmeichelhaft als den deutschen *Großschriftsteller Arnheim* persifliert hat. Der Tod Walther Rathenaus hinterlässt uns in der Ungewissheit, ob bei seinem Weiterleben die Russlandpolitik weniger dynamisch verlaufen wäre. Das ist möglich, denn der Mann, der die treibende Kraft in der rapiden Annäherung der beiden so ungleichen Partner war, hatte jetzt freie Hand. Ago von Maltzahn war ein Mann aus ganz anderem Holze. Bei Kriegsende war der Berufsdiplomat aus Den Haag in die Reichshauptstadt zurückbeordert worden. Hier trat er im neugegliederten Auswärtigen Amt innerhalb der Ostabteilung an die Spitze des Russlandreferats. Den von außen kommenden neuen Abteilungsleiter Gustav Berendt ignorierte er weitgehend und machte Ostpolitik auf eigene Kappe – und die hieß: Annäherung an Sowjetrussland. In sein ambitioniertes Agieren wusste er seine Frau wirksam einzuspannen (oder sie ihn), denn Maltzahn hatte reich geheiratet, und jetzt nutzte das Ehepaar seine materiellen Möglichkeiten, um im eher freudlosen Nachkriegsberlin einen politischen Salon zu führen. Dort verkehrten auch die Emissäre des Sowjetstaates.[917]

Als er im Jahre 1919 vom Haag ins Auswärtige Amt versetzt wurde, mietete er in der Kaiser-Allee eine große Etage und stattete die Räume mit chinesischen Altertümern prachtvoll aus. Er gab dort, unterstützt von seiner mondänen Gattin, Frühstücke und Diners, die in dem von der Inflation heimgesuchten Berlin eine Seltenheit darstellten und dem Gastgeber eine einzigartige Stellung eintrugen. Er vermochte diese Gastlichkeit nur dadurch zu entfalten, da er über Privatvermögen verfügte, Beziehungen zum Lande besaß und einen eigenen Fonds, den so genannten Zimmerle-Fonds, der anfänglich 600 000 Mark betragen hatte, für diese Zwecke heranziehen konnte.
Die Geselligkeit im Hause Maltzahns war auch deshalb einzigartig, weil der Gastgeber um seinen Tisch Politiker der verschiedensten Richtungen versam-

melte. Er lud Herren von der äußersten Rechten bis zur äußersten Linken ein. Von den Deutschnationalen gehörten Professor Hoeltzsch, von den Demokraten Theodor Wolff und Georg Bernhard, von den Sozialisten Wels und Breitscheid und später den Bolschewisten Krassin, Radek, Tschitscherin, Scheinmann und Kopp zu den Gästen. Alle wurden mit der gleichen Höflichkeit und der gleichen Gastlichkeit empfangen, und jeder nahm immer das Gefühl mit, dass der Gastgeber sich ihm besonders gewidmet habe.[918]

So und nicht anders wurden die Grundlagen für die kommende Zusammenarbeit geschaffen. Hier wurde auch der Vertrag von Rapallo vorbereitet. Bei alledem hatte Maltzahn seine Karriere fest im Blick. Ende 1921 stieg er zum Leiter der Ostabteilung auf, kurz darauf avancierte er zum Staatssekretär des Auswärtigen Amtes – ein Posten, den er bis zur Pensionierung 1924 innehatte. Sucht man nach dem Ursprung des sogleich zu Schildernden, muss man den Salon der Maltzahns immer mit im Auge haben. Denn noch bevor die eigentliche diplomatische Zusammenarbeit zwischen dem Reich und Sowjetrussland begonnen hatte, war es zu mehr als nur einer losen und unverbindlichen Fühlungnahme zwischen der Reichswehrführung und Russland gekommen. Maltzahn, der hieran nicht ganz unbeteiligt war, bemerkte in einem echt diplomatischen Geniestreich, dass er die Annäherung der Militärs zwar zur Kenntnis genommen habe, aber jegliche Verantwortung hierfür ablehne.[919]

Es war ein außenpolitisches Ereignis von außerhalb der Reichsgrenzen, das den eigentlichen Anstoß im Umdenken gegenüber dem verhassten Sowjetsystem brachte, nämlich der russisch-polnische Krieg von 1919/20, der den deutschen Militärstrategen der winzig gewordenen Reichswehr plötzlich zu neuen Einsichten verhalf. Der Angriffsschwung der Roten Armee, der die sowjetischen Truppen im Frühjahr 1920 bis an die Ostpreußische Grenze vorrücken ließ, weckte alte Hoffnungen, die Reichsgrenzen von 1914 wiederherstellen zu können und mit Hilfe der Russen die lästigen Polen im Zaum zu halten. Das war nicht sehr realistisch, denn in den Köpfen der Bolschewiki hatte sich zur gleichen Zeit der weitere Vormarsch ins Deutsche Reich abgespielt. Doch dann geschah im August 1920 das Wunder an der Weichsel, das die Welt darüber belehrte, wie schlagbar die Rote Armee noch war. Teile ihrer Nordarmee gerieten auf Ostpreußisches Gebiet; sie wurden dort entwaffnet und interniert. Schon hieraus ergaben sich zwangsläufige Kontakte. Hilfswünsche, die der Quasibotschafter Viktor Kopp bei der deutschen Regierung anzubringen suchte, wurden vom Auswärtigen Amt konsequent ignoriert. Allerdings wurde der deutsche Major Wilhelm Schubert, der 1918 bereits an der deutschen Botschaft in Moskau akkreditiert war, aufgefordert, mit der Roten Armee via Ostpreußen Kontakt aufzunehmen und dauerhaft zu halten. Dabei war höchste Diskretion am Platze, denn was Deutschland hier in

Angriff nahm, war mit den Bedingungen von Versailles schlechterdings unvereinbar. Es ging Deutschland um ein fern gelegenes Manöver- und Erprobungsfeld, wo ungestört von Alliierten Militärkommissionen die Technik und die Taktik neuer Waffen probiert werden konnte. Im Vordergrund standen dabei die Luftrüstung und die Operation mit gepanzerten Verbänden. Beides war dem Reich ausdrücklich untersagt; beidem würde nach den Vorstellungen deutscher Militärstrategen in einem Krieg der Zukunft die entscheidende Rolle zukommen. Mit dem Major Oskar Ritter von Niedermayer trat ein weiterer Bekannter von uns auf den Plan. Der Afghanistanabenteurer des Ersten Weltkrieges war in den Dunstkreis des kommenden Mannes der Reichswehr geraten: Hans von Seeckt. Dessen Aufstieg zum Chef des Truppenamtes, also zum Ersatz-Generalstabschef, war nur eine Zwischenstation gewesen; im Juni 1920, nachdem er den Kapp-Putsch ausgesessen hatte, wurde er zum Chef der Heeresleitung befördert und damit zum obersten Soldaten des deutschen Heeres. Unter Seeckt machte das deutsche Militär die Russlandwende. Niedermayer wurde sein Emissär zur Roten Armee, durch einen Brief von Viktor Kopp an den Kriegskommissar Leo Trotzki angekündigt, worin er Niedermayer als *Neumann, der Ihnen bekannt ist*, ankündigte.[920]

Ein zweiter Abgesandter Seeckts war von wahrhaft exotischem Format. Das war der ehemalige türkische Generalissimus Mustafa Enver Pascha. Nach dem schmählichen Kriegsende in der Türkei gestürzt, war Enver zum alten Kriegsverbündeten Deutschland geflohen, wo er in Berlin wohlwollend aufgenommen wurde. Er war aus Kriegstagen mit Seeckt gut bekannt. Nun reiste er im Auftrag des Deutschen nach Sowjetrussland, anfangs von dem Hauptmann Ernst Köstring begleitet, einem der engsten Mitarbeiter Seeckts; während der deutschen Ukraine-Okkupation 1918 sahen wir ihm bereits beim vergeblichen Bemühen zu, eine deutschfreundliche ukrainische Armee aus dem Boden zu stampfen. Köstring wird uns weiter durch das deutsch-russische Wirrwarr begleiten; Enver Pascha hingegen blieb eine Sternschnuppe. Ende August 1920 erreichte er Moskau und berichtete Seeckt brieflich über seine Gespräche mit sowjetischen Spitzenfunktionären; sie seien, so schrieb er, zur Zusammenarbeit und zur Herstellung der Grenzen von 1914 bereit. Ob das so war, wie Enver schrieb, kann niemand genau sagen. Fest steht nur, dass er im Oktober 1920 wieder in Berlin erschien, diesmal auch im Auftrag der Komintern reisend und mit deren Geldmitteln reichlich versehen. Sein Ziel war ausgerechnet die USPD, die er mit Geld und guten Worten der kommunistischen Sache zuführen sollte; das gelang, wie wir schon sahen, nur unvollkommen. Enver hielt derweil Hof in Potsdam-Babelsberg, allerdings nicht allzu lange. Bereits im Januar 1921 brach er erneut in geheimer Mission nach Russland auf. Doch Deutsche und Russen täuschten sich:

Der Mann ließ sich nicht lenken. Im Herbst organisierte er im Gebiet von Buchara eine panturanische Unabhängigkeitsbewegung; im Jahr darauf, am 4. August 1922, fiel der erst 41-Jährige im Kampf gegen die Rote Armee.[921]
Unter striktester Geheimhaltung gingen derweil die deutsch-sowjetischen Verhandlungen weiter. Anfang des Jahres 1921 wurde die Sondergruppe R (= Russland) ins Leben gerufen, die dem Chef des Truppenamtes, dem Generalmajor Wilhelm Heye, unterstellt wurde. Ihr gehörten neben den Offizieren Schubert und Niedermayer die Hauptleute Fritz Tschunke und Herbert Fischer an. Die Leitung wurde dem Obersten Otto Hasse übertragen. Mit Decknamen und allen anderen Geheimdienstattributen versehen, reisten die Deutschen und die Russen zwischen Moskau und Berlin hin und her. Doch als die offiziellen diplomatischen Kontakte eröffnet wurden, hatte man außer einer Reihe von Absichtserklärungen nichts vorzuweisen. So war beispielsweise ein künftiges Werk des Dessauer Flugzeugbauers Hugo Junkers in der Nähe von Moskau geplant; aber das Projekt bestand nur auf dem Papier.[922]
Natürlich war es im Jahre 1922 nach dem Vertragsschluss von Rapallo ein Politikum, wer der neue Botschafter im jeweils anderen Staat sein würde. Ebensowenig wie die Deutschen den ersten Sowjetbotschafter Adolf Joffe zurückhaben wollten, konnten die Russen Rudolf Nadolny akzeptieren, den sie nicht ohne Grund als den Hauptverantwortlichen für Joffes Ausweisung aus Deutschland im November 1918 ansahen. Ein anderer Favorit auf den Posten, der alte Russlandspezialist Paul von Hintze, warf sich durch einen vorwitzigen Moskaubesuch selbst aus dem Rennen. So wurde Deutschlands erster Botschafter nach der Wiederaufnahme der diplomatischen Beziehungen nach einigem Tauziehen ein anderer alter Bekannter, Ulrich Graf Brockdorff Rantzau. Wir haben diesen Mann als Aktivisten bei der Revolutionierung Russlands und als kurzzeitigen Außenminister des Deutschen Reichs bereits kennen gelernt. Der 53-Jährige wurde reaktiviert; er nahm sein Amt bis zu seinem frühen Tod am 8. September 1928 wahr. Die Berufung zum Botschafter in Moskau stellte für Brockdorff den Zenit und erwünschten Schlusspunkt seiner Karriere dar. Doch täuscht man sich sehr, wollte man aus ihm einen Freund des Sowjetsystems machen. Verwirrte Geister haben versucht, Brockdorff als eine Art Nationalbolschewisten darzustellen. Das greift erheblich zu kurz. Brockdorff ließ sich mit einer geraden Elle kaum messen. Seine Ernennung zum Botschafter änderte nichts an seinem mehr als skurrilen Lebensstil. Kaum, dass er sein Amt in Moskau angetreten hatte, trat er in enge persönliche, ja freundschaftliche Beziehungen mit dem bolschewistischen Volkskommissar des Äußeren Georgi Tschitscherin – wegen seiner adligen Herkunft ein Exot wie Brockdorff. Doch abseits dieser Männerfreundschaft empfand sich Brockdorff in erster Linie als deutscher Diplomat, dem das Zusammenspiel mit einem schwie-

rigen Partner anvertraut war, dessen Ideologie ihm zutiefst verachtenswert erschien.[923]

Es kann kaum verwundern, dass Brockdorff Rantzau sich mit dem wenig stringenten Tun der Militärs nicht befreunden konnte. Noch vor seiner Berufung ließ er durch private Verbindungen Seeckts Nebendiplomatie, um es höflich auszudrücken, ausspähen. Mit Empörung merkte er an, dass dies alles hinter dem Rücken des Reichspräsidenten abgelaufen war, dem er unverzüglich reinen Wein einschenkte. Er sparte auch nicht mit dem Hinweis, dass das Auffliegen dieses illegalen Tuns schwerste internationale Verwicklungen zur Folge haben müsste, insbesondere fürchtete er, dass die wieder aufgenommenen Verbindungen zu England Schaden leiden werden. Bei dieser Gefechtslage ist es kaum verwunderlich, dass Seeckt alles daransetzte, die Berufung des ihm zutiefst suspekten Grafen zu verhindern; hierbei scheute er sich keineswegs, selbst den sowjetischen Außenkommissar Tschitscherin vor seinen Karren zu spannen. Das alles misslang; Reichspräsident Friedrich Ebert wusste nur zu gut, was er an Brockdorff hatte.[924]

An einem kalten Oktoberabend des Jahres 1922 hatten sich alle Freunde Brockdorff Rantzaus auf dem zugigen Friedrichstraßen-Bahnhof versammelt, um ihm Lebewohl zu sagen. Wir füllten den ganzen Bahnsteig und bildeten einen Halbkreis um das Abteil, in dem der neue Botschafter am heruntergelassenen Fenster stand. Abschiedsgrüße und Abschiedswitze flogen hinüber und herüber. Als das Zeichen zur Abfahrt gegeben wurde, trat [Staatssekretär Ago von] Maltzahn aus unserm Halbkreis und überreichte Brockdorff Rantzau feierlich eine ehrwürdige Flasche ältesten französischen Cognacs. Der Botschafter ergriff sie lächelnd und rief mit der ihm eigenen Schlagfertigkeit: »Sie wollen wohl damit sagen: In hoc signo vinces!« Alle Anwesenden brachen in ein schallendes Gelächter aus. Der Zug setzte sich in Bewegung und glitt langsam aus der Halle. Brockdorff Rantzau aber winkte uns Zurückbleibenden mit der Cognacflasche die letzten Abschiedsgrüße zu.[925]

Brockdorff übernahm also das Russlandgeschäft. Nachdrücklich warnte er die Militärs vor den hochfliegenden Plänen einer russisch-deutschen Militärkonvention. Aus Gesprächen mit Radek und Tschitscherin wusste er nur zu genau, dass die Russen ganz andere Ambitionen hatten. Ihnen schwebte vor, mit deutscher Hilfe und mit deutschem Know-how die Rote Armee auf einen akzeptablen technischen Stand hochzurüsten. Wenn dies zudem auf deutsche Kosten geschehen würde, nun, umso besser. Das waren Ziele, die mit den deutschen selbst partiell keine Ähnlichkeit aufwiesen. Vergeblich warnte Brockdorff die Militärs, dass ein Hindrängen zum Militärbündnis zwangsläufig Fragen nach der deutschen Stärke und Ausrüstung auf den Verhandlungstisch bringen müsste, denen man kaum gescheit ausweichen konnte. Er hatte in den Wind gesprochen. Als die deutschen

Militärzahlen auf den Tisch kamen, zogen sich die Sowjets blasiert zurück; mit einem solchen Schwächling ein Bündnis zu schließen, konnte nicht in ihrem Interesse sein. Sie scheuten sich nicht, genau das zum Ausdruck zu bringen. Der deutsche militärische Offenbarungseid sollte nicht einmal nach Jahresfrist schwere innenpolitische Folgen haben, als nämlich nach Moskauer Lesart im Oktober 1923 der Deutsche Oktober angesagt war. Zur Erinnerung: Der Jahresbeginn 1923 hatte der deutschen Republik eine Krise beschert, die fast ihr Aus bedeutet hätte. Am 11. Januar 1923 besetzten belgische und französische Truppen das Ruhrgebiet, litauische fielen im Memelland ein; dass sich auch Polen an den Raubzügen beteiligen würde, schien vielen Beobachtern bestenfalls eine Frage der Zeit. Nach kurzer Nabelschau wusste die Reichsregierung, dass sie diesen Aggressionen militärisch nichts entgegenzusetzen hatte. Konzepte eines Volkskrieges waren unrealistisch, denn es gab weder genügend Waffen noch ausreichend Munition. Also suchte man sein Heil im passiven Widerstand; doch auch der konnte nicht lange gut gehen, da das Reich durch die Ruhrbesetzung in seinem wirtschaftlichen Kern getroffen worden war.[926]
Derweil fuhr Moskau einen Zickzackkurs. Plötzlich machte man Tempo, um zu Abschlüssen zu gelangen, die mit deutschem Kapital und deutschen Firmen Waffenentwicklung und Produktion auf russischem Gebiet möglich machen sollten. Erneut bremste Brockdorff, um der sowjetischen Seite keinen Einblick in die deutsche Rüstung zu geben. Vergebens, denn die militärische Seite bastelte schon wieder an einem Vertrags-Spielzeug, das an die Tauroggenkonvention vom Dezember 1812 anknüpfen sollte. Damals hatte sich das von Napoleon geschlagene preußische Militär eigenmächtig mit dem Zaren verbündet und so die Befreiungskriege von 1813/14 eingeleitet. Doch im Jahre 1923 waren solche Überlegungen Hirngespinste, denn im Reich standen die Dinge auf der Kippe. Nachdem die KPD im Frühjahr noch ins nationalbolschewistische Horn geblasen hatte, wurden die Töne zum Sommer hin merklich schriller: Die Inflation beschleunigte sich täglich. Man nannte sie galoppierend; heutige Sprachkünstler würden vielleicht von megagigantisch reden. Plötzlich war allen klar, dass die Reichsregierung Cuno weg musste. Mit Befriedigung feierte die KPD deren Sturz im August 1923, an dem sie fleißig mitgewirkt hatte. Doch die Demokraten der Republik fanden die Kraft, sich zu einer Großen Koalition unter Gustav Stresemann zusammenzufinden. Diese beendete die Inflation mit ihrem berüchtigten Währungsschnitt, und sie beendete auch die russischen Vertragsabenteuer. Die sowjetische Seite hatte mit der Annahme eines lukrativen Angebots der Reichsregierung Cuno zu lange gezögert und ausgerechnet dadurch ihre revolutionären Fußtruppen im Reich, die KPD, aus dem Tritt gebracht, denn noch im Mai 1923 war Radek in Deutschland umhergereist, um den Genossen ein Ruhe-Bewahren zu dekretieren.

Die Rechnung war nicht aufgegangen. Jetzt fand Sowjetrussland zu seiner alten Form zurück. KPD-Chef Heinrich Brandler wurde nach Moskau zitiert und mit dem Befehl zur Revolution nach Deutschland zurückgesandt. Sinowjew, Radek und Co. hatten wieder auf Weltrevolution umgeschaltet. Sie wiegten sich nach den Verhandlungen mit der Reichswehr in Sicherheit, dass das 100 000-Mann-Heer kein ernst zu nehmender Gegner sein werde. So kam es letztlich zum Deutschen Oktober. Er wurde ein Flop, dessen Verlauf wir bereits beschrieben haben.[927] Am 15. Dezember 1923 trafen Brockdorff und Trotzki in Moskau zusammen. Das war nur möglich, weil das Reich die Beziehungen zu Sowjetrussland nicht erneut abgebrochen hatte. Diesmal waren alle Voraussetzungen für einen solchen Schritt erfüllt, doch die Zeiten waren nicht danach. Beide Seiten waren allerdings auf das stärkste ernüchtert. Die Sowjets wussten nun mit Bestimmtheit, dass Deutschland für die kommunistische Revolution nicht reif war und dass die verlachte Bürgerregierung kommunistische Beglückungsaktionen mit Waffengewalt abzuwehren gewillt und in der Lage war. In Deutschland konnte es keine Illusionen über Militärpakte mit dem Sowjetsystem mehr geben. Zusammenarbeit auf dem kleinsten gemeinsamen Nenner war angesagt. Was nun kam, war überschaubar und effektiv. In den kommenden neun Jahren produzierten deutsche Firmen in Sowjetrussland Flugzeuge und Giftgas, vor allem Lost, einen grässlichen Nervenkampfstoff, mit dem Reichswehr und Rote Armee ausgestattet wurden. Deutsche Offiziere und Waffentechniker übten mit dem Teufelszeug auf dem Gasübungsplatz von Tomka. Auf dem Panzerübungsgelände Kama bei der Stadt Kasan wurde der Grundstock für die Panzerwaffe und für die Blitzkriegstrategie des Zweiten Weltkrieges gelegt, und in Lipezk lernten junge deutsche Offiziere das Fliegen mit modernen Ganzmetalltypen. Auch die Gegenrechnung konnte sich sehen lassen: Die Creme der sowjetischen Militärelite nahm an der deutschen Generalstabsausbildung teil, die es offiziell gar nicht gab. Wer meint, dass es bei der deutschen Mini-Armee nichts zu lernen gab, der irrt. Die deutsche Führergehilfenausbildung fand unter einem zweifachen Als-ob statt. Die erste Fiktion war die Größe der Armee, die an die Verhältnisse des Weltkrieges anknüpfte und unterstellte, dass Deutschland mit einer im Weltmaßstab gerüsteten Armee wieder würde operieren können. Die zweite Fiktion betraf die Ausstattung; es wurde unterstellt, dass es möglich sein werde, eine Armee zu lenken, die für den Bewegungskrieg gerüstet war – auch dies ein Faktum, das auf die Reichswehr keinesfalls zutraf. Also alles nur Sandkastenspiel? Ja und nein. Das Offizierskorps, das hier getrimmt wurde, war fast aus dem Stand in der Lage, einer Offensivarmee Leben einzuhauchen. Die Ereignisse des Zweiten Weltkrieges haben das drastisch unter Beweis gestellt.[928] Bleibt nachzutragen, dass längst nicht alles so schlank lief, wie es hier geschildert worden ist. Deutscher Hochmut und kommunistisches Misstrauen haben für viel

Ärger, Leerlauf und Missverständnisse gesorgt. Oft war es Einzelnen zu verdanken, dass scheinbar unüberbrückbare Gegensätze überwunden wurden. Vom persönlichen Umgang der Herren Tschitscherin und Brockdorff sprachen wir bereits. Die Leiter der militärischen Residentur, Zentrale Moskau genannt, kamen hinzu: Hermann von der Lieth-Thomsen, im Weltkrieg Stabschef des Kommandierenden Generals der Luftstreitkräfte; sein Deckname war Ingenieur. Ihm folgte der unvermeidliche Oskar Niedermaier, der schon 1920/21 in Moskau für viel Ärger gesorgt hatte. Der Dritte im Bunde war schließlich Lothar Schüttel; er war bis zum Ende der Zusammenarbeit im Jahre 1933 der deutsche Platzhalter in Moskau. Ab 1928 traten auf beiden Seiten die Militärattachés der Botschaften hinzu, zunächst etwas vage als Verbindungsoffiziere tituliert: Die Deutschen Hans Halm, Ernst Köstring und Otto Hartmann sowie die sowjetischen Offiziere Awgust Kork, Witowrt Putna und Wassili Lewitschew. Die drei Letztgenannten wurden 1937 als angebliche deutsche Agenten erschossen.[929]

Die militärpolitische Zusammenarbeit ging nicht ohne gravierende Einbrüche ab. Zum Jahreswechsel auf 1926 sorgten peinliche Enthüllungen über die verbotene deutsch-sowjetische Zusammenarbeit für internationale Verstimmung. Zwischen Deutschland und der Sowjetunion wurden die Dinge 1927 auf Eis gelegt; erst danach kam das Zusammenwirken wieder in Gang. Wo kamen die Nachrichten her, die für so viel Ärger sorgten? Vermutlich waren es die Sowjets selbst, welche die Lawine lostraten. Das begleitende Agieren der KPD lässt kaum einen anderen Schluss zu. Der Grund der Maßnahme: Man wollte durch die Enthüllungen die unübersehbare deutsche West-Annäherung blockieren. Doch das wurde ein Bumerang. Russland geriet in die ernsthafte Gefahr eines Krieges mit Polen, wo nach dem Maiputsch 1926 mit Józef Pilsudski ein Erzfeind des Sowjetstaates das politische Ruder ergriffen hatte. Sich an dem in der Luft liegenden Krieg zu beteiligen, sah das Deutsche Reich keinen Anlass. Es setzte auf Frieden und Wohlfahrt und lehnte ein neuerliches Angebot auf Abschluss einer Militärkonvention rundweg ab.[930]

Am westlichen Ende der Allee der Zusammenarbeit lag die sowjetische Botschaft auf Berlins Vorzeigestraße Unter den Linden. Das ehemalige Kurländische Palais war eines der prächtigsten Gebäude am Orte. Sein Ankauf hatte dem Zaren Alexander I. die Ehrenbürgerschaft der Stadt Berlin eingetragen. Das Palais wurde westlicher Vorposten des russischen Großreichs, pompös ausgestattet, Veranstaltungsort zahlreicher üppiger Gastereien, und es wurde zugleich Stützpunkt der russischen Militärspionage, der sich die zaristisch-russischen Militärattachés mit Eifer befleißigten. Während des Ersten Weltkrieges war der riesige Gebäudekomplex Anziehungspunkt für nationalistische Ausschreitungen gewesen. Von April bis November 1918 residierte hier der sowjetrussische Botschafter Adolf Joffe, ein Mann, der mehr im westlichen Europa als in Russland zu Hause war. Nach dem Abbruch der diplomatischen Beziehungen vergingen knappe vier Jahre, bevor die Botschaft Unter den Linden Nr. 7 wieder ihrer alten Bedeutung zugeführt wurde. Es gelang der Botschaft, zu einem gesellschaftlichen Zentrum im Deutschen Reich zu avancieren. Wieder wurde Wert auf Gastlichkeit im großen und kleinen Kreis gelegt. Zur Wiedereröffnung 1922 waren neben vielen anderen auch alle Mitarbeiter des Auswärtigen Amtes geladen. Der neue Hausherr, Nikolaj Krestinski, knüpfte mit Geschick und Erfolg an bewährte diplomatische Traditionen an, selbst wenn die Botschaft nicht Botschaft, sondern in Abkehr von traditionellen Gepflogenheiten Vertretung von Sowjetrussland hieß. Das revolutionäre Türschild konnte Krestinski nicht davon abhalten, in der Vertretung zusammen mit seiner belesenen Frau Vera ein bemerkenswertes Partyleben zu organisieren. Zu Gast waren hier nicht nur die etwas verklemmten deutschen Genossen der KPD, deren junge Frauen es fertig brachten, zu den Tanzveranstaltungen in roter Polobluse, blauem Faltenrock und flachem Schuh als sozialistische Trampel zu erscheinen, sondern auch Politiker, Militärs, Künstler, denen keineswegs sozialistisches Engagement nachgesagt werden konnte, und die üblichen Flaneure, wie Harry Graf Kessler, die überall dabei waren, wo es etwas zu trinken gab. Unter Krestinskis Nachfolger Lew Chintschuk wurde dies fortgesetzt; auch Chintschuk wusste mit seiner Frau Marie und ihrer Extravaganz für Furore zu sorgen.[931]

Neben diesem nach außen gerichteten Tun verdienen auch ganz andere Aktivitäten der Botschaft unser Interesse. Es war der Versuch raumgreifender Einflussnahme jenseits der häufig spröden und wenig einladenden Kulissen von Komintern und KPD. Hierzu griff man auf die personellen und organisatorischen Reste der russischen Hungerhilfe des Jahres 1920/21 zurück. In einem Akt beispielloser Inkompetenz war es der Sowjetregierung in dieser Phase ihrer Herrschaft gelungen, Russland in eine Hungerkatastrophe nicht gekannten Ausmaßes zu stürzen. Weltweit wurden Hilfskomitees gebildet, auch in Deutschland, die akute Nahrungsmittelhilfe zu organisieren sich abmühten. Einiges gelang, vieles verpuffte im russischen Misstrauen, das überall böse Agenten des Feindes am Werke sah, wo es um schlichte Menschlichkeit ging. Die organisatorischen Reste dieser Hungerhilfe gingen als personeller Grundstock in die *Gesellschaft der Freunde des neuen Russland* ein. In ihr wirkten so illustre Gestalten wie der Physiker Albert Einstein, der Nationalökonom Emil Gumbel und der Dirigent Otto Klemperer mit. Alles Leute, die Meilen davon entfernt waren, Kommunisten genannt zu werden. Allerdings wurde der Kreis, der die Zeitschrift *Das neue Russland* herausgab, von einem eingeschriebenen Kommunisten namens Erich Baron geleitet.[932] Ein anderer, deutlich nichtkommunistischer Kreis war die *Arbeitsgemeinschaft zum Studium der Planwirtschaft.* In der Arplan sammelten sich Intellektuelle auf einer politischen Spannbreite von links bis rechts außen. Da war mit Sergej Bessanow ein Sozialrevolutionär, der an der sowjetischen Handelsvertretung tätig war, der Ostforscher Otto Hoeltzsch, der Sinologe August Wittvogel, der Philosoph Georg Lukács, der Literaturwissenschaftler August Kantorowicz, der Berliner Stadtbaurat Martin Wagner, da waren von der nationalrevolutionären Rechten Ernst Graf zu Reventlow und Ernst Niekisch, der Schriftsteller Ernst Jünger und der Jurist Carl Schmitt. Man disputierte sehr gelehrt und wallfahrte in die Sowjetunion. Auch bei der Arplan lohnt es, den Vorstand zu betrachten. Aus dem Hintergrund wurde der Kreis vom sowjetischen Botschaftssekretär Alexander Hirschfeld geleitet; als 1. Sekretär der Gesellschaft fungierte der Wirtschaftswissenschaftler Arvid Harnack. Harnack ist der Mann, der während des Dritten Reichs einen der auffälligsten Spionageringe in Berlin leiten sollte. Es ist gemutmaßt worden, dass seine nachrichtendienstliche Ansprache bereits im Sommer 1932 bei der Studienreise der Arplan in die Sowjetunion erfolgte. Doch die Wirklichkeit sieht banaler aus. Der Werber und geheimdienstliche Hintermann des Agenten mit dem Decknamen *Der Korse* war kein anderer als der von jedermann als umfassend gebildet gepriesene Botschaftssekretär Alexander Hirschfeld. Als der 34-Jährige 1931 nach Deutschland an die sowjetische Botschaft kam, war er alles andere als ein russischer Diplomat. Hirschfeld war seit 1918 Soldat der Roten Armee, hatte die Frunse-Akademie und die Generalstabsausbildung nach dem Bürgerkrieg absolviert und diente bis 1938 an der sowjetischen Botschaft als Resident des Militärgeheimdienstes GRU und wegen seiner besonderen Fähigkeiten und Aktivitäten in selber Funktion dem Auslandsgeheimdienst INO. Harnack blieb nicht sein einziger Agent.[933]

Mit der Gesellschaft der Freunde des neuen Russlands und der Arplan beschritt die operative Außenpolitik der Sowjetunion einen neuen Weg. Dabei ist am wenigsten überraschend, dass ein dichtes Ineinandergreifen diplomatischer und geheimdienstlicher Strukturen festzustellen ist; dergleichen gehörte vielmehr von Anfang an zur sowjetischen Routine. Weitaus spektakulärer ist bei diesen Organisationen die zum ersten Mal feststellbare sowjetische Bündnispolitik. Sie funktionierte nach dem Muster, möglichst unverdächtige Persönlichkeiten in die operativen Interessen der Sowjetunion einzuspannen, ihnen hierfür Geld und einen organisatorischen Rahmen zur Verfügung zu stellen, für Publizität und für Abstand gegenüber den offiziellen kommunistischen Gremien zu sorgen und vor allem die organisatorischen Schlüsselpositionen mit ausgewiesenen Genossen zu besetzen. Dieses Grundmuster wurde bis zum Untergang der Sowjetunion beibehalten. Selbst wenn viele von denen, die sich vor diesen Karren spannen ließen, alles andere als Idioten waren, nützlich waren sie allemal.

Wie schon mehrfach angerissen, diente die sowjetische Botschaft *Unter den Linden* auch geheimdienstlichen Zwecken. Ungezählte Residenten der Dienste GRU und INO hatten hier ihren Arbeitsplatz. Etliche von ihnen haben wir bereits bei der Arbeit beobachtet. In einem der südlichen Teile des Gebäudekomplexes hinter dem zweiten Hof befand sich das geheime Militärkabinett. Die Zugänge waren zur restlichen Botschaft hermetisch abgeriegelt und von bewaffnetem Tscheka-Personal bewacht. Die Fenster waren zum Schutz gegen unbefugte Einblicke, auch aus anderen Teilen der Botschaft, mit Mattglas versehen worden. Hier befanden sich die Arbeitsräume der Residenten und ihres Hilfspersonals, die Kassen von Komintern und die der Dienste, hier befand sich eine Nachrichtenstation mit Funkgeräten für die Verbindungen nach Moskau und anderswo, die Abteilung für die Fälschung von Pässen und anderen nützlichen Dokumenten, soweit diese nicht beim M-Apparat der KPD in Auftrag gegeben wurden. Hier befand sich ein Laboratorium für die Herstellung von giftigen Präparaten und die Waffenkammer. Es wird gesagt, dass sich auch Haft- und Verhörzellen im Keller und Vorrichtungen für die Beseitigung von Leichen in diesem Teil des Gebäudes befunden hätten. Ob Letzteres der Wahrheit entspricht, oder ob hier die NS-Propaganda ab 1941 die Erkenntnisse aus der besetzten Sowjetunion mit den Gerüchten über die Sowjetbotschaft vermengt hat, mag dahinstehen. Die Sache ist nicht mehr aufklärbar, da das geräumte Botschaftsgebäude, in dem das Ostministerium des Alfred Rosenberg seinen Sitz genommen hatte, bei einem frühen Bombenangriff auf die Reichshauptstadt in Schutt und Asche gelegt worden ist. An seiner Stelle entstand nach dem Krieg der stalinistische Monumentalbau, der noch heute die Botschaft Russlands beherbergt.[934]

Die Botschaft *Unter den Linden* war bei weitem nicht die einzige Liegenschaft Sowjetrusslands in Berlin. Eine Vielzahl anderer Gebäude war über die Stadt verstreut. So die Handelsvertretung in der Lindenstraße, nach 1935 Lietzenburger Straße 11.[935] Das war das Haus, das im Mai 1924 von der Polizei durchsucht wurde, als es darum ging, die Drahtzieher des Deutschen Oktober dingfest zu machen. Da war das Gästehaus der sowjetischen Botschaft, Kronprinzenufer 10. Hier trafen sich Künstler und andere bedeutende Zeitgenossen, um plaudernd die Welt zu verbessern und auf Kosten der Sowjetunion Tee und andere anregende Getränke zu sich zu nehmen. Doch der eigentliche Zweck des Hauses war die Unterbringung der Durchgangsreisenden der Weltrevolution; Kuriere, Agenten, Verbindungsleute, Techniker der Komintern, der GPU und der GRU stiegen hier ab, bevor sie sich von Moskau kommend auf den Weg nach Europa machten. Auch auf dem Rückweg war Berlin die gern genutzte Relaisstation, um Nachrichten zu tauschen und in den Geschäften am Wittenbergplatz Dinge einzukaufen, die in Moskau begehrte Mangelware sein würden. Alles in allem eine unauflösbare Verquickung von diplomatischen, revolutionären, parteipolitischen und geheimdienstlichen Aktivitäten und von Konspiration. Ein abschließender Blick mag einigen der hier wirkenden Köpfe gelten, die bisher noch nicht gewürdigt worden sind.

Von 1922 bis 1924 arbeitete hier als Bibliothekar der 20-jährige Max Wolisch. Doch Wolisch war keineswegs Wolisch, und er war auch kein Bibliothekar. Er hieß in Wahrheit Ignati Reif und war der Verbindungsmann Moskaus zur Berlin-Brandenburger KPD. Erst später kam Reif zur INO; 1934/35 diente er als deren illegaler Resident in London. 1938 wurde er in Moskau erschossen. Im Hause *Unter den Linden* ging auch der Multifunktionär Willi Budich ein und aus. Schon 1918 in den Zeiten der ersten Sowjetbotschaft war der 28-Jährige hier Dauergast gewesen, als er den illegalen Militärapparat des Spartacusbundes leitete. Sein weiterer Lebensweg ging durch den Untergrund: 1919 Chef der M(ilitär)-Abteilung der KPD, Beteiligung am Räteaufstand in München, Flucht nach Moskau, Bevollmächtigter der Komintern im russisch-polnischen Krieg, erneuter illegaler Aufenthalt in Deutschland, neuerlich Flucht nach Moskau, 1924 bis 1929 nominell Angestellter der österreichisch-sowjetischen Handelsgesellschaft in Wien, jedoch häufiger Gast in Berlin, nach der Amnestie 1929 auch offizielle Rückkehr nach Berlin, Verbindungsmann in die KPD-Zentrale, 1932 mit einem Reichstagsmandat belohnt, 1933 kurz inhaftiert, sodann zum dritten Mal nach Moskau geflohen, Festnahme 1936 und am 22. März 1938 als angeblicher deutscher Agent erschossen.[936]

Da war der aus der Bukowina gebürtige Mediziner Leo Gelfot. Er war keineswegs Arzt der Botschaft, wie man hätte glauben mögen. In Wirklichkeit war er ab 1931 Agent der INO und unter dem Residenten Iwan Kaminski in der Technik- und Wissenschaftsspionage tätig, spezialisiert auf die deutsche Militärmedizin. Als man ihm 1933 auf die Schliche kam, verzog er sich nach Frankreich, von wo er weiter gegen Deutschland operierte. Wider Erwarten starb Gelfot 1938 eines natürlichen Todes. Ab 1930 arbeitete in Berlin der 32-jährige Ilja Herzenberg. Doch der Leiter der sowjetischen Handelsmission war alles andere als ein sowjetischer Wirtschaftsfunktionär. Der in Lettland geborene und in der Schweiz aufgewachsene Herzenberg war ein Agent der INO, der die technisch-wissenschaftliche Spionage in Deutschland leitete und anleitete. Fast überflüssig zu erwähnen, dass er 1938 von seinen eigenen Leuten erschossen wurde. Mit Herzenberg traf seine 31-jährige Ehefrau Inna in Berlin ein. Auch sie war als Botschaftsangehörige getarnt, in Wirklichkeit eine Agentin der INO, die seit Jahren gemeinsam mit ihrem Mann auf den Pfaden der Ausspähung wandelte. Ob auch sie hingerichtet wurde, ist nicht bekannt. Den Abschluss mag Franz Borkenau bilden. Der 21-jährige, aus Wien gebürtige Geschichtsstudent schloss sich 1921 an der Universität Leipzig der KPD an. Nach der Promotion arbeitete er bei der konspirativen, in der sowjetischen Botschaft in Berlin eingerichteten, von Eugen Varga geleiteten *Forschungsstelle für internationale Politik*; zugleich wurde er Mitglied des Westeuropäischen Büros der Komintern. Seine Funktion war die eines akademisch geschulten Agenten für politische Spionage und Beeinflussung. Borkenau war einer der wenigen, die ihre ideologischen Bauchschmerzen auch zu artikulieren wagten. Das hatte Konsequenzen: Ende 1929 wurde Borkenau aus der KPD ausgeschlossen. Im Dritten Reich ging er ins Exil. Über die Teilnahme am Spanischen Bürgerkrieg veröffentlichte er im Buch *The Spanish Cockpit* eine Beschreibung des stalinistischen Terrors bei den Internationalen Brigaden. Nach dem Zweiten Weltkrieg kehrte Borkenau nach Deutschland zurück, wo er vorübergehend einen Lehrstuhl für Geschichte innehatte. Der 57-Jährige starb in Zürich am 18. Mai 1957 unerwartet an einem Herzanfall. Wie ihm erging es in dieser Zeit etlichen Renegaten; nur von einigen wenigen wissen wir mit Sicherheit, dass sie das Nervengift des KGB nicht vertrugen.[937]

| VII |

Eisblumen und Herbstastern.
Das Deutsche Reich und die Sowjetunion
1933–1939

Schon die ersten drei Jahrzehnte des 20. Jahrhunderts waren ein wildes Auf und Ab in den Beziehungen zwischen Deutschland und Russland. Doch verlief nichts so widersprüchlich wie die Verhältnisse zwischen dem nationalsozialistischen Deutschen Reich und der kommunistischen Sowjetunion. Dem in seiner Unberechenbarkeit und ideologischen Verblendung einmaligen Sowjetsystem trat mit der Machtergreifung der Nationalsozialisten ein in vielem ebenbürtiges Regime gegenüber. Mit ungeheurem propagandistischem Aufwand machten beide Staaten gegeneinander mobil. Bestehende Verbindungen, wie die militärpolitische Zusammenarbeit, wurden binnen Jahresfrist abgebrochen. Hingegen wurde anderes, wie der Austausch von Militärattachés, jetzt offiziell weitergeführt, wie es seit Jahren schon heimlich eingeübt war.[938] Die Kriegsmaschinerie wurde in Spanien auf dem Kriegsschauplatz der Stellvertreter gegeneinander ausprobiert. Dann kam der Paukenschlag des Hitler-Stalinpakts im Spätsommer 1939: Die Diktatoren begannen, die Welt unter sich aufzuteilen. Wir werden versuchen, dieses Wechselbad der Beziehungen nachzuerzählen. Dabei wird es nicht ausbleiben können, auf die innere Situation beider Regime einzugehen.

Nicht nur militärisch begann das Deutsche Reich mit seinen staatlichen Nachbarn und mit der Sowjetunion gleichzuziehen. Auch die geheimdienstlichen Apparate wurden in einer Weise aufgerüstet, die in Deutschland bisher unbekannt war. Die rücksichtslose Verwendung dieser Apparate in der aggressiven Politik des Reichs nach außen wie auch nach innen ließ deutliche Anleihen bei der Sowjetunion erkennen. Diese Verwendung der Geheimdienste war integraler Bestandteil einer Diktatur, wie sie auf deutschem Boden in der Neuzeit ohne Beispiel war. Diese Diktatur der Nationalsozialisten des Adolf Hitler war weder plötzlich da, noch war sie mit einem Schlag etabliert. Vielmehr war sie das Ergebnis einer Reihe von Staatsstreichen. Oder genauer: Hitlers Diktatur war das Ergebnis eines Staatsstreichs auf Raten. Dabei ist wichtig: Der Auftakt lag zeitlich vor der so genannten Machtergreifung, nämlich in der Etablierung eines Regierungssystems, das die Weimarer Verfassung nur noch als vage Stütze benutzte. Es waren dies die Präsidialkabinette, die sich auf die Ernennung durch den Reichspräsidenten, nicht aber auf eine parlamentarische Mehrheit stützen konnten. Dieses Regieren mit Hilfe der Notstandsbefugnisse des Reichspräsidenten war fraglos illegal. Betrachtet man die handelnden Personen, so trug es die Züge einer sich etablierenden Militärdiktatur. Bereits die im März 1930 ernannte Regierung des Zentrums-Mannes Heinrich Brüning nannte sich Kabinett der Frontkämpfer. Noch schärfer galt die Militarisierung für das folgende Kabinett des ehemaligen Weltkriegsmajors Franz von Papen. Es organisierte den so genannten Preußenschlag – hinter dem Begriff verbarg sich die eklatant verfassungswidrige Absetzung der preußischen Regierung im Sommer 1932 und deren Ersetzung durch die Reichsinstanzen. Doch anstatt den putschenden Reichskanzler durch die Polizei festnehmen zu lassen, wich die für abgesetzt erklärte preußische Regierung der in der Mitte Berlins aufmarschierenden Reichswehr. Sie verzichtete auf die eingeübten Methoden der Abwehr von Staatsstreichen. Hierfür hätten beispielsweise allein in Berlin 14 000 Mann der schwer bewaffneten, in der Putschabwehr bestens geübten Polizei zur Verfügung gestanden. Man rief stattdessen den Staatsgerichtshof an. Mit dieser unbegreiflichen Hinnahme ihrer Absetzung von oben hatte die SPD praktisch ihre Macht verspielt. Der unmittelbare Zugriff auf die preußische Polizei war an den Inhaber der Reichsgewalt übergegangen; das war das Hauptziel der Putschisten gewesen. Der Rest war, als die Nazis wenige Monate darauf an die Macht gelangten, fast nur noch ein Nachhutgefecht. Denn nur so konnte der mit der Machtergreifung zum preußischen kommissarischen Innenminister ernannte NS-Multifunktionär Hermann Göring bereits am 2. Februar 1933 in Preußen ein Demonstrationsverbot für die KPD anordnen und durchsetzen. Zugleich wurde die Abteilung I A des Berliner Polizeipräsidiums, die politische Polizei Preußens, angewiesen, das Karl-Liebknecht-Haus, den Sitz der KPD-Zentrale, zu besetzen. Das war nur der Anfang.[939]

Den Gegner vernichten.
Reichstagsbrand und Kommunistenverfolgung

Am 30. Januar 1933 war Hitler zum Reichskanzler ernannt worden. Die Herrschaft der Nationalsozialisten war noch keine vier Wochen alt, als ein neuerlicher Paukenschlag die deutsche Politik erschütterte: In der Nacht vom 27. auf den 28. Februar 1933 brannte der Reichstag. Der Großbrand in dem pompös-kitschigen Gebäudekoloss mit der Aufschrift *Dem deutschen Volke* wurde wie kein anderes Ereignis zum Fanal für den Untergang der Republik. Mit großem Aufwand haben spätere Generationen untersucht, ob die Nazis den Reichstag selbst anzündeten oder nicht. Wir lassen die Einzelheiten beiseite, denn allein das Ergebnis ist wichtig: Der Brand schuf den äußeren Anlass für das radikalste Vorgehen gegen den organisierten Kommunismus in Deutschland. Daneben verblasst die Frage nach dem Täter. Waren es die Nazis selbst, dann handelten sie auch in diesem Punkt rasch, konsequent und verbrecherisch; waren sie es nicht, so verblüfft ihre Schnelligkeit und die Energie, mit der sie das Ereignis für ihre Ziele einzuspannen wussten. Denn bereits am Tag nach dem Brand, am 28. Februar 1933, unterschrieb der greise Reichspräsident Paul von Hindenburg eine Notstandsverordnung, die *Verordnung zum Schutz von Volk und Staat*,[940] welche die jetzt einsetzende Kommunistenhatz legalisieren sollte. Wichtige, hergebrachte Justizgrundrechte wurden suspendiert, und das mitten im Wahlkampf zu den Reichstagswahlen. Eine in Deutschland bis dahin einmalige politische Verfolgung nahm ihren Anfang.[941] *Der Völkische Beobachter* berichtete bereits am 1. März 1933:

Alarm im ganzen Reich. Es wird rücksichtslos durchgegriffen. Entsprechend den neuen Anordnungen des kommissarischen Innenministers Göring wurden in ganz Preußen und begrüßenswerterweise auch in anderen Ländern polizeiliche Maßnahmen gegen Kommunisten ergriffen ... 200 neue Verhaftungen und 300 KPD-Lokale geschlossen.[942]

Zwei Tage später hieß es in derselben Zeitung:

Der marxistische Wille zum Bürgerkrieg wird brutal und rücksichtslos gebrochen und alle illegalen Bestrebungen zur Herbeiführung des kommunistischen Chaos werden mit Stumpf und Stil ausgerottet.[943]

Das war nicht einmal gelogen: Innerhalb weniger Wochen wurde mit der KPD eine Massenpartei ausgeschaltet. Dies geschah nach einem ebenso einfachen wie wirkungsvollen Muster: Die KPD wurde ihrer Funktionäre und ihrer Infrastruktur beraubt. Das ganze gepriesene System der Verankerung im Volke, der internationalen Solidarität und des leninistischen Prinzips der Partei von Berufsrevolutionären erwies sich als Chimäre. Die einzige politische Kraft, der man zugetraut hatte, sich gegen den braunen Spuk mit Gewalt zur Wehr zu setzen, verschwand buchstäblich von der Bildfläche. Die gefürchtet-gelobten Apparate der KPD zerstoben. Dahinter wurde sichtbar, dass die etablierten Kommunisten der späten Weimarer Jahre vor allem mit sich selbst beschäftigt gewesen waren, mit ihren Ränkünen um Macht und Einfluss und mit ihren Positionierungskonflikten. Die Partei, die sich viel zugute hielt, revolutionäre Situationen zu erkennen und zu nutzen, hatte nichts bemerkt. Als der nach langem Anlauf sich ankündigende Staatsstreich vom 30. Januar 1933 stattfand, trat in Deutschland eine revolutionäre Situation ein, wie schon seit November 1918 nicht mehr. Als die braunen Horden am selben Abend wohl vorbereitet und gut organisiert mit Fackeln und im Marschtritt durch das Brandenburger Tor zogen, brauchte man in Deutschland kein Spezialist zu sein, um zu bemerken, dass ein grundlegender Machtwechsel stattgefunden hatte. Nur Narren in der KPD konnten hoffen, dass die Machtergreifung der NSDAP für sie keine ernsthaften Folgen haben würde. Aber wahrscheinlich bestand die Führung der KPD aus solchen Narren. Jahrelang hatte man sich getreu den Losungen aus Moskau mit dem ideologischen Erzfeind auseinander gesetzt. Das waren mitnichten die Nazis, sondern die Sozialdemokraten, die man als Sozialfaschisten zu apostrophieren beliebte. Ihnen standen so gewichtige Feinde zur Seite wie Syndikalisten, Anarchisten, Rätekommunisten, Gruppen und Grüppchen, die aufzuzählen selbst Fachleuten Mühe bereitet. Dem am Ende der Weimarer Republik aufkommenden Hauptfeind, der NSDAP, hatte man ambivalent gegenübergestanden. Das konnte jahrzehntelang retuschiert werden, weil die KPD bereits Ende der 1920er-Jahre unter dem Banner der *Antifaschistischen Aktion* in den politischen Kampf gezogen war. Doch dieser Titel täuschte, denn er hatte eine andere Bedeutung. Gegner waren in erster Linie die so genannten Systemparteien, allen voran die SPD. Dagegen scheute man sich keineswegs, im Bedarfsfall mit den Nazis gemeinsame Sache zu machen, so beispielsweise beim Volksentscheid vom 9. August 1931, dessen Ziel die Beseitigung der von der SPD mit getragenen preußischen Regierung war, oder beim Berliner Verkehrsbetriebe-Streik vom 3. bis 7. November 1932. Hauptsache, es ging gegen die verhassten Sozialfaschisten zu Felde. Da war es sogar möglich, dass der Spitzengenosse Walter Ulbricht mit dem NS-Funktionär Josef Goebbels zusammen auftrat. Jahre später mochte man davon bei KPD und SED nichts mehr wissen; und da man Begrifflichkeit und Symbole bewusst beibehalten hatte, konnte man unbedarften Naturen vorgaukeln, es sei immer schon die KPD gewesen, die mit ihren antifaschistischen Aktionen die SPD gegen die aufkommenden Nazis erst habe zum Jagen tragen müssen. Nichts von alledem ist wahr. Erst 1935 machte die Direktive aus Moskau den Erzfeind der Sozialdemokratie zum potenziellen Bündnispartner, um den sich jeder aufrechte Kommunist zu kümmern hatte. Da gab es in Deutschland keine KPD mehr.[944]

Es war also im Frühjahr 1933 nichts Gescheites vorbereitet, um in einem Eventualfall die Partei in die Illegalität zu führen. Man schwäche diesen Vorhalt nicht mit dem Hinweis ab, dass auch die anderen Parteien an dergleichen nicht gedacht hatten. Diese anderen, Sozialdemokraten, Liberale, Nationale und Klerikale waren nicht nur dem Namen nach Demokraten, sie waren vor allem und im Gegensatz zur KPD keine Revolutionsparteien. Sie verfolgten nicht wie die KPD die Doktrin, dass ein Rechtsputsch zwangsläufig in eine revolutionäre Situation hinüberleiten müsse. Doch die politische Praxis mochte sich diesen Lehren nicht beugen. Die Arbeiterschaft war auch nach der Machtergreifung der Nationalsozialisten zutiefst gespalten. Ein Situationsbericht der Abteilung I A des Berliner Polizeipräsidiums vom 2. Februar 1933 stellte die Situation in den Berliner Betrieben völlig zutreffend dar: Die Masse der Arbeiterschaft sei freigewerkschaftlich organisiert; dort lehne man derzeit Kampfmaßnahmen gegen das neue Regime ab, jedenfalls solange es in die Arbeitnehmerrechte nicht eingreife. Die kommunistisch organisierten Arbeiter seien für einen sofortigen Generalstreik und versuchten fieberhaft, entsprechende Bündnisse zu schließen. Die nicht zur KPD zu rechnenden linken Kommunisten seien für Einzelaktionen gegen die Hitlerregierung. Und weiter hieß es dort:

> *Auch Moskau greift bereits in die deutschen Verhältnisse insofern ein, als der Moskauer Sender am gestrigen Tage* [1. Februar 1933] *berichtete, dass die gesamte werktätige Bevölkerung der Sowjetunion erwarte, dass die Verhältnisse in Deutschland die Einheitsfront der Arbeiterschaft mit sich brächten, da für sie alles auf dem Spiele stehe. Der Sprecher ging sogar so weit, dass er erklärte, dass die deutschen Kommunisten ev. Kompromisse schließen müssten, um dieses Ziel zu erreichen. Schnelles Handeln sei notwendig, wenn die Kommunistische Partei Deutschlands ihre historische Aufgabe lösen wolle.*[945]

Doch um die Lösung dieser historischen Aufgabe war es denkbar schlecht bestellt. Eine am 7. Februar 1933 improvisierte, stümperhaft getarnte Versammlung des Zentralkomitees der KPD in Ziegenhals bei Berlin, die, wie es so schön heißt, die Linie klären sollte, offenbarte, dass die Gunst der Stunde, die es auch für die KPD am 30. Januar und den folgenden Tagen gegeben hatte, tatenlos verstrichen war. Man wartete auf Moskau, doch die Nachrichten von dort waren nicht besonders erhellend. Mit einem Aufruf vom 5. März 1933 lehnte die Komintern den von linken kommunistischen Splittergruppen postulierten individuellen Terror ab.[946] Sie verkündete die *Herstellung der proletarischen Einheitsfront* und den *Kampf für die Mehrheit der Arbeiterklasse*. Das bedeutete für das geschulte Ohr der KPD-Funktionäre nichts anderes als ein Weitermachen wie gehabt – mithin eine nicht besonders nützliche Direktive. So rang man sich neben einigen Aufrufen in der *Roten Fahne* ein Flugblatt ab, das in Berlin verteilt wurde:

> *Die Waffen in die Hand des Proletariats und der armen Bauern! Generalstreik zum Sturz der Hitler-Papen-Hugenberg-Diktatur!*[947]

Von der Machtergreifung der NSDAP wurde der Parteigeheimdienst ebenso überrumpelt wie die gesamte KPD. Der Hauptfeind der Partei war auch für den AM-Apparat bis zum Ende der Demokratie die SPD, die verhassten Sozialfaschisten – eine Tatsache, die später mit viel Mühe aus der Parteigeschichte wegretuschiert werden musste. Der Gang der Partei in die Illegalität verlief stümperhaft und chaotisch. Bald saßen fast alle, die in der KPD Rang und Namen hatten, einschließlich des Parteivorsitzenden Ernst Thälmann, im Zuchthaus oder in KZ-Haft. Wesentliches hatte das unprofessionelle Treiben des Parteivorsitzenden hierzu beigetragen, in dessen feuchtfröhlicher Schutzgarde die Gestapo alsbald V-Leute angeworben hatte. Einer von diesen Verrätern hieß Alfred Kattner. Der 1898 geborene Kattner gehörte zu den Mitbegründern von Spartacus und Kommunistischer Partei. Er war so etwas wie ein ganz Alter unter den Genossen. Als technischer Sekretär von Thälmann besaß er weitgehende Kenntnis von Decknamen und Unterschlupfmöglichkeiten der wichtigsten Funktionäre des ZK-Apparats. Kattner wurde zusammen mit Thälmann und anderen Vertrauten des KPD-Vorsitzenden am 3. März 1933 festgenommen. In der Haft wurde er zum Verrat weich geprügelt. Vermutlich war es der Kripomann Karl Giering, der hier Hand anlegte. Giering stammte aus dem Dezernat Kommunismusbekämpfung der alten Abteilung I A. Er war bereits an führender Stelle dabei gewesen, als die Berliner Polizei im Jahr zuvor eine der Passfälscherwerkstätten der KPD aushob. Er machte sodann in der Gestapo Karriere; bei der Bekämpfung der sowjetischen Spionageringe, die den Gestaponamen Rote Kapelle erhielten, spielte er eine entscheidende Rolle. Einstweilen hatte Giering den Kattner an der Angel, denn aus dem verprügelten Apparate-Mann hatte er einen Gestapo-Agenten gemacht. Der lieferte dem neuen Dienstherrn spätestens ab Sommer 1933 das Gewünschte, bis er schließlich einem Fememord zum Opfer fiel. Aufgrund seiner Angaben gerieten bis Dezember 1933 praktisch alle führenden Mitarbeiter der Apparate in die Fänge der Polizei.[948] Im Schlussbericht der Gestapo vom 8. Februar 1934 über Kattner, also eine Woche nach dessen Ermordung, klang das wie folgt:

Erst im Sommer vorigen Jahres hatte sich Kattner so weit umgestellt, dass er nunmehr seine Kenntnisse über das ZK preisgab. Sie waren äußerst wichtig und bildeten die eigentliche Grundlage für die jetzt besonders einsetzende polizeiliche Tätigkeit. Die wichtigsten Funde in den Geheimräumen im Karl-Liebknecht-Haus waren nicht zuletzt auf die Fingerzeige des Kattner zurückzuführen.[949]

Dem Leiter des AM-Apparats Hans Kippenberger gelang die Flucht aus Deutschland. Er versuchte von Prag aus, die Informationsstränge neu zu ordnen. Doch alles blieb Schall und Rauch, denn es galt auch weiterhin der Grundsatz: Parteilinie geht vor praktischer Vernunft. Diese hätte es geboten, die meist jungen Genossen nicht über die Grenze ins Reichsgebiet und damit in den fast sicheren Tod zu schicken. Denn ein funktionierendes Illegalennetz gab es nur in den Köpfen der übrig gebliebenen Parteibonzen, aber nicht in der Realität. Allerdings mochte sich nicht jeder den sinnlosen Befehlen beugen. So zum Beispiel Franz Feuchtwanger. Er gehörte dem Apparat seit 1924 an. Nachdem er sich weisungsgemäß aus Nazi-Deutschland hatte retten können, folgte für ihn eine ergänzende Agentenausbildung in Moskau. Sodann übersiedelte er in die Schweiz; dem Parteibefehl, nach Deutschland einzureisen, widersetzte er sich und fuhr nach Prag. Hier erreichte den Ungehorsamen das Verdikt des Parteiausschlusses. Damit hatte er Glück, selbst wenn ihm im ersten Zorn die Welt zusammenzubrechen drohte. Seinem Chef Kippenberger erging es weniger gut. Er wurde im Herbst 1935 nach Moskau beordert. Auf der dort Ende Oktober stattfindenden 4. Parteikonferenz der KPD, die aus Tarnungsgründen *Brüsseler Konferenz* getauft wurde, entfernten die neuen Herren der KPD, die Genossen Wilhelm Pieck und Walter Ulbricht, den einst so Mächtigen als eigenständigen Kopf und lästigen Mitwisser aus seinen Funktionen. Sie sorgten auch dafür, dass Kippenberger im folgenden Jahr von den sowjetischen Freunden verhaftet wurde. 1937 traf den angeblichen deutschen Spion die Kugel des Exekutionskommandos.[950]

Zurück nach Preußen: Anders als zu Zeiten der Weimarer Republik gelang der politischen Polizei nicht nur ein marginaler Einbruch in die Geheimstrukturen der KPD und ihrer Apparate, sondern die Durchdringung war jäh und nahezu vollständig, was das Führungskorps der Partei anlangte. Das Personal der KPD saß alsbald hinter Zuchthausmauern oder hinter dem Stacheldraht der ersten wilden Konzentrationslager des Jahres 1933. Manch einer wurde bei der Erpressung von Geständnissen von SA-Schergen zu Tode geprügelt. Dergleichen Ausschreitungen blieben regelmäßig ungesühnt; es hatte in der Tat eine neue Zeit begonnen. Die Polizei und ihre selbst ernannten Hilfskräfte begnügten sich keineswegs, Geständnisse zu erfoltern, vielmehr gelang es auch, die konspirativen Strukturen der kommunistischen Organisationen durch die Anwerbung effektiver V-Leute aufzudecken und zu zerstören. Hierbei nutze man die in der Kürze der Zeit einzig erfolgversprechende Methode, indem man Funktionäre aus dem konspirativen Apparat herausbrach. Die Hauptinformanten der Gestapo in dieser frühen Phase hießen Herta Jens, Alfred Kattner, Werner Krauss, August Lass, Luise Schröter, Alfons und Eugen Wicker; auf deren Konto gingen Hunderte von Festnahmen.[951]

Die der Verhaftung entronnenen Mitglieder des Politbüros Fritz Schulte, Hermann Schubert und Walter Ulbricht setzten sich nach Frankreich ab. Einzig dem Spitzenfunktionär Herbert Wehner gelang es, sich unter dem Decknamen Albert Funk noch für eine Weile in Deutschland zu halten. Als Technischer Sekretär des Politbüros auch für das konspirative Verbindungswesen zuständig, verbrachte er die kommenden Jahre, auch die im Moskauer Exil, damit herauszufinden, wer im Apparat der KPD für welche Unvorsichtigkeiten und für welche Verratshandlungen verantwortlich gewesen war. Auf sein Konto gingen etliche Apparate-Leute, die später in Moskau hingerichtet wurden, wie etwa Hans Kippenberger, August Creutzburg, Leo Roth und viele andere. Vorerst, und noch in Deutschland, veranlasste er die Entlarvung des Polizei-Spitzels Alfred Kattner. Die Apparate-Genossen hatten trotz Wehners Intervention an Kattner festhalten wollen. Bei einem Treff mit Kattner wurden dann aber die Apparate-Spitzenfunktionäre Hermann Dünow und Karl Langowski prompt festgenommen. Nunmehr gab es für die allzu vertrauensseligen Geheimdienstgenossen keinen Zweifel mehr. Sie schritten zur Tat: Der Apparate-Mann Leo Roth gab den Auftrag zur Ermordung von Kattner. KPD-Mann Hans Schwarz führte die Tat aus; er erschoss Kattner am 1. Februar 1934 in dessen Wohnung in der Husarenstraße 5 in Nowawes, im heutigen Potsdam-Babelsberg. Anschließend floh er über Umwege nach Moskau; im Zweiten Weltkrieg diente er bei der sowjetischen GRU. Die Femeaktion blieb ohne die erwünschte Wirkung, denn die Aussagen der festgenommenen Apparate-Funktionäre Dünow und Langowski ermöglichten der Polizei tiefe Einblicke in die Apparate-Strukturen. So gerieten weitere Spitzenleute des Apparats in die Hände der Gestapo, unter ihnen der Abwehrleiter Rudolf Schwarz, der nach dem Fememord an Kattner umgebracht wurde. Der aussagebereite Dünow hingegen, der seit September 1933 als Stellvertreter Kippenbergs fungiert hatte, wurde zu 15 Jahren Zuchthaus verurteilt; erst im Mai 1945 kam er aus der Haft frei und machte sodann in der DDR Karriere.[952]

Werfen wir einen Blick auf die Organisation und das Personal, das für diese Art der Kommunistenbekämpfung die Verantwortung trug. Nach wie vor war seit dem Preußenschlag vom Sommer 1932 eine legale preußische Regierung nicht im Amt. So war es der Reichsregierung unter Adolf Hitler möglich, unverzüglich auch in Preußen die Regierungsgeschäfte zu übernehmen. Das bedeutete vor allem auch den ungehinderten Zugriff auf die preußische Polizei, die eine bewaffnete Macht von immerhin 50 000 Mann darstellte. Kommissarischer preußischer Innenminister wurde der ehemalige Weltkriegsflieger und nunmehrige NS-Multifunktionär Hermann Göring, ein langjähriger Gefolgsmann Hitlers, der bereits beim Putsch im November 1923 in München dabei gewesen war, wo er eine schwere Schussverletzung davontrug. Dann hatte er einer Verhaftung die Flucht ins Ausland vorgezogen. Später war Göring für die NSDAP in den Reichstag eingezogen, dort zum Führer der Reichstagsfraktion und alsdann zum Präsidenten des Reichstags aufgestiegen. Seine eigentliche Kometenlaufbahn begann nach der Machtergreifung. Die ersten zusätzlichen Posten waren die eines Reichsministers und die Bestellung zum kommissarischen Innenminister Preußens. Der erste Beamte, der vom neuen Minister in seinen Amtsräumen empfangen wurde, war der 32-jährige Rudolf Diels. Der Doktor der Rechte, mit dem durch studentische Mensuren verunstalteten Gesicht, galt als der einzige Nationalsozialist im höheren Beamtenapparat des Innenministeriums – so jedenfalls die Auskunft des Pförtners, der den neuen Machthaber in sein Dienstzimmer geführt hatte. In Wirklichkeit war Diels Mitglied der liberalen Demokraten. In der Hauptsache

jedoch war er eines: Er war ein hemmungsloser Opportunist. Unter dem sozial-demokratischen Innenminister Carl Severing Hilfsreferent für kommunistische Umtriebe wurde er jetzt zur Beurteilung seiner Vorgesetzten und Kollegen gebraucht. Die Spitzen der Polizeiabteilung des Ministeriums und der uniformierten Polizei wurden alsbald abserviert, und Diels avancierte zum Leiter des neu geschaffenen Geheimen Staatspolizeiamtes, kurz Gestapa genannt.[953]
Das Gestapa ersetzte die Abteilung I A des Berliner Polizeipräsidiums. Personell waren beide Polizeidienststellen weitgehend identisch. So blieb beispielsweise der Polizeirat Reinhold Heller nahtlos zuständig für die Bekämpfung kommunistischer Bestrebungen. I A wurde also zum Nukleus der zunächst in Preußen und sodann im ganzen Reich etablierten Geheimen Staatspolizei, die sich zum gnadenlosesten Vollstrecker des NS-Regimes entwickeln sollte. Einstweilen mit dem Kommunismusexperten Diels an der Spitze war die Gestapo der Garant für die erfolgreiche Zerschlagung der KPD und ihrer Apparate. Daneben versorgte Diels als williger Handlanger seinen Vorgesetzten Göring heimlich mit Dossiers über dessen politischen, vor allem parteiinternen Gegner. Dergleichen konnte nicht lange gut gehen. Über sein Ende als Gestapochef wird noch zu berichten sein. Einstweilen gilt es zur Vernichtung der KPD zurückzukehren.[954]
Man kann diese Ereignisse in ihrer Bedeutung gar nicht scharf genug beleuchten, denn für die Zeitgenossen wurde die Kommunistenverfolgung, die alsbald in eine solche aller möglichen Systemgegner überging, von einem parallel stattfindenden Ereignis überlagert. Die Rede ist vom Reichstagsbrandprozess. Er geriet zur mächtigen Propaganianiederlage der neuen Herren des Dritten Reichs. Sie hatten sich nämlich keineswegs damit zufrieden geben wollen, den Kommunisten diese Tat propagandistisch in die Schuhe zu schieben, sondern sie wollten der Welt in einem öffentlichen Prozess auch die Beweise für ihre Behauptungen liefern. Das misslang gründlich. Der mutmaßliche Brandstifter, ein schwachsinniger Holländer namens Marinus van der Lubbe, war als kommunistischer Saboteur nicht besonders eindrucksvoll. Deswegen mussten die vermeintlichen Drahtzieher ins Licht der Öffentlichkeit gezerrt werden. Mit Festnahmen waren die Männer um den preußischen kommissarischen Innenminister Hermann Göring schnell bei der Hand. Der Komintern-Funktionär und Chef von deren Westeuropäischen Büro Georgi Dimitroff musste seine Berliner Illegalenexistenz gegen die Weltöffentlichkeit im Gerichtssaal des Reichsgerichtes eintauschen. Dimitroff war am 9. März 1933 zusammen mit seinen konspirativen Genossen Blogoj Poppow und Wassili Tanew festgenommen worden, als sie im Vergnügungsetablissement *Bayernhof* in Berlin-Charlottenburg ihren proletarischen Pflichten nachgingen. Ein Kellner des Hauses mit Namen Hellmer hatte die Polizei über die Anwesenheit der per Steckbrief Gesuchten informiert. Die drei Komintern-Funktionäre wur-

den alsbald zusammen mit dem kommunistischen Reichstagsabgeordneten Ernst Torgeler als die eigentlichen Hintermänner des Anschlags präsentiert. Von Stund an konnte es auch für die Machthaber im Kreml nicht mehr zweifelhaft sein, was die Uhr im Deutschen Reich geschlagen hatte. Mochte man in den Tagen der Weimarer Republik schon mal die Augen zugemacht haben, wenn gegen deutsche kommunistische Revolutionäre eingeschritten wurde, so war mit der Anklage gegen Dimitroff und Genossen eindeutig eine Systemfrage gestellt worden, der man nicht ausweichen konnte.[955]

Was nun folgte, darf als Muster kommunistischer Propaganda und Bündnispolitik bezeichnet werden. Kristallisationspunkt der folgenden Ereignisse war der Spitzenmann der kommunistischen Propaganda, der nach Frankreich entkommene Reichstagsabgeordnete Willi Münzenberg. Der Mann war ein Phänomen. Der 1889 in Erfurt Geborene begann seinen Lebensweg als Sohn eines versoffenen Gastwirts, der sich beim Hantieren mit dem Jagdgewehr selbst umbrachte. Das waren wahrhaftig keine günstigen Startbedingungen. Doch der junge Münzenberg schaffte die Ochsentour vom ungelernten Industriearbeiter und Habenichts über die sozialistischen Bildungsvereine. Ab 1910 verdiente er sein Brot in der Schweiz und umging so den Kriegsdienst während des Ersten Weltkrieges. In der Zeit avancierte er zum Sekretär der Sozialistischen Jugend der Schweiz. Im November 1918 wurde er von den Eidgenossen ausgewiesen, so dass er zur Revolution in Deutschland und zur Gründung der KPD gerade rechtzeitig eintraf. Er nahm sich vor, ganz nach oben zu kommen: Den Posten eines Sekretärs der Sozialistischen und kurz drauf: Kommunistischen Jugendinternationale konnte er nur bis Anfang der 1920er-Jahre behaupten; dann wurde er vom Komintern-Vorsitzenden Grigori Sinowjew abgesetzt. Es wird gesagt, dass der umtriebige, durch nichts zu bremsende Münzenberg dem Chef der Komintern zu unabhängig geworden war. Während andere kommunistische Funktionäre noch über den geschichtlichen Nutzen der großen Hungersnot debattierten, die ihr eigenes Handeln in den frühen 1920er-Jahren in Russland angerichtet hatte, war Münzenberg bereits unterwegs, um eine weltweite Hungerhilfe zu organisieren. So entstand die Internationale Arbeiterhilfe (IAH) als eine kommunistische Vorfeldorganisation – eine Organisationsform, die erst später für die kommunistische Bewegung typisch werden sollte. Überhaupt war das Organisieren Münzenbergs Sache. In Berlin gründete er ein Geflecht von Verlagen, Zeitungen und Buchklubs; heute würde man das einen Medienriesen nennen, der im Volksmund und im Parteijargon den durchaus treffenden Namen Münzenberg-Konzern erhielt. Doch Münzenberg war keineswegs der Eigentümer; er hatte lediglich das Sagen. Sein Presse- und Propagandaimperium fußte auf der Erkenntnis, dass Massenarbeit, die diese Bezeichnung verdienen soll, nicht mit den stupiden Floskeln von Sozialismus zu organisieren sei, sondern mit interessanten auf den jeweiligen Publikumsgeschmack zugeschnittenen Presseprodukten, bei denen der Kommunismus sozusagen nur eine subversive Sättigungsbeilage sein durfte. So entstand beispielsweise die erfolgreiche AIZ, die *Arbeiter Illustrierte Zeitung*. Mit ihr wilderte Münzenberg weit in die Wählerschaft der SPD hinein. Solange die reine Abwerbung im Vordergrund stand, hatten die orthodoxen Genossen dem wendigen und auch etwas windigen Münzenberg nichts entgegenzusetzen als ihren Neid, zumal die Einnahmen dieser am Publikumsgeschmack ausgerichteten Produkte in die Kassen der Kommunistischen Partei flossen. Münzenbergs persönliche Haupteinnahmequelle war hingegen ein Reichstagsmandat, mit dem ihn die KPD belohnt hatte.[956]

Es ist klar, dass ein so eigenständiger Geist mit dem Funktionärskorps der Kommunistischen Partei wie Feuer und Wasser harmonierte. Das konnte auf die Dauer kaum gut gehen. Einer der schärfsten Gegner, ja man kann sagen parteiinternen Verfolger des erfolgreichen Münzenberg war der verbissene, nach Feinden fahndende und nach eigenem Lorbeer suchende Herbert Wehner. Bereits 1932, als von der Großen Säuberung noch keine Rede war, hatte er eine intensive Untersuchung gegen den Meister der Propaganda durchgeführt. Nur ein Veto der Komintern verhinderte die Kaltstellung des Pressezaren der KPD. Der nahm Parteirügen zur Kenntnis, aber einen Rausschmiss, das wusste er, würde man sich nicht leisten können. Mit dem Machtantritt der Nationalsozialisten änderte sich das gründlich. Münzenberg floh aus Deutschland. Mit Hilfe von gerettetem Vermögen aus dem Münzenbergkonzern gelang es ihm, in Paris erneut als Verleger und Organisator groß einzusteigen. Sein *Braunbuch* über den Reichstagsbrand erregte weltweite Beachtung; nebenbei wurde die Broschüre auch ein beachtlicher wirtschaftlicher Erfolg. Münzenbergs Erfolgsprinzip: Er spannte in seine Kampagnen ohne Rücksichtnahme auf kommunistisch-religiöse Empfindlichkeiten alle möglichen Personen ein. Sie durften prominent sein, und sie mussten gegen das Naziregime sein; vielmehr interessierte ihn nicht.[957] Der soeben aus Deutschland entkommene Erfolgsschriftsteller Gustav Regler gehörte zu den Autoren des Braunbuches. Er hat seine Mitstreiter so skizziert:

Chef des Bataillons: Willi Münzenberg, Verleger, Reichstagsabgeordneter, Organisator der internationalen Streikhilfe, Massenredner, zweiundvierzig Jahre alt, kleine Figur, braune Augen, volles Haar, längliches Gesicht, steckbrieflich verfolgt von Innenminister Dr. Frick.

Adjutant: Otto Katz, Tscheche, Journalist, vieler Sprachen mächtig, dreiundvierzig Jahre alt, verschlagenes Gesicht, graue Augen, dünne Lippen, Kopf zum rechten Ohr neigend, gut gebügelter Anzug, dunkle Hemden, bis dahin nur dem Agentenstab der Komintern bekannt, leidende Züge.

Babette Gross: volle Figur, gewinnendes Gesicht, Aktivität herausfordernd, sachlich, nicht ohne Korrektur durchs Gefühl, durchdringend helle Augen, immer im Aufbruch, überlegene Arbeitsverteilerin, hilfreich, aber auch zum Hass fähig.

[Wilhelm] Koenen: rothaarig, nach Tabak riechender Parteikontrolleur.

[Alexander] Abusch: halbgebildeter Journalist, steif, Taktiker, unsicheren Stils, zäher Bearbeiter vorgekauten Materials, zweiter Parteikontrolleur.

Max Schroeder: früherer Kunsthistoriker, starker Trinker, zur Partei gestoßen aus Verachtung der Berliner Bohème, eleganter Schreiber, witziger Beobachter durch verschleierte Augen, etwas wie ein aussätziger Prinz, kam mit einem Fetzen roter Fahne seines Bezirks über die Exilgrenze, guter Archivar unter Druck und bei genügender Verpflegung mit Alkohol und Nikotin.

Alfred Kantorowicz: Journalist, Erziehung im Ullsteinhaus und im Weltkrieg, versuchte Kontraste zu sehen und Enge zu vermeiden, gefesselt von den Ehrbegriffen Kleists, stolz, einmal Kriegsteilnehmer gewesen zu sein, unglücklich verliebt in den nationalen Abenteurertyp, ein ehrgeiziger Konvertit, unbedeutende Feder, nervöser Hasser, masochistisch angezogen von der Parteidisziplin, Bewunderer von Münzenberg, wenn je ihm untreu, so nur als Opfer eines Parteibefehls, Kettenraucher.[958]

Sicher ist diese Sicht der Dinge höchst subjektiv. Mancher, wie der ebenfalls prominente Mitstreiter Arthur Koestler, ist einfach beiseite gelassen worden. Es versteht sich auch, dass andere die Handelnden anders wahrgenommen haben. Und doch bringt die Beschreibung etwas Farbe in den nur scheinbar grauen Funktionärskörper der KPD, wenngleich anzumerken bleibt, dass Regler, Gross, Koestler und Kantorowicz sich später vom kommunistischen Glauben verabschiedeten und Münzenberg wegen seines Abfalls ermordet wurde, so dass nur noch Katz, Koenen und Abusch für eine Funktionärskarriere übrig blieben.[959]
Aus dem Autorenteam des *Braunbuch*es verdient ein Mann besondere Beachtung. Das ist Otto Katz, alias André Simone. Der tschechische Staatsbürger Katz spielte, wie so viele kommunistische Funktionäre, eine zwielichtige Mehrfachrolle. Der Mann der öffentlichen Auftritte war Autor und Theatermann. Dahinter verbarg er eine andere, eine zweite Karriere – die des Komintern-Agenten, der nach Moskau gehorsam Bericht zu erstatten hatte und dies auch tat. In der sich in Paris bildenden Emigrantenszene wurde er im unmittelbaren Umfeld des nach wie vor umtriebigen wie beargwöhnten Münzenberg installiert, zu dessen Stellvertreter er aufrückte. Man tut Katz sicher nicht allzu unrecht, wenn man unterstellt, dass er an Münzenbergs gewaltsamem Ende ein gerüttelt Maß an Mitschuld trug. Davon wird noch die Rede sein. Einstweilen war Katz damit beschäftigt, den Reichstagsbrand den Nationalsozialisten selbst in die Schuhe zu schieben. Zu die-

sem Zweck wurde das Braunbuch mit kompromittierendem Material angereichert, das zwar mit dem Brand selbst nicht unbedingt zu tun hatte, dafür aber umso mehr mit den als Tätern gebrandmarkten Nazigrößen. Das Material stammte aus allen möglichen geheim gehaltenen Quellen, sehr wahrscheinlich auch aus der Auslandsaufklärung der sowjetischen Dienste, über deren Einblicke in die Spitze der NSADP wir bereits berichtet haben. Ergänzendes kam aus den viel gepriesenen Apparaten der KPD, genauer gesagt aus ihren Überbleibseln. Im Nachhinein ist deren Rolle wegen der heimlichen Beschaffung des zunächst unter Verschluss gehaltenen Anklagematerials ziemlich glorifizierend dargestellt worden. Bei Lichte betrachtet scheint hiervon einiges noch vor der Anklageerhebung von Helga von Hammerstein-Equord, der Tochter des Chefs der Heeresleitung, mit Hilfe des Vaters beschafft worden zu sein. Wie wir uns erinnern, war das Freifräulein unter dem Decknamen Grete für die KPD tätig. Von ihr gingen die Dokumente an ihren Mann Victor. Hinter diesem Decknamen steckte der Apparate-Funktionär Leo Roth, der die Papiere nach Paris schmuggelte, wo sie von der Braunbuchmannschaft begierig in Empfang genommen und verwertet wurden. Doch zum Heldenepos taugt all das nicht, denn bereits am 3. August 1933 bekam Dimitroff die Anklageschrift zugestellt, und spätestens mit der Anklageerhebung selbst gelangte die Strategie der NS-Justiz in die Öffentlichkeit. Dem Kurier Victor wurde sein lebensgefährlicher Einsatz wenig gedankt. Auf Umwegen wurde er 1936 nach Moskau beordert. Dort ereilte ihn sein Schicksal: Wie so mancher seiner Genossen aus den Apparaten wurde er 1937 als angeblicher deutscher Agent erschossen. Die einschlägige Denunziation bei der Partei und den sowjetischen Organen stammte von Herbert Wehner.[960]
Doch zurück zum Braunbuch: In ihm wurde die Täterschaft des NS-Regimes zelebriert. Braunbuch-Autor Katz setzte für seine Beweisführung noch eins drauf, indem er den von den Nationalsozialisten als Haupttäter präsentierten Brandstifter van der Lubbe als homosexuellen SA-Sympathisanten denunzierte. Das war gelogen, wie die Beteiligten nur zu genau wussten; doch mit der Wahrheit hielt man sich im Interesse der Sensation nicht lange auf. Der Erfolg gab den Autoren scheinbar Recht. In einer hanebüchenen Entscheidung verurteilte das Reichsgericht den Holländer van der Lubbe zum Tode, während es zu Recht die übrigen Angeklagten, an ihrer Spitze den Komintern-Mann Dimitroff, vom Vorwurf der Mittäterschaft freisprach. Dieses Urteil war für niemanden ein Grund zum Feiern: Es konnte keine Rede davon sein, dass in der beginnenden nationalsozialistischen Diktatur der Rechtsstaat noch einmal Flagge zeigte, denn der Freispruch von Dimitroff und Genossen war nichts anderes als das Ergebnis einer Fehlspekulation. Die Reichsanwaltschaft hatte geglaubt, die verhassten Kommunisten in öffentlicher Sitzung vorführen zu können, ebenso die Reichsrichter, die das Ver-

fahren zuließen. Die Freisprüche waren auch kein Sieg der besseren Argumente, denn im Windschatten dieses kommunistischen Scheinerfolges hatte sich ganz anderes zugetragen: Die zweitgrößte kommunistische Partei der Welt war zwangsweise liquidiert worden.[961]

Während in Deutschland auf der Vorderbühne das Stück von der Anti-Komintern aufgeführt wurde, das dem zeitgenössischen Publikum den Eindruck suggerierte, es sei eine einheitliche, diszipliniert voranschreitende Truppe zu bestaunen, spielten sich in den Kulissen Machtkämpfe ab, welche selbst die Progammgewaltigen des Deutschen Fernsehens als völlig unrealistisch zurückweisen würden, wenn man dergleichen in einen Polit-Krimi packen wollte. Ausgerechnet die Behörden, die bei der Bekämpfung der Systemgegner so machtvoll zu agieren schienen, waren Tummelplatz für schier unglaubliche interne Machtkämpfe und Intrigen. Wieder stand der Multifunktionär Hermann Göring im Mittelpunkt des Geschehens. Nach der Inbesitznahme des preußischen Innenministeriums hatte er sich nach wenigen Wochen die gesamte preußische Staatsregierung unter den Nagel gerissen; nunmehr nannte er sich unter anderem Preußischer Ministerpräsident. Die Geheime Staatspolizei unterstellte er sich unmittelbar. Damit geriet er unweigerlich in Konflikt mit dem Bestreben anderer NS-Funktionäre, die aus Deutschland einen strammen Zentralstaat zu formen gedachten.[962]

Durch einen Seiteneingang erschien nun ein Mann auf der Bühne, der beim bisherigen Postenschacher zu kurz gekommen war – ein Mann mit einem sperrigen Parteidienstgrad: der *Reichsführer SS* Heinrich Himmler. Der im Jahre 1900 geborene Sohn eines bayerischen Gymnasiallehrers und königlichen Prinzenerziehers hatte bei der Machtergreifung keinen guten Absprung genommen. Er war unter den NS-Potentaten ein kleines Licht, den kaum einer kannte und nur wenige ernst nahmen. Dabei gehörte der studierte Landwirt durchaus zu den alten Kämpfern, der bereits am Hitlerputsch des Jahres 1923 teilgenommen hatte. Ein zeitgenössisches Foto zeigt den späteren Spitzenfunktionär hinter einer spärlichen Barrikade, eine Reichskriegsflagge in der Armbeuge, mit Nickelbrille und Skimütze bewaffnet. Dieses Äußerliche machte den Mann bereits zu einer Art Witzfigur; hinzu kamen Ansichten, die er zu äußern beliebte, über die vernünftige Zeitgenossen nur die Köpfe schütteln konnten. Er hing einer Art Ahnenglauben an und meinte im Ernst, eine späte Wiedergeburt Kaiser Heinrichs I. zu sein. Wer nur diese Seiten zur Kenntnis nahm, verschätzte sich in Heinrich Himmler allerdings in gefährlichem Maße. Hinter der Nickelbrille steckte ein Kopf, der in wunderlicher Weise Spinnerei mit brutalem Machtkalkül zu verbinden wusste. Dabei hätte niemand gedacht, dass das erste für Eingeweihte bemerkbare Amt, das Himmler antrat, bis zu seinem Ende die Plattform bilden würde, von der aus sich Himmler in den zwölf Jahren der NS-Herrschaft zum unabhängigsten und mächtigsten Unterführer innerhalb der Nazi-Hierarchie emporarbeiten sollte. Dieses Amt, mit dem ihm sein Führer am 6. Januar 1929 belieh, war das des Reichsführers SS.[963]

Die Schutzstaffel, oder kurz: SS, war 1925/26 als eine Art persönliche Garde zum Schutze des Führers gegründet worden. Ihre Anfänge waren sehr bescheiden, und sie war bis 1934 Teil der SA. Erst unter Heinrich Himmler wurde der SS eine Art Elitegedanke eingeimpft. Himmler bediente sich hierfür der seinerzeit aus der Jugend- und Romanliteratur sehr beliebten Schablone eines Ordens, er wählte ein Gemisch aus Ritter- und Geheimorden. Das war keineswegs original. Auch die NSDAP wurzelte deutlich in derartigen verschwommenen Gemeinschaftsvorstellungen. Gedankengut des Armanenordens und der Thulegesellschaft des Hochstaplers Rudolf von Sebottendorff standen am Anfang der organisierten NS-Bewegung. Im Mini-Reich des Heinrich Himmler dienten Germanen- und Runenspuk dazu, in der SS eine Art Ordensbewusstsein zu formen, auf das der Reichsführer auch in späteren Jahren großen Wert legte. Nüchternere Charaktere sahen solchen Ritualen eher gelassen zu, denn für sie war ausschlaggebend, dass die SS einen Elitegedanken pflegte, der die Organisation weit über den braunen Pöbel, der die Masse der frühen SA und NSDAP ausmachte, heraushob.[964]

Ein Mann, den das elitäre Gehabe der SS angelockt haben dürfte, war der Oberleutnant zur See a.D. Reinhard Heydrich. Der 1904 geborene groß gewachsene blonde Mann hätte bereits äußerlich gut in den Himmler'schen Germanenorden gepasst, doch den Weg dorthin verdankte er eher einem verschwiemelten Moralkodex der Reichsmarine und seinem Geschlechtstrieb, den er mit der Marinemoral nicht in Einklang zu bringen vermochte. Nach den Vorstellungen der Kriegsmarine war es jedenfalls undenkbar, dass ein Mitglied des Offizierskorps die Tochter eines Kameraden beschlief, ohne die Konsequenz zu ziehen, das heißt, die junge Dame gefälligst zu heiraten. Genau das mochte der junge Heydrich auf keinen Fall. So kam es zum Disziplinarverfahren und zum Rausschmiss. Auf dem Höhepunkt der Weltwirtschaftskrise stand Heydrich ohne Job da. Gewiss, er hätte, da er ein begabter Geiger war, auch Musiker werden können. Doch dergleichen Tätigkeit konnte seinem Naturell nicht entsprechen. Durch Vermittlung eines gemeinsamen Bekannten, Karl von Eberstein, lernte er den Reichsführer SS kennen. Den muss er mit einem nicht allzu langen Vortrag über die Errichtung eines I c-Dienstes so beeindruckt haben, dass Himmler den ehemaligen Marinemann in der Parteizentrale zu München hauptamtlich in die SS einstellte.[965]

Der I c-Dienst, über den Heydrich referiert hatte, war nichts anderes als der Feindnachrichtendienst, wie er bei den Kommandostäben der Reichswehr eingeführt war. Für den wachen Geist des Reinhard Heydrich war es ein Leichtes, den machtgierigen SS-Führer davon zu überzeugen, dass ein Nachrichtendienst der

NSDAP zweckmäßig, ja unentbehrlich sei, und für den, dem so ein Dienst unterstand, wäre er ein unschätzbarer Machtzuwachs. Es ist zu vermuten, dass Heydrich, der dem Reichsführer SS kurzerhand eine Organisationsskizze vorlegte, sich am Vorbild der Reichswehr orientierte, zumal er das Organisationsprinzip des bereits bestehenden großen Parteigeheimdienstes, nämlich des AM-Apparats der KPD, nicht gekannt haben wird. Himmler begriff schnell. Die Einstellung des vier Jahre Jüngeren war bald erledigt. Heydrich bezog 1931 seinen Schreibtisch in einer spärlich und unregelmäßig besoldeten Arbeitsstelle im Braunen Haus in München. Er wurde Mitglied der SS und Leiter des *Sicherheitsdienstes des Reichsführers SS*, kurz SD genannt. Das war der Beginn des Parteigeheimdienstes der NSDAP. Man tut gut daran, diese Mini-Organisation in ihren Anfängen nicht zu dramatisieren. Heydrich verfügte in der Zeit bis zur Machtergreifung über etwa 40 besoldete Mitarbeiter und einige Zuträger in der Fläche des Reichs. Die wenigen SD-Leute unterschieden sich bereits äußerlich von den übrigen SS-Formationen. Ihnen fehlten auf dem rechten Kragenspiegel die sonst bei der SS üblichen Sig-Runen. Der schwarze Kragenspiegel blieb leer. Dafür hatten die SD'ler auf dem linken Unterarm der Uniformjacke einen rautenförmigen Aufnäher mit der Aufschrift SD. Man verschätzt sich, wenn man aus der formalen Aufgabenzuweisung, die Heydrich gegenüber seinen Mitarbeitern vornahm, die Folgerung zieht, der SD habe sich lediglich mit den politischen Gegnern der NSDAP befasst. Heydrich wurde bald klar, dass für ihn der Weg zur Macht nur mit der NSDAP möglich war. Das war sozusagen die Grundbedingung. Er wusste zudem, dass dies gegen das Establishment der bramarbasierenden und saufenden Alten Kameraden geschehen müsse. Dementsprechend konzentrierte er sich, von seinem Vormann Himmler unterstützt, auf dieses Personenfeld, mit dem die Macht zu teilen, er auf Dauer keineswegs bereit sein würde.[966]

Was zunächst eine Marotte im innerparteilichen Machtgerangel gewesen sein mag, wurde bitterer Ernst, als die NSDAP tatsächlich an die Macht gelangte. Es begann der Run der Parteigenossen auf die Pfründen des Staates, den man gemeinsam zu erobern geglaubt hatte. Viele gingen bei diesem Wettlauf leer aus. Beinahe auch Heinrich Himmler. Zwar gelang es ihm schon recht bald von einem alten Spezi des Führers, dem neu ernannten Reichsstatthalter von Bayern, Hitlers ehemaligem Regimentskommandeur Franz Ritter von Epp, eine Ernennung zum kommissarischen Polizeipräsidenten von München zu erhalten, doch das Gelbe vom Ei war dies für den machtgierigen Himmler nicht. Alsbald zog Himmler Heydrich nach und machte ihn zum Leiter der politischen Polizei. Das waren nach bürgerlichen Vorstellungen zwei hübsche Beamtenpfründe, die zu erlangen normale Leute ein frustrierendes Dienstleben lang geackert hätten. Doch weder für den 33-jährigen Himmler noch für den 29-jährigen Heydrich konnten diese Positionen etwas bedeuten, was im Geringsten ihren Ehrgeiz befriedigt hätte. Mit Entsetzen mussten sie bemerken, dass ihr Führer gar nicht daran dachte, den Beamten- und Militärapparat des Reichs nach der Machtergreifung im Hauruckverfahren durch seine Gefolgsleute zu ersetzen. Hierfür konnte es keinen besseren Fingerzeig geben als die Entscheidung Hitlers, auch nach der Machtergreifung die Führung der Partei im Braunen Haus in München zu belassen. Damit blieben die beiden Aufsteiger weitab vom Schuss. Weder Heydrich noch Himmler verspürten die geringste Lust, das hinzunehmen.[967]

Himmler ging einen Umweg. Alsbald sprang er auf den Zug der Zentralstaatsplaner, denen er sich als Spezialist für die politische Polizei andiente, und in der Tat gelang es dem äußerlich unscheinbaren Bürokraten, bis zum Jahresende 1933 die politischen Polizeibehörden aller Länder mit Ausnahme von Preußen und Schaumburg-Lippe unter sein Kommando zu bringen. In Preußen stand dem entscheidenden Schritt zur Polizeigewalt dessen Ministerpräsident Hermann Göring im Wege. Im nun entbrennenden Machtkampf stützte sich Göring auf den Gestapa-Chef Rudolf Diels. Himmler, der sich hinter dem Reichsinnenminister Frick verschanzte, setzte auf die SS und den Einfallsreichtum seines Intrigenspezialisten Reinhard Heydrich. Während die Gestapo auf die Bekämpfung des Gegners von links konzentriert war, machten SS-Einheiten auf eigene Kappe Jagd auf jedermann, der ihnen zum Feind geeignet erschien. Das waren besonders die Abtrünnigen der NS-Bewegung. Am Beispiel des ehemaligen SA-Funktionärs Stennes lässt sich das illustrieren.[968]

Walther Maria Stennes wurde zunächst Berufsoffizier. Als 19-jähriger Leutnant zog er 1914 mit dem Kölner Infanterie-Regiment Nr. 16 in den Krieg, den er vielfach dekoriert überstand. Wie viele seiner Kameraden wurde Stennes nach der Niederlage aus der Armee entlassen. Doch er hatte Glück und wurde in den Polizeidienst übernommen, wo er zum Hauptmann aufstieg. Nach der Teilnahme am Kapp-Putsch und einer Tätigkeit im Freikorps Hacketau wurde Stennes erneut entlassen. Nunmehr verdingte sich der Mann mit dem Hang zur Konspiration seit 1923 in der Schwarzen Reichswehr. In den Jahren 1925 bis 1930 verdiente er ein nachrichtendienstliches Zubrot bei Reichswehr und Auswärtigem Amt; das jedenfalls weist die in den 1920er-Jahren über Stennes angelegte Personalakte beim sowjetischen Auslandsgeheimdienst INO aus. 1927 kam er zur SA, wo er sehr schnell in leitende Funktion aufstieg; 1930/31 war er als Gruppenführer der Leiter der SA in Berlin und Stellvertreter Ost des Obersten SA-Führers. 1931 versuchte er mit der SA bei der so genannten Stennes-Revolte gegen Hitler zu putschen. Das ging schief; Stennes flog aus der NSDAP und aus der SA raus. Doch damit schied er keineswegs aus der Politik aus: Bereits im folgenden Sommer beim Preußenschlag Papens war er vom preußischen Finanzminister Otto Klepper engagiert worden, der putschenden Reichsregierung mit einer gemischten Schlägertruppe aus Polizei und SPD-Parteiarmee den Garaus zu machen. Doch das Stichwort zum Eingreifen blieb aus.[969]

Von besonderem geheimdienstlichem Interesse am Fall Stennes ist der Umstand, dass die Geschichtsschreiber über die KPD-Apparate, vier ehemalige MfS-Offiziere, die Stennes-Revolte als erfolgreiche Operation des AM-Apparats reklamiert haben. Durch Zersetzungsmaßnahmen von dessen C-Ressort, das für die NSDAP verantwortlich war, sei es gelungen, unter bewusst falscher Berichterstattung in der *Roten Fahne*[970] die Wut der Berliner SA-Führung auf Hitler so zu steigern, dass es zum Abfall von der Münchner NS-Führung kam. Selbst wenn es so sein sollte, wie hier geschildert, tun wir uns schwer, das Eingreifen des AM-Apparats als Erfolg zu loben. Vielmehr zeigt das Ende des Stennes-Putsches etwas ganz anderes: Hitler hatte durch das rabiate Ausschalten seiner Berliner Gegner den persönlichen Machtanspruch erneut durchsetzen können. Für ihn war es eine Art Qualitätssprung auf dem Weg zur uneingeschränkten Herrschaft in der eigenen Partei. Der Putsch und der Putschist wurden allerdings nicht vergessen: Kurz nach der Machtergreifung nahm die SS in Berlin diesen gefährlichen Gegner auf eigene Kappe fest und sperrte ihn ein. Über seine Freilassung sind unterschiedliche Geschichten im Umlauf. So habe der gute Katholik Schützenhilfe von seinen Freunden im Vatikan erhalten; entscheidend war wohl die Intervention der preußischen politischen Polizei unter Rudolf Diels, der nicht dulden wollte, dass die SS Prügelkeller in seinem Zuständigkeitsbereich unterhielt. So kam Stennes frei und entkam mit Hilfe seiner katholischen Förderer aus Deutschland. Stennes nahm, auch räumlich gesehen, weiten Abstand zum Dritten Reich; er wurde 1934 Militärberater bei Tschiang Kai-schek in China. Wieder nahm er im Zweiterwerb geheime Dienste an, denn im März 1939 wurde er vom illegalen NKWD-Residenten Tischtschenkow in Shanghai als Agent mit dem russischen Decknamen Drug angeworben. Im Verlauf seiner Agentenkarriere wird uns Drug, zu Deutsch: der Freund, noch begegnen.[971]

Auch Gestapo-Chef Diels blieb nach seinen Aktionen nicht ungeschoren. Zu seinem Entsetzen musste der Karrierist bemerken, dass er auf das falsche Pferd gesetzt hatte, denn Göring ließ den Juristen ohne jeden Skrupel fallen, als ihm eine dauerhafte Auseinandersetzung mit dem SS-Chef nicht opportun erschien. So geriet Diels im wahrsten Sinne des Wortes in die Schussbahn der SS und floh, man stelle sich das einmal für den Chef einer politischen Polizei vor, in die ihm sicherer erscheinende Tschechoslowakei. Von Göring nach Deutschland zurückgerufen, nahm er noch einmal seine Arbeit an der Spitze der Gestapo auf, bevor er am 20. April 1934 endgültig weichen musste. In der Zwischenzeit hatten zwei seiner NS-Untergebenen, die Herren Arthur Nebe und Hans Bernd Gisevius, nach

Kräften an seinem Stuhl gesägt. Diels wurde mit dem Posten eines Regierungspräsidenten abgefunden. Doch deswegen aus diesem abservierten Karrieristen einen Widerstandskämpfer machen zu wollen, zu dem er sich nach dem Krieg zu stilisieren suchte, heißt die Dinge doch etwas zu übertreiben. Nach Diels' Abgang war der Weg für Himmler frei; er erhielt den Posten eines Inspekteurs der Politischen Polizei für das gesamte Deutsche Reich, und in das Dienstgebäude des Gestapa in der Prinz-Albert-Straße zog der Chef des Parteigeheimdienstes SD, Reinhard Heydrich, als neuer Direktor ein.[972]

Schwarz gegen Braun.
Der Röhm-Putsch als Fortsetzung des Staatsstreichs auf Raten

Kaum ein Nichtereignis hat sich so eingeprägt wie der Röhm-Putsch. Wenn überhaupt die beiden Begriffe das Ereignis beschreiben sollen, so handelte es sich um zwei Dinge, die zu Unrecht mit einem Bindestrich verknüpft worden sind: Zum einen war es eine Mordsache zum Nachteil Röhms, zum andern fand ein weiterer Putsch statt, der die Namen Hitler, Göring, Himmler und Heydrich trägt. Erst die NS-Propaganda, die in den Händen des viel bewährten katholischen Revolutionärs und Doktors der Philosophie Josef Goebbels wirksam aufgehoben war, machte aus der Bluttat den Röhm-Putsch, und das ist er in der Erinnerung der Zeitgenossen gegen jede bessere Einsicht auch geblieben.[973]

Der ehemals königlich bayerische und spätere Reichswehrhauptmann Ernst Röhm war selbst unter den wundersamen Erscheinungen an der Spitze der NS-Bewegung ein Ausnahmefall. Er war Haudegen, Agitator und Organisator in einem, und er hätte das Zeug dazu gehabt, der Führer einer Braunen Armee zu werden. Doch es kam anders. Ernst Röhm wurde am 23. November 1887 in München geboren. Als 26-jähriger bayerischer Berufsoffizier zog der Infanterieleutnant in den Weltkrieg. Vier Jahre später gehörte er mit vielen seiner Standesgenossen zu den Verlierern der Geschichte, als der Krieg im November 1918 mit einem militärischen und politischen Fiasko zu Ende ging. Für den Hauptmann war das noch nicht das Ende seiner Dienstzeit; vielmehr verschlug es ihn in den Stabsdienst des sich bildenden Reichswehrgruppenkommandos in München. Hier entwickelte sich Röhm zum politischen, um nicht zu sagen politisierenden Offizier, wie wir ihn in Preußen schon in Gestalt des Hauptmanns Waldemar Pabst und bei der Reichsmarine mit dem Kapitänleutnant Wilhelm Canaris gesehen haben. Die Herren begeisterten sich für die nationale Sache und fanden nichts dabei, illegale Geschäfte und Aktionen zu unterstützen. Ihr Feind stand links. Röhms dienstliches Ende wurde nach seiner Beteiligung am Hitler-Putsch vom

November 1923 eingeläutet. Der Hauptmann a.D. wurde zu Festungshaft verurteilt. Danach hielt er sich für längere Zeit von der Bewegung seines Duzfreundes Adolf fern. 1929 ging er für zwei Jahre als Militärberater nach Bolivien, um sodann, von Hitler nach Deutschland zurückgerufen, an die Spitze der SA zu treten. Hier erwies Röhm erneut sein Organisationstalent. Innerhalb kürzester Frist baute er der NSDAP eine Parteiarmee von über 500 000 Männern auf. An deren Spitze stand zwar formal Hitler, doch der Mann, der das Sagen hatte über die braunen Parteisoldaten, war der Stabschef der SA, Ernst Röhm.[974]

Die Machtergreifung Hitlers am 30. Januar 1933 und das ständige Gerede der NS-Führung von der zweiten Revolution weckten in der NSDAP und der SA Hoffnungen, dass Hitlers Ernennung zum Reichskanzler nur der Anfang einer umfassenden Machtübernahme sein könnte. Diese Hoffnungen wurden durch das von der NS-Spitze angetriebene Vorgehen gegen die KPD und andere Linke forciert. In einer Woge der Gewalt tobte sich der braune Mob in Deutschland aus. Ohne dass irgend eine Instanz wirksam Einhalt gebot, okkupierten die Lokalgrößen der NSDAP die Macht in den Rathäusern. In der Mehrzahl der Kommunen wurden die Bürgermeister und Oberbürgermeister auf die Straße gesetzt. Das darf man sich durchaus wörtlich vorstellen; die Rolle des Rollkommandos spielte hierbei die SA. Es waren nicht nur die öffentlichen Verwaltungseinrichtungen, die zur Zielscheibe der aufgeputschten NS-Gefolgschaft herhalten mussten, sondern ein beträchtlicher Teil der aufgestauten Hassgefühle richtete sich gegen wirtschaftliche Großunternehmen, Wirtschaftsverbände und Warenhäuser und was sonst noch alles durch die NS-Hetzpropaganda als unarisch und jüdisch-versippt betitelt worden war. Die wilden Konzentrationslager der ersten Zeit dienten beileibe nicht nur der Drangsalierung von Kommunisten oder was man dafür hielt, sondern für jedermann, den die von der Kette gelassenen SA-Schergen für einsperrens- und lynchwürdig befanden. Deutschland bewegte sich in rasender Geschwindigkeit auf ein anarchistisches Chaos zu.[975]

Siegessicher war die NSDAP in die vorgezogenen Reichstagswahlen vom 5. März 1933 gezogen, doch sie verfehlte, bei aller Einschüchterung und Wahlbehinderung, deren sie sich mit Hilfe ihrer braunen Kolonnen befleißigte, die absolute Mehrheit der Reichstagssitze mit 43,9 Prozent der erzielten Stimmen beträchtlich. Die SPD und die aus taktischen Gründen zugelassen gebliebene KPD erzielten bemerkbare Anteile der Mandate. Während die SPD-Abgeordneten ihre Sitze einnehmen konnten, war das den KPD-Leuten unmöglich; sie saßen bereits hinter Stacheldraht oder waren abgetaucht. Am 23. März trat in der Berliner Kroll-Oper der neue Reichstag zusammen, um über ein *Gesetz zur Behebung der Not von Volk und Reich* zu befinden. Es sollte die Reichsregierung ermächtigen, auf vier Jahre ohne das Parlament Gesetze zu erlassen und auszufertigen; Letzteres war das Privileg des Reichspräsidenten. Das Gesetz erhielt in der geschichtlichen Erinnerung den Namen *Ermächtigungsgesetz*. Es war der dritte Staatsstreich auf dem Wege zum Führerstaat. Ohne die abwesenden KPD-Abgeordneten stimmten 441 Abgeordnete für und 94 Abgeordnete, das war die SPD-Fraktion, gegen das Gesetz. Der SPD-Führer Otto Wels hielt eine Rede, in der er der auf der Schwelle stehenden NS-Diktatur eine mutige Absage erteilte. Doch die Realität war anders: Mit dem Erlass des Ermächtigungsgesetzes hatte der Reichstag die Grundpfeiler der Weimarer Demokratie, nämlich die Regelungen über die Gewaltenteilung, außer Kraft gesetzt. Am 22. Juni 1933 wurde, aus Sicht der NS-Machthaber ganz folgerichtig, die SPD verboten. Wenig später lösten sich die neben der NSDAP noch bestehenden politischen Parteien von selbst auf.[976]

Was heute manchem unbegreiflich erscheinen mag, war für die im Reichstag vertretene Mehrheit offenbar kein Problem, nämlich der soeben durch Wahl übertragenen Macht auf Zeit in einem Akt der Selbstentmachtung zu entsagen. Diese Abgeordneten waren alles andere als Republikaner und Demokraten. Bei den Mitgliedern der NSDAP bedarf das keiner tiefsinnigen Erklärungen; diese Leute empfanden sich als Exekutoren der zweiten Revolution ihres Führers. Auch die Konservativen fanden nicht viel dabei, die republikanische Staatsform aufzugeben; das war ohnedies ihr Ziel. Ihren Einfluss glaubten sie über die Beteiligung an der Regierung und über die Existenz der Reichswehr genügend gesichert. Einzig bei der Bayerischen Volkspartei regte sich ein wenig Widerstand; aber die Existenz dieser Partei war eher eine parlamentarische Marginalie. Blieben die im Zentrum zusammengeschlossenen katholischen Klerikalen. Bei ihnen hatte der Kirchturm Vorrang vor dem Parlament, und so ließen sie sich mit dem Versprechen eines Konkordats mit dem Vatikan abspeisen, was in den Weimarer Jahren nicht zustande gekommen war.[977]

Dabei hatten es die Konservativen mit dem Reichspräsidenten Paul von Hindenburg an der Spitze in der Hand, den Führer der NSDAP durch einen Federstrich seines Reichskanzleramtes zu entheben. Doch die wiegten sich in dem Glauben, den Führer der unappetitlichen NSDAP die Drecksarbeit leisten lassen zu können, was ihnen ein späteres Regieren nach eigenem Gusto umso leichter ermöglichen würde. Sie waren durch den Herrenreiter Franz von Papen als Vizekanzler in der Reichsspitze vertreten; Papen und Co. hatten keinen Zweifel, dass man sich Hitler zu genehmem Zeitpunkt würde entledigen können. Dessen Ausschreitungen gegen Kommunisten und Sozialisten kamen, wenn auch in der Ausführung nicht unbedingt willkommen, so doch in der Sache höchst gelegen. Gleiches gilt für die angeblich unpolitische Reichswehr; sie war neben der preußischen Polizei die einzige ernst zu nehmende bewaffnete Macht im Reich. Das 100 000-Mann-Heer hatte zehn Jahre zuvor gezeigt, wie man mit Aufständischen und Zerstörern der bürgerlichen Ordnung umzugehen gewillt war. Nun jedoch rührte sich nichts. Das ist oft und höchst widersprüchlich erklärt worden. Vermutlich waren die Gründe vielfältig und bewirkten erst in der Summe ein Stillhalten des Offizierskorps. Für etliche Offiziere der höheren Ränge galt dasselbe Grundmotiv, wie es schon bei den politisch Konservativen formuliert wurde. Sie entstammten einer monarchistisch dominierten Kaste, der es nicht ganz unlieb war, wie Hitler und seine Schlägerbanden mit dem Feind von links umgingen. Für viele jüngere Offiziere, die das Grauen des Weltkrieges als 20-Jährige am eigenen Leib verspürt hatten, kam ein anderes Element hinzu. Sie dachten häufig nationalistisch und sozialistisch, so dass ihnen der Nationalsozialismus als programmatische Idee einleuchtete. Aus dieser Ecke war für das Regime kein Widerstand zu erwarten, zumal der Reichspräsident, den diese Kreise als eine Art Ersatzmonarchen empfanden, dem Ganzen seinen Segen erteilt hatte. Es gab also für die meisten Angehörigen der Reichswehr keinen vernünftigen Grund, gegen das NS-System zu rebellieren. Was es an Schrecklichkeit produzierte, wurde mit einer Handbewegung als Auswuchs abgetan. Einige wenige sahen dies anders. Für sie war das NS-Regime der Anfang vom Ende der Zivilisation. Und einer von ihnen, der Chef der Heeresleitung, Kurt von Hammerstein-Equord, traute sich, das zum Ausdruck zu bringen.[978]

Auch mit der Polizei hatte die NS-Führung kein Problem. Deren größtes Kontingent, die preußische Polizei, war durch den Preußenschlag des Franz von Papen und die Selbstaufgabe der politischen Führer Preußens als republikanischer Ordnungsfaktor ausgeschaltet worden. Jetzt war diese Polizei formal und tatsächlich in den Händen des zum preußischen Innenminister ernannten NS-Multifunktionärs Hermann Göring, der, wie andere Menschen Briefmarken, öffentliche Spitzenämter sammelte. Er tat dies keineswegs aus Prestigegründen, sondern um die damit verbundene politische Macht auch auszuüben. Seine Ernennung zum Mitglied im Reichskabinett, zum Reichskommissar für die Luftfahrt und zum kommissarischen preußischen Innenminister war, wie wir schon gesehen haben, nur der Auftakt. Andere Ämter folgten: Preußischer Ministerpräsident und Oberbefehlshaber einer zu gründenden Luftwaffe sowie schließlich Beauftragter des Führers für den Vierjahresplan. Wieder andere Posten, wie der eines Reichsjägermeisters, waren eher Folklore. Dieser morphiumsüchtige, frühzeitig verfettete Liebhaber grotesker Phantasieuniformen, der einen spinnerten öffentlichen Kult um seine früh verstorbene erste Frau Carin trieb und später eine Schauspielerin aus Weimar heiratete, musste zwar für viele Witze herhalten, doch er war alles andere als eine politische Witzfigur. Der Mann war ein zynischer und kalter Exekutor der Macht und für jedermann gefährlich, der ihm in seiner Machtentfaltung in die Quere kam. Er kannte nur eine einzige Ausnahme: seinen Führer, dem er bis in den April 1945 unbeirrt die Treue hielt, selbst als dies bereits ein einseitiges Gefolgschaftsverhältnis geworden war. Nichts kennzeichnet die Gefährlichkeit dieses Mannes besser als der Umstand, dass er eher für einen Bonvivant denn für einen Machtmenschen gehalten wurde, was sich in der Tatsache niederschlug, dass Göring im Volke über eine gute Portion Popularität verfügte.[979] Dieser Mann saß ab dem Beginn der NS-Herrschaft an den Schalthebeln der Macht. Preußens politische Polizei verlor er im April 1934 an seinen Rivalen Heinrich Himmler. Er verfügte jedoch über eine weitere Sicherheitsbehörde, die bis zum Ende des Dritten Reiches ein Dasein im Verborgenen führte. Die Rede ist vom Forschungsamt, das am 10. April 1933 gegründet wurde. Der Behördenname war eine Tarnbezeichnung. Sie verschleierte, dass hier aus dem Etat des preußischen Ministerpräsidenten, später aus dem des Reichsluftfahrtministeriums eine Behörde aufgebaut und unterhalten wurde, die reichsweit für das Abhören des Telefonverkehrs und später auch anderer Medien zuständig war. Es gab nur eine einzige Genehmigungsinstanz, die über das Ob und das Wie-lange entschied: Das war Hermann Göring in eigener Person. Dabei war die Behörde dem Kompetenzen- und Ämtersammler eher zufällig unterstellt worden. Die Idee zur Gründung war älter; sie stammte aus der Chiffregruppe der Abwehrabteilung, die bekanntlich dem Reichswehrministerium angegliedert war. Den Initiatoren schwebte ein umfassender Nachrichtendienst vor, den sie dem Reichskanzler zu unterstellen gedachten. Doch Hitler lehnte das ab, und Hermann Göring erhielt den Zuschlag. Dass eine solche Behörde in der Hand eines Mannes vom Zuschnitt Görings eine politische Waffe war, bedarf kaum einer näheren Begründung, zumal Göring keinerlei Reglement unterlag, gegen wen er die Überwachung anordnete. Ebenso entschied nur er, wer zum Empfänger der Braunen Vögel wurde. So nannten die Eingeweihten die schriftlichen Arbeitszeugnisse der Göring-Behörde, die auf braunem Papier vervielfältigt wurden.[980]

Vor Görings Abhörwut war niemand im Reich sicher, am wenigsten seine Konkurrenten aus der NSDAP. Mit Genuss, und einem Hofnarren gleich, legte Göring seinem Führer ausgewählte Leckerbissen vor. Hierzu zählt auch das Liebesgestammel des sonst eher schwülstig formulierenden Josef Goebbels. Der war von Zeit zu Zeit im Bett der Schauspielerin Olga Förster-Prowe anzutreffen. Die schöne Olga war zur gleichen Zeit die Ehefrau des schriftstellernden Wendehalses Arnolt Bronnen, und sie diente als Agentin der sowjetischen Auslandsaufklärung INO mit der Registriernummer A/229; der Berliner NS-Gauleiter und spätere Propagandaminister war ihre Zielperson. Doch der Selbstmord der Liebhaberspionin im Jahre 1935 beendete jegliche Überwachungsmaßnahme und hinterließ sozusagen drei Leidtragende: die INO, die nie zuvor und danach einem NS-Spitzenfunktionär so dicht auf den Leib gekrochen war, dann Göring, der sich um ein voyeuristisches Vergnügen geprellt sah, und natürlich Goebbels. Der Mann, dem die Berliner Schnauze den Titel eines Reichshurenbocks verliehen hatte, wusste sich zu trösten. Eine der Förster-Prowe-Nachfolgerinnen im Bett des Propagandaministers wurde die tschechische Schauspielerin Lida Baarova. Dass die Neue auch die Nachfolge als Julia-Agentin antrat, ist behauptet, aber nie schlüssig belegt worden. Die Überwachung des Liebespaares oblag dem FA-Mann Siegfried Niekrens. Während die Baarova wegen des gegen sie bestehenden Spionageverdachts offenbar frühzeitig abgehört wurde, lief die Liebesgeschichte mit Goebbels als amüsantes Nebenprodukt über den Schreibtisch Görings.[981] Man kann sich dessen Häme leicht ausmalen, wenn er Sätze wie diesen hier zu lesen bekam:

> [Goebbels]: Ich wäre jetzt lieber bei Dir im Bett als auf dieser langweiligen Parteikundgebung.[982]

Auch mit der Baarova wusste Hermann Göring seinen Führer zu belustigen. Die Tschechin hatte einen Vertrag mit der deutschen Filmgesellschaft Ufa, der ihr das Engagement in vier Filmen pro Jahr mit einem Gesamthonorar von 140 000 Reichsmark garantierte. Das war damals sehr viel Geld. Ganz nebenbei sorgte Göring dafür, dass dieser Spitzenverdienerin des deutschen Films die Hälfte ihrer stattlichen Gagen in den so raren harten Devisen ausgezahlt wurde. Für Hitler hörte der Spaß erst auf, als Magda, die Goebbels-Gattin und Vielfachmutter, dem vergötterten Führer mitteilte, dass sie sich von ihrem prominenten Seitenspringer zu trennen gedächte. Das wurde durch Hitler untersagt; das Paar beugte sich, denn Führerbefehl war Führerbefehl.[983]

Damit sind wir den Dingen etwas vorausgeeilt. Es bedarf keines besonderen Hinweises, dass Hermann Göring das Forschungsamt auch in Sachen seines Konkurrenten Ernst Röhm zu nutzen verstand. Die Braunen Vögel über die entsprechenden Aktionen sind nicht überliefert. Ob die Telefonanschlüsse des SA-Stabschefs unmittelbar abgehört wurden, lässt sich nicht mehr rekonstruieren. Klar ist indessen, dass Görings Abhörtruppe ihre Hände im Spiel hatte. Diese hatte eine Sondergruppe unter dem späteren Regierungsrat Rudolf Popp gebildet, deren Aufgabe es war, durch Abhören der SA-Spitzenmannschaft einen Staatsstreich Röhms nachzuweisen. Bemerkenswert und bezeichnend bei diesem Auftrag ist es, dass nicht etwa ein entsprechender Verdacht geprüft werden sollte, sondern es sollten Belege für das von vornherein Behauptete herbeigeschafft werden. Diese Frontstellung in der Auftragserteilung ist leicht zu verstehen, denn Göring kam es allein darauf an, einen lästigen Konkurrenten auf seinem Weg zum zweiten Mann im Staate seines Führers auszuschalten. Gesagt, getan. Es war selbstverständlich, dass auf dem Umweg der Kontrolle der anderen obersten SA-Rabauken auch Röhms eigenes Gerede auf den Schreibtisch Görings geraten musste. Für dieses Ziel war dem Intriganten die Koalition mit einem seiner Widersacher

recht – mit dem SS-Führer Heinrich Himmler, an den er soeben die preußische Geheime Staatspolizei abgetreten hatte. Dieser Mann war mit Hilfe des zum preußischen Gestapa-Chef aufgestiegenen Reinhard Heydrich der Garant dafür, dass über Röhm und Co. weiteres Belastungsmaterial herbeigeschafft wurde.[984] Doch die Fakten blieben dürftig, denn der Röhm-Putsch war kein Röhm-Putsch, sondern ausschließlich die Abrechnung mit dem zweiten Mann des Reiches. Ob er dieser zweite Mann wirklich war, spielt keine Rolle. Es genügt, dass er selbst und seine Konkurrenten das glaubten, obschon auf den ersten Blick die Funktion eines Stabschefs der SA in einem geordneten Staatswesen so gut wie nichts bedeutet hätte. Bestenfalls wäre er der Mann an der Spitze eines großen Interessenverbandes gewesen. Doch waren weder die Verhältnisse im NS-Staat geordnet, noch war die SA ein normaler Interessenverband. Die SA war bis zum Frühsommer 1933 auf eine Million Mann angeschwollen; weitere 3,5 Millionen Männer bildeten die SA-Reserve. Das war eine gewaltige Streitmacht. Noch schwerer wog, die SA war ein Heer von zu spät Gekommenen der nun schon über ein Jahr lang andauernden Machtergreifung. Sie war nach ihrem Selbstverständnis eine Revolutionsarmee, ohne die ihr Führer nie die Chance gehabt hätte, Kanzler des Deutschen Reichs zu werden. Die SA hatte erleben müssen, wie der von ihr im Frühjahr 1933 entfachte Terror durch Führerbefehl im Juli 1933 gestoppt worden war. Die Armee des Führers wurde beschäftigungslos, denn Hitler dachte nicht daran, aus der SA die Armee des Deutschen Reichs zu formen. Mit Neid musste man zur Kenntnis nehmen, wie die einst bekämpfte Reaktion, gekleidet in die Uniformen der Reichswehr, Seite an Seite mit dem Führer posierte. Die SA war die Armee der zu spät Gekommenen geworden.[985]
Bei diesem Befund kann es kaum verwundern, dass in der Armee des Ernst Röhm eine ernsthafte Gefahr gewittert wurde. Doch dem Verdacht fehlte der reale Hintergrund. Bei Lichte betrachtet stand lediglich Folgendes fest: Der Führer der SA war ein Saufbold, und er war schwul – eine Kombination, die vielen in der NSDAP, die jetzt wieder Zeit fanden, sich auf ihre Kleinbürgerlichkeit zu besinnen, ein Dorn im Auge sein musste. Der Stabschef der SA war trotzdem ein ernst zu nehmender Gegner. Er war Organisator, charismatischer Führer eines Großverbandes und ein Freund großer Worte. Das Wort der zweiten Revolution hatte in seinem Munde einen ganz anderen Klang, als wenn es der NS-Ortsgruppenleiter von Cottbus aussprach. Doch der Führer der SA war alles andere als ein Dummkopf. Er wusste genau, was es bedeuten würde, mit der zweiten Revolution Ernst zu machen. Es hätte bedeutet, das Millionenheer der SA in einen Bürgerkrieg zu führen – auf der Gegenseite die bis an die Zähne bewaffnete Reichswehr, eine disziplinierte bürgerkriegserprobte Polizei und der Führer. Röhm wusste genau, was das bedeutete; schon ein einzelner dieser Gegner konnte den

von ihm mobilisierten SA-Kolonnen Einhalt gebieten. Soweit er sich im Kumpa-
nenkreis anders äußerte, sprach der Maulheld und nicht der kalkulierende SA-
Führer. So viel zu Röhm. Was schwerer wiegt, war der Umstand, dass auch Hitler
diese Dinge genauso beurteilte wie sein dicklicher Vasall, mit dem ihn angeblich
eine Männerfreundschaft verband. Hitler wusste genau, dass auf seiner Seite die
stärkeren Bataillone standen. Er kannte die Abneigung, ja die Abscheu der
Reichswehroffiziere vor den braunen Horden. Über die Willfährigkeit der Polizei war er seit deren Aufräumen mit dem politischen Gegner von links im Jahre
1933 hinlänglich unterrichtet. Von einer Putschgefahr von rechts konnte also
keine Rede sein. Doch was Hilter störte, ja zunehmend empfindlich stören musste, war die Person des Ernst Röhm, das großschnäuzige Verhalten des Mannes,
der ihn Adolf nannte wie einen Gleichgestellten. Es war nicht die Gefahr eines
Putsches, sondern das Nagen an seiner Autorität, das ihn schließlich bestimmte,
gegen Röhm gewaltsam vorzugehen.[986]

Was jetzt ablief, gehört in jedes bessere Handbuch der Intrige: Lagebeurteilung,
Zündeln, Krisis, Katastrophe und Sieg; Strippenzieher, Bösewicht, Buhmann,
Nutznießer, Opfer, Zuschauer und Mitläufer. Zur Jahreswende 1933/34 ging das
so: Heydrich munitionierte seinen Chef mit Details über das Treiben von Ernst
Röhm. Er wusste ganz genau, wie es dem selbst ernannten Kaiser-Heinrich-Ur-
urenkel Heinrich Himmler gegen den Strich ging, dem Revolutionsrabauken und
SA-Stabschef unterstellt zu sein, der sich im Kameradenkreis über die angeblich
feine SS und ihren ach so arischen SS-Chef, den man den Reichsheini nannte, mo-
kierte. Himmler verbündete sich mit Göring, der aus ganz anderen Gründen den
SA-Chef quitt kriegen wollte. Er suggerierte dem preußischen Ministerpräsidenten, dass er nur dann handfest einzugreifen vermöchte, wenn er eine Dienststellung
in Berlin bekleiden würde. Da böte sich, so Himmler, die Zusammenfassung aller
politischen Polizeibehörden unter seinem Kommando an, zumal die süddeutschen
ihm bereits unterstanden. Das leuchtete Göring offenbar ein. Er räumte Diels von
der Stelle des Gestapa-Chefs ab. Himmler und Heydrich verlegten im April 1934
ihren Dienstsitz nach Berlin. Göring handelte vermutlich in dem Glauben, einen
wirksamen Untergebenen und Mitstreiter im Kampf um die Macht hinzugewon-
nen zu haben. Vielleicht hat er auch angenommen, den SS-Mann bei Gelegenheit
wieder loswerden zu können. Doch damit sollte er sich täuschen. Einstweilen arbeiteten die Anti-Röhm-Strategen gut zusammen, denn nun galt es, das schwerste
Stück der Arbeit zu erledigen: ihren Führer von der Notwendigkeit zu überzeugen,
den Duz-Freund zu stürzen. Das war in der Tat schwierig, denn Hitler trennte
sich nur ungern von seinen alten Gefährten. Dieser Merksatz galt jedenfalls für alle,
die sich nicht offen gegen ihn auflehnten. Es kam daher auf zwei Dinge an: Hitler
von der Auflehnung Röhms zu überzeugen und dafür zu sorgen, dass niemand

übrig blieb, der später mit den Fingern auf die Verschwörer zeigen konnte. So entstand die berühmt-berüchtigte Todesliste der beim angeblichen Röhm-Putsch zu liquidierenden Personen. Das war der Röhm-Putsch in Wirklichkeit.[987]

Die SA, von der angeblich in den nächsten Tagen die lang angekündigte zweite Revolution angezettelt werden sollte, war für den Juli 1934 in die wohlverdienten Sommerferien geschickt worden. Ihre Führer stolzierten goldgeschmückt in ihren neuen Uniformjacken und den seltsamen Schirmmützen im Lande herum und machten sich wichtig. Die Spitzen der SA und der harte Kern um Ernst Röhm traf sich zum Abschluss-Saufen im bayerischen Bad Wiessee. Der Befehl hierzu kam von Hitler. Dort am Urlaubsdomizil des SA-Stabschefs wurden die Ahnungslosen am 30. Juni 1934 in aller Herrgottsfrühe nebst ihren männlichen Gespielen von ihrem übernächtigten Führer höchstselbst mit gezogener Pistole aus den Betten geholt und durch bewaffnete SS-Männer verhaftet. Hitler hatte lange gezögert. Dann hatte er sich von Göring überreden lassen, dass ein Putsch von Röhm und Co. vor der Haustür stünde. Der preußische Ministerpräsident konnte mit angeblich einschlägigen Meldungen des Gestapa, des SD und des Forschungsamtes aufwarten. Diesen Schweinestall auszuheben, hatte sich Hitler mit einem SS-Kommando nach München fliegen lassen. Den entgeisterten Ernst Röhm hatte er angetobt, dass die Stunde der Abrechnung für dessen gemeinen Verrat gekommen sei. Die SA-Führer ließen sich widerstandslos abführen und nach München transportieren. Sie wurden im Gefängnis von Stadelheim eingesperrt. Sobald sie durch den Alkoholdunst der durchzechten Nacht wieder klarer sahen, müssen sie geglaubt haben, im falschen Film zu sein. Hätte man ihnen gesagt, dass sie in den nächsten Stunden, einer nach dem andern ohne näheren Kommentar erschossen werden sollten, sie hätten es wahrscheinlich mit einem Lachen und mit dem Hinweis auf ein Missverständnis beiseite gewischt. Doch es kam tatsächlich so; die Männer von Sepp Dietrichs SS-Leibstandarte fragten nicht lange und machten die SA-Kameraden durch gezielte Gewehrsalven nieder.[988]

Doch damit nicht genug. An etlichen Orten des Reiches, vor allem aber in Berlin, rückten Kommandos der Kripo, der Gestapo und der SS aus, um zahlreiche angebliche Mitverschworene zu verhaften. Die Kommandos erledigten weitgehend ihre Aufträge; auch sie fragten nicht viel, ob das, was sie als Verhaftungsauftrag in die Hand gedrückt bekamen, Hand und Fuß hatte. Soweit die Polizei bei den Verhaftungen das Sagen hatte, wurden die Betroffenen erst einmal zugeführt. Aus dem Polizeijargon übersetzt bedeutet das, sie wurden in Arrestzellen gesperrt. Doch das war keineswegs im Sinne der Erfinder, so dass die Verhafteten alsbald aus den Polizeigefängnissen von SS-Kommandos abgeholt wurden. Von dort gelangten sie in die SS-Kaserne nach Berlin-Lichterfelde, wo sie erschossen wurden, oder sie wurden mit PKW aus der Stadt geschafft, um bei einem fingierten Fluchtversuch von hinten über den Haufen geknallt zu werden. Einer der Betroffenen, der ehemalige Freikorpsoffizier und Fememörder Paul Schulz, überlebte den ihm geltenden Anschlag schwer verletzt; sonst wüssten wir den Ablauf der Ereignisse heute nicht so genau. In anderen Fällen, in denen die SS den ersten Zugriff vornahm, machte man sich nicht die Mühe einer Festnahme: Die vorher festgelegten Opfer wurden dort, wo man sie vorfand, niedergeschossen. Als der Tag zu Ende war, lebten etwa einhundert der angeblichen Putschisten nicht mehr. Andere Quellen sprechen von mindestens doppelt so vielen Mordopfern. Dabei war es keineswegs so, dass das Meucheln nur der SA und ihren obersten Führern gegolten hatte. Nazis aller möglicher Couleur waren mit auf die Todeslisten gesetzt worden. Einige von den Opfern waren nicht einmal das, sondern sie wurden von den Kommandos, weil die Gelegenheit günstig war, gleich mit erledigt. Das war noch nicht alles: Unter den Ermordeten befanden sich auch echte Gegner des NS-Regimes, wie Herbert von Bose und die ehemaligen Reichswehrgenerale Kurt von Schleicher und Ferdinand von Bredow.[989]

Herbert von Bose war während des Ersten Weltkrieges Nachrichtenoffizier. Zuletzt diente er bei der berühmt-berüchtigten Gardekavallerie-Schützendivision, die unter anderem für die Niederschlagung des Spartacus-Aufstandes im Januar 1919 in Berlin verantwortlich zeichnete. In den 1920er-Jahren Pressebüroleiter im Hugenbergkonzern wechselte er am Anfang des neuen Jahrzehnts in gleicher Funktion zu Reichskanzler Franz von Papen. Auch nach Hitlers Machtergreifung blieb der Oberregierungsrat in derselben Stellung beim nunmehrigen Vizekanzler. Bose galt als der Motor der Anti-Hitler-Fronde der Konservativen. Er begnügte sich keineswegs damit, organisatorische Vorbereitungen für einen neuerlichen Machtwechsel mit Hilfe der Reichswehr zu treffen, sondern er griff auch aktiv schürend in die SA-Krise des Frühjahrs 1934 ein. Es wird gesagt, dass auch er – und damit in Konkurrenz zu Himmler, Heydrich und Co. – fragwürdige Dokumente über die angeblichen Putschabsichten der SA fabrizierte. Auch den entscheidenden Ausschlag für das Losschlagen Hitlers lieferte Bose – wenngleich unbeabsichtigt. Er hatte am 28. Juni 1934 im Palais des Vizekanzlers eine Unterredung mit Oskar von Hindenburg, dem Sohn des greisen Reichspräsidenten, der als der militärische Adjutant seines Vaters fungierte, aber in Wirklichkeit den Zugang zu diesem regelte. Spötter pflegten diesen mäßig begabten Offizier als *den von der Reichsverfassung nicht vorgesehenen Sohn des Reichspräsidenten* zu apostrophieren. Der Inhalt des Gesprächs zwischen Bose und Hindenburg kann nicht zweifelhaft gewesen sein. Bose kündigte wegen der außer Kontrolle zu geratenden Lage den Besuch des Vizekanzlers bei Hindenburg an. Hindenburg junior trug die Kunde von diesem vertraulichen Anliegen sogleich an Reichswehrminister Werner von Blomberg weiter, der mit hoher Sicherheit die erstaunliche Nachricht an Reichskanzler Hitler weitergab. Für den war jetzt, Putschgefahr hin oder her, klar, dass es für ihn und seine Herrschaft fünf vor zwölf geschlagen hatte. So kam letztlich der 30. Juni 1934 zustande. Es ist klar, dass es für Hitler, Heydrich und Co. gegenüber Bose kein Pardon geben konnte. Bose wurde am Morgen des 30. Juni 1934 in den Diensträumen im Borsig-Palais von Gestapo-Leuten durch etliche Pistolenschüsse ermordet.[990]

Am selben Tag traf es auch Schleicher. Kurt von Schleicher war der unmittelbare Vorgänger Hitlers als Reichskanzler gewesen. Im Dezember 1932 hatte der intrigante Schleicher den intriganten Franz von Papen abgelöst; doch Schleichers eigene Reichskanzlerschaft blieb mit knappen zwei Monaten nur eine Episode. Es lohnt, einen Augenblick beim Schicksal dieses Mannes zu verweilen. Die Ehe mit einer sehr wohlhabenden Frau hatte es dem Generalstabsmajor von Schleicher ermöglicht, im tristen Nachkriegsberlin einen Salon zu führen, in dem sich Militär und Politik von rechts bis links außen ein Stelldichein gaben. Zu seinen bevorzugten Gästen gehörten auch die Vertreter des jungen Sowjetrusslands bereits in der Zeit, als die offiziellen diplomatischen Verbindungen zwischen Deutschland und Russland abgebrochen waren. Es gab kaum einen namhaften außenpolitischen oder militärischen Experten jener Jahre, der nicht in einer Gesprächsrunde bei den Schleichers zu Gast gewesen wäre. Die sowjetisch-deutschen Militärvereinbarungen nahmen in dieser Wohnung ihren Anfang. Jetzt am 30. Juni 1934 lagen dort zwei Leichen. Die SS-Mörder hatten sich nicht die Mühe einer scheinbaren Festnahme gemacht und die dazwischentretende Ehefrau des Generals, Elisabeth von Schleicher, gleich mit abgeknallt.[991]

Der zweite ermordete General a. D. war Ferdinand von Bredow. Bredow war in den 1920er-Jahren einer der Gefolgsleute des heimlichen Herrschers im Reichswehrministerium von Schleicher gewesen. Von Januar 1930 bis Mitte 1932 war Bredow als Oberst Leiter der Abwehrabteilung im Reichswehrministerium, also Leiter des deutschen militärischen Nachrichtendienstes. Bredows Vertreter wurde in dieser Zeit der Marinemann Conrad Patzig, der seinen Abwehrchef wie folgt charakterisierte:

Bredow war ein etwas eitler Herr, und eitle Leute kann man besonders leicht behandeln.[992]

1932 folgte Bredow Schleicher, der zum Minister aufrückte, in dessen vorheriger Funktion eines Leiters des Ministeramtes im Reichswehrministerium. Zwei Tage nach Hitlers Ernennung zum Reichskanzler wurde Bredow durch den Reichswehrminister seines Postens enthoben; der Minister Werner von Blomberg begründete die Maßnahme mit der angeblichen Notwendigkeit, die Reichswehr zu entpolitisieren. Zum Zeitpunkt seiner Ermordung war der 50-Jährige bereits seit einem Jahr pensioniert.[993]

Der Mord an den Generalen musste auch dem letzten Vertuscher in der Reichswehr die Augen öffnen, welch Geistes Kind Hitler und die Seinen waren. Am drastischsten brachte das zu diesem Zeitpunkt der Leiter der Abwehrabteilung, der Kapitän zur See Conrad Patzig, auf den Punkt. Patzig war schon sehr früh ein strikter Gegner des NS-Regimes. Zwar war auch er anfangs durchaus damit einverstanden, die SA zur Not mit Gewalt in ihre Schranken zu weisen und war deswegen in den Nachrichtenverkehr, der dem so genannten Röhm-Putsch vorausgegangen war, im Sinne der NS-Führung eingebunden gewesen, doch nunmehr remonstrierte er mit deutlichen Worten bei Reichswehrminister Werner von Blomberg. Patzig verlangte unmissverständlich die Beseitigung von SD-Chef Reinhard Heydrich. Doch nach einem halbherzigen misslungenen Vorstoß in dieser Sache mochte Blomberg von alledem nichts mehr hören. Zu sehr schmerzte es ihn zudem, dass der drastisch formulierende Mariner ihn, den Minister, im Kameradenkreise wegen seiner Wankelmütigkeit einen Gummilöwen zu nennen beliebte. Das fand der Minister nicht sonderlich komisch. Nach weiteren dienstlichen Zusammenstößen nutze Blomberg die Gunst der Stunde, um den scheinbar illoyalen Untergebenen aus dem Ministerium zu entfernen. Patzig wurde zum Jahresende zur Marine zurückversetzt, wo man den bei der Abwehr besonders beliebten und gradlinigen Offizier zunächst auf ein Bordkommando als Kommandant des Panzerkreuzers Graf Spee abschob. Der Minister mochte sich bei alledem mit dem Hinweis trösten, dass alles noch viel schlimmer hätte kommen können. Auch war er sich sicher, durch sein Stillhalten bei den Ereignissen das endgültige Wohlwollen des Reichskanzlers erworben zu haben, der ihm in die Hand versprochen hatte, dass die Reichswehr der einzige Waffenträger der Nation sei und das auch bleiben werde. Blomberg sah im Abservieren der SA-Führung die Einlösung dieses Versprechens. Er durfte sich in der Sicherheit wiegen, dass es mit den Ansprüchen der SA, die Braune Armee zu bilden, nun endgültig aus sei.[994]
Nur in diesem einen Punkte sollte der Reichswehrminister Recht behalten: Die Rolle der SA war nach dem Röhm-Putsch ausgespielt. Das Millionen-Heer wurde in die Rolle eines Wehrertüchtigungslagers abgedrängt. Doch was die eigene Rolle anlangte, täuschte sich von Blomberg grundlegend. Es sollte nur dreieinhalb Jahre dauern, dann würde er einer Intrige derselben Leute zum Opfer fallen, deren verbrecherisches Handeln er 1934 noch glaubte, bemänteln zu dürfen.[995] Genau wie in der Mordsache Schleicher-Bredow würde keiner der Generalskameraden öffentlich die Stimme erheben, wenn die Schmierenposse Blomberg-Fritsch im Frühjahr 1938 über die Bühne gehen sollte.
Auch was die Rolle der Reichswehr im Übrigen anging, lag Blomberg um Meilen neben der Wirklichkeit. Hitler wusste, wie riskant es noch 1934 war, sich mit der Generalität anzulegen. Er vermied daher alles, diesen möglichen Gegner heraus

zufordern, und begnügte sich einstweilen damit, die militärischen Schaltstellen mit genehmem Personal zu infiltrieren. Das Vorgehen gegen die Ex-Generale war so etwas wie ein Probeschuss, den er im Zweifel als Ausreißer von Untergebenen hoffte darstellen zu können, die unerlaubt übers Ziel hinausgepresscht waren. Doch scheint es aus der heutigen Sicht ganz ausgeschlossen, dass ausgerechnet das Vorgehen gegen bekannte Systemgegner ohne oder gar gegen den Willen des Reichskanzlers stattgefunden haben könnte. Die Reaktion Blombergs und der anderen Generale brachte dem Führer der NSDAP eine ungemein wichtige Erkenntnis. Selbst in krassen Fällen würden sich diese eitlen Uniformträger nicht aufraffen können, gegen seine Haustruppen und deren gewalttätiges Tun mit Waffengewalt einzuschreiten. Dennoch beeilte er sich, die Terrorhandlungen vom 30. Juni bis zum 2. Juli 1934 zu legalisieren. Das Reichsgesetzblatt vom 3. Juli 1934 vermeldete, dass die Mordtaten der drei Vortage als Staatsnotwehr gerechtfertigt seien. Damit hatte der Reichskanzler auch vor den Formaljuristen Ruhe; das Unrecht war unter den großen Teppich des Rechts gekehrt worden.[996]

Der Röhm-Putsch brachte noch ein weiteres wichtiges Ergebnis. Er gab den etwas verspäteten Startschuss für den unaufhaltsamen Aufstieg der SS, ihres Reichsführers Himmler und des nunmehrigen Spitzenfunktionärs Heydrich. Dessen dankbarer Führer hatte Heydrich stehenden Fußes für seinen heldenhaften Einsatz beim Röhm-Putsch zum SS-Gruppenführer befördert. So war der 30-Jährige zu einem Dienstgrad emporgeschleudert worden, der dem eines Generalleutnants der Reichswehr entsprach.[997]

Der fünfte Streich.
Abschaffung des Reichspräsidenten und der Eid auf den Führer

Man ist versucht, Wilhelm Buschs *Max und Moritz* zu zitieren, um die folgenden Ereignisse einzuleiten. Denn in der Tat, der fünfte Teil des Staatsstreiches auf Raten folgte dem vierten auf dem Fuße. Am 2. August 1934 starb auf seinem Gut Neudeck der greise Reichspräsident Paul von Beneckendorff genannt von Hindenburg. Der königlich-preußische Generalfeldmarschall hatte nach dem frühen Tode des ersten Reichspräsidenten Friedrich Ebert am 28. Februar 1925 dem deutschen Volk als eine Art Ersatzkaiser gedient. In seiner Tätigkeit als Reichspräsident war der Monarchist und Antidemokrat ein wandelnder Widerspruch-in-sich gewesen. Die Weimarer Reichsverfassung hatte ihm Befugnisse verliehen, die im Notstandsfalle durchaus diktatorische Seiten hatten. Das war seit seinem Amtsantritt und auch nach seiner Wiederwahl 1932 weidlich ausgenutzt worden. Die Absetzung der preußischen Regierung im Jahre 1932 beruhte auf dieser scheinbar bestehenden Befugnis ebenso wie die Einsetzung der Reichskanzler Brüning, von Papen, von Schleicher und Hitler.[998]

Jetzt war der Mann gestorben, und die immer noch in Kraft befindliche Reichsverfassung hätte es geboten, unverzüglich einen neuen Reichspräsidenten durch das Volk wählen zu lassen. Doch an nichts konnte dem Reichskanzler Adolf Hitler weniger gelegen sein als an einer Reichspräsidentenwahl mit unbekanntem Ausgang. Hitler wollte die Diktatur und nicht irgendeine von ihm unabhängige Instanz. Daher schien es ihm nahe liegend, die Position eines Reichspräsidenten einfach abzuschaffen. Dafür hatte er sich durch das Kabinett bereits am 1. August 1934, also einen Tag vor dem Tode des Reichspräsidenten, per Reichsgesetz ermächtigen lassen. Doch Hitler war sich klar darüber, dass irgendwie Ersatz geschaffen werden musste, schon um die leidige und wichtige Frage des Oberbefehls über die Reichswehr ein für alle Mal vom Tisch zu bekommen. Der Schritt, den er ging, war ebenso einfach wie genial. Er ließ die Reichswehr neu vereidigen, auf sich persönlich, den Führer und Reichskanzler Adolf Hitler. Das geschah am Nachmittag des 2. August 1934.[999]

Ich schwöre bei Gott diesen heiligen Eid, dass ich dem Führer des Deutschen Reiches und Volkes, Adolf Hitler, dem Oberbefehlshaber der Wehrmacht, unbedingten Gehorsam leisten und als tapferer Soldat bereit sein will, jederzeit für diesen Eid mein Leben einzusetzen.[1000]

Selten ist in Deutschland so ungeniert geputscht worden wie in diesem Fall. Durch die Ereignisse des Röhm-Putsches war Hitler darüber belehrt worden, dass er mit dem ernsthaften Widerstand der Generale nicht zu rechnen brauchte. Auch diesmal ging seine Rechnung glatt auf. Mit Marschmusik und klingendem Spiel unterzog sich die Reichswehr der Zumutung eines persönlichen Fahneneides. Dieses Ereignis hatte in doppelter Weise Gewicht. Es betraf die Soldaten, und es betraf die Stellung Hitlers. Für den Soldaten des Jahres 1934 hatte der Fahneneid eine ganz andere Bedeutung, als wir uns das heute vorzustellen vermögen. Das im Eid enthaltene Versprechen erzeugte eine unbedingte Bindungswirkung für den Schwörenden. Aus dem Eid konnte er nur durch den Eidnehmer wieder entlassen werden. Der Bruch des Eides war nicht nur ein mit Strafe bedrohtes Verbrechen, er war eine Handlung, mit der sich der Betreffende außerhalb der Gemeinschaft begab, in die er hineingehörte. Er war ein Akt der Selbst-Entehrung. Es kann gar nicht genügend darauf hingewiesen werden, welch dominierenden Stellenwert die Ehre im Spektrum der Werte hatte. Für manch einen hatte die Ehre Vorrang vor dem Leben – ein Gedanke, der uns heute fremd erscheint.

Man fragt sich allerdings, wie unter diesen Voraussetzungen die Vereidigung der Soldaten auf den Führer Adolf Hitler ohne Aufmucken über die Bühne gehen konnte. Die führenden Militärs mussten doch wissen, auf was sie sich einließen.

Sie mussten erkennen, dass dies ein Bündnis auf Biegen und Brechen werden musste. Keinem der führenden Soldaten war verborgen geblieben, dass das NS-System vor verbrecherischen Mitteln, selbst nicht vor der Ermordung ehemaliger Generalskameraden zurückschreckte und vermutlich auch in Zukunft nicht zurückschrecken würde. Doch unternommen wurde nichts. Die Reaktionen des Reichswehrministers Werner von Blomberg haben wir bereits anlässlich des Röhm-Putsches näher beleuchtet. Auch für die anderen jetzt aufstrebenden Spitzenmilitärs, wie den Leiter des Ministeramtes,[1001] den Generalmajor Walter von Reichenau, galt: Das neue System war der Garant des Aufstiegs. Hierunter war nicht nur der persönliche Aufstieg in die Generalität gemeint, sondern auch der Aufstieg Deutschlands. Wieder müssen wir uns davor hüten, diesen Begriff mit heutigen Maßstäben zu messen. Für die deutsche Militärelite war dieser Vorgang eindeutig positiv besetzt. Es war die lange ersehnte Möglichkeit, das Diktat von Versailles, diesen aufgenötigten Friedensvertrag, abzuschütteln, die Ehre der angeblich ungeschlagenen Armee wiederherzustellen und an Deutschlands Weltmachtstellung, die so schmählich zerronnen war, wieder anzuknüpfen. Es wäre allerdings übertrieben, wollte man den Spitzenmilitärs eine derartige Strategie durchweg unterstellen. Es wird bei den meisten eher ein diffuses Gefühl gewesen sein, das durch den NS-Staat in genialer Weise bedient wurde. Man war zufrieden und einverstanden mit dem Reichskanzler Adolf Hitler, und so war man bereit, sich auf den Führer Adolf Hitler vereidigen zu lassen. Man staunt heute, wenn man liest, was einer der späteren erbitterten Systemgegner, der damalige Hauptmann Hellmuth Stieff, am Tage der Eidesleistung völlig unbefangen an seine Frau schrieb:

> *Mein innig geliebtes, kleines Igelein … Le roi est mort, vive le roi* [Der König ist tot, es lebe der König]. *Wir Soldaten dürfen nicht stehen bleiben. Und wie wir im neuen Eid auf unsern neuen Oberbefehlshaber verpflichtet werden, können wir unsern Dank unserm großen Vorbild am besten dadurch abstatten, dass wir in festem Gottvertrauen und im Glauben an die Zukunft unseres Vaterlandes unsere Pflicht gegenüber dem neuen Führer ebenso erfüllen, wie wir es Hindenburg gegenüber getan haben. Und je enger wir dem Führer verpflichtet sind, umso mehr wird er sich auch auf uns stützen zum Wohle der Weiterentwicklung. Davon bin ich bei der Lauterkeit des Charakters des Führers fest überzeugt.*[1002]

Damit sind wir bei der zweiten Konsequenz dieses Staatsstreich-Teils. Aus dem Reichskanzler Adolf Hitler war der Führer geworden.[1003] Das war nicht nur ein Wechsel in der Titulatur, sondern ein Einschnitt, wie er tiefer kaum gedacht werden kann, am ehesten vielleicht vergleichbar den Selbsterhöhungen eines Napoleon Bonaparte, aus dem plötzlich der Kaiser der Franzosen geworden war. Dabei

war der Führer auch schon vor 1934 der Führer. Das allerdings war er nur innerhalb der NSDAP und ihrer Formationen. In der Staatsfunktion war er lediglich
der Reichskanzler, wenn auch um okkupierte Befugnisse angereichert, die dem
Amt eigentlich nicht zustanden. Das wurde nun anders. Der Führer wurde ein
Staatsamt, und er wurde noch mehr als das: Der Begriff verkörperte den Anspruch, der persönliche Leiter von Staat und Gesellschaft und darüber hinaus von
jedem Einzelnen zu sein. Auch insofern war Hitler nicht besonders originell, denn
sein Zeitgenosse Benito Mussolini hatte schon längst vor ihm den Begriff mit Be-
schlag belegt, wenngleich mit dem Unterschied, dass es in Italien nach wie vor
einen König gab. Der italienische Duce war lediglich Pate des deutschen Führerbegriffs. Das machte später europaweit Schule: In Spanien würde bald ein Cau-
dillo an die Macht gelangen. Und selbst im sozialistische Russland wurde aus dem
Genossen Stalin zunächst der Chef, dann der weise Genosse Stalin und schließlich der Woshd, zu Deutsch: der Führer. Auch das über diese Dinge erhabene
Amerika scheute sich nicht, den Präsidenten der USA mit dem ideologischen
Mantel der Leadership zu umhüllen und etwas später aus ihm den Leader of the
Free World zu machen. So viel zur Konjunktur eines politischen Begriffs.

Es kann keinem vernünftigen Zweifel unterliegen, dass die Offizialisierung des
Führerbegriffs in Deutschland eine tief greifende Veränderung im Staatsverständ-
nis der Deutschen einleitete. An der Spitze des Reichs stand nunmehr ein Mann,
bei dem Person und Funktion untrennbar eins waren. Das war ein tiefer Bruch
mit jeglicher deutscher Staatstradition. Selbst in den verschiedenen Formen der
Monarchie hatte es eine solche Verquickung nicht gegeben; Person und Funktion
waren stets trennbar gewesen. Zwar war der Monarch unter Umständen der
Alleinherrscher; doch bedeutete sein Tod nicht den Untergang der Monarchie.
Deutsche Rechtsgelehrte des frühen Dritten Reichs, wie der konjunkturell hoch
im Kurs stehende Carl Schmitt, haben viel Gehirnschmalz und seitenweise Worte
darauf verwendet, um die Novität des Führers Adolf Hitler in ihre Systeme ein-
zupassen.[1004] Den Führer selbst ließen derartige Theorien völlig kalt.

Herrenreiter und Dunkelmänner.
Der Aufstieg von Abwehr und Sicherheitsdienst

Die beiden Herren, die im Berliner Tiergarten morgens auszureiten pflegten,
kannten einander vom gemeinsamen Dienst in der Reichsmarine. Doch dass die
beiden unterschiedlichen Männer über ihre gemeinsame Marinezeit plaudernd
dahinritten, dürfte eher unwahrscheinlich sein. Sie hatten ganz andere Themen,
denn sie waren die Chefs der beiden wichtigsten Geheimdienste des Dritten

Reichs: der Konteradmiral Wilhelm Canaris und der SS-Gruppenführer Reinhard Heydrich. Sie waren so grundverschieden, dass man Mühe hat, sich vorzustellen, sie könnten miteinander umgegangen sein. Und doch war es so; sie wohnten jahrelang praktisch Haus an Haus und pflegten engen privaten Kontakt. Dass es allerdings ausgerechnet Heydrich gewesen sein soll, der den ehemaligen Marinevorgesetzten Canaris auf den Posten des militärischen Geheimdienstchefs hievte, ist eine durch nichts zu belegende Spekulation.[1005]

Canaris ist bereits mehrfach durch unsere Geschichte geirrlichtert. Hier ist der Ort, ihn näher vorzustellen. Wilhelm Canaris wurde am 1. Januar 1887 als Sohn eines leitenden Angestellten der Ruhr-Industrie geboren. Trotz dieser Herkunft, die ihn eher für einen anderen Beruf prädestiniert hätte, trat der nur einen Meter sechzig messende, nicht sonderlich gesunde junge Mann nach dem Abitur als 18-Jähriger in die kaiserliche Reichsmarine ein. Der Ausbruch des Ersten Weltkrieges traf den Marineoberleutnant an Bord des Kleinen Kreuzers *Dresden*, der sich im August 1914 auf Auslandsstation in der karibischen See befand. Nach der Vereinigung mit dem Auslandsgeschwader des Admirals Maximilian Graf Spee nahm das Schiff an der verheerenden Schlacht bei den Falklandinseln teil. Es entkam der britischen Übermacht. Jedoch die Flucht in pazifische Gewässer war am 14. März 1915 beendet. Überlegene britische Kreuzer schossen den Havaristen zusammen. Die Überlebenden der Besatzung gingen im neutralen Chile an Land und dort in die Internierung. Es konnte für den sprachgewandten Canaris keine Lösung bedeuten, auf diese Art den Weltkrieg zu überdauern. Er brach aus dem Internierungslager aus und überschritt, nachdem er sich mit geliehenem Geld eingedeckt hatte, zu Pferd und zu Fuß die Anden. Von Argentinien aus gelangte er mit amtlich gefälschten Papieren, die er hilfsbereiten Auslandsdeutschen verdankte, als angeblicher Argentinier Reed Rosas über den Atlantik und schließlich auf abenteuerlichen Umwegen nach Deutschland. Ein Mann aus diesem Holze war auch in der kaiserlichen Marine eine Rarität. Also erhielt Canaris, erneut mit seinen falschen Ausweisen versehen, einen Sonderauftrag des Marinegeheimdienstes N, der ihn ins neutrale Spanien führte. Offiziell galt er als der Gehilfe des deutschen Marineattachés in Madrid, Hans von Krohn. In Wirklichkeit baute er in Spanien, gestützt auf seine glänzenden Sprachkenntnisse und sein gesundes wirtschaftliches Wissen, konspirative Versorgungsbasen für deutsche U-Bote auf, die auf ihrem langen Weg zwischen den Heimathäfen und den Operationsgebieten im Mittelmeer und im Atlantik Treibstoff und Nahrungsmittel an Bord nehmen mussten. Aber auch hier hielt es den gelernten Mariner nicht auf Dauer; er wollte in den Kriegseinsatz. Also setzte er seine Rückbeorderung ins Reich durch. Der Rückweg wäre um ein Haar das Ende der Dienstlaufbahn und das Ende seines Lebens geworden. Denn in Italien, durch das der abenteuerliche Mann reiste, wurde er mit seinen Falschpapieren ertappt und als Agent festgenommen. Wie er aus der oberitalienischen Haft wieder entkam, liegt bis heute im Dunkeln. Jedenfalls meldete er sich in Spanien zurück und wurde am 1. Oktober 1916 vom deutschen U-Boot U 35 an der Küste aufgenommen und im österreichischen Mittelmeerhafen Cattaro an Land gesetzt. Der oberste Vorgesetzte für den Marinenachrichtendienst N, der Vizeadmiral Reinhard Koch, beurteilte Canaris am 20. Oktober 1916:

Der genannte Offizier hat den ihm erteilten Sonderauftrag mit außerordentlicher Geschicklichkeit, mit Schneid und Umsicht ausgeführt, so dass ich ihn an Allerhöchster Stelle für eine Ordensauszeichnung vorgeschlagen habe.[1006]

In Deutschland zurück, erhielt Canaris alsbald die erbetene Kommandierung zur U-Bootwaffe, von der er zu Recht annahm, dass sie ihm die erwünschte Kriegsverwendung innerhalb der Kriegsmarine einbringen werde. Canaris wurde zum U-Bootkommandanten ausgebildet und nahm diese Funktion mit Erfolg bis zum Ende des Krieges wahr.[1007]

Das Kriegsende und die Meutereien in der Hochseeflotte und in den Marinebasen waren für Canaris, wie für viele seiner Kameraden, ein tiefer Schock. Dass die wenigsten das Format und die Übersicht dafür hatten, die Ursachen für das Ende der einst so stolzen kaiserlichen Marine im eigenen Verhalten zu suchen, haben wir schon erörtert. Auch Canaris fehlte jegliche Einsicht in die Zwangsläufigkeit der chaotischen Verhältnisse des November und Dezember 1918. Doch anders als andere zog der U-Bootmann sehr eigenwillige Konsequenzen. Sein wichtigster Schritt war, sich aus der Atmosphäre der in ihren Kasinos hockenden, bewaffneten und wild bramarbasierenden Offiziersrunden zu lösen und sich dem neuen Mann in Kiel, dem Sozialdemokraten Gustav Noske, mit Rat und Tat zur Verfügung zu stellen. Der Frontmann Canaris hatte blitzschnell erkannt, dass mit Noske, der zwar einer ihm zutiefst suspekten Partei angehörte, ein Mann der öffentlichen Ordnung die politische Bühne im wahrsten Sinne des Wortes betreten hatte. Dieser körperlich große Mann mit der gut tragenden Stimme sorgte durch sein Auftreten und seine mangelnde Scheu, den aufständischen Matrosen an Ort und Stelle auf ihren Versammlungen entgegenzutreten, dafür, dass der Aufstand kontrollierbar wurde. Canaris half aus dem Hintergrund. Zudem sorgte er dafür, dass das Offizierspalaver in die Bildung von bewaffneten, streng disziplinierten Stoßtrupps übergeleitet wurde. Die Bildung der verschiedenen Marinebrigaden, die später viel Ärger im Reich anrichten sollten, sind vor allem diesem jungen Kapitänleutnant zu verdanken, der seine hadernden, politisierenden Kameraden auf den Boden der Tatsachen zurückholte. Das Einvernehmen zwischen Noske und Canaris wurde zum kleinen Bruder des nur Tage später abgeschlossenen Bündnisses des Vorsitzenden des Rats der Volkskommissare Friedrich Ebert mit dem Ersten Generalquartiermeister der Obersten Heeresleitung Wilhelm Groener.[1008]

Dass Noske den beinharten Mariner mit nach Berlin nahm, als er vom Rat der Volksbeauftragten berufen wurde, um dort das Amt eines Volksbeauftragten für die Heeres- und Marineangelegenheiten auszuüben, versteht sich fast von selbst. Durch Canaris' Hände liefen nun die Vorgänge zur Aufstellung und Bewaffnung von Bürgerwehren und Freikorps. Auch wurde er als Emissär ins revolutionäre München entsandt, um dort für die Stabilisierung der Lage zu sorgen. Durch diese antirevolutionäre Tätigkeit wurde der unscheinbare Mann bekannter, als ihm lieb sein konnte. Hinzu kam seine zweifelhafte Rolle, die er als Beisitzer desjenigen Kriegsgerichts spielte, das die Mörder von Karl Liebknecht und Rosa Luxemburg aburteilen sollte. Täter und Anstifter kamen davon; lediglich einzelne Strafen wegen Wachvergehens wurden verhängt. In diesem Zusammenhang geriet Canaris in Verdacht, eigenhändig einen der Mörder, seinen Offizierskameraden Kurt Vogel, aus der Haft befreit und ihm zur Flucht ins Ausland verholfen zu haben. Sein zwielichtiges Verhalten während des Kapp-Putsches im März 1920 tat ein Übriges, dass der Mann alsbald aus der Reichswehrleitung, aber nicht aus der Reichswehr entfernt wurde. Die 1920er-Jahre brachten ihm einige Kommandos in der winzig gewordenen Reichsmarine ein. Für Ärger sorgte er noch einmal, als er, vor einen parlamentarischen Untersuchungsausschuss geladen, dort seine Rolle während der Revolution mit scharfen Attacken gegen die Fragesteller beantwortete. Nein, ein demokratisch geschulter oder gar gesinnter Offizier war Canaris nicht geworden. 1932 war er dann als Kapitän z. S. zum Kommandanten des nahezu schrottreifen Linienschiffes *Schlesien* ernannt worden. Die *Schlesien* und ihr Schwesterschiff *Schleswig-Holstein* waren die beiden einzigen Großkampfschiffe, die dem Deutschen Reich nach dem Vertrag von Versailles geblieben waren. Sie waren die Überreste der einst so stolzen kaiserlichen Flotte, und sie waren restlos veraltet, als sie in den 1920er-Jahren unter deutscher Flagge Dienst taten. Als Canaris 1934 das Bordkommando abgeben musste, stand für den von Malaria heimgesuchten frühzeitig gealterten Marineoffizier mit der Übernahme der Marinegarnison von Swinemünde das Ende der Laufbahn auf dem Programm.[1009]

Doch es sollte anders kommen. Wir haben erwähnt, dass im Reichswehrministerium der unbotmäßige Chef der Abwehrabteilung, der überaus tüchtige, aber viel zu gradlinige Conrad Patzig, dem Reichskriegsminister Werner von Blomberg durch seine Forderung, nach dem Röhm-Putsch die NS-Clique zu füsilieren, so auf den Wecker gefallen war, dass der als Gummilöwe Verspottete die Flucht nach vorne antrat und den unbequemen Untergebenen zur Kriegsmarine zurücklobte. Dort angekommen, wurde Patzig auf den Posten eines Kommandanten des Pan-

zerkreuzers Graf Spee abgeschoben. Sein Vorgesetzter, der Chef der Marineleitung, Admiral Erich Raeder, dachte zunächst keineswegs daran, diesen Rücklauf
zu nutzen, um Canaris auf die freigewordene Stelle ins Reichswehrministerium
zu verschuben. Raeder schätzte den Kapitän z. S. Canaris nicht allzu sehr, weil der
auch dem humorlosen Marinechef gegenüber ironische Bemerkungen zu machen
beliebte. Somit hätte nach dem normalen Verlauf der Dinge für Canaris 1935 die
Pensionierung auf dem Dienstplan gestanden. Erst die Intervention von Amtsvorgänger Patzig, dass sich die Marine diese schöne Planstelle nicht entgehen lassen dürfe, bewirkte eine Sinnesänderung des Marinechefs. So wurde Canaris zum
1. Januar 1935 Leiter der Abteilung Abwehr im Reichskriegsministerium. Der
1. Mai 1935 brachte ihm bereits die Beförderung zum Konteradmiral; wir erwähnen diesen Umstand, weil er zeigt, welch wunderbare Stellenvermehrung und -er-
höhung mit der NS-Herrschaft einherging, denn zuvor war der Abwehrleiter
höchstens Oberst bzw. Kapitän zur See gewesen. In einer Vielzahl von Publikationen findet sich ein Bild von Canaris und Heydrich während eines so genannten Herrenabends im Kreise anderer Offiziere, dem oft die seltsamsten Unterschriften über Zeitpunkt und Anlass beigegeben sind. Da das Bild Canaris in der
Uniform eines Kapitäns zur See zeigt, kann es nur in den ersten Monaten des Jahres 1935 aufgenommen worden sein, also zu Beginn seiner Dienstzeit als Leiter
der Abwehr; alle anderslautenden Interpretationen sind Unfug.[1010]
Als Canaris seinen Dienst im Gebäude am Tirpitzufer zu Berlin antrat, mussten
sich die zusammengerufenen Offiziere seiner Abteilung schnell davon überzeugen, dass hier ein wenig redebegabter, vom Blatt ablesender Vorgesetzter Einzug
in den Geheimdienst gehalten hatte, den die Langgedienten nicht ohne Grund für
einen nachrichtendienstlichen Amateur halten mussten. Für den einen oder andern wog indessen schwerer, dass der mit seinen gerade 48 Jahren wie ein Greis
wirkende neue Mann, in Suaden, die bislang in dieser Behörde unbekannt waren,
den Nationalsozialismus lobte. Das waren in der Tat Töne, die unter dem Cana-
ris-Vorgänger Patzig unvorstellbar gewesen waren. Doch schon bald durften sich
auch die ärgsten Skeptiker davon überzeugen, dass Canaris geradezu eine Leidenschaft für Geheimdienst und konspiratives Spiel entwickelte und seine Stärke
im Gespräch in kleinen Gruppen lag, wo er sein Gegenüber bis aufs Hemd aus-
zufragen pflegte und durch die Art seiner Fragestellung durchblicken ließ, dass er
völlig in der Lage lebte, wie man das in Offizierskreisen nannte. Eins allerdings
blieb für viele störend; das waren seine scheinbare Leisetreterei gegenüber dem
großen Konkurrenten vom SD, Reinhard Heydrich.[1011]
Dagegen musste es die Untergebenen versöhnen, dass unter Canaris die Abwehrabteilung einen rasanten Aufschwung nahm. Das gilt hinsichtlich des Personals,
der Mittel und der Organisation. Aus der Abteilung Abwehr wurde die Amts-

gruppe Abwehr im Reichskriegsministerium und schließlich ab 1938 das Amt Ausland/Abwehr im Oberkommando der Wehrmacht. Diese Vergrößerung und Stellenmehrung war für viele Offiziere Anlass für Beförderungen und Vergrößerung ihres Einflussbereichs. Sie war allerdings auch Anlass zur erheblichen Absenkung der Qualität der geheimdienstlichen Arbeit, ohne dass die Betroffenen das an die große Glocke gehängt hätten. Nach einigen organisatorischen Umwegen hatte der deutsche militärische Nachrichtendienst schließlich eine Struktur, die unterhalb des Leiters der Behörde eine Funktionseinheit für Auslandsspionage (Abwehr I), für Sabotageakte und Zersetzungstätigkeit (Abwehr II) und für Spionageabwehr (Abwehr III) aufwies. Daneben existierte eine Zentralabteilung, die später ins Blickfeld des Interesses rücken wird, weil mit ihrem Leiter, Hans Oster, einer der grimmigsten Regimegegner an zentraler Stelle in einem deutschen Nachrichtendienst saß. Dabei war dies anfangs keineswegs zu erwarten gewesen. Hans Oster war ein lebenslustiger Herr, dem weiblichen Geschlecht durchaus zugetan. Anfang der 1930er-Jahre hatte er seine Militärkarriere zwangsweise beenden müssen, da er neben seiner Ehefrau auch noch, was nicht verborgen blieb, die Frau eines Kameraden liebte. Der Hitler'schen Wehrmachtsaufrüstung verdankte er die Wiedereinstellung, zunächst als so genannter E-, also Ergänzungsoffizier, beim Amt Ausland/Abwehr. Gegen Ende der 1930er-Jahre wurde er endgültig reaktiviert und zum Zentralabteilungsleiter des Amtes bestellt. Mit der Mobilmachung wurde der Oberst zudem Stabschef des Amtschefs, eine Funktion, die ihm die Beförderung bis zum Generalmajor einbrachte.[1012]
Von den übrigen organisatorischen Einzelheiten der Abwehr, wie der gesamte Geheimdienst verkürzend genannt wurde, sind nur noch wenige Einzelheiten für das Verständnis der weiteren Handlung von Interesse. Hierzu zählt die Entscheidung, die Spionagetätigkeit gegen fremde Geheimdienste, die man in Deutschland mit dem Fachwort der Gegenspionage umschreibt, in der Abteilung für Spionageabwehr anzusiedeln, was keineswegs zwingend ist. Dort erhielt sie die Funktionsbezeichnung III F. Wenn also im Folgenden von III F die Rede ist, handelt es sich um den Bereich der Gegenspionage. Unterhalb des zentralen, in Berlin stationierten Geheimdienstes unterhielt die Abwehr bei den Wehrkreisen Abwehrstellen, die den Kosmos des Amtes im Kleinen noch einmal widerspiegelten. Bei den Abwehrstellen waren Spionageaktivitäten gegen bestimmte Länder konzentriert, so zum Beispiel die Polenspionage in der Abwehrstelle Königsberg. Doch damit nicht genug: Im Ausland wurden so genannte Kriegsorganisationen vorbereitet; das waren Geheimdienstresidenturen, die unter diplomatischer Legende installiert wurden. Sie spielten dann während des Zweiten Weltkrieges bevorzugt in den neutralen Staaten, wie Schweden, der Schweiz, Spanien, Portugal und in der Türkei, die zentrale Rolle von Zuträgerbasen im Spionagegeschäft.[1013]

Trotz des unwahrscheinlichen Aufschwungs war nicht nur Frohsinn angesagt im zunehmend florierenden Abwehrladen des Wilhelm Canaris. Überhaupt erscheint es wenig nützlich, den Nachkriegsheldenepen über den deutschen militärischen Geheimdienst allzu viel Glauben zu schenken. Schon die Annahme eines besonders beeindruckenden Korps-Geistes der Geheimdienstmänner und der wenigen Frauen hält einer näheren Kontrolle kaum stand. Hierfür ist es sinnvoll, einige Biografien im Kurzdurchgang Revue passieren zu lassen. Sogleich wird man feststellen, wie wenig einheitlich der gesamte Abwehr-Apparat war. Nehmen wir zunächst die Abteilungsleiter in den Blick. Sie waren die einzigen Generalstabsoffiziere in der immer üppiger ausufernden Organisation. Damit soll keineswegs gesagt werden, dass die deutsche, viel gelobte Generalstabsausbildung in besonderer Weise für die Geheimdienstarbeit qualifiziert hätte; vielleicht war sie sogar störend, da die Abwehr-Generalstabsoffiziere ein bemerkenswertes Maß an Abwanderungstendenzen besaßen. Ihnen musste es so scheinen, als sei die Tätigkeit bei dem Geheimdienst eher karrierehemmend als fördernd. Diese Auffassung gilt beispielsweise für den Leiter der Gruppe und späteren Abteilung Spionageabwehr (Abwehr III) Rudolf Bamler. Als der 38-jährige Major 1934 zur Abwehrabteilung versetzt wurde, hatte er bereits in den Jahren 1927 bis 1932 eine Verwendung als Referent in der Abteilung Fremde Heere, also bei der Nachrichtenauswertung, hinter sich. Der Mann war wendig im wahrsten Sinne des Wortes; er zeigte sich alsbald als guter Nazi des Wortes und der Tat. Die Wiedereinführung der Todesstrafe für Landesverrat dürfte auch er begrüßt haben, darin stimmte er mit seinem neuen Chef Canaris überein. Den dürfte auch seine gute und enge Zusammenarbeit mit der für die polizeiliche Spionageabwehr zuständigen Gestapo gefreut haben. Bamler verließ 1939 noch vor Beginn des Zweiten Weltkrieges die Abwehr, um auf eigenen Wunsch in die ihm karriereträchtiger erscheinende Laufbahn des Truppengeneralstabs zu wechseln; manche sagen, er sei von Canaris weggelobt worden. In den nun folgenden Kriegsjahren wurde Bamler viermal befördert. Doch erst 1944 kam er als Generalleutnant und Kommandeur der 12. Infanterie-Division zu einem ernsthaften Frontkommando. Das dauerte nur kurz, denn bereits Ende Juni 1944 geriet Bamler unversehrt in russische Kriegsgefangenschaft. Auch hier lernte er schnell, denn bereits nach wenigen Wochen unterzeichnete er am 22. Juli 1944 den *Aufruf der Generale und Truppenführer der Heeresgruppe Mitte: Hitlers System abzuschließen und damit den Krieg.* Zu diesem Zeitpunkt war Bamler bereits Mitglied des Bundes Deutscher Offiziere (BDO) geworden. Im Nebenamt diente der General als Agent des sowjetischen NKGB; seine Zielpersonen waren mit hoher Wahrscheinlichkeit die Generalskollegen in den Kriegsgefangenenlagern. Das zahlte sich nach dem Krieg aus. Bamler setzte seine Generalskarriere in der Sowjetischen Besatzungszone und späteren DDR fort. Ende 1953 trat er, nicht ganz freiwillig, in den wohlverdienten Ruhestand.[1014]

Bamlers Nachfolger als Leiter der Spionageabwehr wurde am 1. März 1939 der 42-jährige Franz Eccard von Bentivegni. Der ehemalige Artillerieoffizier behielt diesen Posten bis zum 15. September 1943; dann wurde der Oberst in die Führerreserve versetzt. In der Abwehr hatte zu diesem Zeitpunkt bereits das Abräumen des leitenden Personals begonnen, von dem noch zu sprechen sein wird. Auch Bentivegni brachte es noch zum Kommandeur einer Infanterie-Division. Er geriet im März 1945 in sowjetische Kriegsgefangenschaft. Doch anders als sein Amtsvorgänger Bamler kollaborierte er nicht mit den Sowjets; ob diese es ihm anboten, ist unbekannt. Vielleicht fiel er einfach zu spät in ihre Hände. Bekannt ist dagegen, dass die Sowjets vor dem Nürnberger Kriegsverbrechertribunal im Februar 1946 eine kurze Aussage Bentivegnis verlesen ließen, es aber vorzogen, ihn nicht als Zeugen zu präsentieren. Stattdessen verurteilten sie ihn 1950 wegen angeblicher Kriegsverbrechen gegen die Sowjetunion zu 25 Jahren Arbeitslager. Es dürfte nicht ganz abwegig erscheinen, dass sie so für die Zerschlagung der Roten Kapelle in den Jahren 1942/43 und die in diesem Zusammenhang mit den Sowjets veranstalteten Funkspiele Rache nahmen, für die Bentivegni als Vorgesetzter von III F die Verantwortung getragen hatte. Seine Freilassung im Oktober 1955 nach der Intervention des deutschen Bundeskanzlers Konrad Adenauer hat der Generalleutnant nur um dreieinhalb Jahre überlebt; er starb 61-jährig an den Folgen seiner Kriegsgefangenschaft.[1015]

Abwehr II, die Funktionseinheit für Sabotageakte und Zersetzungsmaßnahmen, unterstand seit dem 1. November 1935 dem Generalstabshauptmann und späteren Major Helmuth Groscurth. Der 36-Jährige zeigte wenig Begeisterung, als er nach durchlaufener Generalstabsausbildung der Abwehrabteilung zugewiesen wurde. Im Gegensatz zu den meisten seiner Kameraden entwickelte er sich in kürzester Frist zu einem der rabiatesten NS-Gegner in der deutschen Wehrmacht. Seine Tätigkeit bei der Abwehr beschränkte sich auf die Teilnahme an der Vorbereitung der deutschen Aggressionen gegen Österreich und gegen die Tschechoslowakei. Sein privates und sein dienstliches Tagebuch geben sorgfältig Auskunft über die verbrecherische Tätigkeit deutscher Dienststellen. Ende 1938 schied Groscurth aus der Abwehr aus, um Chef einer Infanterie-Kompanie zu werden; die Regeln der deutschen Generalstabsoffiziere sahen solche Frontverwendungen unumstößlich vor. Diese Tätigkeit dauerte indessen nur einige Monate, dann trat seine Mobilmachungsverwendung in Kraft, die ihn in den Heeresgeneralstab zurückbrachte, wo er als Gruppen- und kurz drauf als Abteilungsleiter zur besonderen Verwendung (z.b.V.) eingesetzt wurde. Seine Aufgabe: die Verbindung zum Oberkommando der Wehrmacht zu halten. Auch hier bekam Groscurth tiefen

Einblick in die verbrecherische Kriegsplanung der Führung des Dritten Reichs. Der dem OKW unterstellte frühere Vorgesetzte, der Admiral Wilhelm Canaris, beeinflusste den 40-Jährigen mit seiner zutiefst pessimistischen Auffassung über den wahrscheinlichen Ausgang des Krieges. Groscurth seinerseits beeinflusste den Admiral in nachhaltiger Weise, weil er ihm gegenüber die Beseitigung des verbrecherischen Regimes zur Forderung erhob. Mit Skepsis sah er allerdings das unvorsichtige Treiben des Canaris-Vertreters Hans Oster, der sich nicht einmal mehr die Mühe geben mochte, seine Gegnerschaft zu tarnen. Groscurth wollte es 1939/40 bei einer verbalen Regimegegnerschaft nicht belassen. Seine Dienststellung verschaffte ihm den notwendigen Bewegungsspielraum und seine Nähe zu Canaris den Zugang zu den bei der Abwehr auflaufenden Informationen über die verbrecherische Kriegs- und Besatzungspolitik des Dritten Reichs. Er nutzte seine nahezu unbegrenzten Möglichkeiten zu Dienstreisen in hohe und höchste Wehrmachtsstäbe, um in der Zeit zwischen Polen- und Frankreichfeldzug eine Generalsfronde gegen Hitler zu organisieren. Doch derartig mutiges Eintreten für eine Moral, die zunehmend als altmodisch empfunden wurde, konnte nicht lange gut gehen. Zwar waren mit ihm viele Generale der Meinung, dass Hitlers Politik Deutschland in den Untergang treiben müsse, doch mochte sich kaum einer entschließen, einen handfesten Beitrag zur Beendigung des Hitler-Regimes zu leisten. Natürlich konnte es bei diesen Aktivitäten nicht ausbleiben, dass auch unwillkommene Dritte von den Aktivitäten des Offiziers erfuhren. Doch während der Abwehr-Chef Canaris die Hand über den Mitverschwörer Hans Oster hielt, selbst als im eigenen Hause und sogar beim Reichssicherheitshauptamt ruchbar wurde, dass Oster mit dem Feind konspirierte, war Generalstabschef Franz Halder keineswegs gewillt, den unbequemen Groscurth weiterhin in seinem Stabe zu dulden. Für Groscurth wenig schmeichelhaft, wurde er als Oberstleutnant und Abteilungsleiter im Heeresgeneralstab auf die Funktion eines Bataillonskommandeurs absterviert. Halder hatte zutreffend beurteilt, dass dem Konspirateur auf diese Weise jegliche umstürzlerische Handlungsmöglichkeit genommen werden würde. Mit dieser Maßnahme verlor die deutsche Militäropposition ihren fähigsten und entschlossensten Organisator für den Sturz Hitlers. Groscurths Ende ist schnell erzählt: Im Russlandfeldzug fand er im Truppengeneralstab Verwendung. In Stalingrad geriet er im Januar 1943 in sowjetische Kriegsgefangenschaft, an deren Folgen der 44-Jährige am 7. April 1943 starb.[1016]

Nachfolger in der Abwehr II wurde zu Beginn des Jahres 1939 der Österreicher Erwin Lahousen. Der 1897 als Edler von Lahousen-Vivremont Geborene war im Ersten Weltkrieg ein junger k.u.k. Offizier. Er wurde nach dem Krieg in die klein gewordene österreichische Wehrmacht übernommen. Ab Januar 1936 wurde der Major und spätere Oberstleutnant in der soeben wieder geschaffenen Nachrich-

tenabteilung des Generalstabs tätig. Bis dahin hatte sich Österreich, in Abkehr von der langen Tradition des 1918 aufgelösten Evidenzbüros, der Militärspionage enthalten. Lahousen kam alsbald in Kontakt mit Canaris, der in dem groß gewachsenen, betont langsam formulierenden und bedächtig urteilenden Offizier einen Mann von raren Qualitäten sah. Nach dem Anschluss Österreichs im März 1938 bot er Lahousen die sofortige Übernahme ins Amt Ausland/Abwehr an. Hier fand er zunächst als stellvertretender Leiter von Abwehr I Verwendung. Nach dem Weggang von Groscurth rückte er zum Jahresbeginn als Leiter von Abwehr II auf. Er wurde damit zur Zeit der rücksichtslosesten Aggressionen des Dritten Reichs Leiter der militärischen Sabotage- und Umsturz-Maßnahmen. Warum sich Canaris gerade für diesen Offizier verwendete, wirft ein weiteres Schlaglicht auf den rätselhaften, zerrissenen Charakter des Geheimdienstchefs, denn Lahousen fehlte bei seiner gerechten ritterlichen Denkungsart nahezu jegliche Voraussetzung für diesen Posten. Da wir seine Aktionen noch zahlreich aus der Nähe sehen werden, braucht dieser Punkt nicht vertieft zu werden. Lahousen blieb Sabotageleiter bis zum 1. August 1943. Dann wurde auch er in den Truppendienst abgeschoben. Er fand zunächst als Regimentskommandeur Verwendung. Diese Abberufung aus dem Zentrum der Kriegsführung bewahrte ihn mit einiger Sicherheit davor, den Rache-Maßnahmen nach dem gescheiterten Putsch vom 20. Juli 1944 zum Opfer zu fallen. Kurz vor Kriegsende stieg Lahousen noch zum Divisionskommandeur auf. Im Mai 1945 geriet der 47-jährige Generalmajor in US-amerikanische Kriegsgefangenschaft. Er zeigte keine Scheu, im Nürnberger Kriegsverbrecherprozess als Zeuge der Anklage aufzutreten. Knapp zehn Jahre nach Kriegsende starb Lahousen im Alter von 58 Jahren.[1017]
Ein weiterer Abteilungsleiter war Hans Piekenbrock. Der Husarenleutnant des Ersten Weltkrieges wurde 1919 in die Reichswehr übernommen. Nach seiner Generalstabsausbildung wurde der 34-jährige Rheinländer in die Abwehrabteilung des Reichswehrministeriums versetzt. Ende 1936 wurde der Major Leiter von Abwehr I, im leicht verquasten Abwehr-Deutsch als Geheimer Meldedienst bezeichnet, also Chef der Nachrichtenbeschaffung mit Hilfe von Agenten. Piekenbrock war der einzige lang gediente Nachrichtenmann in der gesamten Abwehr-Organisation; er galt vielen als besonders enger Vertrauter des Abwehr-Chefs. Im März 1943 musste auch er seinen Sessel räumen, um durch eine Frontverwendung die Chance zu erhalten, in einen Generalsdienstgrad aufzusteigen. Dieses bis zum Schwachsinn durchdeklinierte Prinzip hielt die deutsche Armeeführung auch auf dem Höhepunkt des Krieges aufrecht. Der Abwehrchef hatte zu diesem Zeitpunkt keinerlei Einfluss mehr, um das Abräumen aller führenden Leute aus seinem Umfeld zu verhindern. Er nahm es hin, dass im Sommer 1943 alle drei Spitzenfunktionen mit Geheimdienstlaien besetzt wurden. Im Jahr drauf gab es das

Amt Ausland/Abwehr nicht mehr. Zu Piekenbrock bleibt nachzutragen, dass der Generalleutnant 1945 in sowjetische Gefangenschaft geriet. Auch er wurde von den sowjetischen Anklägern beim Nürnberger Hauptkriegsverbrecherprozess lediglich mit einer angeblichen Aussage zitiert, aber nicht als Zeuge vorgeführt und stattdessen mit einer Kriegsverbrecherstrafe von 25 Jahren Haft bedacht, aus der er 1955 nach Deutschland zurückkehrte. Auch er starb vier Jahre später an den Haftfolgen im Alter von 66 Jahren.[1018]

Diese Revue der Spitzenleute des militärischen Geheimdienstes macht deutlich, dass eine geheimdienstliche Tätigkeit in Deutschland weitgehend vom Zufall abhängig war. Eine spezielle geheimdienstliche Ausbildung erfuhren die leitenden Soldaten weder vorher noch im Laufe ihrer Berufsausübung. Wie wir schon für die Zeit vor dem Ersten Weltkrieg festgestellt haben, war die geheimdienstliche Betätigung für den deutschen Offizier etwas, was außerhalb seiner normalen Karriereabsichten lag. Es war ein Feld, das wenig Ehre versprach und mit dem Kodex einer in den Köpfen noch herumspukenden ritterlichen Kriegführung nicht in Einklang zu bringen war. Dass der moderne Krieg, der seit Napoleons Zeiten zum Volkskrieg ausgeartet war, damit nichts mehr zu tun hatte, steht auf einem ganz anderen Blatt. Die Schere zwischen Ehrbegriff und tatsächlichem Kriegshandwerk öffnete sich in bedenklicher Weise.

War es schon um die Spitzenpositionen schlecht bestellt, so gilt dies im verstärkten Maße für das Gros der zahlreichen Funktionen in der zweiten und dritten Reihe. Einschlägig ausgebildete oder erfahrene Offiziere standen kaum zur Verfügung, zumal die rasante Vermehrung der Wehrmacht etatmäßige Offiziere der Reichswehr für andere Aufgaben absorbierte. Bei der Machtübernahme der Nationalsozialisten bestand der Abwehrapparat aus insgesamt 150 Personen; vier Jahre später waren es bereits 956. Zur Deckung ihres Bedarfs griff die Abwehr fast wahllos auf ehemalige Weltkriegsoffiziere zurück, die sich seit anderthalb Jahrzehnten in irgendwelchen Zivilberufen meist mehr schlecht als recht durchgeschlagen hatten. Ohne fest als Militärs etatisiert zu sein, erhielten sie einen Offiziersdienstgrad als so genannte Ergänzungsoffiziere zugewiesen; ein diskriminierendes E hinter dem Dienstgrad wies im Behördenschriftverkehr ihren Status aus. Häufig war ihr einziges Einstellungskriterium die Bekanntschaft mit einem der schon im Dienst Befindlichen. So zog einer den anderen nach, um den immensen Personalbedarf der Abwehr zu decken. Da der Nukleus um den Chef Canaris aus dem Milieu der Freikorps und der Schwarzen Reichswehr stammte, kann man sich vorstellen, wie es um die personelle Grundstruktur aussah. Man kann sich auch leicht denken, dass bei dieser Art von Personalauswahl alles mögliche andere herauskommen konnte als ein funktionierender Nachrichtendienst. Vieles war zufällig, wie handgestrickt und keineswegs professionell.[1019]

Amt Ausland/Abwehr[1]
Amtschef: KzS/KA(1.5.35)/VA(1.4.38)/A(1.1.41) Canaris
Adj.: OTL/O Jenke

Abteilung Ausland (1.7.44-Amtsgruppe-8.5.45)[2] KzS/KA/VA Bürckner-1945	Abteilung I Nachrichtengewinnung 1937 O Piekenbrock 1943-O Hansen-1944	Abteilung II Sabotage 1936-M Großcurth-1939-OTL/O Lahousen -1943-O. v. Freytag-Loringhoven-1944	Abteilung III Abwehr, Gegenspionage 1933 M Bamler-1939 O v.Bentivegni-1944	Zentralabteilung 1938-O/GM(1.12.42) Oster-1943-O O. Jakobsen-1944
A I Außen- und Wehrpolitik	I Z Zentrale Dienste, Chefbüro	II A Chefbüro	III A Adjutantur	Z O Offizierspersonalien 1943 M. Dr. Greßler
A II Beziehungen zu fremden Wehrmächten	I H West Erkundung im Westen M/OTL/O Maurer	West	III C Militärischer Geheimhaltungs- und Abwehrschutz, OKW-Pass-stelle, Verbindung zum RSHA	Z F Finanzen 1940–Ende 42 OInt Toeppen-OStaInt Dr. Duesterberg
A III Fremde Wehrmächte Meldesammelstelle des OKW	I H Ost Erkundung im Osten	Ost	III U Interne Auswertung, Ergeb-nisse der Gegenspionage	Z R Rechtsangelegenheiten 1940 MR Dr. Herzlieb
A IV Versorgung der Kriegsschiffe und Blockadebrecher	I H Südost Erkundung im Südosten	Südost	III W Abwehr in der Wehrmacht, ab 1943: Leitstelle für…; aufgeteilt in III H, III L, III M	Z Arch Archiv
A V Auslandspresse Auswertung	I L Erkundung Luftwaffe OTL Brede	Übersee	III N Verbindung zu Presse, Film, Post, Zensur	Z K Zentralkartei
A VI Kriegsvölkerrecht	I M Erkundung Marine	Technik	III D Irreführung des Gegners, Spielmaterial	ZKV Zentralkartei der V-Leute
A VII Kolonialfragen	I T Erkundung Technik		III Kgf Abwehr in Kriegs-gefangenenlagern	Z Reg Registratur, Materialverwaltung
A VIII Wehrauswertung	I T Lw Erkundung Technik Luftwaffe		III F Gegenspionage, Abwehr fremder Dienste, FK Protze-O Rohleder-1944	Z B Außerordentliche Be-richterstattung 1939-43 SF Hans von Dohnanyi

	I Wi Erkundung Wirtschaft 1938 M/OTL Dr. Bloch-April 1943		III G Gutachten bei Landesverrat	
	I KO Verbindung zu den Kriegsorganisationen[3]		III GFP[4] Geheime Feldpolizei OTL/O Krichbaum	
	I G Laboratorien 1939-44 OTL Albert Müller		III F fu Fahndungsfunk	
	I i Agentenfunknetze und -verkehr			

1 Gliederung zwischen 1938 (Amtsgruppe Auslands-nachrichten und Abwehr, umbenannt im Oktober 1939 in Amt Ausland/Ab-wehr) und 1944 aufgeteilt in Amt Mil., das dem RSHA unterstellt wird, und Amts-gruppe Ausland, die beim OKW verbleibt.

2 siehe Fußnote 1

3 Unter den Begriff Kriegsor-ganisationen werden ab 1938 die Dienststellen der Abwehr bei den Mi-litärattachés gefasst.

4 Die geheime Feldpolizei Abwehr untersteht Abwehr III bis Anfang 1942 und wird dann der Sipo unter-stellt.

5 Ab 20.11.1942 wird aus dem Regiment der Sonderverband Branden-burg gebildet, der etwa zur Jahreswende in Division umbe-zeichnet wird. Ab 1.4.1943 scheidet die Division aus der Unter-stellung unter das Amt Ausland/Abwehr aus und wird Verfügungstruppe des OKW; im Sommer 1944 entfällt diese Sonderstellung der Division; sie wird Panzergrenadierdivision Brandenburg

6 Teil des alten Sonderverbandes Brandenburg; verbleibt nach dem 1.4.1943 im Unterstellungsverhältnis zur Abwehr.

ab September 1939: Baulehrkompanie z.b.V. 800; bzw. Deutsche Kompanie z.b.V. H Dr. v.Hippel; Lt. Verbeek

ab November 1939: Baulehrbataillon z.b.V. 800 Brandenburg H/M v.Hippel

ab Juni 1940 Lehrregiment z.b.V. 800 Brandenburg M Kewisch-Okt.40-M v.Aulock-2.11.40-OTL v.Haehling-(+1942)

ab November 1942:[5] Division Brandenburg[6] 9.2.43 O/GM v.Pfuhlstein

Regiment z.b.V. Kurfürst

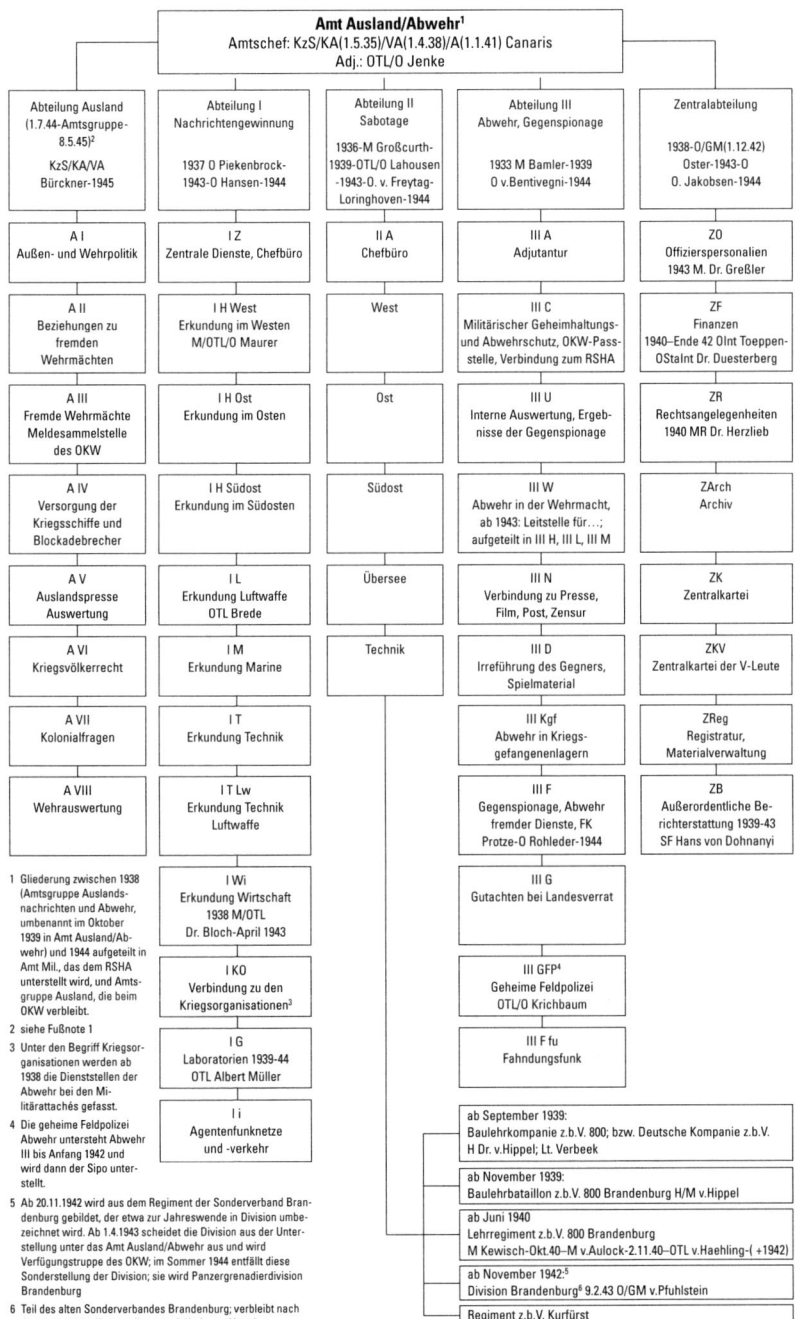

Bereits ein flüchtiger Blick auf das Organigramm des Amtes Ausland/Abwehr wirkt belehrend, wie explosionsartig der Geheimdienst expandierte und welchen Personalbedarf diese Vervielfachung des Apparats zur Folge hatte. Es bedarf keiner gewundenen Erklärungen, dass sich die Zufallswirtschaft der Personalbeschaffung auf die Praxis des Spionageapparats auswirken musste. Gab es bereits objektiv kein Reservoir, den Personalbedarf durch geeignete Kandidaten zu decken, so wurde diese Tendenz durch einige Eigenarten des Geheimdienstchefs noch negativ verstärkt. Canaris gehörte zu den Leuten von beträchtlicher Intelligenz. Er entdeckte schnell sein Herz für den Geheimdienstzirkus, doch ging ihm jegliche Freude an organisatorisch geordneter Arbeit ab. Er wurde zudem von einer überbordenden Reiselust befallen, die er auf dem Stuhl des Abwehrchefs auslebte, anstatt darauf zu sitzen und seine Untergebenen bei der Arbeit zu kontrollieren. Er legte in seiner Rastlosigkeit ein Verhalten an den Tag, wie man es bevorzugt bei Leuten antrifft, die mit ihrer eigentlichen Funktion nicht zu Rande kommen. Es war eine Art Wirklichkeitsflucht, von der auch Canaris heimgesucht wurde. Er führte das Amt wie ein Repetitorium seiner frühen Offiziersjahre, als es den jungen Mariner ins ferne Ausland gezogen hatte. Es waren Reminiszenzen an seine Chile-Flucht und an die spanischen Illegalen-Monate, wenn er jetzt mit Hut, Mantel und dem Decknamen Guillermo bewaffnet, selbst auf Informationsbeschaffungstour ging. Doch waren solche Skurrilitäten nur eine Seite der Medaille. Auf der anderen Seite war der Reisende eine Art Privat-Diplomat, der mit zahlreichen, meist Militär-Persönlichkeiten des Auslands dichte Kontakte unterhielt. Seine exzellenten Beziehungen nach Spanien, Italien, Österreich, Ungarn und Rumänien, um nur die wichtigsten zu nennen, machten aus dem Vorkriegs-Canaris einen gern gesehenen Gesprächspartner bei seinem Führer. Deutschlands Eingreifen im Spanischen Bürgerkrieg beruht nicht unwesentlich auf seiner persönlichen Intervention. Im Übrigen gilt es jedoch zu wiederholen, dass Canaris, je länger er die Abwehr leitete, desto mehr das Interesse an der Funktionsfähigkeit des Apparats verlor. [1020] Nichts charakterisiert die zwiespältige Dienstauffassung von Canaris und seine ironische Distanz zum Job besser als die drei chinesischen Affen, welche den dienstlichen Schreibtisch des Abwehrchefs schmückten: Nichts sehen, nichts hören, nichts sagen. Seine Untergebenen haben später versucht, dieses irritierende Faktum umzudeuten:

Dem Wesen des Admirals entsprach es, dass ihm jedes unnötige Gepränge zuwider war. Die bescheidene Einrichtung seines Büros am Tirpitzufer 74–76 legte Zeugnis hiervon ab. In einem mittelgroßen Raum standen lediglich die allernotwendigsten Möbel. Sie schienen aus älteren Beständen entnommen zu sein. An den Wänden hingen Fotos seiner Amtsvorgänger und ein Bild des Generals Franco, außerdem einige riesige Landkarten. Am bedeutendsten waren zwei Gegenstände auf dem Schreibtisch des Admirals. Dem Besucher bot sich dort ein Miniaturmodell des Kreuzers »Dresden«, auf dem Canaris die Seeschlachten von Coronel und den Falklandinseln mitgemacht hatte. Ferner war auf einer Steinplatte eine bronzene Plastik zu sehen, ein Symbol jedes Geheimdienstes schlechthin: Drei Affen, von denen der eine mit der Hand am Ohr angestrengt lauscht, der zweite forschend in die Weite schaut und der dritte mit den Händen das Maul zuhält.[1021]

So viel zur späteren Verherrlichung des Admirals; dabei vertrug der Apparat bereits beim Amtsantritt von Canaris ein derartiges Desinteresse nicht. Weder der rasanten Wiederaufrüstung noch der Konkurrenz aus dem Lager der SS konnte auf diese Weise angemessen pariert werden. Bereits ein kurzer Blick auf die Beschaffungsaktivitäten der Abwehr zeigt, dass deren Leiter nicht vermochte, sich aus den Denkstrukturen der 1920er-Jahre zu befreien. Die Militärspionage, das Kernstück der Arbeit des Amtes Ausland/Abwehr, konzentrierte sich auf die unmittelbaren Anrainer Deutschlands, vor allem auf Frankreich und Polen. Die Vernehmung des ehemaligen Abwehrmannes Erwin Stolze in sowjetischer Kriegsgefangenschaft im Dezember 1945 offenbarte, wie dürftig die nachrichtendienstliche Quellenlage an der östlichen Peripherie des Reichs bis in die 1930er-Jahre hinein tatsächlich war: Für zwei Jahre ein polnischer Feldwebel im Warschauer Kriegsministerium, zwei Jahre lang ein tschechischer Stabskapitän in Prag, ein Hauptmann a. D. namens Klein im litauischen Vilnius (Wilna), ein lettischer Offizier, der über die lettische Sowjetunionspionage vom Hörensagen berichtete. Der Gefangene Stolze wusste, wovon er sprach. Er diente seit 1923 als Angestellter für Nachrichtenbeschaffung bei der Abwehrgruppe der Reichswehr. 1937 wechselte der reaktivierte Offizier zu Abwehr II, wo er zum Stellvertreter des Abteilungsleiters aufstieg. Seine Aussagen nutzten Stolze nichts. Wie seine Kameraden auch wurde er zu 25-jähriger Haft verurteilt; er ist vermutlich nach 1945 in Lagerhaft verstorben. Stolzes Angaben sind weitgehend zutreffend. Sie werden von einem anderen alten Fahrensmann der Abwehr, dem Polizeioffizier der Freien Hansestadt Danzig und späteren Oberstleutnant der Wehrmacht Oscar Reile, bestätigt; Reile wartete bezüglich der Russlandspionage noch mit weiteren höchst unangenehmen Details auf, von denen noch zu sprechen sein wird.[1022]

Wie bereits angedeutet, war die Tschechoslowakei ein ziemlich unbeackertes Feld. Man lasse sich durch die zahlreichen Kontakte des Amtes zur Gruppe der Volksdeutschen nicht täuschen. Diese Kontakte ließen sich leicht anbahnen und dienten vor allem der geheimdienstlichen Unterwanderung des Sudetenlandes mit dem Ziel seiner Abspaltung von der Tschechoslowakei. Diese bei Abwehr II durchgeführte Subversionsoffensive wurde von Major Groscurth geleitet. Zum Spitzen-V-Mann machte die Abwehr einen führenden Funktionär der Sudetendeutschen Partei SdP, Karl Hermann Frank. Zwar wurde der V-Mann K. H. wegen Ineffektivität bald wieder abgeschaltet, doch er war bei weitem nicht der Einzige, der das deutsche Vorhaben vorantrieb. Als die Tschechoslowakei im Laufe des Jahres 1938 durch die Hitler'sche Aggressionspolitik ins Scheinwerferlicht des geheimdienstlichen Aufklärungsinteresses rückte, zeigte es sich, dass die Verhältnisse in Böhmen und Mähren praktisch eine Terra incognita waren.[1023] Nichts belegt diesen Missstand deutlicher als der offensichtliche Vorsprung des tschechoslowakischen Kampfpanzerbaus, der nach der Besetzung der tschechischen Waffenschmiede Skoda im Frühjahr 1939 wie eine militärtechnische Offenbarung für die deutschen Panzerspezialisten wirkte. General Heinz Guderian notierte:

> In Brünn sah ich das tschechische Panzergerät, das einen brauchbaren Eindruck machte und uns im Polen- und Frankreichfeldzug gute Dienste geleistet hat.[1024]

469 Panzer, nach tschechischen Angaben sogar 810, gingen in den Bestand der jungen deutschen Panzertruppe über.[1025] Bei einer rechtzeitigen und erfolgreichen Militär- und Rüstungsspionage hätte es diese Überraschung nicht geben dürfen. Wir treffen diese wenig schmeichelhafte Feststellung ganz unabhängig von der Frage, ob Canaris und seine Leute die NS-Aggressionspolitik hätten rechtzeitig ins Kalkül ziehen müssen. Falsch ist das nach dem Krieg vorgebrachte Argument, das Amt habe sich hierfür nicht hergeben wollen, denn der Kenntnisstand über den Rüstungsstand der umliegenden Staaten gehörte zum Einmaleins eines jeden Militärgeheimdienstes, ganz egal wie kriegerisch oder friedlich dessen Umgebung ist. Ebenso unangenehme Nachrichten sind von der Polenfront zu vermelden. Zwar war die Aufklärung nach Polen hinein auf einem als brauchbar anzusehenden Stand; jedoch stand es mit der Spionageabwehr gegen Polen nicht gerade zum Besten. Von Anfang an konzentrierte sich der polnische Staat auf die Militärspionage gegen Deutschland. Das Zweite Büro des polnischen Generalstabs wurde nach französischem Vorbild errichtet. Es entwickelte sich zur leistungsfähigen Spionageorganisation im Europa der Zwischenkriegszeit; bis zum deutschen Überfall auf Polen war der Dienst auf eine Personalstärke von 250 Offizieren und 450 Zivilbediensteten angewachsen.[1026] Ein erster großer Coup gelang den Polen, als sie Anfang der 1920er-Jahre den deutschen Mathematiker Dr. Winniker zum Überlaufen bewegen konnten. Winniker war 1919 bei der Chiffrierstelle der Reichsregierung eingestellt worden. Er brachte den Polen ein Spezialwissen mit, das sie in die Lage versetzte, einen Dechiffrierungsdienst aufzubauen, der Mitte der 1930er-Jahre in Hochform kam.

Greller und spektakulärer gestaltete sich der Fall des Militärspions Georg Sosnowski. Der 1896 geborene Sosnowski wurde im Ersten Weltkrieg Soldat der k.u.k. Armee. Mit Kriegsende trat der Kavallerieoffizier zur polnischen Armee

über. 1926 ließ er sich unter der Legende eines wohlhabenden polnischen Nichts-
tuers, bei leichter Änderung seines Namens, in Berlin nieder. Der Auftrag des
frisch gebackenen Barons Georg von Sosnowski Ritter von Nalecz: die Auskund-
schaftung der Reichswehr, insbesondere die möglichen Aufmarsch- und Mobil-
machungsvorbereitungen gegen Polen. Selten ist einem Agenten die Erledigung
seines Auftrags so perfekt gelungen. Er bediente sich der Hilfe dreier ziviler weib-
licher Angestellter des Reichswehrministeriums, die dort, wo früher ausschließlich Soldaten tätig gewesen waren, als Sekretärinnen und Sachbearbeiterinnen
ihren Dienst taten. Das war Folge der drastischen Personalverringerungen der
deutschen Armee nach dem Vertrag von Versailles. Die Reichswehr besetzte
Dienstposten, wo immer möglich, mit Zivilpersonal; nur Militärdienst im eigentlichen Sinne wurde von Soldaten versehen. Sosnowski war ein gut aussehender
Mann, und er war ein guter Liebhaber. Die Objekte seiner Begierden, die Damen
Bettina von Falkenhayn, Irene von Jena und Renate von Natzmer, wusste er zu
bestricken und zudem zu den gewünschten Verratshandlungen zu veranlassen.
Gewiss war er auch in Gelddingen gegenüber den Damen, die nicht gerade üppig
besoldet wurden, nicht kleinlich. Doch die hauptsächliche Bindung schuf und bewahrte er durch die parallel verlaufenden intimen Beziehungen. Auf diese Weise
konnte er dem Warschauer Geheimdienst liefern, was der Reichswehr teuer und
geheimhaltungsbedürftig erschien, Dinge wie die Aufmarschplanung und die
Einzelheiten der streng konspirativen deutsch-sowjetischen militärischen Zusammenarbeit, von der wir bereits berichtet haben. Seine Meldungen waren so gut
und so frisch, dass dem polnischen Zweiten Büro ernsthafte Gedanken kamen, es
könne sich nur um Spielmaterial handeln; doch die Dinge waren echt. Irgendwann muss der Erfolg Sosnowski zu Kopf gestiegen sein oder in ein anderes Kör-
perteil, denn die drei geliebten Agentinnen genügten dem Vielbeschäftigten nicht
mehr. Das zur Nacktänzerin Lea Kruse angesponnene Liebesverhältnis hatte
zunächst mit Spionage nichts zu tun. Doch Sosnowski wollte aus der jungen Frau
eine Art Bilderbuchagentin machen, die er in die Betten von hohen Geheimnis-
trägern zu entsenden gedachte. Die Kruse ging indessen einen etwas anderen Weg:
Sie nahm zur Abwehr Kontakt auf. Nun war die Verhaftung des Spionagequar-
tetts nur noch eine Frage der Zeit. Sie erfolgte am 27. Februar 1934. Ein Jahr später wurden die viel beachteten Urteile gesprochen. Bettina von Falkenhayn und
Irene von Jena verurteilte man wegen Landesverrats zum Tode; sie wurden mit
dem Fallbeil hingerichtet. Renate von Natzmer kam mit einer lebenslangen
Zuchthausstrafe davon und nach dem Zweiten Weltkrieg auf freien Fuß. Auch der
Held der Geschichte, Georg Sosnowski, erhielt lebenslänglich. Doch in Deutschland saß er nicht lange ein. Bereits am 23. April 1936 wurde er gegen mehrere in
Polen einsitzende deutsche Agenten ausgetauscht.[1027]

Damit ist die Agentengeschichte Sosnowski nicht zu Ende. Gleich nach der Übergabe an die Polen wurde Sosnowski von den eigenen Leuten verhaftet. Seine Auftraggeber im Zweiten Büro hatten ihm schon lange das schöne Leben geneidet und seine Angaben im Prozess verflucht, in dem die aggressive polnische Militärspionage ans Licht der deutschen Öffentlichkeit gezerrt worden war. In einem Geheimverfahren verurteilte ihn ein Militärgericht am 7. Juni 1939 wegen angeblichen Landesverrats zu 15 Jahren Zuchthaus. Er muss nach dem deutschen Überfall auf Polen im September 1939 aus der Haft entkommen sein. Vielleicht saß er auch in dem von den Sowjets besetzten Ostpolen ein; jedenfalls griffen diese den ehemaligen Top-Agenten dort auf. Für Sosnowski begann eine Odyssee durch die Vernehmungslager des NKWD. Bald nach dem Beginn des deutsch-sowjetischen Krieges muss er auch dem Leiter der Verwaltung für Spezialaufgaben Pawel Sudoplatow vorgeführt worden sein. Dieser schlug Sosnowski vor, für die Sowjetunion als Doppelagent ins besetzte Polen zu gehen. Als Sosnowski ablehnte, wurde der lästige Mitwisser kurzerhand erschossen.[1028]

Der dritte Spionagefall aus diesem zweiten polnischen Intermezzo ist der spektakulärste, und doch blieb er über 50 Jahre lang der Öffentlichkeit unbekannt. Das lag vor allem am polnischen Kriegs- und Nachkriegsschicksal und an Polens einstiger Schutzmacht Großbritannien, das keinerlei Interesse an der Aufdeckung des Falls haben konnte. Dass die letzten Überlebenden schließlich an der Aufklärung mitwirken konnten, grenzt an ein Wunder. Am 15. Januar 1929 wurde der 33-jährige Generalstabsmajor Gwido Langer zum Leiter des polnischen Dechiffrierbüros berufen. Er konnte zwar auf langjährige Vorarbeiten wie die Verratstätigkeit eines Dr. Winniker zurückgreifen, doch erst unter seiner Leitung gelang dem Biuro Szyfrow, wie es bei der Zweiten Abteilung genannt wurde, ein Durchbruch in der Dechiffrierkunst, der später die militärischen Ereignisse des Zweiten Weltkrieges entscheidend beeinflussen sollte. Langer und seine Entzifferungsspezialisten mussten bald nach seinem Amtsantritt feststellen, dass der deutsche Heeres- und Marinefunkverkehr mit herkömmlichen Methoden nicht mehr zu knacken war. Dabei hatten die Polen gut vorgesorgt. Jahrelang hatten sie an ihren Universitäten die Studenten der Mathematik heimlich beobachtet und die Begabtesten einem unverbindlichen Eignungstest unterzogen, um sie sodann nach einer umfänglichen Sicherheitsüberprüfung in den Geheimdienst einzustellen. Der genialste von ihnen war der Diplommathematiker Marian Rejewski. Als 25-Jähriger trat er 1930 seinen Dienst an. Zwei Jahre später gelang ihm der entscheidende gedankliche Durchbruch, der dazu führte, die Geheimnisse des deutschen Funksalats in den folgenden sieben Jahren zunächst gedanklich und dann auch praktisch zu lösen. Das Zauberwort des deutschen Funkverkehrs hieß Enigma. 1919 bereits hatte der deutsche Tüftler Hugo Koch eine Chiffriermaschine in Holland als Patent angemeldet. Bei ihr handelte es sich, vereinfacht gesprochen, um eine elektromechanische Schreibmaschine, die jedoch nicht den Buchstaben A anzeigte, wenn man A auf der Tastatur anschlug, sondern einen anderen Buchstaben. Welcher es war, wurde durch eine in der Maschine befindliche Walze bestimmt, deren Einstellung mit Hilfe von Ziffernscheiben mechanisch verändert werden konnte. Setzte der deutsche Funker einen zu verschlüsselnden Funkspruch ab, so gab er zuvor den Klartext in die Enigma ein und sendete sodann das von der Maschine transkribierte Kauderwelsch an den Empfänger, der bei gleicher Einstellung der Maschinerie den Text wieder lesbar machen konnte. Die Enigma war so konstruiert, dass der Entzifferungsvorgang in derselben Weise wie die Chiffrierung durchgeführt werden konnte. Ständig veränderte Schlüsseleinstellungen, welche die Maschine unschwer zuließ, machten es einem abhörenden Gegner nahezu unmöglich, durch Langzeitvergleiche des Funkverkehrs Schemata zu entwickeln, zumal es zu den Tücken der Enigma gehörte, dass sie beim Abfassen eines Textes beispielsweise das erste vorkommende A als B wiedergab, das zweite als S, das dritte als E und so weiter. Rejewskis Einbruch in die Gedankenwelt der Enigma ließen seinen Vorgesetzten Langer nicht ruhen, bis er überdimensionierte elektromechanische Nachbauten hatte anfertigen lassen, mit deren Hilfe die Mathematiker des Geheimdienstes zunehmend in das System der deutschen Verschlüsselungstechnik eindringen konnten. Dies wurde höchste Zeit, denn ab 1935 wurde die Enigma bei der Firma Rudolf Heimsoth in großen Serien gefertigt. Wehrmacht, Auswärtiges Amt und SS nutzten das Gerät als Standartschlüsselmaschine bis zum Ende des Zweiten Weltkrieges. Doch auch hier galt: Kein Geheimnis ohne Verrat. Der Verräter hieß Schmidt. Hans-Thilo Schmidt wurde 1888 geboren. Im Ersten Weltkrieg diente er als Berufsoffizier. Danach versuchte sich der aus der Armee Entlassene als Unternehmer; doch er ging Pleite. Im Gegensatz zu vielen anderen Gescheiterten dieser Zeit fand er aufgrund familiärer Beziehungen eine Anstellung als ziviler Mitarbeiter beim Chiffrierdienst des Reichswehrministeriums. Die neue Stellung verschaffte ihm Kenntnisse, die sich bei jedem Geheimdienst in bare Münze umrubeln ließen. Schmidt diente sich mit Erfolg dem Deuxième Bureau an, dem französischen Militärgeheimdienst. Er bediente die Franzosen zwischen 1931 und 1938 mit allem, was ihm an Chiffriertem und Dechiffriertem in die Hände fiel. 1933 oder 1934 wechselte Schmidt vom Reichswehrministerium ins Forschungsamt über, also in die zentrale Abhördienststelle des Dritten Reichs. Auch dort setzte er seine Verratstätigkeit fort. Die Franzosen nahmen gern, was er lieferte, freuten sich an den vielen Geheimsachen und zahlten ihrem Agenten Asche, wie sie Schmidt nannten, in fester Währung, was dem Deutschen unvorstellbare Nebeneinkünfte einbrachte. Die Franzosen gaben sich mit dem Verratsmaterial zufrieden. Ein Erfahrungsaustausch mit den

Polen über die Misserfolge der Funkentschlüsselung ließen den polnischen Major Langer und seine Leute hellhörig werden. Sie fielen aus allen Wolken, als ihnen die Franzosen eher beiläufig mitteilten, sie hätten solche verschlüsselten Texte und auch etliche Klartexte dazu. Für Rejewski war das Material wie ein Weihnachtsgeschenk. Nach Jahren des Tüftelns lagen einige Klartexte aus der Enigmaverschlüsselung jetzt vor ihm. Er ging nun das Problem an, mit Hilfe der Nachbauten, die entsprechend seinen Angaben verändert wurden, das System der Enigma-Tagesschlüssel zu errechnen. Dass er in Einzelfällen Erfolg hatte, zeigte, wie nahe man der Lösung des Rätsels gekommen war. Man schrieb mittlerweile das Jahr 1939. Der polnische Militärgeheimdienst wurde, was die deutschen aggressiven Absichten anging, von bösen Ahnungen heimgesucht; auch die Schutzmächte Großbritannien und Frankreich mussten den Polen als Wackelkandidaten erscheinen, zumal jene der Zerschlagung der Tschechoslowakei durch das Deutsche Reich zugesehen hatten, ohne mit der Wimper zu zucken. In ihrer Verzweiflung entschlossen sich die Polen, die westlichen Verbündeten am größten ihrer Geheimdienstgeheimnisse teilhaben zu lassen. Im Sommer 1939, wenige Wochen vor dem deutschen Überfall auf Polen, luden Langer und Co. die Abhörspezialisten der beiden Verbündeten nach Warschau ein, präsentierten den Verblüfften die Existenz und die Funktionsweise der Enigma-Nachbauten. Sie taten noch ein Übriges: Sie verschenkten je ein Exemplar nach Frankreich und nach Großbritannien. Die beteiligten Franzosen und Briten werden vermutlich vor Staunen Mund und Nase aufgesperrt haben. Rasch packten sie die Beute zusammen und verschwanden per Flugzeug in ihre Heimatländer. Der Zweite Weltkrieg war da. Zwar brauchten die Briten noch etliche Zeit, um den Schatz der Polen endgültig zu heben, doch es gelang. Über die Züge und Winkelzüge, die das Geheimnis der Enigma im deutsch-russischen Krieg auslösen sollte, wird noch zu berichten sein. Auch werden wir uns von einigen lieb gewordenen Staragenten verabschieden müssen, die nichts weiter waren als fremdgesteuerte Narren.[1029]

Ein letztes Wort zum Schicksal von Langer und Rejewski. Marian Rejewski entkam aus dem zusammenbrechenden Polen über Rumänien und den Balkan nach Frankreich. Dort gehörte er als Funkfachmann mit dem Decknamen Pierre Rameau einem polnischen Untergrundnetz an, das nach Frankreichs Zusammenbruch den deutschen Besatzern, wo immer möglich, schadete. 1944 entkam er unter abenteuerlichen Umständen nach England. Von ihrem inzwischen auf Hochtouren betriebenen Ultra-Programm, der systematischen Enigma-Entschlüsselung, hielten die Briten den polnischen Flüchtling sorgsam fern. Er ahnte nicht, was aus seinem Geschenk geworden war, und wurde abseits der Zentrale vom Blechtley-Park mit nebensächlichen Entschlüsselungsfragen des SS-Funk-

verkehrs beschäftigt. Nach dem Krieg kehrte er am 20. September 1946 ins kommunistisch gewordene Polen zurück.[1030]
Bemerkenswert gestaltete sich auch das Schicksal seines Vorgesetzten, des Oberstleutnants Gwido Langer. Auch er geriet nach Frankreich. Als Charles Lange leitete er eine polnische Spionagegruppe mit dem Decknamen Wicher, von den Franzosen als Cadix bezeichnet. Nach der Besetzung von Vichy-Frankreich durch deutsche Truppen Ende 1942 versuchte Langer vergeblich, nach Spanien zu entkommen. Die Deutschen nahmen den vermeintlichen exilpolnischen französischen Offizier fest und überstellten ihn in ein Offiziersgefangenenlager nach Deutschland. Ab 1944 saß er im SS-Lager Schloss Eisenberg ein. Seine Bewacher ahnten nicht im Geringsten, wer ihnen in die Hände geraten war. Sie hielten Langer für einen der vielen unverbesserlichen polnischen Nationalisten, wie sie an allen Fronten des Weltkrieges vorzufinden waren. Es kann kaum einem Zweifel unterliegen, was Gestapo und SD angestellt hätten, um die Wahrheit aus Langer herauszuprügeln, hätten sie nur die geringste Ahnung von seiner Identität gehabt. Im Mai 1945 wurde er aus der Kriegsgefangenschaft befreit. Seine alten Verbindungen nutzend, ging er nach London, wo er 1946 offiziell demobilisiert wurde. Im Londoner Exil ist der 56-Jährige 1951 verstorben.[1031]
Dieser Vorgriff auf die polnischen Geheimdienstaktivitäten gegen das Deutsche Reich wirft ein grelles Licht auf die deutsche Spionageabwehr. Am Fall des polnischen Schürzenjäger-Agenten Georg Sosnowski lässt sich das leicht verdeutlichen. Als dieser im Frühjahr 1934 aufflog, wäre es mehr als dringend gewesen, sich um die Abteilung II des polnischen Generalstabs zu kümmern. Zwar war die Aufdeckung des polnischen Agenten und seiner deutschen Unteragentinnen ein hübscher Erfolg der Spionageabwehr des Fregattenkapitäns Protze mit seinen Gegenspionage-Aktivisten. Doch bei Lichte betrachtet hatte man Glück gehabt, dass eine der beteiligten Damen, die Tänzerin Lea Kruse, als Selbstanbieterin zur Abwehr übergelaufen war, bevor ihr Liebes- in ein Spionagegeschäft übergegangen war. So war der Ring von Sosnowski hochgegangen. An der Handhabung des Sosnowski-Falles lässt sich die gesamte Stümperhaftigkeit der später viel gelobten III F-Tätigkeit nacherzählen. Es gab nicht eine einzige gescheite Quelle im polnischen Militärgeheimdienst. Die für die Deutschen niederschmetternden Erfolge dieses Geheimdienstes hätten mit Macht danach verlangt. Völlig unbekannt blieb in Deutschland der Stand der Polen beim Knacken des Enigma-Schlüssels; die späteren Erfolge der Alliierten ab 1942 beruhen zu einem erheblichen Anteil auf diesen Grundlagen. Dabei hatte gerade der Sosnowski-Fall eine ganze Handvoll möglicher Doppelagenten wie auf dem Präsentierteller angeboten. Stattdessen entschied man sich für das Abräumen des Quartetts unter großem öffentlichem Tamtam. Dabei wäre es bitter nötig gewesen, den Sosnowski-Ring geheimdienst-

lich unter Kontrolle zu bringen und den Polen ein Gegenspiel aufzunötigen. Wir werden im Zusammenhang mit der Einnahme von Warschau auf dieses unbegreifliche Versäumnis zurückkommen. Stattdessen begnügte sich die Abwehr damit, die vermeintliche Doppelagentin Lea Kruse, die ihren Geliebten und dessen Ring zu Fall gebracht hatte, aus der Strafsache herauszuhalten. Der Kruse nützte das wenig. Kaum aus der U-Haft entlassen, steckte die Gestapo sie in ein KZ. Ihr weiteres Schicksal ist unbekannt.[1032]

Warum handelte der deutsche Militärgeheimdienst so kurzschlüssig? Der Grund hierfür ist ebenso einfach wie ärgerlich: Deutschlands amtliche Militär-Spione standen sich mit ihrem eigenen Ehrenkodex im Wege. Dieser verbot ihnen beispielsweise, Agenten zu beschäftigen, die in anderer Leuts Betten wühlten, korrupt waren und vor Gewalttaten nicht zurückschreckten. Der deutsche Agent sollte ehrlich, vaterlandsliebend und sexuell korrekt sein. Das Ausnutzen der Sexualität, insbesondere der im Spionagegeschäft besonders beliebten Homosexualität, war im Militärgeheimdienst unerwünscht. Der Einsatz von Huren zum Zwecke der Nachrichtengewinnung war durch Canaris ausdrücklich untersagt worden. Bemerkenswert zahlreich sind die Zeugnisse von ehemaligen Abwehrleuten, die sich über die unmoralischen Methoden des Sicherheitsdienstes der SS und anderer Geheimdienste empörten. Mit dem Beginn des Zweiten Weltkrieges lockerten sich diese Vorstellungen allerdings erheblich.[1033]

So viel zunächst zur Abwehr. Doch blicken wir noch einmal zu den Anfängen des sich etablierenden NS-Regimes zurück. Die militärische Abwehr war bei weitem nicht die einzige Stelle des Dritten Reichs, die ihre geheimdienstlichen Fäden ins Ausland spann. Eine ganze Reihe von staatlichen und Partei-Organisationen wetteiferten mit dem militärischen Spionageapparat um die Gunst ihres Führers. Da war beispielsweise das Auswärtige Amt, das alsbald zu alten Gepflogenheiten zurückkehrte und die operative auswärtige Politik des Reichs mit Mitteln aus dem Geheimdienstgenre garnierte. Daneben gab es das Außenpolitische Amt der NSDAP, das gegenüber allen seinen Mitbewerbern eine subversive Politik betrieb. Da war die Auslandsorganisation der NSDAP, die sich nicht nur als organisatorisches Dach aller im Ausland lebenden national denkenden Deutschen verstanden wissen wollte, sondern auch einen eigenen Zuträgerdienst unterhielt. Als dritte Parteidienststelle schließlich gab es den SD-Ausland als einen Organisationsteil im Sicherheitsdienst des Reichsführers SS.[1034]

Werfen wir einen kurzen Blick auf den SD, den Canaris'schen Hauptkonkurrenten. Über die Gründung des SD als eine Art I c-Dienst durch den Oberleutnant a.D. Reinhard Heydrich im Jahre 1931 wurde schon berichtet. Heydrich war so etwas wie ein machtpolitischer Allesfresser. Nichts und niemand war ihm heilig, wenn es um das Ausleben seines kaum zu zügelnden Machttriebes ging. Freund

und Feind waren ihm im Grunde gleichgültig. Er sah sich als emotionsloser Vollstrecker eines unantastbaren Führerwillens. Eins allerdings beachtete er genau: Dem Führer der NSDAP und des deutschen Reiches ordnete er sich bedenken- und bedingungslos unter. An seiner Gefolgschaftstreue ließ er keinen Zweifel aufkommen. Mit geringfügigen Einschränkungen galt diese Selbstunterstellung auch gegenüber dem Reichsführer SS, Heinrich Himmler, dessen Portrait er in seinem Dienstzimmer aufzuhängen pflegte. Heydrich wusste nur zu genau, dass er im Organisationsgefüge des Dritten Reichs ohne Himmler ein Niemand war. Ob er heimlich Gedankenspiele anstellte, wie es ohne den Reichsheini aussehen könnte, kann man bestenfalls spekulieren. Jedenfalls ist deutlich, dass Heydrich gegen Ende seiner kometenhaften Karriere, die ihn zum Multifunktionär des Dritten Reichs hatte emporkommen lassen, darauf achtete, Dienststellungen zu ergattern, die ihn zum unmittelbaren Untergebenen seines Führers machten. Sein letztes (zusätzliches) Amt eines Stellvertretenden Reichsprotektors von Böhmen und Mähren war ein deutlicher Schritt in diese Richtung. Doch auch als der Herr auf dem Hradschin von Prag achtete er sorgfältig darauf, dass er den Tschechen in der Uniform eines SS-Obergruppenführers entgegentrat. Das wies ihn deutlich als Spitzenrepräsentanten aus dem Reich des Heinrich Himmler aus.[1035]

Der Weg des SD vom kaum wahrnehmbaren Parteiheimdienst des Jahres 1931 zum Machtfaktor des Dritten Reichs verlief keineswegs gradlinig. Er war eng verknüpft mit den Karrieresprüngen des Reichsführers SS Heinrich Himmler und seines wichtigsten Hintersassen Reinhard Heydrich. Zunächst war der SD nichts anderes als das Trittbrett, um den Weg des Duos in der NS-Hierarchie durch Intrigen zu ebnen. Mit Machtinstinkt und mit Fleiß wussten sich Himmler und Heydrich Machtpositionen in der NSDAP und im Staatsapparat Stück um Stück anzueignen. Zum Grausen deutscher Bürokraten gingen sie daran, die Unterscheidung von Staatsapparat und Parteiapparat zunehmend zu verwischen. Dies brachte den Beteiligten den Vorteil, von den wenig lukrativen Parteigehältern auf Beamtenbezüge umsteigen zu können. Die Zwitterstellung ermöglichte es zudem, je nach Bedarf mal den Parteimann, mal den Staatsfunktionär herauskehren zu können. Die Startposition war das Münchener Polizeipräsidium gewesen. Dem war zielstrebig der Zugriff auf die Behörden der politischen Polizei in den anderen Ländern gefolgt. Die Röhm-Intrige hatte die Emanzipation der SS von der SA gebracht. Zwei Jahre später, am 17. Juni 1936 wurde Himmler durch seinen Führer mit dem kombinierten Amt eines Reichsführers SS und Chefs der Deutschen Polizei belehnt. Auch für Heydrich bedeutete die Rangerhöhung seines SS-Chefs eine beträchtliche Steigerung von Macht und Einfluss. Denn mit diesem Vorgang, der so genannten Verreichlichung der Polizei, ging deren organisatorische Zweiteilung in eine Sicherheits- und eine Ordnungspolizei Hand in

Hand. Die Sicherheitspolizei führte unter ihrem Dach die Sparten politische Polizei, also die Gestapo, und die Kriminalpolizei. Chef der Sicherheitspolizei wurde Reinhard Heydrich. Er nannte sich fortan, unter Hinzufügung seiner Parteidienststellung, Chef der Sicherheitspolizei und des SD – behördenintern abgekürzt mit C (= Chef), eine Bezeichnung, die ihm der quicke Walter Schellenberg aufgeschwätzt haben dürfte. Sie war vom britischen Auslandsdienst MI 6 abgekupfert; dort benutzen die Chefs das C in Anlehnung an die Initiale des ersten Amtsinhabers im Ersten Weltkrieg, Sir Mansfield Cumming.[1036]

Unter der Leitung von Heydrich agierten also zwei höchst unterschiedliche Organisationen, deren Zweck die so genannte Gegnerbekämpfung war: Die Gestapo war und blieb ein typisches Polizeiorgan mit durchweg alten Polizisten in ihren Führungspositionen. Daneben stand der Parteigeheimdienst SD ohne festgeschriebene Exekutivbefugnisse und mit einem höchst eigenwilligen Führerkorps. Das waren zum Beispiel der Doktor juris Werner Best, Jahrgang 1903, der Jurist Otto Ohlendorf, Jahrgang 1907, der Jurist Heinz Jost, Jahrgang 1904, der Jurist Walter Schellenberg, Jahrgang 1910, und der Professor für politische Wissenschaften Franz Alfred Six, Jahrgang 1909. Alle diese SD-Führer waren erst nach der Jahrhundertwende geboren, sie hatten eine akademische Ausbildung durchlaufen und waren früh zur NSDAP gestoßen. Die ungewöhnlich gebildete Führungsschicht des SD war indessen keineswegs der Garant dafür, dass in der Organisation eine Art wohlsituierter Bürgerlichkeit Einzug hielt, vielmehr ist das Gegenteil zutreffend. Der SD wurde so etwas wie die Avantgarde der Rücksichtslosigkeit. Die Bedenkenlosigkeit, mit der Mordaufträge und später der Massenmord in den besetzten Gebieten durchgeführt wurden, dürfte ihresgleichen suchen. Der SD erhielt bald nach der Machtergreifung das parteiliche Monopol, Nachrichtendienst im Reichsgebiet zu betreiben; doch nach der Übernahme der Gestapo durch Himmler und Heydrich wurde dieses Privileg schleichend gegenstandslos. In der Konkurrenz zwischen politischer Polizei und Sicherheitsdienst gewann die Gestapo die Oberhand. Hieran änderte sich bis zum Ende des Dritten Reichs nichts mehr. Allerdings gilt diese Feststellung nicht für den Auslandsnachrichtendienst des SD, der während des Krieges einen derartig rasanten Aufschwung nahm, dass er sogar das militärische Amt Ausland/Abwehr verdrängen und schließlich schlucken konnte.[1037]

Die ungeheure Machtfülle, die den Handlangern Hitlers durch die Konzentration der Polizeigewalt in einer Hand zugefallen war, genügte weder Himmler noch Heydrich. Dabei waren ihre Interessen durchaus unterschiedlich. Himmler erstrebte eine Art Staat im Staate, den er mit seinem schwarzen SS-Orden zu dominieren gedachte. Heydrichs Bestreben war gegenständlicher: Er wollte die gesamte polizeiliche und geheimdienstliche Macht im Dritten Reich unter seine

Kontrolle bringen. Auf seinem Weg zur konspirativen Allmacht standen Heydrich zwei mächtige Konkurrenten im Wege: das militärische Amt Ausland/Abwehr und das Forschungsamt, die Abhörzentrale des Dritten Reichs. Die Abwehrabteilung des Reichswehrministeriums, das spätere Amt Ausland/Abwehr des Oberkommandos der Wehrmacht, war für Himmlers SS auf Jahre hinaus tabu, zumindest solange Hitler zur Konsolidierung seiner Macht keinerlei ernst zu nehmende Konflikte mit der militärischen Führung riskieren konnte. Himmler war nicht der Mann, der sich dem Willen seines Führers widersetzte. Ihm genügte es, dass er im Zuge des Röhm-Putsches einen verdeckten Kurs zur Bewaffnung der SS neben der offiziell einzigen bewaffneten Macht hatte einschlagen können. Bestrebungen seines Untergebenen Heydrich wusste er zu zügeln, wenn dieser allzu offensichtlich in das Reich des Wilhelm Canaris hineinzuregieren gedachte. Diese Manöver sind einer kurzen Betrachtung wert. Wir erinnern uns, dass Canaris zum Anfang des Jahres 1935 sein Amt als militärischer Geheimdienstchef übernommen hatte, nachdem sein Vorgänger Conrad Patzig infolge der Illoyalität seines Vorgesetzten, des Reichswehrministers Werner von Blomberg, seinen Stuhl hatte räumen müssen. Canaris hatte die Auseinandersetzung mit Heydrich eher auf die leichte Schulter genommen. Bereits nach kürzester Frist trafen sich die Herren zu einem Kameradschaftsabend. Diesen Auftakt wusste Heydrich zu nutzen, um sich an dem undurchsichtigen Canaris vorbei seine eigenen Quellen in der Abwehr zu schaffen. Hier bot sich förmlich an, den ohnedies zwischen Gestapo und Abwehr III bei der Spionageabwehr notwendigen dienstlichen Kontakt ein wenig aufzubohren. Dem Leiter von Abwehr III, dem ehrgeizigen Rudolf Bamler, kam dergleichen gelegen. Zum Bridge bei den Heydrichs geladen, schwatzte er munter die Interna der Abwehr aus. Sein Mitteilungsdrang war ganz natürlich, denn nur zu gerne öffnen sich bei den zum Schweigen verpflichteten Geheimdienstlern die Schleusen der Beredsamkeit, wenn sie ein befugt lauschendes Ohr vor sich wähnen. Bei Bamler kam hinzu, dass er als Leiter des eigentlichen Abwehrapparats innerhalb des Militärgeheimdienstes nicht ohne Grund annehmen musste, dass er in seiner Behörde bestenfalls die zweite Geige spielte. Weit vor ihm in der Wertschätzung seines Chefs Canaris rangierte die aktive Spionage, der Geheime Meldedienst. Bamler ging sogar so weit, 1937 in einer Denkschrift über das Kaltstellen seines Chefs zu philosophieren. Es mag durchaus sein, dass der Inspirator dieser Zeilen Reinhard Heydrich war; zumindest aber wird er sich die Hände gerieben haben.[1038]

Knapp zwei Jahre nach Canaris' Amtsantritt wurden förmliche Absprachen über die Abgrenzung der Behördenzweige getroffen – die zehn Gebote. Hiernach waren Abwehr-Aktivitäten der Heydrich-Truppe innerhalb der Wehrmacht tabu. Eine gewisse Zweigleisigkeit bestand lediglich bei der Auslandsspionage. Allerdings war es keineswegs so, wie später von Seiten ehemaliger Abwehrangehöriger behauptet worden ist, dass das militärische Amt Ausland/Abwehr fürderhin auf das Gebiet der Militärspionage beschränkt worden war. Vielmehr ist das Gegenteil zutreffend: Die Militärs waren und blieben auch für die politische und die Wirtschaftsspionage zuständig. Das ergibt sich ganz unzweifelhaft aus einer entsprechenden Dienstanweisung des Oberkommandos der Wehrmacht vom Beginn des Zweiten Weltkrieges. Alles andere ist eine Zwecklüge, mit der später die Legende der angeblich unpolitischen, rein militärischen Abwehr gestrickt worden ist. Die Zerschlagung der Abwehr sollte Heydrich nicht mehr erleben. Als er im Jahre 1942 ermordet wurde, war er seinem Ziel bereits sehr nahe gerückt; sein Untergebener Schellenberg vollendete zwei Jahre später den Traum von C.[1039]

Auch der andere große Nachrichtendienst, das Forschungsamt, blieb Ziel ständiger Begehrlichkeiten des SD-Chefs. Nach dem fast mühelosen Sieg, den Himmler und Heydrich im Frühjahr 1934 in Sachen Gestapo über den preußischen Ministerpräsidenten Göring erfochten hatten, mochten sie glauben, dass ihnen auch die Abhörzentrale zufallen werde. Doch da irrten sie gewaltig. Göring hatte Heydrich bereits ab Juni 1933 überwachen lassen. Ihm kann also nicht verborgen geblieben sein, was die SS-Strategen in dieser frühen Phase des Dritten Reichs planten, um die politische Polizei reichsweit unter ihre Kontrolle zu bringen. Wie lange Göring diese spezielle Überwachung fortsetzte, ist nicht mehr rekonstruierbar. Jedenfalls hielt er an diesem einmaligen persönlichen Machtinstrument unbeirrt fest und verschob die Behörde, als sich mit der Gleichschaltung der Länder die Frage ihrer Unterstellung neu hätte stellen können, stillschweigend ins Reichsluftfahrtministerium. Dort blieb sie organisatorisch bis zum Kriegsende. Heydrich und seine Leute mussten sich damit begnügen, Intrigen gegen die leitenden Mitarbeiter des Amtes zu spinnen, um im wahrsten Sinne des Wortes ein Bein in die Tür zu bringen. Beim ersten Leiter der Behörde, dem vormaligen Marineoffizier und Chiffrierspezialisten Hans Schimpf, bahnte sich ein schneller Erfolg an. Heydrichs SD fand heraus, dass der muntere Mariner eine Ehe zu dritt führte. Das galt als untragbar. Doch das Kompromat, wie Geheimdienstler ein Erpressungsmittel zu nennen pflegen, führte nicht zum gewünschten Erfolg. Schimpf erschoss erst seine Geliebte und dann sich selber am 11. April 1935 in einem Breslauer Hotel.[1040]

Nachfolger an der Spitze des Forschungsamtes wurde Prinz Christoph von Hessen. Dieser Vorzeigenazi und SD-Mann war aus der Sicht des Reichsführers SS und seines Untergebenen Heydrich eine denkbar gute Wahl. Doch beide sollten sich täuschen. Der Hessenprinz dachte nicht daran, seinen Vorleuten in der SS heimlich zuzuarbeiten. Als sie das bemerkten, eröffneten sie auch gegen ihn einen zermürbenden Kleinkrieg. Mit Kriegsausbruch im September 1939 gab Hessen ebenso entnervt wie erleichtert auf und meldete sich als Reserveoffizier bei Görings Luftwaffe. Vier Jahre später, am 7. Oktober 1943, stürzte er bei einem Flug in Italien ab. Alsbald machten Sabotagegerüchte die Runde. Bereits nach dem Einrücken des Prinzen zur Luftwaffe hatte sein Vertreter Gottfried Schapper die Geschäfte der Mammutbehörde übernommen, die zu diesem Zeitpunkt auf einen Mitarbeiterstamm von 6000 Personen angewachsen war. Nach dem Tod von Hessens wurde Schapper zum Ministerialdirektor ernannt und endgültig zum Leiter des Forschungsamtes berufen. Er stand der Behörde bis zu ihrer Auflösung im Mai 1945 vor. Selbstredend endeten Heydrichs Bemühungen, das Forschungsamt unter seine Kontrolle zu bringen, auch nicht nach dem nominellen Behördenleiterwechsel bei Kriegsbeginn. Wie schon bei der Abwehr erwähnt, war für den Mai 1942 eine grundlegende Konferenz nach Prag einberufen worden. Deren Ziel sollte es sein, die nachrichtendienstlichen Aktivitäten des Reichs endgültig beim Chef des SD zu konzentrieren. Das Attentat auf Heydrich am 27. Mai 1942 beendete diese Aktivitäten.[1041]

Die Große Säuberung.
Stalins Feldzug gegen die Bolschewistische Partei und gegen das Volk

Am Anfang stand ein Mord. Das Opfer war der Genosse Sergej Kirow, der am 1. Dezember 1934 tot im Smolny in Leningrad lag. Wir erinnern uns, das ehemalige Mädchenpensionat war im Herbst 1917 die Versammlungsstätte der Bolschewiki gewesen. Von hier aus hatten Lenin und die Seinen die Flamme der Weltrevolution in das eigene Land getragen. Im Frühjahr 1918 allerdings war man aus Furcht vor einer Besetzung Petrograds durch deutsche Truppen mit der Regierung der Volkskommissare und dem Zentralkomitee der Kommunistischen Partei Russlands (Bolschewiki) nach Moskau ausgewichen. Jetzt, 1934, residierte im Smolny der in dieser Gegend allmächtige Gebietssowjet der KPR(B). An seiner Spitze hatte der Ermordete als dessen Sekretär gestanden. Er war zudem Mitglied des Politbüros der Allrussischen Bolschewiki. Nun lag er tot auf dem Teppich des Vorzimmers. Er war mit einem Nagant-Revolver erschossen worden. Das war ein starkes Stück. Der Smolny war scharf bewacht, und ohne Erlaubnisschein konnte ihn niemand betreten, denn die seit anderthalb Jahrzehnten herrschenden Bolschewiki wussten sehr wohl, dass sie ihre Spitzenfunktionäre vor dem Volk schützen mussten. Der Tod des leitenden Genossen offenbarte, dass es möglich war, an einem Repräsentanten der Arbeiter- und Bauerndiktatur ein solches Verbrechen zu begehen. Das war schwierig zu erklären in einem Land, in dem es nach der

Propagandaform von zufriedenen Menschen nur so wimmelte und das sich anschickte, den Sozialismus auf Erden zu verwirklichen. So war die Tat Anlass genug, dass sich der Führer der Sowjetunion, der Genosse Josef Stalin, unverzüglich auf den Weg machte, um höchstselbst die Untersuchung zu leiten. Wie nicht anders zu erwarten, wurde der Schuldige alsbald dem Volke präsentiert. Der Genosse Stalin hatte erwartungsgemäß ganze Arbeit geleistet; er selbst hatte die Vernehmung durchgeführt. Jetzt lag ein Geständnis vor, und man hätte zur Tagesordnung übergehen können. Doch ganz so einfach lagen die Dinge nicht.[1042]

Der Täter, der dem empörten Volk präsentiert wurde, hieß Leonid Nikolajew. Bis hierhin stimmen alle Schilderungen nahezu überein. Doch alles andere muss man mit mehr als einem Fragezeichen versehen. Eine Version der Geschichte ging so: Nikolajew war ein kleiner Funktionär der Kommunistischen Partei in Leningrad gewesen. Er war mit einer Jüdin, Milda Draule, verheiratet. Diese verwendete sich für ihren Ehemann, als er wegen einer Streiterei aus der Partei flog. Ansprechpartner der attraktiven Milda war der allmächtige Parteichef Kirow, der die Petentin so ansprechend fand, dass der Mann wieder in die Partei und die Frau in sein Bett aufgenommen wurde. Deshalb erschoss der eifersüchtige Ehemann den Liebhaber. Eine schöne Geschichte. Doch sie stimmt nicht. Jedenfalls nicht ganz, sie hat einige Unstimmigkeiten, mit denen wir uns beschäftigen werden, wenn wir einen Ausflug in die Welt unternommen haben, aus der die Geschichte stammt – das ist die Welt des NKWD. Richtig ist, dass nach dem Mord ein Untersuchungsauftrag an die NKWD-Zentrale in Moskau erging, den Fall des Genossen Kirow zu untersuchen; zuständig war eine Genossin mit Namen Emma Kaganowa in der Geheimen Politischen Abteilung – also jener Arbeitseinheit, die im Bedarfsfalle gegen die Mitglieder der KPR(B) zu ermitteln hatte.[1043]

Das NKWD war seit dem 10. Juli 1934 die Staatssicherheitsbehörde der Sowjetunion. Vorher war das die OGPU gewesen. Der Tod von deren Leiter Wjatscheslaw Menschinski hatte die Umgliederung ausgelöst. Im NKWD, dem Volkskommissariat des Innern, wurde nun die Staatssicherheit als Hauptverwaltung unter dem Kürzel GUGB fortgeführt. Vermutungen, die erneute Umgliederung bzw. Umbenennung der ehemaligen Tscheka habe die Gesetzlichkeit der Behörde steigern helfen sollen, entbehren jeglicher Grundlage. Vielmehr war es umgekehrt. Stalin fühlte sich 1934 bereits so unumstritten und sicher, dass er es wagen konnte, die Staatssicherheit, sein eigentliches operatives Herrschaftsinstrument, aus der direkten Unterstellung unter die Herrschaft der Partei herauszulösen und formal dem Rat der Volkskommissare, also der Regierung der Sowjetunion, zu unterstellen.[1044]

Nachfolger des verstorbenen OGPU-Chefs Menschinski als Leiter der Staatssicherheit und zugleich Volkskommissar des NKWD wurde Genrich Jagoda. Der

Geheimdienstmann hatte seine politische Karriere 1906 15-jährig als Anarcho-kommunist begonnen. Nach dem Militärdienst in der zaristischen Armee während des Ersten Weltkrieges trat er 1917 den Bolschewiki bei. 1920 begann er bei der Tscheka. Dort ging es mit der Karriere steil bergan; schon 1923 bekleidete er die Funktion eines Ersten Stellvertretenden Leiters der Staatssicherheit; das war noch zu Zeiten von Felix Dsershinski. Unter dem Nachfolger Menschinski diente er in gleicher Funktion weiter. Nach dessen Tod war für ihn der Weg zur Spitze frei; seit dem 26. November 1935 durfte er sich zudem mit dem Titel eines Generalkommissars des NKWD schmücken. Ohne vorzugreifen, soll erwähnt werden, dass die Karriere von Jagoda am 26. September 1936 einen deutlichen Dämpfer erhielt, als Stalin ihn abberufen und zum Kommissar für das Fernmeldewesen degradieren ließ. Die Freude über den etwas stilleren Regierungsposten dauerte nur ein halbes Jahr. Am 28. März 1937 erfolgte die endgültige Absetzung, und der 13. März 1938 ist der Todestag. Jagoda wurde nach dem Dritten Moskauer Schauprozess gegen Rykow, Bucharin und andere erschossen.[1045]

Ende des Jahres 1934 konnte noch niemand in der von Jagoda befehligten Staatssicherheitsbehörde ahnen, dass es alsbald üblich werden würde, die leitenden Funktionäre des NKWD-Apparats durch Genickschuss zu erledigen. Jetzt ging es um die Aufklärung des Kirow-Mordes und um die Erforschung der Frage, was Kirow auf dem Kerbholz gehabt hatte, um seine Ermordung erklärbar zu machen. Da erlebten die NKWD-Ermittler eine Überraschung. Der Genosse Kirow hatte seine Dienststellung in der einstigen Metropole des russischen Reichs gut zu nutzen verstanden. Anknüpfend an zaristische Traditionen war er ein Liebhaber des Balletts geworden. Man könnte es auch etwas schärfer formulieren: Er war ein starker Frequenteur der Balletteusen geworden. Ein Schelm des realen Lebens hat später das Leningrader Ballett auf den Namen des Ermordeten getauft: Kirow-Ballett. Den Ermittlern aus Moskau erschien dies alles wider die sozialistische Moral. Als sie dann noch auf die Liebesgeschichte mit der Ehefrau des Ermordeten stießen, war das zu viel des Guten. Deshalb wurde die Sache beerdigt, denn der Volksheld Kirow sollte ein Volksheld bleiben, vorerst wenigstens. So verschwand die sorgsam recherchierte Geschichte mit dem Mord im Beischlafmilieu in den Akten und kam erst Jahrzehnte später ans Licht. Nunmehr sollte sie zur Verschleierung für einen Sachverhalt dienen, der sich entscheidend anders abgespielt hatte.[1046]

Im Sommer 1934 beauftragte Stalin den soeben berufenen neuen NKWD-Chef Genrich Jagoda, den ihm lästig werdenden Rivalen aus Leningrad zu beseitigen. Das bedeutete einen Mordauftrag. Stalins Idee, zu diesem Mittel zu greifen, soll er nach der Meinung vieler aus dem Agieren Hitlers im Röhm-Putsch gewonnen haben. Die Anstiftung Jagodas war nur dann risikolos, wenn Stalin ein probates Druckmittel gegen den Geheimdienstmann in der Hand hielt. Das war der Fall. Vier Jahre zuvor hatte der Jagoda-Stellvertreter in der OGPU, Michail Trilisser, Material zur Belastung seines Vorgesetzten gesammelt. Trilisser, der seit 1929 die Funktion eines Leiters der INO, also der Auslandsspionage, innehatte, war fündig geworden. Der revolutionäre Lebenslauf Jagodas stimmte nicht mit den von ihm gemachten Angaben überein; von besonderer Bedeutung war zweifellos der Verdacht einer Zusammenarbeit mit der zaristischen Ochrana. Ob Trilisser in eigenem oder fremdem Auftrag seinen Vorgesetzten ausspähte, ist unklar, tut aber wegen des Ergebnisses nichts zur Sache. Denn Trilisser informierte Stalin über seinen Fund, der ihn zur Kenntnis nahm und sich nicht weiter dazu verbreitete. Noch im selben Jahr wurde Trilisser abgelöst und auf den Posten eines stellvertretenden Volkskommissars der Arbeiter- und Bauerninspektion in der Russischen Sozialistischen Föderativen Sowjetrepublik abgeschoben. 1935 tauchte er unter dem Namen Michail Moskwin noch einmal aus der Versenkung auf, als er im Präsidium der Komintern deren Nachrichtenapparat OMS reorganisieren sollte. Das tat er bis zu seiner Verhaftung am 23. November 1938; Anfang 1940 wurde er erschossen.[1047]

Jagoda bediente sich zur Umsetzung des Mordbefehls eines Mitarbeiters aus Leningrad. Das war der dortige stellvertretende NKWD-Vorsitzende Iwan Saporoschez. Der 39-Jährige war ein altgedienter Geheimdienstmann. 1915 zur zaristischen Armee eingezogen, war er noch im selben Jahr an der russischen Westfront zur österreich-ungarischen Armee desertiert. 1918 kehrte er aus der Kriegsgefangenschaft nach Russland zurück. Bis 1921 diente er als Parteiarbeiter in der Ukraine, dann wechselte er zum Militärgeheimdienst GRU, der ihn zu Agenteneinsätzen nach Polen und Österreich entsandte. Nach seiner Rückkehr wurde er von der INO übernommen, die ihn, als Angehörigen der Botschaft getarnt, 1923/24 in

Berlin und sodann bis 1927 in Wien einsetzte. Nun folgten die Karriereschritte in rascher Folge: 1930 stellvertretender Leiter der Informationsabteilung der INO, stellvertretender Chef der Geheimen Politischen Verwaltung der OGPU und, bereits 1931, stellvertretender Vorsitzender des NKWD im Bezirk Leningrad.[1048] Saporoschez sorgte für die praktische Umsetzung des Mordauftrages, indem er den entgleisten Parteimann Nikolajew anwarb und bewaffnete und dafür sorgte, dass im entscheidenden Augenblick der Parteisekretär Kirow unbewacht blieb.

Das galt sowohl für den Abzug des persönlichen Leibwächters als auch für die vorübergehende Entfernung des Sicherheitspersonals auf dem Büroflur des Parteisekretärs. So konnte die Tat geschehen. Sie blieb ungesühnt und unaufgedeckt, wenn auch sehr bald die absonderlichsten Versionen von der Sowjetführung in Umlauf gebracht worden sind, wer hinter dem Verbrechen gesteckt habe. Mal war es Sinowjew, mal Trotzki, mal Bucharin und schließlich Jagoda. Klar war nur, dass es eine Verschwörung von Abweichlern gewesen war, die sich auf diesem Wege des angeblichen Stalin-Gefolgsmannes entledigen wollte. Dabei wäre die Wahrheit um Haaresbreite in aller Öffentlichkeit erörtert worden. Anlass war der Schauprozess gegen den Block der Rechten und Trotzkisten im Jahre 1938. Einer der Mitangeklagten war der entmachtete ehemalige Geheimdienstchef Genrich Jagoda. Beim öffentlichen Verhör von Jagoda zum Thema Kirow-Mord wäre dem Chefstaatsanwalt der UdSSR, Andrej Wyschinski, beinahe ein schwerer Schnitzer unterlaufen, vor dem ihn zu seinem Glück der Angeklagte selbst bewahrte. So klingt der Dialog im Protokoll der Gerichtssitzung:

Jagoda: Ich erteilte Instruktionen ...

Wyschinski: Wem?

Jagoda: Saporoschez in Leningrad. Aber ganz so war es nicht ...

Wyschinski: Darüber sprechen wir noch später. Jetzt möchte ich wissen, welche Rolle Rykow und Bucharin bei dieser abscheulichen Tat gespielt haben.

Jagoda: Ich erteilte Saporoschez Instruktionen. Als Nikolajew festgenommen wurde ...

Wyschinski: In dessen Aktentasche ...

Jagoda: ... ein Revolver und ein Tagebuch waren. Und er wurde wieder von ihm freigelassen.

Wyschinski: Und Sie haben es gebilligt?

Jagoda: Ich habe nur die Tatsache zur Kenntnis genommen.

Wyschinski: Und dann erteilten Sie Instruktionen, dem Mörder von Sergej Mironowitsch Kirow keine Hindernisse in den Weg zu legen?

Jagoda: Ja, das habe ich gemacht ... Aber so war es nicht.

Wyschinski: Auf etwas andere Weise?

Jagoda: Es war nicht so, aber das ist ohne Bedeutung.[1049]

Mit dem weiteren Ablauf der Kirow-Sache lassen sich Bände füllen. Noch im Dezember 1934 wurde das Weißgardistische Zentrum erfunden, dessen angebliche Mitglieder nach kurzen Geheimprozessen in Moskau, Leningrad und Kiew hingerichtet wurden. Ohne erkennbaren Zusammenhang kam Mitte Dezember die angebliche Aufdeckung eines Leningrader und eines Moskauer Zentrums hinzu. Beide sollten ebenfalls für den Kirow-Mord die Verantwortung tragen. Das eigentlich Neue an diesen Verfahren war, dass die angeblichen Verschwörer mitnichten antisowjetische Konterrevolutionäre waren, sondern Mitglieder der Kommunistischen Partei. Sie wurden bereits im Januar 1935 abgeurteilt in einem Geheimprozess, der angeblich zu Tage förderte, dass hinter diesen Zentren die Spitzenfunktionäre Kamenew und Sinowjew steckten, die daraufhin verhaftet und verhört wurden. Doch weder Kamenew noch Sinowjew waren bereit, sich öffentlich als Anstifter des Mordes zu bekennen. Sie krochen nach kommunistisch bewährter Methode zu Kreuze, indem sie zuzugeben bereit waren, dass ihr oppositioneller Geist andere angesteckt haben könnte, wofür sie in einem Schauprozess die Verantwortung übernahmen. Ihnen und ihren Mitangeklagten aus der Partei wurden daraufhin mehrjährige Freiheitsstrafen auferlegt.[1050]

Etwas anders sah es mit den involvierten NKWD-Funktionären aus. Sie erhielten zwei- oder dreijährige Haftstrafen, die in Sibirien abzubüßen waren – und zwar wegen mangelnder Wachsamkeit. Erstaunlicherweise traten sie ihren Weg in die Gefangenschaft in einem Salonwagen des NKWD an. Der Mordorganisator Saporoschez wurde zuvor noch mehrfach von Jagoda empfangen. Alles verlief nach dem Motto, die Beteiligten von der Moskauer und der Leningrader Bühne zu entfernen und Gras über die Sache wachsen zu lassen. Saporoschez und den anderen NKWD-Leuten nutzte die momentane Milde letztlich nichts. Sie wurden im Verlaufe der nächsten Jahre liquidiert. Saporoschez, der 1936 aus der Haft freikam, wurde am 18. August 1937 erschossen. Im Jahr darauf beim Prozess gegen seinen ehemaligen Vorgesetzten Jagoda behauptete der Staatsanwalt Wyschinski, Saporoschez sei zur Zeit nicht vorzuführen, da gerade ein anderes unaufschiebbares Verfahren gegen ihn liefe – so kann man das auch ausdrücken.[1051]

Der Kirow-Mord diente der Beseitigung eines vermeintlichen Stalin-Konkurrenten. Er wurde zum Auftakt dessen, was in die sowjetischen Geschichtswerke als die *Große Säuberung* eingegangen ist. Der Ausdruck ist ein hübsches Beispiel für die bolschewistische Umwidmung der Begriffe. Denn so wurde ein Verbrechen mit einem netten, einem positiven Terminus versehen, der noch heute in Gebrauch ist. Aus dieser Periode der bolschewistischen Herrschaft sollen uns einige ausgewählte Aspekte beschäftigen. Wir werden der Frage nachzugehen haben, wie die Organisierung eines solchen Massenverbrechens möglich war. Wir werden auf Seiten der Täter und Opfer die Involvierung der deutschen Kommunisten, die

Zerschlagung der Armeeführung und die Dezimierung der sowjetischen Geheimdienste einer näheren Betrachtung unterziehen.

Perpetuum mobile 1.
Die Große Säuberung als Problem der großen Zahl

Die Zahl der Opfer aus der Zeit der Großen Säuberung wird auf 800 000 Personen geschätzt. Andere Quellen sprechen von sechs Millionen Verhaftungen, drei Millionen Tote durch Hinrichtungen und zwei Millionen Tote in den Lagern, wieder andere nennen 19,4 Millionen Verhaftungen und sieben Millionen Tote. Das braucht nicht vertieft zu werden. Alle einschlägigen persönlichen Aufzeichnungen vermelden, dass es eine Zeit tiefster Verunsicherung und quälender Isolation war, in der einer dem anderen misstraute, jeder darauf achtete, durch keinerlei unnötige Äußerung aufzufallen. Die Furcht lastete in den Morgenstunden, wenn die Zeit der Festnahmen herannahte, besonders intensiv auf den Menschen.[1052]
Wer war es, der hier einen unbegreiflichen Willen exekutierte, und wie kam die Auswahl der Opfer zustande? Es ist immer wieder betont worden, dass die Entscheidung über Fortleben oder Ruin im Kreml getroffen wurde, und zwar von Stalin höchstpersönlich. Daran ist mindestens so viel richtig, dass ohne den Willen Stalins die Große Säuberung nicht möglich gewesen wäre. Sicher ist auch zutreffend, dass er allein in einer Vielzahl von Fällen die Entscheidung über Tod oder Leben traf. Doch bereits die riesige Zahl der Opfer zeigt, dass das so nicht ganz richtig sein kann. Teilt man die kleinste angenommene Zahl der Opfer, also 800 000, durch die Anzahl der Tage von den vier Jahren, in denen die Große Säuberung in etwa stattfand, so kommt man auf über 500 Entscheidungen pro Tag. Das zeigt bereits, dass die Alleinverantwortung von Stalin eine Legende ist, eine bequeme Ausrede, hinter der sich ungezählte Mittäter später versteckt haben. Denn selbst wenn es stimmt, dass ihm alle Verhaftungs- und Liquidierungslisten vorzulegen waren, bleibt die Unmöglichkeit, dass er bei der Vielzahl der Personen wissen konnte, wer sich hinter den Namen verbarg. Es waltete also ein gigantisches Heer von Zuträgern, Denunzianten, Vernehmern, Bewachern, Folterern, Anklägern, Richtern, Aktenbearbeitern, Henkern, Leichenbestattern, die das Heer von Opfern bürokratisch und physisch zu bearbeiten hatten. Sie funktionierten offenbar mustergültig.
Es bedurfte einer Initialzündung, um den ganzen Apparat in Bewegung zu setzen, dann allerdings lief er wie von selbst. Die Initialzündung bildeten Kampagnen, die vor allem an die Mitglieder der Kommunistischen Partei gerichtet waren. In diesen wurden sie zu äußerster Wachsamkeit aufgerufen. Sie hatten jeden zu melden, der sich verdächtig gemacht hatte. Wessen verdächtig? Nun, das bestimmte der

Inhalt der Kampagne. Was uns heute absurd erscheint, wird nur verständlich, wenn man eine Eigenheit der bolschewistischen Heilslehre ins Kalkül zieht. Die Rede ist vom Verfolgungswahn; dieses seltsame Element der kommunistischen Ideologie wurde bereits durch Lenin und erst recht durch seinen Nachfolger Stalin gepflegt. In der Sowjetunion lief von Anfang an ziemlich viel schief. Hierfür galt es eine wissenschaftliche Erklärung zu finden. Das war die Sabotage. Wo gehäuft Sabotage stattfindet, gibt es eine übergeordnete Steuerung. Und so weiter und so fort. Seit Anbeginn der neuen Zeit waren es die Sowjetmenschen gewohnt, dass Wachsamkeitskampagnen das Land durchrasten. Doch nach dem Kirow-Mord im Dezember 1934 nahm diese Form der Aufhetzung ungeahnte Dimensionen an. Die Vernichtungsmaschine funktionierte auf zwei einander ergänzenden Ebenen. Im Obergeschoss agierte der Parteiapparat, der mit seinen zentralistischen Befehls- und Meldesträngen die Kampagne ins Land trug und die Vorauswahl der Opfer traf. Im Untergeschoss werkte die Geheimpolizei NKWD, die den praktischen Teil erledigte und für die Verbreiterung der Spur des Schreckens sorgte.[1053]

Man sage nicht, dass das, was sich abspielte, ein Spezifikum des Bolschewismus gewesen sei. Er machte die Dinge nur in dieser extremen Form möglich. Im Übrigen ist es so, dass keine Gesellschaft davor gefeit ist, wenn an Neid, Niedertracht und Verbrechensfurcht appelliert wird. Viele Erzeugnisse der Medien in der heutigen Zeit funktionieren nach demselben Schema. Damals in den 1930er-Jahren trat in der Sowjetunion eine staatliche Lenkung hinzu, die konkurrenzlos schalten und walten konnte. Aber die Instinkte, die sie mobilisierte, waren dieselben wie eh und je. Viele denunzierten gerne, oft auch aus Karrieregesichtspunkten, andere, um ihre eigene Haut zu retten. Da war zum Beispiel der sowjetische Schriftsteller Alexander Fadejew. Der 1901 geborene Stalinist war einer der hauptverantwortlichen Denunzianten, wenn es um seine Schriftstellerkollegen ging. Er verursachte Publikationsverbote, Haft und Hinrichtungen. Fadejew beendete sein eigenes Leben drei Jahre nach Stalins Tod; bis dahin hatte er viel Zeit gehabt, andere ins Unheil zu stürzen. Bleibt nachzutragen, dass die NKWD-Zuträgerschaft Fadejew nicht vor einem persönlichen Drama bewahrte. 1945 erschien sein Kriegsopus *Die junge Garde*. Doch bereits 1947 wurde es auf Geheiß Stalins eingezogen und der Autor zu jahrelanger Umarbeitung gezwungen. Als er damit fertig war, war Stalin gestorben, doch das Publikationsverbot blieb, denn jetzt lag der Roman nicht mehr auf der neuen Linie.[1054]

Zurück in die 1930er-Jahre: Die Kampagnen zur Wachsamkeit bedurften steter Begleitung durch Vorkommnisse, die den Wächtern zeigen mussten, dass sie nicht umsonst auf der Hut waren. Diese Aufgabe übernahmen nach der Initialzündung des Kirow-Mordes eine Reihe von Schauprozessen, in denen in aller Öffentlichkeit dargelegt wurde, welch scheußlichen Verschwörungen im Lande stattgefunden hatten, um die Errungenschaften des Sozialismus zu ruinieren. Das Bemerkenswerte an diesen Schauprozessen ist der Umstand, dass die Angeklagten stets die unglaublichsten Verbrechen gestanden und für sich selbst die härtesten Strafen forderten. Hierüber ist viel gerätselt worden – am wenigsten allerdings in der Sowjetunion, wo viele die Geständnisse für bare Münze nahmen. Drei deutschen Spezialisten des Staatsterrors, den Herren Hitler, Himmler und Heydrich, wird nachgesagt, dass sie diese Prozesspraxis bewunderten und die Frage gestellt haben sollen, wie diese Gerichtsspektakel nur möglich waren.[1055]

Die Antwort hierauf kann vermutlich nur aus dem System des Bolschewismus gegeben werden. Hierzu eine Kostprobe aus den Aufzeichnungen eines der beteiligten NKWD-Funktionäre, Walter Kriwizki:

Im Juni 1935 waren alle Vorbereitungen für den ersten Schauprozess beendet. Die Geständnisse von 14 Gefangenen lagen vor. Den führenden Figuren, Sinowjew und Kamenew, waren ihre Rollen zugeteilt, und sie kannten ihren Text. Zwei Männer in diesem Schub von gezeichneten Opfern weigerten sich jedoch beständig, mit Geständnissen herauszurücken. Der eine von ihnen war Mratschkowski, der andere sein Kollege Iwan N. Smirnow, einer der Gründer der bolschewistischen Partei und Chef der 5. Armee im Bürgerkrieg.

Stalin wollte den Prozess ohne diese beiden Männer nicht beginnen lassen. Man hatte sie monatelang bearbeitet, hatte sie allen körperlichen Methoden dritten Grades der GPU unterworfen, aber sie weigerten sich noch immer, Geständnisse zu unterzeichnen. Der Chef der GPU wies plötzlich meinen Kollegen Sluzki an, die Vernehmung Mratschkowskis zu übernehmen und den Mann »niederzubrechen«. Wie der Zufall es wollte, hatte Sluzki eine tiefe Achtung für Mratschkowski. Wir weinten beide, als Sluzki mir von seinem Erlebnis als Inquisitor berichtete.

»Ich begann die Untersuchung frisch rasiert,« sagte er. »Als ich damit fertig war, war mir ein Bart gewachsen.

Als er das erste Mal in mein Büro geführt wurde, sah ich, dass er stark hinkte; es war die Nachwirkung einer im Bürgerkrieg erlittenen Verletzung. Ich bot ihm einen Stuhl an. Er setzte sich nieder. Ich eröffnete die Untersuchung mit den Worten: ›Wie Sie sehen, Genosse Mratschkowski, habe ich den Befehl erhalten, Sie zu verhören.‹

Mratschkowski antwortete: ›Ich habe nichts zu sagen. Und überhaupt wünsche ich kein Gespräch mit Ihnen zu führen. Ihre Sorte ist viel ärger als die Gendarmen des Zaren. Wie wäre es, wenn Sie mir sagten, welches Recht Sie haben, mich zu verhören? Wo waren Sie während der Revolution? Ich kann mich nicht erinnern, in der Zeit der Revolutionskämpfe von Ihnen gehört zu haben.‹«

Dann sah Mratschkowski die beiden Orden vom Roten Banner an Sluzkis Brust und fuhr fort: »Typen Ihrer Art sah ich niemals an der Front. Diese Dekorationen da müssen Sie gestohlen haben.«

Mratschkowski stand auf, zog sein Hemd aus und entblößte mit einer schnellen Bewegung die Narben der Wunden, die er in den Kämpfen für das Sowjetregime empfangen hatte.

»Das sind meine Auszeichnungen«, rief er aus.

Sluzki schwieg weiter. Er ließ Tee bringen und bot dem Gefangenen ein Glas davon und mehrere Zigaretten an. Mratschkowski nahm das Glas und den Aschenbecher, der ihm gereicht wurde, warf sie auf den Boden und schrie: »Sie wollen mich also bestechen? Sie können Stalin sagen, dass ich ihn verachte. Er ist ein Verräter. Man hat mich zu Molotow gebracht, der mich ebenfalls bestechen wollte. Ich habe ihm ins Gesicht gespuckt.«

Jetzt endlich sprach Sluzki: »Nein Genosse Mratschkowski, ich habe die Orden des Roten Banners nicht gestohlen. Ich erhielt sie in der Roten Armee an der Front von Taschkent, wo ich unter Ihrem Kommando kämpfte. Ich habe Sie nie für ein Reptil gehalten und halte Sie auch jetzt nicht dafür. Aber haben Sie sich der Partei widersetzt und gegen Sie gekämpft? Natürlich haben Sie das getan. Nun, die Partei hat mir jetzt befohlen, Sie zu verhören. Was Ihre Wunden betrifft – schauen Sie sich das an.« Worauf Sluzki sich teilweise entblößte und seine Narben zeigte …

Dann sagte er: »Ich habe nach dem Krieg für das revolutionäre Tribunal gearbeitet. Später hat mich die Partei der GPU-Verwaltung zugeteilt. Ich führe jetzt nur meinen Auftrag aus und gehorche den Befehlen. Wenn mir die Partei befiehlt zu sterben, werde ich sterben.«

»Nein, Sie sind heruntergekommen und ein Polizeihund geworden, ein richtiger Ochrana-Agent«, unterbrach ihn Mratschkowski. Dann hielt er inne, zögerte und fuhr fort: »Und doch haben Sie offenbar noch nicht ganz Ihre Seele verloren.«

Zum ersten Mal fühlte Sluzki, dass ein Funken des Verstehens zwischen Mratschkowski und ihm aufflammte. Er begann über die innere und äußere Lage der Sowjetunion zu sprechen, über innere und äußere Gefahren, von den Feinden innerhalb der Partei, die die Sowjetmacht untergruben, von der Notwendigkeit, die Partei als den einzigen Retter der Revolution um jeden Preis zu schützen.

»Ich sagte ihm«, erzählte mir Sluzki, »ich sei persönlich davon überzeugt, dass er, Mratschkowski, kein Gegenrevolutionär wäre. Ich nahm die Geständnisse seiner verhafteten Freunde vom Schreibtisch und zeigte sie ihm als Beweis, wie tief sie in ihrer Opposition zum Sowjetregime verfallen waren.

Drei volle Tage und Nächte redeten und diskutierten wir. In der ganzen Zeit schlief Mratschkowski nicht einen einzigen Augenblick, und ich habe mir im Ganzen vielleicht drei bis vier Stunden Schlaf während des Ringens mit ihm gestohlen.«

Tage und Nächte des Argumentierens folgten, bis Mratschkowski einsah, dass niemand außer Stalin die bolschewistische Partei zu führen vermochte. Mratschkowski war überzeugter Anhänger des Einparteiensystems und musste zugeben, dass keine bolschewistische Gruppe stark genug war, die Parteimaschine von innen her zu reformieren oder Stalins Führung zu stürzen. Es herrschte wirklich tiefe Unzufriedenheit im Lande; dagegen aber von außerhalb der bolschewistischen Reihen anzukämpfen, musste das Ende der proletarischen Diktatur bedeuten, zu der Mratschkowski sich bekannte.

Der Untersuchungsrichter und sein Gefangener stimmten darin überein, dass alle Bolschewisten ihren Willen und ihre Gedanken dem Willen und den Gedanken der Partei unterzuordnen haben. Sie stimmten darin überein, dass man im Dienst der Partei den Tod oder die Entehrung, oder auch den Tod und die Entehrung auf sich zu nehmen hatte, wenn die Konsolidierung der Sowjetmacht das erforderte. Es war Sache der Partei, den Selbstanklägern Anerkennung für ihre Selbstaufopferung zu zollen, wenn sie das wollte.

»Ich brachte ihn zum Weinen,« berichtete Sluzki. »Ich weinte mit ihm, als wir zu dem Schluss kamen, dass alles verloren war, dass keine Hoffnung und kein Glaube mehr bestand und nur noch ein letzter verzweifelter Versuch übrig blieb, einem nutzlosen Kampf der unzufriedenen Massen zuvorzukommen. Dafür brauchte die Regierung öffentliche ›Geständnisse‹ von den oppositionellen Führern.«

Matschkowski bat um eine Zusammenkunft mit Iwan Smirnow, seinem intimen Freund. Sluzki ließ Smirnow aus seiner Zelle holen, das Zusammentreffen der beiden Männer fand in seinem Büro statt. Lassen wir es Sluzki beschreiben: »Es war eine schmerzlich aufregende Szene. Die zwei Helden der Revolution umarmten sich. Sie weinten. Mratschkowski sagte zu Smirnow: ›Iwan Nikitsch, wir wollen ihnen geben, was sie wollen. Es muss sein ...‹

Am Ende des vierten Tages unterschrieb er das ganze von ihm im öffentlichen Prozess abgelegte Geständnis.

Ich ging heim. Eine ganze Woche lang war ich nicht fähig, zu arbeiten. Ich war unfähig, zu leben.«[1056]

Sluzki und Kriwizki wussten, wovon sie sprachen, und es besteht wenig Anlass, am Wahrheitsgehalt der geschilderten Szene zu zweifeln – selbst wenn man Abstriche an der russischen Erzählkunst macht. Die Geschichte zeigt fatale Ähnlichkeit mit den Selbstmordorgien moderner religiöser Erweckungsbewegungen und erinnert auch an den Märtyrerkult aus älteren Tagen. Die Geschichte von Sluzki zeigt eine Gruppe von Menschen, die, einer Priesterkaste angehörig, jedes beliebige Opfer voneinander forderten, wenn ihr Gott es befahl. Der Gott war die Partei, und Stalin formulierte deren Willen. Doch wir haben keinen Anlass, uns zurückzulehnen und die ganze Angelegenheit als Kollektivselbstmord einer Gruppe von Irren abzutun. Denn so war das durchaus nicht. Bereits die große Zahl der Opfer schließt solche Erwägungen aus. Man kann auch nicht von den Geständnissen in den Schauprozessen auf die überwiegende Zahl der Fälle schließen. Richtig ist lediglich, dass die Sowjetorgane äußersten Wert auf ein Geständnis legten. Nichts wäre falscher als die Annahme, dass die Geständnisse im Regelfall durch überzeugende Gespräche im Sinne von Sluzki erzeugt worden wären; man hört förmlich die gewaltigen Klänge Peter Tschaikowskis im Hintergrund, wenn man sich die Sache als Filmszene vorstellt. Doch im Normalfall sah die Sache ganz anders aus. Sie wurde bestimmt vom Gebrüll der Vernehmer und dem Geschrei der Gefolterten. Dabei hatten die Spezialisten des NKWD herausgefunden, dass es ein fast todsicheres Mittel gab, die gewünschten Geständnisse zu erzwingen, den Schlafentzug. In der Sprache des NKWD nannte man diese Behandlung Konveyer. Sie bewirkte nach spätestens sieben Tagen und Nächten bei nahezu allen Delinquenten den völligen körperlichen Zusammenbruch, den die Vernehmer zur Unterzeichnung belastender Geständnisse auszunutzen pflegten. Daneben hielt das Arsenal des Gefügigmachens die Bedrohung von Angehörigen, von Frauen, Eltern und Kindern bereit; auch das Versprechen, am Leben bleiben zu können, war ein beliebtes Mittel.[1057]

Wichtig war es den Vernehmern, dass der Delinquent möglichst viele vermeintliche Mittäter denunzierte. Auf diese Weise wusste man sich im Einklang mit dem Klassenkampf, der ja gebot, ganze Verschwörergruppen zu entlarven. Es war dies also eine Art von Planerfüllung. Hier liegt ein wesentlicher Grund für die riesigen Opferzahlen, da viele der Betroffenen durch ihre Aussagen ungezählte andere mit hineinzogen. Auf der anderen Seite erleichterte es die Arbeit gegenüber den Neuzugängen, denen man stets die Geständnisse ihrer Vorgänger vorlegen konnte. Diese Sucht nach Geständnissen ist eine Besonderheit von totalitären Unterdrückungsapparaten. Sie ist relativ einfach zu erklären. Mit dem Geständnis des Opfers befreit sich der Täter von seiner Unrechtshandlung. Diese Befreiung hat für den Täter, der genau weiß, dass Unrecht geschieht, die Wirkung, nicht zur Verantwortung gezogen zu werden, wenn der Wind sich dreht. Oftmals ist diese Rechnung aufgegangen.[1058]

Im Falle der Stalinistischen Säuberungen ging die Sache nicht so glatt. Der Diktator entwickelte nämlich das Bedürfnis, die Zeugen seiner Untaten von der Bildfläche verschwinden zu lassen. Von NKWD-Chef Genrich Jagoda war schon die

Rede. Er durchmaß nicht einmal die Hälfte der Großen Säuberung, bevor er abgelöst, degradiert und später liquidiert wurde. Seinem Nachfolger ging es nicht besser. Dieser Nachfolger war Nikolaj Jeshow, genannt der Zwerg. Er war einer der typischen Parteiapparatschiks. 1917 in die bolschewistische Partei eingetreten, wurde er alsbald Mitarbeiter im zentralen Parteiapparat. 1930 war er in die Kaderverwaltung der Partei aufgestiegen, 1934 erfolgte seine Ernennung zum Mitglied der Zentralkomitees, 1935 zum Leiter der Parteikontrollkommission. Das war jenes Gremium, das über die Parteilichkeit der Parteigliederungen zu wachen hatte. Von hier aus war der Schritt zum Volkskommissar für Staatssicherheit nicht mehr weit. Die Aussagen über die Persönlichkeit Jeshows schwanken erheblich: notorischer Alkoholiker, geheimdienstlicher Laie, freundlich-unbedeutender Apparatschik und erbarmungsloser Vollstrecker.[1059]

Nikolaj Jeshow hatte das Amt des Staatssicherheitschefs vom 26. September 1936 bis zum 8. Dezember 1938 inne. In dieser Zeit ließ er im Jahre 1937 936 000 Personen festnehmen; hiervon wurden 353 000 erschossen. 1938 folgten 638 000 Verhaftungen, von denen 328 000 Fälle zu Hinrichtungen führten. Man nennt diese Zeit in Erinnerung an den Exekutor die Jeshowschtschina. Es kann keine Rede davon sein, dass die Verhaftungen und Hinrichtungen irgendeine Ähnlichkeit mit einem geordneten Gerichtsverfahren gehabt hätten. Die Zeit der Gerichtsverfahren war in der Sowjetunion längst vorbei. Die große Zahl der Todeskandidaten verlangte nach revolutionären Maßstäben und Methoden. Die sahen so aus, dass hinsichtlich Anklagegegenstand und Verfahren die nackte Willkür herrschte. Den NKWD-Leuten kam es nur auf eines an: möglichst rasch ein Geständnis zu erzwingen, um zur Aburteilung schreiten zu können. Das war dadurch möglich geworden, dass die herkömmliche Gerichtsbarkeit auf dem Gebiet der Staatssicherheit abgeschafft war. Die Verfahren wurden von Troikas geführt, drei Funktionären des NKWD, die alles in einem waren: Vernehmer, Staatsanwalt und Richter. Sprach die Troika die Höchststrafe aus, verurteilte sie also den Delinquenten zum Tode, wurde häufig noch am selben Tag vollstreckt. Das geschah, indem das Opfer durch einen Revolverschuss ins Genick getötet wurde. Die Funktionäre, welche die Exekutionen durchführten, trugen große Brillen und lange Gummischürzen, um sich und ihre Uniformen vor den umherfliegenden Blut- und Gehirnspritzern zu schützen.[1060]

Auch Nikolaj Jeshow überlebte die Jeshowschtschina nicht. Seine Entmachtung folgte dem üblichen Schema: Im April 1938 erhielt er neben der Staatssicherheit das Volkskommissariat für Flussschifffahrt übertragen. Für Flussschifffahrt blieb er auch nach seiner Ablösung als NKWD-Chef, die im November 1938 erfolgte, zuständig. Doch bereits am 10. April 1939 wurde er festgenommen. Am 4. Februar 1940 verurteilten ihn die ehemaligen Untergebenen zum Tode. Der Vollstreckungsroutinier der Lubjanka, Wassili Blochin, verpasste ihm noch am selben Tag den Genickschuss; nach anderen Quellen wurde Jeshow erst am 1. April 1940 hingerichtet.[1061]

Mit der Absetzung und der Hinrichtung Jeshows war der Terror allerdings keinesfalls ausgestanden. Denn jetzt betrat ein Mann die Bühne, der seine Vorgänger an Grausamkeit, Intrigantentum und Intelligenz bei weitem übertraf. Die Rede ist von Lawrenti Berija. Der im Jahr 1899 geborene Georgier gab später an, er sei bereits 1917 Mitglied der Bolschewiki geworden. Doch das ist mit ziemlicher Sicherheit gelogen. Er war während des Revolutionsjahres und in der Folgezeit Spitzel bei allen möglichen sich bekämpfenden Gruppierungen im Kaukasus. Doch er muss bald gewusst haben, wer die stärksten Bataillone hatte, denn ab August 1920 sehen wir ihn als Sekretär bei der Tscheka in Baku. Zwischen den verschiedenen Kaukasusrepubliken ging die Karriere im Zickzack hin und her; nach zehn Jahren erfolgte der Wechsel auf den Posten eines Sekretärs der Kommunistischen Partei; von 1931 bis 1938 stand er der KP in Georgien vor. Mit der Ernennung zum stellvertretenden Volkskommissar des NKWD war Berijas Sprung in die große Politik geschafft; zugleich deutete sich die Entmachtung seines Vorgängers Jeshow an, den er am 25. November 1938 ablöste. Berija sollte sich in der Spitzenfunktion bis über Stalins Tod hinaus halten. Die unter seinem Regime durchgeführte Fortführung der Säuberung hieß von nun an Tschistka. Wo es Berija notwendig erschien, wurde gemordet; doch jetzt kam das Imperium der Zwangsarbeitslager hinzu, die unter seiner Ägide mit Macht ausgebaut wurden. Ganze Völkerschaften verschwanden dort. Die Hauptverwaltung der Lager (Glawnoje Uprawlenije Lagerej) gaben diesem Zweig des sowjetischen Zwangssystems seinen Namen: Gulag. Den Tod seines Meisters Josef Stalin sollte Berija nur um ein Dreivierteljahr überleben. Dann wurde auch er nach kurzem Machtkampf im Kreml von seinen Nebenbuhlern ins Gefängnis gesteckt und nach einem Geheimprozess im Dezember 1953 zusammen mit seinen engsten Gefolgsleuten erschossen. Ausgerechnet der Volksaufstand in der jungen DDR gab seinen Widersachern im Politbüro die Möglichkeit, den scheinbar allmächtigen Berija, den Großmeister von Intrige und Gewalt, abzuräumen.[1062]

Von wegen Genossen.
Die Vernichtung der KPD

Im Januar 1937 hatte man in Moskau auf dem Roten Platz eine Demonstration anberaumt. Die Arbeiter wurden aus den Betrieben direkt dorthin geführt. Keiner konnte sich davor drücken. Auch die Angestellten und Mitarbeiter des Verlages Ausländische Arbeiter, zu denen wir gehörten, mussten

geschlossen daran teilnehmen. So drängte sich an diesem bitterkalten Winter-
tage auf dem Roten Platz eine vielköpfige Menschenmenge. Kein Ruf wurde
laut. Schweigend standen die Menschen im Schnee, und der Gegensatz zwi-
schen diesem Schweigen und den Texten der Spruchbänder, die sie mit sich
führten, war erschreckend. »Erschlagt sie wie tolle Hunde!« – »Tod den faschi-
stischen Verrätern!« Auf einer Tafel sah ich das Bild einer riesigen stachelbe-
wehrten Faust und die Aufschrift: »Es lebe die NKWD, die gepanzerte Faust
der Revolution!« Der zweite blutige Schauprozess, der Prozess gegen Pjata-
kow, Serebrakow, Radek und vierzehn weitere alte Bolschewiken, war im
Gange. Wie lange war es her, dass Radek und Pjatakow in der »Prawda« und
der »Iswestija« noch selber die Köpfe der Angeklagten des ersten Schauprozes-
ses gefordert hatten? Noch kein halbes Jahr war darüber vergangen. Hatte
Radek wirklich geschrieben: »Vernichtet dieses Geschmeiß!« …
Noch einige Male wurde vom Verlag aus gemahnt, dann gab man es wohl auf.
Aber jedes Mal, wenn das Telefon klingelte, schreckte ich zusammen. Die
Nächte wurden zur Qual, Heinz lief Zigaretten rauchend im Zimmer auf und
ab, während ich auf jedes Geräusch im Korridor lauschte. Nach Mitternacht
pflegten die schweren Schritte zu kommen. Aus dem Zimmer gegenüber hatten
sie einen Bulgaren geholt, aus dem Stockwerk unter uns einen Polen. Wenn ich
am Tage durch die Gänge des »Lux« ging, musterte ich scheu die Türen, ob
wieder irgendwo eine von der NKWD versiegelt worden war. Das taten sie nach
der Verhaftung, wenn keine Angehörigen zurückblieben … Drei Tage vor der
Maifeier, in der Nacht vom 26. auf den 27. April 1937, hielten die Schritte vor
unserer Tür. Die nervliche Erschöpfung hatte uns gerade in dieser Nacht tief
und traumlos schlafen lassen. Aus weiter Ferne hörte ich das Pochen an der Tür.
Ich sprang auf und öffnete. Drei NKWD-Beamte und der Kommandant des
»Lux« drangen ins Zimmer. »Neumann, stehen Sie auf! Sie sind verhaftet!«[1063]

So wie Margarethe Buber-Neumann und ihrem Ehemann Heinz Neumann ging
es ungezählten deutschen Kommunisten, die sich während der Großen Säuberung in der Sowjetunion aufhielten; neuere Schätzungen gehen von 600 einschlägigen Opfern aus. Sofern sie zum Umfeld der Komintern gehörten, wohnten,
oder besser gesagt: hausten sie im Moskauer Hotel Lux, wo es besonders einfach
war, sie zu überwachen und bei Bedarf zu ergreifen. Das Beispiel des KPD-Funk-
tionärs und Komintern-Agenten Heinz Neumann eignet sich gut, um das Prinzip
der Säuberung zu erläutern, die auch über die ausländischen Kommunisten in der
Sowjetunion hereinbrach. Der 1902 geborene Kommunist hatte, gemessen an seinem Lebensalter, schon einiges hinter sich. Frühzeitig in der Komintern aufgestiegen, hatte er auf Stalins Weisung 1927 in Kanton einen kurzen und erfolglosen
kommunistischen Putsch ausgelöst, der blutig niedergeschlagen wurde. Später

konnte der im Deutschen Reich wegen Hochverrats Gesuchte nach einer Amnestie gefahrlos nach Deutschland zurückkehren. Hier hatten ihn die Fraktionskämpfe in der KPD kurz bis in die Spitze der Partei gebracht und zu allem Überfluss ein Reichstagsmandat beschert, das er verachtete. Doch wurde er wegen irgendwelcher Abweichungen 1932 wieder aus der Parteileitung entfernt. Den Beginn der nationalsozialistischen Herrschaft erlebte der Linksabweichler als Komintern-Agent in Spanien, wohin er zur Bewährung, wie man das damals nannte, entsandt worden war. Vor Beginn der Großen Säuberung, also noch vor dem Spanischen Bürgerkrieg, war er in Moskau zurück. Einen erneuten Bewährungsausflug in Richtung Brasilien konnte er im Sommer 1936 trotz intensiver Vorbereitung nicht mehr antreten. Er hatte Pech: In diesem Sommer war der Komintern-Personalchef Ossip Pjatnizki von seinem Posten abgelöst und ins ZK der Kommunistischen Partei versetzt worden. Die Sache hatte sich damit erledigt. Stattdessen wurde er mit nutzlosem Warten bestraft. Es folgten Verhaftung, Verschleppung und Verschwinden; sein Todesjahr wird mit 1937 angegeben.[1064]

Die ersten Genossen, mit denen rigoros aufgeräumt wurde, waren die ehemaligen Mitarbeiter der verschiedenen geheimen Apparate der KPD. An ihrer Spitze, wie schon erwähnt, Hans Kippenberger. Ähnlich ging es Hugo Eberlein. 1933 entkam der Reichstagsabgeordnete nach Frankreich, 1936 folgte er dem Ruf nach Moskau; am 27. Juli 1937 wurde er dort festgenommen. Der Mann aus dem thüringischen Erfurt legte nach schwerer Folterung das Geständnis ab, der Anführer einer trotzkistischen Gruppe zu sein. Der Anfangsverdacht für diese Absurdität, die ihm seine NKWD-Vernehmer in den Mund legten, stammt mit einiger Sicherheit von einem Denunzianten namens Herbert Wehner, von dem wir noch sprechen werden. Eberlein hatte die Kraft, beim gegen ihn angesetzten NKWD-Tribunal zu widerrufen.[1065] In der Aktensprache klingt das so:

Eberlein: Ich bestätige nur, dass ich mich bis 1928 in den Fraktionskämpfen innerhalb der KPD betätigt habe, deswegen kann ich aber hier nicht vor Gericht gestellt werden.

Vorsitzender: Was sagen Sie zu den Verbindungen zur deutschen Polizei? Sie haben doch selber alles gestanden. Die Untersuchungsführer können sich doch nicht den Namen und das Amt ausdenken.

Eberlein: Den Berliner Polizeipräsidenten Grzesinski habe ich nie zu Gesicht bekommen, ich traf ihn nie und konnte ihm deswegen auch nichts sagen. Alle meine Aussagen wurden erzwungen.[1066]

Das Leugnen half Eberlein zumindest vorübergehend, denn statt zum Tode wurde er zu 15 Jahren Lagerhaft verurteilt. Doch die Hinrichtung war damit nur aufgeschoben. Sie wurde am 30. Juni 1941, acht Tage nach dem deutschen Angriff auf die Sowjetunion, nachgeholt.[1067]

Anderen wurde zum Verhängnis, dass sie den Spitzenmann der Apparate Erich Wollenberg näher kannten, vielleicht sogar zu seinen Freunden gezählt hatten. Dass sich der ehemalige königlich preußische Leutnant im Juli 1934 heimlich aus Moskau nach Prag abgesetzt hatte, wurde den zurückgebliebenen Genossen erst klar, als Wollenberg unerwarteterweise nicht mehr auftauchte. Das sollte vielen auf Dauer schlecht bekommen. Der Vorwurf lautete, Mitglied einer Wollenberg-Hoelz-Verschwörung zu sein. Der andere Namensspender der Wollenberg-Hoelz-Verschwörung war der frühere deutsche Revolutionär Max Hoelz. Der Mann aus dem Vogtland war ein Volksheld und eine Art Revolutionsikone. Nur eins war er mir Sicherheit nicht: ein Bolschewist und schon gar nicht ein guter Bolschewist, denn das hätte bedeutet: ein gehorsamer Bolschewist. Nein, dieser Mann hatte nach der Entlassung aus der Zuchthaushaft am 18. Juli 1928 Spaß daran, in die Sowjetunion auszureisen und sich dort ein wenig feiern zu lassen. Als er einen Bootsausflug mit seinen Begleitern unternahm, die zugleich seine NKWD-Bewacher waren, konnte er nicht wissen, dass die Mitruderer seine Mörder waren. Er ertrank. Irgendjemand muss dann auf die Idee gekommen sein, dass der tote Hoelz und der entflohene Wollenberg gut die Vormänner für eine Verschwörung abgeben könnten. Diese Idee kostete in den Jahren bis 1938 über siebzig Personen das Leben. Die Organe konnten stolz sein auf die bewiesene Wachsamkeit.[1068]

Am 17. September 1936 traf es Hermann Taubenberger. Der Ingenieur kannte Wollenberg bereits aus den Münchener Rätetagen. Eine Festungshaft hielt ihn nicht davon ab, kaum auf freiem Fuß, 1923 im illegalen M-Apparat am Deutschen Oktober mitzuwirken. Die anschließende Flucht nach Moskau unternahm er wie mancher andere. Da er aber im Gegensatz zu anderen Revolutionären über eine solide und praxisverwertbare Ausbildung verfügte, wechselte er nicht ins hauptamtliche Geheimdienstfach, sondern in die sowjetische Rüstungsindustrie. Am 5. Mai 1937 wurde der angebliche Verschwörer erschossen. Etwas anders erging es Erich Tacke. Ab 1914 war der damals 20-jährige Bankkaufmann als deutscher Übersetzer in einer russisch-asiatischen Bank in St. Petersburg tätig. Bei Beginn des Ersten Weltkrieges nach Sibirien verbannt, gelang ihm 1918 die Ausreise nach Deutschland. 1919 trat er der KPD bei und wirkte in deren illegalem M-Apparat mit. 1923 entkam er in die Sowjetunion, wo er in den Dienst der GRU übernommen wurde. Zwei Jahre später wechselte er den Arbeitgeber durch seinen Übertritt zur INO, die ihn bis 1927, getarnt als Mitarbeiter des sowjetischen Generalkonsulats in Harbin, als Angehörigen der dortigen illegalen Residentur verwendete. Dort lernte er seine Frau Jonona Tschingor kennen, die im selben Fach arbeitete. Mit ihr zusammen folgten sieben für die INO fruchtbare Agentenjahre in Deutschland. Der angebliche Verlagsredakteur warb in Berlin in den Jahren bis

1935 zahlreiche Agenten an, so auch den Polizeibeamten Willy Lehmann, der sich unter dem Decknamen Breitenbach zur geheimdienstlichen Goldgrube mauserte, denn Lehmann-Breitenbach arbeitete in Berlin bei der polizeilichen Spionageabwehr. Beim Versuch, Arthur Meissner, einen Mitarbeiter im Forschungsamt, als Agenten zu gewinnen, geriet das Ehepaar Tacke jedoch ins Visier der deutschen Spionageabwehr. Eine Warnung von Lehmann-Breitenbach verhinderte ihre Festnahme; so wurden die Tackes 1935 unverzüglich nach Moskau zurückbeordert. Erich Tacke arbeitete dort fortan als Zeitungsredakteur. Am 22. April 1936 wurde er vom NKWD wegen Mitgliedschaft in der konterrevolutionären Vereinigung des Erich Wollenberg verhaftet und im September 1937 zum Tode verurteilt und erschossen. Seiner Frau erging es keineswegs besser. Bereits 1935 war das Ehepaar nach der Rückkehr in die Sowjetunion getrennt worden. Jonona wurde ins ferne Alma Ata als NKWD-Funktionärin abgeschoben. Dort wurde sie im Mai 1937 unter dem Vorwurf der Spionage verhaftet und am 21. August 1937 erschossen.[1069]

Ebenso zweisprachig wie Erich Tacke waren auch die Gebrüder Rakow denkbar geeignet, als Kommunisten eine Illegalen-Karriere zu durchlaufen. Ihre Wege als Agenten der Weltrevolution haben wir bereits mehrfach gekreuzt. Es bleibt nachzutragen, dass Werner Rakow, der bekannteste von den Dreien, nach dem Deutschen Oktober in Moskau kaltgestellt wurde. Doch schon 1925 erfolgte ein zweijähriger Auslandseinsatz zur Bewährung als Komintern-Agent in den USA. Zurück in Moskau wurde er 1928 wegen angeblicher trotzkistischer Opposition aus der KPR(B) ausgeschlossen; nach anderen Quellen erst 1933. Es folgte eine Strafversetzung nach Sibirien. 1936 Rückkehr nach Moskau als Redakteur der *Deutschen Zentralzeitung DDZ* in der Sowjetunion. Am 27. Juli 1936 schließlich wurde Rakow wegen der angeblichen Teilnahme an der Wollenberg-Verschwörung verhaftet, am 14. September 1937 zum Tode verurteilt und erschossen. Seine beiden Brüder Paul und Nikolai Rakow traf 1937/38 dasselbe Schicksal.[1070]

Einige weitere Schicksale aus diesem angeblichen Verschwörerkreis seien noch stichwortartig behandelt: Das Ehepaar Ernst und Waltraut Nicolas hatte unter dem Decknamen Ottwald ein Leben als illegale Schriftsteller und M-Apparat-Mitarbeiter geführt. Ihnen gelang 1933 die Flucht über Dänemark. Im November 1936 wurde Ernst Nicolas als Wollenberg-Verschwörer verhaftet; sein Leben endete in den 1940er-Jahren in einem Lager. Seiner Frau erging es nicht viel besser; auch sie wurde am 5. November 1936 festgenommen und die folgenden vier Jahre im Lager gehalten. Im Januar 1941 wurde sie aus der Sowjetunion nach NS-Deutschland abgeschoben.[1071]

Der Apparate-Mann Rudolf Margies war prominent genug, um wegen der Beteiligung am Deutschen Oktober im Tscheka-Prozess 1925 vom Reichsgericht verurteilt zu werden. 1930 in Deutschland amnestiert, half ihm die Ausreise in die Sowjetunion wenig. Im November 1936 wurde er als einer der Wollenberg-Verschwörung festgenommen. Am 31. Mai 1937 folgten Todesurteil und Exekution. Einen ähnlichen Weg nahm der Apparate-Funktionär Rudolf Podubecky. Auch er gehörte zu den vom Reichsgericht wegen Hochverrats Verurteilten. Warum er, der am 26. Juli 1937 als Wollenberg-Verschwörer festgenommen worden war, nicht zum Tode, sondern am 4. Mai 1939 zu 20-jähriger Lagerhaft verurteilt wurde, bleibt rätselhaft. Im Ergebnis nützte Podubecky die angebliche Milde seiner NKWD-Richter nichts. Bereits im Winter 1941 starb er im Lager.[1072] Ganz anders waren die Gründe für die Beseitigung der Apparate-Leute Franz Schubert und Phillipp Wallendorf. Ihr Vergehen: Sie hatten 1935 geplant, den KPD-Vorsitzenden Ernst Thälmann aus dem Zuchthaus zu befreien. Die Komintern hatte das ausdrücklich untersagt – so weit ging der Antifaschismus nun wahrlich nicht. Wallendorf wurde Ende 1936 verhaftet; vermutlich ist auch er in Lagerhaft umgekommen. Seinem Mitverschworenen Franz Schubert erging es ebenso. Der dritte Apparate-Mann, der an dem Thälmann-Befreiungsabenteuer beteiligt war, hatte mehr Glück. Dem Architekturstudenten Ernst Scholz gelang die Flucht in die Tschechoslowakei. Von dort gelangte er nach Paris und weiter in den Spanischen Bürgerkrieg. Den Zweiten Weltkrieg überstand Scholz im französischen Untergrund. In der DDR machte er später eine Minister- und Diplomatenkarriere.[1073] Einige andere aus den Apparaten überlebten das große Morden, und zwar in der Sowjetunion. Hier einige Beispiele: Hermann Siebler, der jugendliche Aktivist aus Oberschlesien, wo nach dem Ersten Weltkrieg alles drüber und drunter ging, wurde 1924 Mitarbeiter des M-Apparats und zugleich der GRU. 1930 wurde er in die Sowjetunion abgeordnet, um dort eine Funkerausbildung zu absolvieren. Ab 1932 folgten mehrjährige Einsätze als illegaler Funker der GRU in Harbin, in der Schweiz und zuletzt auch in Spanien. Da war mittlerweile der Bürgerkrieg im Gange. Siebler wurde Funker des dort tätigen ehemaligen GRU-Chefs Jan Bersin, der alsbald nach Moskau zurückbeordert wurde, um erschossen zu werden. Siebler kam mit langjähriger Lagerhaft davon. 1967 kehrte er nach Ost-Berlin zurück.[1074] Gustav Borrmann war einer der Mitbegründer der KPD in Halle. Bereits 1920 musste er wegen seiner Mitgliedschaft im M-Apparat für eineinhalb Jahre hinter Gefängnismauern. Das hinderte ihn nicht, weiterhin Aktivist der KPD zu bleiben. 1933 wurde er kurzzeitig in Haft genommen. 1935 floh er in die Tschechoslowakei und von dort weiter in die Sowjetunion. Über seine dortige Verwendung wissen wir nichts Näheres, nur, dass die große Säuberung ihm nichts anhaben konnte. Bereits 1946 tauchte er in der Sowjetischen Besatzungszone auf, übernahm eine leitende Funktion in der Volkspolizei, von wo aus er 1950 zum MfS wechselte. Hier übernahm er die Schlüsselfunktion eines Leiters der Hauptabteilung I, die für das Personal der Geheimpolizei zuständig war. 1958 trat der 63-Jährige in den Ruhestand. Borrmann war kein Einzelfall. Sein Beispiel zeigt, dass es möglich war, bei gleich gelagerten Startbedingungen dem Schicksal ungezählter Genossen während der Großen Säuberung zu entgehen, die Kriegszeit in der Sowjetunion ohne Deportation zu überdauern und anschließend in der Sowjetischen Besatzungszone Fuß fassen zu können. Was diese Leute zu Überlebenskünstlern machte, wissen wir nicht genau; wir können es nur erahnen. Denn von einigen wenigen wissen wir, wie sie es bewerkstelligten. Sie nahmen aktiv am Wahnsinn der Großen Säuberung teil – und zwar in der Rolle des von den Sowjets wohlwollend geduldeten Denunzianten. Sie verbargen ihr Spitzeltum hinter der Fassade des beflissenen und wachsamen Kommunisten, der dafür sorgt, die Partei von Feinden und Schädlingen zu säubern. Die Rede ist hier vor allem von den Spitzen-Kommunisten Walter Ulbricht und Herbert Wehner. Beiden hat man später unterschiedliche Motive unterstellt: Danach soll Ulbricht aus Karrieresucht, Wehner aber aus Überlebenstrieb gehandelt haben. Man sieht schon, dass das Erklärungsmuster sind, wie sie nur in Westdeutschland entstehen konnten. Den einen, der zur Staatsspitze der DDR aufgestiegen war, galt es abzuqualifizieren, während man den anderen, der zur SPD konvertierte, vom Ruch des Moskauer Übels rein zu waschen sich bemühte.[1075]

Zeichnen wir den Weg des Genossen Herbert Funk, recte: Herbert Wehner, ein wenig nach. Wehner wurde 1906 in Dresden geboren. Der junge Herbert musste frühzeitig mit für den Lebensunterhalt der Familie sorgen. Als Junge schloss er sich linken anarchistischen Gruppierungen an, wurde stark von Erich Mühsam beeinflusst. Nach diesen Jugendsünden trat der 20-Jährige im Juni 1927 der KPD bei, wo er rasch eine steile Karriere machte: 1930 stellvertretender Sekretär der Partei in Sachsen, 1931 in der Org[anisations]-Abteilung der Berliner Zentrale, 1932 technischer Sekretär des Politbüros. 1933 überstand er als einer der wenigen Spitzengenossen die von den Nazis veranstaltete Verhaftungswelle, blieb als Illegaler zunächst im Lande, organisierte den kommunistischen Widerstand gegen die Saar-Abstimmung 1934 und wechselte sodann zwischen Prag und Moskau hin und her. Wehner war prominent genug, um beim VII. Weltkongress der Komintern in Moskau 1935, der den Beginn der Volksfrontpolitik der Komintern markierte, einen mit viel Beifall bedachten deutschen Beitrag vorzutragen.[1076]

Genossen, es ist in der Diskussion hier mehrfach die Frage gestellt worden, wie die deutschen Kommunisten gegenwärtig die Einheitsfront der Arbeiter organisieren und wie sie unter den Massen arbeiten …

Genossen, es ist hier gesagt worden, dass wir 1933 als Massenpartei in die Illegalität gegangen sind. Es gelang damals den Faschisten nicht, unsere Partei zu zerstören, und wir haben auch in den schlimmsten Zeiten des Terrors unsere Partei zentral zusammengehalten und zentral zu führen verstanden.[1077] Nicht nur die Tatsache, dass Wehner sprach, ist interessant, auch der Text der Rede ist aufschlussreich, da Wehner zu den Spitzengenossen der KPD zählte, die ein völlig unzutreffendes Bild von der Funktionsfähigkeit des organisierten Kommunismus in Deutschland zeichneten. Auf Einschätzungen dieser Art beruhte der Menschen verheizende Einsatz von Kurieren und Instrukteuren, die mit großer Regelmäßigkeit der Gestapo ins offene Messer liefen. Die Folgezeit verbrachte Wehner zwischen Moskau, Prag und Paris. Wenn man annimmt, die deutschen Kommunisten hätten nun alles darangesetzt, die in Moskau großartig beschlossene Volksfrontpolitik zu einem gescheiten Ausgleich mit den Sozialdemokraten zu nutzen, so befindet man sich auf dem Holzweg. Die Führung der KPD blieb in ihre Winkelzüge verstrickt. Sie setzte die wechselseitigen Beschuldigungen und Anfeindungen fort, Ulbricht und Wehner mittendrin. Das wirkte auf den außenstehenden Betrachter ein wenig wie die Crew auf der Kommandobrücke eines Ozeandampfers, die nicht gemerkt hat, dass ihr Schiff bereits untergegangen ist.[1078]

In dieses Hickhack kommunistischer Haarspalterei und Glaubenskämpfe griffen zwei Ereignisse mit voller Wucht ein: der Ausbruch des Spanischen Bürgerkrieges und der durch den ersten Moskauer Schauprozess offiziell ausgelöste Startschuss zur Großen Säuberung. Während dem spanischen Ereignis ein eigenes Kapitel gewidmet ist, ist hier den Auswirkungen der Moskauer Prozesse auf die KPD-Führung nachzugehen. Die Moskauer Ereignisse waren für eingefleischte Spitzengenossen der KPD durchaus nicht unerwünscht. Endlich gab Moskau den Weg frei, um mit Abtrünnigen und Abweichlern abrechnen zu können. Von außen betrachtet kommt es einem wie ein absurdes, ein makabres Theater vor. Mit Lust denunzierten die Genossen einander. Mit sozialistischem Ernst wurden Jugendsünden aufgedeckt, Dossiers geschrieben und Kartotheken angelegt. Herbert Wehner nahm sich mit Wut und mit Nachdruck der Sozialistischen Arbeiterpartei SAP an, einer Linksabspaltung der SPD, in der ein damals noch völlig unbekannter Emigrant, Willy Brandt, Mitglied war. Es entsprach innerer Logik und tiefster Überzeugung, dass es diese Gruppierungen zu bekämpfen galt. Von praktizierter Volksfront, wie man sieht, kaum eine Spur. Darüber konnte auch der Lutetia-Kreis nicht hinwegtäuschen. Benannt nach einem bekannten Pariser Hotel, trafen sich in dessen Räumen die Emissäre der verfeindeten Linksparteien. Heraus kam nicht viel, was nicht nur am abschreckenden Dogmatismus des Genossen Ulbricht lag. Vor allem für gestandene Sozialdemokraten musste es abstoßend sein, was an Nachrichten über die Ereignisse in Moskau ins übrige Europa hinüberschwappte. So blieb der Lutetia-Kreis eine Episode, deren Mitwisser frühzeitig an Legenden strickten, warum aus alledem nichts werden konnte. Bleibt als ironische Pointe zu diesem Ort der Konspiration nachzutragen, dass nach dem Einmarsch der Deutschen in Frankreich im Frühsommer 1940 das Hotel als Standort der deutschen Abwehr herhalten musste.[1079]

Die Diskrepanz zwischen Theorie und Praxis der Volksfront galt keineswegs für das Handeln aller Spitzengenossen. Doch jene, die das Projekt ernst nahmen, entgingen auf Dauer der Großen Säuberung nicht. An ihrer Spitze Willi Münzenberg. Die Komintern und damit auch das NKWD wussten nur zu genau, was der Umtriebige im fernen Paris so alles an Häresien betrieb. In unmittelbarer Umgebung Münzenbergs war nämlich ein Mitarbeiter platziert, der auf zwei Schultern trug. Das war, wie wir schon gesehen haben, der Münzenberg-Mitarbeiter und Komintern-Agent Otto Katz. Dessen Berichte, mit denen von Herbert Wehner kombiniert, ließen keinen Zweifel an der mangelnden Linientreue des einstigen Bilderbuchkommunisten. Seine Einbestellung nach Moskau wurde im Oktober 1936 unumgänglich. Für diese Reise hätte es vermutlich keine Rückfahrkarte gegeben. Vorgeladen vor die Internationale Kontrollkommission der Komintern warf man Münzenberg vor, in seiner unmittelbaren Umgebung mit der Stenotypistin Liane Klein wissentlich eine NS-Agentin beschäftigt zu haben. Obwohl Münzenberg dergleichen als Flohknackerei bezeichnete, kann es keinen Zweifel geben, dass er sich in diesem Augenblick in tödlicher Gefahr befand, denn im Fall des Spitzengenossen Leo Flieg hatte es das NKWD ausreichen lassen, dessen Bekanntschaft mit derselben Liane Klein zu einem Spionageverdacht aufzubauschen, aus dem es für Flieg kein Entrinnen gab. Zwei einander ergänzende Umstände kamen Münzenberg für dieses Mal noch zu Hilfe. Da war zum einen seine bodenlose Frechheit, die ihn den Komintern-Genossen die Mär auftischen ließ, dass er zum Nutzen der Partei noch einmal zurück müsse, um seine Geschäfte, die Geschäftsanteile, die Guthaben abwickeln zu können. Zum andern war im fernen Spanien der Bürgerkrieg ausgebrochen, der es ratsam erscheinen ließ, den Volksfront-Propagandisten in Paris noch einmal wirksam werden zu lassen. Es war nur ein Aufschub. Münzenberg erhielt mit dem dicklichen tschechischen Emigranten Bohumil Smeral einen Nachfolger attachiert, dem die Geschäfte zu übertragen waren. Ein zweiter unmissverständlicher Rückruf nach Moskau ließ nicht lange auf sich warten. Doch jetzt weigerte sich Münzenberg; ihm war klar, dass im Moskau des Jahres 1937 die Liquidation auf ihn wartete. So folgte der Bruch mit dem Bolschewismus – für Insider ein Paukenschlag, der den einst Umschwärmten zur Unperson machte. Sein physisches Ende wird in diesen Tagen beschlossene Sache gewesen sein. Dass Münzenberg noch etwas Galgenfrist hatte, lag vermutlich daran, dass die Genossen von der Sonderabteilung des NKWD, zuständig für die Ermordung im Ausland befindlicher Verräter, mit der Liquidierung wichtigerer

Feinde alle Hände voll zu tun hatten. Der Aufschub dauerte bis zum Sommer 1940. Münzenberg war inzwischen nach dem Ausbruch des Zweiten Weltkrieges in Frankreich interniert worden. Das Chaos des französischen Rückzugs im Frühsommer 1940 brachte ihm am 20. Juni 1940 um drei Uhr morgens die Freiheit. Mit einem oder zwei jungen Männern, die bei den Emigranten niemand kannte, trat er die Flucht nach Süden in Richtung Schweiz an. Seine Leiche wurde Monate später in einem Wald in der Gegend von Grenoble gefunden. Die Reste eines Stricks um seinen Hals ließen die französische Gendarmerie als amtliche Todesursache Selbstmord annehmen. Doch ein Mord scheint eher nahe zu liegen. Später eilfertig verbreitete Legenden, die Täter könnten nur in den Kreisen der Gestapo zu suchen sein, sind aus der Luft gegriffen, denn nichts hätte den NS-Größen jener Tage mehr behagt, als diesen Mann in die Hand zu bekommen. Sei es als Tauschobjekt, denn dies war die kurze Periode deutsch-sowjetischer Verbrüderung, sei es, um den Gescheiterten öffentlich anprangern zu können. Ebenso unsinnig sind nach Münzenbergs Tod von kommunistischer Seite eilends in Umlauf gesetzte Gerüchte, Münzenberg sei als ein allseits bekannter Gestapo-Spitzel von seinen Fluchtkameraden aus Selbstschutzgründen umgebracht worden. So bleibt nur der dringende Verdacht, dass der angeblich extreme Antikommunist Münzenberg einer Racheaktion des NKWD zum Opfer gefallen ist.[1080]

Damit sind wir den Ereignissen wieder einmal vorausgeeilt. Wir hatten Moskau im Frühjahr des Jahres 1937 verlassen. Statt des nicht erschienenen Willi Münzenberg begegnen wir erneut dem KPD-Mann Herbert Wehner, der soeben einem Rückruf gefolgt war, der ihn von Paris mit Umweg über London nach Moskau hatte reisen lassen. Folgt man Wehners späteren Aufzeichnungen und Aussagen, so war die erneute Einquartierung des Spitzengenossen in das Hotel Lux für ihn eine Zeit schlimmster Verfolgung. Zweimal sei er in die Lubjanka, den Sitz des NKWD, zum Verhör befohlen worden. An dieser Version ist stets gezweifelt worden – vor allem von Leuten, welche die NKWD-Praxis anders in Erinnerung hatten. Wurde einer als Verdächtiger in die Lubjanka geholt, so ging dem Verhör eine Verhaftung voraus, und das Verhör fand sodann unter den Bedingungen der Geheimpolizei statt. Diese Bedingungen hießen: Erst einsperren, dann warten lassen, dann verhören. Die Abweichung von dieser Praxis musste einen Grund haben. Der lautete, Wehner war nicht als Verdächtiger im NKWD-Sinne einbestellt (denn verdächtig war in jener Zeit schließlich jeder), sondern Wehner war eine wichtige Auskunftsperson, deren man sich bediente und die man danach wieder wohlbehalten in seinem Quartier ablieferte. Auch die Akten des NKWD sehen, soweit man weiß, die Sache in diesem Licht. Dafür spricht bereits der Umstand, dass Wehner nicht nur zweimal, wie von ihm eingeräumt, in der Hochburg der Geheimpolizei war, sondern mindestens doppelt so oft. Doch hätte er das nach dem Krieg eingestanden, wäre die Zahl derjenigen, die ihm glauben mochten, vermutlich noch viel kleiner gewesen.

Was Wehner in der Lubjanka tat, kann nicht zweifelhaft sein. Er denunzierte Genossen. Bereits 1935, bei seinem ersten Moskau-Aufenthalt, hatte er ein Dossier über 500 Genossen angefertigt. In seinen späteren Einlassungen wurden daraus Personen, die den Nazis in die Hände gefallen waren und von diesen ermordet, in Haft gehalten oder wieder auf freien Fuß gesetzt worden waren. Das klingt plausibel, denn natürlich waren das für die KPD wichtige Informationen, wenn man akzeptiert, das nach KPD-Lesart jeder den Nazis ins Netz gegangene Genosse ein möglicher Provokateur sein konnte. Selbstverständlich war es wichtig zu wissen, wer bei den großen Razzien ins Netz ging und wer verschont blieb; auch war ungeheuer interessant, wer wann wessen Verstecke gekannt hatte, bevor sie aufflogen. Doch wenn man alle diese Personen auflistete, war der Personenkreis der Verdächtigen schon deutlich größer und keineswegs mehr nur auf Genossen beschränkt, die eine Verhaftung der Gestapo hatten erdulden müssen. Jetzt war das Tor zum Jedermann geöffnet. Vollends unglaubwürdig werden Wehners Nachkriegs-Einlassungen, wenn man nachliest, mit welchem missionarischen Eifer er bei Partei und Komintern gegen Genossen hetzte, die wie Leo Flieg bereits vor 1932 als Abweichler in Ungnade gefallen waren. Wehner wusste, was er tat, und er kannte auch die Konsequenzen. Soweit die Leute, über die er herzog, im Einflussbereich der Sowjetmacht steckten, war klar, dass mit deren persönlicher Vernichtung zu rechnen war. Was für ein Gefühl der Macht muss das gewesen sein, Abrechnungen vornehmen zu können, die mit einem Schlussstrich endeten. Hierüber hat sich Wehner später selbstverständlich nicht geäußert. Unter den vielen Genossen war auch der Linksabweichler Heinz Neumann, mit dem wir dieses Kapitel begonnen haben. Mit der Verhaftung Neumanns im April 1937 schließt sich der Kreis. Wann genau und wo Neumann vom NKWD ermordet wurde, ist noch immer nicht geklärt.[1081]

Betrogene Betrüger.
Die Tuchatschewski-Intrige und die Enthauptung der Roten Armee

Ein Kapitel eigener Art ist die Durchführung der Großen Säuberung in der Roten Armee. Sie kostete nach einer Bilanz, die der sowjetische Verteidigungskommissar Kliment Woroschilow im Spätherbst 1938 zog, 40 000 Offiziere das Leben; neuere Schätzungen gehen von einer erheblich niedrigeren Zahl aus. Für die deutsch-sowjetischen Beziehungen ist dieser Vorgang von besonderer Bedeutung, weil er bei der deutschen Führung unzutreffende Vorstellungen über die mangelnde Kampfbereitschaft der Roten Armee weckte.[1082] Hieraus wurden dann entscheidende Folgerungen für die Durchführbarkeit eines Angriffskrieges gegen die Sowjetunion gezogen. Das wird uns bei den Vorbereitungen des Unternehmens Barbarossa, wie der Überfall auf die Sowjetunion in den deutschen Planungsunterlagen ab Herbst 1940 genannt wurde, noch zu beschäftigen haben. Auch die Säuberung in der Roten Armee hatte einen Startschuss – sozusagen. Das war die für viele überraschende Hinrichtung des Sowjet-Marschalls Michail Tuchatschewski am 11. Juni 1937. Tuchatschewski wurde am 16. Januar 1893 geboren. Zu Beginn des Ersten Weltkrieges geriet der junge Berufsoffizier 1915 in deutsche Kriegsgefangenschaft, aus der er erst zwei Jahre später nach abenteuerlicher Flucht aus der Festung Ingolstadt über die Schweiz und Frankreich wieder freikam. Als er endlich im Frühjahr 1918 in Petrograd eintraf, waren die Bolschewiki an der Macht. Für den Russland-Rückkehrer gab es kein Besinnen: Er trat sogleich als so genannter Militärexperte in die Rote Armee ein, wo er noch im selben Jahr zum Befehlshaber einer Armee aufstieg. Im Bürgerkrieg erfolgte die Beförderung zum Oberbefehlshaber einer Front. In dieser Zeit machte der junge Aufsteiger als rücksichtsloser Exekutor der bolschewistischen Herrschaft von sich reden; die Aufstände von Kronstadt und von Tambow erstickte er im wahrsten Sinne des Wortes – mit Kampfgas, das bekanntlich keinen Unterschied zwischen Aufständischen und der Bevölkerung macht. In den Jahren danach hatte er höchste militärische Posten inne, wie den des Kommandeurs der Militärakademie und des Chefs des Generalstabs der Streitkräfte. 1931 rückte Tuchatschewski zum Stellvertretenden Volkskommissar für Militär- und Marineangelegenheiten und Anfang 1936 zum Ersten Stellvertreter des Volkskommissars der Verteidigung auf. In der Militärhierarchie der Sowjetunion rangierte zu diesem Zeitpunkt nur noch eine Person vor ihm: der Volkskommissar Kliment Woroschilow. Das konnte kaum gut gehen, denn der ehemalige zaristische Leutnant war seinem Vorgesetzten, der militärisch nicht viel zu bieten hatte, haushoch überlegen. Es kann kaum verwundern, dass der Minderbegabte den Untergebenen loszuwerden trachtete, zumal sich der nicht scheute, den Vorgesetzten die Überlegenheit spüren zu lassen. Es lag daher im Spektrum des Gewohnten, darüber nachzusinnen, ob man dem unbequemen Mann nicht eine Verschwörung gegen das Regime anlasten könnte. Genau so ist es dann auch geschehen.[1083]

Die im folgenden zu schildernde Tuchatschewski-Verschwörung besteht aus einem nahezu unentwirrbaren Knäuel von Ereignissen. Wir werden versuchen, die Sache in einzelne Handlungsstränge zu zerlegen. Diese bestehen aus einer normalen innerrussischen Verfolgungsgeschichte gegenüber dem Sowjetmarschall, aus einer sowjetisch-deutschen Geheimdienstgeschichte zur Desavouierung Tuchatschewskis und Stalins, aus einer deutschen Erpressungsgeschichte gegenüber der Tschechoslowakei und einer Vielzahl von Ereignissen, die sich um diese

Hauptstränge gruppieren. Während die Verfolgungsgeschichte und die Erpressungsgeschichte nicht zu kompliziert sind, weist die Geheimdienstgeschichte eine Vielzahl von Widersprüchlichkeiten auf, die daher rühren, dass im Ursprung das sowjetische NKWD mit Hilfe von Doppelagenten aus dem Exilantenmilieu eine Desinformationskampagne gegen Tuchatschewski und den deutschen SD spielen wollte, während die Deutschen einen Enthauptungsschlag gegen die Rote Armee planten. Wer hierbei wen übertölpelte, wird nun zu klären sein.

Der Beginn der sowjetischen Maßnahmen gegen Tuchatschewski liegt weit vor der Großen Säuberung. Bereits 1930 wurde er durch zwei Dozenten der Militärakademie, Kakurin und Troizki, die man als so genannte Schädlinge festgenommen hatte, wegen einer angeblichen Militärverschwörung auf das Schwerste belastet. Die Angelegenheit wurde von der ermittelnden OGPU nur scheinbar nicht weiter verfolgt. Doch wurde der gegen Tuchatschewski angelegte Vorgang sieben Jahre später wieder hervorgeholt, als es um die beabsichtigte Hinrichtung des Marschalls der Sowjetunion ging. Es lohnt sich, diesen Vorgang im Hinterkopf zu behalten, wenn später von der angeblichen Verursachung der Hinrichtung durch Reinhard Heydrich und seinen SD die Rede sein wird, den es 1930 noch gar nicht gab. Seit 1932/33 lieferten zudem zwei Agenten der sowjetischen Auslandsaufklärung INO aus Deutschland Informationen über eine angebliche Militäropposition in der Sowjetunion. Wir wissen von einem dieser Agenten lediglich die Registriernummer der INO: A/256; später erhielt er den Decknamen August. Wer August wirklich war, bleibt bis heute ungeklärt. Sein Standort dürfte in der unmittelbaren Umgebung des kurzzeitigen Reichskanzlers und späteren Vizekanzlers Franz von Papen gewesen sein. Seine Berichte bezogen sich auf höchste deutsche Regierungs- und Parteikreise und, eben auch, auf eine mögliche sowjetische Militäropposition. Was mit diesen Berichten zunächst geschah, ist unbekannt. Später diente das Material von August dazu, um die große Militärverschwörung, die es gar nicht gab, zu untermauern. Der andere INO-Agent, der einschlägige Berichte erstattete, führte den Decknamen Surprise. Surpise können wir mittlerweile entschlüsseln. Es handelte sich um einen Mann mit dem Namen Hairowski. Adolf Hairowski war Kroate. In den 1920er-Jahren hielt er sich beruflich auf dem Balkan auf. 1931/32 warb ihn die deutsche militärische Abwehr an. Mitte 1932 kam ein weiterer Arbeitgeber hinzu, als der INO-Mann Kurt Possaner von Ehrenthal den deutschen Agenten für den Auslandsdienst der Sowjetunion überwarb. Surprise erwies sich für die Sowjets sogleich als munter sprudelnde Quelle. Allein in seinem ersten Jahr, 1932/33, lieferte er 34 mal Geheimmaterial über die deutsche Marine, das Wirken ausländischer Dienste in Deutschland und Material über die deutsch-sowjetische Zusammenarbeit, das Jahre später zur Grundlage des Vorgehens gegen Tuchatschewski werden sollte.[1084]

Neben diesen Fakten gibt es eine ganz andere Geschichte: Hiernach soll den eigentlichen Anstoß zur Liquidation des Sowjet-Marschalls, so die russische Lesart bis in die 1990er-Jahre hinein, Material aus dem Kreis des Russischen Militärbundes ROWS gegeben haben. Hier beginnt die Geschichte der Geheimdienstintrige, für deren Verständnis wir einen kleinen Umweg gehen müssen. Der ROWS war eine militante Emigrantenorganisation, die ihren Hauptsitz in Paris unterhielt. Paris hatte Ende der 1920er-Jahre Berlin den Rang als russische Emigrantenhochburg abgelaufen. Die zentralen Sitze der Emigrantenorganisationen befanden sich hier. So auch der des ROWS, der 1921 in Belgrad und Paris gegründet worden war und in seinen Glanzzeiten in den 1920er-Jahren an die 100 000 Mitglieder gehabt haben soll. Der ROWS war eines der Hauptfeindobjekte für die sowjetische Geheimpolizei. Nicht ganz zu Unrecht witterte sie von Organisationen dieser Art Gefahr für das System, das sie zu beschützen gedacht. Wie schon in den Hochzeiten der russischen Emigration in Berlin unterhielt das NKWD auch in den Kreisen der russischen Emigration in Paris ein tief gestaffeltes Agentennetz. Dieses bildete die Informationsbasis, auf die das NKWD seine aktiven Maßnahmen aufsetzte. Hierzu war von der INO, als dem eigentlichen Spionageapparat, eine Abteilung abgespalten worden, die im weiteren Verlauf in der Sowjetunion ihren Namen mehrmals änderte. In den 1930er-Jahren sprach man von Sonderverwaltung oder operativer Spezialverwaltung. Dahinter verbargen sich die Maßnahmen des NKWD, die man als *nasse Sachen* bezeichnete. Das ist die nur mühsam verhüllende Umschreibung von Auftragsmorden. Die Kader der Sonderverwaltung waren hauptamtliche Bedienstete des NKWD, die sich bei der physischen Liquidation von Systemoppositionellen im Ausland auf die Zuträgerschaft aus den Emigrantenorganisationen stützten. Im Fall des ROWS kennen wir den Hauptspitzel. Das war ein Mann namens Nikolaj Skoblin. Skoblin war ein ehemaliger zaristischer Berufsoffizier, der es im Bürgerkrieg auf Seiten der Weißen noch bis zum Divisionskommandeur gebracht hatte. Skoblin war selbstredend Mitglied im ROWS. Durch dessen Vorsitzenden, den General Jewgeni Miller, war er beauftragt worden, die Innere Linie der Organisation zu überwachen. Hinter diesem Ausdruck verbarg sich die Aufgabe, denjenigen Organisationsteil des ROWS, der für militante Aktionen in der Sowjetunion verantwortlich zeichnete, vor Spitzeln und Provokateuren zu schützen. Mit dieser Ernennung hatte Miller den Bock zum Gärtner gemacht. Denn Skoblin diente nicht nur dem ROWS, sondern seine wirklichen Auftraggeber saßen in der Moskauer Lubjanka, dem Hauptquartier des NKWD. Der sowjetische Agent lieferte in der Folgezeit nicht nur die Militanten-Organisation des ROWS ans Messer, sondern auch den Vorsitzenden des ROWS Miller und vermutlich bereits dessen Vorgänger, den ehemaligen General des Zaren Alexander Kutjopow. Kutjopow wurde 1930, im Jahre der Anwerbung von Nikolaj Skoblin, entführt. Die Tat führte ein Hauptamtlicher des NKWD durch, der damals 37-jährige Jakow Sebrjanski. Der NKWD-Offizier war trotz seiner jungen Jahre ein alter Fahrensmann in Sachen Gewalt. Bereits 1907 war der 15-Jährige Mitglied einschlägiger revolutionärer Gruppen, seit 1920 gehörte er der Tscheka an. Bei der Durchführung des Auftrags in Sachen Kutjopow unterlief dem Tschekisten ein Missgeschick. Die GPU-Leute sollten den General nicht umbringen, sondern kidnappen, ihn in der Sowjetunion abliefern, wo er sodann öffentlich als Volksfeind verurteilt werden sollte. Doch Kutjopow überlebte den Transport nicht. Irgendwo unterwegs zwischen Paris und Moskau erlag er in seiner Transportkiste auf dem sowjetischen Frachtschiff *Spartakus* einem Herzversagen.[1085] Wie bereits angedeutet, ist es denkbar, dass das Ausbaldowern der Entführungsgelegenheit die Einstiegsprobe des Kutjopow-Untergebenen Skoblin für seinen neuen Dienstherrn war. Es ist aber auch möglich, dass seine Frau Nadeshda Plewizkaja dafür verantwortlich zeichnete. Die in Emigrantenkreisen bekannte, aber schon etwas in die Jahre gekommene Sängerin, Tänzerin und gewesene Solistin Seiner Kaiserlichen Majestät des Zaren wurde 1930 ebenfalls von der INO angeworben.

Dem Kutjopow-Nachfolger Jewgeni Miller ging es keineswegs besser. Nach Vorarbeiten des Agentenpärchens Skoblin-Plewizkaja wurde Miller am 23. September 1937 aus Paris entführt, um zu seiner Hinrichtung in die Sowjetunion transportiert zu werden. Diesmal klappte der Plan, wenngleich die Mittäterschaft Skoblins bereits unmittelbar nach der Tat der französischen Polizei bekannt wurde. Der misstrauische Miller hatte nämlich bei seinem zunächst freiwilligen Aufbruch in der Wohnung einen Zettel hinterlassen, auf den er den Ort des Treffens und dessen Veranlasser Skoblin notiert hatte. Es gelang der Pariser Polizei jedoch lediglich, die Plewizkaja festzusetzen. Diese starb drei Jahre später in einem französischen Gefängnis. Doch bei ihrem Mann Nikolaj Skoblin griff man ins Leere. Vermutlich hatte Miller seinen Entführern gedroht, dass man ihnen wegen der hinterlassenen Notiz unverzüglich auf die Schliche kommen werde. Doch das konnte die Täter nicht von ihrem weiteren Tun abbringen. Vielmehr machte der Hinweis dem Haupttäter, das war der stellvertretende Leiter der INO, Sergej Spiegelglas, klar, dass es notwendig war, umgehend von der Bildfläche zu verschwinden. Also setzte man sich nach Spanien ab. In Wirklichkeit war die Flucht für den Agenten Skoblin eine Reise in den Tod. Skoblin hatte zu diesem Zeitpunkt seine Schuldigkeit mehr als getan; jetzt galt es, einen gefährlichen Mitwisser still zu liquidieren. Dafür bot Spanien, wo zu dieser Zeit der blutige Bürgerkrieg tobte, mehr als nur eine Gelegenheit. Skoblins Beteiligung an den Generalsentführungen gab nicht den Ausschlag für seine Liquidierung, sondern seine Mitwirkung am sowjetischen Teil der Tuchatschewski-Intrige.[1086]

Im Dezember 1936 war Skoblin im Auftrag des NKWD nach Berlin gereist, wo er sich bei SD-Chef Reinhard Heydrich melden ließ. Dieser empfing den Russen tatsächlich zu einem Gespräch und wird nicht schlecht gestaunt haben, was er bei dieser Gelegenheit zu hören kriegte. Skoblin berichtete dem obersten Sicherheitspolizisten des Reichs nicht mehr und nicht weniger, als dass in der Sowjetunion eine Militärverschwörung gegen Stalin im Gange sei, an deren Spitze der Sowjetmarschall Tuchatschewski stehe. Es ist nicht überliefert, ob Heydrich diese Ente für bare Münze nahm; nach den Angaben von Schellenberg soll ihn ein SD-Konfident namens Erich Jahnke eindringlich gewarnt haben, einem Doppelspiel aufzusitzen. Klar ist dagegen, was Heydrich aus den Skoblin-Informationen machte. Nach Genehmigung durch Hitler entwickelte er mit wenigen Eingeweihten des SD daraus eine Aktion, die später gleichfalls als Tuchatschewski-Intrige in viele zeitgenössische Beschreibungen eingegangen ist. Die deutschen Intriganten hatten die Messlatte für ihr Ziel durchaus hoch gelegt: Durch das Einträufeln der Verschwörungsnachricht sollte Zwietracht zwischen Stalin und der Armeeführung gesät werden. Auf diese Weise, so hoffte man, werde sich der sowjetische Diktator bei seinen Säuberungsaktionen auch gegen die Spitzenfunktionäre der Roten Armee wenden. Heydrich schwebte also eine Art Enthauptungsschlag gegen die Rote Armee vor; das blutige Geschäft indessen, das sollten die Sowjets selbst betreiben. Auf mehreren Wegen wurde die Nachricht über die angeblich ins Haus stehende Militärverschwörung gespielt. Einer dieser Kanäle war der deutsche Beamte Maximilian Karl Graf Trauttmannsdorff, der im Auftrag Hitlers im Jahre 1936 eine inoffizielle Sonderbeziehung zum tschechischen Botschafter in Berlin, Vojtech Mastny, unterhalten hatte, da Hitler einen friedlichen Ausgleich mit dem tschechoslowakischen Nachbarn ausloten lassen wollte. Diese Kontakte wurden am 9. Februar 1937 abrupt abgebrochen. Der Deutsche erklärte dem erschrockenen Tschechen, dass sein Führer angesichts der in der Sowjetunion erwarteten Umwälzungen an der tschechischen Sache kein Interesse mehr habe. Der Gesprächsverlauf macht deutlich: Hitler war in die Sache zutiefst involviert; sein insoweit uneingeweihter Emissär, Graf Trauttmannsdorff, hätte sich sonst auf keinen Fall in der geschilderten Weise einlassen können. Hitler, Heydrich und Co. hatten richtig kalkuliert, dass die Nachricht über einen deutsch-russischen Ausgleich für die Tschechen schrecklich sein müsse und dass sie die für sie so unangenehme Nachricht möglicherweise an die Sowjetführung durchreichen würden. Darauf wird zurückzukommen sein.[1087]

Zunächst entschloss man sich im SD, in der Tuchatschewski-Sache kräftig nachzulegen. Zu diesem Zweck wurde eine kleine Gruppe von skrupellosen Spezialisten zusammengestellt. Es waren dies der leitende SD-Funktionär Hermann Behrends, SD-Mann Alfred Naujocks und ein der NSDAP angehörender Berliner

Drucker namens Manfred Putzig, Inhaber der Firma Stempel-Putzig, Berlin-Adlershof, Adlergestell Nr. 239. Und das war der Plan: Die angeblichen sowjetischen Militärverschwörer sollten nicht nur Kontakte untereinander gehalten haben, sondern auch bis weit hinein in die deutsche Wehrmacht, weil man sich nach dem Schauprozess vom Vorjahr leicht vorstellen konnte, dass dies in den sowjetischen Ohren besonders schrill klingen musste. Also fertigte Putzig nach den Vorgaben der SD-Leute einen kompletten Schriftverkehr zwischen Tuchatschewski und führenden Reichswehrgeneralen an. Die benötigten Vorlagen für Briefbögen, Schriften und Unterschriften gewann man, was später heftig bezweifelt worden ist, durch einen Diebstahl im Reichswehrministerium. Dort stieg der für alle Gelegenheiten bereite, zu dieser Zeit 25 Jahre alte SD-Mann Alfred Naujocks ein und stahl Schriftstücke aus den Akten über die Zusammenarbeit zwischen Reichswehr und Roter Armee. Einige dieser Dokumente trugen auch die Unterschrift des damals in dieser Sache sehr engagierten Armee-Stabschefs Nikolaj Tuchatschewski. Durch einen Brand, den die Täter beim Abrücken in der Nacht vom 1. auf den 2. März 1937 legten, verwischten sie die Spuren über den Zweck ihres Besuches. Und sie bewirkten ungewollt noch ein Übriges, denn sie erzeugten bei den sowjetischen Agenten, vermutlich waren das die NKWD-Agenten August und Surprise, die Vorstellung, dass hier etwas passiert war, was von besonderer Bedeutung sein musste. So konnte Geheimdienstchef Jeshow mehrfach Stalin mündlich und schriftlich über den Brand berichten und sogar einen Bericht der Gestapo über das Ereignis vorlegen, der vermutlich aus der Quelle Lehmann-Breitenbach stammte.[1088]

Nachdem die Fälschungen des SD im April 1937 bei Heydrich auf dem Tisch lagen, kam es darauf an, sie auf dem richtigen Wege in den sowjetischen Kanal einzufiltern. Diese Aufgabe übernahm der SD-Funktionär Hermann Behrends. Der 30-jährige promovierte Jurist war vor kurzem vom Posten eines Leiters des SD-Inland auf den des Abschnittsführers Ost des SD übergewechselt. Er bediente sich für das erneute Einträufeln der Nachricht eines Doppelagenten. Das war der damals 36-jährige Jurist Carl Wittig, denn der hatte noch einen zweiten geheimdienstlichen Dienstherrn in Prag. Es war der zivile der beiden tschechoslowakischen Auslandsdienste, der seinen Sitz im Außenministerium hatte, die 3. Abteilung unter Jan Hajek. Dessen Kontaktmann zu Wittig war der Presseattaché an der tschechoslowakischen Botschaft in Berlin, Camill Hoffmann. In diesen Kanal wurde nun die ungeheuerliche Neuheit eingefädelt und durch Probebelege illustriert. Erwartungsgemäß bissen die Tschechen an. Sie bissen so sehr an, dass sich der tschechoslowakische Staatspräsident Benesch höchstselbst veranlasst sah, das kompromittierende Material kommen zu lassen. Der beglückte Wittig konnte Behrends seinen Erfolg melden, worauf Heydrich die Papiere zur Transferierung in die Sowjetunion freigab. Dabei war es ihm eingefallen, dass die Sache umso glaubwürdiger ausfallen müsste, wenn ein professioneller Nachrichtendieb eine saftige Honorierung für das Brisante verlangen würde.[1089]

Auf diese Weise, so will es die Legende, bekam Stalin die notwendigen Beweise in die Hand, um mit der Großen Säuberung in der Roten Armee zu beginnen. Doch die Sache verhielt sich in Wirklichkeit anders, selbst wenn Heydrich und seine Mitwisser sich vor Behagen kaum zu lassen wussten, als im Frühsommer 1937 die ersten Nachrichten über den Beginn der Massenliquidationen in der Roten Armee eintrafen.[1090] Man sonnte sich in einem Erfolg, der in Wirklichkeit mit dem verqueren Agieren des SD nichts zu tun hatte. Dabei hatten die beteiligten SD-Leute aus ihrer Sicht gar nicht mal so Unrecht, sich als Urheber eines geglückten Enthauptungsschlages gegen die Rote Armee anzusehen, denn sie konnten sich kurze Zeit später auf erstklassiges Informationsmaterial stützen, das ihnen den Ablauf der Intrige bestätigte. So glaubten sie jedenfalls. Nicht ohne Stolz übersandte der nach Wien an die deutsche Botschaft abgeschobene ehemalige Kanzler und Vizekanzler des Deutschen Reiches, Franz von Papen, geheimdienstlich beschaffte Meldungen über Sitzungen des sowjetischen Politbüros an Hitler. Wie wir uns erinnern, war Papen bereits im Ersten Weltkrieg als geheimdienstlicher Hasardeur in den Vereinigten Staaten aufgefallen und ausgewiesen worden. Jetzt in Wien war ihm offenbar der große Coup gelungen. Der Lieferant der Meldungen war mit einiger Sicherheit der sowjetische Tass-Korrespondent F.W. Bochow, der durch spätere deutsche Geheimdienstakten als Geldempfänger geistert.[1091] Er lieferte auch über die Sitzung des Politbüros vom 24. Mai 1937 die außenpolitische Beschlusslage, aus der sich klipp und klar die Urheberschaft der deutschen Informationen für den Tuchatschewski-Prozess ergab. Doch die Sache hatte einen kleinen Haken: Um die Herkunft des interessanten Materials zu erklären, musste der Informant die Behauptung aufstellen, dass seine Dokumente aus der sowjetischen Botschaft in Wien stammten, die sie wiederum aus Runderlassen des sowjetischen Außenkommissariats erhalten hatte. Das glaubten ihm seine Abnehmer gerne und nicht nur die. Noch 1987 wurde in den renommierten Vierteljahresheften für Zeitgeschichte dergleichen für bare Münze genommen. Doch die Berichte waren getürkt. Das Politbüro der KPdSU hatte überhaupt keinen Anlass, den strikt geheim gehaltenen Inhalt seiner Sitzungen ausgerechnet auf seine Vertretungen in aller Welt streuen zu lassen. Doch diese simple Erkenntnis verschloss sich offenbar den beglückten Lesern dieses angeblichen Geheimmaterials. Es bleibt lediglich die Frage offen, ob Bochow im Auftrag eines der sowjetischen Dienste oder auf eigene Faust handelte. Das Letztere ist eher unwahrscheinlich. Er war ein zu gut informierter Mann, um ein Nachrichtenschwindler zu sein.[1092]

Das Verhalten der tschechoslowakischen Seite hat viel dazu beigetragen, dass sich die Annahme der deutschen Intrigentäterschaft so lange halten konnte. War es doch nicht zuletzt der damalige tschechoslowakische Staatspräsident Edvard Benesch, der in seinen späteren Memoiren offen zugab, das kompromittierende Material angefordert und an die Sowjets weitergeleitet zu haben. Der weitere Informationskanal sei die sowjetische Botschaft in Prag gewesen. Doch Benesch hat der Nachwelt einen Bären aufgebunden, für den er gute Gründe zu haben glaubte. Für ihn war auch nach dem Krieg noch völlig klar, dass es in der Sowjetunion eine für Stalin und damit auch für die Tschechslowakei gefährliche Militärverschwörung gegeben hatte. Diese mit beseitigt zu haben, schien ihm eine Ehre. Doch seine Behauptungen halten einer Kontrolle anhand der Berichterstattung des sowjetischen Botschafters Sergej Alexandrowski nicht stand.[1093] Hieraus ergibt sich nämlich, dass sich Benesch ihm gegenüber am 22. April 1937, also kurz vor der Festnahme von Tuchatschewski, so kryptisch geäußert habe, dass er es für nötig befand, hierüber eigens nach Moskau zu berichten.

Benesch sprach sehr weitschweifig davon, dass die ČSR, ungeachtet aller Änderungen in der Außenpolitik der UdSSR, der Sowjetunion bedingungslose Treue hält und allen Verpflichtungen ihr gegenüber nachkommen werde. Auf mein Befremden hin, von welchen Änderungen der Außenpolitik der UdSSR die Rede sein könne, sagte Benesch, die UdSSR sei nicht nur ein großes, sondern geradezu ein grandioses Land … Er meinte damit nichts Konkretes, sondern will damit zum Ausdruck bringen, dass die ČSR unter allen Bedingungen ihre Freundschaft zur UdSSR aufrechterhält.[1094]

Und weiter: Nach dem Tuchatschewski-Prozess, so der sowjetische Botschafter, sei es zu einer neuerlichen Zusammenkunft gekommen, bei der Benesch seine Befriedigung über den Ausgang des Verfahrens mitteilte und mit Bezug auf den April-Treff ausführte, er habe sich seinerzeit nicht klarer ausdrücken können, aber durchaus diese Sache im Blick gehabt. Nimmt man die sowjetische diplomatische Berichterstattung für bare Münze, so hat der Abfluss der SD-Fälschungen durch den Kanal Behrend-Wittig-Hoffmann-Benesch-Alexandrowski, also via Tschechoslowakei, nicht stattgefunden. Das ist auch deswegen zu vermuten, weil es für die übrigen, von Benesch behaupteten Treffs mit dem Sowjetbotschafter keinerlei Belege gibt. Hätte es diese Dokumentenübergabetreffs gegeben, wären die beiden zitierten Berichte Alexandrowskis an das sowjetische Außenkommissariat über die Treffen mit Benesch bewusste Falschmeldungen. Das jedoch erscheint nahezu ausgeschlossen. Richtig ist dagegen, dass Benesch nicht die Sowjets, sondern seine französischen Verbündeten über den Verdacht gegen Tuchatschewski ins Bild setzte. Von Paris aus wurde das Putsch-Gerücht an die Sowjets weitergereicht. In seinen Memoiren hat Benesch das dann später anders dargestellt; und selbst Winston Churchill ist auf seine Geschichte hereingefallen.[1095]

Nur scheinbar gaben die sowjetischen Darstellungen in späteren Jahren der deutschen Urheberschaft der Tuchatschewski-Intrige neue Nahrung, denn es gehörte zum Zauberwerk sowjetischer Propaganda, dass die bösen Deutschen auch ihr Fett wegzukriegen hatten. So wurde erwähnt, dass der Chef der GRU, Korps-Kommandeur Semjon Urizki, am 4. April 1937 Stalin einen Agentenbericht vorlegte, der aus Berlin von den Gerüchten über eine sowjetische Militärverschwörung sprach. Urizki selbst hielt diese Gerüchte für wenig glaubwürdig. Wer die Quelle war, ist nicht ganz klar. Die Agenten August und Surprise, die in dieser Angelegenheit auch berichteten, gehörten nicht zur GRU, sondern zur INO. Wie auch immer: Als Urizki seine Zweifel formulierte, waren die Entscheidungen im Kreml längst gefallen. Zum letzten Mal taucht Karl Radek in unserer Geschichte auf. Auch er war in die Mühlen der Großen Säuberung geraten, aus der es für ihn diesmal kein Entrinnen mehr geben sollte, obschon es erst so aussah. Als Angeklagter im Schauprozess gegen die so genannten Rechtsabweichler des Parallelzentrums im Januar 1937 erhielt er nicht die erwartete Todesstrafe, sondern eine Haftstrafe von zehn Jahren zugemessen, denn er hatte Stalin im Prozessverlauf einen wichtigen Dienst erwiesen. Die vermeintliche Milde half ihm nicht viel, denn Radek wurde am 19. Mai 1939 im Lager Nertschinsk auftragsgemäß von einem Mithäftling erschlagen. Radeks Dienst für den Herrn im Kreml war die propagandistische Vorbereitung der späteren Liquidierung des Sowjetmarschalls; das war typisch für die Vorgehensweise für den Herrn im Kreml. Radek machte in seiner öffentlichen Vernehmung für die Zuhörer völlig überraschend und ungefragt die sowjetischen Spitzenmilitärs Michail Tuchatschewski und Witorwt Putna zum Thema seiner Aussage. Während er Putna als angeblichen Mitverschwörer schwer belastete, beharrte er darauf, dass dieser Verdacht gegen Tuchatschewski unbegründet sei. Man musste also nur scharf genug hinhören, um mitzubekommen, was sich dort anbahnte, denn es hatte überhaupt keinen nachvollziehbaren Grund gegeben, Tuchatschewski in den Prozessverlauf zu involvieren.[1096] Hinter den Kulissen liefen die Vorbereitungsarbeiten im NKWD längst auf Hochtouren. Seit 1931 hatte die Vorgängerbehörde OGPU den prominenten Sowjetgeneral überwacht, und man darf als sicher unterstellen, dass dies nicht ohne das Plazet Stalins geschehen war. Jetzt zur Jahreswende 1936 auf 1937 war der skrupellose NKWD-Chef Nikolaj Jeshow so weit, dass er seinem Herrn auch in Fragen der Roten Armee dienlich sein konnte. Jeshow hatte, lange bevor die deutschen Belastungspapiere in Moskau eintreffen konnten, Weisung erteilt, Verschwörungen in der Roten Armee zu untersuchen und zu belegen. Der Untersuchungsführer im NKWD B.A. Wiktorow hat etliche Jahre später bei seiner eigenen Vernehmung Folgendes zu Protokoll gegeben:

Ich war in der Gebietsverwaltung Moskau des NKWD tätig. Ich wurde zu Fri-

nowski befohlen, der sich dafür interessierte, ob unter meinen Fällen nicht irgendwelche hohen Militärs seien. Ich antwortete, dass ich eine Akte über den früheren Brigadekommandeur Medwedew angelegt habe. Frinowski erteilte mir den Auftrag: »Wir müssen ein solches Bild von einer umfangreichen und weitreichenden Verschwörung in der Roten Armee entrollen, dass deren Aufdeckung vor dem ZK Jeshows Verdienste und hervorragende Rolle herausstellt.« Ich erhielt einen entsprechenden Auftrag. Nicht sofort natürlich, aber nach und nach erhielt ich von Medwedew die gewünschten Angaben zu der Verschwörung innerhalb der Roten Armee. Davon erhielt Jeshow Kenntnis. Er persönlich lud Medwedew zum Verhör vor. Medwedew erklärte Jeshow und Frinowski, dass die Aussagen reine Erfindung seien. Darauf befahl Jeshow, Medwedew mit allen Mitteln zu seinen früheren Aussagen zu zwingen, was dann auch getan wurde. Das Protokoll mit den unter physischer Gewaltanwendung erzwungenen Aussagen ging nach oben.[1097]

Ebenso langwierig wie die Bearbeitung des Brigadekommandeurs Medwedew ging die Vorbereitung des Hauptbelastungszeugen für die Tuchatschewski-Verschwörung vonstatten; das war der Brigadekommandeur Witali Primakow. Er war erst nach monatelangen Torturen bereit, Tuchatschewski und zahlreiche andere Generalsdienstgrade der gemeinsamen Verschwörung zu bezichtigen, was er dann auch bei dem entsprechenden Geheimprozess tat. Primakow und später auch die von ihm bezichtigten Generale waren einem der schrecklichsten Folterer in die Hände gefallen, den das NKWD zu bieten hatte. Das war der Hauptmann der Staatssicherheit S. M. Uschakow, der in Wirklichkeit Uschminski hieß. Er holte das notwendige Geständnis aus Primakow heraus. Es versteht sich am Rande, dass die dem Delinquenten gegebene Zusicherung, bei entsprechendem Wohlverhalten mit dem Leben davonzukommen, nicht eingehalten wurde.[1098]

Am 27. Mai 1937 wurde Tuchatschewski festgenommen, in den nächsten Tagen die vermeintlichen Mitverschwörer. Neben Tuchatschewski waren es Awgust Kork, Jeromim Uborewitsch, Iona Jakir, Robert Ejdeman und Boris Feldman; die weiteren angeblichen Mitverschworenen Putna und Primakow saßen bereits seit Monaten ein. Zwei Wochen später, am 11. Juni 1937, fand der Prozess statt. Um 9 Uhr begann die Verhandlung, mittags war man fertig, und alle Angeklagten waren zum Tode verurteilt. Am nächsten Morgen war keiner von ihnen mehr unter den Lebenden. Zu den Absurditäten des Prozesses hatte es gehört, dass man sich nicht gescheut hatte, die Verschwörung von Tuchatschewski auf militärtheoretische Abweichungen zu seinem Vorgesetzten Woroschilow zu stützen. Hierzu zählte vor allem das Plädoyer des Sowjetmarschalls, auf Kavallerieverbände zugunsten motorisierter schneller und gepanzerter Truppenverbände zu verzichten.

Das hatte Tuchatschewski schon vor Jahren den Vorwurf des etwas beschränkten Woroschilow eingetragen, er betreibe Theoretisiererei, was bekanntlich für einen Kommunisten kein Lob bedeutete. Zudem trug es ihm die Feindschaft des Reitergenerals und jetzigen Mitmarschalls Budjonny ein, einem ehemaligen zaristischen Kavalleriefeldwebel, dem nachgesagt wurde, dass sein Verstand keineswegs mit den sprunghaften Beförderungen in der Roten Armee Schritt gehalten hatte.[1099]

Zur besonderen Perfidie dieses angeblichen Prozesses gehörte die Zusammensetzung der Richterbank, die Stalin sich ausgedacht hatte. Als Vorsitzender amtierte der Militärjurist Wassili Ulrich, der seit den Prozessen im Anschluss an den Kirowmord unermüdlich für die verlangten Verhandlungen und deren zuvor beschlossenen Ausgang gesorgt hatte; dieser Mann bedeutete keine Überraschung. Er war Garant dafür, dass die Angeklagten keine Chance haben würden. Ein Blick auf die Beisitzer ist interessanter: Das waren nämlich die Sowjetmarschälle Semjon Budjonny und Wassili Blücher, die Armeebefehlshaber 1. Ranges Boris Schaposchnikow und Iwan Below, die Armeebefehlshaber 2. Ranges Jakow Alksnis, Pawel Dybenko und Nikolaj Kaschirin und schließlich der Divisionskommandeur Jelissej Gorjatschow. Sie alle waren Spitzenmilitärs, die zu den engen persönlichen Bekannten der Angeklagten gehörten, und Stalin durfte sich Hoffnung machen, dass er aus ihrem Verhalten während des Prozesses Erkenntnisse über die unbedingte Loyalität dieser Männer würde gewinnen können, denn natürlich musste allen klar sein, dass die Verschwörungsgeschichte weder Hand noch Fuß hatte. Stalins Plan ging auf, denn die Angeklagten dachten nicht daran, ihre erfolterten Geständnisse im Prozess zu wiederholen. Sie schlossen zwar, so wie sich das für gute Kommunisten gehörte, mangelnde Wachsamkeit nicht aus, doch von einer Verschwörung mochten sie nichts wissen. Noch am Prozesstag ließ sich Stalin über das Verhalten der Beisitzer vom Vorsitzenden Ulrich und durch den NKWD-Chef Jeschow Bericht erstatten. Bis auf Budjonny hatten sich alle anderen mehr oder weniger passiv verhalten. Das sollten sie bei den folgenden in der Roten Armee einsetzenden Säuberungen mit dem Leben bezahlen. Lediglich Budjonny, dem niemand in der Roten Armee auch nur einen Funken Verstand zutraute, und der stets geschmeidige Armeestabschef Schaposchnikow sollten das einsetzende Gemetzel überleben.[1100]

Doch nichts wäre falscher als die Annahme, Stalin habe sich auf einen derartigen Racheakt beschränkt. Vielmehr nahm die Große Säuberung in den nächsten anderthalb Jahren auch in der Roten Armee geradezu gigantische Ausmaße an. Ihr fielen drei von fünf Marschällen, 15 von 16 Armeegeneralen, 60 von 67 kommandierenden Generalen und 136 von 199 Divisionskommandeuren zum Opfer. Von den 80 Mitgliedern des Obersten Militärrates wurden 75 erschossen, so dass das

Gremium fortan nicht mehr tagen konnte. Zudem wurden alle elf stellvertretenden Verteidigungskommissare exekutiert. Im Ergebnis waren also rund 90 Prozent der Generalität und mehr als 80 Prozent aller Obersten der Roten Armee
ausgeschaltet. In diesen anderthalb Jahren wurde die Armee von etwa 40 000
Offizieren *gesäubert*, so dass nur noch rund sieben Prozent aller Offiziere über
eine Stabsausbildung verfügten. Es ist nahe liegend, dass sich an dieses gigantische
Manöver, das Stalin der Roten Armee zumutete, manche Streitfrage angeschlossen hat. Die wichtigste lautete, ob durch das Ereignis die Verteidigungsfähigkeit
der Roten Armee so herabgesetzt wurde, dass es zu den gigantischen Anfangs-
erfolgen der deutschen Wehrmacht im Russlandfeldzug des Jahres 1941 kommen
konnte. Mit dieser Frage werden wir uns noch näher beschäftigen müssen, wenn
wir den Juni 1941 erreicht haben.[1101]

War das nun alles auf dem Mist von Heydrich und seinem SD gewachsen? Die
Antwort lautet: Nein. Als Heydrich in Aktion trat, waren die Weichen in Moskau
längst gestellt.[1102] Die Ausschaltung von Generalen, die dem Diktator im Kreml
nicht ehrerbietig genug waren, war lange beschlossene Sache. Es gab keinen vernünftigen Grund dafür, dass Stalin, nachdem er mit seiner Großen Säuberung begonnen hatte, welche die bedingungslose Unterwerfung der Führungselite der
Sowjetunion zum Ziele hatte, ausgerechnet jenen Teil aussparen sollte, der als bewaffnete Macht im Ernstfall wirklich gefährlich werden konnte. Die sowjetische
Geschichtsdarstellung, die ein anderes Ergebnis wollte, kannte dieses Dilemma
natürlich auch. Doch wie stets war eine Begründung bei der Hand. Ausgerechnet
der Bericht von GRU-Chef Urizki, aus dem wir schon zitiert haben, musste für
die These herhalten, dass Stalin im Frühjahr 1937 alles andere im Sinn hatte, als
auch in die Rote Armee einzugreifen. Zum Beleg dessen diente der sowjetischen
Militärgeschichtsschreibung aus dem Urizki-Bericht ein Zitat des deutschen
Journalisten Arthur Just, das die sowjetischen Militäraufklärer der *Deutschen Allgemeinen Zeitung* entnommen hatten:

> *Heute braucht Stalins Diktatur übrigens starken Rückhalt. Es wäre in höchs-*
> *ten Maßen seltsam, gerade jetzt an den Grundfesten der Armee zu rütteln.*
> *Nichts ist Stalin augenblicklich so wichtig wie die absolute Zuverlässigkeit der*
> *Roten Armee.*[1103]

Das war im Prinzip richtig, doch das hinderte Stalin nicht an der bedingungslosen
Unterwerfung des sowjetischen Staatsvolkes einschließlich der Roten Armee.
Diese Art Staatsdoktrin befahl ihren Exekutoren, gegenüber den treuesten Untertanen nackten Terror auszuüben, damit jeglicher Gedanke an eine mögliche
Auflehnung bereits im Keim erstickt wurde. Mit den Briefen von Heydrich hatte
alles dies nicht das Geringste zu tun. Wir wissen nicht einmal genau, ob Heydrich
selbst an den von ihm verursachten Unsinn glaubte. Niemand im NKWD konn-

te ahnen, was Heydrich aus der Information Skoblins machen würde und wie ungewollt genial er den Initiatoren dabei zur Hand ging. Er tat der sowjetischen Führung einen doppelten Dienst. Er lieferte scheinbares Beweismaterial, das im Mai 1937 kaum noch gebraucht wurde, denn Stalin und Jeshow hatten sich für die Präsentation des vermeintlichen mitverschworenen Belastungszeugen Primakow entschieden. Zum andern lieferte Heydrichs Tat späteren Geschichtsklitterern den bequemen Vorwand, ihn zum Verantwortlichen für das große Morden in der Roten Armee zu stilisieren. Das war zu viel der Ehre. Heydrich bewirkte mit seiner Aktion nicht nur den Enthauptungsschlag in der Roten Armee nicht, sondern er tat überdies der eigenen politischen und militärischen Führung einen Bärendienst. Er befestigte durch sein Handeln und sein Reden den Eindruck, die Rote Armee sei durch die Große Säuberung so geschwächt, dass sie kein ernsthafter Gegner mehr sei. In dieser Auffassung, die in der deutschen Führung fast durchweg Allgemeingut wurde, liegt eines der wichtigsten Antriebsmomente für die Entfesselung des Russlandfeldzuges im Jahre 1941.[1104]

Ende des Jahres 1938 ebbte der Terror in der Roten Armee etwas ab. Einer der Letzten, die von der Vernichtungsmaschinerie ergriffen wurden, war einer der Beisitzer im Verfahren gegen Tuchatschewski, dessen Marschalls-Kamerad Wassili Blücher. Er war wie kein Zweiter der militärische Haudegen der Revolution und der militanten Nachkriegsjahre gewesen. Im Sommer 1938 kommandierte er an der kriegerischen Grenze gegen die aggressiver werdenden Japaner im fernen Osten. Nach Moskau zurückbeordert, wurde er nach dem üblichen wochenlangen Kaltstellen am 22. Oktober 1938 verhaftet. Jeshows neuer Stellvertreter Berija leitete die Untersuchung gegen diesen bekannten Revolutionshelden, dem plötzlich sein deutscher Name, der nicht einmal sein richtiger war, zum Vorwurf gemacht wurde. Blücher weigerte sich trotz der üblichen schweren Folter, die ihm unterstellten Verbrechen zu gestehen. Der zuständige Ermittlungsführer B. A. Wiktorow will ihn in der Nacht vom 5. auf den 6. November 1938 völlig entstellt noch einmal zum Verhör geladen haben. Am 9. November 1938 jedenfalls war der Marschall gestorben – er war zu Tode geprügelt worden.[1105]

Man könnte diesen Tod, so wie es die sowjetische Militärgeschichtsschreibung mit Vorbedacht tat, zum Schlusspunkt der Großen Säuberung in der Roten Armee erklären. Doch so war es nicht. Das Morden ging gnadenlos, wenn auch nicht in der hohen Frequenz, weiter. Die Führung der Sowjetunion tat bis zum Ende des Staates alles, um die Verantwortlichen unbehelligt zu lassen. Insofern darf man sich durch die immer wieder durchgeführten aufwändigen Rehabilitierungsmaßnahmen nicht blenden lassen, denen die Kehrseite gerechter Bestrafungen fehlte. Damit ist das Kapitel über die Große Säuberung in der Roten Armee abgeschlossen. Je nach Standpunkt des Betrachters ist sie auch als Tuchatschewski-Verschwörung oder als Tuchatschewski-Intrige in die Geschichtsschreibung eingegangen. Es bleibt nur noch ein ironischer Schlusspunkt nachzutragen. Die durch Heydrich von den Sowjets geforderten drei Millionen Rubel wurden Zug um Zug gegen seine gefälschten Briefe ausgezahlt. Es waren Blüten.[1106]

Perpetuum mobile 2.
Die Vernichtung der Geheimdienstkader

Auch die Exekutoren der Großen Säuberung blieben vor der Vernichtung nicht verschont. Zur Erklärung dessen ist immer wieder betont worden, dass sich Stalin auf diese Art und Weise aller unliebsamen Mitwisser seiner Verbrechen entledigen wollte.[1107] Doch dieses Argument ist nicht ganz zutreffend, denn nach dieser Methode hätte der weise Führer noch einen weiteren Ruhm auf sein Haupt häufen können: der Erfinder des Perpetuum mobiles zu sein. Keiner der ungezählten Morde war denkbar, der nicht einen neuen Mörder und folglich einen Mitwisser hervorgebracht hätte. Damit wollen wir das Argument von der Beseitigung der Mitwisser nicht leichtfertig vom Tisch wischen. Es ist jedoch zu bedenken, dass die Aktion eine Eigendynamik entwickelt hatte, aus der sich die Säuberung des Sicherheitsapparats wie von selbst ergab. Die Tschekisten hantierten Jahr um Jahr mit dem Instrument der Verschwörung, um erst parteifremde, dann parteiinterne unliebsame Menschen unter Behauptung absurdester Vorwürfe liquidieren zu können. Ob sie daran glaubten, spielt eigentlich kaum eine Rolle; die Hauptsache war, dass sie sich an die vorgegebenen Mechanismen hielten. Sie konnten so der Belobigung und der Beförderung sicher sein. Wenn man diese Grundsätze verinnerlicht hatte, so sprach nichts dagegen, sie auch auf den eigenen Apparat und seine Funktionsträger anzuwenden. Die Tschekisten selbst gehorchten nämlich denselben Gesetzen, wie sie für alle anderen Parteimitglieder galten: Die Normen hatten Namen wie ideologische Abweichungen, Fraktionsbildungen, Kontakte zu Unpersonen oder was es sonst noch aus der Sammlung von Abwegigkeiten kommunistischer Verdammnis geben mochte. Nachdem im Jahre 1936 der altgediente Tschekist Genrich Jagoda nach nur zweijähriger Amtszeit an der Spitze des NKWD durch Nikolaj Jeshow abgelöst worden war, konnte es für Aufmerksame unter den Kadern nicht mehr zweifelhaft sein, dass jetzt auch im Apparat der Geheimpolizei die Zeit der Überprüfungen anfangen würde. Dieser winzig kleine Mann, den sogar der körperlich sehr kleine Josef Stalin um Haupteslänge überragte, trat am 26. September 1936 an die Spitze der Staatssicherheit. Dass das große Meuchelmorden in seiner zweijährigen Amtszeit im Volksmund die Jeshowschtschina getauft wurde, hat ihm wider Erwarten einen Platz in der Erinnerung der Russen eingeräumt. In dieser Zeit begann auch das

Aufräumen im Apparat der Staatssicherheit, denn dem ehrgeizigen Parteimann war jegliche Bindung zu den Mitarbeitern des Apparats, aus dem er nicht stammte, fremd.[1108]

Die Säuberung des NKWD-Apparats begann nicht irgendwo, sondern sie fing von oben an. Nimmt man sich beispielsweise den Organisationsplan der Hauptverwaltung für Staatssicherheit GUGB aus der Zeit des Amtswechsels von Jagoda zu Jeschow vor, so sieht man, dass innerhalb eines einzigen Jahres keiner der Spitzenkader mehr auf seinem Posten bzw. noch am Leben war. Das galt für den Leiter der Hauptverwaltung Lew Mironow ebenso wie für die sechs Abteilungsleiter Moltschanow, Schanin, Pauker, Gaj, Sluzki und Mironow, der in Personalunion die Wirtschaftsabteilung leitete. Mironow war 1918 als 22-Jähriger der KPR(B) beigetreten, seit 1919 gehörte er der Tscheka an. Nach einem Umweg als Stellvertretender Justizminister in Usbekistan in den Jahren 1922/23 kam er in die Zentrale der OGPU, wo er in der Wirtschaftsabteilung verwendet wurde, die sich mit wirklicher oder vermeintlicher Sabotage befasste. 1931 wurde er deren Leiter, im Jahre 1936 stieg er zum stellvertretenden Kommissar für Staatssicherheit mit dem Zuständigkeitsbereich der Spionageabwehr auf. Am 14. Juni 1937 wurde er verhaftet, nach 14 Monaten Haft erschossen.[1109]

Seinem Untergebenen Georgi Moltschanow erging es ähnlich: Er trat 1917 als 20-Jähriger in die SDAPR(B) ein und wurde drei Jahre darauf Funktionär der Tscheka. Er wurde 1931 zum Leiter der Geheimen Politischen Abteilung ernannt, eine Funktion, die er beim Wechsel des Apparats in das NKWD bis 1936 beibehielt. Auch für ihn war mit der Ernennung zum Volkskommissar für Inneres in der Weißrussischen SSR noch eine Beförderung drin, dann folgte im März 1937 auf Weisung Stalins die Verhaftung. Sieben Monate später wurde er erschossen. Motschanows Kollege als Abteilungsleiter war Alexander Schanin, welcher der Transportabteilung seit 1937 vorstand. Auch dieser Mann war ein langgedienter Tschekist, der dem Apparat seit 1920 angehörte. Er wurde gleichfalls im März 1937 verhaftet; das Todesurteil zu erfoltern, benötigten die Vernehmer einen Monat. Im August 1937 wurde Schanin erschossen. Zu seinem Nachfolger bestimmte Jeschow den 37-jährigen Michail Wolkow. Der gehörte der Tscheka seit 1918 an. Doch er hielt sich nur ein Jahr. Dann erfolgte seine scheinbare Beförderung zum stellvertretenden Volkskommissar für Eisenbahnen, im November die Verhaftung und vier Monate drauf im Februar 1939 die Hinrichtung.[1110]

Karl Pauker war ein Fall für sich. Der aus Ungarn stammende Friseur geriet 1915 als k.u.k. Soldat in russische Kriegsgefangenschaft. Nach der russischen Revolution auf freiem Fuß trat er 1917 sogleich der SDAPR(B) bei. Als einer der Ersten wurde er Angehöriger der Tscheka – und zwar in der Funktion eines Dieners des Tscheka-Spitzenmannes Wjatschaslaw Menschinski. Das brachte ihn später an die

Spitze der Kreml-Leibwache; offiziell fungierte er als Vorsitzender der OGPU-Sportgemeinschaft Dynamo. Der Mann war ein komisches Talent; zu seinen Sondernummern, mit denen er den Herrscher des Kreml zu erheitern pflegte, gehörte die Nachahmung anderer Spitzenfunktionäre. Das prädestinierte ihn offenbar zu Höherem. 1930 wurde er Leiter der Operativen Abteilung der OGPU, 1934 folgte der Wechsel in dieselbe Funktion im NKWD. Da blieben ihm noch drei Jahre zum Leben und zum Spaßen. Im Sommer 1937 nahmen ihn die Genossen fest. Bereits am 14. August 1937 hatte man aus Pauker das notwendige Geständnis herausgeprügelt, so dass er noch am selben Tag zum Tode verurteilt und erschossen werden konnte. Die Sonderabteilung leitete Mark Gaj. Er war 1920 als 21-Jähriger zur Tscheka gestoßen. Anfang der 1930er-Jahre übernahm er die Leitung der Abteilung. Auch für ihn bedeutete die Beförderung zum NKWD-Chef von Ostsibirien nur einen Umweg in den Tod. Er wurde im April 1937 festgenommen und am 20. Juni 1937 als angeblicher Spion erschossen. Auf Gajs Amtsnachfolger Israil Leplewski trifft dasselbe Schema zu. Nach kurzer Zeit als Leiter der Sonderabteilung wurde er zum Volkskommissar des NKWD der Ukraine wegbefördert. 1937/38 nahm er noch zweimal die Funktion eines Abteilungsleiters in der Hauptverwaltung für Staatssicherheit wahr. Dann wurde Leplewski im April 1938 verhaftet und vier Monate später erschossen.[1111]

Nun ein Blick auf die für die Beziehungen mit Deutschland wichtigste Abteilung, die Auslandsabteilung INO, auch als Internationale Abteilung bezeichnet. Ihr stand seit Mai 1935 der Kommissar der Staatssicherheit 2. Ranges Abram Sluzki vor. Der Sohn eines Eisenbahners wurde im Juli 1898 geboren. 1917 trat er der SDAPR(B) bei, seit 1920 diente er der Tscheka. 1923 nach Moskau versetzt, wurde er Vorsitzender des Militärtribunals des 2. Schützenkorps. 1926 wechselte Sluzki als Mitarbeiter zur Wirtschaftsverwaltung der OGPU, wo er 1929 zum Leiter der 2. Abteilung aufstieg. In dieser Funktion war er wesentlich am Schachty-Prozess beteiligt, der ersten großen Prozessveranstaltung in Sachen Sabotage. Anfang 1930 wurde Sluzki zur Auslandsaufklärung der OGPU versetzt, zu deren stellvertretendem Chef er am 1. August 1931 befördert wurde. Wenig später als europäischer Chefresident der INO nach Berlin versetzt, arbeitete er dort unter der Tarnung eines Mitarbeiters der sowjetischen Handelsvertretung. Von Berlin aus führte Sluzki Geheimdiensteoperationen in Deutschland, Spanien, Frankreich und Schweden durch. Nach Bildung des NKWD am 21. Mai 1935 zum Leiter der Internationalen Abteilung der Hauptverwaltung Staatssicherheit ernannt, avancierte er gleichzeitig zum stellvertretenden Chef des NKWD. 1937 tauchte er in dieser Funktion im Spanischen Bürgerkrieg unter dem Decknamen Marcos auf. Sodann beteiligte er sich maßgeblich an den stalinistischen Säuberungen in der INO. Wir haben ihn am Anfang des Kapitels über die Große Säuberung bereits als Vernehmer erlebt. Von etlichen seiner Opfer wird noch zu reden sein. Im Februar 1938 war auch seine Uhr abgelaufen. Inzwischen war Lawrenti Berija als Stellvertreter Jeshows im NKWD eingetroffen. Auf seine Weisung hin wurde Sluzki in seinem Büro durch seinen Kommissarsgenossen Michail Frinowski am 17. Februar 1938 mit Zyankali vergiftet. Der Mord wurde zunächst vertuscht; erst ein Jahr nach seinem Tod wurde Sluzki 1939 als Volksfeind aus der Partei ausgeschlossen. Es erübrigt sich fast zu erwähnen, dass Frinowski das NKWD im September nach dem Mord verlassen musste. Seine Verhaftung erfolgte am 6. April 1939, als Berija sich bereits endgültig als NKWD-Chef etabliert hatte; er sorgte dafür, dass Frinowski am 8. Februar 1940 erschossen wurde.[1112]

Mit dem Tod von Abram Sluzki war die Große Säuberung an der Spitze der INO keineswegs erledigt. Innerhalb desselben Jahres 1938 folgten ihm Sergej Spiegelglas, Salman Passow, Pawel Sudoplatow, Wladimir Dekanossow und im Jahr darauf Pawel Fitin auf den Posten des INO-Chefs.[1113] Sluzkis Nachfolger Spiegelglas war von vornherein nur eine Interimslösung. Wir erwähnen ihn hier, um auf den Mann noch einmal zurückzublicken, da er mehrfach unsere Wege gekreuzt hat. Spiegelglas wurde 1897 als Sohn eines Buchhalters geboren. Er begann im Ersten Weltkrieg ein Jurastudium in Moskau, wurde jedoch 1917 zur russischen Armee einberufen, wo er eine Offiziersausbildung begann. 1918 sehen wir ihn bereits in der Tscheka. Seit 1922 diente er dort bei der INO. Zunächst in der Mongolei eingesetzt, kehrte er 1926 nach Moskau zurück, wo er zum Gehilfen des Chefs der INO befördert wurde. In dieser Funktion führte er zahlreiche Geheimdienstoperationen in China, Deutschland und Frankreich durch. Anfang der 1930er-Jahre leitete er in Paris, getarnt als Fischhändler, in der Nähe des Montmartre die illegale Residentur der INO in Frankreich. 1936 erfolgte die Ernennung zum stellvertretenden Chef der INO. Im Dezember 1937 leitete er unter dem Decknamen Douglas in Frankreich die Entführung des russischen Generals Jewgeni Miller und die Flucht des als INO-Agent tätigen Ex-Generals Nikolaj Skoblin nach Spanien, wo dieser wenig später ums Leben kam; ob Spiegelglas sein Mörder war, oder ob er lediglich den Auftrag hierzu gab, braucht uns nicht weiter aufzuhalten. Während des Spanischen Bürgerkrieges leitete er mehrmals Operationen von Spezialeinheiten im Rücken der Franco-Truppen; was diese dort anrichteten, ist nicht geklärt. Nach Moskau zurückbeordert, wurde Spiegelglas nach dem Tod von Abram Sluzki im Februar 1938 zum kommissarischen Chef der INO ernannt. Das Amt hatte er nur einen Monat inne, dann war er ab dem 28. März 1938 wieder stellvertretender Chef, jedoch nur noch für ein weiteres halbes Jahr. Am 2. November 1938 erfolgte die Verhaftung durch das NKWD unter dem Vorwurf des Landesverrats, der Verschwörung und der Spionage; Anfang 1940 wurde er schließlich zum Tode verurteilt und erschossen.

Der Nachfolger von Spiegelglas war Salman Passow. Er war der Sohn eines Handlungsgehilfen, der 1922 als 17-Jähriger zur GPU stieß. Er durchlief seine Karriere in der Militärabwehr, wo er im Sommer 1937 bis zum stellvertretenden Leiter der Spionageabwehr aufgestiegen war. Am 28. März 1938 erfolgte die Abkommandierung Passows zur INO und die sofortige Ernennung zu deren Leiter. Ende Oktober 1938 wurde er bereits wegen antisowjetischer Verschwörung innerhalb des NKWD verhaftet und im Februar 1940 zum Tode verurteilt und erschossen. Passows Interimsnachfolger wurde ein alter Bekannter, der 31-jährige Pawel Sudoplatow. Er überlebte sein Interregnum, das nicht einmal zwei Monate dauerte. Ihm folgte zum 2. Dezember 1938 mit Wladimir Dekanossow ein Berija-Mann, oder, wie man es später sagte, ein Mitglied der Berija-Bande. Für Dekanossow war das NKWD nur ein Zwischenspiel, obwohl ihm neben der INO im selben Monat in Personalunion die Leitung der Spionageabwehr übertragen wurde, so dass er zusätzlich stellvertretender Chef des NKWD wurde. Bereits im Mai des Folgejahres wechselte dieser Berija-Vertraute als Statthalter seines Meisters ins Außenministerium, wo er alsbald in der Deutschland-Politik hervortreten sollte. Sein Nachfolger als INO-Chef wurde der 31-jährige Pawel Fitin. Seine Ernennung ist eine der in dieser Zeit typischen Notlösungen, die der Vernichtung der altgedienten Kader während der Großen Säuberung geschuldet war. Der junge Ingenieur war Redakteur im Staatsverlag für Landwirtschaft gewesen. Im März 1938 ordnete ihn ein Parteiauftrag zur Arbeit in das NKWD ab. Am 1. November 1938 machte man ihn zum stellvertretenden Chef der INO, am 13. Mai 1939 war er deren Leiter. Wie es Notlösungen so an sich haben, sollte diese eine besonders dauerhafte werden, denn Fitin übte sein Amt während des gesamten Zweiten Weltkrieges aus. Somit werden wir noch reichlich Gelegenheit haben, seine Agenten in Aktion zu sehen.[1114]

Die Große Säuberung erstreckte sich keineswegs nur auf die leitenden Kader der INO. Der Schnitt ging viel tiefer, und er war für die Exekutoren leicht zu führen, weil es zu den Gepflogenheiten der sowjetischen Auslandsaufklärung gehörte, dass auch das Leitungspersonal auf Auslandseinsätze entsandt wurde. Deshalb gab es praktisch keinen, dem man nicht nachsagen konnte, er habe im Ausland Kontakte unterhalten. So traf es in der INO fast das gesamte Führungspersonal. Wir werden uns auf einige Kader beschränken, die in der Deutschland-Spionage einmal eine Rolle gespielt hatten.

Boris Berman wurde am 3. Juni 1937 hingerichtet. Er diente seit 1931 bei der INO, die ihn noch im selben Jahr nach Berlin entsandte. Dort diente der angebliche Botschaftsmitarbeiter Artem als legaler Resident der Auslandsaufklärung. Seine Berliner Jahre brachten der INO Verbindungen zur NSDAP und in den erzkonservativen Kreis um Franz von Papen. Von Berlin ging Berman nach Rom und von dort nach Moskau. Dort war Endstation für den erfolgreichen Geheimdienstler, der noch eine Blitzkarriere im NWKD absolvierte. Die brachte ihn zum Schluss auf den Posten eines Volkskommissars für innere Angelegenheiten in Weißrussland. Im September 1938 war die Laufbahn beendet. Berman, der schon einmal, 1924, wegen bürgerlicher Herkunft aus der Partei ausgeschlossen worden war, wurde jetzt erneut mit seiner Herkunft konfrontiert. Doch diesmal war ein solcher Vorwurf tödlich; sozusagen sicherheitshalber wurde er bezichtigt, ein deutscher Agent zu sein. Die Hinrichtung erfolgte am 2. Februar 1939. Auch Alexander Dobrow war in der Deutschlandspionage tätig. Der gelernte Diplom-Ingenieur, der sein Studium vor dem Ersten Weltkrieg in der Schweiz absolviert hatte, wurde wegen seiner guten Kontakte nach Deutschland 1929 zum illegalen Mitarbeiter der INO ernannt. Ab 1931 war er in Berlin, wo er sich als russischer Emigrant und Weißgardist ausgab. Das verschaffte ihm Zugang zur Russlandabteilung des Amtes Rosenberg der NSDAP. Kontakte zum britischen Geheimdienst und in die russische Emigrantenszene ergänzten das Aufgabenspektrum des Agenten. 1939 wurde er in die Sowjetunion zurückbeordert. Am 20. Juni 1940 wurde Dobrow erschossen.[1115]

Ebenso verfuhr man mit den beiden Werbern der US-amerikanischen Diplomatentochter Martha Dodd. Bei ihr hatten sich nacheinander als Agenten und als Liebhaber die Herren Winogradow und Buchartsew betätigt. Boris Winogradow war seit 1930 in Berlin. Die Liebesaffäre mit der Amerikanerin wurde von seinen Vorgesetzten mit dem Aktenhinweis *Es ist Zeit, diese Amoralität zu beenden* abgebrochen. Der 32-Jährige wurde 1935 aus Deutschland abgezogen. Doch der wahre Grund war weniger das Liebesspiel als der Umstand, dass Winogradow es nicht schaffte, die reizende Martha dem sowjetischen Dienst als Agentin zuzuführen. Das allerdings brachte Dimitri Buchartsew fertig. Er sprang als Liebhaber ein und machte aus Martha die Agentin Lisa. 1936 wurde auch diese Affäre durch die Zentrale beendet. Buchartsew wurde nach Moskau zurückbeordert und wegen Mitgliedschaft in einer Terrororganisation festgenommen; am 3. Juni 1937 wurde er erschossen. Sein Vorgänger Winogradow hatte nur ein Jahr länger zum Leben. Sein Hinrichtungstag war der 28. August 1938. Die INO war rücksichtsvoll genug, der flotten Lisa den Tod ihrer Liebhaber mitzuteilen, was diese keineswegs davon abhielt, weiterhin für die große Sache der Weltrevolution Dienst zu tun. Bei Martha Dodd ist interessant, was die deutschen Abwehrbehörden von alledem mitbekamen. Die Antwort lautet: einiges, jedoch das Falsche. Die Amerikanerin wurde durch das Forschungsamt überwacht, das regen akustischen Anteil an ihrem Liebesleben nahm. So konnte die Lauschabwehr ihren Vorgesetzten Hermann Göring mit dem Liebesgestammel zwischen der Diplomatentochter und dem ehemaligen Weltkriegsflieger und jetzigen Luftwaffengeneral Ernst Udet erfreuen, der erstmals am 6. April 1936 bei den Dodds zu Gast gewesen war. Und als die Amerikanerin ankündigte, bei ihrer Rückkehr in die USA ein besonders saftiges Buch über NS-Deutschland zu schreiben, wurden dem Vater ausgewählte Tonbandabschriften übermittelt, so dass das Vorhaben sichtlich gedämpft wurde. Die Kontakte der Dodd zu ihren sowjetischen Romeos blieben der deutschen Seite indessen verborgen.[1116]

Damit sind einige wenige Beispiele von Dutzenden von INO-Agenten, die einmal Dienst in Deutschland geleistet hatten, abgearbeitet. Besonders schlechte Karten hatten diejenigen, die selbst Deutsche oder deutscher Abkunft waren. Waren sie in einem der drei Geheimdienste, dem NKWD oder einem seiner Vorgänger Tscheka-GPU-OGPU, der militärischen GRU oder der OMS, dem Geheimdienst der Komintern, tätig gewesen, so bedeutete das fast das sichere Todesurteil. Einige von ihnen, wie die Brüder Rakow, haben wir bereits erwähnt. Aber es gab noch zahlreiche andere. Friedrich Feuerherd, in manchen aus dem Russischen rückübersetzten Quellen auch als Friedrich Feyerherd oder Feuergerd bezeichnet, war beispielsweise nach seiner Flucht aus Deutschland in den 1920er-Jahren erst für die OMS, dann für die GRU tätig geworden. Am 2. September 1937 wurde er hingerichtet. Genauso ging es Emil Hopfgarten. Der 22-Jährige war 1921 in Hamburg Mitglied der Kommunistischen Partei geworden. Von 1930 bis 1937 diente er bei der GRU, die ihn bevorzugt in der Mongolei einsetzte. Am 15. März 1937 wurde er erschossen.[1117]

Für das NKWD und seine Spitzenkader war die Große Säuberung nach deren Abklingen Ende des Jahres 1938 nicht erledigt. Im Gegenteil, für diese Funktionäre folgte das dicke Ende in den zwei folgenden Jahren unter dem Jeshow-Nachfolger Lawrenti Berija. Auch für das NKWD galt, wie für die Kommunistische Partei, als Vernichtungskriterium: Es wurden bevorzugt die alten Kader aus der Zeit der Oktoberrevolution beseitigt; es wurden die zahlreichen Nichtrussen liquidiert – an deren Spitze diejenigen, die jüdischer Abkunft waren; schließlich wurden alle Leitungskader entfernt, die einen nichtbolschewistischen Vorlauf hatten. Diese letzte Bemerkung ist nur in einem einzigen Fall unrichtig. Der Mann hatte noch nach der Oktoberrevolution für die Muslimische Demokratische Partei von Aserbaidschan Agentendienste geleistet; sein Name war Lawrenti Berija – der Generalkommissar für Staatssicherheit.[1118]

Auch die militärische GRU blieb bei der Großen Säuberung nicht ungeschoren. Führungsspitze und Agentenapparat wurden radikal dezimiert. Als einen der Wichtigsten traf es den langjährigen GRU-Chef Jan Bersin. Der lettische Bauernsohn, der in Wirklichkeit Peteris Kjusis hieß, musste im April 1935 seinen Chefsessel räumen und wurde auf den Posten eines 1. Gehilfen beim Oberbefehlshaber der sowjetischen Fernostarmee abgeschoben. Doch im Folgejahr brauchte man den international erfahrenen Revolutionär bereits wieder dringend. Unter den Tarnnamen Grischin und Starik reiste er 1936 nach Spanien, um dort den Posten eines sowjetischen Chefmilitärberaters bei der Spanischen Republik anzutreten. Im Sommer darauf rief man ihn nach Moskau zurück. Noch einmal trat er für fünf Monate an die Spitze der GRU. Im November 1937 wurde er verhaftet; acht Monate drauf wurde er am 29. Juli 1938 erschossen. Auch Bersins erster Nachfolger für die Zeit von 1935 bis 1937 überlebte die Große Säuberung nicht. Das war der Korpskommissar Semjon Urizki. Als der 40-Jährige den Chefposten bei der GRU antrat, hatte er eine bewegte Karriere hinter sich. Mitglied der SDAPR(B) war er bereits als 17-Jähriger geworden. Im Ersten Weltkrieg musste er von 1915 bis zur Revolution als einfacher Soldat in einem Dragonerregiment dienen. Nach der Oktoberrevolution änderte sich das schlagartig und Urizki stieg zum Kommandeur einer Kavalleriebrigade in der 2. Reiterarmee auf. Noch während seines 1920 bis 1922 stattfindenden Studiums an der Militärakademie der Roten Armee beteiligte er sich aktiv an der Niederschlagung des Kronstädter Matrosenaufstands. Dann ging er für zwei Jahre als Illegaler nach Deutschland, um dort den Deutschen Oktober mit auszulösen. Nach dessen Scheitern wurde Urizki zum Kommandeur der Internationalen Infanterieschule berufen, wo ein Teil der aus Deutschland geflohenen Mitglieder des M-Apparats jetzt unterkamen. Es folgten weitere Stabs- und Truppenverwendungen bis zur Ernennung zum GRU-Chef. Bereits im Juli 1937 wurde er abgelöst, um dem aus Spanien zurückkehrenden Jan Bersin wieder Platz zu machen. Den Posten eines Befehlshabers des Moskauer Militärbezirks hatte er nur bis zu seiner Verhaftung im November 1937 inne; am 1. August 1938 wurde Urizki hingerichtet.[1119]

Bersins Nachfolger nach seiner zweiten kurzen Amtszeit als GRU-Chef wurde am 8. September 1937 der 35-jährige Semjon Gendin. Gendin kam aus der Tscheka, der er bereits seit seinem 19. Lebensjahr angehörte; zuletzt war er dort stellvertretender Leiter der Geheimen Politischen Abteilung gewesen. Auf dem Posten des GRU-Chefs konnte er sich nur 13 Monate halten, dann wurde er festgenommen. Am 23. Februar 1939 wurde der Arztsohn, vermutlich wegen falscher Klassenzugehörigkeit, hingerichtet. Auf Gendin folgte 1938 Alexander Orlow. Dieser Orlow darf nicht mit dem gleichnamigen Agenten verwechselt werden, der als Deserteur noch einmal sehr bekannt werden sollte, in Wirklichkeit aber Lew Feldbin hieß. Von ihm wird noch zu hören sein. Der echte Orlow war ein ausgebildeter Jurist, der als Soldat der Roten Armee im Bürgerkrieg ein Bein verloren hatte, trotzdem wurde er in den Folgejahren als Ausbilder und in Stabsfunktionen in der Roten Armee weiterbeschäftigt. 1934 ging er als Gehilfe des Militärattachés nach Frankreich. Im November 1935 wechselte der 37-Jährige auf den Attachéposten nach Deutschland und bald drauf nach Ungarn. Seine

Tätigkeit als kommissarischer 11. Leiter der GRU dauerte nicht einmal ein Jahr. Im April 1939 wurde Orlow zum Lehrstuhlleiter an der Artillerieakademie degradiert, zwei Monate später festgenommen und Anfang 1940 erschossen.[1120]

Wie schon beim NKWD erörtert, beschränkte sich die Große Säuberung in der GRU keineswegs auf die Spitzenfunktionäre. Viele andere kamen ebenso wenig mit dem Leben davon. Aus der GRU wurden während der Großen Säuberung 365 Personen entfernt; 222 GRU-Funktionäre wurden hingerichtet – die größten Kontingente der Opfer stellten die Letten, die russischen Juden und die Deutschen. Auch hier galt, dass Personen außerordentlich gefährdet waren, die einmal dienstliche Deutschlandkontakte unterhalten hatten. Zum Beispiel Lew Borowitsch: Der Sohn eines Kaufmanns aus Lodz hatte ab 1921 Agenteneinsätze in Polen und Deutschland absolviert. Nach einem Zwischenaufenthalt in Moskau folgte in den Jahren 1927 bis 1931 ein zweiter Zyklus von Agenteneinsätzen unter dem Decknamen Rosenthal in Deutschland, Österreich und auf dem Balkan. Zum Zeitpunkt seiner Festnahme am 11. Juli 1937 war Borowitsch stellvertretender Leiter der 2. Verwaltung der GRU, deren Aufgabe die Agenturaufklärung im Osten war. Bereits einen Monat nach seiner Verhaftung wurde er erschossen. Zum Beispiel Bronislaw Bortnowski: Er gehörte bereits 1918 als Sekretär von Felix Dsershinski der Tscheka an. Im Sommer wurde er beim Sturm auf die Britische Botschaft in Petrograd schwer verwundet. Wieder genesen, baute er ab Dezember 1921 in Berlin das Agentennetz der sowjetischen Militäraufklärung in Deutschland auf. Bei seiner Rückkehr nach Moskau wurde Bortnowski 1924 zum Leiter der 2. Verwaltung der GRU, also der Agenturverwaltung, ernannt. Eine Krankheit sorgte für seine Abberufung, doch von 1930 bis 1934 war er erneut illegal in Berlin; diesmal im Auftrag der Komintern. Nach seiner Rückkehr im Komintern-Apparat tätig, wurde er im Juni 1937 festgenommen und kurze Zeit später erschossen. Zum Beispiel Alfred Hansen: Der 1891 in Riga geborene Deutschbalte war bereits seit 1906 Mitglied der SDAPR(B). Folgerichtig wurde er im Bürgerkrieg Offizier der Roten Armee. Doch bereits ab 1921 erfolgten Agenteneinsätze für die GRU; zunächst in Paris und ab 1923 in Berlin. Hier war Hansen als Mitarbeiter der sowjetischen Handelsvertretung getarnt. Sein Hinrichtungstag war der 25. August 1937. Zum Beispiel Rudolf Kirchensteiner: Er gehörte der russischen Sozialdemokratie seit 1907 an; zu diesem Zeitpunkt war der angehende Revolutionär 16 Jahre alt. 1918 trat er in die Rote Armee ein. Fortan war er während des Bürgerkrieges und bei der Unterwerfung der kaukasischen Republiken bei der Aufklärungsverwaltung. Später nannte er sich Fürst. Unter diesem Namen absolvierte er jahrelang Agenteneinsätze in Deutschland, Italien, Österreich und Großbritannien. 1937 wurde der enge Freund des GRU-Chefs Jan Bersin nach

Moskau zurückbeordert. Dort wurde er am 2. Dezember festgenommen und im Jahr drauf erschossen.[1121]

Diese kleine Auswahl mag genügen. Man muss sich allerdings fragen, was die Betreffenden veranlasst hat, so widerspruchslos in den sicheren Tod zu gehen. Doch hüte man sich vor Pauschalantworten. Zunächst muss berücksichtigt werden, dass kaum einer der Funktionäre aus dem Sicherheitsapparat es für realistisch hielt, dass auch ihn selbst die Prozedur treffen könnte, die mit der tödlichen Kugel ins Genick endete. Dazu waren sich diese Leute viel zu sicher, *auf Linie* zu sein. Auch wenn sie selbst ungezählte Opfer auf dem Gewissen hatten, sperrte sich ihr Verstand dagegen, selbst Gegenstand der Verfolgung werden zu können. Sie hatten sich nichts vorzuwerfen, so dachten sie. Deswegen traf der Umstand ihrer Verhaftung sie in der Regel überraschend. Auch die, die nicht so gutgläubig waren, hatten kaum eine realistische Chance, der Vernichtung zu entgehen. Diese Feststellung trifft zumindest für diejenigen zu, die sich in der Sowjetunion aufhielten. Das war die Masse. Das Überwachungssystem des Landes machte Funktionären ein Untertauchen im eigenen Lande so gut wie unmöglich. Doch was ist mit den anderen? Den Auslandskadern, den Agenten, den ausländischen kommunistischen Funktionären, die während der Großen Säuberung nach Moskau beordert wurden? Etliche folgten dem Ruf in die sichere Vernichtung. Aber eben nicht alle. Einer, der den Rückruf konsequent überhörte, war der illegale Resident der GRU in Tokio Richard Sorge. Wir werden bei der Schilderung seiner Rolle noch einmal darauf zurückkommen.[1122]

Es gab auch andere, welche die radikale Konsequenz zogen und mit den Herren im Kreml brachen. Das waren nicht allzu viele, und bevor wir sie Revue passieren lassen, wollen wir uns der Frage annähern, warum ein solcher Bruch so schwierig war. In der Sowjetunion hinderten schon die Lebensumstände hieran; hier war die Hexenjagd auf vermeintliche Abweichler im vollen Gange, so dass jeder, der sich anschickte, mit dem System zu brechen, zugleich sein eigenes Todesurteil unterschrieb. Doch im Rest der Welt lagen die Dinge anders. In etlichen Fällen hatte die sowjetische Regierung zwar mit den Angehörigen der Absprungwilligen Geiseln in der Hand, aber es war noch etwas ganz anderes, was die Leute vom Absprung abhielt. Es war eine innere Hemmschwelle. Es war die Furcht, den Mittelpunkt des Lebens zu verlieren. Das erscheint uns heute kaum nachvollziehbar. Und doch war es so. Aus dem Munde eines der Betroffenen klingt das so:

Ich war sechsundzwanzig Jahre alt, als ich in die Kommunistische Partei eintrat, und dreiunddreißig, als ich sie verließ. Die Jahre dazwischen waren meine besten Jahre, sowohl dem Alter nach als auch wegen der bedingungslosen Hingabe, die sie ausfüllte. Nie zuvor oder danach schien das Leben so übervoll an

*Sinn wie während dieser sieben Jahre. Sie hatten die Überlegenheit eines schö-
nen Irrtums über die schäbige Wahrheit ...*

*Irgendwann im Frühjahr 1938 musste ich für den Schutzverband deutscher
Schriftsteller einen Vortrag über Spanien halten ... Ich hatte nicht die Absicht,
die Partei anzugreifen, solange der Krieg in Spanien noch andauerte; und die
Vorstellung, Sowjetrussland öffentlich zu attackieren, enthielt noch immer den
Schrecken der Blasphemie. Andererseits fühlte ich das Bedürfnis, meinen
Standpunkt klarzumachen und nicht passiver Komplize der Henker meiner
Freunde zu bleiben. Obwohl ich meistens frei spreche, schrieb ich mir den
Schluss der Rede auf und korrigierte ihn mehrere Male; es war für mich eine
entscheidende Gelegenheit, und ich wollte mir keine Blöße geben. Ich ent-
schloss mich endlich zu drei einfachen Sätzen, mit denen ich die Rede abschlie-
ßen wollte; jeder für sich genommen war ein Gemeinplatz und doch gleichzeitig eine Todsünde für einen Stalinisten. Der erste lautete: »Es gibt keine
Unfehlbarkeit einer Person, einer Bewegung oder einer Partei.« Der zweite
hieß: »Toleranz dem Feinde gegenüber ist ebenso selbstmörderisch wie Intole-
ranz dem Freunde gegenüber, der das gleiche Ziel auf einem abweichenden
Weg verfolgt.« Der dritte Satz war ein Zitat von Thomas Mann: »Auf lange
Sicht ist eine schädliche Wahrheit besser als eine nützliche Lüge.« Das Resultat
war ungefähr so, als hätte man einer Naziversammlung die erstaunliche Neuigkeit verkündet, dass alle Menschen ungeachtet ihrer Rasse und ihres Glaubens mit gleichen Rechten geboren seien.*

*Als ich geendet hatte, applaudierte die nichtkommunistische Hälfte der Zu-
hörer, während die Kommunisten, fast alle mit verschränkten Armen, in de-
monstrativem Schweigen verharrten. Ich ging allein nach Hause. Als ich in der
Metro-Station von St. Germain des Prés auf den Zug wartete, kamen einige
meiner Genossen, die in der Vorlesung gewesen waren, die Treppe herunter. Sie
gingen an mir vorbei zum anderen Ende des Bahnsteigs, ohne mich anzusehen,
als wäre ich ein unsichtbarer Mann.*

*Jene Heimfahrt in der Metro gab mir einen Vorgeschmack der kommenden
Monate und Jahre der Einsamkeit. Es war nicht physische Einsamkeit, denn ich
fand nach meinem Bruch mit der Partei mehr Freunde als zuvor. Aber indivi-
duelle Freundschaft kann nie das Zugehörigkeitsgefühl zu einer die ganze Welt
umspannenden internationalen Bruderschaft ersetzen; und nicht das wärmen-
de, tröstende Gefühl der Solidarität, das jener anonymen Masse den Zusam-
menhalt und die intime Familienatmosphäre gab ...*

*Solange ich Kommunist war, fühlte ich mich umgeben von der Sympathie fort-
schrittlich gesinnter Menschen, die den Kommunismus nicht mochten, aber
Überzeugungen achteten. Nach meinem Bruch mit dem Kommunismus behan-*

delte mich die gleiche Kategorie von Leuten mit bitterer Verachtung … Ehemalige Kommunisten sind nicht nur lästige Kassandras, wie es die Emigranten waren; sie sind auch gefallene Engel, die die Taktlosigkeit begehen, zu verraten, dass es in ihrem Himmel nicht ganz so zugeht, wie man es sich vorstellt.[1123] So weit Arthur Koestler. Wenden wir uns nun den kommunistischen Geheimdienstfunktionären zu, die den Absprung in jener Zeit wagten. Anders als der Journalist Koestler mussten sie nicht nur das repressive Vorgehen gegen ihre in der Sowjetunion zurückgebliebenen Verwandten befürchten, sondern auch die eigene physische Vernichtung als reale Größe einkalkulieren. Werfen wir unter diesem Gesichtspunkt einen Blick auf die bekannt gewordenen Geheimdienstdeserteure aus der Zeit der Großen Säuberung: Das waren beispielsweise Ignati Reiss, Walter Kriwizki, Lew Feldbin und Genrich Ljuschkow.

Ignati Reiss wurde 1899 als Ignaz Poretzki im damals österreichischen Galizien geboren. Er studierte Jura in Wien und wurde nach dem Ersten Weltkrieg Mitglied der KPÖ. Gleichzeitig diente er seit 1920 der GRU als Agent. Seine Agententätigkeit führte ihn von 1922 bis 1926 nach Deutschland, danach war er bis 1928 wieder im Wien, um am Ende der 1920er-Jahre in der Tschechoslowakei und in den Niederlanden zu spionieren. 1931 wechselte Reiss den Dienstherrn; nunmehr ging er seiner Agententätigkeit für die INO nach. Einsätze in Deutschland, Frankreich und der Schweiz standen für ihn auf dem Programm. Im Juli 1937 brach er mit seinen sowjetischen Herren und war unvorsichtig genug, hierüber in der Presse Auskunft zu geben. Das Killerkommando des NKWD unter der Leitung von Boris Afanasew brauchte keine zwei Monate, um ihn in Lausanne aufzuspüren; am 4. September 1937 wurde er in der friedliebenden Schweiz auf offener Straße erschossen. Der Killer Afanasew starb 1981 eines natürlichen Todes. Sein Komplize Sergej Efron wurde 1941 in der Sowjetunion umgebracht; ihm wurde zum Verhängnis, dass er im exil-russischen *Verband zur Rückkehr in die Heimat* auftragsgemäß als Provokateur des NKWD tätig gewesen war. Das Mördertrio wurde durch eine Frau komplettiert: die deutsche Kommunistin Gertrud Schildbach; sie soll später in Spanien untergetaucht sein.[1124]

Der mit Reiss gleichaltrige Walter Kriwizki, der in Wirklichkeit Walter Ginsberg hieß, diente seit 1921 bei der GRU. Auch er gehörte zum Personal der Deutschland-Spionage, 1923 nahm er am misslungenen Deutschen Oktober teil. Nach einjährigem Zwischenstopp in Moskau ging es 1926 erneut nach Deutschland und von hier aus zwei Jahre später nach Den Haag. 1931 wechselte auch Kriwizki zur INO; den Posten des illegalen Residenten in Den Haag behielt er bei. Im März 1937 wurde er für zwei Monate nach Moskau beordert, dann konnte er in die Niederlande zurückkehren, wo er beschloss, das Schicksal nicht noch ein zweites Mal herauszufordern. Also floh er im Dezember 1937 über Frankreich in die USA.

Auch Kriwizki war unvorsichtig genug, sich öffentlich zu äußern. *In Stalin's Secret Service* erschien 1938 in London; eine französische und eine deutsche Übersetzung folgten. Am 10. Februar 1941 wurde Kriwizki in seinem Hotelzimmer in Washington tot aufgefunden; er war erschossen worden.[1125]
Der Dritte im Bunde war Lew Feldbin, wesentlich bekannter unter seinem Agentennamen Alexander Orlow, was allerdings nicht sein einziges Pseudonym war; er nannte sich auch Feldel, Alexander Berg und Lew Nikolski. Der 21-Jährige nahm 1916 in Moskau ein Jurastudium auf, das er im folgenden Jahr abbrechen musste, da er zur russischen Armee einberufen wurde. 1919 trat er der Roten Armee bei, wo er bei der Sonderabteilung der 12. Armee Jagd auf Konterrevolutionäre machte. 1920 wechselte Feldbin zur Tscheka, die ihn nach einem Studium in Moskau der Auslandsaufklärung INO zuwies. Der Agentenweg des angeblichen Handelsrats Alexander Berg verlief im Zickzack durch ganz Europa mit Stationen in Berlin, Paris, London, Tallin und schließlich in Madrid, wo er beide Bürgerkriegsparteien mit einem dichten Agentennetz überzog. Als guter Bolschewik beteiligte er sich an den Liquidationen von Konterrevolutionären auf Seiten der Republikaner. Er gab auch den Befehl zur Ermordung des spanischen Anarchistenführers Andrés Nin. Im Juli 1938 erhielt er den Befehl, sich in Antwerpen an Bord des sowjetischen Frachters *Swir* mit dem stellvertretenden Chef der INO Michail Spiegelglas zu treffen. Da er jedoch seine Verhaftung fürchtete, setzte er sich aus Spanien nach Frankreich ab und floh per Schiff nach Kanada und von dort aus in die USA, wo er fortan im Untergrund lebte. Erst 1953 brach er sein Schweigen. Sein Buch *Kreml-Geheimnisse*, das er 1953 publizierte, machte ihn in dieser Zeit der Kommunistenhatz in den USA zu einem berühmten Mann.[1126] Warum Feldbin Stalin überleben konnte, erklärte er selbst so:

Sofort nach meiner Ankunft in Kanada schrieb ich einen langen Brief an Stalin und sandte einen Durchschlag davon an Jeshow. In ihm sagte ich Stalin, der mich seit 1924 persönlich kannte, was ich und jeder ehrliche Mensch über sein Regime dachten. Aber die wirkliche Absicht meines Briefes bestand darin, das Leben unsrer Mütter zu retten. Das konnte ich nicht erreichen, wenn ich ihn mit Bitten bestürmte oder an sein Gefühl für Menschlichkeit appellierte. Ich tat es auf eine andere Weise, von der ich wusste, dass er sie verstehen würde. Ich warnte ihn mit aller mir zu Gebote stehenden Entschiedenheit, dass, wenn er es wagen sollte, sich an unsern Müttern zu rächen, ich alles veröffentlichen würde, was mir über ihn bekannt war. Um Stalin zu beweisen, dass ich es ernst meinte, schrieb ich eine Übersicht über seine Verbrechen nieder und heftete diese meinem Brief an.
Ich warnte ihn außerdem, dass im Falle meiner Ermordung durch seine Henker mein Anwalt sofort den Bericht über seine Verbrechen veröffentlichen

würde. Ich kannte Stalin nur zu gut und war sicher, dass er meine Warnung beachten würde.[1127]
Der vierte prominente Überläufer aus jenen Tagen war der Kommissar der Staatssicherheit III. Ranges Genrich Ljuschkow. Ljuschkow trat 1920 als 20-Jähriger bei der Tscheka ein. Sein Weg führte ihn in der Geheimpolizei in den nächsten 17 Jahren steil nach oben. 1937 wurde er zum Chef des NKWD in Fernost ernannt. Als er den verdächtigen Befehl erhielt, sich umgehend in Moskau zu melden, setzte er sich am 13. Juni 1937 in der Mandschurei über die Grenze zur japanischen Armee ab. Die Japaner verhörten ihn ausgiebig, denn natürlich war dieser Mann angesichts der japanischen Aggressionsabsichten eine nachrichtendienstliche Goldgrube. Die Ergebnisse dieser Vernehmungen leiteten die Japaner auch der deutschen Botschaft zu. Hieraus erwuchs sein besonderer Stellenwert für die deutsche Nachrichtengewinnung über die Sowjetunion, obschon er im Gegensatz zu den drei anderen Überläufern keinerlei unmittelbare Berührung mit dem Deutschlandgeschäft von NKWD und GRU gehabt hatte. Feldbin, Reiss und Kriwizki standen der deutschen Aufklärung nicht zur Verfügung. Sie hätten schon wegen ihrer jüdischen Herkunft verrückt sein müssen, Deutschland als Fluchtpunkt auszusuchen. Ljuschkow hatte den deutlichen Vorzug, ein intimer Kenner der innersowjetischen Verhältnisse zu sein; bei ihm stand nicht zu befürchten, dass jahrelange Auslandstätigkeit den Blick für die Realität innerhalb der Sowjetunion verstellt haben könnte. Der Haken bei Ljuschkow und seinen Aussagen steckte an einer ganz anderen Stelle. Wir werden uns damit befassen, wenn wir die deutschen Erkenntnisse über die Sowjetunion am Vorabend des Russlandfeldzuges vom Juni 1941 Revue passieren lassen.[1128]
So weit die Fakten. Wir haben die Schilderung dieses Teils der Großen Säuberung als das Perpetuum mobile bezeichnet, weil immer wieder sowjetische Geheimdienstkader beauftragt wurden, die Spuren ihrer Vorgänger dadurch zu verwischen, dass sie die Verantwortlichen liquidierten. Mit dem Übergang der Leitung des NKWD von Jeshow auf Berija wurde das Liquidationskarussell angehalten. So jedenfalls ist es mit Hinweis auf das Ende der Großen Säuberung vor allem von sowjetischer Seite vielfach behauptet worden. Doch diese Darstellung stimmt nicht. Die Todesmühlen liefen vielmehr weiter, und wer einmal drinsteckte, kam daraus nicht wieder frei, nicht einmal, als der Krieg mit dem Deutschen Reich begonnen hatte. Es wurde weiter eingesperrt und erschossen. Nur die Wahrnehmung dessen hatte sich verändert, vielleicht weil Gewöhnung eingetreten war und die Zahlen abgenommen hatten, so dass man den neuen Zustand als die Rückkehr zur Normalität empfand.[1129] Erst kurz nach Stalins Tod bequemte sich der allmächtige Lawrenti Berija zur Absicherung seiner Macht, per Erlass Nr. 0068 vom 4. April 1953 an die untergebenen Dienststellen Gesetzesverletzungen zu rügen

und zu unterbinden. Kein Wort wurde darüber verloren, dass alles dies unter der Herrschaft des Unterzeichners 15 Jahre lang stattgefunden hatte:

Das Innenministerium der UdSSR stellt fest, dass bei der Untersuchungsarbeit der Organe des MGB schwere Verletzungen der sowjetischen Gesetze vorgekommen sind, dass unschuldige sowjetische Bürger verhaftet wurden, dass Untersuchungsmaterialien gefälscht wurden, dass ein breites Spektrum von Foltermethoden angewendet wurde …[1130]

Hinsichtlich der Behandlung der Roten Armee während der Großen Säuberung ist viele Jahre ungeprüft die Auffassung vertreten worden, deren Enthauptung habe den entscheidenden Grund für die schweren Niederlagen im deutsch-sowjetischen Krieg des Jahres 1941 gebildet. Im Gegensatz hierzu ist die Auswirkung der Großen Säuberung bei den Geheimdiensten auf das Verhältnis zu Deutschland kaum in den Blickpunkt gerückt worden. Das ist nur zu verständlich. Eine derartige Erörterung hätte nach einer Darstellung verlangt, wie tief greifend die geheimdienstliche Unterwanderung des Deutschen Reichs selbst zur Zeit des Nationalsozialismus war. Der Dreiklang von NKWD, GRU und Komintern hätte auch bei wohlmeinenden Betrachtern Zweifel wecken müssen, dass es sich bei der Sowjetunion um einen friedliebenden Staat handelte, der sich lediglich durch ein vertretbares Maß an Spionage vor militärischen und politischen Überraschungen zu schützen suchte. Doch so lagen die Dinge keineswegs, wie wir gesehen haben. Die Geheimdienste OMS, INO und GRU haben sich stets auch als Arm der Weltrevolution unterhalb der Schwelle des offenen Krieges verstanden. Und genau so handelten sie. Das Bild von der friedfertigen Sowjetunion war Unfug; das Tun ihrer Dienste ist der beste Beleg hierfür.

Ganze Kategorien von Geheimdienstkadern wurden in den Jahren ab 1936 physisch vernichtet. Unter diesen nahezu alle Spitzenfunktionäre und ungezählte andere, deren einziges Verschulden es war, mit Deutschland in Berührung gekommen zu sein. Man kann ohne zu übertreiben sagen, dass die Geheimdienste enthauptet und ihrer Deutschlandexperten beraubt wurden. Denn bei der Großen Säuberung ging es nicht nur um das Abräumen des GRU-Chefs Bersin, des INO-Chefs Sluzki und des Leiters der OMS Alexander Abramow-Mirow. Es ging um ganze Seilschaften altgedienter Funktionäre. Doch allein aus diesem Umstand ist nicht ohne weiteres der Schluss zu ziehen, dass die geheimdienstliche Bearbeitung des Deutschen Reichs damit zum Erliegen kam, denn es rückten unverzüglich junge Kräfte nach. Das Reservoir der sowjetischen Sicherheitsapparate erwies sich als schier unbegrenzt; es barg scheinbar unerschöpfliche menschliche Reserven. Doch es kann kaum übersehen werden, dass zahlreiche Nachrücker außer ihrer lupenreinen kommunistischen Gesinnung geheimdienstlich zunächst nicht viel zu bieten hatten, zumal bei der Besetzung von Schlüsselpositionen die schlichte Zugehörigkeit zur Berija-Bande mehr Pluspunkte für die Karriere einbrachte als das Vorweisen solider Fachkenntnisse. Es lässt sich nicht leugnen, dass die Deutschland-Tätigkeit der sowjetischen Dienste mit der Vernichtung der Kader, die als Wissensträger eingeschätzt werden müssen, einen nur mühsam zu reparierenden Knick erfuhr. Zwar gab es nach wie vor ein ganzes Heer brauchbarer Agenten, doch diese wurden mangels geeigneter Führungsoffiziere ihre Nachrichten nicht mehr geordnet los. Der Einbruch in der sowjetischen Geheimdiensttätigkeit fand zeitgleich mit dem militärischen Wiedererstarken Deutschlands und seinem Umschwenken auf eine aggressive Außenpolitik statt. Dieser Hinweis ist deswegen ernst zu nehmen, da sich das Deutsche Reich zur selben Zeit anschickte, nach Osten und Südosten hin Einflussbereiche abzustecken, die nicht ohne Auswirkung auf die deutsch-sowjetischen Beziehungen bleiben konnten. In dieser Phase, die zugleich eine Annäherung beider Staaten brachte, war die sowjetische Deutschlandaufklärung nahezu blind.[1131]

Die Große Säuberung diente einem einzigen Ziel: der Etablierung eines Alleinherrschers. Dieser Mann hieß Josef Dshugaschwili; sein Parteiname war Stalin. Er ließ Untertanen abschlachten, um durch den so erzeugten Terror jegliche Form des Widerspruchs im Keim zu ersticken. Vor und nach ihm hat es Gewaltherrscher gegeben, die im Prinzip nicht anders gehandelt haben. Das Einzigartige an Stalins Vorgehen ist das Ausmaß seiner Verbrechen. Um Hunderttausende von Menschen nach gerichtlichen Scheinverfahren zu ermorden oder für Jahre unter den entwürdigendsten Bedingungen ihrer Freiheit zu berauben, bedurfte er einer ähnlich großen Zahl von Mittätern und Handlangern. Sie waren offenbar ohne Schwierigkeit zu rekrutieren. Es ist nicht unbedingt ein Spezifikum der kommunistischen Ideologie, solche Verbrechen zu inszenieren, doch sie erleichterte den Irrwitz kolossal. Während vernünftige Menschen sich dagegen sträubten, die Schauprozesse für bare Münze zu nehmen, galt dies für gläubige Kommunisten keineswegs.

Die Behauptung, die der ehemalige Botschafter in Berlin, Nikolaj Krestinski, in seinem Schauprozess öffentlich zu Gehör brachte, er sei zehn Jahre lang ein deutscher Agent gewesen, entbehrte jeglicher Grundlage. Doch so klar, wie uns das heute erscheint, war das den Zeitgenossen nicht. Sie hielten, selbst wenn sie Mitarbeiter des NKWD waren, solche Selbstbezichtigungen für echt. Das klingt unglaublich, aber es gibt genügend Belege. So äußerte sich beispielsweise der NKWD-Offizier Shigunow, der nach dem Beginn des Russlandfeldzuges in deutsche Kriegsgefangenschaft geriet, gegenüber seinem Vernehmer im Brustton der Überzeugung, dass es sich bei Krestinski um einen gefährlichen deutschen Spion gehandelt habe. Das musste umso mehr befremden, als Shigunow in der Zeit der Großen Säuberung bei der Überwachung der ausländischen Vertretungen in

Moskau eingesetzt war. Er kannte sich in diesem Umfeld erstaunlich gut aus; die zugehörigen politischen Zusammenhänge waren ihm geläufig.[1132]
Nebenbei brachte die Vernehmung des NKWD-Mannes etwas anderes ans Tageslicht. Was ohnehin vermutet worden war, wurde bestätigt: Die deutsche Botschaft war intensives Ausspähungsobjekt des sowjetischen Geheimdienstes. 1937 musste das auch dem letzten Ahnungslosen in der Botschaft auffallen, als sich eines Morgens der Panzerschrank der Botschaft nicht öffnen ließ, weil ein Schlüssel abgebrochen stecken geblieben war. Nachdem eine Untersuchung ergeben hatte, dass das Ereignis nur von unbefugter Hand verursacht sein konnte, wurden alle Russen und diejenigen, die mit Russen verheiratet waren, aus dem Botschaftsdienst entlassen. Die Jahre später erfolgte Vernehmung von Shigunow ergab nicht nur, dass sich der NKWD-Agent mit dem abgebrochenen Nachschlüssel tatsächlich unter den Entlassenen befunden hatte, sondern dass dieser mehrer Male zuvor die Geheim-Sachen der Botschaft entnommen und zur Kopie seinen Auftraggebern überlassen hatte. Ob daneben in den Räumen der Vertretung Abhöreinrichtungen installiert waren, blieb unklar; jedenfalls wurden sie vom Personal der Botschaft vermutet. Angeblich stellte man sich darauf ein, sagte auch mal etwas, was die andere Seite erfahren sollte, und verlegte im Übrigen geheim zu haltende Gespräche ins Freie. Es mag sein, dass man glaubte, sich derart schützen zu können. Jedoch erweist sich in der Praxis des Abhörens, dass man nur geduldig genug zuhören muss, um selbst heimlichste Dinge gesagt zu bekommen. Im Übrigen dauerte die scheinbare Ruhe der deutschen Vertretung nur knappe zwei Jahre, dann kam nach der kriegsbedingten Auflösung der deutschen Vertretung in Warschau deren Mitarbeiter Gerhard Kegel nach Moskau; er war identisch mit dem GRU-Agenten Kurt, den wir im Zusammenhang mit dem Unternehmen Barbarossa noch bei der Arbeit sehen werden.[1133]

Spaniens Himmel.
Deutschland, Russland und der Spanische Bürgerkrieg

Im Jahr 1936 begann in der Sowjetunion die Große Säuberung, und in Deutschland hoben Sportler aus allen möglichen Ländern im Berliner Olympiastadion die Hand zum Hitlergruß. Der NS-Staat gab sich unter den Augen der Weltpresse reputierlich. Zur selben Zeit begann in Spanien ein blutiges Gemetzel, der Bürgerkrieg. In der Literatur besteht eine seltsame Schieflage über den Spanischen Bürgerkrieg. Wenn man sie ohne Hintergedanken liest, könnte man denken, dass das Gute gesiegt hat, die Sache des Volkes, dem unsere Sympathie zu gelten habe. Doch irritiert muss man zur Kenntnis nehmen, dass die Angelegenheit ganz anders ausgegangen ist. Diese schiefe Wahrnehmung der Dinge liegt nicht zum wenigsten daran, dass es nach dem Ende des Dritten Reichs nicht grundlos außer Mode gekommen war, Bücher zur Kenntnis zu nehmen, die aus der Perspektive der nationalspanischen Seite berichteten.[1134] Es entsprach nicht mehr dem Zeitgeschmack, und in Westdeutschland regierte das schlechte Gewissen, einer weiteren Diktatur in den Sattel geholfen zu haben. Deswegen war die Lektüre der großen Werke der republikanischen Seite angesagt – insbesondere, wenn deren Autoren, wie André Malraux, Arthur Koestler und George Orwell, dem Kommunismus Valet gesagt hatten.[1135] Für Ostdeutschland stellte sich das Problem so nicht: In der DDR befand sich die Staatsführung per se auf der Seite der Sieger der Geschichte, so dass sich in der dortigen Literatur die Helden des marxistischen Spaniens ein Stelldichein gaben; das lag nicht zuletzt auch daran, dass etliche der nunmehr in Amt und Stellung gelangten SED-Funktionäre einen persönlichen Abstecher in die Inter-Brigaden hinter sich hatten.[1136] Beide Blickrichtungen auf die Vorgänge in Spanien in den Jahren 1936 bis 1939 verhinderten so ein einigermaßen realistisches Bild. Denn dass es so kam, wie es dann kam, ja kommen musste, ist nicht zum wenigsten der Intervention der beiden großen Links- und Rechtsdiktaturen dieser Zeit, dem nationalsozialistischen Deutschland und der kommunistischen Sowjetunion geschuldet. Deren Eingreifen lief vielschichtig ab; weitgehend fand es unter Ausschluss der Öffentlichkeit statt.

Einer der Gründe für den Bürgerkrieg in Spanien stammte aus der Sowjetunion. 1935 machte die Komintern einen entscheidenden ideologischen Schwenk, der den Namen Volksfront erhielt. Dieser Schwenk war so bedeutend, dass es sich lohnt, einen Augenblick bei ihm zu verharren. Von Stund an, so wurde allen Kommunisten in der Welt dekretiert, komme es nicht mehr zuvörderst auf die Bekämpfung der Sozialdemokratie an, sondern auf die Zusammenarbeit zur gemeinsamen Bekämpfung des Faschismus. Die gemeinsame politische Basis wurde mit dem Begriff vom Antifaschismus belegt; der trat danach seinen Jahrzehnte andauernden Siegeszug in die Welt an. Dabei war der Begriff des Antifaschismus keineswegs neu, er war 1935 nur gründlich umgewidmet worden. Denn erst jetzt wurde Faschismus mit dem nationalsozialistischen Regime in Deutschland gleichgesetzt. Zuvor hatte das nicht ins Kalkül der Revolutionsstrategen in Moskau gepasst, denn auch ein Dutzend Jahre nach dem Machterwerb der Bolschewiki kämpften die Spitzengenossen immer noch die ideologischen Schlachten des großen Wladimir Iljitsch Uljanow. Konkret hatte der Spanische Bürgerkrieg seinen Ausgangspunkt in den Parlamentswahlen vom 16. Februar 1936 genommen, die mit dem Sieg einer Mehrheit der Linksparteien endeten. Die anschließend gebildete Volksfrontregierung war nur möglich geworden, weil die KP Spaniens sich dem strategischen Diktat der Komintern beugte und mit den anderen Linksparteien paktierte, die in ihrer Masse mit den Bolschewiki nichts im Sinne hatten.[1137]

Ein deutscher Admiral namens Canaris.
Der Bürgerkrieg beginnt

Dem Antritt der neuen Regierung folgte ein Putsch von Kolonialoffizieren in der spanischen Kolonie Marokko auf dem Fuße. Einer ihrer Anführer hieß Francisco Franco. Doch die Rebellen saßen in den afrikanischen Besitzungen fest, vom spanischen Mutterland durch das Meer getrennt. So wäre es auch geblieben, wenn nicht unerwartete Transporthilfe aus Deutschland eingetroffen wäre. Es waren einige Dutzend Verkehrsflugzeuge vom Typ Ju 52 der Deutschen Lufthansa, welche die Rebellenarmee aufs spanische Festland schafften.[1138] Die dreimotorigen Wellblechvögel waren eigens zu diesem Zweck von ihren Hoheitsabzeichen befreit worden; sie bildeten die erste kriegsentscheidende Luftbrücke der Neuzeit. Dass es überhaupt zu diesem fremden staatlichen Eingreifen in die inneren Verhältnisse der Spanischen Republik kam, ist in der Memoirenliteratur in nicht zur Deckung zu bringender Weise beschrieben worden. Das wundert nicht, denn der Sieg hat bekanntlich stets viele Väter. Hätte man die Bürger-Krieger noch 1936 befragt, wären die Antworten vermutlich wesentlich spärlicher ausgefallen. Denn eigentlich sprach alles gegen den Sieg der Franco-Armee. Ihr ideologisches Rüstzeug, das sich im Begriff der Falange kristallisierte, war dem von NS-Deutschland nicht besonders ähnlich. Krasse Unterschiede bestanden zum Beispiel in der Rolle der katholischen Kirche, die für Franco und die Seinen ein Schwerpunkt der Unterstützung im Kampf gegen die Volksfront wurde. Dass dies so war, war nicht zum wenigsten der Volksfrontregierung selbst zu verdanken, die mit der Konfiskation von Kirchen und Klöstern einen scheinbar modernen Weg einschlug, dem ein Teil der Bevölkerung in Spanien verständnislos gegenüberstand.
Die ersten spärlichen Meldungen vom Wirken der Volksfront und der Rebellion in Marokko führten bei allen entscheidenden Stellen des Deutschen Reichs zur Überzeugung, dass dieser ferne Konflikt Deutschland nichts angehe. Nur ein einziger Mann von einigem Einfluss war in diesem Punkte anderer Meinung; das war der Konteradmiral Wilhelm Canaris. Der deutsche Abwehrchef hatte bereits in einem sehr frühen Stadium ganz andere Ziele. Seine engen Verbindungen in die spanische Generalität und zu Spitzenindustriellen bewogen ihn zu einer eigenwilligen Lagebeurteilung. Für ihn stand frühzeitig fest, dass er mit oder ohne das Wissen seiner Vorgesetzten den Abwehrapparat nutzen werde, um den Freunden von einst zu helfen. Der Gedanke an die Volksfront weckte in ihm schlimme Erinnerungen an die November- und Dezembertage des Jahres 1918 im revolutionären Kiel. Sein tief sitzender Antibolschewismus ließ in ihm Befürchtungen

für den Rest des westlichen Europa wach werden, die ihn zu hektischer Betriebsamkeit veranlassten, was sonst seine Sache eher nicht war. In aller Eile wurde in Spanien eine Spionagebasis geschaffen, die nicht nur den Admiral mit Nachrichten versorgte, sondern auch als Informationsscharnier für die verschiedenen putschbereiten Kräfte diente. An ihrer Spitze stand der ehemalige U-Bootkommandant des Ersten Weltkrieges Wilhelm Leißner. Der 28-Jährige war 1920 aus der Marine als Kapitänleutnant entlassen worden und hatte sich dann in den 1920er-Jahren als Verleger in Nicaragua versucht. Bei der Wiederaufrüstung der deutschen Wehrmacht fand er Unterschlupf bei der Abwehr. Jetzt diente er unter dem Decknamen Oberst Lenz als Chefresident auf der Seite der Falange. Leißner blieb nach dem Bürgerkrieg in Spanien; auch im Zweiten Weltkrieg war er der Resident auf der Iberischen Halbinsel, jetzt unter der Bezeichnung eines Leiters der Kriegsorganisation (KO) Spanien. Leißners Aktivitäten verdankte der aufstrebende General Franco die Einrichtung eines eigenen Geheimdienstes, des SIPM (Servicio de Información de la Policía Militar), also des Informationsdienstes der Militärpolizei.[1139]

Man kann nicht sagen, dass die Canaris-Leute ihr Handwerk völlig geräuschfrei ausübten. Bereits am 15. Juni 1936 war in Madrid, der Hauptstadt und dem Zentrum des republikanischen Spanien, der deutsche Agent Eberhard Funk festgenommen worden. Er wurde noch im selben Jahr hingerichtet. Ein anderer Agent war Ernst Schulze; seine Basis war Sevilla, wo der Abwehrmann bis 1945 tätig blieb; sein Anteil bei der Errichtung der deutschen Legion Condor in Spanien gilt als beträchtlich. Den Vogel schossen allerdings die beiden deutschen Geschäftsleute Johannes Bernhardt und Adolph Langenheim ab. Sie waren es, die ihre afrikanischen Geschäftsbeziehungen zu Absprachen mit dem Rebellengeneral Franco nutzten, in dessen Auftrag sie im Sommer 1936 nach Deutschland reisten. Durch die Protektion von Canaris gelang es ihnen, am 25. Juli 1936 von Hitler empfangen zu werden. Dieser hielt sich gerade in Bayreuth auf. Mag sein, dass der Mann, der sich Führer nennen ließ, wie so manches Mal vom Donnerdröhnen des Wagner'schen Opernspektakels – diesmal war es die Walküre – beflügelt wurde, jedenfalls teilte er im Nachhinein dem devoten Hofstaat einen seiner berüchtigten Führerentschlüsse mit. Wer bei diesem Theatercoup genau welche Rolle spielte, lässt sich nicht mehr klären; zu unterschiedlich sind die Aussagen der Beteiligten. Fest steht lediglich, dass so und nicht anders Franco seine Transportmaschinen bekam. Das deutsche Unternehmen mit dem martialischen Namen Feuerzauber lief an. Der Spanische Bürgerkrieg konnte beginnen.[1140]

Silberner Vogel und rote Faust.
Die Legion Condor und die Internationalen Brigaden

Der Bürgerkrieg nahm einen für diese Art der Kriegführung typischen Verlauf. Metzeleien und fanatische Bluttaten waren an der Tagesordnung. Der von der Leine gelassene Mob feierte Triumphe. Kriegsgeschrei und tatsächliche Kriegshandlungen wechselten mit erschöpftem Atemholen und auch völligem Unbeteiligtsein. Örtliche und ideologische Koalitionen wurden geschlossen und zerfielen wieder. Insofern gibt es nichts Besonderes zu berichten. Eines indessen wurde im Verlauf des Jahres 1936 anders: Mit dem Deutschen Reich und Italien auf der einen, der Sowjetunion auf der anderen Seite griffen militärische Großmächte ins Geschehen unmittelbar ein. Deutschland entsandte mit der Legion Condor eine Freiwilligenformation, die vor allem aus aktiven Soldaten bestand. Sie kamen mit ihren Panzern und Kriegsflugzeugen ins Land. Alles Heimlichgetue um dieses Eingreifen wurde bald zur Makulatur. Dafür sorgte Otto Katz. Er gehörte, wie schon berichtet worden ist, zu Münzenbergs Literatenstab in Paris. Katz veröffentlichte bereits 1936 unter seinem Schriftstellerpseudonym André Simone eine ausführliche Dokumentation über das deutsche Engagement. Nun zur Sowjetunion: Aus ihr strömte reichlich Militärpersonal herbei, das Panzer und Flugzeuge im Gepäck hatte; nur hießen die Sowjets hier nicht Soldaten, sondern Berater, eine hübsche Wortverdrehung, die das ganze Jahrhundert hindurch beibehalten werden sollte. Es waren insgesamt 2044 sowjetische Militärs, die in Spanien zum Einsatz kamen, unter ihnen viel Armee- und Geheimdienstprominenz. Es wird geschätzt, dass sich mindesten 700 bis 800 von ihnen ständig vor Ort aufhielten. Natürlich blieb den nationalspanischen Kriegsgegnern das heimliche Eingreifen der Sowjetunion nicht verborgen. Bereits 1937 revanchierte sich das Goebbels'sche Propagandaministerium für die entlarvende Schrift von André Simone (Otto Katz), indem es seinerseits die Sowjetaktivitäten in einem Rotbuch offenbarte.[1141]

Anders verhielten sich die Länder Westeuropas und die USA. Man erklärte sich für neutral, duldete aber die Bildung von Freiwilligenverbänden für die republikanische Seite und stellte dem Waffenexport wenig in den Weg. Auf der nationalspanischen Seite griff Italien neben Deutschland unmittelbar in Spanien ein. Es sandte seinen Geheimdienstchef Mario Roatta, der im September 1936 als frisch ernannter General an die Spitze einer Italienischen Legion trat. Bei Lichte betrachtet tat sich für die Diktaturen Europas in Spanien ein gigantisches Manöverfeld auf, wo im scharfen Schuss probiert werden konnte, was die eigene Waffenindustrie zu produzieren vermochte. Für die Deutschen waren die Erkenntnisse mehr als ernüchternd; die eingesetzten Kampfpanzer erwiesen sich als derartig störanfällig, dass sie alsbald wieder vom Kriegsschauplatz abgezogen werden mussten. Der Luftwaffeneinsatz zeigte, dass die fremden Flugzeugmuster, auch die sowjetischen, die deutsche Flugzeugindustrie vor ernste Probleme stellten. Bei den Italienern fiel auf, dass sie Truppen geschickt hatten, deren Kampfmoral mehr als bescheiden war. Die Deutschen waren hochmütig genug, die Verbündeten mit ihren Nörgeleien heimzusuchen. Sie machten auch keineswegs vor ihren spanischen Gastgebern Halt, die darüber derartig in Zorn gerieten, dass Franco den Abzug der Legion Condor erwog.

Die Umständlichkeiten der in Salamanca errichteten deutschen Botschaft mussten den Spanier mehr als lästig erscheinen, denn sie hatten im Leiter der *Hisma Ltda. Carranca & Bernhardt* einen Agenten des Reiches zur Verfügung, der unbürokratisch zu arbeiten verstand. Johannes Bernhardt hatte über seine Beziehungen zu Göring die Junkers-Transporter beschafft, mit denen Franco seine afrikanischen Divisionen ins Mutterland beförderte. Über die Hisma liefen auch alle späteren kommerziellen und viele politische Fäden nach Berlin. Die Macht des autonomen Unternehmens war so groß, dass die Hisma ihre eigenen Geleitbriefe ausstellte, die so viel galten wie die der spanischen Behörden.

Auch innerhalb der Legion Condor machten sich Erscheinungen bemerkbar, die [dem Befehlshaber General Hugo] Sperrle Sorge bereiteten. Die jungen Freiwilligen gewannen nicht nur die Herzen vieler Mädchen, sondern auch potenzieller Schwiegereltern, die sich für das Erbe ihrer Töchter keinen besseren Sachwalter wünschten als einen Deutschen. Sehr bald war ein Teil der Condor-Legionäre mit Spanierinnen verlobt. Sperrle sah sich zu einem Tagesbefehl genötigt, der engeren Bindungen an Spanierinnen für die Dauer des Bürgerkrieges einen Riegel vorschob. Die Spanier fühlten sich gekränkt, und die Beliebtheit der Legion nahm ab.[1142]

So der Journalist vor Ort, Hans-Georg von Studnitz. Man sollte allerdings hinzufügen, dass Francos Ärger vor allem aus den besserwisserischen Einwendungen des deutschen Generals herrührte, dem nicht einleuchten wollte, dass der spanische Generalissimus nach dem ersten Fehlschlag die Einnahme der Hauptstadt Madrid bewusst herauszögerte. Franco war klar, dass er sein Heer nach der Einnahme von Madrid nicht würde beisammenhalten können. Bei derartigen Verstimmungen war es der Reisediplomatie des deutschen Abwehrchefs Wilhelm Canaris zu danken, dass die deutschen Landsleute auf den Teppich der Tatsachen zurückgeholt wurden. Auch sorgte er für die Abberufung der Lautstärksten, was zum Wechsel an der Spitze der Legion führte. Der Kommandeur der Legion, Hugo Sperrle, den Franco sicher zu Recht als einen sehr groben Menschen titulierte, musste gehen und wurde durch den wesentlich geschmeidigeren Doktor der Ingenieurwissenschaften und Generalmajor Wolfram von Richthofen ersetzt.[1143] Vielleicht wäre Francos Zorn auf seine Verbündeten etwas milder ausgefallen, wenn er das Verhalten der Berater auf der Gegenseite im vollen Umfang gekannt hätte. Auch die sowjetischen Militärs und Funktionäre benahmen sich keineswegs so, wie man das von Verbündeten in einem fremden Land hätte erwarten dürfen. Sie ließen von Anbeginn an keinen Zweifel daran, dass sie die Entsandten aus dem Reich der Werktätigen waren, die jetzt das Heil nach Spanien zu bringen hätten und deswegen auch das Sagen haben müssten. Sie sprangen mit den nationalstolzen Spaniern wie mit Lakaien um, obschon die mit ihrer ganz überwiegenden Mehrheit, soweit sie sich überhaupt auf der Seite der Republik engagierten, gewiss alles andere als Kommunisten waren, von Bolschewiki ganz zu schweigen. Natürlich blieb den Sowjets diese Missstimmung nicht verborgen. Sie waren es gewohnt, an jeglichem Ort operativer politischer Tätigkeit unverzüglich einen Geheimdienst zu installieren, dessen Angriffsrichtung weniger der Bürgerkriegsgegner denn die eigene Seite war.

Dass dies gelang, verbürgte schon die große Zahl der ins Land einreisenden Geheimdienstleute. An deren Spitze so bekannte Leute wie Wladimir Antonow-Owsejenko und Jan Bersin. Der 1884 geborene Antonow gehörte zu den alten bolschewistischen Revolutionsspezialisten; der gelernte zaristische Offizier hatte bereits 1905 am bewaffneten Aufstand in Alexandrija in Polen und im Jahr drauf in Sewastopol auf der Krim teilgenommen, was ihm ein Todesurteil eingebracht hatte, das später in eine langjährige Haftstrafe abgewandelt wurde. 1917 war er der erste sowjetische Volkskommissar für Heeres- und Marineangelegenheiten, später im Bürgerkrieg Befehlshaber einer Front. Von hier aus wechselte er in die 1920er-Jahren ins diplomatische Fach; als Botschafter in der Tschechoslowakei, in Litauen und in Polen gehörte er zu den Hauptorganisatoren steter revolutionärer Unruhe in den Nachbarländern Sowjetrusslands. Jetzt, am 1. Oktober 1936, landete er per Schiff in Barcelona, um den spanischen Revolutionären auf die Sprünge zu helfen. Mit von der Partie der soeben abgelöste Chef des Militärgeheimdienstes GRU, der Korps-Kommissar Jan Bersin; er diente als Chef-Militärberater unter den wechselnden Namen Starik und Grischin. Ebenso dort der Revolutionsveteran Woldemar Rose, bereits 1923 unter dem Decknamen Peter Skoblewski militärischer Leiter beim Deutschen Oktober und wegen seiner Mordtaten 1925 im Deutschen Reich zum Tode verurteilt und sodann freigetauscht; 1937 war er der als Brigadekommandeur Gorjew gefeierte Held von Madrid. Der Kommissar Zweiten Ranges Abram Sluzki reiste 1937 unter dem Decknamen Marcos herum; in Wirklichkeit war der 39-Jährige in dieser Zeit Leiter der sowjetischen Auslandsaufklärung. Ebenso war sein Vertreter, der Major der Staatssicherheit Sergej Spiegelglas, mit von der Partie; er leitete so genannte Spezialeinheiten im Rücken der Franco-Truppen. Alle vier starben, 1937/38 in die Sowjetunion zurückbeordert, eines gewaltsamen Todes.[1144]

Nachfolger Bersins als Hauptmilitärberater wurde 1937 der sowjetische Offizier Georg Stern, der auch als Grigori Michailowitsch Schtern in den verschiedenen Übersetzungen vorkommt. Der 37-Jährige hatte in der Roten Armee eine Blitzkarriere gemacht. 1938 musste er nach Moskau zurück, andere Spitzenverwendungen folgten; am 28. Oktober 1941, also auf dem Höhepunkt des sowjetischen Rückzuges im deutsch-russischen Krieg, wurde der am 7. Juni 1941 Verhaftete auf Befehl Berijas erschossen. Georg Stern ist nicht zu verwechseln mit Manfred Stern, der bereits während des Deutschen Oktober als Revolutionsbeschleuniger in Hamburg gewirkt hatte. Mit seinen großspurigen und unrichtigen Erzählungen war er aufgefallen. Peinlich für Stern; er wurde degradiert und musste seine Großmannssucht in etlichen anderen Auslandsstationen abarbeiten. Sein Meisterstück lieferte er als Resident in den USA, als es ihm Anfang der 1930er-Jahre gelang, einen Kampfpanzer der Bauart Christies zu stehlen und in die Sowjetunion verschiffen zu lassen. Der Spanische Bürgerkrieg sah Stern als General Kleber. Er wurde in dieser Rolle als Verteidiger von Madrid der Öffentlichkeit ausgesetzt, was ihm offenbar recht gut gefiel, wie man zeitgenössischen Zeitungsmeldungen entnehmen kann.[1145] Seinen Herrn im Kreml konnte derartige Popularität hingegen nicht erfreuen. Die Absetzung vom prestigeträchtigen Kommandeursposten war vorauszusehen, der Rückruf nach Moskau selbstverständlich. Dort am 1. Oktober 1937 eingetroffen, wurde Stern zur Arbeit bei der Komintern in das Büro von Otto Kuusinen abgeschoben. Am 23. Juli 1938 wurde er verhaftet und beschuldigt, Mitglied in Bersins Spionageorganisation zu sein, am 14. Mai 1939 zu 15 Jahren Haft verurteilt, in den Gulag Kolyma eingewiesen und schließlich im November 1945 zu weiteren zehn Jahren Haft verurteilt. In der Lagerhaft in Sosnowka ist er dann am 20. Februar 1954 verstorben.[1146]

Die Sowjets nutzten Spanien nicht nur als Stützpunkt eigener Spionageaktivitäten, sondern installierten der republikanischen Seite mit dem Sevicio Alfredo Hertz 1936 einen Geheimdienst, den sie selbst ausschließlich steuerten. Der Servicio, von dessen Leiter Alfred Hertz lediglich bekannt ist, dass er ein deutscher, unter diesem Decknamen arbeitender Kommunist war, spezialisierte sich auf das Aufspüren und Liquidieren von Abweichlern der kommunistischen Sache. Damit kommen wir zum Kern der sowjetischen Spanienintervention. Auch wenn der Servicio 1937 alsbald in den spanischen Dienst SIM, das heißt: Servicio de Investigación Militar, überführt wurde, der dann bis 1939 existierte, änderte sich am Tatbestand der Gegnerverfolgung nichts. Bereits 1937 soll der SIM über 6000 Agenten verfügt haben. Einige Mitglieder dieser ehrenwerten Gesellschaft lernen wir jetzt kennen.[1147]

Da war zum Beispiel Moritz Bressler. In den 1920er-Jahren arbeitete er unter seinem wirklichen Namen Hubert von Ranke bei der Lufthansa. Ganz nebenbei engagierte er sich für die nationalbolschewistische Zeitung *Die neue Front*, auch in dem von der Sowjetbotschaft konspirativ gesponserten *Aufbruch-Kreis*. Seine Frau war unter dem Decknamen Olga mit von der Partie; neben ihrem Hauptberuf als Zeitungssekretärin arbeitete sie als Agentin des M-Apparats der KPD. Der März 1933 bedeutete erst einmal das Ende der Konspiration; Ranke geriet in KZ-Haft. Nach der Entlassung emigrierte er schleunigst nach Paris, wo er den Geheimdienstapparat der KPD leitete und eifrig nach Abweichlern fahndete. Im Falle des Willi Münzenberg haben wir solch einen Abweichler und sein weiteres Schicksal kennen gelernt. Aber auch vor anderen prominenten KPDlern machte die revolutionäre Aufmerksamkeit Rankes nicht Halt. So denunzierte er am 28. Mai 1937 in einem Brief an das KPD-Sekretariat in Moskau den Genossen Funk, dem mangelnde Aufmerksamkeit in Sachen Konspiration zur Last zu legen sei. Der Angeschuldigte war niemand anderer als Herbert Wehner, welchem sogleich in Moskau ein Untersuchungsverfahren angehängt wurde, dem er nur mit Mühe und mit höchster Protektion entkam. Bereits 1936 hielt es Ranke nicht mehr in Paris; er ging illegal nach Spanien, wo er zum engen Mitarbeiter des ungarischen Komintern-Agenten Ernö Gerö avancierte. Das Duo wurde wegen seiner Foltermethoden zum Albtraum tatsächlicher oder vermeintlicher Abweichler, die in ihre Hände gerieten. Unter ihnen die deutsche Emigrantin Katja Landau:

> *Einer der gemeinsten Agenten der GPU, Moritz Bressler, alias von Ranke, beschränkte die Anklage auf ein Minimum. Er und seine Frau, Seppl Kapalanz, ließen einen Genossen verhaften, den sie im Verdacht hatten, dass er den Aufenthaltsort von Kurt Landau kannte.* »*Wenn Sie uns nicht seine Adresse geben, kommen Sie aus diesem Gefängnis nicht mehr heraus. Er ist ein Feind der Volksfront und Stalins. Sobald wir wissen, wo er ist, töten wir ihn.*«[1148]

Ende 1937 gab Ranke auf. Was ihn bewog, nach Frankreich zurückzufliehen, ist nicht bekannt. Ob er von seinem Tun genug hatte, oder ob ihm selbst drohte, in die Todesmühlen des Abweichlertums zu geraten, kann nur mit Spekulationen beantwortet werden. Es folgte ein Leben im französischen Untergrund. Während des Zweiten Weltkrieges soll Ranke der französischen Résistance angehört haben.[1149] Rankes Vormann Ernö Gerö hieß in Wirklichkeit Ernö Singer. Der Ungar war 1918 als knapp 20-Jähriger der KP Ungarns beigetreten. Nach der Niederschlagung der ungarischen Räterepublik im Frühjahr 1919 floh er in die Sowjetunion. Seine illegale Rückkehr 1922 brachte ihm in seinem Heimatland eine Haftstrafe ein, aus der er erst nach einer sowjetischen Intervention wieder freikam. Es folgte eine Zeit hauptamtlicher Beschäftigung bei der Komintern. Ein Studium an der Internationalen Leninschule machte aus dem Apparatschik einen Komintern-Agenten, der unter dem Decknamen Pedro in Frankreich stationiert wurde. Von da aus ging es in den Spanischen Bürgerkrieg. Pedros Spezialität wurden Trotzkisten. Dieser tüchtige Mörder blieb auch nach dem Spanischen Bürgerkrieg bei der Komintern. Nach 1945 wurde er Spitzenkader in Ungarn. Als zuständiger KP-Funktionär für Sicherheitsfragen wütete er unter seinen Landsleuten. 1956 konnte er sich der ihm drohenden Lynchjustiz während der ungarischen Revolution nur durch Flucht in die Sowjetunion entziehen, wo er auch nach der Niederschlagung des Aufstandes zur eigenen Sicherheit bis 1960 blieb. Wenn auch 1962 aus der KP ausgeschlossen, war diesem Verbrecher ein langes Leben beschieden. Am 12. März 1980 starb der 81-Jährige ohne fremdes Zutun in Ungarn.[1150]

Auch richtige Spanier durften beim Abweichler-Ermorden mitmachen, wie der KP-Funktionär Ventura, der in Wirklichkeit Hernándes Tomás Jesús hieß. Dieser Mann war, bevor er in die Spitzenfunktionen der KP Spaniens aufrückte, von Beruf Pistolero, was sich am ehesten mit Berufs-Killer übersetzen lässt. Er entkam den Massakern 1939 durch Flucht in die Sowjetunion, von wo aus er zunächst im finnisch-russischen Winterkrieg 1939/40 und sodann als Illegaler in der Schweiz zum Einsatz kam. Dort wurde er aus der Komintern ausgeschlossen; auch er starb ganz natürlich, wenn auch bereits als 66-Jähriger. Nicht weniger blutrünstig war die Spanierin Caridad Mercader del Rio Hernándes. Die spanische Kommunistin wurde im Auftrag des NKWD Mitglied der französischen Sozialistischen Partei. Auch sie kehrte während des Bürgerkrieges in ihre Heimat zurück, wo sie die Geliebte des sowjetischen Geheimdienstfunktionärs Naum Ejtingon wurde. Auf dessen Anraten warb sie auch ihren eigenen Sohn Ramón Mercader an, der es als 26-Jähriger zu einiger Berühmtheit bringen sollte, als er in Mexiko 1940 den sowjetischen Staatsfeind Nummer eins Leo Trotzki eigenhändig mit dem Eispickel erschlug. Seine Mutter machte während des Spanischen Bürgerkrieges als aufrechte Kommunistin von sich reden, indem sie an Exekutionskommandos teilnahm. Frau Mercarder wurde alt; sie starb 1975 mit 82 Jahren.

Selbstverständlich fehlten in diesem Reigen die Deutschen nicht. Vorneweg der kommunistische Mörder Fritz Leistner.[1151] Er war im September 1936 aus Moskau eingetroffen, wo er nach seiner Flucht aus Berlin seit 1931 gelebt und eine solide Agentenausbildung durchlaufen hatte. Unter seinem Klarnamen Erich Mielke sollte er einige Jahre später zum Spitzenfunktionär für Staatssicherheit der DDR aufsteigen. Seine Rolle in Spanien war weniger die eines Kämpfers bei den Interbrigaden; Leistner-Mielke war vielmehr unmittelbar bei den sowjetischen Genossen beschäftigt; seine Rolle: Die Vernehmung deutscher Kameraden, die im Verdacht der Abweichung standen. Ob er an den anschließenden Liquidierungen beteiligt war, ist nicht hinreichend geklärt. Der damals 22-Jährige Interbrigadist Heinz Priess erlebte ihn, wie er sich 59 Jahre später getraute mitzuteilen, so:

Für mich war die Begegnung mit Erich Mielke eine Begegnung mit einem Stabsoffizier, den ich nicht kannte, der plötzlich auftauchte. Wir waren eine

Maschinengewehrkompanie und lagen auf einer Anhöhe. Ein kleiner Mann um die dreißig entstieg einem Auto. Seine Uniform war neu, die Rangabzeichen – Hauptmann im Stabsdienst – leuchteten in der Sonne. Vor dem Bauch hing ein großer Feldstecher. Er stellte sich mir als Fritz Leis[t]ner vor und wünschte, die MG-Kompanie zu besichtigen. Während wir die Anhöhe hinaufstiegen, begannen die Faschisten zu feuern. Leis[t]ner drehte sich um 180 Grad, führte das Glas vor die Augen, starrte ins Hinterland, wo die Lastkraftwagen standen, von wo der Nachschub kam. Dann setzte er das Fernglas ab, meinte, genug gesehen zu haben, ging zum Auto zurück und fuhr mit seinem Fahrer davon. Was war das für ein komischer Vogel, fragten lachend einige Kameraden.[1152]

Mielke war nur einer unter vielen kommunistischen Spanienkämpfern, die später im Sicherheitsapparat der DDR Karriere machen sollten. Hier eine Auswahl: Karl Kleinjung, Jahrgang 1912; er stieg bis zum Generalleutnant und Hauptabteilungsleiter des MfS auf. Reinhold Knoppe, Jahrgang 1908; sein letzter Dienstgrad war der eines Obersten der Staatssicherheit. Robert Korb, Jahrgang 1900, nahm als Sudetendeutscher den Weg über die KP der Tschechoslowakei; er war zum Schluss Generalmajor im MfS. Ein zweiter Sudetendeutscher war Hermann Pustiovski, Jahrgang 1912; der MfS-Oberstleutnant war zuletzt Leiter der Abteilung IV, die für die Durchführung von Sabotageakten verantwortlich zeichnete. Kurt Grünler, Jahrgang 1906, brachte es bis zum Leiter der Bezirksverwaltung Suhl der Staatssicherheit. Hermann Gartmann, Jahrgang 1906, wurde Generalmajor und stellvertretender Minister für Staatssicherheit; später wurde er auf den Posten eines Sekretärs des Solidaritätskomitees für das spanische Volk abgeschoben. Arthur Franke, Jahrgang 1909, stieg zum Generalleutnant der NVA auf; er leitete viele Jahre lang den Militärgeheimdienst der DDR, die Verwaltung Aufklärung. Heinrich Fomferra, Jahrgang 1895, seit 1920 konspirativ tätig; er sorgte sich später um die Parteilichkeit des Parteiapparats im MfS; sein letzter Dienstgrad: Oberst. Heinz Priess, Jahrgang 1915, er leitete 1956 bis 1969 den konspirativ arbeitenden Deutschen Freiheitssender 904. Gustav Röbelen, Jahrgang 1905, wurde Parteiapparatschik; er leitete 12 Jahre lang die Abteilung für Sicherheit im Zentralkomitee der SED. Friedrich Dickel, Jahrgang 1913; 26 Jahre lang war der Armeegeneral Innenminister der DDR. Heinz Hoffmann, Jahrgang 1910, wurde in Spanien verwundet, wo, verschweigt er in seinen umfangreichen Memoiren; jahrelang war der Armeegeneral Verteidigungsminister der DDR. Richard Staimer, Jahrgang 1907, durchlief später auch eine SED-Karriere in der NVA, die ihm den Dienstgrad eines Generalmajors einbrachte. Anton Ackermann, Jahrgang 1905, wurde stellvertretender Außenminister der DDR und erster Chef des Auslandsgeheimdienstes; 1953 fiel er in Ungnade. Ackermanns Vertreter als DDR-

Spionagechef war Richard Stahlmann, Jahrgang 1891, der eigentlich Artur Illner hieß; doch er beerbte Ackermann keineswegs; sein neuer Chef hieß Markus Wolf, der mit dem Spanischen Bürgerkrieg nichts zu tun hatte; dafür war der Mann einfach zu jung; Liebhaber seiner Kochbücher werden das schade finden. Und schließlich Ernst Wollweber und Wilhelm Zaisser. Zaisser, Jahrgang 1893, war schon zu Beginn der 1920er-Jahre Spitzenfunktionär der KPD, später GRU-Agent, im Spanischen Bürgerkrieg unter dem Decknamen General Gomez tätig, nach dem Krieg Moskaus Mann für den Posten eines Ministers für Staatssicherheit; er fiel im Juli 1953 in Ungnade. Wollweber, Jahrgang 1898; der ehemalige kaiserliche Matrose brachte es in seiner Illegalen-Karriere zum Leiter einer Organisation für Schiffssabotage. Seine Organisation operierte von Skandinavien aus. Die Schiffsattentate, mit denen Wollweber ins Kriegsgeschehen in Spanien eingriff, beruhten auf den Informationen eines Agenten namens Harro Schulze-Boysen, den wir noch beobachten werden; Wollweber wurde 1953 Zaissers Nachfolger als Minister für Staatssicherheit; Ende 1957 wurde auch dieser Gegner Ulbrichts abgeschossen; sein Nachfolger wurde für die nächsten 32 Jahre Erich Mielke, alias Fritz Leistner.[1153]

Die Namen der zahlreichen Opfer der kommunistischen Liquidationskommandos sind unbekannt, da der Bürgerkrieg bestens geeignet war, Morde hinter der Nachricht zu verstecken, dass der Tote im Kampf gefallen oder vermisst sei; Vermissten-Nachrichten waren beliebt, wenn man zusätzlich Rache an den Hinterbliebenen nehmen wollte. Ein solches unklares Schicksal erlitt der ehemalige KPD-Abgeordnete Hans Beimler. Beimler war aus der KZ-Haft in Dachau entflohen und nahm in Spanien an der Gründung des Bataillons Ernst Thälmann teil. Am 1. Dezember 1936 wurde er in Palacete erschossen.[1154]

Der Tod Hans Beimlers bei Madrid griff mir tief ans Herz. Ich schrieb in der illegalen »Roten Fahne« und in anderer Form in der »Neuen Weltbühne« über den Mann, der das Beste eines bayerischen Proletariers und Internationalisten an Menschlichkeit vorlebte. Vielleicht kam mein heftiger Schmerz vor allem daher, dass ich nicht nur während seiner Tätigkeit als politischer Leiter der KPD-Organisation in Frankreich viel mit ihm zusammen und mir der Weg dieses politisch tapferen, so warmherzigen Genossen in allen Einzelheiten vertraut war – von seiner Flucht aus Dachau über Moskau und Paris nach Spanien –, sondern weil er in seinem Wachsen und Werden vom Arbeiter zum Reichstagsabgeordneten mir seit meiner Jugend ein Stück des eigenen Lebens und Wachsens gewesen war.[1155]

So weit der Genosse und spätere SED-Spitzenfunktionär Alexander Abusch. Während also Beimler durch die kommunistische Propaganda unverzüglich in den sozialistischen Heldenhimmel erhoben wurde, sieht die Aussage seiner Freundin

Antonia Stern ganz anders aus: Hiernach wurde Beimler, weil er auf seiner Flucht in Paris mit den einstigen KPD-Spitzenfunktionären und jetzigen Unpersonen Arkadi Maslow und Ruth Fischer Kontakt aufgenommen und mit ihnen verhandelt hatte, bei nächst passender Gelegenheit während eines Gefechtes liquidiert.[1156]

Die Zahl der von kommunistischen Kommissaren und deren Helfern ermordeten Angehörigen der Internationalen Brigaden wird auf mehrere Hundert geschätzt. Wie viele Spanier darüber hinaus diese von Moskau befehligten Mörder auf dem Gewissen haben, ist unbekannt. Deren Mehrzahl dürften Mitkämpfer auf Seiten der Republik gewesen sein. Besonders bemerkt worden ist die Vernichtung der Mitglieder der spanischen Anarchistenorganisation POUM, der Partido Obrero de Unificación Marxista, zu Deutsch: Vereinigte Marxistische Arbeiterpartei. Deren Führungsfigur Andrés Nin wurde mit einiger Sicherheit durch die Komintern-Agenten Ernö Gerö und Vittorio Vidali ermordet. Sie handelten auf Weisung des sowjetischen Geheimdienstmajors Lew Feldbin.[1157]

Ende 1938, Anfang 1939 wurden die Internationalen Brigaden aufgelöst. Bleibt die Frage, warum der Herrscher im Kreml die Sache in Spanien verloren gab. Die Antwort hierauf ist die Annäherung der Sowjetunion an das Deutsche Reich. Die genoss Vorrang vor ein paar Spanienkämpfern, zumal Stalin aus der Iberischen Halbinsel herausgeholt hatte, was herauszuholen war. Und das war nicht gerade wenig; es war immerhin die spanische Goldreserve, die sich die Sowjetunion als Gegenleistung für die ins Auge gefassten Waffenlieferungen hatte übergeben lassen. Das Gold und die sowjetischen Spitzenfunktionäre reisten per Schiff ab. Organisiert hatte den Transfer, den man auch ohne zu übertreiben einen Raub nennen könnte, der Major der Staatssicherheit Nikolski. So jedenfalls nannte die *Prawda* den Agenten, der wegen der Erledigung einer wichtigen Regierungsangelegenheit zum Obermajor befördert und mit dem Leninorden ausgezeichnet worden war. Mit der wichtigen Regierungsangelegenheit war der Raub des spanischen Goldes gemeint, dessen damaliger Wert mit 518 Millionen Dollar beziffert worden ist, während demgegenüber die spanischen Staatsschulden bei der Sowjetunion 50 Millionen Dollar betragen haben sollen. Nikolski, der diese Aktion leitete, war kein anderer als der Resident des NKWD in Spanien; er hieß in Wirklichkeit Lew Feldbin. Feldbin hatte einen langen Vorlauf als Auslandsagent der INO; auch in Deutschland war er bekannt; nur hatte er dort Felbel geheißen und war als angeblicher Botschaftsrat an der sowjetischen Handelsvertretung in Berlin akkreditiert gewesen. Auch in Spanien genoss er diplomatischen Schutz; hier nannte er sich Alexander Orlow. Das war der Name, unter dem er seinen Zeitgenossen weltweit bekannt werden sollte, denn als Alexander Orlow setzte er sich im Juli 1938 aus den sowjetischen Diensten ab und entfloh über Frankreich und

Kanada in die USA, wo er 16 Jahre später ein Buch über die Große Säuberung herausbrachte, das ebenso sensationell geschrieben, wie auch sensationell gelogen war. Feldbin bediente sich für den Goldraub einiger zuverlässiger Helfer. An ihrer Spitze die führende Funktionärin der KP Spaniens, Dolores Ibárruri, die sozialistische Heldenepen als La Pasionaria zu bezeichnen pflegten. Doch die Leiden der Pasionaria blieben im Gegensatz zu dem, was sie ungezählten Spaniern antat, überschaubar. Sie entkam ebenso wie die anderen Spitzenfunktionäre der Komintern in die Sowjetunion. Es versteht sich, dass man in den Memoiren der Ibárruri ganz vergeblich nach diesen Geschichten sucht.[1158]

Zurück blieb in Spanien im Frühjahr 1939 ein verlorener Haufen. Wer noch genügend Kraft hatte, rettete sich über die spanisch-französische Grenze, wo den Geschlagenen ein ungewöhnlich unherzlicher Empfang durch die französische Polizei zuteil wurde.

Die Flucht war ein Alptraum. Spät am Abend wurde ich in eine Ambulanz zwischen schwer verletzte Soldaten gequetscht. Die beiden Männer neben mir stöhnten andauernd vor Schmerzen; mein Gegenüber hatte eine schwere Kopfverletzung, die sein Gehirn beschädigt hatte. In regelmäßigen Abständen rollte er mit den Augen und fiel auf mich. Mitten in der Nacht ging uns das Benzin aus und wir saßen da und warteten darauf, gefangen genommen zu werden. Bei Tagesanbruch zog unser Fahrer, der einzige Gesunde unter uns, zu Fuß gen Norden los. Wir warteten den ganzen Tag. Verbände mussten gewechselt werden, aber es war niemand und nichts da, um die zu wechseln. Ich konnte nicht gehen, da ich vier Monate mit Typhus im Bett gelegen hatte, und kroch auf allen vieren. Am Abend des nächsten Tages wurden wir endlich von einem Lastwagen gerettet und zum letzten Sammellager für Ausländer in Spanien gebracht. Es war ein Anblick, den ich nie vergessen werde.

Ein kleines spanisches Dorf in der Nähe der französischen Grenze war in Wallensteins Lager verwandelt worden: Überall lagen Kranke und Verwundete – auf Pritschen und Bahren, auf dem Fußboden jeder Hütte, auf der nackten Erde in den Straßen. Soldaten, Frauen, Kinder, medizinisches Personal, Köche liefen umher, teils verzweifelt und verbittert, teils bemüht, etwas für diese leidenden Menschen zu tun. Frauen suchten ihre Männer, Soldaten ihre Kameraden, Kranke einen Arzt, alle suchten etwas zu essen …

Hunderte von Männern, die nach uns die Grenze überschritten hatten, waren am Strande von Argelès interniert worden. Dort gab es nichts außer Sand und Stacheldraht. Die Februarwinde bliesen den Männern den Sand in die Augen und Nasen; es gab keinen Schutz vor der Kälte. Jüngere, stärkere Männer gruben sich Löcher und drängten sich zusammen. Das tat mein Vater nicht. Er stellte fest, dass jetzt unabänderlich das Ende gekommen war, legte sein einziges Gepäck, die Schreibmaschine »Erika«, unter seinen Kopf und bereitete sich auf das Sterben vor. Am vierten Tag wurde zum ersten Mal ein Riesentopf mit Suppe in das Lager gebracht. Alles stand mit den eigentümlichsten Gefäßen Schlange – Mützen, Schuhen. Auch da war mein Vater nicht dabei.[1159]

So weit die 17-jährige Erica Glaser, die als Kind an der Seite ihrer Eltern den Spanischen Bürgerkrieg als exilierte Deutsche durchgemacht hatte. Sie überlebte später eher zufällig in der Schweiz. Nach dem Zweiten Weltkrieg sollte sie in die Mühlen Stalin'scher Agentensäuberungen geraten; auch das überlebte sie. Viele andere hingegen werden für immer anonym bleiben. Doch auch hier gilt: Die üppige Berichterstattung der Überlebenden aus der sozialistischen Heldenliteratur droht, die Dimensionen zu verschieben: Die Inter-Brigaden, das waren alles in allem an die 20 000 Legionäre und unter diesen in etwa 5000 Deutsche. Man kann dies viel finden. Um in einem Land von der Größe Spaniens eine Bürgerkriegsentscheidung zu suchen, war es vermutlich nicht gerade üppig. Eine in der Literatur besonders gewürdigte Gruppe unter den Interbrigadisten war das Kontingent der Juden. Soweit sie aus Ländern stammten, in denen die Judenverfolgung zum politischen Alltag gehörte, wie in Deutschland und in Polen, ist dies nur zu erklärlich. Im Übrigen gilt, dass auch auf der anderen, der nicht-republikanischen Seite Juden als Mitkämpfer in Erscheinung traten. Ein solcher erstaunlicher Fall ist der des Abwehr-Agenten Robert Borchardt. 1932 war der 20-Jährige in die Reichswehr als Offiziersanwärter eingetreten. Die im folgenden Jahr bereits in Kraft gesetzte Rassegesetzgebung des Dritten Reichs schuf den Tatbestand des jüdischen Versipptseins. So warf man den Fähnrich im Jahre 1934 aus dem Heer hinaus. Wie andere ehemalige Reichswehroffiziere nahm auch Borchardt eine Stelle als Militärberater bei Tschiang Kai-schek in China an. Wenige Jahre später erinnerte sich die Abteilung Abwehr des verhinderten Offiziers und entsandte den notgedrungen Welterfahrenen als Agenten nach Spanien. Borchardt agierte dort so erfolgreich, dass sich das der Abwehr vorgesetzte Oberkommando der Wehrmacht 1939 getraute, seinem Führer vorzuschlagen, aus Borchardt einen so genannten Ehrenarier zu machen, ein Status, über den zu entscheiden, sich der Führer des Großdeutschen Reichs persönlich vorbehalten hatte. So wurde Borchardt doch noch Offizier. Allerdings verließ er die Abwehr und machte Karriere in der Panzertruppe. Bereits 1941 wurde er im Russlandfeldzug mit dem Ritterkreuz ausgezeichnet. 1942 geriet er schwer verwundet in Nordafrika in britische Gefangenschaft. Wir beschreiben ihn hier so ausführlich, da er nach dem Krieg und nach einem Umweg durch den diplomatischen Dienst noch einmal geheimdienstlichen Geschäften nachgehen sollte; da hieß sein Dienstherr BND.[1160] Im Frühjahr 1939 ging der Bürgerkrieg in Spanien dem Ende entgegen. Die beiden großen Diktaturen Europas hatten wichtige militärische und geheimdienstliche Erfahrungen gesammelt. Während die Inter-Brigaden schnöde aufgelöst wurden und die Mehrzahl ihrer Kämpfer einem ungewissen Schicksal entgegenstolperte, verhielt es sich mit der zurückkehrenden Legion Condor ganz anders: Mit Tschingderassabumm zogen die Spanienlegionäre am 21. Mai 1939 durch das Brandenburger Tor; sie paradierten vor ihrem Führer und nahmen die von ihm gestifteten Spanienkreuze entgegen.[1161]

Vivat Professores.
Ostforschung als Ersatz der Ostaufklärung

Sowjetrussland wurde nach dem Ersten Weltkrieg für die deutschen Behörden zur Terra incognita, weil die deutsche militärische Abwehr sich auf die staatlichen Anrainer, vor allem auf Polen und Frankreich zu konzentrieren hatte. So verlagerte sich die Neugierde gegenüber dem Sowjetstaat auf einzelne Wissenschaftler, die den zum östlichen Riesenreich größer werdenden Informationsabstand durch ihre Arbeiten zu überbrücken suchten. Sie handelten ohne Auftrag, allein ihren wissenschaftlichen Ambitionen folgend, sagt man. Doch wenn man etwas genauer hinsieht, zwinkern schon ein wenig die Augen.

Ein Zentrum weltweiter Neugierde war die Redaktionsstube der *Zeitschrift für Geopolitik*. Sie erschien in den Jahren zwischen 1924 und 1944. Ihr Leiter hieß Karl Haushofer. Der bayerische Artillerieoffizier hatte den meisten seiner Standesgenossen eines voraus: Er verfügte über Auslandserfahrung, die er seit 1887 durch Reisen in Süd- und Ostasien und von 1908 bis 1910 als deutscher Militärattaché in Japan sammeln konnte. Nach dem Krieg ging der 50-Jährige als Generalmajor in Pension. Doch erst jetzt begann seine Zeit: Er wurde Wissenschaftler. Bereits 1921 wurde er zum Professor für Geografie in München berufen. Sein Betätigungsfeld wurde die Geopolitik. Hinter dem schwammigen Begriff verbirgt sich eine Grenzwissenschaft, die Staatenkunde, Geschichte und Geografie einbezog, um Ableitungen für das politische Handeln zu gewinnen. Weil das Deutsche Reich notgedrungen nach dem verlorenen Ersten Weltkrieg von der Gestaltung der Weltpolitik Abschied nehmen musste, bedienten Haushofers Forschungen und Analysen die wehmütigen Erinnerungen an eine untergegangene Epoche; daher rührt vermutlich seine bemerkenswerte Beliebtheit. Dabei waren seine Publikationen alles andere als rückwärtsgewandt. Sie waren dem Denken in Großräumen gewidmet. Es ist vielfach gesagt worden, dass durch die Arbeiten Haushofers das verquollene Volk-ohne-Raum-Denken des NS-Führers Adolf Hitler erst angeregt worden sei. Ähnliches haben Generationen von NS-Kritikern auch dem unendlich langweiligen über 1200 Seiten dicken Erfolgs-Roman *Volk ohne Raum* von Hans Grimm zugeschrieben. Doch aus der Rezeption von Versatzstücken fremder Gedanken wird der Vordenker nicht gleich zum Mittäter einer verbrecherischen Politik, auch wenn sich Haushofer der besonderen Verehrung eines Studenten namens Rudolf Hess erfreute, der als *Stellvertreter des Führers* später in die deutsche Geschichte eingehen sollte. Das allein machte aus Haushofer noch keinen Nazi.[1162]

Dieser Mann muss ungemein neugierig und vorurteilslos gewesen sein. Er scheute sich keineswegs, ausgewiesene Kommunisten zu seinen Gesprächspartnern und Mitarbeitern zu machen. Seine erste Begegnung mit Karl Radek datiert auf den Januar 1922, als sich im sowjetisch-japanischen Grenzstreit die Parteien auf die Beiziehung Haushofers als Schiedsrichter verständigten. Der Literat und Vielleser Radek wusste die Gedanken und Schriften Haushofers zu schätzen; Haushofers Buch *Geopolitik des pazifischen Raums* soll sich in Radeks Arbeitszimmer im Kreml befunden haben. Jedenfalls ließ er es ins Russische übertragen und hiervon einen Raubdruck anfertigen.[1163] Haushofer rückte so ins Gesichtsfeld von Außenpolitikern, die auf den ersten Blick unterschiedlicher kaum gedacht werden können: Während die einen in völkischen Kategorien dachten, rechneten die andern in internationalistischen Dimensionen. Sieht man etwas näher hin, drängt sich allerdings über den ideologischen Ballast hinweg die Ähnlichkeit auf: Das Erobern und Beherrschen von geografischen Großräumen. Die Interessen dieses Mannes überschnitten sich vielfach mit geheimdienstlichen Aktivitäten. Diese Überschneidungen entbehren nicht der Komik, soweit sie mit den Namen Radó, Sorge, Mehnert und Niedermayer verbunden sind. Zum Schluss endete dieses Tun in einer Tragödie, die den Namen von Haushofers Sohnes Albrecht trägt.

Alexander Radó war ein ungarischer Geograf. Er wurde einer der Mitarbeiter an Haushofers Zeitschrift. Mit seinem 1930 publizierten *Atlas für Politik, Wirtschaft, Arbeiterbewegung* nahm er das Großraumdenken Haushofers auf und transformierte es ins Sozialistische – eine viel beachtete Leistung. Bereits zuvor hatte der Ungar eine Reisebeschreibung der Sowjetunion verfasst, die 1928 auch in Deutschland erschienen war. Radó hatte noch eine andere Seite, die den Decknamen Albert trug. Seinen Einstieg ins konspirative Fach datierte der später weltberühmte Agent auf das Jahr 1935. Nicht nur an dieser Stelle ist ihm in seiner wortreichen Autobiografie einiges durcheinandergeraten, denn der reale Lebensweg des Alexander Radó sah bis hierhin bereits deutlich anders aus: Der 19-Jährige nahm schon im Frühjahr 1919 an der ungarischen Räterepublik als Aktivist teil. Nach deren Zusammenbruch floh er im Juli nach Österreich, wo er mit dem Geografiestudium begann. 1920 gründete er im Auftrag und mit Geld der Komintern die Nachrichtenagentur *Rosta-Wien*, mit der er Informationen aus Österreich nach Sowjetrussland lieferte. 1922 übersiedelte er auftragsgemäß nach Deutschland. In Jena setzte er mit Erfolg sein Studium fort; zugleich wurde er Mitglied des illegalen M-Apparats der KPD. Das bescherte ihm beim Deutschen Oktober die Funktion eines operativen Leiters der Proletarischen Hundertschaften in Sachsen und die Festnahme am 13. Oktober 1923. Im folgenden Jahr gelang ihm die Flucht aus der Haft nach Moskau. Kurz drauf war er in Deutschland zurück, jetzt als Korrespondent der Nachrichtenagentur TASS in Berlin und im Nebenamt als Agent der Komintern. Radó wurde von seiner Ehefrau Helene begleitet. Auch sie verdient es, dass man sich nach ihr umblickt.[1164]

Die Deutsche Helene Jansen wurde im Juni 1901 geboren. Die 17-Jährige diente bereits im letzten Kriegsjahr 1918 als Kurierin zwischen der Sowjetbotschaft *Unter den Linden* und Wladimir Lenin in Moskau. Bei Schließung der Botschaft im November 1918 wurde sie gemeinsam mit deren Personal aus dem Reich ausgewiesen. Als eine Frau Tschistjakowa nahm sie am Gründungskongress der KPD zum Jahreswechsel 1918/19 teil. Ihre nächsten Stationen waren Agenteneinsätze im aufständischen Kronstadt und in Lettland. 1921 wechselte sie nach Wien als konspirative Mitarbeiterin des Balkan-Büros der Komintern, wo sie ihren späteren Ehemann kennen lernte. 1924 bis 1926 arbeitete sie als Auslandskorrespondentin der Zeitung *Welt am Abend* in Moskau. Ab 1927 lebte sie wieder in Berlin. Sie war als Komintern-Funktionärin der Reichsleitung der KPD zugeteilt, was ihr mehrere Verhaftungen einbrachte. Helene Radó wechselte 1933 nach Frankreich, Alexander folgte ihr zwei Jahre später. Beide betrieben in der Zeit des Zweiten Weltkrieges in der Schweiz ein ausgedehntes Agentennetz unter dem Decknamen Dora.[1165]

Der zweite Sowjetagent aus der Riege der Mitarbeiter Haushofers war Richard Sorge. Der 1895 in Russland geborene junge Deutsche zog wie ungezählte seiner Altersgenossen als Freiwilliger in den Ersten Weltkrieg. Dreimal wurde er verwundet, das letzte Mal so schwer, dass ein dauerhafter Gehschaden zurückblieb. Sorge hinkte so stark, dass selbst die sonst wenig zimperlichen deutschen Musterungsärzte ihn für dauernd militäruntauglich erklärten. Was sie nicht sehen konnten, spielte sich in Sorges Kopf ab. Der Mann, der nun Staatswissenschaften studierte, war zum erbitterten Kriegs- und Systemgegner mutiert. 1919, im Jahr seiner Promotion, trat er der KPD bei. Die folgenden Jahre wechselte er zwischen seinem Beruf als Journalist und konspirativen Parteiaufträgen hin und her. 1925 siedelte er in die Sowjetunion über. Von jetzt an war er in erster Linie Kominternagent, der Journalistenberuf diente bei den zahlreichen Auslandsaufträgen der Abdeckung seines wirklichen Gewerbes. Nach der Entmachtung des Komintern-Chefs Sinowjew wechselte Sorge 1929 zum Militärgeheimdienst GRU, der ihm den Decknamen Ramsay verpasste und nach China entsandte. Bevor er von hier aus 1933 als Illegaler nach Japan versetzt wurde, gelang ihm die Anwerbung einer Frau, die zu den erfolgreichsten Illegalen der GRU und zum Obristen der Roten Armee aufsteigen sollte; die Rede ist von Ursula Kuczynski, die gerade vorübergehend mit Nachnamen Hamburger hieß. Bekannt geworden ist sie später unter ihrem Decknamen Sonja.[1166]

Überhaupt die Frauen: Wenn Richard Sorge sich für wirklich irgendetwas interessierte, so waren es Frauen. Spionage- und Liebesdienst verschwammen bei dem umtriebigen Sorge regelmäßig; seine Liebschaften, Affären, Ehebeziehungen aufzudröseln und richtig zuzuordnen, wäre vielleicht ein eigenes Buch in der Reihe *Die neue Frau* wert. Wir wollen uns damit zufrieden geben, dass wir nicht wissen, ob auch Sonja in Tieflage angeworben wurde; sie hat sich darüber ausgeschwiegen. Keineswegs zurückhaltend soll die Ehefrau Helma des deutschen Militärattachés und späteren Botschafters in Tokio, des Generals Eugen Ott, gewesen sein. Sie öffnete, so will es die Fama, dem Agenten ihr Herz, ihr Schlafgemach und den Weg in die Diensträume der deutschen Botschaft: Richard Sorge wurde Angestellter des Deutschen Reichs. Auftragsgemäß war er der NSDAP beigetreten. Weiterhin berichtete der ungemein belesene und wie ein Berserker recherchierende Mann als Korrespondent an deutsche Zeitungen. Als Flaggschiff seiner vorgeblichen Systemtreue diente ihm die Mitarbeit bei Haushofers *Zeitschrift für Geopolitik*. So konnten seine Auftraggeber im Deutschen Reich und in der Sowjetunion nicht nur gut zusammengestellte Lageanalysen leicht verständlich nachlesen, Sorge tat noch ein Übriges: Er verfasste detaillierte vertrauliche Lageeinschätzungen, die sich auf seine im japanischen Establishment gewonnenen Quellen stützten. Das waren neben den Plauderern der deutschen Botschaft im Wesentlichen drei Japaner: der Künstler Miyagi Yotoku, der Reserve-Korporal Odai Yoshinobu, und der Journalist und Doppelagent Ozaki Hotsumi. Ozaki war der interessanteste von den dreien. Seit 1928 hatte er als Korrespondent in Shanghai gearbeitet und dort Anfang der 1930er-Jahre den gerade eingetroffenen Sorge kennen gelernt und für ihn gearbeitet. 1934 hatten die beiden in Tokio ihren Bund erneuert. Von nun an arbeitete der 33-jährige Japaner unter dem GRU-Decknamen Otto im Sorge-Ring. Er wurde zu einer nachrichtendienstlichen Goldgrube, da er zum persönlichen Berater des japanischen Ministerpräsidenten Fürst Konoe avancierte. Zugleich spionierte er seit 1937 auftragsgemäß für den japanischen Geheimdienst. So wurde Sorge in die Lage versetzt, völlig zutreffend während des Jahres 1939 zum Nomokan-Zwischenfall zu berichten, einem lokalen Krieg zwischen Japan und der Sowjetunion, der im Mai ausbrach und auch dank Sorgescher Berichterstattung im September 1939 mit einem Sieg der Roten Armee endete. Auch hier gilt: Seine Berichterstattung hatte, mit seinem Wissen und Wollen, einen doppelten Empfängerkreis; sein Hauptauftraggeber saß in Moskau, während sein Hauptbrötchengeber in Berlin ansässig war. Über die deutsche Botschaft gelangten die Sorge'schen Berichte ins Auswärtige Amt und zum SD-Ausland, dem späteren Amt VI im Reichssicherheitshauptamt. Es entbehrt nicht der Ironie, dass der gehörnte Militärattaché Ott von der Agententätigkeit des Liebhabers seiner Frau beruflich profitierte, denn der General mit den von Sorge inspirierten militärpolitischen Analysen und Lageeinschätzungen avancierte zum deutschen Botschafter. Ott hielt den Vertrauten Sorge eher für einen überspannten Alkoholiker und Exzentriker als für einen sowjetischen Agenten. Deswegen versorgte er Sorge mit den außenpolitischen Vorstellungen des Deutschen Reichs. Vor allem die deutschen Beziehungen zu Japan waren für die Sowjetunion mehr als nur nützlich; sie wurden von Sorge unverzüglich weitergegeben.[1167]

Sorges Führungsstelle in Moskau sah dieses Treiben mit Grausen. War ihr Agent Ramsay in seiner chinesischen Zeit noch unter gelegentlicher Aufsicht seines Führungsoffiziers, des Esten Karl Rimm, gewesen, so entfiel diese für Sorge unangenehme Nähe der Führungsstelle in Tokio fast vollständig. Zwar wurde 1935 die GRU-Agentin Ingrid nach Japan entsandt, um nach dem Rechten zu sehen, doch sie wurde bereits Ende des Jahres nach Moskau zur Berichterstattung zurückbeordert. Ingrid war übrigens nicht der bürgerliche Name der 42-Jährigen. Sie hieß in Wirklichkeit Aino Kuusinen und war die Ehefrau des finnischen Spitzenkommunisten Otto Kuusinen. Zusammen mit ihrem Ehemann war sie nach der missglückten kommunistischen Machtergreifung in Finnland 1918 nach Sowjetrussland geflohen, wo die Kuusinens ab 1919 im Apparat der Komintern ein Unterkommen fanden. Aino ging 1931 für zwei Jahre als Agentin der Komintern in die USA, um sodann nach ihrer Rückkehr zur GRU zu wechseln. So kam es zum Zusammenspiel mit Sorge. 1936 kam sie erneut nach Japan; diesmal als angebliche schwedische Schriftstellerin Edith Hansson getarnt. Den von der Moskauer Emissärin überbrachten Rückreisebefehl überhörte Sorge geflissentlich. Wie war das möglich? Durch seine Tätigkeit als Journalist und die Beschäftigung bei der deutschen Botschaft hatte er sich mit Erfolg wirtschaftlich unabhängig gemacht. Auch mit der Verhaftung seiner Ehefrau, der Schauspielerin Katja Maximowa, die Sorge in Moskau hatte zurücklassen müssen, konnte man dem Agenten kaum ernsthaft drohen, denn Sorge hatte sich auch auf diesem Gebiet in Japan längst mehrfach und anderweitig bedient. So berichtete er munter weiter und tat, als wäre nichts geschehen. Diese Eigenwilligkeit rettete ihm mit ziemlicher Sicherheit das Leben. Aber es war nur ein Aufschub um wenige Jahre. Ohne Sorge reiste Ende 1937 seine erfolglose Aufpasserin Aino Kuusinen befehlsgemäß erneut nach Moskau zurück. Sie bezahlte diesen Gehorsam mit vielen Jahren Lagerhaft in Sibirien. Auch der Chefausbilder von Richard Sorge kam nicht gut davon: Todres Krujanski, ein Mann aus Bessarabien, der unter dem Namen Fjodor Karin 1896 zur Welt gekommen war, diente seit 1919 bei der Tscheka. Nach etlichen Auslandseinsätzen wechselte er 1934 zur GRU, wo er Chef der 2. Abteilung (Agenturaufklärung) und Führungsoffizier von Richard Sorge wurde. Seine Verhaftung erfolgte im Mai 1937; drei Monate später wurde er erschossen.[1168]

Der dritte Mitarbeiter an der Haushofer'schen *Zeitschrift für Geopolitik*, dem unsere Aufmerksamkeit gelten soll, war Klaus Mehnert. Der 1906 in Moskau Geborene und dort bis zum Beginn des Ersten Weltkrieges Aufgewachsene verband wie nur wenige wissenschaftliche und journalistische Talente; daneben verfügte er über Weltläufigkeit, die durch zahlreiche Auslandsreisen, u. a. nach Sowjetrussland, ausgebildet wurde. Ab 1931 übte der in Staatswissenschaften Promovierte für drei Jahre die Funktion eines Generalsekretärs der *Deutschen Gesellschaft zum Studium Osteuropas* aus. Das führte ihn fast zwangsläufig in Kontakt mit den Spitzen der Reichswehr. Auch im gastlichen Haus des Reichswehrgenerals Kurt von Hammerstein ging er ein und aus, an dessen Spionagetöchter wir uns erinnern. Bei dieser Vita nimmt es nicht wunder, dass der Vielgereiste alsbald von Freund und Feind für einen Agenten gehalten wurde. Den misstrauischen Sowjetrussen war dies von vornherein klar; aber auch die Gestapo dachte, nachdem die NSDAP die Macht im Reich übernommen hatte, kaum günstiger von dem jungen Wissenschaftler. Publikationsverbote und Hemmnisse versuchte er zunächst am Ort des Geschehens zu bekämpfen, dann zog er es vor, mit seiner US-amerikanischen Ehefrau Enid nach Hawaii auszuweichen, wo ihm die Hochschule von Honolulu eine Professur bot. Von Honululu aus gelang es Mehnert, erneut in Deutschland zu publizieren; hierbei half ihm die Bekanntschaft zu Karl Haushofer, die auf verschiedenen Begegnungen beruhte. Haushofer nahm den Sowjetunionexperten nur zu gern in sein Autorenteam auf. Das Juli-Heft 1938 der *Zeitschrift für Geopolitik* veröffentlichte Mehnerts Bericht über die US-amerikanischen Flottenmanöver im Pazifik. Nach dem japanischen Überfall auf Pearl Harbor im Dezember 1941 brachte das dem Autor den Vorwurf der Spionage und die Ausweisung aus den USA ein. Für Mehnert gilt indessen: Das Amt Ausland/Abwehr oder der SD-Ausland hätten sich glücklich preisen müssen, über einen Agenten dieses Formats zu gebieten; doch sie hatten keinen Agenten Mehnert. Gerüchte sind zählebig, vor allem im Geheimdienstmilieu. Ausgerechnet die Ausweisung Mehnerts aus den USA wurde noch jahrzehntelang als unumstößlicher Beweis für seine NS-Spionagetätigkeit kolportiert. Der DDR-Geheimdienst-Chef-Experte Julius Mader wurde nicht müde, Entsprechendes zu publizieren, bis es schließlich ein Selbstläufer war. Der DDR-Publizist mit dem MfS-Decknamen Feingold hatte allen Anlass so zu verfahren, denn Mehnert war in der jungen Bundesrepublik ein gefeierter Erklärer und Kommentator der Zustände in der Welt geworden.[1169]

Ein letzter Blick gilt dem Haushofer-Mitarbeiter Oskar Niedermayer. Auch er ist ein Mann, der Wissenschaft und Geheimdienst untrennbar miteinander zu verquicken wusste. Mit Haushofer verband ihn die für einen Offizier überobligatorische Bildung, der Drang in die Ferne und darüber hinaus eine gute Portion Abenteurertum. Seine Afghanistanexpedition 1915/16 hatte ihn in Deutschland zu einem bekannten Mann gemacht. Haushofer und Niedermayer müssen einander bald nach dem Ersten Weltkrieg kennen gelernt haben. Niedermayer wurde alsbald zum gesuchten Sowjetrusslandexperten. Seine mehrfache Entsendung nach Russland zur Begleitung der geheimen Zusammenarbeit zwischen Reichswehr und Roter Armee haben wir bereits gesehen; sie dauerte bis 1932 an. In dieser Zeit hielt er auch Kontakt zu Haushofer; dessen Einbeziehung in einen deutsch-sowjetischen Gesprächskreis, der in der Privatwohnung des Majors Kurt von Schleicher stattfand, soll *Verpflichtungen allerbedenklichster Art* enthalten haben.[1170] Ob hierunter tatsächlich das geheimdienstliche Geschäft oder aber die streng geheim gehaltenen militärpolitischen Absprachen mit der Sowjetunion zu verstehen waren, mag dahinstehen. Fest steht, dass mit Niedermayer ein Mann in Sowjetrussland tätig wurde, dem jedermann das Geheimdienstgewerbe zutraute. Überblickt man aus heutiger Perspektive die Tätigkeit Niedermayers in der Sowjetunion, so sind allerdings Zweifel angezeigt. Das liegt vor allem daran, dass Niedermayer sich, wie viele seiner Standesgenossen, eher als Militärpolitiker, denn als Nachrichten beschaffender Außenposten des Deutschen Reichs verstand.

Im Januar 1933 schied Niedermayer auf eigenen Wunsch aus der Reichswehr aus. Er begann jetzt eine wissenschaftliche Laufbahn an der Berliner Universität, die im Juli 1933 mit einer Privatdozentur für Wehrgeografie und Wehrpolitik ihren Anfang nahm. Zusammen mit einem russischen Exilanten, dem Historiker und Geografen Juri Semjonow, brachte er bereits im Folgejahr das Buch *Sowjetrussland. Eine geopolitische Problemstellung* heraus. 1937 wurde Niedermayer zum Direktor des Instituts für allgemeine Wehrlehre berufen. Erst 1942 folgte seine Wiederverwendung bei der Wehrmacht. Der als Generalmajor Reaktivierte wurde Kommandeur der 162. Infanterie-Division. Hierbei handelte es sich um einen so genannten fremdvölkischen Verband, der im Wesentlichen aus Angehörigen von Turkvölkern zusammengesetzt war. Im Partisanenkampf in Jugoslawien und in Italien eingesetzt, zeigte es sich bald, dass die Truppe bei solchen Einsätzen nicht viel taugte. Der Oberbefehlshaber in Italien, Albert Kesselring, sah das offenbar anders und sorgte 1944 für Niedermayers Ablösung wegen Führungsschwäche. Lästerliche Bemerkungen des Relegierten über das NS-Regime bescherten ihm nach der Denunziation durch zwei deutsche Offiziere eine Festnahme wegen Wehrkraftzersetzung. Niedermayer überlebte wider Erwarten den Krieg im Militärgefängnis Torgau. Dort kam er aus der Haft frei. Doch den Weg nach Regensburg unmittelbar nach Süden anzutreten, war der blanke Leichtsinn. Noch während des Krieges hatte er sich mit dem General Ernst Köstring darüber unterhalten, was mit ihnen passieren würde, wenn sie in die Hände der Roten Armee gerieten. Der optimistische Niedermayer hatte gemeint, ihm mit seinen Russland-Erfahrungen könne gar nichts passieren, während Köstring, der in dieser Zeit die Dienststellung eines Deutschen Generals für die Kaukasusfragen bekleidete, lakonisch geantwortet hatte, man werde sie beide aufhängen – mit dem einzigen Unterschied, dass man ihn, Niedermayer, an einen unteren Ast hängen würde, weil er nur Generalmajor sei. Nun also geriet Niedermayer auf seinem Weg durch russisches Besatzungsgebiet in sowjetische Gefangenschaft. Die Verhöre in Moskau drehten sich um die Frage der Spionagetätigkeit der sowjetischen Generale um den Marschall Tuchatschewski, die 1937 einschlägig zum Tode verurteilt und hingerichtet worden waren. Fragen dieser Art mussten Niedermayer in eine Zwickmühle bringen. Er beantwortete sie wahrheitsgemäß dahingehend, dass diese sowjetischen Offiziere keine deutschen Agenten gewesen seien. Mit der Aussage brachte er sich selbst in die Position des Zeugen einer zu vertuschenden Wahrheit. Folglich wurde er zu 25 Jahren Haft verurteilt. Bereits 1948 starb er an Tuberkulose.[1171]

Damit ist der Kreis um Karl Haushofer abgeschritten. Eine allerletzte Bemerkung mag Haushofers Sohn Albrecht gelten. Der 1903 Geborene wurde Mitarbeiter seines Vaters, 1940 erhielt er eine Professur für politische Geografie in Berlin. Für ihn, den Sohn des prominenten Vaters und einer jüdischen Mutter, interessierten sich nicht nur Diplomaten und Geheimdienstleute, sondern vor allem die Gestapo. Nach dem Staatsstreich vom 20. Juli 1944 wurde Albrecht Haushofer festgenommen. Am 23. April 1945, mitten im Untergangstaumel des Deutschen Reichs erschossen ihn Gestapoleute in der Haftanstalt von Berlin-Moabit. Zurück zu seinem Vater: Am 7. März 1946 behandelte der Internationale Gerichtshof in Nürnberg die Frage, ob Karl Haushofer als Zeuge vorzuführen sei. In diesem Verfahren vertraten die Ankläger die bizarre These, Haushofer sei als Geheimagent des Deutschen Reichs gleichzeitig für das Auswärtige Amt, das Amt Ausland/Abwehr und die Kriegsmarine tätig gewesen. Doch als dieser Unfug in öffentlicher Sitzung am 2. April 1946 erörtert wurde, lebte Haushofer nicht mehr; er war zusammen mit seiner Frau am 13. März 1946 aus dem Leben geschieden.[1172]

Nun war Haushofer bei weitem nicht der Einzige, den Ostforschung mit dem Geheimdienstgeschäft in Berührung brachte. Er mag hier nur als Beispiel dienen. Andere, wie Theodor Oberländer, gingen viel unmittelbarere Wege im NS-Staat. Auch gab es wissenschaftliche Neugründungen, wie das Wannseeinstitut, die nichts anderem als dem Geheimdienstgewerbe dienten.[1173]

| VIII |

Der Pakt der Halunken. Die deutsch-sowjetischen Verträge vom Herbst 1939 und die Zeit der Zusammenarbeit

Am 1. September 1939 brach der Zweite Weltkrieg aus. Der Satz, der ungezählte Male niedergeschrieben wurde, hat deutliche Anklänge an etwas Überraschendes, ans Naturhafte, Unabänderliche. Nichts von alledem trifft für den 1. September 1939 zu. An diesem Kriegsbeginn war nichts Zufälliges, nicht einmal etwas Unerwartetes, sondern es handelte sich um die Entscheidung des deutschen Diktators, nunmehr Gewalt anzuwenden. Jahrelang hatte Hitler mit der Option der Gewaltanwendung gespielt. Die Aufkündigung der Vertragsbestimmungen von Versailles, die Wiedereinführung der Wehrpflicht und die Besetzung des entmilitarisierten Rheinlandes waren Präludien in diesem Spiel gewesen. Der Anschluss Österreichs und des Sudetenlandes, erst recht die Besetzung der Rest-Tschechei rückten die Anwendung kriegerischer Gewalt in den Bereich des Möglichen. Aber erst mit dem Angriff auf Polen wurde der Rubikon überschritten. Dieser Schritt war weder nötig noch gar aufgenötigt. Er geschah bewusst und gewollt zu einem Zeitpunkt, als dem Diktator klar geworden war, dass er mit seiner Aggressionspolitik, die bislang nur auf der Drohung mit der Gewalt aufgebaut war, an die äußersten Grenzen gestoßen war. Allein diese Politik der aggressiven Drohgebärde hatte bewirkt, was vorher nur als Denkmodell durch die strategischen Spiele gegeistert war, nämlich den Zusammenschluss der östlichen und westlichen Anrainerstaaten Polen und Frankreich, gestützt durch Großbritannien, um dem größenwahnsinnigen Österreicher Paroli zu bieten. Klar und unmissverständlich wurde Deutschland mit einem Zweifrontenkrieg gedroht für den Fall, dass es zur nächsten Aggression schreiten sollte.[1174]

Das Wort vom Zweifrontenkrieg hatte in Deutschland 1939 eine ganz andere, heute kaum noch nachklingende Bedeutung. Zweifrontenkrieg brachte auf den Punkt, was in der schwärzesten aller bisherigen Niederlagen im November 1918 zum Aus der deutschen Weltmachtträume geführt hatte. Das Wort vom Zweifrontenkrieg bedeutete für die aktiven Strategen der neuen deutschen Wehrmacht einen psychologischen Knüppel, denn sie alle entstammten der Generation jener jüngeren Offiziere des Ersten Weltkrieges, denen mit der deutschen Kapitulation die Welt über den Köpfen zusammengestürzt war. Diesen Männern brauchte niemand wortreich zu erläutern, was ein neuerlicher Zweifrontenkrieg für das Deutsche Reich bedeuten würde.[1175] Doch die deutsche Militärelite und die sich im Reich formierenden Antihitler-Allianzen hatten die Rechnung ohne den Diktator gemacht. Auch Hitler kannte das Ergebnis des Ersten Weltkrieges und die Ursachen, die für dessen Ausgang verantwortlich waren, nur zu genau. Seine Ausfälle gegen die Novemberverbrecher, denen angeblich allein das Debakel von 1918 zuzuschreiben war, und seine strategischen Erwägungen waren zwei unabhängig voneinander funktionierende Teilmengen seiner Politikgestaltung; es waren die Bereiche der Propaganda und der operativen Politik, die manchmal kaum Berührungspunkte aufwiesen. Für die Option der militärischen Gewaltanwendung, wie sie sich im Kopf des Diktators seit Jahren vorbereitet hatte, spielte die Furcht vor der Einkreisung eine unübersehbare Rolle, und sie zeigt den Mann, zumindest insofern, in einem Lichte auffälligen Realitätssinns. Doch bei der Frage, ob diese Einkreisung zu überwinden sei, wog er mit größeren Waagen als mit denen des klassischen West- und Mitteleuropas. Seine Waage war mit der Skala des Weltmaßstabs ausgestattet oder was er dafür hielt. So musste, wenn es ihm gelang, die Sowjetunion mit auf die Waagschale zu bringen, das Pendel sofort bedeutend andere Ausschläge machen. Diese Erwägung führte unmittelbar und auf kürzestem Wege zum Hitler-Stalin-Pakt. Mit diesem Namen wird verkürzt bezeichnet, was am 23. August 1939 mit der Unterzeichnung eines Nichtangriffsvertrages an politisch-strategisch-wirtschaftlicher Zusammenarbeit zwischen dem Deutschen Reich und der Sowjetunion eingeläutet wurde. Der Vertragsabschluss bedeutete eine Weltsensation, die noch dramatischer ausgefallen wäre, hätte die Öffentlichkeit zur Kenntnis nehmen können, was beide Seiten in einem geheimen Zusatzprotokoll über die Abgrenzung ihrer Interessensphären zu Papier gebracht hatten und was den eigentlichen Clou der Hitler-Stalin'schen Abreden darstellte.[1176]

Seit dem Machtantritt der Nationalsozialisten Ende Januar 1933 war das labile außenpolitische Verhältnis zur Sowjetunion, das in den Weimarer Jahren sogar eine militärpolitische Zusammenarbeit möglich gemacht hatte, auf Eiszeitniveau abgesunken, fast dem Abbruch der Beziehungen aus den späten Tagen des Jahres 1918 vergleichbar. In aller Härte waren die ideologischen Gegensätze aufeinandergeprallt. Die deutsche Seite hatte keinen Zweifel daran gelassen, mit welchen Mitteln sie die von ihr so genannte jüdisch-bolschewistische Weltverschwörung zu bekämpfen gedachte. Die rabiate Verfolgung von KPD und Komintern ab dem Frühjahr 1933 machte unmissverständlich klar, dass es sich bei der antikommunistischen Politik des Dritten Reichs keineswegs nur um Verbalradikalismus han-

delte. Zwei Jahre später zog die Komintern nach. Erst dann, oder wie viele Nazi-Gegner erleichtert feststellten: jetzt endlich, vollzog die Komintern den Schwenk, sich auf die Nazis selbst als den Hauptfeind einzuschießen. Man tat dies, ideologisch gesehen, unter der Neuformulierung der Fragestellung, was eigentlich ein Faschist sei. Jetzt plötzlich waren die Dinge anders und ganz klar: Antifaschismus war die Kampfform gegen Nazi-Deutschland unter Einschluss aller so genannten Fortschrittlichen Kräfte. Gewiss, das war ein Salto mortale, denn im Gerüst kommunistischen Denkens sollte es jetzt nicht mehr auf den bedingungslosen Kampf gegen den ohnedies zum Sterben verurteilten verfaulenden Kapitalismus ankommen, sondern auf die aktive Parteinahme in diesem ohnehin stattfindenden geschichtlich notwendigen innerkapitalistischen Kampf.[1177]
Diese Wendung war keineswegs selbstverständlich, und denknotwendig erfolgte sie schon gar nicht. Sie war vielmehr der Ausdruck einer zunehmend souverän agierenden sowjetischen Außenpolitik, die kraft ihres Eigengewichts auf weltpolitische Ereignisse Einfluss nahm. Die Schwierigkeit, dies den orthodoxen Kämpfern der Weltrevolution zu vermitteln, war viel größer, als spätere Schilderungen der davon betroffenen Zeitgenossen uns das glauben machen wollen. Zwei Dinge waren es, die neben der strikt ausgeprägten Parteidisziplin halfen, diesen Schwenk zu vermitteln. Zum einen war es die Erfahrung der Verfolgung, der Kommunisten jeglicher Nationalität ab dem Frühjahr 1933 ausgesetzt wurden. Das war der Hauptgesichtspunkt, wie er vor allem in der Memoirenliteratur durchscheint; hierbei blieb ausgeblendet, dass es bereits zuvor eine ganze Reihe anderer Staaten gab, in denen die strafrechtliche Kommunistenverfolgung üblich war, wie in Polen und Ungarn. Der zweite Aspekt beruhte auf dem schlichten Umstand, dass es in der Sowjetunion im Jahre 1935 die alte Garde der orthodoxen Bolschewiki nicht mehr gab. Männer und Frauen, die mit Wladimir Lenin noch in den Gremien der KPR(B) und in der Komintern zusammengesessen und debattiert hatten, waren in der politischen Realität der kommunistischen Bewegung längst zur Rarität geworden und in Randexistenzen abgedrängt. Der Typus des Parteiapparatschiks hatte ihren Platz eingenommen, und die Große Säuberung tat ein Übriges, um etliche der noch vorhandenen revolutionären Gestalten physisch zu vernichten. So war die Durchsetzung des Schwenks von 1935 möglich geworden.[1178]
Doch die neue Linie sollte nicht einmal vier Jahre Bestand haben. In diesen vier Jahren waren sich ganz normale Intellektuelle und zunehmend auch reiche Leute in Westeuropa und in Amerika mit kommunistischen Intellektuellen und auch mit ganz normalen Kommunisten in die Arme gefallen, um sich gegenseitig zu schwören, den verbrecherischen Nazis ein Ende zu machen. Viele Nichtkommunisten meinten dies recht ernst, und auch vielen Kommunisten ging es nicht anders. Der Schock des verlorenen Bürgerkrieges in Spanien vermochte bei den

meisten keineswegs eine Revision des Standpunktes zu erzeugen; im Gegenteil, bei vielen, besonders wenn sie die Ereignisse nicht aus der Nähe kannten, bewirkte der Verlust Spaniens ein trotziges Jetzt-erst-recht. Ein knappes halbes Jahr später platzte diese Seifenblase, denn nach dem Willen des weisen Josef Stalin war aus dem Erzschurken Hitler der Hauptverbündete des einzigen Arbeiter- und Bauernstaates auf Erden geworden. Für Hunderttausende von Intellektuellen, für Vertriebene und Emigranten, Gutwillige, Wohlmeinende, edel Gesinnte und weniger Schlaue stürzte der Himmel ein; Hoffnungen wurden zerstört und Lebenspläne zu Makulatur. Weniger Bedenkliche machten auch diesen neuerlichen Schwenk mit, und jenen, die sich im Machtbereich Stalins aufhielten, blieb ohnedies nichts anderes übrig. Bei all diesen Gegensätzen gab es kaum jemanden, der sich nicht die Frage nach dem Warum stellte.[1179]

Für die Änderung der wechselseitig feindseligen Politik der beiden Großmächte gab es in den Jahren 1938/39 einige Hinweise. Am 19. Dezember 1938 wurde ein bilaterales Handelsabkommen zwischen Deutschland und der Sowjetunion unterzeichnet. Doch eine Sensation bedeutete das nicht, denn es war lediglich die Prolongation des schon existenten Waren- und Zahlungsverkehrsabkommens für ein weiteres Jahr. Man musste schon etwas genauer hinschauen, um das Besondere zu erkennen: Es war der Umstand, dass die Unterzeichnung diesmal, und im Gegensatz zu den Vorjahren, rechtzeitig vor Beginn des Folgejahres erfolgte.[1180] Doch um dieses Signal zu begreifen, bedurfte es schon einer sehr feinen Sonde. Ein möglicher guter Eindruck wurde sogleich durch die Rede Hitlers zum sechsten Jahrestag der Machtergreifung am 30. Januar 1939 zunichte gemacht; in ihr äußerte sich der Führer der NS-Bewegung in gewohnt unflätiger Weise über das Sowjetsystem.

Stalin wollte anderes. Er gab, ganz wie es seine Art war, einige Signale der Annäherungsbereitschaft, die indessen auf der deutschen Seite übersehen oder fehlgedeutet wurden. Am 10. März 1939 hielt Stalin auf dem XVIII. Parteitag der KPdSU eine bemerkenswerte Rede, die sich mit der außenpolitischen Position der Sowjetunion auseinander setzte. In ihr führte der sowjetische Diktator aus, dass er gar nicht daran denke, die Wunschvorstellungen der Westmächte zu erfüllen, die Deutschland und die Sowjetunion in einen Krieg gegeneinander treiben wollten, um sich anschließend gegen die geschwächten Kriegsgegner umso leichter durchsetzen zu können. Stalin benutzte in seiner Rede das Bild vom Kastanienaus-dem-Feuer-Holen. Das brachte ihr später die Bezeichnung Kastanien-Rede ein, und schlaue Interpreten fanden heraus, dass Hitler in einer Ansprache im April in Wilhelmshaven dieselbe Metapher verwendete. Doch die beamteten deutschen Russlandexperten bemerkten nichts. Sie bemerkten auch nicht, dass Stalin am 3. Mai 1939 aus seiner Sicht seinen wichtigsten Hinweis gab, und zwar durch die Entlassung des sowjetischen Außenkommissars. Das Abservieren von Maxim Litwinow und seine Ersetzung durch den Stalin-Getreuen Wjatscheslaw Molotow hatte keinen anderen Grund als den, dass die Entfernung des Juden Litwinow aus der Spitzenposition der Diplomatie als Wink in einem Lande verstanden werden sollte, in dem der Antisemitismus seit 1933 zur Staatsdoktrin gehörte. Doch die Dinge nahmen einen etwas anderen, wenn auch nicht minder skurrilen Gang. Es war der seit Jahren in seiner Funktion nahezu kaltgestellte deutsche Botschafter in Moskau, Friedrich Wilhelm von der Schulenburg, der bei einem Gespräch mit Stalin die Frage anriss, ob es nicht sinnvoll sei, wenn beide Seiten sich in ihrer staatlich gelenkten Presse der Beschimpfung der jeweils anderen Seite enthalten würden, weil dies bei zwei souveränen Staaten untunlich und auch unpraktisch sei. Das sollte, als man auf beiden Seiten daranging, diese guten Vorsätze in die Tat umzusetzen, der entscheidende Hebel für die weitere Verständigung werden.[1181]

Im Übrigen spielten beide Diktatoren gedanklich mit Verständigungen, wann immer ihnen das ins politische Kalkül passte. Im Jahre 1939 passte es, denn Hitler war im Begriff, das, was er die Polenfrage nannte, mit Gewalt zu lösen, und Stalin war willens, sein sowjetisches Weltreich auch außenpolitisch zu arrondieren. Die Interessenabgrenzung, die am 25. August 1939 getroffen wurde, brachte der Sowjetunion in kürzester Frist erheblichen Landzuwachs und nahezu die Wiederherstellung des Grenz-Status von 1914. Stalins eigentliche Antriebsfeder dürfte weiter gehend gewesen sein. Genau das, was er in der Parteitagsrede im März den Westmächten unterstellt hatte, nämlich als lachender Dritter aus einem Krieg zwischen anderen Staaten hervorzugehen, war auf die Situation der Sowjetunion gemünzt, außerordentlich realistisch. Stalin durfte hoffen, dass das Deutsche Reich in einen lang andauernden, zermürbenden Krieg mit Polen und zugleich den Schutzmächten Polens im Westen eintreten würde. Wie realistisch diese Sicht der Dinge war, zeigte sich zum Jahresanfang 1940, als Stalin den politischen Freiraum zu nutzen begann und die baltischen Länder über die vereinbarte Interessengrenze in Litauen hinaus ins sowjetische Staatsgebiet hineinzwang.

Der eigentliche Vertragsschluss ging innerhalb von Tagen über die Bühne. Hitler hatte, durch die Lauscher im Forschungsamt wohl unterrichtet, mitbekommen, dass Stalin geneigt war, mit den Briten im Sommer 1939 hinsichtlich einer Abgrenzung der Interessengebiete ins Geschäft zu kommen. Doch die zuckten zurück, da sie Polen nicht an die Sowjetunion preisgeben mochten. Das alles hörte auch Hitler, da dergleichen auf den Telefonleitungen der britischen Diplomatie zwischen Berlin und London hin- und herbesprochen wurde. Von hier kamen die Nachrichten ins Forschungsamt, die dem Multifunktionär Hermann Göring direkt unterstehende Abhörbehörde, und von dort gelangten sie, sorgfältig auf braunem Papier geschrieben, auf Hitlers Schreibtisch.[1182] Die Nachrichten bestärkten Hitler in seiner Überzeugung, dass Eile geboten sei. Der 1938 ins Amt gelangte Außenminister Joachim von Ribbentrop reiste am 22. August 1939 per Flugzeug nach Moskau und konnte dort erleben, dass Stalin sich selbst in die Verhandlungen einschaltete, obschon er zu dieser Zeit offiziell kein Staatsamt bekleidete. Der Abschluss des Nichtangriffspakts wurde in der ganzen Welt als Sensation empfunden. Hätte die erstaunte Öffentlichkeit die Vollmacht zu Gesicht bekommen, die Hitler am 22. August 1939 seinem Außenminister erteilt hatte, wäre die Sensation noch greller ausgefallen; in der Vollmacht heißt es nämlich:

> *»erteile ich hierdurch Generalvollmacht, im Namen des Deutschen Reiches mit bevollmächtigten Vertretern der Regierung der Union der Sozialistischen Sowjetrepubliken über einen Nichtangriffsvertrag sowie über alle damit zusammenhängenden Fragen zu verhandeln und sowohl den Nichtangriffsvertrag als auch andere sich aus den Verhandlungen ergebende Vereinbarungen zu unterzeichnen und zwar gegebenenfalls mit der Massgabe, dass dieser Vertrag und diese Vereinbarungen sofort mit der Unterzeichnung in Kraft treten.*[1183]

Manch einer wäre stutzig geworden, hätte er das lesen können; doch wie hätte man erst gestaunt, wenn man das geheime Zusatzprotokoll zum Vertrag gesehen hätte, denn auf genau dieses bezog sich die Klausel in der Vollmacht, wo von anderen *zusammenhängenden Fragen* die Rede ist. Dieses Zusatzprotokoll, dessen Existenz auf sowjetischer Seite noch Ende der 1980er-Jahre geleugnet wurde, ist wichtig genug, um es im Folgenden widerzugeben:

> *Aus Anlass der Unterzeichnung des Nichtangriffsvertrages zwischen dem Deutschen Reich und der Union der Sozialistischen Sowjetrepubliken haben die unterzeichneten Bevollmächtigten der beiden Teile in streng vertraulicher Aussprache die Frage der Abgrenzung der beiderseitigen Interessphären in Osteuropa erörtert. Diese Aussprache hat zu folgendem Ergebnis geführt:*
>
> *1. Für den Fall einer territorial-politischen Umgestaltung in den zu den baltischen Staaten (Finnland, Estland, Lettland, Litauen) gehörenden Gebieten bildet die nördliche Grenze Litauens zugleich die Grenze der Interessphären zwischen Deutschland und der UdSSR. Hierbei wird das Interesse Litauens am Wilnaer Gebiet beiderseits anerkannt.*
>
> *2. Für den Fall einer territorial-politischen Umgestaltung der zum polnischen Staate gehörenden Gebiete werden die Interessphären Deutschlands und der UdSSR ungefähr durch die Linie der Flüsse Narew, Weichsel und San abgegrenzt. Die Frage, ob die beiderseitigen Interessen die Erhaltung eines unabhängigen polnischen Staates erwünscht sein lassen und wie dieser Staat abzugrenzen wäre, kann endgültig erst in der weiteren politischen Entwicklung*

geklärt werden. In jedem Falle werden beide Regierungen diese Frage im Wege der freundschaftlichen Verständigung lösen.

3. Hinsichtlich des Südostens Europas wird von der sowjetischen Seite das Interesse an Bessarabien betont. Von deutscher Seite wird das völlige politische Desinteresse an diesem Gebiet erklärt.

4. Dieses Protokoll wird von beiden Seiten streng geheim behandelt werden.

Moskau, den 23. August 1939

Für die Reichsregierung: J. v. Ribbentrop

In Vollmacht der Regierung der UdSSR: W. Molotow[1184]

Entscheidende fünf Wochen später wurde aus dem Nichtangriffs- ein Grenz- und Freundschaftsvertrag. Mit einem schwungvollen Buntstiftstrich wurde eine Karte Osteuropas durch Stalin in zwei Teile geteilt und von ihm (mit einer 58 Zentimeter großen Unterschrift) und von Ribbentrop am 28. September 1939 in Moskau abgezeichnet. Damit war das Schicksal Polens besiegelt.[1185]

Polnisches Requiem – 1. Satz.
Der deutsche Angriff gegen Polen und die Aufteilung des Landes

Mit dem Hitler-Stalin-Pakt war für Hitler der Weg in den Krieg endgültig freigeräumt. Es darf zwar unterstellt werden, dass er sowieso entschlossen war, Gewalt anzuwenden; er ging jedoch davon aus, dass er in letzter Minute Polen, wie schon die Tschechoslowakei im Vorjahr, würde isolieren können. Das war ihm wichtig genug, den zum 26. August 1939 gegebenen Angriffsbefehl zu widerrufen und erst für den 1. September 1939 zu erneuern. Man hat sich in Deutschland daran gewöhnt, diesen 1. September als den Beginn des Zweiten Weltkrieges zu bezeichnen, was aus Deutschland-zentrierter Sicht zutrifft, jedoch hinsichtlich der Lage in der übrigen Welt eher zweifelhaft ist, weil beispielsweise durch die Sowjetunion, China und Japan in Asien und Italien und Äthiopien in Nordafrika längst anderswo Kriege ausgefochten wurden.[1186]

Der Angriff der deutschen Wehrmacht zerschlug zur Überraschung der sowjetischen Führung die hoch gerüsteten polnischen Streitkräfte innerhalb weniger Wochen. Der Krieg war mit einer geheimdienstlichen Farce begonnen worden. Am Vorabend des Angriffstages hatten Kommandotrupps des SD das Unternehmen Tannenberg ablaufen lassen. SS-Leute in polnischen Uniformen waren gewaltsam gegen den Sender Gleiwitz sowie gegen einige Grenzstationen auf deutscher Seite vorgegangen und hatten Besetzungsaktionen inszeniert. Zum Beweise des angeblichen polnischen Überfalls wurden Leichen in polnischen Uniformen an den Tatorten zurückgelassen. Diese Toten waren am Tag zuvor noch lebende Insassen aus deutschen Konzentrationslagern gewesen. Die Überfälle erfolgten auf unmittelbare Weisung Hitlers, der am Vormittag des 1. September 1939 großspurig verkündete, dass seit vier Uhr fünfundvierzig zurückgeschossen werde.[1187] Es war ein Scheinmanöver, auf das so recht niemand hereinfallen wollte. Bereits beim ersten, wieder abgeblasenen Angriffstermin hatte es entsprechende Planungen gegeben. Ein zum Amt Ausland/Abwehr gehörender Kommandotrupp, der den Eisenbahntunnel am Jablunkapass hatte besetzen sollen, war, frühzeitig in Bewegung gesetzt, nicht mehr anzuhalten gewesen und hatte sein Kommandounternehmen mit Erfolg durchgeführt. Es gab Verletzte und Tote auf polnischer Seite; dann setzten sich die Deutschen unter dem Leutnant d. R. Albrecht Herzner, als der Rückzugsbefehl endlich zu ihnen durchgedrungen war, wieder über die deutsche Grenze ab.[1188] Das war, wenn man so will, der eigentliche Auftakt zum Zweiten Weltkrieg. Aber auch am 1. September ließ sich in der Welt außerhalb Deutschlands niemand täuschen. Dem Deutschen Reich brachte der Überfall auf Polen am 3. September 1939 die Kriegserklärungen Frankreichs und Großbritanniens ein; die Möglichkeit eines Krieges mit Großbritannien hatte Hitler bis zum letzten Moment geleugnet.[1189] Sein Heeresadjutant notierte für den 27. August 1939:

Bin wieder beim OB [= Oberbefehlshaber des Heeres, Generaloberst Walther von Brauchitsch] *und unterrichte ihn über die Ereignisse in der Reichskanzlei. Dort ist ein völliges Durcheinander. Gestern war ein Zusammenstoß mit Hewel, mit dem F.* [= Führer] *wetten wollte, dass die Engländer auch im Kriegsfalle mit Polen nicht in den Krieg eintreten würden. Hewel widerspricht auf das heftigste und sagt wörtlich:* »*Mein Führer, unterschätzen Sie die Briten nicht. Wenn die merken, dass es keinen anderen Weg mehr gibt, dann sind die stur und gehen ihren Weg. Ich glaube, ich kann das besser beurteilen als mein Minister.*« *F. war sehr verärgert und brach das Gespräch ab.*[1190]

Doch Hitler irrte sich gründlich, wie schon eine Woche später klar war. Der verhasste Zweifrontenkrieg hatte begonnen; für Deutschland verlief er einstweilen glimpflich, weil die Westalliierten sich im Herbst 1939 nicht entschließen konnten, das Deutsche Reich anzugreifen. So traf die volle Wucht der angreifenden deutschen Wehrmacht die polnische Armee.[1191]

Bereits am 26. September 1939 drangen die ersten Soldaten der Wehrmacht, nach zweitägigem heftigem Artilleriebeschuss und Luftbombardements in Warschau ein. Unter ihnen ein Kommandotrupp des Amtes Ausland/Abwehr, dessen Auftrag ausnahmsweise keine Sabotageaktion war, sondern die handstreichartige Erbeutung der Akten der 2. Abteilung des polnischen Generalstabs, der militärischen Auslandsspionage also. Dieses Frontaufklärungskommando Warschau unter seinem Führer, dem Major Heinz Schmalschläger, wurde fündig. Zwar wurde schnell klar, dass die Masse des interessanten Materials aus dem Generalstabsgebäude am Pilsudskiplatz entfernt worden war, doch Schmalschlägers Männer vermuteten zu Recht, dass die brisanten Akten sich noch in Warschau befinden mussten, da sie nach Befragungen in der Nachbarschaft festgestellt hatten, dass ein Abtransport größerer Aktenmengen erst während der deutschen Belagerung, also nach der Einschließung der Stadt, stattgefunden hatte. Eine blitzschnelle Suchaktion nach den fraglichen LKW endete im ehemals zaristischen Fort Legionow, was bei der Verteidigung von Warschau keine Rolle mehr gespielt hatte. Hier wurden die Abwehrmänner fündig und die bis in die 1920er-Jahre zurückreichenden Akten des polnischen Militärgeheimdienstes machten sich auf den Weg nach Berlin, wo die sechs prall gefüllten Eisenbahnwaggons von Abwehr III, der für Spionageabwehr zuständigen Abteilung des Amtes Ausland/Abwehr, in Empfang genommen und ausgewertet wurden.[1192]

Die Offiziere von Abwehr III unter dem Oberstleutnant Franz-Eccard von Bentivegni trauten ihren Augen kaum. Klarnamen von Agenten und deren Verratsmaterial aus zwei Jahrzehnten waren plötzlich kein Geheimnis mehr. Zumindest für sie selbst, denn natürlich wurde alles Erdenkliche unternommen, um den brisanten Fund gegen unbefugte Kenntnisnahme abzuschirmen. Doch nicht gegen jedermann: 279 von der 2. Abteilung geführte Agenten wurden mit einem Schlag festgenommen und dem Volksgerichtshof zur Aburteilung überwiesen, Schellenberg nennt in seinen Memoiren sogar eine Zahl von 430 Deutschen. Einige weitere, die sich dafür eigneten, sollen in Doppelspiele zu Lasten der Sowjetunion eingebaut worden sein. Falls das stimmt, wanderten sie in die Betreuung von Abwehr III F, das für die Gegenspionage zuständige Referat unter Major Joachim Rohleder. Ob und welche Aufklärungsergebnisse diese umgepolten Agenten brachten, ist völlig unklar, wahrscheinlich brachten sie nichts Gescheites zustande, was die sowjetischen Dienste anlangt. Vielleicht wanderten die vor dem Galgen Bewahrten auch lediglich in den für die polnische Inlandsaufklärung zuständigen Apparat der Abwehr, die sich sogleich etablierende Kriegsorganisation Warschau, die von Anbeginn bis zu ihrem Ende im Frühjahr 1945 vom ehemaligen Leiter der Abwehrstelle Königsberg, dem Major Johannes Horaczek, geleitet wurde.[1193]

Man kann sich leicht vorstellen, mit welcher Genugtuung die Abwehrleute beim Abräumen der polnischen Agenten zu Werke gingen. Hierbei verfing sich auch einer der eigenen Kameraden in ihrem Netz: der Oberstleutnant Günther Rudloff, der einer der Subagenten des polnischen Residenten Georg Sosnowski gewesen war. Diese Entdeckung allerdings versuchten die militärischen Geheimdienstler in ihren Nachkriegsveröffentlichungen peinlich zu verschweigen. Rudloff beging am 7. Juli 1941 in der Militärhaftanstalt Tegel Selbstmord. Dieser Fall hat nur scheinbar mit dem deutsch-sowjetischen Verhältnis nichts zu tun. Doch zum einen ist die Sache gut geeignet, um die Unterschiede in der deutschen und der sowjetischen Herangehensweise an geheimdienstlich relevante Sachverhalte aufzuzeigen, und zum andern nötigt uns der Fall, auf eine der folgenreichsten Geheimdienstpannen der deutschen militärischen Abwehr hinzuweisen. Während man heute eher kopfschüttelnd zur Kenntnis nehmen muss, dass die Reaktion auf den Fall Sosnowski in erster Linie moralische Empörung der Abwehrleute auslöste, hatte die sowjetische Seite keinerlei Bedenken, den Mann für die eigenen Ziele einzuspannen; dergleichen wäre, wenn man denn nur gewollt hätte, auch auf deutscher Seite möglich gewesen. Stattdessen zog man es vor, mit einigem Propagandapomp die Hinrichtung der festgenommenen Agentinnen abzufeiern. Auf derselben Linie liegt die Tätigkeit der Abwehr nach dem Auffinden des geheimdienstlichen Pharaonenschatzes im Warschauer Fort Legionow im September 1939. Der Aktenfund war in der Tat spektakulär und eine brillante Beschaffungsleistung des Majors Schmalschläger mit seinem Frontaufklärungskommando Warschau; wir haben keinen Anlass an der Vorgehensweise des ehemals preußischen Kavallerieoffiziers, der sich in den Weimarer Jahren als Matratzenfabrikant versucht hatte, Kritik zu üben. Diese setzt vielmehr an ganz anderer Stelle an, weil wir heute in der Draufsicht auf die Ereignisse wissen, was aus deutscher Sicht notwendig und wohl auch möglich gewesen wäre.[1194]

Wer je versucht hat, einem Agenten auf die Schliche zu kommen, kann sich denken, wie die Leute von Abwehr III und die mit ihnen eng zusammenarbeitenden Gestapobeamten aus der polizeilichen Spionageabwehr der Gruppe IV E des gerade gegründeten Reichssicherheitshauptamtes das Jagdfieber packte, als ihnen die Klarnamen von mindestens 279 polnischen Agenten auf dem Schreibtisch lagen. Ihr Ziel war ein großes schlagartiges Abräumen. Und so geschah es auch. Das war ein großer Fehler, der nur dadurch erklärt werden kann, dass man über den Verratsumfang empört war, der sich aus dem Aktenfund widerspiegelte, und man vermutlich annahm, dass der polnische Geheimdienst durch die Kriegsereignisse ohnedies zerschlagen worden sei. Das war ein gefährlicher Irrtum. Eine sorgsamere Analyse des Fundes hätte offenbaren müssen, dass man zwar die Agenten fangen konnte, aber über den Verbleib ihrer ehemaligen Auftraggeber nichts wusste. Das ist zunächst nicht weiter verwunderlich, denn etliche von ihnen hatten sich auf der Südroute über den Balkan nach Frankreich retten können, wo sie alsbald im alten Gewerbe wieder zum Einsatz gelangten. Anstatt die aufgegriffenen Agenten dem Galgen zuzuführen, hätte alles dafür gesprochen, die Kräfte darauf zu konzentrieren, eine Strukturanalyse des polnischen militärischen Geheimdienstes in Angriff zu nehmen. Bei diesem Teil der Arbeit entscheidend mitzuwirken, wäre ein Teil der erkannten Agenten mit einiger Sicherheit geeignet gewesen. Die Überheblichkeit des Siegers verhinderte, dass sich die deutsche Seite akribische Klarheit über das entkommene und das untergetauchte hauptamtliche Personal verschaffte. Sie hätte dann bemerken müssen, dass ein wesentlicher Teil des polnischen Spionageapparats in ihren Aktenfunden komplett fehlte. Die Rede ist von den Akten und den Gerätschaften der polnischen Funkentzifferung. Deren Erfolge und Personal haben wir bereits geschildert.

Noch in einer anderen Hinsicht zeigte sich die mangelhafte Ausnutzung der Unterlagen aus dem Coup von Warschau. Die nicht weiter belegte Behauptung, das Amt Ausland/Abwehr habe aus dem so entdeckten Agentpotenzial Personal für die Gegenspionage III F gewonnen, mag zutreffen, hat aber offensichtlich nicht zu dem eigentlich notwendigen Ergebnis geführt. Die nachrichtendienstlichen Gegner, die es zu bekämpfen galt, waren die fortgesetzten polnischen Strukturen, die man auf deutscher Seite schlicht negierte, und die sowjetischen Geheimdienste. Deren militärischer Dienst GRU unterhielt am Vorabend des Zweiten Weltkrieges in Warschau eine wohl funktionierende, gegen das Deutsche Reich gerichtete Spionageorganisation, den Ring von Rudolf Herrnstadt.

Der Berliner Journalist Rudolf Herrnstadt leitete das nach ihm benannte Netz seit 1932. Bereits in den 1920er-Jahren als Redakteur beim renommierten *Berliner Tageblatt* hatte der junge Mann eine Doppelexistenz geführt, denn er diente gleichzeitig als Mitarbeiter beim illegalen AM-Apparat der KPD. Als Herrnstadt 1928 die Stelle eines Korrespondenten in Prag antrat, befand GRU-Chef Jan Bersin, dass dieser Mann zu wertvoll für die KPD sei, und verpflichtete ihn kurzerhand für den eigenen Dienst. 1932 ging Herrnstadt dann in seiner Doppelfunktion nach Warschau. Herrnstadts große Stunde schlug, als er sich mit Ilse Stöbe liierte, die er nach Warschau nachzog. Die 1911 geborene junge Frau hatte als Sekretärin beim *Berliner Tageblatt* begonnen, schon bald war sie zur Privatsekretärin des bereits legendären Chefredakteurs dieser Zeitung, Theodor Wolff, aufgestiegen. Man lasse sich durch das Gestapofoto vom Oktober 1942 nicht täuschen, das ein ausgemergeltes, von Entbehrungen gezeichnetes Gesicht zeigt; in Wirklichkeit war Ilse Stöbe eine attraktive, nicht nur von Männern als anziehend empfundene Frau. Mit ihrer Anwerbung für die GRU war deren Residenten Herrnstadt ein großer Fang geglückt. Denn es war vermutlich die Agentin Alta, der einige weitere Werbungen glückten, die aus dem Herrnstadt-Ring erst das machten, was er vor Kriegsausbruch war: ein gut informierter geheimdienstlicher Zugang in die Diplomatie des Deutschen Reichs. Dieser Zugang leistete den Sowjets unschätzbare Dienste, denn der schwankende Umgang des Deutschen Reichs mit dem Nachbarn Polen musste sich stets auch unmittelbar auf das Verhältnis Polens zur Sowjetunion auswirken. Während der diplomatischen Kriegsvorbereitungen gegen Polen, die letztlich zum Abschluss des Hitler-Stalin-Paktes führten, saßen die Sowjets sozusagen verdeckt mit am Tisch.[1195]

Bei den von Ilse Stöbe geworbenen Männern handelte es sich um Gerhard Kegel und Rudolf von Scheliha. Den Juristen und Journalisten Gerhard Kegel anzuwerben, dürfte nicht allzu schwierig gewesen sein, denn der war seit 1931 eingeschriebener Genosse der KPD; er hatte sich 1933 vor den Nazis nach Warschau abgesetzt, wo er sich als Auslandskorrespondent durchschlug; seit 1934 gehörte er als Agent mit dem Decknamen Kurt zum Herrnstadt-Netz. Doch der eigentlich Coup war nicht die Werbung, sondern die Implementierung des Agenten in die deutsche Botschaft als Mitarbeiter. Zu diesem Zweck war Kegel-Kurt auf Weisung der Führungsstelle der NSDAP beigetreten. Er war damit Ende der 1930er-Jahre der zweite KPD-Mann, der als GRU-Agent in eine deutsche Botschaft eingeschleust worden war; der andere war Richard Sorge in Tokio. Kegels große Stunde kam indessen erst nach Schließung der deutschen Botschaft im September 1939, denn nach einem Umweg über Berlin hieß seine nächste Station Moskau; etwas Besseres hätte die GRU selbst nicht erdenken können. Der zweite Mann, welcher der Werbung der flotten Alta nicht widerstand, war ein Botschaftsrat der Warschauer Botschaft. Er hieß Rudolf von Scheliha. 1937 erfolgte die Anwerbung des 40-Jährigen, ab 1938 lieferte Arier, wie sein GRU-Fallname lautete, gegen klingende Münze Informationen aus dem deutschen Auswärtigen Dienst; ob man Arier unter diesen Umständen zu einem Widerstandskämpfer stilisieren sollte, wie erst jüngst geschehen, erscheint weniger eine Angelegenheit der Fakten als eine Frage des Geschmacks. Im September 1939 wurde der Herrnstadt-Ring aufgelöst. Herrnstadt selbst setzte sich befehlsgemäß nach Moskau ab; die drei anderen gingen nach Berlin, wo zwei von den dreien, nämlich Ilse Stöbe und Rudolf von Scheliha, drei Jahre später enttarnt wurden. Der Tag ihrer Hinrichtung ist der 22. Dezember 1942. Der Dritte im Bunde, den Ilse Stöbe angeworben hatte, war ein Journalist namens Helmut Kindler. Ihm wurde die Rolle des Kuriers zugewiesen. Jahrzehnte später, als der 78-jährige erfolgreiche Buchverleger seine Memoiren vorlegte, fiel auf, welch schmachtende Blicke er für die einstige Geliebte aufbewahrt hatte – rein platonisch, versteht sich. Auch der Leiter des Rings, Rudolf Herrnstadt, überlebte. Aus Warschau abberufen, konnte er sich bis 1945 als Mitarbeiter der Komintern in Moskau halten. Gleich nach Kriegsende kehrte der zum Spitzengenossen Aufgestiegene nach Ost-Berlin zurück. Die Stellung eines Chefredakteurs beim Parteiblatt *Neues Deutschland* krönte seine Laufbahn. Im Juli 1953 kam der jähe Absturz; da hatte Herrnstadt auf Berija und damit auf die falsche Geheimdienstfraktion in der Sowjetunion gesetzt. Doch zurück zur Jahreswende 1939/40. Die deutsche Abwehr hatte von alledem nichts bemerkt. Es ist heutzutage müßig, darüber zu spekulieren, ob die Männer von Abwehr III etwas hätten bemerken müssen. Fest steht, dass dies nicht der Fall war.[1196]

In Polen waren unterdessen schreckliche Zeiten angebrochen. Das Unheil kam zunächst nur von Westen. Der deutschen Wehrmacht auf dem Fuß folgten Einsatzgruppen des SD, die befehlsgemäß unter aufgegriffenen Juden, Intellektuellen und erkannten polnischen Nationalisten durch wilde Exekutionen grauenhafte Blutbäder anrichteten.[1197] In der Bürokratensprache der SD-Führung klang das so: *Als Siedlungskommissar für den Osten wird RFSS [= Reichsführer SS, Heinrich Himmler] eingesetzt. Die Judendeportationen in den fremdsprachigen Gau, Abschiebung über die Demarkationslinie, ist vom Führer genehmigt. Jedoch soll der ganze Prozess auf die Dauer eines Jahres verteilt werden. Die Lösung des Polen-Problems – wie schon mehrfach ausgeführt – unterschiedlich nach der Führungsschicht (Intelligenz der Polen) und der unteren Arbeitsschicht des Polentums. Von dem polnischen Führertum sind in den okkupierten Gebieten höchstens noch 3 % vorhanden. Auch diese 3 % müssen unschädlich gemacht werden und kommen in KZs. Die Einsatzgruppen haben Listen aufzustellen, in welchen die markanten Führer erfasst werden, daneben Listen der Mittelschicht: Lehrer, Geistlichkeit, Adel, Legionäre, zurückkehrende Offiziere u.s.w. Auch diese sind zu verhaften und in den Restraum abzuschieben.*[1198]

So Reinhard Heydrich als Chef der Sicherheitspolizei in einem Runderlass an die Chefs der Amtsgruppen des Reichssicherheitshauptamtes am 21. September 1939, also drei Wochen nach dem Beginn des Polenfeldzuges. Die Frage, warum der SD-Chef feststellt, dass im besetzten Gebiet nur noch drei Prozent der Führungsschicht vorhanden seien, kann nur bedeuten, dass die vermuteten anderen 97 Prozent geflohen oder bereits liquidiert worden waren. Für die Gewaltlösung spricht vieles. Bereits am 12. September 1939 hatte der völlig erschütterte Chef des Amtes Ausland/Abwehr Wilhelm Canaris in einem Aktenvermerk den ihm unfassbaren Tatbestand wie folgt niedergelegt:

Ich machte Generaloberst Keitel darauf aufmerksam, dass ich davon Kenntnis habe, dass umfangreiche Füsilierungen in Polen geplant seien und dass insbesondere der Adel und die Geistlichkeit ausgerottet werden sollten. Für diese Methoden wird schließlich die Welt doch auch die Wehrmacht verantwortlich machen … Generaloberst Keitel erwiderte darauf, dass diese Sache vom Führer bereits entschieden sei, der dem Ob.d.H. [= Oberbefehlshaber des Heeres, Generaloberst Walther von Brauchitsch] klargemacht habe, dass, wenn die Wehrmacht hiermit nichts zu tun haben wolle, sie auch hinnehmen müsse, dass SS und Gestapo neben ihr in Erscheinung treten. Es werden daher in jedem Militärbezirk neben dem Militär- auch Zivilbefehlshaber eingesetzt werden; Letzteren würde die »Volkstums-Ausrottung« zufallen.[1199]

Canaris war nicht der Einzige, der protestierte. Zur Ehrenrettung des deutschen Offizierskorps sollte das gesagt werden; aber niemand hatte die Courage, diese

offensichtlichen Verbrechen mit der Androhung von Waffengewalt zu unterbinden. Möglich gewesen wäre das allemal, aber das lag wohl außerhalb der Vorstellungswelt des deutschen Offiziers. Jeder verschanzte sich hinter seinem militärischen Vorgesetzten, auch Canaris, der sehr wohl wusste, dass sein unmittelbarer Vorgesetzter, der Chef des Oberkommandos der Wehrmacht, Generaloberst Wilhelm Keitel, niemals den Mut aufbringen würde, seinem geliebten Führer irgendetwas ins Gesicht zu sagen, was auch nur vage nach Unrat roch.[1200]
Aber auch die Flucht nach Osten versprach den Polen kein Heil. Unübersehbare Flüchtlingsmassen setzten sich in Bewegung, denen bald klar wurde, dass der deutschen Wehrmacht auf ihrem Weg zur polnischen Ostgrenze nichts mehr entgegenstehen würde. Das deutsche XIX. und das XXII. Armeekorps waren von Süden auf Cholm vorgestoßen. Damit war das Gros des polnischen Feldheeres am 17. September 1939 keine drei Wochen nach Feldzugsbeginn westlich des Bug eingekesselt. Diese Operation beweglicher luftunterstützter Verbände war die erste Bewährungsprobe für das seit Reichswehrzeiten gepflegte Instrument taktischer Feindaufklärung der modernen Bewegungskriegsführung, der Funkaufklärung. Sie funktionierte nicht besonders gut, was nicht nur daran lag, dass es vor dem Krieg deutschen Dechiffrierbemühungen zum Trotz nicht gelungen war, den polnischen militärischen Funkschlüssel zu knacken, sondern weil der deutschen Führung beim Einsatz der Horchkompanien ein zweifacher Führungsfehler unterlief: Der Kommandeur der Heereshocheinrichtungen, Oberst Erich Fellgiebel, glaubte, seine festen Stationen und beweglichen Einheiten von Berlin aus zentral führen zu können. Das erwies sich bereits nach wenigen Tagen des Vormarsches als ein Schlag ins Wasser, weil ein entsprechendes gebrauchsfähiges Telefon-Festnetz nach Polen hinein nicht zur Verfügung stand. Der andere Grund für den nur teilweise sinnvollen Einsatz bestand darin, dass nur solche höheren Befehlshaber, die wussten und einschätzen konnten, welch schlagkräftiges Aufklärungsmittel sich praktisch führungslos in ihren Kommandobereichen bewegte, durch Selbstunterstellung hiervon Gebrauch machen konnten und auch machten. Das waren Erfahrungen, die in der weiteren Kriegführung zu radikalen Änderungen führten.[1201]
Am selben Tag, dem 17. September 1939, als die deutschen Truppen die polnische Armee einschlossen, passierten zwei Ereignisse, die für den weiteren Verlauf des Krieges mitbestimmend wurden. Die polnische Regierung floh nach Süden über die rumänische Grenze und zusammen mit ihr die Gruppe der polnischen Entzifferungsspezialisten unter Oberst Gwido Langer. Am selben Tag überschritt im polnischen Osten die Rote Armee, in zwei Fronten gegliedert, die Grenze, die seit dem Vertrag von Riga Polen von der Sowjetunion trennte. Dieser sowjetische Einfall nach Polen war die unmittelbare Folge des Hitler-Stalin-Pakts. Der unge-

wöhnlich rasche Vormarsch der deutschen Wehrmacht hatte Stalin zu eiligem Handeln veranlasst, denn er glaubte befürchten zu müssen, dass die Deutschen, entgegen der Abrede von Moskau, die nicht einmal einen Monat alt war, nicht Halt machen würden, bis sie die alte polnische Ostgrenze erreicht hatten. Diese Befürchtung war nicht ganz grundlos, denn die schnellen Truppen des XIX. Armeekorps unter General Heinz Guderian waren schon weit über Brest-Litowsk hinaus, was eigentlich zur sowjetischen Interessensphäre gerechnet wurde. Stalin wusste, dass seinem Ansehen in der übrigen Welt nichts abträglicher sein musste, als an der deutschen Seite Krieg zu führen. Daher unterließ er jegliche Kriegserklärung an das ohnedies bereits militärisch am Boden liegende Polen und bemäntelte den Einmarsch der Roten Armee mit dem Hinweis, es gehe darum, weißrussische und ukrainische Interessen der Sowjetunion in diesem Krieg, für den er nichts könne, zu wahren. Das klang zwar in jedermanns Ohr, der zu hören verstand, ziemlich hanebüchen, doch es langte, um den offenen Konflikt mit den polnischen Garantiemächten Frankreich und Großbritannien zu vermeiden. Und diese waren bei allen moralisierenden Sprüchen klug genug, sich nicht einen weiteren Kriegsgegner aufzuladen. Sie wussten, dass die Begründung Stalins für den Einmarsch natürlich Unsinn war, weil von den rund 13,2 Millionen Menschen, die in Ostpolen im September 1939 lebten, die Ukrainer und Ruthenen mit 4,5 Millionen und die Weißrussen mit lediglich 1,1 Millionen Einwohnern nicht einmal die Hälfte der Bevölkerung ausmachten. Mit 5,3 Millionen Einwohnern stellten die Polen selbst über 40 Prozent der Einwohner. Bedeutsam waren auch 1,1 Millionen Juden, deren Zahl durch die Flucht von Juden aus Westpolen stark anschwoll.[1202]

Zu Stalins Überraschung hielt Hitler die Vereinbarung von Moskau ein und befahl den Rückzug der deutschen Wehrmacht aus der sowjetischen Interessensphäre. Bilder von einer gemeinsamen Parade deutscher und sowjetischer Truppen, die, von den örtlichen Befehlshabern angeordnet, am 22. September 1939 anlässlich der Übergabe der Stadt Brest-Litowsk an die Rote Armee stattfand, gingen um die Welt. Das Ereignis wäre hier kaum der Erwähnung wert, wenn es nicht weit über den Tag hinaus und für unser Thema Bedeutung beanspruchen würde. Denn der auf der deutschen Seite beteiligte Kommandierende General, Heinz Guderian, fasste seine Beobachtungen aus dieser Parade im Sommer des folgenden Jahres in einer Studie zusammen, in welcher er seine Auffassungen über den Zustand der Roten Armee und besonders von deren Panzertruppe gegenüber Hitler darlegte. Ob aus eigenem Antrieb ist nicht ganz klar, aber es steht zu vermuten. Nicht nur deshalb vergaß der Panzerexperte, diesen Vorgang in seinen Erinnerungen zu erwähnen. In seiner Studie, die mehrfach Gegenstand der Erörterung im Führerhauptquartier war, äußerte sich Guderian außerordentlich negativ über die sowjetische Panzertruppe. Das wog besonders schwer, denn er gehörte zu den maßgeblichen Meinungsführern in der deutschen Wehrmacht, die in sträflichem Leichtsinn die Kampfkraft der Roten Armee unterschätzten und somit entscheidenden Anteil daran hatten, dass Hitler sich zum Angriff auf die Sowjetunion entschloss.[1203] Hierzu der Heeresadjutant Gerhard Engel:

> *10. 8. 1940 Nur F[ührer], Hewel, Lorenz, Schaub, A(lbrecht Bormann), (Engel) Flug nach dem Berg (Obersalzberg). F. hat ausführliche Berichte (von) Guderian über Eindrücke und Erfahrungen über Rote Armee in September/Oktober 39 in Brest-Litowsk usw. erhalten. Berichte sehr ungünstig üb(er) Haltung und Bewaffnung der Sowjets. Besonders Panzerfahrzeuge alt und unmodern. Nachrichtenmittel ebenfalls sehr rückständig. F. spricht am Abend lange über die Aufzeichnungen und sagt:* »*Wenn man diesen Koloss erst einmal richtig anpackt, dann bricht er schneller zusammen, als die ganze Welt ahnt. Wenn man sie nur vernichten könnte.*«[1204]

Jetzt, im Herbst 1939, hatten das deutsche und das russische Reich nach 20 Jahren wieder eine gemeinsame Grenze. Für die Scharen von Polen, die vor der Wehrmacht nach Osten geflohen waren, war das mehr als bitter. Sie kamen vom Regen in die Traufe. Denn was der SD im deutsch besetzten Teil Polens, dem so genannten Generalgouvernement, an der Bevölkerung anrichtete, verübte das NKWD in den sowjetisch besetzten Gebieten Ostpolens. Gewiss, es gab im Feindbild auf beiden Seiten gravierende Unterschiede, so zum Beispiel bei den Juden, doch waren sich die deutschen und die sowjetischen Besatzer in einem einig: Es ging um die physische Vernichtung der katholischen polnischen Führungsschicht. Wie die deutsche Seite hierbei vorging, haben wir schon erwähnt. Die sowjetische stand dem in nichts nach. Die in der Ausrottungspolitik erfahrenen Kader des NKWD, die sogleich der Roten Armee auf dem Fuß folgten, schritten unverzüglich zu Liquidationen und Deportationen. In ihrer Opferauswahl konnten sie sich auf die Zuarbeit einer Bevölkerung aus Weißrussen, Ukrainern und Juden verlassen. Diese hatte mit dem sich zwei Jahrzehnte lang als Herrenvolk aufspielenden Polen frische Rechnungen offen. Unbestreitbar war die russische Besetzung des Landes für die ärmliche jüdische Bevölkerung eine Befreiung. Der Antisemitismus, der im polnischen Staate zum guten Ton gehört hatte, war in der Sowjetunion verboten. Die ortsansässigen Juden nutzten die Gelegenheit, die sich in dieser Umbruchzeit bot, und so strömten insbesondere die jüngeren Leute in die Schaltstellen von Verwaltung und nunmehr staatlich gelenkter Wirtschaft. Das sollte zwei Jahre später schreckliche Folgen haben, denn der in dieser kurzen Zeit aufgestaute Hass der Bevölkerung gegen die kommunistische Herrschaft entlud sich mit Hilfe der Deutschen nach deren Einmarsch im Sommer 1941 pauschal an den Juden, die von der NS-Propaganda und von Teilen der nichtjüdischen Bevölkerung mit den Bolschewisten gleichgesetzt wurden. Doch damit haben wir vorgegriffen. Das Hauptobjekt bolschewistischer Aggression war das Polentum. Tausende polnischer Offiziere, die sich im September und Oktober 1939 der Roten Armee ergeben hatten, wurden in Lager zusammengepfercht und im Frühjahr 1940 in einer blitzartigen Aktion des NKWD durch Genickschuss ermordet. Der Mann, der hierfür verantwortlich war, hieß Arseni Tischkow. 1909 geboren, hatte Tischkow Anfang der 1930er-Jahre Juristerei studiert. Nach dem Abschluss am Moskauer Institut für sowjetisches Recht wurde er 1934 zum Wehrdienst eingezogen und im Jahr drauf zum NKWD versetzt. Das Massensterben der Großen Säuberung verschaffte ihm dort eine rasche Karriere: Bereits 1939 war Tischkow Leiter der Sonderabteilung für Kriegsgefangene. In dieser Funktion sorgte er dafür, dass etwa 25 000 polnische Offiziere und Polizisten aus den Massen der polnischen Internierten herausgefiltert und bald darauf in Katyn erschossen wurden. 1979 starb dieser Massenmörder als Generalmajor a. D. eines natürlichen Todes.[1205]

Jagdflugzeuge und Kaviarbrötchen.
Die erneute Zusammenarbeit

Der Hitler-Stalin-Pakt brachte eine neue Form der deutsch-sowjetischen militärischen Zusammenarbeit, die alles bisher Dagewesene in den Schatten stellte: Das Deutsche Reich räumte der Sowjetunion den Erwerb von Rüstungsgütern ein. Hierbei ging es keineswegs um das Verhökern unbrauchbar gewordener Ausstattung, sondern um das Beste, was das Reich an Spitzentechnik zu bieten hatte. So zum Beispiel der Jagdeinsitzer He 100. Das Jagdflugzeug hatte in den Jahren 1938/39 alle möglichen Rekorde erflogen; doch musste es der Konkurrenz des Messerschmidt-Produkts, der Me 109, weichen, was sich nur zu bald nach Kriegsbeginn als schwere Fehlentscheidung erwies, denn die Me 109 konnte es zwar in ihrer eigens gebauten Rekordversion mit den Konkurrenten des In- und Auslands aufnehmen, im Kriegseinsatz an der Englandfront scheiterte sie jedoch kläglich, schon wegen ihrer viel zu geringen Reichweite. Nun also stand im Herbst 1939 die He 100 zum Verkauf an, und die Beteiligten wunderten sich nicht wenig.[1206] Ernst Heinkel, der Flugzeugbauer, erinnerte sich:

> *Die fertig gestellten Ausführungen der He 100 wurden, nachdem die Luftwaffe kein Interesse am Serienbau zeigte, wie üblich zum Verkauf an ausländische Staaten freigegeben. Diesmal an Japan und – die Sowjetunion. Die Japaner waren für uns gewohnte Gäste, und erste Verhandlungen mit ihnen über die He 100 hatten mit ihnen auf Wunsch des Ministeriums bereits Ende Oktober 1939 begonnen. Aber als Lucht uns die Russen ankündigte, musste ich doch zu-*

erst fragen, ob das nicht ein Irrtum sei. Es war Anfang Oktober 1939. Der deutsch-sowjetische Pakt, die gemeinsame Besetzung Polens und die deutsch-sowjetischen Wirtschaftsabkommen waren in Marienehe [einem der Heinkel-Werke] zwar nicht unbekannt geblieben, aber trotzdem – wenn ich daran dachte, dass einer der Hauptpunkte des Krieges mit Hildebrand die »Unterschätzung und Förderung der Gefahr bolschewistischer Agenten« durch mich gewesen war, musste ich geistig einen gewissen Sprung unternehmen, um mich mit der neuen Tatsache abzufinden und gleich eine ganze technische sowjetische Kommission in Marienehe aufzunehmen … »Es ist alles in Ordnung«, sagte Lucht. »Wir erhalten von der Sowjetunion erhebliche Mengen Rohstoffe. Die Bezahlung erfolgt zum Teil durch Rüstungslieferungen, in Ihrem Fall durch die He 100 …« … Als die Entscheidung für die He 100 gefallen war, wurde ich zum Fünf-Uhr-Tee in die sowjetische Botschaft in Berlin geladen. Auch Göring war anwesend, und es wurden heftig Kaviarbrötchen gegessen und Wodka getrunken sowie Toaste der Freundschaft ausgebracht. Der sowjetische Botschafter Schwarzew wollte mich, als er von meiner Jagdleidenschaft hörte, unbedingt zur Bären- und Luchsjagd nach Russland einladen.[1207]

So ging im Original an die Sowjetunion ab, was der Agenturapparat der GRU im Traum nicht hätte beschaffen können: das leistungsfähigste Jagdflugzeug, das die Deutschen zu bieten hatten. Über ihren Agenten Choro wussten die Sowjets zwar von der Konkurrenzsituation im deutschen Flugzeugbau; das Jagdflugzeug He 100 konnte ihnen dieser Mann, der als Oberleutnant Harro Schulze-Boysen seit 1934 in der Abteilung Fremde Luftmächte des Reichsluftfahrtministeriums saß, indessen nicht liefern, ja nicht einmal die Konstruktionspläne hierfür. Unter den zahlreichen sowjetischen Militärs und Ingenieuren, welche die Reise zum Klassenfeind nutzten, befand sich ein damals 33-jähriger Abnahmeingenieur mit Namen Alexander Jakowlew. Keiner, der ihn dort die Flugzeuge mit der Handspanne nachmessen sah, konnte ahnen, dass hier der kommende Spitzenkonstrukteur der sowjetischen Fliegerwaffe auf den Plan getreten war. Die deutschen Soldaten des Russlandfeldzuges würden es knapp zwei Jahre später am eigenen Leibe erfahren, als sie mit den Bordwaffen der Jak-Jäger konfrontiert wurden. Doch zwei Jahre waren im 1000-jährigen Reich des Adolf Hitler eine lange Zeit. Von einem lang geplanten Feldzug gegen die Sowjetunion konnte in diesem Herbst 1939 allerdings keine Rede sein. Entsprechende Annahmen, Hitler habe durch seine Rüstungsexporte Stalin täuschen und in Sicherheit wiegen wollen, sind unter Verschwörungsgesichtspunkten interessant, taugen aber nicht, um die Wirklichkeit des beginnenden Weltkrieges abzubilden.[1208]

Die deutsch-sowjetische Zusammenarbeit wirkte sich auch auf einem Gebiet aus, an das gläubige Kommunisten nicht zu denken gewagt hätten. Es war dies das Zusammenwirken von NKWD und Gestapo. Die Gespenster der Zusammenarbeit zwischen zaristischer Ochrana und königlich preußischer Kriminalpolizei schienen wieder auferstanden – mit einem Unterschied allerdings: auch von deutscher Seite durfte man jetzt keinerlei Beachtung von Rechtsgrundsätzen mehr erwarten. Wieder erlangte Brest-Litowsk die Bedeutung eines Knotenpunkts. Hier trafen aus dem Innern der Sowjetunion die Züge mit den deportierten Deutschen ein, um dann, zu Fuß über die Bugbrücke geführt, in deutsche Konzentrationslager abzuwandern. In Gegenrichtung zogen Russen und andere, deren sich das Deutsche Reich zu entledigen trachtete.

Noch einmal erscholl der Ruf: »Fertigmachen mit Sachen!« Die Gitter wurden aufgeschlossen, und wir schoben uns hinaus, kletterten die hohen Stufen auf die Eisenbahngleise hinunter und standen fröstelnd in der eisigen Winterluft. Von weitem konnte man einen Bahnhof sehen, und wir entzifferten das Schild: Brest-Litowsk.

Unser Transport umfasste 28 Männer und uns drei Frauen. Ich kann mich nicht erinnern, auch nur ein Gesicht unterschieden zu haben, nicht am Bahnhof von Brest-Litowsk, nicht im Wald bei Brest-Litowsk, wohin man uns Frauen, einen alten Professor und einen Beinkranken in Lastwagen brachte und wo wir die Männerkolonne erwarteten, auch nicht an der Brücke über den Bug. Alle Gesichter waren gleich starr vor Angst.

Wir standen und blickten über diese Eisenbahnbrücke ... Über die Brücke ging ein Soldat langsam auf uns zu. Als er näher kam erkannte ich die Soldatenmütze der SS. Der NKWD-Offizier und der von der SS hoben grüßend die Hand an die Mütze.[1209]

So erging es Tausenden – unter ihnen etwa 500 aus NS-Deutschland geflohene deutsche und österreichische Kommunisten:[1210] Aus dem Gulag entkommen, wartete das KZ auf sie, in der Gegenrichtung die sibirische Verbannung oder der Genickschuss. Für die Beteiligten ein Alp, zu dem der Hohn der zerstörten Träume hinzutrat. Dazu gesellte sich erneut die Lüge; so mussten die verstreuten kommunistischen Kader zur Kenntnis nehmen, was ihre Vorleute in Moskau erdacht hatten, um die Ungeheuerlichkeit des Hitler-Stalin-Pakts zu rechtfertigen.

Jeder Kommunist, jeder revolutionäre Arbeiter in Deutschland kann und darf stolz darauf sein, wenn er heute – in geeigneter Form – nationalsozialistischen Werktätigen auseinander setzen kann, dass gerade die Sowjetunion es ist, die das deutsche Volk durch den Vertrag mit Deutschland vor dem schlimmsten Krieg bewahrt hat, in den es nach den verbrecherischen Plänen der imperialistischen Reaktion gestürzt werden sollte ... Alles, was heute gegen die Sowjetunion, den mächtigen Freund des deutschen Volkes gehetzt wird, richtet sich gegen das ganze deutsche Volk![1211]

So schrieben es die Spitzen-Genossen Herbert Wehner und Walter Ulbricht in einem Rundbrief an die leitenden Funktionäre am 21. Oktober 1939. Derweil wurden munter Kommunisten zwischen den Staatssicherheitsapparaten hin- und hergetauscht. Doch die neugefundenen Partner nahmen nicht alles; sie waren durchaus wählerisch. Einen Ernst Thälmann, den Heydrich gern losgeworden wäre, wollte die sowjetische Seite keinesfalls haben. Dafür hatte der Genosse Ulbricht gesorgt, dem auch in dieser Frage durch den Genossen Herbert Wehner assistiert worden war. Wozu hatte man 1935 die Befreiung des KPD-Vorsitzenden aus dem Knast vereitelt, wozu die Genossen aus dem Umfeld von Thälmann bei der Großen Säuberung über die Klinge springen lassen? Wie hieß das so schön im Parteijargon? Die Leute, die mit Teddy gesoffen haben. Es bestand kein Grund, den lästigen Konkurrenten erneut in Stellung zu bringen. Der Austausch unterblieb, Thälmann wurde im August 1944 von SS-Leuten ermordet.[1212]

Derweil nahm der Krieg, der noch kein Weltkrieg war, seinen Fortgang. In Finnland holten sich die Sowjets im Winter 1939/40 zunächst eine blutige Nase, bevor sie den skandinavischen Staat zu einem verlustreichen Frieden zwingen konnten. Im Baltikum erpressten sie die Unterwerfung von Estland, Lettland und Litauen und von Rumänien Bessarabien, das in der Zarenzeit zum russischen Staatsverband gehört hatte. In derselben Zeit des Frühsommers warf Deutschland in einem Blitzfeldzug die französische Armee nieder, nachdem es im April 1940 Norwegen und Dänemark besetzt hatte. So standen die Dinge, als das Jahr 1941 heraufzog, das aus dem europäischen Krieg einen Weltkrieg machen sollte. Nach einer Intervention auf dem Balkan und einem unerwünschten Engagement in Nordafrika begann das Deutsche Reich im Juni 1941 den Krieg mit der Sowjetunion.[1213]

| IX |

Barbarossa. Der deutsche Überfall
auf die Sowjetunion

Der 22. Juni 1941 war ein Sonntag. In den frühen Morgenstunden überschritt nach kurzem Artillerieschießen eine gigantische deutsche Streitmacht die seit Oktober 1939 bestehende Grenze zwischen der Sowjetunion und dem Deutschen Reich. Das Unternehmen Barbarossa nahm seinen Lauf. Was als Blitzkrieg konzipiert war, wurde die langwierigste und verlustreichste Schlacht der neueren Kriegsgeschichte. Als sie in den frühen Morgenstunden des 9. Mai 1945 zu Ende ging, war das Reich der Deutschen zerstört und der Traum von deutscher Weltgeltung endgültig ausgeträumt. Der Krieg zwischen Deutschland und der Sowjetunion lässt sich in fünf Abschnitte einteilen, die mit den Kalenderjahren von 1941 bis 1945 nahezu identisch sind. Das Jahr 1941 war vom stürmischen deutschen Vormarsch und gigantischen Kesselschlachten geprägt, die ungeahnte Massen an russischen Kriegsgefangenen und die Erbeutung von Material einbrachten, jedoch nicht den Sieg über die Sowjetarmee, sondern einen empfindlichen Rückschlag vor Moskau, der zwei wichtige Erkenntnisse ans Licht förderte: Die deutsche Wehrmacht war durchaus nicht winterfest, und die sowjetischen Streitkräfte waren keineswegs geschlagen. Das Jahr 1942 brachte nahezu die Wiederholung des Vorjahres: Einem von kriegswirtschaftlichen Vorstellungen diktierten Eroberungsfeldzug nach Südosten, der erst in der Kaukasusregion zum Stehen kam, folgte ein Winter mit überdehnten Fronten, sowjetischen Gegenoffensiven und einer vernichtenden Niederlage bei Stalingrad. Das Jahr 1943 war geprägt vom militärischen Ringen um die Initiative mit eindeutigen Vorteilen für die sowjetische Seite. 1944 brachte die Zertrümmerung der geordneten Kriegführung für die deutsche Wehrmacht; es war die Verkehrung der Verhältnisse von 1941. Das letzte Kriegsjahr schließlich verlegte das Kriegsgeschehen auf das Gebiet des Deutschen Reichs. Die Eroberung von Berlin durch die Rote Armee setzte den überfällig gewordenen Schlusspunkt. So lässt sich im Zeitraffer der deutsch-sowjetische Krieg beschreiben. Doch sind die militärischen Maßnahmen und Gegenmaßnahmen lediglich das Mittel, das einen politischen Willen zum Ausdruck brachte. Am Ende dieser sehr kurzen Periode operativer, höchst gewalttätiger Politik stand die grundlegende Veränderung der Welt. Die Auswirkungen dieser Radikalkur sollten für die nächsten 45 Jahre Bestand haben.

Les Préludes.
Die deutschen und sowjetischen Kriegsvorbereitungen

Am Anfang stand Hitlers Entschluss, gegen die Sowjetunion Krieg zu führen. Dem wird im Folgenden genauer nachzugehen sein, denn ohne diesen Entschluss wäre alles ganz anders gekommen. Wie, steht keineswegs fest, denn die ausgehenden 1930er- und beginnenden 1940er-Jahre waren eine zutiefst unfriedliche Periode. Krieg wurde erneut oder immer noch als kalkulierbares operatives Mittel der Politik begriffen. Dies galt für nahezu alle Staaten, die über ein bemerkbares militärisches Potenzial verfügten. Es galt vor allem für diejenigen Länder, an deren Spitze totalitäre Regime installiert waren, also auch für Deutschland, Italien und die Sowjetunion, die sich nach der brutalen Konsolidierung der Sowjetmacht im Innern mit Fleiß in kriegerische Konflikte gegen Japan, China, Spanien, Polen, Finnland und die Baltischen Staaten gestürzt hatte. Die nach dem Krieg gepflegte Legende von der friedliebenden Sowjetunion[1214] kann heute bestenfalls noch als Legitimation tattriger Altachtundsechziger dienen. Weder Deutschland noch die Sowjetunion waren in dieser Zeit friedliebend. An der Grenze des 1939 vereinbarten Machtbereichs standen sich zwei aggressive hochgerüstete Weltmächte gegenüber. Alles andere sind spätere Zwecklegenden. Richtig ist lediglich, dass aus militärischer Hochrüstung durchaus nicht zwingend eine kriegerische Auseinandersetzung entstehen muss; vielmehr bedarf es hierzu fast immer einer eigenständigen politischen Entschließung.

In Hitlers Entschluss zum Krieg gegen die Sowjetunion ist viel hineininterpretiert und viel hineingeheimnist worden. Manch einer sieht den Kriegsentschluss des Diktators bereits in den Suaden angelegt, die in den 1920er-Jahren als *Mein Kampf* den Buchmarkt eroberten und ihren Autor zum wohlhabenden Mann machten. Dort klingt es so:

> *Damit ziehen wir Nationalsozialisten bewusst einen Strich unter die außenpolitische Richtung unserer Vorkriegszeit. Wir setzen dort an, wo man vor sechs Jahrhunderten endete. Wir stoppen den ewigen Germanenzug nach dem Süden und dem Westen Europas und weisen den Blick nach dem Land im Osten. Wir schließen endlich ab die Kolonial- und Handelspolitik der Vorkriegszeit und gehen über zur Bodenpolitik der Zukunft. Wenn wir aber in Europa von neuem Grund und Boden reden, können wir in erster Linie nur an Russland und die*

ihm untertanen Randstaaten denken ... Seit Jahrhunderten zehrte Russland von diesem Kern seiner oberen leitenden Schichten. Er kann heute als restlos ausgerottet und ausgelöscht gelten. An seine Stelle ist der Jude getreten. So unmöglich es dem Russen an sich ist, das Joch der Juden abzuschütteln, so unmöglich ist es dem Juden, das mächtige Reich auf die Dauer zu erhalten. Er selbst ist kein Element der Organisation, sondern ein Ferment der Dekomposition. Das Riesenreich im Osten ist reif zum Zusammenbruch. Und das Ende der Judenherrschaft in Russland wird auch das Ende Russlands als Staat sein. Wir sind vom Schicksal ausersehen, Zeugen einer Katastrophe zu werden, die die gewaltigste Bestätigung für die völkische Rassentheorie sein wird.[1215]

Manch einer datiert den Entschluss noch weiter zurück, indem er unterstellt, dass die einschlägigen Gedanken dem späteren Führer des Großdeutschen Reichs bereits zur Jahreswende 1918/19 gekommen seien. Erinnern wir uns: Der schwer gasverwundete Gefreite war nach seiner Ausheilung im Lazarett zu Pasewalk Ende des Kriegsjahres nach München gekommen, wo der einstige Kriegsfreiwillige von 1914 hätte ausgemustert werden sollen. Doch verstand der Entwurzelte, seine Entlassung herauszuzögern. Was er beim Umsturzversuch der kurzfristigen Münchener Räterepublik genau tat, ist nicht zweifelsfrei übermittelt. Aus diesem Ereignis den Kriegsentschluss zum Angriff auf die Sowjetunion destillieren zu wollen – Bayerische Räterepublik hin oder her –, erscheint ein wenig kühn; nichts anderes gilt für die Auslassungen in *Mein Kampf*. Noch spricht ein soeben schmählich gescheiterter politischer Schwätzer, dem unbegreifliche Milde seiner Richter ermöglicht hatte, dass er in Festungshaft seinem Sekretär Rudolf Hess diktieren konnte, anstatt für den Rest seiner Laufbahn hinter Zuchthausmauern zu verschwinden.[1216]

Als Hitler sich im Verlauf des Jahres 1940 zum Krieg gegen die Sowjetunion entschloss, war die strategische Situation des Deutschen Reichs keineswegs geklärt. Zwar war der Krieg gegen Frankreich in kürzester Frist mit dessen unerwarteter Niederlage zu Ende gegangen. Doch konnte dieser den Zeitgenossen als grandios erscheinende militärische Erfolg nicht darüber hinwegtäuschen, dass damit aus der kriegerischen Anfangskonstellation des September 1939 die Kriegsgegner Polen und Frankreich, aber keineswegs Großbritannien bezwungen worden war. Großbritannien hatte mit Glück das Personal seiner Interventionsstreitkräfte aus Frankreich retten können, seine riesige Flotte beherrschte weiterhin Teile der Weltmeere. Der deutschen Führung war unmissverständlich klar, dass dieser Gegner nur durch militärische Besetzung der Britischen Inseln besiegt werden konnte. Die Vorbereitungen hierfür begannen im Sommer 1940. Sie wurden als Unternehmen Seelöwe nicht einmal ein halbes Jahr lang ernsthaft betrieben. In diesem Zeitraum hatte die deutsche Führung die schmerzhafte Erkenntnis zu verarbeiten, dass es nicht möglich sein würde, die Britischen Inseln mit Hilfe der Luftwaffe sturmreif zu bomben, geschweige denn die Voraussetzungen für eine erfolgversprechende amphibische Operation zu schaffen. In diesem Falle war es Hitler selbst, der den Angriffsentschluss nicht fassen mochte.[1217]

Der Angriffsentschluss gegen die Sowjetunion wurde neben dem unerledigt gebliebenen Fall Großbritannien durch den Umstand belastet, dass hinter dem schwer ringenden Inselreich die Drohkulisse der längst zur Großmacht aufgestiegenen USA stand. Bereits im Sommer 1940 wurde es unübersehbar, dass die USA sich auf Seiten Großbritanniens engagierten und mit einem nie versiegenden Strom von Versorgungs- und Kriegsgütern den Erhalt des Staates garantieren würden. Neben diesem reinen Wirtschaftsfaktor wuchs sich die von deutscher Seite forciert betriebene Handelskriegführung zur See und zur Luft gegen Großbritannien zunehmend zum unerklärten Krieg gegen die USA aus, die für sich in Anspruch nahmen, ihre Kriegsunterstützung für Großbritannien auch bewaffnet zu schützen. Letztlich wurde die Erkenntnis, Großbritannien nicht durch den Sprung über den Ärmelkanal bezwingen zu können, zum Auslöser für den Krieg gegen die Sowjetunion. Es war dies ein groß angelegter Plan, über Russland nach Asien und von dort aus ins britische Kolonialreich auf dem Landwege vorzudringen. Es war, sagen wir das ruhig deutlich, ein Plan, der vom Größenwahn diktiert war. Dreh- und Angelpunkt dieser Planung musste ein nach dem Blitzkriegskonzept vorgetragener Angriff auf die Sowjetunion werden, der das Land bis an den Ural niederwarf und damit als russische Großmacht ausschaltete. Dies war der eine Strang aus einem ganzen Motivbündel, das in den Angriffsentschluss einmündete.[1218]

Ein zweiter bestimmender Faktor war die Furcht vor dem russischen Angriff auf das Deutsche Reich. Dieses Motiv war eher gefühlsmäßig bestimmt. Die Erkenntnis über die Fakten waren demgegenüber eher bescheiden. Die Angriffsfurcht resultierte vielmehr aus der Intuition des Diktators, in Josef Stalin ein ebenbürtiges Gegenüber zu haben, dem zuzutrauen war, dass er sich über die Absprachen des Jahres 1939 leicht würde hinwegsetzen, wann immer ihm das aus machtpolitischem Kalkül sinnvoll und erfolgversprechend erschien. Diese nicht einmal unrealistische Einschätzung fand Nahrung in den sowjetischen Aggressionen gegenüber den Baltischen Staaten und gegenüber dem rumänischen Bessarabien im Verlaufe des Jahres 1940, als die Sowjetunion diese Territorien durch militärische Erpressung in ihren Machtbereich zwang. Damit nicht genug: Als der sowjetische Außenminister Wjatscheslaw Molotow im November 1940 in Berlin erschien, ließ er keinen Zweifel daran, dass die Sowjetunion ihren Einflussbereich auf den Balkan und die türkischen Meerengen auszudehnen gedächte. Das waren Ankündigungen, die, wie er deutlich wusste, die Sowjetunion an den Rand des Konflikts mit dem Deutschen Reich bringen musste. Die Frage des rumänischen Öls beispielsweise war für das Reich aus seiner damaligen Sicht eine Existenzfrage, in der keine Mitsprache, geschweige denn die Vorherrschaft der östlichen Großmacht akzeptabel erschien. Folgerichtig hatte das Amt Ausland/Abwehr bereits seit Oktober 1939 Brandenburg-Einheiten von Abwehr II in Rumänien einsickern lassen, die den bezeichnenden Tarnnamen Ölschutz führten. Als vermeintlich friedfertige Urlauber der NS-Organisation KdF (Kraft durch Freude), als Sportlerdelegationen und Zivilarbeiter hatten sie an allen wichtigen Verkehrknoten und Öleinrichtungen Posten bezogen.[1219]

Einen dritten Faktor für den Angriffsentschluss des deutschen Diktators bildeten seine ideologischen Grundüberzeugungen. Hierbei handelte es sich vermutlich viel weniger um die Frage einer Systemauseinandersetzung mit dem verhassten Bolschewismus, als vielmehr um einen ebenso alten wie törichten Traum, auf diese Weise den so genannten Lebensraum für das deutsche Volk im Osten zu gewinnen. Das Lebensraummotiv ist später immer wieder stark betont worden. Es war eine weitverbreitete Überzeugung. Es ist jedoch zu bezweifeln, dass das Lebensraummotiv die eigentliche Feder für den Angriffsentschluss darstellte. Das Motiv des Lebensraums im Osten war in erster Linie eine Propagandablase. Einmal aufgestochen, senkte sich ihr Inhalt tief in die Köpfe der Zeitgenossen ein. Kolonialbesitz im Osten, das war etwas, womit man den deutschen Spießer befeuern konnte. Besitz, Herrschaft, Weltgeltung, das war eine Salbe, mit dem Hitler die noch von Versailles wunden Seelen seiner Volksgenossen balsamieren konnte. Als Beigabe setzte er noch den germanischen Herrenmenschen drauf und den slawischen Untermenschen, den es zu beherrschen gelte. Den Zuckerguss dieser gruseligen Mixtur bildete die jüdisch-bolschewistische Weltverschwörung, die es mit Stumpf und Stil auszurotten gelte.[1220]

Es gilt, die Motivlage des Diktators von seinen propagandistischen Äußerungen zu unterscheiden. Nur so wird hinreichend deutlich, mit welch verbrecherischer Energie er den einmal gefassten Angriffsentschluss umzusetzen verstand. Das Gerede vom Weltjudentum, vom Lebensraum und vom Herrenmenschentum fiel indessen auf fruchtbaren Boden. Es bildete das gedankliche Gerüst für eine unmenschliche Kriegführung, wie sie in der neueren deutschen Kriegsgeschichte ohne Beispiel war. Die öffentlichen Suaden des Diktators waren wohlkalkuliert. Völlig richtig schätzte Hitler ein, dass eine Armee, die auf diese Art und Weise zum Angriff angestachelt wurde, keinerlei Bedenken in der Durchsetzung des primären Kriegsziels haben würde; dieses Ziel hieß: die Vernichtung der Roten Armee.

Vexierbild 1.
Die Feindlage aus deutscher Sicht

Die Faktenlage, auf die Hitler baute, war ein Mixtum compositum aus unrichtigen Erkenntnissen und falschen Schlussfolgerungen. Zu den wichtigsten Faktoren der Beurteilung eines projektierten Angriffskrieges gehört, was man in der militärischen Diktion die Feindlage nennt. Diese setzt sich aus der Stärke des Gegners, seiner Aufstellung, der Beurteilung seiner Kampfkraft und des militärischen Führungsvermögens zusammen. Die deutscherseits zugrundegelegten Annahmen über Stärke, Dislozierung und Kampfwert der Roten Armee sind erhalten geblieben. Zuständig für diese Faktensammlung und ihre Beurteilung war die Abteilung Fremde Heere Ost im Generalstab des Heeres. Selten hat in der neueren deutschen Kriegsgeschichte eine verheerendere Fehlprognose stattgefunden. Die Faktensammlung *Die Kriegswehrmacht der Sowjetunion Stand 1.1.1941* hält keiner ernsthaften Kontrolle stand.[1221]

Der russische Volkscharakter: Schwerfälligkeit, Schematismus, Entschluss- und Verantwortungsscheu, ändert sich nicht. Die Führer aller Grade sind in absehbarer Zeit nicht geeignet, große, moderne Verbände wendig zu führen. Zu großen Operationen eines Angriffskrieges, schnellem Zufassen bei günstiger Lage und selbständigem Handeln im Rahmen des Ganzen sind und werden sie kaum befähigt sein.[1222]

Das alles war keine auf Fakten gegründete Feindlage, sondern Geheimdienstprosa, die fatal an die entsprechenden Ausführungen der Amtsvorgänger am Vorabend des Ersten Weltkrieges erinnerte. Noch am 13. März 1941 brachte Oberst Eberhard Kinzel von der Abteilung Fremde Heere Ost zu Papier, dass der aufgrund der Meldungen der Funkaufklärung nunmehr unübersehbar gewordene sowjetische Aufmarsch in erster Linie defensiven Charakter habe.[1223] Da kamen allerdings seinem Vorgesetzten, dem Heeresgeneralstabschef Franz Halder, Zweifel. Er notierte am 7. April 1941 in sein Tagebuch:

Die russische Gliederung [ermöglicht] sehr wohl einen raschen Übergang zum Angriff ..., der uns außerordentlich unbequem werden könnte.[1224]

Wie sah nun die Realität gegenüber den deutschen Prognosen aus: Von den existenten Divisionen der Roten Armee war etwa ein Drittel nicht erkannt worden. Ungewöhnlich falsch waren die Annahmen über die Panzerbewaffnung, die Artillerie und die vorhandenen Luftstreitkräfte. Die Anzahl der vorhandenen Panzer wurde um ein Mehrfaches unterschätzt; so entging der deutschen Führung der für einen Blitzkrieg mehr als wichtige Umstand, dass die Sowjets zweieinhalbmal so viele Panzer besaßen wie die deutsche Wehrmacht. Unbekannt waren beispielsweise die Kampfpanzer T 34, die sich bereits in der Auslieferung an die

Truppe befanden und mit herkömmlichen deutschen panzerbrechenden Waffen nicht zu bekämpfen waren; mindestens 1325 davon standen bereits den Panzerverbänden zur Verfügung, als der Krieg begann. Unbekannt war die riesige Zahl von kriegstauglichen Flugzeugen der Roten Armee und das Vorhandensein eines Mehrfachen an Geschützen. Restlos entgangen war es der deutschen Aufklärung, dass die Rote Armee in große gepanzerte Verbände, die Mechanisierten Korps, umgegliedert worden war, während man deutscherseits mit Panzern als Infanterieunterstützungswaffen rechnete. Die Aufstellung dieser Mechanisierten Korps hatte 1940 begonnen. Sechs davon waren schon im Jahr der Erstaufstellung verfügbar. Im Februar und März 1941 folgten weitere 20 dieser gepanzerten Großverbände. Sie bestanden jeweils aus zwei Panzerdivisionen und einer mechanisierten, sprich: motorisierten Schützendivision. Das waren klassische Angriffswaffen für das moderne bewegliche Gefecht. Unbekannt war zudem die Anzahl und die Stärke der Verbände in der Tiefe des russischen Raums. Das waren schlechte Voraussetzungen für eine Blitzkriegführung, deren bisheriges Erfolgskonzept darauf beruhte, mit massiven gepanzerten Kräften einen unbeweglichen Gegner zu durchbrechen und unter Ausnutzung des Durchbruchsraums Angriffstruppen in seinen Rücken zu lenken. Es war dies das operative Fortdenken des Schlieffen'schen Cannae-Gedankens, die Verwirklichung der Kesselschlacht mit Hilfe von schnellen Truppen.[1225]

In Polen und in Frankreich war diese Rechnung aufgegangen. Im Westfeldzug hatte der Manstein'sche Sichelschnittplan, der massive Durchbruch ausgerechnet in den unwegsamen Argonnen und das rücksichtslose Vorpreschen der schnellen Truppen durch diese Bresche einen militärischen Erfolg gebracht, dem die Westalliierten trotz ihrer zahlenmäßigen Überlegenheit nichts Adäquates entgegenzusetzen gehabt hatten. Doch Russland war nicht Frankreich. Die Annahme, die Rote Armee in einzelne wenige Entscheidungsschlachten hineinzwingen zu können, war ein Wunschtraum, der auf keinerlei nüchterner Analyse basierte. Schon der russische Raum hatte ganz andere Dimensionen. Vor allem stellte er in Richtung Ural ein riesiges Trapez dar, dessen schmale Basis die deutsch-russische Grenze darstellte. Mit jedem Schritt, den die deutsche Wehrmacht nach Osten vordrang, musste sich schon aus geografischen Gründen die in Nord-Süd-Richtung verlaufende Grenze verlängern. Jeder Schritt nach Osten musste zudem die Wehrmacht von ihren Versorgungsbasen weiter entfernen und damit die logistischen Probleme potenzieren. Ein Blick auf die Karte musste jeden erfahrenen Generalstäbler darüber belehren, dass Russland mit Frankreich nicht zu vergleichen war und jede deutsche Offensive die Gefahr barg, sich in den russischen Weiten zu Tode zu laufen. Doch Gedanken dieser Art waren den Entscheidungsträgern offenbar fremd. Hierfür gab es neben dem fast unbegreiflichen Unwissen über die russischen Verhältnisse mehrere andere Hindernisse: Es waren dies der Glaube an die Unüberwindbarkeit der deutschen Kriegskunst, die Abfälligkeit des Denkens über die sowjetische Armee und ihre Führung sowie die Furcht, sich Hitlers angeblich unumstößlichen Entschlüssen zu widersetzen. Diese Furcht, die man gemeinhin als mangelnde Zivilcourage zu bezeichnen pflegt, war in der deutschen Generalität dieser Zeit besonders ausgeprägt. Dabei ging es 1940/41 keineswegs um Kopf und Kragen, sondern im äußersten Fall um eine ungnädige Verabschiedung durch den Diktator. [1226]

Doch die deutsche Generalität schwieg. Geprägt durch das Trauma eines jahrelangen zermürbenden Stellungskrieges in Frankreich während des Ersten Weltkrieges hatte manch einer seinem Führer Widerstand geleistet, wenn auch nur innerlich und nach außen sorgsam verborgen. Mit dem grandiosen Sieg gegen Frankreich schmolz auch der Rest von Auflehnung dahin. Wer hatte nicht alles vor diesem Westfeldzug gewarnt. Doch nun anerkannte man das vermeintliche Feldherrngenie des Führers, und auch dieser selbst mochte kaum noch für möglich halten, dass sich irgendeine Kraft der Erde seinen unabänderlichen Beschlüssen entgegenstellen mochte. Das war eine denkbar schlechte Ausgangsbasis, um gegen den Wahnsinn eines Russlandfeldzuges Einspruch zu erheben. Es war nicht nur die Blindheit gegenüber dem tatsächlichen Zahlenverhältnis, was die deutsche Generalität schweigen ließ, es war auch der ansteckende Größenwahn von der Überlegenheit des deutschen Soldaten. Zu dieser Fehlbeurteilung trug nicht nur Hitlers Herrenmenschengerede bei, sondern auch eigener Antrieb des deutschen Offizierskorps, das seine Lektion aus der Niederlage des Ersten Weltkrieges nicht gründlich genug gelernt hatte. Das sollte sich jetzt bitter rächen. Die deutsche Militärführung war der Meinung, dass die sowjetische Armee zum Gefecht in beweglichen Operationen nicht in der Lage sein würde. Man gründete diese Auffassung auf die Schlussfolgerungen, die man aus Stalins Großer Säuberung zog, deren Spitze des Eisbergs auch in Deutschland zur Kenntnis genommen wurde. Gerade den deutschen Geheimdienstoffizieren des Amtes Ausland/Abwehr, die in ständigem engem Kontakt zum Reichssicherheitshauptamt standen, konnte es nicht verborgen bleiben, dass dessen Chef Reinhard Heydrich sich brüstete, für die Tuchatschewski-Affäre und damit für den Tod des Sowjet-Marschalls und vieler seiner Kollegen die Verantwortung zu tragen. Dass dies Wunschdenken war, wurde gezeigt. [1227]

Ein anderer, fast noch erstaunlicherer Umstand ist bis heute kaum hinreichend gewürdigt worden: Die Creme der deutschen Panzergeneralität kannte den Rüstungs- und Ausbildungsstand der sowjetischen Panzerwaffe aus eigener Anschauung. Bis zum Jahre 1933 hatten regelmäßige Dienstreisen auf den deutsch-sowjetischen Panzerübungsplatz Kasan stattgefunden. Deutsche Offiziere hatten mit dieser neuen Waffe geübt und mit der sowjetischen Generalität deren Einsatzmöglichkeiten in einem modernen Kriege gedanklich durchgespielt. Es waren zum Beispiel die Deutschen Josef Harpe, Friedrich Kühn und Ludwig Ritter von Radlmaier. Der Bayer Radlmaier leitete unter dem Decknamen Direktor Raabe 1930/31 das Unternehmen Kama; das war die deutsche Deckbezeichnung der Panzerschule zu Kasan in der Sowjetunion. Er gehörte neben Walter Nehring und Heinz Guderian zu den führenden theoretischen Köpfen der in den 1930er-Jahren entstehenden deutschen Panzerwaffe. Sein Nachfolger als Schulleiter war 1932/33 Josef Harpe; der befehligte 1941 die 12. Panzerdivision im Russlandfeldzug und brachte es noch bis zum Generaloberst. Taktiklehrer für deutsche und russische Kursanten war in Kasan der Oberleutnant Friedrich Kühn; als er 1944 bei einem Luftangriff auf Berlin ums Leben kam, war der Experte zum General der Panzertruppen aufgestiegen.[1228]

Sowjetische Generalstäbler hatten jahrelang ihre operative Grundausbildung im verbotenen deutschen Generalstab erhalten, der seine und damit auch die russischen Offiziere so ausbildete, als wäre die Reichswehr nicht das real existierende 100 000-Mann-Heer, sondern eine nach modernsten Gesichtspunkten aufgestellte und ausgerüstete Armee.[1229] Die Zusammenarbeit wurde 1933 auf Befehl Hitlers abgebrochen.[1230] Wie man angesichts dieses Umstands auf den Gedanken verfallen konnte, die Rote Armee habe sich in den folgenden Jahren bis 1941 unter der Einwirkung des deutschen Bazillus nicht ganz entscheidend fortentwickelt, bleibt ein Rätsel. Man fragt sich kopfschüttelnd, wie es angehen konnte, dass dieselben Generalstabsoffiziere, welche die junge sowjetische Militärelite ausbildeten und ihrer Leistungsfähigkeit höchstes Lob gezollt hatten, auf den Gedanken verfallen konnten, die von ihnen gesäte Saat werde nicht aufgehen. Stattdessen klammerte man sich an den Gedanken, dass Stalin genau diese Elite hatte hinrichten lassen, wofür es letztlich keinen Beleg gab, und glaubte, aus dem wenig schmeichelhaft verlaufenen sowjetisch-finnischen Winterkrieg der Jahreswende 1939/40 entsprechende Ableitungen treffen zu können. Mit etwas Nachdenken hätte man auch zu den gegenteiligen Schlüssen kommen können. Allzu schnell war man wie in der folgend zitierten Lageanalyse vom 31.12.1939 bei der Hand, den Sowjets die Fähigkeit der Operation mit beweglichen Angriffskräften abzusprechen.

Quantitätsmäßig: gigantischer Militärapparat; Organisation, Ausrüstung und Führung: mittelmäßig; Befehlsprinzipien: gut; Offizierkorps: zu jung und unerfahren; Verbindungen und Nachrichtenwesen: schlecht; Truppe: ungleich und ohne Initiative; einfache Soldaten: guter Geist, bedürfnislos; Kampfgeist der Truppe: zweifelhaft. Im Ganzen gesehen, ist das russische Volk kein Gegner für eine modern ausgerüstete und hervorragend geführte Armee.[1231]

Das entsprach keineswegs der Wirklichkeit, wie man sich hätte überzeugen können, wenn man beispielsweise den lokalen Krieg zwischen Japan und der Sowjetunion Ende August 1939 in der Mandschurei einer genaueren Analyse unterzogen hätte. Hier hatte die Rote Armee in einem begrenzten Konflikt vorgeführt, wie sie sich die operative Kriegführung mit schnellen Truppen vorstellte und wozu sie in der Lage war. Das Ergebnis der Schlacht am Chalchin-Gol war für die vormarschgewohnte japanische Armee derartig lehrreich, dass Japan seine einschlägigen Eroberungsinteressen nachdrücklich verlor. Doch die Kunde von diesem Kriegsschauplatz drang offensichtlich nicht ins Bewusstsein der deutschen Militärauswerter vor. Aber es hätte durchaus der Fall sein können, denn von diesem Kriegsschauplatz berichtete ein Agent mit guten Zugängen: der viel gepriesene Richard Sorge. Wie wir schon gesehen haben, belieferte er nicht nur die Sowjets mit treffenden Lageeinschätzungen über die aktuellen japanischen Aktivitäten in der Mandschurei, die letztlich das erfolgreiche Agieren der Roten Armee mit bestimmten, sondern auch wahrheitsgemäß seine Auftraggeber in der deutschen Vertretung in Tokio, die ihrerseits das Auswärtige Amt, den SD-Ausland und über den deutschen Militärattaché Alfred Kretschmar die deutsche militärische Führung ins Bild setzten. Doch diese glaubte nur, was in ihr Wunschbild von der Roten Armee passte.[1232]

Der Mut des finnischen Davids gegen den sowjetischen Goliath nötigte den deutschen Militärs eine gewisse Hochachtung ab. Doch weigerten sie sich auch hier, die unbedingt notwendigen Schlussfolgerungen zu ziehen. Diese lauteten, dass der osteuropäische und nordosteuropäische Kriegsschauplatz anderen Gesetzen gehorchte als der Mitteleuropas. Die Schlussfolgerung hätte lauten müssen, dass einer Winterkriegsführung in Russland aus dem Wege zu gehen war, weil ein entschlossener Gegner mit einfachen Mitteln in der Lage sein würde, dem Angreifer empfindliche Verluste beizubringen. Doch diesen Denkschritt mochten die deutschen Kriegsplaner nicht vollziehen; sie wollten der Roten Armee die Entschlossenheit zur Kriegsführung nicht zubilligen. Das sollte sich bald rächen.

Die Arbeitseinheit, die diese Denkleistung hätte vollbringen sollen, war die Abteilung Fremde Heere Ost im Generalstab des Heeres. Erst 1938 war sie durch Teilung der Abteilung Fremde Heere entstanden. Die Abteilungen Ost und West unterstanden einem gemeinsamen Oberquartiermeister IV. Das war in dieser Zeit der Generalmajor Kurt von Tippelskirch. Er war einer der ersten Militärs, der nach dem Krieg eine zusammenhängende Darstellung der militärischen Operationen des Zweiten Weltkrieges publizierte; darin stellte er fest, dass es ein undurchführbares Unterfangen gewesen sei, die Stärke der Roten Armee zu bestimmen. Das war eine (zu) späte Einsicht. Chef der Abteilung Fremde Heere Ost war seit der Teilung der Abteilung Fremde Heere der Oberst i. G. Eberhard Kinzel. Kinzel galt im Kameradenkreis als dem angenehmen Leben zugetan; damit soll gesagt werden, dass er sicher nicht dem Ideal des Tag und Nacht arbeitenden, strikt puritanisch lebenden Generalstäblers entsprach, von dem nicht ganz klar ist, ob es diesen überhaupt gab. Seinem Vorgesetzten, dem Generalstabschef Halder ging Kinzel auf den Wecker, wenn er pünktlich bei Dienstschluss pfeifend sein Büro verließ, weil seine blonde Freundin auf ihn wartete. Auch soll er Halder auf eine bohrende Nachfrage geantwortet haben, da müsse der Frager sich wohl besser an den Genossen Stalin wenden. Jedenfalls war der Gegensatz zu seinem Kompagnon von Fremde Heere West, dem Oberst Ullrich Liss, sicher auffällig. Nun mag einer einwenden, dass die Nachrichtenbeschaffung im Westen ein Kinderspiel gegenüber der Terra incognita der Sowjetunion war. Doch das trifft nur einen Randbereich des Problems. Das militärische Feindlagebild setzte und setzt sich aus einem Puzzle-Spiel von Informationen zusammen, deren Relevanz zu erkennen und zuzuordnen die Kunst nachrichtendienstlicher Auswertung ausmacht. Die landläufige Annahme des gut platzierten Agenten, der alles Gewünschte liefert, liegt Meilen neben der Wirklichkeit. So bringt in aller Regel das Publizierte, das selbst Beobachtete und der so genannte Abschöpfkontakt den Löwenanteil der Informationen, vor allem sind es die veröffentlichten Fakten. Das galt auch für den Beginn des Zweiten Weltkrieges. Außerdem kamen in dieser Zeit zwei bedeutende Aufklärungsmittel hinzu. Die Rede ist von der Luftaufklärung und der systematischen Funkaufklärung.[1233]

Die Luftaufklärung hatte bei allen Kriegführenden mit Beginn des Ersten Weltkrieges einen rapiden Aufschwung genommen. Anstelle des leicht verwundbaren Fesselballons war alsbald das Flugzeug getreten; die Verfeinerung der Fototechnik ging hiermit Hand in Hand. So war ein neues Führungshilfsmittel entstanden, das, vor allem in der Artilleriebeobachtung eingesetzt, die Wirkungsweise dieser Waffe um ein Mehrfaches steigerte. Selbstverständlich griff auch die neu begründete deutsche Luftwaffe diese Tradition auf, doch ging sie auch ganz neue Wege. Neben die taktische Nahaufklärung trat die Fernaufklärung – eine ausgesprochen strategische Aufgabenstellung. Entwicklungssprünge im Flugzeugbau machten dies erst möglich, nämlich die Konstruktion sehr hoch fliegender Flugzeuge, deren Flughöhe sie der herkömmlichen Wirkung durch Abwehrwaffen entzog. Die Aufkündigung des Vertrags von Versailles mit seinen Beschränkungen wirkte für die deutsche Industrie wie das Sprengen einer Fessel. So jedenfalls sahen es die Zeitgenossen. Aufgestaute Kräfte wurden freigesetzt. Das galt auch und besonders für den deutschen Flugzeugbau. Das leichte zweimotorige Verkehrsflugzeug der Firma Heinkel mutierte buchstäblich über Nacht zum Bomber He 111; seine als Zivilflugzeug getarnte Höhenflugversion wurde zum ersten Fernaufklärer der deutschen Luftwaffe.[1234]

Alsbald wurde eine Staffel zur besonderen Verwendung beim Oberbefehlshaber der Luftwaffe eingerichtet. Es war die erste strategische Fernaufklärungseinheit, die später, nach ihrem Führer benannt, als Fernaufklärungsstaffel Rowehl bekannt geworden ist. Flugzeuge der Rowehl'schen Staffel begannen bereits deutlich vor Beginn des Zweiten Weltkrieges mit ihren strategischen Aufklärungsflügen über dem europäischen Ausland. Im Jahre 1939 starteten die Maschinen zur Südostaufklärung von Budapest aus. Zu den Fernaufklärern trat im selben Jahr ein speziell entwickeltes Höhenflugzeug vom Heinkel-Konkurrenten Junkers aus Dessau, die Ju 86, die, mit einer speziellen Druckkabine ausgestattet, Flughöhen von bis zu 13 000 Metern erreichen konnte. Mit Kriegsbeginn wurde die Rowehl'sche Staffel zur Gruppe mit drei Staffeln aufgerüstet, die kontinuierlich Einsätze in alle Himmelsrichtungen über Europa flogen. Das Kernproblem dieser Aufklärungsflüge war die nicht allzu große Eindringtiefe der Flugzeuge, ein Problem, das sich aus den Faktoren Tragelast für die Spritvorräte und Spritverbrauch zusammensetzte. Nach dem Polenfeldzug und nach der Besetzung Norwegens im Frühsommer 1940 waren die weitesten ostwärtigen Flugplätze für die Russlandaufklärung in Tana in Nordnorwegen, in Seerappen in Ostpreußen, im ehemals polnischen Krakau und in Plovdiv in Bulgarien. So war es möglich, die Sowjetunion mit einer routinemäßigen Eindringtiefe bis zu den Weißmeerhäfen von Murmansk und Archangelsk, das Baltikum und das nördliche Russland einschließlich Leningrads, Weißrussland und die Ukraine und die Krim zu überfliegen. Die Linie Moskau-Charkow-Rostow bildete in etwa die östliche Begrenzung des zu überfliegenden Raums. Im Jahr 1941 legte die Gruppe Rowehl aufgrund technischer Verbesserungen bei der Flugzeugausstattung noch einmal gut 500 Kilometer zu, so dass jetzt auch Woronesh, Stalingrad und der Kaukasus unter die Kameras der deutschen Fernaufklärung gerieten.[1235]

Was die deutschen Flieger mit nach Hause brachten, galt als geheime Kommandosache und wurde sogleich per Flieger nach Oranienburg weitergeschafft, wo während des gesamten Krieges die Zentralauswertung des Luftbildmaterials stattfand. Die Aufklärungstätigkeit gegen die Sowjetunion darf als rege bezeichnet werden. Zwei Jahrzehnte später vermeldete die *Prawda* in ihrer Ausgabe vom 20. Mai 1960, die sowjetische Flugabwehr habe in den Jahren 1939 bis 1941 rund 500 Fälle gezählt, in denen deutsche Flugzeuge illegal in den sowjetischen Luftraum vorgestoßen seien. Eine Vielzahl dieser Luftraumverletzungen ging auf das Konto der Gruppe Rowehl. Die Sowjets beschränkten sich aufs Protestieren, letztmalig am 21. Juni 1941, einen Tag vor dem deutschen Überfall, als Außenminister Molotow den deutschen Botschafter Schulenburg eigens zu diesem Zweck ins Außenministerium einbestellte.[1236] Die sowjetische Führung beschränkte sich in der Tat auf Proteste. Dies lag weit weniger an der ihr später vielfach wortreich attestierten Friedfertigkeit, als vielmehr in dem Umstand begründet, dass man in dieser Zeit den Höhenaufklärern nichts Passendes zur Abwehr entgegenzusetzen hatte.

Was war es nun, was die deutschen Fernaufklärer mit nach Hause brachten? Es war Luftbildmaterial, mit einer Senkrechtkamera von 75 cm Brennweite aufgenommen, durch die ein Negativfilm des Formats 40 mal 60 cm belichtet wurde. Der in den Kamerakassetten mitgeführte Film hatte ein Länge von 60 Metern. Die Detailgenauigkeit der Bilder hing naturgemäß von der Flughöhe ab. In jedem Fall waren die Bilder genau genug, um exaktes Kartenmaterial herstellen zu können. Die Standorte strategisch bedeutsamer Einrichtungen, also beispielsweise Flugplätze, Bahnanlagen, Kraftwerke, Fabrikanlagen, Brücken waren für die Auswerter kein Geheimnis mehr. Diese Luftbildauswerter stammten zu einem guten Teil aus der Hansa-Luftbild GmbH, einer Lufthansa-Tochter, deren Personal man zu Kriegsbeginn in Luftwaffenuniform gesteckt hatte.

Der andere wichtige Aufklärungszweig, die Funkaufklärung, hatte ebenso wie die Luftaufklärung seit dem Ersten Weltkrieg einen neuen, eigenständigen Standort in der Feindbeurteilung gewonnen. Im ersten und zweiten Kriegsjahr des Zweiten Weltkrieges war diese Materie im Organisationsgestrüpp des Dritten Reichs wie folgt verborgen: Mit Abhör- und Dechiffrierungsproblemen befassten sich das Auswärtige Amt mit seinen kryptographischen und kryptoanalytischen Referaten I Z und Pers Z, das Forschungsamt (der Luftwaffe), das im eigentlichen Sinne die innenpolitische Abhörbehörde des Deutschen Reichs war, ferner die Forschungsstelle, eine Einrichtung der Reichspost, und die Wehrmacht; Letztere nicht nur im Amt Wehrmachtsnachrichtenverbindungen, einer Zentralstelle beim Oberkommando der Wehrmacht, sondern auch bei den für das Nachrichtenwesen zuständigen Stellen der drei Teilstreitkräfte.[1237] Diese Zuordnungen bei der Wehrmacht machen deutlich, dass die Frage der Dechiffrierung eher als ein technisches Problem des Nachrichtenwesens begriffen wurde denn als ein solches der Feindnachrichtenauswertung. Es handelt sich um einen alten, durchaus nicht nur für die Deutschen spezifischen Streitpunkt, der in der wechselseitigen Verachtung von technischer und persönlicher Nachrichtenbeschaffung seinen Ursprung hat. Anfang 1940 wurde beim Oberkommando der Wehrmacht in dessen Amt Wehrmachtnachrichtenverbindungen (WNV) unter der Leitung von Korvettenkapitän Otto Schmolinske in der Abteilung Fu (= Funk) die Gruppe III eingerichtet. Fu III wurde landläufig als Funkabwehr bezeichnet. Hier konzentrierten sich fortan das Aufspüren und Abhören feindlichen Funkverkehrs, das Entschlüsseln der Funknachrichten und das Anpeilen der Sender. Dieser Dreiklang Hören-Lesen-Orten machte in den folgenden Kriegsjahren das hauptsächliche Erfolgsrezept für die Bekämpfung der sowjetischen Spionage und die Feindnachrichtengewinnung an der deutschen Ostfront aus. Für die entscheidende Vorphase des Russlandfeldzuges kann gesagt werden, dass auf diese Weise bis zum Frühsommer 1941 eine Vielzahl von Informationen über die Rote Armee gewonnen werden konnte.

Die Summe dieser Informationen ergab für die deutsche politische und militärische Führung ein annähernd zutreffendes Bild über die Verbände der Roten Armee, die sich in einem späteren deutschen Angriffsraum befinden würden, jedoch kein richtiges Abbild der sowjetischen Armee im Ganzen, denn zwei wichtige Informationen konnte diese Art der Aufklärung nicht gewinnen: Zum einen sagte die Funkaufklärung nur wenig über die Feingliederung und über die Bewaffnung der festgestellten Großverbände aus und schon gar nichts über die Qualität der Führung und über die Kampfmoral der Truppe; zum andern verschwanden Verbände in der Tiefe des russischen Raums, und erst recht ostwärts des Urals, hinter dem Horizont der Funkreichweiten. Noch ein weiterer Faktor verstärkte diese partielle Blindheit, nämlich die nach deutschen Begriffen höchst dürftige Funkausstattung der Roten Armee, die sich erst während des Krieges dank britischer und US-amerikanischer Hilfslieferungen entscheidend verändern sollte. So bleibt zu konstatieren, dass die deutsche Führung die Bezeichnungen der sowjetischen Frontverbände weitgehend kannte, aber hinsichtlich der Reserven und der wichtigen Tatsache der Umgliederung der Panzerwaffe uninformiert blieb.[1238]

Hier also wäre der Ort für die deutsche Agentenaufklärung gewesen. Sie ressortierte, wie schon mehrfach erwähnt, beim Amt Ausland/Abwehr, genauer gesagt bei dessen Abteilung I, kurz Abwehr I genannt, oder im militärischen Bürokratendeutsch: beim geheimen Meldedienst. Doch wenn man annimmt, es habe solche Agentennetze in der Sowjetunion gegeben, befindet man sich auf russischen Knüppeldämmen. Natürlich gab es ungezählte Erklärungen dafür, warum es solche gegen die Sowjetunion gerichtete Agentennetze, die diesen Namen wirklich verdient hätten, nicht gab. Der Mann, der hierfür verantwortlich zeichnete, war der Oberst Hans Piekenbrock. Den im Kameradenkreis Piki gerufenen ehemaligen Husarenleutnant haben wir bereits vorgestellt. Seit 1927 bei der Abwehrabteilung war er einer der ganz raren Offiziere, die das Geheimdienstgewerbe bereits lange Jahre vor dem Krieg ausübten. Wenn einer hätte in der Lage sein können, die notwendigen Quellen weitschauend zu installieren, dann wohl er – sollte man denken. Doch Anspruch und Wirklichkeit in einem Geheimdienst klaffen nur zu oft auseinander. Als es für das Amt Ausland/Abwehr beim Jahreswechsel 1940/41 zum Schwure kam, war nichts vorhanden, was auch nur den Anschein einer seriösen Russlandaufklärung hätte erwecken können. Nicht einmal die unumgänglichsten Hausaufgaben, also die Erkundung der Roten Armee, waren erledigt worden. Der fröhliche Rheinländer Piekenbrock, der zum engen Vertrauten seines Amtschefs Wilhelm Canaris avanciert war, hatte nichts als Allgemeinplätze zu bieten, als die Abteilung Fremde Heere Ost an der Feindlage Sowjetunion bastelte.[1239]

Dabei kamen die Informationsanforderungen für den Geheimdienst weder überraschend, noch war es überraschend, dass er nicht viel zu bieten hatte. Wir erinnern uns: Der deutsche Generalstab der Weimarer Republik war, solange er verboten war, stolz darauf, seine Ausbildung und seine Kriegs-Annahmen auf ein Szenarium zu stützen, dass davon ausging, es mit einer vollwertigen deutschen Armee und nicht mit dem amputierten 100 000-Mann-Heer zu tun zu haben. Man mag Zweifel haben, ob diese Fiktion auf dem Realitätsverlust des im Ersten Weltkrieg so gründlich geschlagenen Offizierskorps beruhte oder ob hier tatsächlich vorausschauende Planung zu Grunde lag. Wie dem auch sei: Militärdoktrin und Ausbildungsmodus der Reichswehr bewirkten letztlich, dass die dann entstehende Wehrmacht in der Lage war, den von Hitler verlangten Massenkrieg in die Tat umzusetzen. Spätestens seit der öffentlich zur Schau gestellten Wiederaufrüstung musste es den deutschen Militärplanern klar sein, dass auf das Großmannsgehabe des Reichs auch kriegerische Antworten ausländischer Militärgroßmächte möglich sein könnten. Nach dem Abbruch der militärischen Zusammenarbeit mit der Sowjetunion und der vorsichtigen Hinwendung zu Polen lag es auf der Hand, sich mit der Roten Armee und dem Staat, dem sie diente, ernsthaft zu befassen. Dies musste umso mehr gelten, als deutsche Offiziere aus eigener Anschauung von den Truppenübungsplätzen Russlands wussten, mit welch revolutionärer Kriegstechnik sich die Rote Armee erfolgversprechend auseinander setzte. Doch es ist nicht einmal der Versuch bekannt geworden, alle Offiziere mit dienstlichen Kontakten zur Roten Armee systematisch zu befragen, um eine Art Feindlage Sowjetunion auf der Basis der Jahre 1923 bis 1933 zu rekonstruieren.[1240]
Es hat später nicht an Ausreden gefehlt, warum man nichts Brauchbares an Informationen zu liefern wusste. Ausrede Nummer eins: Eine Nachrichtenbeschaffung gegenüber der Sowjetunion sei durch die Politik verboten gewesen. Das jedenfalls behauptete OKW-Chef Wilhelm Keitel im Nürnberger Kriegsverbrecherprozess.[1241] Hieran ist bestenfalls richtig, dass nach dem Hitler-Stalin-Pakt vom Herbst 1939 allgemein galt, nichts zu unternehmen, was Konflikte mit der Sowjetunion provozieren konnte. Doch sprechen wir auch von den Jahren 1933 bis 1939, in denen offensichtlich nichts geschah. Ausrede Nummer zwei: Man sei für die politische Aufklärung nicht zuständig gewesen. Hieran ist richtig, dass im Jahr nach dem Machtantritt der Nationalsozialisten der quälende Zweikampf zwischen Heydrichs Sicherheitsdienst und Canaris' Abwehr begann, der die militärische Abwehr immer mehr ins Hintertreffen geraten ließ. Doch von einem Verbot der allgemeinen politischen Aufklärung in fremde Länder konnte überhaupt keine Rede sein. Noch in der Dienstanweisung des Oberkommandos der Wehrmacht für das Amt Ausland/Abwehr (Stand: 1.3.1939) heißt es ganz unmissverständlich:

1. Der Chef des Amtes Ausland/Abwehr untersteht unmittelbar dem Chef des Oberkommandos der Wehrmacht.

2. Das Amt Ausl./Abw. umfasst die Abteilungen Ausland und Abw. I–III. Der Amtschef leitet die Arbeit der unterstellten Abteilungen durch Erteilung von Aufträgen und Weisungen auf dem Gebiete der außenpolitischen und militärischen Nachrichtenbeschaffung ...«[1242]

Die Abwehr kannte ihre Beschaffungsmängel und versuchte ihnen abzuhelfen. Wie? Hierbei bediente sie sich eines alteingeübten und immer wieder mit Erfolg angewendeten Geheimdiensttricks: Man fragte die Dienste der befreundeten Staaten. Doch die waren rar. Unter den Anrainern der europäischen Sowjetunion waren nur wenige, die nicht der Meinung waren, bei einer Wahl zwischen Deutschland und der Sowjetunion handele es sich bestenfalls um eine solche zwischen Pech und Schwefel. Das galt sowohl für die baltischen Staaten als auch für Polen und die Tschechoslowakei. Allenfalls Ungarn kam als Partner in Betracht, das nicht gegen Deutschland, wohl aber im Raum der Karpaten eigene unfriedliche Interessen hegte. Nicht zum wenigsten ist es dem persönlichen Einsatz von Amtschef Canaris zu danken, dass eine Zusammenarbeit mit den Ungarn zustande kam. Diese umfasste nicht nur die Abteilung II des Generalstabs, also die ungarische Auslandsspionage, sondern ging 1939 bereits so weit, dass die deutschen Fernaufklärer der Staffel Rowehl von Budapest aus ihre Erkundungsflüge nach Ost und Südost unternehmen konnten.[1243]

Ende der 1930er-Jahre kam die Zusammenarbeit mit Estland als dem exponiertesten der baltischen Staaten hinzu. Dieses verfügte über einen militärisch organisierten, gegen die Sowjetunion ausgerichteten Geheimdienst, der in den fraglichen Jahren von Ende 1935 bis 1938 durch den Obristen Richard Maasing geleitet wurde. Neuere Erkenntnisse über die Rote Armee stammten von hier. Die Zusammenarbeit mit Maasing ging so weit, dass dieser, als er 1938 den Dienst quittierte, nach Deutschland umzog, wo er hoch willkommen war. Maasings Nachfolger als Geheimdienstchef, Willem Saarsen, setzte diese Zusammenarbeit mit dem Amt Ausland/Abwehr fort. Auch diente ein deutschbaltischer Adliger, Andrej von Uexküll, von Estland aus als Agent für die Canaris-Leute; was er zuwege brachte, ist unklar; überliefert ist nur, dass er wie viele andere nach dem Hitler-Stalin-Pakt ins Reich emigrierte, wo er fortan als Geschäftsführer des Berliner Herrenclubs sein Leben fristete.[1244]

Der Versuch des Amtes Ausland/Abwehr, auch die Litauer in die Spionagebemühungen gegen die Sowjetunion einzuspannen, wurde ein Schlag ins Wasser. Zwar mochten Litauens Geheimdienstler mit den deutschen Offizieren saufen, und sie zierten sich auch nicht, ihren indignierten Besuchern die anwesenden Damen des Landes zum weiteren Gebrauch anzudienen, doch Spionage gegen die

Sowjetunion, da sollte der katholische Herrgott vor sein. Das war nur zu verständlich, denn in der Zeit bis zum Beginn des Zweiten Weltkrieges waren es politische Gegensätze, die beide Seiten umtrieben. Der Zankapfel hieß Memelgebiet, welches nach dem verlorenen Ersten Weltkrieg vom Deutschen Reich abgetrennt und 1923 vom jungen litauischen Staat annektiert worden war. Am 23. März 1939 beugten sich die Litauer dem deutschen Druck; die Memel kehrte heim ins Reich, wie man das damals nannte. Im September 1939 sahen die Dinge plötzlich ganz anders aus. Deutschland hatte Polen militärisch niedergeworfen. Mit der Errichtung von Stützpunkten der Roten Armee auf litauischem Gebiet zeigten sich alsbald die Früchte der geheim gehaltenen Zusatzabkommen zu den deutschsowjetischen Verträgen vom Herbst 1939. Die Sowjetunion war auch hier in die unmittelbare Nähe des Deutschen Reichs gerückt. Erst jetzt wachte auch das Amt Ausland/Abwehr auf. Es errichtete von der Abwehrstelle Königsberg aus eine Abwehrnebenstelle in Tilsit. Diese sollte sich fortan mit Gegenspionage befassen.[1245] Wie? Man reibt sich die Augen, wenn man's liest. Ihr damaliger Leiter, der Hauptmann Egin von Notzny, hat seinen Einstand beschrieben:

Von der Abwehrstelle Königsberg erhielt ich den Auftrag, in Tilsit eine III F-Nebenstelle zu bilden und den grenznahen russischen N[achrichten-]D[ienst] und dessen Erkundungstätigkeit festzustellen und möglichst in die weiter ostwärts in Kowno und Riga liegenden hohen Stäbe des russischen ND einzudringen. Mein Abschnitt reichte von Nimmersatt nördlich Memel bis einschließlich des Gebietes von Suwalki in Polen. Mir fehlte jede Erfahrung mit dem russischen ND und seiner Arbeitsweise. Ich besaß nur gute und weniger gute Erfahrung mit dem polnischen ND. Als Gegner einer unnötig großen Dienststelle begnügte ich mich mit einer aus Litauen stammenden Sekretärin und einem Kraftfahrer. Dazu erbat ich mir den lange Jahre im Memelland als Kaufmann tätigen Hauptmann d. R. Spohde.[1246]

Was brachte diese Art der Russlandaufklärung ein? Einige wenige V-Leute, die sich im Grenzgebiet herumtrieben, wo sie sich hauptberuflich mit Handel und Schmuggel beschäftigten, und einen Überläufer. Das war der Oberleutnant des NKWD Schapowalow, dessen Spionageeinsatz im Bett eines deutschen Mädchens in Kybartai-Virbalis ein jähes Ende gefunden hatte. Er wurde nach allen Regeln der Kunst ausgequetscht, aber unbegreiflicherweise nicht mit Spielmaterial zurückgeschickt. Zum Dank reichte ihn die Abwehr nach Beginn des Krieges gegen die Sowjetunion an den SD zur Vernehmung weiter; die SDler erschossen ihn. Viel mehr ist von der deutschen Agentenfront nicht zu vermelden. Man lasse sich vor allem nicht durch die sowjetischen Zahlen über die in dieser Zeit Festgenommenen täuschen. Nach Angaben der Grenztruppen wurden von Oktober 1939 bis Dezember 1940 5000 deutsche Agenten im Grenzgebiet verhaftet und wesentlich mehr noch in der ersten Jahreshälfte 1941 bis zum Kriegsausbruch. Die Zahlen sind unbrauchbar; sie spiegeln lediglich die üblichen sowjetischen Repressionen in den neu gewonnenen Ländern wider, denn für kaum einen der Festgenommenen gab es einen deutschen Nachrichtendienst als Auftraggeber.[1247] Schließlich arbeitete die deutsche Seite auch mit dem fernen Verbündeten Japan zusammen, der Erkenntnisse über die Sowjetunion anlieferte. Eine besondere Rolle spielten Überläuferberichte. Ein prominenter Überläufer war der bereits kurz erwähnte NKWD-Kommissar III. Ranges Genrich Ljuschkow. Dieser Mann, dem die asiatische NKWD-Aufklärung unterstand, floh im Juni 1938 in die Mandschurei, wo er sich den Japanern stellte. Sie unterzogen ihn einer nachdrücklichen Befragung, deren Ergebnisse auch der deutschen Botschaft in Tokio und dem Amt Ausland/Abwehr übermittelt wurden. Die Übermittlung an die deutsche diplomatische Vertretung, das war der offizielle Weg. Doch es gab noch einen anderen an den deutschen militärischen Geheimdienst, den die Japaner nicht ahnten. Sie bedienten sich nämlich eines Dolmetschers. Das war der bekannte deutsche Journalist und Reiseschriftsteller Ivar Lissner, der des Russischen wie einer zweiten Muttersprache mächtig war. Der 1909 im Baltikum geborene Lissner, Mitglied der NSDAP, groß, blond und Korrespondent des NS-Blattes *Der Angriff* war nicht ganz freiwillig erneut aus Deutschland in den Fernen Osten abgereist. Lissner war Jude, und er war sich darüber im Klaren, dass seine Arierlegende auf wackligen Füßen stand. Wie so mancher, der mit gutem Grund um sein Leben fürchten musste, hatte er im NS-Staat nach einem Schutzpatron gesucht; so war er V-Mann der deutschen Abwehr geworden.[1248]

V-Mann Ivar berichtete also über den Überläufer Ljuschkow, und Ljuschkow plauderte nicht nur über die Geheimpolizei NKWD, sondern er ließ sich allgemein zur inneren Lage in der Sowjetunion aus, deren Zustand er in den düstersten Farben schilderte. Von der Unzufriedenheit der Bauern, von der Unfertigkeit der Roten Armee, über Unfälle und Schlamperei reichten seine Themen. Er vergaß auch nicht zu erwähnen, dass das Regime einen Krieg nicht überstehen würde, sondern an einer solchen Belastung innerlich zerbrechen müsste. Das waren Sentenzen, die seine Befrager gerne hörten; stimmte das Gehörte doch mit dem überein, was sie sich als Bild von der despotischen Sowjetunion ausgemalt hatten. Doch es wäre die größte Zurückhaltung am Platze gewesen. Bei Ljuschkow handelte es sich um einen Mann, der die Flucht ins Ausland dem lebensgefährlichen Rückruf nach Moskau vorgezogen hatte. Er hatte keinen fremden nachrichtendienstlichen Vorlauf, war also nie zuvor etwa Quelle der Japaner gewesen, so dass er jetzt nur reüssieren konnte, wenn er seinen neuen Dienstherren, denen er sich auf Gedeih und Verderb ausgeliefert hatte, genau das bot, was sie von ihm erwarteten; und das waren kritische Nachrichten über die Terra incognita Sowjetunion. Es ist nicht bekannt, ob die Japaner diese alte Geheimdienstregel über die Behandlung unerprobter Überläufer in ihr Auswerte-Kalkül einstellten. Sicher werden sie die mangelnde Kriegsbereitschaft der Sowjets gerne gehört haben. Es ist unbekannt, ob der Grenzkonflikt, den sie im Jahr drauf an der mongolisch-mandschurischen Grenze provozierten, auf den Ljuschkow-Aussagen beruhte, ausschließen kann man es nicht. Umso größer muss ihre Überraschung gewesen sein, als sie Ende August 1939 am Chalchin-Gol eine empfindliche Niederlage erlitten. Noch hellhöriger hätte an dieser Stelle die deutsche Militäraufklärung werden müssen, denn das Vorgehen der Sowjets in Mittelasien stellte nicht nur militärisch eine Überraschung dar, sondern tauchte die viel gepriesene Überläuferaussage von Ljuschkow in ein zweifelhaftes Licht. Doch diese Schlüsse zog man offenbar nicht.[1249]

Die Lieblingsausrede über die mangelhafte Nachrichtenbeschaffung aus der Sowjetunion lautete, eine solche sei unmöglich gewesen, da der Polizeistaat Sowjetunion so was im Ansatz verhindert habe. Das ist die einleuchtendste und die fatalste der Ausreden. Um dies zu beurteilen, müssen wir uns mehrere Details ansehen: die Zugangsmöglichkeiten in die Sowjetunion, das in Frage kommende Agentenpersonal und das hauptamtliche Personal, was für die Werbung und Steuerung der Agenten verantwortlich war. Die Nachrichtenzugänge in die Sowjetunion waren in der Tat extrem schwierig. Ein normal zu nennender Personenaustausch, so wir ihn heute kennen, fand nicht statt. Erschwert wurde die Situation dadurch, dass kommunistische Paranoia für eine strikte Abschottung sorgte. Diese Abschottung betraf sowohl die Wohnbevölkerung als auch die Besucher. Vielen Russen war es schlicht aufgrund von persönlicher Armut unmöglich, sich ungehindert in dem Riesenreich zu bewegen. Hinzu kam, dass gewöhnlichen Sowjetbürgern durch die Einführung des Inlandspasses im Jahre 1932 jegliche unkontrollierte Reisemöglichkeit im eigenen Lande genommen worden war. Entsprechende Überwachungsmöglichkeiten bestanden in noch stärkerem Maße für die durch die Sowjetunion aus Neugierde reisenden Ausländer und für alle, die sich beruflich dort aufhielten.[1250]

Aber wie üblich gab es Hintertürchen. Im Falle der kommunistischen Parteien und ihrer Sympathisanten gab es sogar ein stattliches Tor. Die Rede ist von den ungezählten KPD-Funktionären, von deren intellektuellen Hofschranzen, von den Spezialisten, die in der Sowjetunion arbeiteten, und schließlich von jenem kleinen Heer der Neugierigen, die einfach mal so in das Land reisten; auch die gab es durchaus. Um mit den Erstgenannten zu beginnen: Seit der Oktoberrevolution pilgerte ein nie versiegender Strom deutscher Kommunisten in das Land, in dem sozialistische Milch und Honig flossen. Erst fuhren sie, um mitzuhelfen am großen Aufbauwerk, dann reisten sie, um sich Rat zu holen für die so nötige deutsche Revolution, und schließlich um Befehle entgegenzunehmen aus der Kommandozentrale der Weltrevolution. Mit fortschreitendem Ausbleiben des Deutschen Oktober waren es nicht nur die Genossen, denen es Ehre und Verdienst war, das Vaterland der Werktätigen aufzusuchen, nein, es waren vielmehr beträchtliche Kohorten von Abgeschobenen, Entmachteten, dumm Aufgefallenen, nach den Regeln der Kapitalisten straffällig Gewordenen, Helden der Revolution, Bürokraten, Schießwütigen, Schlägern, Heimlichtuern und Propagandisten, Gläubigen und Zweiflern, Klugen und Oberschlauen, Abgeordneten und steckbrieflich Gesuchten – ein buntes Gemisch also. Einige machten Stippvisiten, andere verschwanden für Jahre in der Sowjetunion; für manch einen war es eine Reise ohne Wiederkehr. Das alles war kein großes Geheimnis. Solange die Republik von Weimar existierte, musste man nur mit Sorgfalt *Die Rote Fahne* lesen, später im Dritten Reich erprügelte die Gestapo die einschlägigen Erkenntnisse über Auslandskader und deren Reisebewegungen.[1251]

Man staunt, wenn man nachliest, wer da so alles hin- und herreiste. Man staunt, wenn man diese Masse Mensch ins geheimdienstliche Kalkül nimmt und feststellt, dass niemand es für nötig befand, sich um diese Leute zu kümmern. Es entbehrt nicht der Komik, was die verantwortlichen deutschen Geheimdienstoffiziere nach dem Krieg zu Papier brachten, um diesen Mangel zu vertuschen:[1252] Beim Vorgehen gegen die Rote Kapelle habe sich herausgestellt, dass die sowjetische Seite es vermieden habe, kommunistische Funktionäre als Agenten zu beschäftigen. Man stutzt, denn das ist völlig unschlüssig, ja geradezu abwegig: Es ging um Agentengewinnung zulasten der Sowjetunion und nicht um Spionageabwehr. Im Übrigen lagen die Dinge geradezu umgekehrt: Ungezählte Auslandsagenten der sowjetischen Dienste hatten einen Vorlauf als kommunistischer Funktionär.

Und dann war da noch ein ganz anderer Personenkreis: die russischen Emigranten. Was in den frühen 1920er-Jahren in Berlin und Umgebung in die Hunderttausende ging, hatte sich allmählich verlaufen.[1253] Aber Russen gab es immer noch genug im Deutschen Reich. Es konnte nur der Uninformierte annehmen, dass es sich um eine konforme Masse handelte. Nichts konnte falscher sein. Die russischen Emigranten teilten sich selbst in die Weiß-weißen und die Weiß-roten ein. Weiß-weiß waren diejenigen, die mit dem kommunistischen Regime in Russland nichts im Sinn hatten und keineswegs gewillt waren, in ihre Heimat zurückzukehren. Davon unterschieden sich die Weiß-roten insofern, als sie nach Russland zurückwollten, selbst wenn sie mit dem dortigen Regime nicht sympathisierten; ihnen war es schlicht um die Rückreise und das Leben im Heimatland zu tun. So unglaublich es klingt, diese Personen waren recht zahlreich in den verschiedenen Ländern der russischen Emigration, vor allem also in Deutschland, Frankreich und Jugoslawien. Die reale Möglichkeit der Rückreise hing von einem Stempel ab, einem Stempel, den die sowjetische Botschaft des Exillandes zu vergeben hatte.

Das Warten auf diesen Einreisestempel bedeutete für die Betroffenen oft jahrelange Ungewissheit; es war das Ausgeliefertsein an Behördenwillkür, die seit der Zarenzeit zur russischen Tradition gehörte und im Sowjetstaat ungeheure Blüte treiben sollte. Es war den Gastländern bekannt, um wen es sich bei den Rückkehrwilligen handelte – auch in Deutschland. Die Überwachung und Registrierung der Ausländer und Staatenlosen war eine umständliche bürokratische Angelegenheit. Das Passbild und der Fernschreiber hatten für Effizienz gesorgt. Schließlich sollte man nicht vergessen, dass es *nach* dem Hitler-Stalin-Pakt jenen Personenkreis gab, der keinesfalls ins jeweils andere Land zurückwollte, sondern aufgrund geheimpolizeilicher Absprache zwischen Gestapo und NKWD über die Grenze abgeschoben wurde. Und zuallerletzt sind die Sowjetmenschen nicht zu vergessen, die sich legal in den Gastländern aufhielten, sei es als Diplomaten, Wirtschaftsfunktionäre oder Künstler. Auch sie reisten hin und her und waren eine erstrangige Quelle mit meist hervorragenden Zugängen.

Es wäre durchaus nicht zutreffend, wollte man unterstellen, dass den deutschen Geheimdiensten dieses Potenzial entgangen sei. Es gab sehr wohl einige russische Quellen. Eine davon, den Ex-General Nikolaj Skobelew, haben wir bereits kennen gelernt. Doch der Mann diente nicht nur dem weiß-russischen Militärverband in Paris, er war darüber hinaus Agent des sowjetischen NKWD, dem er die Vorarbeiten zur Entführung und Ermordung der Spitzenfunktionäre des russischen Exils abnahm; und er diente dem SD-Ausland des Reinhard Heydrich. Heute sagt man wohl besser, er diente sich ihm an; so kam Heydrichs Anteil an der Tuchatschewski-Affäre zustande. Das Amt Ausland/Abwehr hatte mit dem Ex-Obersten Durunowo mehr Glück; er diente ausschließlich den Deutschen und wertete die sowjetische Militärliteratur aus. Ein anderer war der ehemalige Kosakengeneral Pjotr Krasnow. Er gründete nach seiner Entlassung aus bolschewistischer Gefangenschaft 1918 mit deutscher Hilfe eine Kosakenarmee. Als deren Lage im Januar 1919 unhaltbar wurde, flüchtete er nach Deutschland, wo er fortan bis 1945 mit den deutschen Behörden zusammenarbeitete. Als der Zweite Weltkrieg begann, war dieser Mann 70 Jahre alt. Über 30 Jahre hatte er mit der Roten Armee keinen Kontakt mehr gehabt; das genügt, um die Fragwürdigkeit dieser Quelle zu beschreiben. Einige weitere ehemals weiße Offiziere standen noch im Solde der Abwehr. Aber das war's dann auch schon.

Wenn man sich fragt, warum niemand im deutschen militärischen Geheimdienst auf die Idee kam, die in Deutschland existierenden Agentenreservoire systematisch durchzusieben, so stößt man auf drastische strukturelle Mängel im deutschen Nachrichtenbeschaffungsapparat. Sie sind relativ leicht zu entschlüsseln. Die Abwehr wurde von jeher von deutschen Offizieren geleitet und bis hinab auf die Sachbearbeiterebene betrieben. Intelligentes Fremdpersonal einzustellen, hätte bis zum Kriegsbeginn einen unüberwindlichen Bruch mit militärischen Traditionen bedeutet. So nimmt es nicht wunder, dass der deutsche militärische Geheimdienst in den Denkschablonen des kaiserlichen Deutschland stehen geblieben war. Seine Mitglieder dachten bestenfalls deutschnational, wenn nicht sogar monarchistisch. Demokratisches war ihnen ein Gräuel, Kommunistisches verhasst. Diese Männer lebten in ihren Offiziersschablonen; das Offiziersmäßige, Herrenmäßige, Kavaliersmäßige war ihnen zutiefst eingeprägt. Die politische Abschottung des 100 000-Mann-Heeres der Weimarer Zeit besorgte ein Übriges, um diese Leute von ihrer Umwelt zu isolieren. Politik galt ihnen als schmutzig. Wie man mit solchen Leuten einen Nachrichtendienst betreiben wollte, bleibt allerdings ein Rätsel. Denn wenn sie menschliche Quellen warben, achteten sie darauf, dass sie unter sich blieben. Ungezählte Beispiele, in denen die Abwehr auf ehemalige Offiziere zurückgriff, belegen dies. Doch mit einem solchen Ansatz war gegenüber der Sowjetunion beim besten Willen kein Staat zu machen.

Man machte sich nicht einmal die Mühe zu erforschen, wer in den Reihen der verhassten deutschen Kommunisten dem kaiserlichen Offizierskorps entstammte. Dort wäre beim genaueren Hinsehen eine reiche Auswahl gewesen. Da war beispielsweise der Schriftsteller-Funktionär Ludwig Renn; er hatte in der sächsischen Armee als Arnold Friedrich Vieth von Golßenau gedient. Da war der illegale Militärspezialist Erich Wollenberg, einst Leutnant in einem Sturmbataillon. Einer der Leiter der Roten Ruhrarmee, Wilhelm Zaisser, war ebenfalls ein ehemaliger Leutnant. Gleiches lässt sich von Ernst Schneller sagen, der einer der Vorzeigefunktionäre in der KPD wurde. Ernst Kippenberger, der spätere Leiter des M-Apparats der KPD, hatte es bis zum Leutnant gebracht, bevor er eine Militär- und Agentenausbildung in Moskau genoss. Beppo Roemer, der Aufbruch-Mann, war ehedem Major. Richard Scheringer war sogar Leutnant in der Reichswehr gewesen, bevor man ihn wegen Nazipropaganda dort rausschmiss, worauf er sich den Kommunisten anschloss. Manch einer wird einwenden, dass das eine Liste von Leuten sei, von denen keiner je mit der deutschen Abwehr zusammengearbeitet hätte. Doch das ist Spekulation; man hat es nicht einmal versucht. Wollenberg und Scheringer beispielsweise wären klassische Werbungskandidaten gewesen. Der eine ein homosexueller Abenteurer, der andere ein unfertiger Wanderer zwischen den Welten. Man sage nicht, man überwerbe niemals einen überzeugten Kommunisten. Denn erstens muss man sicher wissen, dass er noch immer überzeugt ist, und zum andern zwingt niemand einen Geheimdienst, mit offenen Karten zu spielen. Die Gestapo hat drastisch vorexerziert, wie es gemacht werden konnte, als sie Agenten aus den gelobten Apparaten der KPD gleich dutzendweise herausbrach. Doch dergleichen entzog sich den angeblichen Spezialisten des deutschen militärischen Geheimdienstes. Bettgeschichten beispielsweise hatte Canaris expressiv verbis verboten. Die Affären des Polen Sosnowski und der US-Amerikanerin Dodd hatten Empörung anstatt geheimdienstliche Neugierde ausgelöst. Man wartete auf Freiwillige; das Militär ließ grüßen.[1254] Die Mär von der Unzulänglichkeit der Roten Armee und ihrer militärischen Führung wurde auf diese Weise perpetuiert. Der Führer des großdeutsch gewordenen Reichs hörte dergleichen gerne. Noch am 7. Mai 1941 ließ er den deutschen Militärattaché Ernst Köstring und seinen Gehilfen, den Obersten Hans Krebs, aus Moskau zur Berichterstattung über die Rote Armee anreisen. Sie gaben zu Protokoll: *SU-Armee nicht wesentlich gebessert, kein gutes Führungskorps.* So ist es nachzulesen im Kriegstagebuch des Oberkommandos der Wehrmacht.[1255] Wenn es stimmt, dass sie das so sagten, war ihre Aussage zumindest fahrlässig, denn sie wussten offenbar nicht, wovon sie sprachen. Und was noch schwerer wiegt, sie wussten, dass sie nichts wussten. Hierüber hat Köstring nach dem Krieg recht unverblümt Zeugnis abgelegt. Der Mann, der seit den 1920er-Jahren mit nur kurzen Unterbrechungen an der deutschen Botschaft in Moskau tätig gewesen war, davon 1931 bis 1933 und 1935 bis 1941 als Militärattaché des Deutschen Reichs, war ein sympathischer Mann und – je nach Standpunkt – eine schlimme Fehlbesetzung. Er sah sich als Politiker, dessen Aufgabe ein reibungsloses Funktionieren der deutsch-russischen Beziehungen war. Hitler sah diese Funktion anders; für ihn war der Militärattaché ein Beobachter der militärischen Verhältnisse vor Ort. Und damit hatte er nicht Unrecht – ganz abgesehen davon, wie man seine Aggressionspolitik beurteilt. Die Militärdiplomatie wurde in der Sowjetunion von den üblichen Informationssträngen abgeschnitten, denn seit der Zeit der Großen Säuberung war es der sowjetischen Militärführung untersagt, Kontakte zu ausländischen Dienststellen zu unterhalten. Die sowjetischen Offiziere versagten sich, wenn sie bei Verstand waren, diese Kontakte auch selber. Ihnen musste niemand verdeutlichen, was es bedeuten würde, in den Verdacht einer der Gummibandvorschriften aus dem Artikel 58 des Strafgesetzbuchs von 1926 zu geraten, der die Informationsweitergabe an ausländische Staatsbürger unter Strafe stellte. Sie selbst hatten häufig genug andere denunziert, um zu wissen, was ihnen selbst blühen konnte. Trotz dieser verschärften Lage befasste sich Ernst Köstring, wie er in seinen Memoiren nicht ohne Stolz bemerkte, mit Militärpolitik und nicht mit *Agentchen.* Doch seine Einblicke waren bescheiden; wenn man es genau nimmt, waren sie auf diplomatisches Geschwätz und die Teilnahme an den Paraden auf dem Roten Platz in Moskau am 1. Mai beschränkt.[1256] Vom Maifeiertag des Jahres 1936 berichtete er:

> *Bekleidung und Ausrüstung der Truppen waren auffällig gut und gleichmäßig.*
> *Bemerkenswert (auch) die entschieden besser gewordene Kleidung des vorbei-*
> *marschierenden »Bewaffneten Proletariats« (etwa 8000 Mann).*[1257]

Auf derselben Linie lag die Präsentation eines Films über die Rote Armee, den allerdings der Militärattaché eines anderen, eines westeuropäischen Staates über die Jahre hin aus dem Fenster seiner Residenz bei den Maiparaden gedreht hatte und der gewisse Rückschlüsse auf die Änderungen von Ausrüstung und Bewaffnung zuließ. Köstring hatte von seinem Kollegen aus kameradschaftlichen Gründen – wir alle haben es schwer, etwas Vernünftiges zu berichten – eine Kopie erhalten, die er im Frühjahr 1939 stolz im Oberkommando der Wehrmacht präsentierte. Es ist klar, dass die Abteilung Fremde Heere Ost über dieses Material herfiel, es auseinander schnitt, weil allzu viele Spezialisten es sofort haben wollten. Diese Szene zeigt deutlich, wie dürftig der deutsche Kenntnisstand über die Rote Armee war. Nur der Pointe halber sei hinzugefügt, dass der Film ebenso schnell wieder zusammengeklebt werden musste, da Köstring mit dem brisanten Material zu seinem Führer zur Berichterstattung auf den Obersalzberg befohlen wurde. Eine zweite Pointe besitzt die Geschichte dadurch, dass Hitler nach der aufmerksamen Besichtigung der Militärparaden sich anerkennend über die gute Haltung von Josef Stalin äußerte.[1258]

Es soll hier gar nicht bestritten werden, dass die politische und die Militäraufklärung gegen die Sowjetunion schwierig war. Unmöglich war sie hingegen nicht, und keinem Fachmann konnte es entgehen, dass Filme über Militärparaden nichts über die wirkliche Struktur einer Armee preisgeben, da bei Paraden im guten wie im schlechten Sinne nur das gezeigt wird, was gezeigt werden soll. Das ist klar. Was hier deutlich gemacht werden soll, ist die Nonchalance, mit der sich die deutsche Militärführung in Kenntnis des Aufklärungsdefizits in einen Krieg stürzte, zumal in einen solchen mit der Sowjetunion. Denn es war nicht so, als sei diese Ahnungslosigkeit niemandem aufgefallen. Im Gegenteil. Zum Jahreswechsel 1939/40 schlug einer Krach, der es wissen musste. Es war der Oberst Ullrich Liss, der Leiter der Abteilung Fremde Heere West. Liss schrieb eine kalte Analyse, nicht nur über die Feindlage West, denn dafür war er zuständig. Nein, er legte schonungslos offen, aus welchen Quellen er für seine Feindbeschreibung geschöpft hatte. Das war eine schallende Ohrfeige für Canaris und Co. Doch ebenso interessant sind die Reaktionen der Vorgesetzten. Der Abteilungsleiter im Generalstab des Heeres für die Verbindungen zum OKW, der Major Helmuth Groscurth, der selbst einige Jahre der unmittelbare Untergebene von Canaris gewesen war, wurde beauftragt, den angeblichen Streit zwischen Canaris und Liss zu schlichten. Er reiste zwischen den Kontrahenten hin und her. Im Ergebnis wurde der aufmüpfige Liss für sein angeblich unkameradschaftliches Verhalten gerüffelt. Canaris hingegen passierte nichts. Dieser Mann stand 1940/41 zu sehr im Sonnenschein seines Führers, als dass ein Vorgesetzter es gewagt hätte, mit dem Geheimdienstchef Klartext zu reden, denn einen Vorgesetzten, der das ge-

konnt hätte, gab es nicht. Canaris unterstand persönlich dem Chef des Oberkommandos der Wehrmacht. Das war der Generaloberst Wilhelm Keitel, ein
Mann, von dem nicht bekannt geworden ist, dass er einmal eine eigene, nicht von
seinem Führer abgesegnete Meinung vertreten hätte. Diese Eigenart hatte dem
späteren Feldmarschall den wenig schmeichelhaften Spitznamen Lakaitel eingetragen. Keitel verhielt sich, wie Menschen dieses Charakters sich zu verhalten
pflegen; er tat nichts. Er wurde erst gegen Canaris tätig, als sein Führer den Geheimdienstchef im Frühjahr 1944 zum Abschuss freigegeben hatte.[1259]
Canaris tat auch von sich aus nichts, um die Defizite seiner Behörde zu meistern.
Am Einsichtsvermögen kann es nicht gelegen haben. Doch Canaris war nicht der
Mann für organisatorisches Durchgreifen. Überhaupt schreckten ihn Organisa-
tionsfragen. Die drängte er lieber auf seinen Stabschef, den Leiter der Zentralabteilung Hans Oster, ab. Wes Geistes Kind dieser Mann war, ist bereits angedeutet worden. Wie immer man seine Oppositionsrolle sieht, mit Sicherheit war
er nicht derjenige, dem an einem für die Kriegführung effektiven Geheimdienst
gelegen war. Er kümmerte sich kurz vor und während der Krieges bevorzugt um
die Organisierung des militärischen Widerstandes, zwackte Geld aus Beschaf-
fungsmitteln für die so genannte Depositenkasse ab und sorgte sich darum, dass
harte Systemoppositionelle im Amt Ausland/Abwehr Unterschlupf fanden. Sein
Chef Canaris ließ ihn gewähren. Er kannte die Rolle, die Oster spielte, genau,
wusste auch um den Fast-Putsch, den dieser 1938 bei der so genannten Sudeten-
krise beinahe ausgelöst hätte. Doch Canaris, der langjährige Marineoffizier und
Verschwörer, der dankbar die Machtergreifung Hitlers begrüßt hatte und bei seinem Amtsantritt als Abwehrchef seinen Mitarbeitern mit nationalsozialistischen
Sprüchen auf den Wecker gefallen war, hatte im Laufe weniger Dienstjahre resig-
niert. Diese Resignation kompensierte er durch Gewohnheiten, die man bei
äußerster Höflichkeit als skurril bezeichnen würde. Denn zum Canaris'schen
Dienstarsenal zählte in erster Linie die Pflege und Betreuung seiner Dackel. Das
mochte noch hingehen, wenn er nicht die Angewohnheit entwickelt hätte, andere
Menschen und vor allem seine Untergebenen danach zu beurteilen, wie sie sich an
dieser Macke beteiligten. Dabei schwang kein Gran von Ironie mit, wenn er sich
dazu äußerte. Wer je einen größeren Personalapparat bei der Arbeit erlebt hat,
weiß, was es bedeutet, wenn der oberste Chef sein gesamtes Verhalten danach aus-
richtet, wie seine Mitarbeiter sich seinem Spleen unterwerfen. Das traf auch das
Amt Ausland/Abwehr, wo sich selbst die größten Hundehasser um Tierfutter
kümmerten, wenn sie mit stinkenden Dackeln auf dem Besprechungssofa sitzen
mussten. Hinzu kam, dass der Abwehrchef seine Untergebenen jeden Morgen,
bei der so genannten Morgenkolonne, stundenlang von der Arbeit abzuhalten
pflegte. Derartiger Konferenzfetischismus entfiel nur, wenn der Chef auf Dienst-

reisen war. Und das war er bald häufig. Mit Fortschreiten des Krieges so häufig, dass man nur die Folgerung ziehen kann, Canaris entfloh seinem Amt. Spanien, Portugal, Frankreich, Italien, Rumänien, Bulgarien und Ungarn gehörten zu seinen bevorzugten Reisezielen. Die Reisen wurden auch länger. Längst hatte auch Canaris begriffen, dass sein Stern bei Hitler im Sinken war.[1260]

Doch auch beim Canaris-Konkurrenten Reinhard Heydrich sah es, was die Sowjetunion-Aufklärung anging, keineswegs besser aus. Nachdem Heydrich im Jahre 1934 auf Reichsebene in den Sattel kam, hatte er nichts unversucht gelassen, um sich der Konkurrenz des Amtes Ausland/Abwehr zu entledigen. Seine Hybris hatte im September 1939, kurz nach dem Beginn des Polenfeldzuges, zur Gründung des Reichssicherheitshauptamtes geführt, einer Mammutbehörde, die als Spitzenorganisation der Kriminalpolizei, der Gestapo und des Sicherheitsdienstes eine bis dahin nie da gewesene Zusammenballung polizeilicher und geheimdienstlicher Macht darstellte. In dieser neuen Behörde firmierte der Auslandsdienst des Sicherheitsdienstes der SS, kurz SD-Ausland genannt, nun als Amt VI, also als quasistaatliche Behörde. Heydrich begriff seinen Apparat als einheitliche Formation. Nach außen und gegenüber nachgeordneten Dienststellen trat er allerdings nicht als ein wie auch immer titulierter Chef des RSHA in Erscheinung, sondern unter dem Briefkopf *Chef der Sicherheitspolizei und des SD*. Die rechtliche Zweiteilung des Personals im RSHA in einen staatlichen Strang von Beamten aus den Polizeidienststellen und der Ministerialverwaltung einerseits und zum andern den im SD tätigen Parteifunktionären juckte Heydrich wenig. Das waren Juristenspitzfindigkeiten, um die sich sein Vertreter Werner Best, der Leiter des Amtes I (Personal, Verwaltung, Recht), kümmern mochte. Die Betroffenen sahen das anders, zumal die staatliche Beamtenbesoldung den Parteigehältern eindeutig vorzuziehen war. Die SD-Leute taten daher alles, um in entsprechende Planstellen vorzurücken. Die Machtzusammenballung des RSHA bezog sich keineswegs nur auf die Spitzengliederung, sondern sie setzte sich nach unten auf zwei Hierarchieebenen fort. Im Reichsgebiet bestanden als Mittelinstanz die Inspekteure der Sipo und des SD, denen auf der Unterstufe die Stapostellen bzw. Leitstellen und die SD-Abschnitte bzw. Leitabschnitte nachgeordnet waren. Während des Krieges wurden zudem in den besetzten Gebieten die Befehlshaber der Sipo und des SD installiert, denen die Kommandeure der Sipo und des SD unterstanden.[1261]

Doch als die Feldzugsplanung gegen die Sowjetunion auf der deutschen Agenda stand, hatte Heydrich längst aufgehört, das Reichssicherheitshauptamt als seinen persönlichen Haupttummelplatz zu begreifen. Den Machtfanatiker lockten in immer schnellerer Folge neue Aufgaben. Um seinen Drang nach Lebensgefahr zu befriedigen, flog er nur zum Spaß Fronteinsätze bei der deutschen Luftwaffe. Offensichtlich konnte er es nicht ertragen, dass es in den ersten beiden Kriegsjahren keine andere Möglichkeit gab, um den Generalsrock der SS mit Kriegsauszeichnungen zu schmücken, denn stolz trug er fortan die Frontflugspange und die Eisernen Kreuze beider Klassen. Dass er nebenbei Chef einer der größten Behörden des Reichs war, kümmerte ihn immer weniger; er verlangte von seinen Untergebenen, dass sie ihm im Kriegseinsatz nachzueifern hätten, was aber bei den Polizeibeamten und Geheimdienstbürokraten nicht durchweg auf fruchtbaren Boden fiel. So verfügte Heydrich, dass Frontbewährung auch die Tätigkeit in den Einsatzgruppen und Einsatzkommandos sei. Diese Verbrecherbanden wurden folglich bei ihren Einsätzen in der Sowjetunion vom Spitzenpersonal des RSHA geleitet. Die Heydrich'sche Feldzugvorsorge für den Russlandkrieg beschränkte sich auf die Organisierung dieser Gruppen und die Einweisung ihrer Führer. Sein Eingreifen in die Sowjetunion-Spionage, für die er genauso zuständig gewesen wäre, ist nicht bekannt geworden.

Die Organisationseinheit des RSHA, die für Auslandsspionage verantwortlich zeichnete, war dessen Amt VI. An der Spitze des Amtes VI stand mit Heinz Jost ein nach Lebensjahren junger Mann, der indessen zu den alten Fahrensleuten der Nazis zählte. Seit 1934 diente der Jurist hauptamtlich beim SD, dessen Auslandsdienst er 1936 als 32-Jähriger übernahm. Doch der Geheimdienst, den er führte, war bestenfalls eine Art Haurucktruppe, über die nicht viel Brauchbares überliefert worden ist. Das gilt zumindest bis zum Juni 1941. In eben diesem Monat, in dem der Feldzug gegen die Sowjetunion begann, fand ein Führungswechsel statt, und zwar von Jost zu Walter Schellenberg, der das Amt VI bis zum Kriegsende führen sollte. Er hat der Nachwelt Memoiren hinterlassen, an denen man nicht vorbeikommt, wenn man sich mit der Geschichte des SD beschäftigt. Sie sind derartig unzuverlässig, dass man nichts ungeprüft für bare Münze nehmen kann. Die Nachprüfung wird dadurch erschwert, dass die Schellenberg-Memoiren ungezählte Male abgeschrieben und wieder abgeschrieben wurden, so dass sich hieraus im Laufe der knapp fünf Jahrzehnte seit ihrem Erscheinen ein Geflecht von Scheintatsachen gebildet hat. Für seine Großzügigkeit beim Umgang mit Tatsachen hatte der SS-Brigadeführer a. D. gute Gründe. Ihm drohte nach dem Krieg der Galgen. Die Memoiren des Walter Schellenberg haben indessen ihren besonderen Reiz dadurch, dass er einer der wenigen Überlebenden war, der mit etlichen Spitzenfiguren des Dritten Reichs umging; ob nun Hitler, Ribbentrop, Rosenberg, Himmler, Heydrich, Canaris, Heß, Bormann, Terboven, Gestapo-Müller: Schellenberg kannte sie und wurde gekannt. Er erlebte eine Reihe von Schlüsselentscheidungen aus nächster Nähe oder wirkte sogar an ihnen mit. Das gilt auch für die Vorbereitung des Feldzuges gegen die Sowjetunion. Hierbei ist seine Mitwirkung auf drei Ebenen interessant: Er war Augen- und Ohrenzeuge der unter-

schwelligen Panik, die sich des Diktators bemächtigt haben mag, als er unmittelbar vor der Entscheidung zur Auslösung des Russlandfeldzuges stand; er war dabei, als es darum ging, die organisatorischen Festlegungen für die Einsatzgruppen gegen die Sowjetunion zu treffen; und schließlich war er beteiligt, als sein Führer am Vorabend des Kriegsbeginns Material dafür verlangte, die Notwendigkeit eines Präventivkrieges öffentlich begründen zu können.[1262]
Schellenberg war im Frühjahr 1941 Gruppenleiter IV E im Reichssicherheitshauptamt. Er leitete demnach innerhalb der Gestapo die Spionageabwehr, also das Aufspüren und Bekämpfen ausländischer Agenten im Reichsgebiet und in den besetzten Gebieten. Der Jurist Schellenberg war 1933 als 23-Jähriger in die SS eingetreten, im Jahr drauf heuerte er beim SD an. Dort wurde der junge Karrierist und Bürokrat alsbald einer der Vertrauten des SD-Chefs Heydrich. Sein bemerkenswertes Talent zur Intrige brachte dem 29-Jährigen 1939 die Gruppenleiterposition im RSHA ein. Bereits im November des Jahres konnte er seinem Führer dienlich sein, als er zusammen mit einigen anderen SD-Leuten zwei britische Geheimdienstoffiziere aus den damals noch neutralen Niederladen verschleppte und deren holländischen Begleiter erschoss. Die beiden Engländer sollten als Kronzeugen dafür herhalten, dass das kurz zuvor auf Hitler verübte Attentat im Münchener Bürgerbräukeller eine Tat des britischen Geheimdienstes gewesen sei. Das war Blödsinn, doch der Führer wollte es nun mal so, und er dankte dem Vielverwendungsfähigen, indem er ihm höchstpersönlich das Eiserne Kreuz Erster Klasse anheftete.[1263]
Schellenberg nutzte als Chef der Spionageabwehr jede sich bietende Gelegenheit für Kontakte zum Amt Ausland/Abwehr. Das war dienstlich notwendig, denn die Abteilung III des Amtes war gleichfalls für Spionageabwehr zuständig, so dass es die Zusammenarbeit zu organisieren und Reibereien zu überwinden galt. Doch Schellenberg war nicht der Mann, sich mit dem für ihn zuständigen Gegenüber zu begnügen, das wäre der Oberst Franz-Eccard von Bentvegni gewesen. Schellenberg zielte sogleich höher: Er nutzte die bekannte Gewohnheit des Abwehrchefs

Canaris, morgens vor Dienstantritt im Tiergarten auszureiten, um sich diesem mächtigen Mann von Reiter zu Reiter zuzugesellen. Hierüber berichtete Schellenberg wie folgt:

Wir waren uns darüber einig, dass die damalige Auffassung des Generalstabes, wir könnten kraft unserer militärischen und technischen Überlegenheit den Feldzug innerhalb von zehn Wochen siegreich beenden, sehr leichtfertig sei. Als wir dabei unsere Informationen austauschten, stritten wir uns allerdings über die Produktions- und Transportkapazität Russlands. Ich war aufgrund entsprechender Unterlagen der Meinung, der Produktionsausstoß der russischen Schwerindustrie an Panzern müsse weit über der von Canaris geschätzten Ziffer liegen, auch in der Produktion würden die Russen mit überraschenden Neuerungen aufwarten. Ich stützte diese Vermutung auch auf die Bemerkungen Angehöriger der sowjetischen Wehrmachtskommission, die im März 1941 Deutschland besucht hatte. Hitler befahl damals, wohl um den Russen zu imponieren, der Kommission nicht nur unsere modernen Panzerschulen und Panzerfabriken zu zeigen, sondern dabei auch die Geheimhaltungsvorschriften weitgehend zu lockern. Nach der Besichtigung zweifelten die Russen, dass wir ihnen alles gezeigt hätten und äußerten, ihnen sei entgegen dem Hitler'schen Befehl einiges vorenthalten worden. Hieraus schloss ich, dass sie, gemessen an ihren eigenen Panzern, unsere vorgeführten Modelle nicht für die neuesten Typen hielten. Wir hatten damals aber tatsächlich noch nichts Besseres aufzuweisen; die Russen dagegen konnten schon 1941 ihren überlegenen T 34 massenweise in den Kampf werfen.

Canaris behauptete im Übrigen auch, einwandfreie Unterlagen darüber zu besitzen, dass das Industriezentrum um Moskau mit den reichen Rohstoffvorkommen im Ural nur durch einen eingleisigen Schienenstrang verbunden sei. Aufgrund der uns vorliegenden Berichte vertrat ich die gegenteilige Auffassung. Allein dieses Beispiel zeigte, wie schwer es durch die Zweispurigkeit unserer Geheimdienste der militärischen Führung gemacht wurde, diese widerspruchsvollen Informationen in ihre operativen Planungen einzubauen. Und welche Ironie heute, wenn ich an das Gespräch mit Canaris denke, in dem er die Frage anschnitt, ob Heydrich denn ebenfalls der Ansicht zuneige, das Sowjetsystem könne nach wirksamen militärischen Rückschlägen von innen heraus zerbrochen werden. Hitler und Himmler, aber auch Teile der Generalität vertraten nämlich diese Auffassung. Canaris ließ durchblicken, dass er diesen Optimismus keineswegs teile.[1264]

Das ist eine ebenso interessante wie widersprüchliche Darstellung der Dinge. Wenn man unterstellt, dass das Gespräch überhaupt stattgefunden hat, so gewiss nicht in der geschilderten Form. Falls Canaris tatsächlich über eingleisige Eisenbahnstrecken in der Sowjetunion gesprochen hat, war das mit Sicherheit eine Information, die in dem Zusammenhang, in dem er sie preisgab, richtig war, denn er verfügte über das entsprechende Luftbildmaterial der Gruppe Rowehl. Dass ausgerechnet der Leiter der Inlandsspionageabwehr über andere und die besseren Unterlagen verfügt haben soll, gehört ins Reich der Fabel. Ebenso ist es ein gedanklicher Salto des Memoirenschreibers Schellenberg, wenn er behauptet, aus der Frage der sowjetischen Kommission nach den neuesten Panzerwaffen der deutschen Wehrmacht den Schluss gezogen zu haben, die Sowjets hätten Besseres zu bieten gehabt. Abwegig ist auch die Behauptung, die Russen hätten sich bei ihrer Anfrage auf eine Weisung Hitlers berufen, ihnen das Neueste zu zeigen. Nun aber zur wirklichen Information, die in den Ausführungen steckt: Nicht nur das Amt Ausland/Abwehr, sondern auch der Heydrich-Apparat hatte keine tief greifende Kenntnis von den Verhältnissen in der Sowjetunion. Hätte der SD es besser gewusst als Canaris, wäre Heydrich nicht der Mann gewesen, mit seinem Wissen gegenüber Hitler hinter dem Berg zu halten. Richtig ist vielmehr, dass die Wehrmacht hier absoluten Vorrang genoss; das wusste auch Heydrich. Vermutlich richtig sind Schellenbergs Auslassungen über die Frage, was deutsche Funktionsträger so alles über das innere Zerbrechen der Sowjetunion gesagt haben. Ob Canaris hier grundsätzlich anderer Meinung war, ist fraglich, aber nicht von der Hand zu weisen. Dass aber ausgerechnet Schellenberg den Worten seines Führers über den raschen Zusammenbruch der Sowjetunion nicht geglaubt haben will, klingt hanebüchen. Dieser SS-Mann bastelte im Frühsommer 1941 an vorderster Verwaltungsfront bei der Einrichtung der Einsatzgruppen der Sicherheitspolizei und des SD daran mit, dass dieser Zusammenbruch möglichst rasch geschehen möge. Es ist eine Ironie des weiteren Verlaufs der Ereignisse, dass es ausgerechnet das gnadenlose Wüten dieser Einsatzgruppen war, welches das wankende Sowjetsystem zu stabilisieren half.

Vexierbild 2.
Stalin bereitet den Krieg vor

Doch wenden wir uns jetzt den Sowjets zu. Was wussten sie von den deutschen Angriffsplänen und wie reagierten sie darauf? Um es vorwegzunehmen: Die Vorbereitungen des deutschen Angriffs waren ein häufig durchbrochenes Geheimnis. Die Information darüber, was als Geheime Reichssache unter dem Tarnnamen Fritz und später auf Geheiß Hitlers als Unternehmen Barbarossa anlief, war für Eingeweihte bei Freund und Feind bald keine Überraschung mehr. Es bleibt eine Aufgabe für Experten, nachzuzählen, aus wie vielen undichten Stellen die Infor mationen über den Angriff auf die Sowjetunion heraussickerten. Wir wollen uns mit einer kleinen Auswahl begnügen.

In Berlin waren es einige der sowjetischen Agenten in den Reichsministerien, die den Umschwung in der deutschen Politik, die Angriffsvorbereitungen oder sogar den Angriffstermin mitbekamen und weitermeldeten. Im Reichsluftfahrtministerium saß als Oberleutnant in der Abteilung Fremde Luftmächte Harro Schulze-Boysen. Im Reichswirtschaftsministerium diente Arvid Harnack; ob er den Angriffstermin aus eigener Kenntnis oder von seinem Mitverschworenen Schulze-Boysen mitbekam, muss offen bleiben. Im Auswärtigen Amt arbeitete mit Rudolf von Scheliha eine erstrangige Quelle. Arier, so sein Deckname, war 1937 während seiner Tätigkeit als Botschaftsrat an der deutschen Botschaft in Warschau von dem sowjetischen Agentenduo Rudolf Herrnstadt und Ilse Stöbe abgeworben worden. Als sich die Botschaft in Warschau 1939 erledigte, wurde Scheliha in die Zentrale nach Berlin versetzt, wo er fortan das Referat IX der Nachrichtenabteilung leitete. Sein Führungsoffizier blieb auch hier die flotte Ilse Stöbe, eine Spitzenkraft der GRU mit dem Decknamen Alta. Auch sie war aus Warschau nach Berlin zurückgekehrt. Jetzt gelang es ihr, vermutlich durch die Protektion ihres Agenten Arier, im Auswärtigen Amt als Sekretärin angestellt zu werden. Möglicherweise warb sie nach Kriegsbeginn den engen Ribbentrop-Mitarbeiter Peter Kleist als Agenten an; doch das ist nach wie vor ungewiss. Im Reichssicherheitshauptamt saß bekanntlich als Sachbearbeiter der Spionageabwehr der Polizeibeamte Willi Lehmann; ob Breitenbach, wie er bei seinen sowjetischen Auftraggebern hieß, selbst an Unterlagen über den deutschen Ostaufmarsch kam, ist unwahrscheinlich. Dass er allerdings die Kriegsvorbereitungen bemerkte, ist selbstverständlich, denn die Zusammenstellung des Personals für die Einsatzgruppen erfolgte auch in seiner Dienststelle; sie kann ihm nicht entgangen sein.[1265]

Es kam nicht nur auf Quellen mit guten Zugängen an, sondern diese mussten ihre Informationen auch loswerden. Dafür hatten die Sowjets vorgesorgt. Die Masse der Agenten wurde durch verdeckt arbeitende Geheimdienstler aus der sowjetischen Botschaft in Berlin, die Legalresidenten, geführt. Legalresident des sowjetischen Auslandsdienstes INO war seit dem 26. August 1939 Amjak Kobulow, der als Erster Botschaftssekretär getarnt zum Einsatz kam. Dieser Mann mit dem Decknamen Zucker galt als Mitglied der Berija-Bande; seinen raschen Aufstieg im NKWD verdankte der 1906 in Tiflis geborene Armenier allein diesem Umstand. Doch vom Auslandsspionagegeschäft verstand dieser Parteiapparatschik nichts. Er agierte so stümperhaft, dass er alsbald von Schellenbergs Spionageabwehrleuten als der NKWD-Resident identifiziert werden konnte und in der Folgezeit unter enger Beobachtung stand. Diese unfreiwillige Stümperei hatte für die Sowjets auch ihr Gutes. Sie lenkte von Kobulows Vertreter Korotkow ab.[1266]

Alexander Korotkow war, als er 1940 nach Berlin an die Botschaft als stellvertretender Resident zurückkehrte, 30 Jahre alt. Zu diesem Zeitpunkt hatte er bereits ein Agentenleben hinter sich, das beim durchschnittlichen Auslandskader völlig ausgereicht hätte. 1927 war der begabte Russe nach Abschluss der Schule beim sowjetischen Auslandsgeheimdienst INO eingetreten. 1929 ging er, wie zu vermuten ist zum Legendenaufbau, als vermeintlicher Lektor zum Moskauer Verlag *Geograski*. In den 1930er-Jahren war Korotkow unentwegt in Europa unterwegs; seine Stationen lagen in Österreich, Frankreich und Deutschland. In Deutschland kannte man ihn als Alexander Erdberg, einen wegen seiner Bildung und guten Manieren allseits geschätzten Mitarbeiter der Sowjetischen Handelsmission. Doch der freundliche Russe war auch ein knallharter Agent und ein erfolgreicher zudem: Der Aufbau des Agentennetzes um Arvid Harnack war vor allem sein Werk. 1938 wurde Korotkow nach Moskau zurückbeordert. Warum er in dieser Zeit der Großen Säuberung dem für Auslandsresidenten üblichen Genickschuss entging, bleibt rätselhaft. Man begnügte sich damit, den Star-Agenten aus dem NKWD zu entfernen, so dass er noch lebte, als er auf Weisung Berijas reaktiviert und 1940 erneut nach Berlin entsandt wurde, weil der Nachrichtenstrom als Folge der sowjetischen Säuberungen zum Erliegen gekommen war. Korotkow brachte die von ihm betreuten Netze wieder zum Arbeiten. Über ihn lief der Hauptstrom der Nachrichten zum beabsichtigten Angriff auf die Sowjetunion.[1267]

Ähnlich wie mit Korotkow verhielt es sich mit Elisaweta Sarubina.[1268] Wir sind der am 1. Januar 1901 in der Bukowina geborenen Lisa Rosenzweig mehrfach begegnet. So beispielsweise, als sie auftragsgemäß eine Liebesbeziehung zum Botschaftermörder und angeblichen Trotzkisten Jakow Bljumkin anknüpfte, um ihn nach Moskau zurückzulocken, wo der altgediente Revolutionär erschossen wurde. Sie arbeitete nach verschlungenen Lebenspfaden seit 1933 als illegale Residentin in Berlin; unter anderen führte sie in dieser Zeit den deutschen Gestapo-Mann Willi Lehmann, genannt Breitenbach, der eine der wichtigsten Quellen des NKWD war. 1937 war die Geheimdienstuhr der Sarubina abgelaufen. Der Rückruf nach Moskau hatte auch bei ihr lediglich den Rauswurf aus dem NKWD zur Folge. 1940 wurde sie wegen des Berliner Spionagedesasters reaktiviert. Im Februar 1941 folgte sie erneut ihrer Abberufung nach Moskau, die jedoch bereits im April wieder rückgängig gemacht wurde, bis dann im Juni 1941 die Zeit der sowjetischen Deutschland-Residenturen endgültig aus war. Die Sarubina führte in diesen Tagen die Agentinnen aus dem Umfeld des Auswärtigen Amtes: Auguste, Chanum und Martha. Wir haben das Trio bereits kennen gelernt. Die drei Frauen waren bei weitem nicht die einzigen Quellen aus dem Umfeld der auswärtigen Politik des Reichs, die ein dichtes Informationsbild über die deutschen politischen Absichten liefern konnten und auch lieferten. Eine besondere Rolle spielten auch die deutschen Auslandsvertretungen. Der Informationsabfluss dort bewegte sich auf der Grenze von Diplomatengeschwätz und Agententätigkeit. Eindeutig ein Agent war Richard Sorge in Tokio. Der GRU-Mann mit den Decknamen Ramsay und Vix gehörte zur alten Garde der Sowjetagenten. Wir haben seine Lebensgeschichte bereits mehrfach gestreift. Im Jahre 1941 blieb auch der deutschen Botschaft die beabsichtigte Kriegführung gegen die Sowjetunion nicht verborgen. Auch das meldete Sorge weiter – diesmal nur an seine Auftraggeber in der GRU.

Dort jedoch lagen bereits schnellere und genauere Meldungen vor, denn die Sowjets waren durchaus nicht nur auf Spione angewiesen, die auf einer höheren, sozusagen einsichtsvollen Weise Informationen beschafften, sondern sie verfolgten auch die Methode, Agenten zu beschäftigen, bei denen es allein auf die körperliche Zugangsmöglichkeit zum Brisanten ankam: So dienten im fraglichen Zeitraum A/239 und A/301. Von beiden wissen wir lediglich, dass sie beim Berliner Haupttelegrafenamt beschäftigt waren und Zugang zu chiffriertem Material hatten. A/301 war eine Frau. Noch ein weiterer sowjetischer Agent gehört in diese Kategorie; das ist Winterfeld. Wir haben diesen Kurier aus dem Auswärtigen Amt bereits vorgestellt. 1941, vermutlich mit dem Abzug der Sowjets aus Berlin, stellte er seine Tätigkeit ein.

Ein erheblicher Teil der alarmierenden Meldungen aus aller Welt wurde dem sowjetischen Diktator im Original vorgelegt. Er war der Meinung, dass er seine Schlüsse lieber selbst ziehen sollte. Welch groteske Auswirkungen diese Gepflogenheit auf die Melde- und Vorlagepraxis hatte, wurde bereits beschrieben. Für die Meldungen über das kriegsentschlossene Deutsche Reich ist lange Zeit eine gewisse Zurückhaltung der sowjetischen Geheimdienstoffiziere an den Tag gelegt worden, als sie merkten, dass Stalin dergleichen nicht lesen wollte; so ist es jedenfalls lange behauptet worden. Doch die Wirklichkeit sah anders aus: Die Zahl der eingehenden Warnhinweise war so dicht, dass die Geheimdienstfunktionäre der beiden Zentralen es gar nicht wagten, ihm die Dinge vorzuenthalten. Obwohl sie vermuteten, dass sie mit ihrem Leben spielten, legten sie Warnhinweise in genügender Anzahl und Qualität vor.[1269]

Und was tat Stalin? Angeblich bestrafte er die Überbringer der schlechten Meldungen. Nehmen wir uns ein angeblich einschlägiges Beispiel vor: Im Juni 1940 wurde der mittlerweile zwölfte Leiter der GRU, der Luftwaffenoffizier Iwan Proskurow, von seinem Posten abgelöst, den er erst seit April des Vorjahres innehatte. Man warf ihm schlechte Aufklärungsergebnisse im sowjetisch-finnischen Winterkrieg vor.[1270] Doch bei den Sowjets hielt sich hartnäckig das Gerücht, es seien die unbotmäßigen Warnhinweise des Geheimdienstchefs auf die Absichten des Deutschen Reichs gewesen, die ihn den Posten gekostet hätten;[1271] hierzu würde auch die Tatsache passen, das Berija den zur Luftwaffe Zurückversetzten kurz nach Beginn des deutsch-sowjetischen Krieges verhaften und am 28. Oktober 1941 ohne Gerichtsverfahren durch den üblichen Genickschuss ermorden ließ. Doch hier sind Fragezeichen angebracht, da es bei der Ablösung des GRU-Chefs im Sommer 1940 weder einen deutschen Angriffsplan, geschweige denn einen Ostaufmarsch der deutschen Wehrmacht gab. Falls Proskurow wirklich für den deutschen Angriff mit dem Leben bezahlen musste, handelte es sich um eine nicht nachvollziehbare Verrücktheit des NKWD-Chefs. Auch ein Vergleich mit dem Schicksal seines Vertreters und Nachfolgers Golikow lässt Zweifel an dieser Version aufkommen.

Filipp Golikow war der typische Vertreter einer Generation junger Kommunisten, die Stalins Säuberungen ihre steile Karriere verdankten: 1900 geboren, seit 1918 Soldat in der Roten Armee, nach dem Bürgerkrieg Politkommissar, 1931 bis 1933 Generalstabsausbildung, 1939 Befehlshaber der 6. Armee; in dieser Funktion war er an exponierter Front beim Einfall der Roten Armee in Polen beteiligt. 1940 wechselte er zur GRU, zu deren stellvertretendem Leiter er ernannt wurde; am 7. Juli 1940 erfolgte seine Ernennung zum Chef. Zwar wurde Golikow im November 1941 als GRU-Chef abgelöst, doch in Ungnade fiel er, obschon das nahe gelegen hätte, keinesfalls. Noch über Jahrzehnte hinweg bekleidete er Spitzenstellungen in der Roten Armee; zuletzt schmückte ihn der Titel eines Marschalls der Sowjetunion.[1272] Golikow hatte Stalin am 20. März 1941 einen zusammenfassenden Bericht über die deutschen Angriffsabsichten vorgelegt:

> *Für Operationen gegen die UdSSR werden, wie die Meldung besagt, drei Heeresgruppen gebildet: Die erste unter dem Befehl von Generalfeldmarschall von Bock, stößt in Richtung Leningrad vor, die zweite Heeresgruppe unter dem Befehl von Generalfeldmarschall von Rundstedt in Richtung Moskau und die dritte unter dem Befehl von Generalfeldmarschall Ritter von Leeb in Richtung Kiew. Angriffsbeginn ist schätzungsweise der 20. Mai ... Aufgrund der oben angeführten Äußerungen und möglichen Aktionen bin ich der Ansicht, dass mit einem Vorgehen gegen die UdSSR sehr wahrscheinlich nach dem Sieg über England oder nach dem Abschluss eines für Deutschland ehrenhaften Friedens mit England zu rechnen ist. Die Gerüchte und Dokumente, aus denen hervorgeht, dass in diesem Frühjahr ein Krieg gegen die UdSSR unvermeidlich ist, müssen als Falschmeldung betrachtet werden, die vom britischen und vielleicht sogar vom deutschen Geheimdienst ausgehen.[1273]*

Golikows umfangreiche Meldung zeigt zweierlei: Die GRU war im Frühjahr 1941 mit einem dichten Informationsgerüst über die deutschen Angriffsabsichten versorgt. Mochte der GRU-Chef sich auch hinsichtlich der Zuordnung der Oberbefehlshaber der Heeresgruppen irren, so stimmte doch der Rest nahezu. Grundfalsch waren indessen seine Folgerungen. Wir wissen nicht zu sagen, ob er es nicht besser wusste oder ob uns hier ein begnadeter Überlebenskünstler entgegentritt, der im überholenden Gehorsam seinem Kriegsherrn das meldete, was dieser zu hören wünschte: Die gute alte Mär von den britischen Geheimdienstkampagnen, durch welche die Sowjetunion zum Handeln veranlasst werden soll. Doch ist Vorsicht am Platze: Wir wissen nicht einmal, ob die Golikow-Meldung, so wie hier wiedergegeben, wirklich existiert hat. Der Mann, der sie uns überliefert hat, ist der spätere Marschall der Sowjetunion Georgi Shukow, zur fraglichen Zeit Generalstabschef der Roten Armee und Vorgesetzter von Golikow. Shukow hatte seinerseits einen erheblichen Anteil am Desaster der Roten Armee bei Kriegsbeginn zu verantworten, den aufzudecken, der Memoirenschreiber sicherlich keinen Anlass sah. Der Umstand, dass ausgerechnet diese Meldung bis heute in der Privatablage von Stalin nicht aufzufinden ist, verstärkt die Vermutung ganz erheblich, das es sich um einen immer und immer wieder abgeschriebenen Bluff des einstigen Generalstabschefs der Roten Armee handelte.[1274]

Noch eine Arabeske zu GRU-Chef Golikow sollten wir uns nicht verkneifen. Der Mann war offensichtlich ein gut durchtrainierter Generalstäbler der Roten Armee. Eingedenk der Verhältnisse im eigenen Lande legte er großen Wert auf die Aufklärung von Details über die Ausrüstung der deutschen Wehrmacht. Für ihn war klar, dass es spätestens dann brenzlig werden musste, wenn das deutsche Heer damit begann, Männer und Ausrüstung winterfest zu machen. Zu diesem Zweck suchte und fand er Indikatoren, um das zu beurteilen: Er ließ europaweit den Hammelmarkt beobachten. Doch da tat sich über die Monate hinweg nichts. Also folgerte die GRU, dass die Wehrmacht sich nach wie vor nicht für den Winterkampf in Russland mit Schafpelzen ausgestattet habe. Ein Angriff ohne Winterausstattung lag für Golikow außerhalb des Vorstellungsvermögens; damit befand er sich in der Tradition der zaristischen Armee, die sich bereits im Frühsommer 1914 in Erwartung der Ersten Weltkrieges mit Schafffällen eingedeckt hatte. Er konnte nicht ahnen, dass die viel gepriesenen deutschen Strategen mit ihrem sagenhaften Organisationstalent gegen unumgehbare klimatische Grundbedingungen verstoßen würden. Hunderttausende deutscher Landser sollten das wenige Monate später mit Erfrierungen oder mit dem Tod bezahlen.[1275]

Die Festellungen wie für GRU-Chef Golikow gelten in noch stärkerem Maße für den Chef der INO, also für die Auslandsspionage des NKWD. Nach den Ablösungsorgien der Großen Säuberung bekleidete der 31-jährige Pawel Fitin diesen Posten seit dem 13. Mai 1939. Er sollte ihn bis 1946 innehaben. Auch für ihn gilt: Von der Ablösung vom Posten des Geheimdienstchefs wegen der in seine Dienstzeit fallenden Barbarossamelderungen kann gar keine Rede sein. Fitins Stern sank erst nach dem Tod von Stalin im Jahre 1953. Jetzt, im Jahre 1941, schrieb der Diktator unflätige Kommentare, wie es ihm von jeher eigen war. Von der Vielzahl der Agentenmeldungen über den bevorstehenden deutschen Angriff, die Stalin vorgelegt und von diesem kommentiert wurden, lohnt es sich, die von Choro (das war Harro Schulze-Boysen im Reichsluftfahrtministerium) und von Ramsay (das war Richard Sorge in der deutschen Botschaft in Tokio) zu erwähnen. An Schulze-Boysens Meldung vom 16. Juni 1941 schrieb Stalin: *Schicken Sie diesen Informanten von der deutschen Luftwaffe zu seiner Hurenmutter zurück. Das ist kein Informant, sondern ein Desinformant.* Sorges Meldung glossierte der Diktator mit dem Satz: Es handele sich hier um die Information eines *verlogenen Arschlochs, das in Japan ein paar kleine Fabriken und Puffs betreibt und es sich gut gehen lässt.*[1276]

Noch ein weiterer Kommentar dieser Machart ist von Stalin bekannt. Er galt dem zutreffenden Bericht des Agenten mit dem Decknamen Schkvor. Der wusste auf die deutschen Truppenkonzentrationen an der ehemals tschechisch-sowjetischen Grenze hinzuweisen, und er kannte auch die Weisung an die tschechische Waffenschmiede Skoda, dort die sowjetischen zugunsten der deutschen Bestellungen zurückzustellen. Schkvor zog die zutreffenden Schlüsse für einen deutschen Angriff auf die Sowjetunion. Stalin schrieb: *Diese Information ist eine englische Provokation. Herausfinden, von wem diese Provokation stammt, und ihn bestrafen.* Sogleich wurde der Major Ismail Achmedow nach Berlin entsandt, um den Täter zur Rechenschaft zu ziehen; dort wurde der als TASS-Korrespondent Getarnte vom Ausbruch des Krieges überrascht. Natürlich wusste der Emissär der GRU, wer Schkvor war: Der Tscheche Vladimir Vrana war Anfang der 1930er-Jahre von der GRU als Agent angeworben; 1932 bis 1935 erfolgte sein Einsatz in Paris. Anschließend wurde er in der Direktion der Skoda-Werke tätig. Unter deutscher Besatzung rückte er bis zum Vizepräsidenten der tschechischen Waffenschmiede auf; zugleich nahm er die Funktion eines illegalen Residenten der GRU in der Tschechoslowakei wahr. Seine Informationen waren erstklassig, aber unerwünscht. 1943 nahm ihn die Gestapo fest und lieferte ihn ins KZ Flossenbürg ein. Dort befreiten ihn 1945 die US-Truppen. Sein weiteres Schicksal ist unklar. Klar ist dagegen das weitere Schicksal von Achmedow; das war der Mann, der nach Deutschland entsandt worden war, um den Tschechen zu liquidieren. Der scheinbare TASS-Resident wurde nach Ausbruch des deutsch-sowjetischen Krieges nach Ankara versetzt. 1942 entzog er sich einem Rückruf in die Sowjetunion und desertierte auf Umwegen in die USA.[1277]

Es konnte ab dem Mai 1941 in der sowjetischen Führung eigentlich keinen vernünftigen Zweifel mehr daran geben, dass Hitler die Sowjetunion in kürzester Frist angreifen würde. Man fragt sich deshalb, was Stalin davon abhielt, die Wahrheit zur Kenntnis zu nehmen. Darüber ist viel spekuliert worden und mit Ergebnissen, die davon abhängig waren, welche geschichtliche Wahrheit gerade angesagt war. Noch 1990 schrieb der sowjetische Historiker und Ex-General Michail Milstejn, der 1940/41 vermutlich als Angehöriger der GRU zu den Agentenmeldungen des Alexander Radó Zugang hatte:

> *Auf jeden Fall war [Stalin] davon überzeugt, dass ein Konflikt mit Deutschland, wenn überhaupt, erst nach einem Sieg Hitlers über England ausbrechen könnte. Deshalb betrachtete er alle bei ihm einlaufenden Angaben über die Vorbereitungen der deutschen Truppen auf einen Überfall als Provokation, von wem diese Angaben auch immer kommen mochten. Er hielt dafür, dass die Provokation von den Engländern ausging, die darauf bedacht gewesen seien, seine Beziehungen zu Hitler zu zerstören und diesem einen Vorwand für den Krieg zwischen Deutschland und der UdSSR zu liefern.*[1278]

Wir sehen, wie zählebig diese Geschichten sind. Wäre die Ansicht Milstejns richtig, müsste der sowjetische Diktator sich in einem geschlossenen Raum von Verschwörungstheorien befunden haben. In der Tat ist das oft vermutet worden. Auf diese Weise ist es am leichtesten zu erklären, wie Stalin zu den unbegreiflichen Verbrechen in der Lage war, die er an seinem Volk begehen ließ. Denn auch bei der Großen Säuberung war Stalin schnell bei der Hand, einem imaginären britischen Geheimdienst alles Unerklärliche in die Schuhe zu schieben.

Bevor wir uns jetzt endgültig dem sowjetischen Diktator zuwenden, ist noch eine Bemerkung angebracht, warum diese Meinungsvielfalt und das zähe Festhalten an dem offensichtlich Unvereinbaren so viele Jahrzehnte Konjunktur haben konnte. Für die sowjetische Seite ist dies leicht zu erklären: Nach dem deutschen Angriff war es überlebensnotwendig nützlich, die Legende von der friedliebenden Sowjetunion in die Welt zu setzen. Viele fielen darauf rein. Nicht nur die Kommunisten Europas und Amerikas, die nach dem Schock des Hitler-Stalin-Pakts jetzt wieder auf Linie gebracht werden mussten. Nein, die Sympathiewelle zugunsten der Sowjetunion, die der deutsche Überfall auslöste, war viel breiter. Ihr wichtigster und mächtigster Repräsentant war der US-amerikanische Präsident Franklin Roosevelt, der in Stalin fortan den good old Joe sah, den es nach Kräften zu unterstützen galt. Die Propagandalüge von der friedliebenden Sowjetunion, die unvorbereitet überfallen worden war, zog sich bis in die 1950er-Jahre hinein; im kommunistischen Machtbereich wäre es lebensgefährlich gewesen, hiervon Abstriche zu machen. Mit dem Ableben Stalins verschoben sich die Koordinaten ein wenig; Chruschtschow lockerte den Personenkult um den toten Ex-Diktator. Von nun an konzentrierte sich die Geschichtsbetrachtung eher darauf, dass die friedliebende Sowjetunion nur deshalb überfallen werden konnte, weil Stalin die falschen Schlüsse gezogen und das Sowjetvolk fehlerhaft geführt hatte, so dass die deutschen Invasoren ins Land kommen konnten. Zu Beginn der Breschnjew-Ära wurden die Gewichte erneut verschoben, denn jetzt waren Leute am Ruder, die stolz darauf waren, im deutsch-sowjetischen Krieg die richtigen Entscheidungen getroffen zu haben. In diesem Zusammenhang wirkt es gar nicht mehr rätselhaft, wenn plötzlich Unpersonen, wie ausgerechnet der deutsche Agent Richard Sorge, aus der Versenkung des Vergessens geholt und posthum zum Helden der Sowjetunion promoviert wurden. Die sowjetische Propaganda benutzte hierfür das Schlagwort der Rehabilitation. Der Mann wurde gebraucht, weil sich an seiner Person belegen ließ, dass es der Diktator war, der die Wahrheit nicht hören wollte. Er hatte zwar fähige Berater, aber er hörte nicht auf sie. Es gehört zur Ironie der Geschichtsbetrachtung dieser Zeit, dass genau dieselben Deutungsmuster auf deutscher Seite zur Anwendung kamen; nur der Schwerhörige, von dem in diesen Fällen die Rede war, hieß Adolf Hitler. Mit dem Ende der Sowjetunion war der Drang, die unerklärlichen Widersprüche aufzudecken und nach einer befriedigenden Lösung zu suchen, nicht mehr zu verhindern. Es gab in Russland Anregendes genug, was nunmehr nicht nur offen gelegt, sondern auch, was schon längst bekannt, einer neuen Bewertung unterworfen wurde. Hierzu gehört die reichhaltige militärische Memoiren-Literatur, die ein sichtlich anderes Bild der Ereignisse entwirft, wenn man sie nur lesen und verstehen will. Plötzlich tritt ein durchaus unfriedlicher Diktator aus den Kulissen. Von Überraschung über den deutschen Angriff ist dort keine Rede mehr.[1279]

Was Stalin wirklich gedacht hat, wissen wir nicht. Wir können nur das beurteilen, was er tat und was er unterließ. Auf den ersten Blick hat es den Anschein, als habe er die Meldungen über den bevorstehenden deutschen Angriff für falsch gehalten. Er hätte sie sonst wohl möglich anders kommentiert. Ist dies richtig, so muss man sich fragen, was der Grund für seine Überzeugung war. Vertraute er dem Hitler-Stalin-Pakt von 1939 so sehr, dass er feindliche Absichten des deutschen Co.-Diktators ausschloss. So ist es jedenfalls jahrzehntelang behauptet worden. Zum Beweis dieses Glaubens wurde die Tatsache angegeben, dass bis zum Tag vor der deutschen Kriegseröffnung die Güterzüge mit den vereinbarten Warenlieferungen über die deutsch-sowjetische Grenze rollten. Noch abwegiger sind die Hinweise, dass noch am Samstag, dem 21. Juni 1941, also am Tag vor dem deutschen Überfall, in Brest-Litowsk die Militärmusik der Roten Armee ein öffentliches Konzert gab. Das sind alles hübsche Scheinargumente, denn der vereinbarte Warenstrom ist auch in der Gegenrichtung bis zur letzten Minute abgewickelt worden, und auch im Deutschen Reich hat die Militärmusik gespielt. Selbst der deutsche Diktator gab sich einer gänzlich unmilitärischen Beschäftigung hin: Er empfing am besagten Vorabend in seinen Privaträumen seinen Lieblingsarchitekten Albert Speer zum Plausch. Die Herren erörterten die Siegesfanfare aus Les Préludes von Franz Liszt; aus diesem Tête-à-tête mit Kräutertee entstand die Einleitungsfanfare für die Sondermeldungen der deutschen Wehrmacht. Aus den mit deutscher Pünktlichkeit durchgeführten Materiallieferungen an die Sowjetunion, aus deutschen militärischen Platzkonzerten und den Teestunden des Diktators hat so weit ersichtlich bisher niemand Deutschlands friedliche Absichten abgeleitet.[1280]

An der sowjetischen Westgrenze massierte sich im Frühsommer 1941 die größte Truppenkonzentration der Weltgeschichte – und zwar auf der sowjetischen Seite der Grenze. Es waren 23 200 Panzer, 79 100 Geschütze und Granatwerfer, die das Gerüst schwerer Waffen für 303 Divisionen bildeten; zu deren Luftunterstützung standen 20 000 Flugzeuge bereit; unter diesen befanden sich aus der Produktion des ersten Halbjahres 1941 über 2650 Maschinen der neuesten Bauart, nämlich Jagdflugzeuge Jak 1, Sturzkampfbomber Pe 2 und Schlachtflugzeuge Il 2. Diese gewaltige Streitmacht existierte am 21. Juni 1941, gegliedert in zwei Staffeln im Westen der Sowjetunion.[1281] Nur um zu zeigen, wie groß diese Streitmacht war, sei der Vergleich zum deutschen Ostheer und seinen Verbündeten erlaubt, die am selben Tag tief gegliedert auf der anderen Seite der Grenze ihren Aufmarsch abschlossen: Es waren dies 3285 Panzer und 32 710 Geschütze, welche die schwere Bewaffnung von 190 Divisionen ausmachten. 3410 Flugzeuge stellten die Luftunterstützung dar. An dieser Stelle soll nicht interessieren, warum dieses offenbare Missverhältnis auf deutscher Seite unbemerkt blieb, sondern jetzt ist allein die Antwort auf die Frage wichtig, wie es auf sowjetischer Seite zu dieser nie da gewesenen Truppenkonzentration kommen konnte. Sie konnte nur stattfinden, weil Stalin sie angeordnet hatte. Wozu war diese Streitmacht da aufmarschiert? Um die Sowjetunion vor einem Angriff zu schützen? Wenn das stimmt, so rechnete Stalin dringlich mit einer solchen Aggression; dann wären alle Bemerkungen, dass Stalin auf die Wirkkraft des Hitler-Stalin-Pakts vertraute, leeres Geschwätz. Über diese Klippen kann sich nur hinwegretten, wer die Fakten des sowjetischen Militäraufmarschs ignoriert und zudem unterstellt, dass Stalin der Mann war, der seinem Co.-Diktator Hitler so zugetan war, dass er ihm Vertrauen entgegenbrachte. Das ist dann das Väterchen-Stalin-Bild, das den guten Onkel Josef zeigt, wie er an seiner Pfeife nuckelt oder die liebliche 6-jährige Gelija Markisowa auf dem Arm trägt. Hundertausende von Moskauern konnten das überlebensgroß täglich in der U-Bahn bewundern. Doch die Wirklichkeit sah etwas anders aus: Während das Kind mit dem Matrosenhemd noch lächelte und der gute Onkel seine Lachfältchen zur Schau stellte, hatte er deren Eltern, zwei kommunistische Funktionäre, längst umbringen lassen.[1282] Ein Stalin, der sonst niemandem traute, sollte ausgerechnet dem deutschen Diktator sein Vertrauen geschenkt haben, einem Mann, von dem er genau wusste, dass er Abkommen schloss und brach, so wie es ihm passte?

Was also führte Stalin im Schilde, als er den deutschen Aufmarsch erkennbar ignorierte und zugleich eine gewaltige Streitmacht an die sowjetische Westgrenze beorderte? Der spätere Armeegeneral Sergej Schtemenko bemerkte hierzu ganz unverhohlen in seinen Memoiren:

> Unmittelbar vor Kriegsbeginn wurden unter strengster Geheimhaltung zusätzliche Truppen aus dem Landesinnern in die Grenzbezirke herangezogen. Es waren fünf Armeen: die 22. unter Jerschakow, die 20. unter Remesow, die 21. unter Gerassimenko, die 19. unter Konew und die 16. unter Lukin. Aus dem Moskauer Militärbezirk entsandte man eine operative Gruppe nach Winniza, die sich hier zur Führung der Südfront entfaltete.[1283]

Wozu dieser Aufmarsch an der Südflanke der sowjetischen Westfront? Plante Stalin seinerseits einen Angriffskrieg auf das Deutsche Reich, wie es die Goebbels'sche Propaganda seit den Junitagen des Jahres 1941 nicht müde wurde zu wiederholen, um der Welt die Notwendigkeit eines deutschen Präventivkrieges schmackhaft zu machen? Kaum einer außerhalb Deutschlands hat das geglaubt.[1284] Dieser Unglaube war berechtigt, denn nichts lag Hitler ferner als ein Präventivkrieg. Er hatte Weltmachtpläne im Kopf; seine Weisung Nr. 21 Fall Barbarossa ist der beste Beleg. Das Präventivkrieg-Propagandafeuerwerk war vor allem auf das eigene Volk gemünzt. Wie es dazu kam, ist überliefert. Hitler gab kurz vor dem Angriffstermin die Anordnung an die obersten Dienststellen des Reichs, ihm unverzüglich entsprechendes Material für die Angriffsabsichten der Sowjetunion vorzulegen. Das war die Stunde des deutschen Spionageabwehrchefs Walter Schellenberg, der sein Füllhorn der Erkenntnisse über den unfriedlichen Nachbarn im Osten auskippen konnte. Hier hat der Memoirenschreiber Schellenberg ausnahmsweise die Wahrheit gesagt, denn das Produkt seines Fleißes mit dem Aktenzeichen IV E L 17/41 g RS ist erhalten geblieben.[1285] Dieser Bericht vom 14. Juni 1941 an den Reichsführer SS und Chef der Deutschen Polizei ist von RSHA-Chef Heydrich unterschrieben; verfasst hat ihn, ausweislich des Aktenzeichens, der Gruppenleiter Schellenberg. An dem Bericht ist zweierlei interessant: Erwartungsgemäß lieferte der Chef der deutschen Spionageabwehr seinem höchsten Polizeivorgesetzten und damit auch seinem Führer das gewünschte Material, mit dem sich belegen ließ, dass die Sowjetunion auch nach dem Hitler-Stalin-Pakt munter fortfuhr, Spionage, Sabotage und Zersetzung gegen das Deutsche Reich zu betreiben. Das war sozusagen im Plan. Aber der Bericht ist auch deswegen so interessant, weil er gleichsam die Spiegelfläche dafür bildet, auf welchem Kenntnisstand sich die Spionageabwehr bewegte. Hieraus einige Kostproben.

Mehr oder weniger zutreffend nahm Schellenberg an, dass das Hauptsteuerungsinstrument der illegalen Sowjetaktivitäten die Komintern sei. Richtigerweise schildert er sie als verdeckten Arm der Sowjetführung. Mit gutem Grund wies er darauf hin, dass die Komintern-Steuerung gegen das Reich ihren Sitz in Stockholm habe, von wo aus die Infiltration des Reichs mit Hilfe einsickernder KPD-Funktionäre gelenkt und koordiniert werde. Ebenso zutreffend ist die Darstellung des Sabotageapparats von Erich Wollweber, der sich von Skandinavien aus auf die europaweite Schiffssabotage spezialisiert hatte. Wollweber saß seit kurzer Zeit in Stockholm in Haft; die Sowjets hatten ihm ihre Staatsbürgerschaft verliehen und verlangten jetzt seine Auslieferung. Von besonderem Wert sind Schellenbergs Ausführungen über die Spionage. Zutreffend hatte er erkannt, dass der sowjetische Resident in der Botschaft Amjak Kobulow war; die eigentlichen Drahtzieher im Hintergrund, Alexander Korotkow, alias Erdberg, und Elisaweta Sarubina, blieben ihm verborgen. Die Netze von Arvid Harnack, Harro Schulze-Boysen und Ilse Stöbe waren eine Terra incognita; lediglich Schulze-Boysen war als Verdachtsfall durch die Akten gegeistert. Der SD-Agent Karl Graf von Meran hatte über ihn als einen verkappten Kommunisten berichtet. Doch nach einer erfolglosen Wohnungsdurchsuchung war der Fall beiseite gelegt worden. Es sollte noch ein Jahr dauern, bis die Leute der Roten Kapelle mit Hilfe der Funkaufklärung enttarnt werden konnten. Ganz anders sah die Zugangslage in einem besonders ärgerlichen Fall der sowjetischen Aktivitäten aus. Im Zuge des Hitler-Stalin-Pakts war die Rücksiedlung von Auslandsdeutschen ins Reichsgebiet vereinbart worden. Das nutzte die sowjetische Seite im großen Stile aus, um Rücksiedlungswillige als Agenten zu überwerben. Das hierbei angewendete Mittel war ebenso unfein wie auf erste Sicht erfolgreich: Man machte die Ausreisegenehmigung von der Verpflichtungserklärung abhängig, fürderhin für das NKWD Spionageaufträge auszuführen. Um der Verpflichtung Nachdruck zu verleihen, riss man die aussiedlungswilligen Familien auseinander, um Geiseln zurückzubehalten. Volksdeutsche, die sich bei den deutschen Behörden dennoch offenbart hatten, waren so zahlreich, dass man ohne weiteres auf eine Massenaktion auf sowjetischer Seite schließen konnte. Nicht ohne Stolz vermerkte Schellenberg, dass einige dieser Offenbarungsfälle zu Gegenspielen ausgenutzt worden wären.[1286]

Auch das Oberkommando der Wehrmacht kam der Aufforderung nach, passendes Material für die Präventivkriegspropaganda vorzulegen. OKW-Chef Keitel berichtete am 11. Juni 1941 auftragsgemäß:

Das Oberkommando der Wehrmacht hat die Reichsregierung fortlaufend darüber unterrichtet gehalten, wie sehr die militärische Haltung Sowjetrusslands in wachsendem Maße einen bedrohlichen Charakter angenommen hat. Wenn die politische Haltung der Sowjet-Union ein wechselndes Gesicht zeigte und die Erfüllung der Verträge auf wirtschaftlichem Gebiet im Wesentlichen keine Veranlassung zu Beanstandungen gab, so hat sich inzwischen doch klar erwie-

sen, dass die militärischen Maßnahmen der Sowjet-Union auf die Vorbereitung eines Angriffs auf das Deutsche Reich eingestellt sind.[1287]
Der Bericht des OKW führte weiter aus, dass der Westaufmarsch der Roten Armee im Wesentlichen abgeschlossen sei. Die Entwicklung der gegnerischen Streitkräfte an der Ostgrenze des Reichs stelle sich so dar, dass bei Kriegsbeginn am 1. September 1939 44 Schützendivisionen, 20 Kavalleriedivisionen und drei motorisierte und Panzerbrigaden an der polnischen Ostgrenze gestanden hätten, zum Ende des Polenfeldzugs am 28. November 1939 seien es bereits 76 Schützendivisionen, 21 Kavalleriedivisionen und 17 motorisierte und Panzerbrigaden gewesen. Mit dem Stichtag 1. Mai 1941 sei diese Zahl noch einmal erheblich gesteigert worden, nämlich auf 116 Schützendivisionen, 20 Kavalleriedivisionen und 40 motorisierte und Panzerbrigaden. In einem weiteren Überblick wurde die aktuelle Gesamtstärke der Roten Armee mit 170 Schützendivisionen, 33½ Kavalleriedivisionen und 46 motorisierten und Panzerbrigaden angegeben. Der Bericht schloss mit dem Hinweis:

Es ergibt sich also das Bild, dass der russische Aufmarsch immer näher an die Grenze vorgeschoben worden ist. Die einzelnen Verbände des Heeres und der Luftwaffe haben nach vorne aufgeschlossen; grenznahe Flugplätze sind mit starken Verbänden der Luftwaffe belegt worden. Die Erkundungstätigkeit hat auffallend zugenommen und ist teilweise durch höchste Offiziere mit großen Stäben ausgeführt worden. Alle diese Tatsachen, verbunden mit dem in der russischen Wehrmacht gezüchteten Vernichtungswillen gegen Deutschland zwingen zu dem Schluss, dass die Sowjetunion sich bereit macht, in jedem ihr geeignet erscheinenden Augenblick zum Angriff gegen das Großdeutsche Reich anzutreten.

So weit also das Oberkommando der Wehrmacht, knapp zwei Wochen vor dem Beginn des Angriffs auf die Sowjetunion. Wir haben bereits geschildert, dass der Feindlageteil, aus dem dieser Bericht hauptsächlich besteht, in der Federführung der Abteilung Fremde Heere Ost des Heeresgeneralstabs lag. Eingeflossen waren die Aufklärungsergebnisse des Amtes Ausland/Abwehr, der Abteilung Fu III des OKW-Amtes Wehrmachtsnachrichtenverbindungen und der Gruppe z. b. V. beim Oberbefehlshaber der Luftwaffe, der Fernaufklärungsgruppe Rowehl. Wenn man genauer hinsieht, so stammen die aufgeführten Zahlenangaben fast ausschließlich aus der Funkaufklärung. Richtigerweise wurde die drastische Zunahme der sowjetischen Großverbände an der deutschen Westgrenze festgestellt. In der Summe lagen die Annahmen um Meilen neben der Wirklichkeit. Während die Gesamtstärke der Roten Armee auf etwa 220 Divisionen angenommen wurde, betrug der Westaufmarsch der ersten und zweiten Welle bereits 303 Divisionen.[1288] Das waren beinahe doppelt so viele Truppen, wie das deutsche Ostheer besaß. Von den

Unterstützungswaffen ganz zu schweigen, wo das Missverhältnis noch weit drastischer ausfiel. Hätte man auf deutscher Seite geahnt, welche Streitmacht auf der Gegenseite aufmarschiert war, wären die verbalen Angriffsfanfaren möglicherweise etwas leiser ausgefallen. Zumindest darf vermutet werden, dass ein etwas sinnvollerer Kriegsplan gefasst worden wäre. Wir wollen darüber nicht nutzlos spekulieren, doch der deutsche Angriffsplan war auf einen anderen Gegner zugeschnitten. Selbst bei den Annahmen, welche die deutsche Wehrmachtführung zugrunde gelegt hatte, stellte der Angriff ein Vabanquespiel dar. Bei Zugrundelegung der tatsächlichen Kräfteverhältnisse musste der Krieg, so wie die Sache geplant war, zum Desaster werden. Und doch kam es zunächst ganz anders.

Kehren wir zur sowjetischen Seite zurück; und stellen wir noch einmal die Frage, wie die ungewöhnliche Truppenmassierung zustande kam, von der die deutsche Wehrmachtsführung nur die Spitze des Eisbergs erkannt hatte. Diese Truppenkonzentration war keine vom Himmel kommende Erscheinung, sie war Realität. Um Realität zu werden, musste sie angeordnet worden sein. Dies zu tun, hatte in Sowjetrussland niemand anderer die Macht als der Genosse Josef Stalin. Stalin hatte also einen Kriegsplan. Dieser konnte nur auf Angriff oder Verteidigung gerichtet sein. War es ein Verteidigungsplan, so kann man die grenznahe Zusammenballung beliebiger Truppenverbände einschließlich der zugehörigen Luftunterstützungsstreitkräfte nur als militärisch schwachsinnig bezeichnen. Denn eine Truppenkonzentration dieser Art drohte, wenn sie massiv angegriffen und frontal durchbrochen wurde, an Ort und Stelle eingeschlossen zu werden. Diese Binsenweisheiten moderner beweglicher Kriegführung waren auch der sowjetischen Militärführung bekannt. Ihre Exponenten hatten die Schlacht der Zukunft gemeinsam mit ihrem deutschen Gegenüber gelernt und für die russischen Verhältnisse fortgeführt. Sie wussten, dass die Linearverteidigung, die den Ersten Weltkrieg im Schützengrabenkrieg hatte ersticken lassen, durch die Kriegsmittel gepanzerter Truppen und die Luftwaffenunterstützung der Vergangenheit angehörte. Wie sehr dies galt, hatte die deutsche Wehrmacht der entsetzten Weltöffentlichkeit in Polen und wenige Monate drauf in Frankreich drastisch vorgeführt. Der sowjetische Generalstab, an dessen Spitze bis zum 1. August 1940 der ehemals zaristische Offizier Boris Schaposchnikow stand, war durchaus auf der Höhe der Zeit. Er dachte im Traum nicht an eine Linearverteidigung gegen einen möglichen deutschen Angreifer. Das Konzept der Sowjets war vielmehr der Angriffskrieg mit starken, von Luftwaffen- und Luftlandeverbänden unterstützten, beweglichen motorisierten Verbänden. Dies war nicht nur eine Frage der Militärdoktrin, sondern es hatten in den letzten zwei Jahren vor dem Beginn des deutsch-sowjetischen Krieges eine ganze Reihe sehr konkreter Maßnahmen Platz gegriffen, welche den beweglichen Angriffskrieg in die Nähe der Realisierbarkeit rückten. Zu den wesentlichen Voraussetzungen gehörten neben der Ausarbeitung entsprechender Kriegspläne die Aufstellung einschlägiger gepanzerter Angriffsverbände. Diese waren, als der deutsch-sowjetische Krieg im Juni 1941 losbrach, vorhanden. Zur Überraschung der deutschen Militärführung und zum Entsetzen der deutschen Soldaten stieß die deutsche Wehrmacht auf gepanzerte sowjetische Großverbände, deren Ausstattung die deutsche panzerbrechende Bewaffnung zu Panzeranklopfgeräten machte. Mit dem Kampfpanzer T 34 stand dem sowjetischen Heer ein Kriegsgerät zur Verfügung, das auf dem Kriegsschauplatz konkurrenzlos war – und zwar als wirksame wie gefürchtete Angriffswaffe. Gleiches gilt für die Schlachtfliegerverbände, deren Aufgabe die unmittelbare Unterstützung der Erdkampfführung war. Sie verfügten über Flugzeuge, die keinen Vergleich mit den deutschen Erdkampfunterstützungsflugzeugen der Typen Ju 87 und Ju 88 zu scheuen brauchten. Selten ist ein Heer mitten im Frieden und ähnlich heimlich mit einer neuen Bewaffnung versehen worden wie die Rote Armee im Verlauf des Jahres 1940/41.[1289]

Zur Offensivstrategie gehörte auch der zugehörige Angriffsplan. Die erste Studie zu einem Angriff auf das Deutsche Reich stammte von Generalstabschef Boris Schaposchnikow. Sie existierte als handschriftliche Aufzeichnung und wurde vermutlich im Juli 1940 fertig gestellt. Die Studie wurde nach Auffassung des sowjetischen Generalstabs notwendig, da die zuvor bestehende Kriegsplanung für einen Krieg gegen Polen und Deutschland nach der Aufteilung Polens gegenstandslos geworden war. Der erste fertig gestellte Operationsplan datiert vom 18. September 1940; auch hiervon existiert nur ein handschriftliches Exemplar; es wurde vom neuen Generalstabschef Kirill Merezkow und vom neuen Kriegskommissar Semjon Timoschenko unterschrieben. Die Planung wurde Stalin vorgelegt und von ihm abgezeichnet. Stalin machte hinsichtlich der beabsichtigten Kriegführung Änderungen geltend. Für ihn war klar, dass ein Krieg, mit dem er fest rechnete, mit Schwerpunkt im Süden des gemeinsamen Grenzgebiets stattfinden müsse, da er von der Vorstellung beherrscht war, Hitler müsse die Entscheidung dort suchen, wo er die Sowjetunion am ehesten in ihren Interessen gegenüber dem Balkan treffen konnte. Diese Vorgaben gingen in die sowjetische Kriegsplanung ein; ein deutscher Vorstoß aus Ostpreußen in ostwärtiger Richtung wurde nur noch als Alternative erwogen. Im Januar 1941 wurde die Kriegsplanung in ausgiebigen Kriegsspielen geübt; bei diesen tat sich der Führer einer der Kriegsparteien, der General Georgi Shukow, durch operatives Können so hervor, dass Stalin ihn zum Generalstabschef ernannte. Unter seiner Federführung entstand ein revidierter Kriegsplan, der die Überlegungen und Annahmen des vergangenen Jahres zusammenfasste. Nunmehr wurde der Schwerpunkt der sowjetischen Verbände in den nach Westen vorspringenden Gebietsteil der Grenzregion von Lemberg verlegt. Von hier aus sollte der Hauptstoß nach Westen Richtung Krakau und weiter bis zur Oder erfolgen, um dann die beweglichen Truppen nach Norden zur Ostsee abzudrehen; so würde ein gewaltiger Kessel entstehen, der das Schicksal des deutschen Ostheeres besiegeln müsste. Der im Verlaufe des Mai und Juni stattfindende Aufmarsch der Roten Armee folgte diesem Kriegsplan. Auch er war selbstverständlich Stalin vorgelegt und von diesem abgezeichnet, also gutgeheißen. Der Führer der Sowjetunion war zum Angriff auf das Deutsche Reich entschlossen. Das alles wurde strikt geheim gehalten, aber mit der Zeit musste auch der oberen sowjetischen Militärführung klar werden, wohin die Reise gehen sollte. Die Ausgabe von Kartenmaterial des gegnerischen Territoriums an die grenznahen Verbände erfolgte ab dem Frühsommer; Generalstabserkundungen des Grenzlandes fielen sogar den gegenüberliegenden deutschen Truppen auf, die diesen befremdenden Umstand ordnungsgemäß weitermeldeten.[1290]

Am 5. Mai 1941 ließ Stalin seine Absichten erstmals gegenüber einer breiteren Militäröffentlichkeit erkennen. Der Anlass war eine größere Trinkerei bei der Entlassung von Absolventen der Militärakademie. Zunächst hielt Stalin, ungewöhnlich genug, eine 40-minütige Rede, in der er deutlich vom Krieg mit Deutschland sprach.[1291] Später erst kam der Clou, und die Sache hätte kaum russischer ablaufen können, als sie es tat. Während der Kommandeur der sowjetischen Kriegsakademie, der Generalleutnant Chosin, den weisen Führer aller Sozialisten hochleben ließ, die Verteidigungsbereitschaft der Roten Armee und die Friedenspolitik der Sowjetunion pries, wurde er von Stalin unterbrochen und in grober Form, wenn auch im Gewande eines Trinkspruchs, zurechtgewiesen. Nach einer späteren, sicherlich verkürzten Aufzeichnung soll Stalin Folgendes gesagt haben:

Gestatten Sie mir eine Korrektur. Die friedliche Politik hat für unser Land den Frieden gesichert. Die friedliche Politik ist eine gute Sache. Bis zu einer bestimmten Zeit haben wir die Linie der Verteidigung vertreten, bis zum Zeitpunkt, bis wir unsere Armeen noch nicht umgerüstet haben, die Armee noch nicht mit modernen Kampfmitteln ausgerüstet haben. Jetzt aber, da wir unsere Armee umgestaltet haben, jetzt da wir stark geworden sind, jetzt muss man von der Verteidigung zum Angriff übergehen. Bei der Verwirklichung der Verteidigung unseres Landes sind wir verpflichtet, offensiv zu handeln. Wir müssen von der Verteidigung zur Militärpolitik des offensiven Handelns übergehen. Wir müssen unsere Erziehung, unsere Propaganda, Agitation, unsere Presse im offensiven Geist umbauen. Die Rote Armee ist eine moderne Armee, eine moderne Armee ist aber eine offensive Armee.[1292]

Dieses Ereignis erschien den Zuhörern der Szenerie außerordentlich bedeutsam; selbst der beim Empfang anwesende Komintern-Vorsitzende Georgi Dimitroff erwähnte es ausführlich in seinem Tagebuch.[1293] Man muss versuchen, den Ausspruch mit den Ohren der Zeitgenossen zu hören; die überwiegende Zahl der Zuhörer war von den Richtungsentscheidungen in Staat und Partei abgeschnitten, so dass eine Einlassung wie diese aus dem Munde ihres obersten Führers wie eine Offenbarung wirken musste. Dementsprechend wurden Stalins Worte aufgegriffen und weitergesagt. Einige Wochen später, *nach* Beginn des Russlandfeldzuges, nahmen auch deutsche Abwehroffiziere hiervon Kenntnis. Die Auswertung von Gefangenenaussagen und von aufgefundenen Aufzeichnungen ließen beim Frontgeneralstab bald keinen Zweifel mehr zu, dass die Rote Armee sich am Vorabend eines Angriffskrieges befunden hatte. Bis dahin allerdings hatte die deutsche militärische und politische Führung von dieser entscheidenden Weichenstellung keine Ahnung. Dabei hatte die *Prawda* bereits am 6. Mai 1941 über die feierliche Verabschiedung der Absolventen der sowjetischen Militärakademie durch Stalin berichtet:

> *Genosse Stalin sprach in seiner Rede von einer tief greifenden Veränderung, die in den vergangenen Jahren in der Roten Armee stattgefunden hat, und betonte, die Rote Armee sei auf der Grundlage der modernen Kriegführung umstrukturiert und neu bewaffnet worden. Genosse Stalin begrüßte die Kommandeure, die die Militärakademien beendet haben, und wünschte ihnen Erfolg bei der Arbeit. Die Rede des Genossen Stalin dauerte ungefähr 40 Minuten, sie wurde mit großer Aufmerksamkeit angehört.*[1294]

Wieder blieb der deutschen Führung dieses grundlegende Ereignis verborgen. Der Umstand, dass Hunderte von Personen Zeuge der Ausführungen Stalins wurden, wirft erneut ein grelles Schlaglicht auf den katastrophalen Zustand der deutschen geheimdienstlichen Nachrichtenbeschaffung. Erst Anfang Juni 1941, also einen Monat später, soll der deutsche Botschafter Friedrich Werner von der Schulenburg vom Leiter des Deutschen Pressebüros Erwin Schüle eine Version der Rede zugespielt bekommen haben; Schüle wiederum hatte sie von einem Informanten. Hiernach habe Stalin ausgeführt, das sowjetische Militärpotenzial stehe hinter dem deutschen zurück; man müsse sich daher auf einen neuen Kompromiss mit dem Deutschen Reich vorbereiten.[1295] Wenn man unterstellt, dass diese Information stimmt, der Informant also tatsächlich einen solchen Redeinhalt mitgeteilt hat, so liegt es auf der Hand, dass es sich um eine bewusst gespielte Desinformation geheimdienstlichen Ursprungs handelte. Zwar ist der Text der Rede bis heute nicht aufgetaucht, doch existiert eine zum Abdruck in Stalins Werken vorgesehene Kurzfassung, die deutlich das Gegenteil zum Ausdruck bringt. Dementsprechend ist der Trinkspruch des Diktators vom selben Abend ausgefallen. Die der deutschen Botschaft zugespielte Information war eine Zwecklüge, mit der die sowjetischen Angriffsabsichten verschleiert werden sollten. Mit der Desinformation wurde das deutsche Vorurteil über die Operationsunfähigkeit der Roten

Armee bedient, wie sie der deutsche Militärattaché Köstring und sein Vertreter Krebs nicht müde wurden zu wiederholen. Das war den Sowjets bestens geläufig; sie wurden durch ihren Agenten Kurt, den Botschaftsmitarbeiter Gerhard Kegel, über die Vorgänge an der deutschen Vertretung aus erster Hand bedient. Die jüngste russische Version zu diesen Vorgängen besagt, die Desinformation habe der Deeskalation gedient und sollte somit helfen, Provokationen der deutschen Seite zu vermeiden;[1296] das ist hanebüchen, denn es bedeutet im Klartext, durch ein Bekenntnis zur Unterlegenheit habe die sowjetische Seite Deutschland zum friedlichen Einlenken bewegen wollen.

Die Vorbereitungen der Roten Armee für einen Angriff auf das Deutsche Reich entsprachen im Frühsommer 1941 den Absichten der sowjetischen Führung. Angriffsplanung, Truppenbewegungen und dicht gestaffelter Aufmarsch im Grenzbereich bildeten einen einheitlichen Vorgang, der nicht im Nachhinein in seine Bestandteile zerlegt werden kann, um sie für eine friedfertige Sowjetunion umzuinterpretieren. Der Kriegsplan war ein Kriegsplan und kein Eventualplan, denn er befand sich im Frühsommer im Stadium konkreter Umsetzung. Die Truppenbewegungen dienten der Durchführung eines Krieges und nicht etwa eines Manövers, denn ein Manöver mit einer solchen Riesenarmee liegt außerhalb jeder sinnvollen Militärübung. Die Aufstellung der Roten Armee war eine Angriffsaufstellung und keine Verteidigungsvorbereitung, es sei denn, man unterstellt, hier seien militärische Laien am Werke gewesen. Die sowjetischen Truppen besaßen zudem keinen gültigen Operationsplan für den Fall eines deutschen Angriffs, und sie waren auch nicht zu Demonstrations- oder Einschüchterungszwecken aufmarschiert, denn dann hätte man ihren Aufmarsch propagieren und nicht geheim halten müssen.[1297]

Bliebe zum Schluss noch die Frage zu klären, warum Stalin nichts tat, als sich die Meldungen über die deutschen Angriffsabsichten so häuften, dass kein vernünftiger Mensch mehr an ihnen vorbeigehen konnte. Doch die Frage ist bereits falsch gestellt, denn Stalin tat etwas und zwar durchaus das Richtige – aus seiner Sicht. Er bereitete nach seinen strategischen Planungen einen Angriffskrieg gegen das Deutsche Reich vor. Und er glaubte, hierfür genügend Zeit zu besitzen. Zu den Besonderheiten der russisch-sowjetischen Militärdoktrin gehörte seit langem die grundlegende Durchdringung der Vorphase eines Krieges; entsprechende Planungen gehörten zum Grundrüstzeug des sowjetischen Generalstabs.[1298] Hiernach kam es der sowjetischen Militärführung darauf an, einen Krieg so lange verdeckt vorzubereiten, dass bei Kriegsausbruch die Truppen zur Kriegsführung fertig bereitstehen würden. Es sollten also die Phasen von Mobilmachung und Herantransport zum Kriegsschauplatz in das Vorstadium eines Krieges verlegt werden, wobei sie nach Möglichkeit dem künftigen Gegner zu verheimlichen waren. Diese sowjetischen Überlegungen waren kein Zufall, sondern sie wurden aus einer sorgfältigen Auswertung der Auftaktereignisse des Ersten Weltkrieges gewonnen. Auch bei jener Kriegseröffnung gegen Deutschland und Österreich-Ungarn hatte der Faktor Zeit eine entscheidende Rolle gespielt. Die Herstellung der Kriegsbereitschaft der russischen Angriffsarmeen hatte sich seinerzeit zwar mit einer für die deutsche Militärführung ganz überraschenden Geschwindigkeit abgespielt, so dass das gesamte Zweifronten-Kriegskonzept zunichte gemacht wurde, doch die Armeen waren nicht schnell genug gewesen, um bis Wien oder gar bis Berlin durchzumarschieren. Hieraus hatte die sowjetische Führung militärtheoretische und praktische Folgerungen gezogen. Sie zeigen, was überraschend klingen mag, dass der sowjetische Generalstab in den Bahnen zaristisch-russischer Militärtradition dachte und plante. Die verdeckte Mobilisierung war unter den Bedingungen der Sowjetunion in den Jahren 1940/41 durchaus realistisch, die heimliche Heranführung der Truppen in die grenznahen Bereitstellungsräume vor den Augen und Ohren der deutschen Luft- und Funkaufklärung jedoch nicht.

So kam es zum Aufmarsch, der die programmgemäße Umsetzung der sowjetischen Kriegsdoktrin darstellte. Stalin wusste das selbstverständlich, und er wusste auch, was er tat. Es war der Plan, in einen massiert an der Westgrenze aufmarschierten Gegner hineinzustoßen, ihn zu durchbrechen und in die Tiefe des Raumes mit gepanzerten, luftunterstützten Truppen einzudringen. Die sowjetische Seite hatte, soweit wir das heute wissen, noch keinen Angriffsbefehl ausgegeben, aber ein solcher konnte, ganz wie es dem sowjetischen Diktator beliebte, erteilt werden. Noch vor dem deutschen Überfall erging auf Stalins Weisung die Direktive Nr. 1 für die Kriegführung. Sie war an die Rote Armee gerichtet und ordnete die Herstellung der Gefechtsbereitschaft für die Nacht vom 22. auf den 23. Juni 1941 an.[1299] Ob das der Auftakt zum Angriff sein sollte, kann man nicht mit Sicherheit sagen. Die Anordnung zur Verteidigungsbereitschaft war die Direktive Nr. 1 jedenfalls nicht, denn Stalin glaubte bis zum Morgen des 22. Juni 1941 nicht an die Aktualität eines deutschen Angriffs. Er glaubte fest daran, dass die Initiative noch bei ihm läge. Er konnte, so war es ihm durch seine militärischen Berater nahe gelegt worden, darauf vertrauen, dass ein deutscher Angriff geplant, aber im Augenblick militärisch undurchführbar sei. Die sowjetische Führung wusste, wovon sie sprach, aber sie irrte sich in einem entscheidenden Punkte: Die sowjetische Doktrin von der vorgezogenen Mobilisierungs- und Aufmarschphase wurde auch auf den potenziellen Kriegsgegner Deutschland angewendet und die deutschen Truppenbewegungen und -massierungen unter diesem Gesichtspunkt bewertet. Sie ging davon aus, dass in den Versammlungsräumen an der Ostgrenze des Reichs kaum schnelle Truppen vorhanden waren; diese steckten in der Tiefe des Reichs oder noch weiter im Westen, waren erst in der Aufstellung oder in der Wiederauffrischung begriffen. Somit waren sie nicht dort, wo man sie brauchte, um einen Angriff auf die Sowjetunion durchzuführen. Die sowjetische Führung war über diesen Teil der Dislozierung der deutschen Wehrmacht richtig informiert. Doch die zuverlässige Ausspähung der deutschen Großverbände hatte einen gefährlichen Pferdefuß, denn die Sowjets wendeten ihr eigenes Vorstellungsvermögen von einem Aufmarsch gepanzerter Angriffsverbände auf die deutsche Wehrmacht an. Das war ein entscheidender Fehler, denn die Wehrmachtsführung dachte gar nicht daran, sich in diesen Bahnen zu bewegen. Sie wusste wenig oder nichts davon, wie tief greifend die eigenen Truppenbewegungen ausgespäht wurden, wollte aber auf einen altbewährten Grundsatz deutscher Angriffskriegsführung nicht verzichten: den Effekt der Überraschung. Aus diesem Grunde wurden die deutschen Angriffsverbände buchstäblich in letzter Minute nach einem genau kalkulierten Zeitplan im Eisenbahntransport in ihre Bereitstellungsräume transportiert, von wo aus sie ohne zeitlichen Verzug zum Angriff antraten. Es war ein Angriff aus der Bewegung.[1300]

Plötzlich und ohne Vorwarnung wird unsere Division [die 7. Panzerdivision] Anfang Juni in Bonn auf die Eisenbahn verladen und nach einer Fahrt von zwei bis drei Tagen in Insterburg/Ostpreußen entladen.[1301]

Die Überraschung der russischen Seite gelang völlig, denn diese Offensivtaktik lag außerhalb der Vorstellungswelt ihrer Militärplaner. Die zutreffende Kenntnis der deutschen Truppenstandorte hatte sie stärker irregeführt, als jede noch so sorgfältige deutsche Geheimhaltung dies vermocht hätte. Die sowjetischen Annahmen verraten noch ein Zweites: Es gab keinen Informanten im inneren Zirkel der deutschen Militärführung, der ihnen hätte klarmachen können, auf welchem Anfangsschachzug die deutsche Offensive aufbauen würde.[1302]

Neben dem militärstrategischen Grund hatte Stalin auch politisch-ideologische Gründe, an den übermittelten Angriffsterminen zu zweifeln. Er war, was gern vergessen wird, ein kommunistischer Revolutionär, der wusste, dass er auf der richtigen Seite der Geschichte kämpfte. Dieser Standort ließ ihn zum Gefangenen der Informationen derjenigen werden, die mit ihm auf derselben Seite der Barrikade standen. Jahrelang hatten ihm exilierte Funktionäre aus allen Staaten Europas, vor allem aber aus Deutschland, versichert, dass das deutsche Proletariat einen Angriff auf die Sowjetunion niemals mitmachen werde. Das war ein riskanter Standpunkt, denn er stimmte mit der deutschen Wirklichkeit nicht überein. Es war ein Phantom, das aus Berichten über mutige oder leichtfertige Widerstandshandlungen von Kommunisten im Reich und in den besetzten Gebieten gespeist wurde. Diese Flugblattaktionen und wenigen Sabotageakte gab es tatsächlich; allein bei Kriegsbeginn Anfang September 1939 hatte es in Berlin einen spektakulären Sprengstoffanschlag gegeben, der nie aufgeklärt wurde, vermutlich jedoch auf das Konto tschechischer Nationalisten ging.[1303] Doch aus solchen Aktionen eine Volksbewegung gegen den Krieg destillieren zu wollen, war eine peinliche Fehlinterpretation. Stalins Claqueure aus der Komintern verhedderten sich in ihrer eigenen Propaganda und nahmen für bare Münze, dass es neben den Kommunisten eine breite Volksfrontbewegung gebe. Das waren bestenfalls Exilerfahrungen im Umgang mit Sozialdemokraten und kommunistischen Sympathisanten; die Verhältnisse im Reich wurden hierdurch keinesfalls abgebildet. Noch im April 1941 fasst die GRU ihre scheinbaren Erkenntnisse über die Kriegsstimmung der Deutschen wie folgt zusammen:

> *Der anhaltende Krieg, keine Aussichten auf einen schnellen und leichten Sieg, wie ihn die deutsche Regierung gewünscht hatte, die dauernden Bombenangriffe und Zerstörungen, viele Tote unter der Zivilbevölkerung, die Lebensmittelprobleme – all dies verschärft die innenpolitische Lage im Lande. Unzufriedenheit macht sich breit und führt häufig zu offenen Aktionen kleinerer Bevölkerungsgruppen. … Das politische Bewusstsein und die Moral der Armee sinken. Auch die Disziplin lässt nach, sowohl unter den Mannschaften als auch unter den Offizieren. Immer öfter gibt es Deserteure. Das weitere Andauern des Krieges wird die deutsche Armee unumgänglich schwächen.*[1304]

Ohne dass man es mit Bestimmtheit sagen kann, hört man hier die Stimmen zweier der wichtigsten Agenten der GRU in Deutschland sprechen, die von Arvid Harnack und Harro Schulze-Boysen, Starschina und Choro. Sie sagten, was sie glaubten. Es stimmte in ihrem Umfeld; doch dieses Umfeld unterschied sich um Meilen vom deutschen Durchschnittsalltag. Hier rächte es sich, dass sich die GRU bei ihrer Agentenauswahl allzu sehr auf sowjetische Sympathisanten gestützt hatte, die zudem erbitterte Regimegegner des Dritten Reichs waren. Diese Leute lebten in ihren selbst aufgebauten Widerstandszirkeln, in denen sie sich durch kleinere Aktionen, wie das Kleben von Flugblättern, selbst Mut machten und sich gegenseitig ihre Existenzberechtigung bestätigten.[1305] Als Agenten waren sie dadurch bestenfalls zweite Garnitur. In diesem einzigen winzigen Augenblick ihrer Laufbahn hatten sie die Möglichkeit, auf die sowjetische Führung Einfluss zu nehmen. Doch sie hatten vermutlich nicht das Format, die Übersicht und die Kälte, Wunsch und Wirklichkeit zu trennen. Und so glaubte die sowjetische Führung an Phantome. Das war riskant, wie man heute weiß, denn die deutsche Bevölkerung nahm den deutschen Angriff auf die Sowjetunion einfach hin, selbst wenn Erschrecken und Skepsis die Begeisterung bei weitem überwogen. Der deutsche Inlandsgeheimdienst SD-Inland notierte in seinem Wochenbericht vom 23. Juni 1941, den *Meldungen aus dem Reich* Nr. 196:

> *Nach den bisher vorliegenden Meldungen aus allen Teilen der Bevölkerung hat die Nachricht über den Ausbruch des Krieges mit Russland unter der Be-*

völkerung größte Überraschung hervorgerufen, vor allem der jetzige Zeit-
punkt der Offensive im Osten … Lediglich die ersten Frühmeldungen wurden
mit einer gewissen Bestürzung aufgenommen, da viele in ihrer Aufregung
zunächst lediglich die Tatsache des Kriegszustandes mit Russland aufgenom-
men hatten. Die mehrfachen Wiederholungen des Aufrufs des Führers und die
Erklärungen des Reichsaußenministers, sowie die Extrablätter mit den Texten,
führten dann bald unter der Bevölkerung zu ruhigen Überlegungen. Im Laufe
des Sonntagnachmittags und mehr noch in den Abendstunden hat sich dann
übereinstimmend die Überzeugung durchgesetzt, dass die Reichregierung
nicht anders handeln konnte … [1306]

So weit der Sicherheitsdienst des Reichsführers SS, der die nicht unproblematische
Haltung der Bevölkerung richtig erfasst hatte. Er berichtete zutreffend von einer
Stimmung, in der sich Kriegsangst widerspiegelte, von Widerstandshandlungen indessen keine Spur. Dergleichen hätte sich der SD nicht entgehen lassen. Von alledem
konnte Stalin nichts wissen. Seine Agenten waren in den Verteiler der *Meldungen
aus dem Reich* erkennbar nicht einbezogen. Als der SD die Stimmung aus der
vierten Juniwoche feststellte, wäre es ohnedies zu spät gewesen, denn die deutsche
Wehrmacht hatte auf breiter Front die Grenze zur Sowjetunion überschritten.

Der deutsche Überfall auf die Sowjetunion begann am Sonntag, dem 22. Juni
1941. Der Tag markiert einen Wendepunkt in der deutschen Geschichte, wie es im
20. Jahrhundert nur wenige gegeben hat. Besser als Hitler spürte das offenbar die
Bevölkerung, deren erste Reaktion das Entsetzen war. Der Krieg mit der Sowjetunion bedeutete für diejenigen, die den Ersten Weltkrieg bewusst erlebt hatten,
das Trauma eines Zweifrontenkrieges, der mit einem Desaster geendet hatte. Der
Angriff auf die Sowjetunion entstammte einem Sammelsurium von Fehlentschei-
dungen, die sich sowohl für Deutschland wie für die Sowjetunion bitter rächen
sollten. Daneben markiert das Ereignis einen geschichtlichen Punkt, in dem sich
Irrtum und Gegenirrtum in grotesk zu nennender Abfolge ineinander spiegeln.
Der Überfall der deutschen Wehrmacht auf die Sowjetunion war Ausfluss eines
Plans, der nur größenwahnsinnig zu nennen war. Er beruhte auf einer kompletten
Fehleinschätzung der Roten Armee. Zur Begründung des Angriffs berief sich die
deutsche Führung auf die Notwendigkeit eines Präventivkrieges. Das war eine
Lüge, denn die deutsche Führung wollte einen Eroberungsfeldzug führen, und sie
besaß keine zureichenden Erkenntnisse über die Absichten des Diktators aus
Moskau. Dieser wiederum plante ebenfalls einen Angriffskrieg, was später mit
allen Mitteln in Abrede gestellt wurde. Stalin wollte in einem historisch günstigen
Augenblick dem Deutschen Reich einen Zweifrontenkrieg aufnötigen, den es
nach seiner Auffassung nur verlieren konnte. So erfolgte der sowjetische Aufmarsch. Im Mai 1941 hatte Stalin für einen winzigen Moment die Initiative zum

Handeln auf seiner Seite. In der Erkenntnis eines baldigen deutschen Angriffs konnte er seinerseits den Angriff befehlen, um das aufmarschierte deutsche Ostheer in einem denkbar günstigen Zeitpunkt zu überraschen und gegebenenfalls vernichtend zu schlagen; er konnte aber auch die Truppen zur Verteidigung umgliedern, das heißt, die Masse der beweglichen Verbände aus der Grenznähe entfernen, um der deutschen Wehrmacht, wo und wann es ihm beliebte, die Schlacht aufzuzwingen. Beides tat er nicht, so dass die deutsche Wehrmacht in einem Maße in die Vorhand geriet, wie sich die deutsche Führung das nicht hatte erträumen können, und wie es keineswegs der Stärke und der Kampfkraft beider Heere entsprach.

Eine allerletzte Bemerkung mag erneut der Frage gelten: Warum handelte Stalin so, wie er es tat? Er handelte so, weil er sich sicher war, Zeit zu haben. Hierfür gab es aus seiner Sicht neben den schon erörterten weitere gute Gründe. Stalin hatte eine wichtige geheimdienstliche Quelle, auf die er sich stützte. Das war der schon mehrfach erwähnte Mitarbeiter an der deutschen Botschaft in Moskau Gerhard Kegel, der GRU-Agent Kurt. Kegel-Kurt berichtete sozusagen life aus dem Innern der deutschen Auslandsvertretung. Das machte ihn zur Spitzenquelle, für deren Dauerbetreuung eigens der GRU-Führungsoffizier Konstantin Leontew abgeordnet wurde. Kegel war so bedeutsam, dass sich sogar die GRU-Leitung mit ihm zusammensetzte. Was also berichtete der Agent? Nach seinen eigenen Worten hört sich das so an:

Ich merkte bald, dass meine in den vergangenen Wochen und Monaten immer alarmierender gewordenen Nachrichten von einigen Genossen mit erheblicher Skepsis aufgenommen worden waren. Andere der Gesprächsteilnehmer schienen von meinen Nachrichten und Argumenten beeindruckt. Ich versuchte, so überzeugend, wie es mir in der Fremdsprache nur möglich war, den Genossen klarzumachen, es gebe für mich nicht den geringsten Zweifel mehr daran, dass der militärische Großangriff Nazideutschlands auf die Sowjetunion mit dem Ziel ihrer Vernichtung und der Versklavung der Völker der UdSSR in wenigen Tagen oder höchstens Wochen beginnen werde. Die skeptische Frage eines der anwesenden Genossen, ob ich meine Überzeugung dokumentarisch belegen könne, musste ich verneinen ... Ich blieb mit verzweifelter Hartnäckigkeit bei meiner Ansicht. Obwohl mich vorübergehend die Überlegung unsicher machte, dass die »Zentrale« sicher über ein weltweites Informationsnetz verfügte, während ich nur ein unbedeutender Kämpfer für die sozialistische Revolution und gegen das verbrecherische Naziregime in meinem Vaterland war, ein winziges Schräubchen in der gigantischen Maschinerie der historischen Entwicklung und Klassenschlachten. Sollte ich vielleicht doch Unrecht haben mit meiner Einschätzung? ... Besorgt und bestürzt kehrte ich in meine Wohnung zurück.[1307]

Kegels Memoiren sind mit Vorsicht zu genießen; die Darstellung seiner Spionage-tätigkeit ist mit hoher Wahrscheinlichkeit unzutreffend. Er hat der Nachwelt einen Bären aufgebunden. Schon das Titelbild des Buches *In den Stürmen des Jahrhun-derts*, auf dem die erste Seite der Führer-Weisung Nr. 21 Fall Barbarossa abgebildet ist, lenkt bewusst in die falsche Richtung, denn dieses in der Tat wichtige Papier hat Kegel nicht gekannt, geschweige denn weitergegeben. Der Grund hierfür ist denk-bar einfach: Die Weisung *Fall Barbarossa* war an der deutschen Botschaft in Mos-kau nicht vorhanden. Was Kegel berichtete, kann nur das gewesen sein, was ihm zu-gänglich war. Das klingt banal. Doch was war das? Es waren die Gespräche mit den Vorgesetzten und den anderen Mitarbeitern der Botschaft, die vermeintlich in die Absichten Hitlers eingeweiht waren. Es darf als sicher unterstellt werden, dass hierzu die Ansichten des deutschen Militärattachés Ernst Köstring gehörten. Spä-testens hier erfährt die Spionagetätigkeit von Kegel-Kurt eine unerwartete Poin-te, denn seine Abschöpfquelle Köstring war der beste Beleg dafür, dass ein Über-fall auf die Sowjetunion *nicht* geplant war. Über diesen schier unglaublichen Grad der Uninformiertheit des Spitzenmannes der Wehrmacht vor Ort geben seine ei-genen Aufzeichnungen und Berichte unmissverständlich Auskunft. Kegel hat mit Sicherheit über diese Ansichten von Köstring detailliert Bericht erstattet, zumal Stalin und Köstring miteinander gut bekannt waren. So leistete die Spitzenquelle Kegel den Ansichten des Diktators im Kreml einen wichtigen Dienst: Sie bestä-tigte dessen eigene Meinung, dass der deutsche Angriff aktuell nicht ins Haus stehe. Für die Falschmeldungen Kegels gibt es ein weiteres wichtiges Indiz: Nach Beginn des Russlandfeldzuges kehrte Kegel im Sommer 1941 zusammen mit den anderen Diplomaten der Moskauer Vertretung ins Reich zurück. Doch anstatt Kegel im funktionierenden Alta-Ring der Ilse Stöbe im Auswärtigen Amt zu akti-vieren, schaltete die GRU ihn kalt ab.[1308]

Es mag simpel klingen, aber Stalin dachte und handelte, wie er es gewohnt war – und zwar nach den Sitten seiner georgischen Heimat. Man stellte dem Gegner dort Bedingungen, bevor man Gewalt anwendete.[1309] Diese Ansichten übertrug Stalin auf den Co.-Diktator in Deutschland. Seit der Offenlegung der Tagebücher Dimitroffs besitzen wir das einschlägige Schlüsseldokument.

22.6.1941 Sonntag. Um 7 Uhr morgens werde ich dringend in den Kreml be-ordert. Deutschland hat die UdSSR überfallen. Der Krieg hat begonnen … Sta[lin] zu mir: Sie haben uns angegriffen, ohne irgendwelche Forderungen zu stellen, ohne irgendwelche Verhandlungen zu verlangen, haben uns nieder-trächtig überfallen, wie Räuber.[1310]

Anhang

Anmerkungen

1 Brief Helmuth von Moltkes vom 21.7.1914 an seine Frau; abgedr. bei: Moltke: Erinnerungen, S. 380; Freytag-Loringhoven: Menschen, S. 193 f.; Haeften: Erlebnisse, S. 34 ff.; Heisterkamp: Moltkes Bild, S. 468; Hergemöller: Mann, S. 675 ff.; Janßen: Exzellenz, S. 158; Ludendorff: Marne-Drama; Steiner: Vorbemerkungen zu: Schuld am Kriege; Tuchman: August, S. 81 ff.; Treher: Hitler, Steiner, Schreber, S. 42 ff.

2 Görlitz: Generalstab, S.160 ff.; Müller: Kaiser, S. 29 ff.; Wilhelm II: Ereignisse, S. 210.

3 Verfassung des Deutschen Reichs vom 16.4.1971, RGBl. 1871, S. 64.

4 Memorandum des deutschen Generalstabschefs von Moltke vom 28.7.1914; abgedr. bei: Moltke: Erinnerungen, S. 3 ff.

5 Buchheit: Geheimdienst, S. 12; Volkmann: Rote Sreifen, S. 180; Wilhelm II.: Ereignisse, S. 211.

6 Moltke: Erinnerungen, S. 19 ff.

7 Haeften: Erlebnisse, S. 34 ff.; Müller: Kaiser, S. 38 f.

8 Jeřábek: Potiorek, S. 82 ff.; Massie: Schalen des Zorns, S. 734 ff.; 742; Vietsch: Bethmann Hollweg, S. 191 f.

9 Ritter: Schlieffenplan, passim; Tuchman: August, S. 28 ff.

10 Telegramm Nr. 159 des Staatssekretärs des AA an den Botschafter in St. Petersburg vom 1.8.1914; abgedr.: AA: Kriegsausbruch, Bd. 3, S. 50 f.

11 Abgedr. bei: Kraft: Staatsraison, S. 32.

12 Massie: Schalen des Zorns, S. 731, 771 ff.; Moltke: Erinnerungen, S. 23; Müller: Kaiser, S. 39.

13 Craig: Geschichte, S. 43 f.

14 Nipperdey: Machtstaat, S. 63 f.

15 Nipperdey: Machtstaat, S. 454 ff.; Zernack: Polen, S. 292 ff.

16 Craig: Geschichte, S. 212 ff.; Kastl: Zügel, S. 147 ff., 160 ff.; Massie: Schalen des Zorns, passim, insbesondere S. 787 ff.; Nipperdey: Machtstaat, S. 476 ff.

17 Ansprache Wilhelms II. vom 27.7.1900, zit. nach: Röhl: Kaiser, Hof und Staat, S. 21 f.

18 Thronrede des Kaisers vor dem Deutschen Reichstag am 4.8.1914; abgedr. bei Baer: Völkerkrieg, Bd. 1, S. 39 f.; Tagebucheintragungen Georg Alexander von Müllers vom 4.9. und 14.10.1914; weggelassen bei: Müller: Kaiser; vgl. hierzu: Röhl: Kaiser, Hof und Staat, S. 207 m.w.N.; Rohkrämer: August, S. 759 ff.; Zedlitz-Trützschler: Zwölf Jahre.

19 Verfassung des Deutschen Reichs vom 16.4.1971, RGBl. 1871, S. 64.

20 Zit. nach: Art. 11 Abs. 1 Satz 2, 15 Abs. 1, 18 Abs. 1, 53 Abs. 1, 63 Abs. 1, 64 Abs. 1 und 2 der Reichsverfassung.

21 Zum Streitstand: Nipperdey: Machtstaat, S. 478 ff.; Schmidt-Richberg: Regierungszeit Wilhelms II., S. 59 ff., 67 ff.

22 Kastl: Zügel, S. 160 ff.; Craig: Geschichte, S. 212 ff.

23 Schmidt-Richberg: Regierungszeit Wilhelms II., S. 71.

24 Gempp: Nachrichtendienst, Bd. 4, S. 258; Schmidt-Richberg: Regierungszeit Wilhelms II., S. 70.

25 Gempp: Nachrichtendienst, dort vielfach: z. B. Bd. 6, Anlage 1.

26 Fell: Auswertung, S. 164.

27 Stieber: Spion des Kanzlers, S. 114 ff.

28 Erfurth: Generalstab, S. 110 ff.; Görlitz: Generalstab, S. 217 ff., 266 ff.

29 Nicolai: Mächte. S. 11 f.

30 Brückner: Schluga von Rastenfeld.

31 Herrmann: Spionen-Schicksal, S. 15 f.

32 Z.B.: Berndorff: Spionage; Seeliger: Spione und Verräter.

33 Gempp: Nachrichtendienst, Bd. 1, S. 284; Höhne: Krieg, S. 79.

34 Bericht des Generalmajors a.D. Brose, ohne Datum [ca. 1928]; abgedr. bei: Gempp: Nachrichtendienst, Bd. 1, S. 283 f.; Hoffmann; Versäumte Gelegenheiten, S. 12; Schmidt-Richberg:
   Regierungszeit Wilhelms II., S. 36 ff.

35 Hoffmann: Versäumte Gelegenheiten, S. 12 f.

36 Einem: Erinnerungen, S. 64 ff.; Gempp: Nachrichtendienst, Bd. 2, S. 42; Hoffmann; Versäumte Gelegenheiten, S. 12; Nicolai: Mächte, S. 19.

37 Bericht des Hauptmanns Neuhof über die Bereisung der Nachrichtenstellen vom 28.4.1914;
   abgedr. bei: Gempp: Nachrichtendienst, Bd. 1, Anlage 19; Gempp: Nachrichtendienst, Bd. 1,
   S. 220; Nicolai: Mächte, S. 34; Röhl: Kaiser, Hof und Staat, S. 80 ff.; Schmidt-Richberg: Regierungszeit Wilhelms II., S. 96 f.; Wolff: Pontius Pilatus, S. 231.

38 Borries: Kriegsbereitschaft, S. 101; Schmidt-Richberg: Regierungszeit Wilhelms II., S. 90;
   Deutscher Offizier-Bund: Ehrenrangliste, S. 8 ff.

39 Borries: Spionage, S. 77; Gempp: Nachrichtendienst, Bd. 2, S. 8.; Höhne: Krieg, S. 76 f.

40 Gempp: Nachrichtendienst, Bd. 2, S. 49 ff.

41 Gempp: Nachrichtendienst, Bd. 1, Teil 1, 3. Abschnitt, S. 1 ff.

42 Nicolai: Mächte, S. 20.

43 Gempp: Nachrichtendienst, Bd. 1, 4. Abschnitt, S. 12, Bd. 1 Anlage 1–4.

44 Höhne: Krieg, S. 146.

45 Meisner: Militärattachés, S. 8.

46 Generalinstruktion des Reichskanzlers vom 2.2.1900; abgedr. bei: Meisner: Militärattachés,
   S. 74 f.

47 Bismarck: Militärattaché, S. 104; Goltz: Politische Spionage, S. 154; Höhne: Krieg, S. 82; Ignatjew: Fünfzig Jahre, S. 194 f.; Meisner: Militärattachés, S. 67 ff.

48 Lambsdorff: Militärbevollmächtigte, S. 17, 135, 153, 180, 197, 209.

49 Lambsdorff: Militärbevollmächtigte, S. 25 f., 219.

50 Abgedr. bei: Lambsdorff: Militärbevollmächtigte, S. 233.

51 Ebd., S. 235.

52 Ebd., S. 236.

53 Ebd., S. 237.

54 Ebd., S. 241 f.

55 Ebd., S. 256.

56 Ebd., S. 264.

57 Ebd., S. 410 ff.

58 Ebd., S. 424.

59 Ebd., S. 309 ff.

60 Ebd., S. 325.

61 Ebd., S. 346.

62 Ebd., S. 398.

63 Bericht des Generalmajors von Lauenstein vom 13.3.1911; abgedr. bei: Lambsdorff: Militär-bevollmächtigte, S. 410.

64 Jäckh: Kiderlen-Wächter, Bd. 2, S. 117.

65 Abgedr. bei: Lambsdorff: Militärbevollmächtigte, S. 176.

66 Schmidt-Richberg: Regierungszeit Wilhelms II., S. 70.

67 Vgl. Gliederung bei: Schmidt-Richberg: Regierungszeit Wilhelms II., S. 70.

68 Baden-Powell: My Adventures as a Spy; ders.: Scouting for Boys; H.R. Berndorff: Spionage, S. 18; Gempp: Nachrichtendienst, Bd. 1, 4. Abschnitt, S. 5, 11; Hedin: Volk in Waffen, S. 536; hierzu: Fischer: Weltmacht, S. 113; Lambsdorff: Militärbevollmächtigte, S. 103; Nebel: Trans-vaalsphinx.

69 Schoenaich: Mein Damaskus, S. 94.

70 Schmidt-Richberg: Regierungszeit Wilhelms II., S. 88.

71 Hoffmann; Versäumte Gelegenheiten, S. 247; Figes: Tragödie, S. 181 ff., 187 ff.; Tuchman: August, S. 75 f.

72 Borries: Kriegsbereitschaft, S. 101; Hölzle: Geheimnisverrat, S. 9; Junkermann: Eisenbahn im Krieg, S. 243 f.; Zahlen nach: Brockhaus Enzyklopädie, Bd. 5, S. 344; erheblich abweichende Zahlen bei: Altrichter: Russland, S. 35.

73 Taschenbuch des Generalstabsoffiziers, S. 116; zit. nach: Maruschka: Organisationsgeschichte, S. 216 f.

74 Höhne: Krieg, S. 79; Hoffmann; Versäumte Gelegenheiten, S. 12 ff.

75 Maruschka: Organisationsgeschichte, S. 219.

76 Höhne: Krieg, S. 93 ff.; Raeder: Mein Leben, Bd. 1, 54 ff.

77 Figes: Tragödie, S. 96 ff.; Lambsdorff: Militärbevollmächtigte, S. 88, 131 f.; Siemens: Elektro-industrie, Bd. 1, S. 25 ff.

78 Karl Roewer: Ansprache anlässlich der Verleihung des Bundesverdienstkreuzes am 26.2.1986 in Wuppertal.

79 Siebert: Diplomatische Schriftstücke; Hölzle: Geheimnisverrat, S. 8; Massie: Schalen des Zorns, S. 720; Wolff: Pontius Pilatus, S. 258 f.

80 Wolff: Pontius Pilatus, S. 184.

81 Jeřábek: Potiorek, S. 21 ff.; Vietsch: Bethmann Hollweg, S. 150.

82 Musil: Mann ohne Eigenschaften, S. 31 ff.

83 Rauchensteiner: Doppeladler, S. 28 ff.

84 *Čechochoslován* vom 21.8.1916. Kiew 1916; zit. nach: Janouch: Hašek, S. 151.

85 Janouch: Jaroslav Hašek, S. 74 ff.

86 Zernack: Polen, S. 385.

87 Jeřábek: Potiorek, S. 87; Rauchensteiner: Doppeladler, S. 65, 76; Würthle: Die Spur führt nach Belgrad.

88 Jeřábek: Potiorek, S. 75 ff.

89 Jeřábek: Potiorek, S. 82 ff.

90 Hašek: Schwejk, S. 9 f.

91 Würthle: Die Spur führt nach Belgrad.

92 Rauchensteiner: Doppeladler, S. 66.

93 Mann: Geschichte, S. 120 f.; Pethö: Agenten, S. 14 ff.; Rauchensteiner: Doppeladler, S. 64.

94 Pethö: Agenten, S. 80, 434, 436 m.w.N.; Ronge: Kriegs- und Industriespionage, S. 50.

95 Ronge: Kriegs- und Industriespionage, S. 377; Urbanski: Spionage und Gegenspionage, S. 64.

96 Urbanski: Spionage und Gegenspionage, S. 62.

97 Bericht des deutschen Militärbevollmächtigten von Hintze vom 9.10.1908; abgedr. bei: Lambsdorff: Militärbevollmächtigte, S. 292 ff.; Rauchensteiner: Doppeladler, S. 20; Ronge: Kriegs- und Industriespionage, S. 33, 58 f., 60 ff.; Urbanski: Spionage und Gegenspionage, S. 62 f.

98 Lambsdorff: Militärbevollmächtigte, S. 33 f.; Pethö: Agenten, S. 25 ff.; Ronge: Kriegs- und Industriespionage, S. 20 ff.; Urbanski: Diplomatie und Spionage, S. 567; Wolff: Tagebücher, S. 139.

99 Urbanski: Spionage und Gegenspionage, S. 69.

100 Orloff: Mörder, S. 30 f.

101 Urbanski: Aufmarschpläne, S. 77 ff.

102 Figl: System des Chiffrierens; Ronge: Kriegs- und Industriespionage, S. 56 ff.

103 Altrichter: Russland, S. 25 ff.; Figes: Tragödie, S. 27 ff., 44.

104 Bericht vom 4.3.1909, abgedr. bei: Lambsdorff: Militärbevollmächtigte, S. 330.

105 Figes: Tragödie, S. 31, 44 ff.; Gerassimoff: Im Kampf, S. 233; Suchomlinow: Erinnerungen, S. 509.

106 Abgedr. bei: Maylunas u. a.: Eine Liebe, S. 421 f.

107 Ben-Itto: Protokolle, S. 250; Wolff: Pontius Pilatus, S. 165.

108 Altrichter: Russland, S. 70 ff.; Massie: Schalen des Zorns, S. 491 f.; Zernack: Polen, S. 382.

109 Figes: Tragödie, S. 85 ff.; Zernack: Polen, S. 385.

110 Zernack: Polen, S. 326 ff.

111 Figes: Tragödie, S. 142; Hedeler: Ochrana-Agenten, S. 46 ff.; Longuet u. a.: Bombe, S. 18 f.; Zernack: Polen, S. 322.

112 Wassiljew: Ochrana, S. 11 f.

113 Wassiljew: Ochrana, S. 34.

114 Wassiljew: Ochrana, S. 15.

115 Gerassimoff: Im Kampf, S. 151, 173 ff.; Longuet u. a.: Bombe, S. 40 ff.; Wassiljew: Ochrana, S. 51 ff, 69.

116 Sawinkow: Erinnerungen, S. 388 f.

117 Figner: Nacht über Russland, S. 457; Gerassimoff: Im Kampf, S. 190; Harden: Asew, S. 297; Sawinkow: Erinnerungen, S. 424 f.

118 Longuet u. a.: Bombe, S. 64 ff.; Sawinkow: Erinnerungen, S. 421.

119 Figes: Tragödie, S. 189; Gerassimoff: Im Kampf, S. 39; Longuet u. a.: Bombe, S. 30 ff.; Rosenberg: Bolschewismus, S. 69.

120 Figes: Tragödie, S. 187 ff.; Hedeler: Ochrana-Agenten, S. 62, Fn. 15; Gerassimoff: Im Kampf, S. 39, 93, 99; Longuet u. a.: Bombe, S 33 ff.; Zernack: Russland und Polen, S. 376.

121 Ben-Itto: Protokolle, S. 203; Figes: Tragödie, S. 187 ff.; Sawinkow: Erinnerungen, S. 451 f.

122 Ben-Itto: Protokolle, S. 193 f., 202, 258, 339; Figes: Tragödie, S. 201; Gerassimoff: Im Kampf, S. 46, 112 f., 216; Longuet u. a.: Bombe, S. 28; Paléologue: Ende, S. 97 ff., 102 f.

123 Figes: Tragödie, S. 212 ff.; Gerassimoff: Im Kampf, S. 215 ff.

124 Ben-Itto: Protokolle, S. 204; Figes: Tragödie, S. 213; Gerassimoff: Im Kampf, S. 142 f., 217, 221.

125 Wassiljew: Ochrana, S. 82 f.

126 Ben-Itto: Protokolle, S. 109 f, 136 f., 198 f., 201; Figes: Tragödie, S. 263; Wassiljew: Ochrana, S. 89.

127 Figes: Tragödie, S. 218.

128 Abgedr. bei: Maylunas u. a.: Eine Liebe, S. 341 f.

129 Abgedr. bei: Maylunas u. a.: Eine Liebe, S. 343.

130 Gerassimoff: Im Kampf, S. 163, 166; Hedeler: Ochrana-Agenten, S. 51; Zernack: Polen, S. 379.

131 Hedeler: Ochrana-Agenten, S. 56 f.; Rayfield: Stalin, S. 73.

132 Buber-Neumann: Kriegsschauplätze, S. 114.

133 Hedeler: Ochrana-Agenten, S. 54; Rayfield: Stalin, S. 63; Service: Lenin, S. 278, 294 ff.

134 Gerassimoff: Im Kampf, S. 240, 242 ff., 253; Wassiljew: Ochrana, S. 58.

135 Ignatjew: Fünfzig Jahre, S. 195 f.

136 Höhne: Krieg, S. 99 f.; Knigtley: Spionage, S. 45 f.; Pethö: Agenten, S. 49; Ronge: Kriegs- und Industriespionage, S. 24.

137 Nicolai: Mächte, S. 32 f.

138 Ronge: Kriegs- und Industriespionage, S. 78 f.

139 Corino: Musil, S. 322; Ronge: Kriegs- und Industriespionage, S. 74 f.

140 Altmann: Zur Psychologie des Spions, S. 39; Ronge: Kriegs- und Industriespionage, S. 73.

141 Pethö: Agenten, S. 228; Ronge: Kriegs- und Industriespionage, S. 26 f., 79.

142 Markus: Fall Redl, S. 215; anderer Ansicht zu Recht: Höhne: Krieg, S. 110.

143 Kisch: Gesammelte Werk. Band VII, S. 259 f.

144 *Bohemia* vom 15.5.1910.

145 Polizeipräsidium Berlin: *Tägliche Nachrichten* Nr. 265 vom 9.10.1916, S. 1229; Kisch: Gesammelte Werke. Band VII, S. 344 f.

146 Russisches Staatliches Militärhistorisches Archiv, 2000 Reg. 1 Nr. 2979.

147 Urbanski: Das Tornisterkind; zit. nach: Markus: Fall Redl, S. 223.

148 So auch: Höhne: Krieg, S. 67.

149 Abgedr. bei: Markus: Fall Redl, S. 253.

150 Ronge: Kriegs- und Industriespionage, S. 84; Markus: Fall Redl, S. 260.

151 Pethö: Agenten, S. 230; Ronge: Kriegs- und Industriespionage, S. 27, 84.

152 Schoenaich: Mein Damaskus, S. 76.

153 Röhl: Kaiser, Hof und Staat, S. 60 ff.

154 Swetschin: Die Strategie; zit. nach: Ronge: Kriegs- und Industriespionage, S. 86.

155 Urbanski: Aufmarschpläne, S. 85 ff.

156 Ignatjew: Fünfzig Jahre, S. 299.

157 Aufruf des Kaisers an das deutsche Volk vom 6.8.1914; abgedr. bei: Baer: Völkerkrieg, Bd. 1, S. 79; Artikel 231 des Friedensvertrages von Versailles; abgedr. in: AA: Friedensvertrag, S. 108, auch: RGBl. 1919, S. 687 ff.; Fischer: Weltmacht, S. 46 ff.,; ders.: Juli 1914, passim;

Krumeich: Vergleichende Aspekte, S. 913 ff. m.w.N.; Schwertfeger: Der Weltkrieg der Dokumente, passim.

158 Müller: Kaiser, vgl. hierzu: Röhl: Kaiser, Hof und Staat, S. 207 m.w.N.; ders.: Admiral von Müller, S. 651 ff.; Riezler: Tagebücher, hierzu: Schulte: Die Verfälschung der Riezler-Tagebücher; Sösemann: Die Tagebücher, S. 327 ff.; hierzu: Erdmann: Replik, S. 371 ff.

159 Hölzle: Geheimnisverrat, passim.

160 Hölzle: Geheimnisverrat, S. 8.

161 Wolff: Pontius Pilatus, S. 105.

162 Wolff: Pontius Pilatus, S. 104.

163 Riezler: Tagebücher, S. 181 ff.

164 AA: Dokumente zum Kriegsausbruch, Bd. 3, S. 50 f.

165 AA: Dokumente zum Kriegsausbruch, Bd. 3, S. 186 f.

166 Abgedr. bei: Wolff: Tagebücher, S. 749 ff.

167 Groener: Lebenserinnerungen, S. 142 f.; Höhne: Krieg, S. 118 ff.; Hölzle: Geheimnisverrat, S. 14; Massie: Schalen des Zorns, S. 720; Moser: Plaudereien, S. 37 f.

168 Hölzle: Geheimnisverrat, S. 8; zur Unkenntnis Moltkes: Moltke: Erinnerungen, S. 9 f.

169 Wolff: Wilhelminische Epoche, S. 237.

170 *Berliner Tageblatt* vom 22.5.1914; abgedr. bei: Wolff: Tagebücher, S. 749 ff.

171 Wolff: Pontius Pilatus, S. 258 ff.; Hölzle: Geheimnisverrat, S. 39.

172 Röhl: Kaiser, Hof und Staat, S. 175 ff.

173 Haeften: Erlebnisse, S. 28.

174 Teske: Ernst Köstring, S. 27 ff.

175 Abgedr. bei: Lambsdorff: Militärbevollmächtigte, S. 440.

176 Moltke: Erinnerungen, S. 15; Suchomlinow: Erinnerungen, S. 360.

177 Frantz: Russlands Eintritt, S. 22; Suchomlinow: Erinnerungen, S. 343 f.

178 Frantz: Russlands Eintritt, S. 23 f., 236.

179 Abgedr. bei: Frantz: Russlands Eintritt, S. 167 f.

180 Gempp: Nachrichtendienst, Bd. 2, S. 3; Nicolai: Mächte, S. 44.

181 Gempp: Nachrichtendienst, Bd. 2, S. 6.

182 Buchheit: Geheimdienst, S. 12; Ferguson: Der falsche Krieg, S. 435; Gempp: Nachrichtendienst, Bd. 2, S. 7, 36; Nicolai: Mächte, S. 44 f.

183 Volkmann: Rote Streifen, S. 179.

184 Gempp: Nachrichtendienst, Bd. 2, S. 12 f. und Bd. 2, Anlage III; Knigtley: Spionage, S. 44 f.

185 Groener: Lebenserinnerungen, S. 147 ff.; zur Kritik dessen: Moser: Plaudereien, S. 35 ff.

186 Rauchensteiner: Doppeladler, S. 160 ff.

187 Pethö: Agenten, S. 113 ff.

188 Pethö: Agenten, S. 118 ff., 135 f., 303, 306; Ronge: Kriegs- und Industriespionage, S. 110 ff.

189 Pethö: Agenten, S. 306.

190 Gempp: Nachrichtendienst, Bd. 2, II. Abschnitt, S. 16 f.

191 Gempp: Nachrichtendienst, Bd. 2, S. 22.

192 Gempp: Nachrichtendienst, Bd. 2, S. 18.

193 Ziffer 22 der Aufmarschanweisung für das Oberkommando der 8. Armee 1914/15; abgedr. bei: Elze: Tannenberg, S. 190 [die im Text verwendeten Abkürzungen wurden aufgelöst].

194 Gempp: Nachrichtendienst, Bd. 2, S. 125.

195 Höhne: Krieg, S. 146.

196 Gempp: Nachrichtendienst, Bd. 2, S. 111 f.

197 Ardenne: Aufklärung, S. 257 ff.

198 Stephany: Reiterkämpfe in Ostpreußen.

199 Litzmann: Lebenserinnerungen, Bd. 1, S. 250.

200 Agricola: Aus dem Tagebuch, S. 510 f.

201 Gempp: Nachrichtendienst, Bd. 2, S. 124; Höhne: Krieg, S. 146.

202 Elze: Tannenberg, S. 97 ff.; Görlitz: Generalstab, S. 173; Goodspeed: Ludendorff, S. 67 f.; Hoffmann; Versäumte Gelegenheiten, S. 26, 189 ff., 193 ff., 240; Nowak: Hoffmann, Bd. 2, S. 26.

203 Agricola: Als ich im Stabe Hindenburgs war, S. 16; ders.: Spione durchbrechen die Front, S. 16 [dort als Professor D. bezeichnet]; François: Tannenberg; Hindenburg: Leben, S. 76 f.; Höhne: Krieg, S. 146 f.; Hoffmann; Versäumte Gelegenheiten, S. 198 ff.; Erich Ludendorff: Kriegserinnerungen, S. 37; Nowak: Hoffmann, Bd. 1, S. XVIII f., Bd. 2, S. 35 f.

204 Moser: Plaudereien, S. 34.

205 Baer: Völkerkrieg, Bd. 2, S. 39.

206 Z. B.: Baer: Völkerkrieg, Bd. 2, S. 40 f.

207 Hoffmann; Versäumte Gelegenheiten, S. 198 ff.

208 Frantz: Russischer Geheimdienst, S. 484 f.

209 Nicolai: Mächte, S. 54.

210 Urbanski: Spionitis, S. 332.

211 Berndorff: Spionage, S. 135.

212 Nicolai: Mächte, S. 54 f.

213 Zit. nach: Berndorff: Spionage, S. 135; dort allerdings auf den 9.9.1914 datiert.

214 Agricola: In Hindenburgs Stab, S. 17 f.; Höhne: Krieg, S. 138 m.w.N.; Hoffmann; Versäumte Gelegenheiten, S. 229; Korostowetz: Lenin, S. 49 ff.; Lambsdorff: Militärbevollmächtigte, S. 88, 130 f.; Petrowsk: Tannenberg, S. 34 ff.; Schadyk: Aufmarschplan, S. 29 ff.; Wassiljew: Ochrana, S. 73 ff.

215 Höhne: Krieg, S. 147, 151 f.

216 Agricola: Spione durchbrechen die Front, S. 16 ff. [nimmt den Erfolg für sich selbst in Anspruch]; Eilsberger: Durchbruch bei Brzeziny, passim; Freytag-Loringhoven: Menschen, S. 241; Gempp: Nachrichtendienst, Bd. 3, Anlage 5, S. 3; Hoffmann; Versäumte Gelegenheiten, S. 59; Pethö: Agenten, S. 137 ff.; Ronge: Kriegs- und Industriespionage, S. 131 ff.; Wulffen: Schlacht bei Lodz, passim.

217 Fuhrmann: Polen-Handbuch, S. 72 ff.

218 Baer: Völkerkrieg, Bd. 25, S. 106; Trotzki: Revolution, S. 29; Wolff: Tagebücher, S. 548 ff.

219 Stotten: Öffentliche Meinung, S. 580 f.; Olberg: Kriegszensur, S. 595, 601 f.

220 Kabinettsorder vom 30.12.1914; abgedr. bei: Moltke: Erinnerungen, S. 392.

221 Foerster: Mackensen, S. 275, 325; Freytag-Loringhoven: Menschen, S. 249 f.; Gempp: Nachrichtendienst, Bd. 4, S. 258; Kehrig: Attachédienst, S. 39; Ludendorff: Das Marne-Drama.

222 Friedrich Gempp, zit. nach: Höhne: Krieg, S. 166.

223 Bose: Der Nachrichtenoffizier, S. 185.

224 Schragmüller: Nachrichtendienst, S. 149 f.

225 Gempp: Nachrichtendienst, Bd. 6, S. 2 ff.

226 Höhne: Krieg, S. 167.

227 Reichsarchiv: Weltkrieg, Bd. 7, S. 173 f., 273 f.

228 Redern: Winterschlacht in Masuren, S. 51.

229 Tschitschwitz: Marwitz, S. 76.

230 Gempp: Nachrichtendienst, Bd. 2, S. 111.

231 Reichsarchiv: Weltkrieg, Bd. 7, S. 282; Gempp: Nachrichtendienst, Bd. 4, S. 31.

232 Nowak: Hoffmann, Bd. 2, S. 100.

233 Reichsarchiv: Weltkrieg, Bd. 7, S. 275.

234 Reichsarchiv: Weltkrieg, Bd. 7, S. 297 f.

235 Ludendorff: Kriegserinnerungen, S. 104; Lezius: Eine tapfere Frau.

236 Nowak: Hoffmann, Bd. 2, S. 100.

237 Ludendorff: Kriegserinnerungen, S. 104.

238 Reichsarchiv: Der Weltkrieg, Bd. 7, S. 283.

239 Gempp: Nachrichtendienst, Bd. 2, S. 9, Bd. 4, S. 96; Ronge: Kriegs- und Industriespionage, S. 99.

240 Gempp: Nachrichtendienst, Bd. 4, S. 69 ff., 98 ff., Bd. 4, Anlage 8.

241 Suchomlinow: Erinnerungen, S. 348 f.

242 In: Foerster: Kämpfer, S. 493 ff.

243 O.Verf.: Spionage und Spionage-Abwehr, S. 499.

244 O.Verf.: Spionage und Spionage-Abwehr, S. 498 f.

245 Baer: Völkerkrieg, Bd. 9, S. 205.

246 Bismarck: Militärattaché, S. 104.

247 Schuberth: Schweden, S. 89.

248 Höhne: Krieg, S. 173.

249 Zit. nach: Schuberth: Schweden, S. 18.

250 Denkschrift des Generalquartiermeisters Danilow vom 23. April 1914; abgedr. bei: Frantz: Russlands Eintritt, S. 112 ff. [118, 128].

251 Fell: Weg zum Feinde, S. 351; Schuberth: Schweden, S. 27 ff., 89, 145.

252 Bismarck: Militärattaché, S. 105, 110; Gempp: Nachrichtendienst, 222, 234 ff.; Höhne: Krieg, S. 175 f.; Rauchensteiner: Doppeladler, S. 253.

253 Riezler: Tagebücher, S. 223; Zechlin: Friedensbestrebungen: B 25/61, S. 352.

254 Scharlau u. a.: Freibeuter, S. 136 f.

255 Goltz: Politische Spionage, S. 153 ff.; ders.: Bulgarien, S. 469 ff.

256 Goltz: Bulgarien, S. 473.

257 Reichsarchiv: Weltkrieg, Bd. 8, S. 601; Goltz: Bulgarien, S. 472.

258 Schriftwechsel zwischen Nadolny und der Gesandtschaft in Bukarest: AA PA: R 21200, Bl. 50 ff.; Höhne: Krieg, S. 173 f.; Wheelis: Biological Warfare, S. 46 ff.

259 Wheelis: Biological Warefare, S. 50 Fn. 65 m.w.N.

260 Roeder: Sabotageakte, S. 171.

261 Kraft: Staatsraison, S. 66 f.; Meier-Welcker: Seeckt, S. 51.

262 Cramon: Bundesgenossen, S. 433.

263 Charwat: Iwanow, S. 135 ff.; Pethö: Agenten, S. 71.

264 Ronge: Kriegs- und Industriespionage, S. 101 f.

265 Pethö: Agenten, S. 70; Ronge: Kriegs- und Industriespionage, S. 146.

266 Höhne: Krieg, S. 180 f.; Ronge: Kriegs- und Industriespionage, S. 159 ff.

267 Maklakow: Warentelegramm, S. 57 ff.; Nicolai: Mächte, S. 82; Ronge: Kriegs- und Industriespionage, S. 160.

268 Höhne: Krieg, S. 183.

269 Baer: Völkerkrieg, S. 140; Gempp: Nachrichtendienst, Bd. 6, S. 66; Höhne: Krieg, S. 187 f.; Reichsarchiv: Weltkrieg, Bd. 8, S. 480 f.

270 Agricola: Spione, S. 103 ff., 112; Baer: Völkerkrieg, Bd. 12, S. 141; Gempp: Nachrichtendienst, Bd. 3, Anlage 5, S. 70, Bd. 6, S. 65 ff.; Suchomlinow: Erinnerungen, S. 403 f.

271 *Norddeutsche Allgemeine Zeitung* vom 8.1.1916; Baer: Völkerkrieg, Br. 12, S. 147 ff.; Bettag: Nowo Georgiewsk, S. 104 ff.; Gempp: Nachrichtendienst, Bd. 4, S. 60 ff.; Orloff: Mörder, S. 56.

272 Herrmann: Spionenschicksal.

273 Berndorff: Spionage.

274 Agricola: In Hindenburgs Stab; ders.: Spione; Frantz: Russlands Eintritt; Nicolai: Mächte; Ronge: Kriegs- und Industriespionage; Schragmüller: Nachrichtendienst; Urbanski, in: Lettow-Vorbeck: Weltkriegsspionage, S. 62 ff., 85 ff., 240 ff., 332 ff., 565 ff.

275 Z.B. in: Foerster: Kämpfer, S. 493 ff.; 542 ff.; Lettow-Vorbeck: Weltkriegsspionage, S. 228 ff.; 426 ff.; Seeliger: Spione und Verräter, S. 21 ff., 47 ff., 52 ff., 75 ff., 81 ff., 135 ff., 151 ff., 167 ff., 195 ff., 218 ff., 225 ff., 241 ff., 247 ff., 257 ff.

276 Agricola: Spione, S. 96 ff., 149; Gempp: Nachrichtendienst, Bd. 4, S. 274.

277 Agricola: Spione, S. 58 f.

278 Nicolai: Mächte, S. 85.

279 Riezler: Tagebücher, S. 234 f.

280 Nicolai: Mächte, S. 154; o.Verf.: Spionage und Spionage-Abwehr, S. 501.

281 Nowak: Hoffmann, S. 68, 86 f.

282 Nicolai: Mächte, S. 153 f.

283 Bose: Sabotage und Propaganda, S. 306.

284 Agricola: Tagebuch, S. 523; Gempp: Nachrichtendienst, Bd. 4, S. 73; Höhne: Krieg, S. 191 f.; Korostowetz: Lenin, S. 167; Orloff: Mörder, S. 54; Suchomlinow: Erinnerungen, S. 426; Wassilkij: Der Spion Mjassojedow, S. 201.

285 Zechlin: Friedensbestrebungen, B 20/61, S. 279, B 22/63, S. 5.

286 Lucius an AA, Telegramm Nr. 295 vom 5.3.1915, AA PA: Wk 2 geheim.

287 Wangenheim an Bethmann Hollweg, Bericht Nr. 102 vom 28.3.1914, AA PA: Gr. Pol. Bd. 39, Bl. 572; Wangenheim an AA, Telegramm vom 14.10.1914 und vom 22.10.1914, AA PA: Deutschland 131 geheim; Aufzeichnung des Zentralbüros des AA vom 17.1.1915, AA PA: Wk 2 geheim; Brockdorff Rantzau an AA, Telegramm vom 12.3.1915: Wk 2 geheim; Zechlin: Friedensbestrebungen, B 20/61, S. 277 ff., B 22/63, S. 5 ff.

288 Heeresbericht vom 4.10.1916; abgedr. bei: Baer: Völkerkrieg, Bd. 20, S. 182; Buch: Luftlandetruppen, S. 17; Zuerl: Pour le mérite-Flieger, S. 473 f.

289 Baumann: Labyrinth, S. 207; Kamarow: Spione an Bord, S. 229 ff.; Pethö: Agenten, S. 94 f.; Tscherepkow u. a.: Postarajtes' ubrat' Mariju.

290 Burjuk: Sekretnye materialy; Gempp: Nachrichtendienst, Bd. 4, S. 234 ff.; Kamarow: Spione an Bord, S. 231; Korostowetz: Lenin, S. 52; Scharlau u. a.: Freibeuter, S. 217; Stoelzel: Ehrenrangliste; Tscherepkow u. a.: Postarajtes' ubrat' Mariju.

291 Rohrbach: Handschrift, S. 196.

292 Koszyk: Kommunikationskontrolle, S. 157 f.

293 Fischer: Weltmacht, S.112.

294 Baden: Erinnerungen, S. 27.

295 Baden: Erinnerungen, S. 28 f.; Fischer: Weltmacht, S. 112.

296 Von den Vorkriegsveröffentlichungen z.B.: Rohrbach: Der deutsche Gedanke in der Welt; ders.: Die Geschichte der Menschheit.

297 Brockhaus Enzyklopädie, Bd. 16, S. 43.

298 Rohrbach: Handschrift, S. 11 ff.

299 Abgedr. bei: Baden: Erinnerungen, S. 30 f.

300 Vgl. z.B. die Wochenberichte bei: Baden: Erinnerungen, S. 651 ff.

301 Wolff: Tagebücher, S. 404.

302 Baden: Erinnerungen, S. 31 f.

303 Janssen: Kanzler und General, S. 246 ff.; Kraft: Staatsraison, S. 192.

304 Baden: Erinnerungen, S. 52, 63; Koszyk: Kommunikationskontrolle, S. 158; Wippermann: Politische Propaganda, S. 31.

305 Anker: Kirchenlexikon, Stichwort: Rohrbach, Sp. 592 ff.; Baden: Erinnerungen, S. 55, 64; Rohrbach: Handschrift, S. 204.

306 Ronge: Kriegs- und Industriespionage, S. 122.

307 Pethö: Agenten, S. 306; Ronge: Kriegs- und Industriespionage, S. 155 f.

308 Ronge: Kriegs- und Industriespionage, S. 113 f., 116; Rauchensteiner: Doppeladler, S. 136.

309 Ronge: Kriegs- und Industriespionage, S. 122 f., 143.

310 Baumann: Labyrinth, S. 204; Feher: Manja, 130 ff.; Ronge: Kriegs- und Industriespionage, S. 146.

311 Freytag-Loringhoven: Menschen, S. 195; Höhne: Krieg, S. 164; Nowak: Hoffmann, Bd. 2, S. 103; Ronge: Kriegs- und Industriespionage, S. 102.

312 Pethö: Agenten, S. 63 f., 341.

313 Zit. nach: Rauchensteiner: Doppeladler, S. 179.

314 Brockhaus Enzyklopädie, Bd. 19, S. 804.

315 Rauchensteiner: Doppeladler, S. 177 ff.; Ronge: Kriegs- und Industriespionage, S. 118; Urbanski: Spionage gegen Österreich-Ungarn, S. 241, 248; ders.: Spionitis, S. 336.

316 Pethö: Agenten, S. 269; Ronge: Kriegs- und Indusriespionage, S. 172.

317 Pethö: Agenten, S. 57; Urbanski: Postspionage, S. 326.

318 Hindenburg: Leben, S. 110 f.; Moser: Plaudereien, S. 106 f.

319 Wild von Hohenborn: Briefe und Tagebuchaufzeichnungen, S. 78.

320 Ronge: Kriegs- und Indutriespionage; daneben: ders.: Spione und Interventionsagenten; ders.: Meister der Spionage.

321 Ronge: Kriegs- und Industriespionage, S. 379 f.

322 Pethö: Agenten, S. 92 ff.

323 Freytag-Loringhoven: Menschen, S. 194 f.; Cramon: Bundesgenossen, S. 428; Moser: Plaudereien, S. 57 f.; Rauchensteiner: Doppeladler, S. 267 ff., 292, 296

324 Freytag-Loringhoven: Menschen, S. 199.

325 Rauchensteiner: Doppeladler, S. 177 ff.

326 Pethö: Agenten, S. 402; Rauchensteiner: Doppeladler, S. 179; Ronge: Kriegs- und Industriespionage, S. 196 ff.

327 Pethö: Agenten, S. 317; Rauchensteiner: Doppeladler, S. 29 f.; Ronge: Kriegs- und Industriespionage, S. 199 ff.

328 Agricola: Tagebuch, S. 508 f.; Frantz: Geheimdienst, S. 490 ff.; Gempp: Nachrichtendienst, Bd. 1, S. 83, Bd. 1, 4. Abschnitt, S. 12; Nicolai: Mächte, S. 69.

329 Teitel: Aus meiner Lebensarbeit, S. 240.

330 Ronge: Kriegs- und Industriespionage, S. 154.

331 Frantz: Geheimdienst, S. 482, 490; Nicolai: Mächte, S. 81.

332 Brussilow: Erinnerungen, S. 85.

333 Höhne: Krieg, S. 174; Ignatjew: Fünfzig Jahre, S. 186 ff.; Nicolai: Mächte, S. 28, 69, 79; Recking: Kaiserreich auf Aktien; Ronge: Kriegs- und Industriespionage, S. 156 f., 188.

334 Frantz: Der russische Nachrichtendienst, S. 485 f.

335 Agricola: Tagebuch, S. 510; Hirschfeld: Sittengeschichte, Bd. 2, S. 104; o.Verf.: Spionagefälle aus den Akten, S. 545 f.; o.Verf.: Spionage und Spionage-Abwehr, S. 497.

336 O.Verf.: Spionage und Spionage-Abwehr, S. 499.

337 O.Verf.: Spionage und Spionage-Abwehr, S. 501.

338 Gempp: Nachrichtendienst, Bd. 4, S. 52; o.Verf.: Spionage und Spionage-Abwehr, S. 499 f.

339 O.Verf.: Spionagefälle aus den Akten, S. 545.

340 Roeder: Sabotageakte, S. 160, 164; o.Verf.: Spionagefälle aus den Akten, S. 542; o.Verf.: Spionage und Spionage-Abwehr, S. 501.

341 Baumann: Labyrinth, S. 199 ff.; Salkow: Bakytin, S. 178 ff.; Szabo: Honved, S. 183 ff.; Weiß-Tihanyi: Fromme Schwestern, S. 188 ff.

342 Baumann: Labyrinth, S. 202; Gempp: Nachrichtendienst, Bd. 4, S. 272.

343 Baer: Völkerkrieg, Bd. 12, S. 253.

344 Nicolai: Mächte, S. 149.

345 Ignatjew: Fünfzig Jahre, S. 299; Orloff: Mörder, S. 7.

346 Frantz: Geheimdienst, S. 486; Lambsdorff: Militärbevollmächtigte, S. 27; Orloff: Mörder, S. 60, 62; Suchomlinow: Erinnerungen, S. 475.

347 Agricola: Tagebuch, S. 523 f.; Orloff: Mörder, S. 59; Suchomlinow: Erinnerungen, S. 476; Reichsarchiv: Weltkrieg, Bd. 7, S. 274.

348 Agricola: Tagebuch, S. 524 f.; Baer: Völkerkrieg, Bd. 9, S. 208; Frantz: Geheimdienst, S. 487; Orloff: Mörder, S. 65; Ronge: Kriegs- und Industriespionage, S. 156.

349 Schiemann: Zwischen zwei Welten, S. 134.

350 Agricola: Spione, S. 9.; ders.: Tagebuch, S. 522; Baer: Völkerkrieg, Bd. 9, S. 208; Nowak: Hoffmann, Bd. 1, S. 68.

351 Höhne: Krieg, S. 196 ff.; Suchomlinow: Erinnerungen, S. 442 f.; 477 ff.

352 Briefe der Zarin Alexandra an den Zaren vom 26.11.(10.12.)1914 und 12. (25.)6.1915; abgedr. bei: Nabokov: Briefe, Bd. 1, S. 46 f., 121 f.; Frantz: Geheimdienst, S. 487 ff.; Suchomlinow: Erinnerungen, S. 414, 423.

353 Baer: Völkerkrieg, Bd. 12, S. 110, 193 f.; Frantz: Geheimdienst, S. 489 f.; Orloff: Mörder, S. 53; Suchomlinow: Erinnerungen, S. 427, 430 f., 437, 489.

354 Gempp: Nachrichtendienst, Bd. 2, II. Abschnitt, Anlage 1, S. 2; Schiemann: Zwischen zwei Welten, S. 134 f.; Medem: Medea, S. 52 ff.; : Suchomlinow: Erinnerungen, S. 475; Zeltung: Deutscher und doch russischer Offizier, S. 359.

355 Orloff: Mörder, S. 74 f.

356 Baer: Völkerkrieg, Bd. 9, S. 190; Orloff: Mörder, S. 80; Suchomlinow: Erinnerungen, S. 391, 424.

357 Paul Rohrbach; zit. nach: Baer: Völkerkrieg, Bd. 9, S. 209.

358 Baer: Völkerkrieg, Bd. 9, S. 221. 223; Teitel: Lebensarbeit, S. 214; Trotzki: Revolution, S. 33.

359 Baer: Völkerkrieg, Bd. 9, S. 202.

360 Baer: Völkerkrieg, Bd. 9, S. 189.

361 Baer: Völkerkrieg, Bd. 9, S. 223; Nadolny: Beitrag, S. 41.

362 O.Verf.: Oktoberrevolution, S. 36 f.; Trotzki: Revolution, S. 481 ff.

363 Brief Helmuth von Moltkes an seine Frau vom 3.9.1914; in: Moltke: Erinnerungen, S. 383; Fischer: Weltmacht, S. 127; Kautsky: Wie der Weltkrieg entstand, S. 166; Riezler: Tagebücher, S. 200; Zechlin: Friedensbestrebungen, B 20/61, S. 275, B24/61, S. 329.

364 Fischer: Weltmacht, S. 110 f.

365 Helm: Nicolai, S. 53.

366 Fischer: Weltmacht, S. 109, 111 f.; Kramer u. a.: Virtuti, S. 248, 344; Kreß von Kressenstein: Mit den Türken; ders.: Streifzüge, S. 96 ff.; Steuber: Jildirim, S. 16 ff.; Kröger: Revolution, S. 366, 373 ff.

367 Moltke: Erinnerungen, S. 383.

368 Groener, Lebenserinnerungen, S. 188; Meyer: Moltke, S. 488.

369 Kabinettsorder vom 30.11.1914; abgedr. bei: Moltke: Erinnerungen, S. 392; ders.: Erinnerungen, S. 25, 404 ff.; Fischer: Weltmacht, S. 111; Groener: Lebenserinnerungen, S. 311; Meyer: Moltke, S. 347; Nadolny: Beitrag, S. 40.

370 Joost: Botschafter, S. 233, 237; Nadolny: Beitrag, S. 19 ff.

371 Nadolny: Beitrag, S. 40.

372 Baer: Völkerkrieg, Bd. 9, S. 223; Nadolny: Beitrag, S. 41, 44.

373 Vgl. z. B.: Bericht des deutschen Militärbevollmächtigten Hintze an Wilhelm II. vom 16.10.1908; abgedr. bei: Lambsdorff: Militärbevollmächtigte, S. 296 ff.; Kröger: Revolution, S. 371.

374 Fischer: Weltmacht, S. 42 ff.; Hopkirk: Konstantinopel, S. 48; Vietsch: Bethmann Hollweg, S. 175; Zernack: Polen, S 386.

375 Schreiben Bethmann an Wilhelm II. vom 20.3.1914; zit. nach: Fischer: Weltmacht, S. 42.

376 Akçam: Armenien und der Völkermord, S. 52; Guse: Kaukasusfront im Weltkrieg, S. 28 ff.; Hopkirk: Konstantinopel, S. 76 ff.

377 Hopkirk: Konstantinopel, S. 171 ff., 242 ff.; Illustrierte Geschichte des Weltkrieges, Bd. 2, S. 23; Lührs: Gegenspieler des Obersten Lawrence, passim; Kröger: Revolution, S. 379 f.

378 Hentig: Leben, S. 70; Hopkirk: Konstantinopel, S. 173 f., 205 ff.; Kanitz: Geheimmission; Nadolny: Beitrag, S. 44; Pethö: Agenten, S. 70.

379 Pethö: Agenten, S. 70, 332.

380 Nadolny: Beitrag, S. 45.

381 Meisner: Militärattachés, S. 34; Nadolny: Beitrag, S. 45 f., 52, 55.

382 Nadolny: Beitrag, S. 49.

383 Hentig: Leben, S. 91; ders.: Diplomatenfahrt, passim; Nadolny: Beitrag, S. 50; Kramer u. a.: Virtuti, S. 368 f.: Niedermayer: Unter der Glutsonne des Iran; ab der 3. Aufl.: Im Weltkrieg vor Indiens Toren.

384 Baer: Völkerkrieg, Bd. 16, S. 295, 316; Burmester: Der geheimnisvolle Tod, S. 109 ff.; Zechlin: Friedensbestrebungen, B 25/61, S. 359 f.

385 Akçam: Armenien, S. 52 ff.; Bericht Scheubner-Richter vom 15.5.1915; abgedr. bei: Lepsius: Deutschland und Armenien, Dok. Nr. 52; Leverkuehn: Posten, passim; hierzu: Boveri: Verzweigungen, S. 236; Deutscher Bundestag: Amtliches Handbuch, 2. Wahlperiode, S. 411.

386 Abgedr. bei: Lepsius: Deutschland und Armenien, S. 308.

387 Abgedr. bei: Kröger: Revolution, S. 384.

388 Benneckenstein: Transkaukasien, S. 118 ff.; Blücher: Deutschlands Weg, S. 122 f.; Joost: Botschafter, S. 277; Nadolny: Beitrag, S. 43.

389 Eisendecher [preußischer Gesandter in Baden] an Bethmann Hollweg, Telegramm vom 22.9.1914, AA PA: Wk 11 d; Blücher: Deutschlands Weg, S. 123; Fischer: Weltmacht, S. 119; Guse: Kaukasusfront, S. 34 ff.; Kröger: Revolution, S. 383; Neulen: Adler, S. 138; Zechlin: Friedensbestrebungen, B 25/61, S. 354.

390 Korostowetz: Lenin, S. 172; o.Verf.: Georgien und der Weltkrieg, passim; Suchomlinow: Erinnerungen S. 481 ff.

391 Neulen: Adler, S. 139 ff.; Zechlin: Friedensbestrebungen, B 25/61, S. 354.

392 Romberg an AA, Telegramme vom 19. und 26.8.1914, AA PA: Wk 11 d; Joost: Botschafter, S. 277; Zechlin: Friedensbestrebungen, B 25/61, S. 354.

393 Blücher: Deutschlands Weg, S. 123; Fischer: Weltmacht, S. 119; Nadolny: Beitrag, S. 61; Neulen: Adler, S. 139.

394 Neulen: Adler, S. 139 f.

395 Mikusch: Waßmuß, S. 310 ff.; Nadolny: Beitrag, S. 42, 52.

396 Hopkirk: Konstantinopel, S. 133; Knigtley: Spionage, S. 47.

397 Figes: Tragödie, S. 156 ff.; Friedenthal: Marx, S. 377; Service: Lenin, S. 39, 50 ff.; Solschenizyn: Lenin, S.76; Trotzki: Lenin, S. 117 ff.

398 Burzew: Borba za svobobnuju Rossiju; Friedenthal: Marx, S. 408; Longuet u. a.: Bombe, S. 234 ff., 238, 243.

399 Trotzki: Lenin, S. 178 ff.

400 Figes: Tragödie, S. 160 ff.; Rosenberg: Bolschewismus, S. 66 f.; Service: Lenin, S. 205 ff.

401 Rosenberg: Bolschewismus, S.78; Service: Lenin, S. 281 ff., 286 ff.; Solschenizyn: Lenin, S. 300.

402 Hedeler: Ochrana-Agenten, S. 52 ff.; Service: Lenin, S. 295; Solschenizyn: Lenin, S. 99.

403 Hedeler: Ochrana-Agenten, S. 55; Possony: Lenin, S. 575 f.; Solschenizyn: Lenin, S. 320.

404 Krupskaja: Erinnerungen, S. 318 f.; Possony: Lenin, S. 577 f.; Service: Lenin, S. 299 f.

405 Gautschi: Lenin, S. 140 ff., 201 ff.; Gross: Münzenberg, S. 67 ff.

406 Gempp: Nachrichtendienst, Bd. 2, II. Abschnitt, S. 22 f., 26.

407 Institut für ML: Biografisches Lexikon, S. 196 f.; Scharlau u. a.: Freibeuter, S. 60 ff.

408 Scharlau u. a.: Freibeuter, S. 72 ff.

409 Trotzki: Mein Leben, S. 139; zitiert nach: Scharlau u. a.: Freibeuter, S. 74.

410 Longuet u. a.: Bombe, S. 33 ff.; Piekalkiewicz: Spionage, S. 247; Sawinkow: Erinnerungen, S. 449; Scharlau u. a.: Freibeuter, S. 84 f., 91 ff.; Service: Lenin, S. 233 ff.

411 Institut für ML: Biografisches Lexikon, S. 197; Scharlau u. a.: Freibeuter, S. 104 ff., 110 ff.

412 Scharlau u. a.: Freibeuter, S. 143.

413 Zechlin: Friedensbestrebungen, B 25/61, S. 352.

414 Scharlau u. a.: Freibeuter, S. 146.

415 Scharlau u. a.: Freibeuter, S. 150.

416 Riezler: Tagebücher, S. 82 f.; Scharlau u. a.: Freibeuter, S. 158.

417 AA PA: A 8629, WK 11 c geh. Bd. 5; abgedr. in: Scharlau u. a.: Freibeuter, S. 373 f.

418 Blücher: Deutschlands Weg, S. 44 f.; Joost: Botschafter, S. 149; Mayer: Erinnerungen, S. 279; Wolff: Wilhelminische Epoche, S. 265 ff.

419 Helfferich an Zimmermann, Schreiben vom 26.12.1915, AA PA: WK 11 c geh.

420 Brockdorff Rantzau an Bethmann Hollweg, Bericht vom 16.12.1915, AA PA: WK 11 c geh.; zit. nach: Scharlau u. a.: Freibeuter, S. 213 f.

421 Fischer: Weltmacht, S. 130.

422 Anders u. a.: Oktoberrevolution, S. 112, 150; Erdmann: Vorwort; in: Riezler: Tagebücher, S. 8 ff.; Helfferich: Weltkrieg, S. 137 ff.; Nadolny: Beitrag, passim; Service: Lenin, S. 617; Trotzki: Revolution, S. 475 ff.

423 Anders u. a.: Oktoberrevolution, S. 112, 150; Possony: Lenin, S. 225; Scharlau u. a.: Freibeuter, S. 182 ff., 323; Solschenizyn: Lenin, S. 230, 312 f., 330.

424 Figes: Tragödie, S. 395; Possony: Lenin, S. 225; Trotzki: Revolution, S. 482.

425 Scharlau u. a.: Freibeuter, S. 183 f.

426 Abgedr. bei: Scharlau u. a.: Freibeuter, S. 185.

427 Nikitin: Years, S. 115; Possony, Lenin, S. 226 f.; Scharlau u. a.: Freibeuter, S. 211 f., 181, 227, 583 Fn. 21.

428 Erdmann: Riezler; in: Riezler: Tagebücher, S. 85; Fischer: Weltmacht, S. 128 f.; Futrell: Underground, S. 145 f.; Possony: Lenin, S. 211, 219, 221, 224, 583; Scharlau u. a.: Freibeuter, S. 274; Solschenizyn: Lenin, S. 315.

429 Possony: Lenin, S. 228, 233, 584 Fn. 28.

430 Possony: Lenin, S. 216, 235.

431 Futrell: Underground, S. 17 f., 130. 133, 142, 147 f., 150; Scharlau u. a.: Freibeuter, S. 218; Schuberth: Schweden, S. 145; Solschenizyn: Lenin, S. 315; Wenzel: 1923, S. 137.

432 Scharlau u. a.: Freibeuter, S. 217 f.; Solschenizyn: Lenin, S.142.

433 Solschenizyn: Lenin, S. 183.

434 Brockdorff Rantzau an Zimmermann, Bericht vom 2.4.1917, AA PA: WK 2 c geh.; abgedr. bei: Scharlau u. a.: Freibeuter, S. 250 f.

435 Gempp: Nachrichtendienst, Bd. 4, Anlage A 7; Scharlau u. a.: Freibeuter, S. 231.

436 Altrichter: Russland, S. 104, 108.

437 Altrichter: Russland, S. 107 f.; Figes: Tragödie, S. 312; Paléologue: Ende, S. 341; Trotzki: Revolution, S. 31 f.

438 Bley: Kitchenes Ende, S. 486 ff.; Hodges: Kitchener, S. 244 f.; Trotzki: Revolution, S. 64, 490.

439 Altrichter: Russland, S. 108; Figes: Tragödie, S. 312 f.; Gerassimoff: Im Kampf, S. 270; Zernack: Polen, S. 394.

440 Alexander Protopopow; zit. nach: Trotzki: Revolution, S. 68 f.

441 Alexander Protopopow; zit. nach: Trotzki: Revolution, S. 65.

442 Altrichter: Russland, S. 108; Reichsarchiv: Weltkrieg, Bd. 12, S. 483; Trotzki: Revolution, S. 69.

443 Baer: Völkerkrieg, Bd. 14, S. 10 ff.; Figes: Tragödie, S. 310; Huldermann: Ballin, S. 277 ff., 321; Trotzki: Revolution, S. 34 f.; Wolff: Tagebücher, S. 435 f., 445.

444 Abgedr. bei: Maylunas u. a.: Eine Liebe, S. 547 f.

445 Z. B.: *Leipziger Neueste Nachrichten* vom 24.7.1916; abgedr. bei: Baer: Völkerkrieg, Bd. 16, S. 294.

446 Baer: Völkerkrieg, Bd. 20, S. 234, Bd. 25, S. 235; Ben-Itto: Protokolle, S. 249 f.; Fülöp-Miller: Teufel, S. 263 ff., 434; Nabokov: Briefe; Paléologue: Ende, S. 99 (Tgb. 30.11.1914), 225 (Tgb. 7.2.1916).

447 Baer: Völkerkrieg, Bd. 20, S. 234, Bd. 25, S. 229, 235; Figes: Tragödie, S. 310; Korostowetz: Lenin, S. 183; Fülöp-Miller: Teufel, S. 373 ff., 377; Paléologue: Ende, S. 289 (Tgb. 1.9.1916), 297 (Tgb. 3.10.1917).

448 Baer: Völkerkrieg, Bd. 20, S. 234; Paléologue: Ende, S. 298 (Tgb. 5.10.1916); Schuberth: Schweden, S. 92.

449 Figes: Tragödie, S. 313; Paléologue: Ende, S. 318 (Tgb. 25.11.1916), 336 (Tgb. 6.1.1917).

450 Abgedr. bei: Maylunas u. a.: Eine Liebe, S. 580.

451 Purischkewitsch: Dnewnik; ders.: Rasputin; Yussupov: Rasputine.

452 Gerassimoff: Im Kampf, S. 270: Paléologue: Ende, S. 329 (Tgb. 2.1.1917), 331 (Tgb. 5.1.1917), Trotzki: Revolution, S. 73.

453 Figes: Tragödie, S. 328, 313 f.; Maylunas u. a.: Eine Liebe, S. 583 ff.; Paléologue: Ende, S. 331 (Tgb. 6.1.1917), 337 (Tgb. 8.1.1917).

454 Baer: Völkerkrieg, Bd. 28, S. 180.

455 Altrichter: Russland, S. 108; Gogol: Seelen, S. 41 ff.; Trotzki: Revolution, S. 28 f., 38 f., 46.

456 Paléologue: Ende, S. 304 f. (Tgb. 31.10.1916).

457 Paléologue: Ende, S. 305.

458 Paléologue: Ende, S. 308 (Tgb. 9.11.1916).

459 Trotzki: Revolution, S. 29.

460 Possony: Lenin, S. 245 ff.

461 Fülöp-Miller: Teufel, S. 125 f.; Lambsdorff: Militärbevollmächtigte, S. 83.; Korostowetz: Lenin, S. 197.

462 Paléologue: Ende, S. 301 f. (Tgb. 21.10.1916).

463 Fülöp-Miller: Teufel, S. 123 f.; Nikitin: The Years, S. 70 f.; Paléologue: Ende, S. 264 (Tgb. 31.5.1916), 322 (Tgb. 10.10.1916).

464 Paléologue: Ende, S. 309 f. (Tgb. 13.11.1916).

465 Ben-Itto: Protokolle, S. 251; Fülöp-Miller: Teufel, S. 263; Wolff: Pontius Pilatus, S. 165.

466 Figes: Tragödie, S. 333, 345, 349.

467 Figes: Tragödie, S. 349 f.
468 Riezler: Tagebücher, S. 419.
469 Rohrbach: Handschrift, S. 205.
470 Höhne: Krieg, S. 222.
471 Nadolny: Beitrag, S. 53.
472 Höhne: Krieg, S. 207.
473 Ronge: Kriegs- und Industriespionage, S. 265.
474 Riezler: Tagebücher, S. 419; Reichsarchiv: Weltkrieg, Bd. 12, S. 82, 483.
475 Abgedr. bei: Wolff: Tagebücher, S. 488.
476 Wolff: Tagebücher, S. 491, 493.
477 Vgl. Trotzki: Revolution, S. 490 f.
478 Nicolai: Mächte, S. 86 f.
479 Nikitin: Years, S. 82 ff.; Trotzki: Revolution, S. 482 ff.
480 Fischer: Weltmacht, S. 130; Höhne: Krieg, S. 207; Nicolai: Mächte, S. 89; Pearson: Waggon, S. 119; Scharlau u. a.: Freibeuter, S. 217.
481 Brockdorff Rantzau an Zimmermann, Bericht vom 2.4.1917, AA PA: WK 2 c geh.; abgedr. bei: Scharlau u. a.: Freibeuter, S. 250 f.
482 Fischer: Griff zur Weltmacht, S. 111 f.; Höhne: Krieg, S. 226; Joost: Botschafter, S. 25; Nadolny: Beitrag, S. 54; Scharlau u. a.: Freibeuter, S. 251.
483 Z. B. bei: Goodspeed: Ludendorff, S. 170 (der eine aktive Rolle Ludendorffs annimmt).
484 Reichsarchiv: Weltkrieg, Bd. 12, S. 485; Nicolai: Mächte, S. 88; siehe auch: Chef der Sektion Politik des Stellvertretenden Generalstabs von Hülsen an Ostreferenten des AA Pourtalès, Schreiben vom 29.4.1917; abgedr. bei: Hahlweg: Rückkehr, S. 112; Wolff: Tagebücher, S. 503.
485 Höhne: Krieg, S. 226; Korostowetz: Lenin, S. 229.
486 Abgedr. in: Reichsarchiv: Weltkrieg, Bd. 12, S. 484.
487 Ludendorff: Kriegserinnerungen, S. 407.
488 Nowak: Hoffmann, Bd. 2, S. 174.
489 Solschenizyn: Lenin, S. 331.
490 Romberg an Bethmann Hollweg vom 27.3.1917; abgedr. bei: Solschenizyn: Lenin, S. 252 f.
491 Scharlau u. a.: Freibeuter, S. 248 f.
492 Bethmann Hollweg an Wilhelm II. vom 11.4.1917; abgedr. bei: Scharlau u. a.: Freibeuter, S. 249.
493 AA an Gesandtschaft in Bern, telegrafischer Erlass vom 27.3.1917, AA PA: WK 2 geh.; Figes: Tragödie, S. 411; Platten: Reise, S. 40; Scharlau u. a.: Freibeuter, S. 249 f.
494 Scharlau u. a.: Freibeuter, S. 175, 250, 260.
495 Service: Lenin, S. 342.
496 Abgebildet bei: Stöhm: Sowjetmacht, Abb. 42.
497 Z. B.: O.Verf.: Oktoberrevolution, S. 36 f.
498 Possony: Lenin, S. 261.
499 Possony: Lenin, S. 258.
500 Lucius an AA, Telegramm vom 10.4.1917; abgedr. bei: Hahlweg: Rückkehr, S. 92.
501 Possony: Lenin, S. 264; Service: Lenin, S. 342.

502 Platten: Lenins Reise, S. 84 f.

503 Vertreter des AA im Großen Hauptquartier an AA, Telegramm vom 6.4.1917; abgedr. bei: Hahlweg: Rückkehr, S. 88; Possony: Lenin, S. 260.

504 Hahlweg: Rückkehr, S. 125; Pearson: Waggon, S. 83.

505 Abgedr. bei: Hahlweg: Rückkehr, S. 125–129.

506 Erdmann: Riezler, in: Riezler: Tagebücher, S. 83; Pearson: Waggon, S. 106, 108; Possony: Lenin, S. 261, 263.

507 Riezler: Tagebücher, S. 426.

508 Erdmann: Riezler, in: Riezler: Tagebücher, S. 83.

509 Krupskaja: Erinnerungen, S. 390 f.; Platten: Reise, S. 47–50.

510 Anders u.a.: Oktoberrevolution, S. 17 ff. (Stichwort: Aprilthesen); ZK der KPdSU: Geschichte der KPdSU. S. 222 ff.

511 Pearson: Waggon, S. 109, 114., 312 f.

512 Nikitin: Years, S. 54.

513 Service: Lenin, S. 347.

514 Vertreter des AA von Grünau an AA, Telegramm vom 21.4.1917; abgedr. bei: Hahlweg: Rückkehr, S. 104 f.

515 Hahlweg: Rückkehr, S. 22; Pearson: Waggon, S. 115 f.; Scharlau u.a.: Freibeuter, S. 258.

516 Scharlau u.a.: Freibeuter, S. 260.

517 Erdmann: Riezler, in: Riezler: Tagebücher, S. 85; Schuberth: Schweden, S. 145.

518 Wolff: Wilhelminische Epoche, S. 132.

519 Futrell: Underground, S. 181, 187 f.; Pearson: Waggon, S. 177 ff.

520 Futrell: Underground, S. 166, 190.

521 Futrell: Underground, S. 180, 185.

522 Riezler: Tagebücher, S. 423.

523 Figes: Tragödie, S. 103 ff.; Helfferich: Weltkrieg, S. 453; Joost: Botschafter, S. 65; Zernack: Polen, S. 380.

524 Z.B. Stichwort *Bauernschaft Russlands 1917*; in: Anders u.a.: Oktoberrevolution, S. 34 ff.

525 Figes: Tragödie, S. 35.

526 Rauchensteiner: Doppeladler, S. 442.

527 Agricola: Spione, S. 9, 123, 131; ders.: Tagebuch, S. 516; Rauchensteiner: Doppeladler, S. 440; Riezler: Tagebücher, S. 427 (Tgb. 16.4.1917), 431 (Tgb. 1.5.1917); Wild: Auftrag, S. 218, 221.

528 Nikitin: Years, S. 109 f.; Trotzki: Revolution, S. 477.

529 Agricola: Tagebuch, S. 516; Baer: Völkerkrieg, Bd. 25, S. 132 ff.

530 Baer: Völkerkrieg, Bd. 25, S. 136 ff.; Müller: Kaiser, S. 299.

531 Baer: Völkerkrieg, Bd. 25, S. 140.

532 Baer: Völkerkrieg, Bd. 25, S. 205 f.; Figes: Tragödie, S. 458 ff.; Futrell: Underground, S. 162 f., 217; Kennan: Relations, S. 413 ff.; Nikitin: Years, S. 119 ff., 125 , 165 ff.; Pearson: Waggon, S. 205, 311; Rauchensteiner: Doppeladler, S. 446; Rosenfeld: Sowjetrussland, S. 25; Scharlau u.a.: Freibeuter, S. 276; Service: Lenin, S. 389; Trotzki: Revolution, S. 482, 497.

533 Pethö: Agenten, S. 52.

534 Nikitin: Years, S. 126 ff.; Service: Lenin, S. 346.

535 Ben-Itto: Protokolle, S. 192 f.; Ignatjew: Fünfzig Jahre, S. 471 f.; Nikitin: Years, S. V, 1, 50, 126 ff.

536 Stepun: Antlitz Russlands, S. 298 f.

537 Baer: Völkerkrieg, Bd. 25, S. 214.

538 Vgl. Trotzki: Revolution, S. 488.

539 Service: Lenin, S. 387.

540 Figes: Tragödie, S. 459 ff.

541 O.Verf.: Oktoberrevolution, S. 75 ff.

542 Trotzki: Revolution, S. 491.

543 Baer: Völkerkrieg, Band 25, S. 223; Service: Lenin, S. 407.

544 Figes: Tragödie, S. 411.

545 Helfferich: Weltkrieg, S. 439.

546 Kühlmann an den Vertreter des AA im GrHQ, Schreiben vom 29.9.1917, AA PA: Russland Bd. 63 Nr. 1 geh.; abgedr. bei: Scharlau u. a.: Freibeuter, S. 275.

547 Kühlmann an den Vertreter des AA im GrHQ, Schreiben vom 3.12.1917, AA PA: Deutschland Nr. 131 geh.; abgedr. bei: Scharlau u. a.: Freibeuter, S. 275.

548 Pethö: Agenetn, S. 52, 340.

549 Nolte: Bürgerkrieg, S. 57.

550 Figes: Tragödie, S. 507, 512 ff., 527; Service: Lenin, S. 412.

551 Lenin: Ausgewählte Werke, Bd. II, S. 256; Figes: Tragödie, S. 568.

552 Zit. nach: Rosenfeld: Sowjetrussland, S. 2.

553 Hildermeier: Sowjetunion, S. 93 ff.

554 Müller: Kaiser, S. 336.

555 Riezler: Tagebücher, S. 451–455.

556 Riezler: Tagebücher, S. 451; Rohrbach: Handschrift, S. 205; Hildermeier: Sowjetunion, S. 82.

557 Haas: Moor, S. 52 ff., 265–268.

558 Bismarck: Militärattaché, S. 105; Haas: Moor, S. 125 ff., 151 ff.; Mayer: Erinnerungen, S. 255 f., 260 ff.

559 Futrell: Underground, S. 148; Haas: Moor, S. 141, 147 f., 155, 283 f.

560 Gempp: Nachrichtendienst, Bd. 1, S. II; Haas: Moor, S. 187, 190 ff.

561 Figes: Tragödie, S. 573.

562 Aufzeichnung vom 3.12.1917; zit. nach: Rosenfeld: Sowjetrussland, S. 30.

563 Bauer: Krieg, S. 166.

564 Pethö: Agenten, S. 305.

565 Nowak: Hoffmann, Bd. 2, S. 201 f., 207.

566 Nowak: Hoffmann, Bd. 2, S. 208 f.

567 Trotzki: Revolution, S. 495.

568 Clausewitz: Vom Kriege, S. 209 f.; Rohrbach: Handschrift, S. 217.

569 Nowak: Hoffmann, Bd. 2, S. 197, 205.

570 Figes: Tragödie, S. 578 ff.

571 Zechlin: Friedensbestrebungen, B 25/61, S. 348.

572 Heinze an AA, Bericht vom 6.8.1914, AA PA: Wk 11 a.

573 Blücher: Deutschlands Weg, S. 21 f.; Scharlau u. a.: Freibeuter S. 147; Zechlin: Friedensbe-strebungen, B 25/61, S. 349 f.

574 Fischer: Weltmacht, S. 127; Possony: Lenin, S. 209.

575 Scharlau u. a.: Freibeuter, S. 146 f.; Zechlin: Friedensbestrebungen, B 25/61, S. 352, 358.

576 Institut für ML: Biographisches Lexikon, S. 449 f.; Zechlin: Friedensbestrebungen, B 25/61, S. 358.

577 Baer: Völkerkrieg, Bd. 27, S. 204 ff.; Figes: Tragödie, S. 575, 577 ff.

578 Keil: Erlebnisse, Bd. 1, S. 412.

579 Baer: Völkerkrieg, Bd. 27, S. 209.

580 Keil: Erlebnisse, Bd. 1, S. 413.

581 Rohrbach: Handschrift, S. 220.

582 Zit. nach: Rohrbach: Handschrift, S. 221; Figes: Tragödie, S. 580 f.

583 Baer: Völkerkrieg, Bd. 27, S. 262; Blücher: Deutschlands Weg, S. 18; Keil: Erlebnisse, Bd. 1, S. 404; Rohrbach: Handschrift, S. 220 f.

584 Baer: Völkerkrieg, Bd. 27, S. 259; Blücher: Deutschlands Weg, S. 21; Figes: Tragödie, S. 581; Hürten u. a.: Adjutant, S. 29; Nadolny: Beitrag, S. 61; Rohrbach: Handschrift, S. 220; Teske: Köstring, S. 327.

585 Teske: Köstring, S. 35.

586 Blücher: Deutschlands Weg, S. 41; Fischer: Truppen, S. 150 f.; Nadolny: Beitrag, S. 67.

587 Öhquist: Einführung; in: Räikönen: Svinhufvud, S. 7.

588 Futrell: Underground, S. 231; Roegels: Freiheitskampf, S. 478, 483 f.; Schuberth: Schweden, S. 15 ff.; Zechlin: Friedensbestrebungen, B 24/61, S. 331.

589 Possony: Lenin, S. 217.

590 Futrell: Underground, S. 226.

591 Zechlin: Friedensbestrebungen, B 24/61, S. 333.

592 Nachrichtenabteilung des Generalstabs: Vermerk vom 30.(?)12.1914; AA PA: Russland 61.

593 AA PA: Wk 11 c, Bd. 4; Halter: Finnlands Jugend; Öhquist: Einführung; in: Räikkönen: Svinhufvud, S. 24; Roegels: Freiheitskampf, S. 482 ff.; Stoelzel: Ehrenrangliste, S. 286; Zech-lin: Friedensbestrebungen, B 24/61, S. 333; http://uboat.net/wwi/boats/?boat=UC+57.

594 Schiemann: Zwischen zwei Zeitaltern, S. 139.

595 Fischer: Weltmacht, S. 449.

596 Räikkönen: Svinhufvud, S 68.

597 Baer: Völkerkrieg, Bd. 25, S. 151 ff., 157 ff.; Räikkönen: Svinhufvud, S 46 f.

598 Andrew u. a.: Schwarzbuch, S. 39; Roewer u. a.: Geheimdienste, S. 141 f.

599 Räikkönen: Svinhufvud, S 123.

600 Räikkönen: Svinhufvud, S. 104 f.

601 Baer: Völkerkrieg, Bd. 27, S. 183; Räikkönen: Svinhufvud, S. 165 ff., 187 ff.

602 Goltz: Politischer General, S. 17 f., 25; Räikkönen: Svinhufvud, S. 147; Stoelzel: Ehrenrang-liste, S. 134.

603 Henke u. a.: Finnlands Freiheit, S. 62 ff., 165 ff.

604 Kuusinen: Gott stürzt seine Engel.

605 Goltz: Politischer General, S. 64; Huldén: Königsabenteuer, S. 65 ff., 89 ff.

606 Baer: Völkerkrieg, Bd. 27, S. 244.; Huldén: Königsabenteuer, S. 89, 176 ff.

607 Hürten u. a.: Adjutant, S. 78; Huldén: Königsabenteuer, S. 242; Ludendorff: Kriegserinnerungen.

608 Benneckenstein: Transkaukasien, S. 156 ff., 190 ff.; Blücher: Deutschlands Weg, S. 122, 124 f.; Figes: Tragödie, S. 754; Herwarth: Hitler und Stalin, S. 99; Kramer u. a.: Virtuti, S. 344; Kressenstein: Streifzüge, S. 96 ff.; Neulen: Adler, S. 139 ff.; Zechlin: Friedensbestrebungen, B 25/61, S. 354.

609 Haas: Moor, S. 193 f.; Possony: Lenin, S. 346, 350.

610 AA an deutsche Botschaft, Telegrafischer Erlass vom 29.6.1918, AA PA: Deutschland 131, Bd. 41; Blücher: Deutschlands Weg, S. 12; Hilger: Kreml, S. 11 f.; Joost: Botschafter, S. 27 ff.

611 Riezler: Tagebücher, S. 463.

612 Bothmer: Mirbach, S. 28, 94; Paquet: Russland, S. 175; Possony: Lenin, S. 350; Riezler: Tagebücher, S. 464 Fn. 4.

613 Dallin: Sowjetspionage, S. 14 f.; Scheibert: Lenin, S. 80; Deutschlandradio: Die Partei hat immer recht, Nr. 23.

614 Andrew u. a.: Schwarzbuch, S. 37 ff.; Chruschtschow: Chruschtschow erinnert sich, S. 489 f.; Dallin: Sowjetspionage, S. 13; Figes: Tragödie, S. 667, 686; Scheibert: Lenin, S. 80 ff., 90 ff.

615 Telegramm vom 11.8.1918; zit. nach: Service: Lenin, S. 473 f.

616 Anders u. a.: Oktoberrevolution, S. 226 f., 337; Figes: Tragödie, S. 686; King: Retuschen, S. 10, 133; Rayfield: Stalin, S. 93, 95 ff., 412.

617 Rayfield: Stalin, S. 174 ff.

618 Figes: Tragödie, S. 625, 628.

619 Possony: Lenin, S. 347.

620 Riezler: Tagebücher, S. 465.

621 Riezler an Bergen, Brief vom 4.6.1918; abgedr. bei: Riezler: Tagebücher, S. 709.

622 Figes: Tragödie, S. 610 ff., 667 f.; Janouch: Jaroslav Hašek, S. 145 f.

623 Blücher: Deutschlands Weg, S. 16; Figes: Tragödie, S. 670; Martin Lacis; zit. nach: Scheibert: Lenin, S. 427 f., 688 Fn. 86; Possony: Lenin, S. 350, 606 Fn. 5; Rayfield: Stalin, S. 104 ff.; Riezler: Tagebücher, S. 468 Fn. 9, S. 713 ff.

624 Possony: Lenin, S. 352.

625 Riezler an AA, Bericht vom 8.7.1918, AA PA: Deutschland 131, Bl. 42; Andrew u. a.: Schwarzbuch, S. 62; Figes: Tragödie, S. 671; Jakowlew: Abgründe, S. 151 f.; Rayfield: Stalin, S. 217 f.; Riezler: Tagebücher, S. 467, 468 Fn. 9.

626 Andrew u. a.: Schwarzbuch, S. 40 f.; Malkow: Kreml-Kommandant, S. 352; Piekalkiewicz, Spionage, S. 330; Reilly: Adventures; Riezler: Tagebücher, S. 469; Scheibert: Lenin, S. 61.

627 Iswestija vom 4.9.1918; Malkow: Kreml-Kommandant, S. 238; Possony: Lenin, S. 358 f.; Scheibert: Lenin, S. 75 f.; Service: Lenin, S. 477 f.

628 Possony: Lenin, S. 358.

629 Blücher: Deutschlands Weg, S. 17; Helfferich: Weltkrieg, S. 644 ff.; Hilger: Kreml, S. 19; Joost: Botschafter, S. 89; Riezler: Tagebücher, S. 466, 470 f.

630 Agricola: Spione, S. 159.

631 Agricola: Spione, S. 180.

632 Scharlau u. a.: Freibeuter, S. 302; dementierend: Rosenfeld: Sowjetrussland, S. 5.

633 Scharlau u. a.: Freibeuter, S. 287 ff., 294, 299, 343.

634 Reichsgesetz gegen die gemeingefährlichen Bestrebungen der Sozialdemokratie vom 21.10.1878, RGBl. 1878, S. 351; Craig: Geschichte, S. 138 ff.; Nipperdey: Geschichte, Bd. 2, S. 554; Pjatnizki: Deckname, S. 186 f.

635 Bernstein: Revolution, S. 278 Fn. 55; Hürten u. a.: Adjutant, S. 26; Nipperdey: Geschichte, Bd. 2, S. 555, 563 ff.; Pohl: Müller, S. 99 ff.

636 Baer: Völkerkrieg, Bd. 1, S. 48 f.; Buber-Neumann: Kriegsschauplätze, S. 401; Institut für ML: Arbeiterbewegung, Bd. 2, S. 218; Miller: Burgfrieden, S. 51 ff.

637 Baer: Völkerkrieg, Bd. 1, S. 13 f.; Kriegstagebuch Eduard David vom 15.8.1914, zit. nach: Institut für ML: Arbeiterbewegung, Bd. 2, S. 213 f.; Bernstein: Revolution, S. 41; Miller: Burgfrieden, S. 31 ff.

638 Baer: Völkerkrieg, Bd. 1, S. 42.

639 Institut für ML: Arbeiterbewegung, Bd. 2, S. 219 f.

640 Gempp: Nachrichtendienst, Bd. 2, S. 38; Riezler: Tagebücher, S. 189 Fn. 6; Volkmann: Zermürbung, S. 531.

641 Rayfield: Stalin, S. 65.

642 Institut für ML: Arbeiterbewegung, Bd. 2, S. 238.

643 Karl Liebknecht: Vorschlag einer gemeinsamen Erklärung; abgedr. in: Institut für ML: Dokumente und Materialien, Reihe II, Bd. 1, S. 59.

644 Volkmann: Zermürbung, S. 532; Weber: Gründung, S. 13.

645 Possony: Lenin, S. 205.

646 Institut für ML: Dokumente und Materialien, Reihe II, Bd. 1, S. 336 f.; Institut für ML: Arbeiterbewegung, Bd. 2, S. 281; Miller: Burgfrieden, S. 133 ff.

647 Groener: Lebenserinnerungen, S. 362; Michaelis: Volk, S. 274 f., 286; Nipperdey: Geschichte, Bd. 2, S. 793; Scharlau u. a.: Freibeuter, S. 234 f.; Volkmann: Zermürbung, S. 537.

648 Schlusssatz des Manifestes vom Gründungsparteitag der USPD; abgedr. in: Institut für ML: Arbeiterbewegung, Bd. 2, S. 493.

649 Preußischer Kriegsminister an Bethmann Hollweg, Schreiben vom 26.3.1917, abgedr. bei: Volkmann: Marxismus, S. 286 f.; Erlass des sächsischen Innenministers vom 8.4.1917, abgedr. bei: Norden: Berlin und Moskau, S. 43 f.; Bernstein: Revolution, S. 106; Miller: Burgfrieden, S. 291; Mühlhausen: Sozialdemokratie, S. 661; Volkmann: Zermürbung, S. 536 f.; Weber: Gründung, S. 24; Wrisberg: Revolution, S. 44, 54 f.

650 Flugblatt aus Leipzig vom April 1917, Sächsisches Staatsarchiv, Ministerium des Innern Nr. 11071, Bl. 61a; zit. nach: Norden: Berlin und Moskau, S. 47 f.

651 Nicolai: Mächte, S. 160; Norden: Berlin und Moskau, S. 45; Wrisberg: Revolution, S. 47, 67 f.

652 Bernstein: Revolution, S. 38; Hürten u. a.: Adjutant, S. 30; Wrisberg: Revolution, S. 68; Wolff: Tagebücher, S. 852.

653 Olberg: Kriegspressezensur, S. 595.

654 Wrisberg: Revolution.

655 Bernstein: Revolution, S. 36; Wrisberg: Revolution, S. 47 Fn. 1.

656 Höhne: Canaris, S. 59; Miller: Burgfrieden, S. 296 f.; Wrisberg: Revolution, S. 72.

657 Höhne: Canaris, S. 60; Müller: Kaiser, S. 311; Miller: Burgfrieden, S. 297 f.; Wrisberg: Revolution, S. 73, 75.

658 Bauer: Krieg, S. 141 f.; Erzberger, Erlebnisse, S. 258 ff. (seine Rolle vertuschend); Nipperdey: Geschichte, Bd. 2, S. 840 f.; Vietsch: Bethmann Hollweg, S. 274; Wolff: Tagebücher, S. 516.

659 Ludendorff: Kriegserinnerungen, S. 363.

660 Michaelis: Volk, S. 362 ff.; Nipperdey: Geschichte, Bd. 2, S. 844; Wolff: Wilhelminische Epoche, S. 142 f.; Wrisberg: Revolution, S. 80.

661 Wolff: Tagebücher, S. 549 (9.10.1917).

662 Volkmann: Zermürbung, S. 535.

663 Blücher: Deutschlands Weg, S. 32; Hürten u. a.: Adjutant, S. 54; Norden: Berlin und Moskau, S. 75 ff.; Rosenfeld: Sowjetrussland, S. 18.

664 Miller: Burgfrieden, S. 385; Müller: Kaiser, S. 349 Fn. 6; Volkmann: Zermürbung, S. 538 f.; Wrisberg: Revolution, S. 105.

665 Miller: Burgfrieden, S. 371 ff.; Mühlhausen: Sozialdemokratie, S. 666; Müller: Kaiser, S. 279, 350; Schmid: Stifter; Volkmann: Zermürbung, S. 539.

666 Blücher: Deutschlands Weg, S. 36 f.; Riezler: Tagebücher, S. 475.

667 Olberg: Kriegspressezensur, S. 598 f.

668 Wolff: Tagebücher, S. 537.

669 Wolff: Tagebücher, S. 585 f.

670 Wolff: Tagebücher, S. 587.

671 Riezler: Tagebücher, S. 474; Wolff: Tagebücher, S. 100 ff., 604 f.

672 Baer: Völkerkrieg, Bd. 28, S. 141 ff.; Bernstein: Revolution, S. 42 f.; Hürten u. a.: Adjutant, S. 54 f.; Keil: Erinnerungen, Bd. 1, S. 372; Wolff: Tagebücher, S. 643 f.

673 Valtin: Tagebuch, S. 14.

674 Baden: Erinnerungen, S. 527; Bernstein: Revolution, S. 49; Bose: Katastrophe, passim; Groener: Lebenserinnerungen, S. 440; Hürten u. a.: Adjutant, S. 35; Müller: Kaiser, S. 399; Thaer: Generalstabsdienst, S. 234; Max Weber; zit. nach: Schmidt: Heimatheer, S. 15; Wilhelm II.: Ereignisse, S. 237.

675 Hürten u. a.: Adjutant, S. 59 f.; Nowak: Hoffmann, Bd. 1, S. 191; Schmidt: Heimatheer, S. 147, 162, 291.

676 Hürten u. a.: Adjutant, S. 61, 67, 75.

677 Tresckow: Fürsten, S. 240.

678 Hergemöller: Mann, S. 495 f.

679 Bekanntmachung des Reichskanzlers vom 9.11.1918; abgedr. bei: Institut für ML: Arbeiterbewegung, Bd. 3, S. 483; Bernstein: Revolution, S. 61 f., 64 f.; Böckenförde: Zusammenbruch, S. 27.

680 So schon: Riezler: Tagebücher, S. 475 (13.9.1918).

681 Weber: Gründung, S. 19 ff.

682 Olberg: Kriegszensur, S. 595, 601 f.; Stotten: Öffentliche Meinung, S. 580 f.

683 Fischer: Pressekonzentration, S. 194 ff.

684 Bernstein: Revolution, S. 41 f.

685 Weber: Gründung, S. 21; Wrisberg: Revolution, S. 95.

686 Bernstein: Revolution, S. 50 f.; Weber: Gründung, S. 20.

687 Gross: Münzenberg, S. 67 ff.; Weber: Gründung, S. 16 ff., 24; Wrisberg: Revolution, S. 44.

688 Fischer: Stalin, S. 57; Gross: Münzenberg, S. 83, 85; Rosenfeld: Sowjetrussland, S. 139 Fn. 29; Scharlau u. a.: Freibeuter, S. 302; Watt: Kaiser, S. 141; Weber: Gründung, S. 27.

689 Kautsky: Diktatur des Proletariats; Lenin: Die proletarische Revolution und der Renegat Kautsky; Rosenfeld: Sowjetrussland, S. 138; Service: Lenin, S. 486.

690 Lustiger: Rotbuch, S. 344 f.; Schlögel: Berlin, S. 111.

691 Blücher: Deutschlands Weg, S. 14.

692 Weber: Gründung, S. 332.

693 Weber: Gründung, S. 334.

694 Meyer-Leviné: Im inneren Kreis, S. 19.

695 Weber: Gründung, S. 20 Fn. 41; Wrisberg: Revolution, S. 119.

696 Bernstein: Revolution, S. 51; Gross: Münzenberg, S. 85, 97.

697 Erklärung des Vorstands der USPD vom 10.12.1918; abgedr. bei: Bernstein: Revolution, S. 52; Oehme: Damals, S. 252 f.

698 Barth: Werkstatt, S. 33.

699 Sitzungsprotokoll vom 28.10.1918, Reichskanzlei Nr. 2462, Bl. 250–256; abgedr. bei: Institut für ML: Arbeiterbewegung, Bd. 3, S. 475; Nicolai: Mächte, S. 161.

700 Abgedr. bei: Oehme: Damals, S. 252.

701 Blücher: Deutschlands Weg, S. 35; Nicolai: Mächte, S. 161; Oehme: Damals, S. 253; Schmidt: Heimatheer, S. 197 f.

702 Bernstein: Revolution, S. 52; Nadolny: Beitrag, S. 63; Schmidt: Heimatheer, S. 198; Weber: Gründung, S. 332.

703 Bernstein: Revolution, S. 51 f.; Blücher: Deutschlands Weg, S. 36; Gross: Münzenberg, S. 97; Watt: Kaiser, S. 178.

704 *Die Freiheit* vom 15.12.1918, zit. nach: Bernstein: Revolution, S. 107.

705 Baer: Völkerkrieg, Bd. 18, S. 103; Bernstein: Revolution, S. 132; Gross: Münzenberg, S. 76 Fn. 2; Hürten u.a.: Adjutant, S. 43; Institut für ML: Biografisches Lexikon, S. 132; Schmidt: Heimatheer, S. 204; Volkmann: Zermürbung, S. 540; Watt: Kaiser, S. 142; Weber: Gründung, S. 20 Fn. 41 Wrisberg: Revolution S. 142.

706 Fischer: Stalin, S. 69 f.; Schmidt: Heimatheer, S. 204 f.; Wrisberg: Revolution, S. 123; Institut für ML: Dokumente und Materialien, Reihe II, Bd. 1, S. 336 f.

707 *Die Rote Fahne* vom 18.11.1918.

708 Bernstein: Revolution, S. 109 ff.; Haffner: Verrat, S. 79; Hürten u.a.: Adjutant, S. 64; Liebknecht: Leitsätze vom 28.11.1918, abgedr. in: Institut für ML: Arbeiterbewegung, Bd. 3, S. 508 ff.; Luxemburg: Russische Revolution, passim; Norden: Berlin und Moskau, 173; Schmid: Stifter.

709 Sowjetregierung an alle Arbeiter-, Soldaten- und Matrosenräte Deutschlands, Telegramm vom 11.11.1918, abgedr. in: Institut für ML: Arbeiterbewegung, Bd. 3, S. 492 f.; Baer: Völkerkrieg, Bd. 28, S. 155 ff.; Bernstein: Revolution, S. 144; Böckenförde: Zusammenbruch, S. 28; Watt: Kaiser, S. 178.

710 Baer: Völkerkrieg, Bd. 28, S. 149; Barth: Werkstatt; Bernstein: Revolution, S. 185 ff.; Hürten u.a.: Adjutant, S. 84; Weiss: Polizei und Politik, S. 52 ff.; Institut für ML: Biografisches Lexikon, S. 111.

711 Eintragung in der *Kriegschronik* von Friedrich Naumanns vom 10.11.1918; zit. in: Heuß: Naumann, S. 580; Hürten u.a.: Adjutant, S. 103; Watt: Kaiser, S. 172.

712 Oehme: Damals, S. 56.

713 Böckenförde: Zusammenbruch, S. 29.

714 Hürten u.a.: Adjutant, S. 133.

715 Bernstein: Revolution, S. 123 ff., 135–140; Böckenförde: Zusammenbruch, S. 33; Haffner: Verrat, S. 73; Hürten u. a.: Adjutant, S. 109.

716 Böckenförde: Zusammenbruch, S. 29 f., 33; Miller: Burgfrieden, S. 357; Institut für ML: Arbeiterbewegung, Bd. 3, S. 161.

717 Otto Braun, in: *Vorwärts* vom 18.3.1918.

718 Benoist-Méchin: Kaiserreich, S. 49 f., 94 f.; Bernstein: Revolution, S. 150, 152 ff., 161, 163 ff.; Groener: Lebenserinnerungen, S. 474; Haffner: Verrat, S. 114; Hürten u. a.: Adjutant, S. 116 f.; Löwe, in: Bernstein: Revolution, S. 333; Wette: Geburtsstunden, S. 37, 66.

719 Erlass der OHL über die Abdankung Wilhelm II. vom 23.12.1918; abgedr. bei: Groener: Lebenserinnerungen, S. 477; Baer: Völkerkrieg, Bd. 28, S. 78; Böckenförde: Zusammenbruch, S. 27 f.; Groener: Lebenserinnerungen, S. 440 f., 467 f., 471, 476; Hindenburg: Leben, S. 300 f.; Hürten u. a.: Adjutant, S. 91, 139; Oehme: Damals, S. 91; Benoist-Méchin: Kaiserreich, S. 51 f.; Institut für ML: Arbeiterbewegung, Bd. 3, S. 164 f.; Norden: Berlin und Moskau, S. 174 f.; Volkmann: Revolution, S. 121; Wheeler-Bennet: Nemesis, S. 42.

720 Bernstein: Revolution, S. 200; Erfurth: Generalstab, S. 23; Groener: Lebenserinnerungen, S. 476 ff.; Höhne: Canaris, S. 61; Watt: Kaiser, S. 145 ff.; Wolff: Die Berliner Kundgebungen gegen Spartacus, in: *Berliner Tageblatt* vom 30.12.1918, abgedr. in: ders.: Tagebücher, S. 822 f.

721 Joost: Botschafter, S. 243; Nadolny: Beitrag, S. 68 f.; Norden: Berlin und Moskau, S. 161 ff.

722 Nadolny: Beitrag, S. 65 ff.; ähnlich bei: Oehme: Damals, S. 250 f.

723 Blücher: Deutschlands Weg, S. 42 f.; Joost: Botschafter, S. 156 f.; Nadolny: Beirag, S. 67.

724 Brockdorff Rantzau: Dokumente, S. 4 f.

725 Abschiedsgesuch Brockdorff Rantzaus vom 20.6.1919; abgedr. bei: ders.: Dokumente, S. 183 ff.; ders.: Der Vertragsentwurf, ein Wortbruch der Gegner, abgedr. ebd., S. 128 ff.; Mantelnote zu den deutschen Gegenvorschlägen, Versailles, 29.5.1919; abgedr. ebd., S. 137 ff.; Blücher: Deutschlands Weg, S. 51; Brockdorff Rantzau, Dokumente, S. 23; Grupp: Waffenstillstand, S. 301; Löwe, in: Bernstein: Revolution, S. 322 Fn. 402.

726 Service: Lenin, S. 499 f.

727 Barclay: Diese Stadt, S. 59 ff., 65 ff.; Meyer-Leviné: Kreis, S. 274; Müller: Menschenfalle, S. 80; Rosenfeld: Sowjetrussland, S. 153; Schlögel: Berlin, S. 202, 217; Wehner: Kaderkarrieren, S. 29 ff.

728 Weber: Gründung, S 2* ff., S. 50.

729 *Die Rote Fahne* Nr. 38 vom 23.12.1918; zit. nach: Weber: Gründung, S. 32 f.; Institut für ML: Biografisches Lexikon, S. 111; dasselbe: Arbeiterbewegung, Bd. 3, S. 169.

730 Rosa Luxemburg, in: *Die Rote Fahne* vom 29.11.1918.

731 Bernstein: Revolution, S. 123 ff.; Böckenförde: Zusammenbruch, S. 30 f.; Gross: Münzenberg, S. 91; Weber: Gründung, S. 31.

732 Liebknecht: Die Krisis der USP; abgedr. bei: Weber: Gründung, S. 52 ff.

733 Fischer: Stalin, S. 107.

734 Weber: Gründung, S. 293 Fn. 136.

735 Programm des Spartacusbundes; abgedr. bei: Weber: Gründung, S. 293 ff. (301).

736 Programm des Spartacusbundes; abgedr. bei: Weber: Gründung, S. 293 ff. (297).

737 Vgl. Alexandra Kollontai, zit. nach: Schejnis: Kollontai, S. 82 ff.

738 Ettinger: Luxemburg, S. 215 ff.; Höhne: Krieg, S. 253.

739 Weber: Gründung, S. 67, 86.

740 Vgl. Lenin an den Gründungsparteitag der KPD, Telegramm vom 30.12.1918; abgedr. in: *Die Rote Fahne* vom 31.12.1918.

741 Weber: Gründung, S. 67; Institut für ML: Arbeiterbewegung, Bd. 3, S. 169.

742 Gross: Münzenberg, S. 98; Weber: Gründung, S. 45, 293.

743 Bernstein: Revolution, S. 181 ff., 188 ff.; Hürten u. a.: Adjutant, S. 86, 98, 103, 107 128; Wette: Geburtsstunden, S. 73; Weber: Gründung, S. 88 ff.; Institut für ML: Arbeiterbewegung, Bd. 3, S. 183.

744 Dingel: Revolution, S. 46; Groener: Lebenserinnerungen, S. 473 ff.; Gietinger: Leiche, S. 17, 116, 128; Hallen: Ermordete Revolution, S. 274; Trotnow: Es kam auf einen, S. 210; Wette: Geburtsstunden, S. 73 ff.

745 Aufruf vom 6.1.1919; abgedr. bei: Bernstein: Revolution, S. 194.

746 Gietinger: Leiche, S. 127; Gumbel: Mord, S. 50; Hallen: Revolution, S. 275, unter Berufung auf ein Interview mit Waldemar Pabst, in: *Der Spiegel* 16/1963; Trotnow: Es kam auf einen, S. 210 ff.

747 Bernstein: Revolution, S. 229 ff., 234 f.; Gietinger: Leiche, S. 5, 67, 91 ff., 111 ff., 131; Hallen: Revolution, S. 275; Mayer: Erinnerungen, S. 317 f.; Trotnow: Es kam auf einen, S. 214, 216.

748 Toller: Jugend, S. 83.

749 Barclay: Diese Stadt, S. 76; Mayer: Erinnerungen, S. 318 ff.; Meyer-Leviné: Kreis, S. 265; Schlögel: Berlin, S. 202, 205 f.

750 Fischer: Stalin, S. 250; Höhne: Krieg, S. 254.

751 Fischer: Truppen, S. 150 f.

752 *Die Rote Fahne* vom 3.3.1919.

753 Benoist-Méchin: Kaiserreich, S. 196 ff.; Dingel: Revolution, S. 26 ff.; Haffner: Der Verrat, S. 5 f., 151 ff., 162; Haffner u. a.: Zwecklegenden, S. 4; dazu: Knabe: Charme, S. 319; ders.: Republik, S. 254 f.; Hallen: Revolution, S. 263 ff.; 283; Institut für ML: Arbeiterbewegung, Bd. 3, S. 217 f.; Miller u. a.: Kleine Geschichte, S. 89 f.; Norden: Berlin und Moskau, S. 292 ff.; 334; Rosenfeld: Sowjetrussland, S. 156 f.; Trotnow: Es kam auf einen, S. 215.

754 Gustav Böhm: Tagebuch vom 14.4.1919, zit. nach: Hürten u. a.: Adjutant, S. 145; Fischer: Stalin, S. 127; Haffner: Verrat, S. 171.

755 Höpfner u. a.: Lenin, S. 46 ff.

756 Zit. nach: Fischer: Stalin, S. 126; ebenso: Benoist-Méchin: Kaiserreich, S. 277.

757 Erfurth: Generalstab, S. 36; Fischer: Stalin, S. 127 ff.; Haffner: Verrat, S. 172; Noske: Erlebtes, S. 96 f.; Toller: Jugend, S. 98 ff.; Wette: Geburtsstunden, S. 145 Fn. 660 f.

758 Benoist-Méchin: Kaiserreich, S. 291; Fischer: Stalin, S. 131 f.; Haffner: Verrat, S. 173; Höller: Anfang, S. 245, 265 f.; Hürten u. a.: Adjutant, S. 147; Institut für ML: Arbeiterbewegung, Bd. 3, S. 226.

759 Zit. nach: Höller: Anfang, S. 263.

760 Z.B.: Institut für ML: Arbeiterbewegung, Bd. 3, S. 225 ff.; dass.: Biografisches Lexikon, S. 521; jedoch: Höller: Anfang, S. 262; Müller: Menschenfalle, S. 431.

761 Bullock: Hitler und Stalin, S. 108; Gilbhard: Thulegesellschaft, S. 44 ff.; Höhne: Orden, S. 19 f.; Höller: Anfang, S. 272 f.; Joachimsthaler: Hitlers Weg; Kershaw: Hitler 1889–1936, S. 151; Nicolai: Mächte, S. 160; Roewer u. a.: Geheimdienste, S. 289.

762 Hitler: Mein Kampf, S. 225; Kershaw: Hitler 1889–1936, S. 172.

763 Dorrmann: Von kommenden Dingen, S. 390; Meyer-Leviné: Kreis, S. 266; Rosenfeld: Sowjetrussland, S. 261.

764 Heym: Radek, S. 296 f.; Meyer-Leviné: Kreis, S. 266.

765 Fischer: Stalin, S. 251 f.

766 Meyer-Leviné: Kreis, S. 264 f.

767 Meyer-Leviné: Kreis, S. 266.

768 Fischer: Stalin, S. 132 f., 250; Meyer-Leviné: Kreis, S. 272; Wenzel: 1923, S. 43 f. Fn. 132.

769 Baer: Völkerkrieg, Bd. 2, S. 103, Bd. 20, S. 224, Bd. 27, S. 256; Fuhrmann: Polen, S. 74; Pethö: Agenten, S. 64 ff.; Riezler: Tagebücher, S. 310 Fn. 2; Ronge: Kriegs- und Industriespionage, S. 25; Erlass des Generalgouverneurs über den Kronrat vom 9.11.1916, abgedr. bei: Baer: Völkerkrieg, Bd. 20, S. 225.

770 Baer: Völkerkrieg, Bd. 27, S. 257; Dabrowska: Tagebücher, S. 25.

771 Hergemöller: Mann, S. 417; Kessler: Gesichter, S. 299 ff.; Wette: Geburtsstunden, S. 140; Zernack: Polen, S. 406.

772 Benoist-Méchin: Zwietracht, S. 163.

773 Abmeier: Schlesier, S. 228 ff.; Glombowski: Organisation Heinz; Roewer u.a.: Geheimdienste, S. 435.

774 Hepp: Tucholsky, S. 123, 222 f., 227 f.

775 Austermann: Tucholsky, S. 24 ff.; Fehlanzeige auch bei: Tucholsky: Gesammelte Werke.

776 Wassiljew: Ochrana, S. 188.

777 Tucholsky: Gesammelte Werke, Bd. 8, S. 142.

778 Benoist-Méchin: Zwietracht, S. 200.

779 Rayfield: Stalin, S. 101; Roewer u.a.: Geheimdienste, S. 348 f.

780 Buber-Neumann: Kriegsschauplätze, S. 23 f.; Service: Lenin, S. 527 f.; Zernack: Polen, S. 412.

781 Heym: Radek, S. 315 f.; Schlögel: Berlin, S. 207.

782 Figes: Tragödie, S. 771, 816 ff.; Malia: Wahn, S. 154 ff., 165; Schakowskoy: Jugend, S. 264, 266; Scheibert: Lenin, S. 67, 377 ff.; Service: Lenin, S. 536.

783 Scheibert: Lenin, S. 65.

784 Altrichter: Russland, S. 369; Figes: Tragödie, S. 675, 678 ff.; Hildermeier: Sowjetunion, S. 152; Maylunas u.a.: Eine Liebe, S. 795 ff., 802 f., 822; Scheibert: Lenin, S. 97; Service: Lenin, S. 471 f., 474.

785 Martin Lacis: *Krasnyj Terror* vom 1.11.1918; zit. nach: Scheibert: Lenin, S. 76; ähnlich bei: Possony: Lenin, S. 362.

786 Anders u.a.: Oktoberrevolution, S. 160; Figes: Tragödie, S. 682 f., 824; Hildermeier: Sowjetunion (1–4 Mio); Possony: Lenin, S. 362; Rayfield: Stalin, S. 93 ff.; Sudoplatow: Handlanger, S. 34 f.

787 Possony: Lenin, S. 81 ff., 365; Rosenberg: Bolschewismus, S. 160 ff.; Urban: Nabokov, S. 94.

788 Text abgedr. bei: Fischer: Stalin, S. 171 ff. Fn. 22.; bezeichnender Weise nur in Auszügen, in: Institut für ML: Arbeiterbewegung, Bd. 3, S. 604 f.; im Übrigen: Buber-Neumann: Kriegsschauplätze, S. 24 f.; Fischer: Stalin, S. 121 f., 172 f.; Rosenberg: Bolschewismus, S. 159; Service: Lenin, S. 501 f., 531; Weber: Gründung, S. 321; Institut für ML: Arbeiterbewegung, Bd. 3, S. 207; dasselbe: Biografisches Lexikon, S. 103.

789 Bullock: Hitler und Stalin, S. 140; Höhne: Krieg, S. 256; Fischer: Stalin, S. 388 f. Fn. 8; Lustiger: Rotbuch, S. 345; Pjatnizki: Deckname, S. 10; Institut für ML: Arbeiterbewegung, Bd. 3, S. 210.

790 Buber-Neumann: Potsdam, S. 122 f., 127, 130; dies.: Kriegsschauplätze, S. 441 f.; Fischer: Stalin, S. 164 Fn. 18, S. 388 f. Fn. 8; Schlögel: Berlin, S. 210, 153; Wehner u.a.: Thomas, S. 1 ff.; Wenzel: 1923, S. 15.

791 Hoffmann: Mannheim, S. 278 f., 286 ff.; Kegel: In den Stürmen, S. 73 f.; Kießling: Partner, S. 159 ff.; Mader: Sorge, S. 85; Massing: Täuschung; Müller-Enbergs u. a.: Wer war wer, S. 347; Roewer u. a.: Geheimdienste, S. 365, 427.

792 Höhne: Krieg, S. 256; Service: Lenin, S. 530; Trotzki: Sozialismus in einem Lande, abgedr. in: ders.: Revolution, S. 1005 ff.

793 Zit. nach: Cookridge: Zentrale, S. 192.

794 Buber-Neumann: Kriegsschauplätze, S. 25; Fischer: Stalin, S. 143 ff.; Vogt: Parteien, S. 139.

795 Buber-Neumann: Kriegsschauplätze, S. 28; Fischer: Stalin, S. 149 ff.; Ludendorff: Kriegserinnerungen, S. 618 ff.; Miller: Kleine Geschichte, S. 108 f.; Meier-Welcker: Seeckt, S. 258 ff., 279 f.; Wette: Geburtsstunden, S. 121 ff., 125 Fn. 21, S. 126 Fn. 27; Wohlfeil: Heer, S. 163 ff.; Institut für ML: Biografisches Lexikon, S. 275.

796 Buber-Neumann: Kriegsschauplätze, S. 48 ff.; Fischer: Stalin, S. 153 f., 167; Hürten: Bürgerkriege, S. 91; Müller: Menschenfalle, S. 105.

797 Fischer: Stalin, S. 117, 164, 169 Fn. 20, 170, 176 ff.; Meyer-Leviné: Kreis, S. 24; Miller u. a.: Kleine Geschichte, S. 111; Wenzel: 1923, S. 23; Institut für ML: Arbeiterbewegung, Bd. 3, S. 305.

798 Figes: Tragödie, S. 800; Fischer: Stalin, S. 209 f.; Hildermeier: Sowjetunion, S. 233; Rosenfeld: Sowjetrussland, S. 312 f.

799 Fischer: Stalin, S. 209; Höhne: Krieg, S. 257; Kaufmann u. a.: Nachrichtendienst, S. 40; Roewer u. a.: Geheimdienste, S. 442; Stassowa: Genossin; Wenzel: 1923, S. 15.

800 Höhne: Krieg, S. 157; Kaufmann u. a.: Nachrichtendienst, S. 33; Institut für ML: Biografisches Lexikon, S. 83 f.

801 Fischer: Stalin, S. 214; Höhne: Krieg, S. 267; Kaufmann u. a.: Nachrichtendienst, S. 19, 38 f., nach S. 96; Wehner: Kaderkarrieren, S. 236 ff.

802 Buber-Neumann: Kriegsschauplätze, S. 45; Courtois u. a.: Schwarzbuch, S. 129; Figes: Tragödie, S. 797, 804; Fischer: Stalin, S. 213 ff.; Kaufmann u. a.: Nachrichtendienst, S. 37; Levi: Unser Weg; Meyer-Leviné: Kreis, S. 25, 27 f.; Müller: Menschenfalle, S. 105; Rosenfeld: Sowjetrussland, S. 321 f.; Schulze: Braun, S. 332 ff.; Schwabe: Republik, S. 99 f.; Wenzel: 1923, S. 29 ff.; Institut für ML: Biografisches Lexikon, S. 104, 285 f.; dasselbe: Arbeiterbewegung, Bd. 3, S. 323, 326, 328.

803 Vergleichszahlen in: Wenzel: 1923, S. 137; Institut für ML: Arbeiterbewegung, Bd. 3, S. 412.

804 Schwabe: Republik, S. 105, 111, 118 f.; Wenzel: 1923, S. 164 ff.

805 Buber-Neumann: Kriegsschauplätze, S. 106 ff.; Ersil: Aktionseinheit, passim; Fischer: Stalin, S. 316 ff., 367, 371 ff., 379, 388; Institut für ML: Arbeiterbewegung, Bd. 3, S. 408.

806 Buber-Neumann: Kriegsschauplätze, S. 110; Dallin: Sowjetspionage, S. 94; Fischer: Stalin, S. 383, 393; Hentig: Leben, S. 7; Kaufmann u. a.: Nachrichtendienst, S. 77 f., 84; Wehner: Kaderkarrieren, S. 44 ff.; Wenzel: 1923, S. 205 ff.; Wollenberg: Aufstand, S. 2 f.; Institut für ML: Biografisches Lexikon, S. 61.

807 Fischer: Stalin, S. 385, 391, 393; Wollenberg: Aufstand, S. 4; ders.: Anmerkungen zu A. Neuberg, S. VII.

808 Figes: Tragödie, S. 803; Heym: Radek, S. 351; Wenzel: 1923, S. 181 ff.

809 Benoist-Méchin: Zwietracht, S. 280; Wohlfeil: Heer, S. 265; Wollenberg: Aufstand, S. 4; Institut für ML: Arbeiterbewegung, Bd. 3, S. 424.

810 Zit. nach: Fischer: Stalin, S. 408.

811 Buber-Neumann: Kriegsschauplätze, S. 110; Fischer: Stalin, S. 404 f., 410 f.; Meyer-Leviné: Kreis, S. 70 f.; Wollenberg: Aufstand, S. 5; Institut für ML: Biografisches Lexikon, S. 251; dasselbe: Arbeiterbewegung, Bd. 3, S. 428 f.

812 Fischer: Stalin, S. 391; Wollenberg: Aufstand, S. 6.

813 Wollenberg: Aufstand, S. 7, 9; ders.: Anmerkungen zu A. Neuberg, S. X.

814 Benoist-Méchin: Zwietracht, S. 283; Buber-Neumann: Kriegsschauplätze, S. 112 f.; Neuberg: Aufstand, S. 78, 80, 90 f.; Wohlfeil: Heer und Politik, S. 266.

815 Valtin: Tagebuch, S. 72 f.

816 Reissner: Briefe, S. , 231 ff., 235; Neuberg: Aufstand, S. 66–94; Institut für ML: Arbeiterbewegung, Bd. 3, S. 430 ff.

817 Reissner: Barmbek, S. 260 f.

818 Meyer-Leviné: Kreis, S. 114 f.; Wollenberg: Aufstand, S. 8, 10; ders.: Anmerkungen zu A. Neuberg, S. VII.

819 Brun-Zechowoj: Stern, S. 43 ff.; Werner: Sonjas Rapport, S. 81 f.; Wollenberg: Aufstand, S. 8, 10.

820 Buber-Neumann: Kriegsschauplätze, S. 116 f.; Tarassow-Rodionow: Reisner, in: Reissner: Barmbek, S. 5 ff.

821 Tucholsky: Reissner, in: Gesammelte Werke, Bd. 5, S. 160.

822 Buber-Neumann: Kriegsschauplätze, S. 113 ff.; Chanjutin u. a.: Lenin, S. 35 ff.; Dallin: Sowjetspionage, S.95; Fischer: Stalin, S. 425; Kaufmann u. a.: Nachrichtendienst, S. 92 f.; Service: Lenin, S. 583 ff.

823 Buber-Neumann: Kriegsschauplätze, S. 148 ff.; Gumbel: Verschwörer, S. 110 ff.; Fischer: Stalin, S. 395 Fn. 12; Hedeler: Ochrana-Agenten, S. 46; Kaufmann u. a.: Nachrichtendienst, S. 113 Fn. 51; Müller: Menschenfalle, S. 431; Roewer u. a.: Geheimdienste, S. 424; Wollenberg; zit. nach Dallin: Sowjetspionage, S. 94.

824 Buber-Neumann: Kriegsschauplätze, S. 153; Fischer: Stalin, S. 396 f.; Kaufmann u. a.: Nachrichtendienst, S. 114; Kindermann: Totenhäuser, S. 18; Orlow: Kreml-Geheimnisse; Roewer u. a.: Geheimdienste, S. 424; Schlögel: Berlin, S. 235, 245; Zeidler: Reichswehr, S. 144 f.

825 Fischer: Stalin, S. 416 Fn. 11; Zeutschel: Terror-Organisation.

826 Barclay: Diese Stadt, S. 75 ff.; Müller: Menschenfalle, S. 80 ff., 343; Roewer u. a.: Geheimdienste, S. 366; Wehner: Kaderkarrieren, S. 50 ff.

827 Kaufmann u. a.: Nachrichtendienst, S. 229, 232 f.; Kießling: Schneller, S. 231 ff.; Müller-Enbergs u. a.: Wer war wer, S. 694; Renn: Anstöße; Institut für ML: Biografisches Lexikon, S. 402.

828 Buber-Neumann: Kriegsschauplätze, S. 262 f.; Dallin: Sowjetspionage, S. 115; Institut für ML: Biografisches Lexikon, S. 132.

829 Buber-Neumann: Potsdam, S. 177.

830 Dallin: Sowjetspionage, S. 110.

831 Zit. nach: Dallin; Sowjetspionage, S. 118.

832 Buber-Neumann: Potsdam, S. 336; Dallin: Sowjetspionage, S. 116 ff., 121 f., 124 f.; Gieseke: Wer war wer, S. 24; Kühn u. a.: Wölfe, S. 68, 235; Niethammer: Antifaschismus, S. 501; Roewer u. a.: Geheimdienste, S. 114; Institut für ML: Biografisches Lexikon, S. 133.

833 Dallin: Sowjetspionage, S. 110; Feuchtwanger: M-Apparat, S. 493, 502, 527; Kaufmann u. a.: Nachrichtendienst, S. 101 Fn. 12; Wollenberg: Aufstand, S. 9.

834 Feuchtwanger: M-Apparat, S. 493.

835 Buber-Neumann: Kriegsschauplätze, S. 112; Feuchtwanger: M-Apparat, S. 501; Fischer: Stalin, S. 388 f. Fn. 8; Neuberg: Aufstand, S. 66–94; Wollenberg: Anmerkungen zu: Neuberg: Aufstand, S. I ff.

836 Buber-Neumann: Kriegsschauplätze, S. 53; Müller: Menschenfalle, S. 69 ff., 74 ff., 122 f., 125, 429 ff.; Roewer u. a.: Geheimdienste, S. 501 f.; Wollenberg: Aufstand, S. 2; ders.: Anmerkungen zu: Neuberg: Aufstand, S. I ff.

837 Buber-Neumann: Kriegsschauplätze, S. 311 f.; Gieseke: Mielke, S. 240, 261; Feuchtwanger: M-Apparat, S. 491; Kaufmann u. a.: Nachrichtendienst, S. 144, 178, 248 Fn. 222 (dort anders); Müller: Menschenfalle, S. 358; Müller-Enbergs: Wer war wer, S. 580.

838 Fröhlich: Goebbels, S. 56; Mohler: Revolution, S. 441 ff., 459 f.; Paetel: Nationalbolschewismus, S. 13 f., 206 ff., 210.; Schüddekopf: Linke Leute.

839 Feuchtwanger: M-Apparat, S. 506 f.; Mohler: Revolution, S. 173 ff.

840 Erklärung Scheringers vom 31.3.1931, abgedr. bei: Paetel: Nationalbolschewismus, S. 173 ff.; Verhandlungen des Deutschen Reichstags, Stenografische Berichte, V. Wahlperiode, S. 1739 f.; Kaufmann u. a.: Nachrichtendienst, S. 232; Meier-Welcker: Seeckt, S. 603 f.; Salewski: Bewaffnete Macht, S. 33 f.

841 Coppi u. a.: Dieser Tod, S. 132 ff.; Feuchtwanger: M-Apparat, S. 506; Mohler: Revolution, S. 468 ff.; Paetel: Nationalbolschewismus, S. 185 f., 188 ff.

842 Feuchtwanger: M-Apparat, S. 503; Foertsch: Schuld, S. 33; Horchem: Spione, S. 16 ff.; Jäckel: Menschen, S. 265 ff.; Kaufmann u. a.: Nachrichtendienst, S. 229, 299, 421; Müller: Akte Wehner, S. 85 f. Fn. 190; o. Verf.: Hitlers Kriegspläne im Klartext, www.zdf.de/ZDFde/inhalt/15/0,1872,2032047,00.html; Salewski: Bewaffnete Macht, S. 23; Wehner: Zeugnis, S. 178; Wohlfeil: Heer, S. 128 f.

843 Anders u. a.: Oktoberrevolution, S. 111 f.; Falin: Erinnerungen, S. 24 ff.; Roewer u. a.: Geheimdienste, S. 33, 58, 179f., 416 f.; Torke: Sowjetunion, S. 325; Winarow: Kämpfer, S. 75; Zernack: Polen, S. 410 ff.

844 Lustiger: Rotbuch, S. 170 f.; Medwedew: Urteil, Bd. 2, S. 115; Mader: Sorge, S. 85 f.; Trepper: Wahrheit, S. 77; Uhl: Und deshalb besteht, S. 6; Winarow: Kämpfer, S. 77, 176 ff.

845 Winarow: Kämpfer, S. 156.

846 Feuchtwanger: M-Apparat, S. 492; Kriwitzki: In Stalins Diensten, S. 63 f.

847 Braun: Aufzeichnungen; Dallin: Sowjet-Spionage, S. 143 (dort unrichtig); Feuchtwanger: M-Apparat, S. 490 f.; Müller-Enbergs u. a.: Wer war wer, S. 106 f.; Werner: Sonjas Rapport, S. 69 Fn. 18, S. 81; dies.: Benario, S. 102.

848 Werner: Benario.

849 Werner: Sonjas Rapport, S. 50 ff.

850 Fischer: Stalin, S. 623 Fn. 12; Lustiger: Schalom, S. 292; Rayfield: Stalin, S. 215; Roewer u. a.: Geheimdienste, S. 314.

851 Bullock: Hitler und Stalin, S. 95; Roewer u. a.: Geheimdienste, S. 43; Scheibert: Lenin, S. 80, 85.

852 Bullock: Hitler und Stalin, S. 11, 244 ff.; Fischer: Stalin, S. 774 f.; King: Retuschen, S. 76 f.; Possony: Lenin, S. 449; Service: Lenin, S. 609.

853 Andrew u. a.: Schwarzbuch, S. 138 f.; Besymenski: Stalin und Hitler, S. 398 f.; Suworow: GRU, S. 103.

854 Golinkow: Konterrevolution, S. 778 ff.; Malia: Wahn, S. 165 (1,5 Mio Flüchtlinge); Medwedew: Urteil, Bd. 3, S. 10; Sayers u. a.: Verschwörung, S. 148 ff.; Schlögel: Berlin, S. 78, 96 ff.

855 Andrew u. a.: Schwarzbuch, S. 55; Knigtley: Spionage, S. 72; Piekalkiewicz: Spionage, S. 330; Roewer u. a.: Geheimdienste, S. 422 f.

856 Medwedew: Urteil, Bd. 2, S. 117 f.; Rayfield: Stalin, S. 174 ff.; Piekalkiewicz: Spionage, S. 317 ff.; Roewer u. a.: Geheimdienste, S. 462 f.

857 Medwedew: Urteil, Bd. 2, S. 112 f.; Roewer u. a.: Geheimdienste, S. 34.

858 Piekalkiewicz: Spionage, S. 323.

859 Zit. nach: Sawinkow: Erinnerungen, S. 435.

860 Andrew u. a.: Schwarzbuch, S. 54; Lea: Inquisition, Bd. 1, S. 453 ff.; Rayfield: Stalin, S. 176 f.; Sawinkow: Erinnerungen, S. 370 ff., 431, 436; Sayers u. a.: Verschwörung, S. 137 ff.; Stepun: Antlitz, S. 300; Sudoplatow: Handlanger, S. 114 ff.; Urban: Nabokov, S. 103.

861 Diels: Lucifer, S. 108.

862 Feuchtwanger: M-Apparat, S. 499, 531; Kaufmann u. a.: Nachrichtendienst, S. 194 f., 196 ff., 201.

863 *Bayerische Staatszeitung* vom 15.4.1931; Dallin: Sowjetspionage, S. 105; Feuchtwanger: M-Apparat, S. 492; Hildermeier: Sowjetunion, S. 368 ff.; Kaufmann u. a.: Nachrichtendienst, S. 451; Roewer u. a.: Geheimdienste, S. 83.

864 Anklageschrift des Reichsanwalts beim VGH vom 11.3.1937, IfZ: Fa 117/183; Bergschicker: Chronik, S. 251; Eberle: Herrmann, S. 1 ff.; Institut für ML: Widerstandskämpfer, Bd. 1, S. 590 ff.

865 Roewer u. a.: Geheimdienste, S. 84 f.

866 Roewer u. a.: Geheimdienste, S. 151.

867 Roewer u. a.: Geheimdienste, S. 95.

868 Lustiger: Rotbuch, S. 370 f.; Roewer u. a.: Geheimdienste, S. 90; Sudoplatow: Handlanger, S. 130 f.

869 Buber-Neumann: Potsdam, S. 119; dies.: Kriegsschauplätze, 171 ff., S. 290 f.; Feuchtwanger: Moskau 1937; Gide: Retour de l'U.R.S.S.; aber ders.: Retuschen, S. 75; Istrati: Auf falscher Bahn; Dallin: Sowjetspionage, S. 98; Fischer: Stalin, S. 624; Koenen: Gesänge, S. 97, 106 f.; 121 ff.; Koestler: Schriften, Bd. 1, S. 317 ff.; Medwedew: Urteil, Bd. 2, S. 164 ff., Bd. 3, S. 26; Rayfield: Stalin, S. 379, 418.

870 Bronnen: Protokoll (seine Ehefrau Olga Förster ist nicht erwähnt); Ehrenburg: Menschen; Tschechowa: Uhren; Rayfield: Stalin, S. 210; Schlögel: Berlin, S. 78 ff.; Sudoplatow: Handlanger, S. 148 f.; Urban: Nabokov, S. 98 f.

871 Ehrenburg: Menschen; Hoffmann: Vernichtungskrieg, S. 150 ff.; Lustiger: Rotbuch, S. 374 ff. (ohne die Agententätigkeit); Schakowskoy: Jugend, S. 296; Urban: Nabokov, S. 39 f.

872 Roewer u. a.: Geheimdienste, S. 112.

873 Riesenberger: Friedensbewegung, S. 172.

874 Roewer u. a.: Geheimdienste, S. 286, 393 f.; Wolf: Spionagechef, S. 147 ff.

875 Roewer u. a.: Geheimdienste, S. 498.

876 Knigtley: Spionage, S. 265 ff.; Roewer u. a.: Geheimdienste, S. 106, 257, 265 f.

877 Dornberger: Peenemünde, S. 28 ff.; Befehlsblatt des Chefs der Sicherheitspolizei und des SD vom 29.1.1943, S. 1.

878 Bollmus: Rosenberg, S. 229 f.; Hergemöller: Mann, S. 154; O.Verf.: Schlag nach, S. 212; Schäfer: NSDAP, S. 55; Wistrich: Wer war wer, S. 90, 92.

879 Roewer u. a.: Geheimdienste, S. 145.

880 Bronnen: Protokoll; Feuchtwanger: M-Apparat, S. 505; Fröhlich: Goebbels, S. 65; Wistrich: Wer war wer, S. 92.

881 Hergemöller: Mann, S. 331 f.; Kaufmann u. a.: Nachrichtendienst, S. 230, 235; Roewer u. a.: Geheimdienste, S. 64, 457.

882 Briefwechsel des sowjetischen stellvertretenden Militärattachés Schmitman mit der Leitung der GRU; abgedr. bei: Djakow u. a.: Faschistskij Metsch, S. 286 f.; Uhl: Nachrichtendienste, S. 489.

883 Reichsverfassung vom 16.4.1971, RGBl. 1871, S. 64 und vom 14.8.1919, RGBl. 1919, S. 1383; Borgs u. a.: Geheimdienste, S. 14; Buchheim: SS, S. 34; Diels: Lucifer, S. 166; Falter: Wahlen, S. 486; Funke: Republik, S. 512; Graf: Kontinuitäten, S. 74 ff.; Knütter: Republik, S. 389 f.; Rasehorn: Rechtspolitik, S. 417 ff.; Weiss: Polizei, S. 52 ff.; Sabrow: Märtyrer, S. 235 Fn. 27; Schulze: Braun, S. 302 ff.; Wette: Geburtsstunden, S. 12.

884 Dallin: Sowjetspionage, S. 104; Schlögel: Berlin, S. 118; Weiss: Polizei.

885 Dallin: Sowjetspionage, S. 100 ff.; Schlögel: Berlin, S. 118.

886 Buber-Neumann: Kriegsschauplätze, S. 455 ff.; Hildermeier: Sowjetunion, S. 408 ff.; Medwedew: Urteil, Bd. 3, S. 102 ff.; Rayfield: Stalin, S. 178 f.

887 Agricola: Spione, S. 166; Nowak: Hoffmann, Bd. 2, S. 325; Riezler: Tagebücher, S. 466 Fn. 2.

888 Nowak: Hoffmann, Bd. 1, S. 224.

889 Blücher: Deutschlands Weg, S. 37.

890 Norden: Berlin und Moskau, S. 236.

891 Z. B.: Balla: Landsknechte wurden wir; Dwinger: Die letzten Reiter; Plehwe: Im Kampf gegen den Bolschewismus; Salomon: Die Geächteten.

892 Blücher: Deutschlands Weg, S. 70 f.; Goltz: Meine Sendung; ders.: Goltz: Politischer General, S. 5 f., 167 ff.; Norden: Berlin und Moskau, S. 241.

893 Blücher: Deutschlands Weg, S. 75 ff., 84 ff.; Erfurth: Generalstab, S. 60 f.; Goltz: Politischer General, S. 181 ff., 159; Norden: Berlin und Moskau, S. 248; Schiemann: Zwischen zwei Zeitaltern, S. 172.

894 Buber-Neumann: Kriegsschauplätze, S. 115; Norden: Berlin und Moskau, S. 250; Roewer u. a.: Geheimdienste, S. 399.

895 Blücher: Deutschlands Weg, S. 96 f.; Nowak: Hoffmann, Bd. 2, S. 325.

896 HStA Stuttgart: M 660, Bü 16; abgedr. bei: Wette: Geburtsstunden, S. 190 ff.

897 Blücher: Deutschlands Weg, S. 50, 90 f.; Erfurth: Generalstab, S. 53 ff.; Gempp: Nachrichtendienst, Bd. 4, S. 258; Nicolai: Mächte, S. 164; Reile: Ostfront, S. 47.

898 Wette: Geburtsstunden, S. 194.

899 Nicolai: Mächte, S. 162 f.; Reile: Ostfront, S. 46; Skorzeny: Kommandounternehmen, S. 251 ff.

900 Reile: Ostfront, S. 48, 50.

901 Teske: Köstring, S. 44.

902 *Berliner Tageblatt* vom 10.8.1927.

903 BA: NL 89 [Materialien über Lohmann im Nachlass Arnold Brecht], NL 171 [Nachlass des Präsidenten des Rechnungshofs Friedrich Saemisch]; Dülffer: Reichs- und Kriegsmarine, S. 425 f.; Höhne: Canaris, S. 98 f., 111 ff.; Krausnick: Canaris, S. 298 f.; Stoelzel: Ehrenrangliste, S. 166.

904 Z. B.: *Die Rote Fahne* vom 11.1.1930 und vom 22.1.1930.

905 Blücher: Deutschlands Weg, S. 128 f.; Dornheim: Nachrichtenhandel, S. 13; Figes: Tragödie, S. 755 f.

906 Dornheim: Nachrichtenhandel, S. 12 f.; Hürten u. a.: Adjutant, S. 146.; Norden: Fälscher, S. 50 ff.; Wallach: Bell, S. 193 ff.

907 Nowak: Hoffmann, Bd. 2, S. 174, 215 ff.

908 *Die Rote Fahne* Nr. 307a vom 10.7.1922; Orloff: Mörder, S. 82–125, 254 ff.; Norden: Fälscher, S. 142 f., 151 ff.

909 *Die Rote Fahne* vom 2.7.1929, 5.7.1929; Hoffmann: Gelegenheiten, S. 247; Norden: Fälscher, S. 141 ff.; Orloff: Mörder, S. 261.

910 O. Verf.: Otscherki istorii rossijskoj vneschnej raswedki, Bd. 2, S. 158–165.

911 Dornheim: Nachrichtenhandel, S. 14, 23 f.; Norden: Fälscher, S. 114 ff.

912 Blücher: Deutschlands Weg, S. 34.

913 Blücher: Deutschlands Weg, S. 146; Herwarth: Hitler und Stalin, S. 40, 84 f.; Hilger: Kreml, S. 33; Rosenfeld: Sowjetrussland, S. 265 ff.; Schlögel: Berlin, S. 210.

914 Blücher: Deutschlands Weg, S. 147; Hilger: Kreml, S. 72.

915 Rapallo-Abkommen, abgedr. bei: Rosenfeld: Sowjetrussland, S. 391 ff.; Hilger: Kreml, S. 85; Rosenfeld: Sowjetrussland, S. 394.

916 Dorrmann: Von kommenden Dingen, S. 390; Rathenau: Tagebuch, S. 19; Sabrow: Mythen, S. 10, 17; ders.: Verschwörung, S. 47, 81 ff.; Strunk: Rathenau, S. 45 ff.; Wilderotter: Extreme, S. 19, 200.

917 Corino: Musil, S. 369; Hilger: Kreml, S. 87; Sabrow: Verschwörung, S. 92 ff.

918 Blücher: Deutschlands Weg, S. 95.

919 Hilger: Kreml, S. 81, 130; Schlögel: Berlin, S. 71.

920 Blücher: Deutschlands Weg, S. 152 f.; Erfurth: Generalstab, S. 73 ff.; Hilger: Kreml, s. 189 f.; Kramer u. a.: Virtuti, S. 368 f.; Zeidler: Reichswehr, S. 31, 48 f., 48 Fn. 7 f., S. 51; Zernack: Polen, S. 412.

921 Blücher: Deutschlands Weg, S. 152; Hilger: Kreml, S. 118 f., 189; Meier-Welcker: Seeckt, S. 324; Teske: Köstring, S. 42 f.; Zeidler: Reichswehr, S. 50.

922 Meier-Welcker: Seeckt, S. 325 ff.; Zeidler: Reichswehr, S. 51, 53 ff.

923 Blücher: Deutschlands Weg, S. 166 f.; Hilger: Kreml, S. 19, 90, 101 ff.; Paetel: Nationalbolschewismus, S. 13, 247.

924 Blücher: Deutschlands Weg, S. 168; Hilger: Kreml, S. 94; Meier-Welcker: Seeckt, S. 341 ff.; Zeidler: Reichswehr, S. 62 ff.

925 Blücher: Deutschlands Weg, S. 169 f.

926 Zeidler: Reichswehr, S. 67, 72.

927 Ersil: Aktionseinheit, S. 177 ff.; Fischer: Stalin, S. 368 ff., 378 ff.; Görtemaker: 19. Jahrhundert, S. 51; Graml: Europa, S. 178 f.; Hilger: Kreml, S. 95; Meyer-Leviné: Kreis, S. 58; Zeidler: Reichswehr, S. 67, 72, 76 ff., 83.

928 Kehrig: Attachédienst , S. 61; Zeidler: Reichswehr, S. 171 ff.

929 Blücher: Deutschlands Weg, S. 152 f.; Kehrig: Attachédienst, S. 61 ff., 65; Meier-Welcker: Seeckt, S. 452 f.; Teske: Köstring, S. 54 ff.; Zeidler: Reichswehr, S. 205 f.

930 Blücher: Deutschlands Weg, S. 152 f.; Castelnau: Réarmement; Kaufmann u. a.: Nachrichtendienst, S. 166 ff.; Piekalkiewicz: Spionage, S. 331 ff.; Teske: Köstring, S. 48; Zeidler: Reichswehr, S. 155 ff.; Zernack: Polen, S. 433.

931 Schlögel: Berlin, S. 125 f.

932 Schlögel: Berlin, S. 126.

933 Dallin: Sowjetspionage, S. 277; Roewer u. a.: Geheimdienste, S. 205; Schlögel: Berlin, S. 126 f.

934 Schlögel: Berlin, S. 122, 124 f.; Solonewitsch: Drei Jahre; Vorbehalte hiergegen bei: Schlögel: Berlin, S. 338.

935 Schlögel: Berlin, S. 118.

936 Kaufmann u. a.: Nachrichtendienst, S. 19 Fn. 4, S. 99 f.; Müller: Akte Wehner, S. 300 Fn. 183; Roewer u. a.: Geheimdienste, S. 371.

937 Borkenau: Kampfplatz Spanien; Kraushaar: Protestchronik, S. 1641; Roewer u. a.: Geheimdienste, S. 200.

938 Kehrig: Attachédienst, S. 164 Fn. 93; Teske: Köstring, S. 54 ff.; Zeidler: Reichswehr, S. 283 ff.

939 Verordnung betreffend die Wiederherstellung der öffentlichen Ordnung in Groß-Berlin und in der Provinz Brandenburg vom 20.7.1932, RGBl. 1932 I, S. 377; *Völkischer Beobachter*, Ausgabe A, vom 3.2.1933; Benoist-Méchin: Macht, S. 56 ff., 207 ff.; Deutscher Offizier-Bund: Ehrenrangliste, S. 11; Funke: Republik, S. 506 ff., 530; Olden: Hindenburg, S. 246, 303 ff.; Petzold: Papen, S. 63 ff., 89 ff., 98; Schulze: Braun, S. 725, 744, 750 ff., 762.

940 RGBl. 1933 Teil I, S. 83.

941 Calic: Heydrich, S. 110 ff.; Meissner: Machtergreifung, S. 294 ff., 305 ff., 393 Fn. 29 f.; Olden: Hindenburg, S. 227; Scheel: Potsdam, S. 15; Williamson: SS, S. 29; Deutscher Bundestag: Fragen, S. 296; Institut für ML: Arbeiterbewegung, Bd. 5, S. 26.

942 *Völkischer Beobachter*, Ausgabe A, vom 1.3.1933.

943 *Völkischer Beobachter*, Ausgabe A, vom 3.3.1933.

944 Redebeitrag Herbert Wehners auf dem VII. Weltkongress der Komintern in Moskau am 1.8.1935, abgedr. bei: Müller: Akte Wehner, S. 185 ff.; Bayerlein u. a.: Kommentare und Materialien, S. 26; Bedürftig: Taschenlexikon, S. 195; Boveri: Verzweigungen, S.208 ff.; Buber-Neumann: Kriegsschauplätze, S. 116, 311, 340; Miller u. a.: Kleine Geschichte, S. 142; Olden: Hindenburg, S. 283, 310; Petzold: Papen, S. 81 ff.; Institut für ML: Arbeiterbewegung, Bd. 4, S. 264 ff., 324 ff., gegenüber S. 272.

945 Berliner Polizeipräsident vom 2.2.1933, BA Potsdam: R 58/508, S. 63 ff.

946 Gisevius: Lucifer, S. 185; Institut für ML: Arbeiterbewegung, Bd. 5, S. 20 f.

947 Diels: Bis zum bitteren Ende, S. 187.

948 Buber-Neumann: Kriegsschauplätze, S. 367 f.; Feuchtwanger: M-Apparat, S. 508 ff., 533; Gabelmann: Thälmann, S. 89 f.; Kaufmann u. a.: Nachrichtendienst, S. 315 ff.; Müller: Akte Wehner, S. 64 Fn. 130.

949 Zit. nach: Gabelmann: Thälmann, S. 91.

950 Boveri: Verzweigungen, S. 211; Buber-Neumann: Kriegsschauplätze, S. 403 ff.; Feuchtwanger: M-Apparat, S. 487, 513 ff., 527; Kaufmann u. a.: Nachrichtendienst, S. 391; Müller: Akte Wehner, S. 81 ff.; Roewer u. a.: Geheimdienste, S. 237 f.

951 Höhne: Röhm, S. 160 ff.; Institut für ML: Arbeiterbewegung, Bd. 5, S. 26; Kaufmann u. a.: Nachrichtendienst der KPD, S. 285; Mallmann: V-Leute, S. 268 ff.

952 Buber-Neumann: Kriegsschauplätze, S. 408; Feuchtwanger: M-Apparat, S. 516; Gabelmann: Thälmann, S. 88 f., 94; Kaufmann u. a.: Nachrichtendienst, S. 162, 286, 306 Fn. 130 f., S. 315 f., 343; Müller: Akte Wehner, S. 64, 255 ff.; Müller-Enbergs u. a.: Wer war wer, S. 168 f.

953 Gesetz über die Geheime Staatspolizei vom 26.4.1933, Preußische Gesetzsammlung 1933, S. 122; Diels: Lucifer, S. 171 f.; Höhne: Orden, S. 82 f.; Irving: Göring, S. 37 ff., 53, 94; Köhler u. a.: Luftwaffe, S. 507; Kube: Göring, S. 72; Meissner: Machtergreifung, S. 289; Plum: Übernahme und Sicherung, S. 37; Weiß: Personenlexikon, S. 157; Wistrich: Wer war wer, S. 50.

954 Diels: Lucifer, S. 17, 166 f.; Gabelmann: Thälmann, S. 90; Graf: Kontinuitäten, S. 76 ff.

955 Bayerlein u. a.: Kommentare, S. 28; Buber-Neumann: Potsdam, S. 122 f., 127, 130; Gisevius: Ende, S. 22 ff., 30 ff.; Irving: Göring, S. 98 ff.; Kaufmann u. a.: Nachrichtendienst, S. 298; Olden: Hindenburg, S. 227.

956 Buber-Neumann: Kriegsschauplätze, S. 261; Gross: Münzenberg, S. 22, 25–33, 59 ff.; Koestler: Schriften, Bd. 1, S. 424 f.

957 Buber-Neumann: Kriegsschauplätze, S. 295; Müller: Akte Wehner, S. 26, 59.

958 Regler: Malchus, S. 210 f.

959 Abusch: Deckname, S. 324 ff.; Buber-Neumann: Potsdam, S. 407; Gross: Münzenberg, S. 18, 257 ff.; Kantorowicz: Exil, S. 12, 23; Koestler: Schriften, Bd. 1, S. 411 f., Bd. 2, S. 257 ff., 274 f.; Meissner: Machtergreifung, S. 433; Müller-Enbergs u. a.: Wer war wer, S. 11 f., 410, 449 f.; Regler: Malchus, S. 487 f.

960 Abusch: Deckname, S. 325, 329; Bayerlein u. a.: Kommentare, S. 32; Buber-Neumann: Potsdam, S. 180 f.; Kaufmann u. a.: Nachrichtendienst, S. 298 ff.; Koestler: Schriften, Bd. 1, S. 427 f.; Meissner: Machtergreifung, S. 433; Müller: Akte Wehner, S. S. 85 f. Fn. 190, S. 282 ff.

961 Bayerlein u. a.: Materialien, S. 35; Meissner: Machtergreifung, S. 307, 408.

962 Gesetz vom 30.11.1933, Preußische Gesetzsammlung 1933, S. 413; Buchheim: SS, S. 36 f.; Höhne: Orden, S. 87 f.; ders.: Vier Jahre, S. 122 f.

963 Bibliografisches Institut: Schlag nach, S. 214 f.; Buchheim: SS, S. 31; Höhne: Orden, S. 41 ff., 51, 75; Tuchel: Himmler, S. 234, 237 f., 240; Wistrich: Wer war wer, S. 125 ff.

964 Buchheim: Die SS , S. 30 f.; Fischer: Röhm, S. 221; Goodrick-Clarke: Wurzeln, S. 55 ff., 121 ff., 127 ff., 200; Höhne: Orden, S. 25 ff., 31, 48 ff., 53 ff.; Schellenberg: Aufzeichnungen, S. 49 f.; Sydnor: Heydrich, S. 212; Tuchel: Himmler, S. 241; Williamson: SS, S. 19; Wistrich: Wer war wer, S. 224.

965 Calic: Heydrich, S. 21 f., 58; Höhne: Röhm, S. 137; ders.: Orden, S. 161; Schellenberg: Aufzeichnungen, S. 44, 47; Sydnor, Heydrich, S. 211; Wistrich: Wer war wer, S. 123.

966 Boberach: Meldungen, S. 12; Buchheim: SS, S. 32, 66; Calic: Heydrich, S. 57; Herbert: Best, S. 137; Sydnor: Heydrich, S. 211.

967 Bedürftig: Taschenlexikon, S. 99; Buchheim: Die SS, S. 37 f.; Höhne: Röhm, S. 138; Sydnor: Heydrich, S. 212; Tuchel: Himmler, S. 239.

968 Buchheim: Die SS, S. 39 ff.; Höhne: Orden, S. 33, 88.

969 Benoist-Méchin: Macht, S. 28; Deutscher Offizier-Bund: Ehrenrangliste, S. 153; Fest: Hitler, S. 395, 416; Höhne: Vier Jahre, S. 60 f.; ders.: Orden, S. 63 f.; Kershaw: Hitler 1889–1936, S. 437, 440 f.; Olden: Hindenburg, S. 306; Paetel: Nationalbolschewismus, S. 221 f.; Picker u. a.: Tischgespräche im Bild, S. 198; Röder u. a.: Biografisches Handbuch, S. 729; Schulze: Braun, S. 1074; Uhl: Nachrichtendienste, S. 503 f.; Williamson: SS, S. 24 f.

970 *Die Rote Fahne* vom 18.1.1931, 4.2.1931, 20.3.1931.

971 Andrew u. a.: Schwarzbuch, S. 141; Bullock: Hitler und Stalin, S. 315, 322.; Diels: Lucifer, S. 249 ff.; Höhne: Orden, S. 85; Kaufmann u. a.: Nachrichtendienst, S. 225 ff.; Petschscherskij.: Warg moego wraga, S. 59 ff.; Röder u. a.: Biografisches Handbuch, S. 729; Salewski: Bewaffnete Macht, S. 61.

972 *Völkischer Beobachter* vom 21.4.1934, S. 1; Buchheim: SS, S. 42 f.; Diels: Lucifer, S. 428 f.; Höhne: Orden, S. 86, 89; ders.: Röhm, S. 223; falsche Angabe (21.11.1934) bei: Kube: Göring, S. 74; ungenau: Sydnor: Heydrich, S. 212; Tuchel: Himmler, S. 240; Wistrich: Wer war wer, S. 51, 186.

973 Höhne: Röhm, S. 268; Meissner: Machtergreifung, S. 437.

974 Deutscher Offizier-Bund: Ehrenrangliste, S. 797; Dornberg: Hitlers Marsch, S. 322 f.; Fischer: Röhm, S. 212 f., 216; Gordon: Hitlerputsch, S. 98 ff., 459; Höhne: Röhm, S. 173; ders.: Orden, S. 21 f., 40 ff.; Meissner: Machtergreifung, S. 437; Röhm: Hochverräter; Weiß: Personenlexikon, S. 382; Wistrich: Wer war wer, S. 224.

975 Fischer: Röhm, S. 219; Höhne: Röhm, S. 40.

976 Gesetz zur Behebung der Not von Volk und Reich vom 24.3.1933, RGBl. 1933 Teil I, S. 141; Bedürftig: Taschenlexikon, S. 74, 100 f., 324; Meissner: Machtergreifung, S. 341 ff., 349 f.; Miller u. a.: Kleine Geschichte, S. 143 ff.; Tyrell: Diktatur, S. 21 f.; Deutscher Bundestag: Fragen, S. 296.

977 Bedürftig: Taschenlexikon, S. 100 f.

978 Erfurth: Generalstab, S. 159; Görlitz: Generalstab, S. 280–290; Hart: Generale, S. 23; Höhne: Vier Jahre, S. 68 ff.; Picker u.a.: Tischgespräche im Bild, S. 184; Salewski: Bewaffnete Macht, S. 40 ff.; Scheurig: Tresckow, S. 28.

979 Bedürftig: Taschenlexikon, S. 140 f.: Görlitz: Generalstab, S. 285; Graf: Kontinuitäten, S. 75 ff.; Köhler u.a.: Luftwaffe, S. 507; Wilamowitz-Moellendorff: Göring, S. 149 ff.; Weiß: Personenlexikon, S. 156.

980 Diels: Lucifer, S. 231; Gellermann: Und lauschten, S. 19; Höhne: Vier Jahre, S. 123; Irving: Reich hört mit, S. 16, 19; ders.: Göring, S. 105 f.; Tuchel: Himmler, S. 240.

981 Diels: Lucifer, S. 231; Gellermann: Und lauschten, S. 88 f.; Hergemöller: Mann, S. 154 f.; Irving: Reich hört mit, S. 101; ders.: Göring, S. 110.

982 Zit. nach: Gellermann: Und lauschten, S. 89.

983 Emessen: Görings Schreibtisch, S. 33; Fröhlich: Goebbels, S. 64; Irving: Reich hört mit, S. 76 f.; ders.: Göring, S. 200; Weiß: Personenlexikon, S. 154; Wistrich: Wer war wer, S. 92.

984 Gellermann: Und lauschten, S. 85 f.; Höhne: Röhm, S. 172 f., 252; Irving: Göring, S. 108; Tuchel u.a.: Zentrale, S. 80 f.

985 Bedürftig: Taschenlexikon, S. 298 f.; Fischer: Röhm, S. 220; Höhne: Röhm, S. 142 ff.; 212 ff.; Salewski: Bewaffnete Macht, S. 70; Wistrich: Wer war wer, S. 224.

986 Fischer: Röhm, S. 217–221; Hergemöller: Mann, S. 589 f.; Salewski: Bewaffnete Macht, S. 73; Tucholsky: Gesammelte Werke, Bd. 10, S. 69 f.; Wistrich: Wer war wer, S. 224.

987 Höhne: Röhm, S. 157, 224 ff., 243; Sydnor: Heydrich, S. 212; Tuchel u.a.: Zentrale, S. 80; Wistrich: Wer war wer, S. 224.

988 Bedürftig: Taschenlexikon, S. 299; Diels: Lucifer, S. 418; Höhne: Röhm, S. 229, 257, 267 ff., 274; Salewski: Bewaffnete Macht, S. 75; Wistrich: Wer war wer, S. 224.

989 Höhne: Röhm, S. 7 ff.; 279 ff., 284, 290 f., 319 ff.; Salewski: Bewaffnete Macht, S. 76.

990 Bose: Nachrichtenoffizier, S. 183–196; ders.: Sabotage, S. 301–311; Höhne: Röhm, S. 232 ff., 240, 277 f.; Olden: Hindenburg, S. 212; Petzold: Papen, S. 185.

991 Benoist-Méchin, Zwietracht, S. 328.; Görlitz: Generalstab, S. 223 ff., 248 ff.; Olden: Hindenburg, S. 281; Wistrich: Wer war wer, S. 240 f.; Zeidler: Reichswehr, S. 53, 283 f.

992 Gedächtnisprotokoll Patzig; zit. nach: Höhne: Canaris, S. 156.

993 Erfurth: Generalstab, S. 112, 139, 150; Buchheit: Beck, S. 33.

994 Abshagen: Canaris, S. 94 f.; Hart: Deutsche Generale, S. 24; Henke: Patzig, S. 4; ders: Bericht, S. 11; Höhne: Canaris, S. 162 f.; ders.: Röhm, S,227; Kurowski: Kommandotrupps, S. 10; Meinl: Nationalsozialisten, S. 239 ff.; Salewski: Bewaffnete Macht, S. 76 ff.

995 Wistrich: Wer war wer, S. 24.

996 Gesetz über die Maßnahmen der Staatsnotwehr vom 3.7.1934, RGBl. 1934 Teil I, S. 529; Höhne: Röhm, S. 298.

997 Stein: Waffen-SS, S. 267; Wistrich: Wer war wer, S. 123.

998 Art. 48 der Reichsverfassung vom 11.8.1919, RGBl. 1919, S. 1383; Anschütz: Verfassung, S. 240 f.; Deutscher Offizier-Bund: Ehrenrangliste, S. 118; Olden: Hindenburg, S. 325, 329; Schwabe: Republik, S. 121 f.; Tyrell: Diktatur, S. 16; Weiß: Personenlexikon, S. 213.

999 Art. 51 der Reichsverfassung vom 11.8.1919, RGBl. 1919, S. 1383; Kershaw: Hitler 1889 bis 1936, S. 659 f.; Gesetz über das Staatsoberhaupt des Deutschen Reiches vom 1.8.1934, RGBl. 1934 Teil I, S. 747; Salewski: Bewaffnete Macht, S. 80 f.

1000 Abgedr. bei: Salewski: Bewaffnete Macht, S. 82.

1001 Salewski: Bewaffnete Macht, S. 17.

1002 Stieff: Briefe, S. 89 f.

1003 Kershaw: Hitler 1889–1936, S. 659 ff.

1004 Schmitt: Staat, Bewegung, Volk; Wistrich: Wer war wer, S. 242 f.

1005 Calic: Heydrich, S. 208 f.; Herzog: Canaris, II. Teil, S. 6 ff.; Höhne: Canaris, S. 204; Knopp: Krieger, S. 351.

1006 Abgedr. bei: Krausnick: Canaris, S. 286.

1007 Abshagen: Canaris, S. 39 ff.; Herzog: Kritische Situation, S. 11 ff.; ders.: Vor Cartagena, S. 21 ff.; Höhne: Canaris, S. 44; Knopp: Krieger, S. 344; Krausnick: Canaris, S. 282 f.; Parker: Dresden, S. 44, 199 ff., 261 ff.; Reile: Ostfront, S. 166 ff.; Schoen: Kreuzerkrieg, S. 217 f.; Stoelzel: Ehrenrangliste, S. 116, 587.; Waldeyer-Hartz: Kreuzerkrieg, S. 74 ff., 109 ff.

1008 Bernstein: Revolution, S. 42 f.; Groener: Lebenserinnerungen, S. 467 f., 471, 476; Oehme: Damals, S. 91; Benoist-Méchin: Kaiserreich, S. 51 ff.; Höhne: Canaris, S. 59 f., 62 f.; Norden: Berlin und Moskau, S. 174 f.; Noske: Erlebtes, S. 66 ff.; Volkmann: Revolution, S. 121; Wheeler-Bennet: Nemesis, S. 42; Wolff: Tagebücher, S. 643 f.

1009 Abshagen: Canaris, S. 91 f.; Dülffer: Reichs- und Kriegsmarine, S. 353 ff.; Gietinger: Leiche, S. 60 ff., 133; Höhne: Canaris, S. 70 f., 73 ff., 83 ff., 117 ff.; Knopp: Krieger, S. 346; Krausnick: Canaris, S. 288 f. 292, 294, 298 f., 310; Kroschel u.a.: Deutsche Flotte, S. XV, Nr. 286 f.; Noske: Erlebtes, S. 82 f.; Reile: Ostfront, S. 172.

1010 Abshagen: Canaris, S. 96; Achmann u.a.: 20. Juli 1944, S. 42; Calic: Heydrich, S. 209; Hart: Generale, S. 24; Henke: Patzig, S. 4; Höhne: Canaris, S. 163; Kurowski: Kommandotrupps, S. 13; Mader: Spionagegenerale, S. 113; Meinl: Nationalsozialisten, S. 238 ff.; Moll: Generalfeldmarschälle, S. 163; Raeder: Leben, Bd. 1, S. 227 ff.

1011 Henke: Erinnerungen, S. 13; ders: Bericht, S. 12; Höhne: Canaris, S. 165 f.

1012 Achmann u.a.: 20. Juli 1944, S. 143 ff.; Henke: Bericht, S. 11; Höhne: Canaris, S. 277; Wagner: Fachgebiet, S. 15 ff.; Wistrich: Wer war wer, S. 203; IMT: Nürnberger Prozess, Bd. 2, S. 490.

1013 Höhne: Canaris, S. 186; Reile: Ostfront, S. 47, 55 ff., 247 f.; Roewer u.a.: Geheimdienste, S. 159 f.; Wagner: Fachgebiet, S. 15 ff.

1014 Froh u.a.: Generale, S. 69; Höhne: Canaris, S. 183 ff., 194; Meinl: Nationalsozialisten, S. 240 ff.; Reschin: Seydlitz, S. 249; Wenzke: Bamler, S. 35 ff., 48 f.

1015 Mader: Spionagegenerale, S. 209; Roewer u.a.: Geheimdienste, S. 54; Schwarz: Ära Adenauer, S. 277; AGEA: *Die Nachhut* 2. Sonderheft, S. 13.; IMT: Nürnberger Prozess, Bd. 7, S. 293 f.

1016 Achmann u.a.: 20. Juli 1944, S. 52; Groscurth: Tagebücher; Höhne: Canaris, S. 339; IMT: Nürnberger Prozess, Bd. 2, S. 489.

1017 AGEA: *Die Nachhut*, Sonderheft 2, S. 15; IMT: Nürnberger Prozess, Bd. 2, S. 485 ff., Bd. 3, S. 8 ff., 12, 34 (Aussage Lahousen); Mader: Spionagegenerale, S. 110.

1018 Kriegsspitzengliederung des OKW, Stand: 1.3.1939, Heft 1; abgedr. bei: Schramm: Kriegstagebuch, Bd. 1, S. 877 (901); Deutscher Offizier-Bund: Ehrenrangliste, S. 437; Mader: Spionagegenerale, S. 45, 50; Reile: Ostfront, S. 192, 247; AGEA: *Die Nachhut*, Sonderheft Nr. 2, S. 22 f.; IMT: Nürnberger Prozess, Bd. 2, S. 488 f., Bd. 3, S. 8, Bd. 7, S. 293.

1019 Höhne: Canaris, S. 188 f.

1020 Höhne: Canaris, S. 192 ff., 205 ff.; Kurowski: Kommandotrupps, S. 19; Mader: Spionagegenerale, S. 414 ff.; Meyer: Sieben, S. 269; Reile: Ostfront, S. 450 ff.; Roewer u.a.: Geheimdienste, S. 29; Kriegsspitzengliederung des OKW, Stand: 1.3.1939, Heft 1; abgedr. bei: Schramm: Kriegstagebuch, Bd. 1, S. 877 (901 f.); IMT: Nürnberger Prozess, Bd. 2, S. 489.

1021 Reile: Ostfront, S. 173.

1022 Höhne: Canaris, S. 195; Reile: Ostfront, S. 230 ff.; AGEA: *Die Nachhut*, Sonderheft 2, S. 12; IMT: Nürnberger Prozess, Bd. 3, S. 35 f.

1023 Mader: Spionagegenerale, S. 150, 154 f.; Roewer u. a.: Geheimdienste, S. 147; Schottelius u. a.: Organisation, S. 353 f.; IMT: Nürnberger Prozess, Bd. 3, S. 33 f.

1024 Guderian: Erinnerungen, S. 56.

1025 Deist u. a.: Ursachen, S. 393.

1026 Horatzek: Geheimnisse, S. 2.

1027 Henkel: Spion, S. 337 f., 344 f.; Piekalkiewicz: Spionage, S. 331 ff.; Schellenberg: Aufzeichnungen, S. 83; Urteil abgedr. bei: Soltikow: Sosnowski.

1028 Henkel: Spion, S. 347; Horatzek: Geheimnisse, S. 2; Sudoplatow: Handlanger, S. 146 f.

1029 Kozaczuk: Wicher, S. 9 ff., 43, 50 ff., 76 f., 260 ff.; Piekalkiewicz: Spionage, S. 374 f., 381; Schramm: Geheimdienste, S. 421; Singh: Botschaften, S. 180 f., 186 ff., S. 36 ff.; Smith: Enigma, S. 36 ff.

1030 Kozaczuk: Wicher, S. 223 ff., 234.

1031 Kozaczuk: Wicher, S. 216 ff., 220.

1032 Henkel: Spion, S. 346 f.; Kozaczuk: Wicher, S. 188 ff., 203; Kurowski: Kommandotrupps, S. 43 ff., 46; Piekalkiewicz: Spionage, S. 343, 352 ff.; Schellenberg: Aufzeichnungen, S. 92.

1033 Peis: Spiegel, S. 116 ff.; Piekalkiewicz: Spionage, S. 348; Reile: Ostfront, S. 181 ff.; Roewer u. a.: Geheimdienste, S. 209 f.

1034 Bibliografisches Institut: Schlag nach, S. 212; Döscher: SS und AA, S. 76 ff.; Schäfer: NSDAP, S. 55.

1035 Herbert: Best, S. 136 f.; Boberach: Meldungen, S. 12; Deschner: Heydrich, S. 99; Rürup: Topographie, S. 63; Tuchel u. a.: Zentrale, S. 83; Wistrich: Wer war wer, S. 124.

1036 Anordnung des Stellvertreters des Führers vom 9.6.1934; abgedr. bei: Buchheim: SS, S. 63 f.; Erlass des Führers und Reichskanzlers vom 17.6.1936, RGBl. 1936 Teil I, S. 487; Buchheim: SS, S. 55; Deschner: Heydrich, S. 103; Sydnor: Heydrich, S. 212; Wildt: Generation, S. 221, 225.

1037 § 1 Abs. 1 des Gesetzes über die Geheime Staatspolizei vom 10.2.1936, Preußische Gesetzsammlung 1936, S. 21; Hachmeister: Gegnerforscher, S. 38 ff.; Herbert: Best, S. 64 ff.; Jäckel: Menschen, S. 113 ff.; Roewer u. a.: Geheimdienste, S. 225; Rürup: Topographie, S. 63 f.; Schellenberg: Aufzeichnungen, S. 32 ff., 396; Sowade: Ohlendorf, S. 188 f.; Werner: Best, S. 13 f.; Wildt: Generation, S. 15 ff.; Wistrich: Wer war wer, S. 21, 200.

1038 Calic: Heydrich, S. 209; Höhne: Canaris, S. 194; ders.; Röhm, S. 241 ff.

1039 Schellenberg: Aufzeichnungen, S. 168, 306. 397 f.; Schramm: Kriegstagebuch, Bd. 1, S. 884; Wildt: Generation, S. 702, 704 f.

1040 Diels: Lucifer, S. 231; Gellermann: Und lauschten, S. 20 f., 80 ff.; Irving: Reich hört mit, S. 12 f., 25, 35; ders.: Göring, S. 106; Stoelzel: Ehrenrangliste, S. 509.

1041 Gellermann: Und lauschten, S. 21–30, 82, 83 Fn. 24; Irving: Reich hört mit, S. 139 ff.; ders.; Göring, S. 106; Ivanov: Henker, S. 239 ff.; Schellenberg: Aufzeichnungen, S. 306.

1042 Anders u. a.: Oktoberrevolution, S. 283 f.; Conquest: Terror, S. 51ff., 55 ff.; Figes: Tragödie, S. 583; Hildermeier: Sowjetunion, S. 447; Medwedew: Urteil, Bd. 2, S. 11, 15 f., 19.

1043 Conquest: Terror, S. 101; Medwedew: Urteil, Bd. 2, S. 16; Sudoplatow: Handlanger, S. 86 ff., 90.

1044 Conquest: Terror, S. 101; Cookridge: Zentrale, S. 10; Roewer u. a.: Geheimdienste, S. 183, 430; Scheibert: Lenin, S. 85 ff.; Lubjanka: WTschk-OGPU-NKWD-NKGB-MGB-MWD-KGB.

1045 Rayfield: Stalin, S. 330 ff.; Roewer u. a.: Geheimdienste, S. 221.

1046 Barron: KGB, S. 15; Coutois: Schwarzbuch, S. 201; Hildermeier: Sowjetunion, S. 448; Jakowlew, in: *Prawda* vom 28.1.1991; Petrow: Kaderpolitik des NKWD, S. 16 ff.; Sudoplatow: Handlanger, S. 87, 91, 93; ZK der KPdSU: Geschichte der KPdSU, S. 394; Geschichte der Sowjetunion (Moskau 1940), zit. nach: King: Retuschen, S. 105.

1047 Andrew u. a.: Schwarzbuch, S. 103; Conquest: Terror, S. 52 f.; unter Hinweis auf Chruschtschow: Müller: Akte Wehner, S. 109; Roewer u. a.: Geheimdienste, S. 462 f.; Sudoplatow: Handlanger, S. 87.

1048 Roewer u. a.: Geheimdienste, S. 392 f.; Sudoplatow: Handlanger, S. 87.

1049 Prozess-Protokoll, S. 376; zit. nach: Conquest: Terror, S. 54.

1050 Conquest: Terror, S. 59 ff.; Courtois u. a.: Schwarzbuch, S. 202.

1051 Conquest: Terror, S. 65 f.; Nikita Chruschtschow: Geheimrede; zit. nach: Conquest: Terror, S. 66; Roewer u. a.: Geheimdienste, S. 392.

1052 Buber-Neumann: Potsdam, S. 391 ff.; dies.: Gefangene, S. 9 ff.; Courtois u. a.: Schwarzbuch, S. 208; Gross: Münzenberg, S. 298 ff.; Müller: Akte Wehner, S. 107.

1053 Bullock: Hitler und Stalin, S. 508 ff.; Buber-Neumann: Kriegsschauplätze, S. 288; dies.: Potsdam, S. 409; Coutois u. a.: Schwarzbuch, S. 203 f.; Medwedew: Urteil, Bd. 3, S. 10 ff.; Teske: Köstring, S. 103 ff.

1054 Nossik: Nabokov, S. 445; Rayfield: Stalin, S. 432; Rühle: Literatur, S. 115 ff.

1055 Bericht des deutschen Militärattachés in Moskau vom 21.6.1937, abgedr. in: Teske: Köstring, S. 181; Buber-Neumann: Potsdam, S. 409; Conquest: Terror, S. 112 ff.; Medwedew: Urteil, Bd. 2, S. 36 ff., S. 44 ff., S. 52 ff.; 61 ff.

1056 Kriwizki, zit. nach: Koestler: Schriften, Band 2, S. 266 ff.

1057 Conquest: Terror, S. 148 ff.; Müller: NKWD-Folter, S. 136 ff.

1058 Conquest: Terror, S. 156 ff.; Jakowlew: Abgründe, S. 190 f.; Rayfield: Stalin, S. 371 ff.; Mehnert: Sowjetmensch, S. 326 ff.

1059 Conquest: Terror, S. 66, 92; Medwedew: Urteil, Bd. 2, S. 40 ff.; Rayfield: Stalin, S. 359 ff., 369; Sudoplatow: Handlanger, S. 51; Wolkogonow: Stalins Ungeheuer, S. 199.

1060 Antonow-Owsjenko: Weg nach oben, S. 58; Buber-Neumann: Kriegsschauplätze, S. 469; Coutois u. a.: Schwarzbuch, S. 206; Medwedew: Urteil, Bd. 2, S. 149; Bd. 3, S. 11; Rayfield: Stalin, S. 313 (dort etwas andere Zusammensetzung); Roewer u. a.: Geheimdienste, S. 223.

1061 Medwedew: Urteil, Bd. 2, S. 145 ff.; Roewer u. a.: Geheimdienste, S. 223.; Rayfield: Stalin, S. 405 f.

1062 Antonow-Owsjenko: Weg nach oben, S. 14 ff., 29 ff.; Beresin: Haftbefehl, S. 243 ff.; Cockridge: Zentrale, S. 74; Höhne: Krieg, S. 553 ff.; Medwedew: Urteil, Bd. 2, S. 149 ff.; Popow u. a.: Berija-Zeit, S. 369 ff.; Rayfield: Stalin, S. 365; Wolkogonow: Stalins Ungeheuer, S. 198 f., 203 ff.

1063 Buber-Neumann: Potsdam, S. 409 ff.

1064 Buber-Neumann: Potsdam, S. 163 ff,. 171, 314 ff.; Courtois u. a.: Schwarzbuch, S. 217, 309 f.; Gross: Münzenberg, S. 370 f.; Müller: Akte Wehner, S. 71; Rayfield: Stalin, S. 376; Wessel: Münzenbergs Ende, S. 393; Institut für ML: Biografisches Lexikon, S. 345.

1065 Herbert Wehner: Bericht für das NKWD vom 13.12.1937 über Personen, die zur Gruppe Eberlein gehören, in: BStU Zentralarchiv SDM 1858, Bl. 284–318; Courtois u. a.: Schwarzbuch, S. 217; Gross: Münzenberg, S. 289 f.; Kaufmann u. a.: Nachrichtendienst, S. 396; Müller: Menschenfalle, S. 131; ders.: NKWD-Folter, S. 81 ff., 139 ff.; Institut für ML: Biografisches Lexikon, S. 104, 241.

1066 Zit. nach: Müller: NKWD-Folter, S. 141.

1067 Müller: Akte Wehner, S. 111; ders.: NKWD-Folter, S. 141; Institut für ML: Biografisches Lexikon, S. 132 f.; Roewer u. a.: Geheimdienste, S. 144.

1068 Erler: Terror, S. 240; Gross: Münzenberg, S. 287; Müller: Menschenfalle, S. 59 f., 100; Institut für ML: Biografisches Lexikon, S. 213.

1069 Müller: Menschenfalle, S. 61 ff.; 68, 239 f., 434; Roewer u. a.: Geheimdienste, S. 265 f.; 467.

1070 Barclay: Diese Stadt, S. 75 ff.; Müller: Menschenfalle, S. 336 ff., 343, 433; Roewer u. a.: Geheimdienste, S. 366 f.; Wehner: Kaderkarrieren, S. 60 ff.

1071 Feuchtwanger: M-Apparat, S. 506; Müller: Akte Wehner, S. 112; ders.: Menschenfalle, S. 269 Fn. 63, S. 273 ff.; Nicolas: Die Kraft; Roewer u. a.: Geheimdienste, S. 315.

1072 Fischer: Stalin, S. 395; Müller: Menschenfalle, S. 68 f., 431, 433; Roewer u. a.: Geheimdienste, S. 285.

1073 Gabelmann: Thälmann, S. 137 f., 142; Kaufmann u. a.: Nachrichtendienst, S. 322 ff., 329 f.; 396; Müller-Enbergs u. a.: Wer war wer, S. 759 f.

1074 Mader: Sorge, S. 175 f.; Roewer u. a.: Geheimdienste, S. 420.

1075 Briefe Wehners an die Kaderabteilung der Komintern vom 25.8.1937 und vom 30.8.1937, an Klement Gottwald vom 23.1.1937, an Wilhelm Pieck vom 26.11.1937, an die Kaderabteilung der Komintern vom 7.7.1939; abgedr. bei: Müller: Akte Wehner, S. 244 ff., 255 ff., 304 ff., 311 ff., 339 ff.; Gieseke: Wer war wer, S. 10; Müller: Akte Wehner, S. 125 ff.; Roewer u. a.: Geheimdienste, S. 74; Wehner: Selbstbesinnung, S. 11 ff.

1076 Handschriftlicher Lebenslauf Herbert Wehners für die Kaderabteilung der Komintern von 1935, abgedr. bei: Müller: Akte Wehner, S. 196; Bayerlein u. a.: Kommentare, S. 669; Buber-Neumann: Kriegsschauplätze, S. 431 ff.; Gross: Münzenberg, S. 288 ff.; Müller: Akte Wehner, S. 25, 75 ff.

1077 Protokoll des Weltkongresses der Komintern vom 1.8.1935, zit. nach: Müller: Akte Wehner, S. 185.

1078 Buber-Neumann: Kriegsschauplätze, S. 439 f.; Gross: Münzenberg, S. 304 ff.

1079 Conquest: Terror, S. 89 ff.; Gross: Münzenberg, S. 295; Reile: Lutetia Paris; Wehner: Zeugnis, S. 209.

1080 Wortbeitrag Herbert Wehners bei der Sitzung der Internationalen Kontrollkommission der Komintern am 16.2.1939; abgedr. bei: Müller: Akte Wehner, S. 327 ff.; Abusch: Deckname, S. 325: Buber-Neumann: Kriegsschauplätze, S. 473 ff.; Gross: Münzenberg, S. 292 ff., 299 Fn. 2, S. 300 ff., 306 ff., 332 ff.; Koestler: Schriften, Bd. 1, S. 427; Meissner: Machtergreifung, S. 433; Müller: Akte Wehner, S. 111: Roewer u. a.: Geheimdienste, S. 144; Wessel: Münzenbergs Ende, S. 222 ff., 232; Institut für ML: Biografisches Lexikon, S. 132 f., 342.

1081 Bericht Herbert Wehners für das NKWD vom 13.12.1937 über Personen, die zur Gruppe Eberlein gehören, in: BStU Zentralarchiv SDM 1858, Bl. 284–318; Brief Wehners an die Kaderabteilung der Komintern vom 30.8.1937, abgedr. bei: Müller: Akte Wehner, S. 255 ff.; Bayerlein u. a.: Kommentare, S. 669; Erler: Terror, S. 245; Wehner: Zeugnis, S. 166, 217 ff., 235 ff.

1082 Berichte des deutschen Militärattachés in Moskau vom 25.12.1937, 22.8.1938; abgedr. bei: Teske: Köstring, S. 185 ff., 201 f.; Rayfield: Stalin, S. 428.

1083 Bayerlein u. a.: Materialien, S. 676; Conquest: Terror, S. 212; Dorst u. a.: Sowjetstreitkräfte, S. 321 f.; Hagen: Front, S. 55; Henkel: Spion, S. 179; Jakowlew: Abgründe, S. 164; Pfaff: Tuchatschewski, S. 95; Rayfield: Stalin, S. 144; Ströbinger: Stalin, S. 58 ff.; Suworow: Eisbrecher, S. 68 ff.; Tuchatschewski: Izbranje proizvedenija; Wolkogonow: Tuchatschewski-Verschwörung I, S. 84, 88, II, S. 77.

1084 Chlewnjuk: Politbüro, S. 61; Lebedew: M. N. Tuchatschewski, S. 3 ff.; Roewer u. a.: Geheimdienste, S. 188, 355 f.

1085 Andrew u. a.: Schwarzbuch, S. 112; Cookridge: Zentrale, S. 264; Conquest: Terror, S. 229 f.; Dallin: Sowjetspionage, S. 33 ff.; Medwedew: Urteil, Bd. 3, S. 23; Rayfield: Stalin, S. 216;

Roewer u. a.: Geheimdienste, S. 350 f., 384, 417; Schlögel: Berlin, S. 108, 248; Ströbinger: Stalin, S. 33 ff., 37 f.; Sudoplatow: Handlanger, S. 96.

1086 Andrew u. a.: Schwarzbuch, S. 113; Cookrigdge, Zentrale, S. 265 ff.; Schlögel: Berlin, S. 252; Ströbinger: Stalin, S. 285.

1087 Brissaud: SD, S. 151 f.; Hagen: Front, S. 54 ff., 60 f.; Henkel: Spion, S. 180; Lukes: Tuchatschewski, S. 532 ff.; Schellenberg: Aufzeichnungen, S. 59 ff.; Ströbinger: Stalin, S. 47 f., 52 f., 168 f.

1088 Höhne: Krieg, S. 301; Ströbinger: Stalin, S. 129 f.; Wolkogonow: Tuchatschewski-Verschwörung I, S. 88.

1089 Henkel: Spion, S. 179, 181 f.; Roewer u. a.: Geheimdienste, S. 56.

1090 *Tass* vom 12.6.1937.

1091 BA MA 433/728970–971.

1092 Abshagen: Canaris, S. 168; Chlewnjuk: Politbüro, S. 16 ff.; Medwedew: Urteil, Bd. 3, S. 23 f.; Pfaff: Tuchatschewski, S. 95 ff., 122 ff.; Reile: Ostfront, S. 254; Schellenberg: Aufzeichnungen, S. 59 ff.

1093 Benes: Memoirs, S. 47; Lukes: Tuchatschewski, S. 541 ff.

1094 Zit. nach: Ströbinger: Stalin, S. 203.

1095 Churchill: Zweiter Weltkrieg, S. 150.

1096 Buber-Neumann: Kriegsschauplätze, S. 478 f.; Conquest: Terror, S. 174 ff.; Lukes: Tuchatschewski, S. 529 f.; Ströbinger: Stalin, S. 18 f.; Wolkogonow: Tuchatschewski-Verschwörung, S. 85 f., 88.

1097 Protokoll über die Vernehmung von B. A. Wiktorow, zit. nach: Wolkogonow: Tuchatschewski-Verschwörung I, 88.

1098 Wolkogonow: Tuchatschewski-Verschwörung II, S. 81.

1099 *Rundschau* 1937, S. 933; Buber-Neumann: Potsdam, S. 202 f.; Conquest: Terror, S. 211; Lustiger: Rotbuch, S. 351 f.; Ströbinger: Stalin, S. 276, 278; Wolkogonow: Tuchatschewski-Verschwörung I, S. 81, 90, II, S. 78 f., 81.

1100 Conquest: Terror, S. 59, 62, 64; Lebedew: Tuchatschewski, S. 3 ff.; Rayfield: Stalin, S. 387; Wolkogonow: Tuchatschewski-Verschwörung II, S. 81.

1101 Lukes: Tuchatschewski, S. 530 Fn. 10; Wolkogonow: Tuchatschewski-Verschwörung II, S. 82 ff., III, S. 75 ff.; III, S. 83.

1102 Hagen: Front, S. 62 ff.; Medwedew: Urteil, Bd. 3, S. 23 f.; Schellenberg: Aufzeichnungen, S. 61 f.; Ströbinger: Stalin, S. 133 ff.

1103 Zit. nach: Wolkogonow, Tuchatschewski-Verschwörung I, S. 85 f.

1104 Bericht des deutschen Militärattachés in Moskau vom 25.12.1937; abgedr. in: Teske: Köstring, S. 185 ff.; Medwedew: Urteil, Bd. 3, S. 23 f.

1105 Dorst u. a.: Sowjetstreitkräfte, S. 48 f.; Rayfield: Stalin, S. 389; Post: Barbarossa, S. 61; Wolkogonow: Tuchatschewski-Verschwörung, S. 75 f.

1106 Hagen: Front, S. 65; Schellenberg: Aufzeichnungen, S. 61 f.

1107 Medwedew: Urteil, Bd. 2, S. 112 ff.

1108 Bayerlein u. a.: Materialien, S. 499; Buber-Neumann: Kriegsschauplätze, S. 469.

1109 Rayfield: Stalin, S. 366 ff.; Roewer u. a.: Geheimdienste, S. 301.

1110 Conquest: Terror, S. 101; Hedeler: Stalinistischer Terror, S. 354.

1111 Bayerlein u. a.: Kommentare, S. 643; Conquest: Terror, S. 102; Rayfield: Stalin, S. 249; Roewer u. a.: Geheimdienste, S. 342.

1112 Conquest: Terror, S. 464; Roewer u. a.: Geheimdienste, S. 151, 425.

1113 Roewer u. a.: Geheimdienste, S. 431.

1114 Höhne: Krieg, S. 306; Rayfield: Stalin, S. 424; Roewer u. a.: Geheimdienste, S. 104, 143, 341; Sudoplatow: Handlanger, S. 94.

1115 Roewer u. a.: Geheimdienste, S. 56, 112.

1116 Gellermann: Und lauschten, S. 88; Dodd: Diplomat, S. 336; Dodd: My Years.

1117 Hedeler: Stalinistischer Terror, S. 342; Roewer u. a.: Geheimdienste, S. 211.

1118 Rayfield: Stalin, S. 411; Uhl: Und deshalb besteht, S. 5.

1119 Bayerlein: Kommentare, S. 662; Conquest: Terror, S. 242; Höhne: Krieg, S. 295; kryptisch bei: Mader: Sorge, S. 232; Roewer u. a.: Geheimdienste, S. 58; Uhl: Und deshalb besteht, S. 6 ff.

1120 Höhne: Krieg, S. 307 f.; Roewer u. a.: Geheimdienste, S. 163, 331; Teske: Köstring, S. 105, 198; Uhl: Und deshalb besteht, S. 13.

1121 Mader: Sorge, S. 122; Roewer u. a.: Geheimdienste, S. 75, 100; Uhl: Und deshalb besteht, S. 13.

1122 Suworow: Eisbrecher, S. 306 ff.

1123 Koestler: Schriften. Teil 2, S. 252 ff.

1124 Buber-Neumann: Kriegsschauplätze, S. 153 ff., 159; Cookridge: Zentrale, S. 270 ff.; Roewer u. a.: Geheimdienste, S. 16, 372; Schlögel: Berlin, S. 245.

1125 Krivitzky: In Stalins Diensten, S. 63; Roewer u. a.: Geheimdienste, S. 251 ff.

1126 Orlow: The secret History of Stalin's Crimes. New York 1953; ders. (frz.): Orlow: Histoire secrète des Crimes de Staline ; ders. (dt.: Orlow): Kreml-Geheimnisse. 1954; Courtois u. a.: Schwarzbuch, S. 370 ff., 375; Roewer u. a.: Geheimdienste, S. 138.

1127 Orlow: Kreml-Geheimnisse, S. 14.

1128 Conquest: Terror, S. 488; Hedeler: Stalinistischer Terror, S. 351; Medwedew: Urteil, Bd. 2, S. 146; Rayfield: Stalin, S. 369; Roewer u. a.: Geheimdienste, S. 272.

1129 Conquest: Terror, S. 490 ff.; Wolkogonow: Stalins Ungeheuer, S. 198 f., 203 f.

1130 Zit. nach: Scherbakowa: Wunder, S. 149.

1131 Bayerlein u. a.: Kommentare, S. 382; Scherbakowa: Wunder, S. 140 f.; Schlögel: Berlin, S. 245; Uhl: Und deshalb besteht, S. 3 ff.; Wolkogonow: Stalins Ungeheuer, S. 200.

1132 Bericht des deutschen Militärattachés in Moskau vom 13.3.1938; abgedr. bei: Teske: Köstring, S. 192 f.; Medwedew: Urteil, Bd. 3, S. 10 ff.

1133 Henkel: Spion, S. 68; Herwarth: Hitler und Stalin, S. 87 f.; Hilger: Kreml, S. 267 f.; Kegel: In den Stürmen, S. 154 ff.; Teske: Köstring, S. 105.

1134 Z. B.: Dwinger: Spanische Silhouetten.

1135 Koestler: Ein spanisches Testament, in: Schriften; Malraux: Die Hoffnung; Orwell: Mein Katalonien.

1136 Z. B.: Abusch: Deckname; Bredel: Begegnungen; Busch: Lieder; Dahlem: Freiheitskampf; Dessau: Paris 1936, S. 134 f.; Hoffmann: Mannheim; Kantorowicz: Tagebuch; Kisch: Spaniens Himmel; Kolzow: Tagebuch; Longo: Brigaden; Renn: Im spanischen Krieg; Szinda: XI. Brigade; Weinert: Camaradas.

1137 Buber-Neumann: Kriegsschauplätze, S. 389 f.; Service: Lenin, S. 619 ff.

1138 Zentner: Illustrierte Geschichte, S. 27.

1139 Höhne: Canaris, S. 218 ff.

1140 Höhne: Canaris, S. 223; Mader: Spionagegenerale, S. 309; Oven: Hitler; Abendroth: Mittelsmann. (Die Autoren werfen sich gegenseitig Fälschungen vor.)

1141 Courtois u. a.: Schwarzbuch, S. 370; O. Verf.: Rotbuch über Spanien ; Simone: Spione und Verschwörer in Spanien.

1142 Studnitz: Seitensprünge, S. 130 f.

1143 Heuer: Generalfeldmarschälle, S. 123; Moll: Generalfeldmarschälle, S. 182, 240.

1144 Anders u. a.: Oktoberrevolution, S. 16; Courtois u. a.: Schwarzbuch, S. 370.

1145 Z. B.: Le Peuple en Armes [Das Volk in Waffen; Zeitung der Internationalen Brigaden] vom 15.11.1936 und vom 24.11.1936, jeweils Titelseite.

1146 Brun-Zechowoj: Stern; Dorst u. a.: Sowjetstreitkräfte, S. 249; Lustiger: Rotbuch, S. 353; Wollenberg: Aufstand.

1147 Courtois u. a.: Schwarzbuch, S. 371.

1148 Landau: Stalinisme bureau; übersetzt bei: Courtois u. a.: Schwarzbuch, S. 378.

1149 Mitteilung von Hubert an das Sekretariat der KPD in Moskau vom 28.5.1937; abgedr. bei: Müller: Akte Wehner, S. 238 ff.; Kaufmann u. a. : Nachrichtendienst, S. 154, 214; Müller: Akte Wehner, S. 92, 105 ff.

1150 Mikes: Ungarn, S. 51 f.

1151 Kießling: Leistner, S. 20 ff.

1152 Priess: Spaniens Himmel.

1153 Coppi u. a.: Dieser Tod, S. 221 f., 237; Engelmann: Wollweber, S. 179 ff.; Flocken u. a.: Wollweber, S. 47 ff.; Fomferra: Mission; ders.: Politkommissar; Hoffmann: Mannheim, S. 384 ff.; Gieseke: Wer war wer, passim; ders.: Mielke, S. 237 ff.; Müller-Enbergs: Zaisser, S. 32 ff.; o. Verf.: Menschen, ich hatte euch lieb; o. Verf.: Leben eines Berufsrevolutionärs, S. 51 ff.; Uhl: Stahlmann, S. 84 ff.; Seydewitz: Jahre.

1154 Feuchtwanger: M-Apparat, S. 488.

1155 Abusch : Deckname, S. 420.

1156 Bouré: Léon Sedov, S. 180, 185; Feuchtwanger: M-Apparat, S. 488.

1157 Buber-Neumann: Kriegsschauplätze, S. 393 f.; Chlewnjuk: Politbüro, S. 27; Courtois u. a.: Schwarzbuch, S. 374 ff., 380 f.

1158 Chlewnjuk: Politbüro, S. 27; Costello u. a.: Superagent; Courtois u. a.: Schwarzbuch, S. 384; Hoffmann: Mannheim, S. 351; Ibárruri: Weg; Medwedew: Urteil, Bd. 3, S. 230; Orlow: Kreml-Geheimnisse, S. 9 ff; Sudoplatow: Handlanger, S. 80; Waupschassow: Vierzig Jahre, S. 166, 179 f.; Wyden: Passionate War, S. 149 ff.

1159 Wallach: Mitternacht, S. 46 ff.

1160 Gesetz zur Wiederherstellung des Berufsbeamtentums vom 7.4.1933, RGBl. 1933 Teil I, S. 175; hierzu: Stuckart u. a.: Reichsbürgergesetz; Kotze: Heeresadjutant, S. 11; Lustiger: Schalom, S. 418 f. m. w. N.; Meyer: Sieben, S. 111 ff.

1161 Moll: Generalfeldmarschälle, S. 182.

1162 Deutscher Offizier-Bund: Ehrenrangliste, S. 837; Grimm: Volk ohne Raum; Hitler: Mein Kampf, S. 726 ff.; Kershaw: Hitler 1889–1936, S. 324 f.; Kosch: Staatshandbuch, S. 482; Leasor: Botschafter, S. 37 ff; Orlow: Heß, S. 85.

1163 Schlögel: Berlin, S. 255 f.

1164 Radó: Dora, S. 14 ff.; Roewer u. a.: Geheimdienste, S. 365; Schlögel: Berlin, S. 266 f.

1165 Blank u. a.: Rote Kapelle, S. 342; Roewer u. a.: Geheimdienste, S. 365.

1166 Werner: Sonjas Rapport; Zentner: Zweiter Weltkrieg, S. 500.

1167 Falin: Zweite Front, S. 78; Höhne: Fall Lissner, S. 255 f.; Martin: Japan, S. 122 ff.; Post: Barbarossa, S. 61 ff.; Schellenberg, Aufzeichnungen, S. 181, 184, 186; Schlögel: Berlin, S. 257; Werner: Sonjas Rapport, S. 49 ff., 84 f.

1168 Kuusinen: Gott, S. 141 ff.; bis zur Unkenntlichkeit marginalisiert bei: Mader: Sorge, S. 234, sonst: S. 318, 335, 382, 518; Medwedew: Urteil, Bd. 2, S. 115; Roewer u. a.: Geheimdienste, S. 375; Suworow: Eisbrecher, S. 306 ff.; unter Vertauschung der Rollen von Rimm und Sorge dagestellt bei: Werner: Sonjas Rapport, S. 74 f.; Wymant: Sorge.

1169 Charisus u. a.: Nicht länger geheim, S. 189; Mader: Karriere des Agenten Mehnert, S. 11 ff.; Mehnert: Deutscher, S. 134 f., 287 ff.; ders.: Volk, S. 33 ff.; ders.: Standort, S. 12; Schlögel: Berlin, S. 256 f.

1170 Zit. nach Schlögel: Berlin, S. 259.

1171 Herwarth: Hitler und Stalin, S. 261.; Kramer u. a.: Virtuti, S. 368 f.; Schlögel: Berlin, S. 260; Teske: Köstring, S. 48.

1172 Kosch: Staatshandbuch, S. 482; IMT: Nürnberger Prozess: Bd. 8, S. 889 f., Bd. 10, S. 476 ff.; Schlögel: Berlin, S. 272; Weiß: Personenlexikon, S. 187 f.

1173 Wachs: Oberländer, S. 45 ff.

1174 Broszat u. a.: Drittes Reich, S. 228, 234, 246 f., 253; Churchill: Zweiter Weltkrieg, S. 171; Falin: Zweite Front, S. 42 ff.; Schmidl: Anschluss, S. 135 ff.

1175 Z. B.: Guderian: Erinnerungen, S. 128; Manstein: Verlorene Siege, S. 15.

1176 Text bei: Besymenski: Stalin und Hitler, S. 225 ff.; Churchill: Zweiter Weltkrieg, S. 188; Teske: Köstring, S. 142.

1177 Gross: Münzenberg, S. 288 ff.

1178 Chlewnjuk: Politbüro, S. 305 ff.; Hildermeier: Sowjetunion, S. 598; Institut für ML: Arbeiterbewegung, Bd. 4, S. 264 ff., S. 324 ff.

1179 Hildermeier: Sowjetunion, S. 598; Medwedew: Urteil, Bd. 3, S. 236; Regler: Malchus, S. 416 ff., 440 ff.

1180 Hildermeier: Sowjetunion, S. 590; Hilger: Kreml, S. 275.

1181 Buber-Neumann: Kriegsschauplätze, S. 482; Daschitschew: Moskaus Griff, S. 214 ff.; Falin: Zweite Front, S. 69 f. (der die Bedeutung der Rede bestreitet); Hildermeier: Sowjetunion, S. 592; Hilger: Kreml, S. 275 ff.; Medwedew: Urteil, Bd. 3, S. 232; Nolte: Bürgerkrieg, S. 306.

1182 Gellermann: Und lauschten, S. 217 ff.

1183 Abgedr. in: Maser: Wortbruch, S. 38.

1184 AA: Akten zur Auswärtigen Politik. D VII, Nr. 299 (C.-E. 55).

1185 Maser: Wortbruch, S. 105 ff.; Teske: Köstring, S. 145.

1186 Kampe: Heeresnachrichtentruppe, S. 95; Kotze: Heeresadjutant, S. 59 Fn. 160; Zentner: Kriegsausbruch, S. 192 f.

1187 *Völkischer Beobachter* vom 2.9.1939, S. 1; Peis: Spiegel, S. 115; Schellenberg: Aufzeichnungen, S. 85; Shirer: Angriff zur Niederlage, S. 19; Teske: Köstring, S. 143; Zentner: Kriegsausbruch, S. 191 f.

1188 Kurowski: Kommandotrupps, S. 40 ff.

1189 Shirer: Angriff, S. 19; Zentner: Kriegsausbruch, S. 189 f.

1190 Kotze: Heeresadjutant, S. 60.

1191 Churchill: Zweiter Weltkrieg, S. 191 f., 200.

1192 Horatzek: Geheimnisse, S. 1 ff.; Kurowski: Kommandotrupps, S. 43 ff.; Mader: Spionagegenerale, S. 320; Piekalkiewicz: Spionage, S. 352 ff.; Kozaczuk: Wicher, S. 203.

1193 Kurowski: Kommandotrupps, S. 46; Schellenberg: Aufzeichnungen, S. 92.

1194 AGEA: *Die Nachhut*, Sonderheft Nr. 2; Piekalkiewicz: Spionage, S. 354; Reile: Ostfront, S. 138; Sudoplatow: Handlanger, S. 146 f.

1195 Kindler: Abschied, S. 138 f.; Müller-Enbergs u. a.: Wer war wer, S. 346; Sahm: Scheliha, S. 271 ff.

1196 Blank u. a.: Rote Kapelle, S. 162; Dallin: Sowjetspionage, S. 152; Henkel: Spion, S. 63 ff.; Höhne: Krieg, S. 540 ff.; Kegel: In den Stürmen, S. 64 f., 69 ff., 154 ff.; Kindler: Abschied, S. 138 ff.; Müller-Enbergs u. a.: Wer war wer, S. 347, 416; Roewer u. a.: Geheimdienste, S. 200, 446; die Agententätigkeit Schelihas leugnend: Sahm: Scheliha, S. 206 ff. 304 ff., 318 ff.; sehr kritisch hierzu: Henkel: Spion, S. 74 ff.

1197 Krausnick: Einsatzgruppen, S. 51 ff.

1198 Runderlass des Chefs der Sicherheitspolizei und des SD Heydrich an die Chefs der Amtsgruppen des RSHA vom 21.9.1939, abgedr. bei: Zentner: Kriegsausbruch, S. 228.

1199 Aktenvermerk des Amtschefs des Amtes Ausland/Abwehr, Wilhelm Canaris, vom 12.9.1939, abgedr. bei: Zentner: Kriegsausbruch, S. 226.

1200 Krausnick: Einsatzgruppen, S. 65 ff.; Walle: Rundgang, S. 80 ff.

1201 Arazi: Funkaufklärung, S. 505 ff.; Churchill: Zweiter Weltkrieg, S. 200; Guderian: Erinnerungen, S. 72; Kampe: Heeresnachrichtentruppe, S. 65, 102.

1202 Churchill: Zweiter Weltkrieg, S. 200; Falin: Zweite Front, S. 120 f.; Kozaczuk: Wicher, S. 84; Maser: Wortbruch, S. 100 ff.; Musial: Elemente, S. 26; Schramm: Kriegstagebuch, Bd. 1, S. 1150 f.; Schtemenko: Generalstab, Bd. 1, S. 17 ff.; Suworow: Eisbrecher, S. 58 f.; Teske: Köstring, S. 143 f.

1203 Guderian: Erinnerungen, S. 73 f.; Lustiger: Schalom, S. 121 f.; Suworow: Eisbrecher, S. 53.

1204 Kotze: Heeresadjutant, S. 86.

1205 Kaiser: Katyn, S. 69 ff.; Musial: Elemente, S. 31 ff., 42 ff., 57 ff.; Roewer u. a.: Geheimdienste, S. 459 f.; Suworow: Eisbrecher, S. 73 ff.

1206 Bekker: Angriffshöhe, S. 184 ff., 252; Magenheimer: Militärstrategie, S. 38; Maser: Wortbruch, S. 171 ff.

1207 Heinkel: Leben, S. 345 ff.

1208 Coppi u. a.: Dieser Tod, S. 190 ff.; Heinkel: Leben, S. 346.

1209 Buber-Neumann: Gefangene, S. 185.

1210 Buber-Neumann: Kriegsschauplätze, S. 489.

1211 Schreiben der KPD-Führung an die Leitungen und Funktionäre der KPD vom 21.10.1939, abgedr. bei: Müller: Akte Wehner, S. 383 f.

1212 Schreiben Herbert Wehners an die Kaderabteilung der Komintern vom 3.9.1937, abgedr. bei: Müller: Akte Wehner, S. 263; Buber-Neumann: Kriegsschauplätze, S. 403; Gabelmann: Thälmann, S. 133 ff., 265 ff.

1213 Hart: Zweiter Weltkrieg, S. 68; Hildermeier: Sowjetunion, S. 596; Maser: Wortbruch, S. 149 ff.

1214 In diesem Sinne: Deist, zit. nach Post: Barbarossa, S. 14 f.; Pietrow-Ennker: Juni 1941, S. 588 f.; vgl. auch: Suworow: Eisbrecher, S. 56 ff.

1215 Hitler: Mein Kampf, S. 742 f.

1216 Kershaw: Hitler 1898–1936, S. 151 f., 273.

1217 Bekker: Angriffshöhe, S. 252 f.; Churchill: Zweiter Weltkrieg, S. 310 ff., 388 ff.; Hillgruber: Strategie, S. 166 ff.

1218 Hillgruber: Strategie, S. 195 ff.; Kotze: Heeresadjutant, S. 99, 101 f.; Keitel: Leben, S. 295.

1219 Brockdorff: Geheimkommandos, S. 81 ff; 243 f.; Hilger: Kreml, S. 303 f.; Jochmann: Hitler, S. 60 f., 180, 336, 363, 366; Keitel: Leben, S. 299, 309; Kotze: Heeresadjutant, S. 92; Kurowski: Kommandotrupps, S. 80 ff.; Mader: Spionagegenerale, S. 336; Maser: Wortbruch, S. 244, 246 f.; Pietrow-Ennker: Deutschland, S. 594 f.; Post: Barbarossa, S. 148 f.; Reile: Ostfront, S. 307 ff.

1220 Hitler: Mein Kampf, S. 742 ff., 751 ff.; Jochmann: Hitler, S. 38 f.; Kershaw: Hitler 1889 bis 1936, S. 324; Zitelmann: Lebensraum-Motiv, S. 551.

1221 BA MA: RA 2/1983; Magenheimer: Militärstrategie, S. 94 ff.

1222 Zit. nach: Post: Barbarossa, S. 227 f.

1223 Hillgruber: Strategie, S. 434 f.

1224 Halder: Kriegstagebuch, Bd. 2, S. 353.

1225 OKW an AA, Schreiben vom 11.6.1941; abgedr. in: AA: Akten D XII 2 Nr. 527; Falin: Zweite Front, S. 204; Görlitz: Generalstab, S. 144 f.; Luck: Mit Rommel, S. 86; Magenheimer: Militärstrategie, S. 95; Nehring: Panzerwaffe, S. 109 f.; Post: Barbarossa, S. 243 f., 420 f.; Schtemenko: Generalstab, Bd. 1, S. 28.

1226 Bücheler: Hoepner, S. 127 ff.; Manstein: Verlorene Siege, S. 91 ff.

1227 Abshagen: Canaris, S. 168; Kotze: Heeresadjutant, S. 96; Reile: Ostfront, S. 254.

1228 Kramer u. a.: Virtuti, S. 381; Nehring: Panzerwaffe, S. 42 ff., 47, Anhang, S. 18; Zeidler: Reichswehr, S. 188 ff., 352 ff.

1229 Rayfield: Stalin, S. 318; Zeidler: Reichswehr, S. 217 ff., 355 ff.

1230 Anders bei: Falin: Zweite Front, S. 36.

1231 Zit. nach: Cartier: Zweiter Weltkrieg, Bd. 1, S. 52.

1232 Mader: Sorge, S. 256 ff.; Post: Barbarossa, S. 61 ff.; Wymant: Sorge.

1233 Jäckel: Menschen, S. 504 ff.; Liss: Westfront; Schramm: Geheimdienste, S. 353; Strong: Geheimnisträger, S. 109 ff.; Tippelskirch: 2. Weltkrieg, 178 f.

1234 Heinkel: Leben, S. 266 ff.

1235 IMT: Nürnberger Prozess, Bd. 2, S. 515 f., Bd. 3, S. 36 f. (Vernehmung Lahousen), Bd. 9, S. 448 f. (Vernehmung Göring); Mader: Spionagegenerale, S. 311, 324, 329; Schreyer: Piratenchronik, S. 32, 53.

1236 Hilger: Kreml, S. 311.

1237 Gellermann: Und lauschten, S. 153 ff.; Kampe: Heeresnachrichtentruppe, S. 35 ff.; Schramm: Geheimdienste, S. 163 ff.

1238 Arazi: Funkaufklärung, S. 508; Uhlig: Ostfeldzug, S. 172; Gersdorff: Soldat, S. 91; Magenheimer: Militärstrategie, S. 95; Schramm: Geheimdienste, S. 424 Fn. 71.

1239 IMT: Nürnberger Prozess, Bd. 2, S. 489, Bd. 3, S. 8; Reile: Ostfront, S. 192, 247; Tippelskirch: 2. Weltkrieg, S. 178 f.

1240 Reile: Ostfront, S. 224 ff.

1241 Keitel: Leben, S. 289.

1242 Schramm: Kriegstagebuch, Bd. 1, S. 884.

1243 Höhne: Krieg, S. 292; ders.: Canaris, S. 312; IMT: Nürnberger Prozess, Bd. 2, S. 515 f., Bd. 3, S. 36 f. (Vernehmung Lahousen).

1244 Höhne: Krieg, S. 292; Mader: Spionagegenerale, S. 307 ff., 312, 316.

1245 Herwarth: Hitler und Stalin, S. 153; Reile: Ostfront, S. 226 f.

1246 Notzny: Abwehrnebenstelle, S. 7.

1247 Notzny: Abwehrnebenstelle, S. 10; Mader: Spionagegenerale, S. 334 f., 342 (kolportiert sowjetisches Material); o. Verf.: Progranitschnye woiska SSSR, Einführung; Ostrjakow: Militärtschekisten, S. 128 ff.

1248 Höhne: Fall Lissner, S. 221 ff.; Ostrjakow: Militärtschekisten, S. 121 (Überläufer Butkewitsch).

1249 Conquest: Terror, S. 488; Hedeler: Terror, S. 351; Höhne: Fall Lissner, S. 221 ff.; Lissner: Intrigenkämpfe im Kreml, S. 2; ders.: Menschen und Mächte am Pazifik; Medwedew: Urteil, Bd. 2, S. 146; Rayfield: Stalin, S. 369; Roewer u. a.: Geheimdienste, S. 272.

1250 Buber-Neumann: Kriegsschauplätze, S. 287 f.; Reile: Ostfront, S. 224 ff.; Tippelskirch: 2. Weltkrieg, S. 178 f.

1251 Buber-Neumann: Potsdam, S. 197 ff., 263 ff.

1252 Reile: Ostfront, S. 231; Tippelskirch: 2. Weltkrieg, S. 178 f.

1253 Malia: Wahn, S. 165; Schlögel: Berlin, S. 78.

1254 Feuchtwanger: M-Apparat, S. 502; Gellermann: Und lauschten, S. 88; Meier-Welcker: Seeckt, S. 603 f.; Müller: Menschenfalle, S. 69 f.; Müller-Enbergs u. a.: Wer war wer, S. 946; Renn: Anstöße, S. 70 ff.; Salewski: Bewaffnete Macht, S. 33 f.; Wollenberg: Aufstand, S. 9; Institut für ML: Widerstandskämpfer, Bd. 2, S. 186.

1255 Schramm: Kriegstagebuch, Bd. 1, S. 398.

1256 Kehrig: Attachédienst, S. 227; Teske: Köstring, S. 106 f., 121 ff.

1257 Teske: Köstring, S. 96.

1258 Teske: Köstring, S. 136.

1259 Keitel: Leben, S. 221, 313; Liss: Westfront; Wistrich: Wer war wer, S. 154; Schtemenko: Generalstab, Bd. 1, S. 13.

1260 Achmann u. a.: 20. Juli 1944, S. 145 ff.; Höhne: Canaris, S. 290, 447; Meinl: Nationalsozialisten, S.249 ff.

1261 Rürupp: Topografie, S. 70 ff., 74.

1262 Rürupp: Topografie, S. 79; Schellenberg: Aufzeichnungen, S. 209 ff., 221 ff.

1263 Schellenberg: Aufzeichnungen, S. 35 ff., 96 ff.; Ströbinger: A-54, S.139 ff.

1264 Schellenberg: Aufzeichnungen, S. 205 f.

1265 Coppi u. a.: Dieser Tod, S. 311 ff.; Henkel: Spion, S. 69 f.; Sahm: Scheliha, S. 279 ff.; Sudoplatow: Handlanger, S. 181 (dort fälschlich als Isla Sturbe bezeichnet).

1266 Rayfield: Stalin, S. 424; Schellenberg: Aufzeichnungen, S. 458 f.

1267 Roewer u. a.: Geheimdienste, S. 247; Sudopatow. Handlanger, S. 180.

1268 Roewer u. a.: Geheimdienste, S. 393 f.

1269 Besymenski: Stalin und Hitler, S. 398 f., 415 f.; Suworow: GRU, S. 103.

1270 Roewer u. a.: Geheimdienste, S. 359.

1271 Suworow: GRU, S. 103.

1272 Dorst u. a.: Sowjetstreitkräfte, S. 87 f.; Roewer u. a.: Geheimdienste, S. 172; Schtemenko: Generalstab, Bd. 1, S. 15.

1273 Shukow: Erinnerungen [Stuttgart], S. 227.

1274 Besymenski: Stalin und Hitler, S. 400; Bullock: Hitler und Stalin, S. 937; Magenheimer: Militärstrategie, S. 98; Medwedew: Urteil, Bd. 3, S. 244 ff.

1275 Gempp: Nachrichtendienst, Bd. 2, S. 2; Suworow: Eisbrecher, S. 316 ff.

1276 Andrew u. a.: Schwarzbuch, S. 138 f.; Roewer u. a.: Geheimdienste, S. 143.

1277 Dallin: Sowjetspionage, S. 163 f.; Roewer u. a.: Geheimdienste, S. 503.

1278 Milstejn, in: *Die Neue Zeit*, Moskau, Juni 1990, S. 33; zit. nach: Maser: Wortbruch, S. 285 ff.

1279 Besymenski: Stalin und Hitler, S. 406 f.; Jegorow: Ein Stern, S. 192; Korolkow: Mann; Mader: Sorge ; o. Verf.: Geschichte der KPdSU, S. 587 ff., 590; Ostrjakow: Militärtschekisten, S. 128 ff.; Subok u. a.: Kreml, S. 249 ff.

1280 Bergschicker: Chronik, S. 326; Gersdorff: Soldat, S. 92; Speer: Erinnerungen, S. 195.

1281 Schtemenko: Generalstab, Bd. 1, S. 28 f.; Suworow: Eisbrecher, S. 197 ff.

1282 King: Retuschen, S. 153.

1283 Schtemenko: Generalstab, Bd. 1, S. 31.

1284 Boberach: Meldungen, S. 2427 ff., 2459, 2470; Suworow: Eisbrecher, S. 180 f.

1285 Abgedr. bei: Schellenberg: Aufzeichnungen, S. 450 ff.

1286 Borgersund: Wollweber-Organisation, S. 70 ff.; Coppi u. a.: Dieser Tod, S. 229, 311 ff.; Schellenberg: Aufzeichnungen, S. 205 ff.

1287 Abgedr. bei: Post: Barbarossa, S. 202 f., sowie Fn. 47 m. w. N.

1288 Besymenski: Stalin und Hitler, S. 387.

1289 Buch: Luftlandetruppe, S. 60 ff.; Dorst u. a.: Sowjetstreitkräfte, S. 244; Kotze: Heeresadjutant, S. 106; Medwedew: Urteil, Bd. 3, S. 248; Suworow: Eisbrecher, S. 129 ff.

1290 Dorst u. a.: Sowjetstreitkräfte, S. 286; Kotze: Heeresadjutant, S. 106; Post: Barbarossa, S. 261 ff., 272 f., 282 ff.; Shukow: Erinnerungen [Ost-Berlin], Bd. 1, S. 257 ff.

1291 Besymenski: Stalin und Hitler, S. 373; Suworow: Eisbrecher, S. 210 ff.

1292 Zitiert nach: Post: Barbarossa, S. 276; ähnlich auch bei: Besymenski: Stalin und Hitler, S. 393.

1293 Dimitroff: Tagebücher, S. 380 ff.

1294 Zit. nach: Post: Barbarossa, S. 274.

1295 AA: Akten D, Bd. 12, Nr. 505, 593.

1296 Besymenski, Stalin und Hitler, S. 377.

1297 Medwedew: Urteil, Bd. 3, S. 249; Suworow: Eisbrecher, S. 68–405.

1298 Post: Barbarossa, S. 47 ff.

1299 Vgl. Woenno-istoritscheski Shurnal 1961, Nr. 6.

1300 Hürter: General, S. 56, 61; Guderian: Erinnerungen, S. 139; Gersdorff: Soldat, S. 90; Paul Nehring, 114 ff.; Görlitz: Model, S. 88.

1301 Luck: Mit Rommel, S. 83 f.

1302 Gersdorff: Soldat, S. 92; Guderian: Erinnerungen, S. 140; Post: Barbarossa, S. 244 ff.

1303 Boberach: Meldungen, Bd. 2, S. 332, 340, 348, 357 usw.; Groscurth: Tagebücher; Ströbinger: A-54, S. 133 ff., 155 ff., 158.

1304 Zit. nach: Post: Barbarossa, S. 279.

1305 Coppi u. a.: Dieser Tod, S. 311 ff.

1306 Boberach: Meldungen, S. 2426 ff.

1307 Kegel: In den Stürmen, S. 221 ff.

1308 Kegel: In den Stürmen, Schutzumschlag; S. 211 ff.; Roewer u. a.: Geheimdienste, S. 346; Sahm: Scheliha, S. 95, 151 ff.; Teske: Köstring, S. 290–321.

1309 Besso Lominadse, zit. nach: Buber-Neumann: Kriegsschauplätze, S. 284; Fjodor Raskolnikow, zit. nach: Medwedew: Urteil, Bd. 3, S. 80 f.

1310 Dimitroff: Tagebücher, S. 392.

Quellen- und Literaturverzeichnis

Vorbemerkung: Neben den unten aufgeführten Quellen sind eine Vielzahl von Hinweisen, Einzelauskünften und Zeitungsartikeln in den Text eingegangen, die ausschließlich in den Fußnoten nachgewiesen sind. Weiterführendes und Spezialliteratur findet der Leser zudem im *Lexikon der Geheimdienste im 20. Jahrhundert*. Recherchen zu einigen russischen Quellen und deren Übersetzung erledigte Matthias Uhl.

Hans-Henning Abendroth: Mittelsmann zwischen Franco und Hitler: Johannes Bernhardt erinnert 1936. Marktheidenfeld 1978.

Ludwig Abmeier (Hg.): Schlesier des 15. bis 20. Jahrhunderts. Hrsg. im Auftrag der Historischen Kommission für Schlesien. Würzburg 1968.

Karl Heinz Abshagen: Canaris. Patriot und Weltbürger. Stuttgart 1949.

Alexander Abusch: Der Deckname. Memoiren. [Ost-]Berlin 1981.

Klaus Achmann/Hartmut Bühl: 20. Juli 1944. Lebensbilder aus dem militärischen Widerstand. 3. Aufl. Hamburg/Berlin/Bonn 1999.

Josef Ackermann: Heinrich Himmler. Reichsführer-SS; in: Ronald Smelser u. a.: Die braune Elite 1, S. 115–133.

A. Agricola [i. e. Alexander Bauermeister]: Aus dem Tagebuch eines Nachrichtenoffiziers an der Ostfront; in: Wolfgang Foerster: Kämpfer an vergessenen Fronten, S. 503–541.

Agricola: Spione durchbrechen die Front. Berlin 1933.

Agricola: Als ich im Stabe Hindenburgs war. Lübeck 1934.

Taner Akçam: Armenien und der Völkermord. Die Istanbuler Prozesse und die türkische Nationalitätsbewegung. Hamburg 1996.

Michail Alexejew: Wojenaja Raswedka Rossii. Ot Rjurika do Nikolaja II. Kniga II. [Russische Kriegsaufklärung. Von Rurik bis Nikolaus II. Buch II]. Moskwa 1998.

Ludwig Altmann: Zur Psychologie des Spions; in: Paul von Lettow-Vorbeck: Weltkriegsspionage, S. 37–52.

Helmut Altrichter: Russland 1917. Das Jahr der Revolutionen. Zürich 1997.

Maria Anders/Heinz Göschel (Hg.): Lexikon der Großen Sozialistischen Oktoberrevolution. Leipzig 1976.

Christopher Andrew/Wassili Mitrochin: Das Schwarzbuch des KGB. Moskaus Kampf gegen den Westen. Berlin 1999.

Josef Anker: Paul Rohrbach; in: Biografisches-bibliografisches Kirchenlexikon. 1994, Sp. 592 bis 608.

Anton Antonow-Owsjenko: Der Weg nach oben. Skizzen zu einem Berija-Portrait; in: Wladimir Nekrassow: Berija, S. 11–172.

Gerhard Anschütz: Die Verfassung des Deutschen Reichs vom 19. August 1919. Ein Kommentar für Wissenschaft und Praxis. 3. Bearbeitung. 12. Aufl. Berlin 1930.

Doron Arazi: Die deutsche militärische Funkaufklärung im Zweiten Weltkrieg. Versuch eines Überblicks, in: Wolfgang Michalka: Der Zweite Weltkrieg, S. 501–512.

Arbeitsgemeinschaft ehemaliger Abwehrangehöriger (AGEA): Die Nachhut Nr. 1–32. München 1967–1975. [BA MA Msg 3-22-1].

Armand Baron von Ardenne, Generalleutnant z.D.: Aufklärung; in: Die Große Zeit. Illustrierte Kriegsgeschichte. Band 1. Berlin/Wien 1915, S. 257–263.

Anton Austermann: Kurt Tucholsky. Der Journalist und sein Publikum. München/Zürich 1985.

Auswärtiges Amt (Hg.): Die deutschen Dokumente zum Kriegsausbruch. Vollständige Sammlung der von Karl Kautsky im Winter 1918/19 zusammengestellten Aktenstücke. Im Auftrage des Auswärtigen Amtes herausgegeben von Graf Max Monteglas und Walter Schücking. 4 Bände. 2. Aufl. Berlin 1921.

Auswärtiges Amt (Hg.): Der Friedensvertrag zwischen Deutschland und der Entente. Vollständige Volksausgabe der deutschen Übertragung auf Grund der letzten amtlichen Revision. Charlottenburg 1919.

Auswärtiges Amt (Hg.): Akten zur Deutschen Auswärtigen Politik 1918–1945 aus dem Archiv des Auswärtigen Amtes. Serie D (1937–1945). 13 Bände. Baden-Baden 1950 ff.

Prinz Max von Baden: Erinnerungen und Dokumente. Stuttgart/Berlin/Leipzig 1927.

Robert Baden-Powell: Scouting for Boys. 1908 (dt.: Das Pfadfinderbuch. 1909).

Robert Baden-Powell: My Adventures as a Spy. 1915 (dt.: Meine Abenteuer als Spion. 1915).

C. H. Baer: Der Völkerkrieg. 28 Bände. Stuttgart 1914 ff.

Simone Barck: Gesetzt, sie sind unschuldig. Deutsche Wissenschaft und Kultur im Exil; in: Wladislaw Hedeler: Stalinistischer Terror, S. 203–227.

David Barclay: Schaut auf diese Stadt. Der unbekannte Ernst Reuter. Berlin 2000.

John Barron: KGB. Arbeit und Organisation des sowjetischen Geheimdienstes in Ost und West. Taschenbuchausgabe. München o. J. [ca. 1984].

Emil Barth: Aus der Werkstatt der deutschen Revolution. Berlin 1919.

[Max] Bauer: Der große Krieg in Feld und Heimat. Erinnerungen und Betrachtungen. Tübingen 1921.

Felix Baumann: Aus dem Labyrinth der Weltkriegsspionage; in: Paul von Lettow-Vorbeck: Weltkriegsspionage, S. 107–209.

Bernhard Bayerlein/Wladislaw Hedeler (Hg.): Kommentare und Materialien zu den Tagebüchern [von Georgi Dimitroff] 1933–1943. Berlin 2000.

Cajus Bekker: Angriffshöhe 4000. Ein Kriegstagebuch der deutschen Luftwaffe. Stuttgart/Hamburg o. J. [ca. 1965].

Friedemann Bedürftig: Taschenlexikon Drittes Reich. 3. Aufl. München 1998.

Edvard Benes: Memoirs of Dr. Edvard Benes. New York 1972.

Hadassa Ben-Itto: Die Protokolle der Weisen von Zion. Anatomie einer Fälschung. Berlin 2001.

Horst Benneckenstein: Die Transkaukasien-, insbesondere die Georgienpolitik des deutschen Imperialismus vom Beginn des 20. Jahrhunderts bis zum Beginn des Ersten Weltkriegs. Phil. Diss. Jena 1975.

J[acques] Benoist-Méchin: Das Kaiserreich zerbricht 1918–1919. Geschichte der deutschen Militärmacht 1918–1946, Band 1. Oldenburg/Hamburg 1965.

J[acques] Benoist-Méchin: Jahre der Zwietracht 1919–1925. Geschichte der deutschen Militärmacht 1918–1946, Band 2. Oldenburg/Hamburg 1965.

J[acques] Benoist-Méchin: Auf dem Wege zur Macht 1925–1937. Geschichte der deutschen Militärmacht 1918–1946, Band 3. Oldenburg/Hamburg 1965.

F. Beresin: Wie gegen Berija ein Haftbefehl erlassen wurde; in: Wladimir Nekrassow: Berija, S. 243–273.

Heinz Bergschicker: Deutsche Chronik 1933–1945. Ein Zeitbild der faschistischen Diktatur. [Ost-]Berlin 1981.

H. R. Berndorff: Spionage! 31. Aufl. Stuttgart 1929.

Eduard Bernstein: Die deutsche Revolution von 1918/19. Geschichte der Entstehung der ersten Arbeitsperiode der deutschen Republik. Herausgegeben und eingeleitet von Heinrich August Winkler und annotiert von Teresa Löwe. Bonn 1998.

Ulrich Herbert: Best. Biografische Studien über Radikalismus, Weltanschauung und Vernunft. 1903–1989. 3. Aufl. Bonn 1996.

Lew Besymenski: Stalin und Hitler. Das Pokerspiel der Diktatoren. Berlin 2002.

Franz Bettag: Die Eroberung von Nowo Georgiewsk. Unter Benutzung der amtlichen Quellen des Reichsarchivs, persönlicher Aufzeichnungen von Mitkämpfern und einer Darstellung des Majors und 1. Generalstabsoffiziers der Belagerungsarmee von Brunn. Schlachten des Weltkrieges, Band 8. 2. Aufl. Oldenburg/Berlin 1926.

Busso von Bismarck: Der Militärattaché im Nachrichtendienst; in: Paul von Lettow-Vorbeck: Weltkriegsspionage, S. 104–110.

Alexander S. Blank/Julius Mader: Rote Kapelle gegen Hitler. [Ost-]Berlin 1979.

Wulf Bley: Lord Kitchenes Ende: in: Paul von Lettow-Vorbeck: Weltkriegsspionage, S. 486–489.

Wipert von Blücher: Von Brest-Litowsk nach Rapallo. Erinnerungen eines Mannes aus dem zweiten Gliede. Wiesbaden 1951.

Heinz Boberach (Hg.): Meldungen aus dem Reich. Die geheimen Lageberichte des Sicherheitsdienstes der SS. 17 Bände. Hersching 1984.

Ernst-Werner Böckenförde: Der Zusammenbruch der Monarchie und die Entstehung der Weimarer Republik; in: Karl Dietrich Bracher u. a.: Die Weimarer Republik, S. 17–43.

Waltraut Böhme/Siegfried Dominik/Andrée Fischer/Felizitas Klotsch/Renate Polit/Hans-Jochen von Treskow/Karen Schachtschneider/Ilse Scholz/Gertrud Schütz/Martine Weigt (Hg.): Kleines politisches Wörterbuch. Neuausgabe 1988. [Ost-]Berlin 1988.

Reinhard Bollmus: Alfred Rosenberg. Chefideologe des Nationalsozialismus?; in: Ronald Smelser u. a.: Die braune Elite I, S. 223–235.

Lars Borgersund: Die Wollweber-Organisation und Norwegen. Berlin 2001.

Hermann Borgs-Maciejewski/Frank Ebert: Das Recht der Geheimdienste. Kommentar zum Bundesverfassungsschutzgesetz sowie zum G 10. Stuttgart/München/Hannover 1986.

Franz Borkenau: The Spanish Cockpit. An Eye-Witness Account of the Political and Social Conflikts of the Spanish Civil War. London 1938 (dt.: Kampfplatz Spanien. Politische und soziale Konflikte im Spanischen Bürgerkrieg. Ein Augenzeugenbericht. Stuttgart 1986).

Rudolf von Borries: Von der Kriegsbereitschaft der Mächte und ihren geheimen Kriegsvorbereitungen; in: Friedrich Felger: Was wir vom Weltkrieg nicht wissen, S. 87–103.

Rudolf von Borries: Spionage im Westen vor dem Kriege; in: Paul von Lettow-Vorbeck: Weltkriegsspionage, S. 77–84.

Herbert von Bose: Der Nachrichtenoffizier an der Front; in: Paul von Lettow-Vorbeck: Weltkriegsspionage, S. 183–196.

Herbert von Bose: Sabotage und Propaganda; in: Paul von Lettow-Vorbeck: Weltkriegsspionage, S. 301–311.

Thilo von Bose: Die Katastrophe des 8. August 1918. Schlachten des Weltkrieges, Band 38. Oldenburg/Berlin 1930.

Karl Freiherr von Bothmer: Mit Graf Mirbach in Moskau. Tübingen 1922.

Pierre Bouré: Léon Sedov, fils de Trotski, victime de Staline. Paris 1993.

Margret Boveri: Verzweigungen. Eine Autobiografie. Herausgegeben von Uwe Johnson. München 1977.

Karl Dietrich Bracher/Manfred Funke/Hans-Adolf Jacobsen: Die Weimarer Republik 1918–1933. Politik, Wirtschaft, Gesellschaft. 2. Aufl. Bonn 1988.

Karl Dietrich Bracher/Manfred Funke/Hans-Adolf Jacobsen (Hg.): Deutschland 1933–1945. Neue Studien zur nationalsozialistischen Herrschaft. 2. Aufl. Bonn 1993.

Otto Braun: Chinesische Aufzeichnungen (1932–1939). [Ost-]Berlin 1975.

Arnold Brecht: Nachlass. BA: NL 89.

Willi Bredel: Begegnungen am Ebro. [Ost-]Berlin 1948.

André Brissaud: Die SD-Story. Hitlers Geheimarmee: Mord auf Bestellung. Zürich 1980.

[Ulrich] Graf Brockdorff Rantzau: Dokumente. Charlottenburg 1920.

Werner Brockdorff: Geheimkommandos des Zweiten Weltkrieges. Geschichte und Einsätze der Brandenburger, der englischen Commands und SAS-Einheiten, der amerikanischen Rangers und sowjetischer Geheimdienste. Eltville am Rhein o.J. [nach 1983].

Brockhaus Enzyklopädie in 20 Bänden. Wiesbaden 1973.

Arnolt Bronnen: Arnolt Bronnen gibt zu Protokoll. Beiträge zur Geschichte des modernen Schriftstellers. Mit einem Nachwort von Hans Mayer. Kronberg/Ts. 1978.

Martin Broszat/Norbert Frei: Das Dritte Reich im Überblick. Chronik, Ereignisse, Zusammenhänge. 3. Aufl. München/Zürich 1992.

Hilmar-Detlef Brückner: Schluga von Rastenfeld; in: International Intelligence History Study Group (Hg.): News-Letter 6.2.

Walerij Brun-Zechowoj: Manfred Stern – General Kleber. Die tragische Biografie eines Berufsrevolutionärs. Berlin 2000.

Alexej Alexejewitsch Brussilow: Erinnerungen. Moskau 1983.

Margarethe Buber-Neumann: Kriegsschauplätze der Weltrevolution. Ein Bericht aus der Praxis der Komintern. Stuttgart 1967.

Margarethe Buber-Neumann: Von Potsdam nach Moskau. Stationen eines Irrwegs. Frankfurt/M./Berlin 1990.

Margarethe Buber-Neumann: Als Gefangene bei Hitler und Stalin. Eine Welt im Dunkel. 2. Aufl. Berlin 1997.

Hartmut Buch: Geschichte der Luftlandetruppen. Zur Entwicklung der Fallschirmtruppen in Ost und West. Augsburg 2000.

Hans Buchheim: Die SS – das Herrschaftsinstrument. Befehl und Gehorsam. Anatomie des SS-Staats Band 1. 4. Aufl. München 1984.

Gert Buchheit: Der deutsche Geheimdienst. Geschichte der militärischen Abwehr. München 1967.

Gerd Buchheit: Ludwig Beck. Ein preußischer General. München 1964.

Erich Bücheler: Hoepner. Ein deutsches Soldatenschicksal des XX. Jahrhunderts. Herford 1980.

Alan Bullock: Hitler und Stalin. Parallele Leben. Berlin 1991.

Alexander Wladimirowitsch Burjuk: Sekretnye materialy [Geheime Materialien]; auf: http://www.x-libri.ru/elib/birykooo/0000011.htm.

Helmut Burmester: Der geheimnisvolle Tod des Werner Rabe von Pappenheim. Der Liebenauer Baron und sein Schicksal in China; in: Helmut Burmester/Veronika Jäger: China 1900. Der Boxeraufstand, der Maler Theodor Rocholl und das »alte China«. Hofgeismar 2000.

Wladimir Burzew: Borba za svobobnuju Rossiju. Moi vospominanija 1882–1924 [Der Kampf um ein freies Russland. Meine Erinnerungen aus den Jahren 1882–1924]. Berlin 1924.

Ernst Busch: Lieder der Internationalen Brigaden. Madrid 1938.

Edouard Calic: Reinhard Heydrich. Schlüsselfigur des Dritten Reiches. Düsseldorf 1982.

Alexej Chanjutin/Boris Rawdin: Lenin in Gorki. Ein literarisches Drehbuch; in: Tilman Spengler (Hg.): Lenins letzte Tage: Eine Rekonstruktion, S. 35–158.

Albrecht Charisus/Julius Mader: Nicht länger geheim. Entwicklung, System und Arbeitsweise des imperialistischen deutschen Geheimdienstes. 2. Aufl. [Ost-]Berlin 1975.

Raymond Cartier: Der Zweite Weltkrieg. 2 Bände. München. Sonderausgabe o. J.

[Franz] Ch[arwat]: Iwanow marschiert auf Lemberg; in: Emil Seeliger: Spione und Verräter, S. 135–142.

Georges Castelneau: Le Réarmement Clandestin du Reich 1930–35 [Die heimliche Wiederbewaffnung des Reiches]. Paris 1954.

Oleg Chlewnjuk: Das Politbüro. Mechanismen der politischen Macht in der Sowjetunion der dreißiger Jahre. Hamburg 1998.

Winston Churchill: Der Zweite Weltkrieg. Mit einem Epilog über die Nachkriegsjahre. Frankfurt am Main 2003.

Nikita Chruschtschow: Chruschtschow erinnert sich. Die authentischen Memoiren. Hg. von Strobe Talbott. Reinbek 1992.

Carl von Clausewitz: Vom Kriege. Hinterlassenes Werk. Vollständige Ausgabe im Urtext, drei Teile in einem Band. 19. Aufl. Bonn 1980.

Robert Conquest: Der große Terror. Sowjetunion 1934–1938. 2. Aufl. München 2001.

E. H. Cookridge: Zentrale Moskau. Die Macht der sowjetischen Geheimdienste. Hannover 1956.

Hans Coppi/Geertje Andresen (Hg.): Dieser Tod passt zu mir. Harro Schulze-Boysen. Grenzgänger im Widerstand. Briefe 1915 bis 1942. Berlin 1999.

Karl Corino: Robert Musil. Leben und Werk in Bildern und Texten. Reinbek bei Hamburg 1988.

John Costello/Oleg Tsarev: Der Superagent. Der Mann der Stalin erpresste. Wien 1993.

Stéphane Courtois/Nicolas Werth/Jean-Louis Panné/Andrzej Paczkowski/Karel Bartosek/Jean Louis Margolin: Das Schwarzbuch des Kommunismus. Unterdrückung, Verbrechen, Terror. 2. Aufl. München/Zürich 1998.

Gordon A. Craig: Deutsche Geschichte 1866–1945. Vom Norddeutschen Bund bis zum Ende des Dritten Reiches. München 1983.

August von Cramon: Von unseren Bundesgenossen; in: Friedrich Felger: Was wir vom Weltkrieg nicht wissen, S. 428–439.

Maria Dabrowska: Tagebücher 1914–1965. Ausgewählt und herausgegeben von Tadeusz Drewnowski. Frankfurt 1996.

Franz Dahlem: Der Freiheitskampf des spanischen Volkes. [Ost-]Berlin 1953.

David J. Dallin: Die Sowjetspionage. Prinzipien und Praktiken. Köln 1956.

Wjatscheslaw Daschitschew: Moskaus Griff nach der Weltmacht. Die bitteren Früchte der hegemonialen Politik. Hamburg/Berlin/Bonn 2002.

Wilhelm Deist/Manfred Messerschmidt/Hans-Erich Volkmann/Wolfram Wette: Ursachen und Voraussetzungen des Zweiten Weltkriegs. Frankfurt am Main 1989.

Günther Deschner: Reinhard Heydrich. Technokrat der Sicherheit; in: Ronald Smelser u. a.: Die braune Elite 1, S. 98–114.

Paul Dessau: Paris 1936 – Wie das Spanienlied entstand: in: Zentralausschuss: Der Sozialismus, S. 134–135.

Deutscher Bundestag (Hg.): Amtliches Handbuch des Deutschen Bundestages. 2. Wahlperiode 1953. Darmstadt 1953.

Deutscher Bundestag: Fragen an die deutsche Geschichte. Ideen, Kräfte, Entscheidungen. Von 1800 bis zur Gegenwart. Historische Ausstellung im Reichstagsgebäude in Berlin. Katalog. 12. Aufl. Bonn 1986.

Deutscher Offizier-Bund (Hg.): Ehrenrangliste des ehemaligen Deutschen Heeres. Aufgrund der Ranglisten von 1914 mit den inzwischen eingetretenen Veränderungen. Berlin 1926.

Deutschlandradio (Hg.): Die Partei hat immer recht. Eine Dokumentation in Liedern. CD mit Begleitheft. Berlin 1996.

Gustav von Dickhuth-Harrach (Hg.): Im Felde unbesiegt. Der Weltkrieg in 29 (bzw. in 24) Einzeldarstellungen. 2 Bände. München 1921.

Rudolf Diels: Lucifer ante Portas. Es spricht der erste Chef der Gestapo. Stuttgart 1950.

Frank Dingel: Revolution 1918/19 in Deutschland; in: O.Verf.: Revolution und Fotografie, S. 26 bis 64.

Martha Dodd: My Years in Germany. London 1938.

William Dodd: Diplomat auf heißem Boden. Tagebuch des USA-Botschafters in Berlin 1933 bis 1938. Herausgegeben von William E. Dodd jr. und Martha Dodd. Mit einer Einführung von Charles A. Beard. 8. Aufl. [Ost-]Berlin 1977.

Hans-Jürgen Döscher: SS und Auswärtiges Amt im Dritten Reich. Diplomaten im Schatten der »Endlösung«. Frankfurt/Berlin 1991.

John Dornberg: Hitlers Marsch zur Feldherrnhalle. München, 8. und 9. November 1923. München/Wien 1983.

Walter Dornberger: Peenemünde. Die Geschichte der V-Waffen. 10. Aufl. Berlin 1999.

Andreas Dornheim: Nachrichtenhandel im Machtkampf. Röhms Mann fürs Ausland: Georg Bell; in: Helmut Roewer: In guter Verfassung II, S. 11–25.

Michael Dorrmann: Von kommenden Dingen. Revolution und Republik; in: Hans Wilderotter: Die Extreme berühren sich, S. 390–395.

Klaus Dorst/Birgit Hoffmann (Hg.): Kleines Lexikon der Sowjetstreitkräfte. [Ost-]Berlin 1987.

Jost Dülffer: Die Reichs- und Kriegsmarine 1918–1939; in: Militärgeschichtliches Forschungsamt: Deutsche Militärgeschichte, Band VIII, S. 337–488.

Erwin Erich Dwinger: Die letzten Reiter. Jena 1935.

Edwin Erich Dwinger: Spanische Silhouetten. Jena 1937.

Henrik Eberle: Liselotte Herrmann. Vortrag am 25. Juni 1999 in der Liselotte-Herrmann-Straße zu Weimar. Ms. S. 1–5.

Hans Ehlert/Armin Wagner: Genosse General! Die Militärelite der DDR in biografischen Skizzen. Berlin 2003.

Ernst Eilsberger: Der Durchbruch bei Brzeziny am 24. November 1914. 2. Aufl. Berlin 1930.

[Karl] von Einem: Erinnerungen eines Soldaten 1853–1933. 6. Aufl. Leipzig 1933.

Roger Engelmann: Ernst Wollweber (1898–1967). Chefsaboteur der Sowjets und Zuchtmeister der Stasi; in: Dieter Krüger: Konspiration als Beruf, S. 179–206.

Elzbietta Ettinger: Rosa Luxemburg. Ein Leben. Bonn 1990.

Walter Elze: Tannenberg. Das deutsche Heer von 1914. Seine Grundzüge und deren Auswirkung im Sieg an der Ostfront. Breslau 1928.

T. R. Emessen: Aus Görings Schreibtisch. Ein Dokumentenfund. Berlin 1947.

Karl Dietrich Erdmann: Replik [auf: Bernd Sösemann: Die Tagebücher Kurt Riezlers; in: Historische Zeitschrift 1983, S. 327–369]; in: Historische Zeitschrift 1983, S. 371–402.

Waldemar Erfurth: Die Geschichte des deutschen Generalstabs 1918–1945. Nachdruck: Hamburg 2001.

Peter Erler: Terror gegen deutsche Polit- und Wirtschaftsemigranten; in: Wladislaw Hedeler: Stalinistischer Terror, S. 239–258.

Wilhelm Ersil: Aktionseinheit stürzt Cuno. Zur Geschichte des Massenkampfes gegen die Cuno-Regierung 1923 in Mitteldeutschland. [Ost-]Berlin 1963.

Valentin Falin: Politische Erinnerungen. München 1995.

Valentin Falin: Die Zweite Front. Der Interessenkonflikt der Anti-Hitler-Koalition. München 1995.

Jürgen W. Falter: Wahlen und Wählerverhalten unter besonderer Berücksichtigung des Aufstiegs der NSDAP nach 1928; in Karl Dietrich Bracher: Die Weimarer Republik, S. 484–504.

Friedrich Felger (Hg.): Was wir vom Weltkrieg nicht wissen. Berlin/Leipzig o.J. [ca. 1930].

Hans W. Fell: Die Auswertung und das Ergebnis der Agentennachrichten; in: Paul von Lettow-Vorbeck: Weltkriegsspionage, S. 158–164.

Hans W. Fell: Der Weg zum Feinde. Nachrichtendienst über das neutrale Ausland; in: Paul von Lettow-Vorbeck: Weltkriegsspionage, S. 348–354.

Niall Ferguson: Der falsche Krieg. Der Erste Weltkrieg und das 20. Jahrhundert. 2. Aufl. Stuttgart 1999.

Joachim Fest: Hitler. Eine Biografie. Frankfurt/Berlin/Wien 1973.

Franz Feuchtwanger: Der Militärpolitische Apparat der KPD in den Jahren 1928–1935. Erinnerungen; in: Internationale wissenschaftliche Korrespondenz zur Geschichte der Arbeiterbewegung 1981, S. 485–533.

Orlando Figes: Die Tragödie eines Volkes. Die Epochen der russischen Revolution 1991 bis 1924. 2. Aufl. Berlin 1998.

Andreas Figl: Das System des Chiffrierens. Graz 1926.

Vera Figner: Nacht über Russland. Lebenserinnerungen. [Ost-]Berlin 1985.

Conan Fischer: Ernst Julius Röhm. Stabschef der SA und unentbehrlicher Außenseiter; in: Ronald Smelser u. a.: Die braune Elite I, S, 212–222.

Fritz Fischer: Griff nach der Weltmacht. Die Kriegszielpolitik des kaiserlichen Deutschland 1914/18. 2. Aufl. Königstein/Taunus 1979.

Fritz Fischer: Juli 1914: Wir sind nicht hineingeschlittert. Das Staatsgeheimnis um die Riezler-Tagebücher. Eine Streitschrift. Reinbek 1983.

Heinz-Dietrich Fischer (Hg.): Pressekonzentration und Zensurpraxis im Ersten Weltkrieg. Texte und Quellen. Berlin 1973.

Kurt Fischer: Deutsche Truppen und Ententeintervention in Südrussland 1918/19. Boppard am Rhein 1973.

Ruth Fischer: Stalin und der deutsche Kommunismus. Der Übergang zur Konterrevolution. 2. Aufl. Frankfurt am Main o.J.

Jan von Flocken/Michael Scholz: Ernst Wollweber. Saboteur, Minister, Unperson. Berlin 1994.

Bernd Florath/Armin Mitter/Stefan Wolle (Hg.): Die Ohnmacht der Allmächtigen. Geheimdienste und politische Polizei in der modernen Gesellschaft. Berlin 1992.

Wolfgang Foerster/Helmuth Greiner/Hans Witte (Hg.): Kämpfer an vergessenen Fronten. Feldzugsbriefe, Kriegstagebücher und Berichte. Kolonialkrieg, Seekrieg, Luftkrieg, Spionage. Berlin 1931.

Wolfgang Foerster: Mackensen. Briefe und Aufzeichnungen des Generalfeldmarschalls aus Krieg und Frieden. Leipzig 1938.

Hermann Foertsch: Schuld und Verhängnis. Stuttgart 1951.

Heinrich Fomferra: In besonderer Mission, in: Horst Köpstein (Hg.): Beiderseits der Grenze. Berlin 1965.

Heinrich Fomferra: Wie ich Politkommissar einer Partisaneneinheit wurde, in: Heinz Voßke (Hg.): Im Kampfe bewährt. Berlin 1969.

[Hermann] von François: Wer ist der Sieger von Tannenberg? Reichsflagge 12/1925, vom 20.5.1925.

Gunther Frantz: Russlands Eintritt in den Weltkrieg. Der Ausbau der russischen Wehrmacht und ihr Einsatz bei Kriegsausbruch. Berlin 1924.

Gunther Frantz: Russischer Geheimdienst; in: Wolfgang Foerster: Kämpfer an vergessenen Fronten, S. 482–493.

[Hugo] Freiherr von Freytag-Loringhoven: Menschen und Dinge, wie ich sie in meinem Leben sah. Berlin 1923.

Richard Friedenthal: Karl Marx. Sein Leben und seine Zeit. München/Zürich 1981.

Elke Fröhlich: Josef Goebbels. Der Propagandist; in Ronald Smelser u. a.: Die braune Elite I, S. 52–68.

Klaus Froh/Rüdiger Wenzke: Die Generale und Admirale der NVA. Ein biografisches Handbuch. Berlin 2000.

René Fülöp-Miller: Der heilige Teufel. Rasputin und die Frauen. Ungekürzte Sonderausgabe. Berlin/Wien/Leipig o. J. [nach 1927].

Rainer W. Fuhrmann: Polen-Handbuch. Geschichte, Politik, Wirtschaft. Hannover 1990.

Manfred Funke: Republik im Untergang. Die Zerstörung des Parlamentarismus als Vorbereitung der Diktatur; in Karl Dietrich Bracher: Die Weimarer Republik, S. 505–531.

Michael Futrell: Northern Underground. Episodes of Russian Revolutionary Transport and Communications through Scandinavia and Finland 1873–1917. London 1963.

Thilo Gabelmann: Thälmann ist niemals gefallen? Eine Legende stirbt. Berlin 1996.

Willi Gautschi: Lenin als Emigrant in der Schweiz. Zürich/Köln 1973.

Günther Gellermann: Und lauschten für Hitler. Geheime Reichssache: Die Abhörzentralen des Dritten Reiches. Bonn 1991.

[Friedrich] Gempp: Geheimer Nachrichtendienst und Spionageabwehr des Heeres. Denkschrift. Ms. begonnen 1928; in: BA MA: RW 5 656 F, 658 F, 559 F, 662 F, 664 F.

Alexander Gerassimoff: Im Kampf gegen die erste russische Revolution. Erinnerungen. Frauenfeld/Leipzig 1934.

Rudolph-Christoph von Gersdorff: Soldat im Untergang. Frankfurt/Berlin/Wien 1977.

André Gide: Retour de l'U.R.S.S. Paris 1936.

André Gide : Retuschen zu meinem Russlandbuch. Zürich 1937.

Jens Gieseke (Hg.): Wer war wer im Ministerium für Staatssicherheit. Kurzbiografien des MfS-Leitungspersonals. Berlin 1998 [= Teil V/4 des MfS-Handbuchs].

Jens Gieseke: Erich Mielke (1907–2000). Revolverheld und oberster DDR-Tschekist; in: Dieter Krüger u. a.: Konspiration als Beruf, S. 237–263.

Klaus Gietinger: Eine Leiche im Landwehrkanal. Die Ermordung der Rosa L. Berlin 1995.

Hermann Gilbhard: Die Thulegesellschaft. Vom okkulten Mummenschanz zum Hakenkreuz. München 1994.

Hans Bernd Gisevius: Bis zum bitteren Ende. 75. Tsd. Zürich o. J. [1954].

Friedrich Glombowski: Organisation Heinz. Das Schicksal des Kameraden Schlageters. Berlin 1934.

Walter Görlitz: Kleine Geschichte des deutschen Generalstabs. Berlin 1957.

Walter Görlitz: Model. Der Feldmarschall und sein Endkampf an der Ruhr. 7. Aufl. München 2000.

Manfred Görtemaker: Deutschland im 19. Jahrhundert. Entwicklungslinien. 3. Aufl. Bonn 1987.

Nikolaj Gogol: Die toten Seelen. Vollständige Ausgabe. Aus dem Russischen übertragen von Fred Ottow. Mit einem Nachwort von Dimitrij Tschischewskij. München 1974.

David Golinkow: Fiasko einer Konterrevolution. Das Scheitern antisowjetischer Verschwörungen in der UdSSR (1917–1925). [Ost-]Berlin 1982.

Freiherr von der Goltz: Politische Spionage; in: Paul von Lettow-Vorbeck: Weltkriegsspionage, S. 153–157.

Freiherr von der Goltz: Bulgarien und der geheime Nachrichtendienst; in: Paul von Lettow-Vorbeck: Weltkriegsspionage, S. 469–476.

Rüdiger Graf von der Goltz: Meine Sendung in Finnland und im Baltikum. Leipzig 1920.

Rüdiger Graf von der Goltz: Als politischer General im Osten. Finnland und Baltikum 1918 und 1919. Leipzig o. J. [1936].

Nicholas Goodrick-Clarke: Die okkulten Wurzeln des Nationalsozialismus. Graz/Stuttgart 1997.

D. J. Goodspeed: Ludendorff. Soldat, Diktator, Revolutionär. Gütersloh 1968.

Harold J. Gordon jr.: Hitlerputsch 1923. Machtkampf in Bayern 1923–1924. München 1978.

Christoph Graf: Kontinuitäten und Brüche. Von der Politischen Polizei der Weimarer Republik zur Geheimen Staatspolizei; in: Gerhard Paul u. a.: Die Gestapo, S. 73–83.

Hermann Graml: Europa zwischen den Kriegen. Band 5 der dtv-Weltgeschichte des 20. Jahrhunderts. München 1969.

Hans Grimm: Volk ohne Raum. 2 Bände. 21.–30. Tausend. München 1927.

Wilhelm Groener: Lebenserinnerungen. Jugend, Generalstab, Weltkrieg. Herausgegeben von Friedrich Freiherr Hiller von Gaertringen. Göttingen 1957.

Helmuth Groscurth: Tagebücher eines Abwehroffiziers 1938 bis 1940. Stuttgart 1970.

Babette Gross: Willi Münzenberg. Eine politische Biografie. Mit einem Vorwort von Arthur Koestler. Stuttgart 1967.

Hans Henning Freiherr Grote: Vorsicht! Feind hört mit! Eine Geschichte der Weltkriegs- und Nachkriegsspionage. Berlin 1930.

Peter Grupp: Vom Waffenstillstand zum Versailler Vertrag. Die außen- und friedenspolitischen Zielvorstellungen der deutschen Reichsführung; in: Karl Dietrich Bracher u. a.: Die Weimarer Republik, S. 285–302.

Heinz Guderian: Erinnerungen eines Soldaten. 17. Aufl. Stuttgart 2001.

Rolf Güth: Die Organisation der Kriegsmarine bis 1939; in: Militärgeschichtliches Forschungsamt: Deutsche Militärgeschichte, Bd. 4, S. 401–499.

Emil Julius Gumbel: Vier Jahre politischer Mord. Berlin 1922.

Emil Julius Gumbel: Verschwörer. Zur Geschichte und Soziologie der deutschen nationalistischen Geheimbünde 1918–1924. Mit einem Vorwort zur Neuausgabe von Karin Buselmeier und zwei Dokumenten zum Fall Gumbel. Frankfurt am Main 1984.

Felix Guse: Die Kaukasusfront im Weltkrieg bis zum Frieden von Brest. Leipzig 1940.

Leonard Haas: Carl Vital Moor 1852–1932. Ein Leben für Marx und Lenin. Zürich/Einsiedeln/Köln 1970.

Lutz Hachmeister: Der Gegnerforscher. Die Karriere des SS-Führers Franz Alfred Six. München 1998.

Hans von Haeften: Meine Erlebnisse aus den Mobilmachungstagen 1914. BA MA: N 35/1.

Sebastian Haffner: Der Verrat. Berlin 1993.

Sebastian Haffner: Germany: Jekyll & Hyde. 1939 – Deutschland von innen betrachtet. Berlin 1996.

Sebastian Haffner/Stephan Hermlin/Kurt Tucholsky u. a.: Zwecklegenden. Die SPD und das Scheitern der Arbeiterbewegung. Berlin 1996.

Walter Hagen [i. e. Wilhelm Höttl]: Die geheime Front. Organisation, Personen und Aktionen des deutschen Geheimdienstes. Linz/Wien 1950.

Werner Hahlweg: Lenins Rückkehr nach Russland 1917. Die deutschen Akten. Leiden 1957.

Franz Halder: Kriegstagebuch. Tägliche Aufzeichnungen des Chefs des Generalstabs des Heeres 1938–1942. Bearbeitet von Hans-Adolf Jacobsen. 3 Bände. Stuttgart 1962–1964.

Andreas Hallen: Die ermordete Revolution. Der 15. Januar 1919 – ein Stimmungsbild; in: O. Verf.: Revolution und Fotografie, S. 263–286.

Heinz Halter: Finnlands Jugend bricht Russlands Ketten. Die Geschichte des Preußischen Jägerbataillons 27. Leipzig, 1938.

Harald Harden: Lockspitzel Asew. Geschichte eines Verräters. Gütersloh o. J.

B. H. Liddell Hart: Deutsche Generale des Zweiten Weltkrieges. Aussagen, Aufzeichnungen und Gespräche. München 1965.

Liddell Hart: Geschichte des Zweiten Weltkrieges. Ungekürzte Sonderausgabe in einem Band. 6. Aufl. Wiesbaden 1985.

Jaroslav Hašek: Die Abenteuer des braven Soldaten Schwejk. Gütersloh 1961.

Klaus Haupt/Harald Wessel: Kisch war hier. Reportagen über den »Rasenden Reporter«. [Ost-] Berlin 1985.

Wladislaw Hedeler: Ochrana-Agenten im Untergrund; in: Bernd Florath u. a.: Die Ohnmacht der Allmächtigen, S. 46–67.

Wladislaw Hedeler (Hg.): Stalinistischer Terror 1934–41. Eine Forschungsbilanz. Berlin 2002.

Sven Hedin: Ein Volk in Waffen. Leipzig 1915.

Ernst Heinkel: Stürmisches Leben. Herausgegeben von Jürgen Thorwald. Sonderausgabe Stuttgart o. J. [ca. 1955].

Jens Heisterkamp: Helmuth von Moltkes Bild in der Geschichtsschreibung des 20. Jahrhunderts; in: Thomas Meyer: Helmuth von Moltke.

Karl Helfferich: Der Weltkrieg. Ausgabe in einem Band. Berlin 1919.

Hans Helm: Nicolai und seine Helfer; in: Hans Henning Grote: Vorsicht! Feind hört mit! S. 39 bis 69.

Carl Henke/Gerhard Liesner: Um Finnlands Freiheit. Unter dem Stahlhelm, Band 4. Berlin 1932.

Gerhard Henke: Bericht und Erinnerungen; in: Die Nachhut Nr. 2, S. 9–13.

Gerhard Henke: Aus den Erinnerungen eines Ic/AO; in: Die Nachhut Nr. 3, S. 12–14.

Gerhard Henke: Admiral a. D. Patzig zum 80. Geburtstag; in: Die Nachhut Nr. 5, S. 4.

Rüdiger Henkel: Was treibt den Spion? Spektakuläre Fälle von der »Schönen Sphinx« bis zum »Bonner Dreigestirn«. Berlin 2001.

Werner Otto von Hentig: Meine Diplomatenfahrt ins verschlossene Land. Berlin 1918.

Werner Otto von Hentig: Mein Leben – eine Dienstreise. Göttingen 1962.

Michael Hepp: Kurt Tucholsky. Biografische Annäherungen. Reinbek bei Hamburg 1993.

Bernd-Ulrich Hergemüller: Mann für Mann. Biografisches Lexikon zur Geschichte von Freundesliebe und mannmännlicher Sexualität im deutschen Sprachraum. Hamburg 1998.

Walter Herrmann: Spionen-Schicksal. Als Geheimagent in Russland, England, Belgien und Frankreich. Berlin 1930.

Hans von Herwarth: Zwischen Hitler und Stalin. Erlebte Zeitgeschichte 1931–1945. Frankfurt/M./Berlin 1989.

Bodo Herzog: Kritische Situation im Geleitzug. Kapitänleutnant Wilhelm Canaris als U-Boot-Kommandant; in: Die Nachhut Nr. 19/20, S. 11–20.

Bodo Herzog: Dramatische Stunden vor Cartagena. Canaris wird am 1. Oktober 1916 aus Spanien abgeholt; in: Die Nachhut Nr. 20/21, S. 21–24.

Bodo Herzog: Wilhelm Canaris. II. Teil. 1. Offizier an Bord des Schulkreuzers Berlin; in: AGEA: Die Nachhut 27/28, S. 3–8.

Bodo Herzog: In Memoriam Admiral Wilhelm Canaris; in: Die Nachhut Nr. 31/32, S. 3–14.

Gerd Heuer: Die deutschen Generalfeldmarschälle und Großadmirale 1933–1945. O. O. [München] o. J. [ca. 2000].

Theodor Heuß: Friedrich Naumann. Der Mann, das Werk, die Zeit. Stuttgart/Berlin 1937.

Stefan Heym: Radek. Roman. München 1995.

Manfred Hildermeier: Geschichte der Sowjetunion 1917–1991. Entstehung und Niedergang des ersten sozialistischen Staates. München 1998.

Gustav Hilger: Wir und der Kreml. Deutsch-sowjetische Beziehungen 1918–1941. Erinnerungen eines deutschen Diplomaten. Frankfurt/M./Berlin 1955.

Andreas Hillgruber: Hitlers Strategie. Politik und Kriegführung 1940–1941. 3. Aufl. Bonn 1993.

[Paul] von Hindenburg: Aus meinem Leben. Illustrierte Volksausgabe. Leipzig 1934.

Magnus Hirschfeld (Hg.): Sittengeschichte des Weltkrieges. 2 Bände. Leipzig/Wien 1930.

Adolf Hitler: Mein Kampf. Zwei Bände in einem Band. 1027.–1031. Aufl. München 1944.

Arthur Hodges: Kitchener. Berlin 1937.

Heinz Höhne: Der Fall Lissner; in: Ivar Lissner: Mein gefährlicher Weg, S. 221–272.

Heinz Höhne: Canaris. Patriot im Zwielicht. München 1976.

Heinz Höhne: Mordsache Röhm. Hitlers Durchbruch zur Alleinherrschaft 1933–1934. Reinbek 1984.

Heinz Höhne: Der Krieg im Dunkeln. Macht und Einfluss des deutschen und russischen Geheimdienstes. München 1985.

Heinz Höhne: »Gebt mir vier Jahre Zeit«. Hitler und die Anfänge des Dritten Reiches. Berlin/Frankfurt am Main 1996.

Heinz Höhne: Der Orden unter dem Totenkopf. Die Geschichte der SS. München 2002.

Ralf Höller: Der Anfang, der ein Ende war. Die Revolution in Bayern 1918/19. Berlin 1999.

Erwin Hölzle: Der Geheimnisverrat und der Kriegsausbruch. Historisch-politische Hefte der Ranke-Gesellschaft. Heft 23. Göttingen 1973.

Christa Höpfner/Irmtraut Schubert: Lenin in Deutschland. [Ost-]Berlin 1980.

Heinz Hoffmann: Mannheim, Madrid, Moskau. Erlebtes aus drei Jahrzehnten. 2. Aufl. [Ost-]Berlin 1982.

Heinz Hoffmann: Moskau, Berlin. Erinnerungen an Freunde, Kampfgenossen und Zeitumstände. [Ost-]Berlin 1989.

Joachim Hoffmann: Stalins Vernichtungskrieg 1941–1945. Planung, Ausführung und Dokumentation. 6. Aufl. München 2000.

Max Hoffmann: Der Krieg der versäumten Gelegenheiten. Vereinigt mit Gedanken über 1914; Tannenberg, wie es wirklich war; die Frühjahrsoffensive 1918. Leipzig o. J. [1939].

Peter Hopkirk: Östlich von Konstantinopel. Kaiser Wilhelms Heiliger Krieg um die Macht im Orient. Wien/München 1996.

J[ohannes] Horatzek [recte: Horaczek]: Der Kampf um militärische Geheimnisse. Die Nachrichtendienste Polens und des Deutschen Reiches 1922 bis 1939; in: Die Nachhut Nr. 6, S. 1–6.

Heinz Hürten: Bürgerkriege in der Republik. Die Kämpfe um die innere Ordnung von Weimar 1918–1920; in; Karl Dietrich Bracher: Die Weimarer Republik, S. 81–94.

Heinz Hürten/Georg Meyer (Hg.): Adjutant im preußischen Kriegsministerium Juni 1918 bis Oktober 1919. Aufzeichnungen des Hauptmanns Gustav Böhm. Stuttgart 1977.

Johannes Hürter: Ein deutscher General an der Ostfront. Briefe und Tagebücher des Gotthard Heinrici 1941/42. Erfurt 2001.

Anders Huldén: Finnlands deutsches Königsabenteuer 1918. Reinbek 1997.

Bernhard Huldermann : Albert Ballin. Oldenburg/Berlin 1922.

Dolores Ibárruri: Der einzige Weg. Erinnerungen. 2. Aufl. [Ost-]Berlin 1964.

A[lexej] A[lexejewitsch] Ignatjew: Fünfzig Jahre in Reih und Glied. [Ost-]Berlin 1963.

Institut für Marxismus-Leninismus beim ZK der SED (Hg.): Dokumente und Materialien zur Geschichte der deutschen Arbeiterbewegung, Reihe II: 1914–1945, Bände 1–3, [Ost-]Berlin 1958.

Institut für Marxismus-Leninismus beim ZK der SED (Hg.): Geschichte der Arbeiterbewegung. Biografisches Lexikon. [Ost-]Berlin 1970.

Institut für Marxismus-Leninismus beim ZK der SED (Hg.): Geschichte der deutschen Arbeiterbewegung. Band 2. [Ost-]Berlin 1966.

Institut für Marxismus-Leninismus beim ZK der SED (Hg.): Deutsche Widerstandskämpfer 1933–1945. Biografien und Briefe. 2 Bände. [Ost-]Berlin 1970.

Internationaler Militärgerichtshof [IMT]: Der Prozess gegen die Hauptkriegsverbrecher. Nürnberg 14. November 1945–1. Oktober 1946. 24 Bände. Nürnberg 1947.

David Irving: Göring. Eine Biografie. Kiel 1999.

David Irving: Das Reich hört mit. Görings Forschungsamt. Der geheimste Nachrichtendienst der Reiches. Kiel 1999.

Panaït Istrati: Auf falscher Bahn. Sechzehn Monate in der Sowjetunion. Bearbeitung der Ausgabe von 1930. Frankfurt/Main o. J. [ca. 1990].

Miroslav Ivanov: Der Henker von Prag. Das Attentat auf Heydrich. Berlin 1993.

Hartmut Jäckel: Menschen in Berlin. Schicksale bekannter und unbekannter Persönlichkeiten aus dem letzten Telefonbuch der alten Reichshauptstadt 1941. Bergisch Gladbach 2002.

Ernst Jäckh (Hg.): Kiderlen-Wächter als Staatsmann und Mensch. Briefwechsel und Nachlass. 2 Bände. Berlin/Leipzig 1925.

Karl Heinz Jahnke: In einer Front. Junge Deutsche an der Seite der Sowjetunion im Großen Vaterländischen Krieg. 2. Aufl. [Ost-]Berlin 1989.

Alexander Jakowlew: Die Abgründe meines Jahrhunderts. Eine Autobiografie. Leipzig 2003.

Gustav Janouch: Jaroslav Hašek. Der Vater des braven Soldaten Schwejk. Bern/München 1966.

Karl-Heinz Janssen: Der Kanzler und der General. Die Führungskrise um Bethmann Hollweg und Falkenhayn (1914–1916). Göttingen 1967.

Karl-Heinz Janssen (Hg.): Die graue Exzellenz. Zwischen Staatsraison und Vasallentreue. Aus den Papieren des kaiserlichen Gesandten Karl Georg von Treutler. Frankfurt/Berlin/Wien 1971.

Vladimir Jegorow: Ein Stern verblasst. Reflexionen einer dramatischen Epoche. Sowjetunion 1917 bis 1991. Berlin 1991.

Rudolf Jeřábek: Potiorek. General im Schatten von Sarajewo. Graz/Wien/Köln 1991.

Anton Joachimsthaler: Hitlers Weg begann in München. München 2000.

Werner Jochmann (Hg.): Adolf Hitler. Monologe im Führerhauptquartier 1941–1944. Aufgezeichnet von Heinrich Heim. Sonderausgabe. München 2000.

Wilhelm Joost: Botschafter bei den roten Zaren. Die deutschen Missionschefs in Moskau 1918 bis 1941. Wien 1967.

Marcus Junkermann: Die Eisenbahn im Krieg. Militärische Theorie und Kriegsgeschehen bis zum Ausbruch des Ersten Weltkriegs; in: Zug der Zeit – Zeit der Züge. Deutsche Eisenbahn 1835 bis 1985. Berlin 1985. Bd. 1, S. 232–245.

Gerhard Kade: Die Bedrohungslüge. Zur Legende der »Gefahr aus dem Osten«. [Ost-]Berlin 1982.

Gerd Kaiser: Katyn. Die polnischen Opfer 1939 und 1940; in: Wladislaw Hedeler: Stalinistischer Terror, S. 69–84.

Kamarow: Spione an Bord; in: Emil Seeliger: Spione und Verräter, S. 229–234.

Hans-Georg Kampe: Die Heeresnachrichtentruppe der Wehrmacht 1935–1945. Eggolsheim o. J. [ca. 2001].

Friedrich Graf von Kanitz: Geheimmission in Kurdistan. FAZ vom 10.12.1996, S. 11.

Alfred Kantorowicz: Tschapajew. Das Bataillon der 21 Nationen. Madrid 1938.

Alfred Kantorowicz: Spanisches Tagebuch. [Ost-]Berlin 1948.

Alfred Kantorowicz: Exil in Frankreich. Merkwürdigkeiten und Denkwürdigkeiten. Frankfurt/M. 1986.

Jörg Kastl: Am straffen Zügel. Bismarcks Botschafter in Russland 1871–1892. München 1994.

Bernd Kaufmann/Eckhart Reisener/Dieter Schwips/Henri Walther: Nachrichtendienst der KPD 1919–1937. Berlin 1993.

Karl Kautsky: Die Diktatur des Proletariats. Wien 1918.

Karl Kautsky: Wie der Weltkrieg entstand. Berlin 1919.

Gerhard Kegel: In der Stürmen unseres Jahrhunderts. Ein deutscher Kommunist über sein ungewöhnliches Leben. [Ost-]Berlin 1984.

Manfred Kehrig: Die Wiedereinrichtung des deutschen militärischen Attachédienstes nach dem Ersten Weltkrieg (1919–1933). Boppard am Rhein 1966.

Wilhelm Keil: Erlebnisse eines Sozialdemokraten. 1. Band. Stuttgart 1947.

Wilhelm Keitel: Mein Leben. Pflichterfüllung bis zum Untergang. Hitlers Generalfeldmarschall und Chef des Oberkommandos der Wehrmacht in Selbstzeugnissen. Herausgegeben von Werner Maser. Berlin 1998.

George Kennan: Soviet-American Relations. Russia leaves the war. Princeton 1956.

Ian Kershaw: Hitler 1889–1936. Stuttgart 1998.

Harry Graf Kessler: Gesichter und Zeiten. Erinnerungen. Notizen über Mexiko. Mit einem Nachwort und Anmerkungen versehen von Gerhard Schuster. Frankfurt 1988.

Karl Kindermann: Zwei Jahre in Moskaus Totenhäusern. Der Moskauer Studentenprozess und die Arbeitsmethoden der OGPU. Berlin/Leipzig 1931.

Helmut Kindler: Zum Abschied ein Fest. Die Autobiografie eines deutschen Verlegers. München 1992.

Wolfgang Kießling: Ernst Schneller. Lebensbild eines Revolutionärs. [Ost-]Berlin 1960.

Wolfgang Kießling: Partner im »Narrenparadies«. Der Freundeskreis um Noel Field und Paul Merker. Berlin 1994.

Wolfgang Kießling: »Leistner ist Mielke«. Schatten einer gefälschten Biographie. Berlin 1998.

David King: Stalins Retuschen. Foto- und Kunstmanipulationen in der Sowjetunion. Hamburg 1997.

Erwin Egon Kisch: Marktplatz der Sensationen. Entdeckungen in Mexiko. Gesammelte Werke, Band VII. 5. Aufl. [Ost-]Berlin 1984.

Egon Erwin Kisch: Unter Spaniens Himmel. [Ost-]Berlin 1961.

Hubertus Knabe: Der diskrete Charme der DDR. Stasi und Westmedien. Berlin/München 2001.

Hubertus Knabe: Die unterwanderte Republik. Stasi im Westen. München 2001.

Phillip Knightley: Die Geschichte der Spionage im 20. Jahrhundert. Aufbau und Organisation, Erfolge und Niederlagen der großen Geheimdienste. Berlin 1990.

Guido Knopp: Hitlers Krieger. München. Sonderausgabe 2001.

Hans-Helmut Knütter: Die Weimarer Republik in der Klammer von Rechts- und Linksextremismus; in: Karl Dietrich Bracher u. a.: Die Weimarer Republik, S. 387–406.

Karl Köhler/Karl-Heinz Hummel: Die Organisation der Luftwaffe 1933–1939; in: Militärgeschichtliches Forschungsamt: Deutsche Militärgeschichte, Band 4, S. 501–579.

Gert Koenen: Die großen Gesänge. Lenin, Stalin, Mao Tse-tung. Führerkulte und Heldenmythen des 20. Jahrhunderts. 2. Aufl. Frankfurt am Main 1991.

Arthur Koestler: Autobiografische Schriften. Band 1: Frühe Empörung. Frankfurt/M./Wien 1993.

Arthur Koestler: Autobiografische Schriften. Band 2: Abschaum der Erde. Frankfurt/M./Wien 1993.

Michail Kolzow: Spanisches Tagebuch. [Ost-]Berlin 1968.

Juri Korolkow: Der Mann, für den es keine Geheimnisse gab. [Ost-]Berlin 1967.

W[ladimir] K. von Korostowetz: Lenin im Hause der Väter. Berlin 1928.

Wilhelm Kosch: Biografisches Staatshandbuch. Lexikon der Politik, Presse und Publizistik. 2 Bände. Bern/München 1963.

Kurt Koszyk: Entwicklung der Kommunikationskontrolle zwischen 1914 und 1918; in: Heinz-Dietrich Fischer: Pressekonzentration und Zensurpraxis, S. 152–193.

Hildegard von Kotze (Hg.): Heeresadjutant bei Hitler 1938–1943. Aufzeichnungen des Majors Engel. Stuttgart 1974.

Wladimir Kozaczuk: Geheimoperation Wicher. Polnische Mathematiker knacken den deutschen Funkschlüssel. Bonn 1989.

Heinz Kraft: Staatsraison und Kriegführung im kaiserlichen Deutschland 1914–1916. Der Gegensatz zwischen dem Generalstabschef von Falkenhayn und dem Oberbefehlshaber Ost. Im Rahmen des Bündniskrieges der Mittelmächte. Göttingen/Frankfurt/Zürich 1980.

Rudolf von Kramer/Otto Freiherr von Waldenfels/Günther Freiherr von Pechmann: Virtuti pro patria. Der königlich bayerische Militär-Max-Joseph-Orden. Kriegstaten und Ehrenbuch 1914 bis 1918. München 1966.

Wolfgang Kraushaar: Die Protestchronik 1949–1959. Eine illustrierte Geschichte von Bewegung, Widerstand und Utopie. 4 Bände. Hamburg 1996.

H[elmut] Kr[ausnick]: Aus den Personalakten von Canaris. Dokumentation; in: Vierteljahreshefte für Zeitgeschichte 1962, S. 280–310.

Helmut Krausnick: Hitlers Einsatzgruppen. Die Truppe des Weltanschauungskrieges 1938–1942. 11.–12. Tausend. Frankfurt am Main 1998.

Friedrich Freiherr Kreß von Kressenstein: Streifzüge durch die Sinaiwüste; in: Gustav von Dickhuth-Harrach: Im Felde unbesiegt. Bd. 2, S. 96–108.

[Friedrich] Freiherr Kreß von Kressenstein: Mit den Türken zum Suezkanal. Erinnerungen eines Generalstabsoffiziers in türkischen Diensten. Berlin 1938.

Martin Kröger: Revolution als Programm; in: Wolfgang Michalka: Der Erste Weltkrieg, S. 366 bis 391.

Günter Kroschel/August-Ludwig Evers (Hg.): Die deutsche Flotte 1848–1949. Geschichte des deutschen Kriegsschiffbaus in 437 Bildern. Mit einer Einführung von Friedrich Ruge. 3. Aufl. Wilhelmshaven 1964.

Dieter Krüger/Armin Wagner (Hg.): Konspiration als Beruf. Deutsche Geheimdienstchefs im Kalten Krieg. Berlin 2003.

Gerd Krumeich: Vergleichende Aspekte der »Kriegsschulddebatte« nach dem Ersten Weltkrieg; in: Wolfgang Michalka: Der Erste Weltkrieg, S. 913–928.

Nadeshda Krupskaja: Erinnerungen an Lenin. [Ost-]Berlin 1959.

Alfred Kube: Hermann Göring. Zweiter Mann im Dritten Reich; in Ronald Smelser u. a.: Die braune Elite I, S. 69–83.

Günter Kühn/Wolfgang Weber: Stärker als die Wölfe. Ein Bericht über die illegale militärische Organisation im ehemaligen Konzentrationslager Buchenwald und den bewaffneten Aufstand. [Ost-]Berlin 1976.

Franz Kurowski: Deutsche Kommandotrupps 1939–1945. Brandenburger und Abwehr im weltweiten Einsatz. Stuttgart 2000.

Aino Kuusinen: Der Gott stürzt seine Engel. Wien 1972.

Walter G. Krivitzky: Ich war in Stalins Dienst. Amsterdam 1940.

Gustav Graf von Lambsdorff: Die Militärbevollmächtigten Kaiser Wilhelms II. am Zarenhofe 1904–1914. Berlin 1937.

Katia Landau: Le Stalinisme bureau de la révolution espagnole. Paris 1938.

Henry Charles Lea : Geschichte der Inquisition im Mittelalter. Autorisierte Übersetzung, bearbeitet von Heinz Wieck und Max Rachel. Revidiert und herausgegeben von Joseph Hansen. 3 Bände. Frankfurt am Main 1997.

James Leasor: Botschafter ohne Auftrag. Der Englandflug Rudolf Hess'. Oldenburg 1963.

W. A. Lebedew: M. N. Tuchatschewskij i »woenno-faschistskij sagowor«, in: Woenno-istoritscheskij Archiv, Nr. 2, 1997, S. 3–81.

Wladimir Iljitsch Lenin: Ausgewählte Werke. [Ost-]Berlin 1955.

Johannes Lepsius (Hg.): Deutschland und Armenien 1914–1918. Sammlung diplomatischer Schriftstücke. Potsdam 1929.

Paul von Lettow-Vorbeck (Hg.): Die Weltkriegsspionage. Authentische Enthüllungen über Entstehung, Art, Arbeit, Technik, Schliche, Handlungen, Wirkungen und Geheimnisse der Spionage vor, während und nach dem Kriege auf Grund amtlichen Materials aus Kriegs-, Militär-, Gerichts- und Reichsarchiven. München 1931.

Paul Leverkuehn: Posten auf ewiger Wache. Aus dem abenteuerlichen Leben des Max von Scheubner-Richter. Essen 1938.

Paul Levi: Unser Weg. Wider den Putschismus. Berlin 1921.

Martin Lezius: Eine tapfere Frau; in: *Ostpreußenblatt* vom 11.3.2000.

Ulrich Liss: Westfront 1939–1940. Erinnerungen eines Feindbearbeiters im OKH. Neckargemünd 1959.

Ivar Lissner: Menschen und Mächte am Pazifik. Hamburg 1937.

Ivar Lissner: Intrigenkämpfe im Kreml. »Molotow oder Woroschilow Nachfolger Stalins« sagt Ljuschkow; in: *Der Angriff* vom 22.7.1938, S. 2.

Ivar Lissner: Mein gefährlicher Weg. Vergessen aber nicht vergeben. Bearbeitung und Nachwort von Heinz Höhne. Vollständige und neubearbeitete Taschenbuchausgabe. München/Zürich 1975.

Karl Litzmann: Lebenserinnerungen. Band 1. Berlin 1927.

Luigi Longo : Die Internationalen Brigaden in Spanien. [Ost-]Berlin 1958.

Jean Longuet/Georgi Silber: Die Bombe tötete den Großfürsten auf der Stelle. Terroristen und Geheimpolizei im alten Russland. Berlin 1995.

Lubjanka: WTschk-OGPU-NKWD-NKGB-MGB-MWD-KGB 1917–1960. Sprawotschnik, Moskwa 1997.

Hans von Luck: Mit Rommel an der Front. 2. Aufl. Hamburg/Berlin/Bonn 2001.

Erich Ludendorff: Meine Kriegserinnerungen. Berlin 1919.

Erich Ludendorff: Das Marne-Drama. Der Fall Moltke-Hentsch. Leipzig 1934.

Hans Lührs: Gegenspieler des Obersten Lawrence. Berlin 1936.

Igor Lukes: Stalin, Benesch und der Fall Tuchatschewski; in: Vierteljahreshefte für Zeitgeschichte 1996, S. 527–547.

Arno Lustiger: Schalom Libertad! Juden im spanischen Bürgerkrieg. Berlin 2001.

Arno Lustiger: Rotbuch – Stalin und die Juden. Die tragische Geschichte des Jüdischen Antifaschistischen Komitees und der sowjetischen Juden. 2. Aufl. Berlin 2002.

Rosa Luxemburg: Die russische Revolution. Eine kritische Würdigung; abgedruckt in: Susanne Miller/Heinrich Potthoff: Kleine Geschichte der SPD, S. 324–326.

Julius Mader: Die Karriere des Agenten Klaus Mehnert; in: Mitteilungsblatt für ehemalige Offiziere [Ost-Berlin] 10/1961, S. 11 ff.

Julius Mader: Hitlers Spionagegenerale sagen aus. Ein Dokumentarbericht über Aufbau. Struktur und Operationen des OKW-Geheimdienstamtes Ausland/Abwehr mit einer Chronologie seiner Einsätze von 1933 bis 1944. [Ost-]Berlin 1970.

Julius Mader: Dr.-Sorge-Report. Ein Dokumentarbereicht über den Kundschafter des Friedens mit ausgewählten Artikeln von Richard Sorge. [Ost-]Berlin 1984.

Heinz Magenheimer: Die Militärstrategie Deutschlands 1940–1945. Führungsentschlüsse, Hintergründe, Alternativen. 2. Aufl. München 1997.

Maklakow: Das Warentelegramm; in: Emil Seeliger: Spione und Verräter, S. 57–70.

Martin Malia: Vollstreckter Wahn. Russland 1917–1991. Stuttgart 1994.

Pawel Malkow: Kreml-Kommandant unter Lenin. Erinnerungen. [Ost-]Berlin 1964.

Klaus-Michael Mallmann: Die V-Leute der Gestapo. Umrisse einer kollektiven Biografie; in: Gerhard Paul u. a.: Die Gestapo, S. 268–287.

André Malraux: Die Hoffnung. Roman. Stuttgart 1954.

Golo Mann: Deutsche Geschichte des 19. und 20. Jahrhunderts. Frankfurt am Main 1958.

Erich von Manstein: Verlorene Siege. 36.–41. Tausend. Frankfurt am Main/Bonn 1964.

Georg Markus: Der Fall Redl. Mit unveröffentlichten Geheimdokumenten zur folgenschwersten Spionage-Affäre des Jahrhunderts. Wien/München 1984.

Bernd Martin: Deutschland und Japan im Zweiten Weltkrieg 1940–1945. Vom Angriff auf Pearl Harbor bis zur deutschen Kapitulation. Hamburg 2001.

Werner Maser: Der Wortbruch. Hitler, Stalin und der Zweite Weltkrieg. München 1994.

Robert K. Massie: Die Schalen des Zorns. Großbritannien, Deutschland und das Heraufziehen des Ersten Weltkrieges. Frankfurt/Main 1993.

Hede Massing: Die große Täuschung. Geschichte einer Sowjetagentin. Freiburg/Basel/Wien 1967.

Edgar Graf von Maruschka: Organisationsgeschichte des Heeres 1890–1918; in: Militärgeschichtliches Forschungsamt: Deutsche Militärgeschichte. Band 3, S. 157–282.

Gustav Mayer: Erinnerungen. Vom Journalisten zum Historiker der deutschen Arbeiterbewegung. Mit Erläuterungen und Ergänzungen, einem Nachwort und einem Personenregister von Gottfried Niedhart. Nachdruck der Ausgabe Zürich/München 1949. Hildesheim/Zürich/New York 1993.

Andrei Maylunas/Sergei Mironenko: Nikolaus und Alexandra. Eine Liebe für die Ewigkeit. Das letzte Zarenpaar. Augsburg 2002.

R. von M[edem]: Medea; in: Emil Seeliger: Spione und Verräter, S. 52–56.

Roy Medwedew: Das Urteil der Geschichte. Stalin und der Stalinismus. 3 Bände. Berlin 1992.

Klaus Mehnert: Der Sowjetmensch. Versuch eines Portraits nach dreizehn Reisen in die Sowjetunion 1929–1959. Nachdruck der 6. Aufl. 1959. Stuttgart/Zürich/Salzburg o. J.

Klaus Mehnert: Der deutsche Standort. 31.–50. Tausend. O.O. [Frankfurt am Main] 1967.

Klaus Mehnert: Ein Deutscher in der Welt. Erinnerungen 1906–1981. Stuttgart 1984.

Klaus Mehnert: Das zweite Volk meines Lebens. Berichte aus der Sowjetunion 1925–1983. Hg. von Alexander Steininger und Ulrich Frank-Planitz. Stuttgart 1986.

Franz Mehring: Geschichte der Deutschen Sozialdemokratie. Band 1–3. 12. Aufl. Berlin/Stuttgart 1922.

Hans Meier-Welcker: Seeckt. Frankfurt am Main 1967.

Susanne Meinl: Nationalsozialisten gegen Hitler. Die nationalrevolutionäre Opposition um Friedrich Wilhelm Heinz. Berlin 2000.

Heinrich Otto Meisner: Militärattachés und Militärbevollmächtigte in Preußen und im Deutschen Reich. Ein Beitrag zur Geschichte der Militärdiplomatie. Berlin 1957.

Hans Otto Meissner: Die Machtergreifung. 30. Januar 1933. München/Berlin 1983.

Rosa Meyer-Leviné: Im inneren Kreis. Erinnerungen einer Kommunistin in Deutschland 1920 bis 1933. Herausgegeben und eingeleitet von Hermann Weber. Frankfurt/Main 1982.

Thomas Meyer (Hg.): Helmuth von Moltke 1848–1916. Dokumente zu seinem Leben und Wirken. Band 1. Basel 1993.

Winfried Meyer: Unternehmen Sieben. Eine Rettungsaktion für vom Holocaust Bedrohte aus dem Amt Ausland/Abwehr im Oberkommando der Wehrmacht. Frankfurt/M. 1993.

Hans Meier-Welcker: Seeckt. Frankfurt 1967.

Georg Michaelis: Für Volk und Staat. Eine Lebensgeschichte. Berlin 1922.

Wolfgang Michalka (Hg.): Der Erste Weltkrieg. Wirkung, Wahrnehmung, Analyse. Im Auftrag des Militärgeschichtlichen Forschungsamtes. Weyarn 1997.

Wolfgang Michalka (Hg.): Der Zweite Weltkrieg. Analysen, Grundzüge, Forschungsbilanz. Im Auftrag des Militärgeschichtlichen Forschungsamtes. Weyarn 1997.

Fritz Mierau (Hg.): Russen in Berlin. Literatur. Malerei, Theater, Film. 3. Aufl. Leipzig 1991.

George Mikes: Revolution in Ungarn. Stuttgart 1957.

Dagobert von Mikusch: Waßmuß – der deutsche Lawrence. Aufgrund der Tagebücher und Aufzeichnungen des verstorbenen Konsuls, deutscher und englischer Quellen und des unter gleichem Titel erschienenen Buches von Christopher Sykes. Lizenzausgabe für die Büchergilde Gutenberg. Berlin o. J. [ca. 1937].

Militärgeschichtliches Forschungsamt (Hg.): Deutsche Militärgeschichte 1648–1939 in sechs Bänden. Begründet von Hans Meier-Welcker. Projektleitung und Gesamtredaktion Gerhard Papke und Wolfgang Petter. Hershing 1983.

Militärgeschichtliches Forschungsamt (Hg.): Aufstand des Gewissens. Militärischer Widerstand gegen Hitler und das NS-Regime 1933–1945. Katalog zur Wanderausstellung. 4. Aufl. Herford 1994.

Susanne Miller: Burgfrieden und Klassenkampf. Die deutsche Sozialdemokratie im Ersten Weltkrieg. Düsseldorf 1974.

Susanne Miller/Heinrich Potthoff: Kleine Geschichte der SPD. Darstellung und Dokumentation 1848–1983. 6. Aufl. Bonn 1988.

Armin Mohler: Die Konservative Revolution in Deutschland 1918–1932. Ein Handbuch. Hauptband und Ergänzungsband (mit Korrigenda) in einem Band. Darmstadt 1994.

Otto E. Moll: Die deutschen Generalfeldmarschälle 1935–1945. Rastatt/Baden 1961.

Helmuth von Moltke: Erinnerungen, Briefe, Dokumente. 1877–1916. Ein Bild vom Kriegsausbruch, erster Kriegführung und Persönlichkeit des ersten militärischen Führers des Krieges. Herausgegeben und mit einem Vorwort versehen von Eliza von Moltke. Stuttgart 1922.

Otto von Moser: Ernsthafte Plaudereien über den Weltkrieg. Eine kritische, militär-politische Geschichte des Krieges. Stuttgart 1925.

Walter Mühlhausen: Die Sozialdemokratie am Scheideweg. Burgfrieden, Parteikrise und Spaltung im Ersten Weltkrieg; in: Wolfgang Michalka: Der Erste Weltkrieg, S. 649–671.

Georg Alexander von Müller: Regierte der Kaiser? Kriegstagebücher, Aufzeichnungen und Briefe des Chefs des Marinekabinetts 1914–1918. Mit einem Vorwort von Sven von Müller herausgegeben von Walter Görlitz. Göttingen 1959.

Reinhard Müller: Die Akte Wehner. Moskau 1937 bis 1941. Berlin 1993.

Reinhard Müller: Menschenfalle Moskau. Exil und stalinistische Verfolgung. Hamburg 2001.

Reinhard Müller: NKWD-Folter. Terror-Realität und Produktion von Fiktionen; in: Wladislaw Hedeler: Stalinistischer Terror, S. 133–158.

Helmut Müller-Enbergs/Jan Wielgohs/Dieter Hoffmann: Wer war wer in der DDR? Ein biografisches Lexikon. Sonderausgabe für die Bundeszentrale für politische Bildung. Bonn 2000.

Helmut Müller-Enbergs: Wilhelm Zaisser (1893–1958). Vom königlich-preußischen Reserveoffizier zum ersten Chef des MfS; in: Dieter Krüger u. a.: Konspiration als Beruf, S. 32–60.

Bogdan Musial: »Konterrevolutionäre Elemente sind zu erschießen«. Die Brutalisierung des deutsch-sowjetischen Krieges im Sommer 1941. Berlin/München 2000.

Robert Musil: Der Mann ohne Eigenschaften. Roman. Eingeleitet und herausgegeben von Adolf Frisé. Bd. 1. Reinbek bei Hamburg 1987.

W[ladimir] D[imitrijewitsch] Nabokow (Hg.): Briefe der Kaiserin Alexandra Feodorowna an Kaiser Nikolai den Zweiten. Bd. 1. Berlin o. J.

Rudolf Nadolny: Mein Beitrag. Wiesbaden 1953.

Heinrich Nebel: Die Transvaalsphinx. Bilder aus dem südafrikanischen Leben. Berlin 1905.

Walter K. Nehring: Die Geschichte der deutschen Panzerwaffe 1916–1945. Stuttgart 2000.

Wladimir F. Nekrassow (Hg.): Berija. Henker in Stalins Diensten. Ende einer Karriere. Berlin 1992.

Günter Neliba: Wilhelm Frick. Reichsinnenminister und Rassist; in: Ronald Smelser u. a.: Die braune Elite 2, S. 80–90.

A. Neuberg [i.e.: Ossip Pjatnizki/Josef Unschlicht/Hans Kippenberger/Nikolaj Tuchatschewski/Ture Lehen/Ho Chi Minh/Erich Wollenberg]: Der bewaffnete Aufstand. Versuch einer theoretischen Darstellung. Neudruck, eingeleitet von Erich Wollenberg. Frankfurt/Main 1971.

Hans Werner Neulen: Adler und Halbmond. Das deutsch-türkische Bündnis 1914–1918. Berlin 1994.

W[alter] Nicolai: Geheime Mächte. Internationale Spionage und ihre Bekämpfung im Weltkrieg und heute. Leipzig 1923.

Waltraut Nicolas: Die Kraft das Ärgste zu ertragen. Frauenschicksale in Sowjetgefängnissen. Bonn 1958.

Oskar Ritter von Niedermayer: Im Weltkrieg vor Indiens Toren. Der Wüstenfeldzug der deutschen Expedition nach Persien und Afghanistan. 5. Aufl. Hamburg 1942 [Titel ab der 3. Auflage des ursprünglichen Titels: Unter der Glutsonne des Iran].

Lutz Niethammer (Hg.): Der gesäuberte Antifaschismus. Die SED und die roten Kapos von Buchenwald. Dokumente. Eingeleitet von Karin Hartewig und Lutz Niethammer. Berlin 1994.

B[oris] V[ladimirovich] Nikitine [i. e. Boris Wladimirowitsch Nikitin]: The fatal Years. Fresh Relevations on a Chapter of Underground History. With a Preface by Alfred Knox. London 1938. Nachdruck: Westport Connecticut 1977.

Thomas Nipperdey: Deutsche Geschichte 1866–1918. Zweiter Band: Machtstaat vor der Demokratie. München 1992.

Ernst Nolte: Der europäische Bürgerkrieg 1917–1945. Nationalsozialismus und Bolschewismus. Frankfurt/M./Berlin 1987.

Albert Norden: Zwischen Berlin und Moskau. Zur Geschichte der deutsch-sowjetischen Beziehungen. [Ost-]Berlin 1954.

Albert Norden: Fälscher. Zur Geschichte der deutsch-sowjetischen Beziehungen. [Ost-]Berlin 1959.

Gustav Noske: Erlebtes aus Aufstieg und Niedergang einer Demokratie. Offenbach/Main 1947.

Egin Notzny von Gaczynski: Die Abwehr-Nebenstelle Tilsit (III F) 1940/41. Bericht über die Tätigkeit eines Abwehroffiziers an der litauischen Grenze; in: AGEA: Die Nachhut Nr. 9, S. 6–10.

Karl Friedrich Nowak (Hg.): Die Aufzeichnungen des Generalmajors Max Hoffmann. 2 Bände. 4.–6. Aufl. Berlin 1930.

Walter Oehme: Damals in der Reichskanzlei. Erinnerungen aus den Jahren 1918/1919. [Ost-]Berlin 1958.

Johannes Öhquist: Einführung; in: Erkki Räikönen: Svinhufvud, S. 7–27.

Alfred von Olberg: Aus den Geheimnissen der Kriegspressezensur; in: Friedrich Felger: Was wir vom Weltkrieg nicht wissen, S. 594–614.

Rudolf Olden: Hindenburg. Oder der Geist der preußischen Armee. Paris 1935. Nachdruck: Hildesheim 1982.

Wladimir Orloff: Mörder, Fälscher, Provokateure. Lebenskämpfe im unterirdischen Russland. Berlin 1929.

Alexander Orlow [i. e. Lew Feldbin]: Kreml-Geheimnisse. Würzburg o. J. [ca. 1954].

Dietrich Orlow: Rudolf Heß. Stellvertreter des Führers; in: Ronals Smelser u. a.: Die braune Elite 1, S. 84–97.

George Orwell: Mein Katalonien. Zürich 1975.

Sergej Sacharowitsch Ostrjakow: Militärtschekisten. [Ost-]Berlin 1985.

Wilfried von Oven: Hitler und der Spanische Bürgerkrieg. Tübingen 1978.

O. Verf. [vermutlich: Georg Cleinow]: Spionage und Spionageabwehr. Erinnerungen eines Nachrichtenoffiziers im Osten; in: Wolfgang Foerster: Kämpfer an vergessenen Fronten, S. 493–502.

O. Verf. »Von ***« [i.e. Michael Tsereteli]: Georgien und der Weltkrieg. Zürich 1915.

O. Verf.: Spionagefälle aus den Akten der Abwehrpolizei; in: Wolfgang Foerster: Kämpfer an vergessenen Fronten, S. 542–558.

O. Verf. [Otto Katz u. a.]: Braunbuch über Reichstagsbrand und Hitler-Terror. Basel 1933.

O. Verf.: Braunbuch II. Dimitroff contra Goering. Enthüllungen über die wahren Brandstifter. Paris 1934.

O. Verf.: Rotbuch über Spanien. Berlin/Leipzig 1937.

O. Verf.: Schlag nach! Wissenswerte Tatsachen aus allen Gebieten. 2. Aufl. Leipzig 1939.

O. Verf.: Prognanitschnye woiska SSSR (1939–ijun 1941). Moskwa 1970.

O. Verf.: Illustrierte Geschichte der Großen Sozialistischen Oktoberrevolution. Übersetzung aus dem Russischen von Leon Nebenzahl. [Ost-]Berlin 1972.

O. Verf.: Geschichte der Kommunistischen Partei der Sowjetunion. Übersetzung der 4. Aufl. Moskau 1971. Redaktion: Leon Nebenzahl. 2. Aufl. [Ost-]Berlin 1973.

O. Verf. [Ministerium für Staatssicherheit (Hg.)]: Menschen, ich hatte euch lieb, seid wachsam! Erinnerungen an Robert Korb. Leipzig 1985.

O. Verf. [Ministerium für Staatssicherheit (Hg.)]: Aus dem Leben eines Berufsrevolutionärs. Erinnerungen an Richard Stahlmann. Leipzig 1986 (MfS-intern).

O. Verf.: Geheime Kommandosache. Hinter den Kulissen des Zweiten Weltkriegs. 2 Bände. 3. Aufl., Stuttgart/Zürich/Wien 1976.

O. Verf.: Revolution und Fotografie. Berlin 1918/19. Berlin 1989.

O. Verf.: Otscherki istorii rossijskoj vneschnej raswedki. Tom 2. Moskwa 1996.

O. Verf.: Hitlers Kriegspläne im Klartext. ZDF: History. Sendung am 4.3.2001. www.zdf.de/ZDFde/inhalt/15/0,1872,2032047,00.html

Karl Otto Paetel: Nationalbolschewismus und nationalrevolutionäre Bewegungen in Deutschland. Geschichte, Ideologie, Personen. Lizenzausgabe der Ausgabe Göttingen 1965. Schnellbach 1999.

Maurice Paléologue: Das Ende der Romanows. Bearbeitet von Christoph Meyer. München 1962.

Alfond Paquet: Im kommunistischen Russland. Jena 1919.

Markus G. Parka: Zu nahe der Sonne. Deutsche Schriftsteller im Exil in Mexiko. Berlin 1999.

Maria Teresa Parker di Bassi: Kreuzer Dresden. Odyssee ohne Wiederkehr. Herford 1993.

Gerhard Paul/Klaus-Michael Mallmann: Die Gestapo. Mythos und Realität. Darmstadt 1995.

Wolfgang Paul: Panzergeneral Walther K. Nehring. Eine Biografie. Stuttgart 2002.

Michael Pearson: Der plombierte Waggon. Lenins Weg aus dem Exil zur Macht. München 1983.

Günter Peis: Spiegel der Täuschung. Die wahre Geschichte des gefährlichsten Doppelagenten im Zweiten Weltkrieg. München 1981.

Nikita Petrow: Die Kaderpolitik des NKWD während der Massenrepressalien1936–39; in: Wladislaw Hedeler: Stalinistischer Terror, S. 11–32.

I. I. Petrowsk: Der Flieger von Tannenberg; in: Emil Seeliger: Spione und Verräter, S. 34–39.

W. L. Petschscherskij.: »Warg moego wraga«; in: Woenno-istoritscheskij shurnal 1998, Nr. 3, S. 59–71.

Joachim Petzold: Franz von Papen. Ein deutsches Verhängnis. München/Berlin 1995.

Ivan Pfaff: Prag und der Fall Tuchatschewski; in: Vierteljahreshefte für Zeitgeschichte 1987, S. 95 bis 134.

Henry Picker/Heinrich Hoffmann: Hitlers Tischgespräche im Bild. Herausgegeben von Jochen von Lang. Stuttgart/Hamburg o. J.

Janusz Piekalkiewicz: Weltgeschichte der Spionage. Frechen 1993.

Bianka Pietrow-Ennker: Deutschland im Juni 1941 – ein Opfer sowjetischer Aggression? Zur Kontroverse über die Präventivkriegsthese; in: Wolfgang Michalka: Der Zweite Weltkrieg, S. 586–607.

Ossip Pjatnizki: Deckname Freitag. Aufzeichnungen eines Bolschewiks. [Ost-]Berlin 1984.

Fritz Platten: Lenins Reise durch Deutschland im plombierten Wagen. Frankfurt 1985.

Karl von Plehwe: Im Kampf gegen den Bolschewismus. Berlin 1926.

Günter Plum: Übernahme und Sicherung der Macht 1933/34; in: Martin Broszat u. a.: Das Dritte Reich im Überblick, S. 34–47.

Karl Heinrich Pohl: Adolf Müller. Geheimagent und Gesandter in Kaiserreich und Weimarer Republik. Köln 1995.

Boris Popow/Witali Oppokow: Die Berija-Zeit. Nach Unterlagen der Beweisaufnahme; in: Wladimir Nekrassow: Berija, S. 369–454.

Stefan Possony: Lenin – The Compulsive Revolutionary. Chikago 1964; aus: www.geocites.com/Area 51/Dungeon/1156/pearson/Lenin.

Stefan Possony: Lenin. Eine Biografie. Lizenzausgabe der deutschen Ausgabe: Köln 1965. Gütersloh o. J.

Walter Post: Unternehmen Barbarossa. Deutsche und sowjetische Angriffspläne 1940/41. 4. Aufl. Hamburg/Berlin/Bonn 2001.

Heinz Priess: Spaniens Himmel und keine Sterne. Bonn 1996.

W[ladimir] M[itrofanowitsch] Purischkewitsch: Dnewnik. Riga 1924.

Wladimir Purischkewitsch: Wie ich Rasputin ermordete. Ein Tagebuch. Berlin 1991.

Sándor Radó: Dora meldet… [Ost-]Berlin 1974.

Erich Raeder: Mein Leben. Band 1. Bis zum Flottenabkommen mit England 1935. Tübingen 1956.

Erkki Räikönen: Svinhufvud baut Finnland. Abenteuer einer Staatsgründung. München 1936.

Theo Rasehorn: Rechtspolitik und Rechtsprechung. Ein Beitrag zur Ideologie der »Dritten Gewalt«; in: Karl Dietrich Bracher u. a.: Die Weimarer Republik, S. 406–428.

Raswedka: Jahresbericht für 1913 vom 1. Februar 1914. Russisches Staatliches Militärhistorisches Archiv: 2000 Reg. 1 Nr. 2979.

Walther Rathenau: Tagebuch 1907–1922. Herausgegeben und kommentiert von Hartmut Pogge-von Strandmann. Düsseldorf 1967.

Manfried Rauchensteiner: Der Tod des Doppeladlers. Österreich-Ungarn und der Erste Weltkrieg. 2. Aufl. Graz/Wien/Köln 1994.

Donald Rayfield: Stalin und seine Henker. München 2004.

Rupert Recking [d.i. Heinrich Nebel]: Ein Kaiserreich auf Aktien. Ein Journalist erzählt. Stuttgart/Berlin 1936.

[Hans] von Redern: Die Winterschlacht in Masuren. Der große Krieg in Einzeldarstellungen. Heft 20. Oldenburg 1918.

Gustav Regler: Das Ohr des Malchus. Eine Lebensgeschichte. Köln 1958. Nachdruck Köln o.J.

Reichsarchiv [Hg.]: Der Weltkrieg. 16 Bände. Berlin 1925 ff.

Oskar Reile: Treff Lutetia Paris. München 1973.

Oscar Reile: Der Deutsche Geheimdienst im II. Weltkrieg – Ostfront. Die Abwehr im Kampf mit den Geheimdiensten im Osten. Augsburg 1990.

Sidney Reilly: The Adventures of Sidney Reilly. London 1931.

Larissa Reissner: Briefe aus Berlin; in: Fritz Mierau: Russen in Berlin, S. 231–240.

Larissa Reis[s]ner: Von Astrachan nach Barmbek. Reportagen 1918–1923. Mit einführenden Worten von Alexander Tarassow-Rodionow. Halle/Leipzig 1983.

Ludwig Renn: Im spanischen Krieg. [Ost-]Berlin 1955.

Ludwig Renn: Anstöße aus meinem Leben. 2. Aufl. [Ost-]Berlin/Weimar 1962.

Leonid Reschin: General von Seydlitz in sowjetischer Gefangenschaft und Haft 1943–1955. Lizenzausgabe. Augsburg 2000.

John Reed: 10 Tage, die die Welt erschütterten. 18. Aufl. [Ost-]Berlin 1982.

Dieter Riesenberger: Geschichte der Friedensbewegung in Deutschland. Von den Anfängen bis 1933. Göttingen 1985.

Gerhard Ritter: Der Schlieffenplan. Kritik eines Mythos. 1956.

Kurt Riezler: Tagebücher, Aufsätze, Dokumente. Eingeleitet und herausgegeben von Karl Dietrich Erdmann. Göttingen 1972.

Carl von Roeder: Vom verhängnisvollen Einfluss der Sabotageakte auf die Kriegführung; in: Friedrich Felger: Was wir vom Weltkrieg nicht wissen, S. 156–171.

Werner Röder/Herbert A. Strauss (Hg.): Biografisches Handbuch der deutschsprachigen Emigration nach 1933. München/New York/London/Paris 1980.

Fritz Carl Roegels: Finnlands Freiheitskampf – ein Werk der eigenen Spionage und Sabotage; in: Paul von Lettow-Vorbeck: Weltkriegsspionage, S. 477–485.

John C.G. Röhl: Admiral von Müller and the Approach of War. 1911–1914; in: Historical Journal 1969, S. 651–673.

John C. G. Röhl.: Kaiser, Hof und Staat. Wilhelm II. und die deutsche Politik. Frankfurt/Olten/Wien o.J. [ca. 1992].

Ernst Röhm: Die Geschichte eines Hochverräters. München 1928.

Helmut Roewer (Hg.): In guter Verfassung II. Erfurter Beiträge zum Verfassungsschutz. Erfurt 1998.

Helmut Roewer (Hg.): In guter Verfassung III. Erfurter Beiträge zum Verfassungsschutz. Erfurt 1999.

Helmut Roewer/Stefan Schäfer/Matthias Uhl: Lexikon der Geheimdienste im 20. Jahrhundert. München 2003.

Thomas Rohkrämer: August 1914 – Kriegsmentalität und ihre Voraussetzungen, in: Wolfgang Michalka: Der Erste Weltkrieg, S. 759–777.

Paul Rohrbach: Der deutsche Gedanke in der Welt. Düsseldorf/Leipzig 1912.

Paul Rohrbach: Die Geschichte der Menschheit. 2. Aufl. Königsstein 1916.

Paul Rohrbach: Um des Teufels Handschrift. Zwei Menschenalter erlebter Weltgeschichte. Hamburg 1953.

Max Ronge: Kriegs- und Industriespionage. Zwölf Jahre Kundschaftsdienst. Zürich/Leipzig/Wien 1930.

Max Ronge: Spione und Interventionsagenten. Leipzig 1931.

Max Ronge: Meister der Spionage. Leipzig 1934.

Arthur Rosenberg: Geschichte des Bolschewismus. Mit einer Einleitung von Ossip K. Flechtheim. Frankfurt am Main 1987.

Günter Rosenfeld: Sowjetrussland und Deutschland 1917–1922. [Ost-]Berlin 1960.

Jürgen Rühle: Literatur und Revolution. Die Schriftsteller und der Kommunismus in der Epoche Lenins und Stalins. Frankfurt/M. 1983.

Reinhard Rürup (Hg.): Topographie des Terrors. Gestapo, SS und Reichssicherheitshauptamt auf dem Prinz-Albrecht-Gelände. Eine Dokumentation. 3. Aufl. Berlin 1987.

Rundschau über Politik, Wirtschaft und Arbeiterbewegung [vormals: Internationale Pressekorrespondenz (Imprekorr); hg. von der Kommunistischen Internationale]. Basel 1933–1939.

Martin Sabrow: Märtyrer der Republik. Zu den Hintergründen des Mordanschlags vom 24. Juni 1922, in: Hans Wilderotter: Walther Rathenau, S. 221–246.

Martin Sabrow: Die verdrängte Verschwörung. Der Rathenau-Mord und die deutsche Gegenrevolution. Frankfurt/Main 1999.

Martin Sabrow: Die Macht der Mythen. Walther Rathenau im öffentlichen Gedächtnis. Sechs Essays. Berlin 1998.

Friedrich Saemisch: Nachlass [des Präsidenten des Reichsrechnungshofes Friedrich Saemisch]. BA: NL 171.

Ulrich Sahm: Rudolf von Scheliha 1897–1942. Ein deutscher Diplomat gegen Hitler. München 1990.

Michael Salewski: Die bewaffnete Macht im Dritten Reich 1933–1939; in: Militärgeschichtliches Forschungsamt: Deutsche Militärgeschichte, Band 4, S. 13–287.

A. A. Salkow, Stabshauptmann der Zarenarmee: Bakytin; in: Emil Seeliger: Spione und Verräter, S. 178–182.

Ernst von Salomon: Die Geächteten. Gütersloh 1941.

Boris Sawinkow: Erinnerungen eines Terroristen. Aus dem Russischen übersetzt von Arkadi Maslow. Revidiert und ergänzt von Barbara Conrad. Mit einem Vor- und Nachbericht von Hans Magnus Enzensberger. Nördlingen 1985.

N.N. Schadyk: Der gestohlene Aufmarschplan; in: Emil Seeliger: Spione und Verräter, S. 29–33.

Wolfgang Schäfer: NSDAP. Entwicklung und Struktur der Staatspartei des Dritten Reiches. Hannover/Frankfurt 1956.

Sinaida Schakowskoy: Meine Jugend in Russland. Unter Zarenkrone und Rotem Stern. München 1965.

Winfried B. Scharlau/Zbyněk A. Zeman: Freibeuter der Revolution. Parvus-Helphand. Eine politische Biografie. Köln 1964.

Klaus Scheel: Der Tag von Potsdam. Das Tagebuch Europas. 1933. Berlin 1996.

Peter Scheibert: Lenin an der Macht. Das russische Volk in der Revolution 1918–1922. Weinheim 1984.

Sinowi Schejnis: Alexandra Kollontai. Das Leben einer ungewöhnlichen Frau. [Ost-]Berlin 1984.

Walter Schellenberg: Aufzeichnungen des letzten Geheimdienstchefs unter Hitler. Herausgegeben von Gita Petersen. Vorwort Klaus Harpprecht München 1981.

Irina Scherbakowa: Nur ein Wunder konnte uns retten. Leben und Überleben unter Stalins Terror. Frankfurt/New York 2000.

Bodo Scheurig: Henning von Tresckow. Eine Biografie. Frankfurt/Berlin/Wien 1980.

Paul Schiemann: Zwischen zwei Zeitaltern. Erinnerungen 1903–1919. Lüneburg 1979.

Karl Schlögel: Berlin Ostbahnhof Europas. Russen und Deutsche in ihrem Jahrhundert. Berlin 1998.

Thomas Schmid: Der Stifter. Am 9. November 1918 rief Philipp Scheidemann fast zufällig die deutsche Republik aus; in: *Frankfurter Allgemeine Sonntagszeitung* vom 9.11.2003, S. 14.

Erwin Schmidl: Der Anschluss Österreichs. Der deutsche Einmarsch im März 1938. Bonn 1994.

Ernst-Heinrich Schmidt: Heimatheer und Revolution 1918. Die militärischen Gewalten im Heimatgebiet zwischen Oktoberreform und Novemberrevolution. Stuttgart 1981.

Wiegand Schmidt-Richberg: Die Regierungszeit Wilhelms II.; in: Militärgeschichtliches Forschungsamt (Hg.): Deutsche Militärgeschichte. Band 3, Teil V, S. 9–152.

Carl Schmitt: Staat, Bewegung, Volk. Die Dreigliederung der politischen Einheit. Berlin 1933.

Walter von Schoen: Kreuzerkrieg führen. Die Heldentaten unserer Auslandskreuzer im Weltkrieg. Berlin 1936.

Paul Freiherr von Schoenaich: Mein Damaskus. Erlebnisse und Bekenntnisse. 2. Aufl. Hamburg-Bergedorf 1929.

Herbert Schottelius/Gustav-Adolf Caspar: Die Organisation des Heeres 1933–1939; in: Militärgeschichtliches Forschungsamt: Deutsche Militärgeschichte, Bd. 4, S. 289–399.

Elsbeth Schragmüller: Aus dem deutschen Nachrichtendienst; in: Friedrich Felger: Was wir vom Weltkrieg nicht wissen, S. 138–155.

Percy E[rnst] Schramm (Hg.): Das Kriegstagebuch des Oberkommandos der Wehrmacht (Wehrmachtsführungsstab). Eine Dokumentation. Zusammengestellt und erläutert von Hans-Adolf Jacobsen. 4 Bände in 8 Teilbänden. Augsburg 2002.

Wilhelm Ritter von Schramm: Geheimdienste im Zweiten Weltkrieg. Nach Öffnung der alliierten Geheimarchive fortgeführt, ergänzt und erweitert von Hans Büchler. 6. Aufl. München 2002.

Wolfgang Schreyer: Die Piratenchronik. Dramatische Szenen und Berichte aus der Geschichte der Luftspionage. [Ost-]Berlin o. J. [1962].

S[ergej] M[atwejewitsch] Schtemenko: Im Generalstab. Übersetzung der Originalausgabe Moskau 1968 von Arno Specht. 4. Aufl. [Ost-]Berlin o. J.

Inger Schuberth: Schweden und das Deutsche Reich im Ersten Weltkrieg. Die Aktivistenbewegung 1914–1918. Bonn 1981.

Otto-Ernst Schüddekopf: Linke Leute von rechts. Die nationalrevolutionären Minderheiten und der Kommunismus in der Weimarer Republik. Stuttgart 1960.

Bernd-Felix Schulte: Die Verfälschung der Rietzler-Tagebücher. Ein Beitrag zur Wissenschaftsgeschichte der 50er und 60er Jahre. Frankfurt/Bern/New York 1985.

Hagen Schulze: Otto Braun oder Preußens demokratische Sendung. Eine Biografie. Frankfurt/Berlin/Wien 1977.

Klaus Schwabe: Der Weg zur Republik vom Kapp-Putsch 1920 bis zum Scheitern des Kabinetts Müller 1930; in: Karl Dietrich Bracher u. a.: Die Weimarer Republik, S. 95–133.

Hans-Peter Schwarz: Die Ära Adenauer 1949–1957. Gründerjahre der Republik. Geschichte der Bundesrepublik Deutschland Band 2. Stuttgart/Wiesbaden 1981.

Bernhard Schwertfeger: Der Weltkrieg der Dokumente. Zehn Jahre Kriegsschuldforschung und ihre Ergebnisse. Berlin 1929.

Emil Seeliger: Spione und Verräter. Die Maulwürfe des Völkerringens. Berlin 1930.

Anna Seghers: Wir denken an das Sowjetrussland; in: Kunstwerk und Wirklichkeit III, S. 16–17.

Anna Seghers: The Seventh Kross. Translated from the German by James A. Galston. Boston 1942.

Ruth und Max Seydewitz: Unvergessene Jahre. Begegnungen. [Ost-]Berlin 1984.

Robert Service: Lenin. Eine Biografie. München 2000.

William L. Shirer: Vom Angriff zur Niederlage; in: O.Verf.: Geheime Kommandosache, S. 12–75.

Georgi Shukow: Erinnerungen und Gedanken, Bd. 1. [Ost-]Berlin 1970.

Georgi Shukow: Erinnerungen und Gedanken. Stuttgart 1969

Benno von Siebert (Hg.): Diplomatische Schriftstücke zur Geschichte der Ententepolitik der Vorkriegsjahre. Berlin/Leipzig 1921.

Georg Siemens: Der Weg der Elektroindustrie. Geschichte des Hauses Siemens. Band 1. Freiburg/München 1961.

André Simone [i. e. Otto Katz]: Spione und Verschwörer in Spanien. Paris 1936.

Simon Singh: Geheime Botschaften. Die Kunst der Verschlüsselung von der Antike bis in die Zeiten des Internet. München 2001.

Otto Skorzeny: Meine Kommandounternehmen. Krieg ohne Fronten. Wiesbaden/München 1976.

Ronald Smelser/Enrico Syring/Rainer Zitelmann (Hg.): Die braune Elite I. 22 biografische Skizzen. 4. Aufl. Darmstadt 1999.

Ronald Smelser/Enrico Syring/Rainer Zitelmann (Hg.): Die braune Elite 2. 21 weitere biografische Skizzen. 2. Aufl. Darmstadt 1999.

Ronald Smelser/Enrico Syring (Hg.): Die SS: Elite unter dem Totenkopf. 30 Lebensläufe. Paderborn/München/Wien/Zürich 2002.

Bernd Sösemann: Die Tagebücher Kurt Rietzlers. Untersuchungen zu ihrer Echtheit und Edition; in: *Historische Zeitschrift* 1983, S. 327–369.

Tamara Solonewitsch: Drei Jahre bei der Sowjethandelsvertretung. Berlin 1939.

Alexander Solschenizyn: Lenin in Zürich. Die entscheidenden Jahre vor der Oktoberrevolution. München 1990.

Michael Graf Soltikow: Rittmeister Sosnowski. Hamburg 1954.

Hanno Sowade: Otto Ohlendorf. Nonkonformist, SS-Führer und Wirtschaftsfunktionär; in: Ronald Smelser u. a.: Die braune Elite 1, S. 188–200.

Jelena Stassowa: Genossin Absolut. [Ost-]Berlin 1978.

George H. Stein: Geschichte der Waffen-SS. Düsseldorf o. J.

Rudolf Steiner: Vorbemerkungen zu: Die »Schuld« am Kriege. Betrachtungen und Erinnerungen des Generalstabschefs H. v. Moltke über die Vorgänge vom Juli 1914 bis November 1914. Herausgegeben vom »Bund für Dreigliederung des sozialen Organismus« und eingeleitet in Übereinstimmung mit Eliza v. Molke durch Dr. Rudolf Steiner. Stuttgart 1919.

Von Stephany: Die Reiterkämpfe in Ostpreußen; in: [Jenö] von Egan-Krieger (Hg.): Die deutsche Kavallerie in Krieg und Frieden. Karlsruhe/Dortmund o. J. [1928], S. 60–64.

Fedor Stepun: Das Antlitz Russlands und das Gesicht der Revolution. Aus meinem Leben 1884 bis 1922. München 1961.

Steuber: Jildirim. Deutsche Streiter auf heiligem Boden. Nach eigenen Tagebuchaufzeichnungen und unter Benutzung amtlicher Quellen des Reichsarchivs. Schlachten des Weltkrieges in Einzeldarstellungen, Band 4. Oldenburg/Berlin 1925.

Wilhelm Stieber: Spion des Kanzlers. Die Enthüllungen von Bismarcks Geheimdienstchef. München 1981.

Hellmuth Stieff: Briefe. Herausgegeben und eingeleitet von Horst Mühleisen. Berlin 1994.

[Albert] Stoelzel: Ehrenrangliste der Kaiserlich Deutschen Marine 1914–1918. Berlin 1930.

Paul Stotten: Öffentliche Meinung im Kriege. Presse und Kriegspresseamt; in: Wolfgang Foerster: Kämpfer an vergessenen Fronten, S. 576–588.

Rudolf Ströbinger: Stalin enthauptet die Rote Armee. Der Fall Tuchatschewskij. Stuttgart 1990.

Carl Gustav Ströhm: Vom Zarenreich zur Sowjetmacht. Mit einem Epilog – Prag 1968. Stuttgart/Hamburg o. J.[1968].

Kenneth Strong: Die Geheimnisträger. Männer im Nachrichtendienst. Wien/Hamburg 1971.

Peter Strunk: Die Karriere Walther Rathenaus in der AEG; in: Hans Wilderotter: Die Extreme berühren sich, S. 45–54.

Wilhelm Stuckart/Hans Globke: Reichsbürgergesetz, Blutschutzgesetz, Ehegesundheitsgesetz. Kommentar zur deutschen Rassegesetzgebung. München 1936.

Hans-Georg von Studnitz: Seitensprünge. Erlebnisse und Begegnungen 1907–1970. Stuttgart 1975.

Wladislaw Subok/Konstantin Pleschakow: Der Kreml im Kalten Krieg. Von 1945 bis zur Kubakrise. Hildesheim 1997.

W[ladimir] A[lexandrowitsch] Suchomlinow: Erinnerungen. Deutsche Ausgabe. Berlin 1924.

Pawel Sudoplatow/Anatolij Sudoplatow: Der Handlanger der Macht. Enthüllungen eines KGB-Generals. Düsseldorf/Wien/New York/Moskau 1994.

Viktor Suworow [i. e. Wladimir Resun]: GRU. Die Speerspitze. Spionage-Organisation und Sicherheitsapparat der Roten Armee. Aufbau, Ziele, Strategie, Arbeitsweise und Führungskader. Bern/München/Wien 1985.

Vikor Suworow: Der Eisbrecher. Hitler in Stalins Kalkül. 11. Aufl. Stuttgart 2001.

Charles Sydnor: Reinhard Heydrich; in: Ronald Smelser u. a.: Die SS, S. 208–219.

Enico Syring: Hitlers Kriegserklärung an Amerika; in: Wolfgang Michalka: Der Zweite Weltkrieg, S. 683–696.

Szabo: Der Honved aus Taschkent. Bericht des königlich ungarischen Rittmeisters Szabo; in: Emil Seeliger: Spione und Verräter, S. 183–187.

Gustav Szinda: Die XI. Brigade. [Ost-]Berlin 1956.

Jacob Teitel: Aus meiner Lebensarbeit. Erinnerungen eines jüdischen Richters im alten Russland. Neu herausgegeben mit einem Essay und Anmerkungen von Ludger Heid. Teetz 1999.

Hermann Teske (Hg.): General Ernst Köstring. Der militärische Mittler zwischen dem Deutschen Reich und der Sowjetunion 1921–1941. Frankfurt am Main o. J. [1965].

Albrecht von Thaer: Generalstabsdienst an der Front und in der OHL. Aus Briefen und Tagebüchern 1915–1919. Unter Mitarbeit von Heinrich K. G. Rönnefarth herausgegeben von Siegfried A. Kaehler. Göttingen 1958.

Kurt von Tippelskirch: Geschichte des Zweiten Weltkrieges. Bonn 1956.

Ernst Toller: Eine Jugend in Deutschland. Reinbek bei Hamburg 1993.

Hans-Joachim Torke (Hg.): Historisches Lexikon der Sowjetunion 1917/22 bis 1991. München 1993.

Wolfgang Treher: Hitler, Steiner, Schreber. Gäste aus einer anderen Welt. Die seelischen Strukturen des schizophrenen Prophetenwahns. 2. Aufl. Emmendingen 1990.

Leopold Trepper: Die Wahrheit. Autobiografie. München 1978.

Hans von Tresckow: Von Fürsten und anderen Sterblichen. Erinnerungen eines Kriminalkommissars. Berlin 1922.

Helmut Trotnow: Es kam auf einen mehr oder weniger nicht an. Der Mord an Rosa Luxemburg und Karl Liebknecht und die Folgen für die Weimarer Republik; in: Hans Wilderotter: Die Extreme berühren sich, S. 209–220.

Leo Trotzki: Der junge Lenin. Frankfurt/Main 1971.

Leo Trotzki: Die Russische Revolution. 1. Teil: Februarrevolution. 2. Teil: Oktoberrevolution. Ausgabe in 3 Bänden. 16.–23.Tausend. Frankfurt/Main 1982.

Olga Tschechowa: Meine Uhren gehen anders. Autobiografie. München 1973.

Alexander Tscherepkow und Andrej Schischkin: Postarajtes' ubrat' »Mariju« [Bemühen Sie sich, die »Maria« zu beseitigen]; in: Nesawisimoe woennoe obosrenie vom 27.7.1999.

[Erich] von Tschitschwitz (Hg.): General von der Marwitz: Weltkriegsbriefe. Berlin 1940.

M[ichail] N[ikolajewitsch] Tuchatschewskij: Izbranje proizvedenija [Ausgewählte Werke]. 2 Bände Moskwa 1964.

Johannes Tuchel: Heinrich Himmler; in: Ronald Smelser u. a.: Die SS, S. 234–253.

Johannes Tuchel: Gestapa und Reichssicherheitshauptamt. Die Berliner Zentralinstitutionen der Gestapo; in: Gerhard Paul u. a.: Die Gestapo, S. 84–100.

Johannes Tuchel/Reinold Schattenfroh: Zentrale des Terrors. Prinz-Albrecht-Straße 8. Hauptquartier der Gestapo. Berlin 1987.

Barbara Tuchman: August 1914. Frankfurt/Main 1990.

Kurt Tucholsky: Gesammelte Werke. Herausgegeben von Mary Gerold Tucholsky und Fritz J. Raddatz. 10 Bände. 120.–126. Tausend. Reinbek 1985.

Albrecht Tyrell: Auf dem Weg zur Diktatur. Deutschland 1930 bis 1934; in: Karl Dietrich Bracher u. a.: Deutschland 1933–1945, S. 15–56.

Matthias Uhl: Skizzen zur Tätigkeit der sowjetischen Nachrichtendienste in Deutschland 1930 bis 1947; in: Helmut Roewer: In guter Verfassung III, S. 485–559.

Matthias Uhl: Richard Stahlmann (1891–1974). Ein Handlanger der Weltrevolution im Geheimauftrag der SED; in: Dieter Krüger u. a.: Konspiration als Beruf, S. 84–110.

Matthias Uhl: Und deshalb besteht die Aufgabe darin, die Aufklärung wieder auf die Füße zu stellen. Zu den Großen Säuberungen in der Führungsspitze des NKWD und der Militäraufklärung GRU. Ms. Berlin 2004. Vorgesehen zum Abdruck im Jahrbuch für historische Kommunismusforschung 2004.

Heinrich Uhlig: Das Einwirken Hitlers auf Planung und Führung des Ostfeldzuges; in: Aus Politik und Zeitgeschichte B11/60, S. 161–179, B 12/60, S. 181–198.

Thomas Urban: Vladimir Nabokov. Blaue Abende in Berlin. Berlin 1999.

August Urbanski von Ostrymiecz: Spionage und Gegenspionage bei den Mittelmächten vor dem Weltkriege; in: Paul von Lettow-Vorbeck: Weltkriegsspionage, S. 62–76.

August Urbanski von Ostrymiecz: Aufmarschpläne; in: Paul von Lettow-Vorbeck: Weltkriegsspionage, S. 85–88.

August Urbanski von Ostrymiecz: Spionage gegen Österreich-Ungarn; in: Paul von Lettow-Vorbeck: Weltkriegsspionage, S. 240–255.

August Urbanski von Ostrymiecz: Postspionage; in: Paul von Lettow-Vorbeck: Weltkriegsspionage, S. 323–326.

August Urbanski von Ostrymiecz: Spionitis; in: Paul von Lettow-Vorbeck: Weltkriegsspionage, S. 332–338.

August Urbanski von Ostrymiecz: Diplomatie und Spionage; in: Paul von Lettow-Vorbeck: Weltkriegsspionage, S. 565–574.

Jan Valtin [i.e. Richard Krebs]: Tagebuch der Hölle. Doppelagent unter Hitler und Stalin. Köln 1957. Nachdruck: Frechen o. J.

Eberhard von Vietsch: Bethmann Hollweg. Staatsmann zwischen Macht und Ethos. Boppart 1969.

Martin Vogt: Parteien in der Weimarer Republik; in: Karl Dietrich Bracher u. a.: Die Weimarer Republik, S. 134–157.

Erich Otto Volkmann: Der Marxismus und das deutsche Heer im Weltkriege. Berlin 1925.

Erich Otto Volkmann: Revolution über Deutschland. Oldenburg 1930.

Erich Otto Volkmann: Was wir von der Zermürbung der Zivilbevölkerung durch die kriegsfeindliche Propaganda nicht wissen; in: Friedrich Felger: Was wir vom Weltkrieg nicht wissen, S. 531–541.

Erich Otto Volkmann: Die roten Streifen. Roman eines Generalstabsoffiziers. Hamburg 1938.

Heinz Voßke (Hg.): Im Kampf bewährt. Erinnerungen deutscher Genossen an den antifaschistischen Widerstand 1933 bis 1945. [Ost-]Berlin 1969.

Philipp-Christian Wachs: Der Fall Theodor Oberländer (1905–1998). Ein Lehrstück deutscher Geschichte. Frankfurt/Main 2000.

Otto Wagner: Fachgebiet; in: AGEA: Die Nachhut Nr. 1, S. 15–17.

Hugo von Waldeyer-Hartz: Der Kreuzerkrieg 1914–1918. Das Kreuzergeschwader, Emden, Königsberg, Karlsruhe, die Hilfskreuzer. Marinearchiv: Einzeldarstellungen des Seekrieges 1914–1918, Band II. Oldenburg 1931.

Erica Wallach: Licht um Mitternacht. Fünf Jahre in der Welt der Verfemten. München 1969.

Janet Wallach: Königin der Wüste. Das außergewöhnliche Leben der Gertrude Bell. München 1999.

Heinrich Walle: Ein Rundgang durch die Ausstellung; in: Militärgeschichtliches Forschungsamt: Aufstand des Gewissens, S. 17–203.

A. T. Wassiljew: Ochrana. Aus den Papieren des letzten russischen Polizeidirektors. Zürich/Leipzig/Wien 1930.

Fedor von Wassilkij: Der Spion Mjassojedow; in: Emil Seeliger: Spione und Verräter, S. 201–206.

S[tanislaw] Waupschassow: Vierzig Jahre in der Aufklärung. 2. Aufl. Moskau 1981.

Richard M. Watt: Der Kaiser geht. Deutschland zwischen Revolution und Versailles. Stuttgart/Hamburg 1971.

Herbert Wehner: Bericht für das NKWD vom 13.12.1937 über Personen, die zur Gruppe Eberlein gehören; in: BStU Zentralarchiv: SDM 1858, Bl. 284–318.

Herbert Wehner: Zeugnis. Persönliche Notizen 1929–1942. Hg. von Gerhard Jahn. 2. Aufl. Bergisch Gladbach 1985.

Herbert Wehner: Selbstbesinnung und Selbstkritik. Gedanken und Erfahrungen eines Deutschen. Hg. von August Hermann Leutgers-Scherzberg. Mit einem Geleitwort von Greta Wehner. Köln 1994.

Markus Wehner: Kaderkarrieren der Weltrevolution. Die deutsch-russische Geschichte der Brüder Rakow; in: Internationale wissenschaftliche Korrespondenz zur Geschichte der deutschen Arbeiterbewegung 1994, S. 29–67.

Markus Wehner/Aleksandr Valtin: »Genosse Thomas« und die Geheimtätigkeit der Komintern in Deutschland 1919–1925; in: Internationale wissenschaftliche Korrespondenz der deutschen Arbeiterbewegung 1993, S. 1–19.

Erich Weinert: Camaradas. Ein Spanienbuch. [Ost-]Berlin. 12.–20.Tsd. 1952.

Bernhard Weiss: Polizei und Politik, Berlin 1928.

Hermann Weiß: Personenlexikon 1933–1945. Wien 2003.

Weiß-Tihanyi von Mainprugg, k.u.k. Feldmarschallleutnant: Fromme Schwestern; in: Emil Seeliger: Spione und Verräter, S. 188–192.

Rüdiger Wenzke: Generalmajor Rudolf Bamler. Karrierebruch in der Kasernierten Volkspolizei; in: Hans Ehlert u. a.: Genosse General, S. 33–60.

Ruth Werner [i.e. Ursula Kuczynski]: Olga Benario. Die Geschichte eines tapferen Lebens. 13. Aufl. [Ost-]Berlin 1979.

Ruth Werner: Sonjas Rapport. 7. Aufl. [Ost-]Berlin 1980.

Sebastian Werner: Werner Best. Der völkische Ideologe; in: Ronald Smelser u. a.: Die braune Elite 2, S. 13–25.

Harry Wessel: Münzenbergs Ende. Ein deutscher Kommunist im Widerstand gegen Hitler und Stalin. Die Jahre 1933 bis 1940. Berlin 1991.

Wolfram Wette (Hg.): Aus den Geburtsstunden der Weimarer Republik. Das Tagebuch des Obersten Ernst van den Bergh. Düsseldorf 1991.

B.J. Wheeler-Bennet: Die Nemesis der Macht. Die deutsche Armee in der Politik 1918–1945. Düsseldorf 1954.

Mark Wheelis: Biological Warfare in World War I. [Biologische Kriegführung im Ersten Weltkrieg]. o. O. o. J. [nach 1998]. www.biological…

Fanny Gräfin von Wilamowitz-Moellendorff, geb. Baronin von Fock-Stockholm: Carin Göring. Mit einem Nachwort von Martin H. Sommerfeld. Berlin 1934.

Adolf Wild von Hohenborn: Briefe und Tagebuchaufzeichnungen des preußischen Generals als Kriegsminister und Truppenführer im Ersten Weltkrieg. Hg. von Helmut Reichold und Gerhard Granier. Boppard am Rhein 1986.

Max Wild: In geheimem Auftrag an der Ostfront. Aufzeichnungen eines deutschen Nachrichten-Offiziers. Berlin 1931.

Hans Wilderotter: Die Extreme berühren sich. Walther Rathenau 1867–1922. Eine Ausstellung des Deutschen Historischen Museums in Zusammenarbeit mit dem Leo Baeck Institute New York. Berlin o. J. [ca. 1992].

Michael Wildt: Generation des Unbedingten. Das Führungskorps des Reichssicherheitshauptamtes. Hamburg 2003.

Kaiser Wilhelm II.: Ereignisse und Gestalten aus den Jahren 1878–1918. Leipzig/Berlin 1922.

Gordon Williamson: Die SS. Hitlers Instrument der Macht. Klagenfurt 1999.

Iwan Winarow: Kämpfer an der lautlosen Front. Erinnerungen eines Kundschafters. [Ost-]Berlin 1976.

Klaus Wippermann: Politische Propaganda und staatsbürgerliche Bildung. Die Reichszentrale für Heimatdienst in der Weimarer Republik. Köln 1976.

Robert Wistrich: Wer war wer im Dritten Reich. Anhänger, Mitläufer, Gegner aus Politik, Wirtschaft, Militär, Kunst und Wissenschaft. Überarbeitete, erweiterte und illustrierte Ausgabe. München 1983.

Rainer Wohlfeil: Heer und Politik; in: Militärgeschichtliches Forschungsamt: Deutsche Militärgeschichte, Bd. 6, S. 5–303.

Markus Wolf: Spionagechef im geheimen Krieg. Erinnerungen. 3. Aufl. München 1999.

Theodor Wolff: Der Krieg des Pontius Pilatus. Zürich 1934.

Theodor Wolff: Die Wilhelminische Epoche. Fürst Bülow am Fenster und andere Begegnungen. Herausgegeben und eingeleitet von Bernd Sösemann. Frankfurt 1989.

Theodor Wolff: Tagebücher 1914–1918. Der Erste Weltkrieg und die Entstehung der Weimarer Republik in Tagebüchern, Leitartikeln und Briefen des Chefredakteurs am *Berliner Tageblatt* und Mitbegründers der Deutschen Demokratischen Partei. Eingeleitet und herausgegeben von Bernd Sösemann. 2 Bände. Boppard am Rhein 1984.

Willy Wolff: An der Seite der Roten Armee. Zum Wirken des Nationalkomitees Freies Deutschland an der sowjetisch-deutschen Front 1943 bis 1945. 2. Aufl. [Ost-]Berlin 1975.

D[imitri] Wolkogonow: Die Tuchatschewski-»Verschwörung« (I–III); in: *Militär Wesen*. [Ost-]Berlin 1990. 4/90, S. 84–90, 5/90, S. 77–84, 6/90, S. 75–81.

Dimitri Wolkogonow: Stalins Ungeheuer; in: Wladimir Nekrassow: Berija, S. 198–211.

Erich Wollenberg: Der Hamburger Aufstand und die Thälmann-Legende; in: *Schwarze Protokolle* Nr. 6/1964.

Erich Wollenberg: Anmerkungen zu: A. Neuberg: Der Bewaffnete Aufstand, S. III–IV.

Ernst von Wrisberg: Der Weg zur Revolution 1914–1918. [Band 2 der] Erinnerungen an die Kriegsjahre im Königlich Preußischen Kriegsministerium. Leipzig 1921.

Friedrich Würthle: Die Spur führt nach Belgrad. Die Hintergründe des Dramas von Sarajevo. Wien/München/Zürich 1975.

von Wulffen: Die Schlacht bei Lodz. Der große Krieg in Einzeldarstellungen. Heft 19. Oldenburg 1918.

Peter Wyden: The Passionate War. New York 1983.

Robert Wymant: Richard Sorge. Der Mann mit den drei Gesichtern. Hamburg 1999.

Felix Yussupov: La Fin de Rasputine [Das Ende Rasputins]. Paris 1927.

Egmont Zechlin: Friedensbestrebungen und Revolutionierungsversuche im Ersten Weltkrieg; in: Aus Politik und Zeitgeschichte B 20/61, 24/61, 25/61, 22/63.

Robert Graf Zedlitz-Trützschler: Zwölf Jahre am deutschen Kaiserhof. Aufzeichnungen des Grafen Robert Zedlitz-Trützschler ehemaligen Hofmarschalls Wilhelms II. Stuttgart/Berlin/Leipzig 1924.

Manfred Zeidler: Reichswehr und Rote Armee 1920–1933. Wege und Stationen einer ungewöhnlichen Zusammenarbeit. 2. Aufl. München 1994.

Walter Zeutschel [i.e. Adolf Burmeister]: Im Dienst der kommunistischen Terror-Organisation. Tscheka-Arbeit in Deutschland. Berlin 1931.

Conrad Zeltung: Deutscher und doch russischer Offizier; in: Paul von Lettow-Vorbeck: Weltkriegsspionage, S. 355–362.

Christian Zentner: Der Kriegsausbuch. 1. September 1939. Daten, Bilder, Dokumente. Frankfurt/M./Berlin/Wien 1979.

Christian Zentner (Hg.): Der Zweite Weltkrieg. Ein Lexikon. Wien 1998.

Kurt Zentner: Illustrierte Geschichte des Zweiten Weltkrieges. 12. Aufl. München 1976.

Zentralausschuss für Jugendweihe in der Deutschen Demokratischen Republik (Hg.): Der Sozialismus – Deine Welt. Berlin 1975.

Zentralkomitee der KPdSU(B) (Hg.): Geschichte der Kommunistischen Partei der Sowjetunion (Bolschewiki). Kurzer Lehrgang. Berlin 1946.

Klaus Zernack: Polen und Russland. Zwei Wege in der europäischen Geschichte. Berlin 1994.

Rainer Zitelmann: Zur Begründung des Lebensraum-Motivs in Hitlers Weltanschauung; in: Wolfgang Michalka: Der Zweite Weltkrieg, S. 551–567.

Walter Zuerl: Pour le mérite-Flieger. Heldentaten und Erlebnisse. Nachdruck der Ausgabe München 1938. Steinebach-Wörthsee 1977.

Abkürzungen und Übertragungshinweise

AA	Auswärtiges Amt
AA PA	Auswärtiges Amt Politisches Archiv
abgedr.	abgedruckt
a. D.	außer Dienst
AGEA	Arbeitsgemeinschaft ehemaliger Angehöriger der Abwehr
AM-Apparat	Antimilitär-Apparat [der KPD]
Aufl.	Auflage
BA	Bundesarchiv
Bd.	Band
BStU	Bundesbeauftragter für die Unterlagen des Staatssicherheitsdienstes der ehemaligen DDR
d. R.	der Reserve
E	Ergänzungsoffizier
EKKI	Exekutivkomitee der Kommunistischen Internationale
FA	Forschungsamt
FHO	[Abteilung] Fremde Heere Ost
FHW	[Abteilung] Fremde Heere West
geh.	geheim
Gestapa	Amt der Geheimen Staatspolizei
Gestapo	Geheime Staatspolizei
GPU	Gosudarstwennoje Politscheskoje Uprawlenije (= Staatliche Politische Verwaltung)
GrHQ	Großes Hauptquartier
gRR	geheime Reichssache
GRU	Glawnoje Raswedywatelnoje Uprawlenije (= Hauptverwaltung für Aufklärung [der Roten Armee])
GUGB	Glawnoje Uprawlenije Gossudarstwennoj Besopastnisti (= Hauptverwaltung für Staatssicherheit)

Gulag	Glawnoje Uprawlenije Lagerej (= Hauptverwaltung für Straflager)
H	Hauptmann
Hg.	Herausgeber
HJ	Historical Journal
HZ	Historische Zeitschrift
I.d.S.	Inspekteur der Sicherheitspolizei und des SD
i. e.	id est (das ist)
i. G.	im Generalstab
IMT	International Military Tribunal (Internationaler Militärgerichtshof)
INO	Inostrannij Otdel (= Auslandsabteilung [des NKWD])
KAPD	Kommunistische Arbeiterpartei Deutschlands
K.d.S.	Kommandeur der Sicherheitspolizei und des SD
k.k.	kaiserlich-königlich
k.u.k.	kaiserlich und königlich
Komintern	Kommunistische Internationale
KP	Kommunistische Partei
KPD	Kommunistische Partei Deutschlands
KPdSU	Kommunistische Partei der Sowjetunion
KPR (B)	Kommunistische Partei Russlands (Bolschewiki)
M	Major
MA	Militärarchiv
M-Apparat	Militär-Apparat [der KPD]
MdR	Mitglied des Reichstags
Ms.	Manuskript
m.w.N.	mit weiteren Nachweisen

N	Nachrichtenabteilung [der Kriegsmarine]	SDAPR(B)	Sozialdemokratische Arbeiterpartei Russlands (Bolschewiki)
NKWD	Narodnij Komissariat Wnutrennich Del (= Volkskommissariat für innereAngelegenheiten [der Sowjetunion])	SED	Sozialistische Einheitspartei Deutschlands
		SPD	Sozialdemokratische Partei Deutschlands
N.O.	Nachrichtenstelle für den Orient	SS	Schutzstaffel(n)
NO	Nachrichtenoffizier	T-Apparat	Terror-Apparat [der KPD]
NSDAP	Nationalsozialistische Deutsche Arbeiterpartei	Tgb.	Tagebuch
		Tscheka	Weserosijskaja Tschereswytschajnaja Komissija po Borbe s Kontrrevoljuziej i Sabotashem (= Allrussische Außerordentliche Kommission für den Kampf gegen Konterrevolution und Sabotage)
O	Oberst		
OGPU	Objedinennoje Gosudarstwennoje Politscheskoje Uprawlenije (= Vereinigte Staatliche Politische Verwaltung)		
OHL	Oberste Heeresleitung	u. a.	und andere
o. J.	ohne Jahresangabe	USP	= USPD
OKW	Oberkommando der Wehrmacht	USPD	Unabhängige Sozialdemokratische Partei Deutschland
OMS	Otdel Meshdunarodnoi Swjasi (= Abteilung Internationale Verbindungen [der Komintern])	VA	Vizeadmiral
		vgl.	vergleiche
		VjZ	Vierteljahreshefte für Zeitgeschichte
o. O.	ohne Ortsangabe		
OTL	Oberstleutnant	WK	Weltkrieg
o. Verf.	ohne Verfasserangabe	WKP (B)	Vereinigte Kommunistische Partei Russlands (Bolschewiki)
PA	Politisches Archiv		
PSR	Partei der Sozialrevolutionäre	Z-Apparat	Zersetzungs-Apparat [der KPD]
RGBl.	Reichsgesetzblatt	z.b.V.	zur besonderen Verwendung
S.	Seite	z.D.	zur Disposition
S.M.	Seine Majestät (der Kaiser)	ZK	Zentralkomitee
SA	Sturmabteilung (der NSDAP)	z.S.	zur See
SD	Sicherheitsdienst (des Reichsführers SS)	zit., Zit.	zitiert, Zitierweise
SDAPR	Sozialdemokratische Arbeiterpartei Russlands		

Die Umschrift von russischen Namen und Begriffen im Text folgt der überkommenen Umschriftmethode in gängige deutsche Buchstaben (Duden-Umschrift). Hierbei bedeutet sh das russische Ж, das sich in etwa wie das j am Anfang des französischen Worts Journal ausspricht. Auf die Übertragung der russischen Zeichen ь und ъ wurde weitgehend verzichtet. Das russische B am Ende von Namen wurde im Text durchgängig wie w geschrieben (z. B.: Orlow); soweit Autorennamen im Original mit ff enden (z. B.: Orloff), wurde diese Schreibweise in den Fundstellen beibehalten, jedoch im Text korrigiert. Das russische Ц wurde mit z (und nicht mit tz) übertragen

(z. B.: Urizki); hiervon wurde nur bei Leo Trotzki abgewichen. Unsicherheiten sind bei der Rückübertragung von russischen Namen aus englischen und französischen Quellen aufgetreten.

Soweit Namen und Begriffe aus anderen Sprachen übernommen wurden, folgt die Schreibweise in der Regel den Quellen.

Bei Ortsangaben wurde nach Möglichkeit der Name verwendet, der zur Zeit des Geschehens gültig war (z. B.: St. Petersburg – Petrograd – Leningrad). Soweit Orte deutsche Namen hatten, sind diese angegeben (z. B.: Königsberg, Krakau, Reval). In Zweifelsfällen wurden die Ortsnamen so übernommen, wie sie in den Quellen vorkommen.

In den Textzitaten wurden Ergänzungen und Kommentare in eckige Klammern gesetzt; Auslassungen sind durch … gekennzeichnet. Offensichtliche Fehler wurden stillschweigend korrigiert.

Namensregister

Copyright an dieser Ausgabe 2004
by Faber & Faber Verlag GmbH
Alle Rechte vorbehalten

Gestaltung Frank Eilenberger
Satz Atelier für grafische Gestaltung Leipzig
Druck Jütte-Messedruck Leipzig
Bindung Kunst- und Verlagsbuchbinderei Leipzig
Printed in Germany
ISBN 3-936618-46-1

Dieses und andere Bücher finden Sie auch im Internet unter
www.faberundfaber.de